指引办案思路的新型工具书

8

民商事典型疑难问题适用指导与参考

侵权纠纷卷

主编 / 王洪萍

◎ 疑难问题汇总
◎ 典型案例参考
◎ 办案依据集成

中国检察出版社

图书在版编目（CIP）数据

民商事典型疑难问题适用指导与参考．侵权纠纷卷/王洪萍主编．—北京：中国检察出版社，2013.2
ISBN 978-7-5102-0781-5

Ⅰ.①民… Ⅱ.①王… Ⅲ.①侵权行为-民事纠纷-民事诉讼-审判-中国 Ⅳ.①D925.118.2

中国版本图书馆 CIP 数据核字（2012）第 275504 号

民商事典型疑难问题适用指导与参考

侵权纠纷卷

主编/王洪萍

出版发行：中国检察出版社
社　　址：北京市石景山区鲁谷东街 5 号（100040）
网　　址：中国检察出版社（www.zgjccbs.com）
电　　话：(010)68630385(编辑)　68650015(发行)　68636518(门市)
经　　销：新华书店
印　　刷：三河市西华印务有限公司
开　　本：720 mm×960 mm　16 开
印　　张：68.75 印张
字　　数：1265 千字
版　　次：2013 年 2 月第一版　2013 年 2 月第一次印刷
书　　号：ISBN 978-7-5102-0781-5
定　　价：138.00 元

出版说明

近十余年来，在合同、侵权、婚姻家庭、金融等民商事领域的司法实践中，出现了很多新情况、新问题，其中不乏具有典型性、疑难性的法律适用问题，针对这些问题，急需进行归纳总结，并得出具有参考和借鉴价值的处理和认定思路。基于上述现实需求，我们倾力组织法学专家、资深法官、检察官及律师等编撰并推出《民商事典型疑难问题适用指导与参考丛书》。

本丛书分为婚姻家庭继承纠纷卷、物权纠纷卷、合同纠纷卷、知识产权与竞争纠纷卷、劳动争议与人事争议卷、公司企业纠纷卷、金融纠纷卷、侵权纠纷卷、土地房地产与建设工程纠纷卷共九卷。各卷紧密结合各地司法实践，归纳提炼出百余个司法典型疑难问题并作出精准解析，同时附以具有权威性的指导、参考案例对同类案件的案情、诉辩情况、裁判结果、裁判理由等核心要素加以介绍，以帮助读者寻求破解疑难问题的办案思路、标准和尺度。各卷还提供了各类型纠纷全面、准确的办案依据。《民商事典型疑难问题适用指导与参考丛书》所提炼的问题凸显典型性、疑难性，解答思路具有很强的指导、参考和专业性，参考案例具有真实性、权威性，办案依据提供了便捷查询的通道，特别适合公检法人员、律师等法律专业人士使用。

受时间和能力所限，丛书在编撰过程中难免出现不足或错漏，敬请读者批评指正，以便我们在再版时予以修订。

编　者

2013 年 1 月

目　录

第一部分　人格权纠纷

第二部分　侵权责任纠纷

第一部分　人格权纠纷

一、生命权、健康权、身体权纠纷

1. 车辆发生事故后，车辆所有人尽到及时联系公安交警大队以及告知轮胎损伤的义务，汽车修理厂指派的雇员因操作失误导致轮胎发生爆炸致雇员死亡的，汽车修理厂在向雇员家属赔偿后能否向车辆所有人追偿？

根据最高人民法院《关于审理人身损害赔偿案件适用法律若干问题的解释》第10条、第11条的规定，承揽人在完成工作过程中对第三人造成损害或自身损害的，定作人不承担赔偿责任，但定作人对定作、指示或者选任有过失的，应当承担相应的赔偿责任。雇员在从事雇佣活动中遭受人身损害，雇主应当承担赔偿责任。雇佣关系以外的第三人造成雇员人身损害的，赔偿权利人可以请求第三人承担赔偿责任，也可以请求雇主承担赔偿责任。雇主承担赔偿责任后，可以向第三人追偿。车辆发生事故后，车辆所有人及时联系公安交警大队维修以及尽到告知轮胎损伤的义务，即其不存在定作、指示或者选任上的过失；汽车修理厂指派的雇员因操作失误导致轮胎发生爆炸致雇员死亡的，该雇员的死亡也非因雇佣关系以外的第三人造成，因此，汽车修理厂在向雇员家属赔偿后不能再向车辆所有人追偿。

典型疑难案件参考

浙江省德清县上武汽车修理厂诉董艳峰损害赔偿纠纷案（《最高人民法院公报》2011年第6期，总第176期）

基本案情

2009年3月13日被告董艳峰的欧曼牌重型半挂牵引车（车牌号鲁

H73508）在高速公路上出现故障，原告上武汽修厂接到交警队指令遂派其雇员梅建武、沈英浩前去修理，在修理过程中轮胎发生爆炸，导致原告雇员梅建武死亡。事后，原告与死者梅建武的家属达成了赔偿协议。根据交警部门出具的询问笔录认定，梅建武未对故障轮胎进行放气减压，致使轮胎爆炸，直接导致梅建武死亡。后经浙江省出入境检验检疫鉴定所鉴定，车辆使用维护不当、严重超载、轮胎气压过高以及维修操作不当是造成轮胎爆炸的主要原因。

一审诉辩情况

原告上武汽修厂诉称：2009年3月13日，被告董艳峰的雇员魏玉峰驾驶被告所有的欧曼牌重型半挂牵引车（车牌号为鲁H73508），行驶至杭宁高速公路58KM+600M处时，因严重超载导致该车轮胎发生故障，为此魏玉峰向浙江省公安厅高速公路交通警察中队湖州支队第二大队求助。原告接到该大队的指令，派原告雇员梅建武、沈英浩前往事故地抢修，在拆卸汽车外挡轮胎时，内挡轮胎内胎发生爆破，造成梅建武死亡的重大事故。后经有关部门鉴定，系被告汽车由于长时间超载，轮胎、轮辋不合格，不能承受轮胎内的气压而爆炸。事故发生后，原告已对死者梅建武家属给予足额补偿。为维护自身的合法权益，请求法院判令：（1）被告立即赔偿原告359567元；（2）本案诉讼费用由被告承担。

被告董艳峰答辩称：（1）本案应为承揽合同纠纷，原告上武汽修厂提起诉讼的事实基础是承揽合同关系，原告雇员的死亡是承揽合同关系下一个不幸的结果。（2）原告存在过错。梅建武在没有经专业培训的情况下从事汽车维修业务，系无证上岗，原告既没有提供与梅建武签订劳动合同并缴纳保险费用的证明，也未为其投保意外伤害保险，不能证明梅建武系原告雇员，因此原告无诉讼主体资格；被告的驾驶员曾告知梅建武轮胎卡槽处有裂痕，梅建武在没有放气减压的情况下对该车辆进行操作，严重违反操作规则，存在过错。（3）被告不应承担赔偿责任。根据最高人民法院《关于审理人身损害赔偿案件适用法律若干问题的解释》第10条的规定，承揽人在完成工作过程中对第三人造成损害或自身损害的，定作人不承担赔偿责任，但定作人对定作、指示或选任有过失的，应承担相应赔偿责任。就本案而言，被告亦不存在定作、指示、选任方面的过失；梅建武在没有具备专业知识的情况下，将未减压放气的事故轮胎拆卸下来，是造成本次事故的根本原因，非被告原因引起，故被告不应承担责任。（4）车辆超载与事故发生无因果关系。从交警队的询问笔录上看，轮胎是在梅建武用千斤顶将轮胎顶起后发生爆炸的，已顶离地面的轮胎不再承受车载重量，故与该车的超载没有任何关系。（5）原告没有相应证据证明已将赔偿款支付给梅建武家属，原告仅提供了赔偿协议，但未提供梅建武家属收到该赔偿款的证据，不能证明其已经履行了赔偿义务。（6）原告的赔偿计算依据混乱。综上，请求法院驳回原告的诉讼请求。

一审裁判结果

湖州市吴兴区人民法院根据最高人民法院《关于审理人身损害赔偿案件适用法律若干问题的解释》第10条、第11条第1款，《中华人民共和国民事诉讼法》第64条之规定，于2009年12月25日判决：驳回原告上武汽修厂的诉讼请求。

一审裁判理由

湖州市吴兴区人民法院一审认为本案的争议焦点是：（1）本案的案由是承揽合同纠纷还是雇员损害赔偿纠纷；（2）如何认定原被告双方在本案事故中的过错责任。

承揽合同纠纷作为合同纠纷的一种，主要追究当事人的违约责任，而雇员受害赔偿追偿纠纷属人身损害赔偿纠纷，主要追究当事人的侵权责任，两者各自隶属不同的责任性质。原告上武汽修厂员工为被告董艳峰车辆更换轮胎系修理合同法律关系，属于承揽合同法律关系。原告员工在修理过程中意外死亡，原告向其家属赔偿，属雇员受害赔偿性质，现向被告追偿，系雇员受害损害赔偿纠纷，隶属人身损害赔偿纠纷，不能以提起诉讼的前提是承揽合同，便认定该案为承揽合同纠纷。故本案案由为雇员受害赔偿追偿纠纷，被告认定本案案由应为承揽合同的意见不予采纳。

关于原被告在事故中过错责任的认定，法院认为，首先，本案中轮胎爆炸与车辆超载无因果关系，车辆装载的货物重量经车辆的轮胎传至地面，当千斤顶在地上将轮胎顶离地面时，该轮胎所承受的重量已经由千斤顶负载传至地面，已顶离地面的轮胎不再承受车载重量，因此，原告上武汽修厂员工在为已顶离地面的轮胎拧松固定螺母时发生的轮胎爆炸致死，与被告董艳峰车辆装载的重量无因果关系。其次，更换受损车辆轮胎，只有先行对受损轮胎放气减压，才能拆卸轮胎并进行更换，上武汽修厂员工在明知轮胎损伤的情况下，未先行对轮胎放气减压，即拧松轮胎固定螺母进行拆卸，当最后一颗轮胎固定螺母被拧松时，受内侧轮胎内高气压的挤压，易破碎的轮胎钢圈不能承受其压力，遂发生轮胎爆炸。原告方员工未先行对受损轮胎放气减压即拆卸，是发生轮胎爆炸的原因，其行为显属违反操作程序，具有过错。董艳峰雇用的驾驶员，对内侧轮胎钢圈破碎发生轮胎爆炸没有过错。根据最高人民法院《关于审理人身损害赔偿案件适用法律若干问题的解释》第 10 条的规定：“承揽人在完成工作过程中对第三人造成损害或自身损害的，定作人不承担赔偿责任，但定作人对定作、指示或者选任有过失的，应当承担相应的赔偿责任。”本案中董艳峰无定作、指示或选任的过失，车辆是否超载与本案的轮胎爆炸不具有关联性，上武汽修厂以车辆超载、董艳峰所雇驾驶员有过错为由，要求董艳峰赔偿的请求法院不予支持。

二审诉辩情况

上武汽修厂不服一审判决，向浙江省湖州市中级人民法院提起上诉，主要理由是：一审认定事实错误，因而无法作出正确的判决。一审法院在认定涉案事故发生原因时是根据浙江省出入境检验检疫鉴定所的鉴定报告，该鉴定报告对事故因果的分析相当明确，涉案车辆使用不当是前因亦是主要原因，同时该车辆有多项性能不符合国家强制标准，这些都是涉案事故发生的原因。该鉴定报告的结论是轮胎爆破是因为标的物车辆使用维护不当。而一审法院却将事故发生的主要原因套在上诉人身上，错误地判决上诉人承担本案的主要责任；即使退一步讲，如果错误地认定上诉人为主要责任，那么被上诉人董艳峰仍需要承担本案的次要责任并赔偿损失。一审判决适用法律错误，依照法律和司法解释的规定，雇员在从事雇佣活动遭受人身损害，雇主应当承担赔偿责任。雇佣关系以外的第三人造成雇员人身损害的，赔偿权利人可以请求第三人承担赔偿责任，也可以请求雇主承担赔偿责任。雇主承担赔偿责任后，可以向第三人追偿。本案中因被上诉人车辆本身存在轮胎爆炸的隐患，且该爆炸风险经鉴定其主要原因在被上诉人一方，是上诉人雇员作业以外的原因发生的事故，造成上诉人雇员的死亡，被上诉人应承担赔偿责任。综上，上武汽修厂认为一审判决认定主要事实错误，适用法律不当，请求撤销一审判决，改判支持上诉人的诉讼请求。

被上诉人董艳峰答辩称：上诉人上武汽修厂认为一审判决认定事实错误是没有依据的，涉案事故发生原因的认定是严格按照鉴定报告作出的，双方对于鉴定报告的真实性及合法性都没有异议，根据该鉴定报告分析可知本次事故是维修工操作不当造成，鉴定报告已经明确，如果处置得当就可以避免人身伤亡事故，而本案恰恰是因为受害人没有上岗证，在操作时没有按照操作规范操作才导致事故的发生。被上诉人的驾驶员已经将危险的情况告知受害人，并且在换轮胎之前用千斤顶把车辆顶离地面，此时气压的影响、车辆是否超载与事故的发生不具有关联性。综上，被上诉人认为其在本次事故中不存在过错。一审判决认定主要事实清楚，适用法律正确，上武汽修厂的上诉理由不成立，请求驳回上诉，维持原判。

二审裁判结果

湖州市中级人民法院依据《中华人民共和国民事诉讼法》第 153 条第 1 款第 1 项之规定，于 2010 年 3 月 25 日判决：驳回上诉，维持原判。

本判决为终审判决。

二审裁判理由

湖州市中级人民法院二审认为：根据最高人民法院《关于审理人身损害赔偿案件适用法律若干问题的解释》第 11 条的规定，“雇员在从事雇佣活动中遭受人身损害，雇主应当承担赔偿责任。雇佣关系以外的第三人造成雇员人身损害的，赔偿权利人可以请求第三人承担赔偿责任，也可以请求雇主承担赔偿责任。雇主承担赔偿责任后，可以向第三人追偿。”本案中上诉人上武汽修厂指派雇员梅建武、沈英浩前往高速公路对被上诉人董艳峰的车辆进行维修，在修理过程中因轮胎爆炸致梅建武死亡。现上武汽修厂向董艳峰追偿，应以确定雇员所受的人身损害是否因雇佣关系以外的第三人造成为基础，因此需对涉案事故的原因进行认定。对于涉案事故发生的主要原因，根据浙江省出入境检验检疫鉴定所出具的鉴定报告，“维修操作不当造成人身伤亡是后果亦是关键因素”。同时，在本案中，董艳峰所雇佣的驾驶员魏玉峰在发现车辆故障后向浙江省公安厅高速公路交通警察部门求助，上武汽修厂雇员梅建武、沈英浩在修理时已明确轮胎损伤，根据最高人民法院《关于审理人身损害赔偿案件适用法律若干问题的解释》第 10 条的规定：“承揽人在完成工作过程中对第三人造成损害或自身损害的，定作人不承担赔偿责任，但定作人对定作、指示或者选任有过失的，应当承担相应的赔偿责任。”董艳峰所雇用的驾驶员魏玉峰已经尽到了妥善处理事故车辆，及时联系公安交警大队维修以及告知轮胎损伤的义务，不存在定作、指示或者选任上的过失。上武汽修厂主张轮胎爆炸系因涉案车辆使用不当且存在多处不符合国家相关强制标准导致，对此，法院认为，涉案车辆发生故障后，董艳峰雇用的驾驶员魏玉峰停车寻求帮助，并采取适当措施予以预防，而上武汽修厂派员前往修理也是为了解决车辆故障，在其修理过程中，应查清原因，查看故障状况，并采取有效措施避免修理过程中发生意外。现事故的发生与处置不当直接关联，与车辆受损原因无关。一审法院据此认定车辆是否超载与本案轮胎的爆炸不具有直接关联性，并无不当。对上武汽修厂的上诉主张，不予采信。

2. 因用人单位以外的第三人侵权造成劳动者人身损害构成工伤的，劳动者在获得工伤保险赔偿后，是否仍有权向第三人请求人身侵权赔偿？

因用人单位以外的第三人侵权造成劳动者人身损害构成工伤的，劳动者与用人单位、第三人之间形成了不同的法律关系。劳动者与用人单位之间是工伤保险赔偿关系，根据《工伤保险条例》的规定，只要符合工伤的法定情形，即使劳动者所受伤害是由第三人侵权引起的，也不影响用人单位对其承当工伤保险赔偿责任。劳动者与第三人之间形成人身损害赔偿关系，该侵权之债是基于侵权事实而产生，即使劳动者已经获得用人单位的工伤保险赔偿，也不能免除侵权第三人的赔偿责任。因此，劳动者享有向用人单位主张工伤保险赔偿权利的同时，还有权向侵权第三人主张人身损害赔偿。用人单位和侵权第三人应依法承担各自所负赔偿责任，不能以该劳动者已获得工伤赔偿为由，免除或减轻侵权第三人的赔偿责任。

典型疑难案件参考

杨文伟诉宝二十冶公司人身损害赔偿纠纷案（《最高人民法院公报》2006年第8期，总第118期）

基本案情

原告杨文伟系宝冶公司职工。2000年10月16日，被告宝二十冶公司职工在工作过程中违规作业，从高处抛掷钢管，将正在现场从事工作的杨文伟头部砸伤，致其重度颅脑外伤、外伤性尿崩症等。根据宝山区职工劳动能力鉴定委员会于2003年1月14日出具的伤情鉴定，杨文伟因工致残程度四级。杨文伟与宝冶公司发生工伤保险赔偿纠纷，经仲裁和法院判决，宝冶公司已就杨文伟的工伤事故承担了一定的费用。根据上海第二医科大学附属瑞金医院（以下简称瑞金医院）的诊断治疗意见，杨文伟需长期服用德巴金、弥凝片。根据司法部作出的司法鉴定结论，杨文伟需要护理12个月、营养8个月。杨文伟受伤前月平均工资为1523元，受伤后减为1005元。杨文伟之子张某。系未成年人。杨文伟之母金玉琴出生于1948年5月3日，57周岁，系肢体残疾人。

审理中，原告杨文伟表示：参照残疾赔偿金的规定，原告因伤残造成的收入损失应当按照20年计算，故将诉讼请求中要求被告宝二十冶公司赔偿因伤残造成的收入损失数额由161616元变更为124320元，另外将被赡养人（原告母亲）的生活费由48000元变更为10000万元。

一审诉辩情况

原告杨文伟诉称：原告系上海宝钢冶金建设公司（以下简称宝冶公司）职工。2000年10月16日，被告宝冶二十公司职工在工作过程中违规作业，从高处抛掷钢管，将正在现场从事工作的原告头部砸伤，导致重度颅脑外伤、外伤性尿崩症等。经鉴定，结论为因工致残，程度四级。根据病情，原告需长期服用德巴金、弥凝片。根据司法部司法鉴定结论，原告需要护理12个月、营养8个月。虽然原告所在单位宝冶公司按规定承担了一定费用，但原告的损害系由被告的侵权行为所致，被告应承担赔偿责任。故要求被告赔偿交通费人民币（以下币种均为人民币）2720元、护理费9600元（每月800元×12个月）、营养费4800元（每月600元×8个月）、长期服用德巴金及弥凝片所需费用583087.5元，被抚养人（原告之子，未成年）生活费52200元、被赡养人（原告母亲）生活费48000元、精神抚慰金5万元、律师代理费3000元、因伤残造成的收入损失161616元（按受伤前平均工资1523元减现工资1005元计算26年）。

被告宝冶二十公司辩称：原告杨文伟的起诉已超过诉讼时效，原告丧失胜诉权；原告系因工受伤，其损失已得到本单位赔偿，现重复要求被告赔偿缺乏依据；原告享受工伤待遇，每月领取工资，要求被告支付其被抚养人、被赡养人的生活费缺乏依据；原告要求被告支付精神抚慰金、律师费均缺乏依据。

一审裁判结果

上海市宝山区人民法院于2005年6月30日判决：

一、被告宝冶二十公司应于本判决生效之日起10日内赔偿原告杨文伟护理费9600元、营养费4800元、被抚养、赡养人生活费62200元、因伤残造成的收入损失124320元、律师代理费3000元、精神抚慰金2万元，以上共计223920元；

二、原告杨文伟因伤残需长期服用德巴金、弥凝片的费用由被告宝冶二十公司负担；

三、驳回原告杨文伟的其他诉讼请求。

一审裁判理由

上海市宝山区人民法院认为：因用人单位以外的第三人侵权造成劳动者人身损害，构成工伤的，赔偿权利人在获得工伤保险赔偿以后，仍有权请求第三人承担赔偿责任。现原告杨文伟要求被告宝冶二十公司承担赔偿责任，于法有据。关于杨文伟请求赔偿交通费用问题，根据宝民一〔民〕初字第1819号民事判决书，法院在审理工伤保险赔偿案中已判令杨文伟所在的宝冶公司赔偿杨文伟交通费2520元，杨文伟没有证据证明在本案中主张的交通费用系为治疗支出的合理费用，故对其要求赔偿交通费的诉讼请求，不予支持。根据司法部作出的司法鉴定结论，杨文伟伤后需要护理12个月，营养8个月，故其要求赔偿护理费9600元、营养费4800元的诉讼请求，应当予以支持。根据瑞金医院的诊断治疗意见，杨文伟需长期服用德巴金和弥凝片，宝冶二十公司应当支付相关费用。但瑞金医院上述意见，仅说明杨文伟需长期服药，并未明确服药期限，杨文伟亦没有提供充足的证据说明要求被告一次性付清药物费用的原因，故对其要求被告一次性付清药物费用的诉讼请求，不予支持。杨文伟之子系未成年人，需要杨文伟抚养，杨文伟要求被告支付被抚养人生活费52200元在规定范围内，予以支持。杨文伟母亲系肢体残疾人，亦需要杨文伟赡养，杨文伟要求被告支付其母生活费1万元合情合理，予以支持。最高人民法院《关于确定民事侵权精神损害赔偿责任若干问题的解释》第1条规定："自然人因下列人格权利遭受非法侵害，向人民法院起诉请求赔偿精神损害的，人民法院应当依法予以受理：（一）生命权、健康权、身体权；……"杨文伟因被告侵权行为受到人身损害，要求被告赔偿精神损害抚慰金，符合上述司法解释的规定，应予支持，但原告请求赔偿5万元数额过高，故酌定为2万元。杨文伟要求宝二十冶公司赔偿其因伤残导致的收入损失124320元，可予支持。

二审诉辩情况

宝冶二十公司不服一审判决，向上海市第二中级人民法院提出上诉，理由是：（1）事故发生后，被上诉人杨文伟未在诉讼时效内向宝冶二十公司主张权利，本案的诉讼时效已超过。（2）杨文伟已获得用人单位工伤保险赔偿，现其又就人身损害赔偿提起诉讼，不应予以支持。（3）杨文伟已享受工伤津贴，被抚养、赡养人生活费与工伤津贴的性质是一致的，再要求赔偿被抚养、赡养人生活费不应予以支持。（4）杨文伟服用德巴金和弥凝片不是必须的，上诉人不同意赔偿相关费用。请求撤销原判，驳回杨文伟的诉讼请求。

被上诉人杨文伟辩称：（1）事故发生后，被上诉人一直向上诉人宝冶二十公司主张权利，有宝冶公司和吴江涛出具的情况说明为证，本案并未超过诉讼时效。（2）被上诉人确已就事故得到了工伤赔偿，但工伤保险赔偿不足部分应由宝冶二十公司负担。（3）原审判决核定的赔偿范围和金额正确。故要求驳回上诉，维持原判。

被上诉人杨文伟提交宝冶公司出具的证明一份，用以证明被上诉人受伤后多次向上诉人宝冶二十公司主张权利，本案并未超过诉讼时效。

二审裁判结果

上海市第二中级人民法院依照《中华人民共和国民事诉讼法》第153条第1款第1项之规定，于2006年6月30日判决：驳回上诉，维持原判。

二审裁判理由

上海市第二中级人民法院经审理，确认了上海市宝山区人民法院一审认定的事实。另查明，2004年8月31日，宝冶公司出具证明一份，证明被上诉人杨文伟于2000年10月在工作中被上诉人宝冶二十公司生产作业的员工从高空扔下的钢管砸伤头部。宝山区职工劳动能力鉴定委员会于2003年1月14日做出鉴定，结论为工伤致残四级。杨文伟受伤后就伤残赔偿事宜分别向宝冶二十公司和宝冶公司提出索赔。

上海市第二中级人民法院认为：

本案的争议焦点是：因用人单位以外的第三人侵权造成劳动者人身损害，构成工伤的，劳动者在获得用人单位工伤保险赔偿后，又向侵权人提起人身损害赔偿诉讼，请求判令侵权人承担民事赔偿责任的，是否应当予以支持。

《工伤保险条例》第14条规定："职工有下列情形之一的，应当认定为工伤：（一）在工作时间和工作场所内，因工作原因受到事故伤害的；（二）工作时间前后在工作场所内，从事与工作有关的预备性或者收尾性工作受到事故伤害的；（三）在工作时间和工作场所内，因履行工作职责受到暴力等意外伤害的；（四）患职业病的；（五）因工外出期间，由于工作原因受到伤害或者发生事故下落不明的；（六）在上下班途中，受到机动车事故伤害的；（七）法律、行政法规规定应当认定为工伤的其他情形。"该规定明确了应当认定为工伤的法定情形，只要符合上述法定情形，职工所受伤害无论是否由第三人侵权引起，都应当认定为工伤。换言之，是否存在第三人侵权不影响工伤的认定。

《民法通则》第98条规定，公民享有生命健康权。第119条规定，侵害公民身体造成伤害的，应当赔偿医疗费、因误工减少的收入、残废者生活补助费等费用；造成死亡的，并应当支付丧葬费、死者生前扶养的人必要的生活费等费用。因此，第三人侵权造成他人身体伤害的应当承担赔偿责任，被侵害人依法享有获得赔偿的权利。

最高人民法院《关于审理人身损害赔偿案件适用法律若干问题的解释》第12条第1款规定："依法应当参加工伤保险统筹的用人单位的劳动者，因工伤事故遭受人身损害，劳动者或者其近亲属向人民法院起诉请求用人单位承担民事赔偿责任的，告知其按《工伤保险条例》的规定处理。"该条第2款规定："因用人单位以外的第三人侵权造成劳动者人身损害，赔偿权利人请求第三人承担民事赔偿责任的，人民法院应予支持。"根据该规定，劳动者因工伤事故受到人身损害，有权向用人单位主张工伤保险赔偿，如果所受人身损害系因用人单位以外的第三人侵权所致，劳动者同时还有权向第三人主张人身损害赔偿。

因用人单位以外的第三人侵权造成劳动者人身损害，构成工伤的，劳动者因工伤事故享有工伤保险赔偿请求权，因第三人侵权享有人身损害赔偿请求权。二者虽然基于同一损害事实，但存在于两个不同的法律关系之中，互不排斥。首先，基于工伤事故的发生，劳动者与用人单位之间形成工伤保险赔偿关系。国家设置工伤保险制度，目的是为了保障因工作遭受事故伤害或者患职业病的职工获得医疗救治和经济补偿。根据《工伤保险条例》的规定，用人单位应当为本单位全体职工缴纳工伤保险费，因工伤事故受到人身损害的职工有权获得工伤保险赔偿、享受工伤待遇。因此，只要客观上存在工伤事故，就会在受伤职工和用人单位之间产生工伤保险赔偿关系，确认该法律关系成立与否，无须考察工伤事故发生的原因，即使工伤事故系因用人单位以外的第三人侵权所致，或者是由于受伤职工本人的过失所致，都不影响受伤职工向用人单位主张工伤保险赔偿。其次，基于侵权事实的存在，受伤职工作为被侵权人，与侵权人之间形成侵权之债的法律关系，有权向侵权人主张人身损害赔偿。侵权之债成立与否，与被侵权人是否获得工伤保险赔偿无关，即使用人单位已经给予受伤职工工伤保险赔偿，也不能免除侵权人的赔偿责任。综上，因用人单位以外的第三人侵权造成劳动者人身损害，构成工伤的，劳动者具有双重主体身份——工伤事故中的受伤职工和人身侵权的受害人。基于双重主体身份，劳动者有权向用人单位主张工伤保险赔偿，同时还有权向侵权人主张人身损害赔偿，即有权获得双重赔偿。在这种情形下，用人单位和侵权人应当依法承担各自所负的赔偿责任，不因受伤职工（受害人）先行获得一方赔偿，实际损失已得到全部或部分补偿而免除或减轻另一方的责任。

结合本案的实际情况，虽然被上诉人杨文伟获得了其所在单位宝冶公司的工伤保险赔偿，但并不因此而减免上诉人宝冶二十公司的侵权损害赔偿责任。

宝冶二十公司作为本案事故的侵权行为人必须依法承担相应的侵权赔偿责任。宝冶二十公司上诉主张杨文伟已获得工伤保险赔偿，无权再向其要求侵权赔偿，没有法律依据，不予支持。杨文伟作为工伤事故中的受伤职工和侵权行为的受害人，有权获得双重赔偿，宝冶二十公司的侵权赔偿责任并未因此而有所加重。

根据瑞金医院的诊断治疗意见，被上诉人杨文伟需长期服用德巴金和弥凝片。一审法院判决上诉人宝冶二十公司负担杨文伟长期服用上述药物的费用是合理的，宝冶二十公司不同意承担该费用，并无法律和事实依据，不予支持。

本案工伤事故发生后，被上诉人杨文伟多次向上诉人宝冶二十公司主张权利，杨文伟起诉时并未超出法律规定的诉讼时效，故宝冶二十公司上诉称本案起诉已超出诉讼时效并无事实依据，不予采信。

综上，上诉人宝冶二十公司的上诉理由均不能成立。原审法院认定事实清楚，适用法律正确，核定的赔偿范围和确定的赔偿金额适当，应予维持。

3. 对野生动物实施先前行为的人，应否对因该先前行为引起的野生动物伤人承担责任？

如果行为人对野生动物实施了某种危险行为，那么，行为人要对因自己的先前行为所产生的安全隐患承担责任。

典型疑难案件参考

委圈等诉李社等生命权、健康权纠纷案

基本案情

2008年9月20日，三被告将原告委圈家玉米地北头的一棵杨树上的胡蜂窝连同该窝所在的杨树枝锯掉，将该胡蜂窝中的胡蜂幼虫取走后，胡蜂窝被遗留在现场。2008年9月24日上午，受害人康栾和原告王亚琼到地里劳动途经该蜂窝附近时，被大量胡蜂蜇伤。同日，康栾和王亚琼被送至河南科技大学第一附属医院住院治疗。原告王亚琼于2008年9月29日好转出院，期间花去医疗费945.28元。受害人康栾住院治疗11天后，医治无望，于2008年10月6日凌晨出院，并于2008年10月6日凌晨死亡，住院期间支出医疗费51389.24元，该费用经农村合作医疗报销12271.59元。二受害人治疗期间产生本人及护理等相关人员交通费200元，为复印病历等支付打印复印费112.8元。原告委圈、委粉、委云、委麦云、委小云系受害人康栾之子女。康栾生于1932年

7月26日。康栾父母及配偶均死亡于康栾之前。

另查明：根据河南省统计局提供的数据，2007年河南省农村居民人均纯收入为3851.60元/年；农、林、牧、副、渔业职工年平均收入为9534元。原告诉称：2008年9月20日，三被告为了挖胡蜂的幼虫卖钱，将原告委圈家玉米地北头的一棵杨树树梢上的胡蜂窝连同该窝所在的杨树枝锯掉，并丢在该杨树下的草丛中。然后，三被告用药物将该胡蜂窝中的胡蜂赶走后将胡蜂窝中的胡蜂幼虫挖走，遗留下胡蜂窝没有进行清除。三被告离开后，大量胡峰又重新回到了该窝中。2008年9月24日上午，原告王亚琼和受害人康栾途经该蜂窝附近时，被该胡蜂窝上成群的胡蜂蜇伤。康栾因被蜇伤严重，虽花去5万余元医疗费用，终因抢救无效于2008年10月6日死亡。原告王亚琼于2008年9月29日好转出院。原告方认为在这起事件中三被告显然具有过错，且拒绝赔偿，因而诉至法院请求三被告连带赔偿各项损失的70%共计58800元及原告精神抚慰金20000元。

一审诉辩情况

三被告共同辩称：三被告摘除蜂窝是应原告委圈请求的帮工行为。2008年9月17日，委圈给薛平欣打电话请其帮忙摘除玉米地旁杨树上的蜂窝。9月19日，三被告在原告委圈妻子的协助下对该蜂窝进行了处理。当时有委圈母亲、妻子、女儿及同村一名妇女在场观看。被告将蜂窝彻底清除并在远离现场300米的麦场进行处理。同时无论受害人是否为该蜂窝中的毒蜂蜇伤，原告及其亲属均应知道此地有蜂窝。受害人自身没有尽到注意和防范的责任，不应由被告承担责任。该户外蜂窝中的毒蜂系野生动物，而非家庭饲养的动物，摘除蜂窝的过程中被告既不违法也无过错，所以请求驳回原告的诉讼请求。

一审裁判结果

河南省宜阳县人民法院依照最高人民法院《关于审理人身损害赔偿案件适用法律若干问题的解释》第1条、第2条、第4条、第17条、第18条、第19条、第20条、第21条、第22条、第23条、第24条、第29条，最高人民法院《关于确定民事侵权精神损害赔偿责任若干问题的解释》第11条之规定，判决：

一、判令李社、李希停、薛平欣于本判决生效之日起30日内每人赔偿原告王亚琼275.68元；每人赔偿原告委圈、委粉、委云、委麦云、委小云12706.81元；

二、三被告对上述债务相互承担连带清偿责任；

三、驳回原告其他诉讼请求。

一审裁判理由

河南省宜阳县人民法院经审理认为：李社等三被告在采摘胡蜂幼虫时应当充分预见毒蜂的危害性，应当在处理蜂窝时做到干净彻底，防止剩余胡蜂对人攻击。但三被告从树上摘下蜂窝取走蜂蛹后，未将蜂窝消灭或把胡蜂消灭干净，而是将蜂窝置于田间地边，致使胡蜂大量回巢，给事故的发生留下了严重的隐患，与王亚琼及康栾经过此处时被胡蜂蜇伤的损害事实之间具有直接因果关系，且具有明显过错，三被告应承担过错赔偿责任。三被告的行为属于共同危险行为，应承担连带赔偿责任。受害人康栾及王亚琼长期在该地区生活，知道地头有野生胡蜂，在野外劳动时应加强自我保护，避免遭受胡蜂攻击。两人未尽充分注意义务，应减轻三被告的民事责任。法院认为双方的责任比例以被告、受害人6:4为宜。本案中因王亚琼受伤治疗而产生的合理费用为医疗费945.28元，住院伙食补助费6天×10元/天=60元，误工费9354元/年÷365天×6天=156.72元，营养费6天×10元/天=60元，交通费200元÷2=100元，打印费112.8元÷2=56.4元，合计1378.4元。因康栾受伤治疗及死亡给原告造成的损失为医疗费51389.24元-12271.59元=39117.65元，住院伙食补助费11天×10元/天=110元，营养费11天×10元/天=110元，丧葬费9534元/年÷2=4767元，死亡赔偿金3851.60元/年×5年=19273元，交通费200元÷2=100元，打印复印费56.4元，合计63534.05元。原告请求被告赔偿护理费，但未向法庭提供证据证明，法院不予支持。本案中受害人对事故的发生具有过错，原告请求精神损害赔偿不宜支持。三被告应当每人赔偿原告王亚琼1378.4元×60%÷3=275.68元并相互承担连带责任；每人赔偿原告委圈、委粉、委云、委麦云、委小云63534.05元×60%÷3=12706.81元。

二审诉辩情况

一审判决后，双方当事人均不服，向洛阳市中级人民法院提起了上诉。

李社、李希停、薛平欣三人上诉称：（1）一审没有证据证明康栾的死亡是胡蜂蜇伤所致；（2）上诉人并没有在2008年9月20日将位于委圈家玉米地北头一棵树上的胡蜂窝摘除，而是在委圈请求帮忙的情况下于2008年9月19日并在委圈妻子协助下，把树上的蜂窝的树枝锯掉，将树枝和蜂窝带到离玉米地300米外的麦场进行处理，其摘除蜂窝过程中没有过错，上诉人不应当承担赔偿责任。

委圈、委粉、委云、委麦云、委小云上诉称：（1）一审判决责任比例划分不当。（2）因康栾被胡蜂蜇伤后去世，给子女造成极大的精神痛苦，应当赔偿精神抚慰金。(3)原审判决认定的医疗费不应扣除新农合报销的费用，死亡赔偿金应按照2008年度河南农村居民人均收入计算，丧葬费计算错误，上诉人主张的护理费应当支持。

二审裁判结果

洛阳市中级人民法院依据《中华人民共和国民事诉讼法》第153条第1款第3项之规定，判决如下：

一、维持宜阳县人民法院〔2009〕宜莲民初字第17号民事判决书第二、三项；

二、变更宜阳县人民法院〔2009〕宜莲民初字第17号民事判决书第一项为自本判决生效之日起30日内李社、李希停、薛平欣每人赔偿原告王亚琼229.7元；每人赔偿原告委圈、委粉、委云、委麦云、委小云14083.85元。

二审裁判理由

二审查证事实与原审认定事实一致。

洛阳市中级人民法院认为，原审原告之母康栾于2008年9月24日被胡蜂蜇伤入住河南科技大学第一附属医院治疗，2008年10月6日出院，2008年10月6日凌晨死亡，该院诊断证明显示，康栾因胡蜂蜇伤患急性肾功能衰竭、肝损伤（多脏器功能衰竭），病情危重，故可确定康栾之死与被胡蜂蜇伤有直接因果关系，原审被告上诉认为康栾死因不明的上诉理由，法院不予采信。

原审被告上诉称其并没有在2008年9月20日将位于委圈家玉米地北头一棵树上的胡蜂窝摘除，而是在委圈请求帮忙的情况下于2008年9月19日并在委圈妻子协助下，把树上有蜂窝的树枝锯掉，将树枝和蜂窝带到离玉米地300米外的麦场进行处理，其摘除蜂窝过程中没有过错，因其未能提供充分有效的证据证明其主张，故该上诉理由不能成立，法院不予支持。

三原审被告从树上摘下蜂窝取走幼虫后，未将蜂窝消灭，而是将蜂窝置于田间地边，致使胡蜂大量回巢，给事故的发生埋下隐患，与受害人康栾及王亚琼从此处经过时被胡蜂蜇伤的损害事实之间具有直接因果关系，且具有明显过错，应承担相应的责任。因受害人康栾及被上诉人王亚琼长期在该地区生活，知道本地段生活有野生胡峰，并且在摘除胡蜂窝时上诉人委圈的妻子就在现场，二受害人应当知道该蜂窝已被摘除并且该处仍然残留有部分蜂窝，但未尽到充分注意义务，对事故的发生也应当承担相应的责任。综合考虑双方的过错程度，受害人承担事故责任的50%较为妥当。关于精神抚慰金问题，并无不当。原审判决认定的医疗费扣除了新农合报销的费用，因该保险系受害人投保，不能因其得到了保险赔偿而免除三原审被告的赔偿责任。

关于康栾的死亡赔偿金及丧葬费计算标准问题，因一审法庭辩论终结是在2009年，故其死亡赔偿金应按照2008年度河南省农村居民人均收入计算，丧葬费应按照2008年度河南省全省职工月平均工资计算6个月。

4. 在庆典活动中燃放烟花爆竹，意外造成人员受伤，发生人身伤害时，民间社团、联合署名单位、发包人、承揽人、雇主、雇员等各方法律地位与法律责任如何认定？

民间社团不应以正式的社团法人对待，组织者不应科以雇主责任；联合署名单位不应以“仅是挂名单位”作为抗辩事由而免责；发包人不存在定作、指示或选任上的过失，不承担责任；雇主对雇员的侵权行为承担连带赔偿责任。

典型疑难案件参考

郑红英诉林秀琴等人身伤害赔偿纠纷案

基本案情

2007年12月21日下午，中山商业圈古城东路“闽台特色食品街”举行开街仪式，该开街仪式由被告厦门鑫中华投资公司、思明区人民政府中华街道办事处、厦门市思明区经济贸易发展局共同承办。承办方将该开街仪式交由被告厦门乾易广告策划有限公司承揽，由其策划、组织开街仪式的各项活动，其中包括放礼炮和锣鼓队表演活动。开街仪式当天，原告作为“筼筜威风锣鼓队”队员参加活动。由于放礼炮的工作人员即被告肖德知的失误，原告被倒地的礼炮炸伤。原告受伤后即被送往附近医院治疗，医院诊断原告的伤情为小腿前缘踝关节肿胀、局部瘀肿、软组织挫伤，原告至今仍未痊愈。原告因伤先后就诊于厦门市思明区医院、中国人民解放军第一七四医院、厦门思明区梧村骨科医院，被告林秀琴、肖德知为原告支付了2008年4月5日之前的医疗费，其中被告林秀琴为原告支付的医疗费为人民币6936.88元。之后，原告与本案各被告因原告的人身损害赔偿问题协商不成，原告诉至法院。以上事实有原告提交的报纸、照片、门诊病历、病情证明书、医疗费票据、被告林秀琴提交的厦门市医疗机构收费专用票据、被告厦门鑫中华投资公司提交的《协议书》、《闽台食品街开街暨首届闽台中华老字号特色食品展活动方案》、《鑫中华街道古城东路开街明细报价清单》、《〔2008〕厦思资审结字第159号》审核结论以及在案的庭审笔录为证，法院予以确认。

诉辩情况

原告郑红英诉称：其系被告林秀琴所组建的“筼筜威风锣鼓队”的雇员，2007年12月21日下午，中山商业圈古城东路“闽台特色食品街”举行开街仪式，该开街仪式由被告厦门鑫中华投资公司、思明区人民政府中华街道办事处、厦门市思明区经济贸易发展局共同承办，并由承办单位聘请了原告所在的“筼筜威风锣鼓队”参加活动，整个开街仪式放礼炮事宜由被告肖德知负责。

在仪式活动过程中，由于放礼炮工作人员的失误，导致礼炮倒地，炸伤在一旁参加活动的原告。事故发生后，被告林秀琴及队友将原告送往附近的思明医院治疗，经诊断此次事故造成原告双小腿前缘踝关节肿胀、局部瘀肿、软组织挫伤等严重伤害，致使原告无法行走，生活无法自理，需要他人护理。在治疗过程中，医师建议原告在家休息12个月，此次事故虽经过长时间治疗，但至今未愈，还需要继续治疗。在2008年4月5日之前，原告治疗的医疗费由被告林秀琴、肖德知支付，相应的医疗费票据已经交给了被告林秀琴、肖德知。从2008年4月25日开始，上述五被告未向原告支付医疗费等损失。因此，为维护原告的合法权益，特诉至法院。原告诉请：（1）判令被告立即赔偿原告医疗费、交通费、误工费、护理费等各项损失共计44346.3元（附有清单）；（2）判令被告继续承担后续治疗费；（3）由被告承担本案的诉讼费用。

被告林秀琴辩称：（1）其非本案适格被告。答辩人建立的“筼筜威风锣鼓队”系民间业余文化团体，该队参加了厦门市一些社区公益活动。2007年12月21日，厦门乾易广告策划有限公司林总告知答辩人，当天将由厦门鑫中华投资公司、思明区人民政府中华街道办事处、厦门市思明区经济贸易发展局共同举办“古城东路闽台特色食品街”开街仪式，邀请答辩人所在的锣鼓队参加该活动，给予捧场。原告系答辩人的朋友，一起参加公益活动，答辩人也邀请原告一起参加了开街仪式，原告并非答辩人的雇员，双方不存在雇佣关系。当天的开街仪式由厦门乾易广告策划有限公司主持，放礼炮的事宜则由被告肖德知负责。在活动中由于放礼炮工作人员的失误，导致礼炮倒地，将原告炸伤。答辩人不是策划者、组织者，亦非利益获得者，对原告的受伤，也非加害者，故答辩人不是本案的适格被告。（2）答辩人已尽道义上的关心责任，实际垫付了原告前期治疗费用。事故发生后，答辩人将原告送往附近医院治疗，并垫付了原告前期医疗费人民币6936.88元。2008年4月22日又垫付了相关费用，合计人民币 9049.88 元，该事实原告也已确认。由于答辩人不是本案适格被告，不必承担原告受伤所发生的一切费用。至于答辩人垫付的款项，答辩人认为法院应当判决由本案赔偿责任人偿付给答辩人。（3）关于诉讼请求事项。原告的第一项请求中要求被告支付“误工费”，可是据答辩人所知，原告受伤前后均未有工作，没有工可以误，所谓“误工费”从何而来，原告也未对其工作情况进行举证。如果是由他人照顾其伤情而误工，则在护理费中开列，并不等同于“误工费”，不能重复计算。原告第二项请求要求被告承担后续治疗费，没有法律依据。对尚未发生的治疗，原告可在实际进行后续治疗后对所发生的费用另行主张。综上，请求法院驳回原告对答辩人的所有诉求。

被告厦门鑫中华投资公司、思明区人民政府中华街道办事处辩称：鑫中华公司已经委托给“乾易广告”了，是“乾易广告”请了威风表演队来表演，不是我方请的，与被告三、四是没有关系的；原告从来没有告知其受伤，也没有要求我方支付医疗费用；请求法庭对原告所诉的数额依法认定。

被告厦门市思明区经济贸易发展局辩称：被告在本案中无须承担任何责任，原告起诉被告没有法律依据。“古城东路闽台特色食品街”开街仪式系思明区人民政府主办，被告及中华街道办事处承办，由中华街道所辖厦门鑫中华投资公司（以下简称鑫中华公司）具体经办，该公司再与厦门乾易广告策划有限公司（以下简称乾易广告公司）签订承揽协议。此后，乾易广告公司将开街仪式部分业务又分别转给案外人杨兴有负责的施工队和被告林秀琴负责的威风锣鼓队承揽。开街仪式上，因施工队雇请的人员即被告肖德知放炮不慎，致使原告受伤。被告认为，上述事实所涉及的法律关系有：（1）鑫中华公司与乾易广告公司系承揽关系。（2）乾易广告公司分别与杨兴有的施工队和林秀琴的锣鼓队存在转承揽关系。（3）锣鼓队负责人林秀琴与原告系雇佣关系。（4）施工队负责人杨兴有与被告肖德知系管理关系。可见被告并非上述法律关系的当事人。根据最高人民法院规定，杨兴有的施工队雇请的放炮人肖德知致使原告受伤，原告可以请求杨兴有或锣鼓队负责人林秀琴承担损害赔偿责任。但因讼争损害行为并非本案两个或两个以上被告的共同侵权行为，最终的赔偿责任人应是施工队负责人杨兴有，原告遗漏主要当事人而要求其所列的被告共同承担赔偿责任于法无据。另外，根据上述司法解释第 10 条的规定，杨兴有负责的施工队在转承揽工作期间造成他人损害，其定作人原则上不承担责任，而且即便定作人有过错，也牵扯不到被告，因此，原告要求被告承担责任缺乏法律依据，请法院驳回其诉求。此外，被告对原告要求的赔偿项目和赔偿标准等发表以下意见：（1）医疗费。原告证据中第二十五页的发票未写明药品名称及用途，被告认为该发票与本案不具有关联性。同时，原告在医疗机构治疗期间另行外购其他药物，这些药物的服用人不明，不能证明与本案有关联。（2）交通费。原告主张交通费过高，被告认为法庭应以原告就诊次数合理确定。（3）误工费。首先，原告并未构成伤残，亦未能证明近一年没有上班与伤害后果之间的因果关系，主张相应期间的误工费缺乏法律依据。其次，原告并未证明其有固定收入及其收入水平。依据上述司法解释的相关规定，原告以2413元/月计算其误工费，此并非相同或相近行业的平均工资。因此，关于误工费的计算标准应当依法确定。最后，本案系人身损害赔偿纠纷，不是劳动争议工伤赔偿纠纷，不宜以21.75天的月工作天数来换算日工资，且上述司法解释明确规定了误工费按照实际减少的收入计算。因此，误工费日工资应以30天的月天数来计算。（4）护理费。原告所提交的证明无法证明原告失去生活自理能力需要他人护理，主张护理费缺乏依据。

被告厦门乾易广告策划有限公司辩称：（1）其不应对原告承担赔偿责任。其与被告厦门鑫中华投资公司签订承揽合同，约定由答辩人负责古城东路闽台特色食品街开街仪式的策划和组织，答辩人按照《协议书》的要求，制定了活动方案和明细报价清单。随后，杨兴有向答辩人承揽庆典活动具体布置工作，答辩人并向其支付了相关活动费用。2007年12月21日下午的开街仪式过程中放炮事宜具体由被告肖德知负责，而肖德知参与放炮是由杨兴有指派的。答辩人与被告肖德知既无雇佣关系，也没有劳动关系，因此不应对肖德知的行为负责。同时，根据最高人民法院《关于审理人身损害赔偿案件适用法律若干问题的解释》第10条的规定，对于原告的损害，答辩人不承担赔偿责任。本案中，答辩人已将庆典活动具体事宜交给承揽人杨兴有，原告所受人身损害系因放炮人员肖德知的失误造成的，应由杨兴有承担赔偿责任，答辩人在此过程中并没有过失，因此不应承担赔偿责任。（2）原告诉请不符合法律规定。原告在起诉书中将林秀琴、肖德知等一并列为被告，其中将林秀琴列为被告是基于原告所称的其与林秀琴之间的雇佣关系，而将肖德知列为被告则是基于肖德知的民事侵权行为。原告将两种不同性质的法律关系合并在一起向法院提起诉讼的做法不符合法律的规定，请求法院责令原告对其诉讼请求所依据的事实理由进行明确。（3）原告部分赔偿项目不符合法律规定。原告第一项请求中要求被告支付误工费，但原告未对其工作情况进行举证，其所提交的证据中并没有相关的工作证明，因受害人不能举证证明其收入状况，顶多是参照受诉法院所在地相同或者相近行业上一年度的平均工资计算误工费，原告按厦门市社会平均工资标准要求误工费缺乏依据，原告第二项请求中要求被告继续承担后续治疗费，但后续治疗尚未发生，费用无法确定，原告对此也没有提交证据证明后续治疗的必要性，故该诉求依法不应支持。综上，请求法院驳回原告对答辩人的所有诉求。

被告肖德知、杨兴有未提交答辩状及举证且拒不到庭参加诉讼，法院视为其放弃对相关诉讼权利的处分。

裁判结果

厦门市思明区人民法院依照《中华人民共和国民事诉讼法》第64条第1款、第130条、最高人民法院《关于民事诉讼证据的若干规定》第2条、《中华人民共和国民法通则》第119条、最高人民法院《关于审理人身损害赔偿案件适用法律若干问题的解释》第6条、第9条、第17条、第19条、第20条、第21条、第22条的规定，判决如下：

一、被告肖德知应在本判决生效之日起10日内支付原告郑红英医疗费2864.7元、交通费755.9元、误工费26569元、护理费2100元，合计人民币32289.6元；

二、被告厦门乾易广告策划有限公司对被告肖德知以上赔偿义务承担连带责任；

三、驳回原告郑红英的其他诉讼请求。

一审审判后，双方当事人均未上诉。

裁判理由

厦门市思明区人民法院经审理认为，本案双方当事人争议焦点在于：

（一）各方当事人之间的法律关系

1. 原告郑红英与被告林秀琴之间是否存在雇佣关系

法院认为：（1）原告主张其受雇于“筼筜威风锣鼓队”但并未就此举证证实；（2）公民有结社的自由，“筼筜威风锣鼓队”虽未向民政部门登记注册，但并不影响其性质，正如被告林秀琴所抗辩的“是一个松散型的组织而不是经营组织，该队伍是为了活跃社区活动而组织的，其没有固定的办公场所，也没有固定的人员、经费”，因此，被告林秀琴应视为这一临时性的民间自治组织的召集人、联络人、主持人，被告林秀琴与原告均系这一主体的成员，双方之间并非雇佣关系。（3）尽管原告参加本次锣鼓队的活动获得60元左右的报酬，且各队员累加报酬低于锣鼓队从聘请单位取得的报酬（1500元），但原告亦自认每次参加锣鼓队的活动均未如通常的商业行为事先协商报酬，而系在活动后才分得30元、50元不等的金额，据此，更进一步地确认被告林秀琴与原告并非雇佣关系，相关金额亦如被告林秀琴所抗辩的系“车马费、茶水费”，结余款项用于向成员提供服装以及作为开展活动的必要经费开支。

2. 被告厦门鑫中华投资公司、思明区人民政府中华街道办事处、厦门市

思明区经济贸易发展局在本案中的法律地位

经查被告厦门鑫中华投资公司提交的《协议书》、《闽台食品街开街暨首届闽台中华老字号特色食品展活动方案》、《鑫中华街道古城东路开街明细报价清单》、《〔2008〕厦思资审结字第159号》审核结论，结合本案各被告在庭审中的陈述，法院认为，被告思明区人民政府中华街道办事处、厦门市思明区经济贸易发展局虽辩称其只是讼争“开街仪式”庆典活动的挂名单位，但仍应认为其与被告厦门鑫中华投资公司一样均为主办单位。但被告厦门鑫中华投资公司代表主办单位、作为“开街仪式”的具体承办人，已将该项活动承揽给被告厦门乾易广告策划有限公司。被告厦门乾易广告策划有限公司的经营范围包括“礼仪庆典服务”，具有从事“礼仪庆典服务”的相应资质，系适格的合同相对人，由其承揽讼争庆典活动合法有效。在案证据并未体现被告厦门鑫中华投资公司、被告思明区人民政府中华街道办事处、被告厦门市思明区经济贸易发展局在讼争活动中对于被告厦门乾易广告策划有限公司存在定作、指示或者选任上的过失。因此，依照最高人民法院《关于审理人身损害赔偿案件适用法律若干问题的解释》的规定，被告厦门鑫中华投资公司、被告思明区人民政府中华街道办事处、被告厦门市思明区经济贸易发展局在本案中并非侵权主体、赔偿责任人。

3. 被告厦门乾易广告策划有限公司是否将“开街仪式”活动具体布置工作交由被告杨兴有

承揽本案各当事人除被告厦门乾易广告策划有限公司之外均不认可被告厦门乾易广告策划有限公司将“开街仪式”活动具体布置工作交由被告杨兴有承揽，由被告杨兴有具体组织、安排包括放礼炮在内的相关活动的事实。针对该争议事实，被告厦门乾易广告策划有限公司举证一张“收款收据”，其上载明交款单位“乾易公司”、收款单位为“杨兴有”、款项内容为“古城活动布置费用”、收款日期为“2007年12月25日”，本案各当事人均不认可该证据的证明力。

法院认为：(1) 依该证据所载之内容并无法证明举证人所欲证明之内容。(2) 被告厦门乾易广告策划有限公司的该份证据并未得到直接利害关系人即被告杨兴有的确认。(3) 该证据为单一证据，除该证据的提交人的单方陈述之外，并无其他证据予以佐证，该证据不足以证明被告厦门乾易广告策划有限公司将“开街仪式”活动具体布置工作交由被告杨兴有承揽。因此，应认定被告厦门乾易广告策划有限公司没有将“开街仪式”活动具体布置工作交由被告杨兴有承揽。

4. 被告肖德知与被告厦门乾易广告策划有限公司之间的关系

本案各当事人对于被告肖德知系原告受伤的直接侵权人没有异议，但被告肖德知与被告厦门乾易广告策划有限公司之间的关系有不同的意见，其中被告厦门乾易广告策划有限公司认为“开街仪式”过程中放炮事宜虽由被告肖德知直接负责，而被告肖德知系受被告杨兴有所指派，被告厦门乾易广告策划有限公司与被告肖德知既无雇佣关系，也没有劳动关系；本案到庭的其他当事人则认为被告厦门乾易广告策划有限公司与被告肖德知之间为雇佣关系，被告杨兴有未参与其中。

结合以上第 3 点的认定法院认为，被告厦门乾易广告策划有限公司为“开街仪式”活动的承揽人，由其策划、组织、安排了包括放礼炮在内的相关活动，其对于现场相关人员具有管理的职责，对于现场具有相应的安全保障义务。被告肖德知为放礼炮的现场工作人员，显属被告厦门乾易广告策划有限公司的工作人员。即使不存在工作关系，亦属其管理上的重大疏忽，仍应承担相应的责任，因此，应认定被告厦门乾易广告策划有限公司与被告肖德知之间为雇佣关系。

（二）原告因人身损害所遭受的相关损失的赔偿责任主体及方式

基于以上各当事人之间法律关系的认定，法院认为：被告肖德知在从事指派的经营活动中，未尽合理限度内的安全保障义务致使在讼争现场的原告遭受人身损害，两者之间存在因果关系。被告肖德知为本案的直接侵权人，其为被告厦门乾易广告策划有限公司的雇员，其在从事雇佣活动中因重大过失致使原告受伤，依据最高人民法院《关于审理人身损害赔偿案件适用法律若干问题的解释》第 9 条的规定，被告厦门乾易广告策划有限公司与被告肖德知应对原告因人身损害所遭受的相关损失承担连带赔偿责任。此外的各被告均非侵权人，对于讼争事故无须承担赔偿责任。

（三）原告因人身损害所遭受的相关损失的具体项目与金额

1. 医疗费。原告举证第 5 份证据“医药费票据”用以主张其后续治疗的医疗费 2897.2 元。法院认为，查原告前述证据之内容，除该证据之中第 25 页的发票（金额为人民币 32.5 元）未写明药品名称及用途，不应认定外，其余票据均足以确认，故法院认定原告的医疗费总计为人民币 2864.7 元。

2. 交通费。原告举证第 6 份证据中的“交通费票据”用以主张其支付的交通费为 755.9 元。查原告的该证据之内容，交通费的发生地点、时间与原告就医地点、时间相一致，因此，法院认为原告的该部分费用主张于法有据，法院予以支持。

3. 误工费。法院认为，根据原告提交的第 4 份证据“病情证明书”可知原告因伤休息近 12 个月即从 2007 年 12 月 21 日至 2008 年 12 月 3 日，共计 348 天；原告并未举证证明其受伤之前的工作及收入情况，根据现行法律、法规的规定，工费计算标准可以参照受诉法院所在的相同或相近行业上一年度职工的平均工资，鉴于原告在庭审中以每月2300元加以主张可从其主张予以计算，故法院认定原告的误工费为：26569元（2300元/月×11个月+2300元/月÷21.75天×12天=26569元）。

4. 护理费。法院认为，鉴于原告的伤情，原告主张一个月的护理费合情合理，故法院认定原告的护理费为2100元（70元/天×30天=2100元）。

5. 后续治疗费。原告主张是否具有事实及法律依据？被告林秀琴、厦门乾易广告策划有限公司抗辩认为原告的该部分诉请于法无据。法院认为，原告的后续治疗尚未发生，具体费用无法确定，因此，原告可在后续治疗费用实际发生以后，另行起诉主张，被告的抗辩意见于法有据，法院予以采纳。原告的该部分诉讼请求法院不予支持。

综上，法院认为，公民的人身权利不容侵犯；侵害公民身体造成伤害的，相关责任人应当依照法律的规定承担以上所认定的相应赔偿责任。

此外，被告林秀琴认为其为原告支付的前期医疗费人民币6936.88元应当判决由本案赔偿责任人偿付。法院认为，被告林秀琴并未在本案中提起反诉，其可就该笔费用另案起诉主张。

5. 情谊活动中同行者是否负有注意义务？注意义务如何认定？

好友相约自驾游、外出爬山、钓鱼、探险等自助活动，作为一项增进情谊的交友和生活方式，通常相互之间并无权利义务约定，我国目前也没有相关的法律对自助户外活动进行规范。但作为户外自助活动的同行者在特定的情况下负有注意义务。注意义务包括可能导致致害后果的预见义务和为避免行为致害后果发生而应采取积极措施的避免义务。同行者若未尽到注意义务，应认定为存在过失，并应承担相应的侵权责任。

典型疑难案件参考

刘艳等诉郑文辉人身损害赔偿纠纷案

基本案情

苏冬青系原告刘艳的丈夫、原告苏晨阳的父亲、原告林琼珍的儿子。2007

年11月4日，在厦门钓鱼协会会长陈英年的相约下，当日凌晨1点左右，被告郑文辉驾驶登记在郑水科名下的闽DK6719号小型越野客车接完苏冬青后，由苏冬青驾驶闽DK6719号车接陈英年上车，三人一道从厦门出发同车前往福州连江钓鱼，当日早上6点左右，苏冬青、陈英年及被告郑文辉三人到达连江后，每人各自租船分别出海开始钓鱼，直至当日下午5点三人才上岸集中，其间包括午餐在内三人均在各自船上。上岸集中后，陈英年先行坐车离开。被告郑文辉驾驶闽DK6719号车和苏冬青开始从连江返厦，当车驶上沈海（闽）线高速公路后，该车由苏冬青驾驶，被告郑文辉在副座上睡觉休息。当晚7时40分，当车行至沈海（闽）线237KM +300MA道时，与同车道闽A06405/闽A1906挂号重型集装箱车相碰撞，造成苏冬青受重伤抢救无效死亡及两车不同程度损坏的交通事故。2007年11月20日，福建省公安厅交警总队直属高速公路支队福州一大队作出第2009号事故认定书，对事故原因分析为：苏冬青驾驶车辆未与前车保持足以采取紧急制动措施的安全距离是造成事故的根本原因；对事故责任认定为：苏冬青的过错行为违反相关规定，应负本次事故全部责任。事故发生后，被告协助原告办理苏冬青善后事宜垫付5000元，并以慰问金等方式支付给原告30000元。

另查明，苏冬青生前户口在厦门市思明区，系居民户口。原告林琼珍系退休职工，目前每月领取退休金约1200元。苏冬青的父亲苏醒已于1997年4月死亡。

审理中，被告申请的证人陈英年依法出庭作证。证人陈英年陈述如下：之前听说连江钓鱼不错，我就打电话给郑文辉。那天凌晨1点左右，苏冬青开车到渔具店，我就上了苏冬青的车和他们一起去连江。路上苏冬青和郑文辉轮流开车，我没开。早上6点左右到达连江，然后一人租一条船各自出海，到5点集中。整个过程（含午餐）三人都是持续地在船上钓鱼。下午5点，我就坐渔具店的车回来，郑文辉和苏冬青自己开车回来。证人接受法庭质询并回答如下：当天路上我大部分时间在睡觉，不知道他们换了几次。以前去过莆田两三次，三人一起去钓鱼，是朋友关系。当天一人带一个箱子，钓完后东西各自带走。以前去钓鱼车都由他们两人轮流开。钓鱼通常在凌晨出发，确保在天刚亮时上船出海，天黑之前上岸。去莆田经常是两天，连江也一般是两天。当天因钓况不好，所以下午5点就上岸了。钓鱼一天会比较累，头天凌晨出发，在海上要钓一天，一般要抽空打个盹。

一审诉辩情况

原告刘艳、苏晨阳、林琼珍诉称，苏冬青系原告刘艳的丈夫、苏晨阳的父亲、林琼珍的儿子。2007年11月4日，苏冬青在帮被告驾驶闽DK6719号小型越野客车时，发生交通事故，苏冬青在事故中死亡。苏冬青是在为被告提供帮工过程中死亡的，依据法律规定，被告应当承担赔偿责任，但被告拒绝三原告作为赔偿权利人的多次要求，现诉求判令：（1）被告向三原告支付丧葬费14051 元、死亡赔偿金 430060 元、苏晨阳的抚养费 49140 元、林琼珍的抚养费 27300 元、精神损害抚慰金 10000 元，共计 530551 元。（2）被告承担本案全部诉讼费用。

被告郑文辉辩称，被告与苏冬青及闽 DK6719 号车主郑水科因爱好钓鱼，在共同钓鱼过程中认识，三人系朋友关系。交通事故发生前，苏冬青曾向郑水科借用闽 DK6719 越野车，与被告及厦门钓鱼协会会长陈英年等三人共同前往莆田等地钓鱼。2007 年 11 月 4 日，陈英年与被告及苏冬青共同乘坐闽 DK6719 车辆前往福州连江钓鱼，当晚 7 点左右，苏冬青驾驶闽 DK6719 车辆与被告返厦途中，因驾驶不慎，导致闽 DK6719 车辆受损及苏冬青本人死亡的交通事故，经交警部门认定，苏冬青应对本起交通事故负全部责任。交通事故发生后，被告先后给了原告 4 万元慰问金。本案不存在苏冬青帮被告开车的情况，被告亦有合法驾照。苏冬青对过错的发生具有完全过错责任，事故结果与被告无关。原告要求被告承担赔偿责任，缺乏事实和法律依据，请求驳回原告的全部诉求。

一审裁判结果

厦门市思明区人民法院依照《中华人民共和国民事诉讼法》第 64 条第 1 款、《中华人民共和国民法通则》第 106 条第 2 款、第 119 条、最高人民法院《关于审理人身损害赔偿案件适用法律若干问题的解释》第 17 条第 3 款、第 18 条的规定，判决如下：

一、被告郑文辉应于本判决生效之日起 10 日内赔偿给原告刘艳、苏晨阳、林琼珍 84051.7 元（其中苏冬青的死亡赔偿金 430060 元、丧葬费 14478 元、被抚养人苏晨阳生活费 49140 元，共计 493678 元 × 15%，精神损害抚慰金 10000 元），被告已支付的 35000 元，可从上述款项中予以抵扣；

二、驳回原告刘艳、苏晨阳、林琼珍的其他诉讼请求。

一审裁判理由

厦门市思明区人民法院认为，本案双方当事人争议焦点为：苏冬青的驾驶行为是否系为被告提供帮工；被告对苏冬青的死亡是否存在过错事由；损害赔偿的范围。

焦点一：苏冬青的驾驶行为是否系为被告提供帮工

原告认为，苏冬青是在为被告提供帮工过程中死亡的，被告应当依据最高人民法院《关于审理人身损害赔偿案件适用法律若干问题的解释》第14条的规定承担赔偿责任。被告认为，其与苏冬青以往就认识，系朋友关系，之前还去过其他地方钓鱼。闽DK6719号车不是其所有，其也拥有合法驾照，事发当日，其与苏冬青轮流开车，事故原因系苏冬青驾驶不慎所导致，过错责任在苏冬青本人，与被告无关。

法院分析认为，帮工通常是指没有法定或者约定的义务，不要求任何形式的直接报酬或其他对待给付，为他人的事务提供帮助的行为。本案从被告与苏冬青的关系看，两人之前已通过钓鱼及生意介绍认识，并且还去过莆田等地方钓鱼；从闽DK6719号车辆的机动车登记情况、责任强制保险单、车辆行驶证等，可以证明交通事故发生时，该车车主应为郑水科，没有证据表明被告系闽DK6719号车主；从11月4日当天往返途中车辆的驾驶情况看，虽然原告对证人陈英年所作的从厦门往福州连江途中由被告与苏冬青轮流驾驶的陈述持有异议，但没有证据表明当天往返途中车辆的驾驶全部由苏冬青一人完成，相反出发前接苏冬青及开始返厦上沈海高速前的路程，系由被告驾驶该车辆；从苏冬青当天活动的整个过程看，其自带渔具，到达目的地后与被告等其他钓友每人各自租船分别出海钓鱼，并同时上岸，出海钓鱼应是其此行的主要目的。综上，苏冬青的驾驶行为不能认定为提供帮工，而是其与被告等人为共同完成出海钓鱼这一户外活动而实施的互惠互利的情谊活动。

焦点二：被告对苏冬青的死亡是否存在过错事由

原告认为，苏冬青在帮工过程中死亡，被告作为被帮工人应承担无过错责任。即使交警认定苏冬青负事故全责，也不影响原告向被告要求赔偿的权利。被告认为，苏冬青因驾驶不慎，导致车辆受损及苏冬青本人死亡的交通事故，对结果的发生具有完全过错责任，事故结果与被告无关。

法院分析认为，夜晚在高速公路上驾驶是一项较为危险的活动。从原、被告双方的证据和证人的陈述可以确认，苏冬青与被告事发当日自凌晨1点左右出发到19点40分事发，已近20个小时，扣除途中行车时间，两人从早上6点出海到下午5点上岸持续11个小时一直在船上钓鱼，即使行车途中和钓鱼中间有打盹小憩，上岸后身心已明显处于疲惫状态，但两人没有按通常做法，即在当地过夜休息后隔天返回，而是不顾身体疲劳，连夜从高速公路驾车返回，这无疑大大增加了夜间高速行车所可能发生危险的概率。对此，苏冬青和被告郑文辉均作为具有一定驾驶经验的成年人，应当是相当清楚的。苏冬青在当时境况下仍执意在高速路上驾驶车辆，且未与前车保持足以采取紧急制动措施的安全距离，造成车辆损坏和自身死亡的交通事故，其过错是显而易见的。但应当注意的是，被告作为唯一与苏冬青同车同行的人，在当时双方均已长时间未休息、身体疲劳且在夜间高速行车的情况下，作为同样具有驾驶经验的人，此时的被告负有高度的注意义务，包括对苏冬青夜间疲劳高速行车行为可能导致致害后果的预见义务和为避免行为致害后果发生而应采取积极措施的避免义务，应当谨慎提醒，或采取要求住宿、停车休息等相互保护措施，但在两人同车同行这一特定的环境中，被告没有尽到同行同车应尽的提醒、注意义务，而是自己在副驾驶座上睡觉，对苏冬青在当时境况下的驾驶行为持放任或疏忽大意的态度，其不作为与交通事故的发生之间存在相当的因果关系，故法院认定被告对苏冬青的死亡存在一定的过错。

焦点三：损害赔偿的范围

1. 死亡赔偿金。原告主张，死亡赔偿金应按厦门市 2007 年度城镇居民人均可支配收入的 20 年计算，共计 430060 元。被告则认为，死亡赔偿金应当适用事故发生地连江的赔偿标准。法院认为，依照我国民法通则及相关司法解释的规定，受害人死亡的，赔偿义务人应当支付死亡赔偿金。根据原告提供的苏冬青的户籍资料，苏冬青系城镇居民，故死亡赔偿金应按一审法庭辩论终结时的上一统计年度厦门市城镇居民人均可支配收入标准，按 20 年计算。原告要求按厦门市 2007 年度城镇居民人均可支配收入的 20 年计算支付死亡赔偿金 430060 元是合理的，应予以确认。

2. 丧葬费。依照我国《民法通则》及相关司法解释的规定，丧葬费按法院所在地上一年度职工月平均工资标准，以 6 个月总额计算。原告主张丧葬费应按 2007 年度厦门市职工月平均工资的 6 个月计算赔偿是合理的，但数额应为 14478 元。

3. 抚养费。原告主张林琼珍的扶养费为 27300 元，苏晨阳的抚养费为 49140 元（按 2007 年厦门市城镇居民人均消费性支出标准 16380 元计算，除以扶养人 2 人，共计 6 年）。法院认为，被抚养人是指受害人依法应当承担扶养义务的未成年人或者丧失劳动能力又无其他生活来源的成年近亲属。原告林琼珍系退休职工，有其他生活来源，原告现要求被告赔偿林琼珍的扶养费，缺乏相应法律依据，本院不予支持。依照我国相关司法解释的规定，被抚养人苏晨阳的生活费可根据厦门市上一年度城镇居民人均消费性支出标准计算，计至 18 周岁。苏晨阳另有一扶养人刘艳。原告要求被告按 2007 年度厦门市城镇居民人均消费性支出标准 16380 元的一半计算支付苏晨阳的 6 年的生活费至其 18 周岁时止，共计 49140 元，是合理的，应予支持。

综上事实，法院认为，苏冬青与被告郑文辉等人在共同实施出海钓鱼这一项增进情谊的户外活动中，作为均具有一定驾驶经验的成年人，在当时双方均已长时间未休息、身体疲劳且在夜间高速行车的情况下，苏冬青仍执意在高速路上驾驶车辆，且未与前车保持安全距离，造成其自身死亡的交通事故，故苏冬青对其自身的死亡应承担主要责任，即85%的责任。被告郑文辉作为唯一与苏冬青同车同行的人，在当时特定的情况下，应当谨慎提醒，或采取要求住宿、停车休息等相互保护措施，但被告没有尽到同行同车应尽的提醒、注意义务，即在夜间疲劳高速行车的危险状态之中尽到谨慎提醒和采取积极有效措施避免或者减轻致害后果发生的义务，而是自己在副驾驶座上睡觉，其不作为与交通事故的发生之间存在相当的因果关系，对苏冬青的死亡存在一定的过错，应承担相应的民事责任，即15%的责任。被告郑文辉的行为给苏冬青的家属即原告造成了较严重的精神伤害，原告要求精神损害赔偿是合法的，应予支持。精神损害抚慰金的数额应综合考虑苏冬青过失责任大小、被告郑文辉过错程度及两人过失行为所造成的后果，并参照本地区一般标准酌定，原告诉求精神损害抚慰金10000元是合理的。

6. 人身损害纠纷发生后，当事人之间的“私了”协议有无法律效力？

当事人之间的“私了”协议只要未违反法律法规强制性规定，不存在依法可撤销的事由，属于当事人的真实意思表示，就应当认定具有法律效力。

典型疑难案件参考

张云英等诉厦门悦声通讯器材有限公司、张建富、厦门象屿保税区管理委员会生命权、健康权、身体权纠纷案

基本案情

2007年9月13日，以悦声公司为发包方与以张建富为承包方的双方签订《施工协议书》，约定由悦声公司将其厂房D幢4A单元车间布电、防静电工程、电力桥架移动、旧厂房的电缆拆除工程包工包料发包给张建富施工，双方对各自权利义务、工期等作出相应约定。协议签订后，张建富雇用伍小斌等人依约对悦声公司厂房的上述工程进行实际施工。2007年10月6日，因悦声公司其他工作人员将电闸打开但没有告诉伍小斌，致使伍小斌在施工过程中触电身亡。厦门市湖里区安全生产监督管理局对伍小斌的死亡进行了调查，并对事故作出认定，认定伍小斌无证带电操作，违规穿拖鞋上班，对事故负有直接责

任，因在事故中死亡，不予追究事故责任；悦声公司将水电改造承包给没有水电施工资质的个人施工，对事故负有一定责任；象屿管委会下属的建设处疏于管理，对事故负有管理责任。

2007 年 10 月 11 日，原告与悦声公司签订《协议书》一份，约定悦声公司同意支付原告补偿款 200000 元；原告承诺放弃一切诉权，保证不以任何形式、任何理由就伍小斌死亡一事向悦声公司要求其他任何费用、补偿及赔偿，主张任何权利，因此给悦声公司造成损失的，原告应承担赔偿责任。协议签订后，悦声公司已经依约支付原告 200000 元的补偿款。

另查明：张建富和伍小斌均没有水电施工资质。悦声公司系象屿管委会辖区的企业。

一审诉辩情况

原告诉称：2007 年 9 月 13 日，悦声公司与张建富签订《施工协议书》，由悦声公司将其厂房 D 幢 4A 单元车间布电、防静电等工程发包给张建富施工。2007 年 10 月 6 日，经悦声公司同意，张建富雇用受害人伍小斌进入现场施工。因悦声公司其他工作人员将电闸打开但没有告诉伍小斌，致使伍小斌在施工过程中触电身亡。2007 年 10 月 9 日，悦声公司聘请律师与原告协商人身损害赔偿事宜，悦声公司同意赔偿原告 20 万元。2007 年 10 月 11 日，原告在天衡律师事务所内，在悦声公司律师提供的事先打印好的协议书上签名按手印。原告认为伍小斌遭受人身损害一事，悦声公司作为发包人已明知张建富没有电力施工资质和安全生产条件，却将工程发包给张建富，因此，悦声公司应与张建富承担连带赔偿责任。原告与悦声公司已签订的协议书内容显失公平，应当予以撤销。根据厦门市湖里区安全生产监督管理局作出的事故调查报告，象屿管委会对事故负有管理责任。为此，原告请求法院判令：（1）撤销原告与悦声公司于 2007 年 10 月 11 日签订的《协议书》；（2）三被告连带赔偿原告丧葬费 14480.5 元、死亡赔偿金 430060 元、被抚养人生活费 303030 元、精神损害抚慰金 100000 元，扣除悦声公司已支付的 200000 元，实际赔偿 647570.5 元。

被告厦门悦声通讯器材有限公司辩称：（1）原告与悦声公司于 2007 年 10 月 11 日签订的《协议书》，系双方当事人的真实意思表示且内容符合有关法律规定，合法有效，应受法律保护。（2）原告在诉状中陈述有与事实严重不符之处。悦声公司将施工项目全部承揽给张建富施工，明确约定施工方应加强现场管理，注意现场安全，并承担安全责任等，施工组织及人员安排由张建富作为承揽方全权负责。悦声公司应受害人家属的强烈要求与其签订协议书，在签订过程中不具有绝对的垄断地位，协议书与现实生活中的格式合同相去甚远。根据有关司法解释，双方当事人签字或者盖章的调解协议具有民事合同性质，当事人应当按照约定全面履行自己的义务，不得擅自变更或撤销。（3）《协议书》是原告与悦声公司签订的，张建富并没有作为协议主体。悦声公司已经支付20万元，已远超过应承担的赔偿份额，不构成显失公平，原告若认为赔偿不足，可以向张建富主张。（4）受害人伍小斌无电工操作证，且违规带电作业，对事故的发生负有重大过错，依法应当减轻或免除赔偿义务人的赔偿责任。

被告张建富辩称：（1）虽然伍小斌系我雇用的工人，我和悦声公司对他的死都应负责，但最终责任应该由悦声公司承担。（2）我与悦声公司是承包责任，虽然合同约定出现事故责任由我自负，但厂房临时增加的工程我不在场，因此我不同意自负。（3）湖里安全生产监督局也没有认定我要负什么责任。

被告厦门象屿保税区管理委员会辩称：（1）象屿管委会系厦门市人民政府的派出机构，对行政管理相对人无偿行政服务，不构成对任何行政管理相对人的承诺或保证，且张建富与原告之间无任何合同或其他法律和事实上权利义务关系，将象屿管委会列为民事诉讼被告于法无据。（2）原告所依据的《事故调查报告》是一份待审定的倾向性意见文件，不具有结论性的证明力。（3）导致事故的装修工程，系建设单位未经申请许可或备案，象屿管委会不知悉的小装修工程。综上，应当驳回原告对象屿管委会的起诉。

一审裁判结果

厦门市湖里区人民法院依照《中华人民共和国民事诉讼法》第64条第1款，《中华人民共和国民法通则》第5条、第98条、第119条、第131条、第134条第1款第7项，最高人民法院《关于审理人身损害赔偿案件适用法律若干问题的解释》第1条、第11条、第17条、第18条、第27条、第28条、第29条、第35条的规定，做出如下判决：

一、被告张建富应于本判决生效之日起10日内，赔偿原告张云英、伍佰鑫、伍泽清、康德英损失30万元；

二、驳回原告张云英、伍佰鑫、伍泽清、康德英的其他诉讼请求。

如果被告张建富未按本判决指定的期间履行给付金钱义务，应当依照《中华人民共和国民事诉讼法》第232条之规定，加倍支付迟延履行期间的债务利息。本案案件受理费10276元，减半收取计5138元，由被告张建富负担。

一审判决后，原、被告均未提出上诉。该判决业已生效。

一审裁判理由

厦门市湖里区人民法院审理认为：

1. 关于原告与悦声公司签订的《协议书》是否显失公平，是否应予撤销的问题。

厦门市湖里区人民法院分析认为，民事行为显失公平的，一方当事人有权请求人民法院或仲裁机构予以撤销或变更。一方当事人利用优势或者利用对方没有经验，致使双方的权利义务明显违反公平、等价有偿原则的，可以认定为显失公平。本案中，原告与悦声公司签订的《协议书》，有四原告的签名及手印，有悦声公司的盖章，属于双方当事人的真实意思表示。悦声公司聘请了律师，并不必然导致协议不公平，悦声公司没有利用自己的优势以及原告没有经验而签订该协议，该协议不属于显失公平的合同。且在签订本协议的过程中，不存在合同可撤销的其他情形如欺诈、胁迫、乘人之危等，所以该协议不属于可撤销合同的范围。对于原告的该项诉讼请求，该院没有采纳，该协议内容真实有效，具有法律效力。

2. 关于协议书第 4 条第 4 款是否属于格式条款，是否应当认定无效的问题。

厦门市湖里区人民法院认为：格式条款是当事人为了重复使用而预先拟定，并在订立合同时未与对方协商的条款。采用格式条款订立合同的，提供格式条款的一方应遵循公平原则确定当事人之间的权利和义务，并采取合理方式提请对方注意免除或者限制其责任的条款，按照对方的要求，对该款予以说明。本案中，《协议书》是在双方当事人协商一致、意思表示真实的情况下签订的，原告在协议书上均签了名，领取第 4 笔款项时，原告还亲笔书写了一遍协议内容，说明原告对该协议的各款内容均是认可的，不存在悦声公司单方拟定的情形，该协议不属于格式合同，协议书第 4 条第 4 款不属于格式条款。故原告关于该条款系格式条款应当认定无效的主张，与事实不符，该院没有支持。

3. 关于原告要求 647570.50 元赔偿款的事实法律依据问题。

（1）关于丧葬费的问题。厦门市湖里区人民法院认为，丧葬费应按照受诉法院所在地上一年度职工月平均工资标准，以 6 个月总额计算。经查，厦门市 2007 年度职工月平均工资标准为 2413 元，以 6 个月总额给付原告丧葬费即为 14478 元。

（2）关于死亡赔偿金的问题。厦门市湖里区人民法院分析认为，根据原告提交的身份证、户口本等，证明受害人伍小斌是城镇居民，死亡赔偿金以厦门市上年度人均可支配收入 21503 元为标准按 20 年计算，即为 430060 元。

（3）关于被抚养人生活费的问题。厦门市湖里区人民法院认为，被抚养人是指受害人依法应当承担抚养义务的未成年人或者丧失劳动能力又无其他生活来源的成年近亲属。被抚养人生活费根据抚养人丧失劳动能力程度，按照受诉法院所在地上一年度城镇居民人均消费性支出和农村居民人均年生活消费支出标准计算。被抚养人为未成年人的，计算至18周岁；被抚养人无劳动能力又无其他生活来源的，计算20年。被抚养人伍佰鑫户籍地为福建省厦门市，于2006年8月12日出生，因伍佰鑫尚有其母亲张云英抚养，应按照2007年厦门市城镇居民人均消费性支出标准16380元计算16年再除以2；受害人的父亲伍泽清因有退休金，原告已当庭撤回对其扶养费的诉求；受害人的母亲康德英于1952年1月15日出生，应认定为无劳动能力，计算20年。康德英原户籍为福建省邵武市拿口镇，2008年1月21日迁入福建省厦门市，本案受诉时间为2008年9月19日，被抚养人康德英的抚养费应以2007年度厦门市城镇居民人均消费性支出标准16380元计算。又，伍小斌有一姐姐伍丹，故其母亲应由两姐弟共同赡养。综上，被抚养人康德英的抚养费为：16380元/年×20年÷2=163800元依法被扶养人有数人的，年赔偿总额累计不超过上一年度城镇居民人均消费性支出额，故被抚养人生活费应为（16380×16）+［（16380×4）÷2］=262080+32760=294840元。

（4）关于精神抚慰金的问题。厦门市湖里区人民法院认为，精神损害赔偿的性质是对精神损害的物质赔偿，在一定程度上抚慰受害人及其亲属的精神痛苦，使其痛苦得到一定程度的缓解的财产赔偿责任。本起事故造成伍小斌死亡的后果，在一定程度给其家属造成精神痛苦，但由于伍小斌对其死亡负有一定的过错，故原告主张精神损害抚慰金100000元过高，本院酌情支持50000元。

4. 关于悦声公司是否应当承担责任的问题。

厦门市湖里区人民法院分析认为，根据悦声公司与张建富于2007年9月13日签订的《施工协议书》，悦声公司与张建富之间的协议性质为建设工程合同。根据《最高人民法院关于审理人身损害赔偿案件适用法律若干问题的解释》第11条的规定：雇员在从事雇佣活动中因安全生产事故遭受人身损害，发包人、分包人知道或者应当知道接受发包或者分包业务的雇主没有相应资质或者生产安全条件的，应当与雇主承担连带赔偿责任。本案中，发包人悦声公司明知张建富没有相应资质而将工程发包给其施工，张建富又明知受害人没有相应资质而招揽其作为工人，导致受害人死亡的严重后果，该院认为，悦声公司与张建富应就受害人伍小斌的死亡承担连带责任。对于原告的此项请求，该院予以支持。

5. 关于象屿管委会是否应当对原告损失承担赔偿责任的问题。

厦门市湖里区人民法院认为，象屿管委会系厦门市人民政府的派出机构，对保税区的行政事务实行统一管理，在保税区内行使市政府行政管理方面的职能。我国现行法律法规并没有行政管理机关必须对各自管辖区内事故承担民事赔偿责任的相关规定，象屿保税区管理委员会与事故死者、原告之间无任何合同或其他法律和事实上的权利义务关系。对于厦门悦声通讯器材有限公司所发生的该起事故，象屿管委会建设处没有任何故意或过失，事故本身与象屿管委会不存在任何事实上或法律上的因果关系。原告关于象屿管委会与悦声公司、张建富连带赔偿原告损失的诉讼请求，证据不足，该院没有支持。

7. 侵权人对直接受害人以外的第三人造成的间接损害是否承担责任？

我国法律所保护的间接受害人仅指死亡受害人的近亲属以及其生前依法承担扶养义务的被扶养人，残疾受害人丧失劳动能力前依法承担扶养义务的被扶养人，但在解释上，可以允许健康权受损的间接受害人享有人身损害赔偿请求权。

典型疑难案件参考

林玉暖诉张建保等人身损害赔偿纠纷案

基本案情

2005 年 4 月 17 日下午，被告张建保接到“阿溜”电话告知，其亲戚在本市黄厝路 38 号厦门中卉生物工程有限公司办公室内被人殴打。被告张建保立即前往该处，在办公室内与“阿溜”等两人殴打原告的儿子曾燕斌，致曾燕斌头部受伤倒地，血流满面。此时，原告进入办公室，看到此情形，当即昏厥，被送医救治，住院 12 天。另查明：原告原罹患有病态窦房结综合征、高脂血症、老年性退行性心瓣膜病等疾病。

诉辩情况

原告诉称：2005 年 4 月 17 日下午，被告黄继安因与厦门中卉生物工程有限公司产生经济纠纷，纠集张建保、何坛玉等数人到厦门中卉生物工程有限公司，用铁棍殴打曾燕斌致八级伤残。恰值曾燕斌的母亲林玉暖在场，精神受到严重刺激，昏倒在地，和儿子一起被紧急送医，住院治疗 12 天，又两次复诊，共花医疗费 6451.15 元。原告请求：三被告赔偿原告医疗费 6451.15 元、护理费 600 元、住院伙食补助费 720 元、营养费 600 元，计 8371.15 元；三被告赔偿原告精神损害抚慰金 10000 元；三被告承担连带赔偿责任。

被告张建保辩称：2005 年 4 月 17 日，被告张建保打伤了曾燕斌，但其与黄继安、何坛玉并不认识，原告当时也不在现场。

原告提供的证据表明原告自身有多种疾病，原告入院治疗发生的损失是由于原告的器质性心脏病导致脑部缺氧引起昏厥，与被告无关；原告不能举证证明被告对原告实施了侵权行为并且其损害后果与被告行为有因果关系，因此，原告的诉讼请求应予驳回。

被告黄继安辩称：生效的刑事裁定已认定其不是致害人，与本案没有关系；原告没有任何证据证明事发时其在现场，也不能证明损害后果与侵权行为之间的因果关系，其疾患均是其自身原有的疾病；原告提供的证据不具有完整性，还将曾燕斌的医疗费票据作为损失，其主张不应得到支持。综上，被告黄继安认为应驳回原告对黄继安的起诉。

被告何坛玉没有答辩。

裁判结果

法院根据《中华人民共和国民事诉讼法》第 64 条第 1 款、第 130 条，《中华人民共和国民法通则》第 106 条第 2 款，最高人民法院《关于审理人身损害赔偿案件适用法律若干问题的解释》第 18 条第 1 款、第 19 条第 1 款、第 21 条第 1 款、第 23 条、第 24 条的规定，判决如下：

一、被告张建保应自本判决生效之日起 10 日内支付原告人身损害赔偿金 1554. 23 元及精神损害抚慰金 2000 元；

二、驳回原告林玉暖对被告黄继安、何坛玉的诉讼请求。

裁判理由

法院认为，所谓间接受害人，是指侵害行为直接指向的对象以外因法律关系或者社会关系的媒介作用受到损害的人。本案中，受到直接伤害的是曾燕斌，原告作为曾燕斌的母亲目睹儿子被殴致血流满面而昏厥，是间接受害人。虽然，我国法律所保护的间接受害人仅指死亡受害人的近亲属以及其生前依法承担扶养义务的被扶养人，残疾受害人丧失劳动能力前依法承担扶养义务的被扶养人，但在解释上，可以允许健康权受损的间接受害人享有人身损害赔偿请求权。

1. 关于本案中加害人的确定。根据本案查明的事实，被告张建保是本案的加害人，原告无法举证证明被告黄继安、何坛玉实施了直接加害行为，也无法举证证明黄、何两人纠集指使被告张建保实施加害行为，原告应承担举证不能的后果。原告主张被告张建保是受被告黄继安雇用，被告黄继安应承担雇主赔偿责任。但张建保实施的加害行为显然不是职务行为，由此产生的损害不应由被告黄继安承担。

2. 关于本案的赔偿范围。被告认为，原告的医疗费中有笔589元的单据上书写为“林玉兰、曾燕斌”，姓名不符，应予扣除。法院认为，该笔费用因事发当日医院急救而产生，姓名不符为笔误，因此，该费用应列入赔偿范围。原告诉求中的营养费600元没有医疗机构的证明，法院不予采信。原告由于自身年老，又患有疾病，目睹儿子血流满面而昏厥，儿子受伤是外因，主要原因是原告自身患有疾病，因此，被告张建保应承担原告损失的20%的赔偿责任。原告损失为：医疗费6451.15元＋护理费600元＋住院伙食补助费720元＝7771.15元，被告应承担1554.23元。另外，原告目睹儿子血流满面，精神必定痛苦，有抚慰的必要，法院酌定精神损害抚慰金2000元。

8. 既不属于共同侵权行为又不属于一般侵权行为致人伤害的案件，损害赔偿责任如何分配？

共同危险行为也称准共同侵权行为，它是指两人或两人以上共同实施有侵害他人权利的危险行为，对所造成的损害后果不能判明谁是加害人的情况。《民法通则》只有一般侵权行为和共同侵权行为责任规定，没有共同危险行为概念。如果先后受到两次外力伤害，但无法明确哪一次伤害是导致其受伤的直接原因，两侵权人则没有共同故意，不能以共同侵权行为规则处理。实践中为更好地救济受害人、维护社会基本公平正义观念，可以对《民法通则》第106条第2款“公民、法人由于过错侵害国家的、集体的财产，侵害他人财产、人身的应当承担民事责任”之规定进行相应变通适用，判定被告承担一定责任。

典型疑难案件参考

张晓刚诉青岛商业职工中等专业学校等人身伤害赔偿案

基本案情

原告张晓刚原系被告青岛商业职工中等专业学校2003级6班学生。4月21日下晚自习宿舍熄灯后，原告张晓刚陪同学高阳一起去向某女生要感冒药，并在学生宿舍楼内楼梯口处大喊楼上该女生名字，405室内已上床休息的被告鲁大陆对其喊叫进行多次制止无效，便出门搂着原告张晓刚的脖子将他拖进405室进行踢打，后原告张晓刚自行走回宿舍休息。第二天（4月22日）早自习前，原告张晓刚的同学纪林、张腾因故把张晓刚叫到操场处，对其进行了踢打，后张晓刚回教室上课。下第二节课后，张晓刚回到胶州老家。4月27日原告到胶州市人民医院就诊，被确诊为轻度颅脑外伤：1. 脑震荡；2. 头外伤。4月28日原告张晓刚与其父亲张洪卫一同到被告青岛商业职工中等专业学校，学校将鲁大陆的父亲鲁中辉通知到学校，对鲁大陆伤人事宜进行协商，鲁大陆的父亲鲁中辉拿出600元交给张洪卫以示赔偿，原告父亲收下后，鲁大陆进门称，张晓刚头部外伤系他人所致与其无关。4月28日原告到中国人民解放军四〇一医院就诊，并住院5天，入院、出院诊断均为脑震荡。此间共发生医疗费3509.78元。2004年10月，原告到纠纷发生地公安派出所进行报案，公安派出所接报案后，到学校向有关同学进行了调查，并制作了调查笔录，未再对原告之伤进行法医鉴定。

另质证查明，被告青岛商业职工中等专业学校为加强学校管理保障学生人身安全，制定了《学生安全教育及管理暂行规定》、《学生住宿管理规定》、《学生宿舍管理条例》等一系列规章制度并对学生进行宣讲，其中《学生住宿管理规定》在每个宿舍内均有张贴。该打架斗殴的行为违反了学校规章制度。学校得知后做了相应的工作及处理，防止了事态的扩大。

诉辩情况

原告诉称，2004年4月21日晚，原告在第一被告青岛商业职工中等专业学校上晚自习时被第二被告鲁大陆打伤，请求判令二被告共同赔偿原告各种损失共计4852.78元，本案诉讼费及其他费用由被告负担。

被告青岛商业职工中等专业学校辩称：（1）我们已尽管理职责，对原告所遭受的人身损害没有过错。（2）原告打架斗殴的行为严重违反了我校的规章制度，所受伤害完全是个人行为所致，与学校无关。请求依法驳回原告对被告青岛商业职工中等专业学校的诉讼请求。

被告鲁大陆辩称：原告起诉主张的事实与其没有关系，因为其当时没有碰原告的头，原告的头是第二天一早和其他同学打架致伤，与其无关。要求驳回原告的诉讼请求。

鲁中辉辩称：（1）他认为4月21日第二被告鲁大陆确实和原告张晓刚打过架，但是第二被告没有打原告头。（2）4月22日原告是和别人打架伤的头，下午原告回了胶州。认为他和原告之间的纠纷已经解决完了。

裁判结果

青岛市四方区人民法院依照最高人民法院《关于民事诉讼证据的若干规定》第 2 条的规定，判决：驳回原告的诉讼请求。

一审宣判后，双方当事人均未上诉，一审判决已发生法律效力。

裁判理由

青岛市四方区人民法院经审理认为：原告被伤害且造成脑震荡的损害后果事实清楚。但是按照人身损害赔偿案件的构成要件，原告作为赔偿权利人要求被告承担赔偿义务人的赔偿责任，必须证明被告是有过错的赔偿义务人并实施了侵权行为、造成了损害后果、侵权行为与损害后果之间有因果关系，四要件缺一不可。综合庭审质证情况，可以认定原告张晓刚在 2004 年 4 月 21 日晚间熄灯后因在宿舍楼内大声喊叫被被告鲁大陆拖至 405 室踢打，后自行走回宿舍休息。又因故于 4 月 22 日上早自习前被同学纪林、张腾叫到操场推搡、踢打。原告接连二次被踢打后，均未报告老师或直接去医院就诊，而是自行回到教室，待上完两节课后回胶州老家，4 月 27 日方去医院就诊，诊断为脑震荡。

本案中，原告提交的证据只能证明侵权行为已经为其造成损害后果，而对被告鲁大陆是该损害后果的唯一侵权行为人仅凭原告个人口述，并没有证据加以证明，即不能确认被告鲁大陆是导致原告脑震荡直接责任人。诉讼中，根据证人证言、公安派出所调查笔录，可以确认原告张晓刚在短时间内身体受到过两次踢打，但不能证明是哪一次踢打伤及的头部或是导致脑震荡的直接原因。因原告在本案审理过程中未提出追加其他侵权人为被告的申请，法院无法查清损害行为事实及鲁大陆责任大小及应承担的赔偿比例。因此不能仅凭原告单方述说简单推定原告头部受伤是被告鲁大陆一人伤害所致，从而认定鲁大陆是原告的赔偿义务人。为此，原告要求判令被告鲁大陆、鲁中辉赔偿其损失的主张，法院依法没有支持。

另认为：被告青岛商业职工中等专业学校对学生已尽安全教育和管理保护职责，对原告所遭受的人身损害没有过错。打架斗殴的行为违反了该校的规章制度，况且打架时双方年龄已近 17 周岁，对自己行为应当有一定的控制能力，对行为后果亦应当有一定的预见力。故被告青岛商业职工中等专业学校对此不应承担责任。按照最高人民法院《关于民事诉讼证据的若干规定》第 2 条，当事人对自己提出的诉讼请求所依据的事实有责任提供证据加以证明的规定，原告未提交确实充分的证据证明被告鲁大陆是导致侵害结果的具体行为者，故依法应承担对自己不利的法律后果。

9. 教师的体罚行为没有直接造成该学生的身体损害的后果，而是对该学生心理产生了影响，加之其他社会因素的作用，使学生患上精神分裂症，体罚行为与患精神分裂症之间是否存在因果关系？损害赔偿责任比例应如何分配？

对民事侵权因果关系的判断，不应当只限于侵权行为与损害结果之间的必然联系，而应以相当因果关系进行分析，审查行为人的行为是否与损害结果之间具有相当的联系。

受害人患精神分裂症的原因是多方面的，老师体罚只是原因之一，其本身性格内向，家长要求高，学习压力大对其影响是主要的。因此，侵权人只能承担一定的责任，法院应当根据体罚行为与其他因素对诱发精神分裂症的原因力的大小，确定侵权行为应承担的比例。

典型疑难案件参考

夏晔诉泸州泸南中学人身损害赔偿纠纷案

基本案情

夏晔原为泸州四中学生，1997 年转入泸州泸南中学读初中二年级。被上诉人刘勇时任该校物理教师。1997 —1998 年年初期间，刘勇在上课时，将夏晔叫到讲台旁，对夏进行了体罚。1998 年春，夏晔弃学在家。夏晔因表现出行为孤独、少语、自言自语、冲动等，于 1999 年 4 月起，到泸州市精神病医院诊断治疗。2000 年 9 月到武汉精神病院门诊治疗，该院病历记载：“父母伴。平素性格孤僻，内向少语，读书转学压力大。”2001 年 3 月 7 日，夏晔到泸州市精神病医院住院治疗 35 天。该院住院病历中关于病程、可能发病原因、症状的记载为：“病员二年前（正读初二）学习成绩差，两次转学，且进入快班学习，病员的学习更落后，老师不重视，同学瞧不起，甚至老师还打了他。病员不与外界接触，就是自己的父母也不交谈。父母、奶奶都希望他成龙。”2001 年 8 月 8 日，夏晔又入住泸州市精神病医院住院 53 天，该院病历记载了与夏晔 3 月份住院治疗时病历记载相近的内容。以后，夏晔到泸州医学院附属医院、华西医大进行检查治疗，疾病未愈。近年来，夏晔的家长多次找泸州泸南中学和教育主管部门，要求解决夏晔被老师体罚的赔偿问题，未能如愿，故向法院提起诉讼。

诉讼前，由夏晔的法定代理人委托的律师事务所，委托自贡联立司法鉴定中心鉴定，其鉴定结论为："夏晔是在被刘勇老师殴打后诱发精神分裂症，病情长期未愈，目前仍处于精神病态中，属四级伤残。"诉讼中，泸州泸南中学申请重新鉴定，原审法院按双方当事人选择的华西医科大学法医学技术鉴定中心对夏晔的精神病诱发原因进行鉴定。鉴定结论为："原告患有精神分裂症，病情长期未愈，其所患疾病与被打事件缺乏必然的因果关系。"

诉讼中，夏晔向原审法院提交了损失的依据，经审核：几个医院门诊、住院诊疗的医疗发票金额为3588.18元；到武汉、成都、自贡等地的交通费、家长误工费、住院伙食补助费等6728.50元；按四级伤残标准计算残疾赔偿金98581元；确定精神损害抚慰金21000元，共计129897.68元。夏晔支付了鉴定费2500元，泸州泸南中学支付了鉴定费4000元。

一审裁判结果

四川省泸州市江阳区人民法院依照最高人民法院《关于民事诉讼证据若干规定》第2条之规定，判决：驳回原告夏晔要求泸州沪南中学、刘勇赔偿其医疗费、精神损害抚慰金、伤残赔偿金、鉴定费的诉讼请求。诉讼费用7729元由原告负担。

一审裁判理由

四川省泸州市江阳区人民法院审理认为：原告所患精神分裂症起病缓慢，临床表现未反映出与被打事件有任何联系，其所患精神分裂症与被打事件缺乏必然的因果关系。原告诉讼主张被告多次暴力殴打原告致使其精神受到强烈刺激，诱发精神病缺乏事实依据，故其要求被告赔偿医疗费、伤残赔偿金、精神损害抚慰金、鉴定费等主张，法院不予支持。

二审诉辩情况

夏晔不服一审判决，向四川省泸州市中级人民法院提起上诉。

上诉人夏晔诉称：一审判决只认定刘勇体罚夏晔一次不当。二十余个同学证明刘勇多次殴打夏晔，并体罚过其他同学。华西医科大学的鉴定认为夏晔的精神分裂症与被打事件之间无必然的因果关系，而民事侵权理论通说认为应当采用相当因果关系认定。夏晔被打是诱发精神病的原因，不是直接打成精神病，并且自贡司法鉴定中心鉴定两者之间具有因果关系，应当采信，泸南中学和刘勇应当承担赔偿责任，请求二审支持上诉人的请求。

被上诉人泸州泸南中学和刘勇辩称：上诉人认为刘勇体罚夏晔不是事实，刘勇没有体罚学生。上诉人诉前委托自贡司法鉴定中心的鉴定，缺乏客观事实为鉴定基础，不应采信。华西医大的鉴定是双方共同选择，并由人民法院委托的鉴定机构，其鉴定结论客观、真实，应当采信。夏晔被打与精神病之间没有因果关系，学校和刘勇不应承担责任。夏晔的请求已超过诉讼时效，已不受法律的保护，请求二审维持一审判决。

二审裁判结果

四川省泸州市中级人民法院依照《中华人民共和国民法通则》第 106 条第 2 款、第 119 条、最高人民法院《关于审理人身损害赔偿案件适用法律若干问题的解释》第 7 条、第 8 条第 1 款、第 17 条第 1、2 款、第 18 条、第 19 条、第 20 条、第 21 条、第 22 条、第 23 条、第 25 条第 1 款和《中华人民共和国民事诉讼法》第 153 条第 1 款第 3 项之规定，判决：

一、撤销泸州市江阳区人民法院〔2004〕江阳民初字第 1665 号民事判决；

二、泸州泸南中学赔偿夏晔医疗费、住院伙食补助费、交通费、误工费、残疾赔偿金、精神抚慰金的 40%，即 51958 元，限于本判决生效后一个月内付清；

三、驳回夏晔要求刘勇直接向其赔偿的诉讼请求；

四、双方当事人各自支付的鉴定费由各自负担。

一、二审案件诉讼费 13121 元，由夏晔负担 5921 元，泸州泸南中学负担 7200 元。

二审裁判理由

四川省泸州市中级人民法院审理认为：被上诉人泸州泸南中学教师刘勇在上课时间体罚学生，是教育方法不当产生的行为，侵犯了夏晔的人身权利。夏晔被体罚到患精神分裂症，有一个缓慢的发病过程，自贡联立司法鉴定中心排除其他因素对夏晔的影响不够客观，其鉴定为夏晔的疾病由老师体罚诱发的结论不予采信。华西医科大学法医学技术鉴定中心以必然因果关系说认为夏晔患病与被打事件之间无因果关系，不能揭示体罚行为与患病结果之间的客观联系，也不予采信。民事侵权因果关系的判断，不应只限于行为与结果之间的必然联系，而应当以相当因果关系说进行分析，审查当事人行为是否属产生之结果的原因力，是否有相当的联系。

夏晔被体罚，当时并未对其身体健康造成直接损害，但对其心理造成了伤害，对本身性格内向，又有学习成绩差，压力大，同学瞧不起等因素影响而形成的自卑心理，无疑是雪上加霜，逐步向忧郁状态发展，进而患上精神分裂症，体罚是致其患病的原因之一，两者之间，具有因果关系，侵权人应当承担一定的民事责任。由于刘勇是在履行教学职务而实施的行为，产生的后果应当由学校对外承担民事责任。夏晔患精神分裂症经过一定时期的治疗，经鉴定后认为与刘勇体罚之间有因果关系，才知道或应当知道自己的权利被侵害，在一年的时间内提出请求赔偿的主张，并没有超过诉讼时效。被上诉人的抗辩理由不能成立。上诉人患精神分裂症的原因是多方面的，老师体罚只是原因之一，其本身性格内向，家长要求高，学习压力大对其影响是主要的。因此，被上诉人只能承担一定的责任。法院根据体罚行为与其他因素对诱发精神分裂症的原因力的大小，确定侵权行为应承担的比例。一审判决对因果关系不予认定不当，应予纠正。

10. 室内环境污染案件中，室内装修是否符合环保要求，应当由受害人举证，还是由侵权人举证？

受害人的损害应当与侵权人的行为存在因果关系。受害人必须举证证明侵权人家庭装修使用涂料的挥发性气体对其身体造成损害或者就侵权人实施了违反环保规定造成环境污染的行为。

典型疑难案件参考

张文健诉郭国强人身损害赔偿纠纷案

基本案情

被告系位于北京市朝阳区丝竹园小区8号楼5门302号的房屋产权人，原告居住于该楼5门402号。2003年6月至7月间，被告对302号房屋进行室内装修，其间曾使用装修涂料。2003年7月28日至8月26日，原告以被被告装修涂料挥发性气体熏染，致头痛、头晕、无力为由，4次前往北京大学第三医院就诊，经该院诊断为“有机溶剂接触反应”。在审理中，原告向法院提交到该院就诊的门诊病历手册原件1份及医疗费收据复印件11张，其中与门诊病历手册记载的就诊时间一致的医疗费共计2631.74元。另经本院核实确认，上述医疗费收据原件由原告交所在单位用于办理医保报销手续。

一审诉辩情况

原告诉称：原告住在被告楼上。2003 年 7 月 20 日起，因被告家中装修，强烈的涂料气体散发到原告家中，使原告感到头疼、乏力、头晕，经医院诊断是涂料溶剂的挥发物所致，原告因此支付医药费 2696.74 元，扣除已由单位报销的 691 元，原告自己共负担医药费 2005 元。故诉至法院，要求被告赔偿原告医疗费2005元、精神损失费 1000 元，诉讼费要求由被告负担。

被告辩称：被告装修房屋时与装修公司约定应使用环保涂料，工程于 2003 年 7 月 29 日完工验收后，被告与家人不久即入住，至今未发现任何不适。原告说被告家的装修涂料不环保没有证据，其所说的身体伤害与被告的房屋装修之间没有直接因果关系，故不同意原告的诉讼请求。

一审裁判结果

北京市朝阳区人民法院依据《中华人民共和国民法通则》第 119 条的规定，作出如下判决：

（1）被告郭国强于本判决生效之日起 7 日内赔偿原告张文健医疗费 1940.74元；

（2）驳回原告张文健其他诉讼请求。

一审裁判理由

北京市朝阳区人民法院根据上述事实和证据认为：公民的合法权益受法律保护。被告所有的房屋在室内装修过程中使用了装修涂料，其所述辩解事项不能证明该装修涂料不存在对周围环境的影响。现原告经医院诊断为"有机溶剂接触反应"，被告不能证明原告所受损害系其他原因所致，其应当向原告承担赔偿责任。故该院对原告主张的相关医疗费损失予以支持。在该医疗费中，原告自认同意扣除的部分费用，不影响本案审理，本案予以确认。对于原告主张的精神损失费，因其所受损害尚不具备构成精神赔偿的条件，该院对此不予支持。

二审诉辩情况

上诉人诉称：原判事实认定不清，本案没有证据证明上诉人在装修过程中排放了大量有害气体，对周围环境造成了污染或损害。而上诉人使用的涂料立邦漆为绿色环保产品，符合国家的环境环保标准。一审法院判决以上诉人进行装修使用了涂料，现不能证明被上诉人所受损害系其他原因所致为由，判令上诉人承担责任，于法无据，要求撤销原判、驳回被上诉人的诉讼请求。

被上诉人张文健辩称：一审法院判决认定事实清楚，证据确凿，适用法律正当，同意原判。

二审裁判结果

北京市第二中级人民法院依据《中华人民共和国民事诉讼法》第153条第1款第2项的规定，作出如下判决：

一、撤销北京市朝阳区人民法院〔2004〕朝民初字第14534号民事判决；

二、驳回张文健的诉讼请求。

二审裁判理由

北京市第二中级人民法院经审理查明：郭国强系位于北京市朝阳区丝竹园小区8号楼5门302号的房屋产权人，张文健居住于该楼5门402号。2003年6月至7月间，郭国强对302号房屋进行室内装修，其间曾使用装修涂料。同年7月28日至8月26日，张文健以被郭国强装修涂料挥发性气体熏染，致头痛、头晕、无力为由，4次前往北京大学第三医院就诊，经该院诊断为“有机溶剂接触反应”。在原审期间，张文健提交了其就诊的门诊病历手册原件1份及医疗费收据复印件11张，用以证实其有部分医疗费损失。

北京市第二中级人民法院根据以上事实和证据认为：受害人的损害应当与侵害人的行为存在因果关系。张文健身体不适就医，但造成其身体不适存在多种因素的可能，虽然其被医院诊断为“有机溶剂接触反应”，因诊断来源于张文健的主述，不是对其不适因素的判断，故不能以此认定张文健身体不适是因郭国强家装修造成的。张文健主张郭国强家装修使用涂料的挥发性气体对其身体造成损害，证据不足。张文健亦未能就郭国强实施了违反环保规定造成环境污染的行为举证证明。因此，对于张文健要求郭国强对其所受损害承担赔偿责任的诉讼请求，法院不予支持。综上所述，对于郭国强的上诉请求，法院予以支持。

生命权、健康权、身体权纠纷办案依据集成

1.《中华人民共和国民法通则》（2009年8月27日修正）（节录）

第九十八条 公民享有生命健康权。

第一百一十九条 侵害公民身体造成伤害的，应当赔偿医疗费、因误工减少的收入、残废者生活补助费等费用；造成死亡的，并应当支付丧葬费、死者生前扶养的人必要的生活费等费用。

2.《中华人民共和国侵权责任法》（2009年12月26日主席令第21号公布）（节录）

第六章 机动车交通事故责任

第四十八条 机动车发生交通事故造成损害的，依照道路交通安全法的有关规定承担赔偿责任。

第四十九条 因租赁、借用等情形机动车所有人与使用人不是同一人时，发生交通事故后属于该机动车一方责任的，由保险公司在机动车强制保险责任限额范围内予以赔偿。不足部分，由机动车使用人承担赔偿责任；机动车所有人对损害的发生有过错的，承担相应的赔偿责任。

第五十条 当事人之间已经以买卖等方式转让并交付机，动车但未办理所有权转移登记，发生交通事故后属于该机动车一方责任的，由保险公司在机动车强制保险责任限额范围内予以赔偿。不足部分，由受让人承担赔偿责任。

第五十一条 以买卖等方式转让拼装或者已达到报废标准的机动车，发生交通事故造成损害的，由转让人和受让人承担连带责任。

第五十二条 盗窃、抢劫或者抢夺的机动车发生交通事故造成损害的，由盗窃人、抢劫人或者抢夺人承担赔偿责任。保险公司在机动车强制保险责任限额范围内垫付抢救费用的，有权向交通事故责任人追偿。

第五十三条 机动车驾驶人发生交通事，，故后逃逸，该机动车参加强制保险的，由保险公司在机动车强制保险责任限额范围内予以赔偿；机动车不明或者该机动车未参加强制保险，需要支付被侵权人人身伤亡的抢救、丧葬等费用的，由道路交通事故社会救助基金垫付。道路交通事故社会救助基金垫付后，其管理机构有权向交通事故责任人追偿。

第七章 医疗损害责任

第五十四条 患者在诊疗活动中受到损害，医疗机构及其医务人员有过错的，由医疗机构承担赔偿责任。

第五十五条 医务人员在诊疗活动中应当向患者说明病情和医疗措施。需要实施手术、特殊检查、特殊治疗的，医务人员应当及时向患者说明医疗风险、替代医疗方案等情况，并取得其书面同意；不宜向患者说明的，应当向患者的近亲属说明，并取得其书面同意。

医务人员未尽到前款义务，造成患者损害的，医疗机构应当承担赔偿责任。

第五十六条 因抢救生命垂危的患者等紧急情况，不能取得患者或者其近亲属意见的，经医疗机构负责人或者授权的负责人批准，可以立即实施相应的医疗措施。

第五十七条 医务人员在诊疗活动中未尽到与当时的医疗水平相应的诊疗义务，造成患者损害的，医疗机构应当承担赔偿责任。

第五十八条 患者有损害，因下列情形之一的，推定医疗机构有过错：

（一）违反法律、行政法规、规章以及其他有关诊疗规范的规定；

（二）隐匿或者拒绝提供与纠纷有关的病历资料；

（三）伪造、篡改或者销毁病历资料。

第五十九条 因药品、消毒药剂、医疗器械的缺陷，或者输入不合格的血液造成患者损害的，患者可以向生产者或者血液提供机构请求赔偿，也可以向医疗机构请求赔偿。患者向医疗机构请求赔偿的，医疗机构赔偿后，有权向负有责任的生产者或者血液提供机构追偿。

第六十条 患者有损害，因下列情形之一的，医疗机构不承担赔偿责任：

（一）患者或者其近亲属不配合医疗机构进行符合诊疗规范的诊疗；

（二）医务人员在抢救生命垂危的患者等紧急情况下已经尽到合理诊疗义务；

（三）限于当时的医疗水平难以诊疗。

前款第一项情形中，医疗机构及其医务人员也有过错的，应当承担相应的赔偿责任。

第六十一条 医疗机构及其医务人员应当按照规定填写并妥善保管住院志、医嘱单、检验报告、手术及麻醉记录、病理资料、护理记录、医疗费用等病历资料。

患者要求查阅、复制前款规定的病历资料的，医疗机构应当提供。

第六十二条 医疗机构及其医务人员应当对患者的隐私保密。泄露患者隐私或者未经患者同意公开其病历资料，造成患者损害的，应当承担侵权责任。

第六十三条 医疗机构及其医务人员不得违反诊疗规范实施不必要的检查。

第六十四条 医疗机构及其医务人员的合法权益受法律保护。干扰医疗秩序，妨害医务人员工作、生活的，应当依法承担法律责任。

3. 最高人民法院《关于民事、行政诉讼中司法赔偿若干问题的解释》（2000年9月16日 法释〔2000〕27号）（节录）

第十一条 民事、行政诉讼中司法赔偿的赔偿方式主要为支付赔偿金。包括：支付侵犯人身自由权、生命健康权的赔偿金；财产损坏的，赔偿修复所需费用；财产灭失的，按侵权行为发生时当地市场价格予以赔偿；财产已拍卖的，给付拍卖所得的价款；财产已变卖的，按合法评估机构的估价赔偿；造成其他损害的，赔偿直接损失。

能够返还财产或者恢复原状的，予以返还财产或者恢复原状。包括：解除查封、扣押、冻结；返还财产、恢复原状；退还罚款、罚没财物。

4. 最高人民法院《关于确定民事侵权精神损害赔偿责任若干问题的解释》（2001年3月8日 法释〔2001〕7号）

为在审理民事侵权案件中正确确定精神损害赔偿责任，根据《中华人民共和国民法通则》等有关法律规定，结合审判实践经验，对有关问题作如下解释：

第一条 自然人因下列人格权利遭受非法侵害，向人民法院起诉请求赔偿精神损害的，人民法院应当依法予以受理：

（一）生命权、健康权、身体权；

（二）姓名权、肖像权、名誉权、荣誉权；

（三）人格尊严权、人身自由权。

违反社会公共利益、社会公德侵害他人隐私或者其他人格利益，受害人以侵权为由向人民法院起诉请求赔偿精神损害的，人民法院应当依法予以受理。

第二条 非法使被监护人脱离监护，导致亲子关系或者近亲属间的亲属关系遭受严重损害，监护人向人民法院起诉请求赔偿精神损害的，人民法院应当依法予以受理。

第三条 自然人死亡后，其近亲属因下列侵权行为遭受精神痛苦，向人民法院起诉请求赔偿精神损害的，人民法院应当依法予以受理：

（一）以侮辱、诽谤、贬损、丑化或者违反社会公共利益、社会公德的其他方式，侵害死者姓名、肖像、名誉、荣誉；

（二）非法披露、利用死者隐私，或者以违反社会公共利益、社会公德的其他方式侵害死者隐私；

（三）非法利用、损害遗体、遗骨，或者以违反社会公共利益、社会公德的其他方式侵害遗体、遗骨。

第四条 具有人格象征意义的特定纪念物品，因侵权行为而永久性灭失或者毁损，物品所有人以侵权为由，向人民法院起诉请求赔偿精神损害的，人民法院应当依法予以受理。

第五条 法人或者其他组织以人格权利遭受侵害为由，向人民法院起诉请求赔偿精神损害的，人民法院不予受理。

第六条 当事人在侵权诉讼中没有提出赔偿精神损害的诉讼请求，诉讼终结后又基于同一侵权事实另行起诉请求赔偿精神损害的，人民法院不予受理。

第七条 自然人因侵权行为致死，或者自然人死亡后其人格或者遗体遭受侵害，死者的配偶、父母和子女向人民法院起诉请求赔偿精神损害的，列其配偶、父母和子女为原告；没有配偶、父母和子女的，可以由其他近亲属提起诉讼，列其他近亲属为原告。

第八条 因侵权致人精神损害，但未造成严重后果，受害人请求赔偿精神损害的，一般不予支持，人民法院可以根据情形判令侵权人停止侵害、恢复名誉、消除影响、赔礼道歉。

因侵权致人精神损害，造成严重后果的，人民法院除判令侵权人承担停止侵害、恢复名誉、消除影响、赔礼道歉等民事责任外，可以根据受害人一方的请求判令其赔偿相应的精神损害抚慰金。

第九条 精神损害抚慰金包括以下方式：

（一）致人残疾的，为残疾赔偿金；

（二）致人死亡的，为死亡赔偿金；

（三）其他损害情形的精神抚慰金。

第十条 精神损害的赔偿数额根据以下因素确定：

（一）侵权人的过错程度，法律另有规定的除外；

（二）侵害的手段、场合、行为方式等具体情节；

（三）侵权行为所造成的后果；

（四）侵权人的获利情况；

（五）侵权人承担责任的经济能力；

（六）受诉法院所在地平均生活水平。

法律、行政法规对残疾赔偿金、死亡赔偿金等有明确规定的，适用法律、行政法规的规定。

第十一条 受害人对损害事实和损害后果的发生有过错的，可以根据其过错程度减轻或者免除侵权人的精神损害赔偿责任。

第十二条 在本解释公布施行之前已经生效施行的司法解释，其内容有与本解释不一致的，以本解释为准。

5. 最高人民法院《关于审理人身损害赔偿案件适用法律若干问题的解释》

（2003 年 12 月 26 日　法释〔2003〕20 号）

为正确审理人身损害赔偿案件，依法保护当事人的合法权益，根据《中华人民共和国民法通则》（以下简称民法通则、《中华人民共和国民事诉讼法》（以下简称民事诉讼法等有关法律规定，结合审判实践，就有关适用法律的问题作如下解释：

第一条 因生命、健康、身体遭受侵害，赔偿权利人起诉请求赔偿义务人赔偿财产损失和精神损害的，人民法院应予受理。

本条所称"赔偿权利人"，是指因侵权行为或者其他致害原因直接遭受人身损害的受害人、依法由受害人承担扶养义务的被扶养人以及死亡受害人的近亲属。

本条所称"赔偿义务人"，是指因自己或者他人的侵权行为以及其他致害原因依法应当承担民事责任的自然人、法人或者其他组织。

第二条 受害人对同一损害的发生或者扩大有故意、过失的，依照民法通则第一百三十一条的规定，可以减轻或者免除赔偿义务人的赔偿责任。但侵权人因故意或者重大过失致人损害，受害人只有一般过失的，不减轻赔偿义务人的赔偿责任。

适用民法通则第一百零六条第三款规定确定赔偿义务人的赔偿责任时，受害人有重大过失的，可以减轻赔偿义务人的赔偿责任。

第三条 二人以上共同故意或者共同过失致人损害，或者虽无共同故意、共同过失，但其侵害行为直接结合发生同一损害后果的，构成共同侵权，应当依照民法通则第一百三十条规定承担连带责任。

二人以上没有共同故意或者共同过失，但其分别实施的数个行为间接结合发生同一损害后果的，应当根据过失大小或者原因力比例各自承担相应的赔偿责任。

第四条 二人以上共同实施危及他人人身安全的行为并造成损害后果，不能确定实际侵害行为人的，应当依照民法通则第一百三十条规定承担连带责任。共同危险行为人能够证明损害后果不是由其行为造成的，不承担赔偿责任。

第五条 赔偿权利人起诉部分共同侵权人的，人民法院应当追加其他共同侵权人作为共同被告。赔偿权利人在诉讼中放弃对部分共同侵权人的诉讼请求的，其他共同侵权人对被放弃诉讼请求的被告应当承担的赔偿份额不承担连带责任。责任范围难以确定的，推定各共同侵权人承担同等责任。

人民法院应当将放弃诉讼请求的法律后果告知赔偿权利人，并将放弃诉讼请求的情况在法律文书中叙明。

第六条 从事住宿、餐饮、娱乐等经营活动或者其他社会活动的自然人、法人、其他组织，未尽合理限度范围内的安全保障义务致使他人遭受人身损害，赔偿权利人请求其承担相应赔偿责任的，人民法院应予支持。

因第三人侵权导致损害结果发生的，由实施侵权行为的第三人承担赔偿责任。安全保障义务人有过错的，应当在其能够防止或者制止损害的范围内承担相应的补充赔偿责任。安全保障义务人承担责任后，可以向第三人追偿。赔偿权利人起诉安全保障义务人的，应当将第三人作为共同被告，但第三人不能确定的除外。

第七条 对未成年人依法负有教育、管理、保护义务的学校、幼儿园或者其他教育机构，未尽职责范围内的相关义务致使未成年人遭受人身损害，或者未成年人致他人人身损害的，应当承担与其过错相应的赔偿责任。

第三人侵权致未成年人遭受人身损害的，应当承担赔偿责任。学校、幼儿园等教育机构有过错的，应当承担相应的补充赔偿责任。

第八条 法人或者其他组织的法定代表人、负责人以及工作人员，在执行职务中致人损害的，依照民法通则第一百二十一条的规定，由该法人或者其他组织承担民事责任。上述人员实施与职务无关的行为致人损害的，应当由行为人承担赔偿责任。

属于《国家赔偿法》赔偿事由的，依照《国家赔偿法》的规定处理。

第九条 雇员在从事雇佣活动中致人损害的，雇主应当承担赔偿责任；雇员因故意或者重大过失致人损害的，应当与雇主承担连带赔偿责任。雇主承担连带赔偿责任的，可以向雇员追偿。

前款所称“从事雇佣活动”，是指从事雇主授权或者指示范围内的生产经营活动或者其他劳务活动。雇员的行为超出授权范围，但其表现形式是履行职务或者与履行职务有内在联系的，应当认定为“从事雇佣活动”。

第十条 承揽人在完成工作过程中对第三人造成损害或者造成自身损害的，定作人不承担赔偿责任。但定作人对定作、指示或者选任有过失的，应当承担相应的赔偿责任。

第十一条 雇员在从事雇佣活动中遭受人身损害，雇主应当承担赔偿责任。雇佣关系以外的第三人造成雇员人身损害的，赔偿权利人可以请求第三人承担赔偿责任，也可以请求雇主承担赔偿责任。雇主承担赔偿责任后，可以向第三人追偿。

雇员在从事雇佣活动中因安全生产事故遭受人身损害，发包人、分包人知道或者应当知道接受发包或者分包业务的雇主没有相应资质或者安全生产条件的，应当与雇主承担连带赔偿责任。

属于《工伤保险条例》调整的劳动关系和工伤保险范围的，不适用本条规定。

第十二条 依法应当参加工伤保险统筹的用人单位的劳动者，因工伤事故遭受人身损害，劳动者或者其近亲属向人民法院起诉请求用人单位承担民事赔偿责任的，告知其按《工伤保险条例》的规定处理。

因用人单位以外的第三人侵权造成劳动者人身损害，赔偿权利人请求第三人承担民事赔偿责任的，人民法院应予支持。

第十三条 为他人无偿提供劳务的帮工人，在从事帮工活动中致人损害的，被帮工人应当承担赔偿责任。被帮工人明确拒绝帮工的，不承担赔偿责任。帮工人存在故意或者重大过失，赔偿权利人请求帮工人和被帮工人承担连带责任的，人民法院应予支持。

第十四条 帮工人因帮工活动遭受人身损害的，被帮工人应当承担赔偿责任。被帮工人明确拒绝帮工的，不承担赔偿责任；但可以在受益范围内予以适当补偿。

帮工人因第三人侵权遭受人身损害的，由第三人承担赔偿责任。第三人不能确定或者没有赔偿能力的，可以由被帮工人予以适当补偿。

第十五条 为维护国家、集体或者他人的合法权益而使自己受到人身损害，因没有侵权人、不能确定侵权人或者侵权人没有赔偿能力，赔偿权利人请求受益人在受益范围内予以适当补偿的，人民法院应予支持。

第十六条 下列情形，适用民法通则第一百二十六条的规定，由所有人或者管理人承担赔偿责任，但能够证明自己没有过错的除外：

（一）道路、桥梁、隧道等人工建造的构筑物因维护、管理瑕疵致人损害的；

（二）堆放物品滚落、滑落或者堆放物倒塌致人损害的；

（三）树木倾倒、折断或者果实坠落致人损害的。

前款第（一）项情形，因设计、施工缺陷造成损害的，由所有人、管理人与设计、施工者承担连带责任。

第十七条 受害人遭受人身损害，因就医治疗支出的各项费用以及因误工减少的收入，包括医疗费、误工费、护理费、交通费、住宿费、住院伙食补助费、必要的营养费，赔偿义务人应当予以赔偿。

受害人因伤致残的，其因增加生活上需要所支出的必要费用以及因丧失劳动能力导致的收入损失，包括残疾赔偿金、残疾辅助器具费、被扶养人生活费，以及因康复护理、继续治疗实际发生的必要的康复费、护理费、后续治疗费，赔偿义务人也应当予以赔偿。

受害人死亡的，赔偿义务人除应当根据抢救治疗情况赔偿本条第一款规定的相关费用外，还应当赔偿丧葬费、被扶养人生活费、死亡补偿费以及受害人亲属办理丧葬事宜支出的交通费、住宿费和误工损失等其他合理费用。

第十八条 受害人或者死者近亲属遭受精神损害，赔偿权利人向人民法院请求赔偿精神损害抚慰金的，适用《最高人民法院关于确定民事侵权精神损害赔偿责任若干问题的解释》予以确定。

精神损害抚慰金的请求权，不得让与或者继承。但赔偿义务人已经以书面方式承诺给予金钱赔偿，或者赔偿权利人已经向人民法院起诉的除外。

第十九条 医疗费根据医疗机构出具的医药费、住院费等收款凭证，结合病历和诊断证明等相关证据确定。赔偿义务人对治疗的必要性和合理性有异议的，应当承担相应的举证责任。

医疗费的赔偿数额，按照一审法庭辩论终结前实际发生的数额确定。器官功能恢复训练所必要的康复费、适当的整容费以及其他后续治疗费，赔偿权利人可以待实际发生后另行起诉。但根据医疗证明或者鉴定结论确定必然发生的费用，可以与已经发生的医疗费一并予以赔偿。

第二十条 误工费根据受害人的误工时间和收入状况确定。

误工时间根据受害人接受治疗的医疗机构出具的证明确定。受害人因伤致残持续误工的，误工时间可以计算至定残日前一天。

受害人有固定收入的，误工费按照实际减少的收入计算。受害人无固定收入的，按照其最近三年的平均收入计算；受害人不能举证证明其最近三年的平均收入状况的，可以参照受诉法院所在地相同或者相近行业上一年度职工的平均工资计算。

第二十一条 护理费根据护理人员的收入状况和护理人数、护理期限确定。

护理人员有收入的，参照误工费的规定计算；护理人员没有收入或者雇佣护工的，参照当地护工从事同等级别护理的劳务报酬标准计算。护理人员原则上为一人，但医疗机构或者鉴定机构有明确意见的，可以参照确定护理人员人数。

护理期限应计算至受害人恢复生活自理能力时止。受害人因残疾不能恢复生活自理能力的，可以根据其年龄、健康状况等因素确定合理的护理期限，但最长不超过二十年。

受害人定残后的护理，应当根据其护理依赖程度并结合配制残疾辅助器具的情况确定护理级别。

第二十二条 交通费根据受害人及其必要的陪护人员因就医或者转院治疗实际发生的费用计算。交通费应当以正式票据为凭；有关凭据应当与就医地点、时间、人数、次数相符合。

第二十三条 住院伙食补助费可以参照当地国家机关一般工作人员的出差伙食补助标准予以确定。

受害人确有必要到外地治疗，因客观原因不能住院，受害人本人及其陪护人员实际发生的住宿费和伙食费，其合理部分应予赔偿。

第二十四条 营养费根据受害人伤残情况参照医疗机构的意见确定。

第二十五条 残疾赔偿金根据受害人丧失劳动能力程度或者伤残等级，按照受诉法院所在地上一年度城镇居民人均可支配收入或者农村居民人均纯收入标准，自定残之日起按二十年计算。但六十周岁以上的，年龄每增加一岁减少一年；七十五周岁以上的，按五年计算。

受害人因伤致残但实际收入没有减少，或者伤残等级较轻但造成职业妨害严重影响其劳动就业的，可以对残疾赔偿金作相应调整。

第二十六条 残疾辅助器具费按照普通适用器具的合理费用标准计算。伤情有特殊需要的，可以参照辅助器具配制机构的意见确定相应的合理费用标准。

辅助器具的更换周期和赔偿期限参照配制机构的意见确定。

第二十七条 丧葬费按照受诉法院所在地上一年度职工月平均工资标准，以六个月总额计算。

第二十八条 被扶养人生活费根据扶养人丧失劳动能力程度，按照受诉法院所在地上一年度城镇居民人均消费性支出和农村居民人均年生活消费支出标准计算。被扶养人为未成年人的，计算至十八周岁；被扶养人无劳动能力又无其他生活来源的，计算二十年。但六十周岁以上的，年龄每增加一岁减少一年；七十五周岁以上的，按五年计算。

被扶养人是指受害人依法应当承担扶养义务的未成年人或者丧失劳动能力又无其他生活来源的成年近亲属。被扶养人还有其他扶养人的，赔偿义务人只赔偿受害人依法应当负担的部分。被扶养人有数人的，年赔偿总额累计不超过上一年度城镇居民人均消费性支出额或者农村居民人均年生活消费支出额。

第二十九条 死亡赔偿金按照受诉法院所在地上一年度城镇居民人均可支配收入或者农村居民人均纯收入标准，按二十年计算。但六十周岁以上的，年龄每增加一岁减少一年；七十五周岁以上的，按五年计算。

第三十条 赔偿权利人举证证明其住所地或者经常居住地城镇居民人均可支配收入或者农村居民人均纯收入高于受诉法院所在地标准的，残疾赔偿金或者死亡赔偿金可以按照其住所地或者经常居住地的相关标准计算。

被扶养人生活费的相关计算标准，依照前款原则确定。

第三十一条 人民法院应当按照民法通则第一百三十一条以及本解释第二条的规定，确定第十九条至第二十九条各项财产损失的实际赔偿金额。

前款确定的物质损害赔偿金与按照第十八条第一款规定确定的精神损害抚慰金，原则上应当一次性给付。

第三十二条 超过确定的护理期限、辅助器具费给付年限或者残疾赔偿金给付年限，赔偿权利人向人民法院起诉请求继续给付护理费、辅助器具费或者残疾赔偿金的，人民法院应予受理。赔偿权利人确需继续护理、配制辅助器具，或者没有劳动能力和生活来源的，人民法院应当判令赔偿义务人继续给付相关费用五至十年。

第三十三条 赔偿义务人请求以定期金方式给付残疾赔偿金、被扶养人生活费、残疾辅助器具费的，应当提供相应的担保。人民法院可以根据赔偿义务人的给付能力和提供担保的情况，确定以定期金方式给付相关费用。但一审法庭辩论终结前已经发生的费用、死亡赔偿金以及精神损害抚慰金，应当一次性给付。

第三十四条 人民法院应当在法律文书中明确定期金的给付时间、方式以及每期给付标准。执行期间有关统计数据发生变化的，给付金额应当适时进行相应调整。

定期金按照赔偿权利人的实际生存年限给付，不受本解释有关赔偿期限的限制。

第三十五条 本解释所称"城镇居民人均可支配收入"、"农村居民人均纯收入"、"城镇居民人均消费性支出"、"农村居民人均年生活消费支出"、"职工平均工资"，按照政府统计部门公布的各省、自治区、直辖市以及经济特区和计划单列市上一年度相关统计数据确定。

"上一年度"，是指一审法庭辩论终结时的上一统计年度。

第三十六条 本解释自2004年5月1日起施行。2004年5月1日后新受理的一审人身损害赔偿案件，适用本解释的规定。已经作出生效裁判的人身损害赔偿案件依法再审的，不适用本解释的规定。

在本解释公布施行之前已经生效施行的司法解释，其内容与本解释不一致的，以本解释为准。

二、姓名权纠纷

11. 以他人的身份证和姓名办理信用卡，并在使用信用卡时透支消费，导致当事人的姓名被列入银行不良信用记录，其行为侵犯了当事人的何种权利？

未经他人同意，盗用他人身份证、以他人的姓名申办信用卡的行为，即属于盗用、假冒他人姓名，侵犯他人姓名权的民事侵权行为。以上述方式办理信用卡后透支消费，导致他人姓名被银行列入不良信用记录，给他人造成名誉损失的，属于侵犯他人姓名权行为造成的损害后果，不属于侵犯他人名誉权的行为。

12. 除直接侵权人外，信用卡发卡机构对于当事人被侵权的后果有无过错，应否承担法律责任？

作为专业的信用卡开办机构，信用卡中心完全应当了解现实生活中存在盗用、假冒他人姓名申办信用卡的情况，在客户本人未到柜台的情况下，应当针对申请资料进行合理、有效地审查。由于信用卡中心没有尽到合理的审查义务，才导致侵犯当事人姓名权的行为得以最终实施成功。因此，信用卡中心对于当事人被侵权的后果存在过错。信用卡中心虽然与直接侵权人不存在共同侵权的故意，但其未尽合理注意义务的过错行为与姓名权被侵犯的后果之间存在因果关系，故应按照其过错程度的大小，承担相应的赔偿责任。

13. 如何确定当事人因姓名权被侵犯所遭受的损失？

当事人因他人盗用、冒用自己姓名申办信用卡并透支消费的侵犯姓名权行为，导致其在银行征信系统存有不良信用记录，对当事人从事商业活动及其他社会、经济活动具有重大不良影响，给当事人实际造成精神痛苦，妨碍其内心安宁，降低其社会评价，当事人就此提出精神损害赔偿诉讼请求的，人民法院应予支持。

典型疑难案件参考

王春生诉张开峰、江苏省南京工程高等职业学校、招商银行股份有限公司南京分行、招商银行股份有限公司信用卡中心侵权纠纷案（《最高人民法院公报》2008 年第 10 期，总第 144 期）

基本案情

2006 年 9 月至 2007 年 8 月间，被告张开峰在被告工程学校担任教师。在此期间，原告王春生在工程学校学习。2006 年 9 月，张开峰捡到王春生的身份证，在未经王春生同意的情况下，擅自利用王春生的身份证，同时伪造了王春生的收入证明，通过网上认识的李可向被告招行南京分行职员孙葵提交了信用卡申请资料。孙葵又将该申请资料邮寄给被告信用卡中心。同年 10 月，信用卡中心根据张开峰提供的申请资料，通过电话方式进行了审核，批准并发放了户主为王春生、卡号为 4392258309444083 的涉案信用卡。2007 年 1 月 9 日，张开峰用涉案信用卡恶意透支消费 2397. 60 元，致使王春生的姓名被列入银行不良信用记录。王春生得知后向公安机关报案，此后张开峰向银行归还了该笔透支款。2007 年 10 月 26 日，信用卡中心删除了王春生的银行不良信用记录。

另查明：原告王春生诉称因其姓名被列入银行不良信用记录，导致其工作单位龙特电子公司无法为其办理个人养老保险、医疗保险以及工资卡。但经查证，王春生并没有在龙特电子公司工作，而是在南京麦乐迪 KTV 工作。经一审法院向南京市劳动保障部门咨询，南京市劳动保障部门明确表示：银行的征信系统并未与劳动保障部门的系统联网，职工的姓名是否被列入银行不良信用记录，不影响用人单位为该职工办理养老保险、医疗保险。

诉辩情况

原告王春生诉称：原告原系被告工程学校的学生。原告在工程学校学习期间，被告张开峰担任工程学校的代课老师。其间，张开峰利用职务的便利，在未经原告同意的情况下，擅自使用原告的身份证，用原告的姓名办理了招商银行信用卡，并恶意透支，致使原告的姓名被列入银行不良信用记录（俗称黑名单），导致原告受到了严重的经济损失。被告工程学校对本校教师管理不严，被告招行南京分行、信用卡中心在为张开峰办理涉案信用卡时没有尽到合理的审查义务，均对本案侵权后果具有过错。上述被告的行为侵犯了原告的合法权益，应当承担相应的责任。请求判令四被告共同赔偿原告名誉损失 8000 元、精神损害抚慰金 5000 元、失业保险金 5400 元、交通费 964 元，以上总计 19364 元；并要求撤销原告在银行的不良信用记录。

被告张开峰辩称：本人并非被告工程学校的代课老师，也非被告招行南京分行的兼职员工，本人所代办的、户名为王春生的信用卡也并非由本人恶意透支，原告王春生提出的诉讼请求既不符合事实，也没有法律依据。请求驳回原告的诉讼请求。

被告工程学校辩称：原告王春生进入该校学习期间，在办理相关证件时，该校从未收取原告的身份证。被告张开峰并非该校的代课老师。对王春生的遭遇该校表示同情，但该校与本案无关，不应对王春生被侵权的损失承担民事责任。请求驳回原告对该校的诉讼请求。

被告招行南京分行辩称：该行有着严格的用人制度，被告张开峰不是该行兼职工作人员。涉案信用卡系张开峰向被告信用卡中心直接申请办理，与该行无关。请求驳回原告王春生对该行的诉讼请求。

被告信用卡中心辩称：该中心对原告王春生的遭遇表示同情，但本案系被告张开峰在未经王春生授权的情况下，盗用王春生的身份证办理信用卡并恶意透支，进而导致王春生被列入银行不良信用记录。根据行业规定，信用卡中心在申请人申请办理信用卡时，对于申请人的身份证只能作形式上的审查，对于申请人填写申请表内容的真实性也只能通过电话确认。本案中，该中心在涉案信用卡办理过程中已经尽到了合理审查义务，不存在过错，王春生所受损失应该由张开峰承担法律责任。另外，该中心在查明真实情况后，已经撤销了王春生的银行不良信用记录。请求驳回原告对该中心的诉讼请求。

裁判结果

南京市江宁区人民法院依据《中华人民共和国民法通则》第 99 条、第 120 条，最高人民法院《关于确定民事侵权精神损害赔偿责任若干问题的解释》第 8 条、第 10 条之规定，于 2008 年 7 月 30 日判决如下：

一、原告王春生因本案侵权行为遭受的损失包括交通费 164 元、精神损害抚慰金 2000 元，合计 2164 元，由被告张开峰赔偿 80% 即 1731.2 元，由被告信用卡中心赔偿 20% 即 432.8 元，均于本判决发生法律效力之日起 10 日内给付；

二、驳回原告王春生的其他诉讼请求。

一审宣判后，双方当事人均未提出上诉，一审判决已经发生法律效力。

裁判理由

本案的争议焦点是：（1）被告张开峰用原告王春生的身份证、以王春生的姓名办理信用卡，并在使用信用卡时透支消费，导致王春生的姓名被列入银行不良信用记录，其行为侵犯了王春生的何种权利；（2）除直接侵权人张开峰外，被告工程学校、招行南京分行和信用卡中心对于王春生被侵权的后果有无过错，应否承担法律责任；（3）如何确定王春生因姓名权被侵犯所遭受的损失。

1. 本案中，被告张开峰侵犯了原告王春生的姓名权

《中华人民共和国民法通则》第99条规定："公民享有姓名权，有权决定、使用和依照规定改变自己的姓名，禁止他人干涉、盗用、假冒。"据此，姓名权是指公民自由决定、使用和依照规定改变自己的姓名，并禁止他人干涉、盗用、假冒自己姓名的一项民事权利。姓名权与其他人格权相比，具有基础权利的特征。姓名权被侵犯，可能会随之导致其他权利，诸如名誉权等人格权受到损害。因此，在现代经济活动中，姓名权愈来愈受到人们的重视。

根据本案事实，被告张开峰在捡到原告王春生遗失的身份证后，既未将身份证归还原告，也未征得原告同意，而是擅自使用原告的身份证，以原告的姓名申请办理信用卡，其行为即属于盗用、假冒他人姓名，侵犯他人姓名权的民事侵权行为。尽管从结果看，张开峰的上述行为还导致王春生的姓名被列入中国人民银行征信系统（中国人民银行负责组织商业银行建立的个人信用信息基础数据库）的不良信用记录，而该不良信用记录在王春生与其他商业银行发生信贷活动时，其他商业银行均可查阅，必然造成王春生的信用污点，增大王春生从事商业交易活动和社会活动的成本，影响社会对王春生作出公正的评价，实际导致王春生的名誉受到损害。但结合案情全面分析，这一结果仍是张开峰侵犯王春生姓名权的行为所导致的损害后果，张开峰的行为不属于以虚构事实或其他侮辱、诽谤、贬损他人人格的手段侵犯他人名誉权的行为。

2. 被告信用卡中心在涉案信用卡申办、发放过程中没有尽到合理审查义务，对于原告王春生被侵权的后果具有过错，应当承担相应的法律责任

根据本案事实，被告张开峰在实施涉案侵权行为时虽系被告工程学校的教师，但张开峰在本案中的行为并非受工程学校指派而为的职务行为，而是其个人行为，与工程学校无关。故工程学校对于原告王春生被侵权的后果不应承担法律责任。

被告张开峰将其伪造的原告王春生收入证明等信用卡申请资料交给其网上认识的朋友李可，李可又将该申请资料交给被告招行南京分行的职员孙葵，孙葵又将该申请资料以邮寄方式提交给被告信用卡中心。孙葵虽系招行南京分行的员工，但其接受和转递涉案信用卡申请资料是出于为朋友帮忙，完全是其个人行为，并非履行招行南京分行交办工作的职务行为。虽然孙葵出于对朋友李可的信赖，没有对涉案信用卡申请资料进行审核，即直接将该申请资料提交给信用卡中心，但考虑到孙葵仅是为朋友帮忙，没有审核的义务，且其个人行为与招行南京分行无关，故对于王春生被侵权的后果，招行南京分行不应承担法

律责任。

被告信用卡中心是接受客户申请，为客户开办信用卡的专门机构，负有审核客户提交的信用卡申请资料的义务。根据本案事实，涉案信用卡并非客户本人持有效的身份证件到柜台办理，而是以邮寄资料方式申请开办信用卡。作为专业的信用卡开办机构，信用卡中心完全应当了解现实生活中存在盗用、假冒他人姓名申办信用卡的情况，在客户本人未到柜台的情况下，应当针对申请资料进行合理、有效的审查。但信用卡中心仅仅通过电话方式进行了所谓的核实，即批准并发放了户主为原告王春生、卡号为4392258309444083的涉案信用卡。正是由于信用卡中心没有尽到合理的审查义务，才导致被告张开峰侵犯王春生姓名权的行为得以最终实施成功。因此，信用卡中心对于王春生被侵权的后果存在过错。信用卡中心虽然与张开峰不存在共同侵权的故意，但其未尽合理注意义务的过错行为与王春生姓名权被侵犯的后果之间存在因果关系。鉴于信用卡中心与张开峰在本案侵权过程中既无共同的主观故意，也不存在其他的意思联络，双方也不存在统一的、不可分割的共同利益，故双方应按照各自过错程度的大小，分别承担赔偿责任。根据本案中王春生姓名权被侵犯的实际情况，酌定由张开峰承担80%的赔偿责任，由信用卡中心承担20%的赔偿责任。

3. 关于原告王春生因本案侵权行为所遭受的损失

原告王春生提出的赔偿请求包括名誉损失8000元、精神损害抚慰金5000元、失业保险金5400元、交通费964元，以上总计19364元。原告同时要求撤销其在银行的不良信用记录。就本案而言，王春生因被告张开峰、信用卡中心的侵权行为，导致其在银行征信系统存有不良信用记录，该不良信用记录对王春生从事商业活动及其他社会、经济活动具有重大不良影响。虽然在查清事实后，信用卡中心已经把王春生的不良信用记录删除，但损害已经实际发生，给王春生实际造成了精神上的痛苦，妨碍了其内心的安宁，其社会评价也必然因此而降低。因此，根据最高人民法院《关于确定民事侵权精神损害赔偿责任若干问题的解释》的有关规定，王春生在姓名权受到侵犯、导致名誉受损的情况下，提出精神损害赔偿的诉讼请求，应予支持。参照最高人民法院《关于审理名誉权案件若干问题的解释》的相关规定，综合考虑侵权人的过错程度、侵权行为的具体情节、给受害人造成精神损害后果以及本地区的平均生活水平等情况，酌定王春生的精神损害抚慰金为2000元；关于王春生主张的交通费损失，考虑到王春生为解决本案纠纷必然支出一定的交通费用，根据其相应的乘车次数和路线，酌定其交通费损失为164元；王春生主张的其他经济损失没有事实依据，故其相关诉讼请求不予支持。鉴于信用卡中心已经将其姓名从银行征信系统不良信用记录中删除，故王春生关于撤销其银行不良信用记录的诉讼请求已经得到满足，不必再行判决。

14. 姓名权保护的重点和方式是什么？法院在适用赔礼道歉这种民事责任时要考虑什么因素？

姓名权保护的是自然人主体身份与姓名符号之间的特定联系，以及由姓名符号衍生出的各种财产性、精神性利益。保护姓名权的重点即为恢复该特定联系，保障财产性和精神性利益。赔礼道歉具有强制性、非财产性、人身专属性特点，其功能在于修补受害人心理感受，教育和惩戒侵权人，适用时须综合考虑其特点、功能和必要性。当侵害姓名权的不良影响扩散于不特定多数人，不登报不足以消除影响时，才可以适用登报道歉。

典型疑难案件参考

赵江诉赵江（刘联合）、赵芳姓名权纠纷案

基本案情

原告赵江与被告赵芳均系蓟县五百户镇赵家铺村村民，被告赵江（刘联合）与赵芳系亲戚关系，原在河北省玉田县生活学习。1989 年，为了让赵江（刘联合）在天津参加高考，被告赵芳利用自己担任村委会主任的便利和原告赵江常年在国外打工的机会，为被告赵江（刘联合）办理了使用原告赵江姓名等身份信息的手续。被告赵江（刘联合）使用原告身份信息参加天津市高考，并在其后的工作、生活中沿用至今。2002 年，原告赵江回国与案外人杨国莉在天津办理结婚登记手续之际发现由于自己的姓名、身份信息被他人盗用，无法办理结婚登记手续。2004 年 11 月，原告赵江再次回国，在河北省民政厅与杨国莉办理了结婚登记手续。后来，原告赵江查知自己的姓名等身份信息为被告赵江（刘联合）使用，被告赵芳为被告赵江（刘联合）办理了冒名手续，遂向法院起诉。2008 年 4 月，被告赵江（刘联合）获悉原告赵江欲起诉后，曾到原告岳父杨士彦家中登门道歉，并通过杨士彦向原告赔偿 5000 元人民币，原告岳父予以接受。

诉辩情况

原告赵江诉称：二被告的行为致使原告无法使用自己的身份进行正常活

动，延误自己与妻子办理结婚登记，增加结婚登记费用，导致其妻出国务工推迟三年。二被告的行为给原告造成了经济损失和精神上的痛苦，请求法院判令二被告：第一，立即停止侵害，撤销一切基于原告身份姓名权而进行的身份登记。第二，登报消除影响，赔礼道歉。第三，赔偿因结婚登记而重复回国两个月的误工损失 27500 元、机票损失 9350 元；司法局、移民局、外交部、律师费 11000 元；延误家庭团聚 3 年致其妻杨国莉 2 年误工损失 224400 元；因延缓办理签证造成其妻杨国莉出国手续费上涨损失 66000 元；国内办理结婚证费用 3000 元（车费、饭费、住宿费）；办理诉讼委托书费用 1650 元；精神损失 6 万元；减少取得的村内分地款 9470 元；此外，原告赵江在开庭时当庭增加诉讼请求，要求被告赔偿自 1989 年至 2008 年 11 月 30 日期间的国家各级政府对农民的各项专用补偿和土地经营损失 6000 元。以上各项损失共计 418370 元。

被告赵江（刘联合）辩称：自己使用原告身份信息参加高考，并沿用至今属实，但自己不清楚办理使用原告身份信息的事情，且从未对此恶意隐瞒，同意通过合法途径恢复原告的姓名信息。但原告的赔偿要求过高，且自己在使用原告姓名过程中未侵害其名誉权、受教育权，原告要求的误工损失、往返损失等于法无据。原告的请求已经超过诉讼时效，故不同意原告赔偿损失的诉讼请求。

被告赵芳辩称：被告赵江（刘联合）使用原告身份信息的手续系其所办理，原告的赔偿要求于法无据，且超过诉讼时效，故不同意原告的诉讼请求。

裁判结果

天津市蓟县人民法院根据《中华人民共和国民法通则》第 106 条、第 120 条、第 130 条、第 134 条及最高人民法院《关于贯彻执行〈中华人民共和国民法通则〉若干问题的意见（试行）》第 150 条、最高人民法院《关于确定民事侵权精神损害赔偿责任若干问题的解释》第 8 条第 2 款、第 10 条之规定，判决：

一、被告赵江（刘联合）在判决生效后立即停止使用原告的姓名；

二、二被告在合理期限内通过合法途径恢复原告姓名身份等相关信息，期间双方均应予配合；

三、二被告于判决生效后 7 日内，赔偿原告到河北省民政厅办理结婚登记手续的费用 2500 元、原告基于其村民身份而损失的各项补偿 4644.20 元、精神损害抚慰金 5000 元，以上总计 12144.20 元。二被告均担，并互负连带责任；

四、驳回原告其他诉讼请求。

如果未按判决指定的期间履行给付金钱义务，应当依照《中华人民共和国民事诉讼法》第 229 条之规定，加倍支付迟延履行期间的债务利息。

一审判决后，各方当事人均未提出上诉，该判决已经发生法律效力，并且已经自动履行完毕。

裁判理由

本案在庭审中，二被告当庭向原告道歉，并表示愿意通过合法方式恢复原告姓名身份信息。天津市蓟县人民法院认为：

1. 被告是否应当登报道歉

姓名权客体不但包括权利人姓名，也包括由此衍生的身份信息，他人未经权利人许可不得以任何形式使用，否则即为侵害姓名权的行为。二被告当庭承认其行为侵害了原告的姓名权，并口头赔礼道歉，应予以确认。根据《民法通则》第 120 条的规定，权利人姓名权受到侵害的，可以要求侵权人赔礼道歉。赔礼道歉是我国《民法通则》规定的承担民事责任的方式之一，道歉的具体形式应当与侵权人过错程度和侵权行为的影响相称。其中采用登报方式道歉的功能在于消除因侵权人的行为给权利人在不特定多数人范围内所造成的名誉上的不良影响，应具备以下要件：第一，侵权行为对权利人的名誉造成贬损；第二，对权利人名誉的不良影响扩展到不特定多数人范围；第三，如不经登报，则无法消除这种不良影响。被告赵江（刘联合）虽然使用原告姓名身份信息至今，但并未对原告姓名以污蔑、贬损的方式使用，未对原告名誉造成诋毁，亦未对原告的受教育权、劳动权等造成实质性损害。原告也未提出自己名誉因为二被告的侵权行为而遭受贬损的事实及证据。原告作为一名普通公民，已多年不在国内工作、生活，其在国内的社会影响力较小，二被告侵害原告姓名权而导致的消极影响并未扩及到不特定多数人范围。且二被告当庭向原告承认错误、赔礼道歉，并表示愿意通过合法途径恢复原告姓名等身份信息。且被告赵江（刘联合）在本案成讼以前曾登门通过原告岳父向其道歉，主动赔偿 5000 元。上述均可说明被告已经认识其主观过错，虽然当庭对原告赔偿数额持有异议，但此系其行使诉讼权利的行为，不影响其道歉的诚意。故此，对原告要求二被告登报道歉的诉讼请求，依法不予支持。

2. 关于损害赔偿问题

2002 年原告从西班牙回国办理结婚登记手续时虽已知姓名权遭受侵害，但并不清楚具体侵权人，二被告的侵权行为及侵权结果处于持续状态。2008 年 4 月份，被告赵江（刘联合）还曾通过原告岳父向原告道歉，并主动赔偿 5000 元人民币。故原告的诉讼请求并未超过诉讼时效，对被告的抗辩意见依法不予采纳。鉴于原告赵江提供的多份证据均系形成于中华人民共和国领域外，且没有依法办理公证、认证手续，其赔偿请求无法全部予以支持。此外，被告赵江（刘联合）、被告赵芳的行为给原告赵江造成了严重的精神伤害，对于原告赵江主张的精神损害赔偿应酌情予以支持。

姓名权纠纷 办案依据集成

1.《中华人民共和国民法通则》（2009年8月27日修正）（节录）

第九十九条第一款 公民享有姓名权，有权决定、使用和依照规定改变自己的姓名，禁止他人干涉、盗用、假冒。

第一百二十条第一款 公民的姓名权、肖像权、名誉权、荣誉权受到侵害的，有权要求停止侵害，恢复名誉，消除影响，赔礼道歉，并可以要求赔偿损失。

2.《中华人民共和国广告法》（1994年10月27日主席令第34号公布）（节录）

第四十七条 广告主、广告经营者、广告发布者违反本法规定，有下列侵权行为之一的，依法承担民事责任：

……

（四）广告中未经同意使用他人名义、形象的；

3.《中华人民共和国婚姻法》（2001年4月28日修正）（节录）

第十四条 夫妻双方都有各用自己姓名的权利。

第二十二条 子女可以随父姓，可以随母姓。

4. 最高人民法院《关于贯彻执行〈中华人民共和国民法通则〉若干问题的意见（试行）》（1988年4月2日 法（办）〔1988〕发6号）（节录）

141、盗用、假冒他人姓名、名称造成损害的，应当认定为侵犯姓名权、名称权的行为。

150、公民的姓名权、肖像权、名誉权、荣誉权和法人的名称权、名誉权、荣誉权受到侵害，公民或者法人要求赔偿损失的，人民法院可以根据侵权人的过错程度、侵权行为的具体情节、后果和影响确定其赔偿责任。

151、侵害他人的姓名权、名称权、肖像权、名誉权、荣誉权而获利的，侵权人除应适当赔偿受害人的损失外，其非法所得应当予以收缴。

三、肖像权纠纷

15. 商业广告使用公民眼、嘴、鼻等面部的局部照片，是否侵犯公民肖像权?

法律规定的肖像权基于公民的肖像而产生。肖像具有完整、清晰、直观、可辨的形象标识性，能引起一般人产生与原形人有关的思想或感情活动的视觉效果。但是如果画像、照片等内容不能再现原形人的相貌综合特征，不能引起一般人产生与原形人有关的思想或感情活动，一般人不能凭直观清晰辨认该内容就是某一自然人的形象，只有凭借高科技技术手段进行对比，才能确定这是某一自然人特有的一部分形象而非该自然人清晰完整的形象，则这一载体不能称为该自然人的肖像。该自然人只是载体所表现内容的原形人，不是肖像人，因此自然人对这一内容不享有肖像权。

典型疑难案件参考

叶璇诉安贞医院、交通出版社、广告公司肖像权纠纷案（《最高人民法院公报》2003 年第 6 期，总第 86 期）

基本案情

原告叶璇曾在中国人民解放军空军总院星源激光医疗中心（以下简称激光中心）就脸部先天的青黑色斑痕进行治疗，治疗效果良好。2001 年 10 月间，原告发现被告交通出版社在其出版发行的《北京交通旅游图》上，刊登由被告广告公司经营的被告安贞医院的广告。该广告使用了叶璇治疗脸部斑痕前后的照片作为病案。后查《北京交通旅游图》已经十几次刊登这张照片，按地图上的记载，每次印数高达 50 万份。原告认为被告安贞医院、交通出版社和广告公司的上述行为，侵害了其肖像权，向北京市东城区人民法院提起诉讼，请求判令被告安贞医院、交通出版社和广告公司立即停止侵害，消除影响，赔礼道歉，并赔偿损失 10 万元。

一审诉辩情况

原告叶璇向法庭出示、提交了其在激光中心治疗脸部先天青黑色斑痕前后的照片和病历；2001 年、2002 年《北京交通旅游图》，其上刊登的广告中附有标志治疗前、治疗后的特定人眼部以下照片。被告安贞医院、交通出版社和广告公司对原告叶璇所诉《北京交通旅游图》上刊登附有病案照片广告的事实均无异议。

被告安贞医院辩称：原告所诉的照片，是我院购买仪器设备时由供货方提供的。我院在委托被告广告公司发布的广告中，从病理角度使用了这张照片。这是一张局部照片，照片中人物的眼睛以上部分被遮挡，不能证明是原告。照片只占地图上很小一部分，不会带来严重影响，且我院使用这张照片也未获利，没有侵害原告的肖像权，不同意原告的诉讼请求。

被告交通出版社辩称：我社有发布广告的资格。原告所诉我社发布广告中附带的这张照片，根本无法辨认肖像人是谁。我社在刊发广告过程中已经依法尽了审核义务，不构成侵害肖像权，不同意原告的诉讼请求。

被告广告公司辩称：原告所诉照片，反映的只是局部病理情况，看不出肖像人是原告。即使肖像人是原告，也只是原告的局部照片，不构成侵权。另外，地图上的印数，只反映预计的发行范围，不是实际发行量。不同意原告的诉讼请求。

一审裁判结果

北京市东城区人民法院于 2002 年 12 月 20 日判决：

一、驳回原告叶璇的诉讼请求；

二、案件受理费 80 元，由原告叶璇负担。

一审裁判理由

《中华人民共和国民法通则》第 100 条规定："公民享有肖像权，未经本人同意，不得以营利为目的使用公民的肖像；"第 120 条第 1 款规定："公民的姓名权、肖像权、名誉权、荣誉权受到侵害的，有权要求停止侵害，恢复名誉，消除影响，赔礼道歉，并可以要求赔偿损失。"

法律规定的肖像权，基于公民的肖像而产生。肖像，是指以某一个人为主体的画像或照片等。通过绘画、摄影、雕刻、录像、电影等艺术手段，在物质载体上再现某一个自然人的相貌特征，就形成肖像。肖像的特征，除肖像与原形人在客观上相互独立成为能让人力支配的物品外，再就是具有完整、清晰、直观、可辨的形象再现性或称形象标识性。这里所说的形象，是指原形人相貌综合特征给他人形成的、能引起一般人产生与原形人有关的思想或感情活动的视觉效果。画像、照片等载体，如果其内容不能再现原形人的相貌综合特征，不能引起一般人产生与原形人有关的思想或感情活动，一般人不能凭直观清晰辨认该内容就是某一自然人的形象，这样的载体不能称为肖像。如果载体所表现的内容，只有凭借高科技技术手段进行对比，才能确定这是某一自然人特有的一部分形象而非该自然人清晰完整的形象，一般人不能凭直观清晰辨认载体所表现的内容就是该自然人，则这一载体也不能称为该自然人的肖像。该自然人只是载体所表现内容的原形人，不是肖像人。由于这样的载体所表现的内容不构成肖像，原形人也就对这一内容不享有肖像权。

肖像权，是肖像人对自己的肖像依法享有的制作、使用专有权及利益维护权。原告叶璇所诉的这张照片，只有脸上的鼻子和嘴部分，不是完整的特定人形象。这张照片不能反映特定人相貌的综合特征，不能引起一般人产生与特定人有关的思想或感情活动，因此不是法律意义上的肖像。叶璇据此照片主张保护肖像权，理由不能成立。

二审诉辩情况

一审宣判后，原告叶璇不服，以原起诉理由提出上诉，请求二审改判。

二审裁判结果

北京市第二中级人民法院于 2003 年 4 月 17 日判决：

一、驳回上诉，维持原判；

二、二审案件受理费各 80 元，均由上诉人叶璇负担。

二审裁判理由

北京市第二中级人民法院经审理认为：《北京交通旅游图》上刊登的自然人面部局部器官照片，不能体现该自然人的外貌视觉形象，本身不构成肖像。上诉人叶璇据此认为被上诉人安贞医院、交通出版社和广告公司侵犯了其肖像权，理由不能成立。

16. 利用计算机技术分割有他人肖像的合影照片是否构成肖像侵权行为？

未经本人同意，利用计算机技术分割有他人肖像的合影照片，破坏了他人肖像的完整性，虽不以赢利为目的，但仍应认定为非法使用他人肖像，构成肖像侵权行为。

典型疑难案件参考

陆永兴诉薛仲良肖像权纠纷案

基本案情

1999年，江阴市暨阳名贤研究院为宣传需要策划出版了《冰心与江阴》一书，该书由薛仲良主编。在该书插图第三页的下图印有冰心与薛仲良的合影照片，该照片系薛仲良利用陆永兴与冰心的合影照片，经电脑技术将合影照片上陆永兴躯体部分影像保留，头部影像更换成薛仲良的头部影像，形成了薛仲良与冰心的合影照片。2008年4月18日，陆永兴起诉至法院，请求判令薛仲良立即停止侵害他的肖像权的行为、消除不良影响并公开赔礼道歉；判令薛仲良赔偿精神损害赔偿金5万元。

一审裁判结果

江阴市人民法院依照《民法通则》第100条的规定，作出一审判决：

一、薛仲良停止使用其利用陆永兴与冰心合影照片通过电脑技术合成的其与冰心的合影照片；

二、薛仲良在本判决发生法律效力之日起10日内在《江阴日报》上刊登致歉声明，向陆永兴赔礼道歉（具体内容由本院审定）；

三、薛仲良于本判决发生法律效力之日起10日内赔偿陆永兴精神损害抚慰金2000元；

四、驳回陆永兴的其他诉讼请求。

一审裁判理由

江阴人民法院认为：肖像是公民的个人形象通过摄影、录像、塑像、绘画等造型技术在客观上形成的作品，具有人身特征的物化性、社会影响性和可利用性。肖像主要的和基本的内容就是面部容貌为中心的面部特征，反映的是肖像者的真实形象和特征，他人可以通过肖像将肖像权人与其他人进行辨别。肖像权是公民对自己的肖像享有利益并排斥他人侵害的权利，除权利人外，任何他人都负有不得侵害的义务。本案中，薛仲良在主编《冰心与江阴》一书时，利用电脑技术合成自己与冰心的合影照片，虽然只使用了陆永兴与冰心合影照片中陆永兴的躯干影像，但是肖像权的保护范围不宜只局限于五官，人的躯体也应在肖像权的保护范围之列。薛仲良使用陆永兴的躯干影像行为侵犯了陆永兴的肖像权，应当承担民事责任。根据侵权人的过错程度、侵权的手段、场合、行为方式等具体情节、侵权行为所造成的后果、侵权人的获利情况、侵权人承担责任的经济能力、受诉法院所在地平均生活水平等因素确定，综合上述情节，酌情给予精神损害抚慰金为2000元。

二审诉辩情况

宣判后，薛仲良不服该判决，向无锡市中级人民法院上诉称：薛仲良只是利用冰心与陆永兴合影照片中陆永兴的部分躯干影像，该躯干影像具有普遍性，他人不能通过该躯干影像辨别出陆永兴的身体特征，因而陆永兴的躯干影像不能称为陆永兴的肖像，一审判决薛仲良侵犯陆永兴的肖像权缺乏事实。

陆永兴辩称：肖像权是自然人所享有的对自己的肖像上所体现的人格利益为内容的一种人格权，属于权利人可依个人意志决定而自由支配的权利，一切违背肖像权人意志而利用其肖像的行为，均构成侵权。

二审裁判结果

无锡市中级人民法院依照《民法通则》第5条的规定判决：驳回上诉，维持原审判决。

二审裁判理由

公民的人格尊严不受侵犯。肖像是采用摄影或者造型艺术手段反映出来的自然人的形象，只有自然人自己才能决定对自己肖像的使用。所谓肖像权是指法律赋予自然人对自己形象再现（肖像）的排他性支配权。作为人格权，肖像权既是民事权利，更是公民基本权利。它的权能具有两种属性：一种是“积极作为”的“支配”属性，如肖像使用权，“未经本人同意，不得以营利为目的使用公民的肖像”；另一种是“消极防御”的不受侵犯属性，如维护肖像完整权，自然人对自己的肖像有维护完整性的权利，有权禁止他人非法毁损，维护自己的尊严，公民的人格尊严受法律保护。

在中华文化传统中，社会公众一般比较重视照片中自身影像的完整性，特别是将头部与躯干视为一个整体，不可分离，尤其忌讳将已成影像中的头部从躯干上人为地去除。且对于任何普通民众来说，能与中国知名作家冰心合影，都是具有纪念意义的事件，合影的照片亦具有珍藏价值。本案中，薛仲良未经肖像权人陆永兴的许可，擅自通过电脑技术将陆永兴视为具有特定价值的照片中的头部影像从其整体影像中分离，破坏了陆永兴肖像在该合影照片中的完整性，其行为侵害了陆永兴最基本的肖像完整展现的专有权益，已经构成侵权。

薛仲良上诉认为，其只有以赢利为目的，擅自使用大众可认知是陆永兴肖像的照片，才构成肖像侵权的意见，是对法律的片面理解，不予采信。

17. 如何确定侵犯肖像权的损失赔偿标准和赔偿数额?

肖像权纠纷案件中，如果有一般许可使用费可以参照，法院可以结合侵权人过错、侵权的情节、该许可使用的范围、时间、受害人知名度等因素，参照许可使用费确定赔偿数额。

典型疑难案件参考

张柏芝诉梧州远东美容保健用品有限公司肖像权案

基本案情

2002 年 11 月 4 日，广西梧州索芙特保健品有限公司（以下简称索芙特公司）与张柏芝及其经纪公司 TOGETHR AGAIN LIMITED（以下简称经纪公司）共同签订了有关聘请张柏芝担任索芙特公司美体瘦身系列产品形象代言人的广告合约一份（以下简称 2002 年合约）。该合同约定：（1）张柏芝出任索芙特公司美体瘦身系列产品的形象代言人。具体为，出品商名称：索芙特瘦身产品系列之腹部苗条霜、纤脸滋润霜；出品商地址：广州市中山六路 218－222 捷泰广场十七楼。指定广告传播媒介：（a）经由中国境内（不包括香港、澳门和台湾）的电视频道（包括有线、无线及卫星频道），但不包括跨境的任何频道，传播并不超过 60 秒之唯一版本广告片；（b）于该产品之平面广告上使用张柏芝之姓名或肖像，包括包装、印刷品、宣传单章、杂记、灯箱、报章、刊物、户外硬照广告。（2）索芙特公司拥有该广告（包括电视广告和平面广告）之合法使用期自 2002 年 11 月 10 日至 2004 年 11 月 9 日止。（3）经纪公司同意按照合约规定，提供张柏芝为索芙特演出该广告，索芙特公司同意以现金支票方式支付经纪公司港币 250 万元，作为张柏芝之酬金，及港币 12 万元，作为张柏芝指定的化妆师及发型师三个工作日之酬金。（4）该广告片之平面广告及电视广告只限于合约期内作宣传该产品之用，不能用作其他用途。（5）除非得经纪公司同意下进行，否则索芙特公司不能转让本合约给本合约之外的第三者使用，索芙特公司对本合约之产品在合约期内拥有本合约订下之条款、演员肖像、姓名及相关版权之使用权。除上述内容外，该广告合约对其他事项也作了相应的约定。

2003 年，索芙特公司又与经纪公司、张柏芝共同签订了有关聘请张柏芝担任索芙特公司洁护肤系列产品形象代言人的广告合约一份（以下简称 2003 年合约）。该合约约定：（1）出品商名称为索芙特水白晶7效保湿系列（如索芙特水白晶雪莲保湿霜、芦荟保湿霜等）。（2）索芙特公司拥有该广告（包括电视广告和平面广告）之合法使用期自2003年8月1日至2005年7月31日止。（3）经纪公司同意按照合约规定，由张柏芝为索芙特出演该广告，索芙特公司同意以现金支票方式支付经纪公司港币208万元，作为张柏芝之酬金，及港币12万元，作为张柏芝指定的化妆师及发型师三个工作日之酬金。该广告合约的其他内容与2002年合约的内容基本一致。

2003年4月和2004年6月，张柏芝的委托代理人在无锡市场上发现并购买了产品包装印有张柏芝肖像的"索芙特瘦身沐浴露"、"索芙特0B2深层减肥香皂"、"索芙特瘦脸洗面奶"洁护肤产品。该三种产品的外包装上均标明出品商和生产厂为远东公司，"索芙特0B2深层减肥香皂"、"索芙特瘦脸洗面奶"两种产品还标有梁氏集团（香港）有限公司为出品商的字样。张柏芝遂将远东公司和梁氏集团（香港）有限公司作为共同被告诉至江苏省无锡市中级人民法院。在审理中，又自愿撤回了对梁氏集团（香港）有限公司的起诉。

一审诉辩情况

原告张柏芝诉称：2004年，在无锡市场上发现远东公司擅自在其生产和销售的"索芙特瘦身沐浴露"、"索芙特0B2深层减肥香皂"、"索芙特瘦脸洗面奶"三种产品的包装上使用原告肖像进行商品宣传，侵犯其肖像权，损害其利益。故要求法院判令：远东公司向张柏芝公开登报赔礼道歉，立即停止侵权并赔偿张柏芝损失200万元，本案诉讼费用由远东公司承担。

被告远东公司辩称：索芙特公司系受其委托，与张柏芝签订了由张柏芝担任其产品形象代言人的广告合约。其使用张柏芝的肖像用于商品宣传，是合法使用，不存在侵权行为。要求驳回原告张柏芝的诉讼请求。

一审裁判结果

江苏省无锡市中级人民法院依据《中华人民共和国民法通则》第100条、第120条第1款和最高人民法院《关于贯彻执行〈中华人民共和国民法通则〉若干问题的意见（试行）》第150条的规定，判决如下：

一、被告梧州远东美容保健用品有限公司于本判决生效后立即停止在其生产的"索芙特瘦身沐浴露"、"索芙特0B2深层减肥香皂"、"索芙特瘦脸洗面奶"三种产品外包装上使用原告张柏芝的肖像；

二、被告梧州远东美容保健用品有限公司于本判决生效之日起30日内在《无锡日报》刊登向原告张柏芝公开赔礼道歉的声明，具体内容须经本院审核。

逾期不执行，本院将在同类报纸上刊登本判决主要内容和有关情况，费用由梧州远东美容保健用品有限公司支付；

三、被告梧州远东美容保健用品有限公司于本判决生效之日起后10日内一次性给付原告张柏芝100万元；

四、驳回原告张柏芝的其他诉讼请求。

案件诉讼费24012元，由张柏芝负担12006元，由梧州远东美容保健用品有限公司承担12006元。

一审裁判理由

被告远东公司擅自在其产品的外包装上使用张柏芝的肖像，侵害了原告的肖像权。

首先，远东公司提供的证明与索芙特公司存在委托关系的委托书没有索芙特公司盖章，也没有索芙特公司表明接受委托的意思表示。

其次，即使远东公司与索芙特公司存在委托关系，远东公司使用张柏芝肖像的三种产品也不包含在索芙特公司与张柏芝签订的两份合约许可使用范围内。2002年合约与2003年合约明确可以使用张柏芝姓名和肖像的只有索芙特瘦身产品系列之腹部苗条霜、纤脸滋润霜和索芙特水白晶7效保湿系列（如索芙特水白晶雪莲保湿霜、芦荟保湿霜等）。而本案所涉的"索芙特瘦身沐浴露"、"索芙特0B2深层减肥香皂"和"索芙特瘦脸洗面奶"三种产品显然不属广告合约中约定可以使用张柏芝肖像的产品之列。因此对被告远东公司认为其是合法使用张柏芝肖像的辩称，法院不予采纳。

远东公司侵害了张柏芝的肖像权，应当立即停止该侵权行为。为消除远东公司侵权行为给张柏芝带来的商业化负面影响，应由远东公司在侵权行为地的媒体上公开赔礼道歉。远东公司使用张柏芝肖像显然出于营利目的，对于以营利为目的的侵害肖像权的赔偿金额，不仅要考虑远东公司的过错程度，侵权行为的具体情节，侵权后果和具体影响，还要参照一般有偿使用张柏芝肖像的费用标准。索芙特公司聘请张柏芝担任其产品两年形象代言人所支付的酬金均已超过200万港币。因此，对于远东公司侵害张柏芝肖像行为的赔偿金额，该院酌定100万元为宜。

二审诉辩情况

一审宣判后，远东公司不服，向江苏省高级人民法院提起上诉称：（1）本案实质并非肖像权纠纷，而是合同纠纷。（2）索芙特公司根据上诉人的委托与张柏芝签订广告合约，上诉人在合约的有效期内使用张柏芝的肖像符合合约约定。(3) 2002 年合约涉及张柏芝做瘦身、瘦脸形象代言人，是为一个系列产品而非系列产品中的一两个产品。(4) 张柏芝关于“索芙特瘦身沐浴露”侵权的起诉，已超过法律规定的诉讼时效。(5) 讼争的肥皂和洗面奶，均属于 2003 年广告合约许可使用张柏芝肖像的范围。(6) 一审法院判决上诉人赔偿张柏芝 100 万元没有事实和法律依据。

被上诉人辩称：(1) 上诉人并非张柏芝与索芙特公司所签合同的当事人，不能依据合同来抗辩。至于上诉人与索芙特公司之间是否有委托关系，被上诉人并不清楚。(2) 即使按照张柏芝与索芙特公司所签订的两份广告合约，上诉人的行为也构成侵权，因合约中约定的代言产品并不包括讼争产品。(3) 提交于 2006 年 6 月 12 日购得的索芙特瘦身沐浴露一盒（附购物凭证），以证明产品仍在销售，因对方的侵权行为处于延续状态，故未超过诉讼时效。(4) 一审判决 100 万元的赔偿数额符合法律和事实。请求驳回上诉，维持原判。

二审裁判结果

江苏省高级人民法院依据《中华人民共和国民事诉讼法》第 153 条第 1 款第 1 项之规定，于 2006 年 7 月 13 日作出终审判决：驳回上诉，维持原判。

二审案件诉讼费 20210 元由上诉人梧州远东美容保健用品有限公司负担。

二审裁判理由

江苏省高级人民法院认为，双方争议焦点为：(1) 本案是合同纠纷还是肖像权纠纷；(2) 远东公司是否有权在其生产和销售的“索芙特瘦身沐浴露”、“索芙特 0B2 深层减肥香皂”、“索芙特瘦脸洗面奶”三种产品的包装上使用张柏芝的肖像，如因无权使用构成侵权，应当怎样确定赔偿数额；(3) 张柏芝就“索芙特瘦身沐浴露”的起诉是否超过诉讼时效。

关于本案是合同纠纷还是肖像权纠纷的问题。江苏省高级法院认为，判断本案是合同纠纷还是肖像权纠纷主要看原审原告张柏芝的诉讼请求权的基础。对于存在合同关系的当事人来说，超越授权使用他人的肖像，既属于违反合同约定的违约行为，同时也构成侵权。此时，肖像权人有权选择最有利于自己的请求权基础来进行诉讼。本案中，针对远东公司在其生产的“索芙特瘦身沐浴露”、“索芙特 0B2 深层减肥香皂”、“索芙特瘦脸洗面奶”三种产品外包装上使用张柏芝肖像的行为，张柏芝一方选择侵权诉由来主张权利，本案自然属于侵权纠纷而非合同纠纷。而且，对索芙特公司于 2002 年和 2003 年就索芙特部分产品与张柏芝签约的行为，远东公司虽声称系受其委托，但除了一份单方面的委托书外再无其他证据。仅凭该份委托书尚不足以证明远东公司的主张，故远东公司以合同纠纷来进行抗辩亦缺乏依据，不予支持。

关于远东公司是否有权在讼争的三种产品的包装上使用张柏芝肖像的问题。法院认为，首先，远东公司并非2002年合约的当事人，其以合同约定来对抗张柏芝一方的侵权主张缺乏依据。其次，即便按照合约，2002年合约明确代言产品是“索芙特瘦身产品系列之腹部苗条霜、纤脸滋润霜”，讼争的三种产品并不在约定之列，该条款亦不存在解读歧义，故远东公司主张合约“之”字乃“如”字笔误的理由不能成立。2003年合约已明确代言产品为“索芙特水白晶7效保湿系列”，上诉人仅以肥皂和洗面奶属于洁护肤产品为由，主张“索芙特0B2深层减肥香皂”、“索芙特瘦脸洗面奶”属于2003年合约产品，亦不能成立。因此，远东公司行为已构成对张柏芝肖像权的侵犯。至于赔偿数额的问题，法院认为，生产销售单位聘请身为演艺明星的张柏芝为产品代言，意在通过其影响力占领市场，获取利润。因此，远东公司在非张柏芝代言的产品上使用其肖像，既损害了张柏芝的精神利益，更损害其物质利益，原审法院参照有偿使用标准酌定100万元赔偿数额并无不当。远东公司在上诉理由中对合约金额的解释并不符合一般有偿使用张柏芝肖像的付费标准，故二审法院不予支持。

于诉讼时效的问题，上诉人远东公司认为，张柏芝就“索芙特瘦身沐浴露”起诉所提交证据乃2003年4月6日的销售发票，已超过法定的诉讼时效。被上诉人张柏芝则认为，其二审提交的新证据表明索芙特瘦身沐浴露在2006年6月12日仍在销售，对方的侵权行为处于延续状态，故不存在超过诉讼时效。上诉人认为，对方提交的索芙特瘦身沐浴露上注明限用日期为2007年3月11日，按照3年保质期倒推，可知生产日期为2004年3月11日，是在2002年合约约定的使用期内，故不构成侵权。高院认为，张柏芝提交本院的索芙特瘦身沐浴露一盒及相关购物凭证，属于二审中的新证据，对照远东公司所认可的该产品的生产日期，张柏芝于2005年9月起诉并未超过法定诉讼时效期间。虽然远东公司称该产品是其在合约期内生产，然而远东公司并非2002年合约的当事人，其以合同约定来抗辩缺乏依据；而且即便按照2002年合约，索芙特瘦身沐浴露也并不在约定的代言产品之列。故远东公司的该项上诉理由不能成立，法院不予支持。

18. 自愿担任职业人体模特的行为是否意味着就放弃或者转移了由此所产生的肖像的使用权？

对于默示方式行使民事行为的范围，法律有明确规定，任何人不能擅自扩大法定默示情形的外延。肖像权作为公民的专有民事权利，并未在法定适用默示的方式表示的范围之内。自愿担任职业人体模特的行为并不意味着肖像权人放弃甚至移转由此产生的肖像的使用权，放弃或者转移肖像权需当事人另行以明确的意思表示作出。

19. 著作权与肖像权发生冲突时，法律应保护哪方的利益？

著作权人在行使著作权时，不得侵犯他人的合法权益乃属当然之理，其中包括不得侵犯他人的肖像权。尽管我国《民法通则》对侵害肖像权规定须以赢利为目的，但对此赢利目的须作广义解释，既不应以实际盈利为前提，也不应以旨在展现艺术成就为例外，除国家和公益组织以社会公益为目的所采取的行为外，个人和其他社会组织所进行的行为均可解释为赢利目的。

20. 著作权人与出版者内部约定由谁负责审查作品的合法性，是否具有对抗肖像权人的效力？

著作权人与出版者内部约定由谁负责审查作品的合法性，并不具有对抗肖像权人的效力。这一方面是由于该审查义务乃法定义务，即法律赋予出版者的义务，当事人不得规避；另一方面，即使不是法定义务或该义务可移转，二者之间的约定属债权性质的权利义务，自然不产生对抗肖像权人的效力。

典型疑难案件参考

人体模特缪燕诉徐芒耀、辽宁美术出版社侵犯其肖像权案

基本案情

原告缪燕于1995年至1996年间被浙江美术学院（现更名为中国美术学院）聘用为合同制模特。双方并就此签订了《合同制模特工作协议》，该协议第一条明确约定，原告的工作职责为配合教师完成课堂教学任务，另协议还对原告的工作报酬作了约定。同时，浙江美术学院为保护模特的隐私权对模特进行统一管理及为模特取艺名。被告徐芒耀曾为浙江美术学院教师。1996年徐芒耀为完成教学任务，在课堂上以原告等人为模特，为学生做教学示范，完成了《双女人体》人体画一幅，其中站立者为原告。该画完成后由徐芒耀收藏。

1999年被告辽宁美术出版社为出版《一代画风》画册，向被告徐芒耀征稿，徐芒耀遂将《双女人体》一画向辽宁美术出版社投稿。

2000年辽宁美术出版社出版了《一代画风》一书，共发行了2000册，每册49元，画册第65页收录了《双女人体》整幅画作，第66页刊登了《双女人体》画作的局部，原告的头像侧面，并向徐芒耀支付了稿酬。2001年6月原告在杭州某新华书店购得《一代画风》一书，发现该书中刊登了自己的裸体画像后，出现了情绪低落、厌世等症状。经浙江省第一医院就诊，诊断为心因性抑郁症。2001年6月原告曾因浙江人民美术出版社出版的《徐芒耀油画解析》一书中刊有《双女人体》一画，向浙江省杭州市中级人民法院起诉徐芒耀和浙江人民美术出版社侵害其肖像权。

一审诉辩情况

原告诉称：2001年6月原告在杭州某新华书店购得《一代画风》一书，发现该书第65页、66页上刊登了原告的裸体画像《双女人体》；该画系1995年底至1996年初原告在浙江美术学院做签约模特时，被告徐芒耀和学生一起作的教学示范画，画作完成后，徐芒耀曾亲口向原告保证该画不公开发表，只作个人收藏；且原告与浙江美术学院签订的《合同制模特工作协议》明确规定模特的职责是"配合教师完成课堂的教学任务"，然而徐芒耀竟然违背职业道德和诺言，在原告本人不知晓的情况下公开发表原告的裸体画像，已构成对原告肖像权的严重侵犯；辽宁美术出版社对作品的来源不加严格审查，以赢利为目的，将《双女人体》画作在《一代画风》一书中出版发行，同样也构成了对原告肖像权的严重侵犯。两被告的行为使原告精神上受到严重伤害，由此引发了心因性抑郁症，为维护原告的合法权利，要求被告赔偿原告精神损失费100000

元；立即停止侵害，收回全部刊有侵害原告肖像画作的《一代画风》一书；当庭口头向原告赔礼道歉并保证以后不再发生类似侵权行为；诉讼费及诉讼代理费由两被告共同承担。诉讼中原告变更第一项诉讼请求为要求被告赔偿原告精神损失费 50000 元、财产损失 50000 元，并放弃要求被告承担诉讼代理费的请求。

被告徐芒耀辩称:《双女人体》画是其为完成教学任务而在课堂上完成的一张示范性的人体习作，原告是被聘用的职业模特，对此是自愿并取得了报酬的；作品完成后徐芒耀对该作品享有著作权，作家有发表作品的权利，无须征得原告同意，徐芒耀也未向原告作出表示该画不公开发表的任何承诺，故未侵犯原告肖像权；另原告曾以徐芒耀等人侵犯其肖像权为由向浙江省杭州市中级人民法院提起诉讼，案件已经调解结案，原告不应以同样的事由起诉，故要求驳回原告诉讼请求。

被告辽宁美术出版社辩称：肖像反映了每个人的独有特征，而《双女人体》画仅仅反映了一个少女的形体，是经过画家的艺术再创作，与肖像有本质区别；被告出版《一代画风》是为了展现青年美术家的艺术风格，是一项公益行为，体现的是社会效益，绝不是以赢利为目的，不符合侵犯肖像权的要件；此外，被告辽宁美术出版社在向作者征稿时，在合同中明确规定，对作品的合法性由作者审查，因此，即使存在侵犯，也应由作者承担；故辽宁美术出版社不承担任何法律责任。

审理中，一审法院委托上海市精神卫生中心司法医学鉴定室对原告的精神状态进行司法精神医学鉴定，并评定其行为能力。鉴定诊断为原告正处于抑郁症的患病期，目前应评定为无民事行为能力。

一审裁判结果

浙江省杭州市中级人民法院依照《中华人民共和国民法通则》第 100 条、第 120 条，最高人民法院《关于确定民事侵权精神损害赔偿责任若干问题的解释》第 1 条第 1 款第 2 项、第 8 条第 2 款、第 10 条第 1 款的规定，于 2002 年 8 月 28 日判决：

被告徐芒耀、辽宁美术出版社停止对原告缪燕肖像权的侵害，并于本判决生效后 10 日内至本院指定的地点以口头方式向原告缪燕赔礼道歉，内容须经本院审查；被告辽宁美术出版社通知各销售点停止销售《一代画风》画册，并于本判决生效后 30 日内收回尚未售出的《一代画风》画册；被告徐芒耀、辽宁美术出版社于本判决生效后 10 日内赔偿原告缪燕精神损失费人民币 20000 元。本案受理费 3610 元，由原告负担 1800 元，两被告负担 1810 元。鉴定费 600.10 元，由两被告负担。

一审裁判理由

一审法院认为，原告作为聘用的教学模特，依据其与美院签订的《合同制模特工作协议》，以自己的人体形象供学院师生学习绘画技术，被告徐芒耀作为美院的教授，根据学院安排为完成课堂教学任务，享有对原告人体肖像的制作权，徐芒耀据此以原告为模特创作《双女人体》一画，符合《协议》约定，并享有该画的著作权。然而，学院与原告及徐芒耀之间并未对超过《协议》规定的使用作出另外约定，故徐芒耀在《协议》规定之外使用《双女人体》一画应征得肖像权人即原告的同意。现徐芒耀擅自将载有原告人体肖像的《双女人体》一画向辽宁美术出版社投稿，并以此取得稿酬，超出了《协议》规定的范围，构成了对原告肖像权的侵害；被告辽宁美术出版社对涉及他人肖像权利的出版物未尽审核义务，与被告徐芒耀共同侵害了原告的肖像权，两被告应当共同承担相应的民事责任。辽宁美术出版社虽辩称其出版《一代画风》实际是亏损的，未有盈余，因此不是以赢利为目的，不构成侵权，但其未提供盈亏情况的有效证据，且法律规定“以赢利为目的并非以实际盈亏为标准”，故其以上述理由作为不承担责任的理由不能成立。原告以《徐芒耀油画解析》一书中收录了《双女人体》画侵害原告肖像权为由起诉并由浙江省杭州市中级人民法院调解结案，由于该案与本案诉讼主体不同，且原告起诉亦非基于同一事实理由，故对被告徐芒耀主张的原告提起本案诉讼系重复主张权利的观点不予采纳。

原告要求被告停止侵害、赔礼道歉，于法有据，可以准许。

原告要求被告收回全部《一代画风》画册，辽宁美术出版社虽称已全部售完，但其对《一代画风》的销售情况未提供证据，故有义务收回未售出的画册。由于被告的侵权行为给原告造成了一定的精神损害，应当给予原告相应的精神损失费，具体数额可依据侵权人的过错程度、侵权行为的具体情节及对原告造成精神损害的后果等情况酌定。原告主张的财产损失未提供证据证明，本案不予处理。考虑到引起本案诉讼的责任在被告，原告提出偏高的诉讼请求属情理之中，故对于诉讼费的分担由法院根据实际情况酌定。

二审诉辩情况

一审判决后，被告徐芒耀不服，提起上诉称，《合同制模特工作协议》是一个劳务合同，调整的是《劳动法》上的劳动关系，而非学院与模特对模特肖像权及著作权的约定。上诉人将其作品《双女人体》出版是一个画家自由处理其作品、宣传其艺术理念的行为，与模特和学校之间的劳务协议无关。假如有违约，也只有校方违约，与教师无关。其次，同意有明示和默示两种，被上诉人缪燕是有报酬的职业模特，聘用模特的是美术学院，具体使用模特的是职业画家，三者身份彼此清楚。同意发表是不言而喻的，不准发表是例外，是需要明确声明或告知的。最后，上诉人出版其作品，不是为了宣传任何商品，非以赢利为目的，不构成对肖像权的侵犯。故要求二审法院驳回缪燕的诉讼请求。

被上诉人缪燕则认为原审法院判决正确，要求二审法院维持原审法院的判决。

原审被告辽宁美术出版社同意上诉人的上诉请求。

二审裁判结果

二审法院依照《中华人民共和国民事诉讼法》第153条第1款第1项的规定，于2003年1月28日判决：驳回上诉，维持原判。

二审裁判理由

二审法院经审理查明，原告法院认定事实无误。二审法院认为，对于默示方式行使民事行为的范围，法律有明确规定，任何人不能擅自扩大法定默示情形的外延。肖像权作为公民的专有民事权利，并未在法定适用默示的方式表示的范围之内，故徐芒耀认为缪燕当时未声明过他人不可以使用其肖像，从而应以默示的方法来确认对该权利的放弃，显然不符合法律规定。《合同制模特工作协议》不仅是一份表象形式的劳务合同，合同中有关缪燕从事工作的内容范围还对缪燕与浙江美术学院之间对相关缪燕个人专属权利内容的转让与放弃作了规定。现穷尽上诉方提供的证据材料，无法推断出缪燕向浙江美术学院有过明示的放弃肖像权的意思表示，而当时在该学院从事教学工作的徐芒耀也无证据材料证实其与缪燕之间有过转让该肖像权使用权利的协议，故现徐芒耀擅自将该幅能逼真反映缪燕特征的画予以公开，显然侵犯缪燕的肖像权。辽宁美术出版社作为出版单位未对作品的合法性进行审核，也应承担相应的民事侵权责任。

21. 销售商销售侵犯他人肖像权的产品，是否应当承担赔偿责任？

具有赢利性质的法人单位，在其与肖像权人的使用肖像广告合约期限届满后，未经肖像权人同意，继续在其生产、销售的产品包装上使用肖像权人肖像，该行为属于从事与其经营相关的宣传活动，显然具有赢利目的，不属于法律许可的合理使用肖像行为，侵犯了肖像权人的肖像权，应承担相应的民事责任。

侵犯肖像权人肖像权的商品标识属于该侵权人生产的产品的一个组成部分，也就是说该行为系该侵权人所为。肖像权人与该侵权人曾签订过肖像权使用许可协议，肖像权人在先允许该侵权人使用其肖像的行为，且肖像权人在与该侵权人的合约期限届满后，从未以任何方式在相关媒体进行过公示，这些足以使善意销售商误认为该侵权人有权使用肖像。因此，销售侵犯他人肖像权的产品的销售商，如果善意相信该侵权人有权使用肖像，且未在装饰橱窗、销售广告、店堂促销告示等经营销售活动中使用肖像权人肖像，则销售商不构成侵权。

典型疑难案件参考

莫少聪诉广东省中山市美多化妆品有限公司、泉州新华都购物广场有限公司、厦门康纳利商贸有限公司侵犯肖像权纠纷案

基本案情

2000 年 11 月 15 日，广州集思堂广告传播有限公司与诚信娱乐发展有限公司签订了一份广告合约，约定集思堂广告传播有限公司聘请诚信娱乐发展有限公司成员即原告莫少聪为被告美多公司生产的“雨倩洗发露”拍摄一辑平面广告，广告酬金为 200000 元港币，合约期限自 2001 年 1 月 1 日起至 2001 年 12 月 31 日止。2001 年 6 月 1 日，原告莫少聪与被告美多公司及 RICH-COME CONSULTANTSLIMITED 又签订一份洗发露广告协议，约定原告为被告美多公司生产的“雨倩洗发露”拍摄电视广告，被告美多公司使用该广告片的期限为一年，美多公司为此支付给原告酬金人民币 210000 元。

2004 年 4 月 28 日，原告的委托代理人朱波在被告新华都二楼商场购买了被告美多公司生产的、挂有原告肖像吊牌的雨倩牌洗发露三瓶，泉州市公证处对朱波的整个购物过程进行了公证。另查明，原告所购洗发露系被告美多公司销售给被告康纳利公司后，被告康纳利公司作为中间商于 2003 年 11 月间又销售给被告新华都。

一审诉辩情况

原告诉称：2000 年 11 月间，广州集思堂广告传播有限公司与诚信娱乐发

展有限公司签订一份广告合约，约定集思堂广告传播有限公司聘请诚信娱乐发展有限公司成员即原告莫少聪为被告美多公司生产的“雨倩洗发水”拍摄一辑平面广告，广告酬金为200000元港币，合约期限自2001年1月1日起至2001年12月31日止。2001年6月，被告美多公司、RICHCOME CONSULTANTS LIMITED及原告签订一份洗发水广告协议，约定原告为被告美多公司生产的“雨倩洗发水”拍摄电视广告，被告美多公司为此支付给原告酬金人民币210000元。2004年4月28日，原告在被告新华都商场购得挂有原告肖像广告吊牌的被告美多公司生产的产品，根据所购产品保质期可以看出，被告美多公司在广告合约约定的期限届满后，未经原告许可一直在经营活动中持续使用原告的肖像3年。由于原告系香港知名电影演员，被告美多公司未经原告许可，在其经营活动中使用原告肖像为其产品作宣传，导致原告不能接拍同类产品的广告，给原告造成较大的经济损失，被告的行为侵犯了原告的肖像权，请求判令：（1）被告立即停止对原告肖像权的侵害；（2）被告在福建省省级报纸上公开承认其侵权行为并赔礼道歉；（3）被告赔偿原告律师费人民币50000元、广告酬金损失港币600000元即折合人民币636000元、公证费1440元、调查取证费人民币7 929.40元等各项经济损失合计人民币695369.40元。

被告美多公司辩称：本被告公司规模小，产品利润微薄，挂有原告肖像广告吊牌的雨倩牌洗发露仅在被告新华都销售，数量不多，影响小；另本被告所使用的广告吊牌是广告合约期间剩余的处理品，主观上并无恶意，对原告的肖像权没有造成严重的后果，对原告的形象也没有造成负面影响。原告诉称本被告持续使用原告肖像3年和由于本被告的行为直接导致其不能接拍同类产品广告缺乏事实和法律依据，且原告也没有证据证明其拍摄收入由于本被告的行为而减少，现原告以广告酬金作为损失标准要求被告赔偿人民币60多万元不合理，原告要求被告承担律师费、公证费及调查取证的费用同样缺乏法律依据，请求驳回原告不合理的诉讼请求。

被告新华都公司辩称：侵权产品系本被告向被告康纳利公司合法购买，根据我国《合同法》第150条的规定，出卖人就交付的标的物，负有保证第三人不得对买卖标的物主张任何权利的义务，故买卖合同的买主不负有审查标的物是否存在权利瑕疵的义务。因此本被告作为商品的买方没有审查商品是否侵犯他人肖像权的法定义务，本被告在不知情的情况下销售带有原告肖像的商品，不构成侵权。本被告直至接到法院的应诉通知书才知道被告康纳利公司的产品侵犯了原告的肖像权，接到应诉通知书后，本被告立即停止了对侵权产品的销售，有效地防止了侵权产品的扩散。在此之前，本被告从未接到原告任何侵权通知，是在毫不知情的情况下销售侵权产品的，不构成侵权。从保护交易安全的角度出发，本被告在不知情的情况下，买入侵权产品并销售，其行为不构成侵权。原告在先允许被告美多公司使用其肖像的行为，也足以使善意第三人误认为美多公司有权使用原告肖像权。本被告不存在侵权故意的事实，请求驳回原告对本被告的诉讼请求。

被告康纳利公司辩称：本被告只是销售雨倩系列产品的中间商，在销售过程中，本被告并未用任何人的肖像对该产品做过任何广告宣传，因此没有实施侵权行为。作为中间销售商，本被告只对产品的质量负有审查义务，厂家对其产品进行肖像广告的发布和宣传是否侵犯他人的权利，本被告没有任何法律上的审查义务，不存在任何过错，因此本被告不存在侵权行为，对本案不必承担民事责任。

一审裁判结果

福建省丰泽区人民法院依照《中华人民共和国民事诉讼法》第 119 条，《中华人民共和国民法通则》第 100 条、第 120 条第 1 款、第 130 条之规定，判决如下：

一、被告广东省中山市美多化妆品有限公司、泉州新华都购物广场有限公司和厦门康纳利商贸有限公司应立即停止对原告莫少聪肖像权的侵害行为；

二、被告广东省中山市美多化妆品有限公司应于本判决生效之日起 15 日内，在《福建日报》上公开登报向原告莫少聪赔礼道歉。登报前内容应经本院审查；

三、被告广东省中山市美多化妆品有限公司应于本判决生效之日起 15 日内，支付给原告莫少聪因侵犯原告肖像权的赔偿金人民币 250000 元；赔偿给原告因调查取证造成的经济损失人民币 4064.1 元，合计人民币 254064.1 元；

四、被告泉州新华都购物广场有限公司应对上述赔偿款中的人民币 50000 元承担连带赔偿责任；被告厦门康纳利商贸有限公司应对上述赔偿款中的人民币 50000 元承担连带赔偿责任；

五、驳回原告莫少聪的其他诉讼请求。

本案受理费 11964 元，由原告负担 7593 元，被告广东省中山市美多化妆品有限公司负担 3225 元，被告泉州新华都购物广场有限公司、厦门康纳利商贸有限公司各自负担 573 元。

一审裁判理由

福建省丰泽区人民法院经审理认为：被告美多公司在广告合同期满后未经原告许可，在其生产和销售的洗发露包装上继续使用原告莫少聪肖像的事实，有原告提供的泉州市公证处的公证书一份为证，事实清楚，足以认定，被告美多公司的行为已侵犯了原告的肖像权，对原告请求其停止侵害、公开登报赔礼道歉及赔偿损失的合理部分，应予支持。被告新华都、康纳利公司虽无主观上的故意，但由于其实际销售了侵权产品，客观上也侵犯了原告的肖像权，应对自己实施侵权行为的部分承担停止侵害、赔偿损失的民事责任；两被告辩称其没有审查是否侵犯原告肖像权的义务，不存在侵权行为，缺乏事实与法律依据，不予采纳。

二审诉辩情况

上诉人美多公司上诉称：(1) 其仅以广告吊牌的形式使用了被上诉人莫少聪的肖像，并且挂有广告吊牌的"雨倩"品牌洗发水产品仅在泉州新华都销售，数量不多，影响范围不大，所使用的广告吊牌是广告合约期间剩余的处理品，上诉人主观上并没有恶意，一审法院以广告合约中所约定的广告酬金来确定赔偿数额缺少事实和法律依据。(2) 被上诉人莫少聪调查取证的费用并非由侵权行为而产生，其范畴属于被上诉人莫少聪委托代理提起诉讼所发生的费用，应由被上诉人莫少聪的代理律师从收取的诉讼代理费中支出。(3) 上诉人的行为对被上诉人莫少聪肖像权并没有造成负面影响和严重的后果，一审法院判决上诉人在《福建日报》上公开登报向被上诉人莫少聪赔礼道歉依据不足，请求依法改判。

上诉人新华都上诉称：侵权商品系上诉人从康纳利公司合法购得，上诉人是善意第三人，主观上不存在过错，也没有审查商品是否侵犯他人肖像权的法定义务，且被上诉人莫少聪在先允许美多公司使用其肖像的行为，也足以使上诉人误认为美多公司有权使用其肖像。一审法院认定上诉人存在侵权，违反法律规定。请求依法驳回被上诉人对上诉人的诉讼请求。

上诉人康纳利公司上诉称：上诉人对美多公司的商品是否侵犯他人的肖像权并不知情，主观上没有侵权的故意，行为上也没有构成侵权，依法不应承担民事赔偿责任。且根据《合同法》规定，美多公司应对其商品承担质量和权利担保，上诉人作为销售者没有义务对生产者发布的广告是否侵犯他人的权利进行审查。上诉人在知道所销产品已侵犯他人的权利后，立即停止销售，防止了侵害的扩大。请求依法改判。

被上诉人莫少聪辩称：原审判决认定事实清楚，适用法律正确，应予维持。

二审裁判结果

福建省泉州市中级人民法院依照《中华人民共和国民事诉讼法》第153

条第1款第3项，《民法通则》第100条、第120条第1款之规定，判决如下：

一、维持泉州市丰泽区人民法院〔2004〕丰民初字第2206号民事判决第二、三项；

二、撤销泉州市丰泽区人民法院〔2004〕丰民初字第2206号民事判决第四、五项；

三、改判泉州市丰泽区人民法院〔2004〕丰民初字第2206号民事判决第一项为：上诉人广东省中山市美多化妆品有限公司应立即停止对被上诉人莫少聪肖像权的侵权行为；

四、驳回原审原告莫少聪的其他诉讼请求。

一、二审案件受理费各11964元，上诉人广东省中山市美多化妆品有限公司各负担4371元，被上诉人莫少聪各负担7593元。

二审裁判理由

福建省泉州市中级人民法院二审查明的事实和认定的证据与一审法院相同。同时查明，二审期间，上诉人新华都未在法定期限内预交二审案件受理费。

福建省泉州市中级人民法院经审理认为：

1. 关于美多公司是否存在主观上的故意或过失问题。《民法通则》第100条规定："公民享有肖像权，未经本人同意，不得以营利为目的使用公民的肖像。"其中的肖像权就是公民以在自己肖像上所体现的利益为内容的人格权。与其他人格权相比，肖像权的客体本身具有一定的财产利益因素，即可因使用而产生经济利益，在肖像的人格利益上，有精神利益，也有财产的利益，是自然人的人格标识，其基本内容包括制作专有权、使用专有权、利益维护权，也就是说，肖像权人既可以对自己的肖像权进行自由处分，又有权禁止他人在未经其同意的情况下，以赢利为目的，擅自使用其专有的肖像。基于肖像权所具有的专属性、独占性，肖像权仅在法律规定的范围内可进行合理使用，即法律规定的阻却违法事由，包括为社会公共利益而使用肖像的行为，为公民本人利益而使用肖像的行为，为社会新闻报道而使用肖像的行为，为记载特定公众活动使用参与者肖像如善意使用政治家及社会明星肖像的行为等。

本案中，上诉人美多公司系具有营利性质的法人单位，其在与被上诉人莫少聪的使用肖像广告合约期限届满后，未经被上诉人莫少聪同意，继续在其生产、销售的雨倩洗发露产品包装上使用了被上诉人莫少聪的肖像，该行为属于从事与其经营相关的宣传活动，显然具有赢利目的，不属于法律许可的合理使用肖像行为。上诉人美多公司在使用被上诉人莫少聪肖像时主观上存在着故意，侵犯了被上诉人莫少聪的肖像权，应承担相应的民事责任。

因侵犯肖像权的赔偿标准问题法律并没有明确的规定，原审法院参照双方广告合约中对使用肖像广告酬金的约定并考虑被上诉人莫少聪的社会知名度及侵权人的侵权行为的过错程度和可能给上诉人带来的经济利益来确定赔偿数额并无不当。上诉人美多公司主张其主观上不存在故意，不应支付给被上诉人莫少聪250000元侵犯肖像权的赔偿金缺乏依据，不予采纳。

2. 关于康纳利公司的行为是否构成共同侵权，应否承担部分连带赔偿责任问题。根据最高人民法院《关于贯彻执行〈中华人民共和国民法通则〉若干问题的意见（试行）》第139条规定："以营利为目的，未经公民同意利用其肖像做广告、商标、装饰橱窗等，应当认定为侵犯公民肖像权的行为。"本案诉争的侵犯被上诉人肖像权的商品标识是附着于美多公司所生产的产品上，即该商品标识属于上诉人美多公司生产的产品的一个组成部分，也就是说该行为系美多公司所为。上诉人康纳利公司和新华都并没有在其如装饰橱窗、销售广告、店堂促销告示等经营销售活动中使用被上诉人莫少聪肖像的行为。

因此，首先本案上诉人康纳利公司和新华都并未实施侵犯被上诉人莫少聪肖像权的行为，也没有与生产商美多公司有共同侵犯被上诉人肖像权的故意。其次，确定当事人具有某项义务或者承担某项义务必须有法律规定或者双方当事人的合同约定。但是，目前我国法律、法规、部门规章并没有规定产品销售商对产品本身的标识是否侵犯他人的肖像权负有审查的义务，被上诉人请求上诉人康纳利公司和新华都承担因上诉人美多公司侵犯其肖像权而应承担的民事责任缺乏相应的法律依据。况且被上诉人与上诉人美多公司曾签订过肖像权使用许可协议，被上诉人在先允许美多公司使用其肖像的行为，也足以使销售商误认为美多公司有权使用被上诉人的肖像，且被上诉人在与美多公司的合约期限届满后，从未以任何方式在相关媒体进行过公示。最后，作为产品的销售商，其销售的商品可能是大量的，要求其对每一个商品从内在质量到外在包装中可能涉及的每一项权利都与生产商一起承担连带责任，一方面超出了销售商本身的知识、技术等认知能力，另一方面对销售商而言也是不公平的。据此，法院认为，上诉人康纳利公司和新华都不具有实施侵权行为的法定构成要件，被上诉人请求他们承担赔偿责任缺乏依据。康纳利公司的上诉理由成立，予以采纳。新华都虽未按规定预交二审案件受理费，应按自动撤回上诉处理，但原审判决对新华都和康纳利公司的行为是否构成侵犯被上诉人肖像权的性质认定有误，本院依照最高人民法院《关于适用〈中华人民共和国民事诉讼法〉若干问题的意见》第180条的规定予以纠正。

3. 关于调查取证的费用及登报范围问题。《民法通则》第120条规定侵害肖像权应承担的民事责任方式包括停止侵害、消除影响、赔礼道歉、赔偿损失，其目的在于惩诫侵权人，抚慰受害人，教育社会。本案调查取证的费用是被上诉人莫少聪为制止侵权行为而产生的合理支出，也应当视为被上诉人制止上诉人美多公司的侵权行为，维护自身合法权益的必要支出，是由于侵权行为造成被上诉人的额外的经济损失。上诉人美多公司主张其不应赔偿该部分费用的理由不能成立，应予驳回。由于上诉人美多公司的行为侵犯了被上诉人莫少聪的肖像权，原审法院依照被上诉人莫少聪的请求，判决上诉人美多公司在《福建日报》上公开登报公告向被上诉人莫少聪赔礼道歉符合法律规定，应予维持。

肖像权纠纷
办案依据集成

1. 《中华人民共和国民法通则》（2009 年 8 月 27 日修正）（节录）

第一百条 公民享有肖像权，未经本人同意，不得以营利为目的使用公民的肖像。

第一百二十条第一款 公民的姓名权、肖像权、名誉权、荣誉权受到侵害的，有权要求停止侵害，恢复名誉，消除影响，赔礼道歉，并可以要求赔偿损失。

2. 最高人民法院《关于贯彻执行〈中华人民共和国民法通则〉若干问题的意见（试行）》（1988 年 4 月 2 日　法（办）〔1988〕发 6 号）（节录）

139、以营利为目的，未经公民同意利用其肖像做广告、商标、装饰橱窗等，应当认定为侵犯公民肖像权的行为。

150、公民的姓名权、肖像权、名誉权、荣誉权和法人的名称权、名誉权、荣誉权受到侵害，公民或者法人要求赔偿损失的，人民法院可以根据侵权人的过错程度、侵权行为的具体情节、后果和影响确定其赔偿责任。

151、侵害他人的姓名权、名称权、肖像权、名誉权、荣誉权而获利的，侵权人除应适当赔偿受害人的损失外，其非法所得应当予以收缴。

四、名誉权纠纷

22. 律师事务所接受委托人的委托发布律师声明的内容与事实不符，给他人造成名誉损害的，应承担何种责任？

名誉权是公民或法人依赖自己的名誉参与社会生活、社会竞争的权利。最高人民法院《关于贯彻执行〈中华人民共和国民法通则〉若干问题的意见（试行）》第140条规定，以书面、口头等形式宣扬他人的隐私，或者捏造事实公然丑化他人人格，以及用侮辱、诽谤等方式损害他人名誉，造成一定影响的，应当认定为侵害公民名誉权的行为。律师事务所或者律师接受委托人的委托发布律师声明，应当对委托人要求发布的声明内容是否真实、合法进行必要的审查、核实。律师事务所或者律师未尽必要的审查义务，即按照委托人的要求发布署名律师声明，如果该律师声明违背事实，侵犯他人名誉权，律师事务所或者律师应对此承担连带侵权责任。

典型疑难案件参考

李忠平诉南京艺术学院、江苏振泽律师事务所名誉权侵权纠纷案（《最高人民法院公报》2008年第11期，总第145期）

基本案情

2003年12月1日，被告艺术学院下属的产业开发部与原告李忠平签订协议，聘用李忠平为艺术学院下属培训中心的副主任，主管美术培训。次年5月1日，双方续签一份协议书，约定继续聘任李忠平为该培训中心副主任，并约定李忠平每年上交艺术学院无形资产使用费15000元。2005年10月28日，艺术学院单方决定终止与李忠平签订的上述协议。此后，李忠平仍然在艺术学院培训中心从事美术培训工作。2006年7月7日，双方发生矛盾，艺术学院培训中心向李忠平发出书面通知，要求李忠平办理移交手续。当月15日，艺术学院又委托被告振泽律师事务所发表涉案律师声明。该所律师仅依据艺术学院的单方陈述，未经向原告作必要的了解、核实，即在《扬子晚报》发布了题为“南京艺术学院培训中心授权律师声明”的公开声明，其内容如下：“南京艺术学院常年法律顾问李小兵、赵治英律师受南京艺术学院艺术培训中心委托，发表律师声明如下：南京艺术学院艺术培训中心是由南京艺术学院申请设立经江苏省教育厅备案的高校培训机构。南艺培训中心对外招生收费均开具加盖艺术学院财务专用章的江苏省行政事业性收费收据，对外签订合同均加盖南艺培训中心公章。李忠平既非艺术学院人员也非南艺培训中心人员，南艺培训中心从未授权李忠平个人代表南艺培训中心对外开展活动，对李忠平个人以南艺培训中心名义对外开展的任何活动均不予认可。特此声明！江苏振泽律师事务所律师李小兵、赵治英律师。”后该声明又被艺术学院培训中心网站转载，截止开庭之日尚未被删除。

艺术学院产业开发部与培训中心均是艺术学院的下属部门，均无独立的法人资格。

一审诉辩情况

原告李忠平诉称：2003 年 12 月 1 日，原告与被告艺术学院签订了为期两年的协议书。协议约定原告自筹资金、场地、设备，独立核算、自主经营艺术学院的培训中心，艺术学院聘任原告为培训中心副主任。2004 年 5 月 1 日，被告艺术学院与原告续签一份协议书，仍聘任原告为该艺术中心副主任，原告每年上交艺术学院 15000 元无形资产使用费。此间，原告一直以艺术学院培训中心副主任的身份对外签订合同，开展艺术培训活动，艺术学院一直予以认可。2006 年 7 月 15 日，被告振泽律师事务所律师李小兵、赵治英以受艺术学院委托的名义，在《扬子晚报》上发表声明，公开声称原告既非艺术学院人员也非艺术学院培训中心人员，艺术学院从未授权原告个人代表艺术学院培训中心对外开展活动，对原告个人以艺术学院培训中心名义开展的任何活动均不予认可。两被告此举之目的，在于让社会公众觉得原告是个骗子，把原告搞臭。该声明发表之后，原告的亲属朋友纷纷打电话向原告质询，以为原告一直对外以艺术学院名义进行违法活动，招摇撞骗。对此，原告觉得非常苦闷和痛苦。振泽律师事务所明知原告是艺术学院的工作人员，却和艺术学院联合发布声明，应对此承担连带责任。综上，原告认为两被告故意隐瞒事实真相，在媒体上发表声明，欺骗社会公众，贬低原告形象，侵犯了原告的名誉权，给原告造成了巨大的精神痛苦。故请求法院判决：（1）两被告删除艺术学院培训中心网站上的声明，在《扬子晚报》、艺术学院培训中心网站相同版面发表赔礼道歉声明；（2）两被告赔偿原告精神抚慰金人民币 2 万元并承担本案诉讼费用。

被告艺术学院、振泽律师事务所一致辩称：两被告发布的涉案律师声明中，既没有侮辱原告李忠平人格的评价，也没有捏造有关原告道德方面的虚假信息；既未侮辱、诽谤原告，也未揭露原告隐私。原告在涉案律师声明发布之时，确实已经不是艺术学院的工作人员，且艺术学院亦从未授权李忠平个人代表艺术学院培训中心对外开展活动。因此，不能认定两被告侵犯了原告的名誉权。请求法院驳回原告的诉讼请求。

一审裁判结果

南京市鼓楼区人民法院依据《中华人民共和国民法通则》第 101 条、第 106 条第 2 款、第 120 条第 1 款、第 130 条、第 134 条第 1 款第 9 项、第 10 项，《中华人民共和国律师法》第 23 条，最高人民法院《关于审理名誉权案件若干问题的解答》第 7 条、第 10 条，最高人民法院《关于确定民事侵权精神赔偿责任问题的解释》第 10 条的规定，于 2006 年 10 月 26 日判决：

一、被告艺术学院、振泽律师事务所立即停止侵权，于判决生效之日起立即删除被告艺术学院下属培训中心网站上刊登的《南京艺术学院艺术培训中心授权律师声明》；

二、被告艺术学院、振泽律师事务所于判决生效之日起 15 日内在《扬子晚报》和被告艺术学院下属培训中心网站刊登道歉声明（内容须事先经法院审查）；

三、被告艺术学院、振泽律师事务所于判决生效之日起 15 日内向原告李忠平支付精神损害抚慰金 3000 元。

一审裁判理由

本案的争议焦点是：（1）被告艺术学院、振泽律师事务所发布的律师声明是否构成对原告李忠平名誉权的侵犯；（2）如构成侵犯名誉权，振泽律师事务所应否对此承担连带侵权责任。

南京市鼓楼区人民法院一审认为：

1. 被告艺术学院、振泽律师事务所发布的律师声明，构成对原告李忠平名誉权的侵犯。

名誉，或称名声、声誉，是指社会对自然人或法人的综合评价。名誉权是指公民或法人依赖自己的名誉参与社会生活、社会竞争的权利，属于公民或者法人的精神性人格权利，其内容是公民或法人享有（支配）自己的名誉，不受他人妨碍。良好的名誉是公民或法人参与社会生活、社会竞争的重要条件，对名誉的侵犯必然直接妨害、影响公民或法人参与社会竞争的资格，因此，法律保护公民或法人的名誉权不受他人侵犯。《中华人民共和国民法通则》第

101条规定："公民、法人享有名誉权，公民的人格尊严受法律保护，禁止用侮辱、诽谤等方式损害公民、法人的名誉。"最高人民法院《关于贯彻执行〈中华人民共和国民法通则〉若干问题的意见（试行）》第140条规定："以书面、口头等形式宣扬他人的隐私，或者捏造事实公然丑化他人人格，以及用侮辱、诽谤等方式损害他人名誉，造成一定影响的，应当认定为侵害公民名誉权的行为。以书面、口头等形式诋毁、诽谤法人名誉，给法人造成损害的，应当认定为侵害法人名誉权的行为。"

根据本案事实，被告艺术学院、振泽律师事务所发布的律师声明，其内容与事实不符，造成原告李忠平社会评价的降低，属于捏造事实公然丑化他人人格，损害他人名誉，造成了一定的影响，构成对李忠平名誉权的侵犯。

首先，原告李忠平通过与被告艺术学院下属的产业开发部签订协议，由艺术学院聘请原告担任艺术学院下属培训中心副主任，负责美术培训工作。从2003年12月1日至2005年10月28日间，原告一直担任该培训中心副主任。此后，艺术学院虽于2005年10月28日单方决定终止与原告签订的上述协议，但直至2006年7月7日间，在长达9个月的时间里，原告仍然在该培训中心从事美术培训工作。因此可以认定，艺术学院及被告振泽律师事务所共同发布的律师声明中关于"李忠平既非艺术学院人员也非南艺培训中心人员"的内容，与事实不符。根据2003年12月1日被告艺术学院下属产业开发部与原告李忠平签订的《协议书》，产业开发部聘李忠平为艺术学院下属培训中心的副主任，主管美术培训，李忠平自筹资金、场地、设备，自主经营、自负盈亏，财务独立核算，对外债务亦由李忠平自行负责，与培训中心无关。可见，该协议从本质上属于挂靠协议，李忠平与艺术学院产业开发部签订该协议的目的，在于以艺术学院培训中心的名义对外开展培训活动。因此，该协议的签订，即应视为艺术学院产业开发部同意李忠平使用艺术学院培训中心的名义对外开展业务。该协议还约定，艺术学院产业开发部向李忠平提供省财政厅监制的统一收费票据，对外使用全称为"艺术学院培训中心"。这也说明艺术学院产业开发部同意李忠平在对外开展培训业务活动中使用艺术学院培训中心的名义。双方在2004年5月1日又续签一份《协议书》，其中约定"李忠平每年向艺术学院上缴学院无形资产使用费15000元，李忠平有权自主用人，并签订劳动合同，办理养老保险"，更是进一步证明艺术学院产业开发部授权李忠平以艺术学院培训中心的名义对外开展培训业务活动。鉴于产业开发部、培训中心都只是艺术学院的下属部门，都不具有独立的法人资格，且艺术学院对上述两份协议的合法有效性均无异议，故艺术学院产业开发部与李忠平签订的上述两份协议，其效力直接约束艺术学院。艺术学院产业开发部关于"李忠平可以以艺术学院的名义对外开展培训业务活动”的授权，可视为艺术学院对李忠平的授权。综上可以认定，涉案律师声明中关于“南艺培训中心从未授权李忠平个人代表南艺培训中心对外开展活动，对李忠平个人以南艺培训中心名义对外开展的任何活动均不予认可”的内容，与事实不符。

其次，涉案律师声明公开发表上述与事实不符的内容，致使原告李忠平的亲属、朋友以及与李忠平有过业务往来的单位和个人，乃至其他所有阅读过该声明的人，都会误认为李忠平始终在冒充被告艺术学院的工作人员招摇撞骗，违法进行培训业务活动，导致李忠平招致蔑视和指责，从而降低了李忠平的社会评价，对李忠平的名誉造成损害。虽然原告未举证证明上述侵犯名誉权的行为实际造成的损害后果，但是根据社会生活常识可以认定，涉案律师声明在公众媒体和网络上发表这一客观事实，足以导致李忠平名誉受损的后果发生。

综上，被告艺术学院下属培训中心委托被告振泽律师事务所发布涉案律师声明，其行为侵犯了原告李忠平的名誉权。由于艺术学院下属的培训中心只是艺术学院的一个部门，不具有独立的法人资格，不能以自己的名义对外承担民事责任，故其侵权责任依法应当由艺术学院承担。

2. 被告振泽律师事务所接受被告艺术学院的委托发布涉案律师声明，构成共同侵权，应当承担连带侵权责任。

律师声明是律师事务所或者律师按照委托人的授权，基于一定的目的，为达到一定的效果，以律师事务所或者律师的名义，通过媒体或者以其他形式向社会公开披露有关事实，或对相关法律问题进行评价的文字材料。由于律师声明是以律师事务所或者律师的名义对外发表，其内容必然会被社会公众认为是作为法律专家的律师所发表的专业意见，所以律师声明往往具有较高的公信度，对社会公众的影响程度也较大。社会公众基于对律师职业的信赖，对律师声明的内容也容易接受并信以为真。因此，律师事务所或者律师在接受委托人的委托，对外公开发布律师声明时，对于声明所涉及的事实应当尽到必要的审查义务。律师事务所或者律师未尽必要的审查义务，即按照委托人的要求发布署名律师声明，如果该律师声明违背事实，侵犯他人名誉权，律师事务所或者律师构成共同侵权，应承担连带侵权责任。

根据本案事实，被告振泽律师事务所及其律师仅依据被告艺术学院的单方陈述，未作必要的审查，未经向原告李忠平进行必要的调查、核实，即发布内容失实的涉案律师声明，存在过错，构成共同侵权，应当承担连带侵权责任。涉案律师声明的署名人律师李小兵、赵治英的行为，系代表振泽律师事务所而进行的职务行为，故其法律责任依法应由振泽律师事务所承担。

综上，涉案律师声明内容失实，侵犯了原告李忠平的名誉权。被告艺术学院、振泽律师事务所应当承担连带侵权责任。鉴于两被告在涉案律师声明中未直接使用指责李忠平的词语，故酌定两被告赔偿李忠平精神损害抚慰金3000元。

二审诉辩情况

艺术学院、振泽律师事务所均不服一审判决，向南京市中级人民法院提起上诉，其主要理由是：（1）被上诉人李忠平在涉案律师声明发布时，确实已非艺术学院的工作人员，艺术学院也的确从未授权李忠平个人代表艺术学院下属的培训中心对外开展培训活动，故涉案律师声明的内容基本属实；（2）艺术学院、振泽律师事务所共同发布的涉案律师声明仅是对外披露一般信息，并没有涉及被上诉人道德方面的评价，更没有侮辱、诽谤被上诉人人格的内容，不构成名誉侵权；（3）被上诉人并未举证证明涉案律师声明给其造成了名誉贬损。综上，请求二审法院撤销一审判决，依法改判驳回被上诉人的诉讼请求。

被上诉人李忠平辩称：（1）上诉人艺术学院先后于2003年、2004年两次与被上诉人签订协议，聘用被上诉人为其下属培训中心的副主任，负责美术培训工作，并明确授权被上诉人代表艺术学院培训中心对外开展培训业务。因此，涉案律师声明的基本内容违背事实；（2）被上诉人的亲戚、朋友、业务伙伴看到涉案律师声明后，误以为被上诉人多年来一直在以艺术学院培训中心的名义招摇撞骗，违法从事培训活动骗取钱财，纷纷通过电话责问被上诉人，被上诉人倍感委屈，精神上饱受痛苦、折磨。被上诉人的名誉因涉案律师声明的不实报道而遭受现实的贬损。原审法院认定事实清楚，适用法律正确，判决并无不当，请求二审法院驳回上诉，维持原判。

二审裁判结果

南京市中级人民法院依照《中华人民共和国民事诉讼法》第153条第1款第1项的规定，于2007年4月3日判决：

驳回上诉，维持原判。

二审裁判理由

南京市中级人民法院经二审，确认了一审查明的事实。

南京市中级人民法院二审认为：

名誉，是指社会对自然人或法人的综合评价。名誉权是指公民或法人依赖自己的名誉参与社会生活、社会竞争的权利。良好的名誉是公民或法人参与社会生活、社会竞争的重要条件，对名誉的侵犯必然直接妨害、影响公民或法人参与社会竞争的资格，因此，法律保护公民或法人的名誉权不受他人侵犯。本案中，上诉人艺术学院、振泽律师事务所共同发表涉案律师声明，在未明确指明起止时间的情况下，模糊、笼统地宣称被上诉人李忠平“既非艺术学院人员也非南艺培训中心人员”、“艺术学院培训中心从未授权李忠平以南艺培训中心名义对外开展活动”，该声明内容与事实不符。艺术学院、振泽律师事务所应当预见自己的行为可能发生损害李忠平名誉的后果，但仍在报刊、网站刊载涉案律师声明，致使李忠平的社会评价降低。艺术学院、振泽律师事务所的上述行为不具有抗辩事由或阻却违法的事由，已构成对李忠平名誉权的侵害，原审法院根据艺术学院、振泽律师事务所的过错程度、侵权行为的情节、后果和影响，判决二上诉人停止侵害、赔礼道歉并赔偿被上诉人精神损害抚慰金3000元，并无不当。原审判决认定事实清楚，适用法律正确，依法应予维持。二上诉人的上诉理由不能成立，应依法驳回。

23. 用工单位对劳动者的不实评价影响了劳动者的就业和生活，用工单位是否构成对劳动者名誉权的侵犯？

名誉权是公民、法人依法享有的客观社会评价即排除他人侵害的权利，是民事主体的一项重要的人身权利。我国《民法通则》第101条规定，公民、法人享有名誉权，公民的人格尊严受法律保护，禁止用侮辱、诽谤等方式损害公民、法人的名誉。用工单位有权对劳动者的劳动、工作情况作出客观、公正的评价，这种评价是劳动者总体社会评价的重要组成部分。但如果用工单位基于自身的过错对劳动者作出了不良、不实评价，影响了劳动者就业求职和工作生活的，用工单位的行为与劳动者名誉受损有直接因果关系，则用工单位构成对劳动者名誉权的侵犯。

典型疑难案件参考

徐恺诉上海宝钢冶金建设公司侵犯名誉权纠纷案（《最高人民法院公报》2006年第12期，总第122期）

基本案情

原告徐恺自1983年8月1日起进入被告宝冶公司工作。1996年12月，原告与被告签订“劳动合同书”，约定：宝冶公司机械设备安装工程公司（以下简称宝冶公司）根据生产需要，录用原告。合同的期限为无固定期限，自1997年1月1日起，若双方约定的解除或终止条件出现，劳动合同即解除或终止。双方在合同中还约定：经双方协商一致，同意解除劳动合同的，双方可以解除劳动合同；原告严重违反公司劳动纪律及规章制度的，被告可解除劳动合同；原告提前30日书面通知被告解除劳动合同，并履行了劳动合同约定的赔偿、违约条款，原告可以随时解除劳动合同。2001年1月4日，原告向被告提交书面辞职报告。2001年1月8日，机装公司副经理杨华兴签字同意了原告的辞职申请。当日，原告将工作移交给被告。后原告一直未到被告处上班。2001年5月30日，被告因原告于2001年1月提出辞职后一直未上班，也未办理任何请假手续，解除了与原告的劳动关系。同日，被告开出上海市职工退工通知书，在通知书上写明：因原告违纪解除，于2001年5月30日退工。

上海市宝山区人民法院另查明：在与原告徐恺解除劳动合同前，被告宝冶公司仍向原告发放了2001年2月、3月、4月的工资。被告于2001年5月30日开出上海市职工退工通知单后，将其中一联给了上海市宝山区月浦镇劳动服务所，但未将上海市职工退工通知单交给原告。2005年2月，原告到上海晖龙自动化技术有限公司应聘，该公司以原告曾因违纪被原单位解除劳动合同为由拒绝录用原告。原告于2005年8月从被告处领取了上海市职工退工通知单。

上海市宝山区人民法院还查明：机装公司系被告宝冶公司下属的分支机构。

一审诉辩情况

原告徐恺诉称：原告于1983年8月至被告宝冶公司工作，双方签有正式劳动合同。2001年1月4日，原告向被告提交书面辞职报告，被告负责人于同年1月8日在原告的辞职报告上签字同意，原告亦按被告的要求进行了工作交接。原告离开被告处以后，在求职过程中，多次遇到用人单位起初同意录用，但随后又以各种理由拒绝录用的情况。2005年2月，原告到上海晖龙自动化技术有限公司应聘，面试合格后，该公司又以原告曾因违反劳动纪律被原单位解除劳动合同为由，拒绝录用原告。原告此时才知道被告在为原告办理退工手续时，注明原告是因违纪被解除劳动合同。正是被告作出的这种不实记载，致使原告在和被告解除劳动合同后至今未找到工作，长期无法就业。另被告未按规定及时将退工单第三联交给原告，原告至2005年8月才从被告处取得该退工单。原告认为，在双方解除劳动合同后，被告对已不属于其职工的原告再以违反劳动纪律为由作出解除劳动合同的决定，是无效的，且原告事实上也根本没有违反劳动纪律的行为。被告的上述行为侵害了原告的名誉权，并对原告的重新就业、求职造成影响，使原告长期找不到工作，被告理应承担相应的法律责任。请求判令被告停止侵害原告名誉权；向原告书面赔礼道歉，消除影响；赔偿原告经济损失 29340 元（按每年上海市职工最低工资标准，2001 年计算 6 个月、2002 年计算 12 个月、2003 年计算 12 个月、2004 年计算 12 个月、2005 年计算 8 个月）；赔偿原告精神损害抚慰金 2000 元。

被告宝冶公司辩称：原告徐恺的辞职申请应向公司劳动人事部门提出，并由劳动人事部门决定是否与原告解除劳动合同。原告在向其主管领导提出辞职后，被告曾两次发函通知原告前来办理有关手续，但原告未来办理，故被告未与原告解除劳动合同。直到 2001 年 5 月，因原告持续旷工，被告才解除了与原告的劳动合同。在解除劳动合同前，被告仍按规定支付了原告工资并为原告缴纳了养老金等。被告认为，原告在递交了辞职报告后，尚未按规定与被告解除劳动合同即不来上班，持续旷工，违反了本公司的劳动纪律，故被告以原告违纪解除劳动合同是正确的，请求驳回原告的诉讼请求。

一审裁判结果

上海市宝山区人民法院依照《中华人民共和国民法通则》第 120 条第 1 款之规定，于 2006 年 5 月 15 日判决：

一、被告宝冶公司于本判决生效之日起 10 日内将 2001 年 5 月 30 日开出的上海市职工退工通知单上的退工原因予以更正并向原告徐恺书面赔礼道歉（道歉内容应经本院核准）；

二、被告宝冶公司于本判决生效之日起 10 日内赔偿原告徐恺精神损害抚慰金 2000 元；

三、被告宝冶公司于本判决生效之日起 10 日内赔偿原告徐恺 2005 年间 8 个月的经济损失 5520 元；

四、原告徐恺的其余诉讼请求不予支持。

一审裁判理由

上海市宝山区人民法院认为：原告徐恺向其所在单位、被告宝冶公司下属分支机构机装公司（以下简称机装公司）提交了辞职报告，机装公司副经理杨华兴于 2001 年 1 月 8 日签字同意了原告的辞职要求。杨华兴的行为应视为被告的行为，且原告随后也于当日完成了工作移交，故应当认定原告与被告于 2001 年 1 月 8 日协商解除了劳动合同。被告辩称，根据其公司内部规定，原告应向公司劳动人事部门提出辞职报告，杨华兴无权批准原告的辞职申请，故杨华兴的签字不能视为被告同意原告的辞职。法院认为，杨华兴作为被告下属分支机构机装公司的副经理，是否有权同意原告提出的辞职申请，属于被告内部规定公司领导成员分工的事项，原告作为一般员工并不知情。本案中，杨华兴应当知道自己无权批准原告的辞职申请，但杨华兴并未告知原告应向公司劳动人事部门提出辞职要求，而是自行作出批准决定，原告认为杨华兴批准后双方即可解除劳动合同，并无不当，故对被告的上述辩解意见不予采纳。

被告宝冶公司在事实上已经与原告徐恺解除劳动合同后，又以原告旷工违纪为由，再次单方面解除与原告间的劳动合同关系，并在退工单上写明原告因违纪被解除劳动合同，缺乏事实依据，其行为具有过错。因被告将其中一联退工单交给了上海市宝山区月浦镇劳动服务所，使得原告在求职市场上存在了不良记录，导致包括上海晖龙自动化技术有限公司在内的不特定的用人单位了解到原告“曾因违纪被解除劳动合同”这一不真实的情况。被告的行为损害了原告的名誉，侵犯了原告的名誉权。对原告要求被告停止侵害其名誉权、书面赔礼道歉的请求，应予支持。根据被告侵权的行为方式、手段、场合及所造成的后果，原告要求被告赔偿精神损害抚慰金 2000 元，并无不当，予以支持。原告诉称 2005 年 2 月到上海晖龙自动化技术有限公司应聘时，在面试合格后，该公司以原告曾因违反劳动纪律被原单位解除劳动合同为由拒绝录用原告，有原告提供的上海晖龙自动化技术有限公司的通知单为证，予以采信。对原告因此要求被告按上海市最低工资 690 元标准计算 2005 年间 8 个月的损失，计 5520 元的请求，予以支持。原告要求被告按前述标准赔偿 2001 年、2002 年、2003 年、2004 年的损失，但未提供相应的证据予以证明，不予支持。

二审诉辩情况

宝冶公司不服一审判决，向上海市第二中级人民法院提起上诉称：被上诉人徐恺的辞职申请应当向公司劳动人事部门提出，且徐恺在向其领导提出辞职后，宝冶公司曾二次发函通知徐恺前来办理有关手续，但徐恺始终未来办理，直至 2001 年 5 月宝冶公司因徐恺持续旷工与其解除劳动合同。故宝冶公司并未侵犯徐恺的名誉权，请求二审法院依法改判，驳回徐恺的诉讼请求。

被上诉人徐恺辩称：在上诉人宝冶公司与被上诉人解除劳动合同后，被上诉人即不再是上诉人的员工，上诉人却以被上诉人违纪为由再次作出解除劳动合同的决定，并将“违纪”事由写进职工退工通知单，影响被上诉人就业，侵犯了被上诉人的名誉权，应当承担相应的民事责任。请求二审法院维持一审判决。

二审裁判结果

上海市第二中级人民法院依照《中华人民共和国民事诉讼法》第 153 条

第1款第1项之规定，于2006年8月14日判决：驳回上诉，维持原判。

二审裁判理由

上海市第二中级人民法院经审理，确认了上海市宝山区人民法院一审认定的事实。

上海市第二中级人民法院认为：名誉是指根据公民的观点、行为、作用、表现等所形成的关于公民品德、才干及其他素质的总体社会评价，是对公民社会价值的一般认识。公民享有名誉权，法律禁止用侮辱、诽谤等方式损害公民的名誉。劳动用工单位有权对劳动者实施管理并对劳动者的劳动、工作情况作出客观、公正的评价，这种评价也是劳动者总体社会评价的重要组成部分。劳动用工单位对劳动者作出不实、不良的评价是否构成对劳动者名誉权的侵犯，应当根据劳动用工单位的行为是否具有过错，劳动者的名誉有无被损害的事实，劳动用工单位的行为与劳动者的名誉受损之间有无因果关系等因素加以认定。

被上诉人徐恺原系上诉人宝冶公司下属分支机构机装公司的员工。2001年1月4日，徐恺向机装公司提交辞职报告，经机装公司副经理杨华兴签字同意后，徐恺办理了工作移交。宝冶公司上诉称杨华兴无权批准徐恺辞职，徐恺尚未正式办理退工手续即不来上班，属于旷工，宝冶公司以徐恺违反劳动纪律为由解除劳动合同，并无不当。法院认为，杨华兴是否有权决定批准徐恺的辞职申请，涉及宝冶公司内部的管理问题，徐恺作为普通员工对此并不了解。杨华兴在接到徐恺的辞职报告后并未指示徐恺到公司相关职能部门办理辞职事宜，而是直接在辞职报告上签字同意，徐恺因此认为已经与宝冶公司解除劳动合同并无不当。一审认定徐恺以辞职方式与宝冶公司解除劳动合同关系正确，宝冶公司的该项上诉理由不能成立。宝冶公司在已经与徐恺解除劳动合同关系后，又以徐恺尚未正式办理退工手续即不来上班，属于违反劳动纪律为由，再次作出解除劳动合同的决定，并在退工通知书中记载“因违纪而解除合同”，致使徐恺在求职市场上存在不良记录，其行为缺乏依据并具有过错。

上诉人宝冶公司在被上诉人徐恺退工通知书中作出的关于徐恺“因违纪而解除劳动合同”的不实记载，是对徐恺劳动、工作情况的负面评价。该不实记载存在于求职市场，为相关用人单位所知悉，事实上降低了对徐恺的社会评价，并对其就业、求职产生了一定的负面影响。一审认定宝冶公司的行为构成对徐恺名誉权的侵犯，并根据侵权的行为方式、手段、场合及所造成的后果判令宝冶公司承担相应的民事责任，并无不当。

24. 新闻媒体在报道公安机关提供的侦查资料时侵犯了他人的名誉权，公安机关是否也因此而承担相应的侵权责任？

名誉权，是公民享有的就其自身属性和人格价值获得的社会评价不受他人侵犯的权利。根据最高人民法院《关于审理名誉权案件若干问题的解释》第7条之规定，被动提供新闻材料，但发表时得到提供者同意或者默许，致使他人名誉受到损害的，应当认定提供者的行为构成侵害名誉权。公安机关作为新闻材料的提供者在将侦查资料提供给新闻媒体时，应尽到避免他人合法权利遭受侵犯的注意义务。如果公安机关在提供资料时明知会被发表却未作任何说明，应视其默许了该发表行为，在此情况下导致他人名誉权受损的，公关机关不能因其侦查活动本身不具有违法性及配合新闻媒体进行法制宣传的正当性而作为法定免责事由。根据司法解释之规定，公安机关应承担相应的的侵权责任。

典型疑难案件参考

李海峰等诉叶集公安分局、安徽电视台等侵犯名誉权、肖像权纠纷案（《最高人民法院公报》2007年第2期，总第124期）

基本案情

2005年3月20日，安徽省霍丘县叶集镇发生一起强奸（未遂）案，被告叶集公安分局立案后，于同年4月13日下午将犯罪嫌疑人朱某某抓获。当晚，叶集公安分局欲安排被害人对犯罪嫌疑人进行混合指认，要求被告叶集实验学校予以协助，提出需要数名与犯罪嫌疑人朱某某年龄相仿的初中男生配合指认。当晚9时下自习时，叶集实验学校教导主任对该校初二（8）班班主任张爱国说明了此事，张爱国即带领原告李海峰、高平、刘磊、陈光贵、张力保和孙俊前往叶集公安分局。该局民警向张爱国及六原告说明了混合指认的相关内容，张爱国在谈话笔录上签名后，六原告按民警要求手举号牌与犯罪嫌疑人朱某某一起列队接受指认，这一过程被民警摄像和拍照。次日，被告安徽电视台记者前往叶集公安分局采集新闻，叶集公安分局遂将本案指认过程的相关摄像资料等交给安徽电视台记者，未作任何交代。2005年4月16日，安徽电视台“第一时间”栏目播报的新闻中，出现李海峰等六原告手持号牌参与辨认的图像,面部无任何技术遮盖，时间约2秒。安徽电视台播报此新闻前未通知叶集公安分局和叶集实验学校。李海峰等六原告先后看到该条新闻，随后即向学校及叶集公安分局提出异议，未果，后被同学和其他人以“嫌疑犯”和“几号强奸犯”等字眼称呼。叶集公安分局于2005年7月2日向叶集实验学校发出建议函，建议学校对六原告予以表扬。李海峰等六原告因与三被告未能就赔偿事宜达成一致意见，遂诉至法院。

一审诉辩情况

原告李海峰、高平、刘磊、孙俊、陈光贵、张力保诉称：六原告均系被告叶集实验学校初中学生。2005年4月13日，被告叶集公安分局与叶集实验学校联系，由班主任通知六原告前往叶集公安分局协助调查一起强奸（未遂）案。在叶集公安分局，六原告按照公安人员的安排手持编号，与犯罪嫌疑人一起列队接受了被害人指认，并被摄像。六原告事先不知晓摄像的真实情况和用意，事后提出不得公开，叶集公安分局表示同意，但后来将摄像材料提供给新闻媒体。2005年4月16日，被告安徽电视台“第一时间”栏目公开报道了该新闻，播放了叶集公安分局提供的摄像材料，且未对六原告协助公安调查的真实情况作出说明，亦未对相关影像作任何技术处理。由于社会公众不明真相，纷纷谴责六原告未成年即犯下恶劣罪行，给六原告的生活学习造成负面影响，也给六原告的家庭带来巨大的精神压力。三被告的行为侵犯了六原告的肖像权、名誉权。请求判令三被告向六原告公开赔礼道歉、恢复名誉、消除影响；向六原告各支付精神抚慰金10万元，共计60万元。

李海峰等六原告为证明其诉讼主张，提供了被告叶集实验学校老师张爱国的证言材料及安徽电视台“第一时间”栏目播放涉案新闻的复制音像材料，用以证明诉称事实属实。

被告安徽电视台辩称：李海峰等六原告的陈述与事实不符，我台本着尊重事实的原则对客观发生的事件进行报道，没有侮辱、诽谤六原告的内容。播放新闻时，虽然没有对六原告的影像作画面处理，但对真正的犯罪嫌疑人朱某某的影像作了处理，并突出了朱某某按手印的画面。因此，我台的行为没有侵犯六原告的名誉权和肖像权，亦未造成不良影响，故六原告对我台的诉讼请求应当驳回。

被告叶集公安分局辩称：我局2005年4月13日晚的整个辨认活动符合法律程序，并无不妥之处；被告安徽电视台播放涉案新闻是为了社会公共利益，并不构成侵权；我局是在接受采访时被动提供涉案录像材料，安徽电视台播放该录像前未征得我局同意，我局没有侵犯李海峰等六原告的名誉权、肖像权，六原告要求精神抚慰金的请求无法律依据，故六原告对我局的诉讼请求应当驳回。

被告叶集公安分局提供了李海峰等六原告协助调查的案件的立案登记表、立案决定书、拘留证、拘留通知书、提请批准逮捕书、批准逮捕决定书、逮捕证、逮捕通知书、询问笔录、辨认笔录以及霍邱县人民法院〔2005〕霍刑初字第133号刑事判决书，用以证明公安机关侦破该案的行为合法，并非六原告所称的编造虚假新闻。还提交了向被告叶集实验学校发出的建议函，用以证明该局于2005年7月2日向叶集实验学校建议对六原告予以表扬。

被告叶集实验学校辩称：本校系应被告叶集公安分局要求，由班主任带领李海峰等六原告前往该局协助进行对犯罪嫌疑人的混合指认；被告安徽电视台播放现场指认录像，事先未告知我校，更未征得我校同意。六原告要求我校与其他二被告共同承担赔偿责任没有事实根据及法律依据，因此其对我校的诉讼请求应当驳回。

被告叶集实验学校申请证人、该校老师张爱国出庭作证。张爱国称：2005年4月13日，被告叶集公安分局通知学校，有一起刑事案件需要学生配合参与混合辨认。根据学校领导的指派，当晚11时左右，本人带领李海峰等六原告来到叶集公安分局会议室，后公安人员安排六原告参与指认活动，约10余分钟结束。4月16日被告安徽电视台播报该新闻，事前没有通知学校。

质证过程中，三被告对六原告提供证据的证明目的均不予认可。六原告认为被告叶集公安分局提供的证据与本案无关联性。被告安徽电视台与被告叶集实验学校对叶集公安分局的举证无异议。经质证，合肥市包河区人民法院对六原告提供的涉案新闻录像材料的真实性、合法性及其与本案的关联性予以确认，对证人张爱国的证言效力予以确认。叶集公安分局针对其侦破相关刑事案件程序的举证，仅能证明其侦查手段是否合法，与本案待证事实之间关联性不足，不予确认。

一审裁判结果

合肥市包河区人民法院于2005年10月17日判决：

一、被告安徽电视台和被告叶集公安分局向原告李海峰、高平、刘磊、孙俊、陈光贵、张力保公开赔礼道歉，以消除影响、恢复名誉（内容须经该院审查许可）。两被告如不履行，该院将在安徽省省级报刊刊登该院生效判决书主文，相关费用由安徽电视台与叶集公安分局共同承担；

二、被告安徽电视台与被告叶集公安分局共同向原告李海峰、高平、刘磊、孙俊、陈光贵、张力保各支付精神抚慰金人民币6000元，合计36000元；

三、驳回原告李海峰、高平、刘磊、孙俊、陈光贵、张力保对被告叶集实验学校的诉讼请求；

四、驳回原告李海峰、高平、刘磊、孙俊、陈光贵、张力保的其他诉讼请求。

一审裁判理由

根据《中华人民共和国民法通则》（以下简称《民法通则》）第101条的规定，公民、法人享有名誉权，公民的人格尊严受法律保护。被告叶集公安分局依法具有刑事案件侦查权，在侦破强奸犯罪刑事案件过程中，因侦查需要安排原告李海峰等六名未成年人协助参与混合指认过程并拍照、录像，该行为本身并不违反法律规定。但在混合指认这一侦查活动终结后，在向被告安徽电视台提供相关新闻资料时，作为公安机关的叶集公安分局应当认识到，同时也有义务特别提醒安徽电视台在播出时注意对图像进行相关技术处理，以保护六原告的合法权益。但叶集公安分局未尽到该义务。安徽电视台作为新闻机构，也应当在新闻报道中注意保护他人的合法权益，但在播放涉案新闻时，对犯罪嫌疑人朱某某的脸部画面作了某种程度的技术处理，反而忽略了对六原告的脸部画面进行处理，使六原告的脸部未加遮掩直接显示于屏幕。尽管播出时间较短，也足以使对六原告熟悉的人从电视画面上将六原告认出。同时，由于电视这种大众传媒方式覆盖面非常广泛，该新闻内容传播到社会上产生了广泛影响。加之安徽电视台播出该新闻时未对六原告协助公安机关进行混合指认的情况加以特别说明，使得不特定的群众产生误解，导致六原告被他人冠以“强奸犯”的称谓，其社会评价被严重降低，产生了一定的损害结果。对于该损害后果的发生安徽电视台和叶集公安分局主观上均存在过错，其行为侵犯了六原告的名誉权，应当对其侵权行为所造成的损害后果承担民事赔偿责任。根据《民法通则》第120条的规定，对于公民名誉权受到侵害的，可以责令侵权人恢复名誉、消除影响、赔礼道歉、赔偿损失。但赔偿损失的幅度应当与侵权所造成不良影响的范围相当。安徽电视台和叶集公安分局均是由于过失造成侵权，主观上也不存在故意侮辱、诽谤他人为自己谋利的目的，因此，对六原告要求支付精神抚慰金60万元的请求不予支持，将精神抚慰金的数额酌定为每人6000元，合计36000元。

肖像权是公民支配自己肖像的权利。《民法通则》第100条规定，公民享有肖像权，未经本人同意，不得以营利为目的使用公民的肖像。因此，构成侵犯肖像权需要符合两个要件：一是未经许可使用公民的肖像，二是以营利为目的。被告安徽电视台和叶集公安分局均非以营利为目的使用李海峰等六原告的肖像，故不构成对六原告肖像权的侵犯。

被告叶集实验学校应被告叶集公安分局的要求，指派老师带领李海峰等六原告到该局配合进行相关刑事案件的侦破，行为并无不当。对叶集公安分局在指认过程中拍摄、录像的行为，叶集实验学校既无权干涉，也无法预见该影像资料会被新闻媒体不恰当地传播，被告安徽电视台播出涉案新闻前亦未通知叶集实验学校，故叶集实验学校的行为不构成对六原告的侵权。

二审诉辩情况

叶集公安分局不服一审判决，向安徽省合肥市中级人民法院提起上诉，理由是：(1) 本案李海峰等六被上诉人主张原审被告安徽电视台及该局故意编造虚假新闻侵犯其肖像权、名誉权，而一审法院认定安徽电视台未尽注意义务，该局未尽特别提醒义务，侵犯了李海峰等人的名誉权。李海峰等六人主张的法律关系性质与法院认定不一致，法院不应直接作出判决，而应当告知其变更诉讼请求，以便该局能就此进行举证。(2) 该局因被动接受采访而提供包括录像资料在内的新闻材料，是履行法制宣传义务，主观无过错。安徽电视台至案发当地采访，拍摄了学校、犯罪现场，并来该局调取案件第一手资料。该局除全面客观介绍案情外，还应记者要求提供了相关的录像资料，目的并非供电视播放，而是为记者、编辑全面了解案件情况，保证新闻准确无误。安徽电视台如播出该局提供的录像资料，应征得该局同意，但电视台未尽上述义务。原审法院以该局有特别提醒义务为由判令该局承担侵权责任，无事实和法律依据。(3) 安徽电视台播放涉案新闻时已作了技术性处理，一审法院认为被上诉人的脸部未加遮掩直接显示于屏幕便是未对其合法权益进行保护，是错误理解。该局认为电视台在未通知该局并征得该局同意的情况下对录像进行剪辑播出虽有不妥，但其播出的内容能使观众清楚辨别李海峰等六被上诉人不是犯罪嫌疑人，其播出目的是为弘扬正气，揭露犯罪，宣传法制，具有阻却违法性。综上，该局行为不构成侵权，不应承担民事责任。请求二审法院依法改判。

被上诉人李海峰、高平、刘磊、孙俊、陈光贵、张力保辩称：一审判决认定事实清楚，判决结论正确。上诉人叶集公安分局将有关录像资料提供给原审被告安徽电视台，应该履行特别提醒的注意义务。而正是因为安徽电视台播放该录像资料时对被上诉人脸部画面未进行技术处理，给被上诉人造成名誉损害。故叶集公安分局的上诉理由不能成立，请求二审法院维持原判。

原审被告安徽电视台称：上诉人叶集公安分局关于该台播放涉案录像资料须经该局同意的上诉理由不成立，原审判决赔偿李海峰等六被上诉人精神抚慰金的金额欠合理。

原审被告叶集实验学校称：公安部门按合法程序让学生配合指认，该校配合公安机关的行为并无不当。原审被告安徽电视台播出指认过程，事前并未通知该校，故该校无过错，一审判决该校不承担责任是正确的。

二审裁判结果

合肥市中级人民法院依照《中华人民共和国民事诉讼法》第153条第1款第1项之规定，于2006年3月15日判决：

驳回上诉，维持原判。

二审裁判理由

合肥市中级人民法院经审理，确认了一审认定的事实。

本案的争议焦点是：（1）李海峰等被上诉人一审诉讼请求所主张的法律关系性质与一审法院认定是否一致。（2）公安机关将侦查过程中形成的录像材料交给新闻媒体时未尽特别提醒义务，是否存在过错。公安机关侦查行为的合法性、配合新闻媒体进行法制宣传的正当性以及新闻媒体自身在新闻报道中的过失，是否构成公安机关上述过错的法定免责事由。

合肥市中级人民法院认为：

本案被上诉人李海峰、高平、刘磊、孙俊、陈光贵、张力保在一审时提出的诉讼请求是认为上诉人叶集公安分局及原审被告安徽电视台、叶集实验学校侵犯了其名誉权、肖像权，要求三单位公开赔礼道歉、恢复名誉、消除影响并支付精神抚慰金60万元。一审法院根据其诉讼请求进行审理，认为安徽电视台、叶集公安分局没有尽到各自的义务，构成了对被上诉人名誉权的侵犯，但其行为未侵犯被上诉人的肖像权，并作出相应判决。该判决并未超出被上诉人一审时提出的诉讼请求。故上诉人主张原审判决认定的法律关系与被上诉人一审诉讼请求不一致的观点不成立。

根据《中华人民共和国刑事诉讼法》第3条的规定，对刑事案件的侦查、拘留、执行逮捕、预审，由公安机关负责。为了更好地打击犯罪，公安机关在行使侦查权时，可以根据工作需要依法采取一些特殊的侦查手段。本案中，上诉人叶集公安分局为侦破相关刑事案件，安排李海峰等六名被上诉人配合进行的混合指认，即是一种法定的、特殊的侦查手段。叶集公安分局在特定的、不公开的场所内，为了侦查案件的需要进行混合指认，并进行录像、存档的行为，是依法行使侦查权的行为，本身并不具有违法性。但是，公安机关在侦查活动终结后，在向新闻媒体提供侦查活动中形成的资料时，应当尽到谨慎的注意义务，避免因此导致对他人合法权利的侵犯。如果因未尽谨慎注意义务，侵犯了公民、法人或其他组织的合法权益，也应当承担相应的法律责任。公安机关向新闻媒体提供新闻资料，不是依法行使侦查权的行为，不能因行使侦查权本身的正当性，免除其在向新闻媒体提供资料时未尽谨慎注意义务而应承担的法律责任。根据本案事实，叶集公安分局将混合指认录像资料交给原审被告安徽电视台，发生在混合指认这一侦查手段终结之后，且安徽电视台是新闻媒体，其收集侦查资料只是为了用于新闻报道，叶集公安分局将侦查过程中形成的材料交给安徽电视台，不是侦查手段的延续。因此，叶集公安分局侦查行为的合法性，不构成其在向新闻媒体提供侦破案件相关材料时未尽谨慎注意义务的法定免责事由。

上诉人叶集公安分局以配合新闻工作，履行法制宣传义务为由，称自己无过错，是对法律上“过错”这一概念的误解。民法上的过错既包括故意，也包括过失。行为人主观上具有良好的意图，并非意味着行为人一定没有过错。播放法制节目，其目的正如叶集公安分局所称是弘扬正气，揭露犯罪，是为了法制宣传的需要。但在本案中，宣传法制与保护未成年人的合法权益并不矛盾。对于涉及未成年人的特殊案件，在制作成面向广泛的、不特定的受众播放的新闻节目时，对未成年人的形象加以技术处理或者在节目中予以特别说明，并不会因此而影响宣传法制、弘扬正气的效果。参与指认的公安人员知晓并理解混合指认的内容，不会因为与案件无关的人参与指认而认为其就是犯罪嫌疑人，不会因此导致这些无辜的人的社会评价降低。但是，叶集公安分局将混合指认录像资料交给电视台时，未尽特别提醒义务，导致李海峰等六被上诉人的脸部画面未经任何技术处理，即通过新闻传播到不特定的受众处，且该新闻节目亦未就此作出特别说明。观看新闻的普通群众，并不一定知晓混合指认这一特定侦查手段的具体内容，因此有人公开指责六被上诉人未成年即犯下恶劣罪行，并冠以“强奸犯”的称谓，导致六被上诉人社会评价的降低，发生名誉权受损的后果。故叶集公安分局配合新闻媒体进行法制宣传的正当性不构成免除其在本案中所应承担民事责任的法定事由。

本案损害后果的发生，与原审被告安徽电视台的过失也存在一定的联系。在上诉人叶集公安分局未尽提示义务的情形下，如果安徽电视台在播放新闻时进行一些技术处理，损害后果就不会发生。但是，新闻媒体自身在新闻报道中的过失，并不导致叶集公安分局的责任得以免除。根据最高人民法院《关于审理名誉权案件若干问题的解释》第 7 条第 2 项的规定，被动提供新闻材料，但发表时得到提供者同意或者默许，致使他人名誉受到损害的，应当认定提供者的行为构成侵害名誉权。电视台是面对大众的新闻传媒机构，叶集公安分局在接受安徽电视台“第一时间”栏目采访时，将上述混合指认录像资料交给电视台而未作任何特别说明，是对电视台播出该资料的一种默示行为。安徽电视台自身在新闻报道中的过失，不构成免除叶集公安分局民事责任的法定事由。

综上，上诉人叶集公安分局上诉称其不应承担民事侵权责任的理由均不能成立。一审认定事实清楚，判决正确，但在适用法律部分，还应适用最高人民法院《关于审理名誉权案件若干问题的解释》第 7 条第 2 项的规定，应予以补充。

25. 报社引用他人文章，就他人文章或观点展开讨论，发表相反意见，是否构成侮辱、诽谤？

名誉，是指社会对公民个人的品德、情操、才干、声望、信誉和形象等各方面形成的综合评价。名誉权，则是法律规定公民享有的保有和维护自身名誉的权利。《民法通则》第 101 条规定："公民、法人享有名誉权，公民的人格尊严受法律保护，禁止用侮辱、诽谤等方式损害公民、法人的名誉。"法院判定行为人构成侵犯名誉权，主要根据确有名誉被侵害的事实，行为人实施了侮辱，诽谤的违法行为，违法行为与损害后果之间有因果关系，行为人主观上有过错等情形。日常生活中，每个人均可以根据法律赋予的言论自由权，对一部作品的社会价值进行评价，充分发表自己的意见，应当得到尊重。但观点是否正确，也应该允许他人争论甚至辩驳。不能因为对方言辞激烈，就认为是侵权。只要双方的争论不违反法律的禁止性规定，都不应承担法律责任。

报纸作为新闻媒介，就他人的文章或观点展开评论，是办报的一种形式。评论中引用他人评论文章中的原话，如不存在捏造事实的情况，不应认定为诽谤。同时评论中如果仅提出相反的观点，并无损害他人人格或者名誉的言辞，亦不构成侮辱。不能认定报纸出版单位侵犯他人的名誉权，要求其承担民事责任。

典型疑难案件参考

余一中诉《新闻出版报》社侵害名誉权纠纷案（《最高人民法院公报》2003 年第 2 期，总第 82 期）

基本案情

原告余一中是南京大学外国文学研究所教授，近年来陆续发表了《〈钢铁是怎样炼成的〉是一本好书吗?》、《炼出的“一炉废钢”》、《“大炼〈钢铁〉”炼出的废品》等文章。其中《〈钢铁是怎样炼成的〉是一本好书吗?》一文，从时代与作品的真实性、作品主人公的艺术形象、作者与作品的编辑加工、作品被大众接受的过程，以及中文全译本的问题等方面，对苏联出版的小说《钢铁是怎样炼成的》一书进行了分析、评论，结论是：该书不是一本好书，应当把它送进历史的博物馆，而不是把它介绍给年轻一代。《炼出的“一炉废钢”》和《“大炼〈钢铁〉”炼出的废品》等两篇文章，则主要针对一本名为《钢铁是怎样炼成的（电视连续剧文学剧本）》（以下简称文学剧本）中出现的字词、修辞、语法、体例、标点、地名、人名、称谓等编校错误提出批评。

针对原告余一中的上述文章，被告《新闻出版报》社在2000年6月26日的《新闻出版报》上，刊登了署名钟宜渔《由批评编校差错所引发的论争》（以下简称“钟文”）的文章，并配发编者按。“钟文”认为，“余先生指摘文学剧本的编校质量是项庄舞剑”，只要综合考查余一中在三篇文章中的一系列评论就可以看出，“其批判编校质量只是一层薄薄的面纱，借题发挥的后面却做着一块更厚重的文章”。“钟文”在摘引了余一中三篇文章里对《钢铁是怎样炼成的》一书，以及对同名电视连续剧发表的一些评论原话后，认为：“余一中先生对《钢铁是怎样炼成的》一书及同名电视连续剧的评判态度已不是严肃的学术研究，而是在借题发挥肆意攻击”，“如果带着政治和自己的狭隘眼光、偏见来评判一部被公认了的优秀文学作品，这种批评的用心就值得怀疑”。《新闻出版报》配发的编者按中写道：“围绕出版《钢铁是怎样炼成的》书籍和改编电视连续剧一事，居然有一场尖锐的思想论争”，“这个论争不是纯学术的，也不是鸡毛蒜皮的小是小非，而是关系到是否坚持中国先进文化前进方向的原则之争”，是一个“大是大非”的问题。

上述事实，双方当事人陈述一致。

一审诉辩情况

原告诉称：“我以学者的良心和应有的严谨态度发表文章，对电视连续剧《钢铁是怎样炼成的》文学剧本中出现的编校错误提出批评后，被告发表署名文章，说我是‘项庄舞剑’、‘借题发挥’、‘批评的用心值得怀疑……’并在编者按中，还把我对剧本编校方面提出的批评，说成是“大是大非的问题”。我的文章批评公开发行的文学剧本的编校质量，不仅是行使学术批评的正当权利，也是行使读者应有的权利。被告发表署名文章对我进行指责，完全是主观武断的产物，是不负责任的诽谤之词。被告在刊登该署名文章时，不仅不尽审查的义务，反而以编者按进一步上纲上线，为把纯学术讨论的问题引到政治上推波助澜。

“被告刊登的文章和编者按发表后，我的领导、同事、朋友和学生都非常关切，询问‘是不是政治上出了什么问题?’被告的行为损害了我在学术界的声誉和形象，给我精神上带来很多痛苦。故请求判令被告赔礼道歉，消除影响，赔偿精神损失费1万元，并负担本案全部诉讼费用。”

原告除向法庭提交了该署名文章和编者按的复印件以外，还提交了4份证人证言，以证明署名文章和编者按带有政治色彩，改变了正常的学术讨论性质和气氛，使原告精神激愤、焦虑，未能按期完成科研项目，同时也给原告的家庭生活带来影响。

被告辩称：报社不否定学术意见的发表，但学术研究的发表应保持慎重的态度，且应有一定的范围。原告的批评，实际是全盘否定《钢铁是怎样炼成的》一书。报社刊登署名文章并加注编者按，目的是想引起读者讨论《钢铁是怎样炼成的》是否为一本好书，是行使舆论监督的正当权利，没有侵害原告的名誉，请求驳回原告的诉讼请求。

被告认为原告提交的4份证人证言，只是证人自己的观点，且与本案无关。

一审裁判结果

南京市鼓楼区人民法院于2002年8月20日判决：

一、驳回原告余一中的诉讼请求；

二、案件受理费100元，由原告余一中负担。

一审裁判理由

南京市鼓楼区人民法院认为：

《中华人民共和国民法通则》第5条规定：“公民、法人的合法的民事权益受法律保护，任何组织和个人不得侵害。”被告《新闻出版报》社作为新闻出版单位，应对其所刊登的文章负有审查的责任。原告余一中因对《新闻出版报》刊登的署名文章和编者按不满，对新闻出版报社提起侵权诉讼，符合民事诉讼的受案范围。

名誉，是指社会对公民个人的品德、情操、才干、声望、信誉和形象等各方面形成的综合评价。名誉权，则是法律规定公民享有的保有和维护自身名誉的权利。《民法通则》第101条规定：“公民、法人享有名誉权，公民的人格尊严受法律保护，禁止用侮辱、诽谤等方式损害公民、法人的名誉。”据此可知，侮辱、诽谤他人名誉或人格的，应视为侵权行为，承担民事责任。

本案争议焦点为，被告《新闻出版报》社刊登“钟文”并配发编者按的行为，是否构成了侮辱、诽谤，侵害了余一中的名誉权，损害了余一中的人格尊严。

诽谤是指为了毁坏他人名誉，无中生有捏造事实并加以散布的行为。经查，“钟文”和“编者按”中，凡涉及原告余一中之处，均引用余一中评论文章中的原话，不存在捏造事实的情况。因此，《新闻出版报》社的行为不构成诽谤。侮辱是指公然损害或抵毁他人人格或者名誉的行为。“钟文”和“编者按”中，除对《钢铁是怎样炼成的》一书和同名电视连续剧表达了与原告余一中相反的观点外，并无损害余一中人格或者名誉的言辞。因此，《新闻出版报》社的行为也不构成侮辱。

综观本案，引起双方当事人发生争议的，不是文学剧本的编校质量问题，而是应该如何评价《钢铁是怎样炼成的》一书的社会价值。对一部作品的社会价值进行评价，每个人均可以根据法律赋予的言论自由权，充分发表自己的意见。原告余一中作为外国文学专业的学者，公开发表对外国文学作品的评论或批评，是其行使学术批评的正当权利，应当得到尊重。但是，余一中公开发表的观点是否正确，也应该允许他人争论甚至辩驳。社会科学是在争论、辩论中发展的。就学术讨论而言，对不同的意见，应该有一定的容忍度，不能因为对方言辞激烈，就认为是侵权。只要双方的争论不违反法律的禁止性规定，都不应承担法律责任。

被告《新闻出版报》社不同意原告余一中对《钢铁是怎样炼成的》一书的评价，针对余一中的观点，发表了持相反观点的文章并配发“编者按”。这是《新闻出版报》社行使舆论监督的权利，履行新闻机构的职责，同样应当得到尊重。“钟文”和“编者按”的措辞虽然较为严厉，但就其发表文章的动机来说，是欢迎读者参与讨论，并无损害对方权利的目的。余一中认为《新闻出版报》社将正常的学术讨论上升成政治问题，改变了学术讨论的性质与气氛，担心由此受到影响，要求《新闻出版报》社因此承担法律责任，没有法律上和事实上的依据。

综上所述，原告余一中认为被告《新闻出版报》社侵害其名誉权，要求《新闻出版报》社承担侵权责任，理由不能成立，其诉讼请求不予支持。

二审诉辩情况

一审宣判后，余一中不服，向南京市中级人民法院提起上诉，请求改判。主要理由是：

1. 一审关于“没有捏造事实并散布不构成诽谤”的认定是不当和错误的。

首先，“编者按”和“钟文”，不是对上诉人的有关文章进行有理有据的分析讨论后才作出评论，而是直接上纲上线，强行延伸。其次，从上诉人的有关文章内容里，得不出被上诉人的评论；被上诉人的评论与上诉人的文章内容完全脱节，是非实事求是、毫无根据的。最后，一个诚实善良、思维正常的人在同样情况下，不会作出与被上诉人一致的评论，被上诉人的评论是严重不当的。

2. “钟文”和“编者按”是煽动读者对上诉人进行政治大批判。受“钟文”和“编者按”的影响，一些青年学者在是否报考上诉人的博士生问题上产生了疑惑甚至放弃了报考，给上诉人造成了精神痛苦和名誉损害，消耗了上诉人的大量时间和精力，影响了上诉人的教学和科研活动。因此，被上诉人对上诉人的侵害是极其严重的。

二审裁判结果

南京市中级人民法院依照《中华人民共和国民事诉讼法》第 153 条第 1 款第 1 项的规定，于 2002 年 11 月 7 日判决：

一、驳回上诉，维持原判；

二、二审诉讼费 100 元，由上诉人余一中负担。

二审裁判理由

南京市中级人民法院经审理，确认了一审查明的事实。

南京市中级人民法院认为，人民法院作出裁判的原则是“以事实为根据，以法律为准绳”。判令当事人承担侵害名誉权的责任，应当根据确有名誉被侵害的事实，行为人实施了侮辱、诽谤的违法行为，违法行为与损害后果之间有因果关系，行为人主观上有过错等来认定。报纸作为新闻媒介，就他人的文章或观点展开讨论，是办报的一种形式。被上诉人《新闻出版报》社发表的“钟文”及“编者按”中，既没有捏造事实对上诉人余一中进行诽谤，也没有侮辱余一中的人格，故不构成对余一中名誉的侵害。余一中的上诉理由，主要是认为“钟文”和“编者按”表达观点的方式不当。而在有关争论中，争论双方在表达自己的观点时，只要不构成侮辱、诽谤，就不能认定侵犯他人的名誉权，要求其承担民事责任。一审认定的事实清楚，适用法律正确，应予以维持；余一中的上诉理由无法律依据，不予以支持。

26. 出版单位出版内容不符实的文学作品，应当承担民事责任吗?

公民的名誉权受到法律保护，任何诋毁他人名誉的行为都是法律所禁止的。即使是文学作品中的内容，也应该注意与历史上的事件和人物的基本情况相符，不得违背历史事实，编造或虚构情节，肆意侵害他人的名誉。

出版单位对其出版的作品负有审稿的义务，应该对作品的内容进行全面的审查。在出版文学作品时，对涉及真实事件和人物的，应注意审查有关描写是否真实，是否侵害了他人的合法权利。如果出版单位没有对有关描写的真实性进行审查，致使本来可以在审查中发现的问题没有在审查中发现，应对严重侵害当事人名誉的作品的出版，承担相应的责任。

典型疑难案件参考

彭家惠诉《中国故事》杂志社名誉权纠纷案（《最高人民检察院公报》2002 年第 6 期）

基本案情

《中国故事》杂志系以小说为主要文体的双月刊杂志。1998 年第 4 期登载了周簧创作的小说《祸祟》，讲述了 1928 年发生在上海的一起特大诈骗案，其中用了很大篇幅讲述了清朝军咨使良弼的女儿白良玉为父复仇的情节。小说将辛亥革命历史人物彭家珍为推翻清王朝，炸死军咨使良弼时以身殉国的真实事件，虚构了彭家珍因刺杀良弼被当场抓获，乘乱逃脱后又效劳于英国情报机关，最后被白良玉找到并杀死。小说将彭家珍作为反面人物，描述为“恶魔”。小说中的人物对话讲道：“革命党人派彭家珍行刺令尊大人，毕竟不是私仇，国人不认为他有错。但现在这个彭家珍又受雇于黑寡妇，助纣为虐，当然该杀了”、“彭家珍，你那脸上四两肉打不成胖子，你如果是正直的革命党人，就不会成为黑寡妇豢养的一条癞皮狗……”小说中的彭家珍自称：“老子行不改名坐不改姓，从前是响当当的革命党人，如今是大英帝国的私人保镖。”小说对彭家珍的死作了如下描写：彭家珍“顾不得血淋淋手断后的剧痛，双膝着地求饶说：姑娘，你废了我右手，就高抬贵手饶我一命吧”、“彭家珍连连叩头说：姑娘，我与你无怨无仇，我不认识你啊，饶命吧”，等等。

此外，小说还有虚构彭家珍不正当男女关系的内容。

杂志社对小说《祸祟》的审稿情况在《稿件处理单》上有明确记载。初审意见是：一起巨额首饰诈骗案的背后隐藏着十分错综复杂的政治斗争，既有国际的，也有国内的。因此故事也就相当曲折、离奇，出人意外。作品真实地反映了国统时期的社会真实，文字简洁，文风朴实。题目可改、可留。复审意见是：同意以上的评介和意见，可以录用，但文字需要润饰，有多处生造词头，此外，题目应另拟，此题目不够大众化、不够通俗。终审意见是：诈骗手法似曾相识，但有可读性，同意以上意见。

2000 年 10 月 31 日，杂志社收到彭家珍大将军专祠委员会（以下简称“彭家珍专祠”）和彭家祥等 4 位彭家珍烈士亲属对小说《祸祟》侵害彭家珍烈士名誉的交涉传真。杂志社得知情况后，立即责成小说的责任编辑与作者联系，并回复彭家珍专祠及彭家祥等人，告之正在处理所反映的问题。11 月 3 日，杂志社派人分别赴天津、成都两地，向作者和彭家珍烈士亲属核对有关情况，得知作者周簧已经去世，小说《祸祟》存在着严重失实。对于错误刊登小说《祸祟》一事，杂志社作出如下决定：一、责令有关人员停职检查。二、在国内有关媒体上公开声明致歉。三、在《中国故事》上尽快刊登有关彭家珍烈士壮烈殉国的专稿，以正视听。同年 11 月 14 日，杂志社拟定了《郑重致歉》，为：“《中国故事》1998 年第 4 期刊登的作品《祸祟》一文中，作者周簧对 1912 年 1 月 26 日晚炸死良弼，壮烈殉国，为孙中山、毛泽东所称颂的辛亥革命烈士彭家珍大将军之死，作了严重的歪曲史实的描写，对彭家珍烈士的名誉造成了重大伤害，也伤害了彭家珍烈士亲属的感情。作为登载该文的《中国故事》，我们对在审稿中造成的失误深感痛心并向彭家珍烈士及其亲属表示深深的歉意！”杂志社将该《郑重致歉》于 2000 年 11 月 16 日、11 月 19 日、11 月 22 日相继刊登于《武汉晚报》、《中国文化报》、《中国文物报》、《四川日报》和《成都晚报》。《中国故事》2001 年第 1 期还登载了《义烈千秋——彭家珍大将军殉国纪实》专稿，并加了编者按。编者按为：“彭家珍，字席儒。1888 年 4 月 9 日出生于四川金堂县姚渡乡（现为青白江区）。1906 年在日本考察军事期间参加‘同盟会’，回国后在成都、昆明、沈阳、天津、北京、上海等地从事反清革命活动。1912 年 1 月 26 日，只身深入虎穴，掷炸弹诛锄清政府军咨府军咨使、宗社党首领良弼，本人也当场为国壮烈捐躯。我们摘登以下资料文字，以彰先烈英誉。”专稿包括 4 篇介绍彭家珍烈士的文章，同时还登载了 1953 年毛泽东主席签发的“革命牺牲军人家属光荣纪念证”及彭家珍烈士的照片。专稿之后再次用黑体字登载了《郑重致歉》，并声明：“凡持有《中国故事》1998 年第 4 期的读者，请退我社销毁，其邮费、刊费由杂志社负担。”2001年2月3日，杂志社给“彭家珍专祠”及彭家祥等彭家珍烈士亲属发函，将有关处理情况作了通报，并表示希望达成谅解，妥善处理此事。

在2001年7月下旬，彭家惠向人民法院提起诉讼。因为彭家惠此前一直没有与杂志社交涉，杂志社也不知道彭家惠的存在。当知道彭家珍烈士之妹彭家惠尚在后，杂志社即派专人到正在住院的彭家惠处探望并致歉。

一审诉辩情况

原告诉称：1998年第4期《中国故事》杂志刊载了周簣撰写的故事《祸祟》，篡改了其兄彭家珍烈士的历史，在国内外造成了极其恶劣的影响。被告虽表示愿意妥善处理，但在刊登致歉声明中却极力推卸责任，不足以恢复彭家珍烈士名誉，也不足以弥补其作为烈士亲属造成的精神和物质损失。要求杂志社作出深刻、郑重的赔礼道歉，并在海内外消除恶劣影响，赔偿侵害彭家珍烈士名誉的精神损失费465000元，物质损失38590元。

被告辩称：原告彭家惠起诉的时间已超过了诉讼时效；杂志社对通俗小说中的人物、事件没有核实的义务，也不可能对辛亥革命历史时期的人物情况进行核实。杂志社在得知小说《祸祟》确实侵害了彭家珍烈士的名誉后，立即作了公开致歉，采取了更正措施，不对彭家惠构成侵权。

一审裁判结果

审理法院判决如下：

一、被告《中国故事》杂志社赔偿原告彭家惠精神损失人民币5万元，于本判决发生法律效力后10日内履行完毕；

二、驳回原告彭家惠的其余诉讼请求。

本案案件受理费人民币1550元，由被告《中国故事》杂志社负担。

一审裁判理由

成都市中级人民法院认为：

《中华人民共和国民法通则》第120条第1款规定：“公民姓名权、肖像权、名誉权受到侵害的，有权要求停止侵害，恢复名誉，消除影响，赔礼道歉，并可以要求赔偿损失。”最高人民法院《关于贯彻执行〈中华人民共和国民法通则〉若干问题的意见（试行）》第140条规定：“以书面、口头等形式宣扬他人的隐私，或者捏造事实公然丑化他人人格，以及用侮辱、诽谤等方式损害他人名誉，造成一定影响的，应当认定为侵害公民名誉权的行为。”最高人民法院《关于确定民事侵权精神损害赔偿责任若干问题的解释》第7条规定："自然人因侵权行为致死，或者自然人死亡后其人格或者遗体遭受侵害，死者的配偶、父母和子女向人民法院起诉请求赔偿精神损害的，列其配偶、父母和子女为原告；没有配偶、父母和子女的，可以由其他近亲属提起诉讼，列其他近亲属为原告。"1998 年第 4 期《中国故事》刊登的小说《祸祟》，虚构情节，用较大篇幅将在辛亥革命中英勇牺牲的彭家珍烈士，描写为令人厌恶的反面人物，严重丑化了彭家珍烈士的人格，侵害了彭家珍烈士的名誉，事实清楚，证据充分，各当事人对此均无异议。由于彭家珍烈士的父母已故，其本人没有配偶和子女，原告彭家慧是彭家珍烈士的妹妹，有权向侵害彭家珍烈士名誉权的单位或个人提起民事诉讼。

最高人民法院《关于贯彻执行〈中华人民共和国民法通则〉若干问题的意见（试行）》第 150 条规定："公民的姓名权、肖像权、名誉权、荣誉权和法人的名称权、名誉权、荣誉权受到损害，公民或者法人要求赔偿损失的，人民法院可以根据侵权人的过错程度、侵权行为的具体情节、后果和影响确定其赔偿责任。"被告《中国故事》杂志社对小说《祸祟》侵害彭家珍烈士名誉权负有不履行审查义务的责任。出版单位对其出版的作品负有审稿的义务，应该对作品的内容进行全面的审查。在出版文学作品时，对涉及真实事件和人物的，应注意审查有关描写是否真实，是否侵害了他人的合法权利。小说《祸祟》的内容是以真实历史事件和人物为背景的，这不同于内容完全虚构的文学作品，小说中"彭家珍"这个人物是真实的，杂志社有义务核实有关描写的真实性，有义务审查小说中涉及彭家珍的描写内容不侵害其合法权利。彭家珍烈士作为辛亥革命历史上的知名人物，其经历不是难以核实的，但杂志社却没有对有关描写的真实性进行审查，致使本来可以在审查中发现的问题没有在审查中发现，应对严重侵害彭家珍烈士名誉作品的出版，承担相应的责任。

《中华人民共和国民法通则》第 135 条规定："向人民法院请求保护民事权利的诉讼时效期间为二年，法律另有规定的除外。"第 137 条规定："诉讼时效期间从知道或者应当知道权利被侵害时起计算。但是，从权利被侵害之日起超过二十年的，人民法院不予保护。有特殊情况的，人民法院可以延长诉讼时效期间。"1998 年第 4 期《中国故事》虽然于当年 7 月 1 日起在四川省成都市正式发行，但刊物的影响和发行范围是有限的，不能认为刊物出版后，社会公众都应该知道所刊载的内容，从而把刊物的出版发行时间作为计算诉讼时效的起算点。由于被告杂志社无法证明彭家惠在 1999 年 7 月以前已经知道小说《祸祟》的内容，原告举证是在 2000 年 4 月其他亲属接到一封读者来信后才知道小说《祸祟》的内容，鉴于彭家惠当时已年过九旬，又没有文化，她的主张更符合情理，应予认定。原告彭家惠在其亲属与被告杂志社协商未果的情况下，于2001年7月向法院提起诉讼，符合法律规定的诉讼时效期限。

最高人民法院《关于确定民事侵权精神损害赔偿责任若干问题的解释》第8条规定：“因侵权致人精神损害，但未造成严重后果，受害人请求赔偿精神损害的，一般不予支持，人民法院可以根据情形判定侵权人停止侵害、恢复名誉、消除影响、赔礼道歉。因侵权致人精神损害，造成严重后果的，人民法院除判令侵权人承担停止侵害、恢复名誉、消除影响、赔礼道歉等民事责任外，可以根据受害人一方的请求判令其赔偿相应的精神损害抚慰金。”被告杂志社在得知小说《祸祟》造成了对彭家珍名誉的侵害后，及时向彭家珍亲属说明情况，登报致歉并在最近的一期《中国故事》杂志登载了缅怀彭家珍烈士的专稿，还采取了有关销毁有侵权内容的杂志等措施，有效停止了侵害彭家珍烈士名誉权的行为，实际上已经履行了赔礼道歉、恢复名誉和消除影响的义务。原告彭家惠要求赔偿其精神损失的请求具有事实和法律依据，应予考虑，但原告要求赔偿住院治疗等其他损失因无法证实是杂志社的侵权行为造成的，不予支持。

二审诉辩情况

一审宣判后，原、被告双方均不服，同时向四川省高级人民法院提出上诉。杂志社的上诉理由是：（1）彭家慧的诉讼时效应该从1998年7月1日第4期《中国故事》发行到成都市时起计算，彭家慧两年后提起诉讼已经超过法定诉讼时效；（2）《祸祟》属于小说类作品，不是新闻报道和纪实性作品，出版单位没有法定的审核事实真相的义务；（3）杂志社得知小说《祸祟》侵权后，及时采取了更正措施，先后在有关媒体上发表了《郑重致歉》启示，并在以后的《中国故事》中刊登了缅怀彭家珍烈士的系列专稿，已经履行了赔礼道歉、恢复名誉、消除影响的义务，依法不应承担侵权责任；请求驳回彭家慧诉讼请求。

彭家惠上诉理由是：（1）杂志社把造成损害彭家珍烈士名誉的原因和责任全部推给已死亡的作者，否认自身的侵权行为，态度不真诚；（2）杂志社补救措施不及时，恶劣影响没有消除；（3）杂志社的赔偿数额太低。

案件二审期间，上诉人彭家慧于2002年4月9日死亡，四川省高级人民法院根据《中华人民共和国民事诉讼法》第136条的规定，裁定中止诉讼。在彭家慧的子女林琦、林玮、林琮、高学冰、林玉章5人明确表示要继续参加案件诉讼后，恢复了案件的审理。

二审裁判结果

审理法院判决如下：

一、维持四川省成都市中级人民法院一审民事判决第二项；

二、变更四川省成都市中级人民法院一审民事判决第一项为：《中国故事》杂志社赔偿彭家慧精神抚慰金人民币5万元；

三、《中国故事》杂志社赔偿彭家慧因本案诉讼支出的复印费、差旅费等共计人民币500元；

四、《中国故事》杂志社将赔偿彭家慧的上述款项，支付给林琦、林玮、林琮、高学冰、林玉章，限于本判决生效之日起10日内履行完毕。

一、二审案件受理费由《中国故事》杂志社负担。

二审裁判理由

四川省高级人民法院认为：公民的名誉权受法律保护，任何诋毁他人名誉的行为都是法律禁止的，文学作品也不应例外。对涉及真实事件和人物的文学作品，出版单位应该审查有关内容是否真实，是否侵害他人的合法权利。辛亥革命在我国现代史上具有十分重要的意义，对辛亥革命中历史事件和人物的评价，应该是严肃而认真的。即使是文学作品中的内容，也应该注意与历史上的事件和人物的基本情况相符，不得违背历史事实，编造或虚构情节，肆意侵害他人的名誉。小说《祸祟》中涉及辛亥革命的事件及人物的篇幅较大，被告杂志社在审查稿件时，如果能够根据有关历史资料进行核实，很容易发现作品中存在着的编造和虚构的内容，并判断是否损害彭家珍烈士的名誉。但是杂志社在文稿编辑的初审、二审以及终审中，均未就历史事件和人物的真实性进行审查，存在着明显的主观过错，对侵权结果的发生应负相应的责任。关于本案的诉讼时效，因为杂志社没有证据证明彭家慧在1998年第4期《中国故事》杂志出版后至1999年7月以前已经知道侵权行为发生，应认定彭家慧提起的诉讼没有超过法律规定的诉讼时效。杂志社在得知小说《祸祟》侵权后，及时采取了一系列补救措施，履行了停止侵害、恢复名誉、消除影响、赔礼道歉的义务，态度是真诚的，行为是有效的，可不再履行上述义务，但需因侵权行为对死者的亲属进行相应的精神赔偿。

彭家慧作为彭家珍烈士的近亲属对杂志社提起诉讼，是维护彭家珍烈士的名誉，而非自身的名誉权受到侵害。一审法院将侵权人实施侵害死者名誉权的行为，认定同时对死者的近亲属也构成了侵权，没有法律依据。彭家慧要求赔偿其住院治疗所受损失的诉讼请求，因无充分证据证明是由杂志社的侵权行为造成的，不予支持；但提出因本案诉讼支出的必要的差旅费、复印资料费等应予支持。彭家慧死亡后，其应获得的经济赔偿由法定继承人林琦、林玮、林琮、高学冰、林玉章共同继承。

27. 如何区分用人单位正当行使内部经营管理权与侵权行为？

劳动合同解除后，用人单位对劳动者还担负有合同附随义务，即对劳动者具有照顾保护义务。如用人单位违反合同附随义务，散布诋毁、降低劳动者社会评价的信息，则构成了对劳动者名誉权的侵害。

典型疑难案件参考

石咏梅诉上海住电装管理有限公司等侵害名誉权纠纷案

基本案情

原告于2003年9月1日由上海市对外服务有限公司派遣至被告上海住电装管理有限公司（以下简称住电装公司）工作。2006年8月29日，住电装公司向原告邮寄了《解除劳务关系通知书》。当晚，住电装公司向公司全体员工发送了电子邮件，内容为："现在向大家通报，公司于8月31日对物流部员工'石'给予惩戒处分。根据：依照《劳动法》第25条、劳动合同第10.1.3条的规定……事实：(1) 在选定装潢公司时，选定了无资质的施工单位。(2) 根据事后的核查，结果是合同价格高于市场价格。这是渎职、谋取私利的行为，其结果是给公司带来重大损失。为此，公司决定对'石'进行惩戒处分。"9月1日，YUTAKAFUJII以住电装公司的名义向上海霓索（NISSO）人力资源服务有限公司发送了内容为"……本公司于8月31日对下述人员给予惩戒解雇处分。贵俱乐部的会员在录用该人员时，可能会给各公司带来损害。请在收到本信息后，各会员企业进行招聘录用时务必充分注意……"的电子邮件。该邮件同时附有原告的姓名、户籍、身份证号及出生年月日。

原告于2006年8月31日分别与上海市对外服务有限公司、住电装公司解除劳动关系及劳务关系。在本案审理中，原告与上海市对外服务有限公司、住电装公司进行劳动争议仲裁。仲裁过程中，住电装公司以石咏梅因违纪被解除劳务关系为由，提出反请求，要求石咏梅按约定赔偿海外研修费用。上海市黄浦区劳动争议仲裁委员会认为住电装公司违纪解除石咏梅劳务关系的依据不足，遂于2006年12月20日裁决不支持住电装公司的反请求。

后石咏梅向上海市黄浦区人民法院起诉。审理中，住电装公司对仲裁裁决不支持其要求石咏梅赔偿海外研修费的请求无异议。

一审诉辩情况

原告石咏梅诉称：原告于 2003 年 9 月进入被告住电装公司工作，并逐步进入公司管理层。因公司有人嫉妒原告的工作能力，而两被告却偏听偏信，并分别于 2006 年 8 月 29 日、9 月 1 日向公司员工及五家日企人才中介公司发送了意为原告"谋取私利"、"如录用会给录用公司造成损害"等直接侵害原告名誉的电子邮件。被告同时将原告身份情况在邮件中显示。被告的行为不仅侵害了原告名誉，而且给原告今后的就业、生活带来绝路，使原告身心遭受极大的打击与伤害。为此，现起诉要求两被告消除影响、书面赔礼道歉，并赔偿精神损失费人民币 5000 元。

被告住电装公司、YUTAKAFUJII 称：由于原告在负责公司装修等工作中的失职，导致公司蒙受了损失。为此，公司于 2006 年 8 月底向原告发出《解除劳务关系通知书》。同时，公司就解除与原告劳务关系的事宜以电子邮件的形式告知及通知了公司员工及与公司有业务往来关系的上海霓索（NISSO）人力资源服务有限公司。根据有关法律规定，公司对其管理的人员作出的结论或者处理决定，不构成对相关人员的名誉权侵害。被告住电装公司根据内部审计和调查的结果，做出与原告解除劳务关系的决定并告知公司员工，是公司内部行政管理上的需要，不构成对原告的名誉侵权。被告住电装公司将解除劳务关系的事实通知霓索公司是基于双方人才服务合同的约定，且被告亦未在邮件中捏造事实及使用侮辱、诽谤的文字；同时，住电装公司只是通知了霓索公司特定的负责人，故不存在"公然"的情节。被告 YUTAKAFUJII 的行为系职务行为，其个人不应承担责任。综上，两被告表示不同意原告的诉讼请求。

一审裁判结果

一审法院依照《中华人民共和国民法通则》第 101 条、最高人民法院《关于贯彻执行〈中华人民共和国民法通则〉若干问题的意见（试行）》第 140 条、最高人民法院《关于确定民事侵权精神损害赔偿责任若干问题的解释》第 8 条第 1 款之规定，判决如下：

被告住电装公司向原告书面赔礼道歉，赔礼道歉书的内容与形式须经法院审查；原告其他诉讼请求，不予支持。案件受理费人民 2110 元，由原告负担人民币 2026 元，由被告住电装公司负担人民币 50 元。

一审裁判理由

一审法院认为，被告住电装公司做出与原告解除劳务关系的决定后，在以电子邮件形式将该决定告知公司员工时，邮件中涉及原告违纪事实的内容有不实之处。住电装公司虽辩称该内容属实，但并没有提供相应的证据予以佐证；同时，在双方劳动争议仲裁中，仲裁机关以住电装公司违纪解除原告劳务关系的依据不足为由，不支持住电装公司要求原告赔偿海外研修费的请求，对此，住电装公司亦未表示异议。因此，对住电装公司关于原告违纪内容属实的辩解意见，不予采纳。住电装公司将载有不实内容且使用了“渎职”、“谋取私利”等含有贬义言辞的电子邮件发送给公司全体员工，同时住电装公司在将与原告解除劳务关系决定告知上海霓索（NISSO）人力资源服务有限公司时，其邮件内容亦含有贬低原告人格之意。住电装公司的上述行为客观上降低了公众对原告的评价，损害了原告的名誉。对此，住电装公司应承担相应的民事责任。故对原告要求住电装公司书面赔礼道歉的诉讼请求，法院依法予以支持。赔礼道歉的形式和范围应与被告实施侵权行为的形式与范围相同。由于被告住电装公司的侵权行为尚未造成严重后果，公开赔礼道歉足以弥补原告所受伤害，故对原告要求被告赔偿精神损害的诉讼请求，不予支持。被告 YUTAKAFUJII 作为住电装公司的总经理，其以公司名义发送电子邮件的行为，系职务行为，故对于原告要求 YUTAKAFUJII 承担相应责任的诉讼请求，不予支持。

二审诉辩情况

一审宣判后，被告住电装公司不服提出上诉。

被告住电装公司上诉称：公司对原告的劳动管理处分是公司行使内部经营管理权利的行为，不构成对相关人员的名誉权侵害；公司在内部通知中引用劳动法条文，是为了说明公司是依据该条条款作出处分，并未降低原告的社会评价。故请求二审法院撤销一审判决，依法改判。

原告石咏梅辩称：原审查明的事实是正确的，基于事实所作的判决合理，要求驳回上诉，维持原判。

二审裁判结果

二审法院判决：驳回上诉，维持原判。

上诉案件受理费 300 元，由被告住电装公司负担。

二审裁判理由

二审法院经审理认定原审法院确认的事实属实，并认为，被告住电装公司在没有事实依据的前提下，向其单位内部以及相关单位发布了含有诋毁、降低原告社会评价内容的电子邮件，使得原告的名誉在一定的范围内受到了侵害，被告住电装公司对此应承担相应的法律责任。被告住电装公司辩称所谓的电子邮件系公司内部对员工作出的处理决定，依照最高人民法院《关于审理名誉权案件若干问题的解释》第 4 条之规定，法院不应受理。

对此，二审法院认为，该条解释是指公司依职权对其管理的人员作出的结论或者处理决定，并不意味着法律赋予公司可以随意地对职工作出与事实不符的贬低评价的权力。公司仍然应当以事实为基础，客观地对职工作出合理的评价，现被告住电装公司是在没有事实依据的情况下，擅自使用含有贬低原告人格的词语作出结论且还将该结论告知其他单位，会使其他单位对原告产生合理怀疑，给原告名誉带来了损害，故对被告住电装公司的辩称不予采信。

28. 新闻报道侵犯名誉权的判断标准是什么？

新闻报道侵权类案件，不仅要符合一般侵权的构成要件，同时，更要从该新闻报道的重要内容是否属实，客观上是否造成报道对象社会评价的降低，主观上是否存在过错等方面判断。

典型疑难案件参考

合肥澳澜房地产有限责任公司诉合肥晚报社侵犯名誉权纠纷案

基本案情

2004 年 5 月 12 日，合肥晚报社在其出版发行的《合肥晚报》第一版上刊登《“雷公杀手”令人忧　合肥：70% 建筑物防雷设施不完善》（以下简称《“雷公杀手”令人忧》）一文，该文章报道的主要内容为：“昨天下午，省市有关防雷专家一行近十人在我市长丰路、高新区和新站开发区等地，检查了十多栋在建高层建筑的防雷设施情况，结果让人忧虑。专家说，他们每年检查、验收的新建项目近 900 个，结果发现有近 70% 的建（构）筑防雷设施不完善，或多或少存在着雷击隐患。最新调查显示，近年来我市每年因雷击造成的直接经济损失达 5000 多万元。专家说，在普通高层住宅楼，如果施工之初没将铝合金门窗、金属的护杆扶手与导电下线连接，都有可能在雷雨天里将闪电引入房间，轻者烧坏电器，重则致人死命。‘目前我市的一些在建高层建筑，如已查出的澳澜宝邸、中州大厦和市工人文化宫等，在防雷问题上都让人担忧’。”原告在文章见报后，即向被告提出质疑，要求被告澄清事实、消除影响。被告为消除可能给原告造成的影响，于 2004 年 5 月 19 日在《合肥晚报》第一版刊登了《多雷雨的夏季即将到来　防雷别存侥幸心理》（以下简称《防雷别存侥幸心理》）一文，该文章报道的主要内容为：“据省防雷中心有关负责同志介绍，近年来省防雷减灾部门严格执行国家有关防雷规范措施，正尽力减少雷害损失。检测中，专业人员发现有近70%的建（构）筑物的防雷设施不完善，对于这些单位，由于技术人员的及时跟踪服务，加上项目有关单位的认真整改，现其中大部分都已基本符合了国家有关技术标准，例如澳澜宝邸、市工人文化宫等高层建筑经过整改都已通过检查；有关部门近期还将对中州大厦等进行检查和测试。”嗣后，原告再次与被告进行交流，要求被告澄清事实、消除影响，但未能协商一致。2004年10月28日，原告提起诉讼，请求判令被告为其恢复名誉、消除影响，并赔礼道歉、赔偿经济损失等。

澳澜宝邸工程为18层复式框架商业与住宅综合楼，由原告于2002年7月开发建设，2004年3月竣工验收。2003年12月22日，合肥市防雷检测中心对该工程经现场抽样检测验收，出具了《安徽省新建建（构）筑物的防雷设施竣工验收证书》，防雷检测中心意见一栏记述为：经检测，该建筑物防直击雷装置符合国标GB50057－94的相关要求，所测阻值符合设计要求，但建议做防雷电波侵入措施。2004年5月11日，无人到澳澜宝邸现场检查该工程的防雷装置。被告于2004年5月12日在《合肥晚报》刊登的《“雷公杀手”令人忧》一文，是根据合肥防雷检测中心向《合肥晚报》记者提供的内部阶段性总结和交流用文章《合肥市新建筑防雷设施验收情况的介绍》作为参考素材写成。

另查，由于五月到八月是我市的多雷暴季节，为了警醒广大市民和提高有关单位的防雷意识，合肥防雷检测中心于2004年5月7日下午会同合肥晚报社对部分新建项目的防雷设施施工现场进行了现场查看和测试，并由合肥晚报社做了一期报道。当天下午检测人员和随行记者并未到澳澜宝邸现场，由于防雷工作专业性较强，防雷检测中心向随行记者提供了《合肥市新建筑防雷设施验收情况的介绍》。《“雷公杀手”令人忧》一文，便是记者根据上述内部交流文章作为参考素材写成。合肥防雷检测中心认为，做好防雷电波侵入措施在《建筑物防雷设计规范》以及其他相关行业技术标准中有明确要求，但属于非强制性条款。从技术角度来说，《合肥晚报》报道中所涉及的“令人忧”一事确实存在。

一审诉辩情况

原告合肥澳澜房地产有限责任公司（以下简称澳澜房产公司）诉称：原告于2002年7月9日开发建设澳澜宝邸建设工程，2003年12月22日取得了《合肥市新建（构）筑物防雷设施竣工验收证书》，2004年3月3日通过工程竣工验收，并相继通过规划、环保、公安消防、工程质量监督等专业检测、管理部门的合格验收。2004年5月12日，被告在其发行的《合肥晚报》一版刊登《“雷公杀手”令人忧》一文，文章称“防雷专家一行近十人于2004年5月11日检查合肥市十多栋在建高层建筑防雷设施情况”时，查出原告承建的澳澜宝邸在防雷问题上让人担忧。但实际情况并非如此，在2005年5月11日及以前数日均无任何防雷专家亲临澳澜宝邸进行过防雷设施检查，该报道与事实严重不符。原告分别于5月12日、13日、14日用各种形式要求被告澄清事实，赔礼道歉、消除影响；但被告仍于2004年5月19日在《合肥晚报》一版刊登《防雷别存侥幸》一文，称“经检测有近70%的建（构）筑物防雷设施不完善，澳澜宝邸等高层建筑经过整改都已通过检查”。澳澜宝邸工程本来就是合格工程，无须整改；被告不仅不改正错误，反而再次侵犯原告的名誉权。原告为维护自己的合法权益，再次通过电话、传真、上门反映等方式要求被告登报澄清事实、赔礼道歉、挽回影响，但遭到被告拒绝。原告开发建设的澳澜宝邸为高层商住楼，其销售状况一直很好，被告关于该楼存在安全隐患的报道无中生有，已对澳澜宝邸的销售造成了较大的负面影响。被告的侵权行为已严重损害了原告的商业信誉，侵害了原告的名誉权，并造成经济损失，故诉请法院判令：（1）被告在其发行的《合肥晚报》一版显著位置刊登文章，为原告恢复名誉、消除影响，并赔礼道歉；（2）被告赔偿原告经济损害0.1元；被告承担本案诉讼费用。

被告合肥晚报社辩称：被告于2004年5月12日刊发的《“雷公杀手”令人忧》一文是根据合肥市防雷中心提供的材料写成，涉及到原告的文字也是该中心在材料中提及的，被告的评价，是客观引用合肥市防雷中心的观点，并且进行了明示。文章中提及的澳澜宝邸在防雷设施问题上“令人忧”的含义是指其存在安全隐患，而并非指其防雷设施不合格。合肥市防雷中心在其颁发的《证书》中已明确表述“建议做防雷电波侵入措施”，根据该中心对此作出的解释，上述建议就意味着该建筑物存在防雷安全隐患。被告刊发文章的内容符合客观事实，不构成侵犯原告名誉权。原告诉讼请求无事实及法律依据，请法院依法予以驳回。

一审裁判结果

一审法院依照《中华人民共和国民事诉讼法》第64条第1款的规定，判决：驳回合肥澳澜房地产有限责任公司的诉讼请求。

一审裁判理由

原告在《合肥晚报》上刊登的《“雷公杀手”令人忧》一文是根据合肥防雷检测中心提供的内部素材写成，该文章反映的建筑物防雷设施不完善、令人忧的问题基本属实，没有诋毁、诽谤原告法人名誉的内容；嗣后，被告为消除可能给原告造成的影响，又刊发了《防雷别存侥幸心理》一文，该文内容虽有部分失实，但亦无诋毁、诽谤原告法人名誉的内容；且原告未能提供证据证明其确有名誉被损害的事实，故被告的行为不构成侵犯原告的法人名誉权。原告的诉讼请求缺乏事实及法律的依据，不予支持。

二审诉辩情况

一审宣判后，澳澜房地产公司不服，向安徽省合肥市中级人民法院提出上诉，上诉理由：（1）2004年5月11日，没有防雷专家到澳澜宝邸现场检查避雷装置，故《“雷公杀手”令人忧》一文中所称“2004年5月11日省市有关专家一行近10人在我市检查了十多栋在建高层建筑的防雷设施情况”的报导纯属捏造。澳澜宝邸建设工程本来就是合格工程，无须整改，被上诉人5月12日的报道已经侵害上诉人名誉权，5月19日仍然无中生有，胡编乱造，过错明显，已经构成侵权。（2）澳澜宝邸工程已取得合肥防雷检测中心发放的防雷设施竣工验收证，并通过规划、环保、城建档案管理等专业管理部门验收，最终被评定为合格工程。然而合肥晚报《“雷公杀手”令人忧》一文中却称澳澜宝邸工程“防雷情况令人忧”，该报道给上诉人的名誉权造成了损害，且造成经济损失。一审判决认定事实错误，请求二审法院撤销原判，支持上诉人原审诉讼请求。

合肥晚报社答辩称：（1）涉诉文章未表述防雷专家曾在5月11日前后前往澳澜宝邸进行检查，上诉人指控文章失实不能成立。（2）防雷设施令人忧的含义是指其存在安全隐患，而并非指防雷设施不合格。上诉人提供的《安徽省新建建（构）筑物防雷设施竣工验收证书》中已明确表述“建议做防雷电波侵入措施”。根据防雷中心的解释，上述建议就意味着该建筑物的确存在防雷安全隐患，这与工程是否合格无关。综上，原审判决认定事实和适用法律均无不当，请求二审法院予以维持。

二审裁判结果

二审法院依照《中华人民共和国民事诉讼法》第153条第1款第1项之规定，判决：驳回上诉，维持原判。

二审裁判理由

公民、法人享有名誉权，禁止用侮辱、诽谤等方式损害公民、法人的名誉。因新闻报道严重失实，致使他人名誉受到损害的，构成侵害他人名誉权。合肥晚报《“雷公杀手”令人忧》一文是根据合肥晚报记者现场采访并结合合肥防雷检测中心提供的内部素材采编而成。该篇报道虽然在时间的描述有出人，但此项出入对上诉人的名誉不产生影响，没有侵犯上诉人的名誉权。《防雷别存侥幸心理》一文涉及上诉人有关完成整改部分内容不真实，但该文是合肥晚报社为消除可能对上诉人产生的不利影响并应上诉人要求所登，该文没有使用侮辱、诽谤性语言，也未降低对上诉人的社会评价，更不构成对上诉人名誉权的损害。由于部分建筑工程未做防雷电波侵入措施会导致经济损失，所以合肥防雷检测中心在为澳澜宝邸工程发放防雷设施合格证书时，就建议该工程做防雷电波侵入措施。《“雷公杀手”令人忧》一文对澳澜宝邸工程“防雷状况令人忧”的评价，一方面是引自防雷检测部门的观点，同时也有上诉人未做防雷电波侵入措施的事实依据。而且，该文是从提高广大市民和有关单位安全意识、减少经济损失、维护社会公共利益的目的出发，反映的问题基本属实，评论并无不当，不构成侵犯上诉人名誉权。综上，原审判决认定事实清楚，适用法律正确，判决并无不当。澳澜房地产公司上诉理由不足，法院不予支持。

29. 学术批评之正当性的法律界限是什么？

法律赋予公民言论自由的权利，学术评论允许出现不同的观点。学术批评、争论应建立在客观、真实的事实基础上和中肯的评论上，在正常的学术探讨范围内发表反对意见并不会引起法律责任。但同时，法律也保护公民、法人享有名誉权不受他人侵犯的权利，这就是权利的界限。判断学术批评是否超越法律界限需要综合考虑评论涉及的内容是否属实，引用的资料来源是否权威，评论是否客观公正等因素。针对评论对象本人的带有贬义词语的描述足以误导普通公众乃至该领域一般人员对评论对象的评价，即构成对评论对象的名誉的贬损，这已经超出了一般的学术讨论的范畴，不再是法律允许的范围内。

30. 为言论者提供传播平台是否应承担责任？

评论文章的发表单位，对所有发表的文章负有审查核实的义务。在确定侵害名誉权的案件中，适用客观标准，即只要该评论侵害了他人的名誉权，就应与作者共同承担侵权民事责任。

典型疑难案件参考

肖传国诉中国协和医科大学出版社、方是民言论失实侵犯其名誉权纠纷案

基本案情

2005年9月14日，被告中国协和医科大学出版社邀请被告方是民在被告中国协和医科大学出版社与搜狐网站联合举办的搜狐健康频道访谈节目中谈“生物医学的规范”。访谈中，被告方是民谈到“还有一个‘肖氏反射弧’，也说是国际公认……其实这个‘肖氏反射弧’也是自吹自擂的……这都是属于利用中国和国外信息不对称自吹自擂”。2005年9月21日，搜狐新闻频道发表被告方是民《脚踏两只船中国院士越选越滥》的文章。文章中与原告有关的内容有：肖传国以华中科技大学工作人员身份参选中国院士，同时在纽约大学担任全职的教师。“一个人能否同时在中、美两国担任两个全职职务？这种脚踏两只船的人是否符合中国科学院院士候选人的要求？”“肖传国的简历则更让人觉得矛盾重重、扑朔迷离。他的出生年月，有的简历写的是1957年1月，另一个简历是1955年12月。他到纽约大学医学院任‘副教授’的任职时间，有的写的是2000年至今，有的写的是2001年1月至今。肖传国是不是一开始就在纽约大学医学院任‘副教授’，也是很成问题的……在肖传国的简历中，类似这样拔高自己的地方还有。例如，他在简历中洋洋洒洒列了自己1982年以来发表的26篇英文论文。仔细一看，他竟是把参加学术会议的文章摘要也都当成论文给列进去了……没想到院士候选人居然也玩用会议摘要冒充论文的把戏……肖传国在简历中玩这种障眼法是有‘苦衷’的，他在国际期刊上发表的论文实在是太少了，20多年来，已经发表的仅有4篇，总共被别人引用了只有9次（有的引用还是对其结果表示怀疑的），可见在国际学术界毫无影响。但是他却在简历中自称获得了‘国际神经泌外最高奖’，其实他罗列的两个奖项（美国泌尿学会Jact Lapides奖和美国泌尿学会成就奖），前者是很容易获得的美国泌尿学会会议摘要‘竞赛奖’，后者虽然是个大奖，但是在历年获奖者名单中，却没找到他的名字。肖传国还有一个非常惊人的成就，他提出国际公认的‘肖氏反射弧’原理——外科领域里仅有的几项以中国人名字命名的手术原理，在医学文献数据库和网上检索‘肖氏反射弧’的英文名称，结果都是零。检索肖传国自称根据该原理实施的‘肖氏术’的英文名称，只出来一个网页，是肖传国在北京的一次学术会议上的报告的题目。可见，所谓‘国际公认’云云完全是肖传国本人的自吹自擂……所谓‘肖氏反射弧’、‘肖氏术’就连在国内医学界也没有得到认可”。对上述网络访谈及文章中涉及原告的言

论，原告认为是污蔑，损害了其名誉权。被告方是民认为是学术批评，属于正当的舆论监督。为此，双方发生争议诉至法院。

一审诉辩情况

原告诉称：原告系华中科技大学同济医学院附属协和医院泌尿外科主任。2005 年 9 月 14 日，被告中国协和医科大学出版社和搜狐公司邀请被告方是民在搜狐健康频道在线谈“生物医学的规范”，其中涉及污蔑原告的内容如下：还有一个“肖氏反射弧”，也说是获得国际公认。其实这个什么“肖氏反射弧”也是自吹自擂的，国际学术界没有人这么说的，最多在某一篇综述文章里提了一下其工作，回国就自称是被国际公认的“肖氏反射弧”。这都是属于利用中国和国外信息不对称自吹自擂。2005 年 9 月 21 日，搜狐公司在搜狐新闻频道发表了被告方是民《脚踏两只船中国院士越选越滥》的文章。文中涉及污蔑原告的内容如下：1988 年，他提出国际公认的“肖氏反射弧”原理外科领域里仅有的几项以中国人名字命名的手术原理。在医学文献数据库和在网上检索“肖氏反射弧”的英文名称，结果都是零。检索肖传国自称根据该原理实施的“肖氏术”的英文名称，只出来一个网页，是肖传国在北京的一次学术会议上的报告的题目。可见，所谓“国际公认”云云，完全是肖传国本人自吹自擂。前面已经提到，从肖传国论文极低的引用次数就可以看出，他在国际上毫无影响。据业内专家介绍，所谓“肖氏反射弧”、“肖氏术”就连在国内医学界也没有得到认可。这些不符合实际情况的报道和污蔑，特别是对原告的学术工作和所获国际认可的各项指控均完全背离事实，严重损害了原告的名誉权。该文刊登后，在原告的学生、老师和同事中引起了极大的愤慨；原告作为国际知名的泌尿外科专家，其声誉受到了极大的影响。因此，原告要求两被告在国内公开发行的知名媒体和网络上向原告赔礼道歉，并要求两被告连带赔偿原告名誉损失费 10 万元。

被告中国协和医科大学出版社辩称：2005 年 9 月 14 日被告中国协和医科大学出版社与搜狐公司联合邀请被告方是民参加搜狐健康频道在线座谈活动，被告中国协和医科大学出版社负责挑选主讲人，不向搜狐公司收取任何费用，被告方是民也不收取任何费用。因此，被告中国协和医科大学出版社与本案没有关系，请求法院驳回原告对自己的诉讼请求。

被告方是民辩称：（1）被告方是民作为一名中华人民共和国公民，依法享有《中华人民共和国宪法》所赋予的言论自由的权利，被告方是民参加访谈会、发表文章等方式，是在行使自己言论自由的权利，同时并没有损害他人的合法权益。被告方是民的评论和《脚踏两只船中国院士越选越滥》一文，均有事实依据，不存在诽谤、侮辱等侵害他人名誉的情形。(2) 被告方是民在搜狐健康频道在线谈“生物医学的规范”中未提及原告的名字，应不直接影响其声誉。(3)《脚踏两只船中国院士越选越滥》一文中对原告学术成就的评价均有事实依据，不存在“污蔑”、“完全没有事实”的情况。(4) 原告提交的证据与本案没有关联性，其证据不能支持其诉讼请求。(5) 被告方是民提出：“据业内专家介绍，所谓‘肖氏反射弧’、‘肖氏术’就连在国内医学界也没有得到认可”是正常的学术质疑，没有任何侮辱性的内容，丝毫不构成侵犯原告的名誉权。总之，被告方是民对原告的批评都有事实依据，并非“污蔑”、“违背事实”，而是正当的学术批评。因此，请求法院驳回原告无理的诉讼请求。

本案各方当事人争议的焦点有以下五个方面：(1) 原告是否在美国纽约大学医学院及国内华中科技大学同济医学院附属协和医院两处任全职职务；(2) 原告是否用会议摘要冒充论文；(3) 关于原告获奖问题；(4) 关于对“肖氏反射弧”的评论问题；(5) 被告中国协和医科大学出版社在本案应否承担法律责任。

一审裁判结果

依照《中华人民共和国民事诉讼法》第 128 条,《中华人民共和国民法通则》第 5 条、第 101 条、第 134 条第 1 款第 7 项、第 10 项，最高人民法院《关于审理名誉权案件若干问题的解答》第 8 条，国务院《互联网信息服务管理办法》第 15 条第 8 项的规定，判决如下：

一、被告方是民、被告中国协和医科大学出版社应于本判决生效后 15 日内在搜狐新闻频道刊登声明，向原告肖传国赔礼道歉（声明内容需经本院审核)。逾期不执行，本院将公布判决主要内容，其费用由被告方是民、被告中国协和医科大学出版社承担；

二、被告方是民应于本判决生效后 15 日内赔偿原告肖传国精神损害抚慰金 3 万元；

三、被告中国协和医科大学出版社应于本判决生效后 15 日内赔偿原告肖传国精神损害抚慰金 1 万元。对此款，被告方是民应与被告中国协和医科大学出版社承担连带赔偿责任；

四、驳回原告肖传国的其他诉讼请求。

一审裁判理由

江汉区人民法院认为：

1. 关于原告是否在美国纽约大学医学院及国内华中科技大学同济医学院

附属协和医院两处任全职职务的问题。原告提供有其供职单位证明，被告方是民对此虽提出异议，但未提供反证推翻原告的证明。且被告方是民未举证证明原告在纽约大学医学院泌尿系任全职职务，被告方是民应承担举证不能的责任。因此，被告方是民在文章中所述关于原告在中、美两国担任两个全职职务的事实不实。

2. 关于原告是否用会议摘要冒充论文的问题。首先，国际期刊应当是在国际上公开发行的期刊，包括中国在国际上公开发行的期刊，而不是国外期刊。被告方是民关于国际期刊系国外期刊的说法错误。其次，被告方是民未指出原告的上述15篇文章中存在用会议摘要冒充论文的文章。最后，被告方是民亦未举证说明原告其他论文系用会议摘要冒充论文，因此，原告称被告方是民所述原告“把参加学术会议的文章摘要也当论文给列进去了”，原告“在国际期刊上发表论文太少仅只4篇，并毫无影响”的说法不实。

3. 关于原告获奖问题。被告方是民对原告的两项获奖证书不持异议，只是认为美国泌尿学会学者奖在历年获奖者名单中没有找到原告的名字，被告方是民在历年获奖者名单中没找到原告的名字不能否认原告获奖的事实，因此，原告曾获得美国泌尿学会学者奖奖项的事实成立。

4. 关于对“肖氏反射弧”的评论问题。原告的“肖氏反射弧”理论，在国际上有获奖证书，国内有鉴定结论和获奖证书，国内教科书亦曾引用其理论，原告的“肖氏反射弧”理论是客观存在的。被告方是民在网上搜索不到“肖氏反射弧”，不等于“肖氏反射弧”不存在。被告方是民认为“肖氏反射弧”在国际上毫无影响、国内专家没有得到认同的评论不能成立。

5. 关于被告中国协和医科大学出版社在本案应否承担法律责任的问题。被告中国协和医科大学出版社作为2005年9月14日访谈活动的举办方之一，对访谈主讲人提供言论传播平台，如访谈主讲人的言论涉及侵犯他人权利，作为活动举办方之一的被告中国协和医科大学出版社是应当与相关责任人承担连带责任的。

综上所述，法律赋予公民言论自由的权利，公民在行使言论自由权利时不能违反法律规定。同时，法律保护公民、法人享有名誉权不受他人侵犯的权利。被告方是民在2005年9月14日的网络访谈及2005年9月21日的网络评论《脚踏两只船中国院士越选越滥》一文中谈到的关于原告的相关内容基本失实。且《脚踏两只船中国院士越选越滥》一文中使用了“脚踏两只船”、“自吹自擂”、“拔高自己”、“玩用会议摘要冒充论文的把戏”等带贬义的词语。这些基本失实的言论及带贬意的词语的描述，足以误导公众认为原告在职务、论文、学术理论等问题上造假，从而导致原告人品、声望、社会评价的降低，给原告造成精神伤害。原告名誉被毁损的事实成立。因此，被告方是民的失实言论已使原告名誉受损，构成对原告名誉权的侵害，被告方是民应当对其行为承担法律责任。被告方是民称其言论系学术批评，不可否认学术争论是正常现象，但学术批评、争论应建立在对事实的客观、真实的基础上和中肯的评论上。被告方是民的言论失实，其言论已超过了法律所允许的范围，构成对原告名誉权的侵害。所以，被告方是民称其言论系正常的学术批评的说法不能成立。

被告中国协和医科大学出版社作为网络访谈活动举办方之一，对访谈主讲人的失实言论未尽到谨慎的注意义务，并为主讲人失实言论提供了传播平台，被告中国协和医科大学出版社应对被告方是民侵害他人名誉权的行为承担相应的法律责任。由于被告中国协和医科大学出版社及方是民对原告名誉权的侵害系通过互联网进行的，其不良影响传播范围较广，给原告带来较大影响，被告中国协和医科大学出版社、方是民应当在相关网站对原告赔礼道歉，并赔偿原告的名誉损失。故此，原告要求两被告赔礼道歉、赔偿损失的诉请有理，本院予以支持。关于原告名誉受损后精神抚慰金数额问题，该数额综合侵权人的过错程度、侵权方式、造成的后果、受害人所在地平均生活水平等相关因素酌定。

二审诉辩情况

一审宣判后，原告肖传国、被告中国协和医科大学出版社、被告方是民均不服提出上诉。

肖传国上诉及答辩称：原审只判令被告赔偿4万元精神损害抚慰金明显过低；方是民的言词构成对肖传国名誉的侵犯，请求依法驳回方是民、协和医科大学出版社的上诉请求。协和医科大学出版社、方是民上诉及答辩称：原审认定事实错误，请求撤销武汉市江汉区人民法院〔2005〕汉民一初字第1834号民事判决，驳回肖传国全部诉讼请求。

二审裁判结果

二审法院依照《中华人民共和国民法通则》第5条，第101条，第134条第1款第7项、第10项、最高人民法院《关于审理名誉权案件若干问题的解答》第8条、国务院《互联网信息服务管理办法》第15条第8项的规定、《中华人民共和国民事诉讼法》第128条、第135条第1款第3项的规定判决如下：

一、维持湖北省武汉市江汉区人民法院〔2005〕汉民一初字第1834号民事判决（一）、（二）、（四）项；

二、变更湖北省武汉市江汉区人民法院〔2005〕汉民一初字第 1834 号民事判决第（三）项为：中国协和医科大学出版社应于本判决生效后 15 日内赔偿原告肖传国精神损害抚慰金 1 万元。方是民承担连带赔偿责任。

二审裁判理由

武汉市中级人民法院认为：原审判决认定事实基本清楚，适用法律正确，但判决主文第三项表述有误，应予理顺。

31. 报道者是否应对新闻报道内容的错误陈述承担侵权责任？

名誉权受侵害是指关于个人的品行、信用等社会评价，因他人的非法行为受到贬损，从而导致社会评价降低。就新闻报道侵害名誉权而言，应当同时具备受害人能够被公众辨识、指认，被报道者名誉受损，报道者具有故意或过失等要件。文章素材是记者所看见和听到的内容，不存在严重失实之处。虽然公安机关所作的情况说明与接受采访者所述的情况有所不同，但不能说明新闻报道严重失实。

典型疑难案件参考

张彦诉《京华时报》社名誉侵权纠纷案

基本案情

被告在 2006 年 7 月 22 日发行的《京华时报》上，刊登了该报记者穆奕撰写的报道——《40 余名打手两次冲击一大学——10 多名师生被殴，4 人脑震荡，警方已驻守校园》（以下简称《冲击》）。该文章内容为：2006 年 7 月 21 日，中国管理软件学院两次发生暴力事件，警方两次出警后增派警力，派员巡逻校园。当事师生说，打手为 40 多名手缠白毛巾、着装一致的持械陌生男子，该院商务管理系主任和十多名学生被殴，4 人脑震荡，其中两人曾两度入院，据说暴力事件和招生有关。文章共分三个标题：“打手皆缠白毛巾持械”、“师生再次被打进医院”、“据称打人与招生有关”。文中涉及原告的语句出现在第三个标题下的第一段，行文为“事后，系主任彭老师说当时场面十分混乱，已记不得打人者是否和上午是同一伙人，但肯定不是学院里的人。同时，她指认召集打手的是学院院长助理张某。记者也在学院保安室外看见了张某，由于警方对其进行讯问，记者无法与其接触，也未联系上院长”。

该篇报道的记者穆奕出庭作证，陈述了采访的过程。其称：报道线索来自于2006年7月21日上午，接到线索后自己赶到了现场，一位孙姓和彭姓老师接待了自己，自己到阶梯教室看到了学生，并看到了受伤的学生和遗留在现场的“凶器”。孙老师称是张老师叫来的人，为核实情况，自己向张老师打电话，但是没有接通，后来再打仍不通便放弃了沟通。下午自己和受伤师生去了医院。离开之后孙老师再次打来电话，表示又有学生被打。自己和被打的学生进行了电话联系。次日晚7点左右，报社接到自称是中国管理软件学院的人打来的电话，自己电话联系对方后，该人说张老师没有叫打手，让记者自己晚上去学校一下，不能带别的人。自己不同意，要求对方到报社谈，对方拒绝。

证人孙永太即报道中所称的“孙老师”，出庭作证称穆奕报道中的内容是自己亲眼所见，没有夸张成分。

根据被告申请，法院向北京市公安局海淀分局西北旺派出所调取了公安机关对报道涉及事件进行调查时所作的询问笔录和情况说明。

公安机关所作情况说明中记载成文时间为2006年7月22日，内容为中国管理软件学院发生此次冲突的背景、原因以及事件概况。文中同时称被告的报道存在不实的情况，包括无人手缠白毛巾，彭老师未接受采访，孙永太老师称报道与自己说的情况有出入并有夸张成分，派出所没有“对殴打学生的20余名手缠白毛巾的男子”进行讯问，受伤学生伤情较轻，校方保卫人员鼻骨骨折、正在999医院救治等。

在2006年7月21日对各人的询问笔录中，孙永太称：上午有原告雇来的四五十人穿着校服，持棍棒等器械将自己及学生推搡、殴打，警察来后人跑掉。于14时左右上午的人再次出现并继续殴打，在警察来到后跑了，自己在这个过程中被打伤。原告称：孙永太把持招生办电话，自己和学校内保人员前去处理，双方人员发生争执，后被警察制止。下午听说孙永太等又发生了打架。受伤学生孙某称：上午自己被学院保卫处内保人员推搡、打伤，孙永太用手机报警，被人发现后被抢走了手机，下午自己再次被打，此后去医院诊治，争执发生的原因与招生停办有关。

一审诉辩情况

原告张彦诉称：2006年7月22日，被告刊登了该报记者穆奕撰写的题为“40余名打手两次冲击一大学”的报道，该报道称原告“召集打手”，并有

"警方对其讯问"等诸多言论，纯属诬蔑，明显带有侮辱、贬损性质。该不实报道刊登之后，国内外各大网站、媒体竞相转载，在北京乃至国内、外引起强烈反响，给原告造成了极其恶劣的影响，导致原告情绪极其低落，出现长期失眠等严重症状。被告作为新闻单位肆意诋毁、侵害原告名誉权。根据最高人民法院《关于审理名誉权案若干问题的解答》，因撰写、发表批评文章引起名誉权纠纷，如果文章内容失实，使他人名誉受到损害的，应当认定为侵害他人名誉权。事发后原告多次与被告交涉，被告承认报道失实并承诺协商解决，但拖至今日仍无具体解决方案，无奈诉至法院，请求判令被告在《京华时报》及其他国家级报刊、媒体上公开向原告赔礼道歉，消除影响，恢复名誉，并赔偿原告精神损失5万元。

被告《京华时报》社辩称：被告的报道并没有指名道姓，不会造成对原告的名誉损害。原告的说法属于断章取义：文章中涉及原告本人的内容仅有短短的两句，而且是使用的匿名"张某"，社会公众不会知道是什么人。报道中原告被警察询问的情况，记者是亲眼所见。至于"询问"和"讯问"的区别，确实有不妥当，但因为记者不是专业法律人士，不能正确运用法律术语，这情有可原，这点错误也不足以引起普通读者的误解，不至于侵犯原告的名誉权。关于说是原告召集打手，报道中说明是被采访者"指认"的单方观点，是根据老师客观的描述而报道的，而且我们也注明了记者无法与张彦联系，不会因此给读者形成张某是打手召集人的印象。在公安机关调出的笔录和情况说明中，也没有说张某召集打手的报道失实，因此被告的报道是根据记者所见所闻进行报道的，内容属实，也不侵犯原告的名誉权。至于网络和其他媒体的转载与被告没有关系，原告有意见的话，可以另案起诉。综上，不同意原告的诉讼请求。

一审裁判结果

北京市朝阳区人民法院依照《中华人民共和国民法通则》第5条、第6条、第120条之规定作出如下判决：

一、驳回原告张彦的全部诉讼请求；

二、案件受理费525元，由原告张彦负担。

一审裁判理由

就新闻报道侵害名誉权而言，应当同时具备受害人能够被公众辨识、指认，被报道者名誉受损，报道者具有故意或过失等要件。

就本案情形，判断被告的新闻报道是否导致原告的名誉受损，应当以普通社会公众阅读后对当事人所产生的评价作为标准。《冲击》一文关于事件发生原因的叙述中，虽有涉及原告，但报道使用了匿名写法，不会使不特定的社会公众产生张某即是原告的合理联想。对“召集”人为“张某”的判断，文章已写明为当事人单方指认，记者未联系到受指称者本人，也未联系到相关人员作进一步调查，未得出肯定结论。关于“询问”和“讯问”的区别，属高度专业性的法律术语，普通社会公众并不足以在读后形成原告就是召集人的判断。因此，被告的报道不会对原告产生否定性的社会评价，不至于使原告的名誉受损。

就被告是否具有故意或过失而言，《冲击》一文的主要内容，是对中国管理软件学院发生暴力事件，有学生和老师受到攻击的事实描述，并不涉及对事件的评述。报道中的内容，有的是记者亲眼所见的现场描述，有的是对他人叙述的引用，结合 2006 年 7 月 21 日公安机关所作询问笔录，报道内容基本属实。关于“询问”和“讯问”的区别，虽然属新闻记者在报道中的错误，但原告并不能够证明被告对此存在恶意，也不至于对普通社会公众产生误导。虽然，公安机关在 2006 年 7 月 22 日之后对事件调查所作结论认为，被告的报道存在不实，但新闻报道系在此前已经作出，且其所承载的是新闻真实，不是客观真实，因此只要被告的报道属于依一般人的认识能力判断，有可以合理相信为事实的消息来源作支撑，即为合法的新闻报道。新闻报道是社会公众了解社会的重要途径，也是促进社会进步的动力之一，合法的新闻报道应当得到法律保护。

二审诉辩情况

上诉人持原诉理由。

被上诉人支持一审判决。

二审裁判结果

北京市第二中级人民法院依照《中华人民共和国民事诉讼法》第 153 条第 1 款第 1 项之规定，作出如下判决：驳回上诉，维持原判。一、二审案件受理费各 100 元，均由张彦负担。

二审裁判理由

北京市第二中级人民法院经审理，确认了一审法院认定的事实和证据。

北京市第二中级人民法院经审理认为：文章素材是记者所看见和听到的内容，不存在严重失实之处。虽然公安机关所作的情况说明与接受采访者所述的情况有所不同，但不能说明新闻报道严重失实。应当指出的是，记者在文章中在使用“询问”和“讯问”时，确实存在不妥之处，系专业术语使用不够慎重，应当吸取教训，防止以后出现类似纠纷。

32. 针对某种社会现象发表的个人见解涉及对他人的负面评价，该评价是否侵犯他人名誉权?

针对某种社会现象发表的个人观点和见解，不具有任何权威性，影响力也相当轻微，完全不足以对当事人的名誉造成任何实质性影响，故不能仅仅因为这种言论本身的存在而认定其构成侵犯名誉权。

典型疑难案件参考

杨洛书与中国画报出版社、陈宏、张运祥名誉权纠纷案

基本案情

杨洛书多年来从事木板年画创作，其作品多次荣获国家级、省级比赛的奖项。由于其在民间文化保护、传承和创作方面成绩卓著，2001 年 12 月被联合国教科文组织授予“民间工艺美术大师”称号，2005 年 4 月联合国经济与社会理事会授予杨洛书名誉博士称号。杨洛书的事迹曾被全国多家媒体报道，其在民间艺术（木板年画）创作领域内享有较高的知名度。

2006 年 1 月中国画报出版社出版了《杨家埠年画之旅》一书，该书作者为陈宏（笔名沈泓），印数 4000 册，单价为 39. 8 元。《杨家埠年画之旅》一书共分为 11 章，以作者走访杨家埠的所见、所闻、所感为主线，对杨家埠年画进行了全面、系统的介绍。该书第七章（第 147—174 页）的标题为年画“神话”杨洛书，共分为 10 节。双方争议的焦点集中在该章的后三节，第八节的标题为：“他会刻板吗?”杨洛书认为其中的如下语言文字侵犯了其名誉权：“为了更真实地了解杨洛书，客观揭开杨洛书现象之谜，我在采访杨家埠年画艺人时，经常会问一句如何评价杨洛书？他们回答我的是：杨洛书既不会画，也不会刻板，他甚至不印画……”“张运祥不否认他们两家关系很好，杨洛书做的年画很多都是从他家里拿样去模仿的。张运祥说：当年我父亲在杨家埠木板年画研究所时，杨洛书经常中午到我家里拿样，拿去复制后还来，我们家的大门神样他也拿去过。杨家埠年画业从古到今有一条行规：刻板是不外传的。我父亲对杨洛书说：你要学我都可以教，而且免费。”“张运祥说：杨洛

书有一个外甥，叫杨福堂，是杨家埠的刻板能手，杨洛书的年画雕版大多是他刻的。而杨洛书的年画《水浒一百单八将》也不是他刻的，是我的妹夫韩世良刻的。”“尽管有很多人说他不会画画、不会刻板，我的考证观察结果是——杨洛书会刻板，只是在刻板上，他的水平还称不上高手，更不能称为大师……而面对媒体时，杨洛书只宣传自己，不提真正刻板的艺人，他是一个‘个人英雄主义者’。”张运祥称其所述杨洛书从他家拿画样是为了说明杨洛书与张殿英之间关系密切，并不是指责杨洛书抄袭了张殿英的作品，从文字上也没有说杨洛书跟张殿英学刻板的内容。杨洛书认为该章第九节张运祥的如下语言侵犯了其名誉权，张运祥说：“杨洛书成为现今杨家埠年画的形象代表，就是我父亲推出的，可能是因为在杨家埠杨洛书最敢说话，是有名的‘杨大炮’。”

陈宏在第九节“出名的谜底”中对杨洛书作出了评价：首先肯定了杨洛书的6点不凡之处，如好学、精明、敢作敢为等，随后作者的评价为：“在我看来，与其说杨洛书是一位艺术大师，倒不如说他是一位社会活动家、一位年画组织者、一位年画策划人和经营人。以上这些因素兼备，他创造出了一个杨家埠年画的品牌，一个大师的神话。”在最后一节“杨洛书趣事”中作者又对杨洛书进行了总结性的评价：“他什么都敢说，他知道记者最需要什么，然后他就说什么，泡沫吹得越大，媒体越高兴，当地政府也就越高兴，读者也更觉得新奇、皆大欢喜。”“如果把杨洛书当成神话来欣赏和推崇，最后难免会失望。毕竟也不是神话，他只是西杨家埠村一个土生土长的有趣的人，一个比别人勤奋、比别人敢想敢闯敢创的民间年画艺人，甚至——一位可爱的民间艺术大师。”杨洛书认为上述评价会让读者产生“杨洛书没有真才艺，靠吹牛成名”的认识；陈宏则认为上述文字属于作者的主观评论，不具有侵权的故意，不构成侵权。另查，《杨家埠年画之旅》一书第七章前7节是对杨洛书的出身、家庭、代表作品、所获荣誉、媒体评价的详细介绍，从内容看，对于杨洛书的年画创作、刻板技艺、对民间艺术传承和保护方面所作出的突出贡献均予以了肯定和赞扬，书中已经明确指出年画《水浒一百单八将》是杨洛书的代表作品，作品系由杨洛书与他人共同刻制。

一审诉辩情况

原告诉称：原告出生于山东省潍坊市杨家埠木板年画世家，是杨家埠百年名号“同顺德”画店的第19代传人，7岁拿刻刀，14岁开始学习印年画，经过六十多年的潜心研究和实践，刻板技艺独树一帜。2002年原告被联合国教科文组织授予“民间工艺美术大师”称号。原告的主要代表作品《水浒一百单八将》、《西游记》、《红楼梦》、《三国人物》及其他数百种年画远销海内外，成为收藏者、研究者不可多得的艺术珍品，被誉为“中国年画王”和当代民间艺术领域的一代宗师。原告曾赴美国、加拿大、日本等国家进行文化交流，为推广民间艺术做出了突出的贡献，所获得的各种荣誉称号、奖励不计其数。2006 年 1 月中国画报出版社出版了《杨家埠年画之旅》一书，该书的作者系陈宏（笔名“沈泓”）。在该书中陈宏及张运祥捏造事实，使用了大量贬低原告才艺、侮辱原告人格的语言文字，比如说原告不会刻板、不会画年画、靠说大话成名、模仿张运祥之父张殿英的画样，等等。陈宏、张运祥的上述行为致使原告的社会评价降低，侵犯了原告的名誉权，中国画报出版社作为出版单位未尽到应有的审查义务，同样构成侵权。请求：（1）中国画报出版社、陈宏、张运祥立即停止《杨家埠年画之旅》一书的销售并在全国发行的报刊上公开向原告赔礼道歉；（2）中国画报出版社、陈宏、张运祥赔偿原告精神损害抚慰金 100 万元；（3）本案诉讼费由中国画报出版社、陈宏、张运祥负担。

被告中国画报出版社辩称：《杨家埠年画之旅》是一本图文并茂、内容精彩的写实性作品，对杨家埠年画的历史和现状进行了全面、翔实、客观的描写。该书的第七章全面介绍了杨洛书的出身、经历、作品、家庭，获得荣誉、媒体的报道、民间的趣闻和质疑等内容。书中并没有使用侮辱、诽谤杨洛书人格的语言文字，作者对杨洛书的评价是客观、正面的，并未超出合理评价的范畴。杨洛书断章取义地列举了书中的若干文字即认为该书侵犯了其名誉权，缺乏事实依据。被告单位对于该书的出版已经尽到了应有的审查义务，因此不同意杨洛书的全部诉讼请求。

被告陈宏辩称：被告系《杨家埠年画之旅》一书的作者，书中主要写的是被告寻找民间年画的所见所闻、所感所思，对于杨洛书的描述都是客观的、正面的。被告在书中对杨洛书现象的提出和探讨属于文艺批评和不同意见，属于正常的文艺评价的范畴，并没有侵犯杨洛书的名誉权，因此不同意杨洛书的全部诉讼请求。

被告张运祥辩称：陈宏在撰写《杨家埠年画之旅》一书前曾经对被告进行采访，书中引用的被告的话确实是被告向陈宏讲述的，当时陈宏已经告知被告将要写一本书，被告也同意将采访内容向社会公开。被告在书中所述内容属实，被告父亲张殿英与杨洛书的关系很好，所谓的借画样等描述是为了体现两家人关系密切，杨洛书片面理解了被告的真实意思，被告在主观上并没有侵犯杨洛书名誉权的故意，因此不同意杨洛书的全部诉讼请求。

一审裁判结果

北京市海淀区人民法院依照《中华人民共和国民事诉讼法》第 64 条第 1

款、最高人民法院《关于审理名誉权案件若干问题的解答》第7条第1款的规定，作出如下判决：

一、驳回杨洛书的全部诉讼请求；

二、案件受理费15010元，由杨洛书负担。

一审裁判理由

北京市海淀区人民法院经审理认为：根据书中所载张运祥的陈述，原文表述的是“拿样，拿去复制后还来”，并没有指责杨洛书抄袭他人作品的表述，从而后的文字亦无法得出杨洛书向张殿英学刻板的论断；书中确有“杨洛书的年画《水浒一百单八将》也不是他刻的”一句话，但在该文第七章前部分的描述中，作者已经多次肯定杨洛书所刻《水浒一百单八将》系杨洛书的代表作品，书中的插图亦能体现上述事实，故读者在阅读了张运祥的上述陈述后不会得出年画《水浒一百单八将》非杨洛书所刻的结论；结合上下文，张运祥关于“杨大炮”的陈述是对杨洛书面对媒体敢做敢为的形容和个人评价。张运祥在上述几段文字中并未使用侮辱、诽谤性的语言，无法认定张运祥存在侵犯杨洛书名誉权的故意，对于损害后果，杨洛书亦未向法院举证证明，现杨洛书认为张运祥所述内容侵犯其名誉权属于其个人的主观感受，张运祥的陈述本身并不会造成杨洛书社会评价的降低，故依法认定张运祥的上述言论并未构成对杨洛书名誉权的侵犯。

作者陈宏在《杨家埠年画之旅》一书第七章中对于杨洛书会刻板的事实早就给予了肯定，所谓“既不会画，也不会刻，甚至不印画”只是作者引用他人对杨洛书的评价，读者不会因此产生误解，而作者关于“杨洛书刻板刻得不是很好”等言论完全是作者出于个人喜好对杨洛书作品的品评。在该书第七章的最后两节，陈宏对杨洛书进行了评价，既总结了杨洛书的不凡之处，又对杨洛书成名发表了自己的感想和评论。上述内容并没有涉及具体的事实，亦没有使用侮辱、诽谤性的语言文字，不会因为作者个人的感受使杨洛书的社会评价降低，故依法认定陈宏在书中所发表的言论亦未构成对杨洛书名誉权的侵犯。

综观《杨家埠年画之旅》一书的内容，第七章的大多数内容对于杨洛书还是给予了积极的、肯定的评价。杨洛书在年画创作上的成就有目共睹，作为公众人物，对于他人对自己的不利评价应当予以最大限度的容忍和理解。因杨洛书要求确认中国画报出版社、陈宏、张运祥侵犯其名誉权的事实依据不足，对其诉讼请求均依法予以驳回。

二审诉辩情况

上诉人诉称：张运祥说上诉人向张殿英学习，没有任何证据，上诉人与张殿英认识时已经六十多岁，刻板及年画技术早已学成，说上诉人向张殿英学习模仿，显然是侮辱；还说上诉人的作品大多不是自己所刻的，说上诉人向媒体吹泡沫，更是侮辱和诽谤。陈宏说上诉人的刻板和年画创作都平平，根本不是宣传上的大师级人物，没有证据证明这些话是他人说的，这绝不是文艺批评，不是对上诉人作品或艺术水平的评价，而是刻意贬损上诉人的人格。书中极力吹捧张殿英，把他吹捧成上诉人的老师和伯乐，不但捏造事实，还贬低、侮辱上诉人，是故意侵权。构成侵害名誉权的根本条件是“文章是否属实”，司法解释对此有明确的规定。请求二审法院撤销一审判决，支持上诉人诉讼请求。

被上诉人辩称：支持一审判决。

二审裁判结果

北京市第一中级人民法院依照《中华人民共和国民事诉讼法》第 64 条第 1 款、最高人民法院《关于审理名誉权案件若干问题的解答》第 7 条第 1 款，作出如下判决：驳回杨洛书的全部诉讼请求。

二审裁判理由

北京市第一中级人民法院经审理，确认了一审法院认定的事实和证据。

北京市第一中级人民法院认为：诉争书籍第七章整体上属于作者对“年画神话杨洛书”这一现象的个人见解，此种个人观点和见解，不具有任何权威性，影响力也相当轻微，完全不足以对杨洛书的名誉造成任何实质性影响。不能仅仅因为这种言论本身的存在而认定其构成侵犯名誉权。因此对杨洛书的上诉理由不予采信。

33. 以历史人物为原型的文艺创作作品，是否应当尊重历史人物的名誉以及历史人物后人的合理情感利益？

艺术的创作遵循“源于生活而高于生活”的规律，故对于历史人物的艺术塑造应容许在一定的程度上和范围内进行虚构与夸张。要求艺术化了的历史人物等同历史真实人物并不客观。此外，对历史公众人物名誉的保护范围并不同于普通人，而应受到一定的限制，历史人物的后代对此应持有一定的容忍态度，不应以自己对已被艺术化了的历史人物的内心感受作为衡量真实历史人物的名誉是否受到了侵害的标准。

以历史人物为原型的文艺创作作品虽有夸张与虚构之处，但如果未对这一特定历史人物有侮辱、诽谤之描写，其夸张与虚构内容仍在可容忍的范围之内，则不构成对历史人物的名誉权的侵犯。

典型疑难案件参考

霍寿金诉中国电影集团公司、北京电影制片厂、星河投资有限公司、中国电影集团公司第一制片分公司、杨步亭、李连杰、中国电影集团公司电影发行放映分公司、安乐（北京）电影发行有限公司、广东泰盛文化传播有限公司、辽宁文化艺术音像出版社名誉侵权纠纷案

基本案情

中国电影集团公司下属的第一制片分公司与星河投资有限公司签订《霍元甲》影片合作拍摄合同书，星河投资有限公司独立拥有该剧本和影片的版权。《霍元甲》在获得国家广电总局立项、拍摄电影片许可证并通过电影审查后，被授予了公映许可证。该联合摄制的电影《霍元甲》于2006年1月25日陆续在中国大陆及全球范围内公开放映，影片光盘于2006年3月上旬公开发行销售。电影《霍元甲》的主脉情节为：年少体弱，拜师习武，擂打洋人，创办精武。其中穿插的主要虚构情节有：夺命秦爷，母女被杀，盲女恋情等。原告认为其中虚构之情节有损霍元甲的名誉。

在诉讼中，双方当事人对与影片《霍元甲》相关的审批、拍摄、发行、放映行政手续及影片内容，均不提异议。双方争点集中为该片表现手法是否构成对霍元甲生前名誉的侵犯及原告的身份是否为霍元甲的直系亲属。

针对上述焦点，霍寿金提供了霍元甲原籍天津市西青区小南河村村委会的证明、霍元甲后人编制的家谱、霍元甲祖坟的视频资料、天津市西青区小南河村霍家族人及霍寿金的乡邻的证言，以证明霍寿金为霍元甲长子霍东章的第四个儿子，为霍元甲之孙；提供了原告在霍元甲家乡和上海所进行的问卷调查、海外精武会的来函，证明该片放映后对霍元甲的评价普遍降低。

本案10名被告对上述证据的质证意见为，村委会并非行政部门，亦非户籍或民政部门，其所出证据不具有法律效力，无法证明公民间的亲属关系。家族墓地虽已为霍寿金预留了位置，但其亦不具有法律上的证明效力。证人均出生于霍元甲过世之后，其证言不具有证明效力。问卷调查及海外精武会的来函

为部分人的看法，且亦有观众认为影片中有传达霍元甲本人的正义感和精神：“这是一部相当不错的电影。”

一审诉辩情况

原告诉称：原告霍寿金是爱国武术家霍元甲长子霍东章的第四个儿子，是霍元甲在国内唯一健在的孙子。由北京电影制片厂、星河投资有限公司、杨步亭、李连杰出品，中国电影集团公司第一制片分公司与星河投资有限公司联合摄制的电影《霍元甲》，于2006年1月25日陆续在中国大陆及全球范围内公开放映，影片光盘也于2006年3月上旬公开发行销售。影片由安乐（北京）电影发行有限公司和中国电影集团公司电影发行放映分公司联合发行，影片光盘由辽宁文化艺术音像出版社出版，广东泰盛文化传播有限公司发行。影片公映以来产生了巨大的影响，票房一再创造新高，亦备受各大媒体的关注。原告也在家人的提议下观看了此片，观后非常愤慨，认为该片侵犯了原告祖父霍元甲的名誉。影片中将原告祖父描写成从小生性好斗，成人以后为争“津门第一”而好勇斗狠，乱收酒肉徒弟，甚至滥杀无辜的一介江湖武夫。也就是因为其滥杀无辜、致人非命的行为，其老母、独女被仇人残忍杀害。原告祖父的形象已经被塑造成了一名无父、无母、无妻、无子、无女的落魄流浪汉，与以往人们印象中的民族英雄形象相差甚远。影片表现了原告祖父人生观的转变包括他对武学精神的彻悟，但这些变化的产生却源于一个陌生的盲女的帮助和“收留”，一代武学宗师寄人篱下地生活了7年之久，并莫名其妙地被称作“阿牛”。原告认为，对于电影、电视剧、小说等作品的文学创作需要虚构是可以理解的，也是一直抱着宽容的态度。在原告祖父的形象于1983年被搬上电视屏幕时，对剧中的虚构创作基本可以接受，因为它毕竟没有超出必要的限度。而影片《霍元甲》已经大大超出了这个限度。原告祖父霍元甲生于天津小南河村，是一个普普通通的农民，从小习武，在天津城内见洋人摆擂，侮辱国人“东亚病夫”，便挺身而出接受挑战，对方闻风而逃，从此扬名，后又赴沪，令洋人丧胆，大振国人志气，改变了洋人眼中的国人形象；1910年被日本人毒害致死，终年42岁。原告祖父生前育有2子3女，其父、母、妻、子及女均于原告祖父去世后多年才辞世，家中多为长寿者，子孙人丁兴旺，生活于中国大陆及海外。祖父生前创建第一个在世界范围传播中国武术的组织——精武体育会，去世后由原告的叔叔霍东阁继续发扬光大，目前在全球多个国家和地区设有分会。影片与上述历史事实大相径庭，令知晓霍元甲生平的普通民众产生疑问，令不了解霍元甲生平的民众产生错误认识，使霍元甲这一民族英雄的社会评价普遍降低。原告对于作为电影的出品方、摄制方、影片及光盘发行方的各被告这种利用民族英雄的名字为招牌来刺激市场，无节制、无顾忌地歪曲史实、臆造情节，只考虑商业反响，不考虑民族英雄的形象及近亲属的感受，假以艺术的名义规避法律约束的行为，表示强烈的抗议。原告作为霍元甲的近亲属，认为被告侵犯了霍元甲的名誉，故请求判令10名被告停止影片《霍元甲》的各种发行放映行为，消除影响、恢复名誉，公开赔礼道歉。

被告辩称：10名被告在答辩中均对原告的身份表示了异议，认为原告提供的自身身份材料尚不足以证明其与霍元甲之间的亲属关系。

1. 中国电影集团公司、星河投资有限公司辩称：星河投资有限公司独立拥有该剧本和影片的版权，且《霍元甲》已获得国家广电总局立项、拍摄电影片许可证，并通过电影审查，授予了电影公映许可证。《霍元甲》一片通过了广电总局的行政审查，获得了国家行政主管部门批准的立项、摄制、发行和公映等合法手续，不存在侵害霍元甲生前名誉的内容与情节。霍元甲为历史公众人物，《霍元甲》作为文艺作品，夸张、虚构是该作品创作、表现的必要手段，属于受到法律保护的艺术创作。霍元甲的近亲属在领受艺术形象给霍元甲带来的更大、更广泛的声誉的同时，应该给予电影制作者及表演艺术家更大的宽容。

2. 中国电影集团公司第一制片分公司辩称：自己是中国电影集团公司的分公司，不是独立法人，不能独立承担民事责任。

3. 北京电影制片厂辩称：自己与本案没有关系，请求法院驳回原告的诉讼请求。

4. 杨步亭辩称：自己仅为中国电影集团公司的法人代表，不是合格被告。

5. 李连杰辩称：在该片中，自己虽被冠以“出品人”身份，但是依据中国电影集团公司第一制片分公司与星河投资有限公司签订的“关于《霍元甲》影片合作拍摄合同书”中的约定，与其本人无关。李连杰只是享有制片人的荣誉，并不是实质上的制片人。原告起诉李连杰没有事实和法律上的根据。

6. 安乐（北京）电影发行有限公司辩称：自己仅为电影发行公司，与本案无关。

7. 中国电影集团公司发行放映分公司辩称：自己是根据国家广播电影电视总局核发给中国电影集团公司的“电影发行经营许可证”从事电影发行工作。经电影《霍元甲》版权人星河投资有限公司授权在中国大陆境内（不包括我国香港、澳门特别行政区和台湾地区）发行电影《霍元甲》，被告的发行行为合法有据。且自己亦不是独立法人，不能独立承担民事责任。

8. 辽宁文化艺术音像出版社、广东泰盛文化传播有限公司辩称：依据《电影管理条例》，电影《霍元甲》已通过国家广播电影电视总局电影事业管理局的审查。该音像制品进口时，依据《音像制品管理条例》及《音像制品进口管理办法》，也通过了文化部的审查。原告仅以被告从事音像制品出版行为为由起诉被告，是没有事实与法律依据的。

以上10名被告认为，原告诉称电影《霍元甲》侵害霍元甲生前名誉及名誉权没有事实和法律依据，均要求驳回原告的诉讼请求。

一审裁判结果

北京市第一中级人民法院依照《中华人民共和国民法通则》第101条之规定，作出如下判决：

驳回霍寿金要求中国电影集团公司、北京电影制片厂、星河投资有限公司、中国电影集团公司第一制片分公司、杨步亭、李连杰、中国电影集团公司电影发行放映分公司、安乐（北京）电影发行有限公司、广东泰盛文化传播有限公司、辽宁文化艺术音像出版社停止影片《霍元甲》的发行放映、赔礼道歉、恢复名誉、消除影响的诉讼请求。

一审裁判理由

北京市第一中级人民法院经审理认为：公民的名誉权受法律保护。自然人死亡后，名誉受到侵害的，其近亲属有权向人民法院起诉。霍元甲去世于1910年，霍寿金出生于1925年。当时中国正处于清朝末年与民国初年的混乱时期，在当时的历史情况下，国家并无规范的户籍制度，更绝少有可保留至今的户籍档案，故要求霍寿金出示国家户籍部门的证明来证明其与霍元甲的亲属关系，实属苛求。以中国之民俗，家族族谱即为记载家族亲属关系的家族档案，个人在族谱中所列位置，须由全体族人认可。霍寿金所出示的族谱，虽修成于2002年，但仍遵循了上述民俗。家族墓地的排列，亦同上理。至于霍寿金的乡邻的证言，出证者虽出生于霍元甲去世之后，但证言佐证了霍寿金自证的相关内容。故法院对霍寿金以霍元甲之孙的身份提起本诉的主体资格，不提异议。

霍元甲作为清朝末年一代爱国武术家，其生前因“与洋人打擂，为国人争光”及创办“精武会”而成为公众人物。此后，经过整个民国时期及新中国成立至20世纪80年代，因客观因素，霍元甲淡出公众视野。此后，又因电视剧《霍元甲》的播出使霍元甲再度进入公众视野，成为公众人物。影片《霍元甲》为历史人物霍元甲的艺术加工与再现。艺术的创作遵循“源于生活而高于生活”的规律，故对于历史人物的艺术塑造应容许在一定的程度上和范围内进行虚构与夸张。要求艺术化了的历史人物等同历史真实人物并不客观。此外，霍元甲作为历史公众人物，对其名誉的保护范围并不同于普通人，而应受到一定的限制。历史人物的后代对此应持有一定的容忍态度，不应以自己对已被艺术化了的历史人物的内心感受作为衡量真实历史人物的名誉是否受到了侵害的标准。

影片《霍元甲》中的某些细节描写虽与历史不尽相符，但基调情节仍为褒扬霍元甲的爱国精神及表现中华武术的深刻内涵，对霍元甲的刻画基本符合其历史经历，对其历史定位亦未歪曲。至于影片为表现上述主题而进行的铺衬描写和艺术表现手法是否准确到位，则属艺术探讨与艺术批判之范畴，而非法律问题。且上述描写，未对霍元甲的在世后人构成现实的不利影响。综上所述，影片《霍元甲》虽有夸张与虚构之处，但片中并未对这一特定历史人物有侮辱、诽谤之描写，其夸张与虚构内容仍在可容忍的范围之内，故该片并未对霍元甲的名誉构成侵犯。

二审诉辩情况

上诉人霍寿金诉称：

第一，原审法院认定事实不清。上诉人提供了大量霍元甲社会评价普遍降低的证据，可以充分证实，上诉人作为霍元甲的后代提起诉讼并不是自己内心容忍程度不够，而是普通大众在观看了该片后对霍元甲产生了错误的认识，使其社会评价普遍地降低了。上诉人所提出的影片中描写霍元甲是个好勇斗狠，滥杀无辜，无父、无母、无子、无女，没有后代的流浪汉，和与盲女关系暧昧等情节，究竟只是让上诉人自己的心里觉得不能容忍还是造成普通大众的普遍认识产生偏差是认定影片是否侵权的关键。这点是一审法院所忽视而没有查清的事实。第二，原审适用法律错误。原审法院对于被上诉人虚构事实、篡改历史等大是大非的行为认定属于艺术探讨与艺术批判的范畴，这让上诉人难以理解和接受。法院对于侵权行为的认定应当以法律为依据，而不能从艺术角度出发，一审法院仅以没有查清的事实为依据，而没有按照法律的标准和规定作出的判决是错误的，应当予以纠正。

10 名被上诉人辩称：

第一，上诉人认为“一审法院认定事实不清”不能成立。影片《霍元甲》的基调情节仍为褒扬霍元甲的爱国精神及表现中华武术的深刻内涵，对霍元甲的刻画基本符合其历史经历，对其历史定位亦未歪曲。上诉人始终纠缠于一些虚构的细节描写——“夺命秦爷、母女被杀、盲女恋情等”，并认为霍元甲的社会评价因此而普遍降低。这是无事实依据的。上诉人提供的证据材料中一部分是海外精武会的证据，该证据没有经所在国公证机关予以证明，亦未经我国驻该国使领馆予以认证或者履行我国与该所在国订立的有关条约中规定的证明手续。还有一部分证据是与霍元甲相关联的特定群体应上诉人所需提供的问卷材料，属于证人证言，这些证人没有出庭接受当事人的质询，不能作为认定案件事实的依据。他们和海外精武会成员的理解与感受不同于社会大众，是极少的一个特定的群体，他们的感受不能代表社会整体评价。另外一部分证据是在上诉人的代理人参与、引导下形成的对己方有利的材料，不具有客观性和证明力。以上的证据不能证明影片《霍元甲》有侵权后果。上诉人不能以偏概全，以此否认海内外广大受众对电影《霍元甲》的认同和喜爱。

第二，上诉人认为一审法院“适用法律错误”不能成立。霍元甲作为历史公众人物，对其名誉的保护范围并不同于普通人，而应受到一定的限制。历史人物的后代对此应持有一定的容忍态度。一审法院判决结论不仅兼顾平衡了本案的法、理、情，也丰富了中国的审判实践，与当今其他法治国家的法律和判例相一致。

二审裁判结果

北京市高级人民法院依照《中华人民共和国民法通则》第 101 条、第 106 条，最高人民法院《关于贯彻执行〈中华人民共和国民法通则〉若干问题的意见（试行）》第 140 条，最高人民法院《关于确定民事侵权精神损害赔偿责任若干问题的解释》第 3 条，以及《中华人民共和国民事诉讼法》第 153 条第 1 款第 1 项之规定，作出了如下判决：

驳回上诉，维持原判。

二审裁判理由

北京市高级人民法院经审理，确认了一审法院认定的事实和证据。

北京市高级人民法院经审理认为：户籍、民政等部门出具的关于公民之间亲属关系的证明固然有较强的证据效力，但并非唯一的证据。霍元甲生活的历史年代距今较为久远，其血亲关系更多需借由基层群众组织或乡邻的证言、族谱等民间资料予以证明。霍寿金提供了霍元甲原籍天津市西青区小南河村村委会的证明、霍元甲后人编制的家谱、霍元甲祖坟的视频资料、天津市西青区小南河村霍家族人及霍寿金的乡邻的证言，上述证据表明霍寿金系霍元甲之孙。被上诉人予以否认，但并未提出反证。综合双方的举证，上诉人的举证更具有优势，故而对霍寿金的主体地位不持异议。

至于电影《霍元甲》中的表现手法是否侵害了霍元甲的名誉，可从三个方面分析：

第一，关于电影《霍元甲》所涉及的情节是“歪曲历史事实”还是属于文艺创作中的表现手法和表现技巧。

电影《霍元甲》系取材于真实历史人物的故事片。所谓故事片，是“综合了文学、舞蹈、音乐、戏剧等各种艺术形式，以表现和虚构为基础的，通过演员表演来完成的一种影视片类型”，它的主要特点是虚构性、表演性。故事片区别于纪录片，后者是“直接从现实生活中选取图像和音响素材，通过非虚构的艺术表现手法，真实地表现客观事物以及作者对这一事物认识的纪实性影视节目”。故事片可以取材于真实的历史人物，但在故事情节、事件安排等方面则以虚构为基础，追求“艺术的真实”而不是“历史的真实”。因此，单纯地以历史中“真实的霍元甲”为标准去评价艺术化了的人物形象，显然不符合故事片的创作规律。

霍元甲为民间历史人物，关于其事迹历史典籍记载较少。上诉人提交的证据之一，即上海精武创始人兼主干卢炜昌先生于中华民国七年（1918 年）四月八日所写的“霍公元甲遗事并精武体育会之梗概”，有关于霍元甲事迹及精神的简要介绍，如年少习武，吓跑英国奥皮因，打败日本柔道队，创办精武门，后被日本人趁其治病之机毒死。上述史料记载总体上脉络较为粗疏。上诉人提交的由晨曲所著、2006 年 6 月百花文艺出版社出版的《正说霍元甲》亦是在诉讼过程中作者根据有限的史料编辑完成。显然，仅凭有限的史料难以塑造出丰满、完整的艺术人物形象，同时也为艺术家构思、想象、创造提供了更大的空间。不可否认，文艺作品对于发掘、阐释、传播霍元甲作为一代武术家的事迹与精神，传承民族文化起到了积极的作用，客观上也使霍元甲及其后人领受更多的声誉。因此，霍元甲的后人应具有足够的尊重和宽容，应允许艺术家有较大的艺术创作自由和空间。

退一步而言，历史是“对过去事实的有意识、有选择的记录”，后人总是通过自身的理解、演绎来诠释历史和历史人物。因此，从严格意义上来讲，历史是过去发生的事实，因而是客观的；同时，历史又是当代人对过去的事物的理解，因而是主观的。在本案的具体情况下，通过司法认定何为“真实的历史”或“真实的霍元甲”实属勉为其难，显然由历史学家去探讨更为适当。即使在相同的史料条件下，塑造人物可以有不同的方式，至于表现手法的巧妙还是拙劣，则是文艺批评和探讨的范围。

因此，电影《霍元甲》中虚构的一系列情节属于文艺创作中的表现手法、表现技巧，不能简单地用“歪曲历史”的结论来评价。

第二，影片是否符合侵害死者名誉法益的构成要件。

侵害死者的名誉应符合以下几个要件：过错、违法行为、损害后果、违法行为和损害后果之间的因果关系。影片《霍元甲》旨在弘扬霍元甲的爱国精神与武术精神，从艺术上再现一代武术家成长和思想变化的过程，其主观上并无捏造事实毁损他人名誉的故意和过失。《霍元甲》通过了国家广电总局和文化部的审查，制片方根据行政主管部门的意见进行了适当的修改，从总体上排除了侮辱、诽谤等情节的存在；另外，现行法律并没有要求制片方必须征得历史人物后人的同意才能进行电影创作，也没有要求制片方必须调查史实、走访所描写对象的后人以及依据事实编写剧本，因此，影片的拍摄行为难以称为非法行为。上诉人提交的证据仅表明了特定群体对于电影的感受，即主观上该群体由于特定的地位和角色所产生的“名誉感”的降低，并不必然代表客观上霍元甲一般社会评价降低。综上，上诉人关于侵害霍元甲名誉之主张不能成立。

第三，关于影片中“母女被杀”情节及“无后”问题。

影片《霍元甲》并非对历史人物霍元甲全景式的人物事件记录，“母女被杀”情节系服务于剧情和人物塑造的需要，其本身并不能推导出霍元甲“无后”之结论；并且，影片中自始至终并未正面或刻意表现霍元甲“无后”问题。而且，一般受众在观看影片后并不必然得出“霍元甲无后”的印象或结论。上诉人提交的华文报纸对部分观众的采访也证明，观众大多是“从欣赏和娱乐的角度去观看电影”，普遍没有注意到影片中霍元甲的生平问题。因此，上诉人的主张难以确信。

但是，需要特别指出的是，在影片设计的“母女被杀”等情节上，霍氏后人及特定的群体有不同于一般观众的观察视角和特殊体验，其感受是合情合理的。充分考虑到其感受的合理性，也可以体察霍氏后人因此可能遭受的不快与不便。

《中华人民共和国民法通则》第4条规定：“民事活动应遵循自愿、公平、等价有偿、诚实信用的原则。”根据诚实信用原则的要求，以历史人物为题材进行商业影片拍摄，应充分尊重历史人物之后人的感受，照顾到其合理的情感利益，并尽可能地避免给其造成不良影响。客观地说，影片在故事情节的虚构方面尽管不具有违法性，但在“灭门”等情节的处理上，确实难称妥当。遗憾的是，中国电影集团公司及其第一制片分公司、星河投资有限公司等影片制作单位并未对霍氏后人的情感利益予以适当的关照，应予以指出并要求影片制作方引以为戒。

综上所述，上诉人的上诉请求在法律上难以获得支持，原审判决认定事实基本清楚，适用法律并无不当，应予维持。

34. 消费者对生产者、经营者、销售者的产品质量或者服务质量进行批评、评论，是否构成侵害他人名誉权？

是否构成侵害名誉权，应当根据行为人的行为是否违法，受害人是否确有名誉被损害的事实，行为人的行为与损害后果之间是否有因果关系，行为人主观上是否有过错来认定。

典型疑难案件参考

南京常锦房地产开发有限公司诉周洪金名誉侵权纠纷案

基本案情

2004 年 10 月 17 日，原告常锦公司与被告周洪金签订商品房买卖契约 1 份，约定周洪金购买常锦公司开发的位于南京市江宁区汤山街道悦民路麒麟锦城 2 幢 205 室房屋 1 套。房屋交付时周洪金发现客厅楼面板有裂缝，即与常锦公司交涉，但多次交涉无果。2006 年 6 月 13 日、6 月 15 日周洪金与另一业主陈宏生组织多名亲属到常锦公司售楼处要求处理房屋质量问题，同时在售楼处摆放写有“一生血汗钱买这样的危房吗?”的横幅。同年 6 月 26 日，周洪金在其衣服背面写上“一生血汗钱，买中南麒麟锦城的房子”字样，陈宏生在其衣服背面写上“楼板裂了，烦死了”字样，两人到一公交车站台并排坐在一起。同年 7 月 17 日，周洪金驾驶写有“一生的血汗钱，买中南麒麟锦城的房子，楼板裂了，烦死了”字样的汽车准备回麒麟锦城小区时，被小区门卫阻拦后未能进入。

2006 年 4 月 26 日至 7 月 30 日期间，常锦公司委托江苏省建筑工程质量检测中心有限公司（以下简称质量检测中心）对涉案房屋进行检测，现场检测发现涉案房屋客厅的混凝土楼板出现裂缝，裂缝宽度为 0.08 毫米至 0.66 毫米。检测结论为：所检裂缝为非受力裂缝，不影响结构安全；为保证结构耐久性，建议对裂缝进行封闭处理。

该案审理中，承办法官经现场勘验发现，涉案房屋客厅混凝土楼板的裂缝处存在渗水现象。同时还随机征求 13 人（不同职业、不同年龄、不同区域）对其看到“一生血汗钱买这样的危房吗?”条幅和“一生的血汗钱，买××楼盘的房子，楼板裂了，烦死了”标语时的反应。针对条幅，多数人的反应是向拉条幅的人了解情况后或到售楼处看看或到房屋现场看看再决定是否买房，有 2 人的反应是立即决定不买房。针对标语，多数人的反应是楼盘的房屋质量有严重问题或楼盘开发商的信誉不好；有1人的反应是要自己到现场看后再决定；有1人的反应是房屋是否有质量问题，应请求内行检查决定。

一审诉辩情况

原告诉称：原告所售商品房经检测质量合格，被告所购房屋系表面粉刷层开裂。自2006年2月起被告以此为由与原告交涉并向媒体及质监部门反映。原告提出对裂缝进行维修，被告则不同意，却提出赔偿5万元的无理要求。被告多次堵塞其售楼处，打出写有“一生的血汗钱买这样的危房吗?”的横幅，还与名叫陈宏生的业主共同在所穿的衣服背面写上“一生的血汗钱，买中南麒麟锦城的房子，楼板裂了，烦死了”的标语。被告还在其驾驶的苏AZ3869轿车身上写上该标语。被告的行为已侵害其名誉权，故要求被告停止侵权；在《扬子晚报》上发表道歉声明，消除影响；赔偿经济损失10000元。

被告辩称：其所购房屋的客厅楼板存在裂缝，拖地时水会从裂缝处渗到楼下住户家的客厅，其到原告的售楼处是要求处理该问题，并未拉横幅。其确曾开过一辆写有“一生的血汗钱，买中南麒麟锦城的房子，楼板裂了，烦死了”字样的轿车，但写的是事实，并未侵害原告的名誉权。要求驳回原告的诉讼请求。

一审裁判结果

江苏省南京市江宁区人民法院依照《中华人民共和国民法通则》第101条、最高人民法院《关于审理名誉权案件若干问题的解释》第9条之规定，作出如下判决：驳回原告的诉讼请求。

一审裁判理由

江苏省南京市江宁区人民法院经审理认为：公民、法人的名誉权受法律保护。消费者有权对生产者的产品质量进行批评、评论，是否构成侵害名誉权，应当根据行为人的行为是否违法，受害人是否确有名誉被损害的事实，行为人的行为与损害后果之间是否有因果关系，行为人主观上是否有过错来认定。被告在发现所购房屋的楼板有裂缝后，有权要求原告进行处理。被告发现楼板裂缝后到常锦公司售楼处门口拉条幅的行为，是在检测部门的检测报告出来之前，其行为符合一般人的正常反应。涉案房屋楼板的裂缝，虽然不影响结构安全，但由于该裂缝处存在渗水现象，直接影响房屋的正常使用，故被告在其轿车上写上“一生的血汗钱，买中南麒麟锦城的房子，楼板裂了，烦死了”也符合一般人的正常反应，并未诽谤或诋毁原告，且被告只实施了4次上述行为，不足以构成对原告名誉权的损害。对原告要求被告停止侵权、发表道歉声明、消除影响的请求，不予支持。对原告要求被告赔偿经济损失10000元的主张，因证据不足，亦不予支持。

二审诉辩情况

上诉人诉称：一审认定周洪金在公共场所拉横幅，在其所开车辆及所穿衣服上写标语的行为是正常反应、是合法行为，是错误的。周洪金所购房屋只是有质量瑕疵而非重大质量问题。一审认定事实错误，周洪金的行为是违法的，对其名誉权有重大损害，已侵犯了其名誉权，请求二审法院撤销一审判决，发回重审或直接改判。

被上诉人周洪金辩称：原审法院认定的事实清楚，其所实施的行为只是反映事实并没有对常锦公司名誉权造成伤害，要求维持原判。

二审裁判结果

江苏省南京市中级人民法院依照《中华人民共和国民事诉讼法》第 153 条第 1 款第 1 项之规定，作出如下判决：

驳回上诉，维持原判。

二审裁判理由

江苏省南京市中级人民法院经审理，确认了一审法院认定的事实和证据。

江苏省南京市中级人民法院经审理认为：是否构成侵害名誉权，应当根据行为人的行为是否违法，受害人是否确有名誉被损害的事实，行为人的行为与损害后果之间是否有因果关系，行为人主观上是否有过错来认定。本案当事人周洪金在发现所购房屋的楼板有裂缝这一事实后，要求常锦公司进行处理并无不当。经鉴定、勘验，周洪金所购房屋确有瑕疵。但周洪金到常锦公司售楼处门口拉条幅的行为过激，方法欠妥，不宜提倡，但其并未诽谤常锦公司。原审判决并无不当，上诉人的上诉请求理由不充分，不予支持。原审法院认定事实清楚，法律适用正确。

35. 网游运营商侵犯了玩家网络名称的名誉权，玩家可否以真实姓名起诉？

网络社区中的虚拟人物虽然不享有人格权以至于不享有名誉权，但如果同现实社会中的自然人相联系、相对应以至于成为某自然人的称谓指代时，对虚拟人物的毁誉褒贬便直接及于对应的该自然人。某自然人注册网名并以网名在网络社区中活动，自然人与网名关系的实质与外观均类似于自然人真实姓名与其绰号之间的关系，对绰号的行为同对真实姓名的行为一样直接及于该自然人。因此，玩家可以真实姓名起诉。

36. 网游运营商侵犯了玩家网络名称的名誉权，玩家是否有权获得精神抚慰金？

公民名誉是社会对公民品德、声誉、形象等方面的综合评价。玩家以虚拟人物之名注册并进行游戏并在网络社区中获得较高知名度，这种荣誉可以直接给虚拟人物带来声誉、形象上的正面评价，这种正面评价反映在知道虚拟人物与玩家对应关系的人群中，玩家可以现实地享受这种评价。由于网游运营商作出错误认定作弊和清零的行为，玩家不但失去了获得提高声誉、增益形象的机会，其炒分、作弊之认定还使玩家自身固有的品德、声誉、形象受到贬损，其侵权行为不仅存在，而且较为严重。综合考虑网游运营商的侵权行为的过错情节，侵权行为给玩家造成的后果，并考虑网游运营商的经济能力等因素，可适当支持玩家要求精神抚慰金的主张。

37. 网游运营商侵犯了玩家网络名称的名誉权，运营商公开致歉时的对象是玩家真实姓名还是网络名称？

网游运营商侵犯了玩家网络名称的名誉权，运营商公开致歉时的对象是玩家的真实姓名。

典型疑难案件参考

张凌诉北京联众电脑技术有限责任公司名誉侵权纠纷案

基本案情

本案原告张凌与网络游戏玉儿相对应，玉儿系张凌的网上称谓。玉儿长时间在联众网络进行四国军旗游戏，至2003年1月20日被清零前在线时间达

11256 小时，获司令称号，积分榜排名第一。2003 年 1 月初，有大量联众世界游戏用户在游戏讨论区发帖对玉儿的游戏行为提出质疑和指责，认为其炒分。联众公司于 2003 年 1 月 20 日在联众世界资讯中心发出通告，对玉儿予以清零处罚。同时确认，张凌曾将玉儿这个游戏 ID 授权他人使用。认定以上事实有以下证据支持：(1) 就认定张凌与玉儿对应、玉儿系张凌的网上称谓。一是当前只有原告张凌陈述认领这个 ID。二是有证人刘凯、范闯、郑洪斌、郭大城、曹宇新、孙国胜、娄红当庭作证，证明张凌拥有这个 ID，张凌即玉儿。三是张凌当庭向法院提交了该 ID 三级密码，本案审案法官经演示，通过三级密码可以完成只有该 ID 注册人才能完成的事项。四是被告既然认定玉儿非张凌，但不能提供与玉儿相对应的其他"真正"注册人。综上所述，足以认定张凌与玉儿对应，玉儿系张凌网上称谓的事实。(2) 玉儿在联众世界四国军旗游戏中在线时间达 11 256 小时、获司令称号、积分至 9537 分以及排名第一的事实。原告张凌提交了从联众网络下载的联众世界四国军旗前 10 名排行榜，并有证人当庭出具证言证明，同时，有被告提举的证据——联众游戏讨论区若干用户发信内容印证，可以认定这一事实的存在。(3) 2003 年 1 月初，有大量联众游戏用户在游戏讨论区发帖质疑和指责玉儿炒分，联众公司于 2003 年 1 月 20 日将玉儿的游戏积分清零的事实。有原、被告双方陈述及被告提交的公证保全的网页记载证明，法院予以确认。(4) 就认定张凌曾将玉儿这个 ID 授权他人使用，该 ID 积分非张凌一人游戏取得的事实，有被告抗辩主张和原告陈述承认，可以认定。

一审诉辩情况

原告诉称：原告是被告多年来的游戏用户，经不断努力在四国军旗游戏中积分至 9537 分，积分榜排名第一。2003 年 1 月，被告在未通知原告的情况下，以原告利用系统漏洞作弊，非法取得积分为由，对原告排名第一的游戏积分作清零处理，且在网上发布。被告这一严重违背事实、毫无根据的处罚在联众四国军旗界引起极大震动，给原告造成恶劣影响，严重地损害了原告的名誉，并给原告的精神造成了极大伤害。请求法院判令被告在国家报刊或联众网络上公开道歉，恢复积分和排名，并赔偿精神抚慰金 5 万元。

被告辩称：(1) 原告所述事实与其本人无法律上的联系，故原告张凌不具备合法的诉讼主体资格。理由是：联众公司处罚的作弊用户是"·豪门·玉儿（youxiwawa101010）"（以下简称玉儿），此与张凌无干。第一，玉儿的注册信息与张凌不一致。第二，玉儿在网上公开承认的身份与张凌不一致。第三，玉儿注册 ID 被不同的用户使用。这三点理由可以确定网络虚拟人物玉儿并非原告张凌。（2）原告主张名誉权受到侵害无事实及法律依据。理由是：第一，原告张凌无名誉权损害事实。联众公司未对张凌本人实施过任何一种违法行为；因虚拟之玉儿与现实生活中的张凌无必然联系，即便玉儿的名誉受到影响，张凌的名誉亦不同时受到影响；由于游戏用户的注册信息保密，不为外人所知，所以，即便张凌就是玉儿，对玉儿的处分也涉及不到现实生活中的张凌。第二，联众公司对玉儿的处罚无过错，处罚依据合法，而玉儿有过错。联众公司接用户投诉对炒分的玉儿清零是为维护网络环境和公共利益，玉儿利用系统漏洞炒分作弊属实，联众公司的"用户服务条款"及"会员服务条款"有相应的处罚规则，且合法、有效。（3）人民法院不应受理张凌的起诉。理由是：依照最高人民法院《关于审理名誉权案件若干问题的解释》第4条规定："国家机关、社会团体、企事业单位等部门对其管理人员作出的结论或者处理决定，当事人以其侵害名誉权向人民法院起诉的，人民法院不予受理。"（4）虚拟社区里的虚拟人物玉儿享有名誉权于法无据。（5）张凌要求赔偿5万元精神抚慰金的请求无事实及法律依据，人民法院不应审理和支持。

一审裁判结果

吉林省吉林市船营区人民法院依据《中华人民共和国民法通则》第101条、第102条、第106条第2款、第120条第1款、第134条第1款第5项、第7项、第9项、第10项，最高人民法院《关于确定民事侵权精神损害赔偿责任若干问题的解释》第8条第2款、第9条第1款第3项、第10条的规定，作出如下判决：

一、北京联众电脑技术有限责任公司于判决生效之日起3日内，在联众世界网络发表"致歉通告"，公开就"·豪门·玉儿（youxiwawa101010）"被清零一事对"·豪门·玉儿（youxiwawa101010）"致歉，内容须经本院审查；

二、北京联众电脑技术有限公司于判决生效之日起3日内，为联众世界四国军旗游戏ID"·豪门·玉儿（youxiwawa101010）"恢复积分9537分；

三、北京联众电脑技术有限责任公司于判决生效之日起3日内向张凌给付精神抚慰金3万元人民币；

四、案件受理费2010元，由原告负担800元，被告负担1210元。

一审裁判理由

吉林省吉林市船营区人民法院根据上述事实和证据认为：

原告张凌为进入联众四国军旗游戏而注册ID玉儿，虚拟人物玉儿即与张凌建立了事实联系，张凌有权行使该ID上的权利和承担该ID上的义务。从习惯角度，一个ID名称只对应一个自然人，所以，张凌就玉儿的游戏积分被清零而以自己的名义起诉有事实和法律上的依据。该院对被告关于张凌不具备合法诉讼主体资格的抗辩主张不予采纳。

张凌接受联众公司游戏服务条款、注册ID、交纳上网费用进行游戏，与联众公司之间建立的是一种消费服务关系。联众公司公示的服务条款乃是对自身服务内容、标准以及与服务对象之间权利与义务的说明，并不代表与公司建立了上下级隶属关系。公司对用户也不享有行政意义上的管理权，所以，争议仍属于合同双方平等主体之间的纠纷，故可按民事诉讼程序处理之。因此，被告援引最高法院《关于审理名誉权案件若干问题的解释》第4项，提出人民法院不应受理张凌的起诉之抗辩不正确。

1. 玉儿游戏并不违规。虽然张凌自认在不同服务器的不同IP地址登陆的事实，但不能据此认定其违规。因为在联众公司对玉儿的游戏积分清零前，联众游戏服务条款以及作弊处罚条例中并无禁止“同一ID同一时间在不同服务器玩同一游戏”的规定，且从对被告拒绝提举排行榜前100名游戏数据行为的不利推定角度以及从原告提供的证人证言，被告提交的联众游戏讨论区网页记载看，同一ID同一时间在不同服务器玩同一游戏的现象在游戏用户中普遍存在，更有联众公司 * Kf030 答复也是此举“不算作弊”（该项证据有联众游戏讨论区用户讨论内容佐证，可以采信）。故玉儿同时在不同服务器以不同IP地址登陆不为违规。

2. 联众公司援引的处罚规范不适用于玉儿的游戏行为。联众公司对玉儿的游戏积分清零的依据系“联众游戏作弊处罚条例（修订版四）”之第3项（通告第三段）：“用户如发现游戏程序存在漏洞，有义务向游戏管理员及时通报。恶意利用作弊软件或程序漏洞获得不当利益者，一旦被联众用户服务中心查出，将被处以清零处分。”在该规定中，于本案有意义的内容是强调用户发现程序漏洞应报告而不应利用。本院理解为，这里面用户不该利用的“漏洞”应该是联众公司也不知悉的，如果联众公司本就知悉，也就无须要求用户报告。但在该清零通告第一段，联众公司述明：“由于同一游戏不同服务器上的用户列表如果同步，会影响用户游戏速度，所以，联众世界服务器存在同一ID同一时间可从不同计算机登陆不同服务器玩同一游戏的漏洞。”此中反映的语意是：这个漏洞公司本就知道，但为了不影响用户游戏速度而未加完善。由此看来，玉儿之“同一时间在不同服务器玩同一游戏”的行为，是联众公司本就知悉的，但在利弊权衡之下持续放任的一种程序现状（难说是一种漏洞），并不在“联众游戏作弊处罚条例（修订版四）”第3项的处罚之列。

3. 不能认定玉儿有炒分的事实。虽然被告联众公司举出玉儿在2003年1

月的众多游戏数据，提出：很多作为对家的ID使用的IP曾是玉儿使用或常用的IP；某个IP地址如果使用玉儿这个名与36个特定用户名游戏时，胜率就高，而使用36个特定用户名之一与玉儿游戏时，胜率就低；玉儿与36个特定用户游戏用时平均不足10分钟；玉儿一天中的积分过高等，仅有这些不能认定玉儿炒分。在允许多人用同一ID（前面已论）的情形下，联众公司没有禁止曾使用他人注册ID的人与该ID注册人或其他使用过该ID的人进行游戏。所以，同一IP地址同一人忽而用玉儿名与其他ID（包括其他使用过玉儿ID的人）游戏，忽而以其他ID与玉儿游戏的情况可能存在，其中亦应有输赢之分，即便有互为玉儿这个ID送分之嫌疑，亦无证据直接确认。关于玉儿游戏赢棋盘用时少、每日积分多、一段时间的胜率高的问题，经本院询问被告：规定上每盘棋耗时有无下限，即少于多少时间算炒分；每日积分有无上限，即高于多少分算炒分；有无一定时间段胜率上的要求，高于多少算炒分。回答是：都没有。因此，在无规则上要求的情况下，绝对难以玉儿某一时间段成绩的反常而认定其作弊。造成近日之纠纷实属联众之过错，张凌要求恢复积分之主张可予以支持。联众公司因过错而将原告ID积分清零，亦应就此向原告致歉。关于原告要求恢复排名之主张，由于时过境迁，其他游戏用户积分已变，故恢复排名第一已不可能，张凌该项请求无法支持，但该种“不可逆”之损害可于精神损害赔偿中弥补。

网络社区中的虚拟人物玉儿虽然不享有人格权以至于不享有名誉权，但如果同现实社会中的自然人相联系、相对应以至于成为某自然人的称谓指代时，对虚拟人物的毁誉褒贬便直接及于对应的该自然人。某自然人注册网名并以网名在网络社区中活动，自然人与网名关系的实质与外观均类似于自然人真实姓名与其绰号之间的关系，对绰号的行为同对真实姓名的行为一样直接及于该自然人。因此，被告关于“虚拟社区的虚拟人物玉儿不享有名誉权”的抗辩语意本身是正确的，但本院却不能据此拒绝对张凌名誉权的保护。

公民名誉是社会对公民品德、声誉、形象等方面的综合评价。张凌以玉儿之名注册并进行四国军旗游戏，获司令称号并获积分排行榜第一的成绩，这使玉儿在网络社区中获得较高知名度。“司令”与“排行榜第一”本身应该是荣誉概念，而这种荣誉可以直接给玉儿带来声誉、形象上的正面评价，这种正面评价反映在知道玉儿与张凌对应关系的人群中，张凌可以现实地享受这种评价。由于联众公司作出错误认定作弊和清零的行为，张凌不但失去了获得提高声誉、增益形象的机会，其炒分、作弊之认定还使张凌自身固有的品德、声誉、形象受到贬损，凡知道玉儿与张凌对应关系的人对张凌的人格评价必然降低，其侵权行为不仅存在，而且较为严重。应当得出联众公司侵害张凌名誉权事实成立的结论。原告张凌耗时11256小时进行四国军旗游戏，持续追求积分和排名，由于被告的错误认定行为，一朝被清零，万余小时的心血一时化为乌有，其受到的心理打击可谓巨大，精神损害可谓严重。综合考虑联众公司的侵权行为的过错情节，侵权行为给张凌造成的后果，并考虑联众公司的经济能力等因素，可适当支持原告要求精神抚慰金的主张。

二审诉辩情况

上诉人（原审被告）诉称：（1）原审法院判决认定事实错误。原审法院判决认定张凌具备诉讼主体资格错误，不能认定张凌就是网络上的“玉儿”；玉儿作为网络世界中的虚拟人物不享有名誉权；玉儿存在炒分作弊行为；张凌是否向原审法院提交了ID三级密码、该ID三级密码是否正确，均未经质证。（2）原审法院对我公司制定的处罚依据及标准越权干预；原审法院已经认定虚拟人物玉儿不享有名誉权，却判决我公司向玉儿公开致歉是相矛盾的；玉儿的所谓荣誉称号是通过作弊手段取得的，我公司处罚玉儿的通告实际上制止了更多网友指责玉儿，是保护了玉儿，故原审法院判决我公司向张凌支付精神抚慰金是无理的。综上所述，要求撤销原审法院判决，驳回原审原告的全部诉讼请求。

被上诉人（原审原告）辩称：应驳回上诉人的上诉请求，维持原判。

二审裁判结果

吉林省吉林市中级人民法院依据《中华人民共和国民法通则》第101条、第106条第2款、第120条第1款、第134条第1款第5项、第7项、第9项、第10项，最高人民法院《关于确定民事侵权精神损害赔偿责任若干问题的解释》第8条第2款、第9条第1款第3项、第10条第1款，《中华人民共和国民事诉讼法》第153条第1款第2项的规定，作出如下判决：

一、撤销吉林省吉林市船营区人民法院〔2004〕船民一初字第660号民事判决书；

二、上诉人北京联众电脑技术有限责任公司于本判决生效之日起3日内在联众世界网络上发表“致歉通告”，公开就“·豪门·玉儿（youxiwawa101010）”积分被清零一事向被上诉人张凌致歉，并明确表述“·豪门·玉儿（youxiwawa101010）”即张凌，“致歉通告”内容须经本院审查；

三、上诉人北京联众电脑技术有限责任公司于本判决生效之日起3日内为被上诉人张凌在联众世界四国军旗游戏中的ID“·豪门·玉儿（youxiwawa101010）”恢复积分9537分；

四、上诉人北京联众电脑技术有限责任公司赔偿被上诉人张凌精神抚慰金人民币1万元，此款于本判决生效之日起3日内付清；

五、驳回被上诉人张凌的其他诉讼请求。

一审、二审案件受理费4020元，其他诉讼费100元，由上诉人北京联众电脑技术有限责任公司负担3000元，由被上诉人张凌负担1120元。

二审裁判理由

吉林省吉林市中级人民法院经公开审理查明的事实与一审法院查明的事实相同。

吉林省吉林市中级人民法院根据上述事实和证据认为：（1）被上诉人张凌与网络世界中的虚拟人物玉儿相对应，张凌有权提起诉讼；（2）上诉人联众公司认定玉儿存在炒分作弊行为，并将玉儿的游戏积分清零的行为是一种侵权行为；（3）联众公司应承担恢复原状、消除影响、恢复名誉、赔礼道歉等民事责任。前述认定的理由均与一审法院判决相同。吉林省吉林市中级人民法院同时认为：（4）原审法院判决联众公司给付张凌精神抚慰金3万元过高，应予以调整；因已认定玉儿即张凌，故原审法院判决由联众公司向玉儿致歉不当，应予以纠正。

38. 对产品进行对比评价，是一种事实陈述，还是一种评论，是否构成侵权行为？

如果没有证据佐证对比评价是真实的，则应当认定该对比评价是不实言论，给他人名誉权造成损害的，构成侵权行为。

典型疑难案件参考

北京美驰建筑材料有限责任公司（以下简称美驰公司）诉北京世纪春天房地产开发有限公司名誉侵权纠纷案

基本案情

美驰公司是一家开发和生产中高档门窗的专业企业，是“美驰”商标的注册人和商标权享有人，该商标已被评为北京市著名商标。作为“美驰”系列门窗的生产企业，美驰公司具有较高的商誉。该公司的质量管理体系和质量体系均已得到权威机构的认可。

北京美驰海外公司是美驰公司的全资子公司，专门负责“美驰”系列门窗的对外销售和服务（美驰公司不直接对外销售）。世纪公司投资兴建果岭里项目工程。2003 年 7 月，美驰海外公司与世纪公司签订了安装合同。安装合同约定，由美驰海外公司为世纪公司供应并安装果岭里项目 5 号楼、6 号楼西单元的木铝复合窗。安装合同同时约定，经世纪公司初步验收和最终验收达到其满意要求后，世纪公司保证果岭里项目的其他项目设备交由美驰海外公司负责供货、加工、安装。

在世纪公司果岭里项目楼房对外的销售宣传中，世纪公司称其工程将采用“美驰”品牌的门窗。事实上，世纪公司在果岭里项目 5 号楼、6 号楼西单元以外的楼盘中也同时采用了价格低于“美驰”牌门窗的“森鹰”牌门窗。

果岭里项目的业主在购房后，发现部分楼房采用的不是美驰品牌的门窗，而是森鹰牌门窗，同时也发现该项目中还存在其他一些问题，故对世纪公司提出了异议，业主们对世纪公司多有指责和批评，业主们为此和世纪公司进行交涉。为解决业主和公司之间的纠纷，2003 年 10 月 15 日，世纪公司召集业主代表在 CLASS（即果岭里项目）会馆召开了洽谈会，参加会议的人员包括世纪公司的副总经理和销售总监以及 23 名业主代表。在该洽谈会中，“为何放弃选用美驰牌门窗”成为当日会议的首要问题，世纪公司对此向业主代表进行了解释，并与对其他问题的解释一起形成了“会议纪要”。

2003 年 10 月 24 日，世纪公司通过其代言人分别在 green - class 网站（世纪公司自己的网站）和焦点房地产网站的 CLASS 业主论坛上发表了题为“会议纪要——CLASS 业主与开发商洽谈会”一文，在会议纪要中对“为何放弃选用美驰牌门窗”，世纪公司对业主的解释内容如下：“针对业主于 2003 年 9 月 26 日传真件提出的 28 个问题，开发商于 10 月 15 日与来访的业主进行了首次沟通，根据会议问题，开发商（世纪公司）作出如下解释：1. 针对铝木复合窗选用的问题，需要说明的是：首先，开发商采用的是森鹰意式铝木复合窗，木材为橡木，铝合金为断桥隔热。在项目开盘前，开发商对美驰与森鹰两个厂家进行了 3 次实地考察，最后确定采用森鹰，主要原因有如下几点：(1) 通过考察，开发商发现森鹰厂家的工业工艺水平较高，管理方面比美驰厂家更加严谨，厂房管理及日常管理工作水平都高于美驰；(2) 在窗户的制作工艺上，森鹰较美驰技术领先。例如，在窗户角线之间的连接方面，美驰工艺采用胶粘技术，而森鹰采用的是码钉连接技术，更加结实耐用；(3) 在密封条的使用方面，通过现场查看，森鹰的密封条较美驰质量更好；(4) 在木质方面，森鹰在木质硬度、厚度、漆质方面都较美驰更好。”

世纪公司认可其在上述言论中所指的美驰厂家就是本案的原告美驰公司。

事实上，世纪公司从未对美驰公司的生产和管理情况进行过实地考察；对美驰牌门窗和森鹰牌门窗的工艺和材质，世纪公司手中没有任何权威的比较数据。在诉讼过程中，世纪公司也未提供任何比较数据；美驰牌门窗的窗户角线之间也并非完全采用胶粘技术。

为了印证和了解世纪公司的不实言论对美驰公司商誉权的损害情况，2003年11月22日、23日，美驰公司专门委托专业调查公司进行市场调查，北京市国信公证处应美驰公司委托对市场调查过程进行了公证。该调查显示，通过对“具有社会平均认知度的人群”进行检测，在被调查对象阅读了世纪公司的会议纪要内容后，根据其问卷调查结果，调查公司最终形成了如下分析结论（主要内容为）：

测试内容明显会影响被访者对美驰的认识和选择意向，而且总体方向不利于“美驰”。

1. 两个品牌的选择倾向方面：在森鹰和美驰两个品牌之间选择的时候，前测中（即阅读世纪公司会议纪要之前，下同）有47.4%的被访者倾向于选择美驰产品；但看了测试内容后（即阅读了世纪公司会议纪要之后，下同），只有16.6%的被访者倾向于选择美驰产品，选择比例下降了30.8%。

2. 总体认识方面：前测中48%的被访者认为美驰产品高档或比较高档，但后测中只有35.8%的被访者这样认为，比例下降了12.2%。

3. 质量认识方面：前测中54.5%的被访者认为美驰牌门窗质量好或质量比较好，但后测中只有36.3%的被访者这样认为，比例下降了18.2%。

4. 喜欢程度方面：前测中46.5%的被访者声称喜欢或比较喜欢美驰品牌，但后测中只有36%的被访者这样声称，比例下降了10.5%。

5. 购买可能性方面：前测中63.3%的被访者声称很有可能购买或比较有可能购买美驰产品，但后测中只有46.5%的被访者这样声称，比例下降了16.8%。

6. 品牌美誉度方面：67.5%的被访者看了测试内容后认为测试内容会影响他们对两个品牌美誉度的评价。

测试内容目前已经对被访者的认识和选择倾向产生了影响。

1. 7.5%的被访者在接受调查之前见过或听说过关于两个品牌的内容相同或类似信息。

2. 见过或听说过内容相同或类似信息的被访者中有70%声称这些信息已经对他们关于这两个品牌的评价和选择倾向产生了影响。

在庭审过程中，美驰公司对其所称财产损失724500元一节，除提供了公证费用、调查费用、律师费用的票据外，没有提供其他证据材料。世纪公司认为自己发表的涉讼言论确实不妥，但不应视为侵权。

一审诉辩情况

原告诉称：原告是一家开发和生产中高档门窗的专业企业，同时还是“美驰”商标的注册人，在窗用金属器材、金属窗、玻璃窗、建筑用金属框架、金属大门、建筑金属门廊、金属门、金属门框、金属门装置、金属门板、金属楼梯等31种产品及类似商品上均拥有注册商标专用权。2003年7月2日，原告关联企业北京美驰海外门窗有限公司与世纪公司签订了“果岭里5号楼、6号楼木铝复合窗供货安装合同”（以下简称“安装合同”）。“安装合同”约定，由美驰公司为世纪公司供应并安装位于北京市朝阳区望京新兴产业开发区31号—32号地果岭里项目（以下简称果岭里项目）5号楼、6号楼西单元的木铝复合窗（规格与已经完工的样板间门窗相同）。安装合同同时约定，经世纪公司初步验收和最终验收达到其满意要求后，世纪公司保证果岭里项目的其他项目设备交由美驰海外公司负责供货、加工、安装完成。然而，就在安装合同的履行过程中，被告却在其他（5号楼、6号楼西单元以外的）楼盘中实际采用了价格明显低于美驰牌门窗的森鹰牌门窗。此举引起广大业主的强烈反对和指责。为了平息业主的指责，也为了顺利推销剩余楼盘，2003年10月15日，被告召集业主代表在其项目会馆召开了协商会，参加会议的人员包括被告副总经理李晨阳和销售总监杜春以及23名业主代表。在会上，被告公开发布针对美驰门窗和原告的不实言论，并与其他问题一起形成了会议纪要。2003年10月24日，被告分别在green - class网站（被告自己的网站）和国内著名房地产网——焦点房地产网站的CLASS业主论坛上发表了包含上述侵权言论的“会议纪要——CLASS业主与开发商洽谈会”（以下简称会议纪要）一文，进而使侵权言论的传播途径和对象在网上进一步扩大。原告认为，被告毫无客观根据，严重背离事实，违背诚实信用原则，以搪塞、欺骗业主、蒙蔽社会公众为目的，以贬损他人名誉为手段，以推卸责任、消除因自身缺乏诚信而在业主中造成的对抗情绪和不良影响为动机，在业主会议和业主论坛等公众场合及网络传播媒介公开发布针对原告的不实信息及评论，极其严重地侵犯了原告的名誉权，并给原告造成了难以估量的经济损失。综上所述，依据我国相关法律规定，被告应对其侵权行为承担停止侵害、赔礼道歉、恢复名誉、消除影响及赔偿损失的民事责任。为保障原告的合法权益，特向法院提起诉讼，请依法作出公正裁判。原告的诉讼请求是：（1）判令被告停止继续发布并删除有关网站上的所有侵权言论；（2）判令被告在公众媒体上（包括但不限于报纸、杂志、电视台及互联网等）向原告公开赔礼道歉，为原告恢复名誉、消除影响；（3）判令被告承担原告的财产损失及原告为本案支出的各项费用计人民币 724500 元；（4）判令被告承担本案的诉讼费用。

被告辩称：我们公司介绍和评论美驰牌门窗和其他美驰设备是取得了美驰公司合同授权的。在实际使用美驰牌门窗的过程中，我们发现美驰牌门窗确实存在问题。我们公司到美驰牌门窗的生产厂家即原告单位进行过 3 次实地考察，我们虽然没有实地考察数据报告和权威评比报告，但我们是一家房地产公司，我们的技术人员对门窗生产和质量有自己的评价和意见。原告所说的网上已发表的意见确实是我们公司发表的，但这不是评论，是一种事实陈述。我们公司在与业主的洽谈会上回答业主问题中涉及美驰牌门窗的言论和之后应业主要求，在互联网上发布的会议纪要中所有的言论内容都是真实、客观的，没有任何诽谤和诋毁美驰牌门窗，没有侵害原告的名誉权。我们没说原告的门窗不好，原告确实是一家好企业。我们只是说原告公司在某些方面没有森鹰牌门窗生产厂家好。原告没有证据表明我们公司的言论有不实的地方，因此，其全部诉讼请求没有任何事实根据和法律根据，法院应当予以驳回。

一审裁判结果

北京市顺义区人民法院依据《中华人民共和国民法通则》第 101 条、第 120 条的规定，作出如下判决：

一、被告北京世纪春天房地产开发有限公司于本判决生效之日起 3 日内将其发表在 green - class 网站和焦点房地产网站 CLASS 业主论坛上题为“会议纪要——CLASS 业主与开发商洽谈会”一文中涉及原告北京美驰建筑材料有限责任公司的言论予以删除（删除内容为：“1. 针对铝木复合窗选用的问题，需要说明的是……在木质方面，森鹰在木质硬度、厚度、漆质方面都较美驰更好”一节）；

二、被告北京世纪春天房地产开发有限公司于本判决生效之日起 3 日内在 green - class 网站业主论坛和焦点房地产网站 CLASS 业主论坛上登载道歉声明，内容、页面由本院审查确定，道歉声明在 1 年内不得删除；

三、被告北京世纪春天房地产开发有限公司于本判决生效之日起 3 日内赔偿原告北京美驰建筑材料有限责任公司损失共计 30 万元；

四、驳回原告北京美驰建筑材料有限责任公司其他诉讼请求。

案件受理费 12305 元，由原告北京美驰建筑材料有限责任公司负担 5245 元（已交纳），由被告北京世纪春天房地产开发有限公司负担 7060 元，于本判决生效之日起 7 日内交纳。

一审裁判理由

北京市顺义区人民法院认为：

法人的商誉权应当受到法律的保护，对商誉权的保护有不同的处理方式。在法人的商誉权受到侵害时，法人有权选择有利于自己的处理方式进行诉讼。美驰公司在认为自己的商誉权受到损害时，选择了按照侵害法人名誉权的规则对自己的权利进行保护，符合法律规定。在这种处理方式下，应当将法人的商誉权作为法人名誉权的重要组成部分予以保护。美驰公司具有良好的商誉，其商誉权应当受到法律的保护。本案的核心问题就是世纪公司在网络上发表言论的行为是否构成对美驰公司商誉权的侵犯。

应该说，世纪公司没有证据佐证其发表在网络上的言论是真实的，则应当认定其对美驰公司和森鹰公司生产和管理等问题所作的对比评价是不实言论。

对世纪公司发表不实言论的行为是否应当被认定为侵权行为，应当从侵权责任构成角度分析：

1. 世纪公司在网站上发表涉讼言论的行为具有违法性质。世纪公司对美驰厂家的评价已直接指向了美驰公司的生产和管理水平，超出了对产品进行评价的正常范围，且其评价内容并不真实，其评价内容完全属于无事实依据的主观臆断，并且这种行为也必将会导致美驰公司的商誉受损害。这种行为是被法律所禁止的，这表明世纪公司本身存在过错。

2. 世纪公司的不实评价行为本身是存在的。世纪公司通过其代言人已分别在 green – class 网站和焦点房地产网站的 CLASS 业主论坛上发表了会议纪要的内容，世纪公司本身亦承认了自己不妥行为的存在事实。

3. 世纪公司的不实评论对美驰公司商誉权的损害后果已确定发生。以常态分析，世纪公司发表在网站上的言论不实，其言论内容必将在网络上传播，这必将会对美驰公司的商誉权构成侵害，而调查公司的调查结果表明，在阅读到相关信息后，公众对美驰公司商誉的评价已经降低，这更进一步佐证了侵害结果的事实存在。

4. 世纪公司违法发表不实言论的行为和美驰公司商誉权被侵害的后果之间存在着明显的因果关系。世纪公司在网站上发表不实言论，其行为导致的直接后果就是误导阅读者的消费观念，通过不实信息的传播，导致美驰公司商誉权被侵害后果的发生，这个后果的发生就是因果关系的必然体现。所以，世纪公司在网站上发表不实言论的行为已经构成对美驰公司商誉权的侵权，又因商誉权是法人名誉权的重要组成部分，所以，世纪公司在网站上发表不实言论的行为也已经构成对美驰公司名誉权的侵犯，世纪公司应当依法承担侵权责任。

鉴于至诉讼之日，世纪公司的侵权言论仍在网络上存在，世纪公司应当停止对其进行侵害，并将其发表在涉讼网站上的关于美驰公司的不实言论予以删除。由于世纪公司发表上述言论已构成对美驰公司的侵权，世纪公司应当在侵权言论的影响范围（包括时间范围和区域范围）内为美驰公司恢复名誉、消除影响，世纪公司应当就其侵权行为向美驰公司赔礼道歉。

世纪公司的侵权言论在网络上存在的时间较长，并且由于网络的传播速度较快、范围较广，所以，该侵权行为在一定程度上必将给美驰公司的商誉带来负面影响，使美驰公司在商誉受影响的区域范围内失去商机，这必将给美驰公司带来一定程度上的经济损失，但由于这种特定的损害后果，使损失的具体数额无法精确和量化，所以，法院将根据情况酌定相应的赔偿数额。为诉讼美驰公司支费了大量的调查和公证费用，在确定赔偿数额时，应当将上述费用的支出情况作为参考因素。

综上所述，世纪公司侵犯美驰公司名誉权事实清楚，美驰公司要求世纪公司停止侵害、赔礼道歉、恢复名誉、消除影响、赔偿损失的诉讼请求，应予以支持。美驰公司请求的赔偿数额过高，应依法酌定相应的赔偿数额。

二审诉辩情况

上诉人诉称：原审认定事实不清，适用法律错误，要求撤销原判，驳回美驰公司的诉讼请求。

被上诉人辩称：同意原判。

二审裁判结果

北京市第二中级人民法院依照《中华人民共和国民事诉讼法》第 153 条第 1 款第 1 项的规定，判决如下：驳回上诉，维持原判。

一审案件受理费 12305 元，由北京美驰建筑材料有限责任公司负担 5245 元（已交纳），由北京世纪春天房地产开发有限公司负担 7060 元（于本判决生效后 7 日内交至原审法院）。二审案件受理费 12305 元，由北京世纪春天房地产开发有限公司负担（已交纳）。

二审裁判理由

北京市第二中级人民法院认定的事实与一审认定的事实一致。

北京市第二中级人民法院认为：法人享有名誉权。法人的名誉权是法人就其自身属性和价值所获得的社会评价所享有的保有和维护的人格权。作为房地产开发企业，世纪公司为解决业主和该公司间的纠纷，召集业主代表就业主关心的问题进行解释是正当的。但在解释“为何放弃选用美驰门窗”这一问题时，其言论对美驰门窗的生产者美驰公司产生了不良影响。第一，其言论没有充分的事实依据。如实地考察，在窗户的制作工艺上森鹰较美驰技术领先，森鹰的密封条较美驰质量更好，森鹰在木质硬度、厚度、漆质方面都较美驰更好。在二审中世纪公司所作的6份检验报告不能说明其言论符合客观事实。第二，世纪公司选用了不当的方式，即在网站上公开发布上述言论。网站是有别于报纸、广播、电视等传统传播形式的新型传播媒介。网站与诸多传播媒介相比具有信息量大、传播迅速的特点，而且能大容量地与其他传播媒介实现信息共享。因此世纪公司作为 green – class 网站的所有者更要尽到不使他人的正当权利受到侵害的注意义务。

世纪公司是一家房地产开发企业，其购买、安装门窗是为了销售其建造的房屋，并取得经济利益，具有明显的商业目的。因此世纪公司关于该公司也是消费者，对生产者的产品进行评论不应认定为侵害他人名誉权的辩解不能成立。原审法院认定世纪公司发表在网站上的言论不实，该行为构成对美驰公司名誉权的侵害是正确的，判决世纪公司承担侵权责任的方式，酌定赔偿美驰公司损失的数额，均无不当。上诉人世纪公司的上诉理由不充分，对其上诉请求，法院不予以支持。

名誉权纠纷
办案依据集成

1.《中华人民共和国民法通则》（2009 年 8 月 27 日修正）（节录）

第一百零一条 公民、法人享有名誉权，公民的人格尊严受法律保护，禁止用侮辱、诽谤等方式损害公民、法人的名誉。

第一百二十条 公民的姓名权、肖像权、名誉权、荣誉权受到侵害的，有权要求停止侵害，恢复名誉，消除影响，赔礼道歉，并可以要求赔偿损失。

法人的名称权、名誉权、荣誉权受到侵害的，适用前款规定。

2. 最高人民法院《关于审理名誉权案件若干问题的解答》（1993 年 8 月 7 日 法发〔1993〕15 号）

各地人民法院在审理名誉权案件中，提出一些如何适用法律的问题，现解答如下：

一、问：人民法院对当事人关于名誉权纠纷的起诉应如何进行审查？

答：人民法院收到有关名誉权纠纷的起诉时，应按照《中华人民共和国民事诉讼法》（以下简称民事诉讼法）第一百零八条的规定进行审查，符合条件的，应予受理。对不符合起诉条件的，应裁定不予受理；对缺乏侵权事实坚持起诉的，应裁定驳回起诉。

二、问：当事人在公共场所受到侮辱、诽谤，经公安机关依照《中华人民共和国治安管理处罚条例》（以下简称治安管理处罚条例）处理后，又向人民法院提起民事诉讼的，人民法院是否受理？

答：当事人在公共场所受到侮辱、诽谤，以名誉权受侵害为由提起民事诉讼的，无论是否经公安机关依照治安管理处罚条例处理，人民法院均应依法审查，符合受理条件的，应予受理。

三、问：当事人提起名誉权诉讼后，以同一事实和理由又要求追究被告人的刑事责任的，应如何处理？

答：当事人提起名誉权诉讼后，以同一事实和理由又要求追究被告刑事责任的，应中止民事诉讼，待刑事案件审结后，根据不同情况分别处理：对于犯罪情节轻微，没有给予被告人刑事处罚的，或者刑事自诉已由原告撤回或者被驳回的，应恢复民事诉讼；对于民事诉讼请求已在刑事附带民事诉讼中解决的，应终结民事案件的审理。

四、问：名誉权案件如何确定管辖？

答：名誉权案件，适用民事诉讼法第二十九条的规定，由侵权行为地或者被告住所地人民法院管辖。侵权行为地包括侵权行为实施地和侵权结果发生地。

五、问：死者名誉受到损害，哪些人可以作为原告提起民事诉讼？

答：死者名誉受到损害的，其近亲属有权向人民法院起诉。近亲属包括：配偶、父母、子女、兄弟姐妹、祖父母、外祖父母、孙子女、外孙子女。

六、问：因新闻报道或者其他作品引起的名誉权纠纷，如何确定被告？

答：因新闻报道或其他作品发生的名誉权纠纷，应根据原告的起诉确定被告。只诉作者的，列作者为被告；只诉新闻出版单位的，列新闻出版单位为被告；对作者和新闻出版单位都提起诉讼的，将作者和新闻出版单位均列为被告，但作者与新闻出版单位为隶属关系，作品系作者履行职务所形成的，只列单位为被告。

七、问：侵害名誉权责任应如何认定？

答：是否构成侵害名誉权的责任，应当根据受害人确有名誉被损害的事实、行为人行为违法、违法行为与损害后果之间有因果关系、行为人主观上有过错来认定。

以书面或者口头形式侮辱或者诽谤他人，损害他人名誉的，应认定为侵害他人名誉权。

对未经他人同意，擅自公布他人的隐私材料或者以书面、口头形式宣扬他人隐私，致他人名誉受到损害的，按照侵害他人名誉权处理。

因新闻报道严重失实，致他人名誉受到损害的，应按照侵害他人名誉权处理。

八、问：因撰写、发表批评文章引起的名誉权纠纷，应如何认定是否构成侵权？

答：因撰写、发表批评文章引起的名誉权纠纷，人民法院应根据不同情况处理：

文章反映的问题基本真实，没有侮辱他人人格的内容的，不应认定为侵害他人名誉权。

文章反映的问题虽基本属实，但有侮辱他人人格的内容，使他人名誉受到侵害的，应认定为侵害他人名誉权。

文章的基本内容失实，使他人名誉受到损害的，应认定为侵害他人名誉权。

九、问：因文学作品引起的名誉权纠纷，应如何认定是否构成侵权？

答：撰写、发表文学作品，不是以生活中特定的人为描写对象，仅是作品的情节与生活中某人的情况相似，不应认定为侵害他人名誉权。

描写真人真事的文学作品，对特定人进行侮辱、诽谤或者披露隐私损害其名誉的；或者虽未写明真实姓名和住址，但事实是以特定人或者特定人的特定事实为描写对象，文中有侮辱、诽谤或者披露隐私的内容，致其名誉受到损害的，应认定为侵害他人名誉权。编辑出版单位在作品已被认定为侵害他人名誉权或者被告知明显属于侵害他人名誉权后，应刊登声明消除影响或者采取其他补救措施；拒不刊登声明，不采取其他补救措施，或者继续刊登、出版侵权作品的，应认定为侵权。

十、问：侵害名誉权的责任承担形式如何掌握？

答：人民法院依照《中华人民共和国民法通则》第一百二十条和第一百三十四条的规定，可以责令侵权人停止侵害、恢复名誉、消除影响、赔礼道歉、赔偿损失。

恢复名誉、消除影响、赔礼道歉可以书面或者口头的方式进行，内容须事先经人民法院审查。

恢复名誉、消除影响的范围，一般应与侵权所造成不良影响的范围相当。

公民、法人因名誉权受到侵害要求赔偿的，侵权人应赔偿侵权行为造成的经济损失；公民并提出精神损害赔偿要求的，人民法院可根据侵权人的过错程度、侵权行为的具体情节、给受害人造成精神损害的后果等情况酌定。

十一、问：侵权人不执行生效判决，不为对方恢复名誉、消除影响、赔礼道歉的，应如何处理？

答：侵权人拒不执行生效判决，不为对方恢复名誉、消除影响的，人民法院可以采取公告、登报等方式，将判决的主要内容和有关情况公布于众，费用由被执行人负担，并可依照民事诉讼法第一百零二条第六项的规定处理。

3. 最高人民法院《关于审理名誉权案件若干问题的解释》（1998年8月31日　法〔1998〕26号）

1993年我院印发《关于审理名誉权案件若干问题的解答》以来，各地人民法院在审理名誉权案件中，又提出一些如何适用法律的问题，现解释如下：

一、问：名誉权案件如何确定侵权结果发生地？

答：人民法院受理这类案件时，受侵权的公民、法人和其他组织的住所地，可以认定为侵权结果发生地。

二、问：有关机关和组织编印的仅供领导部门内部参阅的刊物、资料等刊登来信或者文章引起的名誉权纠纷，以及机关、社会团体、学术机构、企事业单位分发本单位、本系统或者其他一定范围内的一般内部刊物和内部资料所载内容引起的名誉权纠纷，人民法院是否受理？

答：有关机关和组织编印的仅供领导部门内部参阅的刊物、资料等刊登的来信或者文章，当事人以其内容侵害名誉权向人民法院提起诉讼的，人民法院不予受理。

机关、社会团体、学术机构、企事业单位分发本单位、本系统或者其他一定范围内的内部刊物和内部资料，所载内容引起名誉权纠纷的，人民法院应当受理。

三、问：新闻媒介和出版机构转载作品引起的名誉权纠纷，人民法院是否受理？

答：新闻媒介和出版机构转载作品，当事人以转载者侵害其名誉权向人民法院提起诉讼的，人民法院应当受理。

四、问：国家机关、社会团体、企事业单位等部门依职权对其管理的人员作出的结论引起的名誉权纠纷，人民法院是否受理？

答：国家机关、社会团体、企事业单位等部门对其管理的人员作出的结论或者处理决定，当事人以其侵害名誉权向人民法院提起诉讼的，人民法院不予受理。

五、问：因检举、控告引起的名誉权纠纷，人民法院是否受理？

答：公民依法向有关部门检举、控告他人的违法违纪行为，他人以检举、控告侵害其名誉权向人民法院提起诉讼的，人民法院不予受理。如果借检举、控告之名侮辱、诽谤他人，造成他人名誉损害，当事人以其名誉权受到侵害向人民法院提起诉讼的，人民法院应当受理。

六、问：新闻单位报道国家机关的公开的文书和职权行为引起的名誉权纠纷，是否认定为构成侵权？

答：新闻单位根据国家机关依职权制作的公开的文书和实施的公开的职权行为所作的报道，其报道客观准确的，不应当认定为侵害他人名誉权；其报道失实，或者前述文书和职权行为已公开纠正而拒绝更正报道，致使他人名誉受到损害的，应当认定为侵害他人名誉权。

七、问：因提供新闻材料引起的名誉权纠纷，如何认定是否构成侵权？

答：因提供新闻材料引起的名誉权纠纷，认定是否构成侵权，应区分以下两种情况：

（一）主动提供新闻材料，致使他人名誉受到损害的，应当认定为侵害他人名誉权。

（二）因被动采访而提供新闻材料，且未经提供者同意公开，新闻单位擅自发表，致使他人名誉受到损害的，对提供者一般不应当认定为侵害名誉权；虽系被动提供新闻材料，但发表时得到提供者同意或者默许，致使他人名誉受到损害的，应当认定为侵害名誉权。

八、问：因医疗卫生单位公开患者患有淋病、梅毒、麻风病、艾滋病等病情引起的名誉权纠纷，如何认定是否构成侵权？

答：医疗卫生单位的工作人员擅自公开患者患有淋病、梅毒、麻风病、艾滋病等病情，致使患者名誉受到损害的，应当认定为侵害患者名誉权。

医疗卫生单位向患者或其家属通报病情，不应当认定为侵害患者名誉权。

九、问：对产品质量、服务质量进行批评、评论引起的名誉权纠纷，如何认定是否构成侵权？

答：消费者对生产者、经营者、销售者的产品质量或者服务质量进行批评、评论，不应当认定为侵害他人名誉权。但借机诽谤、诋毁，损害其名誉的，应当认定为侵害名誉权。

新闻单位对生产者、经营者、销售者的产品质量或者服务质量进行批评、评论，内容基本属实，没有侮辱内容的，不应当认定为侵害其名誉权；主要内容失实，损害其名誉的，应当认定为侵害名誉权。

十、问：因名誉权受到侵害使生产、经营、销售遭受损失予以赔偿的范围和数额如何确定？

答：因名誉权受到侵害使生产、经营、销售遭受损失予以赔偿的范围和数额，可以按照确因侵权而造成客户退货、解除合同等损失程度来适当确定。

十一、问：名誉权纠纷与其他民事纠纷交织在一起的，人民法院应如何审理？

答：名誉权纠纷与其他民事纠纷交织在一起的，人民法院应当按当事人自己选择的请求予以审理。发生适用数种请求的，人民法院应当根据《中华人民共和国民事诉讼法》的有关规定和案件的实际情况，可以合并审理的合并审理；不能合并审理的，可以告知当事人另行起诉。

4. 最高人民法院《关于贯彻执行〈中华人民共和国民法通则〉若干问题的意见》（试行）（1988年4月2日 法（办）〔1988〕发6号）（节录）

140、以书面、口头等形式宣扬他人的隐私，或者捏造事实公然丑化他人人格，以及用侮辱、诽谤等方式损害他人名誉，造成一定影响的，应当认定为侵害公民名誉权的行为。

以书面、口头等形式诋毁、诽谤法人名誉，给法人造成损害的，应当认定为侵害法人名誉权的行为。

150、公民的姓名权、肖像权、名誉权、荣誉权和法人的名称权、名誉权、荣誉权受到侵害，公民或者法人要求赔偿损失的，人民法院可以根据侵权人的过错程度、侵权行为的具体情节、后果和影响确定其赔偿责任。

151、侵害他人的姓名权、名称权、肖像权、名誉权、荣誉权而获利的，侵权人除应适当赔偿受害人的损失外，其非法所得应当予以收缴。

五、荣誉权纠纷

39. 如何界定荣誉？

荣誉，是特定民事主体在社会生产、社会活动中有突出表现或突出贡献，政府、单位团体或其他组织所给予的积极的正式评价。首先，荣誉不是个人或者公众的评价，而是由政府、所属单位、群众团体以及其他组织给予特定民事主体的评价。其次，荣誉是社会组织给予的积极的评价，而不是消极的评价。荣誉是因为特定民事主体在社会生产或社会活动中作出突出贡献，或者有突出的表现而被授予的，具有应受褒奖性。因此，荣誉是一种积极的评价。最后，荣誉是社会组织给予的正式评价，而不是随意评价。荣誉必须是社会组织的正式评价，即荣誉必须有专门的内容，如劳模、英模、抗非典英雄等；授予或撤销有相应的程序，不能随意进行。

40. 职务是否属于公民的荣誉？

荣誉权是一种保持权，即民事主体对获得的荣誉保持归己享有的权利。而保持权的客体，则是荣誉本身，不是荣誉利益。职务只是一种工作分工，表明的是一种社会地位和身份，并不符合荣誉权的法律特征，所以不属于公民荣誉的范畴，故错写、漏列职务的行为，不属于侵害荣誉权的行为。

典型疑难案件参考

李树槐诉鲁山县人民医院在编写的院志中错写、漏列其曾任职务侵害荣誉权纠纷案

基本案情

原告李树槐系被告鲁山县人民医院（以下简称县医院）退休干部。1967 年 7 月，县医院成立了革命委员会，原告被任命为革命委员会主任，至 1968 年年底原告从县医院调出。1973 年 9 月，原告又被中共鲁山县委组织部任命为县医院

革委会主任（院长），一直任职到1978年7月。1974年3月，原告又被中共鲁山县委组织部任命为县医院党的核心小组组长；1974年4月县医院建立党支部，原告任支部书记至1978年8月。1984年，县医院在编写《鲁山县人民医院院志》时，在“医院历任党政领导简表”中，将1967年至1968年任革委会主任的原告误写为他人，将1974年3月至1978年7月原告任县医院院长和党支部书记的职务漏列。但《鲁山县人民医院院志》中的“医院的行政机构变化表”、“历届党支部正、副书记名单”，均将原告曾任过的职务记入。并且该书《编后记》载明：“……此乃初稿，诚恳希望全院职工和知情的老领导、老同志批评指正，在审稿过程中提出宝贵意见，与我们通力协作，以便使本志更加完善、具体。”院志印刷后只向有关的部分单位和个人送阅，未公开出版和销售。

2001年7月，县医院筹备建院庆祝活动时，原告见到该《院志》，发现对自己任职情况的记载有误，即多次找县医院的领导要求更正。双方协商无果，原告向鲁山县人民法院起诉。

诉辩情况

原告诉称：县医院编写的院志歪曲历史，严重侵害了原告的荣誉权。原告曾多次找县医院要求其停止侵害，消除影响并恢复原告的荣誉，但县医院一直拒绝，致使原告的精神受到打击，病情日渐加重。现请求县医院停止侵害、消除影响并恢复原告的荣誉，向原告支付精神抚慰金15000元。

被告县医院答辩称：被告不存在对原告荣誉权侵害的事实。被告在编写院志时对原告的职务编写确实有误，但行政职务只是组织分工，并非荣誉称号，且院志的后记中明确指出：“此乃初稿，诚请全院职工和知情的老领导、老同志批评指正，在审稿过程中提出意见，与我们通力协作，以便使本院志完善具体。”该院志装订成册的不足10本，存放被告的图书室内，并未对外发行或销售。因此，被告根本不存在对原告荣誉权侵害的事实，应驳回原告的诉讼请求。

裁判结果

鲁山县人民法院依照《中华人民共和国民法通则》第5条的规定，于2002年12月12日作出如下判决：驳回原告的诉讼请求。

一审判决后，原告未提出上诉，判决已生效。

裁判结果

鲁山县人民法院认为：荣誉是指政府或社会组织给予公民、法人的一种赞美的称号，一般通过表彰授予。原告所诉的其曾任的行政和党内职务，被告在编写院志时错写或漏列虽属事实，但职务只是一种组织分工，并不是荣誉称号。因此，被告虽在编写院志时对原告的曾任职务有错写或漏列的问题，但并未侵害原告的荣誉权。故原告请求被告停止侵害、消除影响、恢复名誉并支付15000 元精神抚慰金，缺乏事实和法律根据，不予支持。

荣誉权纠纷办案依据集成

1.《中华人民共和国民法通则》（2009年8月27日修正）（节录）

第一百零二条 公民、法人享有荣誉权，禁止非法剥夺公民、法人的荣誉称号。

第一百二十条 公民的姓名权、肖像权、名誉权、荣誉权受到侵害的，有权要求停止侵害，恢复名誉，消除影响，赔礼道歉，并可以要求赔偿损失。

法人的名称权、名誉权、荣誉权受到侵害的，适用前款规定。

2. 最高人民法院《关于贯彻执行〈中华人民共和国民法通则〉若干问题的意见（试行）》（1988年4月2日法（办）〔1988〕发6号）（节录）

150、公民的姓名权、肖像权、名誉权、荣誉权和法人的名称权、名誉权、荣誉权受到侵害，公民或者法人要求赔偿损失的，人民法院可以根据侵权人的过错程度、侵权行为的具体情节、后果和影响确定其赔偿责任。

151、侵害他人的姓名权、名称权、肖像权、名誉权、荣誉权而获利的，侵权人除应适当赔偿受害人的损失外，其非法所得应当予以收缴。

六、隐私权纠纷

41. 电信部门在电话号码簿中刊载当事人的姓名、家庭住址及电话号码等是否侵害隐私权？

编制电话号码簿是电信公司的一项业务职能，根据相关规定，电话号码簿需列明当事人姓名、电话和简要地址，经当事人同意合法使用的，编纂行为不构成侵害个人隐私权。

典型疑难案件参考

冒凤军诉中国电信集团黄页信息有限公司南通分公司等隐私权纠纷案

基本案情

2010年上半年，两被告为了方便原告所在乡镇所辖村内电话用户查阅电话号码，加强沟通、联系等，从而印制并在该镇无偿发放了乡情网号簿，该号簿中冒凤军所属村组页载有“冒凤军……88伊伊伊伊”。2010年上半年期间，原告冒凤军收到两被告编印、制作的该乡情网号簿一册后，认为该号簿载有其本人姓名、家庭固定电话号码及住址，侵害了其隐私权，为此向被告投诉要求取消登载，后因交涉未果，从而向法院提起诉讼。另查明，2009年1月2日，原告冒凤军在电信公司办理新装住宅电话（88伊伊伊伊）及宽带入网业务时，开通了号簿列名服务、114列名服务。

一审诉辩情况

原告冒凤军诉称：2010年年初开始，被告单位在原告乡镇所属村居的电信用户大量发放2010年电信乡情网号簿，该号簿除了刊登了包括原告在内的该镇所属村居电信用户详实的姓名、住址和电信号码信息外，还充斥着大量商业广告。原告见到该号簿后遂电告被告客服热线要求被告停发该号簿，但交涉未果。原告认为，原告的姓名、家庭住址及家庭号码是原告个人享有的、与公共利益无关的个人信息，是原告私人活动和私有领域进行支配的一种隐私权，两被告未经原告许可印发了该乡情网号簿，且用于商业用途的行为侵害了原告的合法权益，故诉至法院，请求判令两被告：（1）停止发放该乡情网号簿；（2）收回已发放的该乡情网号簿；（3）在南通范围内登报向原告赔礼道歉；（4）赔偿原告精神损失费100元；（5）承担本案诉讼费用。

被告电信集团南通分公司、电信如皋分公司辩称：(1) 私人电话号码本身并不是隐私权，因为电话号码是社会的公共资源；(2) 提供号簿列名服务是原告的需求，是其自主选择，亦是其真实意愿的表示。而且被告后来对于需要特殊保密进行登记等又专门进行了公告；(3) 根据现行法律及司法解释，并没有对隐私权保护作出专门性规定，原告所诉无法律依据。综上，原告的诉求缺少事实与法律依据，请求法院判令驳回原告全部诉讼请求。

一审裁判结果

江苏省如皋市人民法院依照《中华人民共和国民事诉讼法》第 64 条，最高人民法院《关于民事诉讼证据的若干规定》第 2 条之规定，于 2011 年 3 月 21 日判决驳回冒凤军全部诉讼请求。

一审裁判理由

江苏省如皋市人民法院认为：本案的争议焦点是被告将冒凤军的姓名、家庭固定电话及住址这组个人信息登载于电话号码簿并在原告所在乡镇辖区范围内免费发放的行为，是否侵害了冒凤军的个人隐私。

首先，两被告作为电信职能部门，在实现了村村通电话、宽带的原告所在乡镇辖区内，为了便利电话用户查找号码，依据一定行业规程将符合条件的电话号码，以村（社区、居）为单位按组别顺序将用户姓名、电话号码及地址列明印制成号簿，并向该辖区内电话用户无偿发放，是其履行职责所需。

其次，两被告印发号簿利用冒凤军的个人信息是经冒凤军事先同意。如何编印电话号码簿，国家电信主管部门有明确规定，用户名称、电话号码和简要地址是必备要素，涉案号簿中的地址只对应到村组并未具体到用户的门牌号码，仅凭此并不必然指向特定的个人，故应认定是符合规定的简要地址。两被告的主观目的是编印号簿，在冒凤军同意的事项范围内使用其个人信息，并无不当。

最后，编印、发放号簿，冒凤军未能提供证据证实对其造成损害后果。

综上，冒凤军的主张于法无据，对其相关辩解意见及全部诉讼请求均不予支持。

二审诉辩情况

宣判后，冒凤军不服，上诉称：本人虽然在办理新装业务时与电信如皋分公司签订的合同中载有 114 列名服务、号簿列名服务等内容，但原审据此即认定两被上诉人印发涉案号簿利用本人的个人信息经过本人事先同意显然错误；同时原审认定本案所涉号簿因未列明号簿中列名人员的住宅门牌号码即符合简要地址错误，传统黄页号簿中的地址也仅列到乡镇一级，涉案号簿已经列至村组，明显超出了“简要地址”的范围；原审认定电信集团南通分公司、电信如皋分公司未对本人造成损害后果系认识错误，只要两被上诉人把本人的隐私公开，即构成了侵权行为；原审认定电信集团南通分公司、电信如皋分公司编纂号簿系履行职责明显偏袒被上诉人，两被上诉人系独立的企业法人，其所依据的行业规程应当在现行法律框架下进行，本人与被上诉人系合同关系，理应接受《合同法》的调整，本号簿为乡镇号簿，违反了电话号簿的版本种类，应为非法刊印；根据合同相对性原则，本案中两被上诉人系两个独立的企业法人，本人与电信如皋分公司签订了合同，但与电信集团南通分公司无关，两公司联合编印涉案号簿显然共享了本人在内的广大电信用户的客户资料，原审对此节事实也未能查清，故请求二审撤销原判，依法改判。

电信集团南通分公司、电信如皋分公司答辩称：原审认定事实清楚，适用法律正确，程序合法，请求二审维持原判。

二审裁判结果

江苏省南通市中级人民法院依照《中华人民共和国民事诉讼法》第153条第1款第1项之规定，判决驳回上诉，维持原判。

二审裁判理由

江苏省南通市中级人民法院经审理确认原审查明的事实。

江苏省南通市中级人民法院认为：电信如皋分公司与冒凤军签订合同中约定为冒凤军开通号簿列名服务及114列名服务，是双方真实意思表示，该合同内容合法有效。中国电信作为中国电信号簿编纂的职能部门，有职权和职能根据规定程序和客观需要来编印和发放电话号簿。电信集团南通分公司、电信如皋分公司在编印该“电信乡情网号簿”时利用了该信息资源，应当认定系合法利用。本案中编印号簿的两单位均为通信职能部门，符合电信号簿编纂资格，在编印过程中也不存在泄露客户资料的事实，而且在编印电话号簿前已经履行了公告告知义务，要求对个人信息有特殊保密要求的在10日内至电信部门或当地村委会办理相关手续，已经履行了征求意见手续。虽然传统黄页编印习惯未列至组级地址，但本案中该号簿为原告所在乡镇所属村组的电话号码簿，如果仅列至镇级地址显然无法体现号簿的特征和作用，本案中的号簿对传统号簿列明的地址出现了突破，既是一种客观上需要，也是信息公开的一种尝试，在相关行政规章未作出明确规定前，确认超出了简要地址范畴没有依据。本案中电信集团南通分公司、电信如皋分公司在一定范围和限度内公开了冒凤军的部分信息资料，主观上没有侵权的故意和过失，客观上是为了响应政府号召，完善和健全农村信息服务平台，且在号簿发放过程中做到了签名发放、无偿发放，编印号簿既不是为谋利，也不是向无关的第三者透露相关信息资料，从侵权的构成看也不能认定侵害冒凤军的隐私权。原审判决认定事实清楚，适用法律正确，审判程序合法，判决内容合理，应予维持。

42. 性骚扰事件的真伪能否决定原告隐私权的成立？

隐私权作为一项人身权，只要权利人没有言明放弃自己的禁止权，任何人均无权泄露和公开与此相关的信息和内容。因此，性骚扰受害者当然有权要求所有人在公众场合对直接关系到所谓“性骚扰事件”保持沉默，而不论性骚扰施害者有没有实施过性骚扰行为，实施过怎样的性骚扰行为，这些细节的真实性和可信度对隐私权的构成没有任何影响。

43. 在职工会议上组织当事人就性骚扰事件进行对质的行为是否构成对当事人隐私权的侵犯？

公司负责人，其主要职责应是对生产经营性事项进行管理，并无权力去干涉、处理职工私人生活领域内的事情。以召开会议的方式公开谈论并试图查明他人隐私的行为，足以构成对当事人隐私权的侵犯。隐私权不同于名誉权，它不应以社会评价降低作为其构成要件。

典型疑难案件参考

姜伊伊诉时伊在其主持召开的职工大会上公开组织对质性骚扰事件侵犯其隐私权纠纷案

基本案情

华洋液化气港口有限公司新坝分公司属被告华洋液化气港口有限公司的分支机构，不具备独立法人资格。2002 年 2 月 16 日晚，新坝分公司安排姜伊伊、时伊、谢伊伊共同值夜班。当晚，姜伊伊于晚上 7 时许到岗，在楼上办公室，谢伊伊曾与姜伊伊有过谈话。后姜伊伊向时伊汇报，说谢伊伊于 2 月 16 日晚对其有调戏的语言和行动，并敲其宿舍门窗。除此，姜伊伊还曾向单位安全员李伊反映过此事。

2002 年 3 月 6 日，新坝分公司在食堂召开职工大会。会议由时伊主持。他首先谈了工作情况，后又讲起姜伊伊向他反映的情况。时伊称对此事已作调查，但谢伊伊予以否认，遂问姜伊伊是否同意对质。姜说这事不要说了，难以启齿。而谢伊伊认为事关他的名誉，一定要对质。时伊于是征求双方意见，由谁先说。谢伊伊让姜伊伊先说。于是姜伊伊陈述了其认为发生的事。后谢伊伊问了姜伊伊几个问题，当问到“你以前有没有一个人值过夜班时”，姜伊伊转身拿菜刀割了自己的左手腕。此间，姜伊伊情绪激动，边说边哭，时伊曾要求双方不要过激。姜伊伊自伤后，时伊当即组织职工进行了抢救，送到医院治疗。姜伊伊住院 18 天，为治疗手腕伤共用去医疗费 7180.99 元，医生建议休息 4 个月。华洋公司为姜伊伊垫付医疗费 1500 元，借给姜伊伊 4000 元。

一审诉辩情况

姜伊伊主张：被告这种公开披露其隐私信息的行为，使其处于秘密状态的私生活情况被泄露和传播，不再处于秘密状况，显然侵犯了其隐私权，且情节、后果均十分严重。遂起诉至通州市人民法院，请求判令被告赔偿精神损害抚慰金 5 万元。

被告时伊答辩称：其主观上没有损害原告的名誉和人格的故意和过失，客观上也没有实施任何有损原告名誉和人格的行为，原告自伤的后果与其行为之间不存在法律上的因果关系。请求驳回原告的诉讼请求。

被告谢伊伊答辩称：2002 年 3 月 6 日，原告乘召开职工大会之机，捏造并故意传播虚构的事实，对我进行了诽谤，已经侵犯了我的名誉权。要求判令原告赔礼道歉、恢复名誉。

被告华洋液化气港口有限公司答辩称：被告时伊的行为是正常的企业管理行为，不存在过错。

一审裁判结果

通州市人民法依照《中华人民共和国民法通则》第 101 条、第 120 条，最高人民法院《关于确定民事侵权精神赔偿责任若干问题的解释》第 1 条第 2 款之规定，于 2002 年 8 月 22 日作出如下判决：

一、被告华洋公司于本判决发生法律效力后 10 日内赔偿原告姜伊伊精神损害抚慰金 15000 元；

二、驳回原告姜伊伊对被告时伊、谢伊伊的诉讼请求；

三、驳回原告姜伊伊的其他诉讼请求。

一审裁判理由

通州市人民法院经审理认为：隐私权是自然人对自己私生活秘密信息进行独立支配的一种人格权。原告所说的在值班时受到谢伊伊的“调戏”、被人“敲门窗”的事实虽没有证据证明，但属于原告私生活的秘密信息，对此依法享有不被他人泄露、公开的权利。原告将此事告知时伊，不能认定原告自己将其隐私公开。原告向被告时伊汇报，仅是让领导掌握情况。被告时伊虽认为原告的反映无任何的证据证明，但其本应谨慎处理，分别做好双方思想工作，而其却在召开职工大会时提及此事，造成矛盾公开化，侵犯了原告的隐私权。被告谢伊伊作为当事者之一，有理由在大会上为自己辩解，以澄清事实。但时伊作为会议组织者，在原告已表示不愿公开此事时，没有及时制止，相反听任谢伊伊激将原告，迫使原告在此情况下陈述其隐私；同时，时伊也没有能够控制住会议的局面，听任谢伊伊质问原告，因而导致原告割腕自杀，时伊对此负有过错责任。时伊作为单位的负责人，处理原告与谢伊伊之间的矛盾和召开职工大会，都是职务行为，其行为后果应由被告华洋公司承担责任。

谢伊伊在本案中反诉原告，因诉讼主体不一致，故本案不予合并处理。谢伊伊在职工大会上为自己申辩，其行为本身没有侵犯原告的合法权益。原告要求被告谢伊伊承担责任的诉讼请求，法院不予支持。时伊在履行职务时，侵犯了原告的隐私权，原告可通过正当途径解决，但其采取自杀的方式，显属不妥，故原告本身也有一定过错。

综上，对原告精神损害赔偿的请求，考虑到原告受伤程度、时伊的过错、原告的过错、时伊积极抢救原告的行为和当地居民生活水平等因素，酌情予以支持。

二审诉辩情况

一审宣判后，时伊与华洋公司不服，共同向南通市中级人民法院提出上诉称：原审法院无证据证明姜伊伊所称“个人隐私”之真实性，没有证据证明的事情不能成为姜伊伊私生活的秘密信息。原审法院也无任何证据证明时伊有侵犯姜伊伊隐私权的行为。即时伊对可能涉及他人隐私的话题已经采取了应有的谨慎态度，他没有以“擅自公布他人的隐私材料或以书面、口头等形式宣扬他人的隐私”，主观上也没有任何侵害姜伊伊名誉权（隐私权）的故意或过失。客观上也没有任何证据证明姜伊伊当众讲述了所谓“调戏”和“敲门窗”一事后，她的社会评价降低、名誉受到损害。姜伊伊割腕自杀的行为与其和谢伊伊对质没有法律上的因果关系，时伊对此不应负过错责任。请求撤销原判第一项，驳回姜伊伊的全部诉讼请求。

被上诉人姜伊伊答辩称：原判认定事实清楚，适用法律正确。请求驳回上诉，维持原判。

二审裁判结果

南通市中级人民法院依照《中华人民共和国民事诉讼法》第 153 条第 1 款第 1 项之规定，于 2002 年 12 月 23 日作出判决：驳回上诉，维持原判。

二审裁判理由

南通市中级人民法院认为：隐私权作为一项人身权，只要权利人没有言明放弃自己的禁止权，任何人均无权泄露和公开与此相关的信息和内容。因此，被上诉人当然有权要求所有人在公众场合对直接关系到她的所谓“性骚扰”事件保持沉默，而不论谢伊伊有没有实施过性骚扰行为，实施过怎样的性骚扰行为，这些细节的真实性和可信度对隐私权的构成没有任何影响。两上诉人提出的“没有证据证明的事情不能成为私生活秘密信息”的理由，以及“因姜伊伊自己公开了隐私，故其不再享有隐私权”的论断，都是对隐私权的片面理解，与法律规定的精神不相吻合，故不予认同。

另据双方认可的事实，是时伊首先在职工会议上道出了被上诉人向他反映过被性骚扰的事情，并讲谢伊伊坚决否认，要求对质，当众问被上诉人是否同意等。此后，当被上诉人迫于无奈陈述了事情经过，而谢伊伊又多次不知所云地反问被上诉人时，时伊也没有及时制止以缓和双方的冲突，最终导致被上诉人精神痛苦、行为失控。时伊这种以召开会议的方式公开谈论并试图“查明”他人隐私的行为，足以构成对被上诉人隐私权的侵犯。至于被上诉人的割腕自杀，正是其精神遭受严重损害的有力证明。隐私权不同于名誉权，它不应以“社会评价降低”作为其构成要件，所以两上诉人基于侵犯名誉权的构成要件所提出的上诉理由，不能成立。

尽管组织员工就“性骚扰”事件的真伪进行对质并非时伊职责范围，但是时伊在本案中是以分公司负责人的身份出现，并在主持全体职工会议时实施上述侵权行为的，所以有关赔偿责任应由华洋公司转承。两上诉人依法本还应承担赔礼道歉的民事责任，因被上诉人没有主张，且涉及受害人的隐私在诉讼中继续保护问题，所以不宜主动判处。

隐私权纠纷办案依据集成

《中华人民共和国民法通则》（2009年8月27日修正）（节录）

第五条 公民、法人的合法的民事权益受法律保护，任何组织和个人不得侵犯。

七、婚姻自主权纠纷

44. 因欺诈建立了婚姻关系所引起的侵权赔偿，法律没有明确损害赔偿责任，请求人能否通过侵犯人身权、名誉权获得救济？

《婚姻法》及相关行政法规明确规定要求结婚的男女双方必须亲自到婚姻登记机关进行结婚登记，申请婚姻登记的当事人不得弄虚作假，骗取婚姻登记。侵权人通过实施积极的过错行为而导致的双方婚姻关系无效的法律后果，在主观上和客观上侵害了作为婚姻相对一方的婚姻自由的基本权利，其名誉权亦受到了侵害，即在因侵权人通过实施积极的过错行为而导致的双方婚姻关系无效的法律后果中，在一定程度和范围内婚姻相对一方的社会评价受到了降低，因此，侵权人对因其过错行为给婚姻相对一方造成的精神伤害后果，应当依法承担相应的民事法律责任，即赔偿给婚姻相对一方一定的精神损害抚慰金。

典型疑难案件参考

陆冬梅诉闫锦平侵害婚姻自由权纠纷案

基本案情

2002年4月，原告陆冬梅经人介绍认识了被告闫锦平。2002年7月，两人订婚，原告陆冬梅要求其所在单位出具了结婚证明，后被告闫锦平单方在山西省神池县民政局婚姻登记所领取了发证时间为2000年1月8日的结婚证。2003年8月，被告闫锦平从成都军区77200部队虹山干休所退役后，被安置到昆明市西山区发展和改革局工作。2004年年底，被告闫锦平向昆明市五华区人民法院提出离婚诉讼。2005年3月25日，其提出撤诉申请，昆明市五华区人民法院以〔2005〕五法黑民初字第2号民事裁定书裁定“准予原告闫锦平撤回起诉”。在此期间，山西省神池县民政局以神民字〔2005〕3号文件作出了“关于撤销闫锦平、陆冬梅婚姻登记的决定”，内容为“经查实神池县民政局婚姻登记所出具的关于陆冬梅与闫锦平的结婚证存在以下问题：（1）非户口所在地出具虚假婚姻状况证明；（2）婚姻登记现场女方不在；（3）结婚证日期明显前移；故根据《婚姻登记管理条例》〔1994〕第25条之规定，本局决定因当事人弄虚作假骗取婚姻登记，故撤销陆闫二人婚姻登记并宣布其婚姻关系无效。收回结婚证”。2005 年 5 月 16 日，原告陆冬梅遂以被告闫锦平利用婚姻关系进行欺骗对其造成精神及名誉上的伤害为由，向一审法院提起本案诉讼，调解无效。

上述事实有下列证据证明：

1. 闫锦平、陆冬梅的结婚证复印件、云南航空食品公司证明、育龄夫妇计划生育合同书、计划生育担保书各一份，证实双方的结婚时间。

2. 神池县民政局“关于撤销闫锦平、陆冬梅婚姻登记的决定”文件一份，证实双方结婚登记已被撤销的事实。

一审诉辩情况

原告诉称：被告闫锦平原在昆明 77200 部队虹山干休所工作，2002 年面临退役，因其退役后不想回老家工作，于是迫不及待地找对象，后通过介绍人的介绍，与原告于 2002 年 4 月认识，于 2002 年 7 月订婚。原告于 2002 年 7 月 22 日向工作单位打了结婚证明。2002 年被告与原告一起向原告户口所在单位的计划生育领导部门签订了育龄夫妻计划生育合同书，并签订了计划生育担保书。于是闫锦平为了实现个人目的，利用这些材料，在原告没有到场的情况下向山西省神池县民政局进行结婚登记，且登记日期前移了二年时间，办理的结婚证上也没有编号。该结婚证原告一直没有看到，直到 2004 年 2 月 7 日，闫锦平才将其中一本结婚证交给原告，并提出要离婚，答应补偿一笔钱。闫锦平将婚姻作为实现其个人目的的跳板桥梁，利用结婚两年这一伪证留在昆明政府机关工作的目的达到后，其于 2004 年 12 月 22 日向昆明市五华区人民法院起诉离婚。在看到山西省神池县人民政府“撤销闫锦平、陆冬梅婚姻登记的决定”文件后，案件未经审理他就提出撤诉。闫锦平的行为给原告造成精神上的打击和名誉上的损害，故诉至法院，请求法院：（1）明确“婚姻登记被撤销”的责任；（2）判令被告赔偿原告精神抚慰金及其他损失共计人民币 50000 元；（3）案件受理费由被告承担。

被告辩称：婚姻登记被撤销是行政机关的行政行为，不属民事纠纷。双方相识恋爱是自愿的，双方没有结婚也是原告父母造成的，责任在陆冬梅。被告没有任何过错和侵权行为存在。

一审裁判结果

云南省昆明市五华区人民法院依照《中华人民共和国婚姻法》第 12 条、最高人民法院《关于确定民事侵权精神损害赔偿责任若干问题的解释》第 9

条第3款和《中华人民共和国民事诉讼法》第107条之规定，判决：

一、由被告闫锦平在本判决生效后10日内一次性赔偿原告陆冬梅精神抚慰金人民币20000元；

二、驳回原告陆冬梅的其他诉讼请求。

一审裁判理由

云南省昆明市五华区人民法院经审理认为：根据我国《婚姻法》第12条规定："无效或被撤销的婚姻，自始无效。当事人不具有夫妻的权利和义务。"本案中，山西省神池县民政局已经作出了"因当事人弄虚作假骗取婚姻登记，故撤销陆闫二人婚姻登记并宣布其婚姻关系无效。收回结婚证"的决定，就现有的证据和案件事实而言，原、被告之间的婚姻关系应属无效，双方不具有夫妻的权利和义务关系。由于被告闫锦平弄虚作假骗取婚姻登记，对原告陆冬梅造成了一定程度的伤害，故对原告陆冬梅要求被告闫锦平赔偿其精神抚慰金的请求，法院可酌情予以考虑。

二审诉辩情况

上诉人（原审被告）诉称：

首先，上诉人与被上诉人从相识到恋爱完全是平等的，双方在恋爱过程中谈婚论嫁也是客观事实，整个过程完全是双方共同情感意愿的体现；双方最终未能结合是因为被上诉人及其家庭的过分要求，才没能生活在一起，主要责任在被上诉人方，上诉人在此过程中也是受害者，为了与被上诉人结合付出了巨大的经济支出，在精神上也受到了很大的伤害，上诉人在一审中提交的三份客观真实的调查笔录足以证明。其次，精神抚慰金赔偿的基础必须有一方存在侵权行为，但在本案中，上诉人对被上诉人没有任何侵权行为存在，如果存在精神伤害，那也是双方的，而不是任何一方的。综上，上诉人认为一审判决认定事实不清，适用法律不当，请求二审法院判令：依法撤销一审判决的第一项和第三项，驳回被上诉人的所有诉讼请求；一、二审案件受理费由被上诉人承担。

被上诉人（原审原告）辩称：一审判决认定事实清楚，适用法律正确，请求二审法院判令驳回上诉，维持原判。

二审裁判结果

云南省昆明市中级人民法院依照《中华人民共和国民事诉讼法》第153条第1款第1项及第107条之规定，判决如下：

驳回上诉，维持原判。

二审裁判理由

云南省昆明市中级人民法院经审理查明事实与一审确认事实相符。

云南省昆明市中级人民法院经审理认为：我国《宪法》和《婚姻法》对男女双方婚姻自由自愿的基本原则均作出了明确规定，即婚姻自由是我国公民的一项基本权利；同时，对于婚姻相对一方而言，保障对方婚姻自由亦成为法律为其设定的一项基本义务。因此，男女双方在享受婚姻自由的权利的同时，亦必须通过自己的积极作为行为或消极不作为行为，承担着保障对方婚姻自由权利实现的法定义务；婚姻关系中的任何一方，不得为实现自己不法的婚姻利益，而侵害婚姻相对方的婚姻自由权利。故而，为了在实体上和程序上保障婚姻自由这一基本原则得到完全实现，我国《婚姻法》及相关行政法规明确规定要求结婚的男女双方必须亲自到婚姻登记机关进行结婚登记，申请婚姻登记的当事人不得弄虚作假，骗取婚姻登记。

本案中，根据山西省神池县民政局作出的神民字〔2005〕3号“关于撤销闫锦平、陆冬梅婚姻登记的决定”的文件，明确载明：“经查实，神池县民政局婚姻登记所出具的关于陆冬梅与闫锦平的结婚证存在以下问题：（1）非户口所在地出具虚假婚姻状况证明；（2）婚姻登记现场女方不在；（3）结婚证日期明显前移；故根据《婚姻登记管理条例》〔1994〕第25条之规定，本局决定因当事人弄虚作假骗取婚姻登记，故撤销陆闫二人婚姻登记并宣布其婚姻关系无效。收回结婚证。”由此可见，国家法定婚姻登记机关已经认定上诉人作为申请婚姻登记的当事人，明知自己的户籍所在地并非是本案婚姻登记地山西省神池县，并在作为婚姻一方当事人的被上诉人不在婚姻登记现场的情况下，为获取不法的婚姻利益，以弄虚作假的方式骗取了婚姻登记，进而，山西省神池县民政局依法撤销了上诉人与被上诉人的婚姻登记并宣布双方的婚姻关系无效。因此，在导致双方婚姻关系被国家法定婚姻登记机关撤销并被宣布无效的法律后果中，上诉人存有明显的不当和过错（在本案中所表现出来的过错程度为故意）行为。而上诉人通过实施积极的过错行为而导致的双方婚姻关系无效的法律后果，在主观上和客观上侵害了作为婚姻相对一方的被上诉人的婚姻自由的基本权利，破坏了国家法律保护的婚姻自由的基本原则和制度，亦造成被上诉人欲成为上诉人配偶的身份权受到了侵害；又由于被上诉人的身份权在遭受了上诉人的过错行为侵害的同时，其名誉权亦受到了侵害，即在因上诉人通过实施积极的过错行为而导致的双方婚姻关系无效的法律后果中，在一定程度和范围内被上诉人的社会评价受到了降低；而被上诉人的身份权和名誉权遭受侵害的事实，都导致被上诉人在精神上受到了一定程度的伤害和痛苦。因此，上诉人对因其过错行为给被上诉人造成的精神伤害后果，应当依法承担相应的民事法律责任，即赔偿给被上诉人一定的精神损害抚慰金。故一审判决根据本案实际情况，结合上诉人的过错程度和对被上诉人造成的损害后果，并考虑双方当事人的实际履行能力和本市的经济生活水平，确定由上诉人赔偿被上诉人精神损害抚慰金 20000 元并无不当。

婚姻自主权纠纷 办案依据集成

1.《中华人民共和国民法通则》（2009年8月27日修正）（节录）

第一百零三条 公民享有婚姻自主权，禁止买卖、包办婚姻和其他干涉婚姻自由的行为。

2.《中华人民共和国婚姻法》（2001年4月28日修正）（节录）

第二条第一款 实行婚姻自由、一夫一妻、男女平等的婚姻制度。

第三条 禁止包办、买卖婚姻和其他干涉婚姻自由的行为。禁止借婚姻索取财物。

禁止重婚。禁止有配偶者与他人同居。禁止家庭暴力。禁止家庭成员间的虐待和遗弃。

第五条 结婚必须男女双方完全自愿，不许任何一方对他方加以强迫或任何第三者加以干涉。

第十一条 因胁迫结婚的，受胁迫的一方可以向婚姻登记机关或人民法院请求撤销该婚姻。受胁迫的一方撤销婚姻的请求，应当自结婚登记之日起一年内提出。被非法限制人身自由的当事人请求撤销婚姻的，应当自恢复人身自由之日起一年内提出。

八、一般人格权纠纷

45. 配偶婚前与第三人的性行为是否构成对配偶人格权的侵权?

权益构成要件除要求权利人的一般人格权受到侵害外，还要求侵权人主观上存在过错，侵权行为的违法性以及侵权行为与损害后果质检具有因果关系。婚内配偶与第三人在婚前的性行为虽有违人情与道德，但并不涉及配偶对婚姻忠实义务的违反，也不构成第三人对配偶另一方的人格权侵权。

典型疑难案件参考

梅某诉张某某一般人格权纠纷案

基本案情

2007 年 6 月 11 日前，被告曾与赵某某发生过两性关系。原告与赵某某于 2007 年 6 月 11 日登记结婚，2008 年 1 月 14 日赵某某生下女儿梅某某（梅某某出生孕周为 38 周）。经鉴定，梅某某与原告无生物学亲子关系，与被告存在亲生血缘关系，赵某某与原告为此分别支付鉴定费 3000 元、2800 元。2008 年 9 月 24 日，梅某某向法院起诉：要求被告承担 2008 年 9 月至 2009 年 9 月的生活费每月 1000 元。同年 12 月 12 日，法院判决被告支付梅某某自 2008 年 9 月起至 2009 年 9 月止的抚养费每月 400 元，合计 5200 元。2009 年 1 月 13 日，赵某某向本院提起诉讼，要求将其与被告的非婚生女儿梅某某变更为由被告负责抚养。该案经法院主持调解，赵某某与被告达成调解协议，由被告负责抚养梅某某，抚养费被告自理。

另查明，赵某某曾以怀孕为由收受了被告给付的 3 万元，并书面承诺此后与被告再无瓜葛。2009 年 1 月 13 日，被告另支付赵某某 3 万元［含〔2008〕慈民一初字第 3372 号民事判决书确定的抚养费 5200 元］。

一审诉辩情况

原告梅某起诉称：2007 年 6 月 11 日，原告与赵某某登记结婚。2008 年 1 月 14 日，赵某某生育一女梅某某。梅某某出生后，原告的邻居及朋友均称其与原告不像，并非原告亲生女儿，原告每日为此受人非议，深感苦恼。2008 年

8 月 12 日，原告委托西安交通大学法医学司法鉴定中心进行亲子关系鉴定，该中心认为原告与梅某某无生物学亲子关系，原告为此在精神上遭受了重大打击。为查明梅某某的亲生父亲，慈溪市人民法院委托温州医学院司法鉴定中心对梅某某与被告之间是否存在亲子关系进行鉴定，经鉴定，该中心认为被告与梅某某存在亲子血缘关系，原告为此再次遭受精神痛苦。原告认为，原告虽不是梅某某亲生父亲，但仍对梅某某进行了抚养，被告行为严重伤害了原告的人格利益，为此，原告诉至本院，要求被告赔偿原告精神损害抚慰金、鉴定费、交通费、抚养费、生育费等费用 30 万元。

被告辩称：被告对原告与赵某某登记结婚，两人婚后生育梅某某以及梅某某系被告与赵某某的亲生女儿等事实没有异议，但认为被告与赵某某之间的行为并未违反社会公共利益和社会公共道德，也未伤害原告的人格利益。被告与赵某某发生性关系致赵某某怀孕等事实发生在原告与赵某某结婚登记前，赵某某在结婚之前有权选择与他人交往，赵某某与原告结婚后，被告终止了与赵某某的联系。赵某某怀孕后，被告曾要求赵某某中止妊娠并以此为条件给付赵某某 3 万元。原告因梅某某非己亲生而受到精神打击，并非被告的过错所致，而是赵某某隐瞒实情所致，被告并未侵害原告的一般人格权。对于原告主张的鉴定费和交通费，该费用系原告为明确梅某某是否为原告与赵某某的亲生子女而产生的费用，是由于赵某某的欺骗和隐瞒所致，与被告无涉。至于原告所主张的抚养费，梅某某曾为此向慈溪市人民法院起诉要求被告支付抚养费，法院判决被告支付梅某某 2008 年 9 月份至 2009 年 9 月份的抚养费共计 5200 元，被告也已履行。此后，赵某某又诉至慈溪市人民法院，要求变更梅某某的抚养关系，经法院调解，梅某某自 2009 年 1 月 13 日起由被告负责抚养，抚养费被告自理。被告认为自己并未侵犯原告的一般人格权，要求驳回原告的诉讼请求。

一审裁判结果

浙江省慈溪市人民法院依照《中华人民共和国民法通则》第 5 条、第 106 条第 2 款之规定，判决：驳回原告梅某的诉讼请求。

一审裁判理由

浙江省慈溪市人民法院认为：一般人格权是指法律未将所要保护的人格特定化、权利的内容尚未定型化的人格权。相对法律明确规定的特别人格权而言，一般人格权指的是公民享有的，以人格独立、人格自由和人格尊严为主要内容的一般人格利益。一般人格权的侵权构成要件除要求权利人的一般人格权受到侵害外，还要求侵权人主观上存在过错，侵权行为的违法性以及侵权行为与损害后果之间具有因果关系。

本案中，赵某某与原告梅某登记结婚后，其作为原告妻子对原告负有忠实义务，但赵某某与原告登记结婚之前，赵某某在法律上对原告并无此项义务。被告与赵某某发生两性关系致赵某某怀孕，赵某某于2008年1月14日生育梅某某，梅某某的出生孕周为38周，以此推算，赵某某的受孕时间应在其与原告登记结婚之前。原告误认梅某某为其亲生女儿而抚养，并在知悉梅某某非己亲生时受到一定的精神痛苦。被告与赵某某的行为在客观上对原告的一般人格权造成了一定的损害，但由于两人的行为发生在原告与赵某某登记结婚之前，对此，被告在主观上没有侵害原告一般人格权的过错，其行为也未违反法定义务，故不应承担侵权责任。原告认为被告与赵某某发生两性关系致赵某某怀孕并生育梅某某，严重伤害了原告的一般人格利益，要求被告赔偿精神损失抚慰金、鉴定费、交通费等费用，该主张缺乏法律依据，法院难以支持。原告主张的抚养费、生育费等费用，因原告与赵某某尚未离婚，其在梅某某出生、成长过程中支出的费用本属原告与赵某某的夫妻共同财产，应由两人共同主张，且此项费用与本案并非同一法律关系，原告可另行主张。

二审诉辩情况

一审宣判后，原告梅某不服提起上诉。诉称：一般人格权，指对于人的生命、身体、健康、名誉、自由、姓名、肖像、隐私等全部人格利益的总括性权利。随着社会的进步，对人格权的保护已成为现代民法基本任务之一。原审法院以一般侵权要件作为衡量人格权侵权标准，过于随意。张某某在有合法妻子的情况下与赵某某发生不正当两性关系，致赵某某怀孕、梅某某出生，梅某以亲生父亲的名义对梅某某进行抚养，在这一过程中；原告毫不知情，张某某存在明显过错，与赵某某构成共同侵权，应当承担赔偿责任。原审法院认为原告的主张缺乏法律依据，难以支持，理由牵强，判决错误。请求二审法院撤销原判，依法予以改判。

被上诉人张某某辩称：原审法院认定事实清楚，适用法律正确，请求驳回上诉，维持原判。

二审裁判结果

宁波市中级人民法院依照《中华人民共和国民事诉讼法》第153条第1款第1项之规定，判决：驳回上诉，维持原判。

二审裁判理由

经二审审理，双方当事人对原审法院认定的事实经过均无异议，故宁波市中级人民法院对原审法院认定的事实予以确认。

宁波市中级人民法院认为：本案梅某以人格权受损为由诉请张某某赔偿损失，依照侵权的构成要件，依法应适用过错归责原则。根据已查明的事实，梅某与赵某某于2007年6月11日登记结婚，2008年1月14日赵某某生育梅某某，根据生育规律，赵某某应是在与梅某结婚前已受孕。经鉴定，梅某某与梅某不存在亲子关系，系赵某某与张某某所生。梅某上诉称张某某的行为存在明显过错，给其造成极大的精神痛苦。侵害了其人格权，要求张某某赔偿精神损失抚慰金等损失。

法院认为，张某某与赵某某发生性关系致赵某某怀孕，发生于梅某和赵某某结婚之前，对此，赵某某在婚前对梅某并不负有夫妻之间性行为的忠实义务，张某某也不存在侵害梅某一般人格权的主观过错，梅某要求张某某赔偿精神损害抚慰金等损失，缺乏法律依据，原审法院驳回梅某的诉请，并无不当。梅某主张的抚养费、生育费等支出，与本案并非同一法律关系，宜另行解决。

综上，梅某之上诉，理由不能成立，故对梅某的上诉请求，法院不予支持。原审法院认定事实清楚，适用法律正确，判决得当。

46. 在男方不知情的情况下，医院协助怀孕的女方终止妊娠，医院是否侵犯了男方的生育权？

夫妻双方都享有生育权，如果对生育权的行使形成冲突，应遵循夫妻生育权协商行使的原则，但更要从不同主体利益的重要性方面去判断何种自由更值得尊重和保护。由于男女生理之不同，女方在怀孕、妊娠、分娩、哺育子女的过程中，较男方更多地承受了生理上的风险和心理上的压力，女方甚至会因生育而影响到自身的生存与发展，法律理应优先尊重女方生育与否的意向。因此，《中华人民共和国妇女权益保障法》对妇女不生育自由权利的规定是对妇女应有的保护，而非对男性生育权的忽视。

典型疑难案件参考

李健诉启东市陈黄秀珍医院及第三人王海霞生育权纠纷案

基本案情

2006年3月12日，王海霞在首胎怀孕7个月的情况下，未告诉丈夫李健，而在兄嫂陪同下到启东市陈黄秀珍医院（以下简称医院）要求进行终止妊娠手术，并书面声明“因夫妻关系破裂准备离婚引产所致纠纷与医院无关”。王海霞于当日下午入住医院，经术前检查未发现胎儿异常。下午3时30分，医院对王海霞施行了终止妊娠手术。术后王海霞与李健分居。李健得知妻子王海霞终止妊娠后，将医院列为被告、妻子为第三人，向江苏省启东市人民法院提起诉讼。

诉辩情况

原告诉称：医院未经其同意施行手术的行为，严重侵害了其生育权，不仅导致原告夫妻间感情的彻底破裂，且造成了原告巨大的精神创伤，故诉请被告医院公开赔礼道歉，并赔偿精神损害抚慰金3万元。

被告医院辩称：第三人王海霞到被告处进行终止妊娠手术是其生育权利的正常行使，原、被告均无权阻止，因此被告对原告没有侵权行为的存在。即使被告侵犯王海霞生育权利，也应由王海霞主张，本案原告无诉讼主体资格，请求法院裁定驳回原告的起诉。

裁判结果

2006年5月19日，启东市人民法院根据《中华人民共和国妇女权益保障法》第51条、《中华人民共和国人口与计划生育法》第17条之规定及《中华人民共和国民法通则》第106条第2款规定之精神，作出判决：驳回原告的诉讼请求。

一审宣判后，双方当事人均未上诉，一审判决已发生法律效力。

裁判理由

启东市人民法院经审理认为，生息繁衍是人类依据人的自然属性当然享有的权利。《中华人民共和国妇女权益保障法》第51条规定：“妇女有按照国家有关规定生育子女的权利，也有不生育的自由。”2002年9月1日施行的《中华人民共和国人口与计划生育法》第17条规定：“公民有生育的权利。”依据一般社会观念及对法律用语的通常理解，公民理所当然地同时包含男性和女性。因此，原告李健作为男性公民，其生育权的享有应受法律的保护。生育权系人格权的一种，具有对世属性，原告可以要求任何人不得侵犯其生育权。故原告提起本案诉讼，符合法律规定，原告是本案的适格当事人。至于原告的诉请能否得到法律的支持，这涉及本案生育权的行使问题，与原告的主体资格无涉。

《中华人民共和国人口与计划生育法》中“公民有生育的权利”的规定，重在宣示生育权是公民的基本权利，不受非法的干预。但是，公民行使该项权利，仍需遵守法律设定的方式和界限。其中，夫妻双方的合意尤应被理解为生育权积极行使的必要条件之一。由于男女生理之不同，女方在怀孕、妊娠、分娩、哺育子女的过程中，较男方更多地承受了生理上的风险和心理上的压力，女方甚至会因生育而影响到自身的生存与发展，法律理应优先尊重女方生育与否的意向。因此，《中华人民共和国妇女权益保障法》对妇女不生育自由权利的规定是对妇女应有的保护，而非对男性生育权的忽视。

通常情况下，夫妻双方能够就是否生育达成一致意见，之所以出现争执，往往由夫妻冲突或感情不和所致。在此情况下，要求协助对方生育，不仅会给其中的一方乃至双方带来精神上的痛苦和生活上的不便，也未必利于即将出生的子女，这种结果，对社会也同样是不利的。

本案中，第三人王海霞与原告李健在本案讼争事实发生前即已产生感情上的裂痕，双方已面临婚姻解体的危机。虽然原告李健否认夫妻间的感情问题，将夫妻分居的责任归咎于被告，但从第三人王海霞的术前书面申请以及其让兄嫂而非丈夫陪同接受人流手术的情况分析，第三人王海霞与原告李健之间显然已经积累了较多矛盾。正是这种矛盾的客观存在，使得第三人王海霞有了离婚的想法并做出了不生育的决定。如果强令第三人王海霞选择正常分娩，其在离婚后，将痛苦面对一系列难题。因此，第三人王海霞在该种情形下决定终止妊娠的行为，不违背法律的规定，也符合常理。由于第三人王海霞终止妊娠具有正当、合理的权利基础，被告为第三人王海霞施行终止妊娠术，既是对其意愿的尊重，更是被告为保障女性公民不生育权利的尊重，故被告的手术未侵犯原告的合法权益，不应受到法律上的责难。

综上，原告李健所享有的生育权不能对抗第三人王海霞不生育的权利。被告的手术行为是为第三人王海霞正当行使权利而提供的业务上的协助，不构成对原告生育权的侵害，无须承担民事责任。

47. 购物中心强制顾客存包购物是否构成侵犯人格权？

人格尊严具有客观的考察标准，人格尊严是否受到侵犯，应以人的主观认识和客观评价相结合作为判断的标准，而不能以当事人的主观认知为准。超市强制当事人存包购物，尽管当事人主观上感知人格自尊受到侵犯，但社会和他人并没有因当事人存包购物而不尊重当事人，当事人的人格尊严并没有因此而受到侵犯。

典型疑难案件参考

陈燃诉徐州市新佳商业有限公司强制存包侵犯人格权纠纷案

基本案情

2004 年 3 月 6 日，原告陈燃携带一背包、两个方便袋到被告新佳公司（超市）购物，行至一楼电梯处，被被告店员伸手拦住，限制原告进入购物区域。虽然原告向该店员解释为赶火车，购物后就走，但该店员向原告言明必须存包方可进入购物区。后原告在存包处存包后，才入超市购物。此后，原告于 2004 年 3 月 9 日向徐州市泉山区人民法院提起诉讼，诉称：由于被告强制原告存包，致原告精神不振、失眠、精神受到损害。被告的行为侵犯了原告的人格尊严。因此，要求被告在徐州市范围内通过媒体向原告赔礼道歉并赔偿精神损失 10 元。原告提供了记录事实发生过程的 VCD 光盘、磁带以及证人李娟娟的证言。

被告新佳公司对原告陈燃于 2004 年 3 月 6 日在其超市存包购物的事实无异议，但认为：被告有关存包购物的规定并非强制，被告店员只是建议或要求原告存包。原告因存包购物而精神不振、失眠，是原告自尊心太强、过于敏感导致的。被告员工建议其存包的行为未侵犯原告的人格权，请求法院依法驳回原告的诉讼请求。

一审裁判结果

徐州市泉山区法院根据《中华人民共和国民法通则》第 101 条、《中华人民共和国消费者权益保护法》第 14 条之规定，判决：驳回原告陈燃对被告徐州市新佳商业有限公司的诉讼请求。

一审裁判理由

徐州市泉山区法院经审理认为：被告要求原告存包后购物，相对于被告，这是超市的一项制度性规定；相对于原告，存包是原告必须履行的义务，原告不履行这一义务，则无权进入超市购物。因此，被告要求原告存包后购物构成强制。原告认为强制存包，是将其当成潜在小偷看待，进而认为强制存包是对其人格尊严的侵犯。而人格尊严是一种人的主观认识，是公民、法人对自身价值的认识。这种认识基于自己的社会地位和自身价值，它来源于自身的本质属性，并表现为自己的观念认识。原告对强制存包是将其当成潜在小偷的认识是原告对强制存包主观的内心感受，自我感知。这种感知仅是人格尊严的主观因素反映，并不能说被告人格权受到损害。因为，人格尊严具有主观因素，又具有客观因素。所谓客观因素，是他人、社会对特定主体作为人的尊重，是对人的价值的评价，这种评价与人类所处的时代、社会的文明程度不可分离。

人格尊严是否受到侵犯，应以人的主观认识和客观评价相结合作为判断的标准，而不能以原告的主观认知为准，被告强制原告存包，虽有原告主观感知人格自尊受到侵犯，但社会和他人并没有因原告存包购物而不尊重原告，被告强制原告存包没有侵犯原告的人格权。

二审诉辩情况

原告陈燃不服一审判决，向徐州市中级人民法院提起上诉，上诉理由是：新佳公司不顾顾客意愿，只顾自己利益，强制顾客存包，既违反了相关法律规定，也有悖于公序良俗原则，其行为系违法行为；新佳公司将消费者定位在潜在的小偷的位置，主观上存在过错；新佳公司的行为具有损害后果，因为确认人格尊严是否受损应立足于主观因素，客观因素只能作为补充和参考，强制存包使上诉人自我感觉被当作潜在的贼，导致精神不振、失眠等症状，也使公众对上诉人的社会评价降低；新佳公司的行为与上诉人的人格权受侵害具有因果关系。综上，新佳公司侵犯了上诉人的人格尊严，请求依法撤销一审判决，改判新佳公司侵犯人格权成立，支持上诉人的一审诉讼请求。

被上诉人新佳公司辩称，新佳公司要求上诉人陈燃存包的行为并非违法行为，存包是为上诉人购物提供方便，也是为了所有顾客的方便与安全，虽有防盗的意图，但在现有科技水平还很有限的情况下，这是经营者自主经营权的体现，也是依交易习惯要求消费者履行协助的附随义务，符合法律规定；被上诉人主观上并无过错；上诉人也没有受到损害的后果，其称出现失眠、精神不振的人格症状没有病历等书面证据证实，所提供的证人证言显然虚假，而且人格尊严是否被侵犯应主要考察社会和他人的客观评价，上诉人没有证据证明其被要求存包造成了社会对其评价降低，不能认定其人格尊严受到侵犯。请求二审法院依法驳回其上诉，维持原判。

二审裁判结果

徐州市中级人民法院依照《中华人民共和国民事诉讼法》第 153 条第 1 款第 1 项之规定，判决如下：驳回上诉，维持原判。

二审裁判理由

徐州市中级人民法院经审理认为，承担侵犯人格（尊严）权的民事责任必须同时具备具有侵犯人格尊严的损害事实，行为具有违法性，行为人主观上具有过错以及违法行为与损害事实之间存在因果关系四个要件，其中具有侵犯人格尊严的损害事实尤为重要，无损害即无责任。而人格尊严确实具有一定的主观因素，反映出民事主体对自身价值的认识，不同的民事主体基于地位、能力、年龄以及文化程度等方面的差异，主观上尊严感会有所不同。但正如双方当事人所共同认可的那样，人格尊严是民事主体作为一个“人”所应有的最起码的社会地位并且受到社会和他人最起码的尊重，而这个“最起码”的限定，一方面表明人格尊严具有客观的考察标准，其取决于一定时期的社会上大多数人的价值判断，并会随着社会的进步不断发生变化；另一方面意味着人格尊严权不应被滥用，因为权利之间总会存在着冲突，正如上诉人陈燃为了保全证据而未经他人允许进行录音录像，可能使被录音录像方主观上感到人格尊严受到损害一样，法律必须对过于膨胀的权利进行限制，以使包括人格权在内的个人权利与其所负有的社会责任协调一致，维护整个社会的基本秩序。

具体到本案而言，由于在当今的经济发展状况和社会文明程度下，要求消费者存包是超市采取的一种较为普遍的经营措施，新佳公司要求陈燃和其他消费者一样存包后方能进入购物区，虽然陈燃主观上可能感到尊严受损，但不能认定其因此丧失了社会地位和社会尊重。换言之，不能认定新佳公司的行为侵犯了陈燃的人格尊严。否则，在社会条件尚不具备的情况下，如果因为个别消费者认为超市要求存包侵犯其人格尊严而取消存包制度，认为超市进行电子监控侵犯其人格尊严而取消监控设备，认为超市店员巡视监督侵犯其人格尊严而取消巡视，那么将危及整个超市业的正常发展，并最终损害包括上诉人陈燃在内的所有消费者的利益。因此，被上诉人新佳公司应该随着经济技术的发展和社会文明程度的提高，采取更加人性化的管理措施，尽可能地兼顾到各个层次消费者的不同感受，不断提高对消费者人格尊严的重视和保护程度，但在现阶段，新佳公司要求陈燃进入超市购物区前必须存包的行为不构成对上诉人陈燃人格尊严的侵犯，上诉人的上诉请求事实和法律依据不足，法院不予支持。

48. 公交车工作人员将残疾军人合法证件认定为假证，强迫其购票，并以语言损害其名誉，贬低其人格的行为，是否侵犯了残疾军人的人格尊严权？

残疾军人凭“中华人民共和国残疾军人证”免费乘坐市内公共汽车，是国务院《军人抚恤优待条例》中的明确规定，是国家对残疾军人进行抚恤优待的一项具体措施。公交车工作人员应按条例的规定，承担为残疾军人免费乘车提供服务的义务。当残疾军人持合法、有效证件乘车时，公交车工作人员应为其提供热情、周到的服务，将国家对残疾军人的优抚政策落到实处。公交车工作人员在不具备鉴定证件真伪能力的情况下就在公众面前将残疾军人的合法证件认定为假证，强迫其购票，并以语言损害其名誉，贬低其人格，侵犯了残疾军人的人格尊严权，应向残疾军人赔礼道歉并给予其适当的精神损害赔偿。

典型疑难案件参考

张正立诉郑州市公共交通总公司侵犯人格尊严权纠纷案

基本案情

2007年1月20日15时许，原告张正立持“中华人民共和国残疾军人证”在郑州市未来大道凤凰路公共汽车停靠站搭乘被告的25路公交车时，该车车长对原告证件审验后认为是假证，强迫原告投币，原告无奈，在车内乘客对其猜疑、谴责的议论中被迫投币1元，并索取了车票。

2007年1月25日12时许，原告张正立持“中华人民共和国残疾军人证”在郑州铁路局公共汽车停靠站搭乘被告的87路公交车时，该车车长审查原告证件后声称证件为假，并将证件没收。由于张正立据理力争，该车长没收证件的行为没有实现。于是该车长说：“有些人就是为省1元钱，花100元去街上办假证，值不值得。”引起其他乘车人员对原告行为的质疑：这么大的人了拿假证，1元钱都掏不起。

另查明：原告张正立1978年参军，1979年参加对越自卫反击战时头部受伤，导致右侧听力受损致残，1982年原告复员到郑州铁路局工作，河南省民政厅为其发放了“中华人民共和国残疾军人证”。2007年1月20日和25日公交车上连续发生的两次“假证”事件，给原告的生活造成了一定的影响，原告再乘坐公交车时会产生恐惧，感到在自己周围有异样的眼光和议论。

诉辩情况

原告诉称：2007年1月20日和1月25日，原告张正立持“中华人民共和国残疾军人证”搭乘被告的25路和87路公交车时，两次遭到被告工作人员的羞辱：25路车长当众宣称其所持证件为假证，强迫其购票，其被迫忍辱投币1元；87路车长认定其证件系伪造，予以没收，并对其进行讽刺："有些人为了省一块钱，花一百块去街上办假证，值不值得。"被告两位车长的行为侵犯了原告享有的免费乘坐市内公交车的合法权益，并当众对原告人格进行羞辱，侵犯了原告的人格尊严，给原告心理和精神上造成极大伤害。请求法院依法判令被告：（1）向原告赔礼道歉；（2）退还原告购票款人民币1元；（3）赔偿原告精神损失5000元；（4）承担本案诉讼费。

被告辩称：原告主张的事实不存在，公交车车长对持证上车人员有查验的权利，即使车长对乘客有言语伤害也完全是其个人行为，要求被告承担赔偿责任没有法律依据，应驳回原告诉讼请求。

裁判结果

郑州铁路运输法院依照《中华人民共和国民法通则》第101条、第106条第2款、第120条第1款、第134条第1款第7项、第10项，最高人民法院《关于审理人身损害赔偿案件适用法律若干问题的解释》第8条第1款，最高人民法院《关于确定民事侵权精神损害赔偿责任若干问题的解释》第8条第2款、第10条第1款的规定，作出如下判决：

一、被告郑州市公共交通总公司赔偿原告张正立乘车损失人民币1元，于判决生效后10日内支付；

二、被告郑州市公共交通总公司在判决生效后10日内以书面形式向原告张正立赔礼道歉，内容需经法院审查；

三、被告郑州市公共交通总公司赔偿原告张正立精神损失费人民币1000元，于判决生效后10日内支付；

四、驳回原告张正立的其他诉讼请求。

裁判理由

郑州铁路运输法院经审理后认为：残疾军人凭"中华人民共和国残疾军人证"免费乘坐市内公共汽车，是国务院《军人抚恤优待条例》中的明确规定，是国家对残疾军人进行抚恤优待的一项具体措施。被告应按条例的规定，承担为残疾军人免费乘车提供服务的义务。当原告张正立持合法、有效证件乘车时，被告应为其提供热情、周到的服务，将国家对残疾军人的优抚政策落到实处。而被告工作人员在没有确凿证据的情况下，以原告持假证为由，强迫原告购票，主观上有过错，客观上侵犯了原告的免费乘车权，给原告造成了1元的经济损失，被告应予赔偿。我国《宪法》规定"公民的人格尊严不受侵犯"，《民法通则》第101条规定："公民的人格尊严受法律保护，禁止用侮辱、诽谤等方式损害公民……的名誉。”被告工作人员在不具备鉴定证件真伪能力的情况下就在公众面前将原告的合法证件认定为假证，强迫原告购票，并以语言损害原告的名誉，贬低原告的人格，侵犯了原告的人格尊严权，给原告精神上造成了伤害。被告应向原告赔礼道歉并给予适当的精神损害赔偿。原告要求被告赔礼道歉、赔偿精神损失的请求予以支持，但考虑到本案中被告的过错程度，侵害的手段、场合，造成的后果及事发地的平均生活水平等因素，原告5000元的精神损失费要求过高，可酌情给予1000元的精神损害赔偿，其超出部分不予支持。被告辩称原告所诉事实不存在。经查，原告在25路公交车上被认定持有假证而被迫买票的经过和在87路公交车上遭受语言侮辱的情况有公交公司无人售票车客票及高选建、张福华、孙刚、申胜军4位证人出庭作证予以证实，内容真实可信，本院对上述事实予以认定。被告主张公交车车长对持证上车人员有查验的权利，车长对乘客的言语伤害完全是其个人行为，要求被告承担赔偿责任没有法律依据。经查，被告工作人员虽有权利查验乘客的证件，但其无权在没有查清证件真伪的情况下就当众宣布原告所持证件为假证，并强迫其购票，其在执行职务过程中侵犯了原告的免费乘车权和人格尊严权，给原告在物质和精神上均造成了损害，对此被告应承担民事责任，被告的答辩意见不予采纳。

残疾军人凭“中华人民共和国残疾军人证”免费乘坐市内公共汽车，是国务院《军人抚恤优待条例》中的明确规定，是国家对残疾军人进行抚恤优待的一项具体措施。被告应按条例的规定，承担为残疾军人免费乘车提供服务的义务。当原告张正立持合法、有效证件乘车时，被告应为其提供热情、周到的服务，将国家对残疾军人的优抚政策落到实处。而被告工作人员在没有确凿证据的情况下，以原告持假证为由，强迫原告购票，主观上有过错，客观上侵犯了原告的免费乘车权，给原告造成了1元的经济损失，被告应予赔偿。我国宪法规定“公民的人格尊严不受侵犯”，《民法通则》第101条规定“公民的人格尊严受法律保护，禁止用侮辱、诽谤等方式损害公民……的名誉”。被告工作人员在不具备鉴定证件真伪能力的情况下就在公众面前将原告的合法证件认定为假证，强迫原告购票，并以语言损害原告的名誉，贬低原告的人格，侵犯了原告的人格尊严权，给原告精神上造成了伤害。被告应向原告赔礼道歉并给予适当的精神损害赔偿。

49. 学校在未通知死者亲属的情况下将死者的遗体火化，是否侵害了死者亲属的人格利益？

最高人民法院《关于确定民事侵权精神损害赔偿责任若干问题的解释》明确规定违反社会公共利益、社会公德，侵害他人人格利益，构成侵权。由于近亲属间特定的身份关系，自然人死亡后，其人格要素对其仍然生存着的配偶、父母、子女和其他近亲属会发生影响，并构成生者精神利益的重要内容。

在我们国家，几千年形成的传统文化和善良风俗中，生者对亡者的悼念和缅怀是一种约定俗成的习惯，这种习惯应当受到人们的尊重。侵权人应当履行一个善良人的注意义务，将当事人的死讯及时告知其亲属。侵权人在未通知死者亲属的情况下将死者的遗体火化的做法侵害了当事人亲属的其他人格利益，这种其他人格利益属于最高人民法院《关于确定民事侵权精神损害赔偿责任若干问题的解释》规定的人格权范畴。

典型疑难案件参考

高某某诉重庆某学院侵犯人格利益纠纷案

基本案情

死者朱某某未娶妻生子，其父亲已故，高某某系死者朱某某的母亲，死者朱某某系重庆某学院的退休教师。2003 年 7 月 14 日，朱某某被重庆医科大学附属第一医院门诊诊断患直肠癌。当天，朱某某向其单位重庆某学院离退休管理处反映了自己患病的情况，管理处干部劝朱某某住院治疗，朱某某也同意住院。次日，朱某某将自己的存折交由离退休管理处保管，管理处负责人及其他干部又对朱某某进行宽慰、安抚。同年 7 月 16 日 9 时 30 分左右，朱某某从重庆某学院的教职工宿舍楼顶跳下，并当即死亡。重庆市公安局南岸区分局接重庆某学院报案到现场勘查认为朱某某系自坠死亡，不属于刑事案件，对其死亡尸体检验鉴定结论为：死者朱某某系高坠造成颅脑及内脏挫碎及多处骨折等严重损伤而当即死亡。次日，重庆某学院将朱某某的遗体送去火化。同年 7 月 19 日，重庆某学院将朱某某死亡及已火化的情况以书信方式告知朱某某的兄弟朱某。次月上旬，朱某受高某某的委托从云南到重庆与重庆某学院办理了死者朱某某的遗物及抚恤金等交接、领取手续。高某某在 2004 年 7 月 8 日向重庆市教委投诉：朱某某死亡后，重庆某学院未通知高某某及高某某的子女到重庆，重庆某学院擅自将遗体火化；并且认为朱某某的死因不明，死后财产不明，抚恤金、丧葬费计算标准不公开；重庆某学院应承担高某某来重庆的交通、住宿费及其他相关补偿等。2005年1月，高某某又向重庆市教委、重庆市委和市政府、教育部等部门投诉以上内容。2005年2月，重庆市教委将高某某投诉的信件转重庆某学院处理。重庆某学院于同月24日向高某某复函。2005年5月，高某某又以同样内容向重庆市教委投诉。高某某于2006年4月28日向一审法院起诉，请求重庆某学院赔偿朱某某死亡赔偿金13028元、丧葬费3079元、精神损害抚慰金40000元、交通、食宿费5197元，共计61304元。

一审诉辩情况

原告诉称：高某某之子朱某某系重庆某学院的退休教师。2003年7月16日，朱某某跳楼死亡。重庆某学院未通知朱某某的亲属，于次日擅自将朱某某的遗体火化，致使其不能与朱某某的遗体作临终最后诀别，重庆某学院应当赔偿其精神损害抚慰金。重庆某学院对朱某某的死亡有防范不当的过错，应当赔偿部分死亡赔偿金。重庆某学院处理朱某某的丧事，没有经过高某某的同意，其对重庆某学院支出的丧葬费不予认可。请求判决重庆某学院赔偿朱某某死亡赔偿金、丧葬费、精神损害抚慰金、交通及食宿费。

被告辩称：朱某某系完全民事行为能力人，该院对朱某某无法律上的监护、管理等义务，高某某要求该院承担防范不当的民事责任无法律依据。未能实现遗体告别不属于精神损害赔偿的范围，高某某的精神痛苦在于其子朱某某死亡的客观事实，而不是其未能与遗体诀别。丧葬费属于处理丧葬事宜必然发生的费用，该院在事发突然且通知不能的情况下为朱某某办理丧事具有无因管理的性质，且产生的丧葬费用正当、合理，应由朱某某的继承人在遗产范围内承担。高某某的请求超过了法律规定的诉讼时效，故请求判决驳回高某某的诉讼请求。

一审裁判结果

重庆市南岸区人民法院依照《中华人民共和国民法通则》第106条第2款、第134条第1款第7项、第136条第1项、第137条、第140条，最高人民法院《关于确定民事侵权精神损害赔偿责任若干问题的解释》第3条第3项、第7条、第8条第1款之规定，判决：

一、驳回高某某的诉讼请求；

二、案件受理费 2320 元，其他诉讼费 670 元，合计 2990 元，由高某某承担。

一审裁判理由

重庆市南岸区人民法院经审理认为：重庆某学院系高某某之子朱某某的单位，因朱某某终生未娶妻生子，朱某某将重庆某学院视为其家。在朱某某生病后，朱某某将其生病的情况告知重庆某学院离退休管理处，重庆某学院对其进行了宽慰，支持其住院。后朱某某跳楼自杀，其死亡后，在朱某某无妻、无子，其身边无亲人的情况下，重庆某学院作为其单位出于对职工的关心，处置了死者的遗体，其主观上无恶意，更无非法利用遗体的行为。后重庆某学院将朱某某死亡及火化的事实告之死者的亲人，重庆某学院与死者的亲人进行了遗物的交接，重庆某学院尽了一个善良管理人的义务。但重庆某学院在未通知死者亲人的情况下，将死者遗体火化，违背了中国传统的丧葬习俗，其行为欠妥。但高某某精神上的重大痛苦是其子死亡的客观事实造成的，并非重庆某学院侵权行为造成，故重庆某学院的侵权行为并未造成严重后果，高某某请求重庆某学院赔偿精神损害抚慰金不符合法律规定，不予支持。另朱某某系完全民事行为能力人，其对自己的行为产生的后果承担法律责任，故高某某诉称重庆某学院对朱某某的死亡有防范不当的过错的理由不成立，不予采信。高某某的其他诉讼请求于法无据，予以驳回。

二审诉辩情况

上诉人（原审原告）诉称：第一，撤销重庆市南岸区人民法院〔2006〕南民初字第 3207 号民事判决书；第二，依法判决重庆某学院赔偿高某某精神损害抚慰金 8 万元、丧葬费 8316 元、交通住宿费 5197 元、伙食补助费 1000 元、误工费 1933 元，各项赔偿共计人民币 96446 元；第三，诉讼费用由重庆某学院负担。其理由是：第一，原审法院认定死者朱某某所在单位重庆某学院擅自处理死者遗体的行为不构成侵权是严重错误的，该认定于法无据，其行为违反了社会公德、“公序良俗”原则，侵犯了高某某等亲属对朱某某的遗体处置权和最后告别、悼念的权利，给其精神造成了极大的损害；第二，原审法院仅作出重庆某学院擅自处理死者朱某某遗体的行为欠妥，并作出重庆某学院只是违反中国传统丧葬风俗不构成侵权的认定适用法律错误。朱某某的遗体、遗容对于高某某及其亲属有重要的人格象征意义。司法解释中的社会公德实际上就是“公序良俗”的具体反映。

被上诉人辩称：第一，死者朱某某无亲人在重庆且非正常意外伤亡，重庆某学院在通知不能的情况下，将其遗体进行火化，在法律上属无因管理，主观上并无恶意，且也未利用其遗体；第二，高某某错误理解具有人格象征意义物品及社会公德的法律概念，作为死者生前所在单位，在火葬场组织该校教师进行遗体告别并不违反社会公德，人格象征意义的物品并非指遗体；第三，造成高某某精神痛苦的原因是其子朱某某的死亡。原判认定事实清楚客观，适用法律正确，请求驳回上诉，维持原判。

二审裁判结果

重庆市第五中级人民法院依照最高人民法院《关于确定民事侵权精神损害赔偿责任若干问题的解释》第1条第2款、《中华人民共和国民事诉讼法》第153条第1款第2项的规定，判决如下：

一、撤销重庆市南岸区人民法院〔2006〕南民初字第3207号民事判决；

二、由被上诉人重庆某学院在本判决生效后5日内赔偿上诉人高某某精神损害抚慰金10000元；

三、驳回上诉人高某某的其他诉讼请求。

一审案件受理费2320元，其他诉讼费670元，合计2990元；二审案件受理费2320元，其他诉讼费670元，合计2990元；一、二审诉讼费共计5980元，由上诉人高某某负担1196元，被上诉人重庆某学院负担4784元。

二审裁判理由

重庆市第五中级人民法院二审审理查明的事实和证据与一审认定的事实和证据一致。

重庆市第五中级人民法院经审理认为：朱某某跳楼死亡后，重庆某学院未通知其母高某某及其他近亲属，于次日将朱某某的遗体火化，使高某某作为母亲未能在儿子死亡后的第一时间得知此消息，丧失了进行遗体告别的权利，这对死者近亲属是不负责任的。在我们国家，几千年形成的传统文化和善良风俗中，生者对亡者的悼念和缅怀是约定俗成的习惯，这种习惯应当受到人们的尊重。重庆某学院应当履行一个善良人的注意义务，将朱某某的死讯及时告知其亲属。重庆某学院的做法侵害了其母高某某的其他人格利益。这种其他人格利益属于最高人民法院《关于确定民事侵权精神损害赔偿责任若干问题的解释》规定的人格权范畴。该解释明确规定违反社会公共利益、社会公德，侵害他人人格利益，构成侵权。由于近亲属间特定的身份关系，自然人死亡后，其人格要素对其仍然生存着的配偶、父母、子女和其他近亲属会发生影响，并构成生者精神利益的重要内容。

本案中，尽管重庆某学院对朱某某遗体火化不存在故意侵权行为，但其未通知朱某某亲属的过失行为给高某某精神上造成的痛苦是显而易见的，其过失行为侵害了高某某的其他人格利益。原审法院判决未主张重庆某学院赔偿高某某精神损害抚慰金不当。高某某请求精神损害抚慰金的主张符合法律规定，法院酌情主张精神损害抚慰金。由于朱某某的死亡非重庆某学院的人身侵权行为造成，故法院对高某某上诉要求重庆某学院赔偿丧葬费、交通食宿费、伙食补助费、误工费的请求不予支持。原审判决认定事实清楚，审判程序合法，但适用法律及确定案由不当。

50. 单位负责保管的骨灰盒因疏忽弄错，死者亲属是否可以提起精神损害赔偿？

单位将职工尸体火化后未将骨灰移交给其家属之前，负有妥善保管死者骨灰的法律义务，该义务产生于单位与职工之间的劳动关系，也源于社会善良风俗的要求。单位因未尽妥善保管之法律义务，致使职工骨灰与他人骨灰混同而不能辨认，单位应承担侵权的民事赔偿责任。

骨灰作为具有特定人格象征意义的物质载体，蕴含着亲人精神寄托、感情抚慰的特殊意义。单位因过失致职工骨灰混同使职工亲属丧失祭拜的特定物，给职工亲属造成精神痛苦，单位应对造成职工亲属的精神痛苦予以赔偿。

典型疑难案件参考

杨润昌、黎在发、黎在芬等诉宣威市羊场煤矿精神损失赔偿纠纷案

基本案情

原告杨润昌的丈夫（其余六原告的父亲）黎万富生前系被告羊场煤矿的在职职工。1989 年 5 月 11 日，黎万富被付昆方故意伤害致死（付昆方已判刑），被告羊场煤矿因未能通知到杨润昌，便在黎万富亲属未到场的情况下，将黎万富尸体运到宣威火化，并将黎万富骨灰盒存放于一纸箱内（箱内放有写着黎万富名字的笔记本纸一张）运回羊场煤矿，存放于矿医院停尸房。1990 年下半年矿殡仪馆建成后，矿方工作人员将黎万富的骨灰盒移至矿殡仪馆保管，在搬移的过程中，由于疏忽将装骨灰盒的纸箱丢弃，导致黎的骨灰盒

因无标志而与存放于殡仪馆的其他几个无标志的骨灰盒混同，无法辨认。2002年6月1日，宣威市公安局刑警大队同羊场派出所、羊场煤矿保卫科组成联合调查小组对黎万富骨灰盒问题进行调查，结论是不能确定黎万富的骨灰盒。

另查明，七原告曾以相同事由向宣威市人民法院提起诉讼，诉讼中，七原告于2002年9月20日申请撤诉，宣威市人民法院以〔2002〕宣民初字第1690号民事裁定书裁定准予七原告撤诉。

一审诉辩情况

原告诉称：1989年第一原告杨润昌的丈夫、其余六原告的父亲黎万富在被告处被付昆方故意伤害致死，被告没有发电报叫杨润昌来处理后事，而是将黎万富的尸体运到宣威火化，火化后将附有黎万富照片、写有名字的骨灰盒存放于被告殡仪馆，杨润昌知道后找到被告要求领回骨灰盒，但被告找出种种理由不让杨润昌领回，后又故意丢失黎万富骨灰盒，给原告造成心理上、精神上无法弥补的痛苦和伤害。其行为有悖于伦理道德和社会公序良俗，同时是一种违法的民事侵权行为。请求判令被告赔偿原告方交通费、误工费、食宿费1万元和精神损害抚慰金39万元。要求退还骨灰（若找不到骨灰，赔偿骨灰的损失），并承担诉讼费用。

被告辩称：黎万富并非死在被告处，是被人叫出后因打架斗殴致死，由于黎万富是羊场煤矿工人，死后又无亲人在场，故被告才将其火化并将骨灰盒存放于被告医院停尸房，事后通知原告来领，而原告不去领，羊场煤矿无义务替其保管骨灰盒，因此羊场煤矿不存在侵权；原告的起诉已过诉讼时效。请求驳回原告的诉讼请求。

一审裁判结果

云南省曲靖市中级人民法院根据最高人民法院《关于确定民事侵权精神损害赔偿责任若干问题的解释》第3条第3项、第4条的规定，判决如下：

一、由被告宣威市羊场煤矿于本判决生效后10日内给付原告杨润昌、黎在发、黎在芬、黎在祥、黎在荣、黎在华、黎大明精神损害抚慰金每人2500元，合计17500元；

二、驳回原告的其他诉讼请求。

案件受理费8510元，由原、被告各负担一半。

一审裁判理由

云南省曲靖市中级人民法院认为：黎万富作为羊场煤矿的职工被他人伤害致死后，羊场煤矿在未能通知到黎的亲属的情况下对黎万富的尸体进行火化处理并无不当。对于尸体火化后羊场煤矿是否通知黎万富亲属及时领取黎万富的骨灰盒，羊场煤矿主张已尽通知义务，而七原告则主张羊场煤矿未通知其领骨灰盒，相反，当原告方主动找到被告要求领取骨灰盒时，被告方不让领。但对各自的主张，原、被告双方均未能提供充分证据证实。但可以认定的是，羊场煤矿将黎万富尸体火化后确实未尽到妥善保管义务，以致黎万富的骨灰盒与其他无标志的人的骨灰盒混同，难以区分开。最高人民法院《关于确定民事侵权精神损害赔偿责任若干问题的解释》第4条规定："具有人格象征意义的特定纪念物品，因侵权行为而永久性灭失或者毁损，物品所有人以侵权为由，向人民法院起诉请求赔偿精神损害的，人民法院应当依法予以受理。"骨灰是人死亡后其亲人祭奠情思的有形物质，是"具有人格象征意义的特定纪念品"，由于被告羊场煤矿的过错，黎万富的亲人即七原告丧失了祭奠已亡亲人的特殊载体，为此给七原告造成了一定精神痛苦，原告要求精神损害赔偿的请求于法有据，但因请求赔偿数额过高，故对其请求只能部分予以支持。原告要求被告赔偿交通费、误工费、食宿费1万元的诉讼主张，因未提供相关证据证实，法院不予支持。根据民事诉讼法的规定，本案适用两年的普通诉讼时效，时效期间应从权利人知道或应当知道权利被侵害时起算，即从原告知道黎万富的骨灰盒无法辨认领取，权利确被侵害时起计，而根据双方提供的证据，这个时间应从宣威市公安局刑警大队会同羊场派出所、羊场煤矿保卫科调查作出"不能确定黎万富的骨灰盒"的结论时起计，即2002年6月。以此时间起算，本案原告的诉请并未过诉讼时效。而且本案原告的诉请也未过法律规定的最长诉讼时效20年（从权利被侵害即1990年起）。

二审诉辩情况

上诉人诉称：羊场煤矿丢失上诉人杨润昌丈夫黎万富的骨灰，给上诉人造成巨大的精神压力，现上诉人生活困难，而黎万富的死亡应按工伤处理。请求：（1）支持赔偿上诉人精神损失费39万元；（2）赔偿上诉人交通费、住宿费28659元；（3）赔偿抚恤费33800元及丧葬费2100元。

被上诉人辩称：被上诉人因未能通知到黎万富的亲属而将黎万富的尸体火化并将骨灰存放于矿医院停尸房的行为系无因管理行为，上诉人1989年6月10日未领取骨灰盒，双方并未就骨灰盒的保管达成协议，故上诉人已放弃对骨灰盒的所有权；上诉人认可其到被上诉人处领取骨灰盒被拒绝，故上诉人自1989年6月10日起就知道其权利受到侵害，2002年上诉人才向法院主张权利已超过诉讼时效。

二审裁判结果

云南省高级人民法院根据《中华人民共和国民事诉讼法》第153条第1款第2项，最高人民法院《关于确定民事侵权精神损害赔偿责任若干问题的解释》第3条第3项、第4条、第10条的规定，判决如下：

一、撤销云南省曲靖市中级人民法院〔2003〕曲中民初字第3号民事判决；

二、由宣威市羊场煤矿于本判决送达之日起15日内赔偿杨润昌、黎在发、黎在芬、黎在祥、黎在荣、黎在华、黎大明每人精神损失费5000元；

三、驳回杨润昌、黎在发、黎在芬、黎在祥、黎在荣、黎在华、黎大明的其他诉讼请求。

一审案件受理费8510元，由杨润昌、黎在发、黎在芬、黎在祥、黎在荣、黎在华、黎大明负担5000元，由宣威市羊场煤矿负担3510元。二审案件受理费8510元，由杨润昌、黎在发、黎在芬、黎在祥、黎在荣、黎在华、黎大明负担5000元（免交），由宣威市羊场煤矿负担3510元。

二审裁判理由

云南省高级人民法院经审理后，确认了一审认定的事实和证据。

云南省高级人民法院认为：法律在依法维护民事主体人身权的同时，对民事主体消灭后依法享有的人身法益予以延伸保护。杨润昌之夫黎万富生前系羊场煤矿职工，羊场煤矿在将黎万富尸体火化后未将骨灰移交给黎万富家属前，负有妥善保管黎万富骨灰的法律义务，该义务产生于羊场煤矿与黎万富之间的劳动关系，也源于社会善良风俗的要求。故羊场煤矿提出其对黎万富骨灰的保管系法律意义上的无因管理无法律依据。羊场煤矿因未尽妥善保管之法律义务，致使黎万富骨灰与他人骨灰混同而不能辨认，羊场煤矿应承担侵权的民事赔偿责任。因侵权产生的民事诉讼，诉讼时效期间自权利人知道或应当知道权利被侵害时起计算。本案中，黎万富骨灰与他人骨灰混同而无法辨认的事实于2002年6月经宣威市公安局刑警大队会同羊场派出所、羊场煤矿保卫科作出确认。故原审判决认定以此时间起算诉讼时效期间并无不当。

骨灰作为具有特定人格象征意义的物质载体，蕴含着亲人精神寄托、感情抚慰的特殊意义。羊场煤矿因过失致黎万富骨灰混同使杨润昌等亲人丧失祭拜的特定物，给杨润昌等人造成精神痛苦，羊场煤矿应对造成杨润昌等人的精神痛苦予以赔偿。根据羊场煤矿实施侵权行为的性质、程度以及损害后果等因素酌情赔偿杨润昌、黎在发、黎在芬、黎在样、黎在荣、黎在华、黎大明等人精神损失费各5000元。二审中，杨润昌等人提出赔偿抚恤费33800元、丧葬费2100元及28659元交通费的诉讼请求，因上诉人杨润昌等人所提诉讼请求已超出原审诉讼请求的范围，羊场煤矿亦不同意调解，故对超出原审诉讼请求的部分，法院不予审理，至于上诉人提出交通费的赔偿问题，因一审庭审中上诉人已明确表示“现车票等已遗失”，加之二审中上诉人提交的相关票据不能证明与本案具有关联性，故不予支持。因而原审判决认定事实清楚，但适用法律不当。

51. 单位和殡仪馆违反职工亲属保留遗体的要求将职工遗体火化是否侵犯了死者亲属的遗体处分权？

在职工去世后的遗体处理过程中，殡仪馆和公司作为法定火化机构和死者生前所在单位，均尽到了各自的合理义务。殡仪馆履行了请示主管部门、通知死者家属和所在单位等必经手续；公司也多次派人与死者亲属协调处理善后事宜，并支付了相关费用，故在死者遗体处理方面没有侵权的故意，且在该遗体长时间的存放过程中不间断地做各方面的工作，体现了应有的人文关怀和对死者及死者家属的尊重，符合《河南省殡葬管理办法》关于遗体火化方面的规定，没有对死者家属构成侵权，不应当承担法律责任。

典型疑难案件参考

吕绍俊诉焦作起重运输机械有限责任公司和焦作市殡仪馆遗体处分权赔偿纠纷案

基本案情

吕绍荣系吕绍俊的胞姐，原系起重公司职工，于2004年4月8日病故，9日被送到焦作市殡仪馆暂存。2004年5月18日，焦作市殡仪馆向起重公司发出通知，要求3日内处理此遗体事宜。起重公司于2004年5月21日向吕绍俊发出通知，就吕绍荣的遗体处置事宜和国家有关规定做了说明。该通知送达吕绍俊，吕绍俊拒收，起重公司发布了布告。2004年6月1日，殡仪馆向市殡葬办请示火化吕绍荣遗体，并向辖区派出所备案；6月3日，市殡葬办批复同意火化该遗体。2004年6月2日，起重公司致函市殡葬办，同意市殡仪馆的决定，对吕绍荣的遗体强制火化。2004 年 6 月 14 日，吕绍荣的遗体被火化，骨灰存放殡仪馆。2004 年 7 月 5 日，解放区卫生局向市卫生局移送吕绍俊提出的医疗事故争议处理申请。2005 年 1 月 6 日吕绍俊以其作为吕绍荣唯一的亲属，对吕绍荣的尸体享有处分权，二被告将吕绍荣的尸体火化侵犯了其合法权益为由，向法院提起诉讼。请求判令二被告公开向原告赔礼道歉，返还骨灰，并赔偿原告精神损害抚慰金 5 万元。

一审裁判结果

河南省焦作市解放区人民法院依据《中华人民共和国民法通则》第 106 条第 2 款之规定，判决如下：

驳回吕绍俊的诉讼请求。案件受理费 2110 元，其他诉讼费 130 元，由原告吕绍俊负担。

一审裁判理由

河南省焦作市解放区人民法院认为，被告焦作市殡仪馆在处理吕绍荣的遗体过程中，是按照有关规定程序进行的，手续齐全，符合有关法律的规定。起重公司在吕绍荣遗体的火化过程中也没有过错。原告虽然不承认殡仪馆向其送达了书面通知，但从被告提供的证据上看，是完全可以认定的。原告主张在遗体火化前就要求保留遗体，亦没有提供相应证据加以证明，法院依法不予采信。吕绍荣遗体被火化后，吕绍俊随时可以去殡仪馆将吕绍荣的骨灰取走，故该骨灰不存在返还问题。

二审诉辩情况

吕绍俊不服一审判决，向河南省焦作市中级人民法院提起上诉，认为原审遗漏了上诉人提供的话单证据，采信证据有失公正，适用法律错误。要求撤销原判，支持上诉人的原审请求。

起重公司辩称：在处理吕绍荣去世以后的事务中，起重公司做了大量工作，花费了不少财力、人力，公司没有过错。要求维持原判。

殡仪馆辩称：其在火化吕绍荣遗体的过程中没有过错，程序合法，要求维持原判。

二审裁判结果

焦作市中级人民法院根据《中华人民共和国民事诉讼法》第 153 条第 1 款第 1 项之规定，判决如下：驳回上诉，维持原判。

二审案件受理费 2110 元，其他诉讼费 30 元，由上诉人吕绍俊负担。

二审裁判理由

焦作市中级人民法院经审理认为，在吕绍荣因病去世后的遗体处理过程中，殡仪馆和起重公司作为法定火化机构和死者生前所在单位，均尽到了各自的合理义务。殡仪馆履行了请示主管部门、通知死者家属和所在单位等必经手续；起重公司也多次派人与上诉人协调处理善后事宜，并支付了相关费用，两被上诉人在吕绍荣的遗体处理方面没有侵权的故意，且在该遗体长时间的存放过程中不间断地做各方面的工作，体现了应有的人文关怀和对死者及死者家属的尊重，符合《河南省殡葬管理办法》关于遗体火化方面的规定。故两被上诉人的行为没有对死者家属构成侵权，不应当承担法律责任。上诉人主张的赔礼道歉、支付精神抚慰金等请求缺乏事实根据，依法不予支持。关于骨灰问题，殡仪馆当庭承诺上诉人可以随时取走，已不存在法律强制其履行义务的问题，上诉人的该项请求亦不成立，依法不予支持。原审判决认定事实清楚，适用法律正确，程序合法，依法应予维持。

一般人格权纠纷办案依据集成

1.《中华人民共和国民法通则》（2009 年 8 月 27 日修正）（节录）

第五条 公民、法人的合法的民事权益受法律保护，任何组织和个人不得侵犯。

2. 最高人民法院《关于确定民事侵权精神损害赔偿责任若干问题的解释》（2001 年 3 月 8 日 法释〔2001〕7 号）

为在审理民事侵权案件中正确确定精神损害赔偿责任，根据《中华人民共和国民法通则》等有关法律规定，结合审判实践经验，对有关问题作如下解释：

第一条 自然人因下列人格权利遭受非法侵害，向人民法院起诉请求赔偿精神损害的，人民法院应当依法予以受理：

（一）生命权、健康权、身体权；

（二）姓名权、肖像权、名誉权、荣誉权；

（三）人格尊严权、人身自由权。

违反社会公共利益、社会公德侵害他人隐私或者其他人格利益，受害人以侵权为由向人民法院起诉请求赔偿精神损害的，人民法院应当依法予以受理。

第二条 非法使被监护人脱离监护，导致亲子关系或者近亲属间的亲属关系遭受严重损害，监护人向人民法院起诉请求赔偿精神损害的，人民法院应当依法予以受理。

第三条 自然人死亡后，其近亲属因下列侵权行为遭受精神痛苦，向人民法院起诉请求赔偿精神损害的，人民法院应当依法予以受理：

（一）以侮辱、诽谤、贬损、丑化或者违反社会公共利益、社会公德的其他方式，侵害死者姓名、肖像、名誉、荣誉；

（二）非法披露、利用死者隐私，或者以违反社会公共利益、社会公德的其他方式侵害死者隐私；

（三）非法利用、损害遗体、遗骨，或者以违反社会公共利益、社会公德的其他方式侵害遗体、遗骨。

第四条 具有人格象征意义的特定纪念物品，因侵权行为而永久性灭失或者毁损，物品所有人以侵权为由，向人民法院起诉请求赔偿精神损害的，人民法院应当依法予以受理。

第五条 法人或者其他组织以人格权利遭受侵害为由，向人民法院起诉请求赔偿精神损害的，人民法院不予受理。

第六条 当事人在侵权诉讼中没有提出赔偿精神损害的诉讼请求，诉讼终结后又基于同一侵权事实另行起诉请求赔偿精神损害的，人民法院不予受理。

第七条 自然人因侵权行为致死，或者自然人死亡后其人格或者遗体遭受侵害，死者的配偶、父母和子女向人民法院起诉请求赔偿精神损害的，列其配偶、父母和子女为原告；没有配偶、父母和子女的，可以由其他近亲属提起诉讼，列其他近亲属为原告。

第八条 因侵权致人精神损害，但未造成严重后果，受害人请求赔偿精神损害的，一般不予支持，人民法院可以根据情形判令侵权人停止侵害、恢复名誉、消除影响、赔礼道歉。

因侵权致人精神损害，造成严重后果的，人民法院除判令侵权人承担停止侵害、恢复名誉、消除影响、赔礼道歉等民事责任外，可以根据受害人一方的请求判令其赔偿相应的精神损害抚慰金。

第九条 精神损害抚慰金包括以下方式：

（一）致人残疾的，为残疾赔偿金；

（二）致人死亡的，为死亡赔偿金；

（三）其他损害情形的精神抚慰金。

第十条 精神损害的赔偿数额根据以下因素确定：

（一）侵权人的过错程度，法律另有规定的除外；

（二）侵害的手段、场合、行为方式等具体情节；

（三）侵权行为所造成的后果；

（四）侵权人的获利情况；

（五）侵权人承担责任的经济能力；

（六）受诉法院所在地平均生活水平。

法律、行政法规对残疾赔偿金、死亡赔偿金等有明确规定的，适用法律、行政法规的规定。

第十一条 受害人对损害事实和损害后果的发生有过错的，可以根据其过错程度减轻或者免除侵权人的精神损害赔偿责任。

第十二条 在本解释公布施行之前已经生效施行的司法解释，其内容有与本解释不一致的，以本解释为准。

第二部分　侵权责任纠纷

一、监护人责任纠纷

52. 夫妻双方离婚后，未成年子女侵害他人权益的，在何种情况下应当判令双方共同承担民事赔偿责任？

夫妻离婚后，双方仍旧都是未成年人的法定监护人。当未成年人侵害他人权益时，首先应由与孩子共同生活的一方承担民事赔偿责任，如果与孩子共同生活的一方独立承担民事责任确有困难的，可责令未与孩子共同生活的一方共同承担民事责任。

典型疑难案件参考

庄福省等诉蒋水侨等生命权、健康权、身体权纠纷案

基本案情

2009年10月17日，原告庄福省、叶慧萍带儿子庄元祺（2006年8月10日出生）回到同安区汀溪镇前格村叶慧萍娘家走亲。当天15时许，被告蒋佳婧骑自行车经过叶慧萍娘家门口时，遇见庄元祺，即招呼庄元祺到她家里玩。两个小孩就一起到蒋水侨临时搭盖的简易房内将铁门锁住一起玩耍。期间，蒋佳婧在床上翻跟斗时不慎从床上摔下，庄元祺见状即趴在床头哈哈大笑。蒋佳婧即从边上的床头柜拿出蒋水侨收藏的一把土制手枪朝庄元祺前额开了一枪。子弹从庄元祺前额击穿头部。蒋佳婧见状，害怕得躲到家里的电脑旁。当天16时许，蒋水侨收工回到家门口时，碰上前来寻找庄元祺的庄福省，二人进屋后发现庄元祺被枪击，即拨打120急救并报警。庄元祺被送到医院后抢救无效死亡。案发后，被告蒋水侨因私藏枪支被判处有期徒刑5年。另查明，庄元祺被送往厦门第三医院抢救，花费医疗费1948.63元。被告廖艺琼于2009年1月19日与被告蒋水侨离婚，婚生女蒋佳婧由被告蒋水侨抚养教育。

一审诉辩情况

原告庄福省、叶慧萍诉称：2009年10月17日，原告之子庄元祺与被告蒋佳婧（案发时6岁）在被告家玩要时，蒋佳婧找出一把土制手枪对庄元祺开了一枪，致庄元祺送医院抢救无效死亡。原告请求：判令被告共同赔偿原告经济损失：医药费1948.63元、丧葬费16172元，死亡赔偿金478960元，并赔偿精神抚慰金10万元。

被告蒋佳婧未提出答辩意见。

被告蒋水侨提出原告对三岁小孩监护不周，导致事故发生，原告亦应承担部分责任。

被告廖艺琼提出其于2009年1月19日已与被告蒋水侨离婚，婚生女蒋佳婧由蒋水侨抚养教育，蒋佳婧的监护人为被告蒋水侨，其不承担赔偿责任的辩解意见。

一审裁判结果

厦门市同安区人民法院依照《中华人民共和国民法通则》第106条第2款、第119条、第133条，最高人民法院《关于贯彻和执行〈中华人民共和国民法通则〉若干问题的意见（试行)》第158条，最高人民法院《关于审理人身损害赔偿案件适用法律若干问题的解释》）第17条第1款、第3款、第18条第1款、第19条第1款、第27条，最高人民法院《关于确定民事侵权精神损害赔偿责任若干问题的解释》第10条第1款之规定，判决如下：

一、被告蒋水侨、廖艺琼应赔偿原告庄福省、叶慧萍因庄元祺死亡造成的经济损失人民币447372.56元及精神抚慰金50000元，限于判决生效之日起10日内付清；

二、驳回原告庄福省、叶慧萍的其他诉讼请求。

一审裁判理由

厦门市同安区人民法院经审理认为：被告蒋佳婧在与庄元祺玩要时，开枪击中庄元祺头部，致庄元祺送医院抢救无效死亡。其行为已损害庄元祺的生命权、健康权、身体权，应当承担民事赔偿责任。鉴于蒋佳婧为无民事行为能力人，应由其监护人承担民事赔偿责任。被告蒋水侨、廖艺琼系蒋佳婧的父母，在事发前已离婚，蒋佳婧由蒋水侨抚养。最高人民法院《关于贯彻和执行〈中华人民共和国民法通则〉若干问题的意见（试行)》第158条："离婚后，未成年子女侵害他人权益的，同该子女共同生活的一方应当承担民事责任；如果独立承担民事责任确有困难的，可责令未与子女共同生活的一方共同承担民事责任”之规定，本案由于造成重大的经济损失，由蒋水侨独立承担确有困难，因此，原告请求被告廖艺琼与蒋水侨共同承担责任，依法可以支持。原告庄福省、叶慧萍放任年仅3岁的幼子与年仅6岁的蒋佳婧在没有其他成年人监护的情况下一起玩耍，造成损害结果的发生，应承担监护不周的责任，即自行承担10%经济损失。原告损失如下：医疗费1948.63元，有医疗发票为据，法院予以确认；原告属城镇户口，丧葬费、死亡赔偿金按受诉法院所在地城镇居民人均可支配收入计算，即丧葬费16172元、死亡赔偿金478960元，合计497080.63元。上述损失由被告承担90%即447372.56元。由于本起事故造成原告之子死亡，致原告精神损害，是不言而喻的，因此，原告请求被告赔偿精神抚慰金，依法应予支持，根据相关的法律规定，结合本案的实际情况，一审法院酌情确定精神抚慰金为50000元。

二审诉辩情况

判决后，蒋水侨不服，向福建省厦门市中级人民法院提起上诉。

二审裁判结果

因上诉人蒋水侨未在法定的期限内预交二审案件受理费，厦门市中级人民法院依照《中华人民共和国民事诉讼法》第107条第1款、《诉讼费交纳办法》第22条之规定，裁定如下：本案按上诉人蒋水侨自动撤回上诉处理。

监护人责任纠纷办案依据集成

《中华人民共和国侵权责任法》（2009年12月26日主席令第21号公布）（节录）

第三十二条 无民事行为能力人、限制民事行为能力人造成他人损害的，由监护人承担侵权责任。监护人尽到监护责任的，可以减轻其侵权责任。

有财产的无民事行为能力人、限制民事行为能力人造成他人损害的，从本人财产中支付赔偿费用。不足部分，由监护人赔偿。

二、用人单位责任纠纷

53. 肇事方在上下班途中骑车致人受伤，其行为可否由其所工作的单位承担雇主替代责任？

是否以单位名义从事单位指派的任务是判断职务行为的一般原则，一般在工作时间内的行为可视为职务行为。而对于工作时间外的行为并不是简单地以是否归属于工伤保险范畴的上下班时间来定，而是需借助于行为人所为行为的内容、时间、地点、场合、行为之名义及行为的受益人、是否与用人单位意志有关联等情况综合加以判别。

典型疑难案件参考

王亚仙诉李骏、龙腾货代有限公司、中国大地财产保险股份有限公司上海分公司机动车交通事故责任纠纷案

基本案情

2008年8月25日上午8时许，李骏驾驶轻便二轮摩托车上班途中与王亚仙相撞，并致其倒地受重度颅脑损伤，经鉴定已构成一级伤残。交警部门因无法查证王亚仙是横过道路还是清扫道路，故对事故责任未予认定。肇事摩托车为李骏所有，该摩托车在被告中国大地财产保险股份有限公司上海分公司（以下简称大地保险上海分公司）处投保了交强险。2009年5月，王亚仙诉至法院。

一审诉辩情况

王亚仙诉称：其系正常清扫道路，李骏应对其受到的伤害承担全部责任，故诉至法院主张各项费用合计1546468.83元，该款由大地保险上海分公司在机动车交通事故责任强制保险（以下简称交强险）限额内承担赔偿责任，李骏在交强险限额外承担全部责任，龙腾货代（中国）有限公司（以下简称龙腾公司）承担连带赔偿责任。

李骏辩称：其系龙腾公司的员工，在上班途中发生的事故，系职务行为，即使要承担责任，也应该是龙腾公司承担。

龙腾公司辩称：李骏确系该公司员工，工作范围系给公司老板开车，接送

老板上下班。但是李骏骑车去上班不是公司赋予他的工作职责，所以该事故与公司无关，公司不应承担任何责任。

一审裁判结果

一审法院审核了王亚仙主张的损失依据后，作出如下判决：

大地保险上海分公司赔付王亚仙 120500 万元；龙腾公司赔付王亚仙 570370 元；驳回王亚仙的其余诉讼请求。

一审裁判理由

一审法院认为：从李骏与龙腾公司签订的劳动合同中记载的工作内容、事故发生时间、地点及李骏至龙腾公司领导家中的路线分析，其该时间段驾驶自己的轻便二轮摩托车行驶过程中发生的上述事故，系在上班途中。对李骏在执行职务中致人损害，先由大地保险上海分公司在交强险限额内赔付，超出部分应由龙腾公司承担赔偿责任。

二审诉辩情况

一审宣判后，龙腾公司不服提起上诉。龙腾公司认为，涉案交通事故发生时，肇事人李骏非为职务行为，原审法院将李骏前往工作地点的时间即上班前的时间代替执行职务的时间，将其前往工作地点时所经过的场所代替为执行职务的场所，将李骏用于个人上班的交通工具代替为执行职务的交通工具，据此所作的判决不当，故请求二审法院查明事实，撤销原审法院的相关判决，驳回王亚仙要求上诉人赔偿的请求内容。

王亚仙认为：原审法院查明事实清楚，适用法律得当，请求二审法院维持原审法院的判决。李骏认同原审法院的判决。

二审裁判结果

二审法院判决如下：

大地保险上海分公司赔付王亚仙 120500 万元；李骏赔付王亚仙 572210. 36 元；驳回王亚仙的其余诉讼请求。

二审裁判理由

二审法院查明的事实与一审认定的一致。

二审法院认为：是否以单位名义从事单位指派的任务是判断职务行为的一般原则，一般在工作时间内的行为可视为职务行为。而对于工作时间外的行为并不是简单地以是否归属于工伤保险范畴的上下班时间来定，而是需借助于行为人所为行为的内容、时间、地点、场合、行为之名义及行为的受益人、是否与用人单位意志有关联等情况综合加以判别。

依据查明的事实，涉案交通事故的侵权人李骏系龙腾公司聘用的人员，工作内容为司机，主要工作方式是利用单位提供的机动车接送公司老板上下班，工作的起始地点：老板家。涉案交通事故发生时间是早上8点多，系李骏正在前往老板家的途中，从时间节点而言，系在工作时间之外，故从执行职务的时间角度而言不能判断李骏于事发当时所为的行为属于履行职务行为；且至老板家中的方式与路途也非单位可支配、指定的领域。从李骏事故发生当时使用的危险工具来看，其驾驶的是其自有的二轮摩托车，非其所在单位为促使李骏完成职务而提供的工具。故无论从涉案事故发生的时间、李骏实施该行为的内容与行为的客观外象来看，均无从判别该危险行为与其从事的职务内容有关联。

54. 行为人的行为构成职务行为主要依据何种标准？

“职务行为”是法人承担替代责任的决定性因素。确定职务行为的标准，不仅取决于是否履行了单位规章制度规定的相关条件和程序，而且应当从职权标准、时空标准、名义标准、目的标准等方面综合加以考量确定。

55. 违反单位规定，未经批准驾驶单位车辆并发生车祸的行为是其个人行为还是职务行为？

被害人组织、安排单位职工加班以迎接检查，属于其职责范围。虽然其违反单位规定，未经批准自行驾驶单位车辆，但事故发生之时，其驾车主要是为了搭乘同事，继续加班完成工作任务，故其驾驶车辆的行为与其职责范围直接相关，是为了实现单位生产经营活动的需要，属于职务行为，其驾驶车辆发生交通事故所造成的损失应当由用人单位承担赔偿责任。

典型疑难案件参考

陈敬国、张桂珍诉中国水泥厂、朱珏英交通事故损害赔偿纠纷案

基本案情

郭明明（朱珏英之子）系水泥厂矿山分厂厂长助理兼总调度长。2007年4月19日，为迎接水泥厂领导次日来分厂来检查，郭明明与该厂职工张泉之、徐道平一起加班平整厂区内场地。三人一直加班至19时，因此错过了单位班车，而平整场地的任务仍未完成。当晚，郭明明未按照单位规定填写申请单，没有履行相应的审批手续，驾驶水泥厂所有的一辆轻型普通货车搭乘张、徐二人回家，并约好次日早上二人等郭明明开车一起回厂继续平整场地。

2007年4月20日6时15分左右，郭明明驾驶上述车辆，搭乘其妻陈孝丽（陈敬国、张桂珍之女），沿宁镇公路由西向东行至梅墓路段，该车翻入宁镇公路南侧水渠中，郭明明及陈孝丽当场死亡，该车辆严重受损。南京市公安局交通管理局第七大队于2007年5月20日作出宁公交七〔2007〕第041901号交通事故认定书，认定此起事故的发生系由轻型普通货车驾驶员郭明明造成。

郭明明在婚前曾购买位于南京市樱铁村建筑面积为57.7平方米的住房一套，朱珏英系郭明明唯一的第一顺序法定继承人。本次事故发生后，郭明明、陈孝丽的家人已分别从二人工作单位获得工伤赔偿。陈敬国、张桂珍诉至法院，要求水泥厂赔偿各项损失合计44.08万元。水泥厂则认为单位制定了车辆管理的规定，不允许将单位的行政车辆自行开回家作为上下班交通工具，郭明明驾驶车辆并非职务行为。陈敬国、张桂珍遂申请追加郭明明的法定继承人朱珏英为被告，请求法院查清事实后依法确定当事人的责任。

一审裁判结果

南京市栖霞区人民法院依照《中华人民共和国继承法》第33条、《中华人民共和国民法通则》第119条和最高人民法院《关于审理人身损害赔偿案件适用法律若干问题的解释》第17条第3款、第18条、第28条、第29条之规定，判决如下：

一、朱珏英在继承郭明明遗产范围内赔偿陈敬国、张桂珍经济损失377970元，精神损害抚慰金50000元，合计427970元，此款于判决生效后3个月内给付陈敬国、张桂珍；

二、驳回陈敬国、张桂珍对水泥厂的诉讼请求。

一审裁判理由

南京市栖霞区人民法院经审理认为：公民的生命健康权受法律保护。交警部门认定本次事故系由郭明明造成，虽然郭明明与陈孝丽系夫妻关系，但其仍应对由于其驾驶车辆发生交通事故致陈孝丽死亡，导致陈敬国、张桂珍受到的损害承担民事赔偿责任。所谓职务行为是指与单位工作人员职责范围相关或为实现单位生产经营活动的目的和维护单位自身管理及社会活动需要而实施的行为。郭明明作为水泥厂矿山分厂的厂长助理，明知水泥厂和矿山分厂有用车要填申请单报批及不得将行政车辆用于上下班交通工具，不得私自出车的规定，却仍在2007年4月19日晚自行将车辆开回家。第二天早晨，郭开车回单位上班并搭乘陈孝丽，在上班的途中发生交通事故，郭明明的驾车行为不能认定为是职务行为。对郭明明驾驶车辆发生交通事故给陈敬国、张桂珍造成的损失不应由车辆所有人赔偿，而应由郭明明个人赔偿。因郭明明在本次事故中已死亡，故应由郭明明的法定继承人在郭明明个人遗产范围内承担赔偿责任。关于损失数额的认定，应按照最高人民法院《关于审理人身损害赔偿案件适用法律若干问题的解释》规定的赔偿范围、标准认定，确定死亡赔偿金、被扶养人生活费合计为377970元；根据最高人民法院《关于确定民事侵权精神损害赔偿若干问题的解释》的规定，确定精神损害抚慰金为50000元。

二审诉辩情况

朱珏英不服一审判决，向南京市中级人民法院提起上诉，认为：事发当日，郭明明使用水泥厂所有的车辆事出有因，是为了完成水泥厂临时安排的迎接检查工作，系从事水泥厂授权和指示范围内的生产经营活动，与其职务具有内在联系，应当认定为职务行为，应当由水泥厂向陈敬国、张桂珍承担赔偿责任。

二审裁判结果

南京市中级人民法院认为原审法院认定事实不清，适用法律有误，依照《中华人民共和国民事诉讼法》第153条第1款第3项之规定，判决如下：

一、撤销南京市栖霞区人民法院〔2007〕栖民一初字第1192号民事判决；

二、水泥厂于本判决生效之日起10日内赔偿陈敬国、张桂珍死亡赔偿金、被扶养人生活费及精神损害抚慰金合计427970元；

三、驳回陈敬国、张桂珍对朱珏英的诉讼请求。

二审裁判理由

南京市中级人民法院经审理认为：根据《中华人民共和国民事诉讼法》第64条的规定，当事人对自己提出的主张，有责任提供证据加以证明。朱珏英提供的证人证言及水泥厂的陈述互相印证，能够证明：2007年4月19日为迎接次日水泥厂安排的检查，郭明明组织张泉之、徐道平一起加班平整场地，错过了单位班车，其驾驶本案所涉事故车辆将张泉之、徐道平送回家，并约定第二天早上搭乘张泉之、徐道平继续加班。郭明明作为水泥厂矿山分厂的厂长助理，组织、安排单位职工加班以迎接检查，属于其职责范围。虽然其自行驾驶单位车辆，并搭乘其妻子陈孝丽，但事故发生之时，其驾车主要是为了搭乘同事张泉之、徐道平继续加班完成工作任务，郭明明驾驶车辆的行为与其职责范围直接相关，是为了实现单位生产经营活动的需要，属于职务行为，其驾驶车辆发生交通事故所造成的损失应当由水泥厂承担赔偿责任。

56. 国家机关工作人员驾驶本机关车辆发生交通事故致他人人身损害，如何确定责任？

国家机关及其工作人员的侵权行为发生在民法规定的执行职务中，属于民事侵权行为，所造成的损害虽然也要由国家机关负责赔偿，但此赔偿属于民事侵权损害赔偿，而不属于国家赔偿，受害人依据《民法通则》或者其他法律的规定，可以通过民事诉讼程序实现赔偿请求。

如果驾驶人是国家机关的工作人员且负责车辆管理工作，拥有对车辆的调控权，因此，其驾车外出应视为国家机关对其授权与认可，其驾驶本机关的车辆发生交通事故致他人人身损害，应认为是执行职务致他人人身损害，该所在的国家机关应当承担民事责任。

典型疑难案件参考

郝雅平诉新疆维吾尔自治区公安厅交通事故人身损害赔偿纠纷案

基本案情

2005 年 1 月 23 日 21 时，被告单位薛某驾驶新 O00100 货车，在公安厅家属院内的人行道上将原告碰撞致伤。同年 1 月 27 日，乌鲁木齐市沙依巴克区交警大队出具了一份事故认定书，认定薛某承担事故的全部责任。

事故发生后，原告两次住院治疗共计 83 天。原告在住院期间及出院后的 9 个月中，由其儿媳及护工陪护。原告儿媳的月工资收入为 1584 元；原告支付护工劳务费每月 600 元。原告在住院治疗期间支出交通费 500 元。

经新疆君正司法鉴定所司法鉴定，原告的损伤程度为八级伤残。原告为鉴定支出鉴定费 600 元。

一审诉辩情况

原告郝雅平诉称：2005 年 1 月 23 日 21 时，被告的工作人员薛某驾驶车号为新 O00100 的货车，在公安厅家属院内的人行道上将原告碰撞，发生了交通事故。2005 年 1 月 23 日，经乌鲁木齐市沙依巴克区交警大队事故责任认定，由薛某承担完全责任。受伤后，原告先后两次住院治疗，被告支付了住院的医疗费用，但对其他费用均未承担。为维护原告的合法权益，现诉至法院，请求依法判令被告偿付残疾生活补助费 31590 元、护理费 13726 元、交通费 500 元、住院伙食补助费 1245 元、营养费 2490 元、精神损害赔偿金 10000 元、今后治疗费 8000 元、伤残鉴定费 600 元，并负担本案诉讼费。

被告公安厅辩称：被告不同意原告的诉讼请求。理由是：（1）原告将被告作为被告起诉，其诉讼请求指向对象错误。本案的赔偿主体应为事故发生时的机动车驾驶员薛某，而不是被告。（2）肇事人薛某并非在执行公务过程中发生事故造成原告的损害，而是在办理私事过程中发生事故造成损害的，且被告也未从薛某的驾驶车辆行为中获得任何利益。故原告要求被告承担民事赔偿责任与法律规定不符。综上，请求人民法院驳回原告的诉讼请求。

一审裁判结果

沙依巴克区人民法院依照《中华人民共和国民法通则》第 119 条，最高人民法院《关于审理人身损害赔偿案件适用法律若干问题的解释》第 17 条，最高人民法院《关于确定民事侵权精神损害赔偿责任若干问题的解释》第 8 条之规定，判决如下：

一、被告赔偿原告伤残赔偿金 31590 元；

二、被告赔偿原告护理费 13726 元；

三、被告赔偿原告交通费 500 元；

四、被告赔偿原告住院伙食补助费 1245 元（83 天 ×15 元）；

五、被告赔偿原告鉴定费 600 元；

六、被告赔偿原告精神损害赔偿金 5000 元；

七、驳回原告要求被告赔偿其他费用的诉讼请求。

一审裁判理由

沙依巴克区人民法院经审理认为：本案被告公安厅是肇事车辆的所有权人，肇事人薛某又是公安厅的正式干部，且系单位车辆管理部门的管理者之一，有着对车辆的调控权，应视为单位对其随时开车外出行为的授权与认可。因此，被告薛某驾车肇事所造成的人身损害的后果，应当由被告对外承担民事赔偿责任。原告郝雅平要求被告公安厅赔偿伤残赔偿金、住院伙食补助费、陪护费、交通费、鉴定费合理正当，法院予以支持；要求赔偿精神损害赔偿金，法院根据原告伤情酌情予以支持；原告要求营养费，因证据不足，法院不予支持；原告主张今后治疗费用，因该费用尚未发生，所需费用不能完全确定，法案不作处理，待该费用发生后原告可另行主张。

二审诉辩情况

公安厅不服一审判决上诉称：一审法院认定事实不清，适用法律错误，且判决书中存在重大悖论，即如认定肇事人薛某的行为系职务行为则该案不应按民事案件审理而应当以国家赔偿案件受理；如按民事案件审理，则肇事人的行为即不属于职务行为，一审判决认定公安厅为赔偿责任主体没有事实依据且违反法律规定。另，一审法院既然认定薛某当日驾车撞人系执行职务行为造成的损害，则本案依法应当启动国家赔偿程序。一审法院认定车辆所有权人应承担赔偿责任缺乏相关法律依据，其判决突破了现行法律的规定，显属不当。请求二审法院驳回郝雅平的诉讼请求。

被上诉人郝雅平答辩称：公安厅的上诉，捏造事实，滥用法律。事实上，车和人都是公安厅的，薛某对车辆拥有操控权。根据《道路交通事故处理条例》的规定，其应当承担赔偿责任。薛某虽在星期天开车但不是私自开车。原判正确，请求二审法院驳回上诉，维持原判。

二审裁判结果

乌鲁木齐市中级人民法院依照《中华人民共和国民事诉讼法》第153条第1款第1项之规定，判决如下：

驳回上诉，维持原判。

二审裁判理由

二审法院确认的事实和证据与一审法院确认的事实和证据相一致。

乌鲁木齐市中级人民法院经审理认为，《民法通则》第121条规定："国家机关或者国家机关工作人员在执行职务中，侵害公民、法人的合法权益造成损害的，应当承担民事责任。"薛某不仅是上诉人公安厅的工作人员，而且是公安厅的车辆管理者，拥有对车辆的调控权，因此，其驾车外出应视为公安厅对其授权与认可。再则，公安厅作为薛某的管理部门，对其负有管理的责任，由于公安厅疏于管理，以致发生薛某驾车撞伤他人的后果，仅此公安厅也应承担责任。

《国家赔偿法》第2条规定："国家机关和国家工作人员违法行使职权侵犯

公民、法人和其他组织的合法权益造成损害的，受害人有依照本法取得赔偿的权利。”该条规定的行使职权是指“公共管理职权”。据此，只有在行使公共管理职权过程中发生的或与行使公共管理职权直接有关的侵权事实，受害人才能依照《国家赔偿法》的规定请求赔偿。薛某驾车外出的行为，不属于《国家赔偿法》第2条所规定的国家工作人员行使职权即“公共管理职权”的范畴。故处理该案不适用《国家赔偿法》，公安厅就此提出的上诉理由不能成立，法院不予采纳。原审法院认定事实清楚，适用法律正确。

57. 因第三人过错造成的工伤，用人单位进行工伤赔偿后是否可以向有责任的第三人追偿或代位求偿？

按照最高人民法院《关于审理人身损害赔偿案件适用法律若干问题的解释》的规定，因用人单位以外的第三人侵权引起的劳动者人身损害，赔偿权利人可以要求第三人承担民事赔偿责任。但并没有规定用人单位承担工伤赔偿责任后，可以向第三人追偿。国务院《工伤保险条例》亦没有相应规定。为职工投保工伤保险，是用人单位的法定义务。在未给职工投保工伤保险的情况下，用人单位的工伤赔偿责任亦是其法定义务，并不享有向第三人追偿的权利。

典型疑难案件参考

浙江越宫钢结构有限公司（以下简称越宫公司）诉吴国军、浙江众立建筑工程有限公司工伤赔偿纠纷案

基本案情

原告越宫公司将其承建浙江宏健纺织有限公司办公楼屋顶构架工程转包给被告吴国军。吴国军雇用吴立峰等人工作。2005年6月15日，在乘坐被告众立公司的物料升降机时，吴立峰受伤。2005年11月3日，绍兴市劳动和社会保障局认定吴立峰之伤为工伤。2006年12月8日，浙江省劳动能力鉴定委员会鉴定吴立峰因工丧失劳动能力程度评定为贰级。2007年3月30日，经绍兴市劳动争议仲裁委员仲裁调解：由越宫公司支付吴立峰一次性工伤长期待遇、住院伙食补助费、停工留薪期工资、护理费、交通费、鉴定费等合计280000元；双方事实劳动关系解除。越宫公司所在地2004年度职工年平均工资为

21179 元。

一审诉辩情况

原告越宫公司诉称：原告与被告吴国军于 2005 年 3 月 22 日签订承包合同一份，合同约定：由被告吴国军承包浙江宏健纺织有限公司办公楼屋顶构架工程，在施工过程中发生安全事故，其责任和造成的后果由被告吴国军自负，合同还对其他权利、义务作了约定。被告吴国军在签约后组织施工过程中，雇用吴立峰至现场施工，吴立峰于 2005 年 6 月 15 日在施工现场发生安全事故。原告支付给吴立峰的先期费用包括住院期间的医疗费用 120940.51 元、2005 年 10 月 21 日出院后的备用款 10000 元、购买轮椅费 790 元、报销门诊费用和交通费 4010.01 元。吴立峰在 2007 年 1 月 8 日向绍兴市劳动争议仲裁委员会申请仲裁，最后达成调解协议，由原告支付吴立峰一次性工伤长期待遇、住院伙食补助费、停工留薪期工资、护理费、交通费、鉴定费计人民币 28 万元。即原告至今已因该次安全事故支付吴立峰各项费用合计人民币 415740.52 元。又，被告众立公司系本案工程的总承包单位，该次安全事故系发生在其所使用管理的物料升降机上，而众立公司未按照国家有关强制性规定对该物料升降机进行使用和管理，对本次事故的发生负有不可推卸的责任，理应承担相应的民事赔偿责任。综上，原告请求判令两被告立即支付原告代为支付的款项 415740.52 元，两被告互负连带责任。

被告吴国军辩称：在施工过程中，上下楼的通道应由原告提供，但原告没有提供，也没有采取安全措施，存在重大过失；施工通过物料升降机上下，而根据规定物料升降机是不能乘人的，被告众立公司也存在重大过失，吴立峰因工负伤，经绍兴市劳动争议仲裁委员会鉴定为工伤事故，所以责任应由原告越宫公司和被告众立公司承担。

被告众立公司辩称：（1）被告众立公司与原告之间不存在分包关系，而是业主宏健公司直接分包给原告的，而且安全事故责任应由原告独立承担。（2）被告众立公司在使用和管理物料升降机过程中，完全是按照国家规定的操作规范在操作，被告众立公司没有允许或默许原告施工人员可以通过物料升降机上下。（3）原告要求被告吴国军承担的是合同责任，要求被告众立公司承担的是管理侵权责任，不符合相关法律规定，而且原告要求两被告承担连带责任，没有事实和法律依据。综上，请求驳回原告对被告众立公司的起诉。

一审裁判结果

浙江省绍兴县人民法院依照《工伤保险条例》第 2 条之规定，作出如下判决：

一、驳回原告浙江越宫钢结构有限公司的诉讼请求；

二、案件受理费 7536 元，由原告负担。

一审裁判理由

浙江省绍兴县人民法院经审理认为：公民的合法劳动权利受法律的保护。本案中，吴立峰在施工过程中受伤是事实，其受伤事实已经绍兴市劳动和社会保障局认定为工伤，虽然吴立峰在事故发生前与原告越宫公司并无劳动关系，但通过绍兴市劳动和社会保障局的工伤认定，可以确认吴立峰与越宫公司之间存在劳动关系，即使越宫公司予以否认，从越宫公司接受工伤认定结论、参与仲裁调解并实际履行调解义务，也可以认定越宫公司已经承认该劳动关系的存在。在劳动关系存在的前提下，造成吴立峰工伤事故发生，作为合法用工主体的越宫公司理应承担相应的工伤赔偿义务，而事实上越宫公司也履行了该义务，在越宫公司履行工伤赔偿法定义务后，其再向两被告追偿，不符合现行的工伤法律、法规，故对原告的诉讼请求，不予支持。

二审诉辩情况

上诉人诉称：（1）两被上诉人由于其各自的过错，应对吴立峰之人身损害后果承担连带赔偿责任。一审庭审表明，吴国军及其雇用人员在施工过程中，一直通过众立公司的物料升降机上下屋顶。而升降机由众立公司的专门人员实施操作。两被上诉人在明知物料升降机不能乘坐人员的情况下，却持续使用该升降机输送施工人员上下屋顶，其过错显而易见。正是该过错，导致了吴立峰人身损害事故的发生。最高人民法院《关于审理人身损害赔偿案件适用法律若干问题的解释》第 3 条规定："二人以上共同故意或者共同过失致人损害，或者虽然无共同故意、共同过失，但其侵害行为直接结合发生同一损害后果的，构成共同侵权，应当按照民法通则第一百三十条规定承担连带责任。"（2）上诉人在向吴立峰支付相关费用后，有权向作为最终责任人的两被上诉人追偿。目前法院在处理交通事故引起的工伤案件时采取补充赔偿责任原则。第三人的交通事故责任仅是侵权责任的一种形式，而同为第三人侵权引起的工伤事故，没有理由适用不同的处理原则。综上，请求二审撤销原判，依法改判支持上诉人一审诉讼请求。

被上诉人吴国军、众立公司均未作书面答辩。

二审裁判结果

浙江省绍兴市中级人民法院依照《中华人民共和国民事诉讼法》第 153

条第1款第1项之规定，作出如下判决：

一、驳回上诉，维持原判；

二、二审案件受理费7586元，由上诉人浙江越宫钢结构有限公司负担。

二审裁判理由

浙江省绍兴市中级人民法院经审理，确认一审法院认定的事实和证据。

浙江省绍兴市中级人民法院经审理认为：按照最高人民法院《关于审理人身损害赔偿案件适用法律若干问题的解释》的规定，因用人单位以外的第三人侵权引起的劳动者人身损害，赔偿权利人可以要求第三人承担民事赔偿责任。但并没有规定用人单位承担工伤赔偿责任后，可以向第三人追偿。国务院《工伤保险条例》亦没有相应规定。为职工投保工伤保险，是用人单位的法定义务。在未给职工投保工伤保险的情况下，用人单位的工伤赔偿责任亦是其法定义务，并不享有向第三人追偿的权利。本案中，越宫公司对与吴立峰之间的事实劳动关系以及承担工伤赔偿责任均无异议，并且已经履行了相应义务。现其上诉要求向二被上诉人行使追偿权，缺乏法律依据，法院难以支持。综上，原审认定事实清楚，适用法律正确，应予维持。

58. 小区内保安与业主发生争执并殴打业主的，物业管理部门是否承担责任？

物业管理部门应当尽到管理和保护业主权益的责任，但其所雇佣的保安人员却在履行职务行为过程中殴打了业主，如果保安殴打业主的地点是在小区内及保安是在履行职务行为过程中与业主发生争执的，则物业管理部门具有管理上的失职。根据最高人民法院《关于审理人身损害赔偿案件若干问题的解释》第9条的规定，物业管理部门应对该损害行为承担替代责任，在承担了替代赔偿责任后，有向实际侵权人追偿的权利。

典型疑难案件参考

吴建发诉泉州市丰泽顺鑫物业管理有限公司人身损害赔偿纠纷案

基本案情

原告吴建发系明鑫住宅小区的业主；被告泉州市丰泽顺鑫物业管理有限公

司系明鑫住宅小区的物业公司。2005 年 2 月 18 日凌晨，在明鑫小区的大门口，因被告保安不让原告将车驶入小区内，原告因此与被告所雇佣的该名保安发生争执。原告被该名保安用防盗锁打中右额头，至“急性内开发性颅脑损伤、GNS15 分、颅底骨折伴鼻漏、右眼睑裂伤”等，原告当场晕倒。原告于事发当天即到泉州市人民医院接受门诊治疗，并于 2005 年 2 月 22 日住院至 2005 年 3 月 9 日出院，后又于 2005 年 11 月 17 日再次住院至 2005 年 11 月 19 日出院，共花费医疗费 11367.49 元。原告伤情经泉州市公安局鉴定为轻伤。上述事实，原、被告双方均无异议。另，原告系 2003 年 4 月从晋江市迁入泉州市丰泽区丰泽社区至今，系城镇户口。

鉴于本案实际侵权人系保安，且被告也要求追加保安参加诉讼，故法院责令被告在两天内提供保安的真实身份情况及保安的下落，并向被告释明不能提供的法律后果，但被告没有提供。被告称，该保安是被告在本案事故发生前 7 天直接从社会中招收的，在本案事故发生后两天就被被告辞退了，现下落不明。原告称，保安提供给物业的姓名“黄云程”是虚假的，保安现已下落不明。

原告在举证期限内向法院申请伤残鉴定，法院于 2006 年 1 月 6 日依法委托福建正泰司法鉴定中心对原告的伤情进行鉴定。2006 年 3 月 21 日，福建正泰司法鉴定中心对原告的伤情作出伤残等级为十级的鉴定结论。

诉辩情况

原告吴建发诉称：原告系明鑫住宅小区的业主，在 2005 年 2 月 18 日凌晨，原告被被告雇用的保安殴打致“急性内开发性颅脑损伤、GNS15 分、颅底骨折伴鼻漏、右眼睑裂伤”等伤情。原告伤情经泉州市公安局丰泽分局鉴定为轻伤，现请求判令被告赔偿原告医疗费、误工费、护理费、交通费、住院伙食补助费等共计人民币 22679.87 元；判令被告赔偿原告精神抚慰金人民币 1 万元和伤残补助费及鉴定费用（待评残后计算）。

被告辩称：（1）被告并未授权保安殴打原告，原告诉求的主体不正确；（2）保安的行为应属个人行为，原告也有过错，因此，应追加保安参加诉讼，查清被告是否有过错；（3）原告主张的赔偿项目数额偏高；有的项目没有法律依据。被告对原告是否存在过错提供了丰泽派出所对吴建发所作的询问笔录一份。笔录中体现原告当晚喝过酒。

裁判结果

福建省泉州市丰泽区人民法院依照《中华人民共和国民事诉讼法》第 64

条第1款，《中华人民共和国民法通则》第98条、第106条第3款，最高人民法院《关于审理人身损害赔偿案件适用法律若干问题的解释》第9条、第17条第1款、第2款、第19条、第20条、第21条、第22条、第23条、第24条之规定，作出如下判决：

一、被告泉州市丰泽顺鑫物业管理有限公司应承担本案的赔偿责任，于本判决生效之日起15日内一次性支付给原告吴建发人身损害赔偿金人民币43756元（其中医疗费11367.49元、误工费8196.66元、护理费571.86元、住院伙食补助费270元、交通费200元、营养费800元、残疾赔偿金22350元，合计43756元）；

二、驳回原告吴建发的其他诉讼请求。

裁判理由

福建省泉州市丰泽区人民法院经审理后认为：原告被被告保安在居住小区内打伤，事实清楚，可以认定。原告所受伤情经鉴定为十级伤残，有法医鉴字第2006106号《鉴定书》一份为凭；对该鉴定结论法院予以采信。因本案被告所雇佣的保安为实际侵权人，故法院责令被告提供该保安的真实身份及下落并向其释明不能提供的法律后果，但被告在指定期限内没有提供，被告应对怠于提供保安真实身份及下落承担相应的法律责任；被告辩称保安殴打原告不是在工作时间，但被告对此并没有提供证据予以证明，且根据派出所所作的询问笔录，可以体现保安殴打原告的地点，是在小区内及保安是在履行职务行为过程中与作为业主的原告发生争执的，故被告的该辩称不能成立。作为物业管理部门的被告，其应当尽到管理和保护业主权益的责任，但其所雇用的保安人员却在履行职务行为过程中殴打了业主，被告具有管理上的失职。根据最高人民法院《关于审理人身损害赔偿案件适用法律若干问题的解释》第9条的规定，被告应对该损害行为承担替代责任，被告在承担了替代赔偿责任后，有向实际侵权人追偿的权利。对原告的医疗费主张可按原告所提供的医疗费票据金额予以支持。

被告虽对票据金额提出异议，但被告并没有提供反驳证据，故对被告的异议不予采信。对原告的误工天数可计算至原告定残前一日止；原告主张按258天予以计算可以支持。原告主张每天按31.77元予以计算误工标准没有超过法律规定的范围可以支持，即误工费为258天×31.77元/天=8196.66元；护理费按原告住院的实际天数予以支持，根据原告的伤情应按1人予以支持，即为18天×31.77元/天=571.86元；住院伙食补助费按住院天数以每天每人15元予以支持，即为18天×15元/天=270元；交通费可按原告主张的200元予以支持；原告被殴打致伤残，身体的伤情确实需要一定的营养补助，故对原告主张的营养费可按800元予以支持；原告主张伤残补助费，应按其伤残等级予以赔付，即为11175元/年×2年=22350元。原告请求被告赔偿精神抚慰金没有事实依据，不予支持。因原告喝酒与被保安殴打并无直接因果关系，故被告主张原告喝酒具有一定过错不能成立。

用人单位责任纠纷 办案依据集成

1.《中华人民共和国侵权责任法》（2009年12月26日主席令第21号公布）（节录）

第三十四条第一款 用人单位的工作人员因执行工作任务造成他人损害的，由用人单位承担侵权责任。

2.《工伤保险条例》（2010年12月20日国务院令第586号修订）（节录）

第十四条 职工有下列情形之一的，应当认定为工伤：

（一）在工作时间和工作场所内，因工作原因受到事故伤害的；

（二）工作时间前后在工作场所内，从事与工作有关的预备性或者收尾性工作受到事故伤害的；

（三）在工作时间和工作场所内，因履行工作职责受到暴力等意外伤害的；

（四）患职业病的；

（五）因工外出期间，由于工作原因受到伤害或者发生事故下落不明的；

（六）在上下班途中，受到非本人主要责任的交通事故或者城市轨道交通、客运轮渡、火车事故伤害的；

（七）法律、行政法规规定应当认定为工伤的其他情形。

第十五条 职工有下列情形之一的，视同工伤：

（一）在工作时间和工作岗位，突发疾病死亡或者在48小时之内经抢救无效死亡的；

（二）在抢险救灾等维护国家利益、公共利益活动中受到伤害的；

（三）职工原在军队服役，因战、因公负伤致残，已取得革命伤残军人证，到用人单位后旧伤复发的。

职工有前款第（一）项、第（二）项情形的，按照本条例的有关规定享受工伤保险待遇；职工有前款第（三）项情形的，按照本条例的有关规定享受除一次性伤残补助金以外的工伤保险待遇。

第十六条 职工符合本条例第十四条、第十五条的规定，但是有下列情形之一的，不得认定为工伤或者视同工伤：

（一）故意犯罪的；

（二）醉酒或者吸毒的；

（三）自残或者自杀的。

第十七条 职工发生事故伤害或者按照职业病防治法规定被诊断、鉴定为职业病，所在单位应当自事故伤害发生之日或者被诊断、鉴定为职业病之日起30日内，向统筹地区社会保险行政部门提出工伤认定申请。遇有特殊情况，经报社会保险行政部门同意，申请时限可以适当延长。

用人单位未按前款规定提出工伤认定申请的，工伤职工或者其近亲属、工会组织在事故伤害发生之日或者被诊断、鉴定为职业病之日起1年内，可以直接向用人单位所在地统筹地区社会保险行政部门提出工伤认定申请。

按照本条第一款规定应当由省级社会保险行政部门进行工伤认定的事项，根据属地原则由用人单位所在地的设区的市级社会保险行政部门办理。

用人单位未在本条第一款规定的时限内提交工伤认定申请，在此期间发生符合本条例规定的工伤待遇等有关费用由该用人单位负担。

第十八条 提出工伤认定申请应当提交下列材料：

（一）工伤认定申请表；

（二）与用人单位存在劳动关系（包括事实劳动关系）的证明材料；

（三）医疗诊断证明或者职业病诊断证明书（或者职业病诊断鉴定书）。

工伤认定申请表应当包括事故发生的时间、地点、原因以及职工伤害程度等基本情况。

工伤认定申请人提供材料不完整的，社会保险行政部门应当一次性书面告知工伤认定申请人需要补正的全部材料。申请人按照书面告知要求补正材料后，社会保险行政部门应当受理。

第十九条 社会保险行政部门受理工伤认定申请后，根据审核需要可以对事故伤害进行调查核实，用人单位、职工、工会组织、医疗机构以及有关部门应当予以协助。职业病诊断和诊断争议的鉴定，依照职业病防治法的有关规定执行。对依法取得职业病诊断证明书或者职业病诊断鉴定书的，社会保险行政部门不再进行调查核实。

职工或者其近亲属认为是工伤，用人单位不认为是工伤的，由用人单位承担举证责任。

第二十条 社会保险行政部门应当自受理工伤认定申请之日起60日内作出工伤认定的决定，并书面通知申请工伤认定的职工或者其近亲属和该职工所在单位。

社会保险行政部门对受理的事实清楚、权利义务明确的工伤认定申请，应当在15日内作出工伤认定的决定。

作出工伤认定决定需要以司法机关或者有关行政主管部门的结论为依据的，在司法机关或者有关行政主管部门尚未作出结论期间，作出工伤认定决定的时限中止。

社会保险行政部门工作人员与工伤认定申请人有利害关系的，应当回避

第二十九条 劳动能力鉴定委员会依照本条例第二十六条和第二十八条的规定进行再次鉴定和复查鉴定的期限，依照本条例第二十五条第二款的规定执行。

第三十条 职工因工作遭受事故伤害或者患职业病进行治疗，享受工伤医疗待遇。

职工治疗工伤应当在签订服务协议的医疗机构就医，情况紧急时可以先到就近的医疗机构急救。

治疗工伤所需费用符合工伤保险诊疗项目目录、工伤保险药品目录、工伤保险住院服务标准的，从工伤保险基金支付。工伤保险诊疗项目目录、工伤保险药品目录、工伤保险住院服务标准，由国务院社会保险行政部门会同国务院卫生行政部门、食品药品监督管理部门等部门规定。

职工住院治疗工伤的伙食补助费，以及经医疗机构出具证明，报经办机构同意，工伤

职工到统筹地区以外就医所需的交通、食宿费用从工伤保险基金支付，基金支付的具体标准由统筹地区人民政府规定。

工伤职工治疗非工伤引发的疾病，不享受工伤医疗待遇，按照基本医疗保险办法处理。

工伤职工到签订服务协议的医疗机构进行工伤康复的费用，符合规定的，从工伤保险基金支付。

第三十一条 社会保险行政部门作出认定为工伤的决定后发生行政复议、行政诉讼的，行政复议和行政诉讼期间不停止支付工伤职工治疗工伤的医疗费用。

第三十二条 工伤职工因日常生活或者就业需要，经劳动能力鉴定委员会确认，可以安装假肢、矫形器、假眼、假牙和配置轮椅等辅助器具，所需费用按照国家规定的标准从工伤保险基金支付。

第三十三条 职工因工作遭受事故伤害或者患职业病需要暂停工作接受工伤医疗的，在停工留薪期内，原工资福利待遇不变，由所在单位按月支付。

停工留薪期一般不超过12个月。伤情严重或者情况特殊，经设区的市级劳动能力鉴定委员会确认，可以适当延长，但延长不得超过12个月。工伤职工评定伤残等级后，停发原待遇，按照本章的有关规定享受伤残待遇。工伤职工在停工留薪期满后仍需治疗的，继续享受工伤医疗待遇。

生活不能自理的工伤职工在停工留薪期需要护理的，由所在单位负责。

第三十四条 工伤职工已经评定伤残等级并经劳动能力鉴定委员会确认需要生活护理的，从工伤保险基金按月支付生活护理费。

生活护理费按照生活完全不能自理、生活大部分不能自理或者生活部分不能自理3个不同等级支付，其标准分别为统筹地区上年度职工月平均工资的50%、40%或者30%。

第三十五条 职工因工致残被鉴定为一级至四级伤残的，保留劳动关系，退出工作岗位，享受以下待遇：

（一）从工伤保险基金按伤残等级支付一次性伤残补助金，标准为：一级伤残为27个月的本人工资，二级伤残为25个月的本人工资，三级伤残为23个月的本人工资，四级伤残为21个月的本人工资。

（二）从工伤保险基金按月支付伤残津贴，标准为：一级伤残为本人工资的90%，二级伤残为本人工资的85%，三级伤残为本人工资的80%，四级伤残为本人工資的75%。伤残津贴实际金额低于当地最低工资标准的，由工伤保险基金补足差额

（三）工伤职工达到退休年龄并办理退休手续后，停发伤残津贴，按照国家有关规定享受基本养老保险待遇。基本养老保险待遇低于伤残津贴的，由工伤保险基金补足差额。

职工因工致残被鉴定为一级至四级伤残的，由用人单位和职工个人以伤残津贴为基数，缴纳基本医疗保险费。

第三十六条 职工因工致残被鉴定为五级、六级伤残的，享受以下待遇：

（一）从工伤保险基金按伤残等级支付一次性伤残补助金，标准为：五级伤残为18个月的本人工资，六级伤残为16个月的本人工资

（二）保留与用人单位的劳动关系，由用人单位安排适当工作。难以安排工作的，由

用人单位按月发给伤残津贴，标准为：五级伤残为本人工资的70%，六级伤残为本人工资的60%，并由用人单位按照规定为其缴纳应缴纳的各项社会保险费。伤残津贴实际金额低于当地最低工资标准的，由用人单位补足差额。

经工伤职工本人提出，该职工可以与用人单位解除或者终止劳动关系，由工伤保险基金支付一次性工伤医疗补助金，由用人单位支付一次性伤残就业补助金。一次性工伤医疗补助金和一次性伤残就业补助金的具体标准由省、自治区、直辖市人民政府规定。

第三十七条 职工因工致残被鉴定为七级至十级伤残的，享受以下待遇：

（一）从工伤保险基金按伤残等级支付一次性伤残补助金，标准为：七级伤残为13个月的本人工资，八级伤残为11个月的本人工资，九级伤残为9个月的本人工资，十级伤残为7个月的本人工资；

（二）劳动、聘用合同期满终止，或者职工本人提出解除劳动、聘用合同的，由工伤保险基金支付一次性工伤医疗补助金，由用人单位支付一次性伤残就业补助金。一次性工伤医疗补助金和一次性伤残就业补助金的具体标准由省、自治区、直辖市人民政府规定。

第三十八条 工伤职工工伤复发，确认需要治疗的，享受本条例第三十条、第三十二条和第三十三条规定的工伤待遇。

第三十九条 职工因工死亡，其近亲属按照下列规定从工伤保险基金领取丧葬补助金、供养亲属抚恤金和一次性工亡补助金：

（一）丧葬补助金为6个月的统筹地区上年度职工月平均工资；

（二）供养亲属抚恤金按照职工本人工资的一定比例发给由因工死亡职工生前提供主要生活来源、无劳动能力的亲属。标准为：配偶每月40%，其他亲属每人每月30%，孤寡老人或者孤儿每人每月在上述标准的基础上增加10%。核定的各供养亲属的抚恤金之和不应高于因工死亡职工生前的工资。供养亲属的具体范围由国务院社会保险行政部门规定；

（三）一次性工亡补助金标准为上一年度全国城镇居民人均可支配收入的20倍。

伤残职工在停工留薪期内因工伤导致死亡的，其近亲属享受本条第一款规定的待遇。

一级至四级伤残职工在停工留薪期满后死亡的，其近亲属可以享受本条第一款第（一）项、第（二）项规定的待遇。

第四十条 伤残津贴、供养亲属抚恤金、生活护理费由统筹地区社会保险行政部门根据职工平均工资和生活费用变化等情况适时调整。调整办法由省、自治区、直辖市人民政府规定。

第四十一条 职工因工外出期间发生事故或者在抢险救灾中下落不明的，从事故发生当月起3个月内照发工资，从第4个月起停发工资，由工伤保险基金向其供养亲属按月支付供养亲属抚恤金。生活有困难的，可以预支一次性工亡补助金的50%。职工被人民法院宣告死亡的，按照本条例第三十九条职工因工死亡的规定处理。

第四十二条 工伤职工有下列情形之一的，停止享受工伤保险待遇：

（一）丧失享受待遇条件的；

（二）拒不接受劳动能力鉴定的；

（三）拒绝治疗的。

3.《工伤认定办法》(2010年12月31日修订)

第一条 为规范工伤认定程序，依法进行工伤认定，维护当事人的合法权益，根据《工伤保险条例》的有关规定，制定本办法。

第二条 社会保险行政部门进行工伤认定按照本办法执行。

第三条 工伤认定应当客观公正、简捷方便，认定程序应当向社会公开。

第四条 职工发生事故伤害或者按照职业病防治法规定被诊断、鉴定为职业病，所在单位应当自事故伤害发生之日或者被诊断、鉴定为职业病之日起30日内，向统筹地区社会保险行政部门提出工伤认定申请。遇有特殊情况，经报社会保险行政部门同意，申请时限可以适当延长。

按照前款规定应当向省级社会保险行政部门提出工伤认定申请的，根据属地原则应当向用人单位所在地设区的市级社会保险行政部门提出。

第五条 用人单位未在规定的时限内提出工伤认定申请的，受伤害职工或者其近亲属、工会组织在事故伤害发生之日或者被诊断、鉴定为职业病之日起1年内，可以直接按照本办法第四条规定提出工伤认定申请。

第六条 提出工伤认定申请应当填写《工伤认定申请表》，并提交下列材料：

（一）劳动、聘用合同文本复印件或者与用人单位存在劳动关系（包括事实劳动关系）、人事关系的其他证明材料；

（二）医疗机构出具的受伤后诊断证明书或者职业病诊断证明书（或者职业病诊断鉴定书）。

第七条 工伤认定申请人提交的申请材料符合要求，属于社会保险行政部门管辖范围且在受理时限内的，社会保险行政部门应当受理。

第八条 社会保险行政部门收到工伤认定申请后，应当在15日内对申请人提交的材料进行审核，材料完整的，作出受理或者不予受理的决定；材料不完整的，应当以书面形式一次性告知申请人需要补正的全部材料。社会保险行政部门收到申请人提交的全部补正材料后，应当在15日内作出受理或者不予受理的决定。

社会保险行政部门决定受理的，应当出具《工伤认定申请受理决定书》；决定不予受理的，应当出具《工伤认定申请不予受理决定书》。

第九条 社会保险行政部门受理工伤认定申请后，可以根据需要对申请人提供的证据进行调查核实。

第十条 社会保险行政部门进行调查核实，应当由两名以上工作人员共同进行，并出示执行公务的证件。

第十一条 社会保险行政部门工作人员在工伤认定中，可以进行以下调查核实工作：

（一）根据工作需要，进入有关单位和事故现场；

（二）依法查阅与工伤认定有关的资料，询问有关人员并作出调查笔录；

（三）记录、录音、录像和复制与工伤认定有关的资料。调查核实工作的证据收集参照行政诉讼证据收集的有关规定执行。

第十二条 社会保险行政部门工作人员进行调查核实时，有关单位和个人应当予以协助。用人单位、工会组织、医疗机构以及有关部门应当负责安排相关人员配合工作，据实提供情况和证明材料。

第十三条 社会保险行政部门在进行工伤认定时，对申请人提供的符合国家有关规定的职业病诊断证明书或者职业病诊断鉴定书，不再进行调查核实。职业病诊断证明书或者职业病诊断鉴定书不符合国家规定的要求和格式的，社会保险行政部门可以要求出具证据部门重新提供。

第十四条 社会保险行政部门受理工伤认定申请后，可以根据工作需要，委托其他统筹地区的社会保险行政部门或者相关部门进行调查核实。

第十五条 社会保险行政部门工作人员进行调查核实时，应当履行下列义务：

（一）保守有关单位商业秘密以及个人隐私；

（二）为提供情况的有关人员保密。

第十六条 社会保险行政部门工作人员与工伤认定申请人有利害关系的，应当回避。

第十七条 职工或者其近亲属认为是工伤，用人单位不认为是工伤的，由该用人单位承担举证责任。用人单位拒不举证的，社会保险行政部门可以根据受伤害职工提供的证据或者调查取得的证据，依法作出工伤认定决定。

第十八条 社会保险行政部门应当自受理工伤认定申请之日起60日内作出工伤认定决定，出具《认定工伤决定书》或者《不予认定工伤决定书》。

第十九条 《认定工伤决定书》应当载明下列事项：

（一）用人单位全称；

（二）职工的姓名、性别、年龄、职业、身份证号码；

（三）受伤害部位、事故时间和诊断时间或职业病名称、受伤害经过和核实情况、医疗救治的基本情况和诊断结论；

（四）认定工伤或者视同工伤的依据；

（五）不服认定决定申请行政复议或者提起行政诉讼的部门和时限；

（六）作出认定工伤或者视同工伤决定的时间。

《不予认定工伤决定书》应当载明下列事项：

（一）用人单位全称；

（二）职工的姓名、性别、年龄、职业、身份证号码；

（三）不予认定工伤或者不视同工伤的依据；

（四）不服认定决定申请行政复议或者提起行政诉讼的部门和时限；

（五）作出不予认定工伤或者不视同工伤决定的时间。

《认定工伤决定书》和《不予认定工伤决定书》应当加盖社会保险行政部门工伤认定专用印章。

第二十条 社会保险行政部门受理工伤认定申请后，作出工伤认定决定需要以司法机关或者有关行政主管部门的结论为依据的，在司法机关或者有关行政主管部门尚未作出结论期间，作出工伤认定决定的时限中止，并书面通知申请人。

第二十一条 社会保险行政部门对于事实清楚、权利义务明确的工伤认定申请，应当自受理工伤认定申请之日起15日内作出工伤认定决定。

第二十二条 社会保险行政部门应当自工伤认定决定作出之日起20日内，将《认定工伤决定书》或者《不予认定工伤决定书》送达受伤害职工（或者其近亲属）和用人单位，并抄送社会保险经办机构。

《认定工伤决定书》和《不予认定工伤决定书》的送达参照民事法律有关送达的规定执行。

第二十三条 职工或者其近亲属、用人单位对不予受理决定不服或者对工伤认定决定不服的，可以依法申请行政复议或者提起行政诉讼。

第二十四条 工伤认定结束后，社会保险行政部门应当将工伤认定的有关资料保存50年。

第二十五条 用人单位拒不协助社会保险行政部门对事故伤害进行调查核实的，由社会保险行政部门责令改正，处2000元以上2万元以下的罚款。

第二十六条 本办法中的《工伤认定申请表》、《工伤认定申请受理决定书》、《工伤认定申请不予受理决定书》、《认定工伤决定书》、《不予认定工伤决定书》的样式由国务院社会保险行政部门统一制定。

第二十七条 本办法自2011年1月1日起施行。劳动和社会保障部2003年9月23日颁布的《工伤认定办法》同时废止。

4. 劳动部办公厅《关于企业招工考核时发生伤亡事故问题的批复》（1995年7月5日 劳办发〔1995〕153号）

深圳市劳动局：

你局《关于判定有关工伤问题的请示》（深劳报〔1995〕43号）收悉。来函反映，1994年12月21日，求职者谢桂松经职业介绍所介绍到深圳金仓实业有限公司应聘，在该企业工地接受焊接操作考核时发生飞溅物伤及右眼角膜的事故。对此能否作为工伤处理的问题，当事人与企业发生纠纷。

我们认为，企业招工时进行操作考核必须保障应聘者的人身安全。深圳金仓实业有限公司对应聘人员谢桂松进行焊接操作考核时发生事故，使谢右眼受伤，公司负有不可推卸的责任，应当进行及时治疗和赔偿。由于应聘考核时没有正式招用，尚未签订劳动合同，未构成劳动关系，因此这种情形的伤亡事故不宜运用工伤保险法规进行处理，而应当运用民事伤害赔偿的法律法规解决。请你局责成深圳金仓实业有限公司妥善处理此事，并采取措施切实保障考核操作的安全。

5. 劳动部办公厅《关于处理工伤争议有关问题的复函》（1996年2月13日 劳办发〔1996〕28号）

北京市劳动局：

你局《关于处理工伤争议几个问题的请示》（京劳办文〔1995〕108号）收悉。经研究，答复如下：

一、关于工伤认定的时效问题。目前劳动行政部门对受理劳动者工伤申诉没有时效规定。如劳动者与用人单位因工伤认定及可否享受工伤待遇发生争议，当事人向劳动争议仲裁委员会申请仲裁的，只要符合劳动争议的受案范围，劳动争议仲裁委员会不应不加区别地将职工负伤之日确定为劳动争议发生之日，而应根据具体情况确定劳动争议发生之日，并依据国家有关规定予以受理和处理。

二、关于因工伤认定发生争议的处理问题。现行认定工伤的法律和政策依据是《中华人民共和国劳动保险条例》、《中华人民共和国劳动保险条例实施细则》和全国总工会《劳动保险问题解答》等规定，负责监督执行工伤保险政策的是各级劳动行政部门的社会保险行政机构。因此，劳动者和用人单位对工伤认定问题发生争议，当事人可向当地劳动行政部门的社会保险行政机构申诉，也可以向劳动争议仲裁委员会申请仲裁。由劳动行政部门的社会保险行政机构处理的，当事人对其认定结论不服时，可依法提起行政复议或行政诉讼；向劳动争议仲裁委员会申请仲裁的，只要符合受理条件，仲裁委员会应予受理，并按《劳动争议仲裁委员会办案规则》（以下简称《办案规则》）的有关规定委托当地劳动行政部门的社会保险行政机构进行认定，然后依据认定结论和国家有关规定进行处理。

三、关于职工因要求伤残鉴定发生争议的处理问题。职工被认定工伤后，因要求进行伤残等级和护理依赖程度鉴定的问题与用人单位发生劳动争议，可以向当地劳动争议仲裁委员会申请仲裁，仲裁委员会受理后，先按《办案规则》的有关规定委托当地劳动鉴定委员会进行伤残鉴定，然后依据鉴定结论及国家有关规定进行处理。

四、关于职工对伤残鉴定结论不服如何申诉的问题。职工对劳动鉴定委员会作出的伤残等级和护理领事程度鉴定结论不服，可依法提起行政复议或行政诉讼。但是，职工对劳动争议仲裁委员会在处理工伤方面的劳动争议过程中委托当地劳动鉴定委员会所作的伤残鉴定不服的，不能提起行政复议或行政诉讼，而应按劳动争议仲裁程序进行。

五、关于工伤待遇给付发生争议的处理问题。职工因工伤待遇给付问题与用人单位发生的争议，属于劳动争议，可向当地劳动争议仲裁委员会申请仲裁。但是，职工与社会保险机构发生的工伤待遇给付争议，不属于劳动争议，劳动争议仲裁委员会不予受理。职工可向社会保险机构的上一级主管部门申请行政复议。

六、关于工伤认定问题。对职工在工作时间、工作区域因工作原因造成的伤亡（包括因工随车外出发生交通事故而造成的伤亡），即使职工本人有一定的责任，都应认定为工伤，但不包括犯罪或自杀行为。认定职工工伤，给予职工工伤保险待遇，并不影响企业按规定对违章操作的职工给予行政处分。

七、关于司机在工作中发生伤亡事故是否认定工伤问题。由于司机是特殊工种，职业危险性较大，所以司机在执行正常工作时发生交通事故造成伤亡，属无责任或少部分责任的，一般应认定为工伤。

6. 最高人民法院《关于审理人身损害赔偿案件适用法律若干问题的解释》

（2003年12月26日 法释〔2003〕20号）（节录）

第八条 法人或者其他组织的法定代表人、负责人以及工作人员，在执行职务中致人损害的，依照民法通则第一百二十一条的规定，由该法人或者其他组织承担民事责任。上述人员实施与职务无关的行为致人损害的，应当由行为人承担赔偿责任。

属于《国家赔偿法》赔偿事由的，依照《国家赔偿法》的规定处理。

三、提供劳务者致害责任纠纷

59. 雇员（出租车司机）实施的不法行为在时间、空间上均与车辆驾驶直接相关，是否就因此可以当然认为该雇员的行为系履行职务呢？

雇员的不法行为与雇员身份缺乏直接和密切的联系，而是出于其个人的犯罪故意，与雇主的利益缺乏客观联系。据此，该雇员的侵权行为与其履行职务之间不存在内在联系，雇主责任不成立。

典型疑难案件参考

吴吉南、李建英诉倪德华侵权赔偿纠纷案

基本案情

2005年1月8日，原告吴吉南、李建英之女吴某某搭乘被告倪德华经营的杭州市下城区易青客运社浙AT8329号出租汽车回家，途中被该车驾驶员勾海峰故意杀害致死。后两原告为寻找其女，在浙江人民广播电台交通之声及钱江晚报发布寻人启事支出1378元，为寻找其女及办理丧葬事宜支出交通费5200元，办理其女的丧葬事宜支出47706元。

另查明，浙江省杭州市中级人民法院〔2005〕杭刑初字第47号刑事判决书认定勾海峰犯有故意杀人罪、盗窃罪，两罪并罚决定执行死刑，剥夺政治权利终身，并处罚金人民币1000元。勾海峰不服该判决，向浙江省高级人民法院提出上诉，该院〔2005〕浙刑一终字第167号刑事裁定书裁定：驳回上诉，维持原判。

一审诉辩情况

原告吴吉南、李建英诉称：2005年1月8日，原告之女吴某某搭乘被告倪德华经营出租汽车回家，途中被该车驾驶员勾海峰故意杀害致死。原告主张因其女乘坐被告经营的出租汽车，双方之间形成客运服务合同关系。被告作为出租汽车经营者，有义务将乘客安全送达约定地点。被告没有尽到将乘客安全送达的义务，侵害了原告女儿的生命健康权，并给原告造成一定的损害，应当承担责任。请求依法判决：（1）由被告向原告赔偿丧葬费47706元，死亡赔偿金 306000 元，其他损失 7395.7 元；（2）被告向原告赔偿精神损害抚慰金 300000 元；（3）由被告承担本案诉讼费用。审理过程中，原告明确其主张侵权之诉，即由被告承担因其雇员致人损害所产生的损害赔偿责任。

被告倪德华辩称：第一，原告提起的是侵权之诉，其诉讼请求的依据是基于雇主对其雇员的侵权行为承担民事责任，因此，其诉讼请求不能依照客运服务合同法律关系以及相关的法律规定来论证本案被告是否应承担侵权民事责任。第二，作为雇主的被告本身并无任何侵权行为。本案受害人遇害并被劫财，是雇员勾海峰犯罪的直接必然结果，与被告雇用勾海峰驾驶出租车的行为没有任何法律上的因果关系。该犯罪结果所引起的刑事和民事责任只能由勾海峰承担。第三，杀害他人的犯罪行为，显然不属于勾海峰作为出租车驾驶员的职务行为，也不是“履行职务”，且与其履行职务无论在表现形式上还是在内容上都没有任何“内在联系”。第四，原告在其诉讼请求中要求被告承担 306000元的死亡赔偿金以及 300000 元的精神抚慰金，该两项诉讼请求实质上为同一性质的民事赔偿。原告的该两项诉讼请求是重复主张。关于丧葬费及死亡赔偿金的计算，也与我国现行法律规定的标准不符。第五，由于勾海峰并未积极赔偿原告的损失，原告也没有向勾海峰提起侵权之诉，导致原告没有获得实际赔偿，但不能据此认为原告所有的损失就当然应由被告来承担。综上，原告依据侵权之诉，要求被告对其雇员勾海峰的杀人行为承担侵权赔偿责任于法无据，请求驳回原告的全部诉讼请求。

一审裁判结果

浙江省杭州市中级人民法院依照《中华人民共和国民法通则》第 98 条、第 106 条，《中华人民共和国合同法》第 122 条及最高人民法院《关于审理人身损害赔偿案件适用法律若干问题的解释》第 6 条、第 9 条之规定，作出如下判决：

驳回原告吴吉南、李建英的诉讼请求。

一审裁判理由

浙江省杭州市中级人民法院经审理认为：因吴某某是在乘坐被告经营之客运车辆过程中遇害，原告可基于吴某某与被告之间成立的旅客运输服务合同关系，主张由被告承担违约责任；同时，造成损害后果的行为人又系被告雇员，则原告亦可以雇主对雇员致人损害承担替代赔偿责任为由，主张由被告承担侵权责任。因此，本案中基于同一损害事实，产生请求权竞合的情形。根据《中华人民共和国合同法》第 122 条之规定，允许当事人在该两种请求权中进行选择，故两原告在本案中有权以雇主承担替代赔偿责任为由，选择行使侵权赔偿请求权。

根据最高人民法院《关于审理人身损害赔偿案件适用法律若干问题的解释》第9条的规定："雇员在从事雇佣活动中致人损害的，雇主应当承担赔偿责任；雇员因故意或重大过失致人损害的，应当与雇主承担连带赔偿责任。"而这里的"从事雇佣活动"，是"指从事雇主授权或者指示范围内的生产经营活动或者其他劳务活动。雇员的行为超出授权范围，但其表现形式是履行职务或者与履行职务有内在联系的，应当认定为'从事雇佣活动'"。因此，认定雇主承担替代赔偿责任应满足三个要件，即侵权行为人系该雇主的雇员，受害人的损害后果与雇员行为之间有因果关系以及雇员行为属履行职务。本案中，基于被告在庭审中的自认以及浙江省杭州市中级人民法院〔2005〕杭刑初字第47号刑事判决书及浙江省高级人民法院〔2005〕浙刑一终字第167号刑事裁定书的认定，对勾海峰系本案被告所雇佣的驾驶员，其所从事的由雇主授权、指派的雇佣活动即为乘客提供客运服务；被害人吴某某之死的损害后果与勾海峰的加害行为之间有直接因果关系，应无异议。本案争议的焦点在于勾海峰对吴某某实施的侵权行为是否属于履行职务的行为。

考察雇员的行为是否属于履行职务，应基于以下判断标准：首先，雇员接受雇主的管理、控制，应根据雇主的授权、指示来具体实施雇佣活动，雇员实施的行为是否具有雇主授权、是否符合授权的要求，应作为认定该行为是否属于履行职务的先决条件；其次，当雇员的行为并无雇主授权或超出授权范围时，因雇主对雇员的授权仅仅是对双方之间有关权利义务的具体约定，除非第三人明知，否则该授权的约束力并不及于第三人。因而从保护善意第三人的角度出发，当雇员的行为与其职务行为在外在形式上具有一致性，抑或与履行职务有内在关联性时，仍应认定该行为属职务行为。

根据上述判断标准，法院认为：第一，本案并无证据证明系被告授权勾海峰对吴某某实施了侵权行为或被告在事后对勾海峰的行为给予追认；第二，勾海峰所实施的故意杀人及盗窃行为虽与其履行职务的时间及空间相重合，即是在运送乘客途中，于营运车辆内发生，但该故意杀人及盗窃行为并非是一名客运车辆驾驶人员所应正常实施的驾驶服务行为，与其应当履行的职务行为不具备外在形式上的一致性；第三，关于关联性的认定。原告虽主张勾海峰实施侵权行为是因受害人与其就服务问题发生纠纷所致，但是否存在该纠纷，仅有勾海峰的个人陈述，并无其他证据印证，而根据对勾海峰的一、二审刑事判决、裁定书的认定，勾海峰所主张的其因服务态度问题及车费问题遭受害人辱骂，双方发生激烈冲突而杀人，不仅没有证据证实，还与案件的实际情况不符。同时，在上述一、二审刑事判决、裁定书中业已认定勾海峰对受害人所实施的侵害行为是出于积极追求吴某某的死亡结果和非法占有财产的直接故意。据此，勾海峰对受害人所实施的侵害行为是基于其自身的犯罪故意，并无有效证据证明是基于完成自身所负雇佣事务的主观努力或是出于履行雇佣事务过程中的客观需要所致，且与被告雇用其的利益期待缺乏必要的客观联系，故勾海峰所实施的侵权行为与其履行职务并无关联性。综上，应当认定勾海峰所实施的侵权行为并不属于履行职务的行为。

此外，对于原告主张被告违反其作为经营者所负安全保障义务，使消费者即原告之女的人身、财产权利受到损害，应承担赔偿责任，因该主张与原告在本案中请求的雇主替代赔偿责任的主张系基于同一原因行为且损害后果也属同一，即均是因勾海峰的犯罪行为致使吴某某遇害，构成请求权的竞合，而原告在庭审中已明确其主张的是后者，则其于本案中再行主张适用其他法律依据，由被告承担违反安全保障义务、侵害消费者权益的侵权责任，不予支持。同时，吴某某所受损害并非是因被告的雇员履行职务行为所致，且原告亦无证据证明被告在对其经营之车辆及驾驶人员的管理中存有过错，而勾海峰所实施的侵害行为，已为雇主自身的风险控制能力所不及，超出了被告作为客运出租车辆经营者所应负担安全保障义务的合理范围，原告的该项主张亦缺乏相应的事实依据，不予支持。

二审诉辩情况

上诉人（原审原告）吴吉南、李建英诉称：首先，被害人是在乘坐被告雇用的驾驶员驾驶的案涉出租车内，因驾驶员的侵害行为致死的。且受害人与驾驶员产生纠纷，主要是因为服务质量低下引起的，同时驾驶员有快速行车、催促强拉受害人下车的行为，也完全是出于经营利益的需要，正是该纠纷的引发、升级最终激化导致杀人侵权行为的发生，且均与该驾驶员的行为有直接、密切的联系。驾驶员的该项侵权行为是典型的职务行为，至少与职务行为存在紧密的内在联系。因此，原判认定驾驶员实施的侵权行为与履行职务之间无关联性属错误。其次，雇主责任是法定的、可替代的侵权责任，不因监管雇员中无过错而免责。原审不予认定雇主的赔偿责任是对法律的曲解。最后，因民事案件与刑事案件的证据认定标准不一，有驾驶员的自认，即无需其他证据佐证。因此，原审判决以刑事判决、裁定书中没有对驾驶员所主张的因服务质量问题引发侵权事实予以认定，而在民事判决中就将相关事实予以排除，是错误的。请求二审法院撤销原判，改判支持上诉人的诉讼请求。

被上诉人（原审被告）倪德华辩称：首先，上诉人以驾驶员的杀人行为源自服务行为，就得出是驾驶员的服务行为导致受害人被害，这一结论错误。

其次，本案中雇员的侵权行为并不属于履行职务的范畴，与履行职务也没有内在联系，因此，也没有适用“利益归属”原则的基础。最后，关于刑事裁判文书否定的事实能否成为本案事实的问题。上诉人主张的有关驾驶员所承认的因服务质量引发侵害行为的情节，在刑事裁判文书中认定为“不仅没有证据，且与本案实际不符”，而非不予认定，驾驶员在刑事案件中的供词与证人证言及受害人的一贯为人处世及其尸检报告均不符，而且，该驾驶员并非是本起民事案件的当事人，其在刑事案件中的供述并非属于民事案件中的自认范畴。因此，该驾驶员的行为并不属于从事雇佣活动，请求驳回上诉，维持原判。

二审裁判结果

浙江省高级人民法院依照《中华人民共和国民事诉讼法》第 153 条第 1 款第 1 项之规定，作出如下判决：

一、驳回上诉，维持原判；

二、二审案件受理费 11621 元，准予上诉人吴吉南、李建英免交。

二审裁判理由

浙江省高级人民法院经审理，确认了一审法院认定的事实和证据。

浙江省高级人民法院经审理认为：上诉人上诉所称事实缺乏充分证据证明，亦与驾驶员的杀人行为缺乏通常的合理的关联；该杀人行为与其雇员身份缺乏直接和密切的联系，而是出于其个人的犯罪故意，与雇主的利益缺乏客观联系。据此，该驾驶员的侵权行为与其履行职务之间不存在内在联系。本案中雇主责任不成立。

另外，被害人乘坐出租车的行为系人们日常生活中普通的交易行为，不能认定为“是在为对方的利益或者共同的利益进行活动”的行为，本案不具备适用公平责任的法定条件。原审判决事实清楚，适用法律正确，应予以维持。因倪德华在二审期间书面承诺：考虑到两原告的实际情况和自身的经济承受能力，自愿补偿两原告 5 万元，对此，予以照准。

60. 雇主派其工作人员为第三人提供劳务致害的，雇主是否承担责任？

雇主派其工作人员为第三人提供劳务，其工作人员提供劳务的行为应属职务行为。雇主因疏于管理，雇员提供劳务的行为给第三人的财产造成了损失的，雇主依法应当承担赔偿责任。

典型疑难案件参考

方新民诉乌鲁木齐市美阳家居装饰有限公司在履行其与孙燕签订的房屋装修合同中造成其财产损失要求赔偿纠纷案

基本案情

2002年8月26日，第三人孙燕与被告美阳公司签订了一份装修施工合同并附施工图一份。合同约定："由美阳公司装修孙燕位于乌鲁木齐市红雁池家属院29号A座502室，装修时间为2002年8月30日至10月10日，装修方式为包工包料，总价款23500元。"合同签订后，孙燕将房屋钥匙交给美阳公司供施工人员施工时用。施工期间，美阳公司水暖工将孙燕于2001年购买的电淋浴器安装在502室洗浴间内，完工后离去。2002年10月7日凌晨，该电淋浴器进水管爆裂，向外流水；因美阳公司施工期间将502室洗浴间下水管道入口堵塞，造成从淋浴器进水管流出的水积在室内，渗漏于楼下的原告方新民家里，造成原告房屋的装修部分被损害。2002年12月7日，孙燕的丈夫王伟委托公证部门对自己的房屋及原告房屋装修部分的损害情况进行勘验、拍照并制作现场勘验记录。审理中，法院根据原告的申请，对原告房屋内的财产损害的价值进行鉴定，其鉴定结论为：原告房屋内的财产被损害的价值为2996元。原告方新民和第三人孙燕对此均无异议；被告美阳公司不予认可，但未提出复议。

一审诉辩情况

原告方新民诉称：2002年8月26日，第三人孙燕与被告美阳公司签订了装修孙燕的位于乌鲁木齐市红雁池家属院29号A座502室合同，约定由美阳公司负责洗浴间的电气淋浴器安装、调试，工程实行包工包料，总价款23500元。施工中，第三人孙燕向美阳公司提供了钥匙。美阳公司缺乏相应的安装技术，所用材料质量低劣，致淋浴器漏水；且施工人员又疏于管理，漏水后使原告住宅被淹，房屋装修被破坏，造成经济损失7500元。现要求美阳公司和第三人赔偿经济损失7500元或要求判令美阳公司返工，维修、恢复原状，并承担本案诉讼费。

被告美阳公司辩称：安装淋浴器不是我公司的施工范围，淋浴器也不是我公司购买安装的。原告所述事实不符，故不同意原告的诉讼请求。

第三人孙燕辩称：淋浴器是美阳公司安装的，损失应由美阳公司负责赔偿。第三人不应承担赔偿责任。

一审裁判结果

法院依据《中华人民共和国民法通则》第 117 条第 2 款之规定，于 2004 年 11 月 19 日判决如下：

一、被告美阳公司赔偿原告方新民财产损失 2996 元；

二、驳回原告方新民对第三人孙燕的诉讼请求。

一审裁判理由

天山区人民法院经审理认为：被告美阳公司在施工期间，派其工作人员为第三人孙燕房屋安装淋浴器，其工作人员的安装行为应属职务行为。被告美阳公司在装修施工中，因疏于管理，将第三人孙燕房屋内的洗浴间下水管道入口堵塞，造成房屋积水渗漏于原告的房屋，致使原告房屋内的财产被水浸泡，造成了损失，依法应当承担赔偿责任；赔偿数额应以价格认证中心的作价 2996 元为准。原告要求第三人孙燕赔偿没有事实及法律依据，法院不予支持。被告美阳公司在庭审中称孙燕与其公司工作人员私自商定安装淋浴器，致使淋浴器漏水，系个人行为，与公司无关的辩解理由不能成立，法院不予采信。

二审诉辩情况

上诉人美阳公司不服判决，上诉称：上诉人与孙燕签订的装修合同中未约定给其装修淋浴器，上诉人水暖工是在孙燕要求下给其安装的淋浴器，水暖工的安装行为系其个人行为，并非职务行为。造成孙燕房屋漏水致使方新民房屋内财产受损与上诉人无关，不应由上诉人赔偿方新民损失，而应由孙燕承担赔偿责任，请求二审法院支持上诉人的上诉请求。

被上诉人方新民答辩称：给孙燕安装淋浴器的水暖工是美阳公司的工作人员，其安装行为属职务行为。因美阳公司安装淋浴器缺乏相应的安装技术，造成淋浴器漏水，且美阳公司在施工中又疏于管理，造成洗浴间下水管道入口堵塞，致使屋内积水渗透到被上诉人房屋内，造成被上诉人房屋财产受损，美阳公司应承担赔偿责任。原审法院判决正确，请求二审法院维持原判。

被上诉人孙燕答辩称：被上诉人与美阳公司装修合同中虽然未明确约定安装淋浴器，但装饰施工图中已标出洗浴间内要安装淋浴器，故其水暖工安装淋浴器的行为属职务行为。由于美阳公司缺乏相应的安装淋浴器技术，造成淋浴器进水管爆裂漏水，加之其又在施工过程中疏于管理，造成洗浴间下水管道入口堵塞，致使被上诉人屋内积水渗透于楼下方新民家中，造成其房屋装修部分受损，美阳公司应当承担赔偿责任。原审法院判决正确，请求二审法院维持原判。

二审裁判结果

二审法院根据《中华人民共和国民事诉讼法》第153条第1款第1项之规定，于2005年4月14日判决如下：

驳回上诉，维持原判。

二审裁判理由

二审法院经审理确认的事实和证据与原审法院确认的事实和证据相同。

乌鲁木齐市中级人民法院经审理认为：公民的合法财产受法律保护。本案中，美阳公司在为孙燕装修房屋期间，其水暖工为孙燕安装了淋浴器。由于美阳公司在此期间疏于管理，将孙燕房屋内洗浴间下水管道口堵塞，淋浴器水管爆裂漏水，造成房屋内积水渗于方新民屋内，致使方新民财产受损害，美阳公司应承担赔偿责任。美阳公司上诉称水暖工给孙燕房屋内安装淋浴器的行为系其个人行为，与公司无关，造成漏水致使方新民财产受损害亦与公司无关，应由孙燕承担赔偿责任，因美阳公司对此辩解未提供证据证明，且其在装修期间造成孙燕房屋洗浴间下水管道口堵塞，致使孙燕房屋内积水是不争的事实，故美阳公司要求免责的上诉理由不能成立，对其上诉请求法院不予支持。原审法院判决正确，二审法院予以维持。

提供劳务者致害责任纠纷 办案依据集成

1.《中华人民共和国侵权责任法》（2009 年 12 月 26 日主席令第 21 号公布）（节录）

第三十五条 个人之间形成劳务关系，提供劳务一方因劳务造成他人损害的，由接受劳务一方承担侵权责任。提供劳务一方因劳务自己受到损害的，根据双方各自的过错承担相应的责任。

2. 最高人民法院《关于审理人身损害赔偿案件适用法律若干问题的解释》（2003 年 12 月 26 日　法释〔2003〕20 号）（节录）

第九条 雇员在从事雇佣活动中致人损害的，雇主应当承担赔偿责任；雇员因故意或者重大过失致人损害的，应当与雇主承担连带赔偿责任。雇主承担连带赔偿责任的，可以向雇员追偿。

前款所称“从事雇佣活动”，是指从事雇主授权或者指示范围内的生产经营活动或者其他劳务活动。雇员的行为超出授权范围，但其表现形式是履行职务或者与履行职务有内在联系的，应当认定为“从事雇佣活动”。

第十条 承揽人在完成工作过程中对第三人造成损害或者造成自身损害的，定作人不承担赔偿责任。但定作人对定作、指示或者选任有过失的，应当承担相应的赔偿责任。

四、提供劳务者受害责任纠纷

61. 职工在工作中受伤，但工伤等级鉴定结果做出后，原公司已经依法解散的，且原公司未参加工伤保险的，该职工是否能享受到工伤保险待遇？

《中华人民共和国劳动法》第73条的规定，劳动者因工伤残，依法享受社会保险待遇。根据国务院颁布的《工伤保险条例》第60条规定，用人单位未参加工伤保险，未参加工伤保险期间用人单位职工发生工伤的，由该用人单位按照本条例规定的工伤保险待遇项目和标准支付费用。用人单位已经解散的，应当由清算组清算时支付。

清算组在清算过程中，明知公司职工构成工伤并正在进行工伤等级鉴定，却未考虑其工伤等级鉴定后的待遇给付问题，或者对职工的工伤事实未能及时查知，给工伤职工的利益造成重大损害的，应当依照我国《公司法》第190条“清算组成员因故意或者重大过失给公司或者债权人造成损失的，应当承担赔偿责任”的规定，承担职工的工伤保险待遇责任。

典型疑难案件参考

邹汉英诉孙立根、刘珍工伤保险待遇纠纷案（《最高人民法院公报》2010年第3期，总第161期）

基本案情

原告邹汉英系新威电器职工，2007年3月23日，原告在公司工作过程中不慎受伤，2007年12月4日，原告的伤情经仪征市劳动和社会保障局认定为工伤。事故发生后，新威电器支付了原告的医疗费以及2007年4月17日至7月底的护理费、营养费3180元。

被告孙立根、刘珍系新威电器的股东，该公司经股东会决议解散，于2008年2月19日申请注销。

2008年6月30日，经扬州市劳动能力鉴定委员会鉴定，原告邹汉英的伤残等级为十级。2008年9月9日，原告向劳动部门申请仲裁，2008年9月10日，仪征市劳动争议仲裁委员会以被诉主体资格不符为由，向原告发出了不予受理案件通知书。

本案一审的争议焦点是：被告孙立根、刘珍是否应当负担原告邹汉英的工伤保险待遇并且承担连带赔偿责任。

一审诉辩情况

原告邹汉英诉称：原告系原仪征市新威照明电器有限公司（以下简称新威电器）的职工，2007 年 3 月 23 日，原告在公司工作过程中不慎受伤，该伤情经劳动部门认定为工伤，并于 2008 年 6 月 30 日经扬州市劳动能力鉴定委员会鉴定，原告的伤残等级为十级。事故发生后，新威电器支付了原告的全部医疗费及 2007 年 4 月 17 日至 7 月底的护理费、营养费 3180 元。2008 年 2 月 19 日，新威电器申请注销，被告孙立根、刘珍系新威电器股东。现请求判令两被告支付原告的工伤保险待遇包括一次性伤残补助金 6076. 8（1688 ×60% ×6）元、一次性工伤医疗补助金 15 968. 48 元、一次性伤残就业补助金 7427. 2 元、停工留薪工资 4771. 2 元、鉴定费 280 元，共计人民币 34523. 68 元，并互负连带责任，由被告承担本案诉讼费用。

被告孙立根、刘珍共同辩称：对于原告邹汉英在新威电器工作期间遭受工伤这一事实，被告予以认可；但原告于 2008 年 6 月才作出工伤等级鉴定，新威电器则于 2008 年 2 月 19 日登记注销，在此之前已完成清算程序，新威电器解散清算时，原告的工伤保险待遇并未发生，原告的诉求不符合适用《中华人民共和国公司法》（以下简称《公司法》）第 190 条的前提，故二被告清算注销公司的行为并未损害原告的权益；二被告在公司解散清算过程中，没有过错，原告要求二被告支付工伤待遇无事实和法律依据，请求法庭依法驳回原告的诉讼请求；刘珍对原告的工伤事宜并不知情，不存在过错，故不应承担连带责任。

一审裁判结果

江苏省仪征市人民法院依照公司法第 190 条、《中华人民共和国劳动法》第 73 条、国务院《工伤保险条例》第 31 条、第 35 条之规定，于 2009 年 2 月 16 日判决如下：

一、被告孙立根、刘珍于本判决生效之日起 10 日内赔偿原告邹汉英一次性伤残补助金 6076. 8 元、一次性工伤医疗补助金 15968. 48 元、一次性伤残就业补助金 7427. 2 元、停工留薪工资 4771. 2 元、鉴定费 280 元，合计 34523. 68 元，二被告对上述款项互负连带给付责任；

二、案件受理费 663 元，依法减半收取 331. 5 元，由被告孙立根、刘珍负担。

一审裁判理由

仪征市人民法院一审认为：

劳动者的合法权益应当依法予以保护。原告邹汉英在新威电器工作期间遭受工伤，依法应当享受工伤待遇。因用人单位未参加工伤保险统筹，因此应由用人单位按照国家的有关标准负担工伤职工的工伤保险待遇。因新威电器被注销时主体资格已消灭，故原告不能以该公司为被告起诉。被告孙立根、刘珍作为新威电器原股东及公司清算组的成员，应依法履行法定义务。根据《公司法》第190条的规定，清算组成员因故意或者重大过失给公司或者债权人造成损失的，应当承担赔偿责任。本案中，二被告已知原告遭受工伤，故在清算过程中应当考虑到原告工伤待遇的给付问题，但仍然遗漏，给原告的利益造成了重大损害，应认定为重大过失，二被告应对原告的损失进行赔偿，故对二被告的辩解意见，不予采信。对于原告主张的一次性工伤医疗补助金15 968.48元、一次性伤残就业补助金7427.2元、停工留薪工资4771.2元、鉴定费280元，二被告均无异议，予以支持；对于原告主张的一次性伤残补助金6076.8元（1688×60%×6个月），被告对工资标准有异议，法院认为，根据国务院《工伤保险条例》第61条的规定，本人工资，是指工伤职工因工作遭受事故伤害或者患职业病前12个月平均月缴费工资。本人工资低于统筹地区职工平均工资60%的，按照统筹地区职工平均工资的60%计算。原告的该项请求并不违反法律规定，故予以支持。

二审诉辩情况

孙立根、刘珍不服一审判决，向江苏省扬州市中级人民法院提起上诉。理由是：一审判决认定事实不清，适用法律不当，被上诉人邹汉英手指于2007年3月23日受伤，同年12月4日被认定为工伤，新威电器于2008年2月19日经工商登记注销，解散清算程序更是在此之前。2008年6月30日邹汉英经鉴定工伤等级为十级，即至新威电器解散时邹汉英的工伤保险待遇还未发生，因此上诉人在新威电器解散清算时，不可能知道邹汉英主张的工伤保险待遇是否发生，新威电器也不可能等到邹汉英的工伤保险待遇发生了再解散。新威电器是因为无法继续经营而依法解散、注销的，上诉人作为清算组成员，不存在恶意处置公司财产的过错，也未实施恶意处置行为，故不应对邹汉英主张的工伤保险待遇承担责任，刘珍对邹汉英工伤事实并不知晓，不应承担责任。请求撤销一审判决。

被上诉人邹汉英辩称：上诉人孙立根、刘珍对于邹汉英的工伤事故和伤情是知道的，也不可能不知道邹汉英所进行的工伤等级鉴定。由于有关部门对于工伤等级鉴定每年只进行两次，新威电器注销时邹汉英工伤等级鉴定结果还没有出来，仅是鉴定程序和时间问题，因此，新威电器解散清算时，上诉人应当考虑到邹汉英的工伤待遇权益。但在实际清算中，清算组成员即上诉人未注意到邹汉英应享受的工伤保险待遇，给邹汉英的合法权益造成重大损失，应依法承担赔偿责任。

二审裁判结果

扬州市中级人民法院根据《中华人民共和国民事诉讼法》第 153 条第 1 款第 1 项的规定，于 2009 年 2 月 16 日判决如下：

驳回上诉，维持原判。

二审裁判理由

扬州市中级人民法院经二审，确认了一审查明的事实。

本案二审的争议焦点仍然是：上诉人孙立根、刘珍是否应当支付被上诉人邹汉英的工伤保险待遇并且承担连带赔偿责任。

扬州市中级人民法院二审认为：

根据《中华人民共和国劳动法》第 73 条的规定，劳动者因工伤残，依法享受社会保险待遇。被上诉人邹汉英在 2007 年 3 月 23 日于新威电器工作期间受伤，同年 12 月 4 日被认定为工伤，依法应当享受工伤保险待遇。根据国务院《工伤保险条例》第 2 条和第 60 条的规定，用人单位应当按照规定参加工伤保险，为职工缴纳工伤保险费，未参加工伤保险期间用人单位职工发生工伤的，由该用人单位按照该条例规定的工伤保险待遇项目和标准支付费用。因新威电器未参加社会工伤保险统筹，因此应由新威电器按照国家的有关标准负担被上诉人的工伤保险待遇。

对于上诉人孙立根、刘珍提出的新威电器解散清算时，被上诉人邹汉英的工伤等级鉴定结果未出，其工伤保险待遇未发生的上诉理由，法院认为，被上诉人于 2007 年 3 月 23 日工作期间受伤，并已于同年 12 月 4 日被认定为工伤，即依法享有工伤保险待遇。工伤等级鉴定结果是确定工伤保险待遇具体内容的主要依据，被上诉人的工伤等级鉴定结果未出，虽然无法确定工伤保险待遇的具体内容和数额，但并不影响被上诉人工伤保险待遇的发生。新威电器解散前，作为股东之一的孙立根清楚知晓被上诉人遭受工伤，因此，公司解散清算时，虽然被上诉人的工伤等级尚未鉴定出来，但作为公司的法定代表人，也是清算组成员的孙立根，在明知被上诉人受伤一事且已经认定为工伤，正在进行工伤等级鉴定的情况下，亦应当在公司清算过程中将被上诉人的工伤保险待遇计算在内。

综上所述，上诉人孙立根在组织公司清算过程中，明知被上诉人邹汉英构成工伤并正在进行工伤等级鉴定，却未考虑被上诉人工伤等级鉴定后的待遇给付问题，从而给被上诉人的利益造成了重大损害，此行为明显构成重大过失。根据《公司法》第190条的规定，清算组成员因故意或者重大过失给公司或者债权人造成损失的，应当承担赔偿责任。对此，孙立根应依法承担赔偿责任。上诉人刘珍系新威电器股东之一，也是清算组成员，在该公司解散清算过程中，刘珍对于实际存在的被上诉人工伤事实未能及时查知，显然未尽到清算组成员应尽的责任，也无证据证明另一清算组成员即孙立根在清算过程中，对其故意隐瞒了被上诉人工伤的事实，故对于被上诉人工伤待遇损失，刘珍的行为也构成重大过失，应与孙立根承担连带赔偿责任。如果刘珍认为相关责任人对此存在过错，可在承担责任后，依法向相关责任人主张权利。

综上，上诉人孙立根、刘珍的上诉理由不能成立，不予支持。一审判决认定事实清楚，适用法律正确，应予维持。

62. 当事人经单位联系向上级单位提供劳务，由上级单位直接付酬，当事人与上级单位之间是否成立雇佣关系？

当事人与原单位已经不存在雇佣关系，但是经原单位联系接受原单位的上级单位的指示、利用上级单位的设备、按上级单位的安排提供劳务并由上级单位支付报酬，则当事人与上级单位间认定为雇佣与被雇佣的关系。

63. 当事人在为本单位的上级单位提供劳务的过程中受伤，是享受工伤保险待遇还是由上级单位承担赔偿责任？

当事人作为雇员在从事雇佣活动中受伤，依照最高人民法院《关于审理人身损害赔偿案件适用法律若干问题的解释》第11条第1款的规定，可以请求雇主承担赔偿责任。同时，为雇主提供劳务受害的，为人身损害赔偿，不是劳动争议范畴的工伤损害赔偿。

典型疑难案件参考

李庆红诉镇雄县文化体育局损害赔偿纠纷案

基本案情

原告李庆红所在单位县电影公司系被告县文体局直属的实行自负盈亏、独立核算的企业法人，该公司因停业多年无收入，未发给职工工资，公司职工自谋生路。

2005年12月6日，被告县文体局为完成云南省文化厅下达的“2131”送文化下乡工程任务，便通知县电影公司找几个人下乡为县文体局放映电影，每放映一场（次）电影由县文体局给付放映员报酬人民币50元。县电影公司找到本单位职工原告李庆红和姜华等人为被告县文体局下乡放映电影。同年12月8日，原告李庆红和姜华到被告县文体局办公室领取了放映设备，并听取被告县文体局对放映日程的具体安排后，当天二人便赶到镇雄县罗坎镇放映了两场电影。次日，被告县文体局下属的罗坎镇文化站找了一辆由驾驶员邓忠驾驶的云G69043号“大江”正三轮摩托车从罗坎镇政府载原告李庆红和姜华驶往罗坎镇铜坪办事处为被告县文体局放映电影。下午18时许，当该车行至罗坎镇风翥办事处马路段三岔路口转左弯下的陡坡时，因措施不当所驾车辆驶离公路有效路面右侧翻下山坡，致乘坐该车的另一放映员姜华当场死亡和原告李庆红受伤的交通事故。事故发生后，经镇雄县公安局交通警察大队责任认定：驾驶员邓忠负该事故的全部责任，死者姜华和原告李庆红在该事故中无责任。当晚，原告李庆红家人送其到镇雄县人民医院抢救治疗，经诊断原告伤情为：小肠穿孔引发全腹膜炎；左锁骨粉碎性骨折；左桡骨中段横断性骨折；左肩胛骨骨折。同年12月10日住院治疗1天，花去住院治疗费1209.80元，同月11日至2006年4月5日住院治疗115天，花去住院治疗费15589.80元。2006年11月15日原告经云南昭通滇东北乾诚司法鉴定中心鉴定，其损伤按交通事故属十级伤残和八级伤残，部分丧失劳动力；按工伤事故属七级伤残，部分丧失劳动力；后续治疗费评估为4000元。为此，原告用去鉴定费800元、乘车费160元。2006年12月15日至12月27日原告作进一步治疗，住院12天，用去治疗费3150.80元。至此，原告伤愈出院，医院建议原告休息3个月。原告住院共128天用去的住院治疗费合计19950.40元，已由被告完全支付。2007年4月17日原告向镇雄县劳动争议仲裁委员会提出申请，请求被告支付伤残赔偿金等。同年4月19日镇雄县劳动争议仲裁委员会根据《中华人民共和国劳动法》第82条的规定，决定不予受理。

另查，2004年前原告的月工资为726元，原告现有两个子女，女孩李妮生于1993年2月1日，男孩李羿生于1999年8月12日。

一审诉辩情况

原告李庆红诉称：原告对与被告之间的争议申请劳动仲裁，镇雄县劳动争议仲裁委员会不予受理。原告认为其与被告应属雇佣关系，原告在从事雇佣活动中身体受到损害，被告作为雇主应当承担民事赔偿责任。据此，提起民事诉讼，请求人民法院判令被告赔偿原告各种损失共计人民币147653.94元（含伤残赔偿金80560元；被抚养人生活费26568元；护理费9725.94元；误工费23650元；伤残鉴定费、车旅费1230元；住院伙食补助费1920元；后续治疗费用4000元）。

被告县文体局辩称：县电影公司系被告的直属单位。被告根据云南省文化厅下达的“2131”工程任务，安排县电影公司送电影下乡，原告李庆红作为县电影公司的正式职工，受其公司的指派到罗坎镇放映电影，是原告李庆红的工作职责。在放映过程中，因发生交通事故致原告受伤和医院的诊断是事实，被告县文体局已为原告垫支了所有的住院治疗费用。但被告县文体局认为，原、被告之间不属雇佣劳动关系，原告在工作中受伤，根据劳动法律的有关规定，原告只能向其所在单位申请解决工伤保险待遇，故请求人民法院驳回原告的诉讼请求。

一审裁判结果

镇雄县人民法院经依照《中华人民共和国民法通则》第106条第3款、第119条、第134条第7项的规定，该院判决如下：

一、由被告县文体局赔偿原告李庆红各种损失共计人民币124650元；

二、驳回原告李庆红的其他诉讼请求；

三、案件受理费人民币3436元，由被告县文体局交纳。

一审裁判理由

镇雄县人民法院经审理认为，被告县文体局为完成云南省文化厅下达的“2131”送文化下乡工程任务，通知其下属企业县电影公司为其找人下乡放映电影，并由县文体局直接支付报酬给放映人员。原告李庆红虽系县电影公司的放映人员，但该公司系独立核算、自负盈亏的企业法人，职工工资不由被告县文体局发放，原告李庆红并非县文体局的职工。原告李庆红被所在单位找来为县文体局到罗坎等地放映电影，是直接向被告县文体局提供劳务，并由县文体局直接支付劳动报酬。原告在为县文体局提供劳务的过程中因交通事故受伤，由于肇事者（第三人）未赔偿原告所受损失，原告李庆红向劳动部门申请要求被告县文体局给付伤残赔偿金等费用，劳动部门亦不予受理。故原告李庆红与被告县文体局之间的劳动关系符合雇佣关系中的雇员与雇主关系的法律特征，双方事实上已形成雇佣关系，所以，原告李庆红的损伤应按交通事故伤残鉴定标准予以赔偿。据此，原告李庆红要求雇主即被告县文体局承担赔偿责任，法院予以支持。被告县文体局以原告李庆红所在单位县电影公司是其下属，原告受其公司指派到罗坎镇放映电影是原告的工作职责，原告李庆红是在从事放映过程中因交通事故受伤应当按劳动法律的有关规定向所在单位申请解决工伤保险待遇，故不同意赔偿原告的损失辩解，法院不予采信。被告认为计算原告的损失应以原告2004年前的月工资726元为标准。因原告2004年前的工资，明显低于目前在职职工的平均工资水平，按此标准计算赔偿损失，一是显失公平，二是无法律依据，故该辩护意见法院亦不予采信。据此，根据查明的案件事实，参照《2007年云南省道路交通事故人身损害赔偿有关费用计算标准》，经计算，原告李庆红的全部合理损失为：残疾赔偿金80560元（10070元×20年×40%）；被抚养人生活费25830元（7380元×14年÷4）；护理费3200元（128天×25元）；误工费10900元（218天×50元）；住院伙食补助费3200元（128天×25元）；伤残鉴定费800元；乘车费160元，合计人民币124650元。原告李庆红进行伤残鉴定和后续治疗费评估后，又住院进行钢丝取出手术，其费用被告县文体局已支付，故原告要求县文体局赔偿后续治疗费4000元，法院不予支持。另外，原告的护理费、误工费计算不合理，对不合理的部分，法院亦不予支持。

二审诉辩情况

县文体局不服一审判决，提出上诉，请求撤销原判，驳回李庆红的诉讼请求。其主要理由是：（1）李庆红属县电影公司正式职工，下乡放电影是受县电影公司的安排，属职务行为。故李庆红与上诉人间不存在雇佣关系，一审将上诉人列为被告错误；（2）本案为交通事故，按交通事故认定书应由责任人即三轮车驾驶员邓忠承担赔偿责任，原审未追加邓忠为被告属漏列当事人，违反法定程序；（3）原审既已认定李庆红是因超过60日提出仲裁不被受理，就应判决驳回其起诉，而不是判决由上诉人赔偿其损失。

被上诉人李庆红答辩称：电影公司不是实施送电影下乡的行政主体，也没有送电影下乡的法定或约定义务，且县电影公司停业多年，职工均属自谋生路，县电影公司与上诉人早已不存在工作上的安排和被安排关系。被上诉人送电影下乡，系受上诉人雇请而不是由县电影公司安排，报酬由上诉人支付，双方实属雇佣关系，被上诉人受伤，上诉人作为雇主理应承担赔偿责任；雇佣关系中雇员有权选择雇主或侵权人承担责任，原审并未遗漏当事人，无程序违法的问题。

二审裁判结果

二审法院依照《中华人民共和国民事诉讼法》第153条第1款第1项之规定，判决如下：

驳回上诉，维持原判。

二审裁判理由

在本案二审诉讼过程中，除上诉人对一审认定的县电影公司的单位性质有异议外，对一审认定的事实双方均无异议。对双方无异议的事实，二审法院予以确认。

二审法院认为，根据上诉人在一审中提供的镇雄县机构编制委员会《关于核定文化体育局所属县直事业单位编制的通知》和原审人民法院依法调取的县电影公司《事业法人代码证书》，县电影公司应为上诉人县文体局所属的实行企业化管理的事业法人，原审认定其为企业法人错误，予以纠正。从本案李庆红受伤的经过来看，其所在单位县电影公司因经营不善早已停业，职工自谋生路。此情形下县电影公司和职工之间已经不存在安排工作的问题。李庆红接受县文体局的指示，利用县文体局的设备，按县文体局的安排送电影下乡并由县文体局支付报酬，县文体局也不能够提供证据证实县电影公司属实施“2131”工程的主体，有义务送电影下乡，故其与李庆红间只能认定为雇佣与被雇佣的关系。李庆红作为雇员在从事雇佣活动中受伤，依据最高人民法院《关于审理人身损害赔偿案件适用法律若干问题的解释》第11条第1款的规定，可以请求雇主县文体局承担赔偿责任，县文体局可在承担责任后向侵权人即邓忠追偿，原审并不存在漏列当事人邓忠的问题。同时本案为人身损害赔偿，不是劳动争议范畴的工伤损害赔偿，上诉人关于李庆红因超过60日提出仲裁不被受理，就应判决驳回其起诉的上诉理由也不能成立。综上所述，法院认为，李庆红在受县文体局的雇佣送电影下乡的过程中因交通事故受伤，其起诉要求县文体局承担赔偿责任符合法律规定，应予支持。县文体局可在赔偿后依法向交通事故责任人邓忠追偿。原判认定事实清楚，适用法律正确，判决恰当，依法应当维持。

64. 雇员向侵权第三人起诉赔偿执行不能后，能否再向雇主主张赔偿权利？

根据最高人民法院《关于审理人身损害赔偿案件适用法律若干问题的解释》第11条第1款的规定，“雇员在从事雇佣活动中遭受人身损害，雇主应当承担赔偿责任。雇佣关系以外的第三人造成雇员人身损害的，赔偿权利人可以请求第三人承担赔偿责任，也可以请求雇主承担赔偿责任。雇主承担赔偿责任后，可以向第三人追偿”。根据该规定，受害人在从事雇佣活动中遭受人身损害的，依法可以请求侵权第三人进行赔偿，也可以请求雇主进行赔偿。对请求权的行使，受害人依法具有选择权。无论雇员向哪一方主张损害赔偿，该方对受害人受到的人身损害均应负有全部赔偿的义务，二者之间形成不真正连带之债。根据不真正连带责任的法律特征，受害人享有的不同的损害赔偿请求权，须以其选择的一个请求权全部实现之后，其他请求权才能消灭。受害人在选择请求侵权第三人赔偿后，其请求权得到实现前，和其他应承担赔偿责任的债务人之间债权债务关系并没有消灭，其继续享有请求的选择权，可以再向雇主主张赔偿。

典型疑难案件参考

石佰平诉商丘市交通运输有限公司、南红损害赔偿纠纷案

基本案情

2004年2月1日，石佰平驾驶车主南红挂靠在商丘市运输公司名下的豫N08662号解放牌货车在京沈高速公路发生交通事故。同年2月3日，石佰平乘坐谢桂兰驾驶的冀BA9768号羚羊牌小轿车在事故处理地河北省唐山市，又与张树燕所有的宝来汽车、许正奎驾驶的冀BT3535号出租车发生交通事故，石佰平受伤。经唐山市公安局交警支队现场勘验，认定宝来车驾驶员负事故全部责任。后石佰平以交通事故损害赔偿为由，将张树燕诉至唐山市路北区人民法院，该院于2004年11月12日作出〔2004〕北民初字第2513号民事判决书，判令张树燕一次性赔偿石佰平经济损失63784.16元，抚慰金5000元。2005年12月13日唐山市路北区人民法院以被执行人张树燕下落不明，申请人石佰平又不能提供被执行人的下落及可供执行的财产为由，作出〔2005〕

北备执字第175号民事裁定书，裁定对该院〔2004〕北民初字第2513号民事判决书终结执行。石佰平又以与南红、商丘市运输公司存在雇佣关系，雇员受到伤害，应由雇主承担赔偿责任为由，向梁园区人民法院提起赔偿诉讼。

一审裁判结果

一审法院裁定驳回石佰平的起诉。

一审裁判理由

梁园区人民法院认为，石佰平作为司机，在车辆发生交通事故后，参与协助处理交通事故应为附随义务。石佰平在处理事故地乘车时又发生交通事故而受伤，被告方不能举证证明石佰平在做与处理事故无关的其他事情，应视为在为雇主的利益工作中受第三人侵权而形成的损害，作为雇主的南红应对雇员石佰平承担赔偿责任。运输公司不是实际车主，且没有和石佰平建立雇佣关系，石佰平要求商丘市运输公司承担责任，没有法律依据。但是，在本案石佰平受伤的交通事故中，尚有两个债务人对石佰平分别负有债务，他们分别是应负事故全部责任的宝来车驾驶员和石佰平乘坐的羚羊牌轿车驾驶员谢桂兰。上述二人与被告南红作为雇主应负的赔偿责任均是基于同一事由，且给付内容也是同一的，它们既无共同行为，也无相互的某种约定，只是一种巧合，他们产生责任上的牵连，仅是因为雇佣关系和侵权关系、合同关系发生偶然性聚合，使三个单独债务发生牵连，符合不真正连带责任的构成要件。根据不真正连带责任的处理原则，最终承担责任的只能是一个责任主体，一个债务人履行债务后，则其他债务人的债务即归于消灭。石佰平对宝来车主张树燕提起诉讼并得到支持，应视为求偿权利已经行使。根据一事不再理的原则，石佰平不应提起本次诉讼，况且南红一方为救治石佰平也支付了一定的费用。石佰平再要求南红支付赔偿费用，于法不合，不予支持，故裁定驳回石佰平的起诉。

二审诉辩情况

石佰平不服一审裁定上诉称：（1）上诉人和被上诉人之债属不真正连带之债，上诉人虽然选择了对侵权人先提起诉讼，但并未实际得到赔偿，债权并没有实现，故上诉人对被上诉人的债权仍应因债权目的没有达到而继续存在，一审裁定驳回起诉错误；（2）一审认定上诉人收取谢桂兰1万元赔偿款没有依据。请求撤销原裁定，支持其原审诉讼请求。

被上诉人商丘市运输公司没有到庭参加诉讼，也没有提交书面答辩意见。

被上诉人南红没有提交书面答辩状，庭审中针对上诉人石佰平的上诉理由和请求均作出了否定的答辩意见。请求驳回上诉，维持原裁定。

二审裁判结果

二审法院依照《中华人民共和国民事诉讼法》第154条、最高人民法院《关于适用〈中华人民共和国民事诉讼法〉若干问题的意见》第187条的规定，裁定如下：

一、撤销梁园区人民法院〔2006〕商梁民初字第225号民事裁定；

二、指令梁园区人民法院对本案进行审理。

二审裁判理由

二审查明的事实与一审相同。

二审法院认为，上诉人石佰平在从事雇佣活动中发生交通事故，在处理事故期间，再次遭受交通事故而人身受到损害，雇主南红没有证据证明石佰平第二次发生交通事故时是在从事与第一次交通事故无关的行为，应视为石佰平在从事雇佣活动中遭受的人身损害。最高人民法院《关于审理人身损害赔偿案件适用法律若干问题的解释》第11条第1款的规定："雇员在从事雇佣活动中遭受人身损害，雇主应当承担赔偿责任。雇佣关系以外的第三人造成雇员人身损害的，赔偿权利人可以请求第三人承担赔偿责任，也可以请求雇主承担赔偿责任。雇主承担赔偿责任后，可以向第三人追偿。"根据该规定，石佰平在发生交通事故后，依法可以请求侵权第三人张树燕进行赔偿，也可以请求雇主南红进行赔偿。对请求权的行使，石佰平依法具有选择权。在该事故中，张树燕和雇主南红之间没有共同的约定，也没有共同的故意和过失，其行为之间也无直接的结合，对石佰平受到损害而应承担的赔偿责任是基于不同的法律关系所产生，且二人对石佰平受到的人身损害均应负有全部赔偿的义务，二者之间形成不真正连带之债。本案中，上诉人石佰平虽然在受到伤害后对侵权第三人张树燕提起诉讼并得到判决支持，但受诉地法院对该案已终结了执行，债务人张树燕对债权人石佰平所负的债务并没有实际履行，债权人石佰平的债权并没有得到实现。根据不真正连带责任的法律特征，受害人享有的不同的损害赔偿请求权，须以其选择的一个请求权全部实现之后，其他请求权才能消灭。石佰平在选择请求侵权第三人张树燕赔偿后，其请求权得到实现前，和其他应承担赔偿责任的债务人之间债权债务关系并没有消灭，其继续享有请求的选择权。作为雇主的被上诉人南红认为上诉人石佰平对其提起诉讼不当，理由不能成立。

在本案中，上诉人石佰平是与本案有直接利害关系的自然人，其起诉的被告主体明确，有具体的诉讼请求和理由、事实，并属于人民法院民事诉讼受案范围和受诉地法院管辖。和上诉人石佰平起诉张树燕一案相比较，两案在诉讼主体和法律关系上均不相同，石佰平以人身损害赔偿为由对雇主南红提起诉讼，符合《中华人民共和国民事诉讼法》第108条规定的起诉条件，原审认为石佰平对南红提起诉讼属于重复诉讼，违反了一事不再理原则，并据此裁定驳回石佰平的起诉，定性错误，适用法律不当。上诉人石佰平上诉理由能够成立，二审法院予以支持。

65. 雇主对雇员因第三人的侵害承担何种性质的责任？

雇员在受雇过程中，因第三人的侵害遭受损失的，受害人可以向第三人请求赔偿，也可以请求雇主赔偿。当第三人的赔偿不足以弥补损失的，受害人还可以请求雇主赔偿，雇主应承担不真正连带责任，而不是补充赔偿责任。

典型疑难案件参考

张甜甜等诉王磊因张甜甜之父张桂明在受雇开车过程中被害请求损害赔偿纠纷案

基本案情

原告张甜甜、李霞、王会英分别系死者张桂明的女儿、妻子、母亲。2001年3月，张桂明受被告王磊的雇佣，为其开车。同年4月16日，张桂明在出车过程中，被王晋武、王立冬、吕加军杀害。案发后，本案原告张甜甜、李霞、王会英在江苏省宿迁市人民检察院提起公诉的同时，向宿迁市中级人民法院提起了附带民事诉讼。经审理，宿迁市中级人民法院判处王晋武、王立冬、吕加军死刑，剥夺政治权利终身，没收个人全部财产。同时，王晋武、王立冬、吕加军三人各赔偿附带民事诉讼原告人王会英赡养费2600元，张甜甜抚养费2860元。2001年4月18日，原告李霞与被告王磊就张桂明的身后事宜达成协议，内容如下："因李霞其夫张桂明为王磊开车，遇害身亡，经双方慎重研究，达成如下协议：一、王磊付给李霞其夫从案发到入土安葬各项费用计8000元，一次性付清。二、其他事宜待公安机关结案后处理。"同日，被告王磊给付原告李霞8000元。

另查明：被告淮汽公司与被告王磊于2000年12月1日签订了一份出租汽

车资产全额补偿承包经营合同，合同约定：淮汽公司将牌号为苏 H06732 号捷达轿车一辆以资产补偿的形式承包给王磊经营，承包期限为 2000 年 12 月 1 日至 2004 年 11 月 30 日。原告张甜甜、李霞、王会英诉称，2001 年 3 月，张桂明（本案死者）受被告王磊的雇用，为其开车，每月报酬为 400 元。同年 4 月 16 日晚，张桂明在驾驶出租车时，遭到抢劫并被杀害。由于张桂明是在从事受雇工作过程中遭受杀害，因此，作为雇主王磊及出租车的发包人淮汽公司应承担赔偿责任。故请求判令被告赔偿死者丧葬费 3000 元，死亡赔偿金 60730 元，抚养费 30030 元，赡养费 18480 元，精神损失费 30000 元。

一审诉辩情况

被告淮汽公司辩称：被告与三原告之间无任何法律关系，张桂明既不是被告职工，也不受被告雇用，另外，被告又未侵犯其人身权益，三原告起诉被告没有任何事实和法律依据。同时，杀害张桂明的凶手，经刑事附带民事判决，已共同赔偿本案原告 16380 元，此次三原告又起诉要求赔偿，不符合《民事诉讼法》的原则。

被告王磊辩称：被告与张桂明之间不是雇佣关系，他们曾口头约定，由张桂明开被告所承包的车，每月除去所交的各项费用外，赢利部分由被告得 80%，张桂明得 20%，因此他们是合伙关系。同时，2001 年 4 月 16 日，由于车子违章，行驶证被扣，被告已告知张桂明不要出城，但张桂明还是出城了，并且在出城时也没有进行登记，因此，对其遇害自己应负主要民事责任。同时，在张桂明出事后，被告与原告于 2001 年 4 月 18 日达成协议，由被告一次性给付原告方 8000 元了结此事。综上，请求驳回三原告的诉讼请求。

一审裁判结果

淮安市清河区人民法院依照《中华人民共和国民事诉讼法》第 9 条、《中华人民共和国民法通则》第 106 条第 3 款之规定，该院于 2002 年 4 月 3 日作出如下判决：

一、被告王磊于本判决生效后 20 日内赔偿原告张甜甜、李霞、王会英死亡赔偿金 60730 元，丧葬费 3000 元，合计 63730 元（付款时须扣除已付的 8000 元）；

二、驳回原告张甜甜、李霞、王会英对被告淮汽公司以及其他的诉讼请求。

一审裁判理由

淮安市清河区人民法院经公开开庭审理认为：雇工在完成雇主所指派的工

作中受到损害，雇主应当承担民事责任。被告王磊辩称其与张桂明之间是合伙关系，其未能提供证据加以证明。同时，在2001年4月18日王磊与原告李霞签订的协议中“张桂明为王磊开车”的表述，从词义、常理上均应理解为被告王磊与张桂明间系雇佣关系，故对被告王磊这些辩解意见不予采纳。因此，作为雇主对张桂明在完成受雇指派工作中遇害身亡的，应承担赔偿责任。原告要求被告王磊给付丧葬费3000元，死亡赔偿金60730元的诉讼请求，法院予以支持，但应扣除被告王磊已先行给付的8000元。至于三原告所主张的赡养费、抚育费，宿迁市中级人民法院刑事附带民事判决书中对此已作了明确的判决，故对三原告的此部分主张本院不予支持。被告淮汽公司虽与被告王磊之间订立承包合同，但其与张桂明的死亡并无因果关系，故对三原告要求被告淮汽公司承担赔偿责任的诉讼请求，不予支持。

关于精神损失费，因损害的结果不是被告王磊所造成的，故对三原告要求被告王磊给付精神损害赔偿金的诉讼请求，法院不予支持。

二审诉辩情况

被告王磊不服一审判决，提起上诉称：本案受害人所遭受的损害是由于刑事犯罪所致，与作为雇主的上诉人无关，其损害赔偿已经刑事审理并依法作出判决，原审重复审理，违反了民事诉讼“一事不再理”的基本原理，请求二审依法改判驳回诉讼请求。

被上诉人张甜甜、李霞、王会英、淮汽公司均未作书面答辩。

二审裁判结果

淮安市中级人民法院依照《中华人民共和国民事诉讼法》第153条第1款第1项之规定，于2002年9月29日作出如下判决：

驳回上诉，维持原判。

二审裁判理由

淮安市中级人民法院审理认为，本案争议焦点是被上诉人张甜甜等是否有权再行获得补充赔偿。基于本案事实，形成两个法律关系：一个是张桂明与刑事致害人之间的侵权法律关系，另一个是张桂明与上诉人王磊之间的雇佣法律关系。被上诉人作为死者的亲属有权分别就不同的法律关系提起刑事附带民事诉讼和民事诉讼，构成两个独立的诉权，在刑事附带民事案件中不能充分得到保护的权利可以在雇佣关系中得到相应的补充，以充分保障受害人法律权利的完整性。对于本案三被上诉人而言，在刑事附带民事部分没有得到赔偿的，按照民事赔偿的有关规定应当由雇主予以补充赔偿，故除被上诉人在刑事附带民事案件赔偿中已得到支持的赡养费、抚养费部分不应再支持外，对未得到的死亡赔偿金、丧葬费应当由上诉人支付。综上，上诉人上诉理由无事实和法律依据，法院不予采纳。

66. 雇员在雇佣关系中受到损害而产生纠纷的案件，应当对雇主适用何种归责原则进行处理？

雇员在从事受雇作业过程中遭受损害，在一般情况下，雇员很难证明雇主存在过错。如果在雇佣关系中适用过错责任原则，很可能导致雇主不承担责任，不利于对雇员合法权益的保护，不符合民法中的公平原则。因此，雇员在雇佣关系中受到损害而产生纠纷的案件，应当对雇主适用无过错责任原则进行处理。

典型疑难案件参考

张吉温诉胶南市隐珠镇民用爆破物品管理服务站人身损害赔偿纠纷案

基本案情

2002 年 7 月 18 日，原告张吉温在给臧来泰放完炮后，又到被告冯学端承包的石场放炮。原告在没有对石场采取任何排险措施的情况下，就向炮眼里装炸药，在往炮眼里捣土时，从石场山上掉下一块石头，砸伤原告左腿。原告当即被送往胶南市人民医院进行治疗。应原告要求，于 2002 年 7 月 19 日转入中国人民解放军第四〇一医院进行手术治疗，将其左下肢截除。于 2002 年 8 月 1 日，原告出院，共住院 14 天。经法医鉴定为六级伤残。青岛假肢矫形康复中心证明，原告张吉温适合安装国产普及型不锈钢小腿假肢，其价格为人民币 6500 元。对此价格原告表示接受，被告丁召明、冯学端认为价格偏高，但两被告无有力证据证明此价格是否偏高。原告称青岛假肢矫形康复中心对原告的假肢价格做评估的费用是诊断费，而实际上是原告预交的押金，对此双方均未提出异议。原告在庭审中变更诉讼请求，要求三被告赔偿 80500 元。原告腿受伤后，被告冯学端给付原告张吉温 2000 元，另两被告没有给付原告任何款项。原告曾上访至胶南市劳动局，劳动局的反馈意见是原告之伤不是工伤。

另查明，被告胶南市隐珠镇民用爆破物品管理服务站原来是属于胶南市隐珠镇农业机械站管理。2000 年 3 月份后，公安局下文成立由政府管理的胶南市隐珠镇民用爆破物品管理服务站。胶南市隐珠镇民用爆破物品管理服务站没有销售许可证，也没有进行工商登记，实际上是用储存许可证代替销售许可证。胶南市隐珠镇民用爆破物品管理服务站的公章是先由隐珠镇政府出具证明，再到胶南市公安局的治安科开出证明，最后在公安局刻章。胶南市隐珠镇民用爆破物品管理服务站的职责是保管好库内的爆炸物品的安全，确保爆炸物品不出现任何事故，协助派出所搞好爆炸物品的管理，同时负责对外销售。对外销售的程序是，爆破员与石场业主达成口头或书面的协议，爆破员据此到派出所申请炸药，并由爆破员和使用单位或个人签字、盖章，再由派出所开出准予销售爆炸物品通知单，爆破员拿派出所出具的通知单到胶南市隐珠镇民用爆破物品管理服务站购买爆破物品。如爆破员申请的爆炸物品没有一次性用完，必须再交回胶南市隐珠镇民用爆破物品管理服务站的炸药库保管，但可以自由调配。爆破员是由派出所规定在一定的区域内从事爆破作业，共分三个区域，原告张吉温在隐珠镇东部从事爆破作业，被告丁召明、冯学端承包的石场就在该区域内。

从被告胶南市隐珠镇民用爆破物品管理服务站提供的证据上看，其正式职工只有4人，他们的工资由隐珠镇政府有关领导签字发放。胶南市隐珠镇民用爆破物品管理服务站与原告没有任何劳动关系手续，不为爆破员投保，也不提供其他福利待遇，只是代收爆破作业费，在每个月结算一次，将代收的爆破费交给爆破员，并由爆破员在代收爆破作业收费明细表上签名，代收的爆破费包括炸药的提成25元/箱，防水药的提成25元/箱，火管、电管、导火线提成0.3元/米。

2001年2月15日，被告丁召明与胶南市隐珠镇卜落林村民委员会签订了石场租赁合同，合同到期日是2007年2月15日。被告冯学端与胶南市隐珠镇卜落林村民委员会签订了石场租赁合同，合同到期日是2007年2月15日。被告丁召明办理了开采许可证，该开采证的有效期至2003年8月，现开采证已被收回；未办理安全许可证，但据卜落林村党支部书记郭胜林、支部委员冯桂恩所称，被告丁召明、冯学端交了80元钱去学习并办证，但实际上并未拿到安全许可证；两被告未办理工商登记，只是丁召明向工商部门交过两次管理费。另外，被告冯学端与丁召明使用同一个开采许可证，该开采许可证是由丁召明办理的。丁召明每年向村里交承包费1200元，在合同规定的6年时间内，前3年每年1200元，从第4年开始每年增加500元。冯学端每年向村里交承包费800元，在合同规定的6年时间内，前3年每年800元，从第4年开始每年增加400元。

原告张吉温具有爆破员资格，持有山东省爆破员作业证，最后一次年审检验的日期是2001年11月8日，年审检验期间通常是在每年的11至12月份，原告的爆破员作业证的有效期到次年的 11 至 12 月份。

诉辩情况

原告张吉温诉称：2002 年 7 月 18 日，原告受被告胶南市隐珠镇民用爆破物品管理服务站的指派到被告丁召明、冯学端处放炮，致使原告被石头砸断左腿，当即，原告被送往胶南市人民医院治疗。后由于技术受限，2002 年 7 月 19 日，原告转入中国人民解放军第四〇一医院进行手术治疗。现要求三被告赔偿医疗费 6699 元、误工费 3384.09 元、护理费 296.85 元、生活补助费 120 元、交通费 170 元、残疾者生活补助费 17704 元、假肢费 126000 元，合计 154381.94 元。

被告胶南市隐珠镇民用爆破物品管理服务站辩称：被告胶南市隐珠镇民用爆破物品管理服务站没有指派原告张吉温到被告丁召明、冯学端处放炮，被告胶南市隐珠镇民用爆破物品管理服务站没有营业执照，不具有法人资格，诉讼主体不适格。被告有权利出卖炸药，经过合法程序，购进和销售炸药。胶南市隐珠镇民用爆破物品管理服务站不跟踪管理爆破员的爆破作业，被告不承担原告所主张的赔偿责任。

被告丁召明辩称：原告没有为丁召明放炮，事实上，原告到被告冯学端处放炮受伤，丁召明与冯学端分别承包石场。

被告冯学端辩称：原告到被告冯学端处放炮受伤，原因是原告违章操作所致，而且原告与被告冯学端是承揽合同关系，原告需要以自己的人力、技术独立完成爆破工作，对工作过程中的风险，应由原告承担，被告冯学端没有过错，因此不承担赔偿责任。

裁判结果

山东省胶南市人民法院依照《中华人民共和国民事诉讼法》第 108 条，《中华人民共和国民法通则》第 119 条、第 130 条、第 131 条之规定，判令驳回原告张吉温要求被告胶南市隐珠镇民用爆破物品管理服务站承担赔偿责任的诉讼请求；被告冯学端赔偿原告张吉温人民币 23599.5 元，其他费用由原告自理；被告丁召明对上述赔偿款项承担连带赔偿责任。

裁判理由

山东省胶南市人民法院认为：被告胶南市隐珠镇民用爆破物品管理服务站因与原告不存在雇佣劳动关系，不承担赔偿责任。原告张吉温应当承担 60% 的主要责任，被告冯学端应当承担 40% 的次要责任，被告丁召明负连带责任。

67. “从事雇佣活动”的范围如何界定?

雇佣合同与承揽合同是两种性质不同的合同。承揽合同提供的是工作成果,而非劳务;承担人完成的工作成果具有特定性;承揽人在完成工作过程中承担风险。依据最高人民法院《关于审理人身损害赔偿案件适用法律若干问题的解释》的规定,雇员在从事雇佣活动中遭受人身损害,雇主应当承担赔偿责任。这里的“从事雇佣活动”,应当理解为从事雇主授权或者指示范围内的生产经营活动或者其他劳务活动。

典型疑难案件参考

张富玲诉舞阳县华裕水泥有限责任公司人身损害赔偿纠纷案

基本案情

2002年5月25日,经舞阳县政府、舞钢市政府协调,舞钢市枣林乡马庄村、舞阳县舞泉镇双庙村、舞阳县祥宇水泥公司三方达成劳动合同,约定:祥宇水泥公司的货物装卸、产品码垛由马庄村每月干18天,双庙村每月干12天;合同到2003年5月25日到期。舞钢市枣林乡马庄村、舞阳县舞泉镇双庙村按约定安排本村村民轮流从事装卸工作,祥宇水泥公司不得将码垛工作另行承包他人。村民在提供劳务时,受公司的指派,由公司对从事劳务的村民直接结算劳动报酬。2004年年初,因原企业破产,李新岳等人买断水泥厂的所有财产注册成立了华裕水泥公司,但华裕水泥公司的水泥装卸、码垛等劳务仍按2002年5月25日的劳务合同履行。2004年3月19日,原告和其他村民受被告工作人员的指示在往客户的车上装水泥时,因水泥垛倒塌原告被压在下面,致原告腰椎LI粉碎性骨折,造成下肢截瘫。事故发生后,原告先后在舞阳县中心医院、舞钢市职工医院住院治疗。2004年7月14日,漯河市中院就此作出〔2004〕漯法医活鉴字第1056号法医学鉴定书,鉴定结论为:张富玲损伤截瘫继续治疗费约需2—3万元或按实际合理治疗费计算。在治疗过程中,被告给付原告现金3000元,之后双方因赔偿发生争议。原告曾向舞阳县劳动争议仲裁委员会申请劳动仲裁,该仲裁委于2004年6月4日作出“不具有劳动关系,不属于劳动争议受理范围,驳回原告的申诉请求”的决定。后原告诉至法院,请求被告赔偿原告医疗费10591.11元,后继续治疗费3万元,张富玲误工费至2004年8月31日计166天2048.44元,护理费2048.44元,交通费 211.6 元，张富玲营养费 1660 元，共计 46559.59 元。

一审诉辩情况

原告诉称：2004 年 3 月 19 日，原告根据多年来本人所在村与被告之间长期形成的实际劳动关系，同本村其他村民一样，按照轮换顺序，受雇于被告单位从事水泥装卸劳动。当日 17 时左右，原告在按照被告方发货人的指定往客户的车上装水泥过程中，突遭水泥垛倒塌被压在下边，致腰椎 LI 粉碎性骨折，造成下肢截瘫。事故发生后，经多次找被告协商，被告仅以“人道”名义给原告 3000 元钱，拒不承担对原告人身损害赔偿的责任。为此，特提起诉讼，请求判令被告赔偿原告医疗费、误工费等共计人民币 46559.59 元。

被告辩称：（1）原告诉称其所在村与被告之间长期形成实际劳动关系和其受雇于被告不属实。2002 年 5 月 25 日，枣林乡马庄村、舞泉镇双庙村与答辩人三方达成协议，被告将本单位货物装卸、产品码垛承揽给马庄村和双庙村，每月马庄村干 18 天，双庙村干 12 天。在每村实施期间分别由各村组织人员进行。被告按协议约定分别为两村支付加工承揽报酬。在马庄和双庙村组织人员为被告装卸货和产品码垛过程中，被告仅与两村产生加工承揽关系，原告诉称的雇佣关系，并以此要求赔偿不能成立。（2）张富玲的伤害应依法主张权利。张富玲本身具有完全民事行为能力，完全能够保护好自己，张富玲不幸受伤，其自身应负一定责任。（3）张富玲实施的活动，是其村委会组织实施的，应由组织者依法承担责任。（4）张富玲实施装卸活动时，是与他人合伙进行，因合伙行为而产生的权利、义务及风险应由合伙人共同承担。因此，原、被告之间不存在劳动关系，也不存在雇佣关系，原告诉称被告承担责任缺乏事实和法律依据。

一审裁判结果

河南省舞阳县人民法院判决：被告舞阳县华裕水泥有限公司于本判决生效后 10 日内赔偿原告张富玲医疗费、误工费、护理费、交通费、营养费、后继续治疗费等共计 46559.59 元（扣除被告已支付的 3000 元）。本案诉讼费 2320 元，由被告舞阳县华裕水泥有限公司负担。

一审裁判理由

河南省舞阳县人民法院经审理认为，承揽合同是承揽人按照定作人的要求完成工作，交付工作成果，定作人给付报酬的合同。本案中，原告按照其村委会与被告的约定，从事为被告装卸水泥的工作，不符合承揽合同的构成要件。因此，被告辩称双方构成承揽合同关系的理由不能成立，法院不予支持。

最高人民法院《关于审理人身损害赔偿案件适用法律若干问题的解释》第9条第2款规定："从事雇佣活动"是指从事雇主授权或者指示范围内的生产经营活动或者其他劳务活动。该解释第11条同时规定：雇员在从事雇佣活动中遭受人身损害，雇主应当承担赔偿责任。本案中，原告根据其村委的安排，受被告的指示提供劳务，原、被告双方构成雇佣劳动关系。被告作为雇佣方应对原告因从事雇佣劳动受到伤害而造成的损失先予赔偿。原告要求被告赔偿医疗费、继续治疗费、交通费、误工费、护理费及营养费的请求，依法应予支持。原告所提供医疗费票据虽属商业发票，但确属治疗之必须，对该票据应依法予确认。根据鉴定结论，考虑原告的病情，继续治疗费按30000元为宜。被告辩称的理由不当，法院不予支持。

二审诉辩情况

一审宣判后，华裕公司不服判决，向漯河市中级人民法院提起上诉。

华裕公司上诉称：张富玲到华裕公司装卸水泥是根据其村委安排进行的，华裕公司对其不存在管理与被管理关系，双方构不成雇佣劳动关系。原审判决以此为依据判令华裕公司承担法律责任，适用法律不当。张富玲提供的部分医疗费票据不符合举证规定，原审对此认可，适用证据不当。依照鉴定结论，张富玲继续治疗费用需2—3万元或按实际合理治疗费计算，张富玲已治疗终结，原审判决未考虑本案实际情况，作出继续治疗费以3万元为宜，适用证据不当。

张富玲答辩称：根据马庄村委与祥宇水泥公司《劳务合同》，去水泥公司干活的农民工到水泥公司后，具体怎么干由水泥公司分配、指挥和监督。水泥公司是雇主，直接服从该企业指令去完成具体劳动任务的农民工是雇员。张富玲在劳动时受伤，华裕公司作为雇主应负赔偿责任。张富玲提供的医疗费票证部分虽不是医院出具，但系因治疗需要，由医院直接前往他处购买，或为降低费用按处方到药店购买。张富玲因家庭困难，被迫中断治疗，并无治疗终结，原审按法医鉴定判付今后治疗费正确。

二审裁判结果

河南省漯河市中级人民法院依照《中华人民共和国民事诉讼法》第153条第1款第1项之规定，判决撤销舞阳县人民法院〔2004〕舞民一初字第351号民事判决；华裕公司于本判决生效后10日内赔偿张富玲医疗费、误工费、护理费、交通费、营养费、继续治疗费等共计36559.59元（扣除华裕公司已支付的3000元）。一审诉讼费2320元，华裕公司负担2000元，张富玲负担

320 元，二审诉讼费 2320 元，华裕公司负担 2000 元，张富玲负担 320 元。

二审裁判理由

二审经审理查明的事实与原审一致。

河南省漯河市中级人民法院认为：华裕公司的前身祥宇公司在企业开办时，使用了国家征用的曾是舞钢市枣林乡马庄村及舞阳县舞泉镇双庙村的土地。经当地政府协调，2002 年 5 月 25 日，两村与祥宇公司签订《劳务合同》，约定祥宇公司的货物装卸、产品码垛由两村村民轮流从事。签订该合同既为马庄、双庙两村因土地减少而过剩的劳动力提供了增加收入的机会，祥宇公司也解决了自身对劳动力资源的稳定性需求。合同到期后，双方虽未续签，但仍按原合同内容履行。祥宇公司变更为华裕公司后，仍按原惯例实行，只要符合《劳务合同》约定的年龄及健康条件，去华裕公司务工的具体人员由村委确定，华裕公司只需依合同要求村委提供劳务人员名册，以便于监管。合同还约定，前往从事装卸工作的村民必须服从公司的管理，遵守公司的规章制度。由此说明，华裕公司装卸工的来源，虽由双庙、马庄两村按《劳务合同》安排，但进入该企业工作岗位后，劳动力的劳务活动内容由该企业支配及控制。华裕公司也对从事劳务的农民直接结算劳动报酬。根据以上事实，原审判决认为张富玲与华裕公司构成雇佣劳动关系正确。张富玲在从事雇佣活动中遭受人身损害，华裕公司应当承担赔偿责任。华裕公司上诉所称部分非医疗单位出具的票据，系因治疗需要由医疗部门直接或许可外出购买器械及药品支出，原审判决对此认可并无不当。2004 年 7 月 3 日张富玲作法医鉴定时并无治疗终结，现仍无可以治疗终结的医学鉴定结论。华裕公司上诉称张富玲已治疗终结的理由不能成立。张富玲家庭经济困难，无力支付医疗费而中断治疗，原审判付继续治疗费用正确。但因费用尚未发生不宜就高。根据当地医疗部门费用支出情况，按照法医鉴定酌定判付 2 万元较妥。确需实际合理支出，超过部分可待发生后另行主张。

68. 如何区分雇佣关系与合同关系？

雇佣关系一个明显的特征是雇佣双方存在管理与被管理的从属性，雇工在他受雇的工作范围内遭受损害或造成他人损害，要由雇主承担转承责任；而独立合同工在一定程度上具有独立性，他自己安排工作，报酬归自己，依照权利义务相一致的原则，独立合同工在履行合同中的风险责任应由其自己承担。

典型疑难案件参考

杨春荣等因其亲属自备运输工具在为被告经营的石料厂拉运石料中翻车致死诉孙世荣按雇佣关系承担人身损害赔偿责任案

基本案情

2000 年 3 月份，被告孙世荣出资买下青州市庙子镇马岭杭村赵俊国石料厂，并办理了相关采矿手续。2001 年 4 月，青州市杨家庵村村民杨林祥与被告孙世荣之兄孙世华口头约定：杨林祥带自己的拖拉机（无车牌）到孙世荣开办的石料厂从事倒运石料工作，交替使用杨林祥或孙世华的拖拉机将石料厂石窝中的石料拉到石料厂粉碎机处；用杨林祥的拖拉机为 0.95 元/吨，用孙世华的拖拉机为 0.30 元/吨。孙世荣对上述约定予以认可。杨林祥于 4 月 26 日开始到石料厂倒运石料。4 月 27 日 16 时左右，杨林祥在用自己的拖拉机拉石料时发生事故，致颅脑损伤死亡。青州市公安局交通警察大队经现场勘查和调查，认定该事件不属于道路交通事故。

同时查明：死者杨林祥系原告杨春荣之次子，李心菊之夫，杨雯、杨灏之父。原告杨春荣另有两个儿子，杨春荣之妻已病故。

一审诉辩情况

原告向山东省青州市人民法院起诉称：2001 年 4 月份，原告杨春荣之子，李心菊之夫，杨雯、杨灏之父杨林祥受雇于被告孙世荣，在其石料厂内倒石料。由于石料厂内道路不平，雇主不注重安全生产方面的监管，致使杨林祥在倒运石料过程中拖拉机翻车，致使杨林祥死亡，经交警部门认定不属道路交通事故。造成事故发生的主要原因是雇主不注重安全保护，没有提供安全的劳动条件造成。按照法律规定死者各项赔偿费用共计 235000 元，但考虑死者杨林祥有一定责任及被告孙世荣的承担能力，请求依法判令被告赔偿 141000 元。

被告孙世荣答辩称：死者杨林祥与被告不存在雇佣关系，被告不应承担赔偿责任。雇佣关系中雇主与雇员是管理与被管理的关系，而死者杨林祥与被告是平等的法律关系。杨林祥干多干少被告从不过问，被告只是要求杨林祥将石窝内的石头拉到粉碎机处，杨林祥的权利是自由的，所以杨林祥与被告是一种劳务关系，是一种运输合同关系。

一审裁判结果

根据《中华人民共和国民法通则》第 132 条之规定，法院于 2001 年 11 月 22 日作出判决：被告孙世荣于本判决生效后 10 日内补偿原告各项费用 55000

元（经法庭给付）。

一审裁判理由

按山东省高级人民法院《关于审理人身损害赔偿案件适用法律若干问题的意见》，杨林祥的人身损害赔偿范围和标准为：死亡补偿费 170320 元（2000 年全省年度职工平均工资标准 8516 元 ×20 年），丧葬费 400 元，被抚养人杨雯的必要生活费 8580 元（143 元 ×12 个月 ×10 年 ÷2），被抚养人杨灏的必要生活费 13728 元（143 元 ×12 个月 ×16 年 ÷2），被抚养人杨春荣的必要生活费 5720 元（143 元 ×12 个月 ×10 年 ÷3），以上共计 198348 元。

山东省青州市人民法院认为：根据上述口头约定内容，杨林祥与被告孙世荣之间不具备雇佣劳动关系的明显特征，不属于雇佣合同的范畴；同时，亦不具备运输合同关系的构成要件，亦非运输合同关系。杨林祥用自己的拖拉机在被告孙世荣开办的石料厂内将石窝中的石块拉到粉碎机途中发生事故，致杨林祥死亡。此间，杨林祥属正常行驶，无外来因素干扰或发生不可抗力，杨林祥自身并无过错。被告孙世荣所经营的石料场手续齐全，并与杨林祥订有口头协议，杨林祥在其石料场内正常拉石头，发生事件（并非交通事故）死亡，该事件的发生与被告孙世荣并无直接因果关系，被告孙世荣亦无过错。杨林祥与被告孙世荣对该事件均无过错，因此，应适用公平原则予以处理。死者杨林祥是在为被告孙世荣谋取利益进行活动的过程中翻车死亡，被告孙世荣作为受益人应给予一定的经济补偿。对死者杨林祥的各项费用，根据公平原则，原告可负担总费用 198348 元中的 143348 元，被告负担总费用 198348 元中的 55000 元。

一审重审裁判结果

一审宣判后，被告孙世荣不服，认为一审适用法律错误，仍以一审答辩理由在法定期限内提起上诉。

潍坊市中级人民法院经审理认为：正确认定死者杨林祥与上诉人之间的法律关系是处理本案的前提。本案中，杨林祥自带拖拉机为上诉人将采出的石块运至加工处，上诉人按吨位支付相应的对价，基本符合运输合同的法律特征。一审既没有认定双方是雇佣关系，又否认运输合同关系，从而适用公平原则判令上诉人作为收益人补偿受害人损失，认定事实不清，适用法律不当。依照《中华人民共和国民事诉讼法》第 153 条第 1 款第 3 项的规定，于 2002 年 4 月 9 日作出以下裁定：

一、撤销青州市人民法院一审民事判决；

二、发回青州市人民法院重审。

依照《中华人民共和国民法通则》第 119 条、第 131 条及有关民事法律政策之规定，该院于 2002 年 12 月 20 日判决如下：

一、被告孙世荣赔偿原告各项损失 4 万元，于本判决生效后 7 日内付清；

二、驳回原告的其他诉讼请求。

一审重审裁判理由

青州市人民法院重审认定的事实与原审相同，但认定杨林祥的人身损害赔偿数额应为 198748 元。

青州市人民法院经重审认为：本案原、被告争议的焦点，是死者杨林祥与被告孙世荣之间的民事法律关系。雇佣（劳务）关系是雇员按照雇主的要求，利用雇主提供的条件，以自己的技能为雇主提供劳务，雇主向提供劳务的雇员支付劳动报酬的民事法律关系。本案中，根据当事人陈述及本地石料厂经营情况，被告石料厂的正常运行包括开采石料、倒运石料、粉碎石料三道工序，杨林祥在石料厂中从事的工作是倒运石料工序，受石料厂工作进程支配；其交替使用自己的拖拉机及石料厂提供的拖拉机倒运石料，与自带拖拉机倒运石料性质截然不同，该事实可证实杨林祥利用孙世荣提供的条件，以自己的驾驶技能为孙世荣提供劳务；杨林祥通过孙世华与被告约定的报酬计算方法为计件工资形式。因此，杨林祥与被告孙世荣之间构成我国民法中的雇佣（劳务）关系。雇主对雇员在完成雇佣工作中所受损害应承担民事责任。雇主所侵犯的权利客体是雇员的人身权和财产权，而非雇员的债权，这种民事责任是一种侵权责任，而非合同责任。依现代民法通例，雇主对雇员受雇佣期间所遭受的损害承担赔偿责任，构成要件为受害人须为雇员、受害人须在进行受雇工作中遭受损害、雇主须没有免责事由。本案中，雇员杨林祥于工作时间在工作地点内受伤，上述三个要件均是明显的，故对原告主张被告予以赔偿的诉讼请求，法院予以支持。

山东省高级人民法院《关于审理损害赔偿案件若干问题的意见》第 34 条规定，雇员在按照雇佣合同从事雇佣活动中自身受到损害的，应以雇主为被告承担责任；雇员有过错的，视其过错程度，可以减轻雇主的赔偿责任。本案中，杨林祥作为一名受过驾驶培训并领取驾驶证件，以自己的驾驶技能为被告提供劳务的雇员，有充分了解石料厂内道路状况、拖拉机车况的责任，并于工作中负有高度谨慎驾驶之义务，以确保自身安全和生产安全。故杨林祥在工作中翻车身亡，与本人有主要的、直接的原因。在翻车原因不明的情况下，结合原告关于杨林祥有一定责任、被告承受能力的主张，考虑本案实际，被告孙世荣对原告的赔偿数额以 4 万元为宜。

运输合同，是在承运人与托运人之间订立，由承运人开展运输业务的法律形式。其基本特性是，承运人使用运载工具将旅客或货物从一地运到另一地，实现地理上的位移。本案中，杨林祥使用拖拉机在石料厂内部进行简单倒运，并不符合运输合同的上述特征。且运输合同对货物名称、性质、数量、重量及收货地点等有关货物运输的情况应当是明确的，本案对运输石料的数量、运送次数并不固定，不具备上述内容。基于以上分析并不能确定杨林祥与孙世荣构成运输合同关系，故对被告所主张自己与杨林祥是运输合同关系的答辩理由，不予采信。

二审裁判结果

一审重审宣判后，被告仍不服，再次以“其与杨林祥之间属运输合同关系，潍坊市中级人民法院经过二审，似定不应当承担责任为理由提起上诉。

二审裁判理由

孙世荣的上诉理由成立，予以支持。一审判决认定杨林祥与孙世荣之间属雇佣关系不当，应予以纠正。

潍坊市中级人民法院经审理认定了一审查明的事实和证据。认为：杨林祥与孙世荣之间权利义务关系的主要内容是每吨石头的运价。依据《中华人民共和国合同法》的规定，货物运输合同是承运人将货物从起运地点运输到约定地点，托运人或收货人支付运输费用的合同。杨林祥生前用自己的拖拉机从采石地点 1 公里之外的石料厂运送石头，装车工作由采石厂人员负责，每次装车的重量由杨林祥自己确定，双方均对运送石头的数量做记录，按实际运送的吨位依约定的价格结算运送费用，该行为符合运输合同的法律特征。雇佣关系一个明显的特征是雇佣双方存在管理与被管理的从属性，本案中，杨林祥用自己的车辆为上诉人运送石头、按吨位结算费用的行为无此明显的特征。杨林祥作为承运人在履行运输合同中因翻车身亡，孙世荣亦无侵害杨林祥人身的事实，被上诉人向运输合同托运人和收货人的孙世荣请求人身损害赔偿没有法律依据，不予支持。

69. 提供劳务者工作具有较大的独立性且上下班等不受接受劳务者一方约束，是否可以认定两者之间不存在雇佣关系？

提供劳务者工作具有较大的独立性且上下班等不受接受劳务者一方约束，但提供劳务一方从在接受劳务一方的工作场所完成的工作成果必须交还接受劳务一方支配，再由接受劳务一方支付报酬给提供劳务一方，以及接受劳务一方拥有该工作场所的经营管理权、主要工作设备，并将主要设备提供给提供劳务一方使用等事实看，双方所形成的关系，应确认为雇佣关系。

典型疑难案件参考

魏水狂诉罗鸿进报酬纠纷案

基本案情

被告承包位于东洲街道灯盏山的石场开采石材，但被告既没有办理开采证，也没办理其他相关的证照，2002 年 3 月上旬，被告雇请原告（系民间打石师傅）以及另一工人罗水全（系遮浪狮村人）到该石场做工，原告的职责是开采石材，而罗水全的职责是在该石场做杂工，罗水全的工资是由被告以日计付。原告到该石场做工时还叫上与被告同村的民间打石师傅罗全乖一同前往该石场开采石材。被告与原告以及其他两个工人均没有订立书面协议，只约定原告等开采的成型石材以每方 11 元计款，成型石材由被告出售，石场的柴油机等设备系被告所有，由原告等使用，油料等也由原告承担。而原告与罗全乖约定开支共同承担（包括油料、伙食），工款同样以每方 11 元，以各人实际工日计付。原告叫上罗全乖到被告石场做工，被告均没有提出异议，上述三人到被告石场做工，均没有订立劳动合同，也没有办理社会工伤保险。2002 年 5 月 27 日下午 5 点多钟，原告在石场使用被告所有的砂轮机磨其采石的工具时，因砂轮机上的砂轮磨片意外出现破裂，其破裂的砂轮碎片将原告的左面部以及左手指等撕裂，致其流血不止。后由被告以及罗水全、罗全乖送往东洲卫生院住院治疗。在住院治疗期间，原告由其亲人 1 人护理，被告也先后为原告垫付了人民币 1300 元。2002 年 6 月 26 日，原告治愈出院，住院 30 天。共花医疗费用人民币 6340 元。出院后，双方就补偿问题协商未果。2002 年 7 月 24 日，原告向红海湾开发区劳动争议仲裁委员会申请仲裁，该仲裁委员会以红劳仲审字〔2002〕01号通知书作出不予受理决定。2002年8月，原告向法院起诉，要求被告赔偿人民币51830元。

一审受理该案后，由法院法医对原告的伤残程度进行评定，法院法医以〔2002〕汕市区法医检评72号法医学伤残评定书作出伤残评定，认定原告经治疗后，左面部仍遗留后陷性挛缩疤痕，左耳聋（重度），对原告以后的身心、工作、学习和生活都有不同程度的影响和障碍，其伤残程度应为八级伤残。原告交纳了法医鉴定费和其他检验费人民币460元。经审理，原告认为其与被告之间不存在承包合同关系，纯属系被告雇请其为石场的打石工人，其受到伤害应属工伤事故，要求被告赔偿，被告则认为石场已转让给原告承包，且口头约定开工后一切事情由原告承担，不同意赔偿，要求驳回其诉讼请求。双方各执己见，调解无法达成协议，均表示由法院依法判决。

一审诉辩情况

原告诉称：2002年3月上旬，原告在被告位于东洲街道灯盏山后的石场做工。5月27日下午5时，正当原告在石场做工时，石场正在运作的砂轮机上的砂轮片突然爆裂，高速裂开的砂轮碎片将原告的脸从下腭至耳后割开，同时也将原告的手指割裂，原告血流如注，不久便不省人事。一同在石场做工的工友见状，立刻将原告送到东洲卫生院救治，经过一个多月的住院治疗及半个多月的在家治疗，原告的脸上已留下长长的疤痕，并且面部神经受损，嘴巴歪斜，同时受伤的手指已经变形，丧失了原有的活力。由于这次工伤，不但造成了原告经济上的巨大损失，而且使原告丧失了劳动能力。今后的家庭生活也没有着落。为维护我的合法权益，原告向红海湾劳动人事局提出工伤仲裁申请，但该局作出不予受理的决定。为此，特向人民法院起诉，要求被告赔偿原告医疗费、营养费、误工费以及其他工伤补助费共计人民币51830元，并承担本案一切诉讼费用。

被告辩称：2002年3月上旬，原告和另外一位福建石工到被告家求被告将位于东洲灯盏山之石口转让给其开采，当时被告要其承买，被告向被告说明许久没做工，无法承买。后来通过口头协商，被告同意将石口转让给被告开采，开采以后之石料每方11元卖给被告，然后多少钱由被告发卖，与原告无关，并言明被告进场开工以后事情由被告自己承担，与原告无关。这有什么理由说是为被告做工呢？这完全是不合事实的。5月27日那天，被告因出门联系买主，没有在石场，直到下午6点半钟被告才开车到石山想估计一直余存的石材数量，突然发现原告倒在地上，问明其他人，才知道原告在收工后用砂轮机磨自己的工具，因操作不妥而受伤（有在场人为证）。被告看到此情形，及时招呼他的工人将原告送往卫生院救治，为救人，被告先后借了 1300 元给原告作医疗费用，并常去探望慰问。被告付出了良心和代价，可被告的亲戚故意给被告施压力，要被告赔偿。原告这次提起诉讼，有意玩弄法律，颠倒是非，伪造事实，侵犯了公民的合法权益。为维护法律的尊严，被告请求驳回原告的无理诉讼请求。

一审裁判结果

广东省汕尾市城区人民法院依照《中华人民共和国民法通则》第 98 条、第 119 条以及其他民事法规，作出如下判决：

一、被告罗鸿进赔偿原告的医疗费、误工费、护理费、残疾者生活补助费人民币 15676 元，扣除被告先行垫付的人民币 1300 元，被告尚应给付原告人民币 14376 元，此款于本判决生效之日起 30 日内由被告交原告魏水狂收领；

二、本案受理费 2100 元，其他费用 600 元，鉴定费 460 元，合计人民币 3160 元，由原告负担 460 元，被告负担 2700 元。

一审裁判理由

汕尾市城区人民法院根据上述事实和证据认为：被告承包石场进行开采，没有向有关部门办理开采许可证以及其他相关的证件，且雇工也没按照有关的职业要求雇请和为雇工办理工伤保险，其行为是违反规定的，应给予严肃的批评教育。原、被告之间虽然没有订立协议明确相互之间的权利、义务，但从原、被告用工的主体和被告对石场的管理以及被告雇请其他工人的情形来看，原、被告之间所形成的劳动用工关系，应当属于民间雇佣关系，而不是劳动法所调整的劳动用工关系。据此，本案的案由也不应定为工伤事故损害赔偿纠纷，而应定为雇工人身损害赔偿纠纷。原告在履行雇佣合同期间因机器设备发生意外事故，导致其受伤，造成八级伤残，事实清楚，证据充分，且原告在事故发生过程中没有存在重大过失或故意。根据广东省高级人民法院《关于审理劳动争议案件若干问题的指导意见》（粤高法发〔2002〕21 号）第 24 条之规定，被告作为雇主应承担原告人身受到损害的无过错赔偿责任。根据《中华人民共和国民法通则》第 119 条之规定，被告应赔偿原告医疗费人民币 6340 元（以东洲卫生院的单据为凭）、住院 30 天的误工费人民币 778 元（按原告属无固定收入的对象，以省统计局公布 2001 年度农、林、牧、渔、服务业年人平均收入 9342 元计算）、住院期间 1 人陪护的护理费 778 元（计算办法同误工费相同）、残废者生活补助费 7780 元（计算办法参照《广东省社会工伤保险条例》第 27 条第 1 款第 1 项之规定，原告属八级残废，应补偿 10 个月的工资，以每月 778 元计付）。以上各数合计人民币 15676 元，被告先行垫付的人民币 1300 元应予扣除，被告尚应给付原告人民币 14376 元。至于原告要求被告赔偿营养费等请求，于法无据，予以驳回；被告以双方之间存在承包合同等关系，不同意赔偿，没有提供依据，不予采纳。

二审诉辩情况

上诉人诉称：2002 年 3 月上旬，被上诉人主动到上诉人家中要求将石场转让给他开采石料，后以双方口头协商，上诉人同意将石场转让给被上诉人开采，被上诉人加工成型的石材卖给上诉人，上诉人按每丈 11 元的价格付款给被上诉人。双方言明石场上的一切事情由被上诉人承担，与上诉人无关。这一事实有证人罗水全、罗全乖证明，且符合当地惯例。原审庭审时被上诉人也承认自己在石口作业不受上诉人在时间等方面的限制，被上诉人向上诉人提供加工成型的石材领取相应的加工费，根据《经济合同法》的有关规定，上诉人与被上诉人应属于加工承揽合同关系，而不属于雇佣关系。原审法院认定上诉人雇用被上诉人，完全歪曲事实，毫无法律根据。2002 年 5 月 27 日下午 6 时 30 分，被上诉人在石场未经上诉人同意私自动用上诉人的砂轮机磨自己的采石工具，因操作错误导致砂轮片爆裂而被碎片伤害，这是被上诉人在不可抗力情况下的自伤行为，上诉人并没有对被上诉人实施人身侵害。原审法院根据《民法通则》的有关规定，判决上诉人对被上诉人的自伤行为承担责任，属于适用法律不当。此外，被上诉人所提供的证据中存在法医门诊处方没有患者、法医姓名，东洲卫生院的处方单、收费单上的姓名为“魏水权”与被上诉人的姓名不符及收费单据中有 5 张为同一编码等疑点，这些单据明显是被上诉人为达到无理索赔的目的而蓄意伪造的。对于被上诉人提供的假证据，原审庭审时因上诉人不识字，没有及时发现质疑，但原审法院没有依据民事诉讼法的有关规定，进行审查核实，违反了法定程序，影响案件的公正判决。据此，上诉人提出如下请求：（1）撤销原判，依法改判；（2）驳回被上诉人的诉讼请求及承担本案的诉讼费；（3）追究被上诉人伪造单据的法律责任；（4）赔偿上诉人直接经济损失和精神损失人民币 20000 元。

被上诉人辩称：2002 年 3 月上旬，被上诉人受上诉人的雇请为其承包的石场开采石材，同时受雇请的还有工人罗水全。同年 5 月 27 日下午 5 时，被上诉人在石场工作时，由于正在运作的砂轮机上的砂轮片突然爆裂，致使被上诉人受伤，当时在场的罗水全将被上诉人送往医院。上述事实有罗水全证实，上诉人在一审时也承认被上诉人在石场受伤的事实。被上诉人与上诉人并没有存在承包关系。被上诉人的上班时间与罗水全一样，而工资也是按件计价，工钱由上诉人支付，整个石场的设备是上诉人提供，上诉人在一审时也承认这些事实。上诉人对被上诉人所提供的证据，都进行当庭质证，有法庭记录在案，上诉人在一审时并没有提出异议。综上，被上诉人认为，一审判决认定的事实清楚，程序合法，请求驳回上诉，维持原判。

原审判决认定的事实，上诉人除对双方存在雇佣关系及对被上诉人提供的医疗单据号码重复、姓名不符等提出异议外，其他均无异议，二审法院予以确认。另二审法院查明，上诉人对被上诉人提供的医疗费用单据认为其没有责任，与其无关。被上诉人承认做工时间不受上诉人管理，而在磨工具时，认为是柴油机油门过大，造成砂轮片破裂；其提供的医疗费用单据中，编码为0132075之一至四的4张、0132076之一、三的2张、0132077之一、三的2张和0132084之二、三的2张；另提供由汕尾市红海湾东洲卫生院于2002年7月26日出具的“疾病诊断证明书”，写明“原处方及证明错写为‘魏水权’。请给更正”。上诉人在一审答辩时，主张双方是承包关系；但在上诉时，又主张双方是承揽加工关系。

二审裁判结果

广东省汕尾市中级人民法院依照《中华人民共和国民法通则》第131条、《中华人民共和国民事诉讼法》第153条第1款第3项的规定，作出如下判决：

变更汕尾市城区人民法院〔2002〕汕市区法民初字第195号民事判决书为：上诉人罗鸿进应赔偿被上诉人魏水狂因本工伤事故所造成的经济损失7838元，扣除上诉人先行垫付的1300元，尚应给付被上诉人6538元，款于本判决生效之日起30日内履行完毕。

二审裁判理由

汕尾市中级人民法院认为：根据上诉人罗鸿进与被上诉人魏水狂的口头约定，被上诉人到上诉人承包的石场开采石材期间，被上诉人虽有较大的独立性及上下班等不受上诉人的约束，但从被上诉人开采的成型石材，必须交还上诉人出售，再由上诉人支付工钱给被上诉人，以及上诉人拥有该石场的经营管理权、主要开采设备，并将主要设备提供给被上诉人使用等事实看，双方所形成的关系，应确认为雇佣关系。原审法院法医对被上诉人作出的八级伤残等级鉴定，上诉人与被上诉人均没有异议，原审法院据此鉴定及根据被上诉人提供的医疗费用单据，认定被上诉人因本事故所造成的经济损失共15676元正确，依法应予确认。

上诉人上诉提出被上诉人提供的医疗费用单据存在号码重复、姓名不符等疑点，不能作为本案定案依据及追究被上诉人伪造单据的法律责任的主张，因被上诉人提供的医疗单据中号码虽有6张两两同一和4张同一，但每张单据均有标明之一、之二……即单据事实上并不重复，且东洲卫生院也出具“疾病诊断证明书”证明原处方单、收费单上的姓名“魏水权”是“魏水狂”的笔误，而上诉人又未能提供证据予以推翻。其提出石场已转让给被上诉人，石场发生的一切事情与其无关的主张，与上诉人仍拥有该石场的经营管理权、主要设备及其自己雇请一名工人在石场做杂工并支付工资的事实相矛盾，且也未能提供证据证实双方存在转让，故法院均不予采纳上诉人的上述主张。但上诉人提出被上诉人因操作错误导致砂轮片爆裂而被碎片割伤，被上诉人也存在过错的主张，二审法院予以采信，原审判决认定被上诉人的行为不存在过错不当，二审法院予以纠正。鉴于被上诉人也承认其伤残是自己在磨工具时操作不当所致，其行为确有一定的过错，依法应承担相应的过错责任。在具体责任分摊时，综合被上诉人的过错及其在石场开采石材过程中具有较大的独立性和本案的实际情况，由上诉人与被上诉人各承担50%的责任为宜，即上诉人应赔偿被上诉人因本事故所造成的经济损失共15676元的一半7838元，扣除上诉人先行垫付的人民币1300元，尚欠6538元。至于上诉人提出应由被上诉人赔偿经济损失和精神损失费共20000元的请求，因其在一审时并没有主张，经调解不成，本院不予审查。综上，上诉人上诉提出的请求，除被上诉人的行为存在过错部分予以支持外，其他请求，依据不足，二审法院予以驳回。原审判决认定的事实部分不清，实体处理部分欠妥，二审法院依查明的事实和证据，依法予以纠正。本案经本院审判委员会讨论决定。

70. 雇员在受雇的经营活动中因犯罪分子抢劫致死，雇主是否承担赔偿责任？

当事人将其所有的出租汽车挂靠出租汽车公司从事经营活动，并聘请另一当事人驾驶该车进行营运的事实清楚，双方口头约定了支付报酬的具体方式，故双方的雇佣法律关系明确。雇员在受雇的经营活动中因犯罪分子抢劫致死，雇主虽无过错，但基于雇员是在为双方的共同利益进行经营活动中受到损害的客观事实，根据民法公平原则及相关法律规定，雇主作为受益人不承担赔偿责任，但是应当给予适当的补偿。

典型疑难案件参考

刘霞、杜梦昱、王运珍、杜全方诉赵学勤因杜孝金死亡赔偿纠纷案

基本案情

赵学勤于1999年12月16日购买了车主冉某某的川T03409号“神龙”富康牌小汽车及顶灯和汽车经营权。2000年1月1日，赵学勤作为经营者将出租汽车挂靠雅安雨城出租汽车有限公司经营，并于当月聘用驾驶员杜孝金驾驶川T03409号出租汽车进行经营活动。双方口头约定：杜孝金以营业额的20%作为报酬。同年7月17日，杜孝金在经营中遭遇韩林、陈毅等人抢劫死亡。2001年6月22日，四川省雅安市中级人民法院〔2001〕雅刑初字第26号刑事判决书以抢劫罪判处韩林死刑。〔2002〕雅刑初字第12号刑事附带民事判决以抢劫罪判处陈毅死刑，缓期二年执行。另3名犯罪嫌疑人在逃。刘霞（杜孝金之妻）、杜梦昱（杜孝金之女）、王运珍（杜孝金之母）、杜全方（杜孝金之父）认为杜孝金为了保护被告赵学勤的利益，被犯罪分子杀害，雇主应承担相应的民事赔偿责任。遂向法院起诉，要求被告支付各项费用共计115600元。审理中，4原告变更诉讼请求，要求被告支付杜孝金丧葬费用2972元，供养亲属抚恤金49929.60元，一次性死亡补偿金23776元，三项合计76677.60元。另查明，杜孝金2000年1月起至同年7月驾驶川T03409号出租汽车经营收入共计26910元，按20%计算共得报酬5382元。杜孝金死亡后，赵学勤为其共花费920.90元。4原告未向韩林、陈毅提起刑事附带民事诉讼。犯罪分子韩林已被执行死刑。

一审裁判结果

四川省雅安市雨城区人民法院根据《中华人民共和国民法通则》第132条、最高人民法院《关于贯彻执行〈中华人民共和国民法通则〉若干问题的意见（试行）》第157条之规定判决如下：

一、赵学勤给付4原告杜孝金的补偿费6000元，扣除赵学勤为杜孝金死亡后花去费用920.90元，余款5079.10元，于判决生效后10日内给付；

二、驳回原告的其他诉讼请求。案件受理费4070元，其他诉讼费用2030元，合计6100元，四原告共同承担5600元，被告承担500元。

一审裁判理由

四川省雅安市雨城区人民法院认为，赵学勤将其所有的出租汽车挂靠出租汽车公司从事经营。为谋取利益，聘用驾驶员杜孝金驾驶出租汽车为其进行经

营活动。赵学勤没有工商行政管理部门颁发的工商营业执照，不是依法成立的个体经济组织，双方不是劳动法律关系，属雇佣法律关系。杜孝金在经营活动中死亡，系因犯罪分子的加害行为所致，而赵学勤与杜孝金的死亡没有法律上的因果关系，对杜孝金死亡后果的发生赵学勤无过错。4 原告要求按《企业职工工伤保险试行办法》计算杜孝金的死亡赔偿金，由赵学勤承担侵权赔偿责任的请求，没有法律依据。但杜孝金是在为双方的共同利益进行经营活动中受到损害的，赵学勤是受益人，应在其受益范围内并结合本案实际给予杜孝金适当的补偿。

二审诉辩情况

一审宣判后，刘霞等四原告不服，上诉至四川省雅安市中级人民法院。

二审裁判结果

雅安市中级人民法院判决：

一、撤销雅安市雨城区人民法院〔2001〕雨城民初字第 997 号民事判决；

二、赵学勤给付刘霞、杜全方、王运珍丧葬费 1200 元（已支付 920.9 元，尚应支付 279.10 元）；给付刘霞、杜全方、王运珍、杜梦昱一次性死亡补偿金 23776 元；给付杜梦昱一次性生活补助费 9360 元。以上款项共计 33415.10 元于本判决生效后 15 日内付清；

三、驳回杜全方、王运珍要求赵学勤给付其生活补助费的诉讼请求。二审诉讼费用 2000 元，由赵学勤承担 1500 元，刘霞、杜梦昱、杜全方、王运珍承担 500 元；一审诉讼费按二审确定数额和比例执行。

二审裁判理由

雅安市中级人民法院认为：赵学勤将其所有的出租汽车挂靠出租汽车公司从事经营，并雇用驾驶员杜孝金驾驶其出租汽车进行经营活动，双方口头约定，杜孝金经营额的 20% 作为其劳动报酬，故双方的雇佣法律关系成立。杜孝金在受雇用经营活动中遇害死亡，赵学勤虽然没有过错，但其作为雇主，应当承担其雇员在经营活动中受到的损害赔偿责任，赔偿后并有权代位向致害人追偿。因此，上诉人刘霞、杜梦昱、杜全方、王运珍上诉请求由赵学勤支付丧葬费、被抚养人生活费、死亡补偿金的主张中的合理部分应予支持，杜全方、王运珍上诉要求赵学勤承担其生活补助费的请求，因杜全方、王运珍并未丧失劳动能力，其理由不能成立。原判决认定事实清楚，但适用法律不当，处理有误。

再审诉辩情况

二审判决书发生法律效力后，被上诉人赵学勤不服向四川省雅安市中级人民法院申请再审。称其雇用杜孝金从事出租汽车经营属实。但造成杜死亡是他人所为，自己没有过错，故不应承担赔偿责任。杜孝金在进行经营时死亡，被告作为受益人也只在受益的范围内给予适当的补偿。且在一、二审事实调查中，法院均认定了申请再审人与死者杜孝金是雇佣法律关系，同时也认定杜孝金的死亡系犯罪分子的犯罪行为所致。根据民法过错原则，申请再审人不应承担赔偿责任，只能给予适当的经济补偿，请求法院再审并依法判决。

刘霞等人辩称：2000 年 1 月赵学勤与杜孝金达成口头协议，约定赵学勤雇用杜孝金驾驶赵所有的川 T03409 号"富康"牌出租汽车进行经营活动，赵学勤以出租车营业额的 20% 作为杜孝金的劳务报酬。同年 7 月 17 日杜孝金在从事经营活动时，遭遇抢劫，为了保护赵学勤的利益被犯罪分子杀害。赵学勤作为雇主，应承担相应的民事赔偿责任。要求赵学勤支付丧葬费用 2972 元，供养亲属抚恤金 49929.6 元，一次性死亡补偿金 23776 元，三项合计 76677.6 元。为此，请求再审维持二审判决。

再审裁判结果

四川省雅安市中级人民法院依照《中华人民共和国民事诉讼法》第 184 条、第 153 条第 1 款第 2 项，《中华人民共和国民法通则》第 4 条、第 132 条，最高人民法院《关于贯彻执行〈中华人民共和国民法通则〉若干问题的意见(试行)》第 157 条之规定判决：

一、撤销四川省雅安市雨城区人民法院〔2001〕雨城民初字第 997 号民事判决；撤销四川省雅安市中级人民法院〔2002〕雅民终字第 40 号民事判决；

二、原审被告赵学勤一次性给付原审原告刘霞、杜梦昱、杜全方、王运珍补偿费 30000 元人民币，扣除赵学勤已支付的 920.90 元，余款 29079.1 元，赵学勤于本判决生效后 30 日内给付；

三、驳回原审原告刘霞、杜梦昱、杜全方、王运珍的其他诉讼请求。一、二审诉讼费各 2000 元人民币，由赵学勤承担 3000 元，刘霞、杜梦昱、杜全方、王运珍承担 1000 元。

再审裁判理由

四川省雅安市中级人民法院再审认为：赵学勤将其所有的出租汽车挂靠出租汽车公司从事经营活动，并聘请杜孝金驾驶该车进行营运的事实清楚，双方口头约定了支付报酬的具体方式，故双方的雇佣法律关系明确。杜孝金在受雇的经营活动中因犯罪分子抢劫致死，赵学勤虽无过错，但基于杜孝金是在为双方的共同利益进行经营活动中受到损害的客观事实，根据民法公平原则及相关法律规定，赵学勤作为受益人理应给予适当补偿。赵学勤“本案不适用赔偿，而只能给予适当补偿”的理由成立。原判认定事实清楚，审判程序合法。据此，根据赵学勤的受益及本案的实际情况，作出如上判决。

71. 施工单位将建筑工程分包给雇主，雇主不具备建筑资质且雇佣雇员施工，雇员在工作中受伤，是否可要求施工单位与雇主共同承担赔偿责任？

工程发包人系整个工程的受益人，其有义务承担因承建工程而可能产生的风险责任，但发包单位却将工程的一部分分包给不具备建设施工资质的个人雇主进行施工，将自己应当承担的风险责任转移给不具备相应资质的个人雇主来承担，而这种风险的转移将会导致侵害第三人的合法利益，故发包单位及雇主双方转移风险责任的行为对雇员是无效的，发包单位应当对雇主赔偿雇员损失的那部分风险承担连带责任。

72. 雇员不具备专业知识及技能是否减轻雇主的损害赔偿责任？

基于雇主是直接受益人，相对雇员而言占有优势地位，而受雇的工作系雇员遭受灾害的来源等特点，我国民法原理及现代各国民法之通例，认为雇主对雇员的赔偿责任应当适用无过错责任原则。根据这一原则，无论雇员在受雇工作中是否有过错，只要没有雇员故意致其本身受到损害或者不可抗力的免责事由，雇主对雇员在工作中受到的损害均应承担民事赔偿责任。

雇主对是否雇用雇员以及雇员的工作有完全的选任、安排及监督的权利；其次，雇员不具备专业知识及技能，雇主未对雇员进行培训，存在过错，应当承担一定责任；此外，雇员不具备专业知识不属于免责事由，故雇主应当承担全部赔偿责任。

典型疑难案件参考

杨培金诉陈波、昆明天品尚艺装饰工程有限公司、昆明恒宁集团有限公司赔偿纠纷案

基本案情

被告恒宁集团将其建设工程（挖沟、砌围墙）发包给被告陈波承建。2001年9月，被告陈波在建设过程中，因围墙焊防盗网需要焊工，陈波见恒宁集团楼顶有焊工做活，即找到恒宁集团王宇斌副总经理，要求王派两个焊工帮干活，王守斌即对陈波称，焊工不是恒宁集团的，是被告天品公司的，但可帮联系。因天品公司租用恒宁集团房屋，恒宁集团王守斌即打电话找到天品公司，称己方工地需焊工，请天品公司帮个忙。天品公司负责人李红听后，即对王守斌称，叫恒宁集团的项目负责人来找天品公司项目负责人联系。后王守斌即叫陈波自己去找天品公司负责人联系。陈波找到后，天品公司指派与该公司有承包关系的杨培金及马龙海去恒宁集团工作。杨培金与马龙海在工作过程中，曾与陈波谈及工资支付问题。陈波称按天品公司的标准支付。2001年9月28日，原告杨培金在工作期间发生安全事故，不慎从两米多高的围墙上摔下致伤，伤情经昆明市中级人民法院法医技术鉴定中心鉴定为高钝外力作用致腰椎体压缩性骨折向后移位，脊髓受损；双下肢完全性截瘫，大小便潴留；头皮裂伤，左手小鱼际肌电击伤。达二级伤残。在住院期间，被告陈波共支付了部分医疗费16093.3元及其他费用共计17168.3元。

原告杨培金因伤依法还应补偿的费用，经庭审质证认定为：医疗费4688.94元、后期治疗费12000元、残疾生活补助费58104元、交通费592元、法医鉴定费480元、护理费539.47元、残疾用具费5000元、被抚养人（两人）生活费9912元、被赡养人生活费9440元，合计100756.41元。

一审诉辩情况

原告诉称：我系天品公司职工，于2001年9月，经天品公司同意，受雇于被告陈波，在为陈波所承建的昆明恒宁集团工程做焊接工作。同年9月28日上午，我在工作期间遭遇安全事故，被电击后由高处坠地致头、腰部受伤，经法医鉴定为二级伤残，一直在住院治疗。诉请判令三被告支付原告医疗费、后期治疗费、残疾生活补助费、鉴定费、护理费、残疾用具费、被抚养人生活补助费、被赡养人生活补助费共计102381.41元。

三被告对杨培金在恒宁集团工地受伤致残一事均无异议，但对由谁承担责任存在分歧。被告陈波认为只应承担次要责任，愿意补偿40%。天品公司认

为杨培金与其仅是承包关系，且在本案中并不是由其指派到陈波工地工作的，不愿承担任何责任。恒宁集团认为工程已发包给陈波，其仅起到中间人的作用，不应承担任何责任。

一审裁判结果

云南省昆明市官渡区人民法院依照《中华人民共和国民法通则》第 132 条之规定，判决如下：

一、原告杨培金因工伤，由被告陈波补偿 53586.53 元，昆明天品尚艺装饰工程有限公司补偿 35377.41 元、昆明恒宁集团有限公司补偿 11792.47 元。上述应付款项于判决生效后 10 日内一次性付清；

二、诉讼费 3330 元由被告陈波承担 1998 元，天品公司承担 999 元，恒宁集团承担 333 元。

一审裁判理由

云南省昆明市官渡区人民法院根据上述事实和证据认为：本案系因工伤引起的人身损害赔偿，应适用《中华人民共和国民法通则》第 132 条无过错责任。至于责任的承担，则根据原告与三被告的关系及利益分配而定。本案中，被告陈波系直接用工人员、工程受益人，故应承担主要赔偿责任。原告杨培金的应受赔偿金额 100756.41 元加上陈波前期支付的 17168.30 元共计 117924.71 元，由陈波承担 60% 共计 70754.83 元，扣除已支付的 17168.30 元外，还应再支付 53586.53 元给原告。被告天品公司是指派人，不论其与原告是何种关系，在本案中原告杨培金受其指派，即是为其工作，故天品公司也应承担次要补偿责任，由其补偿 30% 计 35377.41 元。被告恒宁集团是向天品公司借人的单位，且天品公司认为是恒宁集团要人帮忙，才叫原告杨培金及其他工人去干活的，故恒宁集团也应承担部分补偿责任，由其补偿 10% 计 11792.47 元。

二审诉辩情况

上诉人陈波诉称：（1）一审法院在判决中，适用无过错责任来进行责任划分，上诉人认为第一被上诉人杨培金自身也应承担部分责任，上诉人是向第一被上诉人单位要求后，被上诉人单位调派了专业的技术工种人员来工作，在此之前，上诉人不可能认识杨培金，同时，更不可能知道杨培金自身根本不具备任何相关的操作证及安全许可证等相应从业资质，所以，因杨培金自身不具备相关工作手续而长期在从事危险作业，出事也是必然的，只是时间问题，而此事故中，杨培金本身就具有一定的过错。（2）事故发生后，上诉人对杨培金采取了积极的救助措施，但最终却没能改变被上诉人的处境，但在这一事故中，上诉人也是不折不扣的受害者，被上诉人称是遭电击后落地致伤的，但恒宁集团的仓库均为钢性结构，具有很强的导电性，可从历史至今从未有人被电击的说法，电从何来？杨培金工友马龙海当时也在围墙上，也接触了构件，并未说漏电，杨培金说触电了，叫工友马龙海踢他下墙去，所以，上诉人认为一审法院对事故发生的情况部分认定不清。如果说无过错须承担责任，被上诉人自身也应承担责任，何况杨培金自身也有非法操作的过失。（3）上诉人认为第二被上诉人天品公司对所属工人未进行岗前培训，未对特殊工种操作的工人进行必要的安全教育及防护措施，属违规用工，其指派无证工人到上诉人工地操作，是事故发生的主要隐患，在此事故中负有不可推卸的责任，应承担主要责任。请求二审法院查明事实，依法改判。

上诉人昆明天品公司诉称：一审在法庭调查后，已经查明两被上诉人向上诉人借用杨培金为其工作，在工作中杨培金不慎从两米多高的围墙上摔下致伤。杨培金在受雇于他人期间发生的事故，应由用人者陈波及发包人恒宁集团有限公司承担责任，天品公司不应承担责任。但一审法院在适用法律上，只适用《中华人民共和国民法通则》第 132 条的无过错责任而没有适用相关行政法规的规定。上诉人在一审中已向法庭提交劳动部所发的《企业职工工伤保险试行办法》，其中第48条第3款规定，职工被借调或者聘用期间发生工伤事故的，由借调或者聘用单位承担工伤保险责任。一审法院对此不作评判，所作出的判决当然有误，现诉至二审法院，望予改正一审之误，由被上诉人陈波及恒宁公司承担赔偿责任。

被上诉人杨培金辩称：被上诉人在天品公司工作了一年多，后恒宁集团有限公司借调被上诉人到他们公司工作，但被上诉人不答应，后他们与被上诉人公司商量后，才把被上诉人调到恒宁集团有限公司工作，后在恒宁集团有限公司工作期间受雇于陈波，被上诉人在为恒宁集团有限公司焊防盗网时被电击掉下围墙，被上诉人受伤是事实，应该得到赔偿。

被上诉人昆明恒宁集团有限公司辩称：一审判决事实认定是比较准确的，法律适用也是正确的。被上诉人在一审时已明确表态，被上诉人与杨培金没有任何法律上的关系，所以对他的受伤，被上诉人不应承担任何责任。但出于人道，被上诉人愿意承担10%的责任。

二审裁判结果

云南省昆明市中级人民法院依照《中华人民共和国民事诉讼法》第 153 条第 1 款第 2 项、第 3 项及《中华人民共和国民法通则》第 130 条之规定，判决如下：

一、撤销昆明市官渡区人民法院〔2002〕官民初字第 532 号民事判决书；

二、由陈波赔偿杨培金人民币 100756.41 元（已扣除支付部分 17168.30 元），并由昆明恒宁集团有限公司对陈波不能赔偿的部分承担连带赔偿责任。上述款项于判决生效后 10 日内一次性付清。

二审案件诉讼费 3330 元，由陈波承担 1665 元，由昆明恒宁集团有限公司承担 1665 元。

二审裁判理由

云南省昆明市中级人民法院在审理中查明：

1. 上诉人陈波在一、二审中均认可其系直接用人者，被上诉人杨培金在起诉状中亦明确其系“经天品公司同意受雇于陈波”。双方同时认可雇佣工资由双方进行约定。而另一上诉人天品公司亦主张杨培金是陈波雇用，且双方自愿约定雇佣工资，杨培金非天品公司指派。根据上述当事人的一致陈述可证实杨培金与陈波系雇佣关系。

2. 杨培金主张其系天品公司职工，并提交了天品公司逐月发放工资的个人工资储蓄卡予以证明。天品公司认为其与杨培金系承包关系，但无证据证实其主张。对杨培金出具的工资卡的真实性，天品公司亦给予了认可，故法院认为杨培金是天品公司职工，与天品公司形成事实劳动关系。对一审法院确认的除上述事实之外的其他事实及本案赔偿金额的具体金额，各方当事人无争议，法院予以确认。

在二审中，各方当事人争议的主要问题是：对杨培金的人身损害结果，上诉人陈波、上诉人天品公司及被上诉人恒宁集团有限公司是否应当承担民事赔偿责任。

云南省昆明市中级人民法院认为：上诉人陈波与被上诉人杨培金系雇佣关系。杨培金在受雇于陈波并为陈波工作中发生的损害事故不属于我国劳动法所界定的工伤事故，而属于民法原理中特殊侵权的雇员受损害事故。基于雇主是直接受益人，相对雇员而言占有优势地位，而受雇的工作系雇员遭受灾害的来源等特点，我国民法原理及现代各国民法之通例，认为雇主对雇员的赔偿责任应当适用无过错责任原则。根据这一原则，无论雇员在受雇工作中是否有过错，只要没有雇员故意致其本身受到损害或者不可抗力的免责事由，雇主对雇员在工作中受到的损害均应承担民事赔偿责任。本案上诉人陈波系雇主，应当对雇员杨培金在受雇工作中受到的损害承担全部民事赔偿责任。

陈波上诉称杨培金不具备专业知识及技能，天品公司未对杨培金进行培训，双方均有过错，应当承担一定责任，因陈波对是否雇用杨培金及杨培金的工作有完全的选任、安排及监督的权利，而更主要的是因陈波的上述观点不属于免责事由，故陈波的上诉观点不能成立，其应当承担全部赔偿责任。

作为工程发包人的恒宁集团有限公司，其系整个工程的受益人，其有义务承担因承建工程而可能产生的风险责任，但恒宁集团有限公司却将工程的一部分分包给不具备建设施工资质的个人陈波进行施工，将自己应当承担的风险责任转移给不具备相应资质的个人陈波来承担，而这种风险的转移将会导致侵害第三人的合法利益，故恒宁集团有限公司及陈波双方转移风险责任的行为对第三人杨培金是无效的，恒宁集团有限公司应当对陈波赔偿杨培金损失的那部分风险承担连带责任。

本案根据事实认为，杨培金虽系上诉人天品公司的职工，但各方当事人一致认可杨培金系在受雇于陈波的工作中受到损害，而并非系在天品公司工作时受到损害。故上诉人天品公司与杨培金受到损害的事实无直接因果关系，天品公司上诉认为其不应对杨培金受雇于他人工作时受到的损害承担赔偿责任的观点成立，予以采纳。

综上所述，二审法院认为一审判决认定本案部分事实不清，导致适用法律不当，不能正确地评判及审理本案，故依法进行改判。鉴于各方当事人对一审法院确认的赔偿金额 117924. 71 元（含陈波已付的 17168. 30 元）无异议，二审法院予以认可。

73. 定作人是否为承揽人因承揽活动遭受的损害承担赔偿责任？

定作人在指示承揽人进行承揽活动时，没有为其提供足够安全活动空间，未采取其他安全措施，且在他人提出存在安全隐患的情况下，定作人仍要求承揽人在不具备安全条件的情况下进行承揽活动的行为，应视为指示不当；另，定作人未审查承揽人是否具备承揽资质，而随意要承揽人进行承揽活动，其在承揽人的选任上亦存在过失，故定作人应对承揽人在承揽活动中遭受的损害承担相应的赔偿责任。

典型疑难案件参考

刘为诉姚宝卫因在承揽关系中受伤请求赔偿纠纷案

基本案情

2004 年 11 月 14 日，被告姚宝卫因其经营的商店需装修，经他人介绍与原告刘为等人相识，并与刘为等达成口头装修协议：由被告姚宝卫购买装修用的材料，原告刘为等人为被告姚宝卫安装塑料扣板每平方米8元，面积约100平方米，其他事宜完工后再定。原告刘为等人于2004年11月17日下午19时许进行作业时，刘为一只脚踏在人字梯上，一只脚踏在姚宝卫商店货架上拆卸商店南墙上原卷闸门挂件，钢板突然断裂，原告刘为从高处摔落在地，被告姚宝卫等人将原告刘为送往医院救治。经诊断，刘为系右股骨粗隆骨折。原告刘为自2004年11月17日至2004年12月6日在淮南市第一人民医院骨科治疗，共用去医疗费14401.8元。2004年12月7日原告刘为因患肺结核转入该院呼吸科治疗至2004年12月21日出院，用去医疗费3025.2元。出院后原告刘为因治疗、复查骨伤用去医疗费200元。淮南市第一人民医院建议原告刘为休息3个月。另查，被告姚宝卫已给付原告刘为医疗费1038元。

一审诉辩情况

原告诉称：2004年11月17日下午19时许，在为被告装修房屋期间，应被告请求，在为其拆除房屋南墙原卷闸门的三个钢板挂件时，因挂件断裂，致原告从人字型梯子上摔倒在地，右腿股等严重摔伤。经送第一人民医院救治，诊断为：右股骨粗隆骨折，传染性肺结核，胸腔积液。请求判令被告姚宝卫承担各项赔偿费用合计28912.13元。

被告辩称：原、被告之间是装潢法律关系；被告对原告所受到的人身损害没有过错，依法不应承担赔偿责任；被告不应对原告治疗肺结核所发生的一切费用给予赔偿。

一审裁判结果

淮南市田家庵区人民法院依照《中华人民共和国民法通则》第119条、最高人民法院《关于审理人身损害赔偿案件适用法律若干问题的解释》第9条，第17条，第19条第1、2款，第20条第1、2、3款，第21条第1、2款，第22条，第23条第1款，第24条之规定，作出如下判决：

一、原告刘为赔偿金为医疗费14601.8元，误工费3207.9元（每人每天28.9元，计111天）、护理费3814.8元（其中住院期间21天，每人每天28.9元，共2人，计1213.8元，出院后90天1人每天28.9元计2601元）、住院伙食补助费210元、交通费152元，合计24587.5元。原告刘为应承担赔偿金总额的40%计9839元；被告姚宝卫应承担赔偿金总额的60%计14752.5元，扣除已支付给原告刘为的1038元，实际应给付原告刘为赔偿金13710.5元。限于判决书生效后10日内一次性付清；

二、驳回原告刘为的其他诉讼请求。

一审裁判理由

淮南市田家庵区人民法院经审理认为，原告刘为安全防范意识差，在无任何安全设置的情况下进行悬空作业，对该案件应承担一定的责任；被告姚宝卫安全防患意识不强，在明知原告没有悬空作业的安全设置，现场又不具备悬空作业的条件下，让原告施工作业，对该案件应承担主要责任。原告要求被告赔偿的费用合理部分，依法应予支持，原告要求被告对其治疗肺结核病的费用给予赔偿的证据不足，不予支持。

二审诉辩情况

一审宣判后，姚宝卫不服提出上诉，称原判部分认定事实不清，引起被上诉人刘为摔倒并造成损害后果的原因是被上诉人自身拆除行为不当，且未考虑到其自身应尽的安全义务造成的，上诉人并无安全义务；原审判决认定赔偿数额错误，医疗费未按诉请认定，出院后治疗费 200 元认定错误，护理费没有医院明确需要两人护理，认定两人护理费不当，交通费发生金额与实际发生金额不符，且没有扣除治疗肺结核期间的费用，营养费没有骨科医嘱不应予以认定；原审适用法律错误，本案双方并非雇佣法律关系，而是装修承揽法律关系。请求二审法院判决上诉人在本案中不承担责任。

被上诉人刘为答辩，拆挂件是上诉人临时指派而非装修前约定的工作内容，属义务帮工行为，应当判令上诉人承担全部赔偿责任。医疗费有相关票据及病历佐证，护理费认定符合法律规定，交通费花费合理，营养费并无不当。请求二审法院驳回上诉，维持原判。

二审裁判结果

依照《中华人民共和国民事诉讼法》第 153 条第 1 款第 1 项、第 3 项、《中华人民共和国民法通则》第 119 条、最高人民法院《关于审理人身损害赔偿案件适用法律若干问题的解释》第 10 条、第 17 条、第 19 条、第 20 条、第 21 条、第 22 条、第 23 条、第 24 条之规定，判决如下：

一、维持淮南市田家庵区人民法院〔2005〕田民一初字第 310 号民事判决第二项；

二、撤销淮南市田家庵区人民法院〔2005〕田民一初字第 310 号民事判决第一项；

三、刘为赔偿金为医疗费 13203.8 元、误工费 3207.9 元、护理费 3207.9 元、住院伙食补助费 210 元、交通费 91 元，合计 19920.6 元。姚宝卫应承担赔偿金总额的60%计11952.36元，扣除已支付给刘为的1038元，实际应给付刘为赔偿金10914.36元。此款于本判决书生效后10日内一次性付清。

二审裁判理由

淮南市中级人民法院审理认为：上诉人姚宝卫与被上诉人刘为等人口头协商为姚宝卫经营的商店进行装修，其中工作项目包括安装扣板及其他零星小活。由刘为等人完成工作后，向姚宝卫交付工作成果，姚宝卫按约定的数额支付报酬。从本案中双方的交易过程及履行方式看，刘为与姚宝卫均为独立契约人，双方的法律关系应为承揽合同关系，即刘为等人为承揽人，姚宝卫为定作人。被上诉人刘为提出取挂件不在约定的工作范围内，且未计报酬，取挂件应为义务帮工。但取挂件是在其为姚宝卫安装扣板过程中所发生的行为，该行为与安装扣板有关，对取挂件行为不应脱离整个承揽关系而孤立地看待。故取挂件不应视为义务帮工，上诉人的与被上诉人刘为系承揽法律关系的上诉理由成立。上诉人姚宝卫在指示被上诉人刘为取挂件时，没有为其提供足够的安放人字梯的空间，未采取其他安全措施，且在他人提出货架碍事的情况下，姚宝卫仍要求刘为在不具备安全条件的情况下取挂件的行为，应视为指示不当。另姚宝卫未审查刘为等人是否具备装修资质，而随意要求刘为等人为其装修，其在选任上亦存在过失。故上诉人姚宝卫在本案中应承担相应的赔偿责任。上诉人姚宝卫的被上诉人刘为自身拆除行为不当，没考虑其自身应尽的安全义务，应由其自身承担全部责任的主张，不能成立。

上诉人姚宝卫提出一审未按被上诉人刘为诉讼请求认定医疗费，经查，刘为的医疗费发生数额为17427元，而实际支出数额为16229元，应按照实际支出的数额认定其医药费，扣除刘为在呼吸科发生的数额后，实际数额为13203.8元。一审未按照实际支出数额认定医药费不当，应予纠正，上诉人姚宝卫的原审医疗费认定错误的上诉理由成立。上诉人姚宝卫提出被上诉人护理人数认定错误，护理人员不应支持两人。因被上诉人刘为没有提供医院出具的其伤情应由两人护理的证明，故护理人员应认定为一人，护理费应为3207.9元。关于刘为住院期间的交通费，刘为在住院期间实际发生交通费152元，应按其在两科分别住院天数的比例扣除其在呼吸科住院期间所发生的交通费，其在呼吸科的住院时间为总住院时间的约40%，故应扣除交通费总金额的40%，作为刘为为治疗骨伤的交通费，为91元。上诉人姚宝卫提出一审认定被上诉人刘为出院后因治疗、复查骨伤的医疗费200元不当。因刘为未提供该200元花费的病历等相关证据加以印证，故刘为的此项费用产生的证据不足，法院不予支持，上诉人姚宝卫的该项上诉请求成立。上诉人姚宝卫提出上诉人刘为的营养费没有骨科出具的医嘱，不应予以认定。法院认为，刘为的出院小结虽然是呼吸科出具的，但该出院小结是针对刘为的整个治疗过程的总结，并非仅针对呼吸科的治疗作出的结论，故该出院小结中要求其加强营养摄入的医嘱，应为其主张营养费的依据。上诉人姚宝卫的营养费无依据不应支持的理由不能成立，法院不予支持。上诉人提出原审适用法律不当，导致责任划分错误。原审判决虽在适用法律上有误，但其责任划分并无不当，故上诉人姚宝卫的此项上诉理由不能成立，法院不予采信。综上，原审判决认定部分事实不清，适用法律部分不当，上诉人姚宝卫的上诉请求部分成立。

74. 雇佣关系是否包括临时雇佣关系？

当事人一方提供劳动工具，并与另一方当事人约定由其提供劳务，一次性结算劳动报酬，且在现场指挥提供劳务，对此，应认定为临时雇佣关系。雇工在从事雇佣活动中受伤，雇主依法应承担赔偿责任。

典型疑难案件参考

韩胜军诉杜国平雇员受害赔偿纠纷案

基本案情

被告杜国平在夷陵区太平溪集镇经营玻璃多年。2004年9月22日，杜国平从宜昌市城区购回价值13740元的玻璃1车，需将玻璃从车上卸下来。当晚8点左右，杜国平见韩胜军、韩玉安、韩启义、杜开胜等人从三峡坝区装石头回来，遂提出由韩胜军等4人将汽车上的玻璃搬运至杜国平玻璃店中，并约定一次性支付报酬为100元。韩胜军等4人在搬运过程中，玻璃曾倒过一次，被韩玉安及杜开胜及时扶正。于是，杜国平安排其妻韩庆芬到车上扶住玻璃，以防玻璃倒下破碎。后来，在韩胜军和韩启义上车准备抬玻璃时，因玻璃未能扶稳而突然倒下，将韩胜军左腿砸伤。事故发生后，杜国平将韩胜军送往宜昌市夷陵区太平溪镇中心卫生院治疗，共计住院4天，诊断为左膝关节皮肤裂伤，并建议自2004年10月8日起休息2周。后经门诊继续治疗，韩胜军伤愈。截至2004年10月8日，韩胜军共支付医疗费453.20元。杜国平已依约履行了支付100元工钱的义务（韩胜军分得25元劳动报酬）。后因双方就赔偿事宜不能达成协议，韩胜军遂于2005年1月10日向宜昌市夷陵区人民法院起诉，要求杜国平赔偿医疗费、误工费、住院伙食补助费、护理费、交通费、衣物损失费共计人民币1498.80元。

同时查明：(1) 杜国平在多年从事玻璃经营活中，搬运玻璃均交由太平溪镇刘家河搬运队完成，韩胜军未从事搬运玻璃的劳务活动。(2) 从韩胜军住地往返太平溪镇中心卫生院的交通费为6元/人。

一审诉辩情况

被告杜国平辩称：(1) 原、被告之间不是雇佣关系，而是承揽关系，被告不应对韩胜军的损害承担责任；(2) 韩胜军诉请的误工费、护理费过高，交通费存在不实列支，衣物损失无相应证据加以证明。

一审裁判结果

湖北省宜昌市夷陵区人民法院依照《中华人民共和国民法通则》第119条、第131条，最高人民法院《关于审理人身损害赔偿案件适用法律若干问题的解释》第17条第1款、第19条、第20条、第21条、第22条、第23条的规定，判决如下：

一、杜国平在本判决发生法律效力后10日内赔偿韩胜军经济损失人民币879.43元；其余损失由韩胜军自理；

二、驳回韩胜军的其他诉讼请求。

一审裁判理由

湖北省宜昌市夷陵区人民法院经审理认为：(1) 双方不存在控制、支配和从属关系；(2) 双方约定一次性结算劳动报酬100元，并非分期给付劳动报酬；(3) 杜国平并未给韩胜军等人限定工作时间，而关注的是搬运完1车玻璃；(4) 双方仅约定由韩胜军等人为杜国平搬运1车玻璃，即由韩胜军一次性提供劳动成果，并非继续性提供劳务。综上所述，不应认定双方当事人之间为雇佣关系。应根据双方当事人在从事玻璃搬运过程中造成玻璃倒下致人损害有无过错的实际情况，确定各自的民事责任。杜国平从事玻璃经营多年，应当知道玻璃堆放时，因玻璃易碎、表面平整、光滑，堆放角度较小，搬运时易发生倒塌，可能造成人身损害事故的发生。由于杜国平放弃多年为其搬运玻璃的“刘家河搬运队”，而选用没有玻璃搬运经验的韩胜军等人从事搬运，杜国平因对搬运人选任不当，有一定的过失；同时，在搬运玻璃的过程中，杜国平作为这次劳务活动的组织者，安排其妻韩庆芬上车扶玻璃，没有尽到安全注意义务，致使玻璃倒塌致韩胜军左腿受伤，杜国平对此次事故的发生负有重大过错。韩胜军在自己没有搬运玻璃经验的情况下，仍接受杜国平的要约，参与玻璃搬运活动，对玻璃易碎伤人的危险后果估计不足，对损害结果的发生也有一定的过失。结合双方当事人的过错责任，由杜国平承担 85% 的民事赔偿责任，其余 15% 的民事责任由韩胜军承担。

二审诉辩情况

一审法院宣判后，杜国平不服，向湖北省宜昌市中级人民法院提起上诉称：（1）原审法院认定上诉人承担主要责任与法相悖；（2）原判已认定上诉人与被上诉人是承揽关系而非被上诉人诉请的雇佣关系。请求依法撤销原审判决，改判被上诉人承担赔偿责任。

二审裁判结果

宜昌市中级人民法院依照《中华人民共和国民事诉讼法》第 153 条第 1 款第 1 项之规定，判决如下：

驳回上诉，维持原判。

二审裁判理由

宜昌市中级人民法院审理认为：上诉人杜国平认可在搬运过程中，劳动工具均系其提供，并约定被上诉人韩胜军等 4 人为其搬运一车玻璃，由其一次性结算劳动报酬 100 元，且在现场指挥搬运。对此，应认定为临时雇佣关系。雇工在从事雇佣活动中受伤，雇主依法应承担赔偿责任。故上诉人杜国平的上诉理由不充分，其请求不予支持。原审法院虽在认定法律关系错误，但对本案的实体处理并无不当。原判案由为人身损害赔偿纠纷不妥，应为雇员受害赔偿纠纷。

75. 雇员在从事雇佣工作过程中忽视自身安全造成损害，是否可以因此减轻雇主的赔偿责任？

根据最高人民法院《关于审理人身损害赔偿案件适用法律若干问题的解释》第 11 条的规定，雇员在从事雇佣活动中遭受人身损害时，应由雇主承担赔偿责任，这一责任不以雇主是否存在过错为条件。根据该司法解释第 2 条第 2 款的规定，赔偿义务人承担无过错责任的，受害人只有一般过失的，不减轻赔偿义务人的赔偿责任。

典型疑难案件参考

崔克忠诉舞钢市誉华工业发展有限责任公司人身损害赔偿纠纷抗诉案

基本案情

崔克忠原系舞阳钢铁有限责任公司机修厂铸造车间退休职工，2003 年前后返聘回原车间上班，其间原车间被舞钢誉华工业发展有限责任公司（以下简称誉华公司）兼并。2007 年 3 月 2 日上午，崔克忠在从事沙箱吊运工作中右手被砸伤，鉴定为七级伤残，但誉华公司拒绝赔偿，崔克忠于 2007 年 10 月 30 日向法院起诉，要求赔偿误工费、伙食补助费、营养费、被抚养人生活费、伤残费、鉴定费等共计 89466.17 元。

原审裁判结果

根据《中华人民共和国民法通则》第 106 条、第 119 条，《中华人民共和国民事诉讼法》第 64 条之规定，判决：

一、被告誉华公司于判决生效后 10 日内一次性赔偿原告崔克忠误工费、住院伙食补助费、营养费、残疾赔偿金、鉴定费、被抚养人的生活费合计 60489 元；

二、驳回原告崔克忠的其他诉讼请求。

原审裁判理由

2008 年 4 月 9 日，河南省舞钢市人民法院作出〔2007〕舞民初字第 926 号民事判决，认为：原告退休后又返聘回被告誉华公司上班，双方形成的关系不是劳动法调整的劳动关系，而是一种新的雇佣劳动关系。被告作为雇佣者依法负有保障雇员人身安全的义务，由于被告安全措施落实不到位，导致原告在劳动中发生人身损害，对此，被告存在过错，应承担主要赔偿责任。原告作为退休职工，具备所从事的雇佣劳动应具备的安全常识，但实际操作中，没有尽到充分的安全注意义务，对自身损害的发生也负有一定的过错。关于原告损失数额的认定问题，根据查明事实，原告主张的赔偿项目没有超出法律规定的范围，可以确认，但个别项目所适用的标准及依据存在不当，应予调整，即误工费 1025 元、住院伙食补助费 410 元、营养费 410 元、伤残赔偿金 78482 元、鉴定费 650 元、被抚养人的生活费 5435.05 元，合计 86412.05 元，可以作为本案定案的依据。在此基础上，应按照 3∶7 的比例（原告承担 30%，被告承担 70%）由原、被告分担各自的赔偿责任。被告关于原告误工费已经赔偿及原告做出的伤残评定适用依据错误的辩称理由，因缺乏有效依据，不予采信。

再审诉辩情况

一审判决生效后，崔克忠向舞钢市人民检察院申诉，舞钢市人民检察院提请平顶山市人民检察院抗诉。平顶山市人民检察院审查认为，本案庭审时，崔克忠与誉华公司均认为诉讼双方之间的关系为雇佣关系，法院对此也予以确认。据最高人民法院《关于审理人身损害赔偿案件适用法律若干问题的解释》第 11 条的规定，雇员在从事雇佣活动中遭受人身损害时，应由雇主承担赔偿责任，这一责任不以雇主是否存在过错为基础，属无过错责任。该解释第 2 条第 2 款规定，受害人有重大过失的可以减轻赔偿义务人的赔偿责任，受害人只有一般过失的，不减轻赔偿义务人的赔偿责任。雇员只有在严重违反劳动纪律、拒不服从规章制度时才可视为具有重大过失。如判决所述，崔克忠在实际操作中，没有尽到充分的安全注意义务，但这并非重大过失，仅构成一般过失，不符合减轻雇主责任的条件。法院判决崔克忠承担自己因受伤而造成损失的 30% 的责任，于法无据。遂于 2008 年 10 月 29 日以平检民抗字〔2008〕25 号抗诉书向平顶山市中级人民法院提出抗诉。

再审裁判结果

舞钢市人民法院依照《中华人民共和国民事诉讼法》第 64 条、第 186 条、《中华人民共和国民法通则》第 119 条，参照最高人民法院《关于审理人身损害赔偿案件适用法律若干问题的解释》第 2 条第 2 款、第 11 条第 1 款之规定，判决如下：

一、撤销本院〔2007〕舞民初字第 926 号民事判决；

二、誉华公司于判决生效后 10 日内一次性赔偿告崔克忠误工费、住院伙食补助费、营养费、残疾赔偿金、鉴定费、被抚养人生活费合计 86412.05 元。

再审裁判理由

平顶山市中级人民法院受理抗诉后，于 2009 年 1 月 12 日作出〔2009〕平民立字第 5 号民事裁定，指令舞钢市人民法院再审。舞钢市人民法院于 2009 年 5 月 20 日作出〔2009〕舞民再初字第 8 号民事判决，认为：崔克忠退休后又被返聘回誉华公司上班，其与誉华公司之间的关系为雇佣关系。根据最高人民法院《关于审理人身损害赔偿案件适用法律若干问题的解释》第 11 条的规定，雇员在从事雇佣活动中遭受人身损害时，应由雇主承担赔偿责任，这一责任不以雇主是否存在过错为条件。根据该解释第 2 条第 2 款的规定，赔偿义务人承担无过错责任的，受害人只有一般过失的，不减轻赔偿义务人的赔偿责任。本案中，申诉人崔克忠在实际操作中，没有充分注意到自身的安全，但其并无拒不服从规章制度、严重违反劳动纪律的行为，因此仅构成一般过失，不属于重大过失，不符合减轻雇主责任的条件。抗诉机关的抗诉理由与申诉人的申诉理由成立，法院予以采纳。

76. 企业职工因第三人交通事故侵权造成工伤，能否获得双重赔偿？

企业职工因第三人交通事故侵权造成工伤，职工既可以获得交通事故的损害赔偿，也可获得工伤赔偿，即可以获得交通事故和工伤双重赔偿。

典型疑难案件参考

陈克亳等人诉湖北精亚麻业有限公司工伤事故损害赔偿纠纷抗诉案

基本案情

徐保元于2002年到湖北精亚麻业有限公司（以下简称精亚公司）工作。2006年5月20日，徐保元从精亚公司下班后骑自行车回家，途经咸宁市双溪桥镇陈祠村六组时，被吴希汉驾驶的农用车撞倒，徐保元当场死亡。咸宁市公安局交警支队一大队对此次事故作出交通事故认定书，认定吴希汉负事故的全部责任，徐保元无责任。6月5日，经交警部门调解，徐保元之夫陈克亳与吴希汉达成调解协议，由吴希汉承担徐保元的丧葬费、死亡赔偿金、被抚养人生活费、交通事故处理人员误工费等9万元。协议签订后，吴希汉当即支付陈克亳9万元。9月8日，根据陈克亳的申请，咸宁市咸安区劳动和社会保障局作出咸安劳社工〔2006〕034号工伤认定决定书，认定徐保元为因工死亡。同年11月21日，咸宁市咸安区人民政府根据精亚公司的申请，作出行政复议决定书，维持咸安劳社工〔2006〕034号《工伤认定决定书》。陈克亳与精亚公司因徐保元工伤死亡待遇发生争议，向咸安区劳动争议仲裁委员会申请仲裁，咸安区劳动争议仲裁委员会裁决由精亚公司支付陈克亳因徐保元工亡而产生的工亡待遇10593元。

另查明，徐保元的父亲徐次河，1933年6月19日生；徐保元的母亲艾菊花，1935年8月14日生；徐保元长女陈文，1991年10月6日生；次子陈绍明，1996年7月12日生。徐保元在精亚公司2005年6月至2006年5月期间的月平均工资为912.7元。2006年12月25日，陈克亳等不服咸安区劳动争议仲裁委员会的仲裁裁决，向法院起诉，要求精亚公司支付工亡待遇125006元。

一审裁判结果

根据《因工死亡职工供养亲属范围规定》（劳动和社会保障部令第18号）的规定，陈克亳不属于供养亲属，故徐保元的供养亲属为陈文、陈绍明、徐次何、艾菊花四人，又因依法各供养亲属的抚恤金之和不应高于死亡职工生前的工资，因此上述四原告的抚恤金为63432.67元。根据《咸宁市工伤保险实施细则》的规定，一次性工亡补助金应为36720元（统筹地区上年度职工平均工资，765元/月×48个月=36720元）。对原告主张的交通费、其他费用因不属于法定赔付范围，不予支持。依照《中华人民共和国劳动法》第73条，《工伤保险条例》第37条、第60条、《中华人民共和国民事诉讼法》第128条之规定，判决被告精亚麻业公司应赔偿原告陈克亳、陈文、陈绍明、徐次何、艾菊花104742.67元。

一审裁判理由

2007年6月21日，咸宁市咸安区人民法院作出〔2007〕咸民初字第16号民事判决书认定：徐保元生前系精亚公司职工，其在下班途中受到交通事故伤害，根据《工伤保险条例》第14条的规定，徐保元的死亡应属因工死亡，且该事故经咸安区劳动和社会保障局、咸安区人民政府分别作出工伤认定决定书和行政复议决定书，均认定徐保元为因工死亡。五原告作为工亡职工徐保元的直系亲属，有权要求工亡待遇。因精亚公司未参加工伤保险统筹，根据《工伤保险条例》第60条规定，应由精亚公司按照规定的工伤保险待遇项目和标准支付费用。精亚公司辩称原告的损失已依法得到赔偿，应驳回原告诉讼请求的意见。

法院认为，徐保元因交通事故导致工亡后，其亲属享有交通事故损害赔偿请求权和工伤保险赔偿请求权，两种请求权的基础不同，承担赔偿责任的主体不同、法律性质不同，不能相互替代，享有工伤待遇是法律赋予劳动者的权利，也是用人单位的法定义务，实行双重赔偿符合《工伤保险条例》第1条的立法意图，也并不会增加企业负担。且根据最高人民法院《关于审理人身损害赔偿纠纷案件适用法律若干问题的解释》第12条的规定及参照湖北省高级人民法院《关于审理劳动争议案件若干问题的意见（试行）》第19条的规定，劳动者的工伤系第三人侵权所致，用人单位以劳动者已获侵权损害赔偿为由拒绝承担工伤保险赔付的，人民法院应不予支持，故对精亚公司的辩解意见不予支持。综上，对原告要求赔偿丧葬补助金的请求，法院认为其计算标准不当，法院依法认定为4590元（统筹地区上年度职工月平均工资765元/月×6个月=4590元）。对原告要求赔偿供养亲属抚恤金的请求，法院认为陈克毫未满60周岁，也没有证据证明其完全丧失劳动能力。

二审裁判结果

二审法院作出如下判决：

变更原判决为：由精亚公司补足陈克毫、陈文、陈绍明、徐次何、艾菊花14742.67元。

二审裁判理由

2007年11月26日，咸宁市中级人民法院作出〔2007〕咸民二终字第215号民事判决书认为：徐保元作为精亚公司职工，在下班途中因道路交通事故死亡，根据《工伤保险条例》第14条第6项的规定，徐保元应认定为工伤死亡。因精亚公司未依《工伤保险条例》的规定参加工伤保险，依据《工伤保险条例》第60条的规定，精亚公司本应当向被上诉人支付丧葬补助金、供养亲属抚恤金和一次性工亡补助金。但徐保元系因交通事故死亡，且已获得肇事者9万元赔偿，《湖北省工伤保险实施办法》第39条明确规定，由于道路、航运、航空、铁路等交通事故引起的工伤，或者职工派遣出境工作时所发生的工伤，或者职工工伤涉及其他民事伤害赔偿的，应按照有关规定索取伤害赔偿。获得的伤害赔偿低于工伤保险待遇的，根据用人单位是否参加工伤保险，由经办机构或用人单位补足差额部分。根据上述规定，对于徐保元按工伤保险待遇的差额部分14742.67元，应由精亚公司补足。原审认定可适用双重赔偿错误，二审法院予以纠正。

再审诉辩情况

陈克毫等不服二审判决，向检察机关申诉，经咸宁市人民检察院提请，湖北省人民检察院于2008年11月12日作出鄂检民行抗〔2008〕160号民事抗诉书，向湖北省高级人民法院提出抗诉。理由是：

一、从我国相关法律规定来看，应适用双重赔偿

1. 确立差额赔偿原则的《企业职工工伤保险试行办法》已被废止。1996年劳动部发布的《企业职工工伤保险试行办法》确立了工伤保险与交通事故竞合时，工伤保险实行差额赔偿的原则。该办法第28条明确规定：由于交通事故引起的工伤，应当首先按照《道路交通事故处理办法》及有关规定处理。交通事故赔偿已给付了的医疗费、丧葬费等，企业或者工伤保险经办机构不再

支付，先期垫付的有关费用，职工或其亲属获得交通事故赔偿后应当偿还。但由交通事故赔偿给付的死亡补偿费或者残疾生活补助费低于工伤保险的一次性工亡补助金或者一次性伤残补助金的，由企业或者工伤保险机构补足差额部分。但随着2004年1月1日国务院颁布的《工伤保险条例》的实施，《企业职工工伤保险试行办法》就已经失效了，2007年11月9日劳动和社会保障部发的《关于废止部分劳动和社会保障规章的决定》对该办法予以废止。

2. 2004年颁布的《工伤保险条例》并没有赋予保险机构和用人单位对因第三人侵权引起的工伤的侵害人享有代位求偿权，工伤保险经办机构不能要求工伤职工必须先向侵害人索赔后才能申请工伤保险待遇，也不能从工伤职工应享有的保险待遇中扣减其从侵害人处已获得的赔偿款项。

3. 最高法院《关于审理人身损害赔偿案件适用法律若干问题的解释》第12条规定："依法应当参加工伤保险统筹的用人单位的劳动者，因工伤事故遭受人身损害，劳动者或者其近亲属向人民法院起诉请求用人单位承担民事赔偿责任的，告知其按《工伤保险条例》的规定处理。因用人单位以外的第三人侵权造成劳动者人身损害，赔偿权利人请求第三人承担民事赔偿责任的，人民法院应予支持。"该规定确立了双重赔偿的原则。

4. 湖北省高级人民法院《关于审理劳动争议案件若干问题的意见（试行）》第19条规定："劳动者的工伤系第三人侵权所致，用人单位以劳动者已获侵权损害赔偿为由拒绝承担工伤保险赔付的，人民法院不予支持。"湖北省高院的这一意见进一步明确了法院在审理此类案件中应当适用双重赔偿的原则。

5. 二审判决依据的《湖北省工伤保险实施办法》属于地方政府规章，法律效力低于《工伤保险条例》和最高人民法院的《关于审理人身损害赔偿案件适用法律若干问题的解释》，根据《立法法》的规定，下位法与上位法规定不一致时，应适用上位法，所以《湖北省工伤保险实施办法》第39条的规定应当不予适用。

二、本案工伤保险赔偿和第三人侵权赔偿虽然是基于同一损害事实，但却是两种不同的法律关系，不能相互替代

第三人侵权赔偿是基于普通的民事主体之间的侵权法律关系而产生的赔偿，属于私法领域。工伤保险赔偿属于社会保险范畴，与一般商业保险不同的是该保险是国家强制的。享有工伤待遇是法律赋予劳动者的权利，也是用人单位的法定义务。工伤保险赔偿与第三人侵权赔偿发生竞合时，劳动者具有双重身份：工伤事故中的受伤职工和人身侵权中的受害人，基于双重身份，劳动者有权获得双重赔偿，这符合《工伤保险条例》的立法意图，也并不会增加企业的负担。用人单位和侵权人应当依法承担各自所负的赔偿责任，不因受伤职

工先行获得一方赔偿，而免除或减轻另一方的责任。

再审裁判结果

经法院审判委员会讨论决定，依照国务院《工伤保险条例》第37条、最高人民法院《关于审理人身损害赔偿案件适用法律若干问题的解释》第12条、《中华人民共和国民事诉讼法》第153条第1款第3项之规定，判决如下：

一、撤销本院〔2007〕咸民二终字第215号民事判决；

二、维持咸宁市咸宁区人民法院〔2007〕咸民初字第16号民事判决。

再审裁判理由

湖北省高级人民法院受理抗诉后，于2008年11月21日作出民事裁定书，指令咸宁市中级人民法院另行组成合议庭进行再审。咸宁市中级人民法院于2009年6月18日作出〔2009〕咸民再终字第13号民事判决认为：徐宝元系精亚公司职工，下班途中因道路交通事故死亡，应认定为工伤。精亚公司应当按照《工伤保险条例》的有关规定，支付徐宝元的丧葬费、供养亲属抚恤金和一次性工亡补助金。二审判决将徐宝元亲属获得的交通肇事赔偿款折抵徐宝元的一次性的工亡补助金和抚恤金不符合最高人民法院《关于审理人身损害赔偿案件适用法律若干问题的解释》的有关规定。湖北省人民检察院抗诉理由成立，应予支持。

77. 从最高人民法院《关于审理人身损害赔偿案件适用法律若干问题的解释》第2条、第11条的规定看，雇员在从事雇佣活动中受伤，雇主应当承担责任；但受害人存在重大过失的，可以减轻雇主的赔偿责任。则在此情况下，雇主承担责任的构成要件有哪些？如何理解重大过失？

雇主对雇员的责任的成立要件包括：第一，存在雇佣关系，即当事人之间具备雇佣的法律关系；第二，损害事故发生在雇佣工作期间；第三，损害事故与雇佣工作有关联。

过失其实就是对“注意义务”的违反，而构成必要的注意义务，应当具备两个条件：（1）损害结果具有可预见性；（2）损害结果具有可避免性。判别行为人是否存在过失，应采用“合理人标准”或“善良管理人标准”。

重大过失是过失的一种状态，指违反普通人的注意义务，即行为人如果仅用普通人的注意就可以预见，但却怠于注意不作相应的准备的心理状态。因此，重大过失其实就是对“普通人注意义务”的违反，即行为人如果尽到了普通人的注意义务仍发生了损害后果，那么其行为并不存在重大过失，如果未能尽到普通人应尽的注意义务而引发了损害后果，则应认为行为人存在重大过失。简言之，判断是否构成重大过失，应采用“普通人标准”。

典型疑难案件参考

严凤香诉浙江省淳安中学人身损害赔偿纠纷抗诉案

基本案情

严凤香于1999年10月受雇于淳安中学，在该校食堂工作。2000年5月30日早上，严凤香在食堂操作面粉机时，因操作不慎，致其右手被轧伤。后被送往淳安县第一人民医院住院治疗，于2000年7月15日出院。淳安中学支付了住院期间的医疗费10290元，同时表示除给付2000元补助金外，不再承担其他责任。同年9月14日严凤香致信给淳安中学负责人，要求在25日前给予明确答复。淳安中学仍坚持不再承担其他责任。此后，严凤香仍定期检查伤情，2003年8月15日，严凤香住院行右尺桡骨内固定取出术，花费医疗费3676.83元，医院建议休息一个月。2003年9月，严凤香的伤情经伤残鉴定，为右尺桡骨远端开放性粉碎性骨折、右腕关节功能绝大部分丧失，已构成七级伤残，丧失劳动能力为七级。2004年6月，严凤香诉至浙江省淳安县人民法院，要求淳安中学支付相关费用。

一审裁判结果

审理法院作出如下判决：原告严凤香的医疗、误工费、住院伙食补助费、残疾赔偿金、被扶养人徐儒、徐慧、严章礼、严竹姣生活费等，共计136741.2元，由被告浙江省淳安中学赔偿82044.73元；淳安中学赔偿严凤香精神损害抚慰金3000元；驳回原告的其他诉讼请求。

一审裁判理由

淳安县人民法院审理认为：原告严凤香受雇于被告从事雇佣工作，在雇佣活动中，原告因操作不当致其遭受损害，对此被告应依法承担民事责任。原告于2000年5月受伤，至7月伤情已基本稳定，在向被告求偿过程中，被告已明确表示不再承担任何责任。但原告在伤情已基本稳定的情况下，在得到被告不予赔偿的明确答复后，仍未及时主张权利。2003年8月15日原告因取内固定住院治疗，继而申请伤残及丧失能力评定，直至2004年6月才提起诉讼。根据民法通则的规定，原告就其2003年8月15日以前的经济损失之诉求，已过法定的诉讼时效期间，但原告行右尺桡骨内固定取出术的损失以及伤残损失，其合理部分应予支持。原告在从事雇佣工作过程中，操作不当，自身也有明显过错，应适当减轻被告的民事责任。

二审裁判结果

二审法院作出如下判决：驳回上诉，维持原判。

二审裁判理由

杭州市中级人民法院审理后认为：严凤香于2000年5月30日受伤，至7月15日，伤情已趋稳定。在淳安中学2000年9月4日给严凤香的处理意见中，已明确表示不再承担责任的态度，而严凤香要求学校负责人于2000年9月25前给予答复，但淳安中学未作答复。因此，在2000年9月25日后，严凤香应明知自己的合法权益受到了侵害，应及时主张权利，所以在2003年8月15日严凤香行右尺桡骨内固定取出术前的经济损失，已超过法定的诉讼时效期间。严凤香主张其在2000年至2003年期间一直在向劳动部门和信访部门主张权利，却未提交有效证据予以证明，对此不予采纳。严凤香在从事雇佣工作过程中，对面粉机操作不当，对于造成本次事故自身也存在过错，原审法院据此适当减轻淳安中学的民事赔偿责任并确定责任分担比例，并无不当。一审判决认定事实清楚，实体处理和适用法律正确。

再审诉辩情况

严凤香不服二审判决，向检察机关提出申诉。2007年7月23日，浙江省人民检察院以〔2007〕浙检民行抗字第73号民事抗诉书，向浙江省高级人民法院提出抗诉。理由是：本案争议的焦点是严凤香在工作中受伤导致七级伤残所引起的损害是否应由淳安中学承担问题，一、二审判决均以严凤香本人对其受伤也存在一定过错为由判令淳安中学和严凤香各自承担相应责任，错误地理解了作为雇用关系中的过失相抵规则，导致错判。

本案中，严凤香受雇于淳安中学，双方事实上已经形成雇佣关系。2000年5月，严凤香在食堂操作面粉机时，不慎扎伤右手，2003年9月经伤情鉴定构成七级伤残。对于2003年8月15日以后严凤香因受伤引起的损失如何承担问题，二审判决认为，严凤香在从事雇佣工作中，对面粉机操作不当，对于造成本次事故自身也存在过错，故判令严凤香与淳安中学各自承担相应责任。从二审判决的上述认定看，涉及的是过失相抵规则。所谓过失相抵，是指就损害的发生或者扩大，受害人也有过失，法院可依其职权，按一定标准减轻或免除加害人的赔偿责任，从而公平合理地分配损害的一种制度。该制度的法理依据是横平观念和诚实信用原则。我国《民法通则》第 131 条就对该制度作了规定："受害人对于损害的发生也有过错的，可以减轻侵害人的民事责任。"但《民法通则》并未对过失相抵原则的适用范围作出规定，即过失相抵原则能否适用于无过错责任领域呢？对此，于 2004 年 5 月 1 日起施行的《最高人民法院关于审理人身损害赔偿案件适用法律若干问题的解释》第 2 条第 2 款明确规定："适用民法通则第 106 条第 3 款规定确定赔偿义务人的赔偿责任时，受害人有重大过失的，可以减轻赔偿义务人的赔偿责任。"从该条规定中可以得知三点：一是过失相抵规则可以适用于无过错责任领域。二是在无过错责任情形下，适用过失相抵规则的必备要件是受害人的主观状态必须是存在重大过失。三是对于受害人是否存在重大过失，应由加害人予以举证证明。其法理依据是无过错责任的本意就是保护受害人，故加害人要想减轻或者免除责任，必须举证证明受害人存在重大过失。

回到本案，严凤香与淳安中学之间存在雇佣关系，而雇佣关系从归责原则看，是一种无过错责任。因此，按照《最高人民法院关于审理人身损害赔偿案件适用法律若干问题的解释》第 2 条第 2 款之规定，要想减轻加害人的赔偿责任，加害人必须举证证明受害人存在重大过失，但本案淳安中学未能举出该方面的证据；同时，从本案实际情况看，严凤香在操作面粉机时存有不当，乃是最正常不过的一般过失，难以纳入"重大过失"范畴，因为作为一个普通人而言，就算尽到一般注意义务，仍无法避免事故的发生。所以，对于严凤香受到的损害，作为雇主的淳安中学理应承担全部赔偿责任。二审判决给予淳安中学减轻赔偿，显属错误。

再审裁判结果

再审法院根据最高人民法院《关于审理人身损害赔偿案件适用法律若干问题的解释》第 11 条、第 20 条第 2 款，并依照《中华人民共和国民事诉讼法》第 153 条第 1 款第 2 项，第 184 条之规定，判决如下：

一、撤销本院〔2005〕杭民一终字第 1293 号民事判决和浙江省淳安县人民法院〔2004〕淳民一初字第 385 号民事判决；

二、由淳安中学赔偿严凤香医疗费、误工费 19850 元、住院期间伙食补助费、残疾赔偿金、被扶养人生活费、精神损害抚慰金等，共计165991.2元，于本判决生效后30日内付清；

三、驳回严凤香的其他诉讼请求。

再审裁判理由

浙江省高级人民法院受理本案后，于2007年9月25日以〔2007〕浙民监抗字第115号函将该案交由杭州市中级人民法院审理。杭州市中级人民法院于2008年4月30日作出〔2008〕杭民一再终字第5号民事判决，认为：严凤香在工作中受伤致七级、九级伤残的事实清楚，应予确认，作为雇主的淳安中学应依法承担民事赔偿责任。虽严凤香已于2000年7月15日出院，且淳安中学于同年9月明确告知其除支付住院期间的医疗费及2000元补助金外不再承担其他责任，但严凤香自出院后仍定期进行了复查及治疗，直至2003年8月15日住院行右尺桡骨内固定取出术，并于同年9月进行了伤残评定。

根据最高人民法院《关于审理人身损害赔偿案件适用法律若干问题的解释》第20条第2款“误工时间根据受害人接受治疗的医疗机构出具的证明确定，受害人因伤残持续误工的，误工时间可以计算至定残日前一天”之规定，原判以“超过了法定的诉讼时效期间”为由，对严凤香自2000年5月30日至2003年8月14日的误工费损失不予支持欠妥，应予更正。但严凤香原诉要求淳安中学赔偿误工损失72642.90元远远超出浙江省行业职工平均工资标准和本人的原有工资标准。严凤香在再审期间，变更为：由淳安中学赔偿每月误工费500元的请求，法院酌情予以采纳。

关于责任的问题，最高人民法院《关于审理人身损害赔偿案件适用法律若干问题的解释》第11条规定：“雇员在从事雇佣活动中遭受人身损害，雇主应当承担赔偿责任。”同时，该司法解释第2条规定，受害人有重大过失的，可以减轻赔偿义务人的赔偿责任。而本案中，淳安中学并未举证证明严凤香的过失属于重大过失。故原判减轻淳安中学40%的责任不当。检察机关的抗诉理由成立，应予采纳，淳安中学应承担全部赔偿责任。严凤香主张精神损害抚慰金10000元的请求符合法律规定，应予支持。

78. 如何区分雇佣关系与承揽关系？

雇佣合同关系的双方当事人是雇主和雇员，雇员按照雇主的指示，利用雇主提供的条件，以自己的技能为雇主提供劳务并由雇主给付报酬的权利、义务关系。承揽合同关系是承揽人按定作人的要求完成工作，交付工作成果，定作人给付报酬的权利、义务关系，其显著特征是以一定的工作成果为目的，而非以直接提供劳务为标的。

二者之间的主要区别在于：

第一，主体地位不同。雇佣关系中雇主与雇员的地位是不平等的，他们之间存在着一定的人身依附关系，即"从属性劳动"；而在承揽关系中，定作人与承揽人地位平等，承揽人在完成工作中具有独立性，即"独立性劳动"。

第二，目的不同。雇佣关系中，雇佣合同以直接提供劳务为目的，合同标的是提供劳务。承揽合同以完成工作成果为目的，提供劳务仅是完成工作成果的手段。可见，雇佣关系偏重于劳动者出卖劳动力的行为，承揽关系则偏重于完成的劳动成果。

第三，提供劳动和支付报酬的内容不同。在提供劳动方面：雇佣关系中，雇员所付出的主要是劳动力。在承揽关系中，承揽人所付出的主要是技术成果，其次才是劳动力。在支付报酬方面：承揽关系中的报酬不仅包含劳动力的价值，还含有技术成分的价值以及一定的利润成分；雇佣关系中劳动者所获报酬仅是劳动力的价值。

第四，风险承担者不同。雇佣关系中，合同履行过程中发生的危险，意外事故或损失，一般是由接受劳务的雇主承担。而承揽关系中，合同履行过程中发生的风险则是由完成工作的承揽人承担，除非损失是由于定作人的指示过失等原因造成的。

第五，承担的法律责任不同。雇佣关系中雇员在从事雇佣活动中遭受人身损害，雇主应当承担赔偿责任。承揽关系中承揽人在完成工作过程中造成自身损害的，定作人不承担赔偿责任。但定作人对定作、指示或者选任有过失的，应当承担相应的赔偿责任。

典型疑难案件参考

刘剑诉孙绪成、刘永雇员受害赔偿纠纷抗诉案

基本案情

孙绪成开办了一家理石店，2005 年 6 月 19 日，孙绪成打电话给刘永找来

刘剑等五人为其卸理石，在卸理石过程中，理石从车上滑下，砸在刘剑左大腿，造成左股骨远端粉碎性骨折，经鉴定，构成九级伤残。刘剑认为其受刘永雇佣为孙绪成装卸理石受到伤害，刘永应承担赔偿责任，孙绪成没有采取相应的安全防护措施，也应承担赔偿责任，遂起诉至庄河市人民法院，要求刘永、孙绪成承担赔偿责任。

原审裁判结果

原审法院依据《中华人民共和国合同法》第 8 条、第 60 条及最高人民法院《关于审理人身损害赔偿案件适用法律若干问题的解释》第 11 条、第 17 条、第 18 条之规定，判决如下：

一、孙绪成偿付刘剑各项经济损失 60210 元；

二、孙绪成给付刘剑精神损害赔偿金 1 万元；

三、驳回刘剑要求刘永承担连带责任的诉讼请求。

原审裁判理由

原审判决认为：刘剑受雇于孙绪成为其卸理石，在从事雇佣活动中左大腿致伤，构成九级伤残，孙绪成应承担赔偿责任。刘剑要求孙绪成承担赔偿责任的请求，合理合法，应予支持。刘剑称，其与刘永是直接雇佣关系。法院认为，其提供的证据内容不明确，不予采信。刘剑称系刘永打电话雇佣其卸理石，法院认为刘永为理石店联系卸理石的事实存在，但刘永雇佣刘剑的证据不足，故对其要求刘永承担连带赔偿责任的请求不予采纳。孙绪成辩称其卸理石活由刘永承揽，刘剑与刘永之间形成雇佣关系，其与刘剑之间未形成雇佣关系，却未提供其与刘永之间形成承揽关系及刘剑与刘永间已形成雇佣关系的证据，在刘剑与刘永之间雇佣关系证据不足，孙绪成与刘永之间承揽关系证据不足的前提下，孙绪成的反驳意见，不予采信。对刘剑与孙绪成之间已形成雇佣关系的事实予以确认。

再审诉辩情况

孙绪成不服，向检察机关申诉。大连市人民检察院审查后，向大连市中级人民法院提出抗诉。抗诉理由为：

1. 法院判决认定刘剑与孙绪成之间已形成雇佣关系，系认定事实的主要证据不足。首先，卷宗中无任何证据证明刘剑受雇于孙绪成。其次，受害人刘剑提供的书证——6 月份工资单所证明的内容与孙绪成没有关联性。最后，证人姜宝昌和白广德的证言，均未直接证实刘剑受雇于孙绪成。综合以上三点，从各证据与案件事实的关联程度进行综合审查判断，所有证据及证据链条指向的焦点均是刘剑与刘永之间存在雇佣关系，而认定刘剑受雇于孙绪成则明显缺乏证据支持。故法院判决认定刘剑与孙绪成之间已形成雇佣关系，系主观推定。

2. 法院认定刘剑与孙绪成之间形成雇佣关系，判令孙绪成承担赔偿责任，超出原告诉讼请求，系适用法律错误。刘剑在诉讼请求中要求刘永承担赔偿责任是基于雇佣关系，要求孙绪成承担责任，是认为其没有采取相应的安全防护措施。因此法院认定孙绪成是否承担责任，应就其在提供安全防护措施方面是否存在过错进行审理，不应超出原告的诉讼请求。

再审裁判结果

再审法院认为原审判决错误，应予撤销。改判刘永赔偿刘剑各项经济损失60210元，给付精神损害抚慰金1万元。

再审裁判理由

大连市中级人民法院受理抗诉后，指令庄河市人民法院再审。庄河市人民法院再审认为：刘永自行成立装运公司，以输出劳务为手段，对外承揽业务，与他人形成的是承揽合同关系；其对招募的从业人员记工、开资，与从业人员间形成的是雇佣关系。刘剑按照刘永的安排在从事雇佣活动中受伤，应由刘永承担赔偿责任，孙绪成不承担责任。

提供劳务者受害责任纠纷 办案依据集成

1.《中华人民共和国侵权责任法》（2009年12月26日主席令第21号公布）（节录）

第三十五条 个人之间形成劳务关系，提供劳务一方因劳务造成他人损害的，由接受劳务一方承担侵权责任。提供劳务一方因劳务自己受到损害的，根据双方各自的过错承担相应的责任。

2. 最高人民法院《关于审理人身损害赔偿案件适用法律若干问题的解释》（2003年12月26日 法释〔2003〕20号）（节录）

第十一条 雇员在从事雇佣活动中遭受人身损害，雇主应当承担赔偿责任。雇佣关系以外的第三人造成雇员人身损害的，赔偿权利人可以请求第三人承担赔偿责任，也可以请求雇主承担赔偿责任。雇主承担赔偿责任后，可以向第三人追偿。

雇员在从事雇佣活动中因安全生产事故遭受人身损害，发包人、分包人知道或者应当知道接受发包或者分包业务的雇主没有相应资质或者安全生产条件的，应当与雇主承担连带赔偿责任。

属于《工伤保险条例》调整的劳动关系和工伤保险范围的，不适用本条规定。

五、网络侵权责任纠纷

79. 公民网络上的言论自由的界限是什么?

公民网络上的言论自由应当以不侵害他人的合法权益为限,这种自由侵犯他人的隐私权、名誉权或者其他民事权益的,应当承担相应的法律责任。

80. 披露和传播他人已经披露的信息,是否侵犯他人名誉权?

他人对当事人个人信息的披露并不意味着侵权人可以继续对此予以披露、传播,他人此前对当事人个人信息的披露不影响侵权人侵犯当事人名誉权的事实成立,相关信息不具备私密性不能成为免责事由。

典型疑难案件参考

王菲诉张乐奕名誉权纠纷案

基本案情

王菲与死者姜岩系夫妻关系。2007 年 12 月 29 日晚,姜岩跳楼自杀死亡。姜岩生前在网络上注册了名为“北飞的候鸟”的个人博客,并进行写作。姜岩在博客中以日记形式记载了自杀前两个月的心路历程,将王菲与案外女性东某的合影照片贴在博客中,认为二人有不正当两性关系,自己的婚姻很失败。姜岩的日记中显示出了丈夫王菲的姓名、工作单位地址等信息。2007 年 12 月 29 日姜岩跳楼自杀死亡后,姜岩的网友将博客密码告诉了姜岩的姐姐姜红,姜红将姜岩的博客打开。

张乐奕系姜岩的大学同学。得知姜岩死亡后,张乐奕于 2008 年 1 月 11 日注册了非经营性网站,名称与姜岩博客名称相同,即“北飞的候鸟”。张乐奕、姜岩的亲属及朋友先后在该网站上发表纪念姜岩的文章。张乐奕还将该网站与天涯网、新浪网进行了链接。

姜岩的博客日记被一名网民阅读后转发在天涯网的社区论坛中,后又不断被其他网民转发至不同网站上，姜岩的死亡原因、王菲的“婚外情”行为等情节引发众多网民的长时间、持续性关注和评论。许多网民认为王菲的“婚外情”行为是促使姜岩自杀的原因之一；一些网民在参与评论的同时，在天涯网等网站上发起对王菲的“人肉搜索”，使王菲的姓名、工作单位、家庭住址等详细个人信息逐渐被披露；一些网民在网络上对王菲进行指名道姓地谩骂；更有部分网民到王菲和其父母住处进行骚扰，在王家门口墙壁上刷写、张贴“无良王家”、“逼死贤妻”、“血债血偿”等标语。直至本案审理期间，许多互联网网站上仍有大量网民的评论文章。

王菲认为“北飞的候鸟”网站上刊登的部分文章中披露了其“婚外情”以及姓名、工作单位、住址等信息，并包含有侮辱和诽谤的内容，侵犯了其隐私权和名誉权，分别是：

1.《哀莫大于心死》一文。该文于2008年1月11日由张乐奕根据姜红口述整理而成的，文章采用按照时间排序的方式向读者介绍了姜岩自杀事件发展的过程。在文章前部，张乐奕写道“这里的留言是开放的，不会像天涯那里被封贴”；介绍事件的人物时写道“姜岩：因为婚姻出现第三者而且无法承受丈夫及丈夫一家的屡次打击，在2007年12月29日晚上23:00选择自杀的女孩儿；王菲：姜岩的丈夫”。张乐奕将姜岩博客中王菲与东某的合影照片在该文中再次进行粘贴，将王菲与姜岩的住所地址、王菲的工作单位名称及地址进行了披露，描述了姜岩的姐姐姜红亲历的姜岩两次自杀行为及死亡的全部细节和过程，表达了对王菲及其家人极度不满的态度。王菲主张“北飞的候鸟”网站在刊登该文时使用了王菲的真实姓名，粘贴了王菲与东某的照片，构成侵犯隐私权。

2.《静静的》一文。该文中有“我曾经设想过无数次再见到他的场景，我想，无论怎样，我都一定会先狠狠抽他几记响亮的耳光，只会在父母的羽翼下苟且的可怜虫而已”一段文字，并使用了王菲的真实姓名。王菲主张“北飞的候鸟”网站将带有这种侮辱性文字的文章予以刊登构成侵犯名誉权，披露王菲的姓名构成侵犯隐私权。

3.《心上的月光》一文。王菲主张“北飞的候鸟”网站在刊登该文时披露了王菲的真实姓名，构成侵犯隐私权。另外，张乐奕在“北飞的候鸟”网站上撰写了《青春透明如醇酒，可饮可尽可别离》一文，回忆了其与姜岩的交往过程。王菲认为该文可以证明张乐奕与姜岩藕断丝连，是影响王菲与姜岩夫妻感情的因素之一。另外，张乐奕在管理网站过程中，曾经删除了部分网友的留言，并在网站上留言，倡导网友“不要在这里报复性地贴任何人的通信方式、家庭住址，网络上有太多的地方可以搜索到，不要再让他们出现在这里”。

2008 年 3 月 11 日，王菲委托北京市方圆公证处对从互联网中下载的“北飞的候鸟”网站、大旗网和天涯网三个网站中与本案相关的网页进行了证据保全，花费公证费 2050 元。

王菲为了证实由于此事被工作单位盛世长城国际广告有限公司辞退而产生工资损失，向法院提供了工资清单及盛世长城国际广告有限公司在《大家好，我是姜岩的姐姐》一帖中回复的帖子，内容为：“在得知此事原委之后，公司即决定让王菲、东某两名员工暂时停止工作，以妥善处理此事。其后不久，他们二人即向公司提请辞职，公司已予批准。”王菲的工资清单显示其 2007 年 12 月的月工资收入为 19300 元。

本案审理中，王菲承认与东某确实曾有“婚外情”。2008 年 1 月 19 日，王菲作为乙方与姜岩的父母作为甲方签订关于姜岩后事处理的《协议书》。该协议第三部分第 1 条内容为“对于婚后乙方的不忠行为及以后发生的不幸事件，乙方向甲方表示诚挚的歉意”。

一审裁判结果

北京市朝阳区人民法院依据《中华人民共和国民法通则》第 101 条、第 134 条第 1 款第 1、7 项，最高人民法院《关于确定民事侵权精神损害赔偿责任若干问题的解释》第 1 条第 2 款之规定判决如下：

一、被告张乐奕于本判决生效后 7 日内停止对原告王菲的侵害行为，删除刊登在“北飞的候鸟”网站（Http：//orionchris. cn/）上的《哀莫大于心死》、《静静的》、《心上的月光》3 篇文章及原告王菲与案外人东某的合影照片；

二、被告张乐奕于本判决生效后 7 日内在“北飞的候鸟”网站首页上刊登向原告王菲的道歉函，刊登天数不得少于 10 天，道歉函的内容由本院核定；否则本院将本案判决书主要内容刊登于其他媒体上，费用由被告张乐奕承担；

三、被告张乐奕于本判决生效后 7 日内赔偿原告王菲精神损害抚慰金 5000 元；

四、被告张乐奕于本判决生效后 7 日内赔偿原告王菲公证费用 684 元；

五、驳回原告王菲其他诉讼请求。

一审裁判理由

北京市朝阳区人民法院经审理认为：我国《婚姻法》规定，夫妻应当相互忠实。根据王菲的当庭的自认及王菲与姜岩父母的协议内容，可以证实王菲与案外人东某确有不正当男女关系，王菲的行为违背了我国的法律规定。根据姜岩的日记显示，姜岩因此遭受了巨大伤害，承受了巨大精神痛苦。王菲的这一行为不仅违背了法律规定，也背离了社会道德标准，法院予以批评。

公民享有名誉权，禁止用侮辱、诽谤、泄露他人隐私等方式损害公民的名誉。我国《互联网信息服务管理办法》及《互联网电子公告服务管理规定》中规定，互联网信息服务提供者应当向上网用户提供良好的服务，并保证所提供的信息内容合法。任何人不得在电子公告服务系统中发布含有侮辱或者诽谤他人、侵害他人合法权益的信息。电子公告服务提供者发现其电子公告服务系统中出现明显属于上述信息内容的，应当立即删除，保存有关记录，并向国家有关机关报告。

张乐奕作为姜岩的大学同学，在得知姜岩自杀身亡后，为了祭奠姜岩，抨击王菲的不忠行为，注册了“北飞的候鸟”网站。张乐奕在注册网站后，应当依法管理网站，对该网站中发布的帖子内容负责。

本案双方争议的焦点在于，张乐奕将王菲的真实姓名、工作单位、家庭住址、与其他女性有“婚外情”的信息在“北飞的候鸟”网站中进行披露，是否侵犯了王菲的隐私权和名誉权。

1. 张乐奕的行为侵害了王菲的隐私权和名誉权

隐私一般是指仅与特定人的利益或者人身发生联系，且权利人不愿为他人所知晓的私人生活、私人信息、私人空间及个人生活安宁。隐私权一般指自然人享有的对自己的个人秘密和个人私生活进行支配并排除他人干涉的一种人格权。采取披露、宣扬等方式，侵入他人隐私领域、侵害私人活动的行为，就是侵害隐私权的行为。

公民的个人感情生活，包括婚外男女关系问题，均属个人隐私范畴。在正常的社会生活中，此类情况一般仅为范围较小的相对特定人所知晓，正常情况下，当事人一般不愿也不会向不特定的社会公众广为散布。本案中，张乐奕基于与姜岩的同学关系，知晓了王菲存在“婚外情”的事实，张乐奕在姜岩死亡后，不仅将此事实在“北飞的候鸟”网站上进行披露，还将该网站与其他网站相链接，扩大了该事实在互联网上的传播范围，使不特定的社会公众得以知晓，张乐奕的行为构成对王菲隐私权的侵害。

此外，在社会生活中，公民为了交往的需要，常常主动将姓名、工作单位、家庭住址等个人信息告知他人，这些个人信息有时也会被他人通过一定途径知晓和利用。这些个人信息的披露、使用等行为是否构成侵犯隐私权，应当视行为人对这些信息的取得方式、披露方式、披露范围、披露目的及披露后果等因素综合认定。

本案中，张乐奕对王菲的婚姻不忠行为持否定、批判的态度。其在网站上主动披露此事实和王菲的个人信息之前，明知披露对象已超出了相对特定人的范围，而且应当能够预知这种披露行为在网络中可能产生的后果。因此，张乐奕在网络中披露王菲“婚外情”和个人信息的行为，应属预知后果的有意为之。王菲的“婚外情”、姓名、工作单位等信息被披露，成为网民知晓其真实身份的依据之一，引发了众多网民的批评性言论及不满的情绪，乃至形成了爆发和蔓延之势。因此，张乐奕在披露王菲婚姻不忠行为的同时，披露王菲的姓名、工作单位名称、家庭住址等个人信息，亦构成了对王菲隐私权的侵害。

名誉是指社会对特定民事主体品德、才能以及其他素质客观、综合的评价。名誉权是指民事主体就自身属性和价值所获得的社会评价和自我评价享有的保有和维护的人格权。

张乐奕披露王菲的上述隐私内容后，在造成众多网民在不同网站上持续发布大量批评和谴责性言论的同时，引发众多网民使用“人肉搜索”的网络搜索模式，搜寻与王菲及其家人有关的任何信息，并逐步演变成对王菲进行密集的、长时间的、指名道姓的谩骂，甚至发生了网民到王菲及其父母住所张贴，刷写侮辱性标语等极端行为。张乐奕的披露行为对王菲的影响已经从网络发展到现实生活中，不仅严重干扰了王菲的正常生活，而且使王菲的社会评价明显降低。这种侵害结果的发生与张乐奕的披露行为之间存在直接的因果关系，因此，应当认定张乐奕以披露王菲隐私的方式造成了对王菲名誉权的侵害。

关于王菲所称的“北飞的候鸟”网站上刊登的部分文章捏造事实，构成诽谤、侮辱的诉讼主张，法院进行了相关事实的审查。庭审中，就上述问题王菲未提供证据证明真实情况，本院无法认定是否属于捏造事实，即无法认定张乐奕对王菲构成诽谤。

另，王菲认为“北飞的候鸟”网站登载的《静静的》一文中的一段文字对其构成了侮辱。法院认为，该文章系姜岩的亲属在姜岩不堪王菲的婚姻不忠行为而自杀后，发表的谴责王菲，宣泄个人感情的文章，该文章的文字并无异常过激之处。张乐奕在“北飞的候鸟”网站上登载该篇文章的行为不构成对王菲的侮辱。

2. 关于张乐奕的侵权赔偿责任的承担

张乐奕作为“北飞的候鸟”网站的注册管理者，在自己管理的网站上撰写文章、登载网民的文章，享有言论自由的权利。但张乐奕的这些行为均应建立在遵守法律法规的基础之上，并以不侵害他人的合法权益为前提。本案中，张乐奕刊载的文章内容侵犯了王菲的隐私权和名誉权，在产生了严重后果以后及王菲起诉后，张乐奕作为网站的管理者还不予以妥善处理，则张乐奕应当承担相应的侵权民事责任。具体方式包括停止侵害，将网站中的侵权信息（包括侵权文章及侵权图片）删除，赔礼道歉及赔偿相应损失。

张乐奕在“北飞的候鸟”网站上刊登《哀莫大于心死》、《静静的》、《心上的月光》三篇文章的行为均构成侵权，应予删除。因王菲未主张《青春透明如醇酒，可饮可尽可别离》一文侵犯其隐私权、名誉权，故对于该文章法院不要求张乐奕删除。

关于王菲要求的误工费损失。王菲提供的其原工作单位在网络上所发帖子的内容显示是王菲主动离职，而不是单位将其辞退，故此项诉讼请求证据不足，法院不予支持。

关于王菲要求的公证费用。因网络中的内容始终处于不断更新的状态，王菲为搜集证据而对相关网页采用公证的形式予以固定，因此而支出的费用属于取证的合理支出，王菲要求张乐奕承担部分公证费的诉讼请求合理，法院予以认可。

关于王菲要求的精神损害抚慰金。王菲因为此事件遭受到舆论压力，承受了较大精神痛苦，张乐奕应赔偿其精神损害抚慰金。但是，考虑到以下事实的存在，张乐奕的赔偿责任应予适当减轻：(1) 在张乐奕披露相关情况之前，姜岩的博客已经打开，并为公众知晓，张乐奕的行为是事件影响进一步扩大的其中一个因素，并非唯一因素；(2) 张乐奕在网站管理过程中，有主动删除部分侵权信息的行为；(3) 在张乐奕的披露行为之外，同时还存在其他途径的披露行为，如姜岩的博客、其他网站上网民的“人肉搜索”等；(4) 王菲的婚姻不忠行为属实，且为社会道德规范所否定。因此，王菲精神损害抚慰金的具体数额，由法院综合上述因素酌情确定。

二审诉辩情况

一审宣判后，张乐奕不服，上诉到北京市第二中级人民法院。

张乐奕上诉称：(1) 王菲就其违背道德的行为不享有隐私权，对姜岩自杀这一公众事件的披露符合公众利益，王菲的个人信息在“北飞的候鸟”网站开办前已被他人披露，该已为社会公众知情的信息不再构成隐私；(2) 网友对王菲的谴责是因其不法行为引发，“人肉搜索”以及部分极端行为与“北飞的候鸟”网站缺乏因果关系，王菲的社会名誉与其言行相当，不存在被损害的情况；(3) 原审法院认定姜岩的博客是姜红打开，未查清天涯网及其他网站先于“北飞的候鸟”网站披露事件经过的事实属认定事实不清；(4) 原审判决删除全部三篇文章不合理，判决张乐奕承担高额精神损害抚慰金不合理。请求二审法院查清事实，正确适用法律，依法改判驳回王菲的全部诉讼请求。

王菲同意原判。

二审裁判结果

北京市第二中级人民法院判决：驳回上诉，维持原判。

二审裁判理由

北京市第二中级人民法院经审理认为：公民依法享有名誉权，公民的人格尊严受法律保护。根据查明的事实可以确认，王菲在与姜岩婚姻关系存续期间与他人有不正当男女关系，其行为违反了我国法律规定，违背了社会的公序良俗和道德标准，使姜岩遭受巨大的精神痛苦，是造成姜岩自杀这一不幸事件的因素之一，王菲的上述行为应当受到批评和谴责。但应当指出，对王菲的批评和谴责应在法律允许的范围内进行，不应披露、宣扬其隐私，否则构成侵权。

张乐奕作为姜岩的大学同学，在姜岩自杀后以祭奠姜岩，抨击王菲不忠行为为目的设立"北飞的候鸟"网站，将王菲的姓名、工作单位、家庭住址、照片及与他人有"婚外情"等王菲不愿让不特定的社会公众知晓的私人信息在网站中向社会公众披露，并通过该网站与其他网站的链接，扩大了王菲私人信息向不特定社会公众传播的范围，对部分网民向王菲发起"人肉搜索"、谩骂王菲、骚扰王菲及其父母正常生活的不当行为有相当的推动和促进作用，严重干扰了王菲的正常生活，造成了王菲社会评价的明显降低。张乐奕作为"北飞的候鸟"网站的管理者未尽到应尽的管理责任，泄露王菲个人隐私的行为已构成对王菲的名誉权的侵害，张乐奕应当对此承担相应的民事责任。张乐奕以王菲就其违背道德的行为不享有隐私权，其对姜岩自杀这一公众事件的披露符合公众利益为由认为其不构成名誉权侵权，缺乏法律依据，法院不予采信。

另外，相关证据虽能证明在张乐奕 2008 年 1 月 11 日开办"北飞的候鸟"网站前，部分网民已在其他网站披露了姜岩自杀事件的经过，其间对王菲的个人情况已有披露，但应当指出，他人对王菲个人信息的披露并不意味着张乐奕可以继续对此予以披露、传播，他人此前对王菲个人信息的披露不影响张乐奕侵犯王菲名誉权的事实成立，故张乐奕以其他网站先于"北飞的候鸟"网站披露事件经过，相关信息已不具备私密性为由不同意承担侵权责任，没有法律依据，法院亦不予采信。原审法院认定张乐奕侵犯了王菲的名誉权事实清楚，适用法律正确，法院予以维持。在此基础上，原审法院根据双方当事人的过错及相关具体情况，适当减轻了张乐奕的赔偿责任，判令张乐奕删除侵权的三篇文章及相关照片，判令张乐奕赔礼道歉并酌情判令张乐奕赔偿王菲相应的精神损害抚慰金及公证费并无不当，法院亦予以维持。

81. 电子公告服务提供者对上网用户发布的争议信息是否应承担网络侵权责任?

电子公告服务提供者对上网用户在网站上发布信息，并没有事前审核义务，其监控义务主要是事后控制义务，即在用户发布信息后，电子公告服务提供者在技术上具备编辑控制的能力，对于侵权信息所采取的及时删节、修改义务。但由于网络信息数量巨大以及电子公告服务提供者法律判断能力的有限，对于监控义务应当控制在合理的限度内，即在“合理时间”和“合理判断标准”原则的范围履行监控管理义务。若电子公告服务提供者已经在“合理时间”内按“合理判断标准”履行了监控管理义务，则其对上网用户发布的争议信息不应承担网络侵权责任。

典型疑难案件参考

汕头市赛格轻导航设备有限公司诉汕头市易讯网络有限公司名誉侵权纠纷案

基本案情

原告是粤东地区一家从事 GPS 系统应用的企业，注册资本 200 万元，经营范围为机动车导向设备的销售、安装、维修服务及相关技术咨询。原告所销售赛格品牌 GPS 系统产品已获得国家有关部门的批准，并经公安部安全防范报警系统产品质量监督检验测试中心质量检验合格。

被告于 2000 年 6 月 28 日经汕头市龙湖区工商行政管理局核准成立，注册资本 100 万元，经营范围为计算机技术开发，计算机维修及技术咨询，电子计算机及配件的销售，互联网信息服务。2005 年 5 月 30 日，经广东省通信管理局核准，被告取得《中华人民共和国增值电信业务经营许可证》，业务种类为互联网信息服务，有效期至 2009 年 4 月 30 日止。2001 年 9 月 6 日，被告发布 e 京社区站规，该站规第 6 条规定:“站员所有言论不代表站方立场。站上文章的所有权及其他权益、责任均归发文站员拥有。对发表到站的所有文章站方拥有保留或者删除的权利，并且，所做的任何处理可以不预先通知发文的站员。”

2005 年 8 月 17 日，被告发布《商业信息纠纷处理流程》规定，如果企业或者机构发现发表于“e 京网站”中信息有涉嫌虚假、造谣、不公正等可能，可向站方提交正式处理协调申请函，以启动该处理程序。被告所提交的“e 京网站”页面均声明：“本论坛言论纯属发表者个人意见，与 e 京网站立场无关。发表任何不良信息或敏感话题，与中华人民共和国法律有抵触的言论！可能的后果由发表者自负！”

2006 年 2 月 18 日，被告所经营“e 京网站”论坛上，一上网用户“我走我的”发表一篇题为《赛格轻又丢车》的帖子，全文如下：“晕、晕、晕!!!”“昨天，在普宁旺盛车行准备买车后装 GPS，听车行的人曝出一个惊人的消息：赛格轻前几天在普宁流沙丢了一辆车，赛格轻居然不知道丢了车，车主要求查车还查不到汽车在哪里。偶问车行的人，安装赛格 GPS 怎么会丢车还不知道？他们说：可能跟安装兼容式 GPS 有关。再详细了解下去原来赛格轻有一种不是独立安装独立操作的 GPS，是直接和汽车防盗器对接的兼容式 GPS。一旦汽车出现什么故障，会直接影响 GPS 防盗报警，安装了 GPS 如同没有安装一样。”“偶在买车前，就听说现在市面上有这种兼容式的 GPS，价钱很便宜。原来打算买车后也装一套这样兼容式 GPS，省钱。现在看来不可贪便宜。要么就不装，如果要装的话，一定不能选这种丢了车还不知道的 G 屁 S。”“赛格轻丢车了，让我现在放弃了选购他的物件的打算。只能看看其他 GPS 有没有偶中意的。车毕竟 20 多万元，选一种好的 GPS 还是比较放心一些。”“那位朋友帮忙介绍一下。多谢了。”同月 20 日，原告打电话告知被告上述文章内容失实，贬低、诋毁了原告的商业信誉，要求被告删除该文章。被告于同月 23 日对该文章进行锁定处理，即可以阅看，不能跟帖。

2006 年 2 月 21 日，原告向汕头市公证处申请对被告“e 京网站”中有关网页进行证据保全。同日下午 15 时 35 分至 15 时 56 分，汕头市公证处对被告“e 京网站”上与《赛格轻又丢车》有关网页进行实时电脑操作证据保全。保全证据显示：《赛格轻又丢车》的帖子发表于 2006 年 2 月 18 日，至 2006 年 2 月 21 日，该文章已被阅读 1485 次。同月 27 日，汕头市公证处对上述证据保全的内容出具了〔2006〕汕市证经字第 64 号公证书。

2006 年 3 月中旬（3 月 17 日之前），原告总经理及其委托律师到被告住所地，要求被告尽快删除上述文章。被告提出应按《商业信息纠纷处理流程》由原告提交书面协调函，以便核实身份，在未确认提出意见者身份的情况下，不能随便删“帖”。此后，原告没有向被告提交书面协调函。

一审诉辩情况

2006 年 3 月 17 日，原告向汕头市龙湖区人民法院起诉，请求判令：（1）被告停止侵害，在其网络界面上将《赛格轻又丢车》侵权文章删除；（2）被告向原告赔礼道歉，并将道歉内容公开刊登在《羊城晚报》、《汕头日报》；（3）被告赔偿原告损失 10 万元；（4）本案诉讼费由被告承担。

同日，汕头市龙湖区人民法院通知被告领取应诉通知书和起诉书副本。同日晚，被告对该文章作删除处理。被告辩称：首先，网络公司作为本案被告的主体资格不适格。根据信息产业部《互联网电子公告服务管理规定》第 4 条规定，上网用户在使用论坛发布文章时，应对其所发布的信息负责。并且被告在网站的多处地方均声明用户发表的信息不代表站方立场，也有提醒用户在网站上发表信息应遵守法律法规，上网用户也只能在接受站方要求，注册成为本公司的用户后才可以在论坛上发布信息，可见，被告已尽最大努力防止用户利用网络对他人进行侵权事件的发生。所以，上网用户直接在被告论坛上发表的文章，不代表站方立场，如果其文章侵害了他人的权益，该承担责任的是发布信息的用户而非被告。其次，被告对易讯“e 京网站”的经营和管理严格遵守法律法规和规章的规定，不存在过错。被告的用户“我走我的”在易讯网络论坛上发布《赛格轻又丢车》文章并不明显属于《互联网信息服务管理办法》第 15 条所列内容之一，理由有：（1）车辆安装车载 GPS 系统并不能绝对防盗，车辆被盗后找不到，有 GPS 产品缺陷及服务商服务的原因，也有不归责于服务商的原因。“我走我的”的文章提到听说安装赛格轻的一辆车在流沙丢车后查不到，虽不能证实属实，但毕竟是有可能的。（2）该文章信息内容较为具体，来源较为明确，不具备明显捏造事实诋毁他人的情形。（3）正如原告所说，原告是黄旭清与深圳市赛格轻导航设备有限公司共同设立，那么“赛格轻”肯定不只汕头一家，文章中所提到的丢车，并没有指名道姓说是“汕头赛格轻”的，因此即使原告没出现过丢车后找不到的情况，该文章所提到的事情也是可能存在的，其内容也不见得是在诋毁原告。言论自由是宪法赋予公民的权利，任何上网用户在遵守法律法规的前提下，都有自由发表言论的权利。当然，论坛管理员也随时关注用户发布的信息内容，对违反有关法律法规和与用户的约定情形采取相应的措施予以制止。为处理好因上网用户在网站上发布信息引起的纠纷，易讯公司在 2005 年 8 月 17 日发布了《商业信息纠纷处理流程》，原告没有按被告的处理流程的要求向被告提出对信息的处理要求。但在“我走我的”发布该文章后的几天来，被告的管理员发现该文章内容有可能引发并加剧纠纷时，主动对该内容予以锁定处理（用户不能再就该贴发表言论）。后来又应原告要求，对该文章及相关言论进行删除。可见，易讯公司对论坛已尽到了管理义务，并采取措施化解矛盾。综上所述，被告认为原告所谓网络侵权者并非被告，被告也不存在过错，因此请求法院依法驳回原告的起诉。

经多次调解，双方均无法达成共识。

一审裁判结果

汕头市龙湖区人民法院依照《中华人民共和国民事诉讼法》第 64 条第 1 款的规定，判决如下：

驳回原告汕头市赛格轻导航设备有限公司的诉讼请求。案件受理费 3610 元，由原告汕头市赛格轻导航设备有限公司负担。

一审裁判理由

汕头市龙湖区人民法院经审理认为：被告所经营的“e 京网站”论坛上发表的《赛格轻又丢车》，是上网用户直接在论坛上发表的，代表的是上网用户的立场，并不代表被告立场。原告认为该争议信息内容失实并对其造成损害应由被告承担侵权责任的诉讼请求是否应予支持，应从被告在上述争议信息发布前是否存在过错，以及被告在上述争议信息发布后的管理是否存在过错两方面进行综合认定。

从现行规定看，目前的法律、法规均没有要求电子公告服务提供者应对上网用户发布的信息进行事前审核的规定。从上网用户发布信息的过程看，上网用户向网络上传信息的过程是自动的，电子公告服务提供者无法事先知悉该信息的内容，客观上也不具备对上网信息进行事前审核的能力。在这种情况下，被告作为电子公告服务提供者，在其网站每个页面均声明上网用户对其所发布的信息负责，不得发布法律法规所禁止的信息；且在上网用户注册过程中，要求用户仔细阅读易讯 e 京网络服务协议、e 京社区站规和中国互联网有关法律法规，并对其发布的信息负责等内容。这些做法，应当认为被告在上述争议信息发布前已经履行了必要的管理义务，故应认定被告在上述争议信息发布前没有过错。

应当明确，言论自由作为宪法赋予公民的一项基本权利，只要不违反法律的禁止性规定，就应依法受法律保护。上网用户发布信息，属于言论自由的范畴，电子公告服务提供者不得随意删除上网用户发布的信息，除非该信息内容违反了《互联网电子公告服务管理规定》第 9 条有关“反对宪法所确定的基本原则的”等规定。用户发表信息后，电子公告服务提供者在技术上已经具备编辑控制的能力，对于违反《互联网电子公告服务管理规定》第 9 条的禁止性规定的信息有及时删除的义务。但是，由于网络信息数量巨大以及电子公告服务提供者法律判断能力的有限，对于监控义务应当控制在合理的限度内，即在“合理时间”和“合理判断标准”原则的范围履行监控管理义务。

发表在被告“e 京网站”论坛上的《赛格轻又丢车》，内容较为具体，文中说明的消息来源也较为明确，既没有侮辱性语言，也没有明显可供判断违法的语句，故在这种情况下要求被告在短时间内对争议信息内容违反《互联网电子公告服务管理规定》第9条的禁止性规定进行识别，是不现实的；被告在接到无法确定身份的原告的电话异议后，采取锁定争议信息而不是采取即刻予以删除的措施是合理的，并无不当，因为此时原告身份不明，更没有向被告提交争议信息失实的证据；原告到被告处要求被告删除争议信息时，被告已告知原告应按《商业信息纠纷处理流程》的规定，向其提交处理协调申请函，以便确认原告的身份，但原告仍然没有向被告明确身份，也没有向被告出示争议信息失实的证据，故被告在此情况下没有删除争议信息也是合理的，没有不当之处。至于被告在接到法院领取本案应诉通知书及起诉书副本的通知当日删除争议信息，是其认为已经明确争议信息内容与原告相关且原告的身份已基本得到确认，属于对争议信息在“合理时间”和“合理判断标准”的范围内履行网络监控管理义务的理解，其行为本身没有损害原告的利益。

原告两次要求被告删除争议信息而被告没有删除，根本原因在于原告没有向被告提交过争议信息失实的证据，至于原告的身份是否明确并不是决定因素，因为原告的身份是否明确只能说明其与争议信息是否相关而已。由于争议信息已经在本案提起诉讼的当日被删除，而删除争议信息正是原告所希望的，但直到目前为止，原告并没有向法院提交任何证明争议信息失实的证据。也就是说，原告到目前为止并没有向被告提交任何证明争议信息失实的证据，被告也就没有法律上的义务为原告删除争议信息，至于被告在此情况下删除争议信息可能与该信息发布者产生的法律问题，与本案不属同一法律关系，不属本案审理范围。原告在诉讼期间向法院提交的有关“赛格轻”的生产登记批准书、电子设备进网许可证、检验报告等证据材料，只能说明该产品是合格产品或者是先进产品，但不能证明该产品可以确保车辆绝对安全或绝对防盗，因为任何车辆防盗系统都只能多给车辆带来一份安全、增加一份保障而已，故这部分证据材料不能作为认定争议信息失实的依据。

综上所述，被告在争议信息发布前没有过错，在信息发布后的管理中也没有过错，其行为不构成对原告名誉权的侵害。原告要求被告停止侵害、赔礼道歉和赔偿损失的诉讼请求，理由及依据不足，不予支持。被告提出已尽到网络管理注意义务，其行为不构成对原告名誉的侵权，不应承担民事责任的抗辩主张，理由充分，予以采纳。

二审诉辩情况

一审宣判后，原告不服提起上诉称：

1. 涉讼文章的作者并非亲身经历，而是道听途说，采用丢车的虚构事实来对赛格轻公司进行诽谤。该文指明是安装了赛格轻 GPS 丢了车还不知道，赛格轻公司作为粤东地区唯一专业销售赛格轻 GPS 系统的单位，企业名称也以赛格轻为主要特征，易讯公司的网站又为粤东地区访问量最高，月产量最大的公众型网络，这篇文章的出现足以使他人认为其所指的产品为赛格轻公司所销售的产品，使赛格轻公司的商业信誉及产品声誉社会评价降低。

2. 涉讼文章在易讯公司网站上发表以后，跟帖的网友相当踊跃，在短短几天时间内，该文章已被阅读 1485 次，并登上了“e 京社区 48 小时热门文章”。网友对该文章的争议非常大，有的跟帖者上设有站长、版主、稽查员等，在该文章可能出现争议的情况下，并没有按照《互联网电子公告服务管理规定》及《互联网服务管理办法》的规定，对该信息进行删除，而且让该文继续留在网页上，导致该文章长期被多次点击阅读，扩大影响。

3. 涉讼文章发表以后，赛格轻公司及时电话告知易讯公司此文章存在虚假成分及侵权事实，后来公司经理及律师，也亲自到易讯公司进行干涉要求删除该文，但易讯公司以种种理由进行推托，最终只是锁定该文章，其他人虽然无法发表意见但照样可以阅读该文章。直至 2006 年 3 月 17 日，易讯公司在接到本案的应诉通知以后才将该文章予以删除，从 2006 年 2 月 18 日至 3 月 17 日这整整一个月的时间内，在赛格轻公司告知该文虚假及侵权的情况下，易讯公司仍将该文章在其经营网站上停留一个月，已对赛格轻公司及产品的评价造成影响。赛格轻公司认为易讯公司作为网站的经营者对发表其网站的言行放任不管的话，无异于以消极被动的方式帮助他人实施侵权行为，导致被侵权人的受损后果不断扩大，易讯公司在本案中是有过错的，依法应对给赛格轻公司造成的损失进行赔偿。另，即便是像易讯公司陈述一样，该文不代表其网站观点，且并非其所为，但易讯公司至今也未提供文章发表者的真实身份。赛格轻公司请求撤销原判，依法改判照准其在起诉中所提出的诉讼请求。

被上诉人易讯公司答辩称：

1. 论坛作为电子公告服务的一种形式，上网用户可以在法律许可的范围内自由地在论坛上发表言论。该争议信息是用户直接在论坛上发布的，不是站方对上网用户的文章以自己的名义发布的，根据《互联网电子公告服务管理规定》第 4 条的规定和与用户之间的《易讯 e 京网络服务协议》第 11 条的约定，以及易讯公司在 e 京网站的每个页面的声明，上述争议信息代表的是用户的立场，不代表站方立场，应对其发布的信息负责的是上网用户而非站方。

2. 法律、法规及有关的部门规章均没有要求电子公告服务提供者应对上网用户发布的信息进行审核的规定，电子公告服务提供者在客观上也不具备对信息进行事前审核的能力，因为上网用户向网络上传递信息是自动的，电子公告服务提供者无法事先知悉该信息的内容。

在此情况下，易讯公司在网站的每个页面均声明用户须对其发表的信息完全负责，用户发表的信息不代表站方立场，并提醒用户在网页上发布信息应遵守法律法规，不得发布法律法规所禁止的信息。在用户的注册过程中，要求用户仔细阅读易讯 e 京网络服务协议、e 京社区站规和中国互联网有关的法律法规，并视同用户已阅读上述文章及接受易讯的网络服务协议，上述文章均包含了要求用户在网页上发布信息应遵守法律法规，不得发布法律法规所禁止的信息，并必须对其发布的信息负责的内容。为处理好因上网用户在易讯网络上发布信息引起的纠纷，易讯公司在 2005 年 8 月 17 日又在“e 京网站”发布了《商业信息纠纷处理流程》；易讯公司已对“e 京网站”履行了必要的管理义务，并尽最大努力防止上网用户利用“e 京网站”对他人进行侵权事件的发生，不存在过错。

3. 由于争议信息内容较为具体，文中说明的消息来源也较为明确，不具备明显捏造事实诋毁他人的情形，且文中既没有侮辱性的语言，也没有明显可供判断违法的语句。任何包括车载 GPS 系统在内的车辆，防盗系统都只能给车辆多带来一份安全，增加一份保障而已，但并不能绝对防盗，因此安装了车载 GPS 系统后出现车辆被盗后查不到的情况是完全可能的。文中所提到的丢车指的是安装了赛格轻 GPS 产品的车，而以“赛格轻”名称经营 GPS 产品的经营商并不只赛格轻公司一家。即使赛格轻公司真的没出现过丢车后查不到的情况也不能证明该信息失实。

车主诉“深圳赛格轻”的案例表明，安装了赛格轻的车载 GPS 系统的汽车曾经出现过丢车而且不知道的情况。而且言论自由是宪法赋予公民的基本权利，应受法律保护，上网用户在论坛上发帖是言论自由的体现，电子服务提供者不得随意删除上网用户发布的信息，除非该信息违反了法律、法规或规章的禁止性规定。

上述争议信息的内容根本无法识别出该信息失实的证据，赛格轻公司也没有向易讯公司提交该争议信息失实的证据，也不是明显属于国务院发布的《互联网信息服务管理办法》第 15 条或者信息产业部发布的《互联网电子公告服务管理规定》第 9 条所规定的内容，易讯公司没有对上述争议信息进行及时删除的义务。易讯公司在后来采取的锁定争议信息，告知按《商业信息纠纷处理流程》的规定提交书面协调申请函以及在接到法院领取本案应诉通知书和起诉书副本的通知当晚删除该争议信息等措施，是属于履行网络监控管理义务的行为。

易讯公司所采取的措施是慎重的，既考虑到对上网用户言论自由的保护，也考虑到避免由于该争议信息如果失实可能导致赛格轻公司受到的损害，没有不当之处。赛格轻公司提出的该争议信息对其构成侵权的主张缺乏事实和法律依据，依法不能认定。

4. 车载 GPS 系统虽然能给车辆多带来一份安全保障。但由于某些车载 GPS 系统运营商广告宣传的影响及消费者对车载 GPS 系统理解的不足，无形中也会使有些消费者因安装了车载 GPS 系统而淡化了对车辆的防盗意识，因此，安装了车载 GPS 系统的车辆被盗后查不到的事实在网络上披露，实际上会引起加强消费者的防盗意识，促进运营商加强监控的作用。由于车载 GPS 系统防盗的局限性，偶尔出现车辆被盗后找不到本来是正常的事。因此对于上网用户在网络上发布的车辆被盗消息及对车载 GPS 产品的评价和讨论，易讯公司作为电子公告服务提供者，不得随意删除。

上网用户发表的信息在易讯公司的网站上被多次阅读，本来就是易讯公司的服务范围。赛格轻公司所说的“有的跟贴者上设有站长、版主、稽查员等”，纯属子虚乌有。易讯公司作为电子公告服务提供者，不能听任不明身份的人的片面之辞而随意删除上网用户发布的信息，否则可能会导致与信息发布者之间产生法律问题。易讯公司未马上删除上述争议信息，并不存在过错。根据法律的要求记录上网用户的相关信息，同时根据《互联网电子公告服务管理规定》第 12 条的规定以及与用户之间的《易讯 e 京网络服务协议》的规定，易讯公司负有为上网用户个人信息保密的义务，用户个人信息仅在国家有关机关查询时，才会予以提供。而赛格轻公司也从未要求易讯公司提供上述争议信息发布者在 e 京网站记录的个人信息，因此，易讯公司未提供争议信息发布者的身份信息一点都构不成所谓的侵权或过错理由。易讯公司认为原审判决认定事实清楚，适用法律正确，请求依法驳回上诉，维持原判。

二审裁判结果

汕头市中级人民法院依照《中华人民共和国民事诉讼法》第 153 条第 1 款第 1 项的规定，判决如下：驳回上诉，维持原判。

二审裁判理由

汕头市中级人民法院确认一审法院查明的事实。汕头市中级人民法院经审理认为，本案争议的焦点是被上诉人作为网络服务的提供者，在对网络运行进行管理时，对发表在该网站上的《赛格轻又丢车》一文是否存在着侵权行为的问题。

第一，根据现有法律法规的规定，电子公告服务提供者对上网用户在网站上发表文章，并没有进行事前审核义务，在网络运行的实际过程中，要实现该项操作也属不可能；第二，上网用户在被上诉人网站所发表的本案争议文章，并没有违反法律、法规或规章的禁止性规定的内容，即使该文章在事实、依据方面存在某些缺失，要求被上诉人立即做出识别，停止传输，并没有法律依据；第三，当上诉人认为该文章存在内容失实，贬低、诋毁其企业信誉而向被上诉人提出交涉时，被上诉人已采取措施锁定该信息，并要求上诉人提交书面函件等有关资料，以便核实身份及采取下一步的措施，但上诉人对此并不予采纳和配合。在被上诉人确认了上诉人的身份、要求等情况下，立即删除该争议文章，其做法属于在合理时间和合理判断标准范围内履行网络的监控管理义务。综上所述，对发表在“e京网站”上的《赛格轻又丢车》一文，被上诉人在客观上不存在侵权的事实，主观上也没有侵权的故意，上诉人的上诉主张，缺乏事实和依据，应予驳回。原审判决认定事实清楚，依据充分，分析准确，适用法律正确，应予维持。

网络侵权责任纠纷办案依据集成

《中华人民共和国侵权责任法》（2009年12月26日主席令第21号公布）（节录）

第三十六条 网络用户、网络服务提供者利用网络侵害他人民事权益的，应当承担侵权责任。

网络用户利用网络服务实施侵权行为的，被侵权人有权通知网络服务提供者采取删除、屏蔽、断开链接等必要措施。网络服务提供者接到通知后未及时采取必要措施的，对损害的扩大部分与该网络用户承担连带责任。

网络服务提供者知道网络用户利用其网络服务侵害他人民事权益，未采取必要措施的，与该网络用户承担连带责任。

六、违反安全保障义务责任纠纷

（一）公共场所管理人责任纠纷

82. 经生产经营者默许临时从事劳动的自然人，没有与生产经营者形成正式的劳动法律关系，生产经营者对该自然人是否负有合理限度内的安全保障义务？

从事一定社会活动的民事主体，如果其从事的活动具有损害他人的危险，则该民事主体负有合理限度内的安全保障义务。不履行前述安全保障义务的，属于《民法通则》第106条规定的“不履行其他义务”，应当承担相应的民事责任。

在生产经营者的工作场所内，经生产经营者默许临时从事劳动的自然人，即使没有与生产经营者形成正式的劳动法律关系，生产经营者对该自然人仍负有合理限度内的安全保障义务。

典型疑难案件参考

罗倩诉奥士达公司人身损害赔偿纠纷案（《最高人民法院公报》2007年第7期，总第129期）

基本案情

原告罗倩之母吴玉荷系被告奥士达公司职工，从事产品包装工作。原告及其妹妹罗素素经常利用寒、暑假及休息日到被告单位和吴玉荷一起从事产品包装工作。因被告单位实行产品包装按件计酬，原告及罗素素所完成的工作量均记录在吴玉荷的工账单上。14号（云娜）台风于2004年8月11日影响台州市，同月12日下午4时许，14号（云娜）台风登陆台州市，原告及吴玉荷、罗素素等人正在被告单位工棚内从事包装工作，因受台风袭击，该工棚突然倒塌，造成罗素素死亡、原告及其母亲受伤。原告伤后到台州市第一人民医院住院治疗，被诊断为脑挫裂伤、右内外踝骨骨折、右小指末节坏死、全身多处挫伤等。原告住院期间，共发生医疗费59721.59元（该费用已由人民政府以特困医疗补助方式向原告补助53269.09元）、输血费2300元、剃头费120元。2005年5月22日、23日，台州市第一人民医院先后出具二份医疗诊断证明书，载明原告在住院期间需要1人陪护护理。2005年3月9日，台州市劳动鉴定委员会对原告的伤情作出台劳鉴〔2005〕2－212号台州市伤残职工劳动能力鉴定，结论为：原告的伤情为八级伤残。2005年7月25日，原告因拆除右踝骨钢板再次在台州市第一人民医院住院治疗（共住院8天），发生医疗费4011.61元。2005年8月25日，台州市黄岩区人事劳动社会保障局致函原告，称由于原告与被告之间的劳动关系不清，认定工伤依据不足，建议原告就赔偿事宜向法院起诉。

诉辩情况

原告罗倩诉称：原告的母亲吴玉荷是被告奥士达公司的职工。被告因外销业务紧张，一直雇用临时人员从事产品包装工作。自2001年开始，原告就利用学校放寒、暑假时间在被告处从事包装工作。2004年8月11日起，14号（云娜）台风开始影响黄岩市。被告为了外贸合约能按时履行，无视台风过境的危险，在8月12日仍组织全公司职工上班。受台风的影响，当日下午4时许，原告所在的工棚在风雨中突然倒塌，原告和母亲吴玉荷、妹妹罗素素等人被压在钢架工棚下。该事故造成一人死亡、六人受伤的结果。原告因此次事故受伤后住院治疗71天，住院期间连续二人陪护。经台州市劳动鉴定委员会鉴定，原告的伤情构成八级伤残。故请求判令被告赔偿原告医疗费8872.50元、误工费6346.93元、护理费1420元、交通费100元、住院伙食补助费1065元、营养费1000元、残疾赔偿金79080元、后续治疗费30000元、精神损害抚慰金25000元。以上合计152884.43元。

一审期间，2005年7月25日，原告罗倩因拆除右踝骨钢板再次在台州市第一人民医院住院治疗（共住院8天），用去医疗费4011.61元。原告向法院申请增加诉讼请求，其中医疗费增加为12884.11元，误工费增加为8505.95元，并要求被告奥士达公司赔偿假肢安装费58850元。残疾赔偿金增加为87276元，总赔偿额增加至226401.06元。

被告奥士达公司辩称：原告罗倩与被告之间不存在劳动关系，造成原告受伤的是百年不遇的台风，属于不可抗力，不应由被告承担赔偿责任。请求驳回原告的诉讼请求。

裁判结果

台州市黄岩区人民法院于2006年5月25日判决：

一、被告奥士达公司于判决生效之日起10日内赔偿原告罗倩因事故造成的经济损失82996.01元、精神损害抚慰金15000元，以上共计97996.01元；

二、驳回原告罗倩其他诉讼请求。

一审宣判后，双方当事人均未提起上诉，一审判决已经发生法律效力。

裁判理由

台州市黄岩区人民法院认为本案的争议焦点是：（1）原告罗倩与被告奥士达公司之间是否形成劳动法律关系；（2）原、被告之间如果不存在劳动法律关系，被告是否应当就原告受伤一事承担民事责任。

关于第一个争议焦点。劳动关系是指在劳动力和生产资料分别归属于不同所有人的情况下，劳动力所有者按生产资料所有者的指示工作，劳动产品归生产资料的所有者所有，由生产资料所有者向劳动力所有者支付报酬，从而形成的社会关系。劳动法律关系是指相关法律规范在调整劳动关系过程中形成的法律上的劳动权利和劳动义务关系，是劳动关系在法律上的表现，是当事人之间发生的符合劳动法律规范、具有权利义务内容的关系。劳动法律关系中的用人单位一方，依法享有接受劳动者参加工作、分配任务和要求劳动者遵照单位内部劳动规则进行劳动的权利，同时，必须承担支付职工劳动报酬、提供劳动条件和实现劳动保护的义务。而劳动法律关系中的劳动者一方，依法享有按劳取酬、享受劳动保护的权利，同时负有必须遵守劳动纪律的义务。本案中，原告罗倩的母亲吴玉荷系被告奥士达公司的职工，该公司实行产品包装按件计酬制。原告及其妹妹罗素素利用寒、暑假及休息日到被告处和母亲吴玉荷一起从事产品包装工作，她们所完成的工作量均记录在吴玉荷的工账单上，被告按照工账单上记载的工作量发给吴玉荷报酬。由以上事实可以看出，原、被告双方没有订立正式的劳动合同。罗倩以及罗素素的工作，在客观上提高了被告正式职工吴玉荷的工作量，在一定程度上增加了被告的利益，因此被告对于罗倩以及罗素素进厂帮助其母工作的行为，没有加以制止，而实际采取了默许的态度。但是，被告并不直接给罗倩及罗素素分配工作任务，也不直接给其发放报酬。罗倩及罗素素是在其母吴玉荷的指示下进行劳动的，其劳动成果的价值，是通过将其完成的工作量记入其母吴玉荷的工账单，算作吴玉荷完成的工作量，最终由被告给吴玉荷发放报酬而实现的。罗倩及罗素素并不受被告单位工作时间的约束，只是利用寒、暑假及休息日等时间临时到被告处工作，能够自由支配自己到被告处工作的时间。综上，虽然原告的工作在客观上增加了被告的利益，被告也默许了原告的行为，但是原、被告双方没有订立正式的劳动合同，同时，双方权利义务的内容也不符合劳动法律关系的特征，故原告与被告之间并未形成劳动法律关系。

关于第二个争议焦点。原告罗倩与被告奥士达公司之间虽未形成劳动法律关系，但是，对于原告在本案事故中受伤这一事实，被告仍然需要承担民事责任。

《中华人民共和国民法通则》（以下简称《民法通则》）第 106 条规定：“公民、法人违反合同或者不履行其他义务的，应当承担民事责任。公民、法人由于过错侵害国家的、集体的财产，侵害他人财产、人身的应当承担民事责任。没有过错，但法律规定应当承担民事责任的，应当承担民事责任。”从事一定社会活动的民事主体，如果其从事的活动具有损害他人的危险，那么该民事主体就负有在合理限度内防止他人遭受损害的义务，这个义务即属于《民法通则》上述规定中的“其他义务”，如果行为人不履行这项义务，就应当承担相应的民事责任。最高人民法院《关于审理人身损害赔偿案件适用法律若干问题的解释》第 6 条规定：“从事住宿、餐饮、娱乐等经营活动或者其他社会活动的自然人、法人、其他组织，未尽合理限度范围内的安全保障义务致使他人遭受人身损害，赔偿权利人请求其承担相应赔偿责任的，人民法院应予支持。”被告奥士达公司是从事生产经营性活动的法人，有义务在合理限度内为在其生产经营场所内的人员提供安全保障。根据本案事实，被告对于原告罗倩及妹妹罗素素利用寒、暑假及休息日到被告工厂和其母、被告正式职工吴玉荷一起从事产品包装工作这一事实是明知的，但由于原告等人的行为客观上增加了被告的利益，故被告对原告的行为采取了默许的态度，否则作为工作区域的实际控制人，被告完全有权、也完全能够拒绝原告的行为。因此，被告与原告之间虽然没有形成正式的劳动法律关系，但被告对原告仍然负有合理限度内的安全保障义务。被告在台风来临之际，不但没有停止工作，疏散工作场所内的人员，反而为了单纯追求自己利益的最大化，不顾安全问题，仍然组织工人到工棚这一相对危险的工作场所进行劳动。无论是对吴玉荷等正式职工，还是对原告等进入被告工作场所的临时人员，被告都没有尽到其应尽的安全保障义务。被告虽以造成原告受伤的原因是百年不遇的台风，属于不可抗力为由进行抗辩，但其抗辩不能成立。《民法通则》第 153 条规定：“本法所称的‘不可抗力’，是指不能预见、不能避免并不能克服的客观情况。”台风作为一种严重的自然灾害，确实是难以避免的。但是，在气象等相关科学高度发展的今天，台风是可以预见的，通过采取适当的措施，台风过境造成的影响也是能够减小到最低程度的。本案中，政府已经对 14 号（云娜）台风即将登陆发出了通告，且台风在登陆前就已经对台州市产生影响，奥士达公司对台风即将登陆这一事实是明知的。因此，被告对于受台风袭击致工棚倒塌，造成一死六伤这一恶性事故，并非不能预见、不能避免，被告完全有条件在台风登陆前停止生产，疏散人员，或者安排工人到相对安全的地点工作。但是在台风登陆的当日，被告为了自己的利益还组织工人到工棚工作，致使在工棚这个在台风过境时相当危险的工作场所内的所有人员身处险境，最终导致工棚倒塌一死六伤惨剧的发生。因此，被告关于本案事故发生系因不可抗力的抗辩理由，没有事实根据和法律依据，不予支持。

《民法通则》第 119 条规定：“侵害公民身体造成伤害的，应当赔偿医疗费、因误工减少的收入、残废者生活补助费等费用；造成死亡的，并应当支付丧葬费、死者生前扶养的人必要的生活费等费用。”原告罗倩因此次事故遭受的实际损失为：第一次住院费用 59721.59 元，第二次住院费用 4011.61 元，输血费用 2300 元，剃头费用 120 元，减去政府补助费用 53269.09 元，以上合计医疗费用 12884.11 元；护理费按照每天 20 元计算，71 天为 1420 元；交通费 100 元；住院伙食补助费按照每天 15 元计算，71 天为 1065 元；营养费 1000 元；残疾赔偿金按照城镇居民人均可支配收入 14546 元计算 6 年，为 87276 元。以上各项损失共计 103745.11 元。《民法通则》第 131 条规定：“受害人对于损害的发生也有过错的，可以减轻侵害人的民事责任。”原告没有和被告奥士达公司建立劳动合同关系，不受被告单位劳动纪律（如上下班制度）的约束，但其缺乏自我防范意识，在台风过境之时，仍到被告单位工棚中从事产品包装工作，自身亦有一定过错。综合以上因素酌定由被告承担 80% 的赔偿责任，原告自负 20%，被告应支付原告赔偿款 82996.01 元。

最高人民法院《关于确定民事侵权精神损害赔偿责任若干问题的解释》第 8 条第 2 款规定：“因侵权致人精神损害，造成严重后果的，人民法院除判令侵权人承担停止侵害、恢复名誉、消除影响、赔礼道歉等民事责任外，可以根据受害人一方的请求判令其赔偿相应的精神损害抚慰金。”该《解释》第 11 条规定：“受害人对损害事实和损害后果的发生有过错的，可以根据其过错程度减轻或者免除侵权人的精神损害赔偿责任。”综上，原告罗倩主张被告奥士达公司赔偿精神损害抚慰金应予支持，但根据损害事实和后果，并综合考虑双方的过错程度等多种因素，酌定由被告赔偿原告精神损害抚慰金 15000 元。

原告罗倩主张的后续治疗费没有实际发生，原告可待实际发生后另行起诉；原告主张的误工费，因原告系在校学生，主张误工损失依据不足；原告主张的假肢安装费，依据不足。对原告上述主张均不予采纳。

83. 车辆停放在小区内毁损或丢失的损害赔偿责任主体及归责原则是什么？

业主停放在小区内的车辆毁损，业主与小区物业管理公司均无过错的情况下，法院可以适用公平原则，判令物业管理公司承担适当的责任。

典型疑难案件参考

杨晓燕诉厦门市银鼎岩物业管理有限公司损害赔偿纠纷案

基本案情

原告系闽DAA860白色保时捷轿车的所有人。2007年8月起，原告向崔明承租位于禾祥东路77—87号地下室第68号车位，并每月向被告交纳车位管理费80元。2008年3月8日晚20时许，原告将闽DAA860轿车停放于第68号车位。次日16时许，原告发现该车车身被锐器刮痕后立即向被告管理人员反映，并通过管理人员向梧村派出所报警。2008年3月21日，原告将该车送至厦门大众通商汽车销售服务有限公司维修，维修费为28482元。

另查明，2007年12月10日，被告与厦门市皓晖花园业主委员会（以下简称业委会）签订《厦门市皓晖花园物业服务合同》，约定：(1) 被告获得皓晖花园物业服务管理权，期限三年；(2) 物业管理服务项目：承担皓晖花园交通、车辆行驶、停泊及管理；对皓晖花园实行24小时保安服务和管理，对皓晖花园规划红线范围进行全天候值班巡视，维护小区正常生活秩序、防火、防盗等安全保卫工作，并积极配合和协助公安机关做好小区的治安工作；违约责任：被告服务未达到标准，给物业共同利益造成损害的，应向业委会赔偿损失……给业主个人造成损害的，应按国家法律法规相关规定承担相应责任；设施设备维修养护：道路通畅，路面平整，路面井盖不影响车辆和行人通行，停车场及主要道路交通标志齐全规范；公共秩序维护：对小区重点部位包括车库，每2小时巡查一次；进出小区的车辆实施登记管理，引导车辆有序停放。被告在管理车库时使用控制道闸系统，实行智能读卡登记，管理人员每2小时巡查一次。另，通往地下车库还有小区内的电梯，但进入电梯须经过防盗门。

一审诉辩情况

原告杨晓燕诉称：2008年3月8日晚20时许，原告将其所有的闽DAA860白色保时捷轿车停放于承租的车位。次日16时许，原告发现该车车身被锐器刮痕，为此支出维修费28482元。原告认为被告负有对车辆进行保管的义务，故请求法院判令被告承担车辆维修费28482元。被告厦门市银鼎岩物业管理有限公司辩称，原、被告之间不存在车辆保管关系，被告对原告的车辆不负有保管义务；被告对该车辆受损并不存在过错，被告对停车场尽了相应的管理责任，且车辆的损伤与被告的管理不存在任何因果关系。故请求法院驳回原告的诉讼请求。

一审裁判结果

一审法院根据《中华人民共和国民事诉讼法》第 64 条第 1 款、《中华人民共和国民法通则》第 132 条的规定，判决如下：

一、被告厦门市银鼎岩物业管理有限公司应于本判决生效之日起 10 日内一次性支付原告杨晓燕 2848.2 元；

二、驳回原告杨晓燕的其他诉讼请求。

一审裁判理由

厦门市思明区人民法院经审理认为：物业管理是指业主通过选聘物业管理企业，由物业管理企业按照物业服务合同约定，对房屋及配套的设施、设备和相关场地进行维修、养护、管理，维护相关区域内的环境卫生和秩序的活动。根据被告与业委会签订的《物业服务合同》内容来看，被告的责任主要在于对住宅小区及停车场的宏观安全保卫，而不涉及对某个业主个人的特定财产或车辆的微观保障之责，故本案重点在于考量被告是否尽了宏观安全保卫的管理义务。在实际管理中，进入车库仅能通过小区内的电梯（须经过防盗门）和车库大门。被告对车库大门使用控制道闸系统，对进出车辆实行智能读卡登记，且保安每 2 小时对车库巡查一次，故法院认定，被告对车库尽了相应的管理责任，对原告的车辆受损不存在过错。本案原、被告对车辆受损均无过错，根据公平原则，法院酌定由被告承担 10% 的责任。

二审诉辩情况

一审判决后，原告杨晓燕不服，向厦门市中级人民法院提起上诉。杨晓燕上诉称：被上诉人向上诉人每月收取 80 元的车辆管理费，被上诉人必须对进出车辆进行严格控制，提供全天候保安服务。上诉人与被上诉人实际形成了车辆保管关系。原审判决未予认定错误；既然原审判决认定双方存在物业服务合同关系，则被上诉人理应根据物业管理服务合同约定为上诉人提供相应的服务，被上诉人服务未达到服务标准给业主个人造成损害的，应当承担相应的赔偿责任。综上，请求改判被上诉人赔偿上诉人损失 28482 元。

被上诉人厦门市银鼎岩物业管理有限公司答辩称：原审判决认定事实清楚，适用法律正确，上诉人与被上诉人之间形成的是物业管理服务法律关系，而非保管法律关系。且被上诉人已适当履行物业管理合同义务，没有违约，上诉人的车损非被上诉人所为，被上诉人对上诉人的车辆受损没有过错，不承担责任。请求驳回上诉人的上诉请求。

二审裁判结果

厦门市中级人民法院依照《中华人民共和国民事诉讼法》第 153 条第 1 款第 1 项之规定，判决如下：

驳回上诉人杨晓燕的上诉，维持原判。

二审裁判理由

福建省厦门市中级人民法院经审理认为：在保管关系中，系由寄存人向保管人支付一定费用，并将被保管物交付保管人由其直接占有控制保管物，在保管人将被保管物交付给寄存人后终止双方的权利义务的法律关系。依据《物业服务合同》约定，上诉人负有向被上诉人缴纳该车位每月 80 元物业管理费用的义务，而被上诉人的义务是"承担皓晖花园交通、车辆行驶、停泊及管理；对皓晖花园实行 24 小时保安服务和管理，对皓晖花园规划红线范围进行全天候值班巡视，维护小区正常生活秩序、防火、防盗等安全保卫工作，并积极配合和协助公安机关做好小区的治安工作"。上诉人每月向被上诉人缴纳 80 元系其作为讼争车位的使用权人依照《物业服务合同》约定应当履行的义务，而非讼争车辆的保管费用。因上诉人没有证据证明其与被上诉人就讼争车辆的保管进行约定，也未将讼争车辆交付被上诉人直接占有控制并支付保管费用，故上诉人与被上诉人之间所形成的是就讼争车位的物业服务管理法律关系，而非讼争车辆的保管关系。上诉人主张双方之间存在车辆保管关系依据不足，法院不予采信。根据本案查明事实，进入车库仅能通过小区内的电梯（须经过防盗门）和车库大门。而被上诉人对车库大门使用控制道闸系统，对进出车辆实行智能读卡登记，且保安每 2 小时对车库巡查一次，已对车库尽了相应的管理责任，符合《物业服务合同》的约定。上诉人主张被上诉人对其车辆受损存在过错依据不足，法院亦不予采信。综上，原审判决认定双方之间形成的是物业服务管理法律关系，被上诉人对上诉人的车辆受损不存在过错正确，上诉人上诉主张其与被上诉人之间存在车辆保管关系，被上诉人对上诉人的车辆受损存在过错，请求被上诉人赔偿其车辆受损的经济损失 28482 元缺乏事实和法律依据，法院不予支持。

84. 商业银行在合理限度内未尽到安全保障的义务，致使存款人在银行营业场所遭抢劫遇害的，银行是否应承担损害赔偿的民事责任？

《商业银行法》第6条规定：“商业银行应当保障存款人的合法权益不受任何单位和个人的侵犯。”商业银行在开展存、贷款及其他业务活动中，应依照法律规定，认真履行保障存款人和其他客户合法权益不受侵犯的义务。应当根据其从事经营活动的规模，在营业厅内预先安装必需的安全防范设施，安排保安人员，预防和尽可能避免不法侵害的发生，为客户的人身及财产安全提供保障，维护良好的交易秩序。根据《民法通则》第106条第2款的规定：“公民、法人由于过错侵害国家的、集体的财产，侵害他人财产、人身的，应当承担民事责任。”因此，商业银行在合理限度内未尽到安全保障的义务，致使存款人及其他客户在银行的营业场所遭抢劫遇害的，应承担与其过错相适应的赔偿责任。

85. 银行聘请的保安公司是否应承担连带赔偿责任？

由于银行与保安公司之间签订保安服务后，保安人员才能到银行担任保安工作。但是到银行工作的保安人员对存款人和其他客户承担的保障人身和财产安全义务，并非源于保安服务合同的约定，而是源于法律对商业银行的规定。商业银行将其承担的保障客户人身及财产安全的法定义务一部分交给保安人员去完成，保安人员的履职行为自然应视为商业银行的行为，因履职不当应承担的法律后果，也自然由商业银行负责。保安公司不应承担连带赔偿责任。

典型疑难案件参考

吴成礼等诉中国建设银行云南省分行昆明市官渡支行、昆明市五华保安公司人身损害赔偿纠纷案

基本案情

2003年2月26日上午9时47分左右，昆明市官渡区艳红精米厂个体经营业主吴艳红等三人携款到被告官渡建行办理存款和汇款手续。从官渡建行提供的录像资料看，吴艳红在营业厅的写字台上填写存单时，有一人在其身后窥视。吴艳红填单完毕，即到三号柜台前办理存汇款手续。官渡建行营业厅柜台前设置了“一米线”，但窥视吴艳红的人违反他人必须在“一米线”以外等候的规定，进入“一米线”站在吴艳红身侧，没有引起值班保安人员徐志涛的注意和制止。就在吴艳红将部分现金交给柜台内的营业员时，此人从吴艳红左侧伸手抢夺钱袋。吴艳红紧抓钱袋反抗，抢钱的人对吴艳红胸部连开两枪后逃离现场，徐志涛随后追赶未果。吴艳红中弹倒地，其所携钱袋及现金未被抢走。9时51分，官渡建行向公安机关报警。公安人员出警后未能抓获抢钱人。10时01分，官渡建行向云南省急救中心拨打120急救电话。急救车到达现场后，经医生检查，吴艳红已死亡。对吴艳红抢劫行凶的犯罪分子已被公安机关通缉，但至今未缉拿归案。

另查明，2002年6月10日，被告五华保安公司与被告官渡建行签订了保安服务合同。官渡建行提交的录像资料，只能证明该行营业厅内设置了电视监控系统，不能证明按规定还安装了联网报警装置和必须安装的探测报警等技术设施。

又查明，原告吴成礼、靳素云是被害人吴艳红的父母，原告赵辉是吴艳红的丈夫，原告赵思雅、赵俊凯是吴艳红的子女。案件发生后，吴成礼、靳素云、赵辉为处理吴艳红的后事，曾于2003年3月16日与被告官渡建行签订了一份借款协议，向官渡建行借款12万元。吴艳红的遗体于3月18日火化，运尸费300元、殡仪费6991元、火化费950元，均由其亲属支付。3月19日，吴艳红的骨灰被其亲属送至湖北安葬。

一审诉辩情况

5 原告诉称：由于二被告疏于防范，以至原告的亲人吴艳红在到被告官渡建行处办理存款和汇款手续时，遭抢劫遇害身亡。诉请判令二被告连带赔偿死亡赔偿金、丧葬费、误工费、交通费、住宿费、赡养费、抚养费、律师代理费等合计1174101.96元。

被告官渡建行辩称：吴艳红是因他人的犯罪行为致死，与被告提供的服务之间没有因果关系，被告不应对吴艳红的死亡承担民事责任。

被告五华保安公司辩称：整个事件的发生极其突然。抢劫犯逃离现场时，保安人员立即追赶、故本被告已经履行了一般保护义务，不应成为本案当事人。

一审裁判结果

昆明市中级人民法院依照《中华人民共和国民事诉讼法》第64条第1款的规定，于2003年12月25日判决：

一、被告官渡建行在判决生效后10日内向原告吴成礼、靳素云、赵辉、赵思雅、赵俊凯赔偿吴艳红死亡赔偿金66760元、丧葬费8241元，向赵辉赔偿赵思雅、赵俊凯的被抚养人生活费56933.48元，三项合计131934.48元；

二、驳回原告吴成礼、靳素云、赵辉、赵思雅、赵俊凯的其他诉讼请求。

案件受理费15985.08元，由5原告负担12788.06元，被告官渡建行负担3197.02元。

一审裁判理由

昆明市中级人民法院认为：

《中华人民共和国民法通则》第106条第2款规定："公民、法人由于过错侵害国家的、集体的财产，侵害他人财产、人身的，应当承担民事责任。"吴艳红在犯罪分子持枪抢劫时遇害，因此应当由作案人对吴艳红之死承担刑事责任和民事责任。5原告以被告官渡建行、五华保安公司主观上有过错为由，诉请判令官渡建行、五华保安公司连带承担吴艳红死亡的全部民事赔偿责任，理由不能成立。

被告官渡建行为商业银行。《中华人民共和国商业银行法》（以下简称《商业银行法》）第6条规定："商业银行应当保障存款人的合法权益不受任何单位和个人的侵犯。"商业银行在开展存、贷款及其他业务活动中，应依照法律规定，认真履行保障存款人和其他客户合法权益不受侵犯的义务。商业银行的营业厅，是商业银行为客户提供金融服务的主要场所，商业银行应当根据其从事经营活动的规模，依照法律、法规以及相关部门规章的规定，在营业厅内预先安装必需的安全防范设施，安排保安人员，预防和尽可能避免不法侵害的发生，为客户的人身及财产安全提供保障，维护良好的交易秩序。公安部、中国人民银行发布的《基层金融单位治安保卫工作暂行规定》第12条第4项规定，"商业银行的营业操作室安装紧急报警装置或联防警铃"；中国建设银行在《安全防护设施建设及使用管理暂行规定》（以下简称《安全防护规定》）第2条第2项要求，建设银行应当在营业场所内安装探测报警、电视监控、无线通讯等安全技术防范设施，以及预防不法侵害所需的技术设备和相应的指挥控制系统。官渡建行提交的录像资料证明，该行在营业厅内安装了电视监控系统，但没有证据证明该行还有紧急报警、联防警铃、探测报警、无线通讯等其他必要的安全防范设施。官渡建行虽然在营业厅内安排了一名保安人员值班，但当作案人在营业厅内来回走动，窥视被害人吴艳红填写存单，并且违反规定进入“一米线”时，这些明显反常行为始终未引起值班保安人员的高度警惕。以至在作案人开始抢夺钱袋并开枪伤人时，保安人员不能及时制止犯罪或给被害人以必要的帮助。官渡建行未能合理配置保障客户人身及财产安全的安全防范设施，安排的值班保安人员又未能在合理限度内尽到保安义务，在吴艳红死亡事件上有一定过错，应当承担相应的赔偿责任。待作案人缉拿归案后，官渡建行可就自己承担的赔偿责任向作案人追偿。

法律以维护和实现社会正义为目的。在尊重和保护人的生命健康权的同时，必须充分考虑在什么范围内确定被告官渡建行应承担的补充赔偿责任。官渡建行虽未在合理限度内尽到充分保障客户人身及财产安全的义务，对吴艳红的死亡有一定过错，但该行毕竟设置了录像监控系统，也安排了值班保安人员，与完全不履行安全保障义务不同。其承担的过错责任应与这种情形相适应，不得随意加重或减轻。只有让赔偿义务主体在合理范围内承担民事法律责任，才能体现法律的公平，实现法的价值和作用。原告吴成礼等人失去亲人后，不仅遭受了沉重的精神刺激，更无端损失了巨额财产，且两名幼子不能在母亲的抚养下成长也已成事实，有权要求官渡建行根据其过错在死亡赔偿金、丧葬费以及死者生前抚养人的抚养费等方面先行补偿。最高人民法院在《关于审理触电人身损害赔偿案件若干问题的解释》（以下简称《触电损害赔偿解释》）第 4 条第 7 项规定：“丧葬费，国家或者地方有关机关有规定的，依该规定；没有规定的，按照办理丧葬实际支出的合理费用计算。”第 8 项规定：“死亡补偿费：按照当地平均生活费计算，补偿 20 年。对 70 周岁以上的，年龄每增加一岁少计一年，但补偿年限最低不少于 10 年。”第 9 项规定：“被抚养人生活费，以死者生前或者残者丧失劳动能力前实际抚养的、没有其他生活来源的人为限，按当地居民基本生活费标准计算。被抚养人不满 18 周岁的，生活费计算到 18 周岁。被抚养人无劳动能力的，生活费计算 20 年，但 50 周岁以上的，年龄每增加一岁抚养费少计一年，但计算生活费的年限最低不少于 10 年；被抚养人 70 周岁以上的，抚养费只计 5 年。”参照上述规定，吴艳红的丧葬费应按实际支出的合理费用计算，双方当事人均认可此项支出为 8241 元，故官渡建行应依此数额补偿。受诉法院当地年平均生活费为 3338 元，依此标准计算的 20 年死亡补偿费为 66760 元，应由官渡建行补偿。吴艳红死亡时，其女儿赵思雅 2 岁，儿子赵俊凯 1 岁，以当地年平均生活费 3338 元为标准，计算至两名被抚养人均年满18周岁，共需113866.95元，扣除父亲赵辉应负担的一半，官渡建行应当补偿的被抚养人生活费是56933.48元。三项补偿费用合计，官渡建行应当支付131934.48元。吴成礼和原告靳素云虽然主张赔偿赡养费，但未提交其已丧失劳动能力且无其他生活来源的相应证据，不予支持；对吴成礼、靳素云和原告赵辉主张赔偿的交通费、误工费、停产损失、餐费、住宿费、医药费等其他费用，以及赵思雅、赵俊凯的保姆费，均不予以支持。

被告五华保安公司与被告官渡建行签订过保安服务合同，并已向官渡建行派出符合条件的保安人员，履行了保安服务合同中的义务。管理和安排派驻保安人员的工作，是官渡建行的权利与义务，保安人员的履职行为应视为官渡建行的行为。因保安人员履职不当引起的民事法律后果，应由官渡建行承担，五华保安公司不负连带责任。五原告诉请判令五华保安公司连带赔偿因吴艳红死亡遭受的经济损失，理由不能成立。

二审诉辩情况

一审宣判后，双方当事人均不服判决，分别向云南省高级人民法院提起上诉。

吴成礼等5人的上诉理由是：（1）上诉人已经要求一审法院调取公安机关的DVD原件，这是认定本案事实的主要证据，但一审法院未能调取，没有充分保障上诉人的诉讼权利。（2）被上诉人官渡建行不仅安装的安全防范技术设施严重不足，且未能充分发挥已有设备的作用与功能，又对保安人员疏于管理，行迹可疑的作案人在营业厅滞留达10多分钟，保安人员都不去过问。由于官渡建行在安全防范工作中存在重大过失，没有依法保障客户的安全，因此其应承担全部赔偿责任。（3）本案被害人吴艳红及其亲属均不是云南本地人。吴艳红被害后，大多数亲属均从外地赶到昆明处理善后事宜，必然产生交通费、住宿费、餐费等费用。一审应当参照最高人民法院《关于审理人身损害赔偿案件适用法律若干问题的解释》（以下简称《人身损害赔偿解释》）规定的原则和标准确定赔偿数额，判决不支持上诉人的这些赔偿请求是错误的。（4）被上诉人五华保安公司与官渡建行签订的合同是内部合同，不应以此为据对抗第三人。五华保安公司是保安人员的行政主管，官渡建行是保安人员的业务主管。对于保安人员的失职，五华保安公司应与官渡建行承担连带责任。一审认定五华保安公司不承担连带责任，于法无据。（5）一审肯定官渡建行对吴艳红的死负有责任并判决其赔偿，这就证明上诉人是胜诉了。但是，一审却让胜诉的上诉人在遭受失去亲人的痛苦折磨后，再去负担绝大部分诉讼费。这种诉讼费分担方法，完全丧失了司法救济的实质和人文关怀的理念。上诉请求：改判官渡建行、五华保安公司连带给上诉人赔偿死亡赔偿金238520元、被抚养人生活费56933.48元、赡养费66760元、丧葬费37813.80元、误工费6995.84元、交通费26515元、住宿费11380元、餐费10484元、律师代理费7万元及其他合理费用3148.50元；由两被上诉人负担本案诉讼费。

针对吴成礼等5人的上诉，官渡建行答辩认为：（1）吴艳红是因犯罪分子的犯罪行为致死，不是因银行与客户之间的合同关系而死亡，因此不应由银行承担责任；（2）对银行而言，本案的发生是不能防范、不能预见并且是无法制止的；（3）《人身损害赔偿解释》的第36条明确规定："本解释自2004年5月1日起施行。2004年5月1日后新受理的一审人身损害赔偿案件，适用本解释的规定。"本案发生于2003年9月，因此《人身损害赔偿解释》不能对本案适用。

五华保安公司答辩认为：（1）吴成礼等人既认为银行与五华保安公司签订的合同是内部合同，不能用于抗辩他们这个第三人，却又要求五华保安公司根据这个合同为银行承担连带责任，这种观点是矛盾的。如果银行与五华保安公司存在的只是内部关系，五华保安公司就不应成为本案当事人；（2）抢劫案件发生前，犯罪分子虽在营业厅内游走，但没有异常举动和表现。要求保安人员此时发现并询问作案人，是不客观的，更是不公正的。抢劫发生时，保安人员正在回答一个客户的提问，视线被遮挡，没有立即发现的可能。正因为保安人员的视线被遮挡，作案人才见状开枪实施抢劫。抢劫发生后，保安人员立即前去制止犯罪，而作案人用枪指着保安人员的头才得以迅速逃离现场，保安人员又立即进行了追赶，故保安人员在本案中是没有任何责任的。

官渡建行的上诉理由是：（1）上诉人有完全合乎规范要求的安全防范硬件设施。一审以上诉人未提供证据，否认上诉人具有完善的安全防范设施，违背了事实，这个认定是错误的。（2）按一般人的认知能力，无法判断作案人作案前的举动"显属异常"。对上诉人而言，作案人的犯罪行为具有突发性、不可预见性和不可控制性。一审通过在案发后看录象资料作出的分析，不能代替一般人在当时客观情况下可能作出的判断。一审适用《商业银行法》第6条的规定，认为上诉人未尽合理限度内的安全保障义务，是适用法律错误。（3）按照《人身损害赔偿解释》第6条的规定，只有未尽合理限度范围内的安全保障义务致使他人遭受人身损害的，才承担相应赔偿责任。上诉人已经在合理限度内尽到了安全保障义务，没有过错，不应承担补充赔偿责任。上诉请求：撤销一审判决，改判驳回吴成礼等5人的诉讼请求。

五华保安公司的上诉理由是：案发时，保安人员徐志涛正在回答另一客户的提问。作为在银行营业厅内值班的保安人员，回答客户提问是其职责范围内的事务。案发后，该保安人员又冒着生命危险去追赶作案人，已经履行了保安职责，主观上没有过错。一审认为保安人员不能即刻着手制服犯罪或给被害人以必要的帮助，没有事实根据，也不符合逻辑。请求撤销一审判决中关于保安人员有过错的认定，确认保安人员在本案中无过错。

针对官渡建行、五华保安公司的上诉，吴成礼等 5 人答辩认为：(1) 从录像资料及保安人员自己的陈述可以看出，银行未履行安全保障义务，以至本案损害后果发生，案发后作案人能轻易逃走。(2) 保安人员徐志涛在接受电视记者采访时，已承认案发时自己"无所作为"，应当视为自认。(3) 保安人员具有特殊身份，从事的是特殊职业，因此应具有特殊注意义务，不能用一般人的眼光衡量保安人员的特殊注意义务。银行至今认为作案人在营业厅游走不属于"异常"，说明其根本未认识到保安人员具有的特殊注意义务。(4) 五华保安公司未履行其在保安服务合同中关于保障银行营运安全的承诺，对本案负有连带责任。(5)《人身损害赔偿解释》虽然规定了 2004 年 5 月 1 日后新受理的一审人身损害赔偿案件适用该解释，但是并未规定正在审理的二审案件不能适用该解释，故应当适用该解释处理本案。

二审裁判结果

云南省高级人民法院依照《中华人民共和国民事诉讼法》第 153 条第 1 款第 1 项的规定，于 2004 年 6 月 10 日判决如下：

驳回上诉，维持原判。

二审裁判理由

云南省高级人民法院经审理，除不确认一审判决中关于"官渡建行未按规定安装联网报警装置和必须安装的探测报警等技术设施"这一认定外，对一审认定的其他事实均予确认。另查明，自作案人进入银行监控录像的视场范围至其实施抢劫，共有 1 分 20 秒时间。案发前，值班保安人员正在回答另一名储户关于往外地汇款方法的提问。案发后，官渡建行通过其安装的联网报警装置向官渡公安分局报警的时间是 2003 年 2 月 26 日 09 时 51 分。

云南省高级人民法院认为，本案的争议焦点是：(1) 官渡建行有无过错，应否承担损害赔偿的民事责任；(2) 如何认定损害赔偿的范围与标准；(3) 五华保安司是否承担连带赔偿责任。

关于争议焦点一。上诉人官渡建行是以人民币存取、结算为主要经营内容的金融企业法人，其经营内容的特殊性决定了客观上潜在着易受不法行为侵害的危险。官渡建行的营业厅作为开放程度较高的经营场所，更加大了危险发生的可能。作为金融企业法人，官渡建行负有防范、制止危险发生，保障银行自身及进入银行营业场所客户的人身、财产权利安全的义务。该义务既是法律为维护正常社会秩序而对金融企业法人提出的要求，也是客户在与银行长期合作中对银行产生的希望。本案中，官渡建行虽根据《安全防护规定》设置了相应的安全防范设施，但不能证明其已按该规定第62条的要求安排专门人员值守这些安全防范设施，以致这些设施不能发挥应当具有的预见、防止或者减少损害的作用。保安人员职业的特殊性，决定了其对有涉公共安全的事项负有高度注意义务，不是其他人对此类事项的一般关注。官渡建行虽然安排了一名保安人员值班，并且在营业厅内画出了"一米线"，但当数人进入"一米线"时，保安人员不去干涉，丧失了及时发现与制止不法侵害的可能。从作案人进入营业厅窥视吴艳红填单到其实施抢劫期间，值班保安人员回答客户关于银行业务的提问，却没有履行其维护营业厅安全、防范危害事件突发的职责；在作案人逃离现场时，值班保安人员也无任何制止犯罪行为的表示；故认定负有控制危险、保障客户安全义务的官渡建行，对吴艳红死亡事件有一定过错，应当承担与其过错相适应的民事责任，并无不当。

关于争议焦点二。从作案人进入银行到逃离现场，时间仅为1分20秒，本案确为突发事件，损害结果是作案人一手造成。上诉人官渡建行虽然对吴艳红的死亡有一定过错，但其在事件发生前安装了符合规定要求的安全防范技术设施，事件发生后履行了追赶作案人、报警、急救等义务，因此若令其承担本案的全部赔偿责任，既不符合本案事实，也不符合公平正义的法律基本理念。官渡建行应当在其本应达到却由于自身原因未达到的安全防范标准范围内，对吴艳红的死亡承担补充赔偿责任。一审将死亡赔偿金、抚养费、丧葬费确定为官渡建行的补偿范围，既符合官渡建行的责任程度，也能解决上诉人吴成礼等五人的最迫切需求，并无不当，应予维持。吴成礼等人从外地来昆明料理吴艳红的后事，必然产生交通费、住宿费、误工费等费用。基于官渡建行在本案中承担的不是全部赔偿责任，一审未将这些费用纳入赔偿范围，是适当的。《人身损害赔偿解释》规定，该解释仅适用于2004年5月1日以后受理的一审案件，一审法院在《人身损害赔偿解释》不能适用于本案的情况下，参照《触电损害赔偿解释》来确定本案的赔偿标准，也是可行的。一审按这个赔偿标准计算的死亡赔偿金是66760元，吴成礼等人上诉请求改判死亡赔偿金为238520元，没有事实根据和法律依据，不予支持。

关于争议焦点三。基于上诉人官渡建行与上诉人五华保安公司签订的保安服务合同，保安人员才能到官渡建行担任保安工作。但是到银行工作的保安人员对存款人和其他客户承担的保障人身和财产安全义务，却并非源于保安服务合同的约定，而是源于法律对商业银行的规定。商业银行将其承担的保障客户人身及财产安全的法定义务一部分交给保安人员去完成，保安人员的履职行为自然应视为商业银行的行为，因履职不当应承担的法律后果，也自然由商业银行负责。五华保安公司与此次侵权事件无关，不能承担连带赔偿责任。

综上，一审认定的事实虽有部分失误，但适用法律正确，判决结果适当，应当维持。双方当事人的上诉理由均不能成立，不予采纳。

86. 人工建造的构筑物因维护、管理瑕疵致人损害的特殊侵权案件中应采用何种责任认定原则？

道路、桥梁、隧道等人工建造的构筑物因维护、管理瑕疵致人损害的特殊侵权案件，应采用过错推定责任原则。过失相抵原则，同样适用于以过错推定责任原则为归责原则的特殊侵权领域。道路设计、施工有缺陷造成损害的，设计、施工人应与道路所有人、管理人共同对受害人承担连带责任。

87. 被抚养人领取的生活费及最低生活保障金能否适用损益相抵原则，从侵权人的赔偿款中扣除？

被抚养人生活费的计算年限取决于被抚养人的年龄，被抚养人领取的生活费及最低生活保障金不应从侵权人的赔偿款中扣除。

典型疑难案件参考

陈志强等诉龙岩市市政维护管理处等人身损害赔偿纠纷案

基本案情

原告陈志强、陈志新均系陈荣华的儿子。陈荣华出生于1927年，1987年从闽西监狱退休，每月领取退休工资。原告陈志新（1972年4月28日出生）患精神分裂症，完全丧失劳动能力，在陈荣华生前受其抚养。2007年7月16日下午，陈荣华掉入闽西监狱东大门九龙新村路段的水沟后死亡。该水沟宽约1.02米、深约2米，无盖板，无围墙或护栏，亦无安全警示标志，沟内水深约

0.3 米，路边的树与水沟边沿距离约 2 米。本案事故后，水沟边沿砌了高约 0.71 米的围墙，闽西监狱每个月发放给原告陈志新生活费 285 元。民政部门从 2008 年 1 月起向原告陈志新发放每月最低社会生活保障金 95 元。

2006 年 5 月，被告龙岩市市政维护管理处作为发包人与被告龙岩市城乡规划设计院作为设计人签订了《建设工程设计合同》，被告龙岩市市政维护管理处委托被告龙岩市城乡规划设计院设计解放北路雨水临时排放工程，根据设计图纸，发生本案事故的水沟原设计深度为 1 米。被告龙岩市市政维护管理处委托龙岩市新宇公路工程有限公司进行施工。2006 年 11 月，该水沟工程竣工验收会议召开，被告龙岩市市政维护管理处作出〔2006〕龙维字第 32 号会议纪要，评定该水沟整治工程质量合格，其中第三、四条的内容为："三、路宝树脂井盖厂前道路涵洞被该厂人为堵塞，造成雨天雨水浸淹路面，影响车辆通行。由闽西监狱、园田塘村协调解决，修复清理由市政维护处负责。四、该段道路日常维修养护工作，由区政府向市政府做专题报告，请市政府批复该段道路纳入市区日常维修、养护范围内，并拨付维修、养护费用。市政府没有批复前由该段道路产权单位区交通局负责维修、养护。"被告龙岩市新罗区交通局未参加竣工验收会议，会议纪要亦未抄送被告龙岩市新罗区交通局。

本院依职权追加龙岩市建设局、龙岩市新罗区交通局为本案共同被告后，原告明确表示不要求该二被告承担责任。

一审裁判结果

龙岩市新罗区人民法院根据《中华人民共和国民法通则》第 119 条、第 131 条、最高人民法院《关于审理人身损害赔偿案件适用法律若干问题的解释》第 17 条、第 27 条、第 28 条、第 29 条之规定，判决如下：

一、被告龙岩市市政维护管理处应于本判决生效之日起 10 日内赔偿原告陈志强、陈志新丧葬费 11043 元、死亡赔偿金 77525 元、被抚养人生活费 129900 元，合计 218468 元的 10% 即 21846.8 元；

二、被告龙岩市城乡规划设计院应对上述赔偿款 21846.8 元承担连带责任；

三、驳回原告陈志强、陈志新的其余诉讼请求。

本案案件受理费 5420 元，由原告陈志强、陈志新负担 4870 元，由被告龙岩市市政维护管理处负担 550 元。

一审裁判理由

龙岩市新罗区人民法院认为：陈荣华作为成年人，系事故发生地的当地居民，应对自己居住的周围环境较为熟悉；且事故发生时间在下午，视线良好，陈荣华自身不注意安全掉入水沟，有明显过错，应自行承担主要民事责任，自行承担经济损失的80%。被告龙岩市市政维护管理处作为水沟的设计与施工发包人，被告龙岩市新罗区交通局作为乡道与村道的政府公路管理部门，该二被告均有义务提供证据证明本案事故发生地的水沟、公路的具体管理部门，但该二被告相互推诿，导致本案事故发生地的水沟、公路的具体管理部门无法查清，故应共同承担本案的次要民事责任，共同赔偿原告经济损失的20%。由于原告明确表示不要求被告龙岩市新罗区交通局承担责任，不侵犯他人合法权益，故法院确定由被告龙岩市市政维护管理处赔偿原告经济损失的10%。根据被告龙岩市城乡规划设计院的设计，发生本案事故的水沟深度为1米，但实际施工中深约2米，在竣工验收时被告龙岩市城乡规划设计院却未对水沟深度提出异议，而水沟的深度与本案事故的后果关系重大，因此，对原告要求被告龙岩市城乡规划设计院承担连带责任的诉讼请求，法院予以支持。陈荣华生前系闽西监狱退休干部，每月领取退休工资，虽然年约80周岁，仍有抚养原告陈志新的能力，实际也对原告陈志新进行了抚养。根据法律规定，被抚养人生活费根据被抚养人的年龄进行计算，并不因抚养人的年龄而有所区别。由于原告陈志新的年龄只有35周岁，故被抚养人生活费应按照20年计算。但应扣除原告陈志新领取的生活费每月285元和最低社会生活保障金每月95元，即被抚养人生活费为［11055 -（285 +95）×12］×20 =129900（元）。

二审诉辩情况

原告陈志强、陈志新不服一审判决，向龙岩市中级人民法院提出上诉。

二审裁判结果

依照《中华人民共和国民事诉讼法》第153条第1款第1项、第2项、《中华人民共和国民法通则》第119条、第131条、最高人民法院《关于审理人身损害赔偿案件适用法律若干问题的解释》第16条、第17条、第27条、第28条、第29条的规定，判决如下：

一、维持龙岩市新罗区人民法院〔2007〕龙新民初字第1966号民事判决第3项；

二、撤销龙岩市新罗区人民法院〔2007〕龙新民初字第1966号民事判决第1项、第2项；

三、被上诉人龙岩市市政维护管理处应于本判决生效之日起10日内赔偿上诉人陈志强、陈志新丧葬费11043元、死亡赔偿金77525元、被抚养人生活费 221100 元，合计 309668 元的 50% 即 154834 元；

四、被上诉人龙岩市城乡规划设计院应对上述赔偿款 154834 元承担连带责任。

二审案件受理费 5420 元，由上诉人陈志强、陈志新负担 4000 元，被上诉人龙岩市市政维护管理处负担 1420 元；变更一审案件受理费 5420 元由原审原告陈志强、陈志新负担 4000 元，原审被告龙岩市市政维护管理处负担 1420 元。被上诉人龙岩市市政维护管理处应缴纳的二审案件受理费，应于本判决生效之日起 7 日内向本院缴纳。

二审裁判理由

龙岩市中级人民法院根据上述事实和证据认为：根据查明的事实，本案发生事故的排水沟欠缺通常所应具备的安全性，应推定该排水沟存在维护、管理上的重大瑕疵。最高人民法院《关于审理人身损害赔偿案件适用法律若干问题的解释》第 16 条规定："下列情形，适用民法通则第 126 条的规定，由所有人或管理人承担赔偿责任，但能够证明自己没有过错的除外：（一）道路、桥梁、隧道等人工建造的构筑物因维护、管理瑕疵致人损害的……"被上诉人龙岩市市政维护管理处亦不能举证证明其对本案事故的发生无明显过错。本案受害人陈荣华为成年人，系事故发生地的当地居民，熟悉周围环境，且事故时间发生在下午，视线良好，系自身不注意安全掉入事故排水沟的，其自身有过错。《中华人民共和国民法通则》第 131 条规定，受害人对于损害的发生也有过错的，可以减轻侵害人的民事责任。根据上述法律规定，结合受害人陈荣华在本案的过错程度，原审判决认定受害人陈荣华应承担本案事故 80% 的责任明显不当，应予以纠正为受害人陈荣华对本案事故应自行承担 50% 责任。根据双方当事人对原审判决查明无异议的事实，原审判决认定本案的民事责任赔偿主体为被上诉人龙岩市市政维护管理处正确，但原审判决在无事实依据的情况下，仅以被上诉人龙岩市市政维护管理处、龙岩市新罗区交通局相互推诿，导致无法查清本案事故发生地的水沟、公路的具体管理部门不清为由，就认定被上诉人龙岩市新罗区交通局为本案的共同赔偿责任主体明显不当，应予纠正。原审认为原审被告龙岩市城乡规划设计院在 2006 年 11 月召开竣工验收会议时其却未对水沟深度提出异议，而水沟的深度与本案事故的后果关系重大，因此，判决原审被告龙岩市城乡规划设计院承担连带赔偿责任亦正确。本案中，上诉人陈志新应得被抚养人生活费的赔偿款项与其从闽西监狱领取的生活费及从民政部门领取的最低生活保障金是不同性质的款项，不存在适用损益相抵原则的法定情形。原审判决扣除原审原告陈志新从闽西监狱领取的生活费每月

285 元和从民政部门领取的最低社会生活保障金每月 95 元，以减少被上诉人龙岩市市政维护管理处的赔偿金额，即计算原审原告的经济损失中被抚养人生活费为［11055 -（285 +95） ×12］ =129900（元）不当，无法律依据，应予纠正。原审原告的经济损失中被抚养人生活费应为 11055 元/年 ×20 年 =221100 元。综上，上诉人的上诉主张，二审法院予以部分支持。被上诉人龙岩市市政维护管理处应赔偿上诉人丧葬费 11043 元、死亡赔偿金 77525 元、被抚养人生活费 221100 元，合计 309668 元的 50% 即 154834 元。原审判决适用法律错误，二审法院予以纠正。

88. 具有公益性质的健身器材致人损害时究竟谁是赔偿义务主体？

在具有公益性质的健身器材致人损害的情况下，首先应确定健身器材的所有人或管理人，并根据案件的具体情形确定责任主体，除非该责任主体能证明其没有过错，否则应承担民事责任。

典型疑难案件参考

郑翔宇诉厦门市湖里区吕岭社区居民委员会、厦门市住总物业管理公司人身损害赔偿纠纷案

基本案情

原告并非吕岭小区金岭园的业主，也未实际居住在吕岭小区金岭园。2007 年 9 月 15 日，原告在吕岭小区金岭园中庭内的体育健身器材上玩耍。因其中一健身器材上的两个孔的螺丝掉了，没有及时修理，原告在玩耍时，用手扶住健身器材，右手的食指正好伸入该健身器材掉了螺丝的两个小孔内，不料，健身器材一动，将原告右手的食指末节夹断。事故发生后，原告被送往中国人民解放军第一七四医院住院治疗 3 天，共产生医疗费 1410.03 元，经诊断原告右手食指末节创伤性截断，经治疗后，原告被夹断的右手食指末节未能接起。

2005 年 7 月 3 日，以厦门市吕岭小区业主委员会（以下简称吕岭业委会）为甲方与以被告住总物业为乙方的双方签订《吕岭小区物业管理服务合同》，约定吕岭业委会选聘住总物业负责坐落于厦门市湖里区双浦西里 1—147 号的吕岭小区物业管理。原告的父亲郑建斌、母亲吴碧梅分别于 2000 年 11 月 3 日、1998 年 4 月 29 日来厦，2006 年 9 月 30 日至 2008 年 7 月 24 日间两人均有

办理暂住证手续，暂住地址先后为吕岭后埔西二里702号、体育路125号商场。同时暂住证上还载明：携带子女中有原告。2005年6月27日，原告父亲郑建斌与厦门市捷安工程建设有限公司签订《劳动合同》一份，约定郑建斌的工程岗位为工程科，合同期限自2005年7月1日至2006年7月1日；2007年1月11日，双方续签《劳动合同》一份，约定合同期限至2008年1月11日止。

2007年12月13日，福建鼎力司法鉴定中心作出闽鼎临鉴字〔2007〕第763号《法医临床学司法鉴定意见书》，鉴定结论为原告系右手食指末节创伤性截断，功能障碍，伤残等级为×（十）级。

2004年5月11日，以厦门市湖里区文化体育局为甲方与以被告吕岭居委会、被告住总物业为乙方的双方签订《湖里区体育彩票公益金捐助社区体育活动中心（场地）器材使用协议书》，该协议书约定："根据体育彩票公益金取之于民、用之于民的原则，甲方捐助的器材及时下拨到乙方，并对下拨的器材方面的使用进行监督、检查；甲方负责对配建项目的业务指导，体育健身器材由甲方通过政府采购后下拨；乙方保证甲方捐赠的体育器材安装在社区体育活动场所；乙方负责体育活动场所对社区居委会居民开放；乙方负责配建、维护和产权管理，配专人负责定期检查器材使用情况，并负责协调解决配建、使用过程中出现的问题。"

一审诉辩情况

原告诉称：2007年9月15日，原告在被告住总物业管理的吕岭小区金岭园中庭内的体育健身器材上玩耍时，原告因好奇，将右手的食指伸入该健身器材掉了螺丝的两个小孔内，不料，健身器材一动，将原告右手的食指末节夹断。事故发生后，原告在中国人民解放军一七四医院共住院3天，夹断的指节未能接起。被告吕岭居委会作为健身器材的所有人在这些健身器材安装使用后，没有进行必要的维护和保养；被告住总物业作为健身器材的直接管理人，未及时消除安全隐患，导致原告手指受伤。两被告应对原告造成的损害承担赔偿责任。为此，原告请求法院判令：两被告共同赔偿原告损失共计44411.03元（包括医疗费1410.03元、住院伙食补助费180元、护理费150元、营养费300元、误工费213元、交通费132元、残疾赔偿金37026元、精神损害抚慰金5000元）。

被告厦门市湖里区吕岭社区居民委员会辩称：(1) 被告吕岭居委会并非肇事健身器材的所有人。被告吕岭居委会属于基层群众性自治组织，主要负责社区居民的日常社区事务，非政府职能管理部门，不具有承担管理该健身器材的职责和义务；被告吕岭居委会既非该健身器材的所有者，也非安装者，更不是维修保养者，且不曾从该健身器材中受益过，故被告吕岭居委会对该健身器材没有维护修缮的能力和义务。（2）被告吕岭居委会不具有法人地位，没有承担民事责任的能力，依法不具有法人资格，不能成为民事诉讼中的主体。（3）原告已于2007年7月就暂住到思明区体育路125号，且未实际居住被告社区，因此原告并非吕岭小区内居民，不属于被告社区服务的对象，不该自行使用该小区内的健身器材，由此引起的风险应由原告自行承受。（4）原告年仅6周岁，属于没有行为能力的未成年人，监护人疏忽大意、监护不周是造成原告受伤的根本原因，应当由原告及其监护人自行承担责任。（5）原告的诉讼请求超过赔偿范围，不应得到支持。综上，原告的诉讼请求缺乏事实和法律依据，应予驳回。

被告厦门市住总物业管理公司辩称：（1）原告监护人疏于履行监护职责，对原告所受人身损害应承担监护不力的责任。（2）原告不是被告管理区域内的居民，擅入被告物业服务区域，其所受伤害应由监护人负完全责任。（3）被告住总物业既非健身器材的所有人，也非管理人，由被告承担赔偿责任于法无据。（4）原告非本小区的人员，擅自进入小区，其本身存在过错。（5）健身器材系被告吕岭居委会安装在小区内，该健身器材的使用是无偿的，被告住总物业并未从中受益，因此原告受到的损害与其无关。综上，应驳回原告对被告住总物业的诉讼请求。

一审裁判结果

厦门市湖里区人民法院依照《中华人民共和国民事诉讼法》第64条第1款，最高人民法院《关于民事诉讼证据的若干规定》第4条第4项，《中华人民共和国民法通则》第5条、第18条、第98条、第119条、第126条、第131条、第134条第1款第7项，最高人民法院《关于审理人身损害赔偿案件适用法律若干问题的解释》第1条、第16条、第17条、第19条、第20条、第21条、第22条、第23条、第24条、第25条、第35条，《物业管理条例》第36条的规定，判决如下：

一、被告厦门市湖里区吕岭社区居民委员会应于本判决生效之日起10日内，赔偿原告郑翔宇损失4419.8元；

二、被告厦门市住总物业管理公司应于本判决生效之日起10日内，赔偿原告郑翔宇损失30938.6元；

三、驳回原告郑翔宇的其他诉讼请求。如果被告厦门市湖里区吕岭社区居民委员会和被告厦门市住总物业管理公司未按本判决指定的期间履行给付金钱义务，应当依照《中华人民共和国民事诉讼法》第232条之规定，加倍支付迟延履行期间的债务利息。

本案案件受理费910元，由原告郑翔宇负担185元，被告厦门市湖里区吕岭社区居民委员会负担91元，被告厦门市住总物业管理公司负担634元。

一审裁判理由

厦门市湖里区人民法院审理认为：

焦点一，关于吕岭小区金岭园中的体育健身器材的所有人及管理人是谁的问题。

厦门市湖里区人民法院分析认为，从该协议书约定的内容及体育彩票公益金的性质来看，厦门市湖里区文化体育局系代表国家和政府将以体育彩票公益金形式购买的健身器材的使用权而非所有权转移给吕岭社区全体居民，两被告系作为吕岭社区全体居民的代表接受该捐赠，其对健身器材没有占用、自由处分和收益的权利。因此，两被告并非该体育健身器材的所有人。根据被告住总物业提交的《吕岭小区物业管理服务合同》显示，被告住总物业作为吕岭小区的物业管理者，对物业管理合同中约定的小区内公共设施和附属建筑物、构筑物有维修、养护和管理义务。

虽然讼争健身器材并非小区固有的公共设施，但被告住总物业和被告吕岭居委会一同代表本社区全体居民接受了该健身器材使用权的捐赠，并同意将其置放于其管理服务的小区内，应视为该体育健身器材属于吕岭小区金岭园内公共设施的范围。因此，应认定被告住总物业是该健身器材的主要管理义务人。《湖里区体育彩票公益金捐助社区体育活动中心（场地）器材使用协议书》显示，被告吕岭居委会作为接受捐赠的代表人之一在协议书上签字，应视为被告吕岭居委会对协议内容的认可，即被告吕岭居委会对该健身器材负有一定的配建、维护和产权管理义务。但由于被告吕岭居委会系吕岭小区基层群众性自治组织，实际上并不承担对小区范围内公共设施的直接管理、养护和维修职责，其仅对被告住总物业在小区范围内的物业管理行为负有一定的监督管理义务。因此，应认定被告吕岭居委会并非讼争健身器材的直接管理义务人，其系监督管理人。

焦点二，关于两被告对原告所受伤害是否具有免责事由的问题。

厦门市湖里区人民法院分析认为，首先，被告住总物业作为吕岭小区金岭园的物业管理者，对《吕岭小区物业管理服务合同》中约定的小区内各项公共设施和附属建筑物、构筑物有维修、养护和管理义务，对公共设施损坏及维修过程可能造成危险的，应设立警示标志，维修完毕后即撤除。焦点一已认定讼争健身器材属于小区公共设施的范围，被告住总物业对此应负有维修、养护和管理义务。但是，讼争健身器材在损坏后，被告住总物业既没有及时予以维修和养护，也没有对该可能造成危险的健身器材周围设置明显警示标志。正是由于被告住总物业对讼争器材疏于维护，最终导致本案事故的发生并造成原告损害的严重后果。被告住总物业的举证既不能证明其对讼争健身器材已进行合理的维护及管理，也不能证明其对可能造成危险的健身器材周围设置了明显的警示标志。因此，应认定被告住总物业对讼争健身器材未尽合理管理义务。其次，焦点一已认定被告吕岭居委会对被告住总物业在小区范围内的物业管理行为负有一定的监督管理义务。被告吕岭居委会的举证也不能证明在讼争健身器材损坏后，其已对被告住总物业疏于管理的行为进行了适当、合理的监督。因此，应认定被告吕岭居委会对讼争健身器材未尽合理的监督管理义务。《中华人民共和国民法通则》第 126 条规定，建筑物或者其他设施以及建筑物上的搁置物、悬挂物发生倒塌、脱落、坠落造成他人损害的，它的所有人或管理人应当承担民事责任，但能够证明自己没有过错的除外。综上，本案中被告住总物业作为讼争健身器材的直接管理人，提交的证据无法证明其已对讼争健身器材已合理、尽职地履行了检查、维修和危险警示职责；被告吕岭居委会作为讼争器材的监督管理人，提交的证据无法证明其已对讼争健身器材合理履行了相应的监督管理职责，两被告对此应承担举证不能的责任。因此，被告住总物业和被告吕岭居委会作为讼争健身器材的管理人无法证明其对本案事故的发生及原告所受伤害没有过错具有免责事由。

焦点三，原告的监护人对原告所受伤害是否应当承担相应责任的问题。

厦门市湖里区人民法院分析认为，原告作为未成年人在公共场所活动，其监护人理应在旁看护，履行教育和管理等监护职责。但本案事故中，原告监护人未就原告在吕岭小区金岭园体育健身器材上的活动进行指导和看护，对本案事故的发生及原告所受伤害有一定过错，依照《中华人民共和国民法通则》第 18 条的规定，原告监护人不履行监护职责，对原告所受伤害应承担一定的责任。

焦点四，关于两被告对原告损失应当承担的责任比例问题。

厦门市湖里区人民法院分析认为：被告住总物业作为讼争健身器材的直接管理义务人，其未合理尽职履行物业管理职责而导致该健身器材存在安全隐患是造成原告受伤的主要原因，而被告住总物业又无法举证证明自己没有过错，具有免责事由，因此，被告住总物业对原告损失应当承担主要赔偿责任，依法可以认定其对原告损失承担 70% 的赔偿责任。被告吕岭居委会作为讼争健身器材的监督管理义务人，其未合理履行监督管理职责是造成原告受伤的原因之一，被告吕岭居委会无法举证证明自己没有过错，具有免责事由，因此，被告吕岭居委会对原告损失应当承担次要赔偿责任，依法可以认定其应对原告损失承担10%的赔偿责任。另外，由于原告监护人未履行监护职责也是造成原告受伤的原因之一，因此，原告监护人应承担原告损失20%的责任。

焦点五，关于原告各项具体诉求的事实与法律依据问题。

关于医疗费的问题。厦门市湖里区人民法院认为，医疗费根据医疗机构出具的医药费、住院费等收据凭证，结合病历和诊断证明等相关证据确定。医疗费的赔偿数额，按照一审法庭辩论终结前实际发生的数额确定。本案中，原告提供了发生于一审法庭辩论终结前的正式医疗票据，证明事故造成原告医疗费损失1410.03元，两被告对该项费用的发生亦无异议，因此，原告的该项诉讼请求成立，应予支持。

关于住院伙食补助费的问题。厦门市湖里区人民法院认为，原告共住院3天，依法住院伙食补助费可以参照厦门国家机关一般工作人员的出差伙食补助标准每天60元，故原告主张住院伙食补助费180元，应予照准。

关于营养费的问题。厦门市湖里区人民法院认为，营养费应当根据受害人的伤残情况参照医疗机构的意见确定。本案事故造成原告十级伤残的损害后果，对原告身体必然造成一定伤害，虽然原告无法提供医疗机构关于需要补充营养的证明，但原告系未成年人，身体发育尚未完全，给予其一定的营养补助，符合一般的评判标准，故原告要求营养费300元的诉讼请求，应予照准。

关于误工费的问题。厦门市湖里区人民法院认为，误工费应当根据受害人的误工时间和收入状况确定，误工时间参照受害人接受治疗的医疗机构出具的证明确定。本案中，由于原告系未成年人，其不存在误工费损失的问题，故原告的该项诉讼请求不能成立，不予支持。

关于护理费的问题。厦门市湖里区人民法院认为，护理费根据护理人员的收入状况和护理人数、护理期限确定。本案中，原告住院治疗期间由原告父亲进行护理照顾，因原告父亲系厦门市捷安工程建设有限公司员工，有固定收入，月工资为1300元，参照误工费的计算，原告住院治疗3天，原告父亲的误工费损失为186元，因原告仅主张150元的护理费，未超过上述误工费损失标准，故应予支持。

关于交通费的问题。厦门市湖里区人民法院认为，交通费应当根据受害人及其必要的陪护人员因就医实际发生的费用计算，并以正式票据为凭。因原告提供的交通费损失132元有正式票据为凭，故原告的该项诉讼请求成立，可予支持。

关于残疾赔偿金的问题。厦门市湖里区人民法院认为，原告监护人提供的《劳动合同》及《暂住证》足以证明至本事故发生时，原告随其监护人在厦门连续居住、生活已超过一年，故依法认定原告在事故发生时，其经常居住地在厦门，因此，残疾赔偿金的计算标准应按照厦门市城镇居民标准予以计算，故原告主张按2006年厦门市城市居民人均可支配收入18513元标准计算，予以支持。根据福建鼎力司法鉴定中心出具的《法医临床学司法鉴定意见书》显示，原告的伤残等级评定为×（十）级。原告系未成年人，身体的残疾将对其今后的工作学习带来一定的影响，原告因两被告疏于履行管理义务的行为造成了十级伤残，应按2006年度厦门市城镇居民年均可支配收入为18513元的标准按20年的10%计算原告残疾赔偿金，故本案的残疾赔偿金应为18513元/年×20年×10% =37026元，原告的该项诉讼请求成立，应予支持。

关于精神损害抚慰金的问题。厦门市湖里区人民法院认为，精神损害赔偿的性质是对精神损害的物质赔偿，在一定程度上抚慰受害人或者死者近亲属的精神痛苦，使其痛苦得到一定程度的缓解的财产赔偿责任。本案事故造成原告十级伤残、食指功能性障碍的损害后果，势必给年仅6周岁的原告带来一定的肉体痛苦和精神痛苦，故两被告理应赔偿原告精神损害抚慰金。考虑到双方过错以及两被告承担责任的经济能力，原告请求支付精神抚慰金5000元是恰当的，予以支持。

二审诉辩情况

判决后，厦门市住总物业管理公司不服一审判决提起上诉。

厦门市住总物业管理公司请求撤销原审判决，对案件依法改判或发回原审法院重审。理由为：第一，住总物业并非园内体育健身器材的所有人或管理人，让住总物业对郑翔宇的人身伤害承担责任缺乏事实与法律的依据。（1）健身器材非吕岭小区全体业主所有，业主无权也从没有委托住总物业进行管理。物业管理权利来源于业主委托，只有全体业主共有的公共设施才能将部分公共管理权利让渡给物业公司由其进行管理，而本案的园内体育健身器材并非业主所有，更不可能会有业主委托住总物业管理健身器材，本案中的健身器材应属于公益设施而不属于业主共有的公共设施。在《吕岭小区物业管理服务合同》第3条物业管理服务项目未包括对健身器材的维护管理，业主大会与业主委员会从未同意使用物业管理费与抢修专用基金对非业主所有的健身器材进行管理和维护。（2）健身器材的拆除非住总物业行为也未经住总物业同意。本案的伤害事实发生以后吕岭居委会通知湖里区文体局拆走了涉案的健身器材并没有通知业主与住总物业，显然业主不是所有人，住总物业不是管理人。（3）住总物业从未收到过对健身器材的任何管理费和服务经费。根据《湖里区文体局、湖里区财政局关于下达健身路径维修经费的通知》第1条“下拨给各街道3万元用于辖区健身路径的维修费用”，但事实上住总物业从未收到过对健身器材的任何管理费和服务经费，证明住总物业并非健身器材管理人，根据权利和义务对等的原则，让住总物业对郑翔宇的人身伤害承担责任没有合同和法律上的依据。第二，郑翔宇父母作为监护人疏于履行监护职责，对郑翔宇所受人身伤害应当承担监护不力的责任，而且应对郑翔宇所受人身伤害承担主要责任。第三，第三人的误推是郑翔宇所受伤害的直接原因，第三人的监护人也应对郑翔宇所受人身伤害承担责任，而原审判决中未对这个关键事实进行认定。第四，对郑翔宇人身损害的赔偿应适用户籍所在地的赔偿标准，适用厦门市的赔偿标准于法无据。第五，保护受害人的合法权益和保护公益事业的发展应给予合理的重视。综上，监护人疏于履行监护职责，对郑翔宇所受人身伤害应当承担主要责任。第三人的监护人也应对郑翔宇所受人身伤害承担责任。

郑翔宇辩称，原审判决对住总物业所应承担的责任和主要管理义务的确认是正确的。原审判决对监护人应当承担责任的处理是公平的。健身器材存在安全隐患，不是郑翔宇违规使用造成的。第三人也是正常使用健身器材，并不存在违规行为，第三人并没有过错，故第三人也无须承担责任。郑翔宇原审提供的证据证明郑翔宇随其父母在厦门连续居住一年以上，原审判决以城镇居民的标准计算伤残赔偿金具有事实和法律依据。

厦门市湖里区吕岭社区居民委员会未提出答辩意见。

二审裁判结果

厦门市中级人民法院依照《中华人民共和国民事诉讼法》第 153 条第 1 款第 1 项之规定，判决如下：

一、驳回住总物业的上诉，维持原判；

二、二审案件受理费 573 元，由住总物业负担。

二审裁判理由

二审法院对原审判决查明的事实中双方无争议的事实予以确认，但是住总物业提出郑翔宇受伤的原因是第三人推他造成的。

二审庭审中，双方当事人均未提交新的证据。厦门市中级人民法院审理认为，住总物业虽不是健身器材所有人，但其负责吕岭小区的物业管理，与吕岭居委会共同接受了厦门市湖里文化体育局捐助使用的健身器材，对吕岭小区内的公共场地上安装设置公共健身器材亦未提出异议，故住总物业负有对上述公共健身器材维护和管理的义务，住总物业未能履行维护和管理义务，导致该健身器材存在一定的安全隐患，系造成郑翔宇人身损害的主要原因，因此，住总物业对郑翔宇人身损害应当承担主要赔偿责任，原审判决认定住总物业承担

70% 的赔偿责任是适当的。郑翔宇的监护人未做好未成年子女在公共场所活动的安全教育和防患，也是造成郑翔宇受伤的原因，原审认定郑翔宇的监护人应承担 20% 的责任也是适当和合理的。住总物业主张郑翔宇的监护人应当承担主要责任的理由依据不足。住总物业未能提供谁为第三人及系该第三人的误推造成郑翔宇受伤的相关证据，故其主张第三人的监护人也应承担赔偿责任的理由依据不足，不予采纳。郑翔宇的父母均居住于厦门市，其父母的暂住证上均载明携带子女郑翔宇，原审判决按 2006 年度厦门市城镇居民人均可支配收入标准计算残疾赔偿金是正确的，住总物业主张应当按郑翔宇户籍所在地的人均收入计算残疾赔偿金的理由不能成立，不予采纳。综上所述，原审判决正确，依法应驳回住总物业的上诉。

89. 消费者在从事娱乐经营活动的营业场所猝死且死因不详，该企业已尽到合理限度范围的安全保障义务的，是否还应承担相应的补偿责任？

消费者在从事娱乐经营活动的营业场所猝死且死因不详，对于该企业是否尽到合理限度范围的安全保障义务，人民法院应当根据具体案件情况，从该企业是否尽到相应安全警示义务，是否尽到相应谨慎注意义务，是否尽到及时救助义务及消费者猝死与接受该企业娱乐服务是否存在因果关系等几个角度予以分析认定义务人是否存在因疏于保障义务的不作为所导致的侵权责任。在该企业已尽到合理限度范围的安全保障义务，并无法定应当承担民事责任过错的情形下，但消费者是在实施有利于该企业获利的足浴行为中猝死，在此情形下，应当依法适用公平责任原则，对受害方予以救济。

典型疑难案件参考

崔生秀、温七女、郭斌、郭俊诉厦门都会健康俱乐部有限公司人身损害赔偿纠纷案

基本案情

2006 年 11 月 14 日 21 时 30 分左右，郭金华（男，1974 年 8 月 27 日出生，汉族，在此次事故中死亡）酒后与其妻温七女到被告处足浴，当晚 22 时 30 分

左右，郭金华在接受足底按摩服务时出现打嗝后不省人事。22 时 37 分 54 秒被告的员工向“120”报警求助，22 时 38 分 59 秒厦门市中医院江头分院急诊部派车，22 时 40 分 59 秒“120”急救车出车，22 时 45 分 59 秒“120”急救车到达事发现场，22 时 55 分 59 秒“120”急救车抵达医院，23 时急诊部医生诊断郭金华系猝死，并采取了一系列的急救措施，但因抢救未果，医生于23 时 40 分宣告郭金华临床死亡。被告随即向公安机关报警。2006 年 11 月 14 日，厦门市中医院出具的《居民死亡医学证明书》载明：直接导致郭金华死亡的原因是心跳呼吸骤停，引起心跳呼吸骤停的原因不详，发病到死亡的大概时间间隔为 1 小时。2006 年 11 月 23 日，原告温七女出具一份《声明书》给被告，该《声明书》载明：兹收到厦门市都会健康俱乐部有限公司“爱心捐款”人民币陆仟伍佰元整（6500 元）。今后关于郭金华的任何事情，都与厦门市都会健康俱乐部有限公司无关。如郭金华的家人亲友再到厦门市都会健康俱乐部有限公司闹事，本人愿负法律责任。后原、被告因赔偿事宜协商未果，原告遂于 2007 年 6 月 21 日诉至法院，请求判令被告立即赔偿原告各项费用 498417 元（死亡赔偿金 370260 元、丧葬费 12774 元、被抚养人生活费 224677 元、交通费 2096 元、住宿费 672 元、误工费 4080 元、精神损害抚慰金 50000 元，合计 664556 元。被告应承担 75% 的赔偿责任，即赔偿原告 498417 元）。

一审法院另查明：原告崔生秀系郭金华的母亲，原告郭斌、郭俊系郭金华与温七女的婚生子。原告崔生秀现年 54 周岁，其所在村民委员会及镇人民政府出具一份证明，称崔生秀丈夫于 2005 年 8 月病故，家中无主要劳动力，崔生秀本人已年老体弱，属村特困户、需救助对象等。崔生秀所在辖区黄石派出所证明崔生秀只有一子名郭金华，从 2005 年 4 月 5 日迁往厦门市湖里区台湾街 32 号 807 室。原告郭斌、郭俊系未成年人，其抚养义务人为郭金华和原告温七女。

另查明：被告的经营范围包括游泳池、健身馆、美容、美发、足底按摩、西餐厅。在该公司经营场所的醒目位置均有特别提示牌，载明：凡孕妇、心脏病、高血压、出血性倾向、骨质病等不宜按摩疾病者严禁泡浴及按摩，否则发生事故，本公司概不负责。还查明：原告在庭审中陈述郭金华系被告的老客户，经常会去被告处足浴，且在事发之前也没有发现郭金华有可能导致猝死的疾病或其他情况。

一审裁判结果

厦门市湖里区人民法院依照《中华人民共和国民事诉讼法》第 64 条第 1 款、《中华人民共和国民法通则》第 106 条第 2 款、最高人民法院《关于审理人身损害赔偿案件适用法律若干问题的解释》第 6 条第 1 款、第 17 条、第 27

条、第 29 条之规定，判决如下：

一、被告厦门都会健康俱乐部有限公司应于判决生效之日起 3 日内，赔偿原告崔生秀、温七女、郭斌、郭俊人身损害赔偿金 75850.95 元；

二、驳回原告的其他诉讼请求。

如果未按本判决指定的期间履行给付金钱义务，应当依照《中华人民共和国民事诉讼法》第 232 条之规定，加倍支付迟延履行期间的债务利息。

一审裁判理由

厦门市湖里区人民法院经审理认为：厦门市中医院对郭金华的临床诊断为猝死，并认定直接导致郭金华死亡的原因是心跳呼吸骤停。由于郭金华的尸体未经进一步的法医学鉴定，故对郭金华的死因目前只能根据医疗机构的诊疗意见进行认定，即郭金华系猝死。从医学角度分析，猝死的主要原因是内因，即体内已有潜在疾病或暴发性疾病存在，次要原因是外因，也称为诱因。诱因是通过内因起作用的。某种诱因对于真正健康的人是很小的危害或毫无危害，它对于某些主要脏器有潜在疾病、体质异常或过敏的人，却能引起内在疾病的迅速加剧甚至导致死亡。就本案而言，可以认定郭金华自身个体的身体状况应是其猝死的内因，喝酒及酒后按摩是其猝死的诱因。故郭金华应对其死亡后果承担主要责任。被告作为娱乐服务企业，负有在合理限度范围内的安全保障义务，应当知道酒后不宜进行保健按摩，但其从经营利益出发，对于酒后要求足浴服务的郭金华没有进行劝阻，仍然提供了足浴按摩服务，增加了郭金华发生猝死的概率。被告的该过错行为与郭金华自身的原因共同导致了郭金华死亡的结果。被告应对郭金华的死亡后果承担次要责任，故被告应负侵权损害赔偿之责任。根据致死原因比例大小及本案的实际情况，法院认定被告应对本案损失承担 15% 的赔偿责任。原告关于被告未配备现场急救物品和急救人员存在重大过错，应承担赔偿责任的主张，没有法律依据，不予采纳。原告关于被告延误报警的主张，与医疗机构的诊断及急救记录明显不符，不予采纳。本案损失的认定：（1）死亡赔偿金 370260 元及丧葬费 12774 元，符合法律规定，被告亦无异议，可以确认；（2）被扶养人生活费。郭斌和郭俊均系未成年人，其扶养义务人是郭金华和温七女，故郭斌和郭俊的生活费应认定为 120377 元（14162 元/年 ×17 年 ÷2 =120377 元）。关于崔生秀的扶养费问题，因原告提供的证据不足以证明其丧失劳动能力的程度及无其他生活来源的事实。故不予支持；（3）其他亲属办理丧葬事宜支出的交通费、住宿费和误工损失等合理费用，酌定以三人计，部分支持 2262 元〔交通费 786 元、住宿费 252 元、误工损失 1224 元（按四天计算）〕；（4）精神损害抚慰金。因郭金华的猝死主要是由于其自身原因造成，被告过错程度较轻，故不予支持。以上损失共计505673元，被告应当承担75850.95元。原告温七女出具的《声明书》并没有明确放弃主张权利的意思表示，故原告的起诉与法不悖，而其所收到的“爱心捐款”6500元应属于赠与性质，故不在被告的应付款项内进行抵扣。

二审诉辩情况

一审宣判后，原、被告均不服，向厦门市中级人民法院提起上诉。

上诉人崔生秀、温七女、郭斌、郭俊上诉称：（1）原审认定被上诉人承担本案损失15%的赔偿责任是错误的，被上诉人应承担本案损失75%的赔偿责任。从上诉人亲属郭金华死亡的前因后果上看，被上诉人存在众多过错：延误报警；未配备现场急救药品；未对员工进行紧急救护培训；无经培训合格的初级卫生救护人员开展现场救护；未对郭金华酒后足浴进行劝阻等，直接导致了郭金华突发疾病并失去最宝贵的抢救时机而死亡，因此，被上诉人应承担本案损失75%的责任。（2）原审未支持上诉人崔生秀的扶养费请求是错误的。上诉人崔生秀现年54周岁，其所在村民委员会及镇人民政府出具证明，指称上诉人崔生秀已年老体弱，属村特困户、需救助对象。这是上诉人崔生秀生活的基层组织与当地镇人民政府共同出具的证明，其真实性和权威性不容置疑，足以证明上诉人崔生秀已丧失劳动能力又无其他生活来源的事实，恳请二审法院予以支持上诉人崔生秀的抚养费诉求。（3）原审未支持上诉人精神损害抚慰金的主张是错误的。由于被上诉人的过错造成了郭金华的不幸死亡，不仅给上诉人造成重大财产损失，也给上诉人造成了最为严重的无法修复的精神创伤，理应予以足额判赔精神损害抚慰金。综上，崔生秀、温七女、郭斌、郭俊请求厦门市中级人民法院维持原审判决第一项，撤销原审判决第二项，改判被上诉人对本案损失承担75%的赔偿责任。

针对都会公司的上诉，崔生秀、温七女、郭斌、郭俊答辩称：（1）答辩人亲属郭金华有否饮酒到被答辩人处足浴，有被答辩人在原审提供的证据“厦门市中医院门诊记录单”为证。该门诊病历记载郭金华“饮啤酒1瓶”。当时双方还未发生争议，因此，郭金华家属对病史的陈述是真实可靠的。（2）被答辩人在其经营场所均有清晰提示凡有不宜按摩疾病者严禁泡浴及按摩，说明被答辩人确实知晓有泡浴按摩禁忌症者进行此类活动可能产生的严重不良后果。但被答辩人从其经营利益出发，对于郭金华酒后要求足浴服务没有进行劝阻，其主观过错是严重的，对郭金华的死亡负有不可推卸的责任。被答辩人并指责答辩人温七女有责任制止郭金华或提醒被答辩人，是将本应由被答辩人履行的义务无端转嫁到一个见识极其有限的农村妇女身上，依我国当下农村相对落后的实际情况而言，该指责不仅没有依据，在道义上更是备受谴责的！(3) 被答辩人认为“郭金华仅饮用啤酒一瓶，酒精含量或浓度很低”更是没有依据。酒量因人而异，酒量因酒有别。但可以肯定的是，饮一瓶啤酒足以使人生理机能发生变化。(4) 郭金华的尸体未经法医解剖，责任不在答辩人。引起其猝死的原因至今不明，但可以证明的一点是郭金华是很健康地走进被答辩人处足浴的，如果不是被答辩人的过错或者是其提供服务时的不当操作，郭金华怎能猝死？(5) 答辩人温七女出具的《声明书》，系由被答辩人打印而成，其意思表示完全由被答辩人运作，在整个声明中，未言明全体答辩人放弃对被答辩人主张诉讼权利和实体权利，也未表明是终结性处理结果，说明答辩人温七女领取的6500元确属爱心捐款，属赠与性质没有异议。答辩人请求厦门市中级人民法院依法驳回都会公司的上诉请求。

上诉人都会公司上诉称：第一，一审法院以酒后按摩未加劝阻为由，判令上诉人承担15%的损害赔偿责任，缺乏事实与法律依据。(1) 死者郭金华在接受足浴前是否有饮酒，仅有利害关系人家属的事后单方自述，并无其他相关证据印证，其真实性难以判断。(2) 上诉人在经营场所醒目位置均有清晰的提示，提示消费者在接受服务时应注意的事项及对自身身体状况作出相应的判断。死者郭金华作为经常到上诉人处足浴的老客户对此是非常清楚的，其对自身的身体状况亦是非常了解的，上诉人在本案中已尽了合理的提醒注意（劝阻）义务。同时，我们注意到，死者郭金华是与其妻子温七女一同前来足浴的，郭金华如果有饮酒，其妻子温七女有责任制止郭金华或提醒上诉人，但其妻子温七女并未做到。(3) 退一步讲，假设本案的死者郭金华在接受足浴服务前有饮酒行为，那么，本案如是发生在死者酗酒或醉酒的严重状态下接受足浴服务时猝死的情况，则以求尽合理限度范围内的安全保障义务为由，要求提供服务的一方（上诉人）承担相应的侵权损害赔偿责任是相对合理的。但从本案的客观情况来看，按照死者郭金华家属在厦门市中医院的病历中陈述，死者郭金华在做足浴之前仅是饮用啤酒一瓶，酒精含量或浓度很低，从当时的现场监控录像来看，郭金华并无酗酒或醉酒及其他异常行为，从常理上来看，作为上诉人处的工作人员仅从表面上来看，是很难判断死者是否饮酒，亦无法预知或判断会出现如此严重的后果。事实上，上诉人处的工作人员也的确不知郭金华有否饮酒行为。一审法院要求上诉人承担侵权损害赔偿责任，已远远超过法律上要求上诉人所承担的“负有在合理范围内的安全保障义务”，显然过于苛刻和牵强。(4) 诚如一审判决书所述，死者郭金华的尸体未经进一步的法医学鉴定，引起郭金华猝死的原因至今未明，法院并不是法定的医学鉴定机构，在无任何相关医学鉴定证据的情况下，一审法院认定上诉人的行为导致了死者死亡的后果，进而要求上诉人承担15%的侵权损害赔偿责任不当。

第二，被上诉人温七女在事故发生后向上诉人出具声明书，声明今后关于郭金华的任何事情，均与上诉人无关；从上述声明内容来看，一方面证明了郭金华家属收到6500元人民币的爱心捐助，郭金华的死亡与上诉人无关；另一方面郭金华家属亦作出了明确的放弃主张权利的意思表示。如今，被上诉人温七女提起诉讼主张权利，要求上诉人承担侵权损害赔偿责任，应认定被上诉人温七女已推翻上述声明书，该捐款不应认定为赠与性质。综上，都会公司请求厦门市中级人民法院撤销一审判决，改判驳回温七女等人的原审诉讼请求。

针对崔生秀、温七女、郭斌、郭俊的上诉，都会公司答辩称：(1) 关于赔偿责任问题，都会公司在本案中已经尽到合理注意义务，同时也尽到安全保障义务，所以郭金华的死亡与都会公司无关；(2) 关于崔生秀的抚养问题，根据最高人民法院《关于审理人身损害赔偿案件适用法律若干问题的解释》第28条第2款，本案实际上是郭金华的两个子女抚养问题已经解决，所以崔生秀已经不能获得赔偿。对于精神损害赔偿问题，按照一审判决认定，不应获得支持。都会公司请求厦门市中级人民法院驳回崔生秀、温七女、郭斌、郭俊的上诉。

厦门市中级人民法院经审理查明：对于一审判决查明的事实，除崔生秀、温七女、郭斌、郭俊对“当晚22时30分人事不省”及“被告员工向120报警求助”有异议外，其余事实双方当事人均无异议。对于当事人无异议的事实，法院予以确认。

另查明：一审庭审笔录记载：事故发生之后，作为受害人的妻子温七女为何不报警也不向120求救？原来温七女是农村来的妇女，死者郭金华户籍是先迁过来的。她遇到事情不知道怎么办，所以是求助于服务生，事发突然，当时她自己也慌了。

二审裁判结果

厦门市中级人民法院依照《中华人民共和国民事诉讼法》第153条第1款第1项、第3项，最高人民法院《关于贯彻执行〈中华人民共和国民法通则〉若干问题的意见（试行）》第157条的规定，判决如下：

一、维持厦门市湖里区人民法院〔2007〕湖民初字第1774号民事判决第二项；

二、变更厦门市湖里区人民法院〔2007〕湖民初字第1774号民事判决第一项为：被告厦门都会健康俱乐部有限公司应于判决生效之日起3日内，赔偿原告崔生秀、温七女、郭斌、郭俊人身损害损失50567.3元。

二审裁判理由

厦门市中级人民法院经审理认为：对于死者郭金华在都会公司接受足浴服务猝死的事实，双方当事人均无异议。都会公司作为从事娱乐服务企业，应对在其服务场所接受服务的消费者负有合理限度范围内的安全保障义务。

本案争议在于都会公司是否在合理限度范围内尽到安全保障义务？对此，法院结合查明的事实予以分析认证如下：其一，都会公司是否尽到相应安全警示义务？因都会公司在其经营场所的醒目位置均有特别提示牌，载明：凡孕妇、心脏病、高血压、出血性倾向、骨质病等不宜按摩疾病者严禁泡浴及按摩，否则发生事故，本公司概不负责。表明都会公司对于不宜接受足浴服务的情形已作充分告知义务，郭金华作为具有完全民事行为能力的成年人对此告示应当是清楚的。故应认定都会公司已尽到相应的安全警示义务。

其二，都会公司是否尽到相应谨慎注意义务？根据郭金华家属自述，郭金华是在饮用一瓶啤酒后在其妻子陪同下到都会公司接受足浴服务的。由于从郭金华饮酒后到其与妻子到都会公司进行足浴需要一段时间，依生活常识推断，在此情形下饮用一瓶啤酒应不足以出现醉酒状态，且若郭金华出现醉酒状态，其妻子仍与其前往都会公司进行足浴而不是将郭金华带回家中休息照料，显然也有违常理。同时，郭金华系经常到都会公司足浴的老客户，并没有不适宜足浴的记录，且其正处于壮年时期。基于以上分析，对于郭金华当时是否具备严禁足浴的情形，都会公司员工从表象上无法作出判断，在此情形下要求都会公司拒绝提供足浴服务有悖消费者及商家双方的目的，故应认定都会公司在合理限度范围内尽到相应的谨慎注意义务。

其三，都会公司是否尽到及时救助义务？根据都会公司提供的证据，可以证明在郭金华出现人事不省状态后，都会公司即向“120”报警求助，“120”接警后亦及时出车并送郭金华到医院进行抢救的事实。崔生秀、温七女、郭斌、郭俊所否认系都会公司员工报警，但根据温七女关于其事发后即向都会公司员工求助的自述及事发场所系都会公司足浴场所而非一般公共场所的事实，崔生秀、温七女、郭斌、郭俊该主张法院不予采信。由于郭金华系突然昏迷且原因不明，作为非医疗专业机构的都会公司，在此情形下若贸然采取救护措施可能会导致情况的恶化，故及时报警由专业医疗机构前往进行救助是其最佳选择。崔生秀、温七女、郭斌、郭俊关于都会公司未开展现场救护等，直接导致了郭金华突发疾病并失去最宝贵的抢救时机而死亡的上诉主张缺乏依据，法院不予采纳。故应认定都会公司已在合理限度范围内尽到相应的及时救助义务。

其四，郭金华猝死与接受都会公司足浴服务是否存在因果关系？崔生秀、温七女、郭斌、郭俊认为郭金华猝死系因酒后足浴所致，由于双方无异议的厦门市中医院出具的《居民死亡医学证明书》载明：直接导致郭金华死亡的原因是心跳呼吸骤停，引起心跳呼吸骤停的原因不详，发病到死亡的大概时间间隔为1小时。故在崔生秀、温七女、郭斌、郭俊未要求对死者进行尸检查明具体死因情形下，崔生秀、温七女、郭斌、郭俊的主张缺乏事实和法律依据，法院不予采纳。

综合以上四点分析，法院认定都会公司作为娱乐场所已在合理限度范围内尽到安全保障义务，都会公司该点上诉理由成立，法院予以支持。但是，都会公司在郭金华猝死事件中虽无法定应当承担民事责任的过错，而且双方当事人在此事件中利益均受到损害，但是郭金华是在实施有利于都会公司获利的足浴行为中猝死，其所受到的损害更为深重，都会公司亦以捐款行为表达对郭金华一家遭遇的同情。最高人民法院《关于贯彻执行〈中华人民共和国民法通则〉若干问题的意见（试行）》第157条规定："当事人对造成损害均无过错，但一方是在为对方的利益或共同的利益进行的活动受到损害的，可以责令对方或者受益人给予一定的经济补偿。"根据这一规定及结合郭金华一家经济状况，酌情由都会公司给予崔生秀、温七女、郭斌、郭俊补偿一部分经济损失是适当的，都会公司虽然给予崔生秀、温七女、郭斌、郭俊6500元爱心捐款，与郭金华一家的损害相比显然较低，但该补偿范围应当在适度范围之内，故对都会公司对本案损失应承担的经济补偿比例，法院酌情调整为10%。对于本案损失计算，一审法院依法作出的认定正确，应当予以维持，崔生秀、温七女、郭斌、郭俊关于一审法院对损失金额认定有误的上诉主张缺乏依据，法院不予支持。本案都会公司应当给予崔生秀、温七女、郭斌、郭俊经济补偿为50567.3元（505673元×10%）。

90. 大学生在大学宿舍楼卫生间滑倒摔伤，大学应否承担赔偿责任？

大学对所有在校学习的大学生的人身安全都负有注意的义务，包括防止在校学生受到第三人的侵害和其物件、设施给在校学生造成的人身损害。大学学生宿舍楼上的卫生间是供在校住宿的学生使用的必要设施，其地面不防滑，晚上没有电灯照明，对使用该卫生间的学生的人身安全留下了隐患。即使按照一个普通人注意义务的标准衡量，也应认定大学对使用该卫生间的学生的人身安全没有尽到注意的义务。学生使用该卫生间时滑倒摔伤，发生人身损害后果，大学对此有过错，应当赔偿损失。

91. 何种情形下可适用过失相抵原则确定损害赔偿责任？

具有完全民事行为能力的大学生，晚上饮酒后在宿舍楼使用无电灯照明的卫生间滑倒致伤，其对损害发生有明显的过错，依据《民法通则》第131条和最高人民法院《关于审理人身损害赔偿案件适用法律若干问题的解释》第2条第1款之规定，法院应适用过失相抵原则，减轻校方赔偿损失的责任。

典型疑难案件参考

龚利诉新疆大学人身损害赔偿纠纷案

基本案情

2005年1月8日中午3时许，龚利（新疆大学南校区学生）到新疆大学北校区与其他三位同学一起吃饭、喝酒。下午7时龚利与同学回到新疆大学北校区同学宿舍休息。晚10点龚利上卫生间时摔倒（卫生间灯不亮），后被同学扶回。次日凌晨8时左右同学发现龚利呼吸急促并伴有呕吐现象，遂送往兰州军区乌鲁木齐总医院。初步诊断为：特重型颅脑损伤，左额硬膜下脑内血肿，双侧额叶脑挫裂伤，左侧颞叶钩回疝，右侧顶部头皮挫伤。2005年3月17日出院，共计住院67天，花费医疗费79729.51元，门诊花费医疗费3387元。2005年3月17日龚利入住自治区人民医院，于2005年3月20日出院，共住4天花费医疗费2633.59元。

2005年3月20日入住兰州军区乌鲁木齐总医院于2005年7月21日出院，未办理出院手续，花费医疗费20380.03元，住院期间医疗费用未进行结算。2006年龚利诉至法院，要求新疆大学赔偿上述款项及护理费、交通费、住宿费等。

2006年3月30日，法院作出〔2006〕天民一初字第1079号民事判决。认为新疆大学北校区宿舍楼内存在安全隐患（卫生间照明灯损坏）未及时修理，导致龚利摔伤，新疆大学应承担主要过错责任，即70%。龚利摔倒致伤与其喝酒有关，其应承担次要责任，即30%。该判决已执行完毕。2006年6月9日，龚利再次诉至本院，提出上述诉讼请求。

另查，2006年6月20日，法院委托新疆新医司法鉴定所对龚利的伤残等级及护理依赖进行鉴定。结论为：被鉴定人龚利伤残等级为一级伤残。护理依赖等级为A级，即完全护理依赖。另，本案在审理中，新疆大学对〔2006〕天民一初字第1079号民事判决不服，向法院提出申诉。2006年12月18日，法院做出〔2006〕天民再字第43号民事判决。认为，龚利作为新疆大学南校区学生到北校区同学宿舍上卫生间，在灯坏情况下，进入陌生环境应充分注意安全，故对其摔伤应承担主要责任，即70%。新疆大学北校区宿舍楼内存在安全隐患未及时修理，其应承担次要责任，即30%。该判决已生效。

另查，龚利2005年4月25日至7月15日购买医疗用品花去4441元。

一审诉辩情况

原告龚利诉称：2001年8月，原告考入新疆大学化工学院，.在化机专业011班学习。2005年1月8日毕业前夕，晚上22点左右，原告在宿舍楼内上卫生间时，因卫生间内没有照明灯（灯已坏很久），不慎滑倒摔伤头部，先后在军区总院和自治区中医院进行治疗和康复174天，后因治疗费用没有着落出院。目前原告已成植物人，生活不能自理。为维护原告的合法权益，就部分损失诉至天山区人民法院，2006年3月30日天山区人民法院做出〔2006〕天民一初字第1079号民事判决，被告新疆大学承担70%的赔偿责任。现本人入住兰州军区乌鲁木齐总院部分医疗费已作结算，故诉至法院，要求被告支付医药费10005.36元（14293.38元×70%），伤残赔偿金113400元（162000×70%），护理费167206元（524582元×70%），残疾辅助器具1820元（2600×70%），营养费4662无（6660 ×70%）。

被告新疆大学辩称：原告的诉讼请求所依据的事实在过错上混淆是非，原告系喝酒致伤，原告在第一次去医院看病时自述是因不小心滑倒致伤。原告受伤后，我校对原告也进行了救助，原告在学校内喝酒已违反了校规。原告不能将〔2006〕天民一初字第1079号民事判决作为此案的参考依据。〔2006〕天民一初字第1079号民事判决我校将提起申诉，原告的诉讼请求没有具体的依据，请依法予以驳回。

一审裁判结果

一审法院依照最高人民法院《关于审理人身损害赔偿案件适用法律若干

问题的解释》第 18 条、第 19 条、第 21 条、第 24 条、第 25 条之规定，判决如下：

一、被告新疆大学赔偿原告龚利医疗费 4288.01 元（14293.38 元 ×30% =4288.01 元）；

二、被告新疆大学赔偿原告龚利营养费 1998 元（222 天 × 30 元/天 × 30%）；

三、被告新疆大学赔偿原告龚利护理费 157374 元（70 元 ×20 ×365 ×30% +70 年/天 ×194 天 ×30%）；

四、被告新疆大学赔偿原告龚利残疾赔偿金 48600 元（8100 元/年 ×20 年 ×30%）；

五、驳回原告龚利要求被告新疆大学赔偿残疾器具费用的诉讼请求。

一审裁判理由

一审法院经审理认为：原告龚利系新疆大学南校区学生，其酒后到新疆大学北校区同学宿舍休息，在上卫生间时，因卫生间没有照明灯而摔伤，导致龚利一级伤残属实。但龚利系新疆大学南校区学生，在校期间酗酒，违反了校规，由于其酗酒导致其进入陌生环境后没有注意安全，故其对自己摔伤应承担主要责任，即 70%。新疆大学北校区对宿舍楼内的安全隐患没有及时排除，对龚利的摔伤应承担次要责任，即 30%。因此，龚利在兰州军区乌鲁木齐总医院住院治疗期间产生的医疗费及购买的医疗用品所产生的费用，新疆大学应承担 30%。兰州军区乌鲁木齐总医院在龚利出院医嘱中注明，在非住院期间需加强护理、补充营养，因此，龚利要求新疆大学给付 2005 年 12 月 9 日至 2006 年 7 月 21 日期间的营养费每日 30 元之请求，新疆大学应承担 30%。龚利的户籍所在地在新疆大学，故残疾赔偿金应按一级伤残和新疆维吾尔自治区上一年度城镇居民人均可支配收入标准计算，由新疆大学承担 30%。依据新疆新医司法鉴定所对龚利的伤残等级及护理依赖的鉴定结论：龚利伤残等级为一级伤残，护理依赖等级为 A 级即完全护理依赖。故龚利要求给付 20 年护理费之请求，法院应予支持。根据最高人民法院《关于审理人身损害赔偿案件适用法律若干问题的解释》的规定，护理人员有收入的，参照误工费的规定计算；护理人员没有收入或者雇用护工的，参照当地护工从事同等级别护理的劳务报酬标准计算。乌鲁木齐市医院病人护理标准：不能下床病人及术后普通病人为 35 元/12 小时。龚利的护理依赖等级为 A 级即完全护理依赖，因此，龚利的护理费应按每日 70 元/24 小时计算。另外，龚利要求新疆大学给付 2005 年 12 月 9 日至 2006 年 6 月 22 日期间的护理费 15382 元之请求，新疆大学应按 30% 给付。关于龚利要求新疆大学赔偿残疾辅助器具之请求，因尚未实际发生，故法院不予支持。

二审诉辩情况

新疆大学上诉称：龚利违反上诉人校规，擅自离开化工学院，酗酒后到北校区学生宿舍休息，上卫生间时摔伤，是龚利酗酒导致的，事故责任应由龚利自己承担。上诉人北校区学生宿舍卫生间没有照明灯，仅是此次事故的很小因素，不应由上诉人承担30%的责任。原审法院按照每天70元护理费的标准给付龚利护理费，是没有依据的，现乌鲁木齐地区医院的最高陪护费就是每天60元。残疾赔偿金应按照统计局2006年5月12日发布的统计标准计算。龚利虽然现在是一级伤残，但不是终身伤残，将来有恢复的可能性，不应由上诉人承担20年的残疾赔偿金。故上诉二审法院，请求改判支持上诉人的诉讼请求。被上诉人龚利辩称：原审判决依据生效的〔2006〕天民再字第43号判决书认定新疆大学对此次事故承担30%责任，我方承担70%的责任，并无不当。龚利只是中午和同学吃饭喝了酒，不是酗酒，喝酒和酗酒是有着很大区别的。龚利现在是植物人，需要24小时陪护，每天70元陪护费也是两三年前的标准，并不算高，是合理的。龚利是一级伤残，完全依赖护理，原审判令给付20年陪护费是有法可依的。原审判决正确，请求维持原判。

二审裁判结果

乌鲁木齐市中级人民法院依照《中华人民共和国民事诉讼法》第153条第1款第3项之规定，判决如下：

一、维持乌鲁木齐市天山区人民法院〔2006〕天民一初字第2690号民事判决第1项、第2项、第3项、第5项；

二、变更乌鲁木齐市天山区人民法院〔2006〕天民一初字第2690号民事判决第四项“新疆大学赔偿龚利残疾赔偿金48600元（8100元/年×20年×30%　=48600元）为新疆大学赔偿龚利残疾赔偿金47940元/年（7990元×20年×30%　=47940元）。

二审裁判理由

乌鲁木齐市中级人民法院经审理查明的事实与原审法院认定事实相一致。

乌鲁木齐市中级人民法院经审理认为：新疆大学南校区学生龚利酒后在新疆大学北校区学生宿舍上卫生间时摔伤致残。主要原因是龚利作为完全民事行为能力人进入陌生环境未能小心谨慎，加之酒后对环境判断能力下降，判断不准确而造成的，次要原因是新疆大学北校区学生宿舍卫生间没有照明灯，新疆大学对宿舍楼内的安全隐患没有及时排除。以上原因造成了龚利的伤残。原审判令龚利承担70%责任，判令新疆大学承担30%责任，并无不当。新疆大学对原审认定的龚利医疗费4288.01元及营养费1998元均予以认定，故法院对医疗费及营养费予以认定。新疆大学认为陪护费每天70元没有依据，法院认为原审经过调查按照乌鲁木齐地区的相应水平认定护理费每天70元并无不当。

原审法院委托新疆新医司法鉴定所对龚利的伤残等级及护理依赖进行鉴定，结论为：被鉴定人龚利伤残等级为一级伤残，护理依赖等级为A级，即完全护理依赖，故原审确定按照20年支付陪护费有法律依据。新疆大学诉称龚利有可能康复，不应一次性支付20年护理费的上诉理由缺乏事实及法律依据，法院不予支持。经法院向新疆维吾尔自治区统计咨询服务中心核实，2005年城镇居民家庭平均人均可支配收入应以2006年5月12日发布的7990元标准为依据，原审按照8100元为依据不当，二审法院予以纠正。

92. 道路护拦坠落致人损害，在道路交通行业规范未作规定的情况下，护栏管理单位没有充分证据证明其对损害没有过错的，应否承担损害赔偿责任？

建筑物及其他地上物侵权损害这一特殊侵权行为适用的是过错推定责任。本案特殊之处在于坠落致人损害的护栏属于道路交通安全设施，我国道路交通行业部门对此制定有专门的设计、施工、维护行业规范，在认定护栏管理单位是否构成过错时，这种行业规范是据以判定的考量因素。违反此种行业规范导致潜在风险时若管理单位不能提出确切反证，应认定其存在过错。然而在行业规范未有规定时，管理单位据此消极不作为，是否能认定不存在过错则值得思量。此时从实现保护自然人生命权、健康权等基本民事权益的基础性法律价值，从适用效力层次更高的民事规范的角度来审视，管理单位存在过错，应承担民事责任。

典型疑难案件参考

高某诉贵阳市市政工程管理处人身损害赔偿纠纷案

基本案情

2005年7月23日上午10时许，高某乘坐由邓某驾驶的贵AG6359号车外出办事，途经贵阳市三桥立交桥二层桥面路段。此时由刘某驾驶的、车主登记为牛某的川 BB9030 号货车在该处立交桥三层桥面上相向行驶，因下雨路滑操作不当导致货车失控，在逆行道上侧滑蛇行倒退了大约 98.6 米，最终撞向立交桥左侧护栏，货车尾部保险杠与立交桥水泥护墙相撞，而高于水泥护墙的货厢则与水泥护墙上的钢管扶手相撞，将一截长度为 3.4 米的钢管撞落，然后货车呈弧形刮蹭墙面继续滑行 0.5 米停下，在水泥护墙上高 0.6 米的地方留下长约 0.5 米的划痕。被撞钢管坠下后击中高某乘坐的在下层行驶的车辆，致使高某头部受伤，贵 AG6359 号车辆损坏。高某当即被送往水电九局职工医院抢救。事故发生后，贵阳市交警支队一大队于 2005 年 7 月 27 日出具第 2050785 号《交通事故车辆技术检验报告》，检测出刘某驾驶的川 BB9030 号货车行车转向合格，行车制动合格，驻车制动不合格。2005 年 8 月 5 日，贵阳市交警支队一大队做出交通事故认定书，依据《中华人民共和国道路交通安全法》第 22 条第 1 项、第 99 条的规定认定刘某负事故全责，邓某、高某无责。

另查明，市政管理处定期对三桥立交桥路段进行了维护管理，对于维护管理过程通过设施维护计划完成情况表、生产完成情况表、隐蔽工程检查记录表予以了记录。三桥立交桥路段交通事故较为频繁，车辆撞击水泥护墙的情况经常发生，护墙多处出现撞痕、破损，钢管扶手也存在一定程度的锈蚀现象，个别钢管扶手还出现了松动、错位的情况。

一审诉辩情况

高某诉称：高某是被属于市政管理处管理的立交桥护栏坠下击中头部致重伤，经鉴定为一级伤残，生活不能自理，现系无民事行为能力人。事发后，与市政管理处多次协商未果，高某因缺乏资金不能得到及时的后续治疗，身体及精神上遭受再次摧残。高某之母张某为此诱发高血压、精神恍惚；高某之妹高某某为此也心力交瘁，不能正常工作。请求判令市政管理处赔偿其医疗费 186421.81 元、护理费 8175 元、住院生活补助费 2745 元、营养费 2450 元、误工费 9588.86 元、残疾赔偿金 162942.60 元、交通费 1510 元、定残后护理费 242400 元、鉴定费 2400 元、残疾辅助器具费 50997.70 元及精神损害抚慰金 200000 元；保留赔偿必要康复治疗费用的诉权。

市政管理处辩称：贵阳市交警支队一大队已经做出认定，系第三人刘某驾驶川 BB9030 号车撞击三桥立交桥护栏构件，致铁管脱落使贵 AG6359 号车上乘客高某受伤。铁管被刘某所驾车辆的货箱撞击后不可能不脱落。市政管理处在事发前已经对该处道桥设施尽到了维护义务，事发前该处路段路桥设施不存在安全隐患，应当由第三人刘某及肇事机动车主牛某承担本案民事赔偿责任。由于高某并未死亡，其母张某、其妹高某某不是本案精神损害抚慰金的赔偿权利主体。故不应支持其要求给付精神损害抚慰金的诉请。第三人刘某、牛某辩称：市政管理处未尽公共安全保障义务，对其管理范围内的道桥设施疏于维护，致使该处路段存在重大安全隐患。而刘某驾驶车主登记为牛某的川BB9030号货车肇事所撞击的只是立交桥水泥护墙。由于市政管理处维护不善，护栏多处出现锈蚀，抗撞击能力低下，致使立交桥护栏被震动后即脱落下坠伤人。高某等人并没有请求第三人承担赔偿责任，市政管理处请求判令刘某及牛某承担本案民事责任之理由不能成立，应由市政管理处承担本案民事责任。

一审裁判结果

一审法院判决由市政管理处、刘某、牛某于判决生效后10日内一次性连带赔偿高某各项损失589417.97元，驳回高某其余诉讼请求；驳回张某、高某某的诉讼请求。

一审裁判理由

一审法院认为，根据最高人民法院《关于审理人身损害赔偿案件适用法律若干问题的解释》第3条“二人以上共同故意或者共同过失致人损害，或者虽无共同故意、共同过失，但其侵权行为直接结合发生同一损害后果的，构成共同侵权，应当依照《民法通则》第130条规定承担连带责任”之规定，法律在侵权行为领域适用连带责任的一般原则是出于对侵权人主观过错（共同故意或共同过失）所进行的一种加重惩罚。但是，当生活中两个以上分别实施的并且不存在任何意思联络的侵权行为共同作用造成了同一侵害后果时，虽然行为人在主观上并不具有共同过错，但是如果该多个行为之间因客观上结合的紧密程度造成无法判断每一个侵权行为与损害后果之间原因力的大小和因果关系的程度从而无从划分过错比例时，法律将基于对受害人的保护而突破连带责任适用的一般原则，要求侵权人仅因其行为存在客观联系的紧密性进而承担连带责任。因此，法律此时适用连带责任并非是出于对侵权人主观过错的加重惩罚，而是试图通过对受害人的特殊保护以实现分配的正义。

具体到本案而言，第三人刘某驾驶的川BB9030号货车行驶过程中撞坏事发立交桥左侧护栏，与被撞护栏相连的前截护栏因此坠下击中高某，该侵权行为是造成本次事故的直接原因，因此，其在本次事故中显然存在过错，应当承担赔偿责任。第三人牛某系登记车主，与刘某同为机动车一方，故刘某、牛某应当承担本案民事赔偿责任。但是由于本案又同时属于高空坠物致人损害的特殊侵权行为，根据《中华人民共和国民法通则》第126条的规定，应当对该种侵权行为中建筑物、构筑物的所有人或管理人适用过错推定的归责原则，作为市政设施管理者和维护者的市政管理处应当举证证明其是否对事发立交桥路段尽到了合理的管理和维护义务，是否在本次事故中不存在过错。

由于本次事故中坠落击中受害人高某的护栏并非被车辆直接撞击的护栏，而是位于被撞护栏前端的护栏。此肇事护栏在间接受到震动后即从套箍连接处坠落。铁质护栏在露天自然状态下极易出现氧化锈蚀是众所周知之事实，此处既为交通要道，又是交通事故多发地段，水泥护墙多处出现破损，护栏也有锈蚀现象，存在安全隐患。市政管理处作为管理、维护义务人，理应给予更加严谨的注意，进行及时、有效的维护和巩固。现市政管理处提供的维护工作完成情况表等书证虽可证实其曾进行日常维护，但从本案实际情况而言，其维护工作并没有达到应有的基本效果，不能以此认定其无过错。被告市政管理处管理的构筑物存在安全隐患，与第三人刘某驾驶机动车肇事，均是本次事故发生的直接原因。护栏因刘某驾驶机动车肇事撞击所产生的震动而脱落，这种情况下显然无法判断车辆撞击与护栏焊接不牢在导致护栏坠落这一损害结果中的因果关系和原因力大小。本案中市政工程管理处疏于管理的过错行为与肇事车辆撞击护栏的过错行为共同作用下才最终导致了本次事故的发生。因此，在无法判定两行为对损害结果的原因力大小的情况下，应当由两侵权人对受害人高某的损害结果承担连带赔偿责任。关于高某某、张某是否为本案精神损害抚慰金赔偿权利人之问题，高某某、张某系事故受害人高某之亲属，高某伤后虽系无民事行为能力人，但其民事权利主体资格尚存，高某仍为本案各项人身损害赔偿项目包括精神损害抚慰金之唯一权利人。高某、张某请求赔偿其精神损害抚慰金缺乏法律依据，不予支持。

综上所述，原告高某因本次事故所致各项损失为：医疗费 183634.81 元、护理费 8175 元、住院生活补助费 2745 元、营养费 2450 元、误工费 9588.86 元、残疾赔偿金 162942.60 元、交通费 1510 元、定残后护理费 169100 元、鉴定费 2400 元、残疾辅助器具费 26871.70 元及精神损害抚慰金 20000 元，共计 589417.97 元。应由被告市政管理处与第三人刘某、牛某承担连带赔偿责任。

二审诉辩情况

上诉人市政管理处不服该判决上诉至贵州省高级人民法院，请求如下：依法撤销贵阳市中级人民法院做出的〔2006〕筑民一初字第 82 号民事判决；本案一、二审的诉讼费用由被上诉人承担。理由如下：一审法院认定事实错误，致伤高某的是直接被撞飞坠落的钢管，而不是一审法院认定的是与受撞钢管相连的前一截钢管；一审法院认定市政管理处对事发地段的维护没有达到应有的基本效果存在安全隐患，是缺乏依据的，市政管理处按照《城市桥梁养护技术规范》已经尽到了维护责任。一审法院认定市政管理处的安全隐患是本次事故的直接原因，并判处市政管理处与第三人承担连带赔偿责任是适用法律不当。

被上诉人高某辩称：市政管理处对事发地段的维护没有达到应有的基本效果，存在安全隐患，导致钢管受到外力震动即脱落坠下砸伤高某，本案系高空坠物致人受伤引起的人身损害赔偿纠纷，按照相关法律规定应由市政管理处举证证明其无过错，由于其未提出证据证明无过错，所以应由市政管理处承担赔偿责任。一审第三人刘某、牛某在二审质证时并未到庭。向贵州省高级人民法院提供了书面答辩意见，与一审一致。

市政管理处在二审举证期限内向贵州省高级人民法院提交了鉴定申请书，要求鉴定三桥立交桥桥面防护栏的功能及其安全技术要求，肇事车对致害栏杆的撞击力及其对支座和坠落栏杆的传导受振力是多少，该力度是否超出其承受力。在二审质证过程中，高某认为市政管理处在一审并未提出鉴定申请，在二审中再提起违反了最高人民法院《关于民事诉讼证据的若干规定》的有关规定；提起鉴定时间距事故发生之日已有两年，鉴定检材早已灭失，鉴定已不具意义。

二审裁判结果

贵州省高级人民法院判决由贵阳市市政工程管理处、刘某、牛某于本判决书生效后15日内一次性按份赔偿高某各项损失589417.97元，贵阳市市政工程管理处承担40%，即235767.19元；刘某、牛某承担60%，即353650.78元。

二审裁判理由

贵州省高级人民法院经审理认为：综合双方当事人对于本案事实和证据的分歧意见，本案的争议焦点可归纳为：(1) 市政管理处对于高某因本次事故所致损害后果是否应承担损害赔偿责任；(2) 市政管理处与刘某、牛某是否构成共同侵权；(3) 市政管理处与刘某、牛某应如何分担损害赔偿责任。

关于市政管理处对于高某因本次事故所致损害后果是否应承担损害赔偿责任的问题。贵州省高级人民法院认为，市政管理处作为对包括三桥立交桥在内的市政设施具有管理职能的事业单位，如果出现了立交桥的附属设施致人损害的情形，应依据最高人民法院《关于审理人身损害赔偿案件适用法律若干问题的解释》第16条第1款第1项“下列情形，适用《民法通则》第126条的规定，由所有人或者管理人承担赔偿责任，但能够证明自己没有过错的除外：(一) 道路、桥梁、隧道等人工建造的构筑物因维护、管理瑕疵致人损害的”

的规定适用过错推定的归责原则，推定市政管理处对于发生的损害存在过错，承担建筑物及其他地上物侵权损害赔偿责任。如果其能证明不存在维护、管理瑕疵，在本次事故中不存在过错，则不应承担建筑物及其他地上物侵权损害赔偿责任。

市政管理处虽然辩称其按照2004年3月7日起施行的由建设部颁发的作为国家行业标准的《城市桥梁养护技术规范》（以下简称《养护规范》）第3.0.6、3.0.7条的规定，对三桥立交桥进行了定期的有计划的保养维护，对于维护管理过程通过设施维护计划完成情况表、生产完成情况表、隐蔽工程检查记录表予以了记录。而且依据1994年6月1日起施行的由交通部颁发的作为国家行业标准的JTJ074 －94《高速公路交通安全设施设计及施工技术规范》（以下简称设计施工规范）第8.1.13条的规定，本案中致高某损害的钢管扶手属于护栏承受碰力构件以外的辅助构件，主要功能在于美观、装饰和保障行人安全，其不承受撞击不要求具有阻挡车辆、非机动车冲出桥面、路面的功能，故其没有义务保证钢管扶手能承受任何力度的撞击不坠落。所以，市政管理处已经尽了维护管理义务，不存在过错，不应承担责任。

但是贵州省高级人民法院认为：从本案实际情况看，市政管理处并没有举出充分证据证明其没有过错。首先，市政管理处所采取的维护管理措施本应符合行业规范之养护要求，以保证辅助构件具备最基本的防撞能力并保持这种能力的稳定性，其虽然举证证明依据《养护规范》3.0.6、3.0.7条的规定，对三桥立交桥进行了定期的有计划的保养维护，但是市政管理处的维护并没有达到《养护规范》的要求。因为按照《养护规范》第10.2.1条的规定，桥梁的防护栏杆等防护设施应完整、美观、有效，不得有断裂、松动、错位、缺件、剥落、锈蚀等损坏现象，另外，按该规范第3.0.4条的规定，一等养护桥梁应重点养护，巡检周期不应超过1天。可是，三桥立交桥护栏却存在水泥面剥落、栏杆锈蚀、松动、错位的情况，市政管理处也未举出充分证据证明对于护栏缺陷在规定期限内予以发现并及时维修。可以说，市政管理处存在瑕疵的作为行为降低了钢管扶手的防撞能力，增加了钢管被撞脱落的风险，不能说其与本案中事故的发生没有因果关系。

另外，我国现有的强制适用的公路桥梁护栏行业规范虽然只规定了桥梁护栏主要功能在于具有一定的承受撞击力以阻挡车辆冲出路面或桥面或者阻挡行人、非机动车的坠落，为道路使用者提供安全保障，并没有明确规定设计时要求护栏在有效承受撞击阻挡车辆冲出桥面时辅助构件必须不会脱落，或者维护管理者要采取有效预防措施，从而避免可能造成的对道路外第三者的伤害。然而，贵州省高级人民法院认为这并不能成为市政管理处对于钢管扶手的安全性消极不作为的理由。本案事发地段三桥立交桥按《养护规范》第3.0.4条第（2）项的规定，属于城市桥梁中区域集会点的一等养护桥梁，高某和肇事货车所在的桥段之间没有间隔，高度上又存在落差，上层桥面一旦有物件坠落，很容易对下层桥面的行人、车辆造成损害，而且该地段经常发生机动车撞击护栏的交通事故。基于危险控制理论，市政管理处作为实际管理人对以上情况不可能不了解，其应该也有能力预见到不具备承受撞击功能的钢管扶手被撞击脱落从而伤害到下层桥面行人、车辆的风险。从实现保护自然人生命权、健康权等基本民事权益的基础性法律价值，从适用效力层次更高的民事规范的角度来看，认为行业规范未规定即不负有注意义务，从而消极不作为，放任这种风险的发生的做法显然是不恰当的。即使行业规范对钢管扶手这类的辅助构件的维护管理未予明确，市政管理处也要基于对自然人生命权、健康权等基本民事权益的尊重，负担合理限度范围内的一般经验上准则或欠缺其他社会生活上所要求之安全保障义务，采取设立警示标志等措施尽可能地避免损害的发生。甚至可以说，在特殊地段的钢管扶手的坠落风险已呈现高发性、急迫性的状态，对驾驶员、乘客、行人的生命权、健康权等基本民事权益已构成了迫在眉睫的妨害时，市政管理处就要承担更大限度的安全保障义务：修建防护网等防止扶手坠落的预防性措施，必要时还应拆除钢管，用其他较为安全材料如硬质塑料管等作为护栏扶手，从而尽可能地防范风险，充分保护自然人的民事权益。

最高人民法院《关于审理人身损害赔偿案件适用法律若干问题的解释》第6条第1款“从事住宿、餐饮、娱乐等经营活动或者其他社会活动的自然人、法人、其他组织，未尽合理限度范围内的安全保障义务致使他人遭受人身损害，赔偿权利人请求其承担相应赔偿责任的，人民法院应予支持”，就规定了这种安全保障义务。然而，市政管理处并未证明其采取了任何预防扶手坠落的措施。

综上所述，正因为市政管理处一系列瑕疵作为、消极不作为的行为，被撞脱落的钢管才会毫无阻碍地砸落在事先未得到任何警示的高某乘坐的车辆上，使高某受伤，故市政管理处对于特殊地段的桥梁的维护管理存在一定瑕疵，亦未尽合理限度范围内安全保障义务。由于其未能证明对事故的发生不具有过错，建筑物及其他地上物侵权损害成立，市政管理处应承担赔偿责任。要说明的是，市政管理处提出鉴定申请，欲证明钢管扶手不承受撞击，不具有阻挡车辆、非机动车冲出桥面、路面的功能，故其没有义务保证钢管扶手能承受任何力度的撞击不坠落。

然而，贵州省高级人民法院认为：前文既然已经论证了在钢管扶手承撞能力符合设计标准、行业规范对其安全性未有规定的情况下，市政管理处依然负有安全保障义务，那市政管理处的鉴定请求也就不具有意义了。即使鉴定结论能印证市政管理处的主张，也不能免除，反而更明确了市政管理处的安全保障义务，因为钢管扶手越不具备承受撞击能力，其被撞落的风险就会越高，市政管理处就越要采取必要的措施防止钢管扶手坠落发生损害，故贵州省高级人民法院不同意其鉴定申请。

关于市政管理处与刘某、牛某是否构成共同侵权的问题。贵州省高级人民法院认为，虽然市政管理处侵权损害赔偿责任成立，但是其并不与刘某和牛某构成共同侵权。首先，市政管理处与刘某、牛某不存在共同过错和共同过失。其次，虽然货车的撞击与市政管理处的管理维护瑕疵在客观上相结合导致坠落的钢管扶手砸伤高某，但是本案并没有充分的证据证明在不经外力撞击或有轻微外力撞击的情况下钢管扶手即会坠落，而且致害钢管扶手也不是一审法院认定的是由于位于前端的钢管扶手被撞，在间接受到震动后从套箍连接处坠落，而是被肇事货车的货箱直接撞落的。故货车撞击才是钢管扶手坠落并致伤高某的直接、主要的原因，而市政管理处的管理维护瑕疵及不作为只是未尽可能的阻止损害结果的发生，本身不会也不可能直接或必然引发高某的受伤，因而只能是间接、次要的原因。因此，本案并不是一审法院认定的那样因行为之间客观上结合的紧密程度造成无法判断每一个侵权行为与损害后果之间原因力的大小和因果关系的程度。

综上，刘某、牛某与市政管理处既不存在主观上的意思联络，货车的撞击与市政管理处的管理维护瑕疵也是间接偶然结合才导致坠落的钢管扶手砸伤高某，不存在客观的关联共同性。因而，本案不能构成共同侵权，而是无意思联络的两个独立侵权行为的并存。要说明的是，即使本案如一审法院认定的构成共同侵权，按最高人民法院《关于审理人身损害赔偿案件适用法律若干问题的解释》第5条“赔偿权利人起诉部分共同侵权人的，人民法院应当追加其他共同侵权人作为共同被告。赔偿权利人在诉讼中放弃对部分共同侵权人的诉讼请求的，其他共同侵权人对被放弃诉讼请求的被告应当承担的赔偿份额不承担连带责任。责任范围难以确定的。推定各共同侵权人承担同等责任。人民法院应当将放弃诉讼请求的法律后果告知赔偿权利人，并将放弃诉讼请求的情况在法律文书中叙明”的规定，一审法院在高某仅起诉市政管理处放弃对刘某、牛某诉讼请求的情况下，却将刘某、牛某追加为第三人，也未将放弃诉讼请求的法律后果告知高某，并将该情况在法律文书中叙明，最后也未判处市政管理处对刘某、牛某应当承担的赔偿份额不承担连带责任，这种处理也显然是不恰当的。但鉴于市政管理处、刘某、牛某都未对此提出上诉，故贵州省高级人民法院不对此再进行审理。

关于市政管理处与刘某、牛某应如何分担损害赔偿责任的问题。贵州省高级人民法院认为，既然共同侵权不成立，市政管理处与第三人刘某、牛某应根据最高人民法院《关于审理人身损害赔偿案件适用法律若干问题的解释》第3条第2款“二人以上没有共同故意或者共同过失，但其分别实施的数个行为间接结合发生同一损害后果的，应当根据过失大小或者原因力比例各自承担相应的赔偿责任”的规定，对高某的损害承担按份赔偿责任。一审法院适用该条第1款判定双方承担连带责任适用法律不当，应予纠正。由于货车的撞击是损害的直接、主要原因，因而刘某、牛某要对本案的事故负主要责任，贵州省高级人民法院认为其责任比例为60%为宜；市政管理处的维护管理存在一定的瑕疵，对事故的发生要负相应的责任，其责任比例为40%为宜。

93. 在刑事案件未侦破的情况下，被害人能否提起民事赔偿诉讼？

负责小区安全保障的物业管理公司未尽到合理的安全保卫义务，导致小区居民遭受侵害，即使刑事案件没有侦破，物业公司也应当承担相应的民事赔偿责任。

典型疑难案件参考

刁义丽诉泉州市华洲物业管理有限公司未尽人身安全保护义务案

基本案情

2003年4月15日，原告刁义丽与吴孝新签订了一份租赁协议，由原告向吴孝新承租华洲商贸城好望角917室，租赁至2003年7月15日，约定每月租金1000元，租赁期间的水电费、物业管理费由刁义丽自理，每月按物业管理公司的规定交付，刁义丽应在签订合同时交付出租方2000元保证金，双方若终止协议应提前一个月通知对方，否则应赔偿损失1000元等内容。

2003年7月11日，双方又签订了一份自2003年7月16日起为期半年的续租合同，在续租赁合同中除将每月租金变更为950元外，其余内容与前一份租赁合同基本相同。租赁期间，刁义丽分别于2003年6月7日和2003年7月9日向华洲物业公司交纳了两笔水电费、物业管理费等费用，其中每月的物业管理费为64元。

2003年7月14日，刁义丽向晋江市公安局池店派出所报案称：其在当天凌晨3时许在返回位于池店镇华洲村世纪外滩好望角917号房的租住处时，被一名身穿保安制服的男子尾随，后该男子跟随其进入房间，意图对其进行强奸，后刁义丽乘其不备，从九楼跳到八楼阳台逃脱，并向公安机关报案。根据刁义丽的报案，晋江市公安局池店派出所的人员对现场进行了勘查，并对刁义丽做了询问笔录，对该案于2003年8月8日正式进行立案侦查，现该案尚在侦查中。

一审诉辩情况

原告刁义丽向福建省晋江市人民法院起诉称：由于上述侵害事件的发生，使原告的精神受到极度惊吓并在名誉、精神上都遭受重大损害，不得不退租搬迁，并因此遭受房屋租金、违约金等损失。原告遭受侵害系因被告华洲物业公司没有履行其应尽的管理义务包括保护原告人身、财产安全等义务，故请求被告：(1) 登报向原告道歉并赔偿精神损失费10000元；(2) 赔偿原告租金损失2000元；(3) 被告承担本案的诉讼费用。

被告华洲物业公司答辩称：(1) 本案中并不存在原告所声称的受侵害事实，更不存在所谓的犯罪嫌疑人是被告公司保安的情况；(2) 即使存在原告受侵害的情况，原告在本案中是以被告违约为由进行起诉的，只有侵权行为才可能导致精神损害赔偿，因此原告要求精神损害赔偿也没有法律依据；(3) 被告作为物业管理公司的职责只是对小区的房屋及其配套设施和相关场地进行维修、养护、管理，维护相关区域内的环境卫生和秩序，并不负有保护住户人身不受第三人暴力侵害的义务，也不能保证住户的人身安全绝对不会受第三人非法侵害，因此原告要求被告承担责任没有事实与法律依据。

一审裁判结果

福建省晋江市人民法院根据《中华人民共和国民事诉讼法》第64条、最高人民法院《关于民事诉讼证据的若干规定》第2条、国务院《物业管理条例》第2条、第47条的规定判决：

驳回原告刁义丽的诉讼请求。

一审裁判理由

福建省晋江市人民法院认为：原告刁义丽主张在其租住的华洲商贸城好望角917房遭到第三人的侵害，对此只有其单方的陈述和公安机关根据其陈述所作的询问笔录等证据，没有其他证据佐证，且现本案尚处在刑事侦查过程中，公安机关对刁义丽的报案尚未作出结论，刁义丽所称的犯罪嫌疑人也尚未归案，因此对刁义丽主张受他人侵害的事实，缺乏证据证明，不予采信，且即使本案中刁义丽的诉称属实，因刁义丽系选择采取以违约为诉由提起诉讼，认为华洲物业公司没有尽到保护住户人身财产安全的物业管理义务，但本案中原、被告之间并未签订书面的物业管理合同，华洲物业公司并没有约定的安全保护义务。国务院《物业管理条例》第 2 条规定："本条例所称道的物业管理，是指业主通过选聘物业管理企业，由业主和物业管理企业按照物业业务合同的约定，对房屋及其配套的设施设备和相关场地进行维修、养护、管理，维护相关区域内的环境卫生和秩序的活动。"第 47 条规定："物业管理企业应当协助做好物业区域内的安全防范工作。发生安全事故时，物业管理企业在采取应急措施的同时，应当及时向有关行政管理部门报告，协助做好救助工作。"可见物业管理公司的职责只是对区域内的房屋和配套设施及相关场地进行维修、管理，协助做好物业管理区域内的安全防范工作，并没有保障住户人身安全不受侵害的义务。因此刁义丽要求赔偿租金损失和精神损失的请求缺乏事实和法律依据。

二审诉辩情况

一审判决后，刁义丽不服，向福建省泉州市中级人民法院提起上诉称：一审认定事实有误，举证责任分配不当，要求撤销原判，依法改判被上诉人华洲物业公司赔偿刁义丽经济损失 2000 元，赔偿精神损失费 10000 元并登报赔礼道歉。理由是：(1) 刁义丽受到侵害有刁义丽身体受伤的照片、公安机关报案笔录、立案侦查信息表、现场勘查笔录等诸多证据证明，一审法院不予采纳是完全错误的，也不能以尚未破案为由即否认这些证据。(2) 刁义丽实际入住了华洲商贸城并向华洲物业公司交纳了物业管理费，刁义丽与华洲物业公司之间的物业管理合同已经成立并生效。在刁义丽受到侵害的情况下，华洲物业公司应当举证证明其已经尽到了合理的安全保护义务，而不应由刁义丽来承担举证责任。(3) 刁义丽在受到侵害的情况下，精神上受到重大打击，名誉受到损害，并处于安全考虑搬迁了住处，这些损失都应当由未尽到义务的华洲物业公司来承担，且我国法律并未否定违约损害赔偿中的精神损害赔偿请求权，鉴于本案的情况，刁义丽的精神损害赔偿应予支持。

华洲物业公司答辩称：一审判决正确，应予维持。(1) 上诉人提供的受侵害证据，仅有公安机关向其所做的单方询问笔录而无其他证据佐证，不足以认定。(2) 刁义丽与华洲物业公司之间并未签订物业管理合同，双方之间不存在合同关系，华洲物业公司也就没有对刁义丽尽保护义务的法定义务或约定义务。且即使双方存在合同关系，华洲物业公司的义务也仅是维持小区的秩序，并无法制止犯罪行为的发生，刁义丽即使受侵害也应由侵害人负责，华洲物业公司不存在违约行为。(3) 刁义丽在一审和上诉中都明确以合同之诉提出请求，在合同之诉中，损害赔偿的范围不包括精神损害，上诉人要求的赔礼道歉等责任形式也仅适用于侵权之诉，故上诉人要求华洲物业公司赔礼道歉和赔偿精神损害抚慰金的请求也缺乏法律依据。

二审裁判结果

泉州市中级人民法院依照《中华人民共和国民事诉讼法》第153条第1款第2项、第3项，《中华人民共和国合同法》第36条、第60条、第107条、第113条、第119条和国务院《物业管理条例》第47条的规定，判决：

一、撤销福建省晋江市人民法院〔2005〕晋民初字第991号民事判决；

二、泉州市华洲物业管理有限公司应在本判决生效后10日内赔偿刁义丽经济损失人民币1950元；

三、驳回刁义丽的其他诉讼请求。

二审裁判理由

泉州市中级人民法院除一审查明事实外，另查明：(1) 华洲商贸城小区属商业经营区与居民居住区混合，其中一至三层为商业经营区域，四层以上为居民小区，并共用一部电梯，居住区未实行封闭式管理。(2) 2003年7月23日，即刁义丽主张遭受他人侵害事件发生后，刁义丽搬离原小区转租泉州市丰泽区六灌路富贵人家F—1401室，租金每月1000元。

泉州市中级人民法院认为：

1. 关于刁义丽主张其于2003年7月14日在华洲商贸城其租住处受到他人侵害是否属实的问题。刁义丽除一审中提供的有关公安机关于2003年7月14日下午对其所作的询问笔录和要求法院向晋江市公安局调取的《受理案件信息记录》外，二审中另提供了四张照片，主张在受侵害后所拍，证明受侵害的事实。华洲物业公司对此认为该照片不属于二审中新的证据，不具有证据资格，且无法证明是何时、何种情况下所拍，不能证明刁义丽受侵害的主张。该照片按照刁义丽的主张，在起诉前即已存在，刁义丽未在一审指定的举证期限内提供，二审中提供不属于新的证据，且该照片也未能体现何时所拍及其来源，无法证明与刁义丽主张的2003年7月14日受侵害有关联，因此对该照片不作为证据采纳。但民事诉讼中当事人的证明责任和证明标准，应根据案件的性质、发生时间、地点、当事人的举证能力和证明事项、举证可能性，根据诚实信用、公平合理的原则结合具体案件具体分析。本案中刁义丽陈述的其受到侵害的行为，由于事件具有的突发性质和发生的时间，结合日常生活经验，不能要求当事人在事发后受到惊吓、精神高度紧张的情况下，注意保留此事件完整充分的证据，在刑事侦查尚未终结时，在民事诉讼中承担以充分确凿的证据证明其受侵害事实的高度证明标准，而应根据其举证可能性和举证能力承担盖然性占优的证明标准即可。本案中，刁义丽在有关公安机关所做的询问笔录，比较详细地记录了其受侵害的事实经过，该证据作为公安机关受理报案的档案材料，与一般当事人的陈述相比有更高的证明效力，另从法院调取的有关公安机关《受理案件信息记录》来看，也表明在刁义丽报案后的2003年8月8日有关公安机关根据掌握证据对此案进行了立案侦查，在案情记载中也体现了刁义丽报案所称的基本事实。这两份证据可以相互印证，基本证明刁义丽主张的受侵害事实，且在刁义丽完成证明责任后，华洲物业公司在诉讼过程中也未能提供相应的反驳证据证明刁义丽虚假报案或虚假陈述，因此应认定刁义丽于2003年7月14日凌晨在其所租住的华洲商贸城受他人侵害的主张属实。

2. 关于华洲物业公司是否存在怠于履行安全保卫义务的违约行为的问题。法院认为：虽华洲物业公司抗辩其未与刁义丽签订书面物业管理合同，因此也不存在法定或约定的安全保卫义务，但从刁义丽提供的其与出租人关于华洲商贸城好望角917室的租赁合同及华洲物业公司向917室住户催交水电费、物业管理费的单据和刁义丽的交纳水电费、物业管理费凭证，可以认为刁义丽作为小区的居住者，已经事实上与华洲物业公司之间建立了物业管理合同关系，享有相应的权利义务，因此华洲物业公司抗辩与刁义丽之间不存在合同关系，从而也不存在法定、约定义务的理由不能成立，原审法院以刁义丽与华洲物业公司之间未签订书面物业管理合同从而认定不存在约定的安全保卫义务是错误的，应予纠正。

华洲物业公司又辩称即使存在安全保卫义务，其范畴也仅是协助公安机关维持小区的正常生活秩序，不包括保护刁义丽的人身安全，刁义丽受到犯罪行为侵害是刑事案件，应由犯罪分子负责。安全保卫义务作为中华人民共和国国务院颁发的《物业管理条例》第47条规定的法定义务和一般物业管理合同中管理人的一项主要职责，虽不要求物业管理公司完全保证业主的财产利益和人身安全不受侵害，但要求其履行包括提供与收费水平和标准相配套的安全保卫的合理硬件设施如监控、封闭设施，保障上述设施的正常运作；建立和配置与小区治安状况、安全管理状况和常住人口数量等相适应的保安人员；建立和执行保安人员正常的工作制度和值班、巡查、警卫等工作，确保保安人员的勤勉尽职；以及对于居民反映的安全保卫问题和疏漏的及时处理，对违法犯罪行为的及时制止、保护现场和报警，对小区突发事件的及时处理等，以尽可能地保护小区居民的人身、财产安全，合理降低其受侵害的风险。本案中，作为市场与居住区相混，人流量大，未能实行封闭管理的华洲商贸城，华洲物业公司在进行小区管理时，更应采取与此情况相应的更严格的制度和措施来履行其应尽的安全保卫义务。但在二审审理中，在法院明确释明了华洲物业公司上述应尽的安全保卫义务并指定了相应举证期限，要求其对此提供证据的情况下，华洲物业公司在指定期限内仅提供了一份时间为2003年7月的《家装市场7月份保安安排表》，但该份表格系华洲物业公司单方制作形成的，且是一份预先制订的排班表，华洲物业公司没有进一步的证据证明存在上述保安人员以及该排班表得到妥当的执行，刁义丽对此也不予认可，华洲物业公司对于其履行了安全保卫义务中的配置合理硬件设施、安全保卫制度及其履行、刁义丽受侵害当日的安全保卫状况、采取措施等其他职责，均未提供证据证明。安全保卫义务作为合同义务，是一种积极的义务，应由华洲物业公司承担相应的举证责任。华洲物业公司未能举证证明其在履行物业管理合同尤其是事发当天尽到了合理、谨慎的安全保卫义务，结合刁义丽在公安机关询问笔录中陈述和公安机关立案信息记录中记载的刁义丽遭到穿酒店保安制服人员尾随并拖入其租住房间欲行侵害，后从阳台跳落逃脱，该名穿保安制服人员后来逃跑的经过，应认定华洲物业公司存在未尽安全保卫义务的违约行为。该行为客观上也导致了上诉人刁义丽作为小区居民受他人非法侵害的风险的增大和在发生侵害行为时未能及时被发现、制止或采取其他措施使刁义丽得到帮助，造成了侵害后果的扩大，因此该行为也与刁义丽受侵害之间，存在法律上的因果关系。

3. 关于刁义丽要求华洲物业公司赔礼道歉、赔偿精神损害抚慰金1万元和另租他处的租金损失2000元是否有事实与法律依据。法院认为：一审法院在受理本案时，要求刁义丽选择以物业管理合同的违约之诉提起诉讼或以民事侵权之诉提起诉讼时，刁义丽明确选择了违约之诉并据此提供了相应证据和理由，而赔礼道歉和精神损害赔偿，根据《中华人民共和国民法通则》和《最高人民法院关于民事侵权精神损害赔偿若干问题的规定》规定和民法理论的通说，系作为侵权损害赔偿的责任方式，合同诉讼中的精神损害抚慰金仅存在于法律、司法解释明文规定的几类合同中，本案物业管理合同并不包括，因此刁义丽以华洲物业公司违约为由要求华洲物业公司赔礼道歉和赔偿精神损害抚慰金缺乏法律依据。刁义丽另要求赔偿转租赁造成的损失2000元并在一审中提供了其与吴孝新签订的两份《租赁协议书》和在受侵害后转租丰泽区六灌路富贵人家F—1401的《房屋租赁协议》，对此华洲物业公司认为刁义丽违反与吴孝新签订的租赁合同造成的租金损失和违约损失是其自行选择的结果，与华洲物业公司的管理之间没有关系。法院认为：判断法律上违约损害赔偿的因果关系，应当从两个方面考察：一是如果没有一方当事人的违约行为，该损害是否会发生或发生的几率大大降低，二是该损害是否在一方当事人存在违约行为时，另一方当事人通常会造成的损失或一个正常、理智的社会人作出合理反应、采取必要措施时将造成的损失。本案上诉人刁义丽因在租住处遭受他人对人身的突然不法侵害，精神上遭受到惊吓，且华洲物业公司在此过程中并未能尽到应尽的安全保卫义务，因此上诉人刁义丽处于对自身安全的考虑，在事发后选择转租他处，系其维护自身安全的合理举措，并未逾越一般人在此情形下的正常行为和采取的合理措施，由此带来的直接经济损失，在侵害人尚未明确和归案的情况下，应由在履行物业管理合同中存在违约行为的一方依照违约责任先行承担该损失，因此刁义丽要求华洲物业公司赔偿其因华洲物业公司违约而遭受侵害后，采取合理措施造成的损失依法有据，应予支持，但其主张单方终止租赁合同及搬迁期间一个月的损失共计2000 元，因在续租期间的2003 年7 月租金变更为每月 950 元和搬迁期间的合理租金损失共计 1950 元。

94. 从事社会活动的人和组织应提供的安全保障义务，是否应受合理限制？

根据最高人民法院《关于审理人身损害赔偿案件适用法律若干问题的解释》第 6 条的规定，对于从事住宿、餐饮、娱乐等经营活动或者其他社会活动的自然人、法人、其他组织，未尽合理限度范围内的安全保障义务致使他人遭受人身损害，赔偿权利人请求其承担相应赔偿责任的，人民法院应予支持。

从事社会活动的人应当对相关公众的人身安全负担合理的保障义务，但从事社会活动的人提供的安全保障义务受合理限度限制，意即负有安全保障义务的自然人、法人和其他组织，只有在“未尽合理限度范围内的安全保障义务”的情况下才承担人身损害赔偿责任，如果有证据证明其在合理限度范围内履行了安全保障义务，则不承担赔偿责任。对于合理限度的认定是根据一般常识来确定。负有安全保障义务的单位已经设置了安全保障设施，在合理限度内尽到了安全保障义务，具有完全民事行为能力的人基于错误判断导致了损害后果的发生，应有行为人对因自己过错造成的后果承担责任，负有安全保障义务的单位不承担赔偿责任。

典型疑难案件参考

马青等诉信泰证券公司、古南都明基酒店等未尽安全保障义务人身损害赔

偿纠纷案（《最高人民法院公报》2006年第11期，总第121期）

基本案情

南京市玄武区玄武门22号楼房，为被告江苏展览馆所有，由被告古南都酒店承租。该楼房二楼207室的窗户上安装着限位器，窗外装有空调室外机，空调室外机下方有一个平台，窗户及窗外平台均由古南都酒店建造和安装。2005年7月22日，江苏展览馆作为房屋产权人，古南都酒店作为房屋出租人，被告信泰证券公司下属的分支机构被告信泰证券营业部作为承租人，三方签订了一份《房屋租赁协议》，约定信泰证券营业部承租该房屋第一层部分区域及第二层全部区域，作为开展证券业务的场所，承租期为2005年7月21日至2007年9月21日。

2005年11月1日，原告马青之子钱进（系原告钱南雁、钱南鹏之父）在被告信泰证券营业部的207室内进行股票交易。上午10时许，因晾晒在窗台上的鞋垫落到窗外平台，钱进卸开207室窗户上的限位器，翻窗到窗外平台上欲捡回鞋垫，因平台底板塌落而坠楼，经医院抢救无效死亡。

事发后，被告信泰证券营业部于2005年11月5日借给原告钱南鹏8 000元，用于处理钱进的丧事，并表示待丧事处理完毕后另行协商借款的处理。

一审诉辩情况

原告马青、钱南雁、钱南鹏诉称：被告信泰证券营业部在南京市玄武区玄武门22号二楼207房间（以下简称207室）开设了大户室。原告方的亲属钱进在该室炒股期间，到室外的阳台上捡拾掉落在那里的鞋垫。由于阳台底板突然塌落，导致钱进坠楼身亡。事后查明，该阳台虽然外观上与其他阳台无任何区别，但底部仅是一层薄薄的石膏板，没有承重能力，且无人在这个阳台上设置不能进入的警示。作为事故房屋的所有人和经营管理者，被告江苏展览馆、古南都酒店、信泰证券公司、信泰证券营业部对存在严重安全隐患的阳台均未尽高度警示和预防义务，均应对钱进的坠楼身亡承担相应民事责任。请求判令四被告连带给原告赔偿死亡赔偿金232040元、被扶养人生活费10437.50元、丧葬费11090元、精神损害抚慰金50000元，合计303567.50元。

被告江苏展览馆辩称：被告只建造了事故楼房的框架，其他部分由被告古南都酒店投资装修。被告对钱进死亡一事没有过错。原告要求被告承担民事责任，没有法律依据，其诉讼请求应当驳回。

被告古南都酒店辩称：事故楼房建成后，根据地方政府提出的地区环境综合整治要求，被告在该楼房外墙面安装了放置空调室外机的平台。为防止发生事故，被告在楼内每扇窗户上都安装了限位器，限制楼内人员开启窗户误入这个平台。即便是工人到这个平台上去作业，也都必须具备防护辅助措施。钱进私自用工具破坏了窗户上的限位器，打开窗户进入207室窗外的平台，以致坠楼身亡。被告已经尽到了安全保障义务，不应由被告对钱进的坠楼身亡承担责任，原告对被告提出的诉讼请求应当驳回。

被告信泰证券营业部、信泰证券公司辩称：被告于2005年7月底开始承租古南都酒店的一、二楼开办证券营业室，当时该楼房外墙面已经存在放置空调室外机的平台，并非原告方所称的“阳台”。钱进无视翻窗的危险，私自用螺丝刀拧开207室窗户上的限位器翻出窗户，以至造成意外死亡。钱进是一个有完全民事行为能力的人，应当对自己的行为负责。钱进毕竟是在被告营业室内活动期间坠楼死亡，对此被告深表同情，已经出于人道主义给原告钱南鹏借款8000元，用于处理钱进的丧事。但对被告来说，这起事故是不可能预知、防范的。被告已在合理限度范围内尽到安全保障义务，因此对钱进的死亡不应承担赔偿责任。原告对被告提出的诉讼请求应当驳回。

南京市玄武区人民法院受理本案后，依职权向南京市公安局玄武门派出所调取了该派出所拍摄的涉案照片，以及对证人程家楣、王立群、侯广盛制作的询问笔录。涉案照片反映，207室窗户上安装着限位器，窗台上留有一把螺丝刀。证人程家楣称，当天在207室炒股的，有他和钱进、王立群共三人；他看见钱进站在窗外，手扶着外面的窗户，面朝里在窗台上慢慢移动，过了一会儿再看，人已掉了下去；他和王立群就到窗边，看到平台上有一个洞，平台下负一楼的地面上躺着一个人，从衣着上判断是钱进。证人王立群称，当天上午10时左右他在207室看股票时，突然听到外面一声惊叫，从窗户伸头出去，看到楼下有人躺着；窗台上有一把螺丝刀，前一天没有发现，应该是钱进带来的；这扇窗户他以前开过，不能开大，人是不能出去的。证人侯广盛称，当日早上他从证券公司那里经过，看到一个人在二楼外面的一个平台上，之后看到那人从平台上掉了下来。

一审裁判结果

南京市玄武区人民法院于2006年5月15日判决：

一、驳回原告马青、钱南雁、钱南鹏的诉讼请求；

二、诉讼费2060元，由原告马青、钱南雁、钱南鹏负担。

一审裁判理由

南京市玄武区人民法院认为：

本案争议焦点是：（1）207室外的平台是否为阳台？（2）各被告是否应对钱进的死亡承担民事责任？

1. 楼房的阳台，是一个连接室内与室外空间，可供人们在上面踩踏，进行乘凉、晒太阳或者远望等活动的平台。正因为阳台必须有这样的功能，因此设阳台的楼房房间内，必然有通往阳台的门。只有通过门，人们才可以正常到达阳台，并在阳台上活动。本案事实证明，207室外虽有一个平台，但却没有通往该平台的门，只能从窗户上看到该平台。因此，该平台不是供人们在上活动的阳台。原告将207室外的平台称为阳台，该观点不予采纳。

2.《民法通则》第126条规定，建筑物发生坠落造成他人损害的，建筑物的所有人或者管理人应当承担民事责任，但能够证明自己没有过错的除外。《中华人民共和国消费者权益保护法》第18条规定："经营者应当保证其提供的商品或者服务符合保障人身、财产安全的要求。"最高人民法院《关于审理人身损害赔偿案件适用法律若干问题的解释》第6条也规定："对于从事住宿、餐饮、娱乐等经营活动或者其他社会活动的自然人、法人、其他组织，未尽合理限度范围内的安全保障义务致使他人遭受人身损害，赔偿权利人请求其承担相应赔偿责任的，人民法院应予支持。"根据上述规定，建筑物的所有人、管理人应当保证建筑物的使用安全，对因建筑物坠落而给他人造成的损害，建筑物的所有人或者管理人只有能证明自己没有过错才可不承担责任。在该建筑物内从事经营活动的经营者，对在此接受其服务的公众负有安全保障义务。如果经营者不尽安全保障义务造成他人人身损害，应当承担相应的赔偿责任。但是，经营者只是在合理限度范围内履行安全保障义务，这个合理限度应当根据一般常识来确定。

被告古南都酒店在对南京市玄武门22号楼房进行装修时，为美观需要，根据地方政府关于环境综合整治的要求，在该楼房外墙壁的靠窗户处，修建了放置空调室外机的平台。一个具有完全民事行为能力的人，应当从室内没有通往平台的门这一事实上，认识到窗外的平台并非阳台。考虑到窗户虽然不是人行通道，但为了避免不了解内情的人翻越窗户到达不具备承重能力的平台上，古南都酒店还将窗户加装了限位器，限制窗户开启的幅度，使人不能从窗户进出。客观上消除了室内人员翻越窗户到达平台的可能。被告信泰证券营业部在承租该房屋作为自己的经营场所后，保留了窗上加装的限位器。钱进是基于自己对平台性质作出的错误判断，以自己携带的螺丝刀，擅自卸开207室窗户上的限位器，翻越窗户到达窗外平台，以至坠楼身亡。无论是被告江苏展览馆还是古南都酒店，都已用事实证明，作为该建筑物的所有人、管理人，其已保证了建筑物的安全使用，对钱进的坠楼死亡没有过错。无论是被告信泰证券公司还是信泰证券营业部，也都以事实证明，其已在合理限度内履行了安全保障义务，对钱进的坠楼死亡不应当承担责任。事实上，不是该建筑物的所有人、管理人没有消除207室窗外平台存在的安全隐患，也不是在该建筑物内从事经营活动的经营者没有履行安全保障义务，而是钱进自己破坏了管理人设置的安全保障设施，从而置身于险地。作为一个完全民事行为能力人，钱进应当对自己的过错造成的后果承担责任。在已经给窗户安装了限位器的情形下，要求该建筑物的所有人、管理人或者在该建筑物内从事经营活动的经营者还要预料室内人员会用工具拧开限位器翻越窗户，从而还要对实施这种行为的人发出危险警示，已经超出人的正常认知水平，超出了履行安全保障义务的合理限度。

综上，原告方以没有尽到安全保障义务为由，要求被告方对钱进坠楼身亡承担连带赔偿责任，没有事实根据和法律依据，不予支持。

二审诉辩情况

马青、钱南鹏、钱南雁不服一审判决，向南京市中级人民法院提起上诉，理由是：207室窗外存在一个看似坚固的平台，被上诉人古南都酒店、信泰证券公司、信泰证券营业部就有义务警示人们不要到该平台上活动。古南都酒店、信泰证券公司、信泰证券营业部未尽此项义务，应当对钱进坠楼身亡的后果承担相应责任。

被上诉人古南都酒店、信泰证券公司、信泰证券营业部答辩同意一审判决。

二审裁判结果

南京市中级人民法院依照《中华人民共和国民事诉讼法》第153条第1款第1项规定，于2006年7月31日判决如下：

驳回上诉，维持原判。

二审裁判理由

南京市中级人民法院经审理，确认了一审法院查明的事实。

南京市中级人民法院认为：

被上诉人古南都酒店作为涉案房屋的出租人、管理者，被上诉人信泰证券公司、信泰玄武门营业部作为在该房屋内经营证券业务的经营者，其安全保障义务只能在合理限度内履行。涉案房屋内没有通向平台的门，常人据此应当能判断窗外平台是不允许进入的。加之207室的窗户还有限位器限制窗户开启的幅度，正常情况下人们不可能通过窗口到达平台。就正常认知水平而言，无论是古南都酒店还是信泰证券公司、信泰证券营业部，都无法预料室内人员会动用工具卸开限位器翻窗到达平台。因此，要求古南都酒店、信泰证券公司、信泰证券营业部对207室窗外平台的危险性再予警示，超出了安全保障义务的合理限度。一审认定事实清楚，适用法律适当，应当维持。上诉人的上诉理由不能成立，应当驳回。

95. 监护人与公共场所管理人均存在过错的，责任如何分配？

依据混合过失理论，双方过错的大小决定着责任范围的大小，因此，问题就在于谁的过错程度大，谁的过错程度小。如果公共场所管理人并没有明示不允许未成年人入内的禁止性规定，且没有以醒目的标志提醒原告的监护人注意危险的存在，其过错是损害发生的主要原因，因此应承担主要责任；而监护人未完全履行监护职责仅是损害发生的次要原因，因此仅承担次要责任。

典型疑难案件参考

关志彬诉交通银行洛阳分行凯西支行因管理物致人身伤害赔偿纠纷案

基本案情

2001年3月19日上午10时15分许，原告关志彬在其父关朝阳的带领下到洛阳市八一路与中州路交叉口西北角处的交通银行存款（该行系24小时无人值守自助银行），关朝阳刷卡入内。当关朝阳在现金存款机上操作时，关志彬的左手被放置在存款机旁的碎纸机切伤，当即被送往洛阳市中心医院诊治，其伤情被诊断为左手食、中、环指外伤性缺损。原告关志彬在该院治疗13天，花费医疗费用2069.07元，于2001年4月1日出院。住院期间需有两人陪护，诊断证明书要求：关志彬出院后需石膏固定一周，如有不适门诊复查，必要时行残指修整术，装配义肢。

原告受伤后，其亲属为此花费交通费840元。2001年6月27日，洛阳市中级人民法院临床医学鉴定中心接受洛阳威铭律师事务所的委托，对关志彬的损伤程度进行了伤残等级评定。洛法医鉴字〔2001〕第125号法医伤残等级鉴定书认为，关志彬于2001年3月19日被碎纸机轧伤左手致食、中指近侧指间关节离断缺失，环指远侧指关节缺失，参照《职工工伤与职业病致残程度鉴定》标准七级第（26）项之规定，该损伤属七级伤残。原告受伤后，被告给付医疗费用5000元。另查，洛阳市八一路与中州交叉口西北角处的交通银行为无人自助银行，由交通银行洛阳分行凯西支行管理。

再查，洛阳市康健假肢装配厂诊断关志彬适应装美容装饰性手套，一般使用2—3年，关志彬年幼发育较快，需每年更换一次。价格分进口、国产两种，进口价为1万余元，国产分中档5000—6000元，低档2000—3500元。建议关志彬18岁前最好装低价位，18岁后可适当装高一点价格或进口产品。

一审诉辩情况

原告诉称：2001年3月19日上午10时许，原告之父关朝阳带原告到洛阳市八一路与中州路交叉口路北的交通银行（24小时自助银行）存款。在存款的过程中，关朝阳听到孩子的哭声同时有人叫喊“孩子挤住手了”，关朝阳扭身发现原告的左手被夹在距离存款机不足一米的方形物体之中，手被抽出以后，原告的左手血肉模糊，中指和食指只剩下半截。经洛阳市第二人民医院手术治疗，对损伤的食指、中指和无名指进行了断指处理。

后来查明，肇事物体系碎纸机，该碎纸机的周围无任何警示标志。原告在治疗期间，其法定代理人多次找被告协商医疗费用问题，被告却以无任何过错为由不予给付医疗费，后勉强给付5000元。我国《消费者权益保护法》（以下简称消法）第18条规定：“经营者……对可能危及人身、财产安全的商品和服务，应当向消费者作出真实的说明和明确的警示，并说明和标明正确使用商品或者接受服务的方法以及防止危害发生的方法。”被告作为一个服务性的碎纸机的管理者，理应对其放置在公共场所的可能危及人身安全的物品向消费者作出真实的说明和明确的警示。但在事故发生时，被告对碎纸机未作出警示和安全防范措施，其行为已违反了消法的有关规定。为此，请求人民法院依法判令被告赔偿原告医疗费、营养费、护理费、残疾人生活补助费、精神慰抚金等共计162 301.51元，并承担本案诉讼费和鉴定费。

被告辩称：（1）本案不是经营者和消费者之间的纠纷，不能适用消法；（2）被告方在主观上没有过错，依侵权的归责原则，被告在本案中不应承担赔偿之责；（3）原告的法定监护人未能尽职履行监护责任，致原告脱离监护导致悲剧发生。

一审裁判结果

河南省洛阳市西工区人民法院依照《中华人民共和国民法通则》第106条第2款、第119条、第131条之规定，判决如下：

一、原告关志彬医疗费2069.07元，护理费260元、住院伙食补助费130

元、营养费 130 元、交通费 840 元、伤残生活补助费 27980.24 元，共计 31409.31 元，由被告交通银行洛阳分行凯西支行赔偿 18845.59 元；

二、原告关志彬残疾用具费 163600 元，由被告交通银行洛阳分行凯西支行赔偿 98160 元；

三、被告交通银行洛阳分行凯西支行赔偿原告关志彬残疾慰抚金 30000 元；

四、原告关志彬的其他诉讼请求本院不予支持。

一审裁判理由

河南省洛阳市西工区人民法院审理认为：交通银行洛阳分行凯西支行为方便储户、服务社会设立的 24 小时无人自助银行，具有积极作用，法院予以认可。自助银行内设置的碎纸机，具有不安全因素，存在不安全隐患，作为自助银行的管理者，凯西支行负有监管不力之责，对造成原告关志彬的损伤负有赔偿责任。

原告关志彬的监护人对原告监护不力，对造成原告的损伤亦负有一定责任。法院根据本案的具体情况及双方当事人的过错程度，决定被告承担 60% 的赔偿责任，原告自行承担 40% 责任。原告诉称本案应适用《消费者权益保护法》，因原告不是消费者，理由充分，法院予以采纳。从被告提供的太平洋借记卡章程及客户须知来看，均未明示不允许未成年人入内的禁止性规定，故被告辩称其无过错、不承担赔偿责任理由不充分，法院不予采纳。被告虽对伤残等级有异议，却未申请重新鉴定，且其理由不足以推翻洛阳市中级人民法院的司法鉴定结论，故其辩称法院不予采纳。法院在决定护理费的赔偿数额时，因原告未提供具体的工资表，故护理费可按每人每天 10 元计算。原告诉请需要安装义肢，其费用可按一般国产中档同类产品的价格确认。配备残疾用具的次数，根据残疾用具的使用年限和受害人的年限加以确认。结合本案的具体情况，关志彬在 18 周岁以前，每年更换义肢一次，价格为 2750 元，18 周岁以后，每 2—3 年更换一次，价格为 5750 元，该年限计算至人均寿命 70 岁。原告左手致残，给其今后的工作、学习和生活带来诸多不便，原告据此要求被告赔偿残疾慰抚金 30000 元，于法有据，法院予以支持。

二审诉辩情况

一审判决后，被告交通银行洛阳分行凯西支行表示不服，提出上诉。认为交通银行没有过错，不应赔偿关志彬损失。被告请求撤销原审判决，依法改判。

二审裁判结果

2002 年 5 月 23 日，河南省洛阳市中级人民法院主持调解，原、被告之间自愿达成了如下协议：

一、关志彬的损伤由关志彬的监护人承担 80% 民事责任，凯西支行承担 20% 的民事责任；

二、凯西支行一次性给付关志彬各项费用 8 万元（含已付的 5000 元）；

三、其他互不追究。

一审诉讼费用 5210 元由关志彬负担。二审诉讼费用 6658 元由凯西支行负担。

96. 经营者对可能危及人身安全的隐患未作出相应警示致使消费者伤亡的，是否承担全部的举证责任？

经营者在为消费者提供服务时，对其在公共场所自行改建、设计，供内部职工使用的通道门，存在着可能危及人身安全的隐患，没有向消费者做出真实的说明和标有明确的危险警示，致使消费者依靠该门而跌入摔伤死亡。即使该门上贴有“厨房顾客止步”的警示，告知消费者禁止通行或进入，但消费者不是因此而死亡，故该警示起不到告知依靠该门可能出现危及人身安全的警示作用。因此，经营者没有保证其提供的服务符合保障人身安全的要求，故对消费者死亡，负有全部赔偿责任。

典型疑难案件参考

祝利东因其妻在野力酒家就餐后走出走廊时倚靠酒家虚掩的门时摔伤致死诉野力酒家人身损害赔偿纠纷案

基本案情

2000 年 9 月 15 日，祝利东与王淑芳结婚。同年 10 月 23 日，王淑芳与其高中同学 7 人在野力酒家的“野力肥牛火锅城”包房聚会，至 23 时 30 分左右聚会结束后，王淑芳在二楼门口缓台处依靠在左侧的门（开向朝里）时，身体失去平衡向里跌去，摔倒在通往厨房的楼梯上。王淑芳摔后即被该饭店服务员发现，由王淑芳的同学叫急救车将其送到吉林大学第一医院抢救。临床诊断王淑芳为“重度闭合性颅脑损伤，原发性脑干损伤；左颞、枕叶脑挫裂伤；右额、颞、顶部硬膜下血肿，硬膜外血肿；右颞顶颅骨骨折；外伤性蛛网膜下腔出血”。并于当日行“幕上开颅血肿清除术，去骨瓣减压术，脑挫裂伤灶清除术”。术后王淑芳一直处于昏迷状态，医嘱为“一级护理”。2000 年 11 月 8 日王淑芳死亡，共住院 15 天。王淑芳住院期间自行花医药费 53369.4 元。祝利东于 10 月 24 日从北京回来看望，支付机票及相关费用 976 元，在长春住宿及亲属看望共支付住宿费 456 元，市内交通费 760 元。王淑芳生前于 2000 年 2 月 1 日与上海协和日用保健品有限公司签订了为期二年的劳动合同，合同约定月工资 3800 元，终止日期为 2002 年 2 月 1 日。王淑芳姐妹五人；其母谷秀云现年 57 岁，无职业；其父为退休工人。

另外，事故发生处的门及楼梯是野力酒家自行改建设计的，供其职工使用的通道门。发生事故时，该门没有上锁。门上除贴有“厨房顾客止步”外，再无其他告示内容。

一审诉辩情况

原告祝利东向长春市中级人民法院起诉称：2000 年 10 月 23 日，王淑芳与其高中同学苑永才等在被告处包房聚会用餐，约至 23 时 30 分撤离。王淑芳和苑永才先行走出包房，在二楼走廊处等其他同学时，因走廊灯光较暗，王淑芳不经意地往墙边靠了靠，哪知靠的是一道虚掩的门，王淑芳没有准备闪倒下去，苑永才急忙上前去拉，终因事情太突然，再加上门内就是立陡的楼梯，苑永才也被拽了下去，二人同时摔倒在楼梯上。被告服务员发现后，其他同学相继赶到，将其二人抬了出来，叫急救车送往吉林大学第一学院抢救，苑永才脱离了危险，而王淑芳却一直处于昏迷状态。医生采取了各种抢救措施，但终因伤情太重，王淑芳于 2000 年 11 月 8 日死亡。王淑芳的不幸死亡，是因被告的建筑设施设置不合理，管理不善所致。依照《中华人民共和国民法通则》第 98 条、第 119 条、第 126 条及有关法律的规定，被告应赔偿王淑芳住院期间的医药费、误工费、住院伙食补助费、护理费、交通费、住宿费、丧葬费、死亡补偿费、被扶养人生活费、精神损害费及律师代理费计 687196.42 元。

被告野力酒家答辩称：原告所诉情况与事实不符。事故发生的当天晚上，王淑芳因饮酒过量出门跌倒，由服务员和其一同学将其扶起，后由苑永才搀扶其下楼，没有停留等候后面的同学。由于他们走得慢，其余同学行走中超过他们先向楼下走去，这时王淑芳和苑永才从东端的楼梯口处又回到缓台上向后退一米多背朝厨房跌入的，且跌入的姿势是仰卧在厨房的楼梯台阶上；走廊里有 40W 日光灯 42 支，15W 的壁灯 6 支，缓台上吊灯 25W 的 7 支，因此，不能说走廊灯光较暗，而应说灯光明亮。被告厨房用的是二楼的楼梯间，该楼梯间在楼内是可使用面积，做厨房无可挑剔。正常营业时厨房的门是关上的，传递菜和餐具都是通过门中间开着的窗口，晚上停业时锁上，这样使用不能说不合理。因此，原告所述被告的厨房设施设置不合理没有法律依据。之所以发生该起事故，主要原因是因当晚该包房的客人饮酒较多，特别是王淑芳饮酒过量，已不能独立行走，由其二同学护送应该没有问题，可其一同学在护送时又与服务员告别，这就减少了看护的力量。厨房的门没锁是因为该包房的餐具还需要撤回洗刷。从传菜员出来到出事也就是十几分钟时间，谁也不会想到他们又会返回到缓台上跌入厨房，该案不适用《民法通则》第126条。王淑芳跌入厨房，被告厨房的任何一部分都没有脱离建筑物，也不是厨房的作用力所致。所以，被告在此事件中没有过错。

一审裁判结果

长春市中级人民法院依照《中华人民共和国民法通则》第119条，《中华人民共和国消费者权益保护法》第11条、第18条，最高人民法院《关于确定民事侵权精神损害赔偿责任若干问题的解释》第1条第1款第1项、第7条的规定，该院于2001年5月22日判决如下：

一、被告野力酒家赔偿原告为王淑芳住院期间支付的医药费53369.40元；

二、被告赔偿原告交通费1736元、住宿费456元、护理费4750元，王淑芳住院期间伙食补助费225元，计7167元；

三、被告赔偿原告为王淑芳支付的丧葬费2000元；

四、被告赔偿王淑芳死亡补偿费119632.50元；

五、被告赔偿王淑芳生前扶养人谷秀云生活补助费10453元；

六、被告赔偿原告直系亲属精神损害抚慰金2万元；

七、被告赔偿原告支付的律师代理费15000元。

以上款项合计227621.9元，于本判决生效后10日内执行。

一审裁判理由

长春市中级人民法院认为：被告野力酒家作为餐饮业的经营者，在为王淑芳提供服务时，对其在公共场所自行改建、设计，供内部职工使用的通道门，存在着可能危及人身安全的隐患，没有向王淑芳做出真实的说明和标有明确的危险警示，致使王淑芳依靠该门而跌入摔伤死亡。该门上贴有的“厨房顾客止步”的警示，是告知顾客禁止通行或进入，而王淑芳不是因此而死亡。该警示起不到告知依靠该门可能出现危及人身安全的警示作用。因此，被告没有保证其提供的服务符合保障人身安全的要求，故对王淑芳的死亡，负有全部赔偿责任。原告请求判令被告赔偿王淑芳住院期间支付的医药费、律师代理费、住院期间伙食补助费、护理费、丧葬费及住宿费，被告应按实际给予全部赔偿。

王淑芳在住院期间，原告支付的交通费，被告应给予适当的补偿。王淑芳在住院期间，虽不能上班工作，但原告没有举证出因此而减少的误工损失，故其请求判令被告赔偿王淑芳住院期间的误工工资的诉讼主张，不予支持。王淑芳生前与其工作单位签订的为期2年《劳动用工合同》，是其在合同有效期内获得劳动报酬的合法依据，被告应按此合同的工资标准及未履行完的时间赔偿其部分死亡补偿费，对其余时间的补偿费，应以有关规定为准。对原告主张的对其死亡补偿费应全部按《劳动用工合同》标准补偿及被告的对其死亡补偿费应全部按无固定收入标准补偿的主张，均不予支持。王淑芳之母谷秀云，王淑芳是其抚养人之一，被告亦应按相应比例赔偿其生活费。王淑芳的不幸死亡，使其直系亲属在精神上受到了一定的打击和损害，参照本市经济发展水平及人民生活水平，被告应当给予赔偿适当的精神损害抚慰金。

二审诉辩情况

野力酒家不服此判决，提起上诉称：原审判决认定事实不清，王淑芳饮酒过量没有认定。原审适用法律不当，不应适用《民法通则》第119条，上诉人没有侵害王淑芳身体的故意或过失，不应当承担赔偿责任。

被上诉人祝利东答辩称：原审判决正确合理，应驳回上诉，维持原判。

二审裁判结果

吉林省高级人民法院依照《中华人民共和国民事诉讼法》第153条第1款第1项之规定，该院于2002年4月5日作出如下判决：

驳回上诉，维持原判。

二审裁判理由

吉林省高级人民法院认为：上诉人主张“王淑芳饮酒了才摔下去”，庭审中所举证据不能证明其主张。上诉人主张楼梯建设是经有关部门批准的，具有合法性，并且门上有“厨房顾客止步”字样，具备警示作用。但门上虽有顾客止步字样，但不足以警示该处具有危险的作用，门又未上锁，以致王淑芳摔下楼梯重伤后死亡。原审认定上诉人承担全部赔偿责任并无不当。原审认定事实清楚，适用法律正确。

97. 公司对安装在办公场所的洗澡设施有无公共安全的维护责任?

热水器安装在公司的办公场所(卫生间是为办公所提供的一种必备设施),未同时安装排烟管道;使用时肯定会产生大量的一氧化碳气体,该气体会危害自然人的身体健康和生命安全,已为社会之共识。故而无论热水器是谁购买和安装,由于是安装在公共场所(办公场所是一个单位内的公共场所),且事实上又是公司员工多次使用,从维护办公场所和全体员工的公共安全的角度考虑,公司必须负起维护公共安全的责任,及时排除已存在的危险(未同时安装排烟管道),不能以热水器是员工私人购买(私人财产)和安装为由推卸自己的责任。

进一步而言,即便查明热水器确为受害人及另一员工私人财产,但安装在办公场所的必备设施内,显然没有公司的同意是不可能的,且事实上又为公司员工在共同使用,故卫生间的洗澡设施就具有了公用设施的作用,公司仍负有不可推卸的公共安全维护责任。

典型疑难案件参考

郑永和等因其女晚上在公司安装有燃气热水器的办公房卫生间内洗澡中毒死亡诉向阳实业有限公司赔偿纠纷案

基本案情

郑丽生于1982年11月18日,毕业于四川省档案学校,系郑永和、李秀香之女。2001年4月底,郑丽经职业所介绍,到被告向阳公司从事打字等文秘工作。次月1日,郑丽开始到向阳公司上班。向阳公司因租用的办公房有空闲房间,便给郑丽住了一间。同年7月中旬,向阳公司办公房的公用卫生间(约8平方米)内安装了一台燃气热水器,用于洗澡。2001年11月24日22时,郑丽在该卫生间内洗澡时,因门窗关闭,燃烧液化气的热水器又未安装排烟管道,产生的一氧化碳气体致郑丽中毒。时隔半小时后,被他人发现立即送往中国人民解放军第37医院,该院确诊:郑丽因一氧化碳中毒致死。同年12月27日,经雅安市雨城区公安分局法医检验,确认郑丽系一氧化碳中毒死亡。郑永和、李秀香夫妻因女儿郑丽的死亡,要求向阳公司赔偿,双方为此发生纠纷。

郑永和、李秀香夫妻起诉至雅安市雨城区人民法院，要求向阳公司赔付死者的丧葬费 2000 元、死亡赔偿金 48560 元和交通费 2124 元。

一审裁判结果

雅安市雨城区人民法院判决如下：

一、死者郑丽的丧葬费 2000 元，死亡赔偿金 48560 元，交通费 2124 元，共计 52684 元，由向阳公司承担 42118.40 元，原告自行承担 10529.60 元；

二、向阳公司应当承担的款项在本判决发生法律效力后 10 日内履行。

一审裁判理由

雅安市雨城区人民法院经审理认为：郑丽与向阳公司形成劳动关系期间，郑丽经向阳公司同意晚上居住在公司租用的办公用房内（带卫生间），双方形成了住房借用关系。因办公房的卫生间内安装有热水器，其安装不符合规范，即借用物有瑕疵，使用热水器时可能危及人身安全，向阳公司应当预见而没有预见，主观上有过失。因借用物有瑕疵时，出借人有义务向借用人说明其情况而未作说明，导致郑丽在使用热水器时产生一氧化碳中毒死亡事件，向阳公司对这一事件有过失行为，应当承担该事件的主要责任。郑丽系成年人，受过中等教育，具有生活常识，能够预见到用有瑕疵的热水器洗澡不安全，但却轻信能够避免，有一定过失，应对自己的行为承担相应的民事责任。

二审诉辩情况

宣判后，向阳公司不服，以原判违反法定程序，擅自超越被上诉人的诉请范围，借用交通事故赔偿的法律关系定判；热水器是郑丽和另一人的私人财产，是郑丽请人安装的；由于热水器的瑕疵，造成被害人的死亡，本公司没有过错，不应承担法律责任为由提起上诉。

被上诉人郑永和、李秀香夫妇答辩称：一审判决认定的房屋借用关系不当，受害人没有过错。因被上诉人经济困难，没有能力提起上诉，请求二审法院综合全案审理。

二审裁判结果

雅安市中级人民法院依照《中华人民共和国民事诉讼法》第 153 条第 1 款第 1 项之规定，该院判决如下：

驳回上诉，维持原判。

二审裁判理由

雅安市中级人民法院认为：向阳公司办公房的卫生间内安装燃烧液化气的热水器，未按照安装规范装接热水器的排烟管道。对这一行为，向阳公司应当预见到热水器没有排烟管道，使用时将产生大量的一氧化碳，必然会危及人的身体健康及生命安全。然而，向阳公司忽视了这一严重问题，导致了受害人郑丽在洗澡中，因一氧化碳气体中毒死亡的严重后果，向阳公司应当承担主要责任。郑丽受过中等教育，有一定的知识，其多次使用该热水器，麻痹大意轻信危险能够避免，在2001年11月24日22时洗澡时，又因关闭卫生间门窗不能通风，致一氧化碳气体不能排除，导致身亡的事故，应当承担一定责任。向阳公司上诉称原审违反法定程序，擅自超越被上诉人的诉请范围，借用交通事故赔偿的法律关系定判。对此，被害人是属非因工死亡，对其赔偿处理问题，原审法院依据本案情况，参照交通事故赔偿标准并无不妥，不存在原审程序的违法，向阳公司的这一上诉理由不能成立，不予支持。向阳公司在上诉中还称热水器是郑丽和另一人的私人财产，是郑丽请人安装的，由于热水器的瑕疵，造成被害人的死亡，其没有过错，不应承担法律责任。因热水器安装在公用的卫生间内，卫生间属公司人员使用，热水器也是公司人员在使用，对此应当推定热水器为公司财产；郑丽死亡不是因热水器的瑕疵所致，而是因安装热水器的卫生间未按规定安装排烟管道，向阳公司关于其不承担这一法律责任的上诉理由不能成立，不予支持。被上诉人郑永和、李秀香夫妇在二审中辩称一审判决认定的房屋借用关系不当。对此，因双方当事人提供的受害者郑丽用房的间接证据相抵触，对此均不予采信。此事应客观叙述为：向阳公司提供房屋给郑丽居住。

被上诉人郑永和、李秀香夫妇又称因经济困难，未提起上诉，请二审综合本案裁决。对此，人民法院有司法救济的规定，被上诉人没有行使上诉权，对其要求，本院不予支持。原判基本事实清楚，证据充分，审判程序合法，适用法律正确，实体处理恰当，应予维持。

98. 免费开放的公益性场所的管理人是否负有安全保障义务？

免费开放的公益性场所所负之管理责任不应当仅限于卫生管理、日常维护等，对场所内人员的人身、财产也负有一定的安全保障义务。

99. 免费开放的公益性场所未尽到善良管理人应尽的管理之责，其管理者是否应当对由此发生的损害结果承担赔偿责任？

安全保障义务一般有两方面要求：一是对硬件设施即物的要求，应当保证场所内建筑物、设施、设备的安全性；二是对软件设施即对人的要求，应当配备专门人员进行管理和救助，对安全隐患设立警示标牌并及时告知。这种安全保障义务不仅是发现安全隐患之情形下的弥补，而且也应当是对在可预见的范围内所能发现的安全隐患尽可能采取相应措施积极予以排除，以最大可能地防范、控制危险的发生。衡量管理人是否有过错的标准即在于其行为是否尽了一个善良管理人标准下最大的谨慎和最大的努力。

免费开放的公益性场所的管理人作为管理者对所管理的区域应当比普通公众更了解场所内的情况，应当更能预见和认识到场所内的危险源，所以其应当尽最大可能地采取积极有效措施防范和制止危险的发生。如果公共场所管理人管理和巡查没有到位，未尽相应安全保障义务，则应当对由此发生的损害结果承担赔偿责任。

典型疑难案件参考

张国圣、朱刘芳诉南京市郑和公园管理处张嘉伦溺水死亡赔偿纠纷案

基本案情

2006年6月10日上午，原告张国圣、朱刘芳之子张嘉伦（11岁）与其玩伴张宇（8岁）在郑和公园内水塘边玩耍。11时许，张宇不慎失足掉进水中，被周围人员救起。后二人继续在水塘周围玩耍，当日中午12时许，张嘉伦也不慎失足落入水中。12时20分许，南京市洪武路派出所警员接到报警后赶到现场，郑和公园管理处管理人员陪同警察进行找寻，周围有人告知，落水的小孩已经被救起，警察遂离开。张宇在警察到来前跑回家喊其父母一同赶到郑和公园，周围有人告诉他们落水的孩子已经被救起，于是返回家中。到家后不久，张嘉伦之母朱刘芳来找张嘉伦并一同到郑和公园寻找无果。后朱刘芳等人第三次到郑和公园找寻，经与周围人员仔细核对孩子穿着的衣服颜色，才发现别人所说的被救上来的孩子实际上是张宇，而不是张嘉伦，朱刘芳于是报警。

当天17时许，张嘉伦被从郑和公园水塘中打捞出，送往医院后，确认为溺水身亡。张国圣、朱刘芳遂于2006年7月10日诉至南京市白下区人民法院，请求依法判令郑和公园管理处赔偿丧葬费10478.5元、死亡赔偿金246380元、交通费1000元、医药费93.7元、精神损害抚慰金50000元，合计307952.2元，并承担本案诉讼费用。

另查明，郑和公园是一处免费开放的休闲性公园，由郑和公园管理处负责日常管理与维护。公园内水塘面积约2000平方米，最深处约2米。公园内水塘四周立有警示标牌，内容为“河边请勿玩耍、严禁下河游泳”。郑和公园管理处设管理组，负责公园内的安全巡查，劝阻未成年人不要在水塘边玩耍，并记录当班的情况，但未设定点的安全管理人员。事故发生当日，中班管理人员记录如下：“中午12时20分，‘110’来公园说接报有一小孩落水，我们立即陪民警去了解，一打牌老头说他把小孩救起来了，然后‘110’就走了。”

一审诉辩情况

原告诉称：2006年6月10日上午，两原告之子张嘉伦与其他孩子在本市郑和公园玩耍，10点钟左右，其中一个孩子张宇在公园的水塘边玩耍时掉到了水里，当时张嘉伦就在旁边，及时把张宇救起。张宇落水已惊动了被告的管理人员，然而并没有引起被告的重视。被告明知水塘的水很深，非常危险，却没有采取任何措施阻止孩子们继续在水塘边玩耍，也未采取其他防范措施。中午12时许，张嘉伦不慎也落入水塘，同伴呼救，有人报了警，但是当警察赶到时，被告管理人员不负责任地说孩子已被救起（管理人员错把第一个落水的孩子当成张嘉伦），导致错过了警察将张嘉伦救起的机会。直到下午5时，张嘉伦才被打捞上来，但早已死亡。两原告认为，被告作为郑和公园的管理单位，对张嘉伦溺水死亡存在严重过错。第一，被告没有尽到自己的职责，在当天已经发生孩子落水的情况下，却没有采取任何措施防止事故再次发生；第二，被告在未对事件进行仔细了解的情况下，对警察的出警不负责任进行答复，导致错过了救助时机；第三，河塘没有封闭的护栏，导致存在发生落水事故的隐患。基于以上事实和理由，两原告依法提起诉讼，请求法院依法判令被告赔偿两原告丧葬费10478.5元、死亡赔偿金246380元、交通费1000元、医药费93.7元、精神损害抚慰金50000元，合计307952.2元，并承担本案诉讼费用。

被告辩称：被告在这起事故中没有过错。作为公园管理方，被告在可能发生的危险处，均已设置了警示标志，事发地的水塘边也有警示标志；被告每天都安排人员按安全管理制度巡视，事发当天，也有人员巡视。被告已经尽到了管理责任和合理的注意义务，请求驳回原告的诉讼请求。

一审裁判结果

江苏省南京市白下区人民法院依照《中华人民共和国民事诉讼法》第64条第1款，《中华人民共和国民法通则》第106条第2款，最高人民法院《关于审理人身损害赔偿案件适用法律若干问题的解释》第6条第1款之规定，作出如下判决：

一、驳回张国圣、朱刘芳的诉讼请求；

二、郑和公园管理处于本判决生效后10日内补偿张国圣、朱刘芳10000元。

一审裁判理由

江苏省南京市白下区人民法院经审理认为：从事住宿、餐饮、娱乐等经营活动或者其他社会活动的自然人、法人、其他组织，未尽合理限度范围内的安全保障义务致使他人遭受人身损害，应当承担相应的民事责任。因此对合理限度进行准确界定即成为审理本案的关键。通常认为，一般的合理限度系指社会公众所能预见的范围，而在个案之中，又应当根据行业规范、通行做法、当事人预见能力等情况进行具体分析。首先，郑和公园作为供居民休闲、健身的公益性娱乐场所，其免费性、开放式的特点导致其管理部门所负之管理责任应当仅限于卫生管理、日常维护等责任，其安全保障义务也应当仅限于发现安全隐患之情形下的弥补，发现危险行为之情形下的制止及救助等义务，这些义务较之传统的收费式、封闭式公园要相应地减轻。综合考察目前国内园林式景观的现状，水塘周围不设栏杆并不违反法律规定，也符合行业内的通常做法，被告在水塘周围设立警示标牌，已尽到了其相应的安全保障义务。其次，张嘉伦已年满11周岁，属限制民事行为能力人，其对公园水塘周围的警示标牌内容的语义应知晓。尤其应指出的是，张嘉伦在明知张宇已落水被救起的情形下，仍在水塘旁玩耍，致溺水身亡，其自身存在重大过错。作为免费、开放式公园的管理，郑和公园管理处在公园的水塘边设立了相应的警示标牌，在日常管理中对公园内的安全制定了管理规章制度，并由巡查人员进行巡查记录，表明被告已经齐全了相关的管理设施和制度，并履行了相应的管理职责。最后，张国圣、朱刘芳作为张嘉伦的监护人，根据法律规定，应当承担保护张嘉伦人身、财产及其他合法权益的责任，但张国圣、朱刘芳未尽充分的监护义务，最终导致悲剧的发生。一审法院认为，悲剧发生的原因是由于孩子过于顽皮以及父母监护不当所导致。对于张嘉伦溺水身亡的后果，被告无过错，故对张国圣、朱刘芳提出的诉讼请求，不予支持。对于郑和公园管理处同意在10000元的范围内给予张国圣、朱刘芳经济补偿的意见，符合法律规定，予以准许。

二审诉辩情况

上诉人诉称：（1）被上诉人郑和公园管理处没有履行其安全保障义务，在管理上存在漏洞，体现在：第一，事发当天，公园的安全巡查没有到位；第二，郑和公园水塘边没有封闭的护栏，没有设置安全保障设施，存在严重的安全隐患。（2）免费不等于免责，正因为免费，安全保障义务就更大。综上，郑和公园管理处对张嘉伦溺水身亡存有过错，应当承担损害赔偿责任。请求二审法院依法改判。

被上诉人辩称：郑和公园作为免费开放的综合性公园，其合理安全保障义务的度的平衡点在于，既能满足社会大众的文化生活的需求，又能满足社会大众对安全的要求，设封闭护栏超越了合理的度的要求。被上诉人在开放后增订了新的制度，增设了新的人员，尽到了管理责任，对损害后果的发生不具有过错，请求维持一审判决。

二审裁判结果

江苏省南京市中级人民法院依照《中华人民共和国民事诉讼法》第153条第1款第2项，《中华人民共和国民法通则》第119条，最高人民法院《关于审理人身损害赔偿案件适用法律若干问题的解释》第6条第1款、第17条之规定，作出如下判决：

一、撤销南京白下区人民法院〔2006〕白民三初字第601号民事判决；

二、被上诉人南京市郑和公园管理处于本判决生效之日起10日内赔偿上诉人张国圣、朱刘芳人民币46192元。

二审裁判理由

江苏省南京市中级人民法院经审理，确认一审法院认定的事实和证据。

江苏省南京市中级人民法院经审理认为：郑和公园管理处所负之管理责任不应当仅限于卫生管理、日常维护等，对场所内人员的人身、财产也负有一定的安全保障义务。

本案争议焦点是：郑和公园管理处有无尽到合理限度范围内的安全保障义务。安全保障义务一般有两方面要求，一是对硬件设施即物的要求，应当保证场所内建筑物、设施、设备的安全性；二是对软件设施即对人的要求，应当配备专门人员进行管理和救助，对安全隐患设立警示标牌并及时告知。这种安全保障义务不仅是发现安全隐患之情形下的弥补，而且也应当是对在可预见的范围内所能发现的安全隐患尽可能采取相应措施积极予以排除，以最大可能地防范、控制危险的发生。衡量管理人是否有过错的标准即在于其行为是否尽了一个善良管理人标准下最大的谨慎和最大的努力。郑和公园是免费开放的，这就意味着发生危险的概率更大，因此其防止或制止损害的义务应当更重。水火无情，郑和公园管理处作为管理者对所管理的区域应当比普通公众更了解场所内的情况，应当更能预见和认识到两米深的水塘是一个危险源，特别是对开放后可随意进出的孩子而言更重要，所以其应当尽最大可能地采取积极有效措施防范和制止危险的发生。郑和公园管理处显然也认识到了这点，为此设立了警示标牌，增设了巡查人员，也制定了相应的巡查管理规章制度。就硬件设施的安全性而言，郑和公园管理处已经达到了要求，上诉人认为郑和公园管理处应在水塘周围设封闭式护栏的主张不符合目前国内园林式景观的现状，也会严重降低郑和公园的欣赏休闲功能，超越了合理的安全保障义务的限度，对这一上诉理由法院不予采纳。但就软件设施要求而言，公园在配备了专门的管理人员的基础上，不仅有制度，更要抓落实。根据管理规范，管理人员应当劝阻未成年人在水塘边玩耍，并记录当班的情况，而本案中，两个无人看管的孩子长时间在水边逗留、玩耍，并相继落水，而当天的巡查记录并没有反映出管理人员履行了劝阻义务；孩子的家长多次来水塘边寻找孩子，管理人员亦不知情，故郑和公园管理处尚不能举证证明其管理人员的安全巡查是切实到位的，故郑和公园管理处对张嘉伦溺水身亡存有一定过错，其行为与损害后果的发生有一定间接因果关系，上诉人认为郑和公园管理处巡查没有到位，未尽相应安全保障义务的上诉理由成立，法院予以支持。应当指出的是，每一个具有相应行为能力的社会公众在维护自身安全上都负有观察、注意、自我保护的自警义务，对于一个年仅 11 岁尚不具有完全行为能力的孩子，父母的监护责任重大。郑和公园虽有过错，但综观本案案情，孩子顽皮，安全意识薄弱，父母疏于监护才是悲剧发生的最主要的原因。鉴于郑和公园管理处已积极采取了一定的防范措施的事实，综合衡量双方过错程度和原因力的大小，法院酌定郑和公园管理处承担 15% 即 46192 元的赔偿责任，其余损失由上诉人张国圣、朱刘芳自行承担。

100. 消费者在促销活动中受到损害，经营者是否应当承担全部赔偿责任？

开展促销活动是商家普遍使用的经营手段，其目的是在短期内取得更大的销售收益，与利益相对应的则是商家的安全保障义务相应加大。经营者在组织促销活动时，应当预见到消费者众多，不排除出现拥挤抢购的情形发生，届时应当积极采取疏导措施，并有义务在合理限度范围内负责安全保障，以使消费者在安全的环境中购物。由于没有及时疏导，亦未尽到安全保障的义务，致使店门打开后大量顾客拥入，造成消费者被挤倒摔伤，经营者负有过错责任。

消费者作为成年人有能力且应当预见到消费者众多的实际状况，但却疏于自我保护，导致被挤倒受伤，其对损害结果的发生存在一定的过错，应当减轻经营者的责任。

典型疑难案件参考

任淑英诉华糖洋华堂商业有限公司华堂商场十里堡店人身损害赔偿纠纷案

基本案情

2003年11月8日，被告进行食用油促销活动。当日早晨，即有众多消费者在被告商场门外等候开门营业，原告亦在其中。被告开门营业后，原告与众人一起拥向被告店堂，刚进入大堂，原告就摔倒在地。事发后，被告立即将原告送到北京朝阳医院治疗，初步诊断为“左髋关节骨折”。同日，原告转入北京望京医院住院治疗，同年11月18日，原告进行了“左髋人工关节置换手术”，2004年4月9日出院，住院治疗共153天。住院期间，被告为原告支付了医疗费36336.27元、护理费6120元。原告住院期间及出院后，被告方多次对原告进行了探望。2005年2月23日，原告进行了伤残鉴定，结论为：原告伤残程度为八级；丧失劳动能力30%。

原告自行支付医疗费751.10元、辅助器具费1702元、鉴定费500元。庭审中，原告出示营养品收据数张、交通费收据数张、原告之子高守德的误工证明一张，称其为疗伤、子女看望自己及解决此事、高守德对自己进行护理，产生了1815.24元的营养费、150元的交通费、3880元的护理费，要求被告赔偿。但其未提供医疗机构的相关证明，证明自己确需额外营养及两名人员护理。

诉辩情况

原告诉称：2003 年 11 月 8 日上午，原告到被告处购物。因该店当日搞促销活动，所以顾客很多，但是被告没有提前采取相应的措施疏导顾客，也没有设置任何防护设施。当开门营业时顾客一拥而入，场面极为混乱。原告被夹在人群中不能自已，刚一进门便被挤倒在地。在商场医生的建议下被告将原告送到朝阳医院，初步诊断为“左髋关节骨折”，需住院治疗。原告于当日住进北京望京医院，并在该院进行了“左髋人工关节置换手术”，术后住院治疗 5 个多月。原告认为被告没有尽到保障顾客安全的责任，以致造成了原告的人身损害，故诉至法院，要求被告赔偿原告医疗费 751. 10 元、辅助器具费 1702 元、营养费 1815. 24 元、交通费 150 元、家属误工费 3880 元、鉴定费 500 元、住院伙食费 4 590 元、残疾赔偿金 51604. 74 元、精神损失 15000 元。

被告辩称：原告所述的事情经过属实。当时在被告店门口等待购买促销食用油的人很多，被告店为此安排了十多名保安维持秩序。原告曾说自己是路过被告店，并非买东西，原告既然看到商场门口的人很多，很拥挤，特别是自己年事已高，在这种情况下原告应当预见到自己有可能被挤倒，由于原告应当预见这种危险情况而未尽到注意的义务，因此对损害结果的发生也有过失，原告本人也应当承担一定责任。原告受伤，并不是被告店对原告直接实施了侵权行为。因此，即便被告公司有过错也应当在能够防止或者制止损害的范围内承担相应责任。

关于原告诉讼请求中要求的费用，其中营养费，被告公司在事发后每月派人看望原告，并且每次都带各种营养品，价值约 1200 元。另外，营养费应根据受害人伤残情况参照医疗机构的意见确定。原告没有提供医疗机构的证明，因此对原告的此项请求被告方不认可；关于家属误工费，被告方认为误工费是指当事人本人的误工补偿，不应对家属。另外，在原告住院的 6 个月期间被告为原告请了护工，因此该费用被告公司应不再支付；关于交通费，原告提供的票据与去医院看病的日期不符，不能证明是原告去医院看病所花费的交通费，故不认可；关于精神损害抚慰金，原告是身体受到了伤害，而非人格受到侵害，故不同意给付。关于住院期间伙食补助和伤残赔偿金应按规定给付；辅助器具费用、医疗费、伤残鉴定费被告公司无异议。另，事发后，被告公司为原告支付了医疗费 36336. 27 元、护理费 6120 元，按双方的责任，原告也应当承担一部分，该部分费用可在原告的请求中冲抵。

裁判结果

北京市朝阳区人民法院依照《中华人民共和国消费者权益保护法》第7条、第11条、第41条，《中华人民共和国民法通则》第119条、第131条及最高人民法院《关于审理人身损害赔偿案件适用法律若干问题的解释》之规定，判决如下：

一、被告华糖洋华堂商业有限公司华堂商场十里堡店于本判决生效之日起10日内赔偿原告任淑英医疗费600.88元、残疾辅助器具费1361.6元、鉴定费400元、住院伙食补助费2448元、残疾赔偿金41283.79元、交通费80元、精神损害抚慰金5000元，共计51174.27元（折抵被告华糖洋华堂商业有限公司华堂商场十里堡店已支付的8491.25元，再给付42 683.02元）；

二、驳回原告任淑英其他诉讼请求。

案件受理费1540元，由原告任淑英负担300元，被告华糖洋华堂商业有限公司华堂商场十里堡店负担1240元。

裁判理由

北京市朝阳区人民法院根据上述事实和证据认为：《消费者权益保护法》第7条规定，消费者在购买、使用商品和接受服务时，享有人身、财产安全不受损害的权利。第11条规定，消费者因购买、使用商品或接受服务受到人身、财产损害的，享有依法获得赔偿的权利。

开展促销活动是商家普遍使用的经营手段，其目的是在短期内取得更大的销售收益。与利益相对应的则是商家的安全保障义务相应加大。被告作为经营者在组织促销活动时，应当预见到消费者众多，不排除出现拥挤抢购的情形发生，届时应当积极采取疏导措施，并有义务在合理限度范围内负责安全保障，以使消费者在安全的环境中购物。但被告却没有及时疏导，亦未尽到安全保障的义务，致使店门打开后大量顾客拥入，造成原告被挤倒摔伤，被告因此负有过错责任。被告的过错与原告的损害结果之间存在因果关系，对原告因此而产生的损失，被告应当予以赔偿。

《民法通则》第131条规定，受害人对同一损害的发生也有过错的，可以减轻赔偿义务人的赔偿责任。原告选择被告组织促销活动期间到被告处购物，其作为成年人有能力且应当预见到消费者众多，在等待被告开店门期间能够注意到现场的实际状况，作为67岁的老人更应根据自身的身体状况，加强自我保护措施，避免与其他消费者拥挤。但其却疏于自我保护，随人流拥挤，导致被挤倒受伤，其对损害结果的发生存在一定的过错，应当减轻被告的责任。减轻责任的比例，由法院根据双方的过错程度、损害后果等情况酌情判定。

《消费者权益保护法》第41条规定，经营者提供商品或服务，造成消费者人身伤害的，应当支付医疗费、治疗期间护理费，因误工减少的收入等费用，造成残疾的，应支付残疾赔偿金等。损害结果发生后，原告支付的治疗费、残疾辅助器具费、法医鉴定费，被告无异议且证据充分，法院予以认定；关于交通费，原告发生交通费的事由是合理的，但费用过高，法院就合理部分予以酌判；住院伙食费，依照北京市国家机关一般工作人员的出差伙食补助标准予以确定。营养费，由于原告没有出示相关医疗机构的证明，法院不予支持。护理费，原告在住院治疗期间被告已为其请护工一名，现原告无证据证明，其需两人进行护理，故此部分诉讼请求，法院不予支持。经法医鉴定原告的伤残程度为八级，丧失劳动能力30%，被告应按原告丧失劳动能力程度给付原告残疾赔偿金。上述认定的数额，由被告按其承担时责任比例予以赔偿。因此次事故对原告的身体、精神、生活，确已造成一定的伤害及影响，故被告应当赔偿原告精神损害抚慰金，具体给付数额法院依法判定。另，被告为原告支付的医疗费、护理费，被告要求按原告应承担的责任比例折抵赔偿金的抗辩主张，合理合法，法院予以采纳。

101. 酒店未要求消费者如实登记身份，酒店是否违反了安全保障义务？

安全保障义务的主体是向公众提供服务场所的所有者、经营者等具有实际控制力或具有经济利益关系的人；安全保障义务而承担责任的前提是提供服务的主体怠于履行保护义务且该主体对服务场所具有实际控制力；安全保障义务的保护对象为消费者、潜在消费者及其他正常进入到经营活动场合的人，保护的内容是让上述对象免受外来的侵害。如果酒店的服务员在为消费者办理入住手续时，未审验、登记消费者的身份证件，违反了《旅馆业治安管理办法》第6条的规定，故而酒店没有履行规章规定的安全保障义务。

典型疑难案件参考

董德彬等诉启东市吕四聚鹤大酒店等旅店服务合同纠纷案

基本案情

原告董德彬、陈翠兰系受害人董钦文的父母，其中，董德彬为有残疾的退休工人，陈翠兰在常住人口登记卡中登记的职业为抚顺市第二造纸厂炊事员(登记时间为1999年5月4日)，两人均为非农业户口。

2004年5月14日夜，罪犯彭忠忠、胡伟等曾驾车劫持过受害人陈女，在劫得钱财后将陈女杀害于车内。2004年6月14日凌晨，彭、胡二人再次驾驶租来的轿车，将独自行走的受害人董钦文绑架，劫得手机和200余元现金后，用封箱带捆住董。凌晨三四时许，彭、胡二人将董带至被告聚鹤酒店。胡伟先行挟持董上楼，彭则去前台叫醒服务员办理入住手续。服务员在登记时，没有要求彭出示身份证件，而是用“刘华”的名字为彭办理了入住酒店405室的手续。彭到3楼后与胡会合，并一起将董带至405室内。其后，彭、胡二人继续向董勒索钱财，董打电话给男友江某，让其在董的信用卡上存入5000元。当日中午12时许，彭、胡二人获知钱已到账后，决定杀人灭口。下午2时左右，彭、胡二人用勒颈的办法，将董钦文杀害于聚鹤酒店405室内，并将尸体藏匿于壁橱内。随后，彭、胡二人离开酒店。接到报案后，南通市崇川区公安分局的民警通过技术侦查手段测定受害人使用手机的方位在启东市吕四港镇大洋桥一带，下午3时前，民警赶到该地段对宾馆、酒店进行排查，但在聚鹤酒店排查时，未进入405室，因而未发现受害人董钦文的尸体。15日深夜，彭、胡二人再次溜进聚鹤酒店，取出董钦文的尸体并抛尸于河流中。案发后，彭、胡二人被抓获。2005年1月14日，彭、胡二人被南通市中级人民法院判处死刑，并被判决赔偿本案原告各项损失201902元。2005年9月28日，南通市中级人民法院依据生效判决及江苏省高级人民法院的执行死刑命令，对彭、胡二人执行了死刑。原告尚未获得任何赔偿。

诉辩情况

原告董德彬、陈翠兰诉称：2004年6月14日凌晨，两原告之女董钦文被彭忠忠、胡伟绑架至被告启东市吕四聚鹤大酒店（以下简称“聚鹤酒店”），聚鹤酒店前台服务员未按规定登记三人的身份证件，即允许其入住。被告聚鹤酒店不登记住客身份证的行为，致使公安机关未能及时通过查房而解救董钦文，并最终导致董钦文在房间内被彭、胡二人杀害。由于两被告在董钦文遇害事件中疏于履行安全保障义务，故要求两被告就原告的全部损失承担30%的补充赔偿责任，共计人民币141840元，另赔偿精神损害抚慰金5万元。

被告聚鹤酒店及任小涛辩称：（1）原告以存在合同为由提起诉讼，而本案只有彭忠忠一人登记入住，被告与董钦文之间没有合同关系，董系遭彭、胡两罪犯绑架的受害人，既非旅客亦非访客，原告诉称董、彭、胡三人一起入住被告处不是事实；（2）原告已就损失提起了附带民事诉讼，法院已作出了由彭、胡二人进行赔偿的判决，原告尚未申请执行，不能证明彭、胡二人无履行能力；（3）聚鹤酒店系个体工商户，依法不应成为诉讼主体。据此，对原告要求其承担责任的诉讼请求不予认可。

裁判结果

江苏省启东市人民法院依照《中华人民共和国民法通则》第106条第1款、最高人民法院《关于贯彻执行〈中华人民共和国民法通则〉若干问题的意见（试行）》第41条、最高人民法院《关于审理人身损害赔偿案件适用法律若干问题的解释》第6条第2款之规定，判决如下：被告任小涛补充赔偿原告董德彬、陈翠兰人民币20190.2元。本案受理费7628元，其他诉讼费360元，合计7988元，由两原告负担7188元，被告任小涛负担800元。

裁判理由

江苏省启东市人民法院认为：原告的诉讼请求是要求被告承担安全保障义务人的补充赔偿责任，在就本案起诉前，原告已对直接侵权人彭忠忠、胡伟提起了刑事附带民事诉讼，其侵权赔偿请求得到了有关判决的支持，故原告在本案中只将聚鹤酒店和任小涛作为被告，而不再以彭、胡二人为共同被告，符合法律和最高人民法院《关于审理人身损害赔偿案件适用法律若干问题的解释》第6条第2款的规定。

安全保障义务的主体是向公众提供服务场所的所有者、经营者等具有实际控制力或具有经济利益关系的人。本案中，聚鹤酒店是向公众提供服务的场所和主体，任小涛是聚鹤酒店的所有者，因此，被告任小涛和聚鹤酒店是司法解释规定的安全保障义务人。由于聚鹤酒店的性质为个体工商户，依照法律规定，起字号的个体工商户涉讼时应以业主为诉讼当事人，因此，如果聚鹤酒店在经营活动中未能履行安全保障义务，责任应由其业主即被告任小涛承担。基于安全保障义务而承担责任的前提是提供服务的主体怠于履行保护义务且该主体对服务场所具有实际控制力。安全保障义务的保护对象为消费者、潜在消费者及其他正常进入到经营活动场合的人，保护的内容是让上述对象免受外来的侵害。本案中，聚鹤酒店的服务员在为彭忠忠办理入住手续时，未审验、登记彭的身份证件，违反了《旅馆业治安管理办法》第 6 条的规定，故而可认定被告任小涛没有履行规章规定的安全保障义务。本案中，聚鹤酒店同意入住的旅客仅为彭忠忠一人，聚鹤酒店没有发现胡伟、董钦文与彭忠忠同行，更没有默认胡、董不经登记而入住；董钦文是被彭、胡绑架至聚鹤酒店的受害人，进入酒店前已失去了人身自由，董不是严格意义上以合乎情理的方式进入被告服务场所的人，董的这一身份对被告能否防止和制止损害产生了重要影响。董钦文的被害，不是外来的侵权行为造成的，而是事前已经控制其人身自由的侵权行为人故意追求的结果，从彭忠忠、胡伟在其他犯罪事件中的行为规律看，自董被绑架时起，董的死亡结果就已在彭、胡二人的意志及行为的完全支配之下，即使聚鹤酒店的服务员登记了彭忠忠的真实身份，或者拒绝彭忠忠的入住，也至多是改变了董钦文死亡结果发生的场所，却不能从根本上避免该结果的发生。所有本案的事实特征，均表明董钦文不是典型意义上可以得到安全保障义务人保护的主体。因此，尽管聚鹤酒店因违反规章而构成对安全保障义务的不履行，但是，聚鹤酒店能够防止、制止董钦文死亡的可能性几乎不存在或者是极其微小的。现有的证据表明，董钦文的遇害时间为 6 月 14 日下午 2 时许，而公安人员在聚鹤酒店的排查时间为当日下午 3 时许，此时，董钦文已经遇害。即便此时董钦文尚未遇害，因公安机关依职权可以进入聚鹤酒店内的任何房间进行排查和解救，聚鹤酒店的安全保障义务在公安人员到达后，当然地移转至负有法定解救职责、具有解救能力的公安机关，故也不能认为因聚鹤酒店未履行协助义务而导致董钦文死亡。

综合全案，被告任小涛所经营的聚鹤酒店毕竟未如实登记加害人彭忠忠的身份证，也未能发现胡伟挟持董钦文进入聚鹤酒店，被告任小涛未能履行一般意义上的安全保障义务且主观上有过错。被告未履行安全保障义务的不作为，与董钦文的死亡之间的因果关系无法彻底予以排除。另外，考虑到原告在诉讼中的弱势地位，为平衡双方当事人的利益，也不应完全否定被告的补充责任。本案涉及的是安全保障义务人补充责任的承担。补充责任是在直接侵权人的赔偿责任基础上产生的替代、平衡责任，是根据直接侵权人的赔偿数额按一定比例确定的责任。在已生效的刑事附带民事判决中，两原告自直接侵权人彭忠忠、胡伟处可获得的赔偿总额为 201902 元，故被告任小涛的补充责任应据此确定相应比例。

102. 公路管理机构违反安全保障义务应当承担何种责任？

《中华人民共和国公路法》第70条规定："交通管理部门、公路管理机构负有管理和保护公路的职责，有权检查、制止各种侵占、损坏公路、公路用地、公路附属设施及其他违反本法规定的行为。"据此，公路管理机构的法律地位是法律、法规授权行使行政职权的组织，各路段依法负责本行政区域内所管养的公路路政管理工作，负有公路管理、纠正公路违法行为的法定职责。因某公路段没有尽到及时检查和制止违法占道的职责，导致交通事故发生，其行为系行政不作为，应当承担行政赔偿责任。

典型疑难案件参考

张春英等诉宝丰县公路管理段人身损害赔偿纠纷抗诉案

基本案情

2003年11月10日19时30分许，宝丰县石桥镇交马岭村村民张二臣无证驾驶一辆无牌照二轮摩托车，带着其表弟李自发（当时二人均未戴头盔），由北向南从石桥返回。行驶到宝郊公路交马岭村北处时，因撞上胡留印在公路上档晒糟子的石头，摩托车摔倒，导致在摩托车后坐的李自发当场死亡。李自发亲属遂以宝丰县公路管理段（以下简称宝丰公路段）没有依法尽到公路管理职责造成李自发死亡为由向宝丰县人民法院提起民事诉讼。

原审裁判结果

审理法院依照《中华人民共和国民法通则》第119条之规定判决：驳回原告张春英等6人对宝丰公路段的诉讼请求。

原审裁判理由

宝丰县人民法院于2004年3月3日作出〔2004〕宝民初字第100号民事判决，认定被告宝丰公路段作为公路管理机关，有责任、有义务全面负责本行政区域内所管养的公路路政管理工作，但受害人李自发之死却是他人无证驾驶及其他原因所致，与被告的公路养护管理工作无直接的因果关系。因此，6原告的诉讼请求无法律依据，无法支持。

再审诉辩情况

张春英等不服宝丰县人民法院〔2004〕宝民初字第100号民事判决，向宝丰县人民检察院提出申诉。宝丰县人民检察院提请平顶山市人民检察院抗诉。平顶山市人民检察院审查认为，石桥镇交马岭村民胡留印违反《中华人民共和国公路法》的规定，在公路上晒酒糟子，为防止碾压在路中央摆放石头是导致李自发死亡的重要原因；根据《中华人民共和国公路法》第70条和《河南省公路路政管理规定》第25条之规定，宝丰公路段有责任、有义务全面负责本行政区域内所管养的公路路政管理工作，但宝丰公路段巡查不到位，对胡留印的违法行为没有及时制止，是导致李自发死亡的另一重要原因；张二臣无证驾驶摩托车是导致李自发死亡的原因之一。因此，三方对于李自发死亡均负有不可推卸的责任。宝丰县人民法院判决认为李自发之死是他人无证驾驶及其他原因所致，与宝丰公路段的公路养护管理工作无直接因果关系，属认定事实错误，于2002年10月12日以平检民行抗字〔2004〕72号抗诉书向平顶山市中级人民法院提出抗诉。

再审裁判结果

综上所述，检察院抗诉理由成立，原审判决不当，应予以改判，依照《中华人民共和国民法通则》第98条、第106条、第119条、第120条，《中华人民共和国民事诉讼法》第184条的规定及最高人民法院《关于适用〈中华人民共和国民事诉讼法〉若干问题的意见》第201条的规定，判决如下：

一、撤销本院〔2004〕宝民初字第100号民事判决；

二、限原审被告宝丰公路段、被告张二臣、胡留印分别于本判决生效后10日内给付原告张春英等丧葬费、死亡补偿费、生活补助费15312.68元、12695.43元、12695.43元；

三、驳回原审原告张春英等其他诉讼请求；

四、驳回原审原告李金岭的诉讼请求。

再审裁判理由

平顶山市中级人民法院裁定本案由宝丰县人民法院再审。再审过程中，张春英等原审原告申请追加张二臣、胡留印为被告。宝丰县人民法院于2005年4月25日作出〔2005〕宝民再字第1号民事判决认为：《中华人民共和国民法通则》第98条、第119条规定："公民享有生命健康权。""侵害公民造成伤害的，应当赔偿医疗费等费用，造成死亡的，并应当支付丧葬费，死者生前扶养人的必要的生活费等费用。"依据此规定，受害人李自发死亡，6原告应该得到赔偿，6原告的部分诉讼请求应予以支持。根据河南省高级人民法院《关于审理交通事故损害赔偿案件若干问题意见》第31条“死亡补偿费补偿标准一般应按照交通事故发生地平均生活费计算补偿10年”和第32条的有关规定，李自发的丧葬费2000元，死亡补偿费41101.70元（4110.17元×10年），李朵朵生活补助费是2320元（2年5个月×80元），李乐乐生活补助费4160元（4年零4个月×80元），被扶养人李顶生活补助费4 800元。（960元×5年）。李顶有4个儿子，李自发生前是李顶的扶养人之一，李自发应承担四分之一扶养费，故被扶养人李顶应得生活补助费的四分之一即1200元，以上五项共计款50781.70元。由于原告张春英身体健康，有劳动能力，原告李真真已超过18周岁，原告李金岭自述身体健康，有劳动能力，独立居住、独立生活，三原告不符合丧失劳动能力，且有生活来源，不是李自发生前所扶养的人，故对三原告要求赔偿生活费的诉讼请求不予以支持。

依据《中华人民共和国公路法》第8条和第70条之规定，宝丰公路段应及时巡逻本辖区的公路，检查制止各种侵占公路等违反公路法规定的违法行为，而宝丰公路段未尽到自已的管理职责，造成胡留印在公路上摆放的石头与张二臣骑的摩托车相撞致李自发死亡的交通事故。故宝丰公路段对李自发的死亡应负一定的赔偿责任，应承担40%的责任即承担20312.68元赔偿款，减去已支付的5000元，应再付原告15312.68元。《公路法》第46条规定：“任何单位和个人不得在公路上及公路用地范围内摆摊设点，堆放物品，倾倒垃圾，设置障碍……”被告胡留印违背法律规定，在公路上晒糟子、摆石头影响公路通行，对摩托车撞上石头造成李自发死亡，也有一定的责任，应承担25%的责任，偿付原告赔偿款12695.43元。《中华人民共和国道路交通管理条例》第25条规定：“机动车驾驶员，必须经过车辆管理机关考试合格，领取驾驶证，方准驾驶车辆。”第26条第10项规定：“驾驶和乘坐二轮摩托须戴安全头盔。”被告张二臣违背法律规定，在自己没有驾驶证、行驶证的情况下，驾驶无牌照的摩托车，且让不戴头盔的李自发乘坐自己的摩托车，对造成李自发死亡有一定的责任，应承担25%的责任，应付原告赔偿款12695.43元。死者李自发乘坐摩托车，未戴安全头盔，对造成死亡有一定的过错，应减轻侵害人10%的民事责任。

103. 电信局对于其所有的位于公路路面上的电杆是否负有管理义务？

根据有关规定，在公路、公路用地范围内禁止设置电杆及其他有碍通行的设施。公路因社会发展需求拓宽后相对位移于路面的电杆必须及时移开。物的所有人和管理人必须也应当关注、察知自身所有或管理之物的相对变化状况以及对他人权利的影响。

104. 由此致人损害的是否承担赔偿责任？

对因维护管理瑕疵致人损害的后果承担赔偿责任，其自身是否及如何遵循部门法律法规规章对电杆进行管理维护，而不能对外部权利人形成有效抗辩。因此，电信局对于其所有的位于公路路面上的电杆存有管理义务，并承担由此致人损害的赔偿责任。

典型疑难案件参考

范茂生等诉淮安电信分公司淮阴区电信局、淮安市淮阴区公路管理站人身损害赔偿纠纷案（《最高人民法院公报》2011 年第 11 期，总第 181 期）

基本案情

2004 年 3 月中共淮安市淮阴区委下发淮委〔2004〕103 号文件，要求对全区范围内道路进行拓宽，县道的路面宽度不少于 9 米，路基宽度不少于 12 米，县道由区交通局组织实施，路基拓宽范围内的供电、邮电、广电杆线迁移分别由供电、电信、广电部门负责。为此，淮阴区人民政府还召开区长办公会议并形成纪要，被告电信局和被告公路站的有关人员参加了该会议。林蒋路路面的拓宽，导致电杆位于路面仅 35 厘米的路基上，且路面与路基基本持平。2007 年 12 月 16 日 20 时 20 分许。范玉金酒后驾驶苏 H73717 号二轮摩托车沿林蒋路由东向西行驶至林蒋路 2Km + 500m 时，车辆驶入道路北侧，撞上路边电杆，造成范玉金受伤经医院抢救无效死亡。路人报警后，淮安市公安局淮阴分局交巡警大队赶到现场，经现场勘查，范玉金确为撞到电杆而受伤，后经医院抢救无效死亡。

另查明，电杆的产权单位为被告电信局，该路段的管理单位是被告公路站，该路段属县道，路面宽为 9 米。范玉金生前是从事建筑装潢业的，可按城镇居民收入标准计算相关赔偿费用。2007 年度江苏省城镇居民人均可支配收入为 16378 元，农村居民人均生活消费支出为 4792 元。

一审诉辩情况

四原告诉称：原告范茂生、纪美华是死者范玉金的父母，原告何素改是死者范玉金之妻，原告范轩齐是死者范玉金之子。2007 年 12 月 16 日，范玉金驾驶苏 H73717 号二轮摩托车沿林蒋路由东向西行驶至林蒋路 2Km + 500m 处，撞上了路中的电线杆，致范玉金死亡。造成范玉金死亡的主要责任在被告电信局和公路站，故要求两被告赔偿范轩齐的生活费 41520.60 元、胎儿的生活费 43128 元、死亡赔偿金 327560 元、精神抚慰金 50000 元以及丧葬费 11874 元计 474092.6 元的 70% 即 331864.8 元。

被告电信局辩称：范玉金不是撞在电线杆上死亡的，而是因醉酒驾车死亡。所谓被撞的电线杆，是在 15 年前按标准于路边埋设的。2004 年道路扩建后致电杆相对位移于路基之内，电信局并没有收到要求电杆迁移的通知，如果有关部门及时通知电信局，电信局一定会按相关通知进行整改。范玉金应在此事故中承担全部责任，电信局无责任，应驳回原告对电信局的诉讼请求。

被告公路站辩称：（1）电杆的所有人是被告电信局，公路站不应是被告。2004 年，淮阴区政府改扩建道路，将原为 7 米宽的路面，扩建成 9 米宽。（2）电杆是在 10 多年前埋设的，历史形成的早已架设的电杆不是公路站的管理范围，公路站在公路管理上不存在瑕疵。何况我国《公路法》是从 1998 年 1 月 1 日起施行的，故涉案电杆的管理不适用《公路法》的规定。（3）该起事故是由范玉金酒后驾车造成的，应当由范玉金承担全部责任，法院应驳回原告对公路站的诉讼请求。

一审裁判结果

淮安市淮阴区人民法院依照《中华人民共和国民法通则》第 106 条第 1 款，《中华人民共和国公路法》第 56 条第 1 款、第 70 条，最高人民法院《关于审理人身损害赔偿案件适用法律若干问题的解释》第 2 条第 1 款、第 11 条第 1 款、第 2 款、第 17 条第 1 款、第 2 款，最高人民法院《关于确定民事侵权精神损害赔偿责任若干问题的解释》第 8 条第 2 项的规定，于 2008 年 6 月 20 日作出判决：

原告范茂生、纪美华、何素改、范轩齐的损失 380954.6 元，由被告电信局赔偿40%，计152881.84元，并由电信局赔偿其精神损害抚慰金10000元，两项合计162881.84元，于判决生效后10日内给付；驳回四原告的其他诉讼请求。

一审裁判理由

淮安市淮阴区人民法院一审认为：根据有关规定，在公路、公路用地范围内禁止设置电杆及其他有碍通行的设施。公路因社会发展需求拓宽后相对位移于路面的电杆必须及时移开。被告电信局作为涉案电杆的产权单位，知道也应该知道涉案电杆位于公路用地范围内，存在安全隐患，本应及时迁移，但电信局并未迁移，应承担未尽管理和注意义务而产生的相应赔偿责任。对于电信局关于15年前埋设电杆符合标准而公路拓宽电杆发生相对位移后未接到移杆通知，其已经依法对涉案电杆加以管理维护的辩解，法院认为，拓宽道路符合社会发展和人民利益的要求，公路管理等部门为了公路的通畅固然应当通知，但反观本案，电信局对此已然知晓，即使不知也不能就此推脱责任，因为物的所有人和管理人必须也应当关注、察知自身所有或管理之物的相对变化状况以及对他人权利的影响，并对因维护管理瑕疵致人损害的后果承担赔偿责任。其自身是否及如何遵循部门法律法规规章对电杆进行管理维护，而不能对外部权利人形成有效抗辩，故对该抗辩不予以采纳。电信局的其他抗辩已为事实所否定，故亦不予以采纳。被告公路站虽然作为涉案路段的管理单位，负有管理和保护公路畅通的责任，但公路站对电信局没有管理的权能，各自的管理规范亦多有冲突，此种情形下，二被告特别是电杆所有人电信局无论如何当以民众权利的有效维护作为首要考虑去积极解决权利冲突的问题。况且，2004年淮阴区委区政府召开公路建设有关会议确定拓宽该公路并明确各自的责任，而电信局明知却怠于履行义务，故其未及时迁移电杆而造成的损害赔偿责任，公路站虽未再行通知也可不再承担。范玉金酒后驾车，直接导致本案损害后果的发生，对此应承担主要责任。四原告所主张的因范玉金死亡而造成的各项损失中，范轩齐生活费41520.6元、死亡赔偿金281680元、丧葬费11874元，计380954.6元，符合法律规定，应予以认可，但应按过错责任原则由电信局适当赔偿。因原告何素改腹中的胎儿尚未出生，其生活费亦尚未发生，对此诉讼请求暂不支持，可待胎儿出生后另行主张。

二审诉辩情况

四原告及被告电信局均不服一审判决，向江苏省淮安市中级人民法院提出上诉。

四原告认为：一审查明事实清楚，但判令上诉人电信局承担40%的赔偿责任和赔偿10000元精神抚慰金数额偏低，请求二审改判电信局承担50%的赔偿责任和40000元的精神抚慰金。另外，被上诉人公路站怠于履行义务，亦应承担赔偿责任。

上诉人电信局认为：一审判决电信局承担责任的证据不足，认定事实错误。本案是一起交通事故，经交警部门认定，受害人酒后驾车造成死亡，与电杆位置之间无因果关系；淮阴区委、区政府文件因与电信法律法规相矛盾，不能作为定案依据；受害人是农民，仅是农闲时出外做点零工，无单位和从业资格证书，一审按城镇居民标准赔偿，无事实和法律依据；一审适用法律错误。故请求二审撤销原判，改判上诉人不承担赔偿责任。

被上诉人公路站答辩称：一审判决正确，请求维持。

二审裁判结果

江苏省淮安市中级人民法院遂依照《中华人民共和国民事诉讼法》第153条第1款第1项的规定，于2008年9月8日作出判决：

驳回上诉，维持原判。

二审裁判理由

江苏省淮安市中级人民法院二审认为：本案中，上诉人范茂生、纪美华、何素改、范轩齐的亲属范玉金晚上醉酒后驾车，车辆驶入道路北侧，撞上路边电杆，经医院抢救无效死亡。范玉金本人未能在确保安全的原则下通行，是造成此事故的直接和主要原因，对损害后果应当承担主要责任。根据有关规定，在公路、公路用地范围内禁止设置电杆及其他类似设施。上诉人电信局作为涉案电杆的产权单位，在区委、区政府召开公路建设的有关会议上，确定将12米路基范围的供电、邮电、广电杆线由供电、邮电、广电部门各自负责迁移，该责任界分符合谁所有、谁管理、谁收益、谁负责的精神，符合权利义务相一致和公平的法律原则，故而不论与其管理规范是否矛盾，均能够作为判定本案的事实依据；且在公路通车后，电信局明知该涉案电杆位于公路用地范围内，应及时迁移而未迁移存在危害人民利益的安全隐患，却怠于履行义务，这无疑也是造成范玉金死亡的原因，其应当承担相应的民事赔偿责任。原审依据查明的案件事实，结合过错程度及原因力大小，确定双方的民事责任并无不当。四上诉人一审中举出范玉金死亡前的淮安市地方税务局的现金完税证明1份、基金专用收据1份、统一发票1份，并申请两名证人出庭作证，旨在证明范玉金生前是从事建筑装潢业，主要收入来源于城镇。对上述证据，电信局虽有异议，但未提供证据予以否定，故原审对四上诉人主张的应按城镇居民计算相关赔偿费用的请求予以支持，不违背法律的精神。因四上诉人的亲属即本案死者范玉金应对本案承担主要民事责任，原审酌情判决电信局赔偿10000元精神损害抚慰金，亦符合法律规定。上诉人主张被上诉人公路站承担本案的损害赔偿责任，无事实和法律依据。

综上所述，各上诉人的上诉理由均不能成立，原审判决正确，应予以维持。

（二）群众性活动组织者责任纠纷

105. 如何理解拓展训练组织者的安全保障义务的范围？

拓展训练活动的经营、组织者应当对学员负合理范围内的安全保障义务，对参训人员的身体状况充分了解，配备安全防护措施、专业救护人员，保障参训人员的人身安全。拓展训练具有活动性、挑战性的特点，组织者未尽到合理范围内的安全保障义务，应当对学员猝死损害结果承担相应责任。

典型疑难案件参考

王浩存诉陕西思八达文化艺术传媒有限责任公司拓展训练致人身损害赔偿纠纷案

基本案情

2006年3月28日，思八达公司组织了为期三天的体能拓展训练。王俊与其单位的李梓榕一同参加了该项活动，未缴纳活动费用。活动进行到第二天时，主办方组织大家登山进行拓展训练，对学员进行了分组，并订立了训练规则及惩罚措施。在上山过程中，王俊突然晕倒，其他学员随即对王俊进行了人工呼吸、心脏按压等急救措施，拨打“120”请求援助。“120”急救车于下午3时30分左右赶到事发现场，将王俊送往医院，下午5时30分左右抵达陕西省户县医院抢救无效，王俊死亡。王俊在陕西省户县医院抢救的医疗费为643.5元、停尸费6500元。王俊的母亲已经去世，王俊及其父王浩存的户口均登记在陕西省铜川市耀州区城关镇，均系农村居民户口。王俊虽是农村居民户口，但从2002年至死亡前一直在西安梓榕特色医疗研究中心工作，长期生活在城市。在处理王俊后事的过程中，王俊的家属支出交通费 4355 元，住宿费 919 元。诉讼中，西安市莲湖区人民法院委托鉴定机构对王俊的死因进行法医鉴定。经西安交通大学法医学司法鉴定中心鉴定，并出具交大司法鉴定中心〔2006〕鉴字第 20061291 号司法鉴定书：王俊的死亡原因符合心源性猝死，登山等体力活动是导致死亡发生的诱因。

一审诉辩情况

原告诉称：2005 年 3 月，其子王俊在参加思八达公司举办的超级潜能开发特训营拓展训练中，由于思八达公司事先未对学员的身体进行体检，未进行必要的体能渐进训练，贸然将学员带至偏远山区进行体能拓展训练，且未配备处理紧急事故的专业医务人员和医疗设备，未办理意外伤害保险，造成王俊在长达 6 个小时的时间里无法得到专业救治，导致死亡。请求判令思八达公司承担全部赔偿责任，赔偿经济损失 20 余万元。

被告辩称：其所组织的“领导潜能激发营”活动不属拓展训练，死者王俊系西安梓榕特色医疗中心负责人李某私自带来参加活动，双方没有签订培训合同，王俊也未缴纳相关培训费用，其与王俊之间不存在委托培训的合同关系。思八达公司并称登山仅为一般性运动，运动强度不大。法医鉴定王俊死亡的根本原因符合心源性猝死，登山等体力活动仅为诱因。王俊发病后，其立即进行了积极的施救，并向“120”求援，已尽到了力所能及的安全保障义务，不应对王俊死亡承担责任。并提出王俊与李某之间系雇用关系，王俊随李某参加活动目的在于拓展其业务，李某作为雇主应当对王俊死亡承担责任。

一审裁判结果

一审法院根据《中华人民共和国民法通则》第 98 条、第 119 条，最高人民法院《关于审理人身损害赔偿案件适用法律若干问题的解释》第 1 条、第 17 条、第 22 条、第 27 条、第 28 条、第 29 条之规定，判决思八达公司承担王浩存、王俊的死亡赔偿金、丧葬费、被扶养人生活费、医疗费、停尸费及王浩存的交通费、住宿费总额的 70%，王浩存承担上述损失的 30%。诉讼费及鉴定费亦按上述比例分担。

一审裁判理由

一审法院经审理认为：王俊在参加思八达公司组织的拓展训练中死亡，经西安交通大学法医学鉴定机构鉴定为心源性猝死，登山等体力活动，是导致死亡发生的诱因。虽然王俊没有向思八达公司缴纳任何费用，但思八达公司事实上已经接受了王俊参加活动，从出发至第二天的登山活动，王俊都是作为正式学员参加的，不能因为王俊未缴纳费用而免责；思八达公司在训练活动中没有随队专业医生，亦未在训练前对学员的体能状况做到充分的了解，在此事故中有疏于管理的责任。思八达公司作为拓展训练的组织方应该尽到保障学员生命安全的义务，故思八达公司的抗辩理由不能成立。作为完全行为能力人，王俊本人应该对自身的身体状况有所了解，并对自己的身体健康负有注意义务，故王俊亦应承担一定的责任。王浩存主张的医疗费、停尸费、交通费、住宿费、丧葬费、死亡赔偿金及被扶养人生活费应予以支持。关于王俊的死亡赔偿金标准问题。王俊虽是农村居民，但自从 2002 年王俊一直就在城市学习并参加工作，生活水平与城市人口相同。从实际情况及公平原则考虑，对王俊的死亡赔偿标准应按城市居民标准计算为宜。有关被扶养人生活费一节，由于王俊的母亲已经去世，其父亲王浩存系农村居民，且家中还有一个子女，对其生活费应按照农村居民人均年生活消费支出标准计算。

二审诉辩情况

一审宣判后，被告人思八达公司不服提出上诉。

二审裁判结果

二审法院依照《中华人民共和国民法通则》第 119 条、第 131 条，最高人民法院《关于审理人身损害赔偿案件适用法律若干问题的解释》第 6 条及《中华人民共和国民事诉讼法》第 153 条第 1 款第 1 项、第 3 项之规定，改判思八达公司赔偿王浩存受害人的死亡赔偿金、丧葬费、被抚养人生活费、医疗费、停尸费及王浩存的交通费、住宿费总额的 30%，王浩存自行承担上述损失的 70%。诉讼费及鉴定费亦按上述比例负担。

二审裁判理由

二审法院审理查明，王俊生前系西安梓榕特色医疗中心的雇员，具有中医师和高级康复保健师职称，并获得助理医师执业证书。又查，思八达公司与其学员均签订“领导成功”、“动力成功”学习卡等销售合同，并收取相关费用。“领导潜能激发训练营”活动为该公司“动力成功学习”及“领导成功学习”中涉及课目，系培养团队精神，增强人际沟通，挖掘人体潜能等活动，训练内容涉及体能训练、生存训练到心理训练、人格训练、管理训练等。其他事实同一审。

二审法院认为：思八达公司上诉主张其与王俊未形成拓展训练合同关系，其在活动中配备有随队医生，对王俊的赔偿应适用农村居民的标准等理由均不能成立，应不予以支持。原审法院认定思八达公司承担赔偿责任正确，但划分责任比例不当，应予以变更。

106. 旅客在旅游途中因他人交通肇事致死，旅行社是否承担责任？

根据最高人民法院《关于审理人身损害赔偿案件适用法律若干问题的解释》第6条第2款的规定："因第三人侵权导致损害结果发生的，由实施侵权行为的第三人承担赔偿责任。安全保障义务人有过错的，应当在其能够防止或者制止范围内承担相应的补充赔偿责任。"如果旅客因他人交通肇事致死，而并非直接因旅行社未尽安全保障义务所致，在这种情况下评判旅行社应否承担赔偿补充责任，就要看对此损害后果发生是否有过错。旅行社的旅游车在行驶途中停车，尽管这是应多数旅客的要求而临时作的安排，但作为该旅游团的服务人员导游，对这一临时性活动也应进行必要的组织、引导、提醒游客注意安全，尤其要提醒尚未成年的游客下车后不要横穿马路。但该导游疏忽了这一服务，没有尽到这一安全保障义务，以致旅客因他人交通肇事致死，故旅行社作为安全保障义务人，对旅客死亡后果的发生是有一定过错的，其应当承担补充赔偿责任。

典型疑难案件参考

宋君胜、张玲玲诉乌鲁木齐辰光旅行社因过错致其女宋姝颐旅游途中死于交通事故要求其赔偿损失纠纷案

基本案情

宋姝颐系二原告的婚生女，出生于1993年9月29日。宋姝颐的姑夫徐谋臣，系新疆兵团二中的援疆教师。二原告委托徐谋臣带宋姝颐至新疆旅游。2003年7月，王曙光、徐谋臣等10名成人、5名孩子与被告达成协议，以王曙光为代表与被告签订了"旅游服务协议"。该协议约定：由被告自2003年7月7日至7月17日组织15名游客进行"南北疆风情游"；10名成人的旅游费，每人为1500元，孩子每人为600元；交通工具为空调车；餐费、小孩门票自理；被告2003年7月3日向游客收1000元，7月6日收9000元。被告制作了行程表，对于行程中的住宿、景点及参观的项目等都作了安排。随后，游客按行程表乘车旅游。至2003年7月14日12时30分，被告的旅游车行驶至塔里木油田沙漠62 Km + 800 m处时，应游客的要求，被告的司机及导游同意在

原计划中无该停车点的地方停车，以便游客下车拍照。宋姝颐下车后横穿马路时，被库车县塔里木运输公司驾驶员李辉驾驶的行驶到该旅游车停车点的新N12717号金龙中客车碰撞致伤，经抢救无效而死亡。

巴音郭楞蒙古自治州塔里木公安局交通警察大队认定李辉、宋姝颐负此起事故的同等责任，2003年8月18日，二原告与塔里木运输公司（以下简称塔运公司）达成赔偿协议，由塔运公司赔偿损失32766元，宋姝颐自负30400元。二原告已收取塔运公司支付的14097.50元。

一审诉辩情况

原告宋君胜、张玲诉称：2003年7月4日以王曙光为代表的旅游者与被告签订了“旅游服务协议”。该代表团共计15人，有10位成人、5位孩子，5位孩子中有二原告的孩子宋姝颐，约定的旅游时间是自2003年7月7日至2003年7月16日。合同签订后，15位游客在被告导游的带领下至事先约定的各景点浏览。2003年7月14日，由于被告对旅游线路安排不合理，司机走错路线，原定进入沙漠100公里的地方浏览大沙漠风光，结果未到达目的地中途返回，被告随即在路边貌似原定景点的地方停车，导游未下车组织游览。原告女儿下车穿越马路时被左侧驶来一辆客车碰撞，经送往最近的轮台医院救治，因路途远，抢救无效死亡，原告由于相信被告的管理水平而与被告建立旅游关系，但被告的工作却存在重大过失，致使原告的爱女身亡，为维护原告的合法权益，现起诉至法院，要求被告赔偿原告的住宿费6573元、伙食费2631元、通讯费1000元、交通费11925元、丧葬费5345元、误工费20185元、鉴定费200元、医疗费134元、车损费1750元、施救费300元、复印费300元、死亡赔偿金208680元、精神损失费50000元，共计309023元，扣减已赔偿的死亡补偿费14097.50元，被告赔偿原告共计294929.50元，并承担诉讼费用。

被告辰光旅行社辩称：旅游的线路及路费是双方在充分协商的基础上达成的一致意见。被告对宋姝颐等参加到该团队中旅游的5位小孩均未收费。在旅游中，不存在旅游车行驶路线错误。被告在旅客每次上下车时，都给游客进行明确提示。被告已经给所有游客都投保了10万元的旅游意外保险。故旅行社无责任，不同意原告的诉讼请求。

一审裁判结果

天山区人民法院依据《中华人民共和国民事诉讼法》第64条、最高人民法院《关于审理人身损害赔偿案件适用法律若干问题的解释》第1条、第6

条、第20条、第22条、第27条、第29条、第30条、第35条之规定，于2004年7月13日判决如下：

一、被告辰光旅行社给付原告宋君胜、张玲住宿费2953.50元；

二、被告辰光旅行社给付原告宋君胜、张玲伙食费1315.50元；

三、被告辰光旅行社给付原告宋君胜、张玲通讯费500元；

四、被告辰光旅行社给付原告宋君胜、张玲交通费2934.50元；

五、被告辰光旅行社给付原告宋君胜、张玲丧葬费2672.50元；

六、被告辰光旅行社给付原告宋君胜、张玲误工费2775元；

七、被告辰光旅行社给付原告宋君胜、张玲鉴定费100元；

八、被告辰光旅行社给付原告宋君胜、张玲复印费150元；

九、被告辰光旅行社给付原告宋君胜、张玲死亡赔偿金104340元；

十、驳回原告宋君胜、张玲要求被告辰光旅行社赔偿50000元精神损失费的诉讼请求；

十一、驳回原告宋君胜、张玲要求被告辰光旅行社赔偿医疗费、车损费、施救费的诉讼请求。

一审裁判理由

天山区人民法院经审理认为：宋姝颐与被告辰光旅行社存在旅游服务合同关系，被告应当按照合同约定提供旅游服务义务，并应在合理限度范围内尽安全保障义务。被告在旅游车临时停车让游客观光时，其服务人员没有认真组织、引导游客观看景点，致使宋姝颐横穿马路时被他人超速行驶的车辆碰撞致死，应认为没有尽到安全保障义务，对此应当承担赔偿责任。宋姝颐系无民事行为能力人，原告宋君胜、张玲委托徐谋臣带其来新疆旅游，途中徐因疏于监护，致使宋姝颐横穿马路遭到车祸，对此也应承担相应的责任。二原告因交通事故致死宋姝颐，从肇事车辆的所有人处和保险公司获得了人身损害赔偿金和保险金，应用以抵偿被告辰光旅行社的部分赔偿。原告称其获得保险金70000元，但无证据证实，法院以合同中载明的保险金额为依据，认定其所获得的保险金数额。被告辩称发生交通事故的停车点是基于游客的要求，被告旅游车的驾驶员和导游是应游客的要求而停车的，法院认为，即便如此，被告的服务人员也不能不尽安全保障义务。

二审诉辩情况

宋君胜、张玲上诉称：因辰光旅行社在工作中存在重大过失，旅游线路安排不合理，走错线路，且导游不下车组织游览，以致造成上诉人的女儿死于交通事故，对此，辰光旅行社理应承担全部赔偿责任。原审判决将人身意外保险费的理赔款用来冲抵精神损失抚慰金是错误的，二者不属同一法律关系，不能相互冲抵，以此减免辰光旅行社的赔偿责任属于认定事实和适用法律错误，应予以纠正；原审判决未支持上诉人由此造成的误工损失费用，也应纠正。因此，请求撤销原审判决。

辰光旅行社上诉称：宋君胜、张玲的女儿宋姝颐在旅游期间是由于交通事故致死的，并非因旅行社工作失误或过失所致，与上诉人无关，上诉人既不是加害人也非行为过错人，不能承担民事赔偿责任。事故发生后汽车肇事人已与宋君胜、张玲达成赔偿和解协议，并得到了交通事故赔偿金和保险公司的理赔款，之后其再行诉讼要求上诉人承担赔偿责任无理，原审判决由上诉人承担赔偿责任错误，应予以纠正。

二审裁判结果

乌鲁木齐市中级人民法院根据《中华人民共和国民事诉讼法》第 153 条第 1 款第 3 项之规定，于 2004 年 9 月 24 日判决如下：

一、撤销乌鲁木齐市天山区人民法院〔2004〕大民一初字第 2287 号民事判决；

二、旅行社给付宋君胜、张玲款项 29435. 25 元。

二审裁判理由

二审法院除了确认一审法院确认的事实外，还确认：2004 年 8 月 18 日，宋君胜、张玲与该交通肇事车辆的所在单位达成“道路交通事故损害赔偿调解书”，载明：宋姝颐丧葬费、死亡补偿费、住宿费、交通费、医疗费等计 63166元，由该交通肇事车辆所在单位承担 32766 元，宋姝颐承担 30400 元。宋君胜、张玲在调解书上签字确认。之后，宋君胜、张玲收到保险公司的理赔款 77275元。

乌鲁木齐市中级人民法院经审理认为，宋姝颐在旅游途中因交通肇事致死，经公安交警部门确认其与交通肇事人负同等责任。上诉人宋君胜、张玲作为宋姝颐的父母，依据这一法律事实已经得到了交通事故损害赔偿金和保险公司保险理赔款，现起诉还要求上诉人辰光旅行社给付宋姝颐的丧葬费、死亡补偿费、医疗费，属重复请求赔偿，没有道理。宋姝颐的死亡系交通肇事所致。虽然上诉人辰光旅行社负有在合理限度的范围内安全保障义务，但此义务的履行程度如何，并不必然导致宋姝颐死于交通事故，因此对上诉人宋君胜、张玲的请求，法院不予以支持。辰光旅行社在二审诉讼中，表示愿意以宋君胜、张玲诉讼请求合理标的235482元为基数，扣除其未尽监护职责等因素，按交警部门确认的责任承担比例50%计为117741元的25%给付宋君胜、张玲补偿损失，符合本案事实，且较为公平，法院予以采纳。原审判决认定事实和判处结果有误，法院予以纠正。

107. 旅游服务机构在何种情形下承担损害赔偿责任？

旅游服务机构及其导游对自然风险的防患意识应当高于游客，且负有保障游客安全的责任，应以游客安全第一为宗旨，依诚实信用原则并结合当时的具体情况对是否调整行程作出正确判断。导游不顾客观存在的危险，坚持带游客冒险游玩，致游客身处险境，并实际导致损害结果发生的，其所属的旅游服务机构应当承担相应的民事责任；游客遇险或者受到伤害后，相关旅游服务机构应当尽最大努力及时给予救助，旅游服务机构未尽到救助义务，导致损害结果扩大的，应当承担相应的民事责任。

108. 树木的所有人或管理人在何种情形下承担赔偿责任？

树木折断致人损害的，除存在树木的所有人或管理人已尽到维护、管理义务，或者损害结果的发生系因不可抗力所致，或者受害人因自己的过错造成损害三种情形外，树木的所有人或管理人应当承担赔偿责任。

109. 数个行为间接结合发生同一损害后果的，如何分配赔偿责任？

根据最高人民法院《关于审理人身损害赔偿案件适用法律若干问题的解释》第3条第2款的规定，二人以上没有共同故意或者共同过失，但其分别实施的数个行为间接结合发生同一损害后果的，应当根据过失大小或者原因力比例各自承担相应的赔偿责任。

典型疑难案件参考

吴文景、张恺逸、吴彩娟诉厦门市康健旅行社有限公司、福建省永春牛姆林旅游发展服务有限公司人身损害赔偿纠纷案（《最高人民法院公报》2006年第6期，总第116期）

基本案情

2005年5月5日，原告吴文景、张恺逸与受害人张渊等17人参加了由被告康健旅行社组织的牛姆林二日自驾游。5日13时45分左右，被告牛姆林公司的导游带吴文景、张恺逸、张渊等一行人进入牛姆林景区。当时天色阴沉，有人提出可能会下雨，建议导游调整行程，先就近游玩，6日再进入林区，但导游称即使下雨也不会持续很长时间，坚持带一行人进入林区。进入迎宾大道后，天色更加阴沉，有人再次建议导游不要前行，但导游借了雨具后仍要求大家继续往林区走。不久即开始刮风，并下起大雨，导游称往回走有一茶馆可以避雨，一行人便折回原路。14时7分，行至距迎宾大道入口约300米处，张渊被一棵折断的马尾松砸伤倒地。张渊受伤后，同伴立即联系急救中心及景区工作人员实施救援。一段时间后，景区工作人员抬来一张桌子，将张渊抬到牛姆林广场，后又从广场运至停车场。在救护车到来之前，景区工作人员打电话联络景区医生进行救治，但景区的医生始终没有出现，现场未采取任何急救措施。救护车约于15时赶到，15时30分将张渊送到医院，经抢救无效，张渊于5日下午死亡。经法医鉴定，张渊系被树干砸压致严重的颅脑损伤和血气胸而死亡。牛姆林公司已于案发后支付给张渊亲属2万元及丧葬费2872.2元。

永春县气象局于2005年5月1日发布天气预报，内容为5月5日至6日有中到大雨天气，局部有大到暴雨。泉州市气象台5月4日发布天气预报为多云转雷阵雨。永春县气象局2005年6月29日出具的《关于5月4日的天气预报和5月5日的天气实况》证实，5月4日的天气预报为多云到阴，午后到夜里有阵雨或雷阵雨。

2002年10月20日，被告牛姆林公司与天湖山医院签订《协议书》，约定：当遇到较大病患及意外，牛姆林公司安排在景区的医务人员无法医治时，天湖山医院愿意在力所能及的情况下协助医治。郭清城系牛姆林公司安排在景区的医生。2005年4月10日，牛姆林公司制定景区安全应急救援预案，其中“重特大伤亡事件应急处理”规定：因交通、火灾、水灾、经营设施、自然灾害等引发重特大伤亡事件，应急救援领导小组接到报告后，应立即组织医务人员和抢险人员，配备必要的抢险救助设备设施（如担架、药械等）进行现场施救和抬救，同时联系120救护中心和天湖山医院救护中心派出救护车和救护人员进行抢救。

一审诉辩情况

原告吴文景、张恺逸、吴彩娟诉称：吴文景系本案受害人张渊之妻，张恺逸系张渊之女，吴彩娟系张渊之母。2005年5月5日，吴文景、张恺逸、张渊等17人参加了由被告厦门市康健旅行社有限公司（以下简称康健旅行社）组织的牛姆林二日自驾游。进入牛姆林景区游览时天色变阴，原告一行建议导游调整行程，但导游坚持带队上山。不久下了暴雨，导游没有就近安排避雨，而是要求大家原路返回，致使张渊在返回的途中被一棵折断的马尾松砸伤，经医治无效死亡。康健旅行社负有保障游客安全的法定义务，其导游没有充分考虑天气情况和游客意见，谨慎、安全地安排行程，而是为完成任务，在极为不利的天气情况下坚持要求游客上山，其错误行为与事故的发生有重大的因果关系，故康健旅行社应当对张渊的死亡承担责任；被告福建省永春牛姆林旅游发展服务有限公司（以下简称牛姆林公司）应知天气、林木是影响旅游安全的重要因素，却未作任何防范，且在事故发生后连最基本的救护手段都不能提供，延误了最佳救治时机，亦应对张渊的死亡承担责任。请求判令二被告连带赔偿原告方丧葬费9510元、被抚养人生活费161085元、死亡补偿费288860元、误工费9654.8元、交通费2406元，并支付精神损害抚慰金10万元。

被告康健旅行社辩称：原告吴文景、张恺逸及被害人张渊参加的是自驾游，康健旅行社未提供全陪导游服务，为原告提供导游服务的是牛姆林公司的导游，康健旅行社对于事故的发生没有过错，亦无违反合同义务的行为，不应承担任何责任。请求驳回原告方对康健旅行社的诉讼请求。

被告牛姆林公司辩称：案发当时，不可预测的飑线导致大树折断，砸伤受害人张渊致其死亡，该事件的发生属不可抗力；被风吹断的马尾松原本长势良好，牛姆林公司对该树木的管理没有瑕疵，故对事件的发生没有过错；事件发生后，牛姆林公司对被害人的救护措施并无不当。请求依法裁判。

一审裁判结果

厦门市思明区人民法院判决：

一、被告康健旅行社应于本判决生效之日起10日内赔偿原告吴文景、张恺逸、吴彩娟55051.58元；

二、被告牛姆林公司应于本判决生效之日起10日内赔偿原告吴文景、张恺逸、吴彩娟495464.22元（已支付的22872.2元应从中抵扣）；

三、在55051.58元范围内，被告康健旅行社、牛姆林公司互负连带责任；

四、驳回原告吴文景、张恺逸、吴彩娟的其他诉讼请求。

一审裁判理由

厦门市思明区人民法院认为：本案的争议焦点是：（1）被告康健旅行社对于被害人张渊的死亡应否承担责任；（2）被告牛姆林公司对于张渊的死亡应否承担责任；（3）损害赔偿金额应如何确定。

关于被告康健旅行社对被害人张渊的死亡应否承担责任的问题。康健旅行社与原告吴文景、张恺逸及张渊等人建立了旅游服务合同关系，在合同责任与侵权责任竞合的情况下，原告方可选择要求对方承担违约责任或侵权责任。现原告方选择了侵权之诉，以康健旅行社、牛姆林公司为被告，主体适格。原告方认为被告康健旅行社违反保障游客安全义务，应对康健旅行社具有过错承担举证责任。原告方举证证明在天气预报有雨，下雨征兆明显，游客多次建议次日再进入林区的情况下，导游却坚持带游客冒险进入林区。导游对恶劣天气的防患意识应当高于游客，且负有保障游客安全的责任，应以游客安全第一为宗旨，依诚实信用原则并结合当时的天气情况对是否调整行程作出正确判断。本案中，导游不顾恶劣天气的影响，坚持带游客冒险进入林区的错误行为，导致游客处于遭受风雨困扰的险境，并实际导致张渊被折断的马尾松砸伤致死，其主观上具有过错。根据原告等人与康健旅行社签订的《国内旅游组团合同》，康健旅行社应为原告等一行游人提供导游服务。康健旅行社承诺提供优秀导游服务，在其未安排全陪导游的情况下，本案导游既代表牛姆林公司也代表康健旅行社，故康健旅行社对于张渊的死亡也具有过错，应当承担相应的民事责任。

关于被告牛姆林公司对于被害人张渊的死亡应否承担责任的问题。首先，在气象部门5月1日、5月4日发布的天气预报内容不一致的情况下，依生活经验应以5月4日的天气预报为准。根据气象部门5月4日发布的天气预报，5月5日永春的天气是多云转雷阵雨。本案导游作为牛姆林公司的代表，在天气预报有雨，当时天色阴沉、下雨征兆明显的情况下，坚持带游客冒险进入林区，其行为具有明显过错，故牛姆林公司对此亦有过错。其次，牛姆林公司对马尾松折断导致张渊被砸伤致死具有过错。牛姆林公司辩称：马尾松折断系受飑线影响，其对马尾松无管理瑕疵，事件的发生属不可抗力。原告吴文景、张恺逸、吴彩娟认为：根据现有证据，张渊在飑线出现前已被砸伤，马尾松折断并非受飑线影响，牛姆林公司庭前提交的《核查情况汇报》与当庭提交的原件措辞不一致，且带有明显的倾向性，故对其内容不予认可；原告方提供的照片显示，折断的马尾松顶端是秃的，从中心开始向外朽烂，说明牛姆林公司对折断的马尾松疏于管理，该公司关于事件的发生属不可抗力的抗辩理由不能成立。

法院认为，树木折断致人损害的，除树木的所有人或管理人已尽到维护、管理义务，或者损害结果的发生系因不可抗力所致，或者受害人因自己的过错造成损害等三种情形外，树木的所有人或管理人应当承担赔偿责任。牛姆林公司作为本案中折断的马尾松的管理人，只有提供证据证明具有前述免责事由，才能依法免除其赔偿责任。泉州市气象台气象报告表明飑线的出现时间为14时25分，永春气象台的气象报告表明，从14时10分开始自西向东受飑线影响，而张渊被马尾松砸伤的时间是14时7分。即便确定14时10分飑线出现，张渊也是在飑线出现前受伤。可见《核查情况汇报》关于“当时永春遭受到50年来未遇的强对流天气（飑线）袭击”、“该起事件为自然灾害所致”的观点不符合事实，牛姆林公司提供的证据不足以证明马尾松折断系飑线所致。牛姆林公司从事的是以林区观光为内容的经营性活动，该公司既是旅游项目经营者，又是景区树木的管理者，负有保障游客安全的义务，应当对于景区树木给予更加谨慎的管理和注意。根据原告方提供的照片，折断的马尾松顶端是秃的，从中心开始向外朽烂，牛姆林公司亦承认该树曾有树枝折断的情况发生。鉴此，牛姆林公司本应对该树给予特别的注意，采取必要的防护加固或砍伐等措施，防止危险的发生。若采取防范措施须经有关部门批准，亦应及时按规定报批后进行，而不能借此消极对待。现牛姆林公司未能提供证据证明其已对该马尾松采取必要的防范措施，其提供的证据不足以证明该马尾松折断系不可抗力引起，亦不能证明张渊本人对于事故的发生具有过错，故对其免责抗辩不予采纳，牛姆林公司应对其管理的马尾松折断砸伤张渊致死承担相应的民事责任。最后，牛姆林公司在事故发生后救助不力，导致损失扩大。游客受伤后，牛姆林公司负有以最大努力加以救助的义务。牛姆林公司是否尽到救助义务应审查其在事故发生后的实际行动，而不是审查其相关规章制度是否完善。虽然牛姆林公司的安全应急救援预案规定“应立即组织医务人员和抢险人员，配备必要的抢险救助设备设施（如担架、药械等）进行现场施救和抬救”，但张渊受伤后，同伴立即打电话联系景区工作人员救助，一段时间后（原告方证人称20—30分钟，牛姆林公司称不足10分钟），景区工作人员才抬来一张桌子。在救护车到来之前，景区工作人员联系景区医生施救，但景区医生始终没有出现，现场未采取任何急救措施。牛姆林公司只采取抬救措施，而未提供担架、专业医师进行现场施救，违反了自己制定的规定，没有尽到救助义务。牛姆林公司虽已与天湖山医院签订医疗协议建立紧急救援体系，但救护车在报警后近一小时才到达，不符合紧急救援的要求。牛姆林公司关于因张渊的伤情严重，常规措施不足以抢救才未进行现场施救，为了抢时间才以桌子代替担架，恶劣天气严重阻碍了救护车的通行的抗辩理由不充分，不予以采纳。牛姆林公司在张渊受伤后，并未尽到最大救助努力，导致损害后果进一步扩大，应承担相应的民事责任。

关于损害赔偿金额应如何确定的问题。原告吴文景、张恺逸、吴彩娟请求的赔偿范围是：丧葬费 9510 元（1585 元 ×6 个月）；被扶养人生活费 161085 元，其中张恺逸的生活费 53695 元（10739 元 ×10 年 ÷2 人）、吴彩娟的生活费 107390 元（10739 元 ×20 年 ÷2 人）；死亡补偿费 288860 元（14443 元 ×20 年）；误工费 9654.8 元；交通费 2406 元；精神损害抚慰金 10 万元。被告康健旅行社对原告主张的计算标准无异议。被告牛姆林公司对原告主张的计算标准亦无异议，但认为：原告方不能证明吴彩娟系居民且只有二个子女；误工费应以二人计算为合理；交通费中既有自驾车费用又有乘出租车费用不合理；最高人民法院《关于确定民事侵权精神损害赔偿责任若干问题的解释》第 9 条明确规定死亡赔偿金属于精神损害抚慰金，故不应将死亡赔偿金和精神损害抚慰金重复计算；事件发生后被害人亲属前往牛姆林，相关费用均由牛姆林公司支出，即使牛姆林公司应承担责任，亦应予以扣除。法院认为，案发后，原告方亲属五人赴永春是合理的，误工费按五人计算合计 9654.8 元应当予以确认；交通费中出租车的费用 1200 元不合理，酌定以 200 元计，自驾车通行费及汽油费 1206 元合理，故交通费用应为 1406 元；牛姆林公司已经支付原告方 2 万元及丧葬费 2872.2 元的事实应予以确认；原告方提交的医疗费单据的真实性亦应予以确认；吴彩娟的居民身份及其生育二个子女的事实可以确认；两被告对原告方的计算标准均无异议，法院亦予以确认。据此标准，原告方要求赔偿丧葬费 9510 元、被扶养人生活费 161085 元、死亡补偿费 288860 元是合理的，予以支持；最高人民法院《关于确定民事侵权精神损害赔偿责任若干问题的解释》与《关于审理人身损害赔偿案件适用法律若干问题的解释》的相关规定存在冲突，应以后者为准，在张渊因伤死亡的情形下，原告请求在死亡赔偿金以外给付精神损害抚慰金合法，予以支持，金额酌定为 8 万元；牛姆林公司已支付给原告方的 2 万元及已支付的丧葬费 2872.2 元，应予以抵扣；考虑到本次事件主要系因牛姆林公司未尽相关义务引起，案发后所发生的餐饮、住宿、医疗等费用本应由牛姆林公司承担，且上述费用不属本案的赔偿范围，故牛姆林公司关于将已经支付的餐饮、住宿、医疗等费用进行抵扣的主张不以予支持。据此，原告应获得赔偿的项目有：丧葬费 9510 元、被扶养人生活费

161085 元、死亡补偿费 288860 元、误工费 9654.8 元、交通费 1406 元、精神损害抚慰金 8 万元，合计 550515.8 元。

综上所述，一审法院认为，导游不顾恶劣天气坚持带游客冒险进入林区的错误行为，被告牛姆林公司管理不善致使马尾松折断伤人，事件发生后又未尽最大救助努力，这三个因素均是导致被害人张渊死亡后果发生的原因。其中，导游的错误行为是导致事故发生的次要原因，其原因力酌定为 20%；牛姆林公司管理不善致使马尾松折断以及事后救助不力的行为是导致事故发生的主要原因，原因力酌定为 80%。根据最高人民法院《关于审理人身损害赔偿案件适用法律若干问题的解释》第 3 条第 2 款的规定，二人以上没有共同故意或者共同过失，但其分别实施的数个行为间接结合发生同一损害后果的，应当根据过失大小或者原因力比例各自承担相应的赔偿责任。本案中，导游既代表被告康健旅行社，又代表牛姆林公司，故基于导游的错误行为而产生的责任应由二被告共同承担，各自负担 10%，并互负连带责任；牛姆林公司管理不善致使马尾松折断伤人及事后救助不力，相应责任由牛姆林公司自行承担。原告方要求康健旅行社对全部损害后果承担连带责任的诉讼请求缺乏法律依据，不予以采纳。合计赔偿金额 550515.8 元，由康健旅行社对其中的 10% 承担赔偿责任，金额为 55051.58 元；牛姆林公司对其中的 90% 承担赔偿责任，金额为 495464.22 元；在 55051.58 元范围内两被告互负连带责任。牛姆林公司已支付给原告方的 2 万元、丧葬费 2872.2 元，应从牛姆林公司承担部分抵扣。

二审诉辩情况

一审宣判后，牛姆林公司不服，向福建省厦门市中级人民法院提起上诉，主要理由是：(1) 本案中，树木折断致人损害的原因为不可抗力，牛姆林公司作为树木管理人已经尽到合理的维护管理义务，且受害人张渊为完全民事行为能力人，其本人对损害结果的发生负有过错，牛姆林公司不应当承担赔偿责任；(2) 牛姆林公司的导游并未坚持带游客冒险上山，即使导游确实积极邀请游客上山旅游，也不能视为导游的过错，与本案的损害结果没有必然的因果关系；(3) 一审认定牛姆林公司在事故发生后救助不力导致损害后果扩大缺乏科学依据，牛姆林公司已经尽到最大救助努力，不应承担民事责任；(4) 一审判决对部分赔偿项目的金额核定不合理，或者没有事实依据。请求二审法院依法改判，驳回吴文景、张恺逸、吴彩娟的全部诉讼请求。

被上诉人吴文景、张恺逸、吴彩娟答辩称：(1) 上诉人牛姆林公司未能证明本案事故的发生属不可抗力，对树木折断致人损害不存在免责事由，应为此承担赔偿责任；(2) 本案中导游坚持带游客冒险进入林区的行为与损害结果的发生存在因果关系；（3）牛姆林公司在事发后未尽到相应的救助义务，对损害结果的扩大有不可推卸的责任；（4）一审认定的赔偿项目、数额完全符合法律的规定。请求驳回牛姆林公司的上诉，维持一审判决。

被上诉人康健旅行社答辩称：被上诉人吴文景一家和朋友参加的是自驾车游，导游是上诉人牛姆林公司安排的，康健旅行社对于事故的发生没有过错，责任应全部由牛姆林公司承担。

二审期间，上诉人牛姆林公司提交了以下证据：

1. 厦门市气象台 2005 年 9 月 23 日出具的《重要天气证明》，主要内容是：根据厦门雷达站观测，2005 年 5 月 5 日 14 时 02 分至 14 时 07 分，有一条飑线经过北纬 25°23′—25°27′、东经 117°51′—117°58′，根据周围测站风力观测和回波的强度判断，当时该区的风力在 8 至 10 级。该飑线 13 时 47 分进入永春境内，15 时 03 分离开，经过永春观测站时的最大阵风为 25.5 米/秒（10 级）。

2. 永春县气象局 2005 年 10 月 9 日出具的《说明》，主要内容是："根据福建省永春牛姆林旅游服务有限公司申请，我局对牛姆林'5·5'事故地点的经纬度位置进行了实地测量。根据我局以 GPS 定位仪的测量，事故地点为东经 117°56′074″，北纬 25°25′723″。福建省永春牛姆林旅游服务有限公司还向我局提供了厦门市气象台《重要天气证明》。我局于 2005 年 6 月 29 日出具的《关于 5 月 4 日的天气预报和 5 月 5 日的天气实况》中关于 5 月 5 日天气实况的说明，是我局观测站所在位置的实况，由于观测站与事故地点相距几十公里，观测站的数据和事故地点的数据可能会有出入。厦门市气象台拥有全省最先进的雷达系统，应以其气象记录为准。"

3. 福建省气象台 2005 年 11 月 7 日出具的《气象证明》，主要内容是："福建省永春牛姆林旅游服务有限公司向我方提交了 4 份有关天气情况的文件，……请求我台对相应时段的天气情况进行分析、核实。经查阅 2005 年 5 月 5 日下午，一条飑线（牛成在广东）自西南向东北移动，影响福建省，所经之处均出现西南大风。牛姆林出事地点位于永春县气象站的西面，直线距离约 39 公里，飑线以 110 公里/小时的速度自西南向东北方向移动中，先到达牛姆林，20 分钟后到达永春县气象站，这是合乎逻辑的，也是满足气象学原理的。厦门市气象台的多普勒天气雷达为目前最先进的天气雷达，它观测到这条飑线移动的数据是客观、准确的，与我们的分析意见一致，所以同意厦门市气象台出示的《重要天气证明》中的结论。"

4. 福建闽林司法鉴定中心出具的〔2005〕鉴字第 57 号鉴定意见书，主要内容是："受福建省永春县林业局的委托，于 2005 年 11 月 11 日对永春牛姆林自然保护区辖区内环山路旁的一株马尾松的健康状况及其枝条折断原因进行司法鉴定。经在该马尾松折断现场实地调查，并采集其断裂部位木材试样进行木材切片镜检和病原菌活体培养观察，以及进行木材物理力学性能测定，可以认定该树属于名木古树，其断枝为二级枝条，曾受强风折断后抛向该树的东南面。该株马尾松古树中下部长势较好，主梢在若干年前曾有过断裂，其断裂主梢基部直径为32.1cm，并呈现心腐，心腐面积占主梢横断面10%。根据以上树木健康状况、断枝抛落位置和木材样品力学性能测试结果，该马尾松主梢褐腐对二级枝折断有一定影响，但不是该二级枝折断的主要原因，在通常天气变化情况下的风力不足以导致该二级枝折断，其折断的直接原因是受强风袭击。”

上诉人牛姆林公司认为上述证据为新的证据，因为该公司在二审时才知道厦门市气象台的雷达最先进。上述新证据均证明本案事故的发生系因不可抗力所致，故应免除牛姆林公司的责任。

被上诉人吴文景、张恺逸、吴彩娟则认为，上诉人牛姆林公司二审中提交的上述证据均不属于新的证据，这些证据一审期间完全能够获得，厦门市气象台的多普勒雷达早于2004年6月即开始运行，牛姆林公司一审中未予以提交是自己的失误，应承担举证不能的后果。从内容上看，上述证据都是相关部门出具的说明，但相关部门没有提供这些说明所依据的技术资料，并且这些说明和鉴定均是在一审结束、案件胜诉败诉原因极为明朗的情况下作出的，带有明显的倾向性。另外，厦门市气象台的《重要天气证明》也未明确飑线在事故地点经过时的风力等级，只确定“该区的风力在8—10级”。可见，即使是厦门市气象台也不能明确当时的风力有多大，而8—9级的风是不具有很大破坏力的。福建省气象台的《气象证明》也只是空洞地说明，未提供相关的技术图谱、技术数据。福建闽林司法鉴定中心的鉴定意见书不属于司法鉴定，鉴定的目的过于明确，同时鉴定的时间距事发时已过半年，事故的现场已不复存在，鉴定所用检材也无从确定。

厦门市中级人民法院二审查明，上诉人牛姆林公司经营的牛姆林景区系AAAA级景区。根据国家质量技术监督局批准的有关旅游区（点）质量等级的划分与评定的规定，AAAA级旅游区在旅游安全方面，应当符合“救护等设备齐全、完好、有效……建立紧急救援体系，或设立医务室，配备专职医务人员，突发事件应急处理能力强，事故处理及时、妥当”的要求。

二审裁判结果

厦门市中级人民法院依据《中华人民共和国民事诉讼法》第153条第1款第1项之规定，判决如下：

驳回上诉，维持原判。

二审裁判理由

厦门市中级人民法院二审认为：上诉人牛姆林公司在二审期间提交的证据，均系向专业单位调取的证明，这些证明客观上不存在一审中无法调取，二审才有条件调取的情况，根据最高人民法院《关于民事诉讼证据的若干规定》第 41 条第 1 款第 2 项的规定，不应作为本案新的证据，被上诉人吴文景等对这些证据也不予确认。另外，厦门市气象台的证明只能说明飑线在永春境内的出入时间，并没有确定飑线到达本案事故发生地的准确时间；永春县气象局的说明和福建省气象台的证明虽然都证实厦门市气象台拥有全省最先进的雷达系统，主张应以厦门市气象台的气象记录为准，但对厦门市气象台的服务范围能否涵盖永春县却没有证据加以证明，且福建省气象台的证明内容也与厦门市公证处就事故现场证据保全作出的公证书内容存在矛盾，故均不足以推翻一审判决对事实的认定；至于福建闽林司法鉴定中心出具的〔2005〕林鉴字第 57 号鉴定意见书，因该鉴定机构未经双方当事人认可，鉴定的时间、地点、样品等事项也未经双方当事人确认，故其鉴定结论也不能作为本案的证据。

本案受害人张渊作为游客进入牛姆林景区游览，被上诉人康健旅行社和上诉人牛姆林公司对其负有安全保障义务。张渊在景区内被树木砸伤，没有证据证明系因其自身过错所致。牛姆林公司关于张渊为完全民事行为能力人，应对选择上山而致的损害后果自行承担责任的上诉主张，与本案实际情况不符，不予支持；泉州气象台 5 月 5 日天气公报、永春县气象局《关于 5 月 4 日的天气预报和 5 月 5 日的天气实况》，对永春发生飑线的时间说法不一，前者为 14 时 25 分，后者为 14 时 10 分，而张渊的同伴 14 时 07 分即报警，据此可以推断张渊受伤时间应在 14 时 07 分之前，亦即在永春发生飑线之前。同时，上述两气象单位的证明均未明确事发地点及事发时间的风力等级。根据厦门市公证处 2005 年 5 月 6 日的现场记录公证书，当时“现场周围目测未见其他断树”。依常识推断，飑线的破坏力极大，如果砸伤张渊的马尾松确为飑线所折，现场不可能只折断一棵树。因此，牛姆林公司关于其指派专人负责日常护林巡查工作，并建立安全巡查登记表，对于景区林木已经尽到管理义务，砸伤张渊的马尾松发生折断是飑线所致，事故的发生属不可抗力的上诉主张，缺乏相应的证据证实，不予支持。

上诉人牛姆林公司系 AAAA 级景区，该级别系旅游区质量等级的最高级。根据国家质量技术监督局批准的有关旅游区（点）质量等级的划分与评定的规定，AAAA 级旅游区在旅游安全方面应当符合“救护等设备齐全、完好、有效……建立紧急救援体系，或设立医务室，配备专职医务人员，突发事件应急处理能力强，事故处理及时、妥当”的要求。本案中，从受害人张渊受伤到送至医院抢救，牛姆林公司仅实施了抬救的行为，未能履行AAAA级景区应尽的紧急救助义务，对张渊死亡的损害结果存在过错。牛姆林公司上诉称其“已经尽到最大救助努力，不应承担民事责任”，与事实不符，不予采信。

综上所述，一审认定导游坚持带游客冒险进入林区的错误行为，上诉人牛姆林公司管理不善致使马尾松折断伤人，事件发生后牛姆林公司未尽最大救助努力等三个因素均是导致张渊死亡后果发生的原因，并无不当。牛姆林公司和康健旅行社的侵权行为间接结合，并直接导致张渊的死亡，一审判令牛姆林公司和康健旅行社根据各自的过错及原因力比例分别承担相应的民事责任正确。张渊在事故中死亡，必然给其家人造成难以承受的精神创伤，一审法院判决支付8万元的精神损害抚慰金并无不当。一审判决认定事实清楚，证据确实、充分，适用法律正确。

110. 电站是否应对正常放水发电导致他人身亡承担民事责任？

电站放水发电是正常的生产行为，其他人无权干涉，但其生产行为如果存在危及他人生命、财产安全时，就应当采取必要的预防措施，不能采取放任行为，置他人生命、财产安全于不顾。电站突然放水发电，致使正在蹚水过河的受害人被河水冲走，是造成其死亡的直接原因。在此行为中电站虽然是正常的生产过程，但其行为应负有注意自身生产安全和生产行为应该避免他人危险的注意义务。而该电站违反注意义务，导致损害结果的发生，根据我国《水法》第76条“引水、截（蓄）水、排水，损害公共利益或者他人合法权益的，依法承担民事责任”之规定，结合《中华人民共和国民法通则》第106条的规定，电站应当对开闸放水发电导致的受害人死亡的行为承担民事侵权责任。

典型疑难案件参考

张仁海诉重庆乌江电力有限公司人身损害赔偿和解案

基本案情

2006年6月22日15时，张仁海之女张建芳（9岁）放学回家途中，见黔江区阿蓬江河杨家叉河段（距离上游渔滩电站约800米）的水很浅就与同伴张春玉、黄小东（均不满10周岁）一起结伴过河。当行至河中央时，时逢上游渔滩电站开闸放水发电，河水突然上涨，导致张建芳被淹死。张建芳死亡后，渔滩电站的开办单位重庆乌江电力有限公司向张仁海支付了3500元费用。因赔偿问题双方未达成协议，张仁海遂向重庆市黔江区人民法院提起诉讼。

原审裁判结果

审理法院根据《中华人民共和国民法通则》第14条、第18条、第119条、第131条之规定，判决：驳回原告张仁海的诉讼请求。

原审裁判理由

2006年8月10日，黔江区人民法院作出〔2006〕黔法民初字第205号民事判决，认为渔滩电站自1991年开始发电以来，周围居民都知道电站发电会造成河道水位突然上涨，且河道本身是水流的通道，而非公共通道，在河道行走应当预知危险的存在。原告之女张建芳未满10周岁，认识能力有限，张建芳放学回家不走桥梁而走河道，其死亡的责任在其监护人未尽职责，其行为产生的后果应由监护人承担，即原告承担。渔滩电站排水发电属于正常的生产活动。原告认为电站发电时没有设置警报，具有过错，但并未提供证据证明电站在发电时有履行告知或警示的义务。综上所述，原告主张被告应赔偿其女儿死亡后的死亡赔偿金、丧葬费、误工费、精神抚慰金共计71372.2元的理由，不予支持。

再审诉辩情况

张仁海不服一审判决，向检察机关提出申诉。2007年7月2日，重庆市人民检察院第四分院以渝检四分民行〔2007〕2号民事抗诉书向重庆市第四中级人民法院提出抗诉。理由如下：

1. 渔滩电站无规律放水发电，对下游一定距离范围内的居民存在潜在的危险。

该电站在蓄水时，拦水大坝下游水位很浅，给下游群众造成一种安全的假象。当地群众在该电站蓄水时，不少人有过河、河边采沙、洗衣、放牧行为。而该电站开闸放水发电时，受压力的影响，此时放出的水流速快、水量大、冲击强，对在河中作业的行为人存在危险，对他人的财产安全也构成威胁。特别是距离电站近的地方，危险性更大。

2. 渔滩电站在放水发电时，没有对近距离的居民发警告或者设置安全警示标志，主观上存在过错。

根据《中华人民共和国安全生产法》第3条“安全生产管理，坚持安全第一、预防为主的方针”，我国《水法》第28条“任何单位和个人引水、截（蓄）水、排水，不得损害公共利益和他人的合法权益”的规定，电站对开闸放水这一可能危及他人生命、财产安全的行为，应当以适当的方式向附近公众履行告知或警示的义务，以告诫周围群众电站无规律放水，在河道作业有危险，将危险性降到最低。但从本案的证据情况看，渔滩电站从1991年发电以来不仅从未设置安全警示标志，也未对近距离的居民发出任何警告。对自身行为可能造成他人生命、财产安全采取一种漠然置之的态度，是一种严重不负责任的行为，其主观上存在过错。

3. 本案不是因不可抗力的自然事件造成受害人死亡，而是电站放水发电行为导致。

电站突然放水发电，是致使受害人被河水淹没而死亡的直接原因。根据我国《水法》第76条“引水、截（蓄）水、排水，损害公共利益或者他人合法权益的，依法承担民事责任”之规定，结合《中华人民共和国民法通则》第106条第2款之规定，电站的开办单位重庆乌江电力有限公司应当对此承担相应的民事赔偿责任。

重庆市人民检察院第四分院承办人在给双方当事人送达抗诉书的同时，再次作双方的工作，为他们详细分析该事故发生的原因、双方的过错，把有关诉讼风险告知双方当事人，既为他们算经济利益账，又为他们算时间账，让他们权衡利弊，最终促使双方当事人握手言和。2007年8月3日，张仁海与重庆乌江电力有限公司自愿达成和解协议，由重庆乌江电力有限公司补偿张仁海人民币2万元（不包含诉讼前已经支付的3500元）。协议当场兑现。

再审裁判结果

2007年8月8日，重庆市人民检察院第四分院决定撤回抗诉。

再审裁判理由

审理法院认为涉案当事人双方已经达成和解协议；申诉人撤诉；重庆市第四中级人民法院受理抗诉后未裁定再审；且该协议不损害国家利益、社会公共利益，不违反法律、行政法规禁止性规定。

111. 单位组织员工旅游，实行自愿报名、费用分摊，是否需要对员工伤亡承担赔偿责任？

单位虽然组织了员工旅游并由单位领导带队，但单位员工外出游玩并非履行公司职责，单位领导在外出游玩过程中身份与其他游客一样均是普通游客，此时单位不再对员工负有安全保障义务；而且，单位组织本单位员工外出旅游的行为与员工死亡的损害结果之间并不存在相当的因果关系，故单位不承担赔偿责任。

112. 公园已设置相关安全警示，是否需要对游客伤亡承担责任？

公园作为海滨浴场的经营者，其在经营该资源营利的同时，也应当采取各种安全防范措施努力将危险降至最低，保障进入其浴场内戏水游玩的游客生命及健康不受侵害。公园已设置相关安全警示，但是在受害人下海游泳前，没有浴场的工作人员进行安全知识宣传、警示，也没有给予配置救生圈等防护工具。在事故发生时，瞭望台并未发现游客发生溺水的危险，在受害人同伴发现危险并呼救时，没有警务人员、医疗人员立即加入抢救游客，也没有带有明显标记的浴场救护人员参与救助。公园内虽设有告示牌，但从告示牌的内容看，其安全警示并不充分，树立告示牌后也不能免除和转移公园应有的保护游客、检查发现危险、积极救助的义务。所以，公园对事故发生及损害结果的造成负有较大的过错，应承担主要责任。

113. 游客不顾劝阻下海游泳，旅行社是否需对游客伤亡承担责任呢？

旅行社明知旅游合同中的项目不包括下海游泳，而仍将游客带至海边，而且带领旅行团员到海边的地陪导游在游客下海时也未有明显的制止行为。所以，旅游公司对游客下海游泳安全警告并不充分，对游客下海也是持放任的态度，对损害的发生有一定的过错，应承担相应的赔偿责任。

典型疑难案件参考

郑敏、尤佳蕊、尤朴军、王培珍诉日照海滨国家森林公园、日照春秋旅行社、无锡市山水旅行社有限公司、无锡世纪生物药业有限公司人身伤害赔偿纠纷案

基本案情

尤国祥原系被告世纪生物公司的员工。2006年7月19日，被告世纪生物公司和被告山水旅行社签订江苏省国内旅游合同，组织包括尤国祥在内的70名员工委托山水旅行社组团前往包括被告日照森林公园在内等旅游景点进行三日游。此次旅游，世纪生物公司实行自愿报名，费用分摊。山水旅行社又与被告日照旅行社商谈好在山东日照的具体行程和旅游项目，其中有“7月27日：早餐后经亚欧风情大道至日照海滨国家森林公园，感受蓝天、碧海、金沙滩，体会天然氧吧的情愫，观看土著人歌舞表演”。

2006年7月27日下午，一行70余人（团队中还包括冯军林等5位散客）在日照旅行社、山水旅行社的导游（各派出二位导游）带领下，分乘两辆汽车购票进入日照森林公园游玩。途中导游告知了安全事项，并交代团员不要下海游泳。旅行团于下午13时左右进入日照森林公园，先到一处庙宇游玩，14时30分，全团成员由导游带领前往观看“土著人表演”，到了表演地点被告知已停演，15时左右，旅行团坐车被带至海滨浴场，全团成员下车步行前往海边，前往海边时，有一名日照旅行社的导游带队。因看到在大海中游泳的人非常多，包括李志强、尤国祥在内的众多旅行团成员便也下海游泳。到海边后，未有海滨浴场工作人员对下海游泳的安全事项进行宣讲。下海约5分钟左右，尤国祥等5名成员被海浪冲倒，卷向海水深处。在呼喊救助并拨打“110”和“120”报警后，团员组织了救援。在将5人救回岸边后，旅行团清点人数，发现李志强不见了，随即再次拨打“110”报警，其后约10分钟，民警赶到事发现场，浴场医生也在之后赶至事故地。尤国祥随后被送至日照市人民医院抢救。在海滨浴场，多方展开对李志强的搜救，但并未找到李志强，直至28日凌晨，搜救方在海岸边找到李志强的尸体。

2006年7月27日，日照市人民医院出具死亡通知书，告知尤国祥因游泳

溺水于7月27日死亡。2006年7月28日，日照市公安局东港分局出具尸体检验报告，分析确认李志强溺水死亡。李志强下海游泳时未更换游泳衣裤，未带游泳圈等救生工具。2006年8月3日，尤国祥、李志强的尸体被运回无锡火化。

事故发生地日照市东港市海滨浴场系经东港区旅游局核准开办，经营范围是海水洗浴冲洗服务。海滨浴场设有医务室、警务站，并设置瞭望台。海滨浴场内设置了告示牌，内容如下：浴场营业时间为上午7时30分至下午7时30分，不要在非营业时间下海；下海洗浴时不得超越防鲨网，请随身携带必要的救生器具，以免受到意外伤害；严禁在风高浪急、大雾天气下海洗浴；不会游泳者等勿下海；如有险情发生，请速与海上救护人员或浴场治安办公室联系，联系电话0633—3680110、3680998。

原告尤朴军、王培珍是尤国祥（系本案被害人）的父母；原告郑敏是尤国祥的妻子；原告尤佳蕊是尤国祥和郑敏的女儿。

诉辩情况

原告郑敏、尤佳蕊、尤朴军、王培珍诉称：2006年7月19日，被告世纪生物公司组织包括尤国祥在内的70名员工委托被告山水旅行社组团前往被告日照森林公园等地旅游。山水旅行社期间又委托了被告日照旅行社安排在山东的行程。2006年7月27日下午，尤国祥在日照旅行社的安排下进入日照森林公园游玩，尤国祥被海水的回浪带入大海造成溺水死亡，致使原告造成损失计379665.5元。四被告在此次事故中均负有责任。故原告提起诉讼，要求被告方连带赔偿原告死亡赔偿金246380元、被扶养人生活费64665元（在庭审中增加到65383.50元）、丧葬费10478.50元、交通费5978元、精神损失费50000元、参加事故处理人员误工费450元、山东公安照相等费用450元、山东日照殡仪馆的费用970元和在山东日照的交通等费用160.80元、医疗费133.20元，合计379665.5元（在庭审中增加到380383.5元）。

被告日照森林公园辩称：其与其他三个被告作为同一主体、同一案由参加本案诉讼不妥。原告与第二、第三被告系旅游合同关系，与第四被告属于工伤劳动争议范畴，将三个不同的法律关系列为同一赔偿主体是不妥的。其作为旅游景点已经尽到了明确的安全警示及积极救助的义务，对尤国祥的死亡不应再承担任何责任。原告对其的诉讼请求没有事实和法律依据，请求驳回原告对其的诉讼请求。尤国祥擅自下海游玩疏忽大意，安全意识不强，本身也有一定的过错，也应承担一定的责任。原告主张的死亡赔偿金等有关损失的计算标准应按事故发生地山东省的标准。对原告主张的交通费（运尸费）5978元、在山东日照的交通等费用160.80元、医药费133.20元、参加事故处理人员误工费450元和山东公安机关收取的照相费450元没有异议；山东日照殡仪馆的费用970元应包括在丧葬费中，不能重复主张。因死者自身有过错，故原告主张的精神损失费过高。

被告日照旅行社辩称：其与本案死者之间没有合同关系，只是与被告山水旅行社之间存在合同关系，旅游项目中没有下海游泳，死者是自行下海，故其不应当承担责任。关于对原告主张的各项损失的答辩意见与被告日照森林公园相同。被告日照旅行社提交了旅游合同一份。

被告山水旅行社辩称：本案为人身损害赔偿纠纷，其在旅游过程中不存在任何过错，尽到了安全提示的责任。事故发生后，其及时报警，并进行现场求助。死者自行下海有过错，也应承担责任。对原告主张的各项损失中的精神损失费有异议，因死者也有过错，应作相应扣减；山东日照殡仪馆的费用970元应包括在丧葬费中；对其他赔偿项目无异议。

被告世纪生物公司辩称：其是组织本单位员工去山东旅游，行程项目是由旅行社安排的，在去之前，其已对员工进行了安全教育，尽到了责任，故其不应当承担责任。对原告主张的各项损失无异议。世纪生物公司未向法院举证。

裁判结果

江苏省无锡市滨湖区人民法院依照《中华人民共和国民法通则》第98条、第106条第2款、第119条、第131条，最高人民法院《关于审理人身损害赔偿案件适用法律若干问题的解释》第1条、第2条第1款、第3条第2款、第6条、第17条第3款、第18条第1款、第19条、第22条、第27条、第28条、第29条、第31条，最高人民法院《关于确定民事侵权精神损害赔偿责任若干问题的解释》第10条、第11条之规定，作出如下判决：

一、被告日照森林公园于本判决发生法律效力后立即给付原告郑敏、尤佳蕊、尤朴军、王培珍赔偿金人民币132669.16元；

二、被告日照旅行社于本判决发生法律效力后立即给付原告郑敏、尤佳蕊、尤朴军、王培珍赔偿金人民币75810.95元；

三、被告山水旅行社于本判决发生法律效力后立即给付原告郑敏、尤佳蕊、尤朴军、王培珍赔偿金人民币75810.95元；

四、驳回原告郑敏、尤佳蕊、尤朴军、王培珍对被告世纪生物公司的诉讼请求。

案件受理费8215元，保全费2428元，其他诉讼费5877元，共计16520元，由原告郑敏、尤佳蕊、尤朴军、王培珍负担3938元；由被告日照森林公园负担5762元；由被告日照旅行社负担3410元；由被告山水旅行社负担3410元。

裁判理由

江苏省无锡市滨湖区人民法院经审理认为：公民的生命健康权受法律保护，因生命、健康遭受侵害，赔偿权利人起诉请求赔偿义务人赔偿财产损失和精神损害的，人民法院应予受理。最高人民法院《关于审理人身损害赔偿案件适用法律若干问题的解释》（以下简称《人身损害赔偿解释》）第6条第1款规定："从事住宿、餐饮、娱乐等经营活动或者其他社会活动的自然人、法人、其他组织，未尽合理限度范围内的安全保障义务致使他人遭受人身损害，赔偿权利人请求其承担相应赔偿责任的，人民法院应予支持。"尤国祥与被告山水旅行社之间存在旅游合同关系，山水旅行社与日照旅行社订立了安置游客的旅游合同，尤国祥等游客在导游带领下购票进入日照森林公园游玩，又与日照森林公园形成旅游服务合同关系。基于上述合同关系，日照旅行社、山水旅行社和日照森林公园对游客即负有安全保障保护义务。因旅游经营服务机构未尽合理范围内的安全保障义务致使游客遭受人身损害，权利人有权要求其承担相应的侵权损害赔偿责任。

关于原告主张的各项损失，法院作如下认定：关于交通费5978元、参加事故人员的误工费450元、公安机关照相费用450元、在日照处理善后事宜的交通费用160.80元、医药费133.20元，因各被告均未有异议，法院予以确认。关于死亡赔偿金、被扶养人生活费、丧葬费，按照《人身损害赔偿解释》的规定，应按受诉法院所在地也即江苏省上一年度相关统计计算，故被告日照森林公园、日照旅行社关于应按事故发生地山东省标准计算损失的辩称意见，法院不予采纳。根据《江苏省统计局关于2005年国民经济和社会发展的统计公报》，法院确认死亡赔偿金为246380元（12319元/年×20年）、死者女儿尤佳蕊（2003年8月31日生）的被扶养人生活费为65024.25元（8622元/年×15年/2人+8622/12/2×1）、丧葬费为10478.50元（20957元/2）。关于精神损害抚慰金，法院认为，尤国祥的死亡必将带给其家属巨大的精神创伤，根据相关司法解释的精神，原告主张50000元精神抚慰金予以采纳。关于日照殡仪馆的费用970元，应当包含在丧葬费内，原告不应重复主张，被告的相关抗辩意见，应予采纳。综上所述，原告在本次事故中的损失应当为379054.75元。

法院认为，本案的争议焦点是各被告是否尽了合理范围内的安全保障义务。在大海里游泳具有相当的危险性，对此各当事方均应是明知的。

死者尤国祥是具有完全民事行为能力的成年人，对下海游泳的危险性，自身游泳的技术及体力均应具有正确的判断能力，其无视导游不要下海游泳的警告，在未携带安全救护工具时下海游泳，对损害结果的发生，具有一定的过错，依照法律规定应自行承担与其过错相当的责任。

被告日照森林公园作为海滨浴场的经营者，其在经营该资源营利的同时，也应当采取各种安全防范措施努力将危险降至最低，保障进入其浴场内戏水游玩的游客生命及健康不受侵害。本案中，在尤国祥等人下海游泳前，没有浴场的工作人员进行安全知识宣传、警示，也没有给予配置救生圈等防护工具。海滨浴场虽设有医务室、警务站，并设置瞭望台，但是否尽到救助义务不仅要看其相关规章制度和设施是否完善，更应看其在事故发生后的实际行动。在事故发生时，瞭望台并未发现游客发生溺水的危险，在尤国祥同伴发现危险并呼救时，没有警务人员、医疗人员立即加入抢救游客，也没有带有明显标记的浴场救护人员参与救助。公园内虽设有告示牌，但从告示牌的内容看，其安全警示并不充分，树立告示牌后也不能免除和转移公园应有的保护游客、检查发现危险、积极救助的义务。所以，被告日照森林公园对事故发生及损害结果的造成负有较大的过错，应承担主要责任。

被告日照旅行社和山水旅行社将游客带进日照森林公园，其明知旅游合同中的项目不包括下海游泳，而仍将游客带至海边。至于其辩称已多次警告游客不要下海游泳，但导游梁爽出庭的证人证言中陈述其以前带团时都警告游客不要下海，但游客都有不顾警告自行下海的情况，而且带领旅行团员到海边的地陪导游在游客下海时也未有明显的制止行为。所以，二旅游公司对游客下海游泳安全警告并不充分，对游客下海也是持放任的态度。被告日照旅行社与山水旅行社对损害的发生有一定的过错，应承担相应的赔偿责任。

本次旅游虽为被告世纪生物公司组织，并由世纪生物公司领导带队，但世纪生物公司职员外出游玩并非履行公司职责，世纪生物公司领导在外出游玩过程中身份与其他游客一样均是普通游客，此时世纪生物公司不再对员工负有安全保障义务。而且，世纪生物公司组织本单位员工外出旅游的行为与尤国祥死亡的损害结果之间并不存在相当的因果关系。另一方面，尤国祥生前系被告世纪生物公司员工，关于双方因损害而发生的赔偿纠纷，系非平等民事主体之间的纠纷，不应在本案侵权纠纷中一并解决，双方可另行通过其他合法途径解决。世纪生物公司在本案中不承担赔偿责任。

《人身损害赔偿解释》第3条第2款规定：“二人以上没有共同故意或者共同过失，但其分别实施的数个行为间接结合发生同一损害后果的，应当根据过失大小或者原因力比例各自承担相应的赔偿责任。”本案中，被告日照森林公园、日照旅行社、山水旅行社应根据其过失大小及原因力比例各自承担相应的赔偿责任。综合前述分析，法院确定各当事人承担责任的比例如下：原告方自行承担损失的 25%；被告日照森林公园承担原告全部损失的 35%，即为 132669.16 元；被告日照旅行社承担损失的 20%，即 75810.95 元；被告山水旅行社承担损失的 20%，即 75810.95 元。

违反安全保障义务责任纠纷办案依据集成

1.《中华人民共和国侵权责任法》（2009年12月26日主席令第21号公布）（节录）

第三十七条 宾馆、商场、银行、车站、娱乐等公共场所的管理人或者群众性活动的组织者，未尽到安全保障义务，造成他人损害的，应当承担侵权责任。

因第三人的行为造成他人损害的，由第三人承担侵权责任；管理人或者组织者未尽到安全保障义务的，承担相应的补充责任。

2. 最高人民法院《关于审理人身损害赔偿案件适用法律若干问题的解释》（2003年12月26日 法释〔2003〕20号）（节录）

第六条 从事住宿、餐饮、娱乐等经营活动或者其他社会活动的自然人、法人、其他组织，未尽合理限度范围内的安全保障义务致使他人遭受人身损害，赔偿权利人请求其承担相应赔偿责任的，人民法院应予支持。

因第三人侵权导致损害结果发生的，由实施侵权行为的第三人承担赔偿责任。安全保障义务人有过错的，应当在其能够防止或者制止损害的范围内承担相应的补充赔偿责任。安全保障义务人承担责任后，可以向第三人追偿。赔偿权利人起诉安全保障义务人的，应当将第三人作为共同被告，但第三人不能确定的除外。

七、教育机构责任纠纷

114. 学校与旅行社签订履行组团合同，并由该校学生参加旅游，过程中造成的学生意外伤害，学生提起侵权之诉的，谁应当承担侵权责任？

《中华人民共和国未成年人保护法》第22条规定：“学校、幼儿园安排未成年人参加集会、文化娱乐、社会实践等集体活动，应当有利于未成年人的健康成长，防止发生人身安全事故。”最高人民法院《关于审理人身损害赔偿案件适用法律若干问题的解释》第7条规定：“对未成年人依法负有教育、管理、保护义务的学校、幼儿园或者其他教育机构，未尽职责范围内的相关义务致使未成年人遭受人身损害，或者未成年人致他人人身损害的，应当承担与其过错相应的赔偿责任。”根据教育部制定的《学生伤害处理办法》第9条的规定，因学校组织学生参加教育教学活动或校外活动，未对学生进行相应的安全教育，并未在可预见的范围内采取必要的安全措施，造成学生伤害事故的，学校应当依法承担相应的责任。据此，学校等教育机构组织学生参加校外活动，对学生仍然负有管理和保护的义务。教育机构与他人签订合同，将校外活动交由他人具体承办，并约定在活动期间由他人负责对学生的管理、保护的，并不导致校外活动性质的变化，亦不因此减轻或免除教育机构管理、保护学生的法定义务。教育机构在校外活动中未尽法定义务，造成学生伤害事故后，又以与他人订立合同为由推卸应负责任的，人民法院不予支持。

典型疑难案件参考

黄宇森诉广州市白云区京溪小学、广东省三茂铁路国际旅行社等人身损害赔偿纠纷案（《最高人民法院公报》2008年第9期，总第143期）

基本案情

2006年4月3日，被告京溪小学与被告三茂旅行社签订《广东省国内旅行组团合同》，约定京溪小学1890人（学生）参加三茂旅行社组团的“宝桑园春季桑果节一天游”，费用为55元/人，三茂旅行社派导游16人（景点内每班1人）等内容。

原告黄宇森是被告京溪小学的学生。2006年4月4日，京溪小学向全校学生家长发出通知，该通知的主要内容是：京溪小学拟于2006年4月11日组织全校学生到花都区宝桑园进行春游活动，该活动委托被告三茂旅行社组团出游，每名学生的费用为55元，报名参加春游活动的学生于4月6日上午将前述费用带回学校，由三茂旅行社派人上门收取。原告报名参加该次春游活动。2006年4月10日上午，京溪小学通过校内广播对该次春游活动进行安全教育，各班主任也根据各班实际情况向学生强调安全注意事项。

2006年4月11日，被告京溪小学34个班约1800多人参加到花都区宝桑园的春游活动。被告三茂旅行社共派出16名导游，负责该次春游活动的导游和管理工作。京溪小学派出100名老师带队。因宝桑园景区也提供导游服务，三茂旅行社的导游没有跟到每个班，而是在整个园区内进行巡视、监督和协调工作。学生进入景区后由景区导游负责提供服务，三茂旅行社则另外安排京溪小学的老师自由活动，故该次春游中，除个别老师外，京溪小学大多数老师因参加三茂旅行社安排的自由活动而没有全程跟班陪同、管理学生。春游活动期间，宝桑园景区向京溪小学每个班发放了8到10个风筝，很多学生在园内的山坡上放风筝。当日13时50分，春游活动结束，学生排队准备上车，但有个别学生仍在放风筝。13时55分，原告黄宇森按照老师的要求站在山坡下方准备排队，突然，一个风筝飞来，风筝支架插入原告左眼，致使原告左眼受伤。

原告黄宇森受伤后，被告京溪小学立即将原告送往南方医院住院治疗。该院诊断结论为：左眼角膜穿通伤。(1)前房出血；(2)外伤性白内障；(3)外伤性无虹膜；(4)可疑视网膜脱离。住院期间，原告接受了左眼角膜清创缝合术。2006年4月28日，原告出院。2006年5月23日，原告前往中山大学附属眼科医院住院治疗，该院诊断结论为：眼球穿通伤，角膜穿通伤，外伤性白内障。原告在该院住院期间接受左眼白内障抽吸术。2006年5月30日，原告出院。2006年6月6日，原告再次入住该院治疗，接受“PPV+硅油填充”术。2006年6月16日，原告出院，该院出院诊断结论为：眼球穿通伤。(1)巩膜穿通伤；(2)无虹膜；(3)无晶状体眼；(4)玻璃体混浊；(5)视网膜脱盘。出院后，原告继续进行门诊治疗。经司法鉴定，原告伤情构成八级伤残。

原告黄宇森在上述治疗期间共花去医疗费26594.31元，租床费170元。原告另支付法医鉴定费645元。原告住院37天，在其住院及门诊治疗期间，原告之母袁慧芬陪护48天，袁慧芬因此被其单位广州出入境检验检疫局扣发工资3408元。涉案事故发生后，被告京溪小学向原告支付了7000元。另外，被告三茂旅行社向保险公司投保了旅游意外保险，保险公司在原告受伤后向其支付了 10736.54 元。根据《广东省2006年度人身损害赔偿计算标准》，原告的残疾赔偿金为每年 14769.94 元，按 30% 计算 20 年，共计 88619.64 元；住院伙食补助费为每天 30 元，计算 37 天，共计 1110 元。另外，原告明确表示，保险公司赔偿的费用可折抵其医疗费，原告主张的医疗费中包括住院期间的餐费 250 元和陪护人员租床费 170 元。

宝桑园是由被告宝桑园中心在广州花都区开发经营的旅游项目。2005 年 5 月 23 日，宝桑园中心（甲方）与被告京奥旅行社（乙方）签订《合作协议书》，约定由甲方提供宝桑园内的旅游及参观景点，并委托乙方为该旅游项目的总代理，负责园区内旅游市场的宣传、推广及销售工作，甲方负责园区内全面的管理及安全保卫工作，乙方负责组织团队游客及自助游客，在园区内提供全程的组织及导游服务等。

原告黄宇森受伤后，四被告均未查明是何人放飞的风筝造成原告受伤的后果。

一审诉辩情况

原告黄宇森诉称：原告是被告京溪小学的学生。2006 年 4 月 11 日，京溪小学组织全校学生到花都区宝桑园进行春游活动，原告也报名参加。到达春游地点后，京溪小学没有安排足够的老师对学生进行管理，而是给每班发放了 8 到 10 个风筝，安排全校学生自由活动。下午 13 时 55 分左右，春游活动接近尾声，原告与其他两名同学按照老师的要求，在自由活动的山坡上准备排队集合，突然，一个风筝飞来，风筝支架末端插入原告的左眼，导致原告左眼受伤。原告于当天由京溪小学送往南方医院住院治疗，因伤势严重，又先后 3 次到中山大学附属眼科医院住院治疗，并多次进行手术。由于原告左眼视网膜及最深层的脉络膜都已脱落，为保住左眼眼球，不使眼睛萎缩，医生还对原告左眼球进行了"PPV + 硅油填充术"。经法医鉴定，原告左眼失明，属八级伤残。京溪小学没有安排足够的老师在春游现场进行管理并采取必要的措施防止意外事故的发生，对原告受伤的后果存在过错，应承担侵权责任。由于京溪小学委托被告三茂旅行社组织本次春游，三茂旅行社对参加春游的学生也负有保障义务，故三茂旅行社也应对原告所受伤害承担赔偿责任。虽然三茂旅行社向泰康人寿保险股份有限公司广东省分公司（以下简称保险公司）投保了旅游意外险，保险公司也已经为原告支付了部分医疗费，但三茂旅行社还须就不足部分承担应负的责任。春游地点宝桑园是由被告宝桑园中心开发经营的旅游项目，宝桑园中心与被告京奥旅行社签订有合作协议书，约定由京奥旅行社负责组织团队游客及自助游客，并在园区内提供全程的组织及导游服务。因此，宝桑园中心、京奥旅行社也负有相应保障义务，对原告受伤的后果应承担相应侵权责任。事故发生后，京溪小学向原告支付了7000元，保险公司支付了10736.54元，均用于支付原告的部分医疗费及相关费用。此外尚有医疗费9277.77元、交通费1500元、护理费3408元、住院伙食补助费1110元、营养费5000元、残疾赔偿金100000元、法医鉴定费645元、精神损害抚慰金50000元，以及原告因本次事故致残，致使将来的工作、生活必然遭受严重影响的损失费300000元，均应由四被告共同赔偿。另据医生诊断，原告伤愈后仍必须定期复诊、观察，一旦发现植入眼球的硅油乳化，就必须动手术更换硅油。上述更换硅油的费用实际发生后，四被告亦应当承担相应责任。

被告京溪小学辩称：关于原告黄宇森在2006年4月11日参加的春游活动，根据被告与被告三茂旅行社签订的旅游合同以及发给家长的通知，可以证实这次春游的组织者和实施者是三茂旅行社，即这次春游是三茂旅行社组织的旅游，被告在这次春游中的责任仅仅是协助三茂旅行社做好学生的组织管理和安全保护工作。春游的前一天，被告先通过校内广播对全校学生进行了春游活动的安全教育，后由班主任根据本班实际情况向学生说明有关事项。在游览中，虽然有导游负责，但被告仍然要求正、副班主任全程陪同本班学生，要对每一位学生负责。原告通过被告与三茂旅行社建立了旅游合同关系，根据旅游合同附件第5条的规定，三茂旅行社应提供保障人身安全的服务，并就可能危及游客人身安全的情形作出警示，但三茂旅行社没有做到这一点，导致原告受伤，应承担全部的赔偿责任。被告虽不清楚被告宝桑园中心与被告京奥旅行社的关系，但可以明确的是，宝桑园中心与京奥旅行社签订了旅游项目合作协议书，约定由京奥旅行社负责在宝桑园园区内为游客提供组织及导游服务，故京奥旅行社与旅游景点的经营者宝桑园中心对游客都负有保障义务。另外，造成原告受伤的风筝是由上述两单位提供的，因此，对原告受伤的后果，京奥旅行社、宝桑园中心也应承担赔偿责任。本案应属旅游合同纠纷而不是侵权纠纷，而我校与三茂旅行社签订的旅游合同、宝桑园中心与京奥旅行社签订的协议书已吞并了我校对学生在春游活动中的管理和保护义务。我校即使有责任，也只应承担与过错相适应的补充责任。因此，原告对我校的诉讼请求应予驳回。

被告三茂旅行社辩称：被告京溪小学是涉案春游活动的组织者，被告只是协调者。春游活动中，被告派出19名导游协助京溪小学组织学生上下车。根据被告与被告宝桑园中心签订的协议，游客进园后由宝桑园中心派导游提供服务，因此被告没有为每个班配备导游，但也履行了巡视、监督和协调的义务。原告黄宇森被风筝支架插伤眼睛是由于不可抗力的因素造成，被告没有过错，不应承担责任。退一步讲，即使被告有责任，因被告已向保险公司投保了旅游意外险，原告所受伤害也应由保险公司予以赔偿。另外，被告在诉讼阶段才知道宝桑园中心与被告京奥旅行社之间签订过合作协议书，其中约定了由京奥旅行社提供导游服务等内容，且造成原告伤害后果的风筝是由宝桑园中心和京奥旅行社提供的，因此，宝桑园中心与京奥旅行社存在过错，应向原告承担赔偿责任。综上所述，原告对被告的诉讼请求应予驳回。

被告宝桑园中心辩称：按照被告与被告京奥旅行社签订的合作协议书，京奥旅行社负责宝桑园中心旅游景点的推广、宣传、销售等工作，并提供导游服务，被告只提供园内的场地、设施。被告并没有与被告三茂旅行社签订旅游合同。被告没有向游客提供风筝，也没有对放风筝活动进行管理的责任，况且被告在本案中学生放风筝的地点已经设置了警示标志。因此，被告不存在过错，不应向原告黄宇森承担赔偿责任。原告对被告的诉讼请求应予驳回。

被告京奥旅行社辩称：被告虽与被告宝桑园中心签订有合作协议书，约定被告负责推广宝桑园旅游景点，并负有提供导游及管理等义务，但双方签订协议后没有实际履行。原告黄宇森参加被告京溪小学和被告三茂旅行社共同组织的春游活动遭受意外伤害，旅游合同的义务双方应是京溪小学和三茂旅行社，三茂旅行社投保了旅游责任意外保险，故原告所受伤害应由保险公司在责任限额内承担赔偿责任。被告不是本次春游活动的组织者、参与者，对原告没有监护、管理的义务。被告与京溪小学、三茂旅行社没有任何业务往来，故被告不应对原告承担赔偿责任。因此，原告对被告的诉讼请求应予驳回。

被告京奥旅行社没有提交证据。

一审裁判结果

广州市白云区人民法院于 2007 年 5 月 21 日判决：

一、被告京溪小学赔偿原告黄宇森医疗费（含陪护人员租床费）、护理费、住院伙食补助费、营养费、交通费、法医鉴定费、残疾赔偿金、精神抚慰金共 130810.41 元；

二、驳回原告黄宇森的其他诉讼请求。

一审裁判理由

广州市白云区人民法院一审认为：本案的争议焦点是应当由谁对原告黄宇森所受伤害承担侵权责任。

本案中，原告黄宇森提起的是侵权之诉而非合同之诉，而原告与被告三茂旅行社、宝桑园中心、京奥旅行社之间是旅游服务合同关系，故本案对原告与上述三被告之间的合同纠纷不作处理。三茂旅行社、宝桑园中心、京奥旅行社不同意对原告所受伤害承担侵权责任的意见合理，予以采纳。

最高人民法院《关于审理人身损害赔偿案件适用法律若干问题的解释》第7条规定："对未成年人依法负有教育、管理、保护义务的学校、幼儿园或者其他教育机构，未尽职责范围内的相关义务致使未成年人遭受人身损害，或者未成年人致他人人身损害的，应当承担与其过错相应的赔偿责任。"根据教育部制定的《学生伤害事故（下同）处理办法》第9条的规定，学校组织学生参加教育教学活动或校外活动，未对学生进行相应的安全教育，并未在可预见的范围内采取必要的安全措施，造成学生伤害事故的，学校应当依法承担相应的责任。据此，学校组织学生参加校外活动时，对学生仍然负有管理和保护的义务。本案中，虽然被告京溪小学称将涉案春游活动交由被告三茂旅行社组团进行，但是，作为教育机构，京溪小学不能将其负有的在校外活动中管理和保护学生的法定义务转嫁给他人。1800多名未成年的学生，到一个相对陌生的地点参加活动，是否会出现场面混乱，发生学生争吵、打架、追逐等情况，是否会因学生对景区内设施不熟悉、使用不当而发生事故，大量的未成年学生在一个相对集中的区域进行放风筝的活动，是否会因为缺乏经验或者其他原因，发生风筝断线失控而伤及学生或其他游客身体等情况，作为专业教育机构，京溪小学应当预见，也是完全能够预见的。京溪小学本应就应当预见的事故风险采取必要的安全防范措施，但根据本案事实，尽管在本次活动前京溪小学对全校学生进行了安全教育，但在春游开始后，京溪小学没有安排老师跟班全程陪同学生进行游览活动，没有对学生进行管理和保护并对导游服务进行监督、协调，而是安排老师脱离学生在景区内进行自由活动，将学生完全交由缺乏教育、管理、保护未成年人经验的导游带领。这种安排显然违背了学校对学生应尽的管理和保护义务。因此，原告黄宇森在春游活动中被风筝支架插伤左眼，造成终生残疾，京溪小学对此具有过错，在无法查明直接侵权人的情况下，京溪小学对原告受伤的后果应承担全部责任，赔偿原告因此所受到的全部损失。

原告黄宇森要求被告京溪小学赔偿其医疗费（含住院期间陪护人员租床费）、护理费、住院伙食补助费、交通费、营养费、法医鉴定费、残疾补偿金、精神抚慰金的诉讼请求符合法律规定，应予以支持。扣除京溪小学已支付的7000元和保险公司已赔偿的10736.54元后，原告的医疗费（含陪护人员租床费）为9027.77元；原告主张的交通费过高，综合考虑原告的治疗时间和过程等情况，酌定其交通费为1000元；原告主张的营养费及精神抚慰金过高，分别酌定为2000元和25000元。综上认定原告各项损失共计130810.41元。原告已提出赔偿住院期间伙食补助费的诉讼请求，又重复主张赔偿餐费250元

（医疗费中含该项目），不予以支持；原告已主张残疾赔偿金和精神抚慰金，又重复主张因伤残给以后工作、生活带来严重影响的损失费，亦不予以支持。此外，原告主张的伤愈后还须多次更换硅油的费用尚未发生，发生的时间和实际数额均不能确定，原告可待实际发生后另行起诉。

二审诉辩情况

京溪小学不服一审判决，向广州市中级人民法院提起上诉，请求撤销一审判决，改判由被上诉人三茂旅行社、宝桑园中心、京奥旅行社共同赔偿被上诉人黄宇森的全部损失。其主要理由是：2006 年 4 月 11 日的涉案春游活动，是以学生自愿参加旅行社组团出游的方式进行的，此次活动真正的组织者、实施者是三茂旅行社。上诉人京溪小学已将此情况明白无误地告知每位学生家长，旅游费亦由三茂旅行社直接向学生收取。学生家长在明知此次活动是三茂旅行社组织的旅行而不是上诉人自行组织的校外活动的情况下同意其子女参加，表明其同意与三茂旅行社建立旅游合同关系。根据上诉人与三茂旅行社签订的旅游合同，这次春游的组织者和实施者是三茂旅行社，上诉人只负责协助旅行社做好与学生有关的工作，活动期间对学生的管理、保护和教育的责任应完全由三茂旅行社承担。鉴于本案直接侵权人无法查明，三茂旅行社应对被上诉人黄宇森所受伤害承担赔偿责任。宝桑园中心、京奥旅行社作为这次春游的具体接待单位，因管理、保护上的疏忽而导致发生安全事故，应当与三茂旅行社承担连带责任。

被上诉人黄宇森答辩称：（1）本案的案由是侵权纠纷，并非旅游合同纠纷。上诉人京溪小学在组织包括黄宇森在内的全校学生春游的过程中，未严格依照法律、法规的规定履行教育、管理、保护学生的法定义务，应对黄宇森所受伤害承担侵权责任。（2）京溪小学是涉案春游活动的组织者，被上诉人三茂旅行社只是春游活动的实施者。京溪小学的老师在到达景区后即将黄宇森等学生交给导游，而后脱离学生自行活动，没有在春游活动中全程陪伴、管理和保护学生，未尽法定义务，对黄宇森所受伤害具有过错。（3）根据《未成年人保护法》第 22 条、《学生伤害处理办法》第 5 条的规定，虽然京溪小学将春游活动交由三茂旅行社组团进行，但作为专业的教育机构，京溪小学不能因此将自己负有的在校外活动中教育、管理和保护学生的法定义务转嫁给三茂旅行社。（4）京溪小学的侵权行为给黄宇森造成了巨大的身心损害，京溪小学对此负有不可推卸的责任，却以种种借口再三推脱责任，既有违教育职业道德，也让黄宇森及家人感到心寒。请求驳回京溪小学的上诉请求，维持原判。

被上诉人三茂旅行社答辩称：被上诉人已向保险公司购买了旅游意外保

险，保险公司已经向黄宇森支付了赔款。涉案风筝是被上诉人宝桑园中心发给学生的，与被上诉人无关，被上诉人不应对黄宇森的伤害后果承担责任。请求驳回上诉人京溪小学对被上诉人的上诉请求。

被上诉人宝桑园中心、京奥旅行社答辩称：一审判决正确，请求维持原判。

二审裁判结果

广州市中级人民法院依照《中华人民共和国民事诉讼法》第 153 条第 1 款第 1 项的规定，于 2007 年 12 月 14 日判决：

驳回上诉，维持原判。

二审裁判理由

广州市中级人民法院经审理，确认了一审查明的事实。

本案二审的争议焦点是：（1）涉案春游活动是上诉人京溪小学组织的校外活动，还是被上诉人三茂旅行社组织的旅游；（2）应当由谁对被上诉人黄宇森所受伤害承担侵权责任。

广州市中级人民法院二审认为：

1. 关于第一个争议焦点

上诉人京溪小学称已经通知学生家长涉案春游活动由被上诉人三茂旅行社组团承办，旅游费由三茂旅行社直接向学生收取，据此主张涉案春游活动是三茂旅行社组织的旅游，不是京溪小学组织的校外活动，学生与三茂旅行社之间订立了旅游合同关系，期间一切责任均应由三茂旅行社承担。根据本案事实，三茂旅行社以组团出游方式承办春游的情况，京溪小学确实已经通知学生家长，旅游费也确实是由三茂旅行社直接向学生收取的，但是，仅凭上述事实并不能得出涉案春游活动不是京溪小学组织的校外活动，1800 多名学生均与三茂旅行社建立旅游合同关系的结论。

首先，签订涉案《广东省国内旅行组团合同》的双方当事人是京溪小学和三茂旅行社，包括被上诉人黄宇森在内的参加涉案春游活动的京溪小学学生均不是该合同的当事人。

其次，涉案春游活动发生于 2006 年 4 月 11 日，该日既不是法定的休息日，也不是节假日，如果京溪小学与该次活动无关，则在该校就读的所有学生都应当在学校进行相应的课程，而不能擅自到校外活动。结合京溪小学的老师也参加这次活动的事实，可以认定，正是因为京溪小学的组织，才有该次春游活动。

最后，合同成立必须以当事人意思表示一致为要件。本案中三茂旅行社并没有直接向京溪小学的每一位学生发出请他们组团出游的要约，而学生按照京溪小学的要求，将春游所需的费用直接交给三茂旅行社，也不意味着京溪小学的学生对三茂旅行社作出了承诺，不能以此认定学生与三茂旅行社之间建立了1800多个旅游合同。事实上，学生及其家长正是基于对京溪小学的信任，基于对涉案春游活动是学校组织的校外活动的认识，才参与其中。

综上所述，涉案春游活动的性质应当认定为上诉人京溪小学组织的校外活动。京溪小学将此次活动交由被上诉人三茂旅行社承办，仅是其具体实施的方式，并不能改变校外活动的性质。

2. 关于第二个争议焦点

《中华人民共和国未成年人保护法》第22条规定："学校、幼儿园安排未成年人参加集会、文化娱乐、社会实践等集体活动，应当有利于未成年人的健康成长，防止发生人身安全事故。"最高人民法院《关于审理人身损害赔偿案件适用法律若干问题的解释》第7条以及教育部颁布的《学生伤害处理办法》第9条亦规定学校等教育机构组织学生参加校外活动，对学生仍然负有管理和保护的义务。本案中，上诉人京溪小学组织全校学生进行涉案春游活动，虽然其与被上诉人三茂旅行社签订的《广东省国内旅行组团合同》中约定有由三茂旅行社负责活动期间对学生进行管理、保护的内容，但通过合同设置三茂旅行社的义务，并不意味着免除或减轻京溪小学的义务。京溪小学作为专业的教育机构，无权任意转移自己教育、管理、保护本校学生的法定义务。根据本案查明的事实，京溪小学的老师将学生交给导游后，即脱离学生自行参加三茂旅行社组织的活动，没有在春游活动中全程陪伴、保护学生。一方面，三茂旅行社不是专门的教育机构，而是专业的旅游机构，其服务的对象一般是成年人，即使有少部分未成年人参与旅游，也往往是在成年人的陪伴、保护之下。因此，旅游机构及其导游一般不具有管理、保护未成年人的经验，不了解未成年人的特点，尤其缺乏组织大规模的未成年人集体活动的能力。另一方面，京溪小学组织该次春游，是教育机构组织学生进行校外活动，并非让老师度假，在校外活动中对学生进行管理、保护仍然是老师的职责。京溪小学在本次活动中组织老师自行游玩，让学生自由活动，将大量未成年人交给缺乏专业经验的导游进行管理，显然是不履行法定义务的行为。综上所述，被上诉人黄宇森在涉案春游活动中被风筝支架扎伤眼睛，京溪小学对此没有采取必要的安全防范措施，没有履行应尽的义务，应当承担相应的责任。

在上诉人京溪小学与被上诉人三茂旅行社签订的《广东省国内旅行组团合同》中，合同双方当事人为京溪小学与三茂旅行社。在被上诉人宝桑园中心与被上诉人京奥旅行社签订的《合作协议书》中，合同双方当事人为宝桑园中心和京奥旅行社。被上诉人黄宇森不是上述合同关系中的当事人。根据合同的相对性原理，上述两个合同中约定的权利义务内容，不能约束作为京溪小学学生的黄宇森，黄宇森亦无权依据上述合同请求三茂旅行社、京奥旅行社承担合同责任。同时，因三茂旅行社、京奥旅行社对黄宇森不具有法定或约定的义务，且对黄宇森所受伤害均不存在过错，故黄宇森也无权向上述两家旅行社主张侵权责任。京溪小学的相应上诉理由不成立。

《中华人民共和国消费者权益保护法》第18条规定："经营者应当保证其提供的商品或者服务符合保障人身、财产安全的要求。"最高人民法院《关于审理人身损害赔偿案件适用法律若干问题的解释》第6条也规定："对于从事住宿、餐饮、娱乐等经营活动或者其他社会活动的自然人、法人、其他组织，未尽合理限度范围内的安全保障义务致使他人遭受人身损害，赔偿权利人请求其承担相应赔偿责任的，人民法院应予支持。"根据上述规定，从事经营活动的经营者，在合理限度范围内对接受其服务的公众负有安全保障义务。如果经营者不尽安全保障义务造成他人人身损害，应当承担相应的赔偿责任。作为花都区宝桑园的经营者，被上诉人宝桑园中心应当对进园游玩的游客提供合理限度内的安全保障义务，否则造成他人人身损害也应当承担相应的赔偿责任。是否尽到合理限度的义务，应当根据一般常识来确定。一方面，宝桑园中心作为游乐场所的经营者，其安全保障义务的限度只能根据一般游客的情况加以确定，而不能要求其达到专业教育机构保护未成年人的标准。另一方面，根据本案查明的事实，宝桑园中心在涉案事故发生的区域设置了警示牌，进行了合理的提示。因此，应当认定宝桑园中心已经尽到了合理限度内的安全保障义务，被上诉人黄宇森无权请求宝桑园中心承担侵权责任，京溪小学的相应上诉理由不成立。

综上所述，上诉人京溪小学的上诉理由均不成立，一审判决认定事实清楚，适用法律正确，审判程序合法，应予以维持。

115. 对于在校学生因受违纪处分而自杀身亡的，学校是否应当承担赔偿责任？

根据《中小学德育工作规程》第27条的规定，中小学校对于违反纪律的学生给予批评教育或者纪律处分的，应当将处分情况通知学生家长。该规程之所以做如此规定，是考虑中小学生系未成年人，其心理发育并未成熟，对待外界刺激的承受能力有限。教育机构在对学生处分过程中，只有与家长及时沟通，使家长能够及时对未成年人进行有针对性的引导和教育，才能使处分充分发挥教育作用，并避免悲剧事件的发生。如果教育机构没有按照规定将批评处分情况及时告知家长，造成学生人身伤亡事故，应当认定教育机构存在一定过错，根据教育部制定的《学生伤害事故处理办法》第 9 条的规定，学校依法应当承担相应的赔偿责任。

典型疑难案件参考

李建青、宋宝宁诉青海湟川中学人身损害赔偿纠纷案（《最高人民法院公报》2009 年第 4 期，总第 150 期）

基本案情

原告李建青、宋宝宁之子李晖系被告湟川中学高二（6）班学生。2005 年 11 月 8 日下午，李晖在参加湟川中学组织的政治课考试中，因夹带纸条被监考老师以作弊处理，随后监考老师将纸条交校政教处。9 日上午，湟川中学校政教处依照《青海湟川中学关于考试纪律的规定》给予李晖记过处分，并张榜公布。9 日下午李晖未到校参加考试，并于当晚 7 时许在家中自缢身亡。以上事实，有《青海湟川中学关于考试纪律的规定》、《青海湟川中学解除学生处分的办法》、被告湟川中学《关于对李晖同学考试违纪的处理决定》、西宁市公安局城北分局〔2005〕宁公北尸检字第 42 号《尸表检验报告书》、湟川中学会议记录、李晖用于作弊的纸条及原、被告陈述等证据在案证实，足以认定。

一审诉辩情况

原告李建青、宋宝宁诉称：原告之子李晖系被告湟川中学高二（6）班学生。2005 年 11 月 8 日下午，李晖参加湟川中学组织的政治课考试，监考老师在没有充分事实根据的情况下，认定李晖作弊。9 日上午，湟川中学相关部门违反法定程序，未经调查核实，即作出对李晖记过处分的决定，并将处分决定张贴于校园公示栏内。9 日李晖在家中自缢身亡。湟川中学的错误处理决定给李晖造成了巨大的精神压力和严重的心理伤害，并导致李晖自杀身亡。故请求法院判令湟川中学赔偿死亡赔偿金 146393.40 元、丧葬费 8614.50 元、交通费 10000 元、精神损失费 10 万元。

被告湟川中学辩称：原告李建青、宋宝宁之子李晖违反学校纪律，在考试中作弊的行为经查属实，被告学校针对李晖的违纪行为，按照有关规定给予其相应的处分并无不当。请求法院驳回原告的诉讼请求。

一审裁判结果

西宁市城西区人民法院依据《中华人民共和国民事诉讼法》第40条第1款、第120条第1款，《中华人民共和国民法通则》第106条第2款的规定，于2006年8月1日判决：

驳回原告李建青、宋宝宁的诉讼请求。

一审裁判理由

西宁市城西区人民法院一审认为本案的争议焦点是：被告湟川中学是否应对原告李建青、宋宝宁之子李晖自杀身亡的后果承担赔偿责任。

被告湟川中学按照学校有关规定，针对原告李建青、宋宝宁之子李晖的作弊行为作出处分决定，其行为并无不当。该处分决定虽有瑕疵，但与李晖自缢身亡无直接因果关系，故湟川中学不应对李晖自杀身亡的后果承担赔偿责任。李建青、宋宝宁的诉讼请求没有法律依据，依法不予支持。

二审诉辩情况

李建青、宋宝宁不服一审判决，向青海省西宁市中级人民法院提起上诉，请求撤销一审判决，依法改判。其主要理由是：（1）上诉人之子李晖夹带的纸条与考试内容无直接关系，因此在考试过程中不会存在抄袭行为，一审判决认定被上诉人湟川中学对李晖以作弊进行处理适当，没有事实依据；（2）湟川中学给予李晖记过处分，并将处分决定张贴于校园公示栏内的行为主观随意，构成违法；（3）湟川中学对李晖作出处分决定后，违反相关规定，剥夺了李晖的申辩权；（4）李晖于处分当日下午未到校参加考试，湟川中学没有及时与家长联系，没有尽到相应的注意义务；（5）湟川中学在处分李晖的过程中，处理简单草率，违反工作要求，未遵循相关的程序规定；（6）一审法院认定李晖的死亡时间为案发当日晚7时许，而青海省科技司法鉴定中心所作的法医司法鉴定书则确定李晖的死亡时间为当日中午12时30分至下午15时30分之间，故一审判决对李晖死亡时间的认定错误。综上所述，李晖的死亡与湟川中学的错误处理决定之间存在着必然的因果关系，湟川中学应当对其过错行为承担赔偿责任。一审判决认定事实不清，判决结果错误，请求依法改判湟川中学赔偿死亡赔偿金、丧葬费、交通费共计165008元。

被上诉人湟川中学口头辩称：一审判决认定事实清楚，判决结果正确，请求二审法院驳回上诉，维持原判。

二审裁判结果

西宁市中级人民法院认为：一审判决对部分事实认定不清，判决结果不当。依据《中华人民共和国民事诉讼法》第 153 条第 1 款第 3 项的规定，于 2006 年 12 月 20 日判决：

一、撤销西宁市城西区人民法院〔2006〕西民一初字第 267 号民事判决；

二、被上诉人湟川中学赔偿上诉人李建青、宋宝宁死亡赔偿金 146393.4 元、丧葬费 8614.5 元、交通费 500 元（合计 155507.9 元）的 20%，计 31101.60 元。

二审裁判理由

西宁市中级人民法院二审认为：本案二审的争议焦点，仍然是被上诉人湟川中学是否应对上诉人李建青、宋宝宁之子李晖自杀身亡的后果承担赔偿责任。

第一，被上诉人湟川中学对上诉人李建青、宋宝宁之子李晖在考试中夹带纸条的行为以作弊处理并无不当。李晖作为湟川中学的一名学生，明知夹带纸条是考场纪律所不允许的，但仍夹带载有与考试科目相关内容的纸条进入考场，其行为违反了学校制定的考试纪律。作弊是一种违纪行为，在考试中只要考生有夹带、偷看、传递纸条的行为就构成作弊，并不以作弊是否得逞，纸条内容是否与试题有关作为构成要件，故湟川中学认定李晖作弊，具有充分的事实依据。针对李晖的违纪行为，湟川中学以作弊给予其记过处分并无不当。

第二，被上诉人湟川中学给予李晖记过处分，并在校园范围内张贴处分决定的行为不具有违法性。依据《中华人民共和国教育法》第 28 条的规定，学校对受教育者有实施奖励或者处分的权利。《中小学德育工作规程》第 27 条规定，中小学校应当严肃校纪，对严重违犯学校纪律的学生应当根据其所犯错误的程度给予批评教育或者纪律处分，并将处分情况通知学生家长。上述规定并未明确关于违纪学生的具体处分办法。湟川中学为整顿考场纪律，加大惩戒力度，给予李晖记过处分，虽是基于其管理需要，但也属于其自治权利，且根据本案事实，李晖确有作弊行为，湟川中学对李晖作出的处分决定并无不当。湟川中学在校园范围内张贴对李晖的处分决定，既是对违纪者的惩戒，也是对其他学生的警示，且处分决定的张贴范围仅限于校园之内，并未扩大公布范围，亦不违反该校制定的考试纪律。因此，湟川中学张贴处分决定的行为并无不当，不具有违法性。

第三，被上诉人湟川中学并未剥夺李晖对于处分决定的申辩权。李晖在见到学校公布的处分决定后，即向班主任老师、监考老师和政教处领导作了解释，提出了撤销处分的申请，行使了申辩权。虽然湟川中学未同意李晖的请求，但并不等同于学校剥夺了李晖的申辩权，且李晖仍有进一步申诉的权利。因此，上诉人李建青、宋宝宁关于湟川中学剥夺李晖申辩权的上诉理由不能成立。

第四，李晖在受到处分的当日下午没有到校参加考试，被上诉人湟川中学对此不存在未尽合理注意义务的过错。李晖于当日中午12时许放学回到家中，不属于擅自离校。学生放学回家后应由家长进行管理，对于正常离校回家的学生，学校无法预见到会发生什么样的危险。故对于李晖当日未到校参加考试，湟川中学不存在未尽合理注意义务的过错。

第五，被上诉人湟川中学在处分李晖的过程中违反工作要求，未遵循相关规定，存在一定的过错。根据湟川中学自行制定的《解除学生处分办法》的规定，对违纪学生的处分决定，经校政教处调查落实后，须报请校务会批准。而湟川中学在对李晖作出处分决定前既未对当事人即李晖本人进行调查核实，听取李晖的陈述，也未将处分决定报校务会批准。虽然湟川中学关于李晖的处分决定在实质上并无不当，但其工作方法确实存在简单、草率、不规范的问题，也违反了其自行制定的工作要求。另外，根据《中小学德育工作规程》第27条的规定，学校对学生作出的处分决定应当通知学生家长。湟川中学也认可该校正式的处分决定是一式三份，由学校、班主任、家长各持一份。然而本案中，湟川中学未将关于李晖的处分决定及时通知其家长。中小学生系未成年人，其心理发育并未成熟，对于外界刺激的承受能力有限，学生之间的个体差异也比较大。学校作为教育机构，在处分学生时必须充分考虑学生的心理承受能力，在处分的同时做好教育、疏导工作。从根本上讲，对学生的处分也是教育手段，而不是简单的惩罚。只有在充分考虑受处分学生的心理素质，针对其实际情况进行教育、疏导的基础上，处分手段才能真正发挥教育作用，才能避免可能发生的悲剧。然而本案中，湟川中学仅仅为了追求惩戒的时效性，没有充分考虑李晖的心理承受能力，且没有按照规定将处分决定及时通知李晖的家长，使得熟悉、了解李晖个人情况的家长没有机会针对李晖性格中存在的问题及时进行引导和教育，丧失了避免本案悲剧发生的可能。故湟川中学违反工作程序的处分行为与李晖的死亡具有一定的因果关系。

根据教育部制定的《学生伤害事故处理办法》第9条的规定，学校教师或者其他工作人员在履行职责过程中违反工作要求、操作规程、职业道德或者其他有关规定的，学校应当依法承担相应的赔偿责任。鉴于本案发生的主要原因是李晖不能正确对待问题，对挫折的承受力有限，从而导致了损害结果的发生，故上诉人李建青、宋宝宁要求被上诉人湟川中学承担全部赔偿责任的理由不能成立。基于湟川中学在工作方法和操作规程上存在一定的过错，应判令其承担20%的赔偿责任。

上诉人李建青、宋宝宁主张的赔偿费用中关于死亡赔偿金与丧葬费的计算方法与计算数额，双方当事人均无异议，应予确认。交通费上诉人主张了10000元，实际提供的票据为5463.50元，此票据均为办理丧事过程中的交通支出。关于交通费的赔偿标准和赔偿范围，根据最高人民法院《关于审理人身损害赔偿案件适用法律若干问题的解释》第22条的规定，计算交通费的范围应是受害人及必要的陪护人员因就医或者转院治疗实际发生的费用。李晖在送往医院时已经死亡，再未发生陪护、治疗、转院等需要的交通费，但其父母将其送往医院抢救所发生的交通费应酌情赔偿500元，其余交通费不属于法律规定的赔偿范围，故不予支持。

116. 对于在校学习的未成年学生，监护职责是否转移到学校？

根据《民法通则》第16条和最高人民法院《关于贯彻执行〈中华人民共和国民法通则〉若干问题的意见（试行）》第22条的规定，监护人将未成年学生送至学校学习，其监护职责并未转移到学校；学校也不因接受未成年学生到校学习，自然而然地承担起对该学生的监护职责。监护人如果想将监护职责部分或者全部委托给学校，必须与学校达成明确的委托约定。没有明确的委托约定，不能推定学校接受监护人的委托，对到校学习的未成年学生承担起部分或全部监护职责。

117. 学校对未成年学生承担何种义务？

根据最高人民法院《关于审理人身损害赔偿案件适用法律若干问题的解释》第7条的规定，对在校学习的未成年学生，学校虽然没有监护职责，但有教育、管理和保护的义务。学校履行教育、管理、保护义务不当，以致未成年学生在校园内加害其他未成年学生的，除加害人的监护人应当承担责任外，学校也应当承担与其过错相应的赔偿责任。

典型疑难案件参考

吴凯诉朱超、淮安曙光双语民营寄宿制学校人身损害赔偿纠纷案（《最高人民法院公报》2006 年第 12 期，总第 122 期）

基本案情

2004 年 12 月 17 日晚 10 时许，位于江苏省淮安市楚州区的民营寄宿制学校——淮安市曙光双语学校（以下简称曙光双语学校），此时已是寄宿学生就寝的时候，学生宿舍楼绝大部分寝室已熄灯，而住同一宿舍的两个一年级小学生朱超（6 岁）、吴凯（7 岁）虽躺在床上却未能入睡。朱超顺手拿起放在床头的橘子在手中把玩，看见邻床的吴凯也还未睡，便随手将橘子扔向吴凯，恰巧打中吴凯正在睁着的右眼上。吴凯顿时失声大哭起来。同寝室的其他学生被惊醒后随即向值班老师作了报告。当班老师即带吴凯到校医务室进行处理治疗。但由于伤势较重，虽经校医治疗十多天，但未见明显好转。于是，学校在 2 月底将吴凯的情况通知了其父母。吴凯父母带着吴凯先后到建湖县建阳眼科医院、淮安市第一人民医院、淮安市第二人民医院、复旦大学附属眼耳鼻喉科医院住院治疗，合计花去医疗费 39592.58 元、交通费 2040 元、住宿费 1000 元。(朱超父母垫付 561.60 元，曙光双语学校垫付 1 万元)。后因朱超父母和曙光双语学校互相推诿，拒绝支付吴凯医疗费用，吴凯父母遂以朱超和曙光双语学校为共同被告于 2005 年 3 月 7 日向江苏省淮安市楚州区人民法院提起民事赔偿诉讼。

另查明，法院立案受理后，委托江苏省淮安市中级人民法院对原告吴凯的伤情等进行法医学鉴定，最终结论为原告吴凯右眼钝挫伤、右玻璃体积血、右视网膜脱离致右眼低视力 1 级，伤残程度为十级。

诉辩情况

原告吴凯及其法定代理人诉称：吴凯在学校学习生活期间受伤，理应由学校承担责任，朱超是直接致害人，亦应承担责任。请求判令两被告赔偿原告医疗费 39056.76 元、护理费 12000 元、住院伙食费 180 元、营养费 249.37 元、住宿费 1500 元、交通费 3996 元、伤残补助费 9507.80 元、精神抚慰金 5000 元、鉴定费 300 元、误学费 1208 元。

被告朱超及其法定代理人辩称：朱超为无民事行为能力人，其在校期间，父母无法履行监护职责，监护权已转移给学校，被告曙光双语学校实行封闭式管理，应由学校赔偿原告的损失。同时学校管理照顾不到位，对原告救治不力，延误治疗，应由学校承担全部责任。

被告曙光双语学校辩称：未成年人的监护权也不能转移给学校，被告已尽到保护、照顾、管理之责任，本案发生是不能预知的突发性事件，且被告在这起事件中无过错，因此，不应当承担民事赔偿责任，请求驳回原告对被告的诉讼请求。

裁判结果

江苏省淮安市楚州区人民法院依照《中华人民共和国民法通则》第 106 条、第 119 条、最高人民法院《关于确定民事侵权精神损害赔偿责任若干问题的解释》第 8 条第 2 款、第 10 条、最高人民法院《关于审理人身损害赔偿案件适用法律若干问题的解释》第 7 条、第 17 条、第 18 条、第 19 条、第 21 条、第 22 条、第 23 条、第 24 条、第 25 条的规定，于 2005 年 11 月 16 日作出如下判决：

一、原告吴凯的医疗费 39592.58 元、护理费 6767.67 元、住院伙食补助费 180 元、营养费 249.37 元、残疾赔偿金 9508 元、交通费 2040 元、住宿费 1000 元、精神损害抚慰金 4000 元、鉴定费 300 元，合计 63637.62 元，由被告朱超的法定代理人朱善勇赔偿 30% 即 19091.29 元，由被告淮安曙光双语学校赔偿 70% 即 44546.33 元；

二、驳回原告吴凯的其他诉讼请求。

宣判后，双方当事人均未上诉，判决已发生法律效力。

裁判理由

江苏省淮安市楚州区人民法院经审理认为：对未成年人依法负有教育、管理、保护义务的学校、幼儿园或者其他教育机构，未尽职责范围内的相关义务致使未成年人遭受人身损害，或者未成年人致他人人身损害的，应当承担与其过错相应的赔偿责任。原告吴凯与被告朱超均系被告淮安曙光双语学校一年级学生，被告朱超在宿舍休息时，用橘子扔到原告眼上，致原告受伤是事实。由于被告曙光双语学校系寄宿制学校，对学生实行封闭式管理，学生在校期间主要由学校进行教育、管理、保护，被告朱超在宿舍内致伤原告，故被告曙光双语学校应承担主要责任，被告朱超应承担次要责任，原告不承担责任。由于被告朱超未满 10 周岁，系未成年人，应由其法定代理人朱善勇承担相应的民事赔偿责任。两被告辩称不应承担责任的理由不成立，不予采纳。原告的医疗费 39592.58元应予认定，护理费根据法医鉴定结论按 4 个月 1 人次计算，标准可按江苏省 2004 年水上运输业平均工资 20303 元计算为 6767.67 元。双方对住院伙食补助费 180 元、营养费 249.37 元、残疾赔偿金 9508 元、鉴定费 300 元无异议，应予以认定。交通费、住宿费酌情分别确定为 2040 元、1000 元。原告构成十级伤残，在身体上、精神上都造成了一定的损失，被告应赔偿一定的精神损害抚慰金。具体数额可根据侵权人的过错程度、侵权的手段、场合、行为方式、侵权人获利情况和受诉法院所在地平均生活水平等因素，酌情确定为 4000 元。原告主张休学费用，依据不足，不予支持。

118. 未成年学生在校学习时受到老师批评自寻短见，学校应该承担何种责任？

未成年学生在校学习时受到老师批评自寻短见，校方对擅自离校的学生有向其监护人告知的义务，学校与学生之间虽非委托监护关系，但是根据其过错也应承担相应法律责任。

典型疑难案件参考

张威、王梅诉一拖集团、拖二中人身损害赔偿纠纷案

基本案情

2003 年 3 月 28 日下午，原告张威、王梅之子张鸣在被告一拖集团下属二中初一 10 班上课时说话，下课后班干部将上课时说话的 9 名同学（包括张鸣）告知了班主任。当日下午，班主任对 9 名同学进行了批评，并责令 9 名学生写出检查，家长在检查上签名后，星期一在班上作检查。29 日上午张鸣按时到校上课。4 月 1 日下午 6 时许，张鸣母亲下班回家后，闻到家中煤气味很大，发现张鸣躺在床上，即拨打“120”急救电话，经一拖东方医院抢救无效死亡，并出具了煤气中毒死亡证明书。张鸣死亡后，被告拖二中对原告之子张鸣的死亡归结为老师的工作疏忽，愿意出于同情承担一定的补偿责任，而不愿意承担赔偿责任。

一审诉辩情况

二原告要求被告一拖集团及其下属中学拖二中共同赔偿原告交通费、丧葬费 9061 元，死亡补助费 75418 元，精神抚慰金 100000 元，并要求被告公开向原告赔礼道歉。

一审裁判结果

洛阳市涧西区人民法院依照《中华人民共和国民法通则》第 106 条、第

43 条和《学生伤害事故处理办法》第 9 条第 11 项的规定，判决如下：

一、被告拖二中付给张威、王梅支付张鸣丧葬费 1000 元；

二、被告拖二中赔偿原告张威、王梅精神抚慰金 45000 元；

三、驳回原告张威、王梅的其他诉讼请求。

以上一、二项合计 46000 元，被告拖二中于判决生效后 10 日内付清，逾期不付，由被告一拖集团承担连带清偿责任。

一审裁判理由

洛阳市涧西区人民法院审理后认为：学校对在校学习的学生负有教育、管理和保护的职责。二原告之子张鸣在上课期间说话，被老师批评写检查，并让其家长签字以及在班里公开作检查，老师的批评教育并无不当。但事后，老师明知张鸣系未成年人，而且一天半未到校，却未能将学生不到校的情况与二原告及时沟通，导致张鸣脱离监护人的保护而发生死亡事故，被告拖二中对此案应负相应责任。二原告系张鸣法定监护人，应对张鸣的行为承担主要的监护责任，其要求二被告对张鸣死亡承担全部责任，于法无据。

法院除对二原告要求被告赔偿张鸣丧葬费、精神抚慰金部分请求予以支持外，对其他请求不予支持。一拖集团以其现接受洛阳市国有资产经营有限公司的委托，对拖二中进行托管为由主张其不承担连带责任的理由不足，因拖二中的人、财、物未脱离一拖集团，对一拖集团公司所述，应不予采信。

二审诉辩情况

宣判后，被告拖二中依法提起上诉，请求二审法院认定张鸣系自杀，其不存在过错，并请求撤销一审支付丧葬费和赔偿精神抚慰金的判决。

二审裁判结果

二审法院在审理过程中，依法主持调解，双方当事人自愿达成如下协议：对被上诉人张威、王梅之子张鸣之死亡，上诉人拖二中出于同情，自愿补偿被上诉人张威、王梅人民币 43000 元。

119. 学生在学校内受伤，学校是否应承担赔偿责任？

在审理学校学生伤害事故案件时，应依据过错责任原则审理此类案件。学校并非是学生绝对安全的保险人，不对发生在学生身上的所有伤害都负有绝对的责任。如果法律上没有规定学校额外的义务，则学校没有确保学生和学校其他成员安全的义务，换言之，法院并不是对每一起学生伤害事故都去追究学校的责任，而仅仅追究由于学校的故意或过失而导致学生受伤害的责任。

典型疑难案件参考

周宏川在校园内因杨强等学生的行为受伤致残诉四川省成都市武侯区金花镇中心小学及杨强等人人身损害赔偿纠纷案

基本案情

周宏川系金花小学一年级二班学生，杨强、冯运贵系金花小学二年级学生。2002 年 5 月 10 日中午 1 时 30 分左右，杨强、冯运贵在学校午休期间前往周宏川所在班级找二人之表弟借刨笔刀，未果，二人遂在教室门边干扰。一年级二班的班干部请其二人离开，但二人抵住门不肯离开，一年级二班的同学遂将教室门关闭，将杨强、冯运贵关闭于教室之外，杨强、冯运贵遂在教室外用脚踹门。几经反复之后，杨强、冯运贵停止踹门，教室内的同学也退回了自己的座位，但杨强、冯运贵突然用力将门踹开，此时恰逢周宏川正在门后讲台附近。门被踹开后，门上的暗锁将周宏川的左手中指砸伤，杨强、冯运贵见状遂因恐惧而跑离现场。此时恰逢金花小学安排的由两名高年级女生担任的学校值日生巡视至此，该两名女生见状遂将周宏川带至金花小学附近的卫生院作了简单的伤口处理并将伤口包扎，但周宏川的左手中指创伤仍然血流不止。至下午 4 时 30 分左右，周宏川的班主任张福华发现此情况后遂让周宏川回家。待周宏川回家时，已经是晚上 6 时，其父母见状遂携周宏川前往诊所检查，打开伤口包扎处后发现伤口已经发乌、发紫，医生告知情况严重，周宏川遂由父母携往成都市骨伤专科医院进行治疗。但因耽误太久，伤处肌肉已经坏死，在医生清创时，坏死的肌肉及骨头即自行脱落，周宏川遂在医生将其伤口残皮拉拢缝合后离院。此后，周宏川数次前往该院进行治疗，共支付医疗费 581.60 元。

2002 年 7 月 5 日，周宏川前往四川大学华西医院进行治疗，医嘱要求其住院进行手术治疗，并要求其预交住院费 5000 元，但周宏川并未住院进行治疗。2002 年 7 月 10 日，周宏川诉至法院，要求各被告承担赔偿责任。在诉讼过程中，法院委托相关部门对周宏川的伤残等级及是否需要再医等事项进行鉴定，鉴定结论为周宏川系 10 级伤残并需再医，再医费用约 3000 元，周宏川为此而支付鉴定费 600 元。

另查明，2002 年 5 月 21 日，周宏川在双流县中医医院进行过门诊治疗，共支付医疗费 11.50 元，但没有门诊病历。

诉辩情况

原告周宏川及其法定代理人诉称，周宏川因伤致残，各被告均负有责任，请求法院判决各被告连带赔偿医药费 655 元及再医费 5000 元，伤残赔偿金 10500 元及鉴定费 600 元、交通费 400 元、精神损害赔偿金 9600 元。

被告金花小学辩称，金花小学在事故中没有过错，不应承担赔偿责任。

被告杨强、杨志荣、张维凤辩称：周宏川因伤致残，学校应负主要责任，杨强应负次要责任，法院应驳回周宏川关于精神赔偿金的诉讼请求。

被告冯运贵、杨志均、冯文才辩称，周宏川受伤并非因冯运贵所为，冯运贵不应承担赔偿责任。请求法院驳回周宏川的该项诉讼请求。

裁判结果

成都市武侯区人民法院将各被告承担损失的比例为金花小学、杨志荣与张维凤、杨志均与冯文才按 2:4:4 划分。据此，依照《中华人民共和国民法通则》第 119 条，最高人民法院《关于确定民事侵权精神损害赔偿责任若干问题的解释》第 1 条第 1 款第 1 项、第 9 条、第 10 条之规定，判决：

一、金花小学于判决生效之日起 10 日内向周宏川支付赔偿金 3276.32 元；

二、杨志荣、张维凤于判决生效之日起 10 日内向周宏川支付赔偿金 6552.64 元；

三、杨志均、冯文才于判决生效之日起 10 日内向周宏川支付赔偿金 6552.64 元；

四、杨志荣、张维凤与杨志均、冯文才对上述第二、第三项赔偿义务承担相互连带偿还责任；

五、驳回周宏川其他诉讼请求。

宣判后，各方当事人均未上诉。

裁判理由

成都市武侯区人民法院审理后认为，杨强、冯运贵作为高年级学生，在试图进入周宏川所在低年级班级而遭拒绝之后，二人随即踹门，本身即有以大欺小之嫌。在对方已经放弃抵门之后，事情本可就此结束，但二人在对方不备之时，突然用力将门踹开，致使周宏川受伤。在事发当时，杨强、冯运贵虽然均是十一二岁的儿童，但用脚踹门可能会导致门内之人发生伤害，就现阶段一般同龄学童而言，不能不说具有认识的能力。因此，杨强、冯运贵在事件发生时，应能够认识到其行为可能会产生法律上所谓利害关系，至于损害的确切程度，则没有认识的必要。在此情形下，杨强、冯运贵对自己的行为只要稍加注意，即可避免事件的发生，而二人或因疏忽（应当预见或能够预见而竟未预见）或因懈怠（已经预见而轻信可以避免），最终导致事件发生，不能说杨强、冯运贵二人没有过错。

对周宏川负伤究系何人踹门所致这一事实，除杨强、张维凤、杨志荣之外的其他当事人均认可门系杨强所踹开，金花小学更为此而向该院提交了张福华的证人证言。而杨强、张维凤、杨志荣对此则予以否认。对此，该院认为，依照最高人民法院《关于民事诉讼证据的若干规定》第 55 条第 1 款之规定，张福华作为证人，在没有法定事由的情况下应出庭作证以接受当事人的质询。金花小学仅提供了其书面证言，违反了上述规定，故该院对张福华的证人证言不予采信。

对于其他当事人的陈述，因事件的直接当事人均未出庭，故双方当事人的陈述在证据分类上均属当事人的陈述，在证据规则中均属传来证据，在没有其他证据的情况下，不能证明门究竟为何人所踹开。故杨强、冯运贵二人的行为已经构成了侵权行为中的共同危险行为，应由其二人共同承担赔偿义务，但因杨强、冯运贵均属未成年人，故该赔偿义务转由其监护人张维凤、杨志荣、杨志均、冯文才负担。

对金花小学是否应当负担赔偿责任这一问题，成都市武侯区人民法院认为，学校是学生文化的教育者，而非学生绝对安全的保险人。学校虽然对学生负有一定的照管职责，但并不能要求学校教师履行无限的管理职责，教师无法注意到每个学生的活动，因而只需尽一般照管责任，如果教师明知存在特殊的危险，而没有特别注意，才担负个别照管的职责。学校没有确保学生和学校其他成员安全的义务，而仅在因学校的故意或过失而导致学生受伤害时，学校才应对该伤害负责赔偿。在因学生违反规定而导致伤害发生时，如果学校制定了合理、明确的安全规章制度，则学校的赔偿责任应当适当地减轻。在本案中，事件发生时正值学校午休时间，而学校为了维持校园秩序亦安排有专人巡视，故对金花小学而言，其已经履行了基本的安全保障义务。对于本次事件的发生学校没有故意或过失的行为，故金花小学对于周宏川的受伤没有直接赔偿的义务。但学校在得知周宏川受伤之后，没有及时通知其法定代理人，在客观上对周宏川的医治造成了一定的延误，故金花小学对周宏川该部分的损失负有一定的赔偿责任。而金花小学所主张的周宏川的父母对其医疗延误亦有过错，因无相应的证据，对此该院不予支持。

120. 未成年学生课间休息期间玩耍不慎撞到在学校设立的器械上受伤，学校是否承担主要责任？

根据相关法律规定，未成年人遭受人身损害的，教育机构应在其未尽职责范围内承担与其过错相应的赔偿责任，因此存在过错是认定教育机构承担赔偿责任的前提。尽管学生是在课间休息受伤的，但是在学生自由活动期间仍由教师直接控制学生的各项活动是对学校管理义务的苛求，但学校完全可以通过校规校纪来约束和管理学生。因其疏于教育，致使损害后果发生，应承担一定的责任。

典型疑难案件参考

曹微诉首钢矿业公司人身损害赔偿案

基本案情

原告在被告设立的职工子弟学校第五中学读书。2005 年 5 月 18 日上午 9 时许，正值第二节与第三节课课间休息时间，原告与同学在学校操场的东南角（该地区有树木和单杠若干）玩追跑游戏，原告边跑边回头看身后的同学，未注意到树木和单杠，待其转回头时恰巧撞到单杠上致伤。当日，原告被送至首钢矿山医院治疗。经查：下前牙两颗牙体缺损，其中一冠折（Ⅲ）、一冠折（Ⅱ）。2006 年 8 月，原告到首都医科大学附属北京口腔医院行镶牙术，该院证明：一金合金桩核、甲冠修复，待成年后行烤瓷冠修复，一观察，成年后酌情修复。2006 年 10 月 23 日，原告在首钢矿山医院进行正牙时，偶然发现其一颗上前牙冠面有一隐纹，处理意见为观察，随诊。

诉辩情况

原告曹微诉称：2005 年 5 月 28 日上午，原告与同学在校园玩耍时撞在学校的单杠上，撞掉了一颗门牙，另一颗门牙被撞掉一半，由于原告系未成年人，且又是在学校学习期间受伤，对此，学校负有一定的管理责任。学校因疏于管理而使原告遭受人身损害，学校应予以赔偿。该学校系被告首钢矿业公司设立的子弟学校。为维护原告的合法权益，故将被告诉至法院。要求判令被告赔偿原告医疗费 1286.59 元、交通费 956 元、误工费 2863.20 元、住宿费 225 元、营养费 500 元、精神损害抚慰金 6000 元、诉讼费 921 元及后期治疗费

27000元，共计 39751.79 元。

被告首钢矿业公司辩称：（1）原告受伤完全是其本人造成的，是其在课间自由活动时不慎受伤，体育器械为学校设立且不存在安全隐患，故学校不应承担责任。（2）原告称学校疏于管理致使其遭受人身损害无事实和法律依据，学校在日常的教育和管理过程中，已通过各种形式对学生进行安全和守纪教育，并设有日常安全检查小组和值周人员监督岗，且校园内有明显的安全警示标志。事件发生后，学校及时将原告送往医院救治，因而，原告的损害后果与学校的管理行为无因果关系，请求法院驳回原告的诉讼请求。

裁判结果

北京市石景山区人民法院依照《中华人民共和国民法通则》第 119 条之规定，作出如下判决：

一、首钢矿业公司一次性赔偿曹微各项经济损失 6000 元；

二、本案诉讼费用 1189 元，曹微负担 939 元，首钢矿业公司负担 250 元。

裁判理由

北京市石景山区人民法院经审理认为：原、被告之间形成教育法律关系。被告设立教育机构，该机构对未成年人承担的是教育、管理、保护的义务。根据相关法律规定，未成年人遭受人身损害的，教育机构应在其未尽职责范围内承担与其过错相应的赔偿责任，因此存在过错是认定教育机构承担赔偿责任的前提。判断教育机构的过错，不是依据人们的主观臆断，而是要依据相关法律法规的规定，即学校是否违反了教育、管理和保护的责任，这种责任包括直接管理和间接管理两个方面，直接管理是指教师直接控制学生的各项活动；间接管理是指通过校规校纪来约束和管理学生。

本案中，由于原告是在课间休息时受伤的，在学生自由活动期间仍由教师直接控制学生的各项活动是对学校管理义务的苛求，但学校完全可以以间接管理的方式即通过校规校纪来约束和管理学生。本案被告虽辩称学校已通过各种形式对学生进行了安全和守纪教育，但却未就上述主张提供证据证明，现原告予以否认，并称学生们经常在操场上相互追逐而无人制止，故被告应承担举证不能的法律后果。因其疏于教育，致使损害后果发生，应承担一定的责任。但由于学校的行为并非是损害后果发生的唯一原因，原告虽为未成年人，但其应对自己的安全具有一定的识别能力。比较双方的过错和原因，原告应承担更多的注意义务，因此，原告要求被告承担全部赔偿责任的请求，法院不予支持。

原告要求被告赔偿其基于诉讼发生的交通、误工及住宿等费用，于法无据。考虑到原告受伤后需要治疗及医院证明其成年后需要修复的实际情况，虽然原告未就后期治疗费用提供相关证明，但因该费用属于必然发生，故法院予以酌情确定。另考虑到原告因受伤致牙体缺损，给其身体及精神上均造成一定的痛苦，故原告要求赔偿精神抚慰金，法院酌定数额。

121. 学生在参加学校的公益活动时受伤，学校与学生对此不存在主观过错，学校是否仍然应当承担部分责任？

学生根据老师的安排，积极参加集体劳动，事发前其本人也并不知晓自己的身体缺陷，故对损害后果的发生并无过错；而学校可以安排学生从事力所能及的公益劳动，以培养学生动手能力和热爱劳动的品德，且如果学校安排的公益劳动对于学生而言劳动强度适当，完全可以承受，则损害结果与学校的安全教育和监管之间亦无因果关系。

根据法律规定，当事人对造成损害均无过错，可以根据实际情况，由当事人分担民事责任。学校和学生在该事件中均无过错，但学生提供公益劳动的行为为学校提供了一定的临时劳务，学校是相应的受益人，理应酌情对学生进行适当经济补偿。

典型疑难案件参考

严晔诉上海市浦东新区育华（集团）学校人身损害赔偿纠纷案

基本案情

原告系被告学校学生。2002 年 9 月 1 日原告进入被告学校中职部学习。2002 年 9 月 5 日上午 10 时左右，因原告所在的教室内尚有几张多余的课桌，在被告方老师的安排下，原告与其他同学一起把课桌从二楼的教室搬至底楼的门卫宿舍。在搬运课桌过程中，原告的右腿碰撞了课桌角。不久，原告感到双脚麻木，不能站立，原告将症状告诉了同学及班主任老师，老师即让几位学生把原告扶进了教室。当天下午 3 时 30 分左右，原告父母接到被告通知后，到校将原告送进了上海东方医院住院治疗。经医院诊断，原告的损伤为胸段脊髓血管畸形，于 10 月 17 日出院，后又曾相继转入上海三钢医院、上海复旦大学附属中山医院及第二军医大学附属长征医院住院治疗。现原告的病情稍有好转，但其下肢仍然瘫痪。原告为此共花去医疗费共计人民币162964.3元。其中，学校为原告办理的保险中获理赔人民币56836.8元，原告父亲单位为原告报销20000余元，两项总计人民币84544.82元，已经支付原告。被告方组织全校教师和学生募捐所得人民币4691元也已交予原告。审理中，一审法院根据原告的申请，依法委托司法部司法鉴定中心对原告的伤情形成原因及伤残等级等进行了鉴定，鉴定结论为：原告在参加学校组织的搬运课桌时，不小心右大腿碰到桌子角，后出现双下肢不能走路及站立，临床诊断并经手术证实为胸段脊髓血管畸形出血。其目前状况系在原有胸段脊髓血管畸形的基础上，外力诱发畸形血管出血所致。严晔目前的后果相当于道路交通事故一级伤残。

又查明，原告搬运的课桌的高度为76厘米，宽度为40厘米，长度为110厘米，重量为10千克。搬运课桌的教室与门卫宿舍距离约为30米。

一审诉辩情况

原告诉称：原告根据老师要求，在学校和其他同学一起把教室里的课桌搬到他处，在搬运过程中，原告的腿碰到了课桌角，后感到双脚麻木，不能站立，经送医院被诊断为脊髓损伤，并为此已花费了十几万元的医疗费用。现原告已完全丧失劳动能力，要求被告赔偿损失。

被告辩称：被告的确要求学生搬课桌椅，原告也确实是在搬课桌椅时右腿部碰到课桌角而致其原有的先天性胸段脊髓血管畸形发病，但原告现在的身体状况完全是自身原因造成的。被告安排学生搬课桌椅是学生力所能及的简单劳动，属于正常的公益活动。而且搬课桌时被告的老师也已经提醒学生注意安全，要求学生两人搬一张课桌，但原告却独自一人搬运一张课桌，才在搬运过程中碰伤腿部。被告管理并无不当，在此次事件中也没有过错，不应当承担任何赔偿责任。

一审裁判结果

上海市浦东新区人民法院根据认定的事实和判案理由，依照《中华人民共和国民法通则》第132条，最高人民法院《关于贯彻执行〈中华人民共和国民法通则〉若干问题的意见（试行）》第157条，最高人民法院《关于审理人身损害赔偿案件适用法律若干问题的解释》第25条、第35条之规定，作出判决：

一、被告上海市浦东新区育华（集团）学校应于本判决生效后10日内补偿原告严晔医药费人民币31367元、护理费人民币66080元、营养费人民币

7680 元、住院伙食补助费人民币 2032 元、残疾辅助器具费人民币 207 元和残疾赔偿金人民币 133464 元，合计人民币 240830 元；

二、原告其余诉讼请求，不予支持。

案件受理费人民币 9466 元、鉴定费人民币 2000 元，总计人民币 11466 元，由原告负担人民币 6880 元，被告负担人民币 4586 元。

一审裁判理由

上海市浦东新区人民法院依据上述事实和证据认为：原告根据老师的安排，积极参加集体劳动，事发前其本人也并不知晓自己的身体缺陷，故原告对损害后果的发生并无过错。作为学校，被告可以安排学生从事力所能及的公益劳动，以培养学生动手能力和热爱劳动的品德。本案中被告安排的劳动，从课桌的重量、搬运路途来看，对于一般的中学生劳动强度适当，完全可以承受。原告发病主要是其自身生理上的病灶因素所致，而搬运课桌中发生碰撞仅为诱发因素。而原告入学仅五天，被告在客观上无法预见原告身体具有体质缺陷。且课桌碰撞身体系搬运过程中正常现象，与学校的安全教育和监管之间亦无因果关系。目前，又无证据证明，原告的病情系因被告发现原告不适后未及时采取措施而发生或者恶化。综上所述，原、被告对造成原告损害均无过错。根据法律规定，当事人对造成损害均无过错，可以根据实际情况，由当事人分担民事责任。原告在搬运课桌劳动中发生碰撞，引发原有胸段脊髓畸形血管出血，而导致终身残疾，其损失客观存在。虽然原、被告在该事件中均无过错，但原告作为学生，其搬运课桌行为，为被告提供了一定的临时劳务，被告是相应的受益人。作为受益人，被告理应酌情对原告进行适当经济补偿。考虑到搬运课桌劳动，仅是原告疾病发作的诱引，故法院酌情确定被告的补偿比例为 40%，补偿的范围也仅限于原告的实际损失。

二审诉辩情况

上诉人上海市浦东新区育华（集团）学校诉称：学校在学生力所能及的范围内，并在不危及学生健康和确保安全的前提下，组织学生搬运课桌是学校开展劳动教育的一个组成部分，属公益劳动。学校与学生的关系是教育者与被教育者的关系，不存在临时劳务关系，学校不是受益人，一审认定学校是相应的受益人并据此判决学校承担 40% 的补偿比例是不正确的，原审法院适用法律错误，判决不当，要求予以改判。

被上诉人严晔不同意上诉人的上诉请求，要求维持原判。

二审裁判结果

上海市第一中级人民法院依照《中华人民共和国民事诉讼法》第 153 条第 1 款第 1 项之规定，判决如下：

驳回上诉，维持原判。

二审裁判理由

上海市第一中级人民法院认为：原审法院确定被上诉人在上诉人伤害事故中不承担过错责任正确。根据《民法通则》的相关规定，当事人以公平责任承担损害后果赔偿责任的要件有三个：首先，当事人双方对造成损害后果均没有过错；其次，有损害后果；最后，损害后果与一方当事人的行为有因果关系。综观本案，通过前述分析，育华学校在损害后果的发生中没有过错，而严晔参加学校安排的统一活动，自身也不存在过错。另外，本案的损害后果已经发生。所以确定学校安排的搬课桌行为与严晔损害后果之间是否存在因果关系，是决定本案是否可以适用公平责任原则的关键。通过审理，可以明确，严晔自身存在疾病与外力作用是导致严晔伤情发生的两个原因。其中外力作用是诱因。诱因在损害后果发生中的作用力虽然很小，但也是隐性的根本原因爆发成显性的损害后果不能小觑的因素。从这个层面上讲，学校组织的搬课桌行为作为严晔伤情的外力诱因，也在损害后果的形成中占有一定的原因力比例。但是对于该原因力与损害后果之间的因果关系程度，则应当是次要或者微小的。由于育华学校的行为符合公平责任的构成要件，所以原审法院以公平责任原则处理本案也无不当。法院注意到，《学校伤害事故处理办法》第 12 条中规定：学生有特异体质、特定疾病导致学生伤害事故的，学校不知道或者难于知道的，无法律责任。这款法律规定并未指学校的行为与学生的体质相结合产生损害后果的情况，所以育华学校也不具备法定的免责事由。对于公平原则法律责任的确定，可根据案件的实际情况，包括双方当事人的经济状况予以定夺。需要指出的是，原审法院将严晔参加学校搬课桌的行为定性为临时劳务工，并将学校作为受益人承担相应的责任既没有事实根据，也没有法律依据，二审法院不赞同。但是上诉人上诉要求学校不承担赔偿责任的请求也有违公平责任的法律归责原则，法院不能支持。

122. 未成年学生因嬉戏导致其中一人受伤，另一未成年人是否应当对此承担责任？学校是否应为此承担损害赔偿责任？

未成年人初步具备对自己所做行为及后果有一定的认知和感受能力，从未成年人的生理特性、动作合理性以及游戏目的及实际情形分析，如果未成年人一方没有故意伤害另一方的主观心态，对于损害结果双方应当各自承担民事责任。

学校在管理方面，特别是巡视、监督学生课间活动的管理上是存在一定疏漏的，其对进入体育器械区域的有关限制警示措施的设置也是不足的，而该部分疏漏及不足与未成年人的受伤也具有一定关系，应当承担相应的赔偿责任。

典型疑难案件参考

徐俊彬诉广州市白云区景泰小学及陈伟明、陈锦华、何新连人身损害赔偿纠纷案

基本案情

2004年3月11日下午15时许，正值被告景泰小学课间休息期间，原告与同班同学李志康、被告陈伟明三人来到景泰小学体育器械区玩耍，经原告提议，三人在双杠处进行比赛（即由两人站在双杠的杠面上互相拉扯、推搡、摇动，一方将对方推下双杠则为胜利）。在原告与被告陈伟明比赛期间，被告陈伟明被原告从双杠杠面上推下，由于被告陈伟明在其下坠的过程中拉扯到原告，原告的身体也因此而失去平衡摔落双杠，期间其腰部碰击到双杠杠体。其后，被告陈伟明与李志康将原告扶入教室上课，后原告将有关情况告知班主任谭老师。谭老师为原告作简单处理后即通过电话及时告知原告父母，要求其带原告去医院检查治疗。当日下午16时左右，原告由其父母接离景泰小学。

另查，事发的体育器械区域位于被告景泰小学操场内（体育馆的后面），为开放式，处于非封闭状态，区域内放置单、双杠等体育器械，地面铺有弹性地垫；在其入口处，设有内容为“安全提示：器械区器材只让学生在教师指导下进行练习及训练，禁止在没有老师在场指导时进入使用”等字样的警示标志。在被告景泰小学发放的《广州市白云区景泰小学学生管理制度》手册中也注明“学校的一切体育器材，须在老师的指导下按要求使用，不得私自

进行活动，更不能进行任何危险的游戏”等字样。同时，被告景泰小学表示，为防止学生进入上述体育器械区域，平时专门由一名值班老师对整个操场（约4000平方米）进行巡查，但在事发时，对原告等人进入上述体育器械区的情况，巡查老师并没有发现。

诉辩情况

原告徐俊彬诉称：2004年3月11日下午3时许，原告在所就读的被告广州市白云区景泰小学正在进行课间活动，当时原告与同学李志康及被告陈伟明来到学校操场边上的双杠设施区域玩耍，在学校方面没有任何监督和防护措施的情况下，他们做双杠引体向上的运动游戏；其间，由于站在地上的被告陈伟明用手拉原告的身体，使原告的身体失去平衡，在腰部重重地碰击双杠后掉在地上受伤；后经法医鉴定为重伤事故，伤后致残为八级。由于导致本次事故是被告陈伟明拉人动作所致，而被告广州市白云区景泰小学作为未成年学生的教育管理和保护责任人，疏于管理，没有尽到义务，在事发后也没有及时采取救助措施，因此，原告变更诉讼请求，要求四被告共同赔偿原告医疗费24419.2元、护理误工费2000元、伤残补助费（残疾赔偿金）74282.4元、法医鉴定费430元、住院伙食补助费300元、交通费300元、精神损失费10000元，共111731.6元。

被告陈伟明、陈锦华、何新连辩称：原告所述不属实，原告不是陈伟明站在地上从双杠上拉下来的，故不同意原告的诉讼请求。事发前，陈伟明见同学李志康与原告跑去双杠处玩耍，便跟着去，后见原告爬上双杠并站在双杠上的一头，陈伟明便也爬上双杠的另一头准备玩双杠平衡，谁知原告突然从双杠的一头走过来将陈伟明推下双杠致使陈伟明擦伤了右脚膝部，陈伟明跌倒后正在看自己的伤处，并不知道原告是如何受伤的。因此，原告的受伤完全是其自己调皮所致，应由其自己负责。另外，陈伟明和原告均为小学生，缺乏自控能力，而事发时正值课间活动时间（下午3时左右），被告广州市白云区景泰小学负责在双杠区值班的老师却没有在场，未能及时制止陈伟明和原告自行去玩双杠这一具有一定危险性的行为，且正是被告广州市白云区景泰小学的疏于管理，没有尽到其保护和教育学生的责任，才造成原告受伤的意外发生，故被告广州市白云区景泰小学应对原告的受伤负有一定的责任。

被告广州市白云区景泰小学辩称：被告一直均有履行对学生进行教育、管理、保护的义务，具体表现为：每次新学期开学典礼及校会都专题进行安全教育；专门制定有关安全管理制度，学生人手一册，要求家长必读；对学校体育器械活动区场地铺有安全地垫并设有禁止性警示牌（涉案的双杠，其设立亦符合国家标准）等，从上述的管理措施表明，被告的安全制度是健全的，已经预防和消除了教育教学环境中的安全隐患。此外，原告所述的情况也与事实不符，事发时（2004 年 3 月 11 日 15 时 10 分许），正值课间休息，原告与其同学李志康及被告陈伟明三人违反学校安全管理规定，私自进入已经设立安全警示牌的体育器械区，原告更提出站在双杠上进行非常危险的竞赛游戏（就是由两人站在双杠的杠面上互相摇动，谁先摔下来谁就输）；先是原告与李志康站在双杠上推拉，李志康摔下双杠后，被告陈伟明又爬上双杠与原告互相推拉；结果，被告陈伟明在被原告推下即将落地时顺手拉了一下原告的左手，就这样两人均从双杠上落下，但原告的腹部撞在双杠管上受伤。之后，被告陈伟明与李志康将原告扶入教室，上课后原告于 15 时 45 分告知被告（班主任谭老师）此事；谭老师对其伤情高度重视，为其作简单处理后即于 15 时 48 分通过电话及时告知原告父母，要求其带原告去医院检查治疗；15 分钟后，原告的父母将其接走并表示带原告去医院检查治疗。其后，谭老师曾多次打电话与原告父母联系、了解原告的伤势，当时原告的父亲表示已带原告去看跌打医生，原告只是皮外伤；当晚 20 时 30 分左右，得知原告住院后，被告即赶到医院看望原告，还给原告 1000 元慰问金。被告认为，原告与被告陈伟明虽然是限制民事行为能力人，但其均具有一定的认知能力，应当知道站在双杠杠面上玩互相摇动、推拉游戏的危险性；同时，两人违反学校规定在没有教师在场指导下进入体育器械区玩耍也是具有过错的；而被告发现原告受伤后已及时采取了必要措施，对学生尽到了教育、管理、保护的义务，不存在延误原告的救治，因此，被告对于原告的受伤完全没有过错，不应承担责任，要求驳回原告的诉讼请求。

裁判结果

广东省广州市白云区人民法院依照《中华人民共和国民法通则》第 12 条第 1 款、第 106 条第 2 款、第 119 条、第 131 条、第 133 条，《中华人民共和国未成年人保护法》第 13 条第 1 款、第 16 条第 1 款、第 17 条，参照最高人民法院《关于贯彻执行〈中华人民共和国民法通则〉若干问题的意见（试行）》第 160 条，最高人民法院《关于审理人身损害赔偿案件适用法律若干问题的解释》第 7 条第 1 款、第 18 条、第 19 条、第 21 条、第 22 条、第 23 条、第 25 条，《学生伤害事故处理办法》第 2 条、第 5 条、第 7 条、第 9 条第 1 款第 1 项、第 2 项、第 26 条，依照《中华人民共和国民事诉讼法》第 13 条、第 64 条第 1 款、第 232 条之规定，判决如下：

一、陈锦华、何新连在本判决生效之日起 10 日内共同赔偿徐俊彬医疗费、护理误工费、残疾赔偿金、法医鉴定费、住院伙食补助费、交通费及精神损害抚慰金共 54782.51 元；

二、广州市白云区景泰小学在本判决生效之日起 10 日内赔偿徐俊彬医疗费、护理误工费、残疾赔偿金、法医鉴定费、住院伙食补助费、交通费共 5016.58 元；

三、驳回徐俊彬的其他诉讼请求。

本案受理费 3745 元，由陈锦华、何新连共同负担 2153 元，广州市白云区景泰小学负担 151 元，徐俊彬负担 1441 元。徐俊彬已预交的受理费本院不予退回，由陈锦华、何新连及广州市白云区景泰小学于上述判决履行期限内分别给付徐俊彬 2153 元及 151 元。

裁判理由

广州市白云区人民法院经审理认为：原告和被告陈伟明在事发时已经年满 11 周岁，即初步具备对自己所做行为及后果一定的认知和感受能力。而从未成年人的生理特性、动作合理性、本次“竞赛游戏”的游戏目的及实际情形分析，被告陈伟明并没有故意伤害原告的主观心态，因此，对原告的受伤，其自身的过错与被告陈伟明基本相当，各自承担的民事责任也应相当。另外，被告景泰小学在学校管理上，特别是巡视、监督学生课间活动的管理上是存在一定疏漏的，其对进入体育器械区域的有关限制警示措施的设置也是不足的，而该部分疏漏及不足与原告的受伤也具有一定关系。

123. 学生体育课自由活动时玩耍受伤，学校是否应承担全部赔偿责任？

学生在体育老师宣布自由活动后，相互摔跤玩耍，对可能发生的后果双方均没有预见和避免，致当事人一方受到伤害，对此侵权人应承担主要责任，受害人承担次要责任。此外，学校疏忽对学生管理，课堂秩序存在无序状态，对学生的摔跤行为没有及时发现和制止，致使该事故的发生，对由此造成的损失，应承担相应的赔偿责任。

典型疑难案件参考

赵德煜诉田吾士、辽阳市第二十中学人身损害赔偿纠纷案

基本案情

原告赵德煜与被告田吾士均系被告辽阳市第二十中学学生，2004 年 12 月 20 日下午在学校上体育课时，因该节体育课老师宣布自由活动，原告赵德煜与被告田吾士在相互玩耍中，原告赵德煜左脚受伤。当日，原告赵德煜被送往辽化医院就诊，经诊断为左内踝骨垢分离，住院治疗 2 日。2004 年 12 月 22 日，转入医大二院继续住院治疗，该院诊断为左胫腓骨垢分离，并于当日对原告实施手术，在该院住院治疗 14 天。原告赵德煜在辽化医院和医大二院的住院期间一级护理 5 日、二级护理 11 日，所支出的医疗费共计 14602.35 元。另查，原告赵德煜经辽宁省辽阳市中级人民法院技术处鉴定：伤残程度为九级。

一审诉辩情况

原告赵德煜诉称：2004 年 12 月 20 日 14 时，原告在学校上体育课期间，老师安排自由活动。原告在操场上与同学们正在做活动，被告田吾士要求与原告摔跤、比比谁的劲大。原告说："你劲大，我不和你摔。"原告一边说一边转身准备离开，被告田吾士从原告身后跑来将原告摔倒。原告的左脚立刻歪向外侧，与正常站立时的状态成 90 度角却不能恢复到正常状态，原告的脚面和小腿立即出现严重水肿。同学们在原告的两侧把原告架到领操台上。这时有两名同学分头去找老师，过了十几分后原告的体育老师李学军到场，别的同学找来班主任步海燕老师，他们见状后叫来出租车，步海燕老师和另一名同学家长把原告送到了辽化职工医院（以下简称辽化医院）。原告在辽化医院入院时被初步诊断为左内踝骨垢分离，观察治疗 2 日。2004 年 12 月 22 日，辽化医院认为原告的伤势较重，受医疗设备限制，对原告进行手术难度很大，所以将原告转院到中国医科大学附属第二院（以下简称医大二院）继续治疗。医大二院对原告确诊为左胫腓骨下端骨垢分离，并于当日对原告实施手术。原告在医大二院住院到 2005 年 1 月 4 日。出院后医生建议原告休息两个月，直到 2005 年 3 月 1 日学校开学，原告怕耽误课程，拄着拐由父母护送上学。原告在住院期间一级护理 5 日、二级护理 11 日，出院后遵照医嘱在家养病 55 日。根据《中华人民共和国民法通则》和最高人民法院《关于审理人身损害赔偿案件适用法律若干问题的解释》等有关法律法规的规定，被告田吾士、辽阳市第二十中学对原告的人身损害负有全部的过错责任，因此对原告的损失应当承担全部的赔偿责任。

被告田吾士辩称：（1）被告并无过错，原告应自行承担损失。当时是被告不愿和原告摔跤，原告不由分说伸手就摔，被告还没反应过来，就被原告摔倒，原告不小心滑倒在地才受伤。（2）原告各项损失要求过高，超出法律规定范围。医疗费过高，没有提供相关的诊断；护理费要求过高，应有有效证据证明；原告之伤不需辅助用具；原告伤害不构成伤残；交通费要求过高，应有合理的费用票据加以说明。（3）学校应承担一定的责任。原告受伤是在上课期间，体育课自由活动也应有老师看护，学校的体育老师未尽其职责，应承担一部分责任。另外，原告的诉讼请求里面说的二次手术费10000元和伤残补助费，被告在诉讼期间没有收到关于这两项费用的相关材料，所以被告认为法庭不应该支持这两项费用。

被告辽阳市第二十中学辩称：

第一，被告在本案中已履行了教育、管理等相关义务，无任何过错，不应承担民事责任。（1）事发当天即2004年12月20日由于下雪，间操无法进行，被告政教主任景桐利用间操期间通过广播方式向全校学生进行了雪后安全教育，提出了明确的纪律要求，要求学生严禁打雪仗、注意安全；室外活动及体育课上严禁学生打闹，以防止雪天地滑发生意外事件。（2）事发之前的体育课上，当班体育老师李学军在组织教学前也对学生明确提出了纪律要求，进行了安全教育，以防止出现意外。（3）原告赵德煜与被告田吾士摔跤是在正常体育教学活动结束后发生的，并不是教师安排的体育活动，已违反了学校对学生的安全纪律要求。（4）事发当时，体育教师李学军正在操场上和另一名体育教师张波研究教学，李学军老师发现时赵德煜已被摔倒没有站起来，李学军老师便立刻上前查看伤情，通知其家长和班主任老师。由于李学军老师还要继续给其他班级上课，便由其班主任将其送往医院。学校已尽到了救助责任。综上四点理由，被告已对学生进行了必要的安全教育，提出了明确的纪律要求。原告赵德煜的人身损害后果是由于违反学校纪律造成的，况且事发后学校及时采取了救助措施。学校不应承担任何责任。

第二，原告要求学校与田吾士承担连带赔偿责任没有法律依据。根据最高人民法院《关于审理人身损害赔偿案件适用法律若干问题的解释》第7条及教育部《学生伤害事故处理办法》的规定，即使确认被告有过错，也只能承担相应的补充赔偿责任，而不是承担连带责任。

第三，2004年6月30日，被告已统一为自愿参加保险的学生办理了三个险种的平安保险，保险期限为一年，保险金额达70 000元。原告完全可以通过正常的理赔方式获得相应赔偿，而不应将学校作为被告提出诉讼。

综上所述，原告针对被告的诉讼无理，请求法院依法驳回原告针对被告的诉讼请求，以维护被告的正常教学秩序，保护被告的合法权益。另外，对于原告当庭进行更改诉讼请求，由于原告增加诉讼请求应该在原告举证期限届满前提出，所以应不予支持。

一审裁判结果

辽宁省辽阳市宏伟区人民法院依照《中华人民共和国民法通则》第 98 条、第 106 条、第 119 条、第 111 条、第 133 条、第 134 条第 1 款第 7 项，最高人民法院《关于审理人身损害赔偿案件适用法律若干问题的解释》第 7 条、第 19 条、第 20 条、第 21 条、第 22 条、第 23 条、第 24 条、第 25 条之规定，作出如下判决：

一、被告田吾士的监护人田英柱赔偿原告赵德煜经济损失 21021. 17 元；被告辽阳市第二十中学赔偿原告赵德煜经济损失 16816. 94 元；原告赵德煜的监护人沈艳萍自行承担经济损失 4204. 24 元。此款均于本判决书生效后 15 日内一次性给付；

二、案件受理费 2238 元，其他诉讼费 380 元，伤残评定费 400 元（均由原告监护人预交），由被告田吾士的监护人田英柱负担 1230 元；被告辽阳市第二十中学负担 985 元；原告赵德煜的监护人沈艳萍负担 803 元。

一审裁判理由

辽宁省辽阳市宏伟区人民法院经审理认为：公民的人身权利受法律保护。原告赵德煜与被告田吾士在体育课老师宣布自由活动后，双方在相互摔跤玩耍时，对危险行为的后果应该预见并避免，而双方未予避免使原告赵德煜受到损害，被告田吾士应负有主要责任，其监护人应对原告赵德煜所受经济损失承担 50% 的赔偿责任。原告赵德煜对此事故也应负有一定的责任，其监护人应承担 10% 的赔偿责任。被告辽阳市第二十中学对本校学生管理疏忽，课堂秩序存在无序状态，致使原告赵德煜的损害结果发生，故该校应承担与其过错相应的赔偿责任，对原告赵德煜所受经济损失承担 40% 的赔偿责任。原告提出的住院伙食补助费 240 元，应予支持；原告提出的伤残赔偿金，是依据 2004 年城镇居民人均消费性支出 6778 元计算，但该事故发生的时间为 2004 年，故应按照上一年度城镇居民人均可支配收入的标准予以考虑，2003 年城镇居民人均可支配收入为 6525 元；原告提出的护理人员的误工损失费 2400 元，因其实际住院天数是 16 天，护理人员的误工损失费应按实际住院天数予以考虑；原告提出的交通费 1000 元，应当与就医的地点、时间、人数、次数相符合，故法院适当予以考虑；原告提出的辅助用具费用 110 元无收据，故不予支持；原告提出的二次手术费 10000 元，因未实际发生，故不予以支持。

二审诉辩情况

上诉人（原审被告）田吾士诉称：

（1）上诉人与赵德煜是在互相玩耍中致其受伤，原审判决上诉人负主要责任（50%），而赵德煜只负 10% 的责任，显失公平；（2）赵德煜已参加了学校统一为学生办理的三个险种的平安保险，其在学校受到伤害应向保险公司索赔；（3）赵德煜伤残评定标准依据《职工工伤与职业病致残程度鉴定》标准进行的，不符合有关规定；（4）此事故的发生，学校有无法推卸的责任；（5）原审认定赵德煜的医疗费、护理费、交通费有不实之处。

上诉人（原审被告）辽阳市第二十中学诉称：

（1）事发当天学校对全校学生进行了雪后安全教育，当班的体育老师在安排学生自由活动前也对学生明确提出了纪律要求，防止出现意外。赵德煜与田吾士违反学校安全纪律，对赵德煜损害后果，其本人及田吾士应承担全部责任，学校不应承担任何责任；（2）赵德煜伤残鉴定适用《职工工伤与职业病致残程度鉴定》标准，不符合本案实际，造成鉴定标准与赔偿标准不统一；（3）学校已为赵德煜办理三个险种的平安保险，由于赵德煜拒绝按保险公司指定的医疗机构进行伤残评定，无法进行正常的理赔。

被上诉人（原审原告）赵德煜辩称：

原审认定事实清楚，证据确实充分，但关于责任划分存在偏颇，学校负有完全的过错，承担全部的赔偿责任，田吾士没有过错，应承担补充赔偿责任。

二审裁判结果

辽宁省辽阳市中级人民法院依照《中华人民共和国民事诉讼法》第 153 条第 1 款第 1 项的规定，作出如下判决：

驳回上诉，维持原判。

二审案件受理费 4476 元、其他费用 760 元，合计 5236 元，上诉人田吾士与上诉人辽阳市第二十中学各承担 2618 元。

二审裁判理由

辽宁省辽阳市中级人民法院经审理，确认了一审法院认定的事实和证据。

辽宁省辽阳市中级人民法院经审理认为：上诉人田吾士与被上诉人赵德煜在体育老师宣布自由活动后，相互摔跤玩耍，对可能发生的后果双方均没有预见和避免，致使被上诉人赵德煜受到伤害，对此上诉人田吾士应承担主要责任，被上诉人赵德煜应承担次要责任。上诉人辽阳市第二十中学疏忽对学生管理，课堂秩序存在无序状态，对上诉人田吾士与被上诉人赵德煜的摔跤行为没有及时发现和制止，致该事故的发生，对由此造成的损失，应承担相应的赔偿责任。关于上诉人田吾士与上诉人辽阳市第二十中学提出的上诉请求，因无证据予以证明，故法院不予支持。原审认定事实清楚，证据充分。

124. 学校组织学生外出活动时，老师私自携带危险物品导致学生受害的，学校是否承担损害赔偿责任？

学校组织学生活动时，未能尽到严格的管理责任，在学校老师私自携带危险物品时未能予以制止反而在外出活动途中使用该危险物品，导致未成年学生遭受损害，学校对事故的发生具有一定的过错，应承担相应的责任。

典型疑难案件参考

吴瑞宗诉安溪县龙涓中学等人身损害赔偿纠纷案

基本案情

1990年10月31日，被告安溪县龙涓中学组织全校学生秋游攀登安溪县龙涓乡的赤角旗山。作为学校老师的被告陈文德、陈志远为打猎而私带一支猎枪上山。中午12时在山上吃午餐休息时，作为学生的被告李恒彬持该猎枪玩耍，导致该枪不慎走火发射出枪弹，打中作为学生的原告吴瑞宗。原告受伤后于1990年11月12日经第一七五医院检查结果为左手软组织金属弹残留10多粒。因伤情发作，原告于2004年8月18日至9月19日在上海市第八人民医院住院治疗，经检查原告的左手部和双下肢被发现约有140多粒金属物枪弹残留，在住院期间共进行了5次手术，取出左手掌残留的枪弹37粒，共花费医疗费12841.52元。出院后医生建议原告休息3个月，待因手术导致白细胞减少和神经系统损伤恢复正常后再取异物。为此，原告于2005年1月12日向安溪县人民法院提起诉讼，请求判令四被告共同赔偿原告医疗费12841.52元、误工费7524元、护理费1824元、住院伙食补助费480元、交通费1360元、营养费5000元、精神损害抚慰金20000元，合计人民币49032.56元。对此，被告安溪县龙涓中学辩称被告陈文德、陈志远的带枪行为属个人行为，与职务无关，应自行与被告李恒彬承担赔偿责任，且原告提起诉讼的诉讼时效从受伤之日起算已超过；被告李恒彬辩称猎枪射伤原告，不是故意也无过失，无须承担赔偿责任；被告陈文德、陈志远辩称是学校借枪让教师携带的，这是履行职务行为，不是个人行为，个人不必承担赔偿责任，且原告被枪弹击伤至起诉时已超过1年的诉讼时效期间。

一审裁判结果

安溪县人民法院于2005年4月6日作出判决：

一、原告吴瑞宗因伤需要赔偿的医疗费12841.52元、误工费5430.99元、护理费640元、住院伙食补助费480元、营养费3000元、精神损害抚慰金10000元，合计人民币32392.51元。其中，被告陈志远、陈文德承担50%的赔偿责任为人民币16196.26元；被告安溪县龙涓中学承担30%的赔偿责任为人民币9717.75元；被告李恒彬承担20%的赔偿责任为6478.5元。上述款项限于判决生效后10日内支付；

二、驳回原告吴瑞宗的其他诉讼请求。

四被告均不服该判决，向福建省泉州市中级人民法院提起上诉。

一审裁判理由

福建省安溪县人民法院审理认为：被告陈志远、陈文德在被告安溪县龙涓中学组织学生秋游活动过程中，擅自携带枪支，并因管理不善和疏忽大意，造成被告李恒彬持枪玩耍走火射伤原告吴瑞宗，对此被告陈志远、陈文德存在主要的过错责任，应共同承担主要的赔偿责任。被告李恒彬属限制民事行为人，对玩耍枪支可能产生致人损害的后果，有一定的识别和预见能力，同时被告李恒彬对持枪玩耍走火造成原告受伤，负有相应的过错。鉴于被告李恒彬现已为成年人，能独立承担民事责任，依法应自行对给原告造成的伤害承担相应的赔偿责任。被告安溪县龙涓中学组织学生进行秋游活动时，对二被告陈志远、陈文德未尽教育、管理的义务，使被告陈志远、陈文德私自携带猎枪；此外，对学生未尽管理、教育的义务，使被告李恒彬擅自持枪玩耍。因此，被告安溪县龙涓中学对给原告造成的损害也存在过错，依法也应承担与其过错相适应的赔偿责任。被告李恒彬辩称应驳回原告对其的诉讼请求的理由不能成立，不予支持。被告安溪县龙涓中学辩称学校没有存在过错不必承担法律责任的理由也不能成立，不予支持。被告安溪县龙涓中学、陈志远、陈文德辩称本案诉讼时效超过的意见，因原告被侵害时并不知道自己身体上的枪弹确需要手术取出，原告只能在手术取弹时才能知道自己的权利被侵害，故从手术取弹时起算诉讼时效并没有超过，因此对被告的辩称意见理由不能成立，也不予支持。

二审裁判结果

泉州市中级人民法院根据《中华人民共和国民事诉讼法》第153条第1款第1项于2005年7月13日作出如下判决：

驳回上诉人陈志远、陈文德、安溪县龙涓中学的上诉，维持原判。

二审裁判理由

泉州市中级人民法院审理查明的事实与一审相同外，另根据当事人陈述、举证及诉辩意见，对案件事实补充确认如下：被上诉人吴瑞宗被枪击中后，由学校指派老师带其到医院及民间治疗，治疗费用由安溪县龙涓中学提供，当时医生认为已治愈。

泉州市中级人民法院审理认为：上诉人龙涓中学组织学生秋游时，未能尽到严格的管理责任，在上诉人陈志远、陈文德携带猎枪时未能予以制止反而在秋游途中将枪作为旗杆使用，导致未成年的李恒彬玩枪击伤被上诉人吴瑞宗，故上诉人龙涓中学对事故的发生具有一定的过错，应承担相应的责任。上诉人陈志远、陈文德作为学校老师，在秋游时擅自携带猎枪，且疏于管理和控制，对事故发生具有主要过错，应承担主要责任。事发时，上诉人李恒彬作为一定识别能力的限制民事行为能力人，虽然猎枪当作学校秋游的旗杆，但也应预见玩枪所具有的危险性，故上诉人李恒彬对事故的发生具有一定的过错，也应承担相应的责任。原审根据各上诉人对事故发生的过错程度，依法确定各上诉人承担的赔偿比例是妥当的。因各上诉人并无共同的过错或过失，故上诉人龙涓中学主张应承担连带责任依据不足，不予采纳。上诉人李恒彬虽提起上诉，但在法定期限未预交二审案件受理费，应按其自动撤回上诉处理。原审认定事实清楚，适用法律正确，上诉人陈志远、陈文德、龙涓中学的上诉主张都缺乏事实和法律依据，均不予采纳。原判正确，应予维持。

125. 教师因言语不当致学生患精神分裂症，学校应否担责？

学生在校期间，人格尊严应当受到教师的尊重和保护。教师以学生生理缺陷称呼学生，导致学生发生精神疾病，应根据教师言行对学生发生精神疾病原因力的大小、教师的过错程度确定学校应承担的损害赔偿责任和精神抚慰金数额。

典型疑难案件参考

董某诉张浩洋、泗阳县来安初级中学人身损害赔偿纠纷案

基本案情

原告系泗阳县来安初级中学学生，腿脚有残疾，行走不便。被告系泗阳县来安初级中学年级主任。2008 年 5 月 9 日下午，泗阳中学送喜报到来安初级中学，学校要求全体同学下楼迎接，在同学下楼集合过程中，张浩洋大声对楼上同学喊“小瘸腿都下来了，你们还不快点”。当时张浩洋意识到语言不当，向原告表示道歉。5 月 10 日，班主任发现原告行为有点反常，就通知原告家长。5 月 11 日，原告家长把原告接回家，原告出现多疑、乱语等症状。2008 年 5 月 14 日，原告被送至淮安市第三人民医院，入院诊断为分裂性精神病。于 2008 年 8 月 19 日出院，出院诊断为：(1) 精神分裂症（混合型）；(2) 急性胃肠炎；(3) 普通感冒。原告共支付医疗费 20123.47 元。出院医嘱坚持长期服药、定期复诊、注意营养等。

根据原告申请，泗阳县人民法院依法委托无锡市精神卫生中心司法鉴定所就被告张浩洋的言语对原告疾病的发生原因力大小进行评定。

2009 年 2 月 26 日，无锡市精神卫生中心司法鉴定所作出锡精卫司〔2008〕法鉴字第 1155 号精神疾病鉴定书，鉴定意见为：(1) 如果既往精神分裂症的诊断明确成立，目前则考虑为精神分裂症缓解期，难以确定两者原因力大小。(2) 如果既往精神分裂症诊断不成立，被鉴定人的表现较符合适应障碍，起病与精神刺激因素有一定关系，属于轻中度精神刺激因素，通常预后良好。原告支付鉴定费 1737 元、住宿费 120 元、餐饮费 223 元、交通费 808 元。被告张浩洋已经支付给原告 8000 元。

一审诉辩情况

原告董某诉称：原告在校期间，因张浩洋老师言语不当，引发精神分裂症。原告请求依法判令被告赔偿原告医疗费 19613.47 元、护理费 7200 元、交通费 990 元、住院伙食补助费 802 元、营养费 1000 元、后续治疗费 24000 元、住宿费 120 元、餐饮费 223 元、精神抚慰金 40000 元及残疾赔偿金。

被告张浩洋辩称：其未使用侮辱性语言，原告无证据证明其精神病与其行为有因果关系。其是履行职务行为，请求驳回原告诉讼请求。

被告泗阳县来安初级中学辩称：校方没有对原告使用歧视性语言，学校没有侵权。原告自身心理承受能力较低；监护人监护不力，对造成原告的损害后果具有过错。请求驳回原告诉讼请求。

一审裁判结果

泗阳县人民法院根据《中华人民共和国民法通则》第 119 条，《学生伤害事故处理办法》第 8 条，最高人民法院《关于审理人身损害赔偿案件适用法律若干问题的解释》第 7 条、第 18 条、第 19 条和《中华人民共和国民事诉讼法》第 128 条之规定，判决如下：

一、被告泗阳县来安初级中学于判决生效后 10 日内赔偿原告董某医疗费、鉴定费、住宿费、交通费、护理费、住院伙食补助费、营养费共计 16417.98 元和精神抚慰金 8000 元（其中包含已付的 8000 元）；

二、驳回原告董某的其他诉讼请求。

一审裁判理由

泗阳县人民法院经审理认为：学校对学生负有教育、管理与保护的义务，如果未成年学生因为学校的教育管理行为有过错遭受伤害，应当根据行为过错程度以及过错与损害后果之间的因果关系由学校承担相应的赔偿责任。被告张浩洋作为被告泗阳县来安初级中学的教师，其在履行教育管理职责过程中，因言语不当，造成原告受到伤害，依法应由被告泗阳县来安初级中学承担赔偿责任。本案原告诊断为精神分裂症，虽然根据现有的学术资料分析，精神分裂症是一组病因未明的精神病，目前无充分的资料证实社会因素与精神分裂症之间存在直接的因果关系，难以确定两者原因力大小，但因为存在被告张浩洋在原告发病前对其言语不当的事实，客观上会给原告造成一定程度的精神刺激。根据张浩洋语言不当的程度及情节等，对于原告本次损害后果，酌定学校承担 60% 的责任较为适宜。原告主张精神抚慰金酌情支持。原告主张餐饮费无法律依据，主张后续治疗费、残疾赔偿金无事实依据，均不予支持。被告张浩洋自愿将已付原告 8000 元作为泗阳县来安初级中学的赔偿款，不违反有关法律规定，照准。

二审诉辩情况

宣判后，泗阳县来安初级中学不服一审判决，向宿迁市中级人民法院提起上诉称：（1）被上诉人张浩洋的不当言语不是损害发生的主要原因和直接原因，与被上诉人董某的精神疾病之间不存在因果关系，上诉人不应承担赔偿责任；（2）被上诉人董某没有留下残疾，且张浩洋的行为属于过失，而不是故意，一审判决上诉人赔偿精神损害抚慰金 8000 元过高；（3）鉴定费及因鉴定支付的住宿、交通费用不应由上诉人承担。

被上诉人董某答辩称：原审判决正确，请求维持原判。

被上诉人张浩洋答辩称：一审驳回董某对张浩洋的诉讼请求正确。

二审裁判结果

宿迁市中级人民法院依照《中华人民共和国民事诉讼法》第 153 条第 1 款第 1 项之规定判决：驳回上诉，维持原判。

二审裁判理由

宿迁市中级人民法院审理认为：公民的生命健康权受法律保护。上诉人的员工在履行教育管理义务过程中，因言语不当，对被上诉人董某造成精神伤害，并导致被上诉人董某发生精神疾病，上诉人应当承担赔偿责任。上诉人主张张浩洋的行为不是董某发生精神疾病的主要原因和直接原因，从鉴定结论看，该鉴定虽然难以确定社会因素与精神分裂症之间的原因力大小，但上诉人并未举证证明被上诉人董某在张浩洋作出不当言语之前已经存在精神疾病，且张浩洋作出的不当言语与被上诉人董某发生精神疾病之间时间较短，应当认定张浩洋的不当言语是被上诉人董某发生精神疾病的直接因素，上诉人应当承担赔偿责任。在赔偿比例的确定方面，一审在综合考虑被上诉人董某自身身体素质也是疾病的原因之一的情况下，酌情确定由上诉人承担 60% 赔偿责任并无不当。

被上诉人董某作为中学生，身体存在一定生理缺陷，理应得到上诉人充分的尊重和更好的关爱，上诉人的员工作为教师，没有对学生给予应有的尊重和关爱，而是利用学生的生理缺陷作出不当言语，上诉人员工的不当行为对被上诉人董某造成的心理伤害严重，并导致发生精神疾病，一审判决上诉人赔偿 8000 元精神损害抚慰金较为合理。虽然被上诉人董某在本案中对于是否构成残疾没有进行评定，但并不影响上诉人在本案中所应承担的精神损害抚慰金。由于上诉人员工的不当行为造成被上诉人董某发生精神疾病，上诉人应当赔偿鉴定费及由此发生的住宿费和交通费。

综上所述，一审认定事实清楚，适用法律正确，确定的赔偿比例适当，应当予以维持。

教育机构责任纠纷办案依据集成

1.《中华人民共和国侵权责任法》（2009年12月26日主席令第21号公布）（节录）

第三十八条 无民事行为能力人在幼儿园、学校或者其他教育机构学习、生活期间受到人身损害的，幼儿园、学校或者其他教育机构应当承担责任，但能够证明尽到教育、管理职责的，不承担责任。

第三十九条 限制民事行为能力人在学校或者其他教育机构学习、生活期间受到人身损害，学校或者其他教育机构未尽到教育、管理职责的，应当承担责任。

第四十条 无民事行为能力人或者限制民事行为能力人在幼儿园、学校或者其他教育机构学习、生活期间，受到幼儿园、学校或者其他教育机构以外的人员人身损害的，由侵权人承担侵权责任；幼儿园、学校或者其他教育机构未尽到管理职责的，承担相应的补充责任。

2. 最高人民法院《关于审理人身损害赔偿案件适用法律若干问题的解释》（2003年12月26日　法释〔2003〕20号）（节录）

第七条 对未成年人依法负有教育、管理、保护义务的学校、幼儿园或者其他教育机构，未尽职责范围内的相关义务致使未成年人遭受人身损害，或者未成年人致他人人身损害的，应当承担与其过错相应的赔偿责任。

第三人侵权致未成年人遭受人身损害的，应当承担赔偿责任。学校、幼儿园等教育机构有过错的，应当承担相应的补充赔偿责任。

八、产品责任纠纷

126. 产品安装存在缺陷，是否属于产品缺陷？责任如何分担？

生产者负有免费安装的义务，也就负有保证产品使用安全的注意义务，如果产品在安装上存在缺陷，也属于缺陷产品的范畴。产品的销售者如负有检查验收义务，但其没有履行检查验收义务致使存在安装缺陷的产品投入使用后造成他人损害，产品的生产者和销售者对损害发生的结果均有过错，应各自承担相应的赔偿责任。

典型疑难案件参考

李少君、李梦茹、邱学兰、张绪全诉汪洪、马鞍山市港华燃气有限公司、江苏光芒热水器有限公司人身损害赔偿纠纷案

基本案情

自2007年5月20日开始，受害人邱海燕租用被告汪洪在大北庄20栋405室住房1套，为此双方签订了《房屋租赁协议》一份。该协议还同时约定由汪洪提供1台燃气热水器给邱海燕使用。2008年2月9日凌晨，邱海燕与朋友在上述出租房内洗澡因一氧化碳中毒，被送往市人民医院抢救无效死亡。汪洪提供给邱海燕的光芒牌3D15－F燃气热水器安装不规范，没有烟道。李少君系邱海燕丈夫，李梦茹系邱海燕女儿，张绪全、邱学兰系邱海燕父母。除邱海燕外，张绪全、邱学兰还有一子一女。李少君、李梦茹、张绪全、邱学兰为处理邱海燕丧事事宜支出交通费2900元。

一审诉辩情况

原告李少君、李梦茹、邱学兰、张绪全诉称：2007年5月20日开始，受害人邱海燕租用被告汪洪在大北庄20栋405室住房一套，双方签订了一份《房屋租赁协议》，协议约定由被告汪洪提供一台热水器给邱海燕使用。2008年2月9日凌晨邱海燕与朋友在出租房内洗澡因煤气中毒，后被送往市人民医院抢救无效死亡。因被告汪洪提供的热水器是“光芒”牌煤气热水器，这台热水器是在被告港华公司购买并由其进行安装和供气。两被告在本案中有不可推

卸的责任，故要求两被告对邱海燕的死亡结果承担连带赔偿责任。审理期间，四原告请求判令被告赔偿死亡赔偿金 229480 元、丧葬费 11090 元、被扶养人生活费 55080 元、交通费 2900 元、精神损害抚慰金 60000 元，合计 357178 元，并由被告承担本案诉讼费。

被告汪洪辩称：（1）邱海燕与被告房屋租赁关系是通过中介机构介绍的，是双方自愿。（2）邱海燕于 2007 年 5 月 20 日住进大北庄 20 栋 405 室，2008 年 2 月 9 日死亡。但死亡现场是否经过勘察，被告未接到通知，也未到场。邱海燕死亡原因如确系使用热水器中毒死亡，其责任的承担应为：

第一，系邱海燕使用热水器不当，导致死亡，应由死者承担相应责任。死者死亡时间是在洗澡之后，说明当时有毒的气体还没有达到一定的浓度，死者洗澡后应该将窗户打开而未打开，应自负相应的责任。

第二，因热水器安装不规范引起邱海燕中毒死亡，应由安装者承担赔偿责任。2004 年大北庄管道液化气改为天然气时，按要求统一在港华公司购买热水器。被告家的热水器就有专供港华的字样。虽然当时是谁安装的不清楚，但被告光芒公司将热水器卖给港华公司，港华公司就有安装的义务，所以安装的责任和义务应该在港华公司、光芒公司。港华公司、光芒公司应承担本案的连带赔偿责任。

第三，邱海燕的死亡原因存在多种可能性，根据尸检报告只能证明死者死亡的时间，而不能排除他杀和自杀，如果有自杀和他杀的可能，被告应不承担责任。综上所述，请求法院驳回四原告对被告的诉讼请求。

被告港华公司辩称：首先对受害人的出事表示遗憾，但原告称热水器是在该公司处购买和安装不属实，请求法院驳回原告对该公司的诉讼请求。

被告光芒公司辩称：根据民事诉讼法的规定，本案追加光芒公司为被告是不符合法律规定的，被告汪洪要求追加光芒公司的理由也不成立。从法律关系看，原告和被告汪洪是房屋租赁关系，原告与港华公司的关系可能是售后服务关系，但光芒公司与原告之间无合同关系。根据一案一由的规定，追加光芒公司为被告是没有依据的。从实体上来说，被告汪洪没有提供证据证明销售的凭据。从安装上来讲，光芒公司并没有对汪洪的热水器进行安装，如汪洪认为安装了要提供证据。本案原告没有要求把光芒公司作为被告，所以要求法院依法驳回原告对光芒公司的诉讼请求。

一审裁判结果

安徽省马鞍山市花山区人民法院依照《中华人民共和国民事诉讼法》第 128 条、《中华人民共和国民法通则》第 106 条第 2 款、第 119 条、最高人民法院《关于审理人身损害赔偿案件适用法律若干问题的解释》第17条第1款、最高人民法院《关于确定民事侵权精神损害赔偿责任若干问题的解释》第8条第2款、第10条之规定，判决如下：

一、被告汪洪于本判决生效之日起10日内赔偿原告李少君、李梦茹、邱学兰、张绪全死亡赔偿金229480元、丧葬费11090元、被扶养人生活费55080元、交通费2900元，精神损害抚慰金50000元，合计348550元的80%即278840元；

二、驳回原告李少君、李梦茹、邱学兰、张绪全的其他诉讼请求。

一审裁判理由

安徽省马鞍山市花山区人民法院一审认为：公民、法人由于过错侵害他人财产、人身的，应当承担民事责任。房东应对其提供的房屋设施安全负责，若存在安全隐患应该承担赔偿责任。被告汪洪在提供出租房屋内所附的热水器时，应依据有关安全使用燃气设备规定安装于合理位置，并应按照有关燃气热水器安全使用的年限及时更换，还应及时提请生产厂家定期上门维修保养，被告汪洪未能做到上述要求对事故的发生存有过错，应当承担赔偿责任。但受害人邱海燕在使用热水器时未能按照使用说明及充分注意警示标志，对损害后果的发生亦有一定过错。对原告提出的丧葬费、被扶养人生活费、精神损害抚慰金的请求，与法有据，依法应予支持。但原告提出的精神损害抚慰金的请求数额过高，对高出部分不予支持。原告要求被告港华公司承担连带责任的主张，因未提供相关证据，故不予采纳。被告汪洪提出涉案热水器系在被告港华公司购买并由其安装或被告光芒公司安装的主张，因未提供相关证据，法院亦不予采纳。

二审诉辩情况

一审宣判后，汪洪不服提出上诉，上诉理由为：涉案的光芒牌热水器系港华公司销售并由光芒公司安装，原审法院对此却未作认定，故原判决认定事实不清，请求依法改判或发回重审。

安徽省马鞍山市中级人民法院经审理认为：原审判决认定事实不清，发回重审。

被告汪洪在重审中补充辩称：（1）本案所涉“光芒”热水器系汪洪从被告港华公司购买，被告港华公司出具的相关销售发票记载的品名、型号与大北庄20栋405室安装的“光芒”热水器一致。（2）依据被告港华公司与被告光芒公司签订的《销售合同》，被告港华公司、光芒公司当庭陈述，以及相关照片，证人丁玉玲、何望锦二审期间的当庭证言，“光芒”热水器售后服务保证卡等证据，足以证明涉案的“光芒”热水器由光芒公司负责安装。(3) 被告光芒公司安装人员在大北庄20栋405室安装热水器时，违反本案所涉型号热水器相关安装强制性标准，没有同时安装烟道，留下了严重的安全隐患。(4) 涉案“光芒”热水器安装上存在的瑕疵与邱海燕死亡之间存在因果关系。(5) 被告港华公司作为燃气置换施工方和供气方没有尽到安全置换、安全通气、安全检查责任，也是导致邱海燕中毒死亡的重要原因，应对邱海燕承担连带赔偿责任。(6) 本案是因第三方侵权引发的一个损害赔偿纠纷案件，基于责任方已经查清，被告汪洪不应对邱海燕中毒死亡承担赔偿责任。(7) 原告诉请的赔偿数额在计算和标准依据上存在错误。

被告港华公司在重审中补充辩称：(1) 被害人邱海燕的过错是导致其死亡后果发生的主要原因。涉案的热水器是安装在厨房的墙上，厨房与浴室中间有一道墙，如果邱海燕洗澡时打开厨房北边的窗子，热水器燃烧时产生的废气就不可能进入浴室，从而就不可能发生导致其死亡结果的伤害事故。(2) 被告汪洪的过错也是导致邱海燕中毒死亡结果发生的重要原因。第一，被告汪洪连同房屋一道出租的热水器存在严重的安全隐患，是此次事故发生的重要原因。第二，安装热水器的厨房与洗澡间的墙壁上有一扇窗子，被告汪洪没有对该窗子进行密封，致使热水器燃烧时产生的废气通过该窗子进入浴室，从而导致被害人中毒事故的发生。(3) 被告港华公司在本案中不应承担任何赔偿责任。首先，港华公司作为涉案热水器的销售方，其销售的热水器不存在任何质量瑕疵，即使有证据证明热水器有质量瑕疵和造成涉案事故是因该质量瑕疵造成的，港华公司承担的也是一种垫付责任，而不是赔偿责任。其次，港华公司与汪洪之间仅存在供气合同关系，港华公司提供的天然气是合格的，且港华公司经常通过新闻媒介向广大用户宣传安全用气常识，特别提醒用户冬天使用天然气一定要打开窗户。港华公司没有法定义务或合同义务为用户的燃气器具的安全性负责，且涉案热水器不是港华公司安装的。被告光芒公司坚持原审答辩意见。

二审裁判结果

依照《中华人民共和国民事诉讼法》第128条，《中华人民共和国民法通则》第106条第2款、第119条，最高人民法院《关于审理人身损害赔偿案件适用法律若干问题的解释》第1条、第3条第2款、第8条第1款、第18条、第19条、第22条、第27条、第28条、第29条、第35条的规定，判决如下：

一、汪洪赔偿李少君、李梦茹、邱学兰、张绪全死亡赔偿金84050元、丧葬费 13181.5 元、被扶养人生活费 65682 元、交通费 2900 元、精神损害抚慰金 50000 元，合计 215813.5 元中的 20% 即 43162.7 元，港华公司赔偿其中的 20% 即 43162.7 元，光芒公司赔偿其中的 50% 即 107906.75 元。上述赔偿款于本判决生效后 10 日内给付；

二、驳回李少君、李梦茹、邱学兰、张绪全的其他诉讼请求。

本案诉讼费 7323 元、保全费 1520 元，合计 8843 元，由李少君、李梦茹、邱学兰、张绪全负担 3240 元；汪洪和马鞍山市港华燃气有限公司各负担 1120.6 元；江苏光芒热水器有限公司负担 3361.8 元。

重审宣判后，双方当事人均未上诉，判决已经发生法律效力。

二审裁判理由

马鞍山市花山区人民法院在重审中根据各方当事人对案件事实产生的争议焦点分析认为：

1. 汪洪提供给邱海燕使用的光芒牌 3D15－F 燃气热水器是否从港华公司处购买？

汪洪主张其提供给邱海燕使用的光芒牌型号为 3D15－F 燃气热水器系从港华公司在本市大北庄地区设置的燃气具统一销售点购买。汪洪针对其主张在重审中提供了下列证据：（1）发票 3 张（均为复印件），证明汪洪于 2004 年 6 月 26 日向港华公司购买一台光芒牌型号为 3D15－F 热水器和两台光芒灶具；（2）马鞍山市中级人民法院二审庭审笔录（第二次庭审，复印件）一份，证明上述证据（1）即发票 3 张是由港华公司提供，二审主审人与汪洪及港华公司二审代理人到大北庄 20 栋 405 室进行了现场查验，确认汪洪所购买的光芒牌型号为 3D15－F 热水器型号与大北庄 20 栋 405 室中所安装的燃气热水器型号一致；（3）热水器照片一组，证明大北庄 20 栋 405 室中所安装的燃气热水器上有专供港华的标志。李少君、李梦茹、张绪全、邱学兰对上述证据不持异议；港华公司对上述证据的真实性不持异议，但认为涉案热水器上的专供港华标志，不能认定就是在本被告港华公司处购买的，因为全国有很多家港华公司。光芒公司对上述证据的真实性不持异议。马鞍山市花山区法院认为：港华公司对汪洪购买了一台光芒牌型号为 3D15－F 燃气热水器的事实不持异议，且涉案房屋即大北庄 20 栋 405 室中所安装的燃气热水器为光芒牌型号为 3D15－F，且该热水器上有专供港华的标志。港华公司虽辩解全国有很多港华公司，但并无证据证明同期有其他港华公司在马鞍山市销售同种型号的光芒牌热水器，且被告光芒公司在原审庭审中陈述标识专供港华的光芒热水器在市场上没有销售，故应排除汪洪从市场上或从外地港华公司购置有专供港华标识的光芒牌热水器的可能。因此，应认定大北庄 20 栋 405 室中所安装的光芒牌型号为 3D15 －F 燃气热水器为港华公司销售。

2. 大北庄 20 栋 405 室中的燃气热水器由谁安装？

港华公司在原审中提供了该公司与光芒公司签订的《家用热水器销售合同书》，用以证明双方约定售后服务由光芒公司驻马鞍山售后服务部全权负责，并严格按照光芒“双百、三免、四不”服务标准服务于用户，因此港华公司认为汪洪即使在港华公司购买热水器也应由光芒公司组织人员进行安装。

光芒公司在原审中提供了热水器保险卡（一式三联，原件）一份，证明如果涉案产品是光芒公司安装的话，用户肯定有保修凭证，所以认为涉案热水器不是光芒公司安装的。汪洪在重审中提供了光芒热水器售后服务保证卡 1 份及港华公司的定额票据 1 组，用以证明汪洪所支出的安装热水器的费用。李少君、李梦茹、张绪全、邱学兰、汪洪、光芒公司对港华公司所提供的《家用热水器销售合同书》均不持异议。李少君、李梦茹、张绪全、邱学兰认为光芒公司所提供的保修卡不能证明光芒公司的证明目的，汪洪认为其持有光芒热水器售后服务保证卡，可以证明涉案热水器是由光芒公司安装。港华公司、光芒公司对汪洪所提供的光芒热水器售后服务保证卡 1 份及港华公司的定额票据 1 组的真实性未提出异议。

马鞍山市花山区法院认为：根据港华公司与光芒公司所签订的《家用热水器销售合同书》及光芒热水器售后服务保证卡，港华公司出售的光芒牌热水器由光芒公司承诺 100% 为预约用户安装调试，100% 保证质量可靠。因此，根据日常生活经验，汪洪不可能不享受售后服务，而另行联系其他人员安装热水器，且光芒公司在重审中对被告汪洪出示的该公司售后服务保证卡未提出异议，故可以确定大北庄 20 栋 405 室中的燃气热水器是由光芒公司指派安装人员具体实施安装行为的。《中华人民共和国家用燃气热水器安装验收规程》第 302 条第 3 款第 2 项、第 305 条第 1 款分别规定“安装烟道式热水器的房间内应有排烟道，”“在民用建筑中，安装热水器的房间应有单独的烟道”；《建设部燃气燃烧器具安装维修管理规定》第 18 条规定：“对用户提供的不符合标准的燃气燃烧器具或者提出不符合安全的安装要求时，燃气具安装企业应当拒绝安装。”光芒公司作为燃气具安装企业，在履行售后安装服务中，在没有烟道的情况下该公司安装人员就不应该帮用户安装热水器，而安装人员却采取放任态度，违反相关规定，为该户安装了热水器却没有安装烟道。

3. 港华公司作为城市燃气经营单位有无尽到安全检查和安全告知义务？

港华公司为证明其已尽到安全检查和安全告知义务在原审中提供了下列证据：（1）业务合同 1 份、光盘 1 份，证明港华公司在电视台已经发布了安全用气信息；(2) 业务合同1份、证明1份，证明港华公司已经在广播电台发布了安全用气信息；(3) 安全检查记录若干份，证明港华公司对涉案的大北庄地区于2007年7月16日进行了检查，其中有26户家中无人，港华公司工作人员无法进入，包括汪洪家，2007年7月21日再次进行检查，汪洪家还是没有人；(4) 广告信息1份，证明港华公司在马鞍山日报上进行了通知，对大北庄的用气进行检查；(5) 2006年3月14日户内安全检查工作单（原件）、户内安全隐患整改通知单（原件）各1份，证明港华公司的工作人员到汪洪家进行检查，发现热水器烟道有问题，要求汪洪进行整改，但汪洪拒绝签字。李少君、李梦茹、张绪全、邱学兰对港华公司提供的证据（1）、(2)、(4)、(5) 的真实性不持异议，认为证据（1）不能达到港华公司的证明目的，该广告合同只是说到燃气信息，并没有说到安全用气，且光盘的说明上并没有盖章。认为证据（2）中的证明是在2008年5月12日出具，不能排除安全检查义务。认为证据（3）与本案无关。认为证据（4）、（5）可以证明涉案燃气热水器在2006年就已经存在安全隐患问题，而在2007年汪洪明知有安全隐患的情况下将房屋出租给邱海燕，汪洪主观上明显有过错。汪洪除对证据（5）中的2006年3月14日户内安全整改通知单有异议外，对其他证据未提出异议；认为2006年3月14日其还住在涉案房屋内，港华公司的工作人员来检查看了后就离开了，并没有让其签字，且证据（5）中的户内检查工作单是汪洪本人签字的，但该证据没有反映热水器有什么问题，如果真如港华公司所说，汪洪为什么会拒签，可见户内安全整改通知单是后补的。光芒公司对港华公司所举证据均不持异议。

马鞍山市花山区法院认为：涉案燃气热水器系港华公司在天然气置换期间向汪洪销售并由港华公司指定的供应商光芒公司负责售后安装。根据《家用燃气快速热水器安装验收规程》第105条“热水器安装后必须经当地城市燃气管理部门检查验收合格后方可运行使用”，第409条“不按本规程安装的热水器均属违章，不得通气使用”的规定，港华公司作为城市燃气经营单位在其销售给汪洪热水器安装后，应及时检验，经检验合格后方可准许通气使用。但港华公司并没有提供证据证明该公司在大北庄20栋405室通气使用前对该房屋内的涉案热水器进行了检验，因此可以认定港华公司对涉案热水器未作检验就通气放任用户使用。港华公司虽举证证明其在天然气置换工程结束后，在电视台、广播电台发布安全用气信息，并于2006年3月14日对大北庄20栋405室燃气设施进行检查，汪洪亦在户内安全检查工作单中签名。港华公司主张检查时发现热水器烟道有问题，要求汪洪进行整改，并下达了安全隐患整改通知单，但汪洪拒绝签字，汪洪当庭予以否认。由于港华公司提供的安全隐患整改通知单系用户联，无法认定港华公司将安全隐患整改通知单送达给了汪洪，故对港华公司的该主张无法采信，因此可以认定港华公司对大北庄 20 栋 405 室燃气设施没有尽到法定的安全检查义务。李少君、李梦茹、张绪全、邱学兰、汪洪、光芒公司对港华公司提供的证明其通过电视台、广播电台发布安全用气告知信息的证据均不持异议，故可认定港华公司常年广泛向广大市民进行燃气安全使用常识宣传并尽到提醒义务。

综合以上分析，马鞍山市花山区人民法院认为：公民的生命、健康权受法律保护。公民、法人由于过错侵害他人生命、健康的，应当承担民事责任。汪洪作为出租人，在提供出租房屋内所附的热水器给受害人邱海燕使用时，应保证该燃气热水器符合安全使用标准，但该燃气热水器未按国家强制性规定安装烟道，存在明显的事故隐患。由于涉案的燃气热水器在使用时因未安装烟道致使热水器产生的大量一氧化碳滞留室内，未被排出室外，致受害人邱海燕中毒死亡。因此受害人邱海燕的死亡与燃气热水器未安装烟道存在直接的因果关系。汪洪作为出租人对出租房内的设施有检查和维修义务，应对出租房内设施的安全负责，但汪洪将房屋出租给受害人前，未及时消除事故隐患，故汪洪对邱海燕的死亡后果应承担次要赔偿责任。港华燃气公司系涉案热水器的销售者，光芒公司系涉案热水器的生产企业，两公司约定由光芒公司提供免费安装的服务。因光芒公司安装人员的违规安装行为与受害人的死亡存在直接的因果关系，故光芒公司应依法承担主要赔偿责任。港华公司作为城市燃气经营单位，在其销售给汪洪热水器安装后，未能履行检查验收义务，致使违规安装的涉案热水器投入使用，该公司检查人员在此后的检查中亦未能及时发现热水器的安全隐患，也是导致受害人死亡的原因之一，故港华公司应承担次要赔偿责任。受害人邱海燕是具有完全民事行为能力的成年人，且港华公司常年广泛向广大市民进行燃气安全使用常识宣传，尽到了提醒义务，故邱海燕对于使用燃气设施时要保持室内空气流通等基本常识应该掌握。但是邱海燕在事件发生过程中没有遵照执行，导致死亡，故对于损害结果的发生亦有一定的过错，可以减轻侵害人的民事责任。李少君、李梦茹、张绪全、邱学兰主张的丧葬费 13181.50 元、交通费 2900 元符合法律规定，法院依法予以支持；邱海燕系农业户口，且没有充分证据证明其经常居住地在城镇，故对李少君、李梦茹、张绪全、邱学兰主张的死亡赔偿金应按农村居民人均纯收入为标准计算；邱海燕的被扶养人有三人即其女儿李梦茹、父亲张绪全、母亲邱学兰，但上述被扶养人还有其他扶养人，故汪洪、港华公司、光芒公司只赔偿邱海燕依法应负担的部分，但年赔偿总额累计不超过上一年度农村居民人均年生活消费支出额；由于被害人邱海燕对损害结果的发生自身有过错，精神损害抚慰金酌情认定为

50000 元。

127. 如何适用产品责任原则解决产品质量责任案件？

产品质量责任案件适用严格责任原则，不论消费者在使用产品时有没有过错，只要产品的生产者、销售者不能证明其生产、销售的产品是合格产品，就应当对其产品造成的损害结果承担全部的民事责任。但是，判令赔付精神损害抚慰金则应当坚持过错责任原则，有别于当事人依据《中华人民共和国产品质量法》的规定诉请赔付丧葬费、死亡赔偿金的承担方式，需要考虑原、被告双方的过错程度及大小以确定各责任人承担的份额。

128. 产品的商标所有人在什么情况下能够成为产品侵权案件的被告？

最高人民法院《关于产品侵权案件的受害人能否以产品的商标所有人为被告提起民事诉讼的批复》是 2002 年 7 月 4 日经最高人民法院审判委会员第 1229 次会议讨论通过的法释〔2002〕22 号审判解释，该司法解释规定："任何将自己的姓名、名称、商标或者可资识别的其他标识体现在产品上，表示其为产品制造者的企业或个人，均属于《中华人民共和国民法通则》第一百二十二条规定的'产品制造者'和《中华人民共和国产品质量法》规定的'生产者'。"

典型疑难案件参考

胡某等 4 人诉陈育培、广州小天使公司、广州万宝集团产品责任纠纷案

基本案情

2003 年 4 月 11 日，被告陈育培与被告广州小天使公司签订《销售协议》，约定由陈育培销售广州小天使公司生产的 JSD14—A70Y 型家用燃气快速热水器等产品，广州小天使公司按销售金额的 2% 给陈育培支付维修费用，陈育培负责售后服务，广州小天使公司负责提供零配件及技术指导，协议有效期为

2003 年 4 月 11 日至 2004 年 4 月 11 日，期满后继续合作的另行签约。该《销售协议》到期后未再签约，但陈育培继续销售库存的由广州小天使公司生产的 JSD14—A70Y 型家用燃气快速热水器。

2004 年 11 月，原告胡某的父亲在湖北省宜昌市夷陵路 133—2 号被告陈育培经营的万宝电器专卖店里，购买了涉案热水器，其出厂日期为 2003 年 3 月 29 日，商标、商号为“WAnbAo 万宝”，但其外包装箱上还使用了未经注册的“安治”商标。其《说明书》中亦印有“安治”商标。涉案热水器上标有警示语“特别忠告热水器必须安装在浴室外通风良好的地方”。涉案热水器是陈育培于 2003 年 3 月 29 日进购的。陈育培未取得《湖北省家电维修范围技术核准证》、经营燃气燃烧器具安装和维修业务的《工商营业执照》。其雇工王军也未取得《湖北省家电维修人员技术资格证》。涉案热水器因在生产及销售中均未配备排烟管道，王军在安装涉案热水器时曾建议原告的父亲及其家人即时采购排烟管道以便一同架设，但未被采信，而只是在陈育培经营的宜昌市大华液化气站购买了瓶装石油液化气。王军在调试涉案热水器时接通了燃气（瓶装石油液气），违规进行了点火试验。事后一直未给涉案热水器配置排烟管道。

原告胡某之子胡甲与原告邹某之女邹乙系朋友关系。2005 年 1 月 25 日晚，胡甲携邹乙宿于胡某家。当胡甲、邹乙二人在浴室里使用涉案热水器洗澡时，门窗紧闭，未开启通风，致胡甲、邹乙吸入大量一氧化碳中毒身亡。胡甲殁年 19 岁。邹乙殁年 19 岁。在中毒事故发生前，涉案热水器一直未曾使用。

2006 年 7 月 10 日，湖北省宜昌市建设委员会根据死者父母的报案申请，会同有关部门组成专家调查组调查后，依照中华人民共和国建设部《燃气燃烧器具安全维修管理规定》第 29 条、《城市燃气管理办法》第 37 条的规定，作出了关于胡甲燃气中毒事故的调查报告，认为涉案热水器没有安装排烟管道是造成事故的原因之一。

2000 年 10 月 27 日，被告广州万宝集团与被告广州小天使公司签订《关于许可使用“万宝”商标、商号的协议》，约定广州万宝集团许可广州小天使公司以“万宝”商号冠名，许可在其单独生产的或是其营业执照经营许可范围内并经广州万宝集团审查批准的产品上使用“万宝”商标，协议有效期截至 2003 年 12 月 31 日。双方还签订了《商标使用许可合同》，约定广州万宝集团同意广州小天使公司在其生产的符合 GB6932—94 产品标准的燃气快速热水器上使用“WAnbAo 万宝”注册商标，使用期限为 2001 年 7 月 1 日至 2003 年 7 月 1 日。经广州万宝集团同意，广州小天使公司可以在使用期限届满后 3 个月内继续销售所生产的“WAnbAo 万宝”产品。

2004 年 12 月 9 日，广东省高级人民法院判决认定，广州小天使公司使用

"WAnbAo 万宝"的合法期限为2001年7月1日至2003年7月1日。因胡某等4人要求陈育培、广州小天使公司、广州万宝集团赔偿经济损失未果，故引起诉争。

一审诉辩情况

原告诉称：原告胡某的父亲于2004年11月间，在被告陈育培经营的万宝电器专卖店里，购买了一台由被告广州小天使公司生产的JSD14—A70Y型家用燃气快速热水器（以下简称为涉案热水器），由陈育培指派其雇工安装在家中卫生间里使用。2005年1月25日晚，胡某之子胡甲携其女友邹乙进入胡某的父亲家卫生间里洗澡时中毒死亡。导致胡甲和邹乙死亡的一氧化碳源于燃气快速热水器使用时产生的烟云。广州小天使公司生产的涉案热水器没有配备排烟管，而陈育培又未按涉案热水器所附《家用燃气快速热水器使用说明书》的要求安装排烟管。广州小天使公司和陈育培作为涉案热水器的生产者和销售者应对胡甲、邹乙的死亡承担责任。被告广州万宝集团作为涉案热水器的商标所有人应当承担产品制造者的法律责任。故向法院起诉，请求判令陈育培、广州小天使公司、广州万宝集团共同赔偿胡甲、邹乙的丧葬费11855元、死亡赔偿金320920元、亲属参加处理后事的交通费及误工费4000元、精神损害抚慰金100000元，合计436775元。

被告陈育培辩称：被告是广州小天使公司生产的JSD14—A70Y型家用燃气快速热水器的经销商，但是售给胡某父亲的一台热水器不是由被告安装的，被告也没有指派他人去安装。故被告没有过错，不应当承担胡甲、邹乙死亡的赔偿责任。

被告广州小天使公司未答辩。

被告广州万宝集团辩称：2000年10月27日，被告与广州小天使公司签订了《关于许可使用万宝商标、商号的协议》。2002年10月，被告曾以广州小天使公司违约为由请求广东省广州市中级人民法院解除此协议，该法院判决认定广州小天使公司的行为构成违约，应承担违约责任。而《关于许可使用万宝商标、商号的协议书》中明确约定如果广州小天使公司违约则合同自动解除。故应当确认被告于2002年10月向法院起诉以前，《关于许可使用万宝商标、商号的协议书》中的商标许可使用部分就已自动解除了。因胡某父亲所购涉案热水器的生产日期为2003年3月29日，故属于广州小天使公司生产的侵犯被告权益的产品。如果让一个被侵权企业承担侵权产品的质量责任，那么就违背了起码的公平原则。原告起诉被告承担赔偿责任属于牵强附会。被告与胡甲、邹乙的死亡无关，不应当承担赔偿责任。

一审裁判结果

湖北省宜昌市中级人民法院依照《中华人民共和国产品质量法》第29条、第30条、第31条、第32条、第34条，最高人民法院《关于民事诉讼证据的若干规定》第4条第1款第6项、第25条，最高人民法院《关于产品侵权案件的受害人能否以产品的商标所有人为被告提起民事诉讼的批复》，最高人民法院《关于审理人身损害赔偿案件适用法律若干问题的解释》第2条、第3条、第18条、第27条、第29条之规定，判决如下：

一、胡甲的丧葬费5927.50元、死亡赔偿金160460元，合计176387.50元，由被告广州小天使公司、广州万宝集团、陈育培给原告胡某等2人赔偿49916.25元，其余损失由原告胡某等2人自行承担。邹乙的丧葬费5927.50元、死亡赔偿金160460元，合计176387.50元，由被告广州小天使公司、广州万宝集团、陈育培给邹某等2人赔偿49916.25元，其余损失由原告邹某等2人自行承担；

二、原告胡某等2人的精神损害抚慰金10000元，由被告广州小天使公司、广州万宝集团赔偿5000元，由被告陈育培赔偿5000元。原告邹某等2人的精神损害抚慰金10000元，由被告广州小天使公司、广州万宝集团赔偿5000元，由被告陈育培赔偿5000元；

三、驳回原告胡某等4人的其他诉讼请求。

本案案件受理费14120元、诉讼保全费7720元，合计21840元，受诉法院决定由原告胡某等4人负担8736元，由被告广州小天使公司和广州万宝集团负担6552元，由被告陈育培负担6552元。

一审裁判理由

湖北省宜昌市中级人民法院审理认为：

1. 涉案热水器属于不合格产品。是否漏气及燃烧后的烟气中一氧化碳的含量是否超标，是衡量涉案热水器的产品质量是否合格的关键。根据最高人民法院《关于民事诉讼证据的若干规定》第4条第6项的规定，被告广州小天使公司、广州万宝集团对胡某父亲家安装使用的热水器是否存在质量问题负有举证责任。广州小天使公司拒不提出鉴定申请，而广州万宝集团虽然提出鉴定申请，但后来又撤回了申请，致使一审法院无法通过鉴定结论认定胡某父亲家安装使用的热水器的质量是合格的。因为广州万宝集团承认涉案热水器为劣质产品，根据最高人民法院《关于民事诉讼证据的若干规定》第25条第2款、第8条的规定，应当认定胡某父亲家安装使用的热水器是劣质产品。

2. 导致受害人胡甲、邹乙死亡的直接原因是一氧化碳中毒，该毒气一氧化碳源于胡某父亲家安装使用的劣质热水器。且该劣质的 JSD14—A70Y 型家用燃气快速热水器还存在警示说明不足的缺陷，未告知使用限制，即如果不安装排气管道，使用时排气管道不通，那么有导致使用者吸入一氧化碳中毒死亡的危险，不符合《中华人民共和国产品质量法》第 27 条第 5 项的规定。该热水器是由被告广州小天使公司直接生产的，故应当由其承担该产品质量责任。

3. 原告胡某的家人在安装涉案热水器时未提供排烟管道。

受害人胡甲、邹乙在胡某父亲家使用涉案热水器时未开启门窗通风，造成所产生的一氧化碳毒气大量留滞于浴室间。故原告方具有过错。

4. 被告广州小天使公司违背国家规定，委托没有资质和技术的被告陈育培从事燃气快速热水器的安装、维修和售后服务工作，是造成涉案热水器违规安装的原因之一。

5. 被告陈育培存在违法安装涉案热水器及未经验收即供应并接通燃气的过错。陈育培不仅自己未取得安装燃气快速热水器的资质，而且接受被告广州小天使公司的委托，违规雇用没有经过专业培训，没有上岗证书的王军到胡某父亲家安装 JSD14—A70Y 型家用燃气快速热水器，致使安装不符合规定。

6. 陈育培未尽职责，没有安排员工对涉案热水器的安装质量进行检验。在安装工作尚未结束而不能使用的情况下却给涉案热水器供应瓶装燃气，导致胡甲和邹乙错误地使用了该热水器，以致发生死亡事故。

7. 被告广州万宝集团是涉案热水器的商标所有权人，是涉案热水器的生产者之一，应当承担该产品质量的连带责任。

二审诉辩情况

一审宣判后，被告广州万宝集团不服提出上诉。

上诉人广州万宝集团上诉称：（1）涉案热水器是被上诉人广州小天使公司生产的侵权产品，上诉人在本案中无须承担任何责任。（2）原审原告胡某等 4 人起诉上诉人承担涉案热水器的产品责任是对国家有关司法解释的误解。原审四原告起诉上诉人承担赔偿责任的主要依据是《最高人民法院关于产品侵权案件的受害人能否以产品的商标所有人为被告提起民事诉讼的批复》，而该项司法解释是针对通用汽车公司的产品质量问题的一个个案解释，不具有普遍适用性。其目的是为了解决 OEM 产品即贴牌产品的质量问题，与本案实际情况不符。原审四原告依据该项司法解释起诉上诉人承担责任属于牵强附会。（3）原审法院不恰当地将被上诉人广州小天使公司的举证责任转移到上诉人。作为产品的制造者，广州小天使公司应承担举证责任。但该公司拒不出庭应诉，拒不履行相应的举证义务，从而恶意地试图将举证责任转嫁到其他被告身上。原审法院变相地支持其做法，要求根本没有生产销售行为的上诉人承担该举证责任，从而作出了错误的判决。总之，原判决对产品责任分担不公；请求二审法院依法改判上诉人不承担任何责任。

被上诉人广州小天使公司未作出上诉答辩。

原审原告胡某等 4 人未作出上诉答辩。

原审被告陈育培未作出上诉答辩。

二审裁判结果

湖北省高级人民法院依照《中华人民共和国民事诉讼法》第 156 条的规定，裁定准许上诉人广州万宝集团撤回上诉。二审案件受理费 14120 元减半收取 7060 元，由上诉人广州万宝集团负担。

二审裁判理由

湖北省高级人民法院查明：上诉人广州万宝集团在审理过程中，与原审原告胡某等 4 人达成庭外和解协议，广州万宝集团给予胡某等 4 人一定的经济补偿，胡某等 4 人至此了结与广州万宝集团之间关于涉案热水器的产品责任纠纷。广州万宝集团因此于 2007 年 10 月 22 日向二审法院申请撤回上诉。

湖北省高级人民法院审理认为：上诉人广州万宝集团与原审原告胡某等 4 人达成庭外和解协议后，广州万宝集团申请撤回上诉，不违反国家法律法规的规定。

129. 符合国家标准的产品存在不合理的危险，是否构成缺陷产品？

经营者应当保证其提供的商品或服务符合保障人身财产安全的要求，不存在危及人身财产安全的不合理危险。商品或服务应符合国家强制性标准，这只是对经营者最基本的要求，但符合国家标准并不意味着商品一定不存在危及人身财产安全的不合理危险。产品质量即使符合国家标准，但对人身可能存在不合理危险的，应当认定为有产品“缺陷”。

典型疑难案件参考

史海波、蔡建美诉黄荣刚、卢富强、中山市巨田电器卫厨有限公司产品责任纠纷案

基本案情

2004 年 12 月 29 日，史海波从江阴市滨江三源家电空调商行（以下简称三源商行）购买了一台家用燃气热水器，由史海波自行安装于江阴市银河加油站宿舍 214 室的卫生间内。2005 年 1 月 8 日晚，其女儿史燕燕在该卫生间洗澡时，突然昏倒，送至江阴市人民医院抢救时已死亡。事故当晚，江阴市公安局长山派出所委托江阴市公安局法医对史燕燕的尸体进行了尸表检验，并抽取死者心血送无锡市公安局行毒物检验，经法医检验，死者史燕燕属于一氧化碳（CO）中毒死亡（心血 HBCO 含量达 80%）。事故发生之后，江阴市工商行政管理局滨江分局委托江苏省产品质量监督检验中心所对本案所涉及的燃气热水器的安装及产品质量进行鉴定，质量鉴定结论为：(1) 本案所涉的燃气热水器的安装不符合 GB17905 - 1999《家用燃气燃烧器具安全管理规程》标准中附录 A 燃具安装和排烟通风及 GB6932 - 2001《家用燃气快速热水器》标准中附录 A 家用燃气快速热水器安装技术要求的相关规定，热水器燃烧时所产生的废气无法有效地排放到室外，不符合安全使用要求。(2) 热水器气密性、火焰稳定性、烟气中一氧化碳含量符合 GB17905 - 1999《家用燃气燃烧器具安全管理规程》标准要求。

本案所涉热水器产品名称为美的王子牌烟道式燃气热水器，产品制造厂为巨田电器公司，规格型号为 JSYD10—6A。三源商行为个体工商户，经营者为黄荣刚。三源商行卖给史海波的燃气热水器是从江阴市夏港镇天赐日用百货商行（以下简称天赐商行）进的货，天赐商行经营者为卢富强，系个体工商户。2006 年 1 月 9 日，史海波、蔡建美以黄荣刚、卢富强、巨田电器公司为被告起诉至法院，要求判令三被告赔偿医疗费、死亡赔偿金、精神损害抚慰金等损失 267871.65 元。

一审诉辩情况

原告史海波、蔡建美诉称：其女儿在使用热水器洗澡时身亡，法医鉴定为一氧化碳中毒窒息死亡。原告认为，黄荣刚作为热水器的销售商应当具有专业的安装人员，热水器属于使用不当极可能致人伤亡的商品，应当由具备专业知识的人员负责安装，商品销售方应当对购买方进行使用指导，提供必要的安装售后服务，保证商品的安全使用，三源商行未能保障必要的安全注意义务及售

后服务导致人员伤亡，应由黄荣刚赔偿。特殊商品的售后安装服务属国家强制性规定，作为天赐商行及巨田电器公司在将商品销售给后续商家时，疏于对后续商家是否有售后服务能力，能否做到对消费者使用商品的人身安全负责进行把关，而其生产销售的产品因设计缺陷已由国家明令禁止生产销售。所以，卢富强、巨田电器公司应与黄荣刚一起承担连带赔偿责任。

被告黄荣刚辩称：他提供的商品是合格产品，他也未对原告方承诺或约定他对产品的安装义务，法律也未规定销售商对热水器负有安装义务。另外，他已履行了必要的告知义务，他在原告购买商品时已明确告知了燃具的安装方式，同时在产品说明书中也明确了应注意的事项，他认为原告起诉他的事实与理由不能成立，要求法院驳回原告对他的诉讼请求。

被告卢富强辩称：他严格按照经营范围之规定从事商业活动，巨田电器公司生产的热水器符合国家规定的技术标准且附有使用说明书。史海波、蔡建美称被告“对后续商家是否有售后服务能力，能否做到对消费者使用商品时的人身安全应承担把关义务”的说法于法无据，被告在法定之经营范围内与同样经国家工商行政管理局等机关核准登记之经营单位进行商业交易的行为是合法、平等的，被告既无权利也无法定义务对合作单位是否具备售后服务能力履行所谓把关义务。综上所述，他是依法经营的个体户，本案中不存在任何过错，故请求法院依法驳回原告对被告请求。

被告巨田电器公司辩称：（1）被告是经国家质量监督检验检疫总局许可生产“美的王子”牌家用燃气快速热水器的企业，黄荣刚、卢富强并非其公司的经销商，本案所涉的热水器是史海波、蔡建美从没有经营售卖热水器资格的黄荣刚处购买，从史海波、蔡建美提供的证据可证明，史海波、蔡建美明知黄荣刚是非法经营者，仍从既不能开出正式售货发票又不具备热水器安装资格的黄荣刚处购买产品，从而造成史燕燕死亡事故，史海波、蔡建美及黄荣刚应承担由此造成史燕燕死亡的责任。（2）被告作为热水器的生产者，已履行完产品质量义务和充分告知义务。热水器质量鉴定报告证明涉案热水器是符合国家有关产品质量规定的合格产品，不存在危及人身的产品缺陷，其公司作为该热水器的生产者已履行完产品质量的义务。该产品的使用说明书明确记载了热水器的使用方法、故障处理办法、安装方法及安全注意事项等内容，其中安全注意事项详细记载热水器必须请专业人员进行安装，使用热水器会产生一氧化碳，热水器必须安装在室外空气流通的地方，使用的同时应开动排气扇使室内空气流通等事项，因此，其公司已履行完安装使用热水器的充分告知义务。（3）被告没有法定的或约定的安装热水器的义务。国家法律没有强制规定热水器的生产者和销售者负有为购买热水器的消费者进行安装热水器的义务，其公司没有承诺对自己生产的热水器包含提供安装的服务，其公司没有法定的或约定的安装义务。综上所述，请求法院驳回史海波、蔡建美对被告的诉讼请求。

一审裁判结果

江阴市人民法院依照《中华人民共和国产品质量法》第43条、第44条第1款的规定，作出判决：

一、原告史海波、蔡建美因史燕燕死亡所造成的损失有：死亡赔偿金209640元、丧葬费9101元、医疗费775.65元、交通费800元，合计220316.65元，由被告巨田电器公司赔偿176253.32元，被告黄荣刚、被告卢富强对此负连带赔偿责任，其余损失由原告史海波、蔡建美自负；

二、被告巨田电器公司、被告黄荣刚、被告卢富强赔偿原告史海波、蔡建美精神损害抚慰金30000元。

一审裁判理由

江阴市人民法院经审理认为：史燕燕在使用燃气热水器时，人身安全遭受侵害，如果要求生产厂家承担责任，应当满足厂家提供的产品具有商品缺陷的前提条件，并且商品缺陷与伤害结果之间具有因果关系。燃气热水器是具有高度危险性的产品，正是基于这种产品具有高度危险性，国家轻工业局、国家国内贸易局于1999年发国轻行〔1999〕101号文，从2000年5月1日起禁止销售浴用直排式燃气热水器。而本案涉及的燃气热水器系烟道式燃气热水器，烟道式燃气热水器与直排式燃气热水器的区别在于烟道式燃气热水器系在直排式燃气热水器的基础上加装了排气管道，燃烧时所需要的氧气取自室内，燃烧时所产生的烟气通过烟道排向室外，烟道式燃气热水器安装时必须安装排烟管道，使用时要注意排烟管道排气通畅，防止倒灌。从巨田电器公司提供的烟道式燃气热水器来看，尽管这种燃气热水器已按设计要求设计了烟道口，但巨田电器未向用户提供与产品相配套的排烟管道。作为产品重要配套设施的排烟管道，只有将其与产品已设计的烟道口结合起来，在功能上才真正将直排式燃气热水器与烟道式燃气热水器区别开来。法院认为，作为重要安全设施的排烟管道，巨田电器公司提供产品时应当向消费者一并提供，不能将购买与燃气热水器配套的排烟管道的义务强加于消费者，巨田电器公司提供的烟道式燃气热水器产品存在缺陷，故对巨田电器公司认为该公司已尽到生产厂家的产品质量的保障义务和已履行完安装使用热水器的充分告知义务的主张不予采信。本案中，史燕燕死因应为洗澡时吸入过量燃气热水器排出的一氧化碳中毒死亡，而发生卫生间一氧化碳含量过高系燃气热水器缺陷所致，巨田电器公司提供缺陷产品致人死亡应当承担赔偿责任。作为销售者的三源商行和作为经销商的天赐商行，经营有产品缺陷的产品，应当与生产厂家承担连带赔偿责任，而三源商行的经营者为黄荣刚，天赐商行经营者为卢富强，故由三源商行与天赐商行承担的赔偿责任应由黄荣刚与卢富强承担。

史海波、蔡建美在购得燃气热水器后，应由专业人员进行安装或由生产商或销售商提供安装服务，在使用该燃气热水器前应当按照使用说明书的注意事项，安装排烟管道，以确保安全，史海波、蔡建美具有重大过失，应当减轻巨田电器公司、黄荣刚、卢富强的赔偿责任。

二审诉辩情况

判决后，被告卢富强、被告巨田电器公司不服一审判决，向无锡市中级人民法院提起上诉。

上诉人卢富强上诉称：一审认定涉案热水器是缺陷产品是错误的。涉案热水器经江苏省产品质量监督检验中心所检测，是符合国家标准要求的。史海波在不懂技术的情况下不请技术人员安装，又擅自违反操作规程，不按说明书安装，是导致事故的最直接最根本的原因。一审法院在认定热水器为合格产品的同时，又认定该产品为有缺陷的产品，是不合逻辑的。上诉人作为批发商，无义务对合同之外的售后服务承担把关责任，更无义务对消费者是否按规定标准安装使用进行监督，在本案中不应承担责任。

上诉人巨田电器公司上诉称：原审法院认定其未向用户提供与产品配套的排烟管道而导致产品存在缺陷，缺乏事实和法律依据。（1）上诉人没有法定义务为用户提供排烟管道。本案所涉的烟道式热水器是被许可生产的产品，国家法律法规没有强制规定生产烟道式热水器的企业必须为热水器产品配套排烟管道，《家用燃气快速热水器（GB6932－2001）》只规定烟道式热水器必须配备防倒风排气罩，而对排气管只是规定为“宜配备”。全国范围内几乎所有的企业在热水器出厂时都不配带排烟管道，由于各个家庭浴室特点不同，对排烟管道的安装要求也不同，因此，一般用户都是自己购买适合其使用要求的排烟管道。（2）上诉人没有约定义务为用户提供排烟管道。上诉人并没有承诺为自己的产品提供排烟管道，产品使用说明书多处明确告知用户务必为热水器安装烟道和须自行购买排烟管道。（3）上诉人生产的烟道式热水器不存在产品缺陷。质量鉴定报告证明涉案热水器是符合国家有关产品质量标准的合格产品，引发事故的直接原因是史海波没有按使用说明书的告知事项安装。原审判决上诉人承担责任是错误的。请求判决驳回史海波、蔡建美对上诉人的诉讼请求。

史海波、蔡建美的答辩意见为：产品生产标准只是行业的技术标准而不是法律，受害人是使用热水器的消费者，本案应适用相关保护消费者权益的法律。消费者通常会认为，将包装箱内所有物件安装完毕，热水器即可安全使用，本案所涉的热水器，只要不配备排烟管道，就存在不安全的因素，只要生产厂家没有把产品自身存在的可能损害消费者安全的因素排除，就应认定产品存在缺陷，原审法院认定产品存在缺陷是正确的，请求维持原判。

黄荣刚的答辩意见为：他只是热水器的销售者，所售的热水器也是合格产品，而其并没有法定和约定的安装义务，产品说明书中已明确了安装使用中的应注意事项，一审法院要求其承担责任是错误的。

二审裁判结果

无锡市中级人民法院依照《中华人民共和国民事诉讼法》第153条的规定判决如下：

一、变更江苏省江阴市人民法院〔2006〕澄民一初字第398号民事判决主文第一项为：原告史海波、蔡建美因史燕燕死亡所造成的损失死亡赔偿金209640元、丧葬费9101元、医疗费775.65元、交通费800元，合计220316.65元，由被告巨田电器公司赔偿88126.66元，被告黄荣刚、卢富强对此负连带赔偿责任，其余损失由原告史海波、蔡建美自负；

二、变更江苏省江阴市人民法院〔2006〕澄民一初字第398号民事判决主文第二项为：被告巨田电器公司、黄荣刚、卢富强赔偿原告史海波、蔡建美精神损害抚慰金15000元。

二审裁判理由

除无锡市中级人民法院确认一审法院查明的事实外，另查明：巨田电器公司的家用燃气快速热水器使用说明书中用醒目的黑体字标注了“注意事项”，其主要内容为：热水器必须请专业人员安装在浴室外通风良好的地方，烟道式热水器务必安装烟道将废气排出室外。本热水器是烟道式热水器，请阁下自行购买或自制金属排烟管道，接在热水器的烟道接口处，把烟气排出室外空旷处，否则将产生严重后果。排烟管道的安装依照本说明书的有关章节。

无锡市中级人民法院经审理认为：经营者应当保证其提供的商品或服务符合保障人身财产安全的要求，不存在危及人身财产安全的不合理危险。商品或服务应符合国家强制性标准，这只是对经营者最基本的要求，但符合国家标准并不意味着商品一定不存在危及人身财产安全的不合理危险，人们对于不合理危险的认识是发展着的，国家标准也会随着人们认识的改变而修订。燃气热水器是具有高度危险性的产品，经营者应当预见，市场上众多消费者的认知能力是有强弱之分的，他们在产品安装和使用过程中的一些行为，可能会影响到产品的安全性，如本案被上诉人史海波就认为，热水器及所有配件安装完毕即可使用，因此，经营者必须尽最大可能地采取措施，保证产品在上述过程中的安全性不受损害。本案所涉的烟道式热水器，只有安装烟道才能保证使用安全，国家标准也提倡配备排烟管道，而该热水器销售给消费者时并没有配备排烟管道，这就不能保证认知能力较弱的消费者在安装使用热水器过程中的安全。应当认定，本案经营者没有尽最大可能地采取措施，保证产品在安装使用过程中的安全性，本案所涉的热水器存在一定的不合理危险。一审判决生产者和销售者承担产品责任是正确的。上诉人关于热水器符合国家标准即不应承担赔偿责任的上诉理由不能成立。但应当看到，本案所涉的热水器虽然存在一定的不合理危险，但并未明显违反国家强制性标准的规定，因而，经营者的过错是较小的。而史海波在购买燃具后，未按照使用说明书的要求请专业人员安装热水器，在自行安装时，又未按说明书的要求安装排烟管道，存在重大过错，其行为是造成损害后果的主要的直接的原因，比较双方过错程度及过错行为在损害后果中所起的作用，本案主要责任应由史海波、蔡建美承担。原审认定事实清楚，但确定责任比例不当，二审法院予以纠正，同时，根据双方过错程度，对精神损害抚慰金的数额也作相应调整。

130. 如何判断本身具有合理危险的产品是否存在缺陷？

判断具有合理危险的产品是否存在缺陷应当考虑产品的结构设计和产品说明书提供的基本操作规范。若产品的结构设计已经足以保障使用者在遵守产品说明书的基本操作规范的情况下避免合理危险的发生，则该产品不存在缺陷。

典型疑难案件参考

武某诉贝亲株式会社等产品责任纠纷案

基本案情

2003 年 6 月，原告的母亲张某从被告丽婴房公司设在被告第一八佰伴公司的柜台购买了一个由被告贝亲株式社会生产的微波炉奶瓶消毒盒。该奶瓶消毒盒内有一给水盘用于盛水以供微波炉加热成水蒸气后消毒。给水盘在结构上内侧低、外侧高，内侧边缘可以卡在盒身内底侧一凸起部位之下，使用时奶瓶架置于给水盘之上，可以在一定程度上压住给水盘，如奶瓶架上再放置奶瓶则可以基本固定住给水盘的位置；给水盘外侧有一道边缘，如盒盖被打开且受较大压力导致给水盘下滑，给水盘的外侧边缘可以卡在打开的盒盖上，再加上奶瓶架的阻隔，除非消毒盒整体翻起，给水盘中的水亦不会大量溢出；消毒盒的盒身与盒盖连接处有一段长约3厘米、弧度约20度的向上弯曲部分，如盒身基本保持水平，则可以防止盒内底部积水的溢出；盒身底部设置了一个放水孔，用于打开盒盖前放出盒内的残留水；相比盒盖，盒身的体积较大、重量较重，接近盒盖盒身连接处的盒身底部有两个凸起的支点，这样在一定程度上有利于消毒盒盒身重心的稳定。该奶瓶消毒盒配有中日文说明书各一份。中文说明书第一部分配合图示介绍了消毒盒的各个部件的名称，第二部分介绍了产品的特征，第三部分按顺序并配合示意图分8点就使用流程进行说明，第四部分为注意事项，第五部分对产品的规格作了说明。其中，“使用说明”第3点要求在给水盘中放入约50毫升的水；第7点要求在消毒后将消毒盒继续置于微波炉内一段时间等待冷却，然后用双手水平取出，并提示消毒后消毒盒将变得十分烫手；第8点要求将消毒盒放在水平面上，打开放水栓并倾斜盒身将残积的水放出，并当心热水烫手。“注意事项”第1点要求一定加50毫升水入给水盘内，绝不要空加热；第4点要求从微波炉中放入或取出消毒盒时一定要保持水平，否则水会洒出。日文说明书比中文说明书详细，警示说明中有一段日文文字为“勿让儿童靠近”，该表述在中文说明中并未出现。

2003年7月原告出生后，原告的家人即使用该奶瓶消毒盒为原告的奶瓶消毒。在近21个月的使用期间内，原告的家人按照该产品的中文使用说明书进行操作，未发生任何问题。2005年4月17日，原告的家人在使用该产品进行奶瓶消毒的过程中，在经微波炉加热后，未遵守在微波炉内进行冷却的操作规程，而是打开了微波炉炉门；在消毒盒尚未冷却的情况下，又打开了消毒盒盒盖，且未按使用说明的要求在打开盒盖前将盒内残积水放掉。随后，原告的母亲张某在厨房中取用奶粉打算为原告冲奶粉。这时，原告进入厨房，伸手抓到了打开了盒盖的奶瓶消毒盒，导致该奶瓶消毒盒整体翻起，盒内覆出的热水将原告的脸部、颈部、前胸部多处烫伤。原告的家人随即用冷水对原告进行了紧急处理，然后叫救护车将原告送上海市医疗急救中心救治。

2005年4月19日起，原告前往瑞金医院多次治疗，并在原告父母的带领下到美国看了两次门诊。目前原告尚留有颈前疤痕充血、增生的症状，还在使用弹力外套和康瑞宝软膏等药物进行医治。目前原告为医治烫伤已经用去医疗费人民币5797.06元（2005年5月23日、7月5日的治疗费用系用于其他方面，故未算入）及 136.98 美元。原告的母亲张某为照顾被烫伤的原告，向所在单位请事假一个半月。

另查明，被告贝亲株式会社还生产有另一种型号的奶瓶消毒器，使用该奶瓶消毒器可以对贝亲株式会社新开发的大口径奶瓶进行消毒，而且还可以选择消毒液消毒的方式，这些功能为本案所涉产品所无。且两种产品在形状、体积、内部结构方面也存在很大差异。

诉辩情况

原告诉称：涉案奶瓶消毒盒存在严重的设计缺陷和指示缺陷，该缺陷与原告被烫伤具有因果关系，贝亲株式会社作为生产商应当承担侵权赔偿责任。经销商存在未履行告知义务的过错，亦应承担侵权赔偿责任。因此，请求判令三被告连带赔偿原告各项损失，公开召回缺陷产品并承担本案诉讼费。

被告贝亲株式会社辩称：涉案奶瓶消毒盒确为其所生产，但该产品为合格产品，并不存在任何缺陷。该产品设计合理，只要使用人遵守基本的使用规范，该产品是非常安全的。该产品亦不存在指示缺陷。本案原告的烫伤事故，完全是原告的监护人之过错所导致。原告监护人没有按照产品的中文说明书中所示使用方法操作，也没有将原告置于一个安全的位置，疏忽大意，才是原告被烫伤的真正原因。故此，原告的诉求缺乏事实和法律的依据，不应得到法院的支持。

被告丽婴房公司辩称：本案所涉产品确系其在被告第一八佰伴公司设柜销售，但是该产品并不存在设计缺陷和指示缺陷。判断一个产品是否存在缺陷，应当以使用者正确使用产品，至少是遵守了基本的操作步骤为前提。原告遭烫伤系原告的家人严重违反操作规程以及未对原告尽到监护义务所致。故此，不同意原告的诉讼请求。

被告第一八佰伴公司辩称：涉案产品确系其出售，但该产品并不存在缺陷。原告的监护人未遵守基本的操作规程、疏忽大意才是导致原告被烫伤的原因。被告已经尽到了告知义务，不存在过错。而且，原告提出的后续治疗费、整容费、精神损害赔偿等均缺乏依据。故此，不同意原告的诉讼请求。

裁判结果

上海市浦东新区人民法院依照《中华人民共和国产品质量法》第 46 条之规定，判决如下：原告武某的诉讼请求不予以支持。本案案件受理费人民币 6347 元（原告已预交），由原告武某承担。

一审宣判后，原告和三被告均未提起上诉。

裁判理由

上海市浦东新区人民法院认为：生产者承担产品责任的前提是产品存在缺陷，同时该缺陷与损害具有因果关系。所谓缺陷，是指产品存在危及人身、他人财产安全的不合理的危险。本案所涉奶瓶消毒盒，其工作原理为通过微波炉加热盒内给水盘的水，使之产生高温水蒸气，以达到消毒的效果。经过加热的消毒盒在一段时间内尚处于高温状态，此时该消毒盒无疑存在一定的危险，但该危险是消毒盒达到其功能的必然结果，故属于合理的危险。作为本身具有一定合理危险的产品，其使用规程具有相当之重要性，判断其是否存在缺陷不能与使用规程相分离，尤其是不能与防范危险转化为现实的基本规程相分离。本案所涉消毒盒的中文说明书，明确指示了两个重要的操作步骤：一是要求消毒后消毒盒继续置于微波炉内一段时间等待冷却，二是要求将消毒盒放在水平面上，打开放水栓并倾斜盒身将残积的水放出。且该两个操作步骤均作了防烫警示。同时，中文说明书注意事项部分还对从微波炉中取出消毒盒时一定要保持水平作了专门提示。上述操作步骤和注意事项提示，系为防止烫伤事件发生而设定的关键的也是基本的使用规程，而且操作起来并无难度。使用者应当遵守产品的基本使用规程，是生产者合理的期待；对生产者在产品设计方面是否已经尽到足够的审慎注意义务的衡量，不能脱离这一合理期待。本案所涉奶瓶消毒盒在结构设计上，通过给水盘与奶瓶架、奶瓶、盒盖、盒体内底侧的凸起物的空间位置关系、给水盘本身的形状、消毒盒盒身的弧度部分、盒盖与盒身的重量比较、支点位置等等设计细节，已经足以保障在使用者基本遵守使用规程的前提下不会发生烫伤的危险。故此，法院认定，本案所涉产品并无生产设计上的缺陷。本案所涉消毒盒的中文产品说明书，已经通过文字结合图示的方法，对产品的结构、使用步骤、注意事项作了明确的说明。一个正常的成年人，通过参阅该中文说明书，已经足以安全驾驭、使用该产品。原告的家人在原告烫伤前的长达 21 个月的时间内，遵守了中文说明书的要求使用该产品，故未发生任何问题，便是明证。中文说明书对于使用该消毒盒的成年人亦多次提出防烫的警示，而让缺乏认知能力的幼儿远离高温状态下的该消毒盒，为一个正常成年人没有理由不知晓的常识。说明书中有否“勿让儿童靠近”的警示语，并不构成一个正常成年人尽到该项注意义务的依赖。故此，日文说明书中关于“勿让儿童靠近”的警示语在中文说明书中未出现，只能说明日文说明书更加完善，但不能即得出中文说明书存在指示缺陷的结论。故此，法院认定本案所涉产品无指示上的缺陷。被告贝亲株式会社还生产有另一种型号的奶瓶消毒盒，但该产品为其新开发的类型，与本案所涉产品有很大的差异，而非对本案所涉产品的纠正。该新产品的存在，并不构成本案所涉产品存在缺陷的证明。

综上所述，本案所涉产品并不存在我国《产品质量法》第46条所规定的缺陷。原告之所以被烫伤，是因为事故当日原告的家人未遵守奶瓶消毒盒的基本操作步骤，而且也没有尽到监护的注意义务所致。该事故的发生，与三被告无法律上的因果关系。故此，原告要求三被告承担产品责任，缺乏事实和法律的依据，法院难以支持。

131. 汽车自燃案件是否应以产品侵权责任纠纷处理?

《民法通则》第122条规定：因产品质量不合格造成他人财产、人身损害的，产品制造者、销售者应当依法承担民事责任。这里所称“他人”系指产品制造者、销售者以外的公民、法人或其他组织；“他人财产”系指所有因产品质量不合格而遭受损害的财产，也包括受损害的产品本身。生产者应当对因产品存在缺陷而造成的缺陷产品本身的损害承担侵权赔偿责任，这是法律规定的应有之意，因此，对于汽车自燃案件，法院应允许受害人向生产者主张产品侵权责任。

132. 汽车自燃能否认定为产品缺陷?

本案系汽车在正常停驶状态下发生燃烧，经消防部门认定火灾原因不明，因该车的使用时间仅一年多，尚在整车质量担保期内，根据逻辑推理和日常生活经验，可合理排除该车燃烧系由外界原因或使用不当引起，从而推定系由自身缺陷造成。

典型疑难案件参考

祁庆民诉上海大众汽车有限公司产品责任纠纷案

基本案情

2003年4月29日，祁庆民以272000元的价格购买了上海大众公司生产的帕萨特SVW7183DJI型小轿车一辆，车主为祁庆民。2004年7月12日13时30

分，祁庆民驾驶该车辆行至北京市大兴区鹿海园小区东侧后停车，关闭车辆后去马路对面电话亭打电话时，发现车前机盖处冒烟起火，遂拨打119火警。15分钟后消防人员赶到将火扑灭，但车辆前部发动机及其线路已烧毁。2004年7月13日，经北京市公安局消防局大兴消防监督处对火灾原因进行认定，结论为：原因不明。另查，中国人民财产保险股份有限公司北京市丰台支公司依据保险合同及双方协议，已赔偿祁庆民损失204400元，同时负责保管事故车辆的残值。上海大众帕萨特汽车使用维护说明书中注明："整车质量担保：非出租车辆为两年或行驶里程六万公里，出租车辆为一年或行驶里程十万公里。时间数和公里数两者以先到达者为准。"

一审诉辩情况

原告诉称：原告于2003年4月29日购买了上海大众公司生产的帕萨特SVW7183DJI型小轿车一辆。该车于2004年7月12日13时30分，在停驶时冒烟起火，整车基本报废。由于原告没有任何违法操作行为，故要求上海大众公司对保险公司未赔偿的部分承担产品质量责任，赔偿汽车损失67600元、汽车附加费损失27200元及其他损失20000元，并承担诉讼费用。

被告辩称：祁庆民提出侵权损害赔偿缺乏事实依据，其已获得保险赔偿金，同时向保险公司转让了对保险标的物享有的权利，故无权再向被告索赔。保险公司以自燃险理赔与确定本案车辆起火责任无关，故不同意祁庆民的诉讼请求。

一审裁判结果

北京市大兴区人民法院依照《中华人民共和国民事诉讼法》第64条第1款之规定，作出如下判决：驳回原告祁庆民的诉讼请求。案件受理费3806元，由原告祁庆民负担。

一审裁判理由

北京市大兴区人民法院认为：当事人对自己的主张，有责任提供证据。祁庆民应先就上海大众公司生产的汽车存在缺陷承担举证责任，然后由上海大众公司就法律规定的免责事由承担举证责任。本案在审理过程中，祁庆民既未提供证据证明上海大众公司生产的汽车存在缺陷，也未在法院释明后，提出对事故车辆自燃的原因进行鉴定，故对其诉讼请求，因无事实和法律依据，不予支持。

二审诉辩情况

一审宣判后，原告不服提出上诉。上诉人诉称：原审法院举证责任分配有误，厂家应承担违约责任和产品缺陷致人损害的侵权赔偿责任。请求二审法院依法改判。

被上诉人辩称：同意原判。

二审裁判结果

北京市第一中级人民法院依据《中华人民共和国产品质量法》第 26 条、第 41 条、第 43 条、第 46 条，《中华人民共和国民事诉讼法》第 153 条第 1 款第 2 项之规定，作出如下判决：

一、撤销北京市大兴区人民法院〔2005〕大民初字第 6071 号民事判决；

二、上海大众汽车有限公司于本判决生效之日起 10 日内赔偿祁庆民车辆损失 35867 元；

三、驳回祁庆民的其他上诉请求。

一审案件受理费 3806 元，由祁庆民负担 2537 元，上海大众汽车有限公司负担 1269 元；二审案件受理费 3806 元，由祁庆民负担 2537 元，上海大众汽车有限公司负担 1269 元。

二审裁判理由

二审法院审理查明的事实、认定的证据与一审一致。

北京市第一中级人民法院认为：根据查明事实，祁庆民购买的帕萨特车在正常停驶状态下发生燃烧，经消防部门认定火灾原因不明。现因无证据证明车辆燃烧是外界人为原因或祁庆民使用不当所致，加之该车尚在整车质量保证期内，上海大众亦未能举证证明祁庆民曾对该车进行过不当修理，可以表明该车存在不合理的危及人身、财产安全的危险，即存在产品质量缺陷。依据最高人民法院《关于民事诉讼证据的若干规定》第 4 条关于“因缺陷产品致人损害的侵权诉讼，由产品的生产者就法律规定的免责事由承担举证责任”的规定，上海大众公司应就法律规定的免责事由承担举证责任，现因其未能举证，即应承担举证不能的不利后果，承担相应的民事赔偿责任。祁庆民要求上海大众公司承担侵权赔偿责任的上诉请求成立，具体赔偿数额应以车辆原价为基数，按照车辆的十年使用期限，扣除使用了一年零二个月的折旧费及保险公司已赔付的数额确定，即 272000 元 ÷ 120 ×（120 − 14）− 204400 元 = 35867 元。

综上所述，祁庆民的部分上诉请求和上诉理由，具备事实和法律依据，应予支持。原审法院认定事实清楚，但适用法律有误，应予纠正。

133. 因产品质量不合格引发的纠纷是否属于产品责任纠纷？

产品责任纠纷系指因产品存在缺陷造成人身、财产损害而引发的纠纷，因此，因产品质量不合格引发的纠纷属于买卖合同纠纷，不属于产品责任纠纷。

134. 确定案由是当事人的权利，还是法院的职责？

确定案由属于法院审判权的范畴，而非当事人的处分权，对原告的起诉案由，法院应予以审查。

典型疑难案件参考

北京卅州鑫磊建筑砌块有限公司诉漳州市芗城科辉市政工程机械有限公司产品责任纠纷案

基本案情

卅州公司与科辉公司于2005年2月1日签订购销合同，约定：卅州公司（需方）自科辉公司（供方）购买砌块成型机一台，价款32万元，供方代办运输，需方负担运费；需方在合同签订后支付货款的30%作为定金，发货前再支付货款的60%，余款10%在设备安调并运转出样品后一次性付清。合同中未明确约定履行地点和交货地点。

一审诉辩情况

原告诉称：原告向科辉公司购买的设备在安装调试的第一天便发生故障，此后由科辉公司数次更换配件和修理，但仍无法正常使用，致使原告的生产完全停止，准备工作全部作废，给原告造成严重的经济损失。损失包括：原告为使用该设备而专门购置的配套部件（价值201400元），租用土地100000元，购买原材料253000元，人工投入216480元，木托架29760元，利息损失12000元，丧失可得利益1640000元。依照《中华人民共和国产品质量法》第41条的规定："因产品存在缺陷，造成人身、缺陷产品以外的其他财产损害的，生产者应当承担赔偿责任。"原告要求退还设备，判令科辉公司退还货款，赔偿经济损失2572640元。

科辉公司在提交答辩状期间对管辖权提出异议，理由如下：

本案案由应为“买卖合同纠纷”而非“产品责任纠纷”；根据《民事诉讼法》第24条规定“因合同纠纷提起的诉讼，由被告住所地或者合同履行地人民法院管辖”和最高人民法院《关于在确定经济纠纷案件管辖中如何确定购销合同履行地问题的规定》第1条和第3条规定：“当事人在合同中明确约定履行地点的，以约定的履行地点为合同履行地。当事人在合同中未明确约定履行地点的，以约定的交货地点为合同履行地。合同中约定的货物到达地、到站地、验收地、安装调试地等，均不应视为合同履行地；当事人在合同中对履行地点、交货地点未作约定或约定不明确的，或者虽有约定但未实际交付货物，且当事人双方住所地均不在合同约定的履行地，以及口头购销合同纠纷案件，均不依履行地确定案件管辖。”由于涉案购销合同的签订地为被告住所地，该合同对于履行地点、交货地点未作明确约定，因此根据上述规定，本案应由被告住所地法院管辖。

一审裁判结果

北京市第二中级人民法院依照《中华人民共和国民事诉讼法》第29条，最高人民法院《关于适用〈中华人民共和国民事诉讼法〉若干问题的意见》第29条之规定，裁定如下：

被告漳州市芗城科辉市政工程机械有限公司对管辖权提出的异议成立，本案移送福建省漳州市芗城区人民法院处理。

一审裁判理由

北京市第二中级人民法院认为：原告坚持按产品责任案由起诉，因产品责任属特殊侵权纠纷，故该案应由产品制造地、产品销售地、侵权行为地或被告住所地人民法院管辖。现原告无证据证明其购买被告的混凝土砌块成型机后，存在该产品因缺陷造成他人财产、人身损害等侵权行为，故原告要求本院审理该案，缺乏法律依据，该案应由混凝土砌块成型机的制造地、销售地、被告住所地所属人民法院即福建省漳州市芗城区人民法院管辖。

二审诉辩情况

一审作出裁定后，卅州公司不服，向北京市高级人民法院提起上诉。

卅州公司上诉称：科辉公司作为产品的生产者和销售者，构成了产品缺陷致人损害的侵权行为，这一侵权行为的实施地和损害结果发生地均在北京，因此原审法院对本案有管辖权。原审裁定认定事实是错误的，因此上诉要求：撤销原裁定，确定原审法院有管辖权。

科辉公司答辩称：一审裁定正确，应驳回卅州公司上诉。

二审裁判结果

北京市高级人民法院依照《中华人民共和国民事诉讼法》第 154 条之规定，裁定如下：

驳回上诉，维持原裁定。

二审裁判理由

二审查明事实与一审一致。

北京市高级人民法院经审查认为：本案系上诉人以产品责任纠纷为案由提起的侵权之诉。产品责任是因产品有缺陷造成他人财产、人身损害，产品制造者、销售者所应承担的民事责任，不包括产品质量不合格引起的不适当履行合同的责任。根据《中华人民共和国产品质量法》第 34 条的规定，缺陷是指产品存在危及人身、他人财产安全的不合理的危险或产品不符合保障人体健康，人身、财产安全的国家标准、行业标准。卅州公司的起诉事实和理由及其提交的证据，不能证明其所购设备因产品有缺陷造成其人身财产损害，因此，其以北京系侵权行为地，要求确定原审法院有管辖权的上诉请求本院不能予以支持。双方之间的争议应为合同纠纷，根据我国《民事诉讼法》第 24 条的规定，应由被告住所地或合同履行地的人民法院管辖。由于双方在购销合同中未明确约定履行地点和交货地点，因此，根据最高人民法院《关于在确定经济纠纷案件管辖中如何确定购销合同履行地问题的规定》的有关规定，本案应由被告住所地人民法院管辖。原审法院裁定将本案移送至福建省漳州市芗城区人民法院处理，并无不当，应予维持。

135. 经批准的成品药在生产、销售一定时期后，因被检测出对人体的有害作用而被国家有关机关认定为违禁药品。在此之前，该药品致人损害的责任应由谁来承担？

若根据产品质量法，以系争药品在投入流通时的科学技术尚不能发现存在缺陷为由，判决生产者和销售者免责，显失公平。鉴于患者的死亡与系争药品有直接的因果关系，且系争药品的生产者和销售者均因生产、销售该药品而获利，应根据《民法通则》第 132 条判决系争药品的生产者和销售者承担相应的民事责任。

典型疑难案件参考

方加堂等诉宜昌德仁堂医药零售连锁有限公司胜利一路连锁店、内蒙古五原九郡药业有限公司药品侵权纠纷案

基本案情

2003年1月4日，方立平在被告德仁堂胜利一路连锁店（原湖北省中药材公司宜昌采购批发站德仁堂第二药店）购买被告内蒙古五原九郡药业有限公司生产的“分清五淋丸”4盒，40小包。方立平按照说明每日两次、每次一包服用，2天后出现腹泻，继续服药至2003年1月20日。到1月24日除腹泻照常外，腹痛加剧，1月27日因腹痛难忍就诊于宜昌市中心医院，以腹痛待查收住院。以出血性肠炎、药物损害、多脏器功能障碍为出院诊断，方立平于2003年1月29日转入武汉大学中南医院ICU病房治疗，经抗纤溶、补充血小板、输血、血透析等多方治疗仍未能好转，多脏器功能障碍、抢救无效，于2003年2月14日下午6时50分宣布死亡。2003年2月19日，武汉大学中南医院和死者家属共同委托湖北同济法医学司法鉴定中心对死者方立平的尸体进行了解剖检验，该中心于2003年3月9日出具同济法医病理〔2003〕F.024号法医病理学检验鉴定书，认为：(1) 根据尸体解剖和主要内脏法医病理学检查结果，结合临床记录死亡发生经过综合分析，其直接死因主要是双肺广泛出血实变导致的急性缺氧窒息。(2) 结合血液检查结果、血小板明显减少、3P试验多次阳性、皮肤多发性淤斑和肺等器官出血的病变分析，DIC可以诊断，肺出血的原因为DIC。(3) 实体剖验所见最主要和明显的病变及临床症状体征符合急性出血坏死性小肠炎的特点，且其病变严重，持续时间长，继发急性肾衰、急性水肿性胰腺炎等多器官功能损害和DIC的发生，分析其是根本原因。(4) 急性出血坏死性小肠炎的发病原因尚不完全清楚。其最初发病与口服“分清五淋丸”有密切联系；“分清五淋丸”的主要成分关木通也被认为能引起肾脏损伤和肾功能的损害而被禁用，但其是否就是急性出血坏死性小肠炎的发病原因，尸检病理检查不能确定，必要时可结合药物分析结果和请临床专家讨论结论。鉴定结论为：方立平主要系急性出血坏死性小肠炎继发多器官功能衰竭和DIC，最后死于双肺严重出血导致的急性窒息。2003年2月9日，宜昌市药品检验所接到举报后到被告德仁堂胜利一路连锁店调查并封存了方立平所购批次（批号为20021103）的“分清五淋丸”，送往湖北省药品检验所进行了检验，2003年3月7日，该所出具2003药002药品检验报告书，结论为：本品按对小鼠按12G/KG（给药量相当于临床用药的40倍）剂量，经连续给药，连续观察

7 天，试验小鼠未发现异常。被告内蒙古五原九郡药业有限公司提供的内蒙古自治区药品检验所的检验报告书载明，批号为 20021103 的“分清五淋丸”，按照《中华人民共和国药典》2000 年版一部检验，结果符合规定。经原告申请，法院委托湖北同济法医学司法鉴定中心对方立平的死亡与服用诉讼中被告内蒙古五原九郡药业有限公司生产的“分清五淋丸”有无因果关系进行了鉴定，该中心同济法医〔2006〕FI. 04 号法医学鉴定报告载明：根据文证审核结果，结合文献及临床专家意见：死者方立平系急性关木通中毒致中毒性急性肾小管坏死（中毒性肾病）基础上因发生急性肾功能衰竭，并发急性出血坏死性小肠炎和 DIC 而死于多器官功能衰竭。服用“分清五淋丸”与死者方立平死亡有直接因果关系。

方立平在武汉大学中南医院就诊治疗，产生医疗费 15936.86 元，尸检费 5000 元，运尸费 10000 元，住院治疗期间的住宿费 5140 元、交通费 1340 元，为诉讼产生交通费 383 元、住宿费 100 元、打印费 25 元、鉴定费 7000 元。

方立平与周赛梅于 1994 年 10 月经人民法院判决离婚，婚生子即原告方仁洪由方立平抚养。原告方加堂、于连云系方立平父母，共育有五个子女。

国家药品监督管理局 1999 年 11 月 1 日发文，决定从 2000 年 1 月 1 日起在全国逐步推行药品分类制度。《中华人民共和国药典》2000 年版一部中载明，“分清五淋丸”由关木通及其他共 14 味中药制成。至 2003 年 4 月 1 日，国家药品监督管理局下发国药监注〔2003〕121 号“关于取消关木通药用标准的通知”，决定取消关木通的药用标准。被告内蒙古五原九郡药业有限公司生产的“分清五淋丸”于 2002 年 6 月 21 日经国家药品监督管理局批准换发批准文号为国药准字 Z15020036。2004 年 2 月 18 日，国家食品药品监督管理局下发国食药监市〔2004〕41 号《关于加强对 2003 年违法发布药品广告情节严重的企业及品种监督管理的通知》中确认，被告内蒙古五原九郡药业有限公司 2003 年违法发布“分清五淋丸”药品广告 15 次。

一审诉辩情况

原告方加堂、于连云、方仁洪诉称：2003 年方立平在被告德仁堂第二药店购买由被告内蒙古五原九郡药业有限公司生产的“分清五淋丸”三盒，获赠一盒。方立平服药后出现腹泻、腹痛等不良反应。2003 年 1 月 27 日因腹痛加剧就诊于宜昌市第一人民医院，后因病情加重，转入武汉大学中南医院治疗，于 2003 年 2 月 14 日死亡。方立平死亡后，湖北同济法医学司法鉴定中心对死因进行了法医病理学检验，其结论是：方立平的死亡与其口服的“分清五淋丸”有密切联系，“分清五淋丸”中的主要成分关木通因会造成肝脏和肾功能损害而被禁用。原告认为，被告内蒙古五原九郡药业有限公司生产、被告德仁堂胜利一路连锁店销售的药品存在质量瑕疵，并导致方立平死亡，应赔偿因此给原告造成的各项损失，特请求判令二被告赔偿原告各项损失共计 329643.86 元并承担本案诉讼费。

被告德仁堂胜利一路连锁店辩称：三名原告起诉被告并无法律依据，本案的案由是产品责任纠纷，但就原告提供的证据来看，并无证据证明被告的产品存在不合格的质量问题，作为销售者，依据我国《产品质量法》，不应承担民事责任。故请求驳回原告对被告的诉讼请求。

被告内蒙古五原九郡药业有限公司辩称：被告生产的药品是经过检验的合格产品，不存在原告所述的瑕疵问题，法医学鉴定结论中并无“死者死亡与分清五淋丸有密切关系”的表述，请求法院驳回原告对被告的诉讼请求。

一审裁判结果

一审法院依照《中华人民共和国民法通则》第 132 条的规定，经法院审判委员会讨论并决定，判决如下：

一、被告内蒙古五原九郡药业有限公司在本判决生效之日起 15 日内赔偿原告方加堂、于连云、方仁洪各项损失共计 236596.41 元的 60% 即 141957.85 元；

二、被告宜昌德仁堂医药零售连锁有限公司胜利一路连锁店在本判决生效之日起 15 日内赔偿原告方加堂、于连云、方仁洪各项损失共计 236596.41 元的 10% 即 23659.64 元；

三、驳回原告方加堂、于连云、方仁洪的其他诉讼请求。

本案案件受理费 7823 元、其他诉讼费 2347 元，合计 10170 元，由原告方加堂、于连云、方仁洪负担 3051 元，由被告宜昌德仁堂医药零售连锁有限公司胜利一路连锁店负担 1017 元，由被告内蒙古五原九郡药业有限公司负担 6102 元。

一审裁判理由

一审法院认为，本案争议的焦点是方立平的死亡与服用被告生产销售的“分清五淋丸”的因果关系及原国家准许生产销售的合格产品在事发后对其中的成分禁用是否应承担相应的民事责任。

1. 方立平的死亡与服用“分清五淋丸”之间的因果关系根据方立平死亡后的尸检报告及法院委托湖北同济法医学鉴定中心的法医学鉴定报告的结论，可以认定方立平的死亡与服用“分清五淋丸”有直接的因果关系。被告内蒙古五原九郡药业有限公司认为该鉴定报告的委托程序违法，因该案原为简易程序审理，在审理过程中发现案情复杂，法院于2005年3月10日转为普通程序进行审理，并重新指定了举证期限为2005年3月30日。原告在2005年3月23日向法院提出鉴定申请，符合最高人民法院《关于民事诉讼证据的若干规定》的规定，故被告内蒙古五原九郡药业有限公司认为委托程序违法的抗辩理由法院不予支持。对被告提出的超期委托鉴定的异议，在法院同意原告的鉴定申请后，即由法院司法鉴定科到相关部门进行咨询，并委托了相关的几个部门，均答复要由原尸检单位进行，故法院才委托给湖北同济法医学司法鉴定中心进行鉴定，该异议亦不能成立。被告内蒙古五原九郡药业有限公司对该鉴定提出异议，但没有提出其他反证，亦没有提出重新鉴定的申请，故法院对该鉴定予以采信，作为有效证据予以认定。

2. 关于民事责任问题

（1）生产者的责任问题。根据《中华人民共和国产品质量法》第41条的规定，因产品存在缺陷造成人身、缺陷产品以外的其他财产损害的，生产者应当承担赔偿责任。同时规定，将产品投入流通时的科学技术水平尚不能发现缺陷的存在的，生产者可以不承担赔偿责任。按照上述规定，生产者可不承担责任。

（2）销售者的责任问题。被告德仁堂胜利一路连锁店是“分清五淋丸”的销售者，事发当时，根据湖北省药检部门的检验及被告内蒙古五原九郡药业有限公司提交的内蒙古药监部门对出厂的同批次药物的检验报告，该批次的药物在当时的科学技术水平下，系符合国家药典规定的合格产品，并非销售不合格的药物，故依照《中华人民共和国产品质量法》第42条第1款的规定，被告德仁堂胜利一路连锁店没有过错，不应承担责任。

对于原告提出的被告德仁堂胜利一路连锁店出卖处方药没有凭医生处方，违反处方药与非处方药分类管理的规定，应承担民事责任的诉讼请求，虽然国家自2000年就已经开始进行处方药与非处方药的分类管理工作，但这是一个分步推进的过程，在方立平购药期间，除麻醉药品、精神药品、医疗用毒性药品、注射性药品以及戒毒药品外，其余药品消费者可以持方购买或直接购买。而且，《处方药与非处方药分类管理办法》系部门规章，被告德仁堂胜利一路连锁店的行为虽不符合该规定，但并未违反法律法规的禁止性规定。

（3）本案中，两被告虽非故意或过失，但是，经前后两次的鉴定，均认为方立平的死亡与服用被告内蒙古五原九郡药业有限公司生产及被告德仁堂胜利一路连锁店销售的“分清五淋丸”有直接的因果关系，并以此获利，鉴于原告的实际损失及事实，根据《中华人民共和国民法通则》第132条的规定，由两被告按公平责任承担相应的民事责任。

3. 原告损失的认定

医药费 159365.86 元、误工费（5340 ÷365 ×15）219.45 元、住院伙食补助费（15 ×15）225 元、丧葬费（10692 ÷2）5346 元、尸检费 5000 元、被抚养人生活费（原告方仁洪 1 年 ×1802 ÷2 =901 元、方加堂 6 年 ×1802 ÷5 =2162.40 元、于连云 10 年 ×1802 ÷5 =3604 元）6667.10 元、死亡赔偿金（2567 ×20）51340 元、鉴定费 7000 元，交通费中的飞机票费用不符合相关规定，法院酌情认定 683 元；住宿费亦过高，法院酌定 750 元，上述共计 236596.41 元。护理费因原告未提供相关医院的证明，该请求不予支持，运尸费不符合规定，法院亦不予支持。对于精神损害赔偿金，因被告的行为并非故意，故对原告的该项诉讼请求，法院不予支持。

二审诉辩情况

德仁堂胜利一路连锁店不服判决上诉称：(1) 原判决认定事实不清。一审中，被上诉人是以产品质量为由主张赔偿，但原审法院却以人身损害赔偿确定案由进行审理和判决，故原判决错误。(2) 一审判决适用法律不当。本案应依照《中华人民共和国产品质量法》和有关药品生产、销售的法律、法规以及相关的行政规章进行裁判。由于上诉人在本案中无过错，适用上述法律，不应承担赔偿责任。原判决适用《中华人民共和国民法通则》第 132 条的规定判决上诉人承担赔偿责任，属错误判决。请求二审法院撤销原判，予以改判。

方加堂、丁连云、方仁洪辩称：原判决认定事实清楚，证据充分，适用法律正确，请求二审法院予以维持。

内蒙古九郡药业公司述称：原审认定事实不清，适用公平原则处理本案错误。

二审裁判结果

二审法院依照《中华人民共和国民事诉讼法》第 153 条第 1 款第 1 项之规定，判决如下：

驳回上诉，维持原判。

二审案件诉讼费 7823 元，由宜昌德仁堂医药零售连锁有限公司胜利一路连锁店负担。

二审裁判理由

二审法院认为：(1) 人民法院确定民事案件案由时，是以法庭查明的当事人之间实际存在的法律关系作为确定案由的依据。本案中，一审法院根据庭审查明的事实确定本案案由为人身损害赔偿纠纷并无不当。(2)本案中上诉人虽无法定应当承担民事责任的过错，但被上诉人的亲属是在实施有利于上诉人获利的行为时使自己的人身权益受到损害。根据最高人民法院《关于贯彻执行〈中华人民共和国民法通则〉若干问题的意见（试行)》第157条“当事人对造成损害均无过错，但一方是在为对方的利益或者共同的利益受到损害的，可以责令对方或受益人给予一定的经济补偿。”的规定，上诉人应当给予被上诉人一定的经济补偿，原判决从考虑双方当事人之间的利益平衡出发，根据公平责任原则判决上诉人给予被上诉人一定的经济损失是正确的。原判决事实清楚，适用法律正确，程序合法。

136. 缺陷产品损害赔偿纠纷案件的举证责任如何分配？

缺陷产品损害赔偿纠纷案件中，产品存在缺陷的举证责任和法定免责事由的举证责任相互独立。受害人应对产品缺陷引发侵权后果举证，而缺陷产品的生产者或销售者则可通过举证证明存在免责事由而免责。举证过程中，有证据证明一方当事人持有证据无正当理由拒不提供，如果对方当事人主张该证据的内容不利于证据持有人，可以推定该主张成立。涉外侵权案件，人身损害赔偿相关项目应以侵权行为地的基础标准计算具体赔偿数额。

典型疑难案件参考

黄小玲诉中山华帝燃具股份有限公司人身损害赔偿纠纷案

基本案情

2004年3月7日凌晨1时15分左右，黄小玲在广州市先烈中路104号412房（其弟黄强家）洗澡期间，当打开热水器准备搓洗毛巾时，突然发生煤气爆炸，黄小玲被烧伤，随后其被送往广州市红十字会医院住院治疗。当日11时30分，黄小玲的亲属即以使用的“华帝”牌热水器发生爆炸为由向公安机关报警。8日，黄小玲的母亲杨绮文向其投保的中国人民财产保险股份有限公司广州市分公司报案，该公司遂派员到现场勘查。勘查情况为：“见浴室1扇玻璃门已被爆炸碎裂，浴室内1块塑料拉布已烧净不见，有部分残留碎塑料，厨房墙体瓷片震裂。经查热水器为：华帝牌5.5升燃气快速热水器。”黄小玲洗澡使用的热水器是其弟黄强于1997年11月9日购买的由华帝公司生产的华帝牌5.5升燃气快速热水器。11月9日下午，华帝公司向黄小玲家属支付了2000元，并拆走了该热水器。11月10日，黄小玲的弟弟黄强与华帝公司代表签订了“关于黄小玲女士因冲凉被烧伤事件的经过和双方处理意见”，内容为：2004年3月7日凌晨一点钟左右，黄小玲在其弟弟黄强家中使用“华帝”牌5.5升热水器冲凉时，发生意外事故。事故造成黄小玲被烧伤并入院救治，现黄小玲女士仍在医院住院治疗。事故发生后，热水器生产厂家高度重视，并积极和当事人家属协商解决办法。热水器及相关产品没有进行检测，事故原因也没有进行权威鉴定。现热水器厂家及当事人家属一致对以上事实予以确认，并就此事件的解决在不分责任的前提下达成以下意见：(1) 为不影响当事人家属正常生活，双方同意将热水器产品拆除由厂家带回，同时厂家无偿为黄强家更换一台电热水器，以供其家人正常生活使用。(2) 双方均同意待当事人黄小玲完全治疗康复后，再就当事人因此事件而产生的医疗费共同协商费用承担方式和解决方案。(3) 双方均同意在以后对此事件的处理过程中，保持共同承担责任，相互理解的原则处理此事故。

2004年4月1日，黄小玲出院，共住院26天。医院诊断：全身火焰烧伤28%Ⅱ（18%Ⅱ深，10%Ⅱ浅）。出院医嘱：(1) 双下肢、左侧腰背部创面较深，估计疤痕增生明显，注意防止疤痕过度增生及影响关节活动。(2) 功能锻炼、定期门诊复查。(3) 营养支持治疗。为此，黄小玲支付了医疗费35460.92元。事后，华帝公司两次向黄小玲支付了医疗费合计15000元。

2004年6月21日，中山大学法医鉴定中心根据黄小玲的委托作出司法鉴定：黄小玲身体大面积疤痕符合高温作用所致，由于疤痕面积广，疤痕粗糙不平，故严重影响肢体活动。目前损伤程度按照《道路交通事故受伤人员伤残评定》4.7.10条款，属伤残七级。此后双方因对黄小玲烧伤事故的原因及赔偿数额不能达成一致，黄小玲遂提起诉讼。

一审裁判结果

广州市东山区人民法院根据《中华人民共和国民法通则》第106条第2款、第119条、第134条第7项，最高人民法院《关于审理人身损害赔偿案件适用法律若干问题的解释》第17条第1款、第19条、第22条、第24条、第25条的规定，于2005年1月31日作出判决：

一、被告中山华帝燃具股份有限公司在本判决发生法律效力之日起7日内，一次性赔偿原告黄小玲58925.44元（医疗费35460.92元，交通费115元，住院伙食补助费750元，残疾赔偿金71904元，法医鉴定费235元，合计

108464.92 元的 70% 即 75925.44 元，再扣除被告已支付的 17000 元）；

二、驳回原告黄小玲要求被告中山华帝燃具股份有限公司赔偿误工费、护理费、营养费、精神损害抚慰金的诉讼请求。

一审裁判理由

广州市东山区人民法院认为：黄小玲主张其受伤的原因是华帝公司生产的热水器使用时发生爆炸，对此华帝公司予以否认，但华帝公司作为热水器的生产厂家在知悉事故发生后，并未对事故中的热水器进行相关的技术鉴定，反而将热水器拆除带走并给予黄小玲一定金额的赔偿。华帝公司此做法明显违背行业常识，致使现无法确定事故的原因，故可推定黄小玲受伤是华帝公司所生产的热水器造成的。华帝公司应对黄小玲的损失承担赔偿责任。而黄小玲作为受损方，在事故原因未明的情况下同意华帝公司将热水器拆除，对法院无法查清事故的原因也应承担一定的责任，应相应减轻华帝公司的赔偿数额。对于华帝公司已付给黄小玲的 17000 元，黄小玲认为是慰问金没有证据证实，故应认定该款是华帝公司支付给黄小玲的医疗费。

对于黄小玲的请求，其中医疗费 35460.92 元有医院的单据为证，予以认定。误工费港币 3000 元，仅凭其妹黄小敏的证词不足以认定，不予采纳。护理费港币 8500 元，黄小玲虽提供了签章为“UH1 SPORT CHINA—HK1IMITED”公司的证明，但因该证明由在香港的公司所出具，没有履行相关的认证程序，不予采信。交通费 115 元，黄小玲提供了相关凭据，予以认定。住院伙食补助费 750 元符合法律的规定，予以支持。营养费 750 元没有法律依据，不予采纳。黄小玲被评定为七级伤残，其要求残疾赔偿金合法合理，但计算方法不当，应按法律的规定以 2003 年度道路交通事故损害赔偿计算标准中的年人平均生活费计算为 8988 元/年 ×20 年 ×40% =71904 元。后续治疗费 20000 元黄小玲称是用于其疤痕整形，但并未实际发生，黄小玲可待实际发生后另行起诉。法医鉴定费 235 元黄小玲提供有发票，予以认定。依照最高人民法院《关于确定民事侵权精神损害赔偿责任若干问题的解释》第 9 条的规定，致人残疾的，精神损害抚慰金为残疾赔偿金，由于前面已经支持了黄小玲残疾赔偿金的请求，黄小玲要求华帝公司支付精神损害抚慰金 32000 元的请求明显重复，不予支持。

二审诉辩情况

一审宣判后，当事人双方均不服，华帝公司上诉称：（1）黄小玲提交的证据不能证明是上诉人生产的热水器造成了她的损伤，原审法院认定是上诉人生产的热水器造成黄小玲的损伤依据不足。(2) 原审法院在“无法确定事故原因”的情形下，推定黄小玲受伤是上诉人生产的热水器造成的，没有法律依据。事实上，事故发生后，上诉人对黄小玲使用的热水器进行检测，结论表明该热水器各项指标正常。(3) 原审法院刻意回避黄小玲不当安装热水器的事实和黄小玲使用的直排式热水器属国家明令淘汰且已超过国家强制标准所规定的六年使用期限的规定，属事实认定不清，由此判令上诉人承担70%的赔偿责任不当。据此，华帝公司上诉请求：(1) 撤销广州市东山区人民法院〔2004〕东法民一初字第1436号民事判决，依法改判驳回黄小玲的诉讼请求。(2) 本案的诉讼费用由黄小玲承担。

黄小玲上诉称：(1) 热水器被华帝公司拆走保管，本案并未丧失查明事故原因的条件，本案事故原因不明系华帝公司毁灭证据所致，故华帝公司对此应承担全责。(2) 原审法院计算伤残赔偿金适用计算标准不当，其是香港居民，应参照香港的人均可支配收入9500元/月计算其残疾赔偿金。(3) 原审法院以没有履行认证程序为由不支持其护理费请求，无视其住院需有人护理的客观事实，严重不公，应予纠正。(4) 原审法院没有支持其精神损害赔偿金的请求，属于法律适用不当，应予纠正。(5) 原审法院不采信其妹妹的证词认定其误工费，依法也不应该完全驳回其关于误工费的请求。(6) 医院出院证明已经表明其需要加强营养，原审法院对此视而不见，不支持其营养费的请求不当。据此，黄小玲上诉请求：(1) 撤销广州市东山区人民法院〔2004〕东法民一初字第1436号民事判决。(2) 二审法院依法作出新的判决。(3) 由华帝公司承担本案的全部诉讼费。

二审裁判结果

广州市中级人民法院根据《中华人民共和国民事诉讼法》第153条第1款第2项、第3项的规定，判决如下：

一、撤销广州市东山区人民法院〔2004〕东法民一初字第1436号民事判决第二项；

二、变更广州市东山区人民法院〔2004〕东法民一初字第1436号民事判决第一项为：中山华帝燃具股份有限公司自本判决之日起7日内，一次性赔偿黄小玲医疗费35460.92元、交通费115元、住院伙食补助费750元、残疾赔偿金71904元、法医鉴定费235元、护理费780元、误工费459元、营养费750元，合计110453.92元（中山华帝燃具股份有限公司已支付的17000元在执行中扣除）；

三、驳回黄小玲的其他诉讼请求。

二审裁判理由

广州市中级人民法院认为：黄小玲在事故发生时所使用的热水器是华帝牌直排式热水器，由于直排式热水器在设计上存在的明显缺陷，导致热水器散发出来的可燃混合气体不能合理排出，容易在室内积存，并在遇火时产生燃烧爆炸等危险情况出现。因此，没有依据应由黄小玲承担热水器被取走的不利后果。原审法院以黄小玲同意华帝公司拆走热水器致本案事故原因无法查明为由，判决黄小玲自己承担30%的损失有违举证责任的分配，故二审法院予以纠正。由于华帝公司生产的直排式热水器存在明显缺陷已导致黄小玲身体大面积烧伤，造成七级伤残的严重后果，因此，华帝公司应赔偿黄小玲的全部损失。

关于残疾赔偿金问题，因黄小玲系香港特别行政区居民，其损害赔偿数额应按照国内城镇居民的相关标准计算，原审法院以广东省2003年度道路交通事故损害赔偿计算标准中的年人平均生活费计算黄小玲的残疾赔偿金（8988元/年×20年×40% =71904元）并无不当，二审法院予以维持。黄小玲上诉要求案按香港的人均可支配收入计算没有依据，二审法院不予支持。

关于黄小玲上诉提出的护理费一节，因黄小玲丈夫的薪金证明这一证据是在香港形成，依法应经过认证程序才具有证据效力，原审法院以其未经认证程序为由不予采信该证明正确，二审法院予以维持。鉴于黄小玲确有住院治疗的事实，且其伤情也表明其需要有人照顾护理，二审法院根据其住院时间结合医院一般护理费用标准，酌定其护理费为26天×30元/天=780元。关于误工费的计算，原审法院认为仅依据黄小玲之妹黄小敏的证词不足证实黄小玲的收入状况并无不当。然而，黄小玲受伤住院这一事实可以确认，其住院26天，作法医鉴定一天，故二审法院确认其误工时间为27天，参照广东省2003年度道路交通事故损害赔偿计算标准中劳动力人均年纯收入的标准，黄小玲的误工费计为27天×17元/天=459元。关于黄小玲上诉提出营养费的认定问题，因黄小玲身体大面积烧伤已是事实，其在医院的出院小结中已表明，其出院后需要加强营养支持治疗，原审法院在有此依据的情况下，不予支持黄小玲营养费的诉请不当，二审法院予以纠正。根据黄小玲的伤情，黄小玲诉请营养费750元合理，华帝公司应予赔偿。

至于精神损害赔偿的法律适用问题，因本案一审起诉发生在最高人民法院《关于审理人身损害赔偿案件适用法律若干问题的解释》生效实施之后，根据该法第31条的规定，精神损害抚慰金应与物质损害赔偿金应一次性支付。因此，黄小玲上诉要求赔偿精神损害抚慰金合法有据，二审法院予以支持。原审法院未支持黄小玲的精神损害赔偿不当，属适用法律错误，二审法院予以纠正。结合黄小玲的具体伤残情况，二审法院酌情确定华帝公司向黄小玲赔偿精神损害赔偿金20000元。综上所述，黄小玲上诉请求部分有理，二审法院予以支持；华帝公司上诉依据不足，二审法院不予支持。原审法院认定事实不清，法律适用存在不当，二审法院予以纠正。

137. 事先约定免除产品生产者和销售者的责任的协议是否有效？

人身安全是消费者的第一权利，也是法律保护的不可转让、不可放弃的权利。因产品质量缺陷造成人身伤害的，当事人之间预先约定免除产品生产者和销售者的责任的协议属于无效合同。

典型疑难案件参考

李雪花等诉河南省邓州市鸿发农机有限公司产品质量人身损害赔偿纠纷案

基本案情

2005年4月12日，高国印以郑铁鹏之名在被告鸿发公司购买豫洛红200P轮式拖拉机一台。2005年4月15日下午6时，高国印驾驶该车辆运输红砖，行至师岗镇郭营村时家组时，方向盘突然脱落，导致高国印甩离驾座着地致死。事故发生后，2005年4月23日豫洛红公司委托张定基、李其源二人与死者家属（即本案四原告）达成救助协议，协议内容如下："协议双方供认，2005年4月15日下午6时，高国印驾驶购买的豫洛红牌拖拉机拉砖行至内乡县师岗镇郭营村时家组时，由于路面高低不平，加上高国印驾驶技术不熟练，违规操作，突然车头与拖车折叠，导致高国印甩离驾座着地致死。该事故的发生与拖拉机产品质量无关。救助方为了感谢高国印使用其产品，从爱心角度给高国印家属施以经济救助。救助金额为肆万贰仟捌佰元整。若该事实刊登在报刊杂志上，受助方必须予以准允，否则受助方按违约退回救助方的救助款。"后张定基支付原告35000元。在处理事故期间，原告委托南阳市农机试验鉴定站对发生事故拖拉机进行鉴定，该站技术人员在对事故现场进行勘验和对脱落的方向盘进行技术分析后认为：方向盘的脱落原因是转向轴与辐轴的连接点焊接强度不够，导致断裂，引起方向盘脱落。

诉辩情况

原告诉称：2005 年 4 月 12 日，原告亲属高国印在被告鸿发公司购买豫洛红 200P 轮式拖拉机一台，2005 年 4 月 15 日下午 6 时，高国印驾驶该车运货时，方向盘突然脱落，发生事故，导致高国印死亡。事故发生后，原告要求被告及第三人予以赔偿，被告及第三人均以产品质量没有问题拒绝赔偿，只同意从爱心角度，给原告施以救助。后该方向盘经鉴定，发现存在严重的质量问题，为此，要求被告赔偿四原告因高国印死亡的死亡赔偿金、被抚养人生活费等共计 50000 元，在开庭时变更为 97637.62 元。

被告鸿发公司辩称：事故发生与原告驾驶不当有关，要求原告提供驾驶证。

第三人向本院邮寄答辩状辩称：一是追加豫洛红公司为第三人是错误的，方向盘系新乡获嘉县金星塑料制品有限公司制造，应通知其为第三人参加诉讼；二是 2005 年已与李雪花达成书面协议，协议确定该事故系道路原因和驾驶技术造成，与产品质量无关，第三人无过错，不应承担赔偿责任。

裁判结果

法院判决：

一、豫洛红公司赔偿死者家属各项经济损失共计 99617.03 元（含已支付的 35000 元）；

二、鸿发公司对上述款项负连带赔偿责任。

裁判理由

法院经审理认为：产品的生产者和销售者应当生产、销售合格的产品，生产销售不合格产品造成公民人身伤亡的，应当承担责任。本案受害者购买的拖拉机因质量存在问题发生事故，并造成死亡，作为产品销售者的鸿发公司和生产者的豫洛红公司均应当承担赔偿责任。鸿发公司提出事故原因是原告驾驶不当的辩称意见，缺乏证据支持，法院不予采纳。对于豫洛红公司提出应追加金星公司为第三人的请求，法院认为：因豫洛红公司作为产品生产者与其零部件供应者之间的供货合同纠纷与本案不属于同一法律关系，故法院对其该请求不予支持。对于豫洛红公司提出其已与死者家属达成的书面协议，协议确定该事故系道路原因和驾驶技术不熟练造成的，与质量无关，豫洛红公司无过错，不应承担赔偿责任的辩解意见，法院认为：虽然双方在协议中认为该事故的发生与产品质量无关，但经专业部门鉴定，该事故发生的直接原因是产品质量存在问题，且豫洛红公司对自己的该主张也无证据支持，故不能因双方订立的协议来否认拖拉机存在质量问题的客观事实。但豫洛红公司支付给死者家属的

35000 元，可视为已支付的部分赔偿款。

138. 在产品责任中，对于产品缺陷的证明问题，是否仍应实行“谁主张，谁举证”的原则？

受害人主张产品责任侵权损害赔偿，应证明产品存在导致人身和财产损害的产品缺陷。所谓产品缺陷，是指产品存在危及人身、财产的不合理危险。

139. 若产品缺陷已得到证明且不存在其他原因的情况下，是否可以推定事故与产品缺陷存在法律上的因果关系？

《民法通则》第 122 条规定：“因产品质量不合格造成他人财产、人身损害的，产品制造者、销售者应当依法承担民事责任”；《产品质量法》第 41 条规定：“因产品存在缺陷造成人身、缺陷产品以外的其他财产（以下简称他人财产）损害的，生产者应承担赔偿责任。生产者能够证明有下列情形之一的，不承担赔偿责任：（一）未将产品投入流通的；（二）产品投入流通时，引起损害的缺陷尚不存在的；（三）将产品投入流通时的科学技术水平尚不能发现缺陷的存在的。”最高人民法院《关于民事诉讼证据的若干规定》第 4 条第 6 项规定：“因缺陷产品致人损害的侵权诉讼，由产品的生产者就法律规定的免责事由承担举证责任。”根据上述法律及司法解释之规定，产品存在缺陷、使用缺陷产品导致损害以及产品缺陷与损害之间存在法律上的因果关系是产品责任的构成要件。因此，受害人如能证明产品存在缺陷、使用缺陷产品造成了损害以及缺陷产品与损害之间存在存在法律上的因果关系，则产品侵权责任得以确立；生产者则就法定免责事由举证，如不能证明免责事由存在，则应承担损害赔偿责任。所以，若产品缺陷已得到证明且不存在其他原因的情况下，不可以推定事故与产品缺陷存在法律上的因果关系，受害人必须证明缺陷产品与损害之间存在存在法律上的因果关系。

典型疑难案件参考

刘文红诉三菱汽车工业株式会社损害赔偿纠纷案

一审诉辩情况

原告刘文红诉称：2000年8月25日，原告在天津保税区购买三菱公司生产的帕杰罗V73越野车一辆，并于当日与陈平轮换驾驶该车驶回西安。26日凌晨行驶至开洛高速公路152Km+300m处，驾驶员陈平突然发现前方路面有一障碍物，立即刹车欲减速绕行，此时汽车制动系统突然发生故障，致使汽车失控冲出护栏翻入路边十几米的深沟内，造成车内四人（陈平、陈孟烨、刘文红、刘晨）严重受伤，车辆严重毁损。经巩义交警大队勘查，认定事故系陈平疲劳驾驶且遇情况采取措施不当所致。事故发生后，原告和陈平认为交警认定责任有误，将车委托运回西安，并及时与三菱公司联系，经双方磋商，一致同意委托西安汽车产品质量监督检验站对该辆三菱吉普车制动性能进行鉴定，鉴定结论证实该车制动系统出现故障，制动力台架实验未达国家标准。为此，陈平于2001年1月21日就事故责任认定提出申诉并提交鉴定报告，巩义交警大队经过对该事故进行再次调查处理，确认该起事故不是由任何一方当事人违章行为造成的。原告方认为事故是由于三菱公司生产的汽车制动系统存在缺陷所致，但经与三菱公司交涉，其拒不赔偿。三菱公司对该款V73越野车存在质量问题是明知的，其出售的行为存在欺诈的故意，故起诉要求三菱公司对原告购买的三菱越野车予以退货，并按照汽车价款双倍赔偿，退款110万元；赔偿原告医疗费、误工费、护理费、交通费及其他财产和经济损失计263 103.45元；一次性支付原告今后继续治疗费5万元，并赔偿精神损失费10万元。

被告三菱公司辩称：陈平驾驶的被告生产的汽车的制动系统并不存在质量问题，该车在事故前一天接受中华人民共和国出入境检验检疫行政机构的安全系统检测，检测结果为安全性能合格，该结论足以证明事故发生当时事故车制动系统良好。西安检验站的检验报告也未认定事故车制动系统存在缺陷，刘文红等以检验报告作为事故车制动系统未达中国国家标准而存在缺陷的根据属使用证据不当。本案交通事故发生原因系驾驶员陈平疲劳驾驶、采取避让措施不当。刘文红目前提供的证据不能证明本案事故车存在产品缺陷，其未能完成举证责任，应当承担不利后果。此外，刘文红主张三菱公司存在欺诈行为不能成立，其要求双倍赔偿以及提出的部分损害赔偿请求不应得到支持。

一审裁判结果

北京市第二中级人民法院依据《中华人民共和国民法通则》第132条，最高人民法院《关于民事诉讼证据的若干规定》第4条第6项之规定，判决如下：

一、三菱汽车工业株式会社于判决生效后30日内给付刘文红人民币2万元；

二、驳回刘文红的其他诉讼请求。

一审裁判理由

北京市第二中级人民法院查明：本案双方争议的焦点在于该起事故的损害后果是否为在驾驶员采取正常的紧急制动措施后，由于车辆制动系统存在缺陷致使丧失制动力所致。刘文红主张损害后果发生的根本原因是因为车辆制动系统存在缺陷。三菱公司则认为事故是由于驾驶员疲劳驾驶和采取措施不当造成的，同时否认事故车辆制动系统存在缺陷。

围绕争议焦点，刘文红一方提供的主要证据包括现场勘查笔录和现场照片、调查结论和检验报告，质证中双方的主要观点是：

关于现场勘查笔录和现场照片反映的内容，刘文红认为：汽车在制动过程中，始终只有右侧一边轮胎有制动力，左边根本没有任何制动力。因此，事故发生的具体原因是，车辆在正常行驶时由于一侧前后车轮同时没有制动力，致使车辆失去控制造成的。三菱公司表示，V73车制动系统制动油路为前、后车轴独立设计，刘文红关于一侧制动力不存在的认识违背了该车制动系统的结构设计原理。同时车内配备的预警系统也未提示报警，说明车辆没有出现“单侧制动失灵”的情形。三菱公司并申请香港交通事故调查、分析及重现专家林超雄作为专家证人出庭，对事故的成因进行了详细分析。林超雄认为：根据事故现场痕迹分析，驾驶员在事故过程中实施过三次过度转向行为，导致车轮发生侧滑并于短距离内发生调头转向，驾驶员在发现障碍物后所采取的制动措施，使车辆在41米左右的距离内将车速从每小时100公里降至40公里，证明事故车具有正常制动力。

关于交警部门的调查结论，刘文红认为：根据该结论，事故不是由于人的违章行为造成的，因此，排除人的因素和路面因素，可以肯定是汽车存在缺陷导致事故发生。三菱公司主张，该调查结论反映出交警在事发后曾认定事故车驾驶员陈平疲劳驾车且采取措施不当，陈平以检验报告为依据提起申诉，故调查结论的变更理由不当，而且调查结论超出期限作出，应属无效行政行为。三菱公司提出“进口机动车辆随车检验单”证明该车在2000年8月25日即事故前一天接受天津出入境检验检疫局的安全系统检测，检测结果为安全性能合格，三菱公司认为，对于判定事故发生当时车辆的状态而言，政府商检行政机构检测结论的效力高于西安检测结果，其结论足以证明事故发生当时事故车制动系统良好。

关于检验报告的内容，刘文红认为：检测系双方签订协议共同委托的，检验报告具备证据效力。该车外观检测制动系统完好无损，而电脑自诊则出现两个故障代码，故障号码是事故前或事故过程中电脑记忆的故障码，表明故障存在；台架试验三次有两次不合格，证明车辆制动力未达到国家标准。因此，检验结论证明制动系统存在质量问题。三菱公司认为，检验报告未得出事故车制动系统不合格的结论，电脑自诊使用的是三菱汽车专用的故障代码诊断仪，这个设备本身并不具有修复功能，检测的要求是要先消除故障码，如果消除了故障码，再测时没有再出现，就表明不存在故障。其次，如故障代码所代表的故障确实存在，将导致车辆启动报警系统，而事故发生前及发生过程中未出现报警情形，证明事发前和事发时不存在故障，刘文红曾于检测前单独控制事故车，完全可以掌握如何人为制造故障诊断代码的方法并进行有关操作。至于台驾试验问题，出现“未达到国家标准”的检测数据，是因为滚筒检测方式存在局限性，不能测出最大制动力，该方法适用于车辆日常检查，对于确定一辆事故车是否有制动力是不能运用滚筒检测方式的。而且，检测时，滚筒表面磨损，刹车盘锈蚀，影响数据的准确性，三菱公司申请的专家证人林超雄出庭作证时对该检验方法的原理进行了说明，认为这种方法测出的制动力会偏低，如果车放偏了，也会影响检测数据。

因双方当事人对检验结论存在不同理解，且对检验过程提出相关问题，法院就所涉问题向西安汽车产品质量监督检验站进行进一步调查，该检验站函复，检验报告的结论可理解为：该报告仅为初步测试结果，并未作出制动性能是否合格的结论，需要用路试方法作进一步检测后确定；该站具备汽车制动性能检测的资质，根据当时的测试数据不足以判定事故车的制动性能是否合格，该事故车必须通过道路试验作进一步鉴定，进一步鉴定的前提是确认目前车辆的技术状况和再经制动台架试验其结果与原鉴定时基本相同，检索故障码确认系统正常，并对变形的前轴进行必要的矫正，使其能够正常行使。该站表示是否具备进一步鉴定的条件需要通过电脑检测、制动力台架测试、外观鉴定等方法进行确认。

收到检验站上述复函后，法院征询双方当事人的意见，三菱公司表示，检验报告是在事故车遭受巨大冲击力，车辆状况发生很大变化的情况下进行的，鉴定对于确定事故发生前车的制动系统的情况没有意义，且进一步鉴定无法保证事故车的原始性和可靠性。刘文红明确表示基于进一步鉴定并不能说明事故发生时车辆是否有缺陷，其当庭表示不申请进一步鉴定。刘文红进一步明确其主张的是车辆在事故发生时制动系统发生故障，即瞬间无刹车以及车辆只有一边有刹车，能够说明制动系统发生故障就是电脑故障号码以及现场的刹车痕迹和交警的结论，应当就故障代码说明什么问题进行解释。

关于质量问题以及双倍赔偿车款问题，刘文红还提供了三菱公司给刘文红的若干函件，三菱公司经销商反应 V73 车制动问题的“车辆质量信息反馈”、三菱公司召回帕杰罗 V31 和 V33 的“紧急通知”的公告，“有关 V73 检修服务活动事宜”函件，因帕杰罗 V73HBB 系统有质量问题三菱公司公开召回的报道等证据，其认为有关证据证明三菱公司生产的帕杰罗 V73 车 HBB 制动蓄压系统质量有问题且存在欺诈行为。就上述证据，三菱公司提供了帕杰罗 V73 的使用说明书，三菱帕杰罗的车间维修手册，经销商的“车辆质量信息反馈”所述问题处理的情况说明等证据，以说明 ABS 起作用时制动踏板发硬踩不下是正常现象，“车辆质量信息反馈”所述“瞬间刹车无效”是由于司机未能认真阅读说明，在制动踏板出现脉动时放弃刹车措施并重新采取制动措施的误操作所致，刘文红所购车并不存在质量问题。

此外，刘文红提供了有关医药费单据以及其他证据，证明因事故发生导致人身和财产损失发生。

北京市第二中级人民法院经审理认为：刘文红请求赔偿的事实根据系认为其乘坐的三菱公司生产的机动车在行驶中发生事故是由于制动系统存在缺陷所致。诉讼中刘文红以检测中出现的两个故障代码主张该代码系对事故发生时车辆制动系统出现故障的显现，且现场最初只留下一条刹车痕迹为根据，以证明车辆在事故发生时制动系统存在缺陷。就出现故障代码问题，三菱公司称该电脑自诊仪器系三菱公司为其生产汽车的检测而设计制造的专用检测仪器，该设备本身不具备修复功能，本案事故车故障码在消除后未再次出现，证明事故车不存在故障诊断代码所示故障，且多种原因均可导致车辆电脑记录并于检测时显示两故障诊断代码，如事故过程中产生的巨大外力冲击以及事故后的人为操作等。另三菱公司从车辆制动系统的设计原理分析，前后独立的设计结构证明车辆不会出现“单侧制动失灵”的情形，车辆配备的预警系统也未提示报警，说明车辆没有出现制动失灵的情形。通过质证和辩论，现有证据尚不足以证明事故车存在导致事故发生的制动系统缺陷。尽管现尚无法确定车辆存在缺陷，但综合本案具体情况，考虑刘文红在使用三菱公司生产的车辆时发生事故并致人身伤害，三菱公司应对刘文红予以适当经济补偿为宜，具体数额由法院酌定。关于刘文红要求双倍赔偿车辆价款的诉讼请求，由于经审理并未得出事故车辆存在质量问题的结论，故对其该诉讼请求不予支持。

二审诉辩情况

上诉人刘文红诉称：双方共同委托西安汽车质量监督检验站对该车的制动性能进行鉴定，结论为该车制定系统存在故障，制动力台架实验未达国家标准；同时，三菱公司经销商反映 V73 车制动问题的“车辆质量信息反馈”、“有关 V73 检修活动事宜”函件、因 V73HBB 系统有质量问题的报道等证据，也证明三菱公司生产的帕杰罗 V73 制动系统有质量问题。此外，根据《民法通则》第 122 条、《产品质量法》第 41 条以及最高人民法院《关于民事诉讼证据的若干规定》第 4 条第 6 项之规定，除非被上诉人证明上诉人所受之损害是上诉人的过错或者其他非归因于被上诉人的原因所致，否则，就应该承担损害赔偿责任。河南省高速公路交警支队郑州巩义大队出具的调查结论确认事故不是由任何一方当事人的违章行为造成的，被上诉人并没有证据证明上诉人所受之损害是其自身的过错行为或其他非归因于被上诉人的原因所致。因此，被上诉人应对上诉人所受之损害承担赔偿责任。三菱公司经销商反映 V73 车制动问题的“车辆信息反馈”以及有关媒体的报道证明被上诉人对于车辆存在质量问题是明知的，构成欺诈，应双倍赔偿。

被上诉人三菱公司辩称：根据中国法律及司法解释的规定，在产品侵权诉讼中，涉案产品存在质量缺陷，使用缺陷产品导致损害以及该缺陷与损害之间存在因果关系等要件的举证责任应由原告承担。从原告递交的证据材料来看，无法证明本案争讼车存在产品缺陷。政府商检行政机构于事故前对争讼车的检测结论效力高于西安检测结果，对制动系统的状态具有更为重要的证明作用；西安检验站的检测报告未认定制动系统存在缺陷，本案争讼车并不存在检测过错中出现的“53”、“78”两上故障代码所显示的故障；原告关于“一侧刹车瞬间失灵”的主张是基于对事故现场痕迹的错误理解而作出的错误判断，本案交通事故发生系因驾驶员疲劳驾驶、采取避让措施不当造成；上诉人提供的证据未能证明争论车存在质量缺陷，上诉人主张三菱公司存在欺诈缺乏证据，据此，二审法院应判决驳回刘文红的全部上诉请求。

二审裁判结果

北京市高级人民法院依照《中华人民共和国民法通则》第 122 条，《中华人民共和国产品质量法》第 41 条，最高人民法院《关于民事诉讼证据的若干规定》第 4 条第 6 项以及《中华人民共和国民事诉讼法》第 153 条第 1 款第 1

项之规定，判决如下：

驳回上诉，维持原判。

二审裁判理由

北京市高级人民法院经审理认为：上诉人主张产品责任侵权损害赔偿，应证明事故车存在导致人身和财产损害的产品缺陷。所谓产品缺陷，是指产品存在危及人身、财产的不合理危险。《民法通则》第122条规定："因产品质量不合格造成他人财产、人身损害的，产品制造者、销售者应当依法承担民事责任"；《产品质量法》第41条规定："因产品存在缺陷造成人身、缺陷产品以外的其他财产（以下简称他人财产）损害的，生产者应承担赔偿责任。生产者能够证明有下列情形之一的，不承担赔偿责任：（一）未将产品投入流通的；（二）产品投入流通时，引起损害的缺陷尚不存在的；（三）将产品投入流通时的科学技术水平尚不能发现缺陷的存在的。"最高人民法院《关于民事诉讼证据的若干规定》第4条第6项规定："因缺陷产品致人损害的侵权诉讼，由产品的生产者就法律规定的免责事由承担举证责任。"根据上述法律及司法解释之规定，产品存在缺陷，使用缺陷产品导致损害以及产品缺陷与损害之间存在法律上的因果关系是产品责任的构成要件。因此，受害人如能证明产品存在缺陷，使用缺陷产品造成了损害以及缺陷产品与损害之间存在存在法律上的因果关系，则产品侵权责任得以确立；生产者则就法定免责事由举证，如不能证明免责事由存在，则应承担损害赔偿责任。因此，"产品缺陷"是产品责任的前提，也是确定产品责任的关键所在。

上诉人以现场勘查笔录和现场只有一条刹车痕为依据，认为事故车始终只有一侧有制动力。对此，三菱公司则从车辆的结构设计原理证明不存在单侧制动失灵的情况，其专家证人从现场痕迹分析证明驾驶员在事故过程中实施过三次过度转向行为，导致车辆发生侧滑并于短距离内发生掉头转向，驾驶员发现障碍物后采取的制动措施也证明事故车具有正常制动力。法院认为，从双方证据比较来看，上诉人以此证据主张车辆只有单侧有制动力之缺陷不具有证明力的优势。

关于交通管理部门的调查结论，上诉人认为根据该结论，事故不是由于人的违章行为造成的，排除人的因素，可以肯定是汽车存在缺陷导致事故发生。三菱公司则主张事故系由于驾驶员疲劳驾驶和采取措施不当造成。法院认为，在因果关系的认定上不存在上诉人所述"非此即彼"的简单逻辑，推定汽车制动系统存在缺陷需要严格的法律条件。客观来看，道路交通事故的发生可能有多种原因，路况是否良好、光线的强弱、驾驶员与车辆的磨合程度、驾驶员是否足够谨慎、驾驶员的操作水平、应急处理措施是否得当以及是否有外来原因介入等因素，均可对事故发生造成影响。本案事故发生后，巩义交警大队曾认定事故原因是驾驶员疲劳驾驶和采取操作措施不当所造成，后刘文红持西安检验站的检验报告向河南省交警总队申请复议，该交警总队审查后撤销了巩义交警大队对于事故原因的认定。在重新作出的责任认定书中，排除了任何一方的违章行为。虽然本案三菱公司主张事故系由于驾驶员疲劳驾驶和采取措施不当造成无充足证据，但亦应看到事故发生时的客观情况，巩义交警大队的责任认定以及重新认定的原因和背景。依据交通管理部门前后两次不同的责任认定尚不能得出任何关于事故原因的确定结论，也不能得出事故车是否存在制动系统缺陷的确定结论。

本案西安检验站的检验报告是认定制动系统是否具有缺陷的直接证据。汽车制动系统是否存在缺陷属于专业技术问题，应通过专业技术鉴定等方式予以确定。本案双方共同委托西安检验站出具检验报告，该检验报告的数据、结论具有重要的证据效力。就车辆检测中出现的两个故障代码问题，三菱公司称电脑自诊仪器本身不具有修复功能，本案事故车故障码在消除后未再次出现，证明事故车不存在故障代码所示故障，且多种原因均可导致车辆电脑记录并于检测时显示两故障代码，如事故过程中产生的巨大外力冲击以及事故后人为的操作等。就制动力台驾试验出现“未达国家标准的检测数据”问题，三菱公司认为是由于滚筒检测方式的局限性，不能测出最大制动力。西安检验站的复函更进一步明确了该报告仅为初步测试结果，并未得出制动系统是否合格的结论。法院认为，结合该复函的内容，三菱公司的证据更具优势，法院予以采信。就上诉人关于闻阿兴、贾长年、刘军胜的证言，以及长安大学龙凤丝教授对汽车故障代码的解释，证明事故车确实存在缺陷，以及故障代码在某些情况下不显示不能说明汽车故障不存在的分析而言，该证人证言系检测后上诉人对检测结果提出异议的情况下，由在场人员和检测人出具的说明，该证据不能替代或减损检验报告的证明效力，亦不足以证明事故车存在缺陷。

上诉人提举的三菱公司经销商反应 V73 车制动问题的“车辆质量信息反馈”，三菱公司召回帕杰罗 V31 和 V33 的“紧急通知”的公告，“有关 V73 检修服务活动事宜”函件，因帕杰罗 V73HBB 系统有质量问题三菱公司公开召回的报道等证据，法院认为，上述证据并不能直接证明事故车存在制动系统的缺陷，亦不能证明该质量问题与事故有因果关联，故法院不予采信。

综合以上所有证据，比较证据的优势，法院认为，上诉人所举证据单独或整体上均不足以证明汽车制动系统存在缺陷。

关于事故与产品之间是否具有法律上的因果关系，法院认为，如在制动系统具有缺陷业已得到证明，且不存在其他原因事实的情况下，可以推定事故系产品缺陷所造成，即推定存在法律上的因果关系。本案在制动系统缺陷本身不能证明的情况下，事故与产品之间的法律上的因果关系显然不能证明。

上诉人主张三菱公司存在欺诈，从而应该双倍返还购车款。法院认为，产品责任中的欺诈是指产品责任人明知产品存在缺陷而销售给消费者。产品是否存在缺陷以及是否“明知”该产品存在缺陷是认定欺诈的关键。本案汽车制动系统存在缺陷尚未得到证实，上诉人主张三菱公司存在欺诈理由不足，对其双倍返还购车款的主张亦不应予以支持。

根据以上分析，法院认为，上诉人不能证明事故车存在产品缺陷，亦不能证明事故与车辆缺陷存在法律上的因果关系，其关于产品责任侵权的诉讼主张不能成立。本案原审判决认定事实清楚，考虑上诉人在使用三菱公司生产的车辆时发生事故并致其人身损害，酌情判决三菱公司对上诉人予以适当经济补偿，三菱公司未提起上诉，对此法院不持异议。

（一）产品生产者责任纠纷

140. 商品生产者、经营者未对标注的“限用合格期限”作确切说明的，是否侵害了消费者的知情权？

知情权是指消费者享有知悉其购买、使用的商品或者接受的服务的真实情况的权利。依据《中华人民共和国消费者权益保护法》第8条的规定，消费者有权根据商品或者服务的不同情况，要求经营者提供商品价格、产地、有效期限等有关情况。因此，当消费者购买商品时，有权要求获悉和该商品相关的情况，包括商品的限用合格期限等。根据《中华人民共和国产品质量法》第27条的规定，生产者提供产品或者包装上的标注必须真实；限期使用的产品，应当在显著位置清晰地标明生产日期和安全使用期或者失效日期。由此可见，生产者、经营者有义务对在显著位置标识的“限用合格期限”做详细的安全使用期或者失效期说明。未做“限用合格期限”确切说明的，则侵害了消费者的知情权。

典型疑难案件参考

刘雪娟诉乐金公司、苏宁中心消费者权益纠纷案（《最高人民法院公报》2005 年第 6 期，总第 104 期）

一审诉辩情况

原告刘雪娟诉称：原告在被告苏宁中心处购买了由被告乐金公司生产的海皙蓝 O^2 时光嫩肤液。该化妆品外包装上，没有标注开瓶后的使用期限以及正确的使用方法。原告买到这样的化妆品，难以正确使用。乐金公司不在化妆品外包装上正确标注，苏宁中心将这样的化妆品销售给消费者，这种行为侵害了原告依法享有的消费者知情权。请求判令被告：1. 在海皙蓝 O^2 时光嫩肤液的外包装上标注开瓶使用期限，并提供相应的检测报告；2. 说明和标注正确使用商品或者接受服务的方法。

被告乐金公司辩称：海皙蓝 O^2 时光嫩肤液的包装盒内有使用方法说明书，该化妆品在出厂前都经过检测并有检测报告。化妆品保管和使用的不合理，会影响化妆品的使用寿命，因此化妆品开封后的保质期是难以确定的。原告要求在化妆品外包装上标注开瓶使用的期限，没有法律依据，该诉讼请求应当驳回。

被告苏宁中心辩称：原告的诉讼请求超出了行规范围，不应得到满足。

南京市鼓楼区人民法院进行了主持调解。刘雪娟认为，乐金公司提交的说明书、检测报告和对海皙蓝 O^2 时光嫩肤液正确使用方法的当庭说明，满足了其第二项诉讼请求，但仍要求乐金公司、苏宁中心在化妆品外包装上标注开瓶使用期限；乐金公司、苏宁中心认为，刘雪娟的这一诉讼请求没有法律依据，且超出行规范围，不能同意。双方各持己见，致调解无效。

一审裁判结果

南京市鼓楼区人民法院于 2004 年 5 月 25 日判决：

一、驳回原告刘雪娟的诉讼请求；

二、本案受理费 50 元、其他诉讼费 100 元，由原告刘雪娟负担。

一审裁判理由

南京市鼓楼区人民法院认为：《中华人民共和国民法通则》（以下简称《民法通则》）第 5 条规定："公民、法人的合法的民事权益受法律保护，任何组织和个人不得侵犯。"消费者有权知悉其购买、使用的商品或者接受的服务的真实情况，并有权根据商品或者服务的不同情况，要求经营者提供商品的有效期限。《中华人民共和国产品质量法》（以下简称《产品质量法》）明确规定，生产者应当对生产的产品质量负责，其产品或者包装上的标注必须真实，限期使用的产品，应当在显著位置清晰地标注安全使用期。原告刘雪娟购买的海皙蓝 O^2 时光嫩肤液，底部明确标注了限用期限是2007年11月21日，且对这个期限无特殊说明，该期限应视为开瓶前或开瓶后都应达到的安全使用期限。现国家法律和行业规范都没有强制规定化妆品要标注开瓶后的使用期限，故刘雪娟要求被告乐金公司、苏宁中心在化妆品外包装上标注开瓶使用期限，没有法律依据，不予以支持。

二审诉辩情况

宣判后，刘雪娟不服，向江苏省南京市中级人民法院提出上诉，理由是：(1)《产品质量法》第27条第1款第4项规定："限期使用的产品，应当在显著位置清晰地标明生产日期和安全使用期或者失效日期。"被上诉人先是在海皙蓝 O^2 时光嫩肤液的外包装底部标注"限用日期记载于底部或侧面"，然后在容器的底部标注限用期，不属于在"显著位置"标注有关期限，违反了法律的这一规定。(2) 众所周知，化妆品开瓶后即接触空气，其活性成分容易发生变化，开瓶后的保质期将大大缩短。而消费者只有在开瓶状态下，才能正常使用化妆品。法律为保护消费者不受变质化妆品的伤害，才要求生产者标注安全使用期或者失效日期。"限用合格期限"，只是指化妆品未开瓶状态下的存放期限，不包括消费者需要了解的化妆品开瓶状态下的"安全使用期"或"失效日期"。把"限用合格期限"解释为"开瓶前或开瓶后都应达到的安全使用期限"，是误导消费者，侵害消费者的知情权。(3) 被上诉人称化妆品开封后的保质期难以确定，"难以确定"不等于无法确定，而是生产企业未做此方面工作。(4) 虽然被上诉人在产品外包装底部标注"限用日期"的作法符合现行国家标准，但现行国家标准不能排斥法律对生产者提出的更高要求，更不能阻止消费者要求实现法律赋予的权利。上诉人是根据产品质量法的规定，才对被上诉人提出诉讼请求，一审以上诉人的诉讼请求没有法律依据为由判决驳回，显然是错误的。请求撤销一审判决，改判支持上诉人的诉讼请求。

被上诉人乐金公司答辩称：对化妆品通用标签上日期的标注方法，GB5296.3—1995号国家标准第64.1节规定，"必须按下面两种方式之一标注：a. 生产日期和保质期；b. 生产批号和限期使用日期"。"限用合格期限"，是指商品在正常保管下的正常使用期限。符合这两项要求且在瓶底标注的期限内使用，就可以保证质量。乐金公司在海皙蓝 O^2 时光嫩肤液外包装上标注"限用合格期限"，符合国家标准和行业标准，是合法的。有关化妆品的质量法规、卫生法规或者国家标准上，都没有规定化妆品必须标注开封后的使用期限。上诉人要求在化妆品外包装上标注开瓶后的使用期限，没有法律依据。一审判决驳回上诉人的诉讼请求，是正确的，二审应当维持原判。

被上诉人苏宁中心答辩称：“限用合格日期”，是指“质量保证的最后期限”。本案化妆品外包装上的标注符合国家标准，是合法的，二审应当维持原判。

南京市中级人民法院经审理查明：

2004 年 1 月 26 日，上诉人刘雪娟在被上诉人苏宁中心处购买了由被上诉人乐金公司生产的海皙蓝 O^2 时光嫩肤液（中复性肌肤适用）一瓶，净含量 130 毫升，价格 170 元。该化妆品外包装盒底部标注“限用日期：记载于底部或侧面”，内置玻璃容器底部标注：“限用合格 2007. 11. 21. ”。刘雪娟购买该化妆品后即开瓶使用。当年 3 月 8 日，刘雪娟以该化妆品外包装上没有标注开瓶后的使用期限和正确的使用方法，致使自己难以正确使用该化妆品为由，提起本案诉讼。在乐金公司于一审审理期间提供的 Q330101 号《杭州乐金化妆品有限公司企业标准》第 64 条中，规定海皙蓝 O^2 时光嫩肤液的贮存条件是：“应贮存于温度不高于 38℃的通风干燥仓库内，堆放时必须距离地 20cm，内墙 50cm，中间留有通道，不得倒放，切忌靠近水源或暖气，并严格掌握先进先出原则。符合规定的贮存条件，产品在包装完好，未经启封条件下，本产品保质期为四年”。

二审期间，上诉人刘雪娟提出，因被上诉人乐金公司已在一审期间提供了产品使用说明书，满足了其第二项诉讼请求，现仅要求乐金公司和苏宁中心在外包装上标注该化妆品的开瓶使用期限，并提供相应的检测报告。

就本案所涉化妆品包装上日期的标注方法问题，法院向国家质量监督检验检疫总局进行了咨询，该局的答复是：（1）国家标准所规定的保质期，不包括化妆品拆封状态下的保质期或限期使用日期；（2）乐金公司的企业标准规定产品保质期为 4 年，限期使用日期指产品在适当贮存条件和未启封状态下的期限；（3）化妆品开封后的使用寿命，与环境条件及使用者个人的使用习惯有很大关系。由于可能涉及的情况千差万别，产品启封后的保质期难以统一确定。

二审裁判结果

南京市中级人民法院依照《中华人民共和国民事诉讼法》第 153 条第 1 款第 3 项的规定，于 2005 年 3 月 10 日判决：

一、撤销一审民事判决；

二、被上诉人乐金公司、苏宁中心于本判决生效之日起3个月内，以书面形式向上诉人刘雪娟告知其购买的海皙蓝 O^2 光嫩肤液的开瓶使用期限；

三、驳回上诉人刘雪娟关于要求乐金公司、苏宁中心在与其购买的海皙蓝 O^2 时光嫩肤液同样产品上标注开瓶使用期限的诉讼请求。

一、二审案件受理费共100元，由上诉人刘雪娟负担20元，被上诉人乐金公司、苏宁中心各负担40元。

二审裁判理由

南京市中级人民法院认为：本案争议焦点是：（1）本案化妆品包装上标注的“限用合格日期”，是否包括开瓶后的使用期限；（2）在本案化妆品上标注“限用合格日期”，是否误导消费者；（3）乐金公司对本案化妆品的标注方法，是否侵害了消费者知情权；（4）对在海皙蓝 O^2 时光嫩肤液外包装上标注开瓶后使用期限的诉讼请求，应否支持。

关于争议焦点一。被上诉人乐金公司的Q330101号《杭州乐金化妆品有限公司企业标准》第64条中明文规定：“符合规定的贮存条件，产品在包装完好，未经启封条件下，本产品保质期为四年”。化妆品开瓶后即接触空气，加之温度、环境的变化，以及使用人的使用习惯和卫生条件不同，其活性成分容易发生变化，开瓶后的保质期必将大大缩短。上诉人刘雪娟于2004年1月26日购买的海皙蓝 O^2 时光嫩肤液上，标注的“限用合格日期”2007年11月21日，应该是指该产品在符合规定的贮存条件、包装完好、未开瓶状况下的保质期，不包括开瓶后的使用期限。一审认定“该期限应视为开瓶前或开瓶后都应达到的安全使用期限”，是错误的。

关于争议焦点二。消费者购买化妆品，其目的不是为了长期收藏，而是要用它来清洁、保护、美化肌肤。化妆品一旦变质，通过消费者肌肤的吸收、渗透，必将对消费者的身体产生伤害。因此，消费者真正关心的，不是化妆品在未启封条件下的保质期，而是启封后的使用期。《产品质量法》为确保消费者使用产品时的生命和财产安全，才在第27条第1款第4项规定，限期使用的产品，应当在显著位置清晰地标注生产日期和安全使用期或者失效日期。在海皙蓝 O^2 时光嫩肤液的外包装上，被上诉人乐金公司仅标注了“限用合格日期”，同时不说明该日期是指产品未启封状态下的保质期。乐金公司还在一审中将“限用合格日期”解释为：“在正常保管下正常使用，不要超过瓶底的使用期限，可以保证质量。”作为生产化妆品的专业人员，尚不能对“限用合格日期”的真正含义作出正确解释。消费者不是专业人员，在无特殊说明的情况下，将“限用合格日期”理解为其所关心的开瓶后安全使用期，则是情理中事。因此，仅标注“限用合格日期”，不同时说明该日期真实含义的做法，不能使消费者正确了解该化妆品的安全使用期，对消费者有误导作用。

关于争议焦点三。GB5296.3－1995号国家标准规定，化妆品通用标签上，必须标注生产日期和保质期，或者生产批号和限期使用日期。《产品质量法》规定，限期使用的产品，应当在显著位置清晰地标明生产日期和安全使用期或者失效日期。综观两个规定，《产品质量法》只是对限期使用产品的标注方法提出了更高要求，二者不存在矛盾。《中华人民共和国消费者权益保护法》第8条规定：“消费者享有知悉其购买、使用的商品或者接受的服务的真实情况的权利。”限期使用产品的生产者，应当将该产品的安全使用期标注在显著位置，清晰地告知消费者。被上诉人乐金公司只按国家标准的规定标注了“限用合格日期”，没有按《产品质量法》的规定标注产品的安全使用期，侵害了上诉人刘雪娟和其他消费者依法享有的知情权。

关于争议焦点四。通过两审审理，上诉人刘雪娟已了解“限用合格日期”仅指海晢蓝 O^2 时光嫩肤液未开瓶状态下的保质期，现仍要求被上诉人乐金公司、苏宁中心在海晢蓝 O^2 时光嫩肤液外包装上标注开瓶后的使用期限。对于海晢蓝 O^2 时光嫩肤液开瓶后的使用期限，乐金公司、苏宁中心均表示难以确定。根据法律规定，作为化妆品的经营者，乐金公司和苏宁中心有义务以明确无误的方式，向消费者告知海晢蓝 O^2 时光嫩肤液开瓶后的安全使用期限，以确保消费者安全地使用该化妆品。难以确定，并非不能确定。企业应当本着为消费者服务的宗旨，使用直接标注启封后使用期限，对“限用合格日期”的真正含义作出说明，或者对不能继续使用的情形加以警示等方式，帮助消费者充分了解并正确使用自己的产品，消除消费者可能产生的误解。乐金公司、苏宁中心以难以确定为由，要求驳回刘雪娟的诉讼请求，理由不能成立。

被上诉人乐金公司、苏宁中心有义务向消费者告知海晢蓝 O^2 时光嫩肤液开瓶后的安全使用期限。在民事诉讼中，法律只保护特定民事主体自身的合法权益，因此民事诉讼中的权利人和标的物均应是特定的。上诉人刘雪娟要求乐金公司、苏宁中心在海晢蓝 O^2 时光嫩肤液的包装上标注开瓶使用期限，这一诉讼请求虽然合理，却已涉及不特定的权利主体和标的物，超出本案能够处理的范围，难以全部支持。但这一诉讼请求中，包含了刘雪娟希望知道自己购买的这一瓶海晢蓝 O^2 时光嫩肤液开瓶使用期限。作为消费者，刘雪娟享有知情权，该诉讼请求中的这一部分合理合法，应当支持。

综上所述，一审认定事实错误，判决驳回上诉人刘雪娟的全部诉讼请求不当，依法应予改判。

（二）产品销售者责任纠纷

141. 商家在向消费者供货时未提供随机单证的，商家是否应被认定存在欺诈行为？

随机单证是商品的身份证明，与商品一一对应，具有不可替换性。我国《产品质量法》第27条规定，产品或者包装上的标识必须真实，并应当有产品质量检验合格证明；需要事先让消费者知晓的，应当在外包装上标明，或者预先向消费者提供有关资料。此规定为强制性规定，它表明对于商品及服务的真实情况消费者享有知情权。

142. 商家是否应当承担惩罚性赔偿责任？

商家在为消费者提供商品或服务时，应当遵循诚实信用原则，向消费者提供商品的相关单证。如果商家在向消费者供货时违反了强制性规定未提供随机单证，使消费者在收货时作出了错误意思表示的，根据最高人民法院《关于贯彻执行〈中华人民共和国民法通则〉若干问题的意见（试行）》第68条之规定，商家的行为应认定为欺诈行为。商家须为其过错行为承担相应的惩罚性赔偿责任。

典型疑难案件参考

张志强诉徐州苏宁电器有限公司侵犯消费者权益纠纷案（《最高人民法院公报》2006年第10期，总第120期）

基本案情

2004年1月1日，原告张志强在被告苏宁公司以1600元的价格购买一台依莱克斯BCD－170K型冰箱，机号为34600150（以下简称第一台冰箱）。后因该机出现质量问题，苏宁公司两次上门进行维修仍未修复，遂于2004年7月24日为张志强更换一台同品牌同型号的冰箱（以下简称第二台冰箱）。当日，苏宁公司的工作人员将第二台冰箱送至张志强住宅楼下，在张志强及其家人不在场的情况下自行拆除外包装后，将第二台冰箱抬上楼交给张志强的家人。苏宁公司的工作人员未经张志强及其家人验货，未收回第一台冰箱的三包凭证、说明书等资料，同时也未将第二台冰箱的三包凭证等资料留下，未办理必要的交接手续，即带第一台冰箱离开。后张志强发现第二台冰箱上有污渍、霉斑等，认为该冰箱系使用过的旧冰箱，遂与苏宁公司进行交涉，双方协商未果。

一审诉辩情况

原告张志强诉称：原告从苏宁公司购买冰箱一台，后因该冰箱存在质量问题进行调换，被告苏宁公司用旧冰箱冒充新机器予以调换，存在欺诈行为，故要求被告双倍返还购货款并赔偿误工费、交通费、电话费等损失共计3320元。

被告苏宁公司辩称：被告给原告张志强调换的冰箱是新机，亦无质量问题，不存在欺诈行为，请求法院驳回张志强的诉讼请求。

一审裁判结果

徐州市泉山区人民法院于2004年10月25日判决：

一、自本判决生效之日起10日内，被告徐州苏宁电器有限公司返还原告张志强购货款1600元；

二、自本判决生效之日起10日内，被告徐州苏宁电器有限公司赔偿原告张志强损失1600元；

三、自本判决生效之日起10日内，被告徐州苏宁电器有限公司赔偿原告张志强误工费43元，交通费20元，合计63元；

四、驳回原告张志强要求被告徐州苏宁电器有限公司赔偿电话费的诉讼请求；

五、自本判决生效之日起10日内，原告张志强返还被告徐州苏宁电器有限公司依莱克斯BCD－170K型号冰箱一台。

案件受理费150元，其他诉讼费50元，由被告徐州苏宁电器有限公司承担。

一审裁判理由

徐州市泉山区人民法院认为：本案争议的焦点是被告苏宁公司提供的第二台冰箱是否为新机，被告是否存在欺诈行为。

经营者为消费者提供商品或服务时，应当遵循诚实信用原则，消费者亦有权知悉其所购买、使用的商品或接受的服务的真实情况。本案被告苏宁公司是长期专门从事家用电器经营的商家，在避免纠纷、解决纠纷方面，较普通消费者具有更为丰富的经验，应当具备足够的能力来证实交付原告张志强的第二台冰箱为新机。因此，证明第二台冰箱为新机的举证责任应由被告承担。现被告无证据证实第二台冰箱为新机，应当承担举证不能的法律后果。此外，被告给付原告的三包凭证中明确记载："属下列情况之一者，不实行三包……4. 三包凭证型号与修理产品不符或者涂改的。"据此，原告持有的第一台冰箱的三包凭证等资料登记的机号与第二台冰箱不符，必然导致原告在今后的使用过程中难以享受三包服务。综上所述，被告不能证明其提供的第二台冰箱是新机，且在为原告提供商品的过程中存在服务瑕疵，给原告享受售后服务带来困难，具有过错。被告的行为违反了诚实信用原则，构成欺诈，应当承担相应的民事责任。

关于原告张志强要求被告苏宁公司赔偿其因发生纠纷而导致的误工费、交通费、电话费等损失的问题，经审查，张志强主张的电话费系其与南京总销售商电话交涉时的支出，与苏宁公司无关，故不予支持；张志强因本案纠纷与苏宁公司交涉，必然发生误工费、交通费的损失，误工费酌定根据上年度城市人均收入 15581 元按 1 天计算，为 43 元，原告主张的交通费损失金额为 20 元，亦予以支持。

二审诉辩情况

苏宁公司不服一审判决，向徐州市中级人民法院提起上诉，理由是：上诉人已经提供证据证明给被上诉人张志强更换的冰箱为新机，张志强虽主张是用过的旧机，但是未履行任何举证义务。一审法院未经任何检测，仅凭被上诉人的怀疑就认定第二台机器为旧机，既缺乏事实依据，又缺乏法律依据。因为更换的是同机型同型号的机器，被上诉人手中有第一台冰箱的三包凭证，虽然登记机号与第二台冰箱不同，但是型号一致，故被上诉人完全可以享受到三包服务。综上所述，上诉人认为，一审法院认定事实及适用法律均错误，且程序违法，请求二审法院查明事实，依法改判或发回重审。

上诉人苏宁公司为证明第二台冰箱为新机，申请给被上诉人张志强送冰箱的送货员申正军出庭作证。

被上诉人张志强答辩称：（1）上诉人苏宁公司虽出具提货单证明提出仓库的冰箱是新的，但不能证明送到被上诉人家的是新冰箱；（2）上诉人认为其不存在拒绝给被上诉人提供三包服务的事实，主张用第一台机器的三包凭证也可以使被上诉人就第二台冰箱享受售后服务。对此，被上诉人认为，提供适当的三包凭证应是冰箱买卖合同中卖方的附随义务，应该按照法律规定办理，事实上第一台冰箱的凭证也不可能供第二台冰箱使用；（3）对于第二台冰箱有污渍，上诉人是认可的，该事实完全可以证明上诉人提供的第二台冰箱不是新的机器；（4）上诉人要求在二审时举证，被上诉人认为已经超过举证期限，不应允许。即使允许其举证，因其提供的证人是本公司职员，这样的证人证言也没有证明力。综上所述，一审认定事实清楚，适用法律正确，程序合法，请求二审法院依法驳回上诉，维持一审判决。

二审期间，上诉人苏宁公司提供的证人申正军证实：他和苏宁公司售后服务部的工作人员一起从605仓库提出冰箱，直接送到马场湖西张志强的住处。用户下楼来，在楼下拆封后，他们把第二台冰箱送到楼上，然后把第一台冰箱抬下带走。对此，张志强认为：上诉人的举证已经超过了法定的举证期限，该证人证言不能作为新的证据，二审不应认定；该证人证言没有对送货的时间、地点进行明确说明，且该证人只是送货的，没有相关的经验和知识，其陈述的情况和被上诉人认可的送货情况不相符合。另外，电器在送货上楼前也不应拆封。

二审裁判结果

徐州市中级人民法院于2005年3月8日判决：

一、维持徐州市泉山区人民法院〔2004〕泉民一初字第1961号民事判决第1项、第3项、第4项、第5项；

二、撤销徐州市泉山区人民法院〔2004〕泉民一初字第1961号民事判决第2项；

三、驳回被上诉人张志强要求上诉人苏宁公司赔偿1600元损失的诉讼请求。

二审裁判理由

徐州市中级人民法院认为：要确定上诉人苏宁公司为被上诉人张志强更换的第二台冰箱是否为新机，首先必须明确举证责任的分配，即由谁对第二台冰箱是否为新机进行证明。根据我国现行法律的规定，一般的证明责任分配原则是“谁主张，谁举证”，即提出诉讼请求的一方当事人应对其诉讼主张承担举证责任。但是，法律同时也设置了证明责任分配的特殊规则，即举证责任倒置。举证责任倒置是对证明责任分配一般原则的例外规定和必要补充，必须有明确的法律依据方可使用，不能任意扩大适用范围。最高人民法院《关于民事诉讼证据的若干规定》（以下简称《民事诉讼证据规定》）第4条第1款列举了应当适用举证责任倒置的八种情形，同时该条第二款规定：“有关法律对侵权诉讼的举证责任有特殊规定的，从其规定。”本案既不具有上述规定列举的应当适用举证责任倒置的情形，也没有相关法律对本案涉及的侵权诉讼的举证责任分配作出特殊规定，故本案不应适用举证责任倒置，而应该按照证明责任分配的一般原则确定举证责任。张志强主张第二台冰箱是使用过的旧机器，即应由其举证加以证明，一审法院将该项举证责任分配给上诉人不当。一审期间，张志强虽然提交了关于第二台冰箱情况的录像带，但没有其他证据相互印证，不能仅根据该录象带认定第二台冰箱是使用过的旧机器，张志强主张第二台冰箱是使用过的旧机器证据不足，上诉人的上诉理由成立，予以支持。

关于被上诉人张志强要求互相返还并由上诉人苏宁公司赔偿其误工费、交通费的问题，上诉人在为被上诉人更换冰箱的过程中，虽然将第二台冰箱送至被上诉人家中，但没有履行必要的交接手续，也没有将第二台冰箱的三包凭证交付被上诉人。虽然上诉人主张被上诉人可依据第一台冰箱的三包凭证就第二台冰箱享受正常的售后服务，但是被上诉人持有的第一台冰箱的三包凭证所载机号与第二台冰箱机号不符，必然导致被上诉人不能享受正常的售后服务。一审法院认定上诉人在服务中存在瑕疵是正确的。考虑到被上诉人在购买冰箱的过程中，经历了购机后修理、修理不好又调换、调换后又发生纠纷等诸多情况，加之上诉人在服务过程中存在瑕疵，已经导致被上诉人对上诉人的商品及服务失去信心，一审法院判决双方互相返还并由上诉人赔偿被上诉人因本案纠纷造成的误工费、交通费并无不当，但认定上诉人存在欺诈行为并判决上诉人赔偿被上诉人相当于一倍货款的经济损失，证据不足，应予改判。

再审诉辩情况

张志强不服二审判决，向徐州市中级人民法院申请再审，理由是：(1) 二审认定事实不清，举证责任分配错误。再审申请人在原一、二审中均提交了录像带，该录像带的内容足以证明被申请人苏宁公司提供的第二台冰箱为旧机或次机。被申请人作为商品经营者，应提供第二台冰箱的出厂合格证、使用说明书及三包凭证等，但其确未提供；(2) 二审审判程序违法。对再审申请人提供的录像带，二审法院以再审申请人未提供播放设备为由不予质证，而对被申请人在二审期间新提出的证人证言予以采信；(3) 对电冰箱质量的鉴定和证明应由生产者及销售者负责，这也符合《民事诉讼证据规定》第7条的规定。

双方当事人均未提供新的证据。徐州市中级人民法院在本案复查期间，播放了再审申请人张志强提供的录像带，该录像带表明第二台冰箱存在以下情况：(1) 压缩机外观粗糙，焊接点无黑漆保护；(2) 过滤器生锈；(3) 机内金属铜生锈；(4) 机内红漆涂抹不均；(5) 插头和电线破损；(6) 机内三颗螺丝规格不同等。

被申请人苏宁公司对该录像带的质证意见为：（1）如果苏宁公司提供的第二台冰箱存在上述缺陷，再审申请人张志强应当拒收，或要求送货人员签字确认；（2）录像带里显示的冰箱不能证明就是苏宁公司送去的第二台冰箱；（3）第二台冰箱送到张志强家中的时间是2004年7月24日，录像带制作的时间为2004年8月9日，在此时间内张志强的行为也可导致冰箱出现上述问题。

再审期间，双方当事人争议的焦点仍是第二台冰箱是否为新机的问题。

再审裁判结果

徐州市中级人民法院依照《中华人民共和国民事诉讼法》第153条第1款第3项，最高人民法院《关于适用〈中华人民共和国民事诉讼法〉若干问题的意见》第201条，《消费者权益保护法》第8条、第11条、第49条之规定，于2006年4月21日判决如下：

一、撤销该院〔2004〕徐民一终字第2482号民事判决；

二、维持徐州市泉山区人民法院〔2004〕泉民一初字第1961号民事判决。

原一审案件受理费150元、其他诉讼费50元，二审案件受理费143元，均由徐州苏宁电器有限公司负担。

本判决为终审判决。

再审裁判理由

徐州市中级人民法院认为：

1.《中华人民共和国消费者权益保护法》（以下简称《消费者权益保护法》）第8条规定："消费者享有知悉其购买、使用的商品或者接受的服务的真实情况的权利。消费者有权根据商品或者服务的不同情况，要求经营者提供商品的价格、产地、生产者、用途、性能、规格、等级、主要成分、生产日期、有限期限、检验合格证明、使用方法说明书、售后服务，或者服务的内容、规格、费用等有关情况。"据此，再审申请人张志强作为消费者，有权利向作为商家的被申请人苏宁公司主张对第二台冰箱真实情况的知情权，苏宁公司亦有义务就此向张志强作出说明。

2. 被申请人苏宁公司的行为构成欺诈，应当承担惩罚性赔偿责任。《消费者权益保护法》第49条规定："经营者提供商品或者服务有欺诈行为的，应当按照消费者的要求增加赔偿其受到的损失，增加赔偿的金额为消费者购买商品的价款或者接受服务的费用的一倍。"最高人民法院《关于贯彻执行〈中华人民共和国民法通则〉若干问题的意见（试行）》第68条规定："一方当事人故意告知对方虚假情况，或者故意隐瞒真实情况，诱使对方当事人作出错误意思表示的，可以认定为欺诈行为。”再审申请人张志强主张苏宁公司承担惩罚性赔偿责任，即应对苏宁公司是否存在欺诈行为承担举证责任。本案中，张志强已经提供了其制作的录像带，用以证明苏宁公司为其调换的第二台冰箱不是新机器，且存在诸多的表面缺陷。同时，第二台冰箱如果是新机器，应当附有随机单证，苏宁公司亦承认未向张志强提供第二台冰箱的随机凭证（合格证、维修单、使用说明书等）。根据《中华人民共和国产品质量法》第 27 条的规定，产品或者其包装上的标识必须真实，并应当有产品质量检验合格证明；根据产品的特征和使用要求，需要标明产品规格、等级、所含主要成分的名称和含量的，应当用中文相应予以标明；需要事先让消费者知晓的，应当在外包装上标明，或者预先向消费者提供有关资料。该规定是强制性规定，苏宁公司作为商品销售者对此应当明知，却不向作为消费者的张志强提供第二台冰箱的随机单证，其行为属于故意隐瞒真实情况，应认定为欺诈。苏宁公司主张因第一台冰箱的随机单证没有收回而未提供第二台冰箱的随机单证，张志强可凭第一台冰箱的随机单证就第二台冰箱享受售后服务。对此法院认为，随机单证是商品的身份证明，与商品一一对应，具有不可替换性。苏宁公司的上述主张既不符合常理，也与商品单证的特性不符，且苏宁公司在本案一审、二审乃至再审期间始终未出示该随机单证，不能确定第二台冰箱是否附有随机单证，亦即不能确定第二台冰箱是未经使用过的新机器，故对苏宁公司的抗辩主张不予支持。

根据《消费者权益保护法》第 1 条的规定，该法的立法目的是为保护消费者的合法权益，维护社会经济秩序，促进社会主义市场经济健康发展。再审申请人张志强主张被申请人苏宁公司的行为构成欺诈，应当承担惩罚性赔偿责任，并提交了相应的证据，苏宁公司如有异议，应就其行为不构成欺诈承担举证责任。苏宁公司提供的第二台冰箱的储存单、提货单及送货人的证言，仅表明其送货的过程，并不能证明第二台冰箱为全新的机器，其提交的证据缺乏证明力，应承担举证不能的不利后果。二审判决确有错误，依法应予改判。

产品责任纠纷办案依据集成

1.《中华人民共和国民法通则》（2009年8月27日修正）（节录）

第一百二十二条　因产品质量不合格造成他人财产、人身损害的，产品制造者、销售者应当依法承担民事责任。运输者、仓储者对此负有责任的，产品制造者、销售者有权要求赔偿损失。

2.《中华人民共和国侵权责任法》（2009年12月26日主席令第21号公布）（节录）

第四十一条　因产品存在缺陷造成他人损害的，生产者应当承担侵权责任。

第四十二条　因销售者的过错使产品存在缺陷，造成他人损害的，销售者应当承担侵权责任。

销售者不能指明缺陷产品的生产者也不能指明缺陷产品的供货者的，销售者应当承担侵权责任。

第四十三条　因产品存在缺陷造成损害的，被侵权人可以向产品的生产者请求赔偿，也可以向产品的销售者请求赔偿。

产品缺陷由生产者造成的，销售者赔偿后，有权向生产者追偿。

因销售者的过错使产品存在缺陷的，生产者赔偿后，有权向销售者追偿。

第四十四条　因运输者、仓储者等第三人的过错使产品存在缺陷，造成他人损害的，产品的生产者、销售者赔偿后，有权向第三人追偿。

第四十五条　因产品缺陷危及他人人身、财产安全的，被侵权人有权请求生产者、销售者承担排除妨碍、消除危险等侵权责任。

第四十六条　产品投入流通后发现存在缺陷的，生产者、销售者应当及时采取警示、召回等补救措施。未及时采取补救措施或者补救措施不力造成损害的，应当承担侵权责任。

第四十七条　明知产品存在缺陷仍然生产、销售，造成他人死亡或者健康严重损害的，被侵权人有权请求相应的惩罚性赔偿。

3.《中华人民共和国产品质量法》（2009年8月27日修正）（节录）

第二十六条　生产者应当对其生产的产品质量负责。

产品质量应当符合下列要求：

（一）不存在危及人身、财产安全的不合理的危险，有保障人体健康和人身、财产安全的国家标准、行业标准的，应当符合该标准；

（二）具备产品应当具备的使用性能，但是，对产品存在使用性能的瑕疵作出说明的除外；

（三）符合在产品或者其包装上注明采用的产品标准，符合以产品说明、实物样品等方式表明的质量状况。

第二十七条 产品或者其包装上的标识必须真实，并符合下列要求：

（一）有产品质量检验合格证明；

（二）有中文标明的产品名称、生产厂厂名和厂址；

（三）根据产品的特点和使用要求，需要标明产品规格、等级、所含主要成分的名称和含量的，用中文相应予以标明；需要事先让消费者知晓的，应当在外包装上标明，或者预先向消费者提供有关资料；

（四）限期使用的产品，应当在显著位置清晰地标明生产日期和安全使用期或者失效日期；

（五）使用不当，容易造成产品本身损坏或者可能危及人身、财产安全的产品，应当有警示标志或者中文警示说明。

裸装的食品和其他根据产品的特点难以附加标识的裸装产品，可以不附加产品标识。

第二十八条 易碎、易燃、易爆、有毒、有腐蚀性、有放射性等危险物品以及储运中不能倒置和其他有特殊要求的产品，其包装质量必须符合相应要求，依照国家有关规定作出警示标志或者中文警示说明，标明储运注意事项。

第二十九条 生产者不得生产国家明令淘汰的产品。

第三十条 生产者不得伪造产地，不得伪造或者冒用他人的厂名、厂址。

第三十一条 生产者不得伪造或者冒用认证标志等质量标志。

第三十二条 生产者生产产品，不得掺杂、掺假，不得以假充真、以次充好，不得以不合格产品冒充合格产品。

第三十三条 销售者应当建立并执行进货检查验收制度，验明产品合格证明和其他标识。

第三十四条 销售者应当采取措施，保持销售产品的质量。

第三十五条 销售者不得销售国家明令淘汰并停止销售的产品和失效、变质的产品。

第三十六条 销售者销售的产品的标识应当符合本法第二十七条的规定。

第三十七条 销售者不得伪造产地，不得伪造或者冒用他人的厂名、厂址。

第三十八条 销售者不得伪造或者冒用认证标志等质量标志。

第三十九条 销售者销售产品，不得掺杂、掺假，不得以假充真、以次充好，不得以不合格产品冒充合格产品。

第四章 损害赔偿

第四十条 售出的产品有下列情形之一的，销售者应当负责修理、更换、退货；给购买产品的消费者造成损失的，销售者应当赔偿损失：

（一）不具备产品应当具备的使用性能而事先未作说明的；

（二）不符合在产品或者其包装上注明采用的产品标准的；

（三）不符合以产品说明、实物样品等方式表明的质量状况的。

销售者依照前款规定负责修理、更换、退货、赔偿损失后，属于生产者的责任或者属于向销售者提供产品的其他销售者（以下简称供货者）的责任的，销售者有权向生产者、供货者追偿。

销售者未按照第一款规定给予修理、更换、退货或者赔偿损失的，由产品质量监督部门或者工商行政管理部门责令改正。

生产者之间，销售者之间，生产者与销售者之间订立的买卖合同、承揽合同有不同约定的，合同当事人按照合同约定执行。

第四十一条 因产品存在缺陷造成人身、缺陷产品以外的其他财产（以下简称他人财产）损害的，生产者应当承担赔偿责任。

生产者能够证明有下列情形之一的，不承担赔偿责任：

（一）未将产品投入流通的；

（二）产品投入流通时，引起损害的缺陷尚不存在的；

（三）将产品投入流通时的科学技术水平尚不能发现缺陷的存在的。

第四十二条 由于销售者的过错使产品存在缺陷，造成人身、他人财产损害的，销售者应当承担赔偿责任。销售者不能指明缺陷产品的生产者也不能指明缺陷产品的供货者的，销售者应当承担赔偿责任。

第四十三条 因产品存在缺陷造成人身、他人财产损害的，受害人可以向产品的生产者要求赔偿，也可以向产品的销售者要求赔偿。属于产品的生产者的责任，产品的销售者赔偿的，产品的销售者有权向产品的生产者追偿。属于产品的销售者的责任，产品的生产者赔偿的，产品的生产者有权向产品的销售者追偿。

第四十四条 因产品存在缺陷造成受害人人身伤害的，侵害人应当赔偿医疗费、治疗期间的护理费、因误工减少的收入等费用；造成残疾的，还应当支付残疾者生活自助具费、生活补助费、残疾赔偿金以及由其扶养的人所必需的生活费等费用；造成受害人死亡的，并应当支付丧葬费、死亡赔偿金以及由死者生前扶养的人所必需的生活费等费用。

因产品存在缺陷造成受害人财产损失的，侵害人应当恢复原状或者折价赔偿。受害人因此遭受其他重大损失的，侵害人应当赔偿损失。

第四十五条 因产品存在缺陷造成损害要求赔偿的诉讼时效期间为二年，自当事人知道或者应当知道其权益受到损害时起计算。

因产品存在缺陷造成损害要求赔偿的请求权，在造成损害的缺陷产品交付最初消费者满十年丧失；但是，尚未超过明示的安全使用期的除外。

第四十六条 本法所称缺陷，是指产品存在危及人身、他人财产安全的不合理的危险；产品有保障人体健康和人身、财产安全的国家标准、行业标准的，是指不符合该标准。

第四十七条 因产品质量发生民事纠纷时，当事人可以通过协商或者调解解决。当事人不愿通过协商、调解解决或者协商、调解不成的，可以根据当事人各方的协议向仲裁机构申请仲裁；当事人各方没有达成仲裁协议或者仲裁协议无效的，可以直接向人民法院起诉。

第四十八条 仲裁机构或者人民法院可以委托本法第十九条规定的产品质量检验机构，对有关产品质量进行检验。

4.《中华人民共和国消费者权益保护法》（2009年8月27日）（节录）

第十六条 经营者向消费者提供商品或者服务，应当依照《中华人民共和国产品质量法》和其他有关法律、法规的规定履行义务。

经营者和消费者有约定的，应当按照约定履行义务，但双方的约定不得违背法律、法规的规定。

第十七条 经营者应当听取消费者对其提供的商品或者服务的意见，接受消费者的监督。

第十八条 经营者应当保证其提供的商品或者服务符合保障人身、财产安全的要求。对可能危及人身、财产安全的商品和服务，应当向消费者作出真实的说明和明确的警示，并说明和标明正确使用商品或者接受服务的方法以及防止危害发生的方法。

经营者发现其提供的商品或者服务存在严重缺陷，即使正确使用商品或者接受服务仍然可能对人身、财产安全造成危害的，应当立即向有关行政部门报告和告知消费者，并采取防止危害发生的措施。

第十九条 经营者应当向消费者提供有关商品或者服务的真实信息，不得作引人误解的虚假宣传。

经营者对消费者就其提供的商品或者服务的质量和使用方法等问题提出的询问，应当作为真实、明确的答复。

商店提供商品应当明码标价。

第二十条 经营者应当标明其真实名称和标记。

租赁他人柜台或者场地的经营者，应当标明其真实名称和标记。

第二十一条 经营者提供商品或者服务，应当按照国家有关规定或者商业惯例向消费者出具购货凭证或者服务单据；消费者索要购货凭证或者服务单据的，经营者必须出具。

第二十二条 经营者应当保证在正常使用商品或者接受服务的情况下其提供的商品或者服务应当具有的质量、性能、用途和有效期限；但消费者在购买该商品或者接受该服务前已经知道其存在瑕疵的除外。

经营者以广告、产品说明、实物样品或者其他方式表明商品或者服务的质量状况的，应当保证其提供的商品或者服务的实际质量与表明的质量状况相符。

第二十三条 经营者提供商品或者服务，按照国家规定或者与消费者的约定，承担包修、包换、包退或者其他责任的，应当按照国家规定或者约定履行，不得故意拖延或者无理拒绝。

第二十四条 经营者不得以格式合同、通知、声明、店堂告示等方式作出对消费者不公平、不合理的规定，或者减轻、免除其损害消费者合法权益应当承担的民事责任。

格式合同、通知、声明、店堂告示等含有前款所列内容的，其内容无效。

第二十五条 经营者不得对消费者进行侮辱、诽谤，不得搜查。

第三十四条 消费者和经营者发生消费者权益争议的，可以通过下列途径解决：

（一）与经营者协商和解；

（二）请求消费者协会调解；

（三）向有关行政部门申诉；

（四）根据与经营者达成的仲裁协议提请仲裁机构仲裁；

（五）向人民法院提起诉讼。

第三十五条 消费者在购买、使用商品时，其合法权益受到损害的，可以向销售者要求赔偿。销售者赔偿后，属于生产者的责任或者属于向销售者提供商品的其他销售者的责任的，销售者有权向生产者或者其他销售者追偿。

消费者或者其他受害人因商品缺陷造成人身、财产损害的，可以向销售者要求赔偿，也可以向生产者要求赔偿。属于生产者责任的，销售者赔偿后，有权向生产者追偿。属于销售者责任的，生产者赔偿后，有权向销售者追偿。

消费者在接受服务时，其合法权益受到损害的，可以向服务者要求赔偿。

第三十六条 消费者在购买、使用商品或者接受服务时，其合法权益受到损害，因原企业分立、合并的，可以向变更后承受其权利义务的企业要求赔偿。

第三十七条 使用他人营业执照的违法经营者提供商品或者服务，损害消费者合法权益的，消费者可以向其要求赔偿，也可以向营业执照的持有人要求赔偿。

第三十八条 消费者在展销会、租赁柜台购买商品或者接受服务，其合法权益受到损害的，可以向销售者或者服务者要求赔偿。展销会结束或者柜台租赁期满后，也可以向展销会的举办者、柜台的出租者要求赔偿。展销会的举办者、柜台的出租者赔偿后，有权向销售者或者服务者追偿。

第三十九条 消费者因经营者利用虚假广告提供商品或者服务，其合法权益受到损害的，可以向经营者要求赔偿。广告的经营者发布虚假广告的，消费者可以请求行政主管部门予以惩处。广告的经营者不得提供经营者的真实名称、地址的，应当承担赔偿责任。

第七章　法律责任

第四十条 经营者提供商品或者服务有下列情形之一的，除本法另有规定外，应当依照《中华人民共和国产品质量法》和其他有关法律、法规的规定，承担民事责任：

（一）商品存在缺陷的；

（二）不具备商品应当具备的使用性能而出售时未作说明的；

（三）不符合在商品或者其包装上注明采用的商品标准的；

（四）不符合商品说明、实物样品等方式表明的质量状况的；

（五）生产国家明令淘汰的商品或者销售失效、变质的商品的；

（六）销售的商品数量不足的；

（七）服务的内容和费用违反约定的；

（八）对消费者提出的修理、重作、更换、退货、补足商品数量、退还货款和服务费用或者赔偿损失的要求，故意拖延或者无理拒绝的；

（九）法律、法规规定的其他损害消费者权益的情形。

第四十一条 经营者提供商品或者服务，造成消费者或者其他受害人人身伤害的，应当支付医疗费、治疗期间的护理费、因误工减少的收入等费用，造成残疾的，还应当支付残疾者生活自助具费、生活补助费、残疾赔偿金以及由其扶养的人所必需的生活费等费用；构成犯罪的，依法追究刑事责任。

第四十二条 经营者提供商品或者服务，造成消费者或者其他受害人死亡的，应当支付丧葬费、死亡赔偿金以及由死者生前扶养的人所必需的生活费等费用；构成犯罪的，依法追究刑事责任。

第四十三条 经营者违反本法第二十五条规定，侵害消费者的人格尊严或者侵犯消费者人身自由的，应当停止侵害、恢复名誉、消除影响、赔礼道歉，并赔偿损失。

第四十四条 经营者提供商品或者服务，造成消费者财产损害的，应当按照消费者的要求，以修理、重作、更换、退货、补足商品数量、退还货款和服务费用或者赔偿损失等方式承担民事责任。消费者与经营者另有约定的，按照约定履行。

第四十五条 对国家规定或者经营者与消费者约定包修、包换、包退的商品，经营者应当负责修理、更换或者退货。在保修期内两次修理仍不能正常使用的，经营者应当负责更换或者退货。

对包修、包换、包退的大件商品，消费者要求经营者修理、更换、退货的，经营者应当承担运输等合理费用。

第四十六条 经营者以邮购方式提供商品的，应当按照约定提供。未按照约定提供的，应当按照消费者的要求履行约定或者退回货款；并应当承担消费者必须支付的合理费用。

第四十七条 经营者以预收款方式提供商品或者服务的，应当按照约定提供。未按照约定提供的，应当按照消费者的要求履行约定或者退回预付款；并应当承担预付款的利息、消费者必须支付的合理费用。

第四十八条 依法经有关行政部门认定为不合格的商品，消费者要求退货的，经营者应当负责退货。

第四十九条 经营者提供商品或者服务有欺诈行为的，应当按照消费者的要求增加赔偿其受到的损失，增加赔偿的金额为消费者购买商品的价款或者接受服务的费用的一倍。

第五十条 经营者有下列情形之一，《中华人民共和国产品质量法》和其他有关法律、法规对处罚机关和处罚方式有规定的，依照法律、法规的规定执行；法律、法规未作规定的，由工商行政管理部门责令改正，可以根据情节单处或者并处警告、没收违法所得、处以违法所得一倍以上五倍以下的罚款，没有违法所得的处以一万元以下的罚款；情节严重的，责令停业整顿、吊销营业执照：

（一）生产、销售的商品不符合保障人身、财产安全要求的；

（二）在商品中掺杂、掺假，以假充真，以次充好，或者以不合格商品冒充合格商品的；

（三）生产国家明令淘汰的商品或者销售失效、变质的商品的；

（四）伪造商品的产地，伪造或者冒用他人的厂名、厂址，伪造或者冒用认证标志、名优标志等质量标志的；

（五）销售的商品应当检验、检疫而未检验、检疫或者伪造检验、检疫结果的；

（六）对商品或者服务作引人误解的虚假宣传的；

（七）对消费者提出的修理、重作、更换、退货、补足商品数量、退还货款和服务费用或者赔偿损失的要求，故意拖延或者无理拒绝的；

（八）侵害消费者人格尊严或者侵犯消费者人身自由的；

（九）法律、法规规定的对损害消费者权益应当予以处罚的其他情形。

第五十一条 经营者对行政处罚决定不服的，可以自收到处罚决定之日起十五日内向上一级机关申请复议，对复议决定不服的，可以自收到复议决定书之日起十五日内向人民法院提起诉讼；也可以直接向人民法院提起诉讼。

第五十二条 以暴力、威胁等方法阻碍有关行政部门工作人员依法执行职务的，依法追究刑事责任；拒绝、阻碍有关行政部门工作人员依法执行职务，未使用暴力、威胁方法的，由公安机关依照《中华人民共和国治安管理处罚法》的规定处罚。

第五十三条 国家机关工作人员玩忽职守或者包庇经营者侵害消费者合法权益的行为的，由其所在单位或者上级机关给予行政处分；情节严重，构成犯罪的，依法追究刑事责任。费者的身体及其携带的物品，不得侵犯消费者的人身自由。

5. 最高人民法院《关于贯彻执行〈中华人民共和国民法通则〉若干问题的意见（试行）》（1988年4月2日公布 法（办）发〔1988〕6日）（节录）

153. 消费者、用户因为使用质量不合格的产品造成本人或者第三人人身伤害、财产损失的，受害人可以向产品制造者或者销售者要求赔偿。因此提起的诉讼，由被告所在地或侵权行为地人民法院管辖。

运输者和仓储者对产品质量负有责任，制造者或者销售者请求赔偿损失的，可以另案处理，也可以将运输者和仓储者列为第三人，一并处理。

九、机动车交通事故责任纠纷

143. 公安机关交通管理部门认定涉案事故属于交通意外事故，能否据此认定驾驶员无过错？

公安机关交通管理部门认定涉案事故属于交通意外事故，但是交通意外事故并不等同于民法上的意外事件，交通事故责任并不等同于民事法律赔偿责任。行为人在侵权行为中的过错程度，应当结合案情，全面分析全部证据，根据民事诉讼的归责原则进行综合认定。

144. 保险公司主张在交强险无责任赔偿限额内进行赔偿能否予以支持？

交通意外事故并不等同于民法上的意外事件，民事侵权赔偿责任的分配不应当单纯以交通事故责任认定书认定的交通事故责任划分来确定，而应当从损害行为、损害后果、行为与后果之间的因果关系及主观方面的过错程度等方面综合考虑，保险公司应在交强险责任赔偿限额内赔偿经济损失。

145. 交通事故认定书能否直接作为民事侵权损害赔偿责任分配的唯一依据？

交通事故认定书是公安机关处理交通事故，作出行政决定所依据的主要证据，虽然可以在民事诉讼中作为证据使用，但由于交通事故认定与民事诉讼中关于侵权行为认定的法律依据、归责原则有所区别，同时，交通事故责任也不等同于民事法律赔偿责任，因此，交通事故认定书不能作为民事侵权损害赔偿责任分配的唯一依据。

典型疑难案件参考

葛宇斐诉沈丘县汽车运输有限公司、中国人民财产保险股份有限公司周口市分公司、中国人民财产保险股份有限公司沈丘支公司道路交通事故损害赔偿纠纷案（《最高人民法院公报》2010年第11期，总第169期）

基本案情

2009年6月17日17时30分左右，被告沈丘县汽车运输有限公司（以下简称沈丘汽运公司）雇用的驾驶员鲍士许驾驶豫P28950/P6255挂号重型半挂货车，沿沪宁高速公路由东向西行驶至汤山出口匝道附近，因左前轮爆胎致其车失控向左撞断中心隔离岛两侧护栏冲入逆向车道，与由西向东正常行驶至此的原告葛宇斐之父葛信国驾驶的苏DR5853号轿车相撞后，货车又撞断逆向车道边缘（南侧）防护栏方停住车。该事故导致葛宇斐之母史永娟当场死亡，葛信国、葛宇斐、鲍士许三人受伤，车辆、路产受损。公安机关交通管理部门认定该起事故属于交通意外事故。

另查明，事发当日鲍士许驾车驶入沪宁高速公路前，对所驾车右边第二桥外面的轮胎进行了补胎修理。事故发生时，涉案车辆码表已损坏，装载情况为空载。涉案豫P28950号牵引车、豫P6255号半挂车分别在被告中国人民财产保险股份有限公司周口市分公司（以下简称人保周口市分公司）、被告中国人民财产保险股份有限公司沈丘支公司（以下简称人保沈丘支公司）投保交强险。

一审诉辩情况

原告葛宇斐诉称：2009年6月17日17时30分左右，被告沈丘汽运公司的司机鲍士许驾驶豫P28950/P6255挂号重型半挂车，沿沪宁高速公路由东向西行驶，至汤山出口匝道附近时，因左前轮爆胎致车辆失控向左撞断中心隔离岛两侧护栏冲入逆向车道。原告父亲葛信国驾驶苏DR5853号轿车由西向东正常行驶，被鲍士许驾驶的豫P28950/P6255挂号重型半挂车撞击，发生严重交通事故，导致原告母亲史永娟当场死亡，原告父亲和原告受伤。经公安机关交通管理部门认定，该事故属于交通意外事故。涉案豫P28950号牵引车、豫P6255号半挂车分别在被告人保周口市分公司、人保沈丘支公司投保交强险。故请求法院判令三被告赔偿医疗费65885.85元、住院伙食补助费990元（每天18元，计算55天）、营养费1080元（每天12元，计算90天）、护理费4500元（每天50元，计算90天）、残疾赔偿金41096元（每年18680元，计算2.2年）、精神损害抚慰金7500元、交通费500元、鉴定费780元，合计122331.85元。

被告沈丘汽运公司辩称：对原告葛宇斐陈述的事故经过无异议，涉案的豫

P28950号牵引车、豫P6255号半挂车在被告人保周口市分公司、人保沈丘支公司处投保，请求法院依法处理。

被告人保周口市分公司、人保沈丘支公司辩称：对事故发生不持异议。由于该事故属于交通意外，双方均无责任，应当在交强险无责赔付限额内赔偿。原告葛宇斐主张的医疗费、住院伙食补助费、护理费、残疾赔偿金、交通费、鉴定费合理，而主张的营养费、精神损失费过高，不应当全部支持。

案件审理中，涉案事故受害人就交强险赔偿达成一致意见：交强险赔偿限额优先赔偿伤者葛宇斐，交强险限额剩余部分赔偿死者史永娟。

一审裁判结果

南京市江宁区人民法院于2009年12月17日判决如下：

一、原告葛宇斐因交通事故造成的损失121831.85元，由被告人保周口市分公司在交强险限额内赔偿36938元（含精神损害抚慰金7000元），被告人保沈丘支公司在交强险限额内赔偿36938元；

二、原告葛宇斐因交通事故造成的损失超出交强险限额部分的47955.85元，由被告沈丘汽运公司予以赔偿；

三、驳回原告葛字斐的其他诉讼请求。

一审裁判理由

一审人民法院确定本案的争议焦点为：公安机关交通管理部门认定涉案事故属于交通意外事故，能否据此认定驾驶员无过错。保险公司主张在交强险无责任赔偿限额内进行赔偿能否予以支持。

1. 关于公安机关交通管理部门认定涉案事故属于交通意外事故，能否据此认定驾驶员无过错。

一审法院认为：公民的生命健康权及财产权受法律保护。《中华人民共和国道路交通安全法》（以下简称《道路交通安全法》）第76条规定："机动车发生交通事故造成人身伤亡、财产损失的，由保险公司在机动车第三者责任强制保险责任限额范围内予以赔偿；不足的部分，按照下列规定承担赔偿责任：（一）机动车之间发生交通事故的，由有过错的一方承担赔偿责任；双方都有过错的，按照各自过错的比例分担责任。"本案中，虽然公安机关交通管理部门认定涉案事故属于交通意外事故，但是交通意外事故并不等同于民法上的意外事件，交通事故责任并不等同于民事法律赔偿责任。民事侵权赔偿责任的分配不应当单纯以交通事故责任认定书认定的交通事故责任划分来确定，而应当从损害行为、损害后果、行为与后果之间的因果关系及主观方面的过错程度等方面综合考虑。《道路交通安全法》第21条规定："驾驶人驾驶机动车上道路行驶前，应当对机动车的安全技术性能进行认真检查；不得驾驶安全设施不全或者机件不符合技术标准等具有安全隐患的机动车。"本案中，鲍士许在驾驶车辆码表已损坏的情况下，仍将具有安全隐患的车辆驶入高速公路，主观上具有过失。涉案车辆发生爆胎后，鲍士许在车辆制动、路面情况均正常且车辆系空载的情况下，未能采取有效的合理措施，导致车辆撞断隔离带护栏后冲入逆向车道，与正常行驶的葛信国驾驶的车辆发生碰撞，致使葛宇斐受伤。鲍士许的不当行为与损害事实的发生存在因果关系，其主观上亦存在一定过失，葛信国驾车系正常行驶，主观上不存在任何过错。鲍士许系沈丘汽运公司雇用的司机，案发时正在履行职务，因此涉案事故的法律后果应当由沈丘汽运公司负担，沈丘汽运公司应对葛宇斐受伤后的合理经济损失承担全部赔偿责任。

2. 关于保险公司主张在交强险无责任赔偿限额内进行赔偿能否予以支持。

被告人保周口市分公司、人保沈丘支公司认为事故系交通意外事故，鲍士许在事故发生时无过错，主张应当在交强险无责任赔偿限额内赔偿，是对民法上"过错"含义的片面理解，沈丘汽运公司应对损害后果承担全部赔偿责任，人保周口市分公司、人保沈丘支公司应在交强险责任赔偿限额内赔偿葛宇斐的经济损失。

对于被告人沈丘汽运公司、人保周口市分公司、人保沈丘支公司认可的原告葛宇斐主张的医疗费、住院伙食补助费、护理费、残疾赔偿金、交通费、鉴定费，依法予以确认。对于原告主张的营养费，考虑到其受伤情况，结合其出院医嘱，原告主张的1080元（每天12元，计算90天）并无不当。对于原告主张的精神损害抚慰金，考虑原告在本次事故中遭受的痛苦程度以及伤残等级，酌定为7000元，在交强险限额内优先予以赔付。

综上所述，原告因涉案事故的经济损失为：医疗费65885.85元、住院伙食补助费990元（每天18元，计算55天）、营养费1080元（每天12元，计算90天）、护理费4500元（每天50元，计算90天）、残疾赔偿金41096元（每年18680元，计算2.2年）、精神损害抚慰金7000元、交通费500元、鉴定费780元，合计121831.85元。涉案事故被害人就交强险限额分配比例达成一致意见，不违反法律强制性规定，依法予以准许。人保周口市分公司应在交强险限额内赔偿原告36938元（含精神损害抚慰金7000元），人保沈丘支公司分公司应在交强险限额内赔偿原告36938元。葛宇斐超出交强险限额的经济损失47955.85元，由沈丘汽运公司予以赔偿。

二审诉辩情况

人保周口市分公司不服一审判决，向江苏省南京市中级人民法院提起上诉，请求撤销原判，依法改判。主要理由是：

一、公安机关交通管理部门已经认定涉案事故属于交通意外，事故双方均无责任，故保险公司应当在交强险责任范围内按无责赔付，在第三者责任险范围内不承担责任；

二、精神损害抚慰金认定数额过高；

三、涉案鉴定费用不应当由保险公司承担。

被上诉人葛宇斐口头答辩称：一审认定事实清楚，适用法律正确，请求驳回上诉，维持原判。

原审被告人保沈丘支公司、沈丘汽运公司述称：同意上诉人人保周口市分公司的上诉意见。

二审裁判结果

江苏省南京市中级人民法院于 2010 年 4 月 21 日判决：驳回上诉，维持原判。

二审裁判理由

二审人民法院经审理，确认了一审查明的事实，并认定本案的争议焦点为：交通事故认定书能否直接作为民事侵权损害赔偿责任分配的唯一依据。

二审法院认为：《道路交通安全法》第 73 条规定："公安机关交通管理部门应当根据交通事故现场勘验、检查、调查情况和有关的检验、鉴定结论，及时制作交通事故认定书，作为处理交通事故的证据。交通事故认定书应当载明交通事故的基本事实、成因和当事人的责任，并送达当事人。"根据该规定，交通事故认定书本身并非行政决定，而是公安机关处理交通事故，作出行政决定所依据的主要证据。交通事故认定书中交通事故责任的认定，主要是依据《道路交通安全法》、《中华人民共和国道路交通安全法实施条例》（以下简称《道路交通安全法实施条例》）等法律、行政法规，在分析判断交通事故责任认定时，与民事审判中分析判断侵权案件适用全部民事法规进行分析有所区别，而且，认定交通事故责任的归责原则与民事诉讼中侵权案件的归责原则不完全相同。《道路交通安全法实施条例》第 91 条规定："公安机关交通管理部门应当根据交通事故当事人的行为对发生交通事故所起的作用以及过错的严重程度，确定当事人的责任。"从交通事故认定书划分责任的依据看，公安机关交通管理部门认定交通事故的责任有两个因素，即行为人对交通事故所起的作用和过错的严重程度。前述条款中的"作用"与"过错"并列，与民法中的"过错"不是同一概念，在交通事故中，行为人有同等的过错不一定承担同等的责任，过错大的不一定是交通事故的主要责任人。《道路交通安全法实施条例》第92条规定：“发生交通事故后当事人逃逸的、逃逸的当事人承担全部责任。但是，有证据证明对方当事人也有过错的，可以减轻责任。当事人故意破坏、伪造现场、毁灭证据的，承担全部责任。”该规定中，此类交通事故归责的依据不是发生侵权行为时的过错大小，而是侵权行为发生后其他违法行为。因此，公安机关交通管理部门进行交通事故责任认定时归责方法与民法上的归责原则存在区别。此外，在举证责任负担、责任人的范围等方面，交通事故责任认定也与民事诉讼存在不同之处。

综上所述，交通事故认定书是公安机关处理交通事故，作出行政决定所依据的主要证据，虽然可以在民事诉讼中作为证据使用，但由于交通事故认定与民事诉讼中关于侵权行为认定的法律依据、归责原则有所区别，同时，交通事故责任也不等同于民事法律赔偿责任，因此，交通事故认定书不能作为民事侵权损害赔偿责任分配的唯一依据，行为人在侵权行为中的过错程度，应当结合案情，全面分析全部证据，根据民事诉讼的归责原则进行综合认定。

本案中，鲍士许在驾驶车辆码表已损坏的情况下，违反《道路交通安全法》第21条的规定，将具有安全隐患的车辆驶入高速公路。肇事车辆发生爆胎后，鲍士许在车辆制动、路面情况均正常且车辆系空载的情况下，未能采取有效的合理措施，导致车辆撞断隔离带护栏后冲入逆向车道，与正常行驶葛信国驾驶的车辆发生碰撞，致使车内被上诉人葛宇斐受伤。该起事故的发生并非不能预见，事故后果并非不可避免。因此，应当认定鲍士许有过错，其不当行为与损害事实的发生存在因果关系，葛信国驾驶的车辆正常行驶，车内的葛宇斐无过错。一审对此认定准确，应予维持。

关于精神损害抚慰金的数额问题。最高人民法院《关于确定民事侵权精神损害赔偿责任若干问题的解释》第10条第1款规定：“精神损害的赔偿数额根据以下因素确定：（一）侵权人的过错程度，法律另有规定的除外；（二）侵害的手段、场合、行为方式等具体情节；（三）侵权行为所造成的后果；（四）侵权人的获利情况；（五）侵权人承担责任的经济能力；（六）受诉法院所在地平均生活水平。”根据前述条款第1项、第2项、第3项、第5项、第6项的规定，一审法院酌定7000元精神损害抚慰金的数额并无不当，应予维持。

关于鉴定费用的承担问题。鉴定费用是被上诉人葛宇斐因涉案事故而进行的合理支出，一审判决由败诉方承担并无不当，应予维持。

146. 法人或者其他组织的负责人持虚假合同与善意第三人签订合同的行为，是否影响合同依法成立？

根据《合同法》第 49 条、第 50 条的规定，行为人没有代理权、超越代理权或者代理权终止后以被代理人名义订立合同，相对人有理由相信行为人有代理权的，该代理行为有效。法人或者其他组织的法定代表人、负责人超越权限订立的合同，除相对人知道或者应当知道其超越权限的以外，该代表行为有效。因此，法人或者其他组织的负责人持虚假合同与善意第三人签订合同的行为，虽属于没有代理权或者超越了代理权，但该代表行为有效，不影响合同依法成立。

投保人通过保险公司设立的营销部购买机动车第三者责任险，营销部营销人员为侵吞保费，将自己伪造的、内容和形式与真保单一致的假保单填写后，加盖伪造的保险公司业务专用章，通过营销部的销售员在该营销部内销售并交付投保人。作为不知情的善意投保人有理由相信其购买的保险是真实的，保单的内容也并不违反有关法律的规定，营销部的行为在民法上应当视为保险公司的行为。因此，虽然投保人持有的保单是假的，但并不能据此免除保险公司根据保险合同依法应当承担的民事责任。

典型疑难案件参考

刘雷诉汪维剑、朱开荣、天安保险盐城中心支公司交通事故人身损害赔偿纠纷案（《最高人民法院公报》2012 年第 3 期，总第 185 期）

基本案情

2005 年 7 月 20 日 22 时许，被告汪维剑驾驶苏 JFR978 “新感觉” 正三轮载货摩托车在淼南村道吴庄村旁道路上掉头时，车前轮左侧等处与由南往北行驶的原告刘雷所驾驶的无号牌 “爱奇克” 电动自行车右侧保险杠等处相撞，致刘雷受伤，电动自行车损坏。事故发生后，常熟市公安局交通巡逻警察大队进行了调查，于 2005 年 8 月 1 日作出了 2005 年第 07126 号交通事故认定书，认为汪维剑夜间驾车在道路上掉头，未能做到不妨碍其他车辆的通行，是造成该事故的主要原因，其行为违反《中华人民共和国道路交通安全法实施条例》第 49 条第 2 款及《江苏省道路交通安全条例》第 38 条第 1 项之规定；刘雷夜间驾驶未开灯光且事故后经检验为制动不合格的无号牌电动自行车且车速较快，亦是造成该事故的一个原因，其行为违反《中华人民共和国道路交通安全法》第18条第3款、第38条及《江苏省道路交通安全条例》第16条第1款第2项之规定，认定汪维剑负该事故的主要责任，刘雷负该事故的次要责任。

原告刘雷伤后被救送至常熟市新区医院进行治疗，被诊断为左胫腓骨开放性骨折，住院治疗12天；随即，刘雷又入常熟市第二人民医院住院治疗22天；2006年8月15日至19日，刘雷又在常熟市第二人民医院住院治疗4天。2006年11月17日至12月1日，刘雷在上海交通大学附属第六人民医院住院治疗13.5天。2006年12月1日至12日，刘雷在上海徐汇区宛平地段医院继续住院治疗11天。此外，刘雷伤后还在上述各医院及常熟市梅李中心卫生院门诊治疗。刘雷花去医疗费共27556.70元。刘雷伤后由其亲属进行护理。审理中，常熟市人民法院根据刘雷的申请，委托常熟市第一人民医院司法鉴定所对刘雷的伤残等级、误工期限、护理期限及人数、营养期限进行了鉴定。该所于2007年7月9日作出鉴定结论，认为刘雷因交通事故致左胫腓骨开放性骨折已构成十级伤残，误工期限为伤后至定残前一日，住院期间及出院后90日应予1人护理并予营养支持。

另查明：原告刘雷在常熟瀛环织造印染有限公司工作，其主张日收入50元。被告汪维剑驾驶的苏JFR978“新感觉”正三轮载货摩托车的登记车主为被告朱开荣。汪维剑在事故后向常熟市公安局交通巡逻警察大队提供了苏JFR978“新感觉”正三轮载货摩托车的保险单（编号0500064813），该保险单反映该摩托车在天安盐城支公司投保有保险期限自2005年5月30日0时起至2006年5月29日24时止的责任限额为20000元的第三者综合损害责任险。审理中，常熟市人民法院委托盐城市公安局对苏JFR978正三轮载货摩托车的保险单（编号0500064813）协助调查，查实该保单系营销部工作人员刘明星伪造的保单中的一份。

又查明：天安盐城支公司在响水设有营销部，该营销部对外签订保险合同时使用天安盐城支公司的业务专用章，刘明星曾任该营销部的负责人。刘明星在任职期间，伪造了天安盐城支公司的业务专用章，私自印制了保单，并进行销售。本案中，苏JFR978正三轮载货摩托车的保险单（编号0500064813）系刘明星通过响水营销部的销售员在该营销部内销售的，内容由销售员填写。2005年9月7日，天安盐城支公司向盐城市公安局报案，称刘明星于2004年12月以来，私刻公司公章、私印保单，骗取多人保险费用。2005年9月30日，盐城市公安局决定立案侦查。2005年10月20日，刘明星因涉嫌职务侵占犯罪被盐城市公安局刑事拘留。2005 年 11 月 25 日，盐城市人民检察院以涉嫌合同诈骗罪对刘明星批准逮捕。刘明星现已被响水县人民法院以合同诈骗罪判处有期徒刑。

一审诉辩情况

原告刘雷诉称：2005 年 7 月 20 日 22 时，在淼南村道吴庄村旁，被告汪维剑驾驶被告朱开荣的苏 JFR978 三轮摩托车掉头时，与原告驾驶的电动自行车相撞，致原告受伤。交警大队认定汪维剑负事故主要责任、刘雷负次要责任。请求判令被告赔偿医药费、误工费、护理费、交通费、住院伙食补助费、救护费等计 24172 元，伤残费用待鉴定后再提出。审理中，原告变更了相关的诉讼请求，要求被告赔偿医药费 27516 元、救护费 40 元、误工费 35850 元、护理费 7625 元、交通费 1076 元、住院伙食补助费 1125 元、营养费 3050 元、残疾赔偿金 28168 元、精神损害抚慰金 5000 元、伙食费 325 元、餐费 3100 元，共计 112875 元。

被告汪维剑、朱开荣未作答辩。

被告天安保险盐城支公司辩称：被告公司收到法院寄来原告刘雷的诉状及附件材料后，经核对，被告公司从未向被告朱开荣签发过该摩托车保险单证，并发现该保单业务专用章与被告公司印章不一致，被告公司与朱开荣就摩托车保险一事从未形成保险合同关系。因此，被告公司在此交通事故赔偿一案中不应为假保单承担赔偿责任。请求驳回原告对被告公司的诉讼请求。

一审裁判结果

常熟市人民法院依照《中华人民共和国民事诉讼法》第 130 条，《中华人民共和国道路交通安全法》第 76 条第 1 款，最高人民法院《关于审理人身损害赔偿案件适用法律若干问题的解释》第 1 条、第 2 条、第 17 条、第 18 条，最高人民法院《关于确定民事侵权精神损害赔偿责任若干问题的解释》第 1 条、第 8 条第 2 款、第 10 条、第 11 条的规定，于 2007 年 11 月 17 日作出判决：

一、被告天安盐城支公司赔偿原告刘雷因交通事故造成的医疗费、误工费、护理费、交通费、住院伙食补助费、营养费、残疾赔偿金、精神损害抚慰金等计 20000 元，于本判决生效后 10 日内履行；

二、被告汪维剑、朱开荣赔偿原告刘雷因交通事故造成的医疗费、误工费、护理费、交通费、住院伙食补助费、营养费、残疾赔偿金、精神损害抚慰金等计 61769.35 元，于本判决生效后 10 日内履行；

三、驳回原告刘雷的其他诉讼请求。

一审裁判理由

本案一审的争议焦点是：被告天安盐城支公司是否应承担保险赔偿责任。

常熟市人民法院一审认为：

原告刘雷就本起事故所造成的损失向法院提起诉讼的时间在 2006 年 4 月 1 日以前，根据 2006 年 7 月 1 日以前的规定，机动车发生交通事故造成人身伤亡、财产损失的，由保险公司就事故所产生的损失在第三者责任险的保险责任限额内予以赔偿。保险公司在第三者责任险的保险责任限额内所承担的赔偿责任是无过错责任，无论交通事故当事人是否有过错，保险公司都应予以赔偿。超过保险责任限额的部分，机动车与非机动车驾驶人、行人之间发生交通事故的，由机动车一方承担责任；但是，有证据证明非机动车驾驶人、行人违反道路交通安全法律、法规，机动车驾驶人已经采取必要处置措施的，减轻机动车一方的责任。

被告汪维剑在事故后向交警部门提供的苏 JFR978 "新感觉" 正三轮载货摩托车的保险单（编号 0500064813）确为假保单，但系由刘明星的犯罪行为所造成，而刘明星在使用假保单实施犯罪时，其是天安盐城支公司设在响水的营销部的负责人，假保单是通过营销部的销售门市销售的，可见天安盐城支公司对响水营销部管理不力，该公司在响水营销部销售刘明星伪造的假保单的过程中有明显过错。因此，天安盐城支公司应当为此承担责任。

交警部门认定被告汪维剑负该次事故的主要责任、原告刘雷负该次事故的次要责任并无不当，予以采纳。被告汪维剑、朱开荣分别为苏 JFR978 "新感觉" 正三轮载货摩托车的驾驶人和登记车主，由于双方均未到庭，致法院无法查明其能否免责的事由，故应对刘雷在事故中造成的损失共同承担赔偿责任。鉴于刘雷对该事故的发生有过错，负事故的次要责任，应相应减轻汪维剑、朱开荣的赔偿责任。由汪维剑、朱开荣对事故造成的刘雷的损失承担 80% 的赔偿责任。

至于原告刘雷在事故中造成的损失及其所主张的赔偿费用，应按照最高人民法院《关于审理人身损害赔偿案件适用法律若干问题的解释》中规定的范围、项目和标准进行计算。

关于医疗费，认定为 27556 元；关于误工费，认定为 26937.69 元；关于护理费，认定为 6100 元；关于交通费，酌情认定为 800 元；关于住院伙食补助费，认定为 1125 元；关于营养费，认定为 1525 元；关于残疾赔偿金，认定为 28168 元；关于精神损害抚慰金，认定为 5000 元；关于原告刘雷主张的伙食费、餐费，不属于法律规定的赔偿范围和项目，不予支持。

综上所述，本起事故造成的原告刘雷的损失，包括医疗费27556元、误工费26937.69元、护理费6100元、交通费800元、住院伙食补助费1125元、营养费1525元、残疾赔偿金28168元、精神损害抚慰金5000元，合计为97211.69元。应由天安盐城支公司在第三者责任险的责任限额范围内向刘雷赔偿20000元。对超过责任限额的数额77211.69元，由被告汪维剑、朱开荣按80%的比例赔偿刘雷61769.35元。汪维剑、朱开荣经法院合法传唤，无正当理由拒不到庭，应视为其放弃应诉抗辩的权利，由此可能造成的不利后果，应由其自行承担。

二审诉辩情况

天安盐城支公司不服一审民事判决，向苏州市中级人民法院提起上诉称：(1)一审法院仅凭一份假保单和犯罪分子在公安部门的供词就认定保险公司管理不力而认定保险公司承担责任，于法无据。(2)罪犯刘明星原系本公司响水营销部的负责人，但刘明星2004年12月便擅自离开公司，自2005年起便不再是保险公司响水营销部负责人，他的犯罪行为与保险公司的管理和培训无关，保险公司不应当承担民事赔偿责任。(3)本案2007年10月由简易程序转为普通程序，但10月22日开庭审理时人民陪审员计宝奇、张丽云均未到庭，仍由邵均独任审理，程序不合法，其结果无效。请求二审法院依法改判。

被上诉人刘雷、汪维剑、朱开荣未作答辩。

二审裁判结果

苏州市中级人民法院依照《中华人民共和国民事诉讼法》第153条第1款第1项之规定，于2008年6月19日判决：

驳回上诉，维持原判。

二审裁判理由

苏州市中级人民法院经二审，确认了一审查明的事实。

二审另查明，2007年10月22日上午8:30在常熟市人民法院第四法庭对本案进行了第二次开庭审理，人民陪审员计宝奇、张丽云均到庭参加庭审，并在庭审笔录上签了名。

本案二审的争议焦点仍是：上诉人天安盐城支公司是否应承担保险赔偿责任。

苏州市中级人民法院二审认为：

上诉人天安盐城支公司在响水设有营销部，该营销部对外签订保险合同时使用天安盐城支公司的业务专用章，刘明星承认曾任该营销部的负责人，在任职期间，伪造了天安盐城支公司的业务专用章，私自印制了保单，并进行销售。上诉人认为刘明星2004年12月便擅自离开公司，自2005年起就不再是上诉人公司响水营销部负责人，但未能提供证据证实。且本案中，苏JFR978正三轮载货摩托车的保险单（编号0500064813）系刘明星通过响水营销部的销售员在该营销部内销售的，内容由销售员填写，保单的内容和形式与真保单一致。作为善意相对人的被保险人原审被告朱开荣在上诉人的响水营销部购买第三者综合损害责任险，朱开荣有理由相信其购买的保险是真实的，保单的内容也并不违反有关法律的规定，响水营销部的行为在民法上应当视为上诉人的行为，因此，虽然朱开荣持有的保单是假的，但此系由上诉人的工作人员利用职务上的行为所致，朱开荣无从察知，上诉人则应当加强管理监督，故不能据此免除上诉人应当承担的民事责任，常熟市人民法院判决上诉人在其保险限额内承担赔偿责任并无不妥。

关于上诉人天安盐城支公司提出一审审理程序不合法的上诉理由因与事实不符，不予支持。

综上所述，上诉人天安盐城支公司的上诉理由均不能成立，原审法院判决并无不当，应予维持。

147. 流浪乞讨人员因交通事故死亡，民政部门是否可以作为原告提起民事诉讼，要求赔偿义务人承担赔偿责任？

民事诉讼调整的是平等民事主体之间的法律关系纠纷。我国民事诉讼法规定，有权提起民事诉讼的是与案件有直接利害关系的公民、法人和其他组织，所谓直接的利害关系即指民事权利义务关系。判定民政部门与案件当事人之间是否存在民事权利义务关系，应以法律授权为依据。最高人民法院《关于审理人身损害赔偿案件适用法律若干问题的解释》规定，受害人死亡的，赔偿权利人有权向赔偿义务人请求相关费用赔偿，其中赔偿权利人的范围包括受害人生前承担扶养义务的被扶养人及死亡受害人的近亲属。据此，民政部门不是法律规定的赔偿权利人，与案件当事人不存在民事权利义务关系。同时，民政部门的工作职责是帮助流浪乞讨人员解决基本生活需要，并不包括代替其作为民事诉讼原告提起赔偿诉讼。故民政部门不是适格诉讼主体，不能作为民事诉讼的原告要求赔偿义务人承担赔偿责任。

典型疑难案件参考

高淳县民政局诉王昌胜、吕芳、天安保险江苏分公司交通事故人身损害赔偿纠纷案（《最高人民法院公报》2007年第6期，总第128期）

基本案情

2005年4月2日19时30分许，被告王昌胜驾驶车牌号为苏AQ0128的三轮运输车，沿双望线从北向南行驶至4km路段时，将一名60至70岁无名男子撞倒在东侧机动车道内，恰遇被告吕芳驾驶车牌号为苏AAV822的小轿车由南向北驶经该路段，从该男子身体上碾压而过，致该男子当场死亡。2005年4月20日，高淳县公安局交巡警大队作出第2005023号交通事故认定书，认定王昌胜、吕芳对此次交通事故负同等责任，被害无名男子不负事故责任。事故发生后，高淳县公安局交巡警大队于2005年4月4日在《南京日报》上刊登认尸启事，因无人认领，遂于2005年4月21日将该无名男子尸体火化，骨灰暂由高淳县殡仪馆保管。王昌胜的苏AQ0128号三轮车及吕芳的苏AAV822号小轿车均在被告天安保险江苏分公司投保了第三者责任险，责任限额分别为5万元和20万元。

另查明：原告高淳县民政局的工作职责包括对社会流浪乞讨人员实施救助。

一审诉辩情况

原告高淳县民政局诉称：2005年4月2日19时30分许，被告王昌胜、吕芳因交通肇事，致一名60至70岁无名男子当场死亡。2005年4月20日，高淳县公安局交巡警大队作出第2005023号交通事故认定书，认定王昌胜、吕芳对此次交通事故负同等责任，被害无名男子不负事故责任。事故发生后，高淳县公安局交巡警大队于2005年4月4日在《南京日报》上刊登认尸启事，因无人认领，遂于2005年4月21日将该无名男子尸体火化，骨灰暂由高淳县殡仪馆保管。王昌胜、吕芳驾驶的机动车辆均在被告天安保险江苏分公司投保了第三者责任险，责任限额分别为5万元和20万元。原告作为负责救助社会流浪乞讨人员的专门机构，承担了对社会流浪乞讨人员的救助工作，工作职责中也应包括支持社会流浪乞讨人员主张权利的内容。本案中，被害无名男子的生命健康权理应得到法律保护，该男子遭遇交通事故身亡，原告承担了有关处理事宜，故有权就其死亡向三被告主张赔偿。高淳县人民检察院作为法律监督机构，也支持原告依法提起损害赔偿诉讼，并为此作出了宁高检民行建〔2006〕12号检察建议书。请求判令天安保险江苏分公司在第三者责任强制保险限额内赔偿原告166331元。

被告王昌胜、吕芳、天安保险江苏分公司一致辩称：民政局依职责对社会上的流浪乞讨人员进行救助，二者之间形成的关系属于行政法律关系，而不是民事法律关系。原告高淳县民政局代本案受害人主张交通事故人身损害赔偿，没有法律依据，不具备民事主体资格，在本案中不具有诉权。本案受害人尸体的火化、保管都是有偿的，丧葬费用被告方已经实际支付，高淳县民政局没有提供证据证明其对本案受害人实施过救助，其诉讼主张缺乏事实依据。请求驳回高淳县民政局的起诉。

一审裁判结果

高淳县人民法院于2006年12月4日裁定如下：

驳回原告高淳县民政局的起诉。

一审裁判理由

高淳县人民法院认为本案的争议焦点是：原告高淳县民政局是否本案适格诉讼主体，能否就本案被害无名男子的死亡向被告王昌胜、吕芳、天安保险江苏分公司主张赔偿。

原告高淳县民政局作为政府负责救助社会流浪乞讨人员的专门机构，与本案被害无名男子之间仅存在行政法律关系，不存在民事法律关系，故不是本案适格的民事诉讼原告，无权就该无名男子的死亡向被告王昌胜、吕芳、天安保险江苏分公司主张交通事故人身损害赔偿。

二审诉辩情况

高淳县民政局不服一审裁定，向南京市中级人民法院提起上诉。其主要理由是：(1) 民政局负责对生活无着的社会流浪乞讨人员进行救助，这种救助职责不仅体现为对上述人员的生活提供保障，还应包括当上述人员受到人身侵害后，实施代为提起诉讼的司法救助；(2) 上诉人虽然属于行政机关，但在本案中实际承担了被害无名男子尸体火化等丧葬善后事宜，故与该无名男子之间不仅存在行政法律关系，也存在一定的民事法律关系；(3) 上诉人提出的赔偿死亡赔偿金和丧葬费的诉讼请求，符合最高人民法院有关司法解释的规定。本案中，被害无名男子确无亲属代其主张民事权利，如果否定上诉人的民事诉讼主体资格，将会在客观上导致侵权人逃避应当承担的民事赔偿责任，有悖于法律基本原则。请求二审法院撤销原审裁定。

被上诉人王昌胜经南京市中级人民法院依法传唤，未到庭参加诉讼，亦未作答辩。

被上诉人吕芳、天安保险江苏分公司一致辩称：民政局依职责对社会上的流浪乞讨人员进行救助，二者之间形成的关系属于行政法律关系，而不是民事法律关系。上诉人高淳县民政局代本案受害人主张交通事故人身损害赔偿，没有法律依据，不具备民事主体资格，在本案中不具有诉权。本案受害人尸体的火化、保管都是有偿的，丧葬费用被上诉人已经实际支付，高淳县民政局没有提供证据证明其对本案受害人实施过救助，其诉讼主张缺乏事实依据。原审裁定正确，请求驳回高淳县民政局的上诉，维持原审裁定。

二审裁判结果

南京市中级人民法院依照《民事诉讼法》第108条第1项、第154条之规定，于2007年3月27日裁定如下：

驳回上诉，维持原裁定。

二审裁判理由

本案二审应当解决的争议焦点，仍然是上诉人高淳县民政局是否本案适格诉讼主体，能否就本案被害无名男子的死亡向被上诉人王昌胜、吕芳、天安保险江苏分公司主张赔偿的问题。

南京市中级人民法院二审认为：上诉人高淳县民政局不是本案适格诉讼主体，无权就本案被害无名男子的死亡向被上诉人王昌胜、吕芳、天安保险江苏分公司主张交通事故人身损害赔偿。

第一，《中华人民共和国民事诉讼法》（以下简称《民事诉讼法》）第108条规定："起诉必须符合下列条件：（一）原告是与本案有直接利害关系的公民、法人和其他组织。"这里规定的"与本案有直接利害关系"，即指民事权利义务关系。高淳县民政局是否与本案存在民事权利义务关系，必须根据法律规定加以确定。首先，根据最高人民法院《关于审理人身损害赔偿案件适用法律若干问题的解释》的规定，受害人死亡的，赔偿义务人应当赔偿丧葬费、死亡赔偿金等。该司法解释同时规定，赔偿权利人"是指因侵权行为或者其他致害原因直接遭受人身损害的受害人、依法由受害人承担扶养义务的被扶养人以及死亡受害人的近亲属"。据此，人身损害赔偿案件中，受害人死亡的，赔偿权利人是依法由死亡受害人承担扶养义务的被扶养人以及死亡受害人的近亲属。高淳县民政局显然不属于该司法解释规定的"赔偿权利人"，不具备就本案被害无名男子的死亡要求被上诉人王昌胜、吕芳、天安保险江苏分公司向其承担人身损害赔偿责任的主体资格。其次，高淳县民政局在一、二审期间均未能提供其支付了本案被害无名男子丧葬善后费用的证据，不能认定高淳县民政局与被上诉人王昌胜、吕芳、天安保险江苏分公司之间存在民事权利义务关系。因此，高淳县民政局与本案不存在直接利害关系，其起诉不符合《民事诉讼法》第 108 条第 1 项的规定。

第二，根据《城市生活无着的流浪乞讨人员救助管理办法》第 2 条、第 4 条第 1 款、第 6 条第 2 款、第 7 条的规定，县级以上城市人民政府应当根据需要设立流浪乞讨人员救助站。救助站对流浪乞讨人员的救助是一项临时性社会救助措施。县级以上人民政府民政部门负责流浪乞讨人员的救助工作，并对救助站进行指导、监督。救助站对属于救助对象的求助人员，应当及时提供救助，不得拒绝。救助站应当根据受助人员的需要提供下列救助：（1）提供符合食品卫生要求的食物；（2）提供符合基本条件的住处；（3）对在站内突发急病的，及时送医院救治；（4）帮助与其亲属或者所在单位联系；（5）对没有交通费返回其住所地或者所在单位的，提供乘车凭证。从上述规定可以看出，民政部门及救助站对城市生活无着的流浪乞讨人员实施的救助，是一种临时性的救助措施，救助的内容是暂时帮助流浪乞讨人员解决基本生活需要，其工作职责并不包括代表或代替上述人员提起民事诉讼。上诉人高淳县民政局认为其依法负有的救助职责中包括代替社会流浪乞讨人员提起民事诉讼的上诉理由，没有法律依据。民事诉讼形成于平等民事主体之间，高淳县民政局作为行政机关，在没有法律授权的情况下介入民事诉讼，有悖于我国法律基本原则。

第三，根据最高人民法院《关于审理人身损害赔偿案件适用法律若干问题的解释》的规定，本案的赔偿权利人应当是依法由被害无名男子承担扶养义务的被扶养人以及该无名男子的近亲属。本案中，虽然经公安部门在报纸上刊发启示后直至本案一、二审期间，被害无名男子的赔偿权利人尚未出现，但尚不能排除赔偿权利人客观存在的可能。赔偿权利人在知悉本案有关情况后，依法仍然可以要求赔偿义务人承担民事赔偿责任，被上诉人王昌胜、吕芳、天安保险江苏分公司依法应当承担的民事赔偿责任并未彻底免除。

综上所述，南京市中级人民法院二审认定上诉人高淳县民政局不是本案适格的诉讼主体，其上诉请求缺乏法律依据，不予支持。原审法院裁定驳回高淳县民政局的起诉并无不当，应予维持。

148. 单方交通事故中，保险车辆上的受害人被甩出车外后又被该车撞伤，此种情况属于“第三者责任险”还是“车上人员责任险”的理赔范围？

“第三者责任险”是以被保险人对第三者的赔偿责任为标的的保险。机动车辆第三者责任险中的“第三者”，是指订立保险合同的双方当事人即保险人、被保险人（包括被保险车辆内的人员）以外所有的人。机动车辆第三者责任险旨在确保第三者因交通事故受到损害时能从保险人处获取救济，以保护不特定的第三者的利益。“车上人员责任险”是对事故中造成保险车辆上人员的人身伤亡而订立的保险。由于机动车作为交通工具的属性，使得“第三者”和“车上人员”的身份可以因时空条件而进行转化。在单方交通事故中，判断受害人属于“第三者”还是“车上人员”，应以该人在交通事故发生当时这一特定的时间受害人是否身处保险车辆之上为依据，如果受害人身处车上为“车上人员”，在车下即认定为“第三者”。对于保险车辆上的受害人被甩出车外后又被该车撞伤的情况，受害人已由“车上人员”转换为“第三者”，保险公司应按照机动车辆第三者责任险对受害人进行赔偿。如果保险公司依据保险合同免责条款拒赔，因免责条款属于格式条款，法院应作出不利于格式条款提供者保险公司的解释，不适用该免责条款。

典型疑难案件参考

郑克宝诉徐伟良、中国人民财产保险股份有限公司长兴支公司道路交通事故人身损害赔偿纠纷案（《最高人民法院公报》2008 年第 7 期，总第 141 期）

基本案情

2005 年 6 月 12 日 2 时 58 分，原告郑克宝乘坐车牌号为浙 EB1662 的大型汽车，沿 312 国道由西向东行驶，行至唯亭立交桥东堍处时，驾驶该车的司机杨建平对路面动态疏于观察，遇紧急情况时采取措施不当，致车辆失控，将乘坐在车内的原告甩出车外，原告随后又被该车碾压致重伤。交警工业园区大队就涉案交通事故出具事故认定书，认定杨建平负事故全部责任，原告不负事故责任。事故发生后，原告被送往苏州大学附属第一医院治疗，共住院 63 天，发生医疗费64990.91元、交通费1677元。2005年10月26日，交警工业园区大队出具交通事故伤残评定书，认定原告左上肢截肢构成五级伤残，脾切除构成八级伤残，肝修补构成十级伤残，面部形成疤痕构成十级伤残，胸部形成疤痕构成十级伤残。

原告郑克宝的左上肢截肢需安装假肢，可安装浙江省残疾人现代假肢矫形器装配中心的上臂肌电假肢，该假肢价格为26500元，平均使用寿命为3—5年，维修费用为装配价的4%，总计费用153700元。

涉案肇事车辆浙EBl662大型汽车系被告徐伟良所有，杨建平系被告徐伟良聘请驾驶该车的驾驶员。事故发生后，被告徐伟良以借款形式给付原告郑克宝50000元。

2004年12月8日，被告徐伟良为涉案肇事车辆向被告财保长兴支公司投保机动车辆第三者责任险，保险金额（责任限额）为500000元，且不计算免赔额，同时还为该车投保了车上人员险，保险金额（责任限额）为每座50000元，共投保3座。以上保险期间自2005年1月1日0时起至2005年12月31日24时止。两被告在保险合同的机动车辆第三者责任保险条款中约定：“……本保险合同中的第三者是指除投保人、被保险人、保险人以外的，因保险车辆发生意外事故遭受人身伤亡或财产损失的保险车辆下的受害者；……被保险人或其允许的驾驶人员在使用保险车辆过程中发生意外事故，致使第三者遭受人身伤亡或财产直接损毁，依法应当由被保险人承担经济赔偿责任，保险人负责赔偿；……保险车辆造成本车上其他人员的人身伤亡或财产损失，不论在法律上是否应当由被保险人承担赔偿责任，保险人均不负责赔偿；……保险人依据保险车辆驾驶人员在事故中所负的责任比例，承担相应的赔偿责任；”同时在车上人员责任险条款中约定：“……保险责任即发生意外事故，造成保险车辆人员的人身伤亡，依法应当由被保险人承担经济赔偿责任，保险人负责赔偿；……责任限额即车上人员每人责任限额和投保座位数由投保人和保险人在投保时协商确定，投保人座位数以保险车辆的核定载客数为限。”

一审诉辩情况

原告郑克宝诉称：2005年6月12日2时58分，原告乘坐车牌号为浙EBl662的汽车沿312国道由西向东行驶。行至312国道唯亭立交桥东堍处时，由于驾驶该车的司机杨建平操作不当，车辆失控，致使原本乘坐在车内的原告跌出车外，并被该车碾压致重伤。经苏州市公安局交通巡逻警察支队工业园区大队（以下简称交警工业园区大队）勘查，认定杨建平负事故全部责任，原告不负事故责任。事故发生后，原告被送往苏州大学附属第一医院治疗，住院

63 天，发生医疗费 64991.05 元、交通费 1677 元。经鉴定，原告的伤情构成五级伤残一处，八级伤残一处，十级伤残三处。涉案浙 EBl662 大型汽车属被告徐伟良所有，徐伟良于 2005 年 1 月 1 日为该车向被告财保长兴支公司投保第三者责任险，保险金额（责任限额）为 500000 元，涉案交通事故发生在该保险合同有效期内。因此，徐伟良作为事故车辆的所有人应对原告承担赔偿责任，财保长兴支公司应当依照其与徐伟良签订的保险合同在“第三者责任险”的责任限额内承担赔付责任。除上述医疗费、交通费以外，两被告还需要赔偿原告误工费 8608 元、护理费 3988 元、住院伙食补助费 945 元、伤残赔偿金 121928 元、残疾辅助器具费 440737.5 元。综上所述，请求法院依法判令徐伟良与财保长兴支公司赔偿原告各项损失合计 642874.55 元（由财保长兴支公司在保险合同约定的第三者责任险责任限额内赔偿，超出部分由徐伟良负担），并由徐伟良赔偿原告精神损害抚慰金 30000 元。

被告徐伟良辩称：被告对涉案交通事故的发生及责任认定均无异议，但被告已为涉案肇事机动车向被告财保长兴支公司投保了第三者责任险，涉案交通事故发生在保险合同的有效期内，故应由财保长兴支公司在保险金额 500000 元的范围内承担赔偿责任。被告对原告郑克宝诉讼请求中主张的残疾辅助器具的安装及维修费用有异议，原告主张的假肢安装及维修费用过高，应参照普通适用型辅助器具的安装、维修费用予以计算。此外，涉案交通事故系由驾驶员杨建平违规操作造成，交通管理部门也认定由杨建平负事故全部责任，故原告要求被告承担精神损害抚慰金 30000 元的诉讼请求没有法律依据。综上所述，请求驳回原告对被告的全部诉讼请求。

被告财保长兴支公司辩称：涉案交通事故是单方事故，原告郑克宝系肇事车辆浙 EB1662 车上的乘客，事故发生时，原告尚在车上，发生事故后才将原告甩下车，故对于原告的损失应按照车上人员责任险的限额进行理赔。被告徐伟良为涉案肇事车辆向被告投保了车上人员责任险，保险金额为每座 50000 元，故按照保险合同的约定，被告只在 50000 元的限额内赔偿原告，不同意按照第三者责任险的责任限额承担责任。

一审裁判结果

长兴县人民法院于 2006 年 3 月 31 日判决：

一、被告财保长兴支公司赔偿原告郑克宝各项损失合计 314716.64 元；

二、被告徐伟良赔偿原告郑克宝精神损害抚慰金 30000 元；

三、驳回原告郑克宝其余的诉讼请求。

一审裁判理由

本案一审的争议焦点是：（1）涉案交通事故给原告郑克宝造成伤害，应由谁承担赔偿责任；（2）原本坐在涉案肇事车辆内的郑克宝因车辆失控被甩出车外，而后被该车碾伤，该情形属于机动车第三者责任险的理赔范围，还是属于车上人员责任险的理赔范围。

长兴县人民法院一审认为：

1. 关于由谁对原告郑克宝所受伤害承担赔偿责任的问题。

根据本案查明的事实，案发当时，由于驾驶涉案肇事车辆浙 EB1662 大型汽车的司机杨建平对路面动态疏于观察，遇紧急情况时采取措施不当，致使车辆失控，原本乘坐在车内的原告郑克宝被甩出车外后又被该车碾压致重伤。根据公安交通管理部门的认定，杨建平对涉案交通事故负全部责任，其行为构成侵权。最高人民法院《关于审理人身损害赔偿案件适用法律若干问题的解释》第 9 条规定："雇员在从事雇佣活动中致人损害的，雇主应当承担赔偿责任；雇员因故意或者重大过失致人损害的，应当与雇主承担连带赔偿责任。雇主承担连带赔偿责任的，可以向雇员追偿。"涉案肇事车辆浙 EBl662 大型汽车系被告徐伟良所有，杨建平系徐伟良聘请的驾驶员，涉案交通事故发生在杨建平根据徐伟良的指派从事雇佣活动的过程中，故涉案交通事故对郑克宝造成的人身损害，应由徐伟良承担赔偿责任。鉴于徐伟良与被告财保长兴支公司就涉案肇事车辆订立了保险合同，故财保长兴支公司应在保险合同约定的范围内承担赔偿责任。

最高人民法院《关于确定民事侵权精神损害赔偿责任若干问题的解释》第 1 条规定："自然人因下列人格权利遭受非法侵害，向人民法院起诉请求赔偿精神损害的，人民法院应当依法予以受理：（一）生命权、健康权、身体权……。"涉案交通事故造成原告郑克宝多处伤残，给郑克宝今后的身体健康和正常的工作、生活带来影响，也给其精神上带来痛苦。根据涉案侵权行为的具体情节及其给原告造成的伤害后果等情况，同时充分考虑精神损害赔偿兼具补偿、抚慰和惩罚功能等因素，酌情确定应由被告徐伟良给付郑克宝精神损害抚慰金 30000 元。

2. 关于涉案交通事故责任是属于机动车辆第三者责任险理赔范围，还是属于车上人员责任险理赔范围的问题。

被告徐伟良与被告财保长兴支公司就涉案肇事车辆浙 EB1662 大型汽车订立了机动车辆第三者责任保险合同，其中约定："本保险合同中的第三者是指除投保人、被保险人、保险人以外的，因保险车辆发生意外事故遭受人身伤亡或财产损失的保险车辆下的受害者。”原告郑克宝既非该保险合同关系中的投保人、被保险人，也非保险人。根据交通管理部门的认定，涉案交通事故确系单车肇事事故。在涉案交通事故发生之前，原告是浙 EB1662 车上的乘客，属于车上人员，但原告先是因车辆失控被甩出车外，落地后发生被该车碾压致伤的涉案交通事故，涉案交通事故发生时原告已经置身于浙 EB1662 车之下，根据上述事实，可以认定原告属于“因保险车辆发生意外事故遭受人身损害的保险车辆下的受害者”，即在涉案交通事故发生时，原告已经由“车上人员”（即乘客）转化为“第三者”。

另外，涉案机动车辆第三者责任险免责条款规定，因保险车辆发生意外事故，导致本车上其他人员的人身伤亡或财产损失，不论在法律上是否应当由被保险人承担赔偿责任，保险人均不负责赔偿。鉴于该免责条款为格式条款，且对于该条款中的“本车上其他人员的人身伤亡或财产损失”可能有两种解释，一种解释是仅指车上人员在本车上发生的人身伤亡或财产损失，至于车上人员离开本车后又被本车事故导致的损害结果则不属免责范围；另一种解释是对于车上人员在本车上及离开本车后因本车事故导致的损害结果保险人均得免责。鉴于双方当事人对此存在争议，故对此格式条款依法应当作出不利于格式条款提供者的解释。据此认定本案不适用该免责条款。

综上所述，对于原告郑克宝因涉案交通事故所受伤害，应当由被告财保长兴支公司按照其与被告徐伟良就涉案肇事车辆订立的机动车第三者责任险条款进行理赔。涉案机动车辆第三者责任险保险金额（责任限额）为 500000 元，且不计算免赔额，故财保长兴支公司应赔偿原告各项损失共计 314716.64 元。

二审诉辩情况

财保长兴支公司不服一审判决，向浙江省湖州市中级人民法院提起上诉，其主要理由是：（1）一审判决仅以涉案交通事故损害后果发生在涉案肇事车辆之外，即认定被上诉人郑克宝的身份已由车上人员转化为第三者，违背了郑克宝是涉案肇事车辆上的乘坐人员的客观事实。涉案交通事故发生于郑克宝被甩出肇事车辆，该事故为不可分割的一起交通事故，而非二起交通事故，郑克宝并不是在自行下车、其车上人员身份结束后在另外的交通事故中受伤。（2）一审判决片面理解该保险合同条款关于第三者的规定，同时，不适用该合同第 6 条第 3 项关于“保险车辆造成本车上其他人员的人身伤亡或财产损失，不论在法律上是否应当由被保险人承担赔偿责任，保险人均不负责赔偿”的免责规定，是错误的。请求撤销原判，依法改判涉案交通事故责任属于车上人员责任险的理赔范围。

被上诉人郑克宝、徐伟良辩称：一审判决认定事实清楚，适用法律正确。请求二审法院驳回上诉，维持原判。

二审裁判结果

湖州市中级人民法院依照《中华人民共和国民事诉讼法》第153条第1款1项之规定，于2006年9月18日判决：驳回上诉，维持原判。

二审裁判理由

本案二审的争议焦点仍然是涉案交通事故责任属于机动车辆第三者责任险的理赔范围，还是属于车上人员责任险的理赔范围。

湖州市中级人民法院二审认为：

《中华人民共和国保险法》（以下简称《保险法》）第50条规定："保险人对责任保险的被保险人给第三者造成的损害，可以依照法律的规定或者合同的约定，直接向该第三者赔偿保险金。"根据上述规定，第三者责任险是以被保险人对第三者的赔偿责任为标的，以填补被保险人对第三者承担赔偿责任所受损失的保险。"第三者"的范围可根据保险合同的约定或法律规定作出界定。本案中，上诉人财保长兴支公司与被上诉人徐伟良之间订立的机动车辆第三者责任险即属于此类保险。根据本案事实，涉案交通事故责任属于机动车辆第三者责任险的保险理赔范围。

首先，涉案交通事故的受害人，亦即被上诉人郑克宝属于上诉人财保长兴支公司与被上诉人徐伟良之间订立的机动车辆第三者责任险保险条款所规定的"第三者"。根据涉案机动车辆第三者责任险保险条款的规定，"第三者"是指除投保人、被保险人和保险人以外的，因保险车辆发生意外事故遭受人身伤亡或财产损失的保险车辆下的受害者。本案中，郑克宝不是涉案机动车辆第三者责任险的投保人、被保险人和保险人。郑克宝由于涉案保险车辆发生意外事故，被该车辆碾压导致严重伤害，属于因保险车辆发生意外事故遭受人身伤亡或财产损失的保险车辆下的受害者，当然也属于涉案机动车辆第三者责任险保险条款所规定的"第三者"。

其次，被上诉人郑克宝在涉案交通事故发生前确系涉案保险车辆的"车上人员"，但此事实并不影响郑克宝在涉案交通事故中的"第三者"身份，上诉人财保长兴支公司关于涉案交通事故责任应当按照车上人员责任险理赔的观点不能成立。被上诉人徐伟良在为涉案保险车辆投保机动车辆第三者责任险的同时，还为该车投保了车上人员责任险。徐伟良与财保长兴支公司订立的车上人员责任险保险条款规定，因发生意外事故造成保险车辆车上人员的人身伤亡，依法应当由被保险人承担经济赔偿责任的，保险人负责按照责任限额予以理赔。据此可以认定，这里的“车上人员”仅指发生意外事故时身处保险车辆之上的人员。如果某人在意外事故发生前是保险车辆的车上人员，意外事故发生时已经置身于保险车辆之下，则不属于保险车辆的车上人员。由此进一步分析，可以得出以下结论：判断因保险车辆发生意外交通事故而受害的人是属于“第三者”还是属于“车上人员”，必须以该人在交通事故发生当时这一特定的时间是否身处保险车辆之上为依据，在车上即为“车上人员”，在车下即为“第三者”。同时，由于机动车辆是一种交通工具，任何人都不可能永久地置身于机动车辆之上，故涉案机动车辆保险合同中所涉及的“第三者”和“车上人员”均为在特定时空条件下的临时性身份，即“第三者”与“车上人员”均不是永久的、固定不变的身份，二者可以因特定时空条件的变化而转化。本案中，涉案交通事故的事实，是郑克宝被涉案保险车辆碾压致伤。该事故发生前，郑克宝的确乘坐于涉案保险车辆之上，属于车上人员。但由于驾驶员遇到紧急情况时操作不当，导致涉案保险车辆失控，将郑克宝甩出车外，随后被涉案保险车辆碾压至重伤。因此，涉案交通事故发生时，郑克宝不是在涉案保险车辆之上，而是在该车辆之下。如果郑克宝在涉案交通事故发生时是涉案保险车辆车上人员，则根本不可能被该车碾压致伤。因此，财保长兴支公司仅以郑克宝在涉案交通事故发生前乘坐于涉案保险车辆之上的事实，即认为郑克宝属于涉案保险车辆车上人员，涉案交通事故责任应当按照车上人员责任险理赔，其观点不仅不符合涉案保险合同的规定，亦有悖于常理。

最后，本案不适用涉案机动车辆第三者责任险免责条款。涉案机动车辆第三者责任险免责条款规定，因保险车辆发生意外事故，导致本车上其他人员的人身伤亡或财产损失，不论在法律上是否应当由被保险人承担赔偿责任，保险人均不负责赔偿。一审法院认为，该免责条款为格式条款，且对于该条款中的“本车上其他人员的人身伤亡或财产损失”可能有两种解释，一种解释是仅指车上人员在本车上发生的人身伤亡或财产损失，至于车上人员离开本车后又被本车事故导致的损害结果则不属免责范围；另一种解释是对于车上人员在本车上及离开本车后因本车事故导致的损害结果保险人均得免责。鉴于双方当事人对此存在争议，故对此格式条款依法应当作出不利于格式条款提供者的解释。据此认定本案不适用该免责条款。上诉人财保长兴支公司认为，被上诉人郑克宝是从涉案保险车辆中被甩出，而不是从该车上离开，一审判决将甩出等同于离开，属于偷换概念，本案应当适用前述免责条款。对此二审法院认为，根据涉案机动车辆第三者责任险免责条款的规定，该条款所称的“本车上其他人员”与车上人员责任险条款所规定的“车上人员”完全相同，即也是在保险车辆发生意外事故时在该车之上的人员，除此之外不应当有其他解释。如前所述，郑克宝在涉案交通事故发生时已经从车上人员转化为第三者。不论郑克宝是被动地从涉案保险车辆上“甩出”还是主动从该车上离开，均不能改变在涉案交通事故发生时郑克宝已经不在涉案保险车辆之上的事实，不影响其第三者身份。另外，即使对于涉案机动车辆第三者责任险免责条款所称的“本车上其他人员”可能作出其他解释，也因该条款系格式条款，在存在争议的情况下，应依法作出不利于该格式条款的提供者即财保长兴支公司的解释。因此，本案不适用涉案机动车辆第三者责任险免责条款。

综上所述，上诉人财保长兴支公司的上诉理由均不能成立，不予采信。一审判决认定事实清楚，适用法律正确，审判程序合法，应予维持。

149. 农村进城务工人员因交通事故死亡，其死亡赔偿金的计算标准应如何确定?

死亡赔偿金是死者因他人致害死亡后由加害人给其近亲属所造成的物质性收入损失的一种补偿。根据最高人民法院《关于审理人身损害赔偿案件适用法律若干问题的解释》的规定，死亡赔偿金应以受诉法院所在地上一年度城镇居民人均可支配收入或农村居民人均纯收入标准，按 20 年计算。该规定考虑到了城镇居民的平均收入和消费水平高于农村居民，为合理地补偿受害人的损失，对城镇居民和农村居民的死亡赔偿金计算标准加以区别。农村进城务工人员死亡补偿金计算标准，不能单纯依据受害人的户籍登记作出判断，应当综合考虑受害人的经常居住地、工作地、获取报酬地、生活消费地等因素加以判断。对于常年生活工作在城镇，收入和消费水平和城镇居民基本相同的，如果此类人员发生死亡事故，应当按照城镇居民的标准计算死亡赔偿金。

典型疑难案件参考

季宜珍等诉财保海安支公司、穆广进、徐俊交通事故损害赔偿纠纷案（《最高人民法院公报》2006 年第 9 期，总第 119 期）

基本案情

2005 年 11 月 18 日下午 2 时 50 分左右，被告穆广进驾驶登记车主为被告徐俊、车牌号为苏 FAD263 号的轻型厢式货车，途经海安县海安镇平桥路与翻身河西交叉路口地段由西向东行驶过程中，与由北向南驾驶苏 FCS490 号二轮摩托车的季崇山发生碰撞，致季崇山重伤，双方车辆受损。季崇山受伤后被送往海安县人民医院，住院治疗 13 天，终因抢救无效，于 2005 年 12 月 1 日死亡。

死者季崇山系原告许艳兰之夫，原告季宜珍、张加凤之子，原告季拎彤之父。季宜珍、张加凤共生育包括季崇山在内的四个子女，现居住于农村。季崇山户籍所在地为海安县角斜镇新坝村 10 组 7 号。季崇山于 1995 年 12 月 27 日与许艳兰登记结婚，婚后与许艳兰在海安县海安镇江海东路购有房产，并常年在该地生活、工作。

根据交警大队于 2005 年 12 月 16 日作出的事故认定，被告穆广进负事故的次要责任，季崇山负事故的主要责任。季崇山驾驶的摩托车经交警大队委托海安县价格认证中心评估，损失为 796 元。2005 年 10 月 24 日，被告财保海安支公司为穆广进驾驶的肇事机动车辆设定了第三者责任保险，最高保额为 20 万元。原告方为抢救季崇山花费医疗费 50199.91 元。事故发生后，穆广进已向原告方支付 15241 元。

对原告方主张的季崇山误工费 564.52 元，丧葬费 9101 元，被抚养、赡养人生活费 67888.75 元，季崇山住院期间伙食补助费 234 元、营养费 78 元及其护理费用按每人每年收入 7053 元标准计算等问题，双方当事人均无异议，因此予以确认。

江苏省统计部门公布的 2004 年度无固定职业人员年收入标准为 7053 元，城镇居民年均可支配性收入为 10482 元，在岗职工年平均收入标准为 18202 元，农村居民年均纯收入标准为 4754 元。

一审诉辩情况

原告季宜珍、张加凤、许艳兰、季拎彤诉称：2005 年 11 月 18 日下午 2 时 50 分左右，原告方的亲属季崇山驾驶车牌号为苏 FCS490 号的二轮摩托车由北向南行驶至海安县海安镇平桥路与翻身河西交叉路口时，被被告穆广进驾驶的车牌号为苏 FAD263 号的轻型厢式货车（登记车主为被告徐俊）撞伤，在海安县人民医院住院治疗 13 天，终因抢救无效，于 2005 年 12 月 1 日死亡。根据海安县公安局交通巡逻警察大队（以下简称交警大队）作出的事故认定，被告穆广进对本案交通事故负次要责任，季崇山负主要责任。故原告方请求判令被告方承担以下赔偿责任：（1）季崇山的医疗费 50199.91 元；（2）季崇山的误工费，按照江苏省统计部门公布的 2004 年度从事交通运输业人员的年收入标准 15850 元计算 13 天，为 564.52 元；（3）季崇山住院期间伙食补助费按每天18元计算13天，为234元；（4）季崇山住院期间营养费，按每天6元计算13天，为78元；（5）季崇山住院期间护理费，按照江苏省统计部门公布的2004年无固定收入人员年收入标准7053元计算13天，由二人三班倒轮流护理，为1506.96元；（6）死亡赔偿金，按照江苏省统计部门公布的2004年度城镇居民人均纯收入10482元的标准计算20年，为209640元；（7）丧葬费，按照江苏省统计部门公布的2004年度在岗职工人均收入18202元的标准计算半年，为9101元；（8）精神损害抚慰金5万元；（9）交通费1400.4元；（10）被抚养、赡养人生活费67888.75元。其中季宜珍应受赡养10年，张加凤应受赡养7年，考虑其他子女的赡养份额，按照每年3035元计算；季拎彤应受抚养15年，考虑季拎彤的其他抚养人的抚养份额，按照每年7332元计算；（11）车辆损失1000元。因事故损坏的摩托车，经公安机关委托评估，认定损失为796元，另有停车费380元，仅主张1000元。以上各项合计391613.54元，穆广进已经支付15241元。被告财保海安支公司为穆广进驾驶的肇事机动车辆设定了第三者责任保险，最高保额为20万元，应予理赔。超过20万元部分的损失，根据交警大队作出的事故责任认定，其中30%应由穆广进及徐俊赔偿，减去穆广进已经支付的部分费用，还应赔偿原告方42243.07元。请求法院依法判决。

被告财保海安支公司对本案交通事故发生的事实及交警大队对事故责任的认定没有异议，但辩称季崇山系农村居民，不应当按照城镇居民的标准计算死亡赔偿金。季崇山在事故中负主要责任，精神损害抚慰金数额应当按照其应负责任来确定，原告方主张按照5万元赔偿属标准过高。

被告穆广进同意财保海安支公司的答辩意见。另外辩称：车辆损失应按评估结果认定为796元；护理人员最多只应当按2人计算。对于原告方主张的其余损失无异议。

被告徐俊辩称：被告穆广进驾驶的肇事车辆是被告与孙福生合伙期间购买的，后被告与孙福生散伙，该车辆归孙福生所有，是孙福生让穆广进开车而发生本案交通事故，该起事故与被告没有关系。

一审裁判结果

江苏省海安县人民法院依照《中华人民共和国道路交通安全法》第76条第1款，《江苏省道路交通安全条例》第52条第1款，最高人民法院《关于审理人身损害赔偿案件适用法律若干问题的解释》第17条第1款及第3款、第18条第1款、第19条第1款、第20条、第21条第1款及第2款，第23条第1款、第24条、第27条、第28条、第29条、第31条，最高人民法院《关于确定民事侵权精神损害赔偿责任若干问题的解释》第10条之规定，于

2006 年 1 月 13 日判决如下：

一、被告财保海安支公司赔偿原告季宜珍、张加凤、许艳兰、季拎彤有关死者季崇山的医疗费、误工费、住院伙食补助费、营养费、护理费、死亡赔偿金、丧葬费、精神损害抚慰金、交通费、被抚养人和被赡养人生活费、车辆损失费等损失合计 20 万元（不含被告穆广进已经支付的部分费用）；

二、被告穆广进赔偿原告季宜珍、张加凤、许艳兰、季拎彤有关死者季崇山的医疗费、误工费、住院伙食补助费、营养费、护理费、死亡赔偿金、丧葬费、精神损害抚慰金、交通费、被抚养人和被赡养人生活费、车辆损失费等损失合计 46342. 22 元，减去被告穆广进已经支付的 15241 元，被告穆广进尚应赔偿原告季宜珍、张加凤、许艳兰、季拎彤 31083. 22 元；

三、驳回原告季宜珍、张加凤、许艳兰、季拎彤要求被告徐俊承担赔偿责任的诉讼请求；

四、驳回原告季宜珍、张加凤、许艳兰、季拎彤的其他诉讼请求。

一审裁判理由

江苏省海安县人民法院认为：季崇山在交通事故中受伤，经抢救无效死亡。原告季宜珍、张加凤、许艳兰、季拎彤作为季崇山的亲属，依法享有请求侵权人赔偿医疗费、误工费、住院伙食补助费、营养费、护理费、死亡赔偿金、丧葬费、交通费、精神损失费、被抚养人和被赡养人生活费、财产损失费等损失的权利。

原告方所主张的季崇山的医疗费 50199. 91 元、误工费 564. 52 元、住院伙食补助费 234 元、营养费 78 元、丧葬费 9101 元、车辆损失费 796 元等损失，合法有据，予以支持。关于交通费问题，原告方虽提供了交通费用票据，但对部分交通费票据不能作出合理的解释，又不能提供证据证明确实与事故有关，难以认定。故只认定原告方的交通费用损失为 158. 4 元。

原告方主张被抚养、赡养人的生活费为 67888. 75 元。因原告季宜珍、张加凤为农村户口，且居住于农村，原告季拎彤为城镇居民，故原告方请求依农村居民和城镇居民的标准分别计算被赡养人季宜珍、张加凤与被抚养人季拎彤的生活费，合法有据，且被告方未提出异议，予以支持。

季崇山在交通事故中死亡，原告方作为亲属，获得适当的精神损害赔偿是合情合理合法的。考虑到季崇山在事故中负主要责任，可将精神损害抚慰金酌定为 1. 5 万元。季崇山因伤情较重，其住院抢救期间接受护理的事实确实存在，可酌定为由三人日夜轮流护理，护理费用可以按照江苏省统计部门公布的 2004 年度无固定收入人员年收入标准 7053 元计算 13 天，认定为 753. 48 元。

对于原告方主张的停车费损失，因原告方未能提供充分证据予以证明，故不予支持。

关于死亡赔偿金的计算标准，根据最高人民法院《关于审理人身损害赔偿案件适用法律若干问题的解释》第 29 条之规定，死亡赔偿金应以受诉法院所在地上一年度城镇居民人均可支配收入或农村居民人均纯收入标准，按 20 年计算。人的生命本是无价的，但在生命权受到侵害后，需要以金钱的方式进行赔偿，就必然涉及赔偿标准问题。上述司法解释的规定是考虑到城镇居民的平均消费水平和收入水平均高于农村居民，为合理地补偿受害人的损失，同时避免加重赔偿人的责任，故对城镇居民和农村居民的死亡赔偿金计算标准加以区别，其本意并非人为地以户籍因素划分生命价值的高低。近年来，随着市场经济的发展，人员的流动性也日益增强，大批农村居民进入城镇务工，其中有相当一部分农村居民常年在城镇工作生活，其收入相对稳定，消费水平也和一般城镇居民基本相同，虽然户籍登记仍为农村居民，但是事实上已经融入城镇生活。如果这类人员发生死亡事故，在计算死亡赔偿金额时，仍以其户籍登记作为判断依据，按照农村居民标准给予赔偿，显然不能合理地补偿经济损失，从而有失公平。全面正确地理解上述规定，在确认死亡赔偿金计算标准时，不能简单地依据受害人的户籍登记作出判断，而应当综合考虑受害人的经常居住地、工作地、获取报酬地、生活消费地等因素进行确定。

本案受害人季崇山户籍登记虽为农村居民，但根据现有证据，季崇山与许艳兰婚后常年居住于海安县城，季崇山生前曾在海安县城多家单位从事工作，有较稳定的收入，其主要消费地亦在海安县城。季崇山的死亡必然会影响其家庭消费水平，其家庭可预期的未来收入势必也随之减少。如果按照农村居民的标准计算季崇山的死亡赔偿金，显然不足以填补原告方的损失，有失公平。故在确认季崇山的死亡赔偿金计算标准时，应客观考虑季崇山生前的经常居住地、工作地、获取报酬地、生活消费地等均在城镇的因素，以城镇居民的标准计算死亡赔偿金。据此，确认季崇山的死亡赔偿金应按照江苏省统计部门公布的 2004 年度城镇居民人均可支配收入 10482 元计算 20 年，共计 209640 元。

被告财保海安支公司为被告穆广进驾驶的肇事机动车辆设定了最高保额为 20 万元的第三者责任保险，故财保海安支公司依法应当在第三者责任保险限额范围内对原告方承担赔偿责任。鉴于受害人季崇山应对本案交通事故负主要责任，故对原告方所受损失超过第三者责任保险限额的部分，应当由穆广进根据其在事故中应负的责任予以赔偿。被告徐俊虽是穆广进驾驶的肇事机动车辆的登记车主，但在穆广进具有有关职能部门核定的驾驶资质并实际驾驶该肇事车辆的前提下，穆广进是负有赔偿义务的侵权人，徐俊对于本案交通事故的发生并无过错，原告方主张徐俊也应承担赔偿责任没有法律依据，不予支持。

二审诉辩情况

一审宣判后，被告财保海安支公司不服，向江苏省南通市中级人民法院提起上诉，但其后未按规定预交二审案件受理费。

二审裁判结果

南通市中级人民法院依照《中华人民共和国民事诉讼法》第107条第1款、《人民法院诉讼收费办法》第13条第2款之规定，于2006年3月8日作出裁定：

本案按自动撤回上诉处理，原审判决即发生法律效力。

150. 对于受害人死亡时尚未出生的非婚生子女，加害人是否负有赔偿责任？

我国《民法通则》第119条规定，侵害公民身体造成死亡的，加害人应当向被害人一方支付死者生前扶养的人必要的生活费等费用。其中“死者生前扶养的人”，既包括死者生前实际扶养的人，也应包括应当由死者抚养，但由于死亡的发生，未能抚养的尚未出生的子女。我国《婚姻法》第25条规定，非婚生子女享有与婚生子女同等的权利，任何人不得加以危害和歧视。因此，受害人尚未出生的非婚生子女也属于受害人生前抚养的人的范围，有权向加害人主张赔偿责任。

典型疑难案件参考

王德钦诉杨德胜、泸州市汽车二队交通事故损害赔偿纠纷案（《最高人民法院公报》2006年第3期，总第113期）

基本案情

2002年4月27日，挂靠在被告泸州市汽车二队的被告杨德胜驾驶川E07363号小货车，从泸州市纳溪区安富镇沿泸纳二级公路向泸州方向行驶，当行至该公路3km+200m处会车时，由于对前方路面情况观察不够，将同向行走的赶猪人王先强撞倒，王先强经抢救无效死亡。泸州市公安局交通警察支队二大队认定，杨德胜负此次事故的主要责任。在解决杨德胜交通肇事应承担的民事赔偿责任时，被害人王先强的父母曾请求杨德胜和泸州市汽车二队连带赔偿“未生下来的小孩抚养费”。由于王先强至死未婚，没有妻子，且小孩尚未出生，无法断定其与王先强的关系，故在杨德胜反对下，未能满足此项赔偿请求。2002年10月22日，牟萍生育了原告王德钦。2003年1月，牟颖代理王德钦提起本案诉讼。

审理期间，经原告王德钦方申请，法院提取了在交警处保存的被害人王先强血样和王先强母亲保存的王先强血衣，同时送至四川华西法医学鉴定中心鉴定。因血衣变质，丧失了检验条件，四川华西法医学鉴定中心只对血样进行了鉴定。结论为：王先强是王德钦的亲生父亲。

同时查明，原告王德钦的母亲牟萍与王先强自由恋爱多年并同居生活。王先强死亡时，牟萍已怀孕。2002年，泸州市的最低生活保障标准是每月130元，教育费年约需444元。

诉辩情况

原告王德钦的法定代理人代为诉称：在一次交通事故中，原告之父王先强被挂靠在被告泸州市汽车二队的被告杨德胜驾驶的汽车轧死。交警部门认定：杨德胜负此次交通事故的主要责任。依照《中华人民共和国民法通则》（以下简称《民法通则》）第119条、《中华人民共和国继承法》（以下简称《继承法》）第28条的规定，原告必要的生活费、教育费，应当由杨德胜赔偿，泸州市汽车二队应当承担连带赔偿责任。由于杨德胜的反对，此项赔偿在原交通肇事一案的刑事附带民事判决中未解决。请求判令：（1）被告给原告支付生活费、教育费18458元；（2）被告给原告支付精神抚慰金10000元；（3）本案诉讼费由被告负担。

被告杨德胜辩称：王先强死时未婚，没有配偶，何来子女。《民法通则》第9条规定：“公民从出生时起到死亡时止，具有民事权利能力，依法享有民事权利，承担民事义务。”原告即便算王先强的遗腹子，王先强死亡时其尚未出生，不是具有民事权利能力的、能够行使请求权的民事主体。《继承法》第28条规定：“遗产分割时，应当保留胎儿的继承份额。胎儿出生时是死体的，保留的份额按照法定继承办理。”本案是交通肇事损害赔偿，不是继承案件，赔偿金不等于遗产，保留胎儿份额的规定不能在本案适用。《民法通则》第119条规定：“侵害公民身体造成伤害的，应当赔偿医疗费、因误工减少的收入、残废者生活补助费等费用；造成死亡的，并应当支付丧葬费、死者生前扶养的人必要的生活费等费用。”在交通肇事一案中，王先强生前扶养人的经济赔偿问题已经附带解决。原告不是王先强生前扶养的人，不能依照这条规定来请求赔偿，其诉讼请求应当驳回。

被告泸州市汽车二队辩称：即使能证明原告王德钦是被害人王先强的遗腹子，也只能按《道路交通事故处理办法》进行赔偿。1 岁的孩子懂得什么精神损害，为什么要请求支付精神抚慰金？不能满足原告的全部诉讼请求。

本案争议焦点是：对被害人死亡时遗留的胎儿，加害人有无赔偿责任？

裁判结果

泸州市江阳区人民法院于 2003 年 5 月 28 日判决：

一、被告杨德胜在本判决书生效后 10 日内，一次性给付原告王德钦生活费 12636 元、教育费 3600 元，共计 16236 元；其余损失 1804 元，由王德钦自行负担；

二、被告泸州市汽车二队对上列赔偿款承担垫付责任；

三、驳回原告王德钦的其他诉讼请求。

诉讼费 1712 元、鉴定费 4000 元，合计 5712 元，由原告王德钦负担 812 元，被告杨德胜负担 4900 元。

一审宣判后，双方当事人均未上诉。判决生效后，被告一方已经自动履行了判决确定的给付义务。

裁判理由

泸州市江阳区人民法院认为：本案证据证明，原告王德钦与被害人王先强之间存在着父子血缘关系。《中华人民共和国婚姻法》第 21 条规定："父母对子女有抚养教育的义务；子女对父母有赡养扶助的义务。"第 25 条规定："非婚生子女享有与婚生子女同等的权利，任何人不得加以危害和歧视。"父母对子女的抚养教育义务，是由父母与子女间存在的血缘关系决定的，不因父母之间是否存在婚姻关系而发生实质性变化。

《民法通则》第 119 条规定，侵害公民身体造成死亡的，加害人应当向被害人一方支付死者生前扶养的人必要的生活费等费用。"死者生前扶养的人"，既包括死者生前实际扶养的人，也包括应当由死者抚养，但因为死亡事故发生，死者尚未抚养的子女。原告王德钦与王先强存在父子关系，是王先强应当抚养的人。王德钦出生后，向加害王先强的人主张赔偿，符合《民法通则》的这一规定。由于被告杨德胜的加害行为，致王德钦出生前王先强死亡，使王德钦不能接受其父王先强的抚养。本应由王先强负担的王德钦生活费、教育费等必要费用的二分之一，理应由杨德胜赔偿。生活费按泸州市 2002 年最低生活保障每月130元标准，教育费按每年444元标准，计算至王德钦18周岁时止。《民法通则》第131条规定：“受害人对于损害的发生也有过错的，可以减轻侵害人的民事责任。”考虑到在交通事故中，王先强也有一定过错，故可以减轻杨德胜10%的赔偿责任。被告泸州市汽车二队是杨德胜车辆的挂靠单位，在杨德胜不能给付赔偿金的情况下，应当承担垫付责任。

原告王德钦一方请求被告给付精神抚慰金，这一请求不符合最高人民法院《关于确定民事侵权精神损害赔偿责任若干问题的解释》中的规定，不予支持。

151. 无证驾驶造成交通事故，交强险保险人应否对受害人承担赔偿责任？

根据《道路交通安全法》第76条的规定，机动车发生交通事故造成人身伤亡、财产损失的，如果肇事机动车辆投保了交强险的，首先应由保险公司在机动车第三者责任强制保险责任限额范围内予以赔偿。同时根据《机动车交通事故责任强制保险条例》第21条的规定，除非道路交通事故的损失是由受害人故意造成的，道路交通事故造成本车人员、被保险人以外的受害人人身伤亡、财产损失的，保险公司就应当在交强险责任限额内对受害人承担赔偿责任。所以，道路交通事故人身损害赔偿案件中，肇事车辆投保机动车交通事故责任强制保险的，尽管致害人系无证驾驶，保险公司依然应对受害人在交强险责任限额范围内承担赔偿责任。

典型疑难案件参考

郝文虎诉人保财险铁厂支公司、蔡双虎等道路交通事故人身损害赔偿纠纷案

基本案情

2009年10月30日16时许，蔡双虎无机动车驾驶证驾驶冀DK3887号变型拖拉机，在天铁集团庞岐生活区2区2排1号平房处向后溜车时，将车后方的行人郝文虎撞倒在地，致使郝文虎受伤住院，诊断为：（1）颅骨多发骨折；（2）左侧中颅窝底骨折并面神经损伤；（3）面部广泛皮肤擦伤；（4）左肺挫

伤；(5) 胸腔少量积气。此事故经天津市公安局铁城分局交通警察大队认定：蔡双虎承担事故的全部责任，郝文虎不承担事故责任。

肇事拖拉机的实际车主为蔡双虎之父蔡保军，该车辆在人保财险铁厂支公司投保机动车交通事故责任强制保险。保险期间自2009年9月16日零时起至2010年9月15日24时止。保险单上的责任限额为：死亡伤残赔偿限额5万元，医疗费用赔偿限额8000元，财产赔偿限额2000元。人保财险铁厂支公司承认，该保单为旧格式，实际的责任限额为122000元（死亡伤残赔偿限额11万元，医疗费用赔偿限额1万元，财产赔偿限额2000元）。

2009年10月30日至2009年11月16日郝文虎在邯郸中心医院住院治疗，共计17天。期间医疗费13306.13元已由蔡保军予以支付，另外，蔡保军给付郝文虎1000元。经邯郸市法医学鉴定中心鉴定书鉴定，郝文虎的伤残等级评定为两个十级伤残。

一审诉辩情况

原告郝文虎诉称：该起交通事故给原告及其家人造成巨大的经济损失和精神痛苦，为维护自身合法权益，故诉至法院请求判令：（1）被告蔡保军、蔡双虎连带赔偿原告医疗费1337.24元、住院伙食补助费850元、营养费3769元、护理费2129.61元、交通费500元、精神损失费5000元，以上费用共计13585.85元；（2）被告蔡保军、蔡双虎连带赔偿原告残疾赔偿金51432元；（3）被告人保财险铁厂支公司在保险责任范围内承担赔偿责任；（4）上述被告共同承担本案的全部诉讼费用。

被告蔡双虎、蔡保军辩称：原告的法定代理人未尽到监护责任应当承担相应的民事责任。被告蔡双虎当时在车上并未发动车辆驾驶，是车辆自行溜坡造成该起事故。

被告人保财险铁厂支公司辩称：本次交通事故系由被告蔡双虎无机动车驾驶证驾驶所致，人保财险铁厂支公司不负赔偿责任。

一审裁判结果

据此，一审法院依据《中华人民共和国民法通则》第119条，《中华人民共和国道路交通安全法》第76条第1款，《机动车交通事故责任强制保险条例》第21条、第22条，最高人民法院《关于审理人身损害赔偿案件适用法律若干问题的解释》第17条、第18条、第19条、第21条、第22条、第23条、第24条、第25条、第26条的规定判决：

一、人保财险铁厂支公司在伤残赔偿限额范围内赔偿郝文虎的经济损失护理费2129.59元、残疾赔偿金51423元、因鉴定所花销的费用660元、交通费300元、治疗仪费用800元、精神损害抚慰金5000元合计60321.59元；

二、人保财险铁厂支公司在医疗费用赔偿限额范围内赔偿郝文虎的经济损失医疗费537.24元、住院伙食补助费850元、营养费2000元（扣除被告蔡保军已经支付的1000元）合计2387.24元；以上两项合计62708.83元，于本判决生效后10日内履行，如果未按本判决指定的期间履行给付金钱义务，应当依照《中华人民共和国民事诉讼法》第229条之规定，加倍支付迟延履行期间的债务利息；

三、驳回原告郝文虎的其他诉讼请求。

一审裁判理由

天津市第二中级人民法院认为：蔡双虎无机动车驾驶证驾驶拖拉机的违法行为，是导致事故发生的直接原因，应承担事故的全部责任，蔡保军作为被告蔡双虎的监护人及肇事车辆的实际所有人应当赔偿原告全部的合理损失。

关于人保财险铁厂支公司是否应当承担交强险赔偿责任问题，蔡保军系肇事车辆的实际所有人，其向人保财险铁厂支公司投保机动车交通事故责任强制险。《中华人民共和国道路交通安全法》第76条规定："机动车发生交通事故造成人身伤亡、财产损失的，由保险公司在机动车第三者责任强制保险责任限额范围内予以赔偿；不足的部分，按照下列规定承担赔偿责任：……（二）机动车与非机动车驾驶人、行人之间发生交通事故，非机动车驾驶人、行人没有过错的，由机动车一方承担赔偿责任；有证据证明非机动车驾驶人、行人有过错的，根据过错程度适当减轻机动车一方的责任。"《机动车交通事故责任强制保险条例》第21条规定："被保险机动车发生道路交通事故造成本车人员、被保险人以外的受害人人身伤亡、财产损失的，由保险公司依法在机动车交通事故责任强制保险责任限额范围内予以赔偿。"

本次事故发生在保险期间内，故人保财险铁厂支公司应当在交强险责任限额范围内予以赔偿。被告人保财险铁厂支公司提出，本起交通事故是由被告蔡双虎未取得驾驶证驾驶肇事车辆发生的，根据《机动车交通事故责任强制保险条例》第22条以及最高人民法院相关司法解释的规定不予承担责任。但根据该条规定驾驶人未取得驾驶资格发生交通事故的，造成受害人财产损失，保险公司不承担赔偿责任；对于受害人人身伤亡损失及医疗费用赔偿等并未规定保险公司可以免责。即使对于医疗费用的抢救费用规定保险公司先行垫付，其本质亦是先行赔偿而非免除责任，其立法目的在于保障受害人的合法权益，因此，被告人保财险铁厂支公司应当承担赔偿责任。

鉴于三被告对郝文虎主张的出院后继续治疗所花费的医疗费537.24元不存异议，对该费用予以支持。关于护理费，郝文虎的法定代理人郝志岗系出租车司机，且居住在天津铁厂境内，以2009年天津市交通运输业职工年平均工资45724元为标准，计算护理费2129.59元，不违反相关法律规定，应予支持。郝文虎要求被告赔偿住院期间伙食补助费的诉讼请求，符合法律规定，应予支持。根据郝文虎伤残情况参照医疗机构的意见，郝文虎主张治疗仪费用800元，予以支持，酌定郝文虎的营养费为2000元，郝文虎主张营养费过高部分，不予支持。综合郝文虎的居住地和医疗机构的距离以及蔡保军已支付大部分交通费的事实，郝文虎要求给付交通费500元的诉讼请求，其主张过高，酌定交通费300元。关于伤残赔偿金的赔偿标准，本案郝文虎虽然系农村户口，但随其父母居住在天津铁厂境内，其父母在天津铁厂经商、居住。其经常居住地及其父母的主要收入来源为天津铁厂，其伤残赔偿金应当按照受诉法院所在地（天津市）上一年度城镇居民人均可支配收入标准，自定残之日起按20年计算，郝文虎要求的残疾赔偿金51432元及鉴定所花销的660元，符合法律规定，予以支持，被告认为郝文虎诉请的残疾赔偿金计算数额过高及应按河北省的农村居民人均纯收入标准的抗辩理由，不予采信。本案中，因蔡双虎的违法行为，致使郝文虎的健康权受到侵害，给郝文虎造成一定的精神痛苦，郝文虎要求赔偿精神抚慰金5000元的诉讼请求应予支持。人保财险铁厂支公司应在交强险责任限额范围内予以赔偿，即在伤残赔偿限额范围内赔偿原告郝文虎护理费、残疾赔偿金、因鉴定所花销的费用、交通费、治疗仪费用、精神抚慰金合计60321.59元，在医疗费赔偿限额范围内赔偿医疗费、住院伙食补助费、营养费（扣除被告蔡保军已经支付的1000元）合计2387.24元。

二审诉辩情况

一审判决后，人保财险铁厂支公司不服，向天津市高级人民法院提起上诉，请求依法撤销一审判决第1项、第2项，并要求被上诉人承担本案的诉讼费用。主要理由如下：

1. 根据《机动车交通事故责任强制保险条款》第9条的规定，驾驶人未取得驾驶资格的，保险人除在医疗费用赔偿限额内垫付抢救费以外，对于其他损失和费用不负责垫付和赔偿，保险人还有权对所垫付的抢救费用向致害人追偿。同时根据该强制保险条款的规定，被保险人应是投保人及其允许的合法驾驶人，未取得驾驶资格的人显然不属于合法驾驶人，因此，人保财险铁厂支公司不应承担此类行为造成的赔偿责任。

2. 根据最高人民法院《关于如何理解和适用〈机动车交通事故责任强制

保险条例〉第22条复函》(〔2009〕民立他字第42号)的规定,《机动车交通事故责任强制保险条例》第22条的免赔范围应包括因人身伤亡产生的各项经济损失,如伤残赔偿金、死亡赔偿金等,故未取得驾驶资格驾驶机动车导致的损害只能由致害人承担,保险人不负赔偿责任,原审判决判令上诉人赔偿被上诉人郝文虎经济损失62708.83元,适用法律不当。

郝文虎答辩称:自己是受害者,同意一审判决,请求驳回上诉。

蔡双虎及原审被告蔡保军答辩称:原审判决并无不当,上诉人应该承担赔偿责任,请求驳回上诉,维持原判。

二审裁判结果

天津市高级人民法院依照《中华人民共和国民事诉讼法》第153条第1款第1项的规定,判决:

驳回上诉,维持原判。

二审裁判理由

天津市高级人民法院认为:本案的争议焦点在于上诉人是否应在交强险责任限额范围内对被害人承担赔偿责任。根据《中华人民共和国道路交通安全法》第76条的规定,机动车发生交通事故造成人身伤亡、财产损失的,首先应由保险公司在机动车第三者责任强制保险责任限额范围内予以赔偿。同时根据《机动车交通事故责任强制保险条例》第21条的规定,除非道路交通事故的损失是由受害人故意造成的,道路交通事故造成本车人员、被保险人以外的受害人人身伤亡、财产损失的,保险公司就应当在交强险责任限额内对受害人承担赔偿责任。故原审判令上诉人在交强险责任限额内向受害人郝文虎承担赔偿责任并无不当。

关于上诉人以《机动车交通事故责任强制保险条例》第22条的规定主张其不应承担赔偿责任的问题,该条规定旨在调整投保人与保险公司之间的关系而不是调整保险公司与第三人之间的关系,并非规定保险公司对第三人赔偿责任的免除,而是保险公司在符合该条规定的条件下,对受害人承担了赔偿责任之后依照该条规定的四类过错情形向致害人行使追偿权。根据《机动车交通事故责任强制保险条例》第1条的规定,制定该条例的首要立法目的是保障机动车道路交通事故受害人依法得到赔偿,其次在客观上具有分散投保人风险的作用,这也是交强险所特有的社会功能所决定的。基于交强险的社会功能,依照《中华人民共和国道路交通安全法》第76条的规定,保险公司应当向受害人先行赔付。这是一种法定责任,不能通过约定予以免除。本案中上诉人引用《机动车交通事故责任强制保险条款》第9条作为免责理由，但该条款即使合法有效也仅在缔结合同的当事人即投保人和保险人之间发生法律效力。因此，该条款对于第三人即受害人不具有约束力，由于保险公司对于受害人的赔偿责任是一种法定责任，不能通过约定予以免除。对于上诉人引用的最高人民法院〔2009〕民立他字第42号函，该函主要是针对《机动车交通事故责任强制保险条例》第22条中“财产损失”如何理解的答复，并未涉及保险公司是否应当对受害人承担赔偿责任的问题，故上诉人请求依此免除其向受害人的赔偿责任依据不足，不予支持。综上所述，上诉人中国人民财产保险股份有限公司邯郸市天津铁厂支公司的上诉理由不能成立，其上诉请求没有事实和法律依据，不予支持。

152. 出借机动车发生交通事故，机动车所有人未投保机动车交通事故责任强制保险或者拒不告知相关投保情况的情形下，机动车所有人是否应当承担赔偿责任？应当承担何种赔偿责任？

出借机动车发生交通事故，机动车所有人未投保机动车交通事故责任强制保险（以下简称交强险）或者拒不告知相关投保交强险情况的，机动车所有人的行为损害了交通事故受害人的合法利益，已构成侵权。该部分损失应当由未尽法定投保义务或未尽告知义务的机动车所有人承担。即应比照交强险的相关规定，在交强险赔偿限额内先行承担赔偿责任，该责任是按份责任而非连带责任。

典型疑难案件参考

刘益欣、刘彦龙诉张国营、王姝琰道路交通事故人身损害赔偿纠纷案

基本案情

2009年1月24日12时20分，原告刘益欣驾驶原告刘彦龙的豫CN7258号轿车，行驶到洛阳高新开发区翠微路丰华路口时，遇被告张国营驾驶被告王姝琰的豫CK6735号轿车，由于双方均未按照操作规范行驶，导致双方车辆碰撞，造成原告刘益欣受伤，两车受损的交通事故。该交通事故经洛阳市公安局交通警察支队第三大队交通事故责任书认定，原告刘益欣应负交通事故的次要

责任，被告张国营应负交通事故的主要责任。原告受伤后到解放军一五零医院住院治疗 7 天，经诊断为左锁骨粉碎性骨折，支出医疗费 7989 元。住院期间需陪护，陪护人为原告刘益欣之母刘素霞，其工资收入为每月 2000 元。原告刘益欣月工资为 1800 元，依据医嘱，原告刘益欣出院后需继续进行肩部锁骨带外固定六周。原告的车辆经洛阳市价格认证中心进行车损鉴定，需修理支出费用 39160 元，对此，原告支出鉴定费 800 元。原告称其在交通事故发生后，车辆由公安机关指定的停车场停放，支出停车费 680 元。

一审裁判结果

洛阳市高新技术产业开发区人民法院依照《中华人民共和国民法通则》第 106 条第 2 款、第 119 条、第 131 条，最高人民法院《关于审理人身损害赔偿案件适用法律若干问题的解释》第 17 条、第 19 条、第 20 条、第 21 条、第 22 条之规定，判决如下：

一、被告张国营赔偿原告刘益欣医疗费 7989 元、误工费 4008.20 元、营养费 210 元、住院伙食费 210 元、护理费 636.36 元、交通费 260 元，合计 13313.56 元的 80%，即 10644.45 元；被告张国营赔偿原告刘彦龙车辆维修费 39160 元、鉴定费 800 元，合计 39960 元的 80%，即 31968 元。其余部分由原告刘益欣、刘彦龙自行承担；

二、被告王姝琰对被告张国营赔偿给原告的上述经济损失承担连带赔偿责任；

三、驳回原告的其他诉讼请求。

一审裁判理由

洛阳市高新技术产业开发区人民法院经审理认为：原告刘益欣与被告张国营驾驶车辆均未按照道路交通法规安全行驶，导致双方车辆发生碰撞，车辆受损，原告刘益欣受伤的后果。依据公安机关交通事故责任书认定，原告刘益欣负次要责任，被告张国营负主要责任，双方应当按照过错大小承担责任。原告请求判令被告赔偿因其交通事故造成的经济损失 80% 的理由正当，法院予以支持。原告的经济损失应当依照实际支出的部分予以计算。后期治疗费，目前没有发生，不能计算，待后期治疗结束后可另行主张。停车费的证据，没有收取单位按照有关规定加盖公章，不能作为证据使用。原告刘益欣的营养费、住院期间的伙食费，应当按照一般国家工作人员出差补助标准每日 30 元计算，较为恰当。被告辩称原告应当负交通事故的主要责任的理由，没有证据，不能成立。

二审诉辩情况

一审宣判后，张国营、王姝琰不服，向洛阳市中级人民法院提出上诉称：（1）原审判决认定事实错误。据事故现场图可知，上诉人张国营的车先进入交叉口，在即将驶出交叉口时，被刘益欣的车从右侧撞上。事故发生的原因是刘益欣车速过快，没有采取避让措施造成的，责任全在刘益欣方，应由刘益欣承担事故的全部责任；（2）原审判决上诉人承担80%的责任显失公正。事故原因是刘益欣车速过快，让上诉人承担80%的责任明显与其过错程度不符；（3）刘益欣、刘彦龙在法定举证期限内没有向法院提交证据，上诉人也没有收到其提交的证据，这些证据均是其在开庭审理时在法庭上突然袭击提出的，已经超出举证期限。按照法律规定应视为放弃举证权利，审理时不应组织质证；（4）肇事车辆虽归上诉人王姝琰所有，但被上诉人张国营借用，王姝琰无法控制车辆，张国营有合法有效的驾驶资格，王姝琰出借车辆的过程中没有任何过错，判决王姝琰承担连带赔偿责任明显错误，于法无据。请求二审撤销原判，改判二上诉人不承担赔偿责任。

被上诉人刘益欣、刘彦龙辩称：公安交警部门作出的责任认定书认定清楚、划分责任正确；被上诉人已按期向法院举证；上诉人王姝琰作为肇事车辆的车主没有购买车辆保险，并将无保险车辆交给他人使用，应当承担相应责任，原审判决其承担连带责任是正确的。

二审裁判结果

依照《中华人民共和国民事诉讼法》第153条第1款第1项、第2项之规定，二审法院判决：

一、维持洛阳市高新技术产业开发区人民法院〔2010〕洛开民初字第10号民事判决第三项；

二、变更洛阳市高新技术产业开发区人民法院〔2010〕洛开民初字第10号民事判决第一项为张国营于判决生效后10日内赔偿刘彦龙车辆维修费、鉴定费等共计30368元；

三、变更洛阳市高新技术产业开发区人民法院〔2010〕洛开民初字第10号民事判决第二项为王姝琰于判决生效后10日内赔偿刘益欣医疗费、误工费、营养费、住院伙食费、护理费、交通费等共计13313.56元，赔偿刘彦龙车辆维修费2000元。

二审裁判理由

洛阳市中级人民法院经审理，对一审判决查明的事实予以确认。另查明：

一审庭审中，刘益欣、刘彦龙要求张国营、王姝琰提供肇事车辆投保交强险情况，以追加保险公司为被告参加本案诉讼。张国营、王姝琰只是称该车投保有交强险，但一直未提供交强险相关手续。刘益欣、刘彦龙也曾到相关保险公司进行查询，但也未查询到该车是否投保有交强险；二审庭审中，法庭要求张国营、王姝琰将有关车辆保险的相关手续提交法庭，张国营、王姝琰的委托代理人于庭审后将一份交强险保险单提交法庭，但当法庭组织双方对该证据进行质证时，张国营、王姝琰的委托代理人要求撤回举证，明确表示不再提交该证据。

洛阳市中级人民法院经审理认为：张国营驾驶豫 CK6735 号汽车与刘益欣驾驶豫 CN7258 号汽车相撞，致刘益欣受伤、车辆受损。对以上事实，双方当事人均无异议，法院予以确认。对该起交通事故，公安交警部门已作出责任认定，刘益欣负交通事故的次要责任，张国营负交通事故的主要责任。据此，原审判决由张国营对刘益欣、刘彦龙的损失承担 80% 的赔偿责任符合法律规定，并无明显不当，本院予以维持。张国营、王姝琰上诉称公安交警部门所作道路交通事故认定书责任认定错误，但其对公安交警部门作出的道路交通事故认定书并未按照法定程序提出异议，在诉讼中也未提交充分有效的证据足以推翻道路交通事故认定书所作出的事故责任认定。据此，张国营、王姝琰有关原审判决认定事实错误，其不应当承担事故责任的上诉理由不能成立，法院不予采信；张国营、王姝琰上诉提出的刘益欣、刘彦龙一审中举证超出举证期限问题不能成立，法院亦不予支持；关于王姝琰是否应当承担责任问题，法院认为，出借机动车的，机动车所有人对损害的发生有过错的，应当承担相应的赔偿责任。机动车所有人承担的是与其过错相适应的责任，是按份责任而非连带责任。根据法律规定，机动车所有人投保交强险是法定义务，其目的是保障受害人的损失能得以及时填补。但本案中，张国营、王姝琰在一审中不提供车辆投保交强险的具体情况，二审中经法庭明确告知仍不提供，使刘益欣、刘彦龙的损失不能及时得到交强险保险赔偿。据此，法院认为，王姝琰作为肇事车辆的车主应当在交强险赔偿限额范围内先行承担赔偿责任，对超出交强险赔偿限额以外的损失，再按照责任比例由车辆使用人张国营予以赔偿。除此之外，王姝琰将车辆借给张国营使用无证据证明有其他明显过错，原审判决由王姝琰对全部赔偿责任承担连带责任不当，二审法院予以纠正。按照交强险保险条款的规定，王姝琰应赔偿刘益欣的损失为医疗费 7989 元、误工费 4008.20 元、营养费 210 元、住院伙食费 210 元、护理费 636.36 元、交通费 260 元，合计 13313.56 元。王姝琰应赔偿刘彦龙财产损失 2000 元。对超出财产损失赔偿限额部分的车辆维修费 37160 元、鉴定费 800 元，由张国营承担 80% 的赔偿责任，即赔偿 30368 元。综上所述，原审判决认定事实清楚，但部分处理结果有误，二审法院予以相应纠正。

153. 被抚养人在其父母离婚时，其父亲已一次性支付了被抚养人生活费，被抚养人在其父亲因交通事故身亡时，能否再向侵权人主张被抚养人生活费？

被抚养人父亲在离婚时已向被抚养人一次性支付过抚养费，在其父亲因交通事故身亡时，被抚养人仍有权请求侵权人赔偿被抚养人生活费。

典型疑难案件参考

廖嘉毅等诉朱勇等道路交通事故人身损害赔偿纠纷案

基本案情

死者廖光忠系沪 D66320 号车辆的车主。原告廖嘉毅、廖嘉诚系死者廖光忠与前妻朱丽玲所生的两个儿子，离婚后由朱丽玲负责抚养。2009 年 2 月 16 日被告蒋磊驾驶浙 B0077B 小型客车（投保于被告太平洋保险宁波分公司）在甬台温高速公路往宁波方向 30Km + 800m 处，车头碰撞由被告杨绍峰驾驶的沪 D66320 号小型客车（投保于被告太平洋保险上海分公司，内乘死者廖光忠、史俊云）右车尾，导致浙 B0077B 小型客车方向失控车头再次侧面撞击叶犇驾驶的浙 BE6168 号小型客车右侧车身，并致使浙 BE6168 号小型客车左侧车头与中央护栏刮擦，造成浙 B0077B 小型客车车头受损、沪 D66320 号小型客车右车尾受损及浙 BE6168 号小型客车右侧车身受损的后果。被告朱勇驾驶浙 BF7716 号中型普通客车（投保于联合保险象山支公司）在甬台温高速公路往宁波方向 30Km + 800m 处碰撞被告颜建平驾驶的浙 BO1B22 号轿车（投保于大地保险鄞州支公司）后碰撞先前因发生事故后停于主车道内的由被告杨绍峰驾驶的沪 D66320 号小型客车，造成站在车外、滞留于慢速车道内沪 D66320 号小型客车乘客廖光忠、史俊云死亡、三车不同程度受损的另一起道路交通事故。该二起事故经交警部门事故认定：第一起事故中被告杨绍峰负事故的主要责任；被告蒋磊负事故的次要责任。第二起事故中被告朱勇和杨绍峰的行为对该起交通事故所起的作用及过错的严重程度相当，各应负事故的同等责任，死者廖光忠和史俊云作为车上人员，在事故发生后，未转移到右侧路肩、紧急停车道或者应急车道内，仍滞留于慢速车道，应对自身死亡的后果各负同等责任，被告颜建平无责任。

一审诉辩情况

原告廖嘉毅、廖嘉诚等共同起诉要求被告朱勇、联合保险象山支公司等被告赔偿包括被抚养人生活费在内的各项合理损失。

一审裁判结果

一审判决对原告赔偿被抚养人生活费的请求予以驳回。

一审裁判理由

一审奉化市人民法院认为：根据《婚姻法》第37条的规定：离婚后，一方抚养的子女，另一方应负担必要的生活费和教育费的一部或全部，负担费用的多少和期限的长短，由双方协议；协议不成时，由人民法院判决。关于子女生活费和教育费的协议和判决，不妨碍子女在必要时向父母任何一方提出超过协议或判决原定数额的合理要求。而最高人民法院《关于审理人身损害赔偿案件适用法律若干问题的解释》第28条规定：被抚养人生活费根据抚养人丧失劳动能力程度、按照受诉法院所在地上一年度城镇居民人均消费性支出和农村居民人均年生活费支出标准计算。被抚养人为未成年人的，计算至18周岁。据此，死者廖光忠身为原告廖嘉毅、廖嘉诚的父亲，确实有法定的抚养义务。

原告廖嘉毅、廖嘉诚的委托代理人所称的“随着经济条件的变化，抚养费也可随时追加、变化”，如果廖光忠还健在的话，原告廖嘉毅、廖嘉诚是有权利在必要时向廖光忠提出超过协议原定数额的合理要求，这是《婚姻法》赋予原告廖嘉毅、廖嘉诚作为子女对父母的法定权利，即请求对象是特定的。现在廖光忠因交通事故死亡，原告廖嘉毅、廖嘉诚的该权利的请求对象不存在了，该权利也随之消灭。本案审理的是人身损害赔偿而不是离婚后子女的抚养费的追加，因此适用的应该是最高人民法院《关于审理人身损害赔偿案件适用法律若干问题的解释》的有关规定，被抚养人为未成年人的，抚养费计算至18周岁。现在根据离婚协议廖光忠已经履行了负担原告廖嘉毅、廖嘉诚生活费和教育费的义务，因此原告廖嘉毅、廖嘉诚的抚养费不应再赔偿。

二审诉辩情况

一审判决后，原告廖嘉毅、廖嘉诚不服一审判决，向宁波市中级人民法院提起上诉，请求二审法院改判，支持上诉人要求赔偿被抚养人生活费的请求。

二审裁判结果

二审改判对原告要求被告赔偿被抚养人生活费的诉讼请求予以支持。

二审裁判理由

二审宁波市中级人民法院审理后认为：上诉人尚未成年，依照法律规定应属于受害人廖光仲生前的被抚养人。受害人廖光忠因交通事故不幸死亡，依照法律规定，上诉人有权请求赔偿被抚养人生活费。虽然受害人廖光忠与前妻离婚时支付了上诉人的抚养费，但法律并未规定在此情况下，上诉人不再享有向赔偿义务人请求赔偿被抚养人生活费的权利。因此，原审法院认定受害人廖光忠已经履行了负担上诉人生活费和教育费的义务，上诉人的抚养费不应再赔偿，缺乏法律依据。上诉人的此项上诉请求，理由成立。

154. 当事人在诉讼过程中死亡，当事人的继承人能否参加诉讼主张精神损害抚慰金赔偿请求权?

当事人在诉讼过程中死亡的，其享有的精神损害抚慰金赔偿请求权依法可以继承，应准许当事人的继承人参加诉讼，并支持其精神损害抚慰金请求权。

典型疑难案件参考

翟玉珍等诉高长社等道路交通事故人身损害赔偿纠纷案

基本案情

2005 年 4 月 4 日 16 时 10 分左右，刘世胜无证驾骑无牌二轮摩托车顺博沂西线由东往西行驶，当行至博山区南博山镇中心小学处时行驶公路左侧，与对向行驶的被告邹建军驾驶的被告高长社的无牌大货车相撞，致使刘世胜当场死亡及乘坐摩托车的刘世胜之妻翟玉珍受伤而造成交通事故。事故后，被告邹建军驾车逃逸，后于 2005 年 4 月 6 日到交警部门投案自首。淄博市公安局交通警察支队博山区大队对该事故勘查后作出第 200504016 号交通事故认定书，认定刘世胜与邹建军分别负事故的同等责任。另淄博市公安局交通警察支队博山区大队于 2008 年 2 月 22 日作出第 200504016 号交通事故损害赔偿调解终结书，终结该交通事故的民事赔偿调解。

被告邹建军所驾驶的无牌大货车的实际车主系被告高长社，邹建军系高长社所雇用的驾驶员。

刘世胜与翟玉珍夫妻两人仅生有一子刘超。刘世胜之父为刘家村，之母为唐孝英，刘家村与唐孝英两人共生育六个子女，分别为刘世林、刘世泉、刘世芝、刘世胜、刘世茂、刘玉清，其中刘世胜因本案交通事故于 2005 年 4 月 4 日死亡，另刘世泉已于 1995 年死亡，刘世泉仅生有一子刘新亮。事故发生后，刘世胜之母唐孝英于 2007 年 12 月 28 日死亡，刘世胜之父刘家村在提起本案诉讼后于 2008 年 2 月 27 日死亡。刘家村在诉讼过程中死亡后，刘世林、刘世芝、刘世茂、刘玉清及刘世泉之子刘新亮申请作为原告参加本案诉讼，法院予以准许。

该事故造成翟玉珍受伤后，被告高长社支付翟玉珍医疗费及款项共计 41147.50 元，该部分费用已在山东省淄博市博山区人民院〔2008〕博民初字第 565 号案件中处理。

诉辩情况

原告翟玉珍、刘超、刘世林、刘世芝、刘世茂、刘玉清、刘新亮诉称，2005 年 4 月 4 日，刘世胜驾驶二轮摩托车顺博沂西线由东往西行驶至南博山镇中心小学处时与对向行驶的邹建军驾驶的高长社的无牌大货车相撞，致使刘世胜当场死亡，博山区交通警察大队作出事故认定，认定刘世胜及邹建军负事故的同等责任，原、被告双方就赔偿事宜协商未果。为此，原告特诉请人民法院依法判令两被告连带赔偿原告死亡赔偿金 99700 元、丧葬费 11355.50 元、被扶养人生活费 3984.19 元、车辆损失 1088 元、鉴定费 50 元，合计 116177.69 元，按 50% 比例计算为 58088.84 元；要求两被告连带赔偿原告精神损害抚慰金 5000 元，上述诉讼请求合计为 63088.84 元。

被告高长社在庭审中口头辩称，对于原告诉称的交通事故事实部分没有异议，但是对于原告诉讼请求计算的依据有异议。

被告邹建军在庭审中口头辩称：

第一，答辩人与被告高长社系雇员雇主关系，原告列答辩人为被告属主体错误，请求人民法院依法驳回原告对答辩人的起诉。答辩人在从事雇佣活动中发生交通事故，造成刘世胜夫妇伤亡，依据最法人民高院《关于审理人身损害赔偿案件适用法律若干问题的解释》第 9 条第 1 款的规定，该事故应由雇主承担责任，原告要求答辩人与被告高长社承担连带赔偿责任于法无据。

第二，答辩人依法不承担赔偿责任，但答辩人愿意对原告进行一定的补偿，以示抚慰。

裁判结果

山东省淄博市博山区人民法院依照《中华人民共和国民法通则》第98条、第119条，最高人民法院《关于审理人身损害赔偿案件适用法律若干问题的解释》第9条、第18条、第27条、第28条、第29条的规定，作出如下判决：

一、被告高长社赔偿原告翟玉珍、刘超、刘世林、刘世芝、刘世茂、刘玉清、刘新亮死亡赔偿金49850元；

二、被告高长社赔偿原告翟玉珍、刘超、刘世林、刘世芝、刘世茂、刘玉清、刘新亮丧葬费5677.75元；

三、被告高长社赔偿原告刘超、刘世林、刘世芝、刘世茂、刘玉清、刘新亮被扶养人生活费1992.10元；

四、被告高长社赔偿原告翟玉珍、刘超、刘世林、刘世芝、刘世茂、刘玉清、刘新亮车辆损失544元；

五、被告高长社赔偿原告翟玉珍、刘超、刘世林、刘世芝、刘世茂、刘玉清、刘新亮鉴定费25元；

六、被告高长社赔偿原告翟玉珍、刘超、刘世林、刘世芝、刘世茂、刘玉清、刘新亮精神损害抚慰金2000元；

七、以上六项共计60088.85元，该款被告高长社于本判决生效之日起10日内一次性支付给原告；

八、被告邹建军对上述被告高长社所应承担的赔偿款60088.85元承担连带赔偿责任；

九、驳回原告翟玉珍、刘超、刘世林、刘世芝、刘世茂、刘玉清、刘新亮的其他诉讼请求。

一审宣判后，双方当事人均未上诉，一审判决已经发生法律效力。

裁判理由

山东省淄博市博山区人民法院认为：被告邹建军驾驶无牌机动车上路行驶，且行驶过程中不注意安全，发生交通事故后驾车逃逸，刘世胜无证驾骑无牌摩托车上路行驶，且行驶公路左侧，双方的行为均违反有关道路交通安全法律法规，并最终导致交通事故发生，造成刘世胜死亡及翟玉珍受伤的严重后果。淄博市公安局交通警察支队博山区大队对该事故勘查后作出第200504016号交通事故认定书，认定刘世胜与邹建军分别负事故的同等责任。该交通事故认定书客观真实，对其证明效力法院予以确认。庭审中，被告高长社虽主张其与邹建军之间系承揽关系，但对此邹建军予以否认，而高长社对其以上主张未能提供证据予以证实，同时根据交警部门于2005年4月8日对高长社所做的询问笔录证实，邹建军系高长社所雇用的驾驶员，两人之间为雇佣关系，故对被告高长社的以上主张法院不予采信。被告邹建军作为被告高长社所雇用的驾驶员，在从事雇佣活动中发生交通事故致人损害，根据相关法律规定对事故所造成的相关损失，被告高长社作为肇事车辆无牌大货车的实际车主和邹建军的雇主依法应承担相应赔偿责任。同时，被告邹建军作为机动车驾驶人驾驶无牌车辆上路行驶，行驶过程中不注意安全，在发生交通事故后未依法保护现场及积极抢救伤者，反而驾车逃逸，其主观过错较大，因此依照相关法律规定被告邹建军对被告高长社所应承担的赔偿份额，应承担连带赔偿责任。综合事故相关当事人在本次交通事故中的过错程度大小及对于事故发生的作用力和原因力比例，对事故导致刘世胜死亡所给原告造成的相关损失，被告应承担50%的赔偿责任。刘家村、唐孝英作为刘世胜的父母，两人因刘世胜的死亡而依法享有的赔偿请求权份额在两人死亡后，依法应由该两人的合法继承人取得，故刘世林、刘世芝、刘世茂、刘玉清及刘世泉之子刘新亮作为原告主张权利符合法律规定。另根据淄博市公安局交通警察支队博山区大队于2008年2月22日作出的第200504016号交通事故损害赔偿调解终结书证实，交警部门于2008年2月22日方终结该交通事故的民事赔偿调解程序，因此，原告起诉并未超过诉讼时效。

针对原告主张的诉讼请求，两被告应赔偿原告：（1）死亡赔偿金49850元（4985元×20年×50%），原告主张按山东省2007年度农村居民人均纯收入标准计算死亡赔偿金，符合法律规定，法院予以支持；（2）丧葬费5677.75元（22711元÷12个月×6个月×50%），原告主张按照山东省2007年度职工月平均工资标准，以6个月总额计算丧葬费，符合法律规定，法院予以支持；（3）被扶养人生活费1992.10元（1026.23元+965.87元），刘世胜父母刘家村、唐孝英两人在农村生活，其被扶养人生活费应按农村居民人均年生活消费支出标准计算，刘家村、唐孝英两人共生有6个子女，但因其子刘世泉已于1995年死亡，因此在事故发生时两人的扶养人实际为5人，从刘世胜因交通事故于2005年4月4日死亡时计算至其父刘家村于2008年2月27日死亡时止，原告主张两被告赔偿刘家村34个月的被扶养人生活费符合法律规定，计款为1026.23元（3622÷12个月×34个月÷5人×50%），从刘世胜因交通事故于2005年4月4日死亡时计算至其母唐孝英于2007年12月28日死亡时止，原告主张两被告赔偿唐孝英32个月的被扶养人生活费符合法律规定，计款为965.87元（3622元÷12个月×32个月÷5人×50%），该两人的以上被扶养人生活费在两人死亡后应作为两人的遗产由其继承人原告刘超、刘世林、刘世芝、刘世茂、刘玉清、刘新亮继承；（4）车辆损失544元（1088元×50%），根据原告提供的4号证据淄博市道路交通事故车辆财产损失价格鉴定书证实，事故造成刘世胜的二轮摩托车损失为1088元；（5）鉴定费25元（50元×50%），事故发生后对刘世胜的二轮摩托车进行车辆技术鉴定发生鉴定费50元，有鉴定费收款收据为证，法院予以支持；（6）精神损害抚慰金2000元，本案交通事故导致刘世胜死亡，给其家庭和亲人造成巨大的精神痛苦，对原告主张的精神损害抚慰金的诉讼请求应予支持，综合事故责任人的过错程度、事故所造成的损害后果及受诉法院所在地的平均生活水平等因素，两被告应赔偿原告精神损害抚慰金2000元，因刘家村在死亡前已与翟玉珍、刘超一并向本院提起诉讼主张精神损害抚慰金赔偿，故在刘家村死亡后其享有的精神损害抚慰金赔偿请求权份额依法可由其继承人即原告刘超、刘世林、刘世芝、刘世茂、刘玉清、刘新亮继承。同时，刘家村、唐孝英在上述死亡赔偿金、丧葬费、车辆损失、鉴定费项目中所应享有的份额，在两人死亡后依法亦应由两人的继承人继承。

155. 在交通事故责任不清的情形下，适用“优者危险负担”原则是否构成对“按过错比例分担责任”规则的突破？

在交通事故责任不清时，法官可以运用“优者危险负担”原则，分配交通事故赔偿责任。这并非对《道路交通安全法》第76条规定的机动车按各自过错的比例分担责任的突破，而是对该规定的具体细化，属于过错原则下法律技术的衡平。适用“优者危险负担”原则，应当在确定双方当事人各自的过错比例之后，再考虑各自的危险负担能力，分配交通事故的损害后果。

典型疑难案件参考

姚月平诉丁红军道路交通事故人身损害赔偿纠纷案

基本案情

2006年11月9日17时55分许，被告丁红军驾驶车牌号为浙BQ0655号大中型拖拉机自西往东行驶，在上三北江桥时，遇同方向骑自行车行驶的徐松娥，被告超越徐松娥后，在下桥时又遇自东向西驾驶浙 BBW175 二轮摩托车的原告（与准驾证不符且未戴头盔）。在两车交会过程中，原告驾驶的摩托车倒地。因无法查明双方在交会时发生事故的过程，交警部门无法认定本起事故责任。自 2006 年 11 月 9 日至 2007 年 3 月 10 日，原告先后在宁波市第二人民医院、中国人民解放军第 113 医院、上海市长海医院住院治疗，已产生医疗费用等各项损失 363899.82 元。

另外，交警部门的事故认定书对现场的勘验记录如下：事故现场道路是混合式、桥梁的一般坡道路，水泥平坦路面，双向宽度为 4.8 米，交通控制方式为标志标线，道路类型为四级。原告驾驶的摩托车右侧与三北江桥北侧发生刷擦，被告拖拉机的车体无明显痕迹。

一审诉辩情况

原告姚月平诉称：交警部门对于事故虽未认定，但并不表明被告对事故没有责任。被告驾驶大中型拖拉机未尽特别注意义务，对事故的发生责任较重，原告自己无摩托车准驾证，对事故的发生也存在一定过失。诉请判令被告按 70% 的比例赔偿原告至 2007 年 3 月 10 日止发生的损失计 270686.44 元。

被告丁红军辩称：被告未与原告交会，拖拉机后栏板也未打开，更未与原告发生刷擦。事故发生后，交警部门对被告所驾车辆进行鉴定，没有发现刷擦痕迹，故原告遭受的事故并非被告所致，原告所受损失与被告无因果关系。慈溪市公安局交巡警大队作出的事故认定书也没有认定被告对事故承担责任。被告对交通事故没有责任，无须赔偿原告损失，要求驳回原告诉请。

一审裁判结果

浙江省慈溪市人民法院判决被告按 50% 承担原告各项损失计 181949.91 元。

一审裁判理由

浙江省慈溪市人民法院认为：被告驾驶大中型拖拉机，在驶过双向宽度为 4.8 米的三北江桥时，应按交通标志标线行驶，即应在桥面中心线右侧行驶，而被告超越同方向徐松娥时，已压中心线行驶，在下坡时又与自东向西行驶的原告相遇，与原告摩托车相比，被告驾驶的大中型拖拉机回避危险的能力较强，即便没有证据证明原告系被被告所驾车辆碰撞其摩托车或其身体后跌倒受伤，但从事故现场图、证人证言综合分析，至少能够认定被告驾车超越时与原告距离过近，客观上给原告造成了危险，导致原告避险措施不力，造成原告驾驶的摩托车右侧与三北江桥北侧护栏发生刷擦而倒地受伤。故应认定被告对本案事故的发生负有责任。原告未戴头盔，驾驶的摩托车又与其机动车驾驶证准驾车型不符，对损害的发生也有过错。因交警部门未作出事故责任认定，综合原、被告过错程度，以同等责任认定为宜。

二审诉辩情况

一审宣判后，被告提起上诉。

被告上诉称：优者危险负担理论的前提是基于过错赔偿责任分担而引起的，是基于危险引起的，一审关于上诉人存在过错的推定缺乏法律根据。

二审裁判结果

宁波市中级人民法院判决驳回上诉，维持原判。

二审裁判理由

宁波市中级人民法院认定的事实与一审查明的事实一致。

宁波市中级人民法院审理认为：在上诉人、被上诉人交会过程中，虽无证据证明双方发生过直接的碰撞，但上诉人所驾驶的拖拉机对周围环境的危险大于原告所驾驶的摩托车对周围环境的危险。上诉人控制风险的能力更强，交会时将造成摩托车主心理上的不安全感。基于这种不安全感会造成事故发生率的增加，而上诉人也未能举证证明自己已履行了充分的注意义务，并尽可能地回避自己所驾驶车辆对周围的危险，故由上诉人承担相应的赔偿责任并无不妥。被上诉人驾驶准驾车型不符的车辆上路，且未戴头盔，对损害后果的发生也有一定的责任。

156. 叔叔因交通事故死亡，侄子有无赔偿请求权？

交通事故的受害人生前无其他亲人，与侄子长期共同生活，形成事实上的扶养关系和家庭成员间的共同经济利益关系，其侄子属间接受害人，享有赔偿请求权。机动车方应向原告承担损害赔偿责任，保险人依照《交通安全法》和《保险法》的规定，在交通事故责任强制保险限额和第三者责任保险限额范围内，直接向受害方支付保险赔款。

典型疑难案件参考

李龙维诉四川省汽车运输成都公司、王明惠、永安财产保险公司成都市武侯支公司交通事故损害赔偿案

基本案情

2007年1月13日19时20分左右，罗建明驾驶川A51383号大客车由叙永往泸州方向行驶，行至G321线1780 Km＋300m处时，因与相对方向来车会车时未与行人李成春保持必要的安全距离，将李成春撞伤，经泸州市纳溪区人民医院住院治疗17天后死亡。嗣后，被告支付了医疗费18065.01元、护理费600元、丧葬费7910元、尸检费3000元，另付原告现金2100元，共计31675.01元。2007年3月29日，泸州市公安局交通警察支队四大队作出《交通事故认定书》，认定罗建明承担事故全部责任，李成春不承担责任。经交警四大队调解未果，原告向法院提起诉讼。

死者李成春生于1946年1月29日，系农村居民，一直未婚，生前父母、祖父母、外祖父母均已死亡。原告李龙维系死者李成春已故的胞兄李成明之子，与死者李成春生前长期共同居住生活。

川A51383号大客车的实际车主是被告王明惠，雇请罗建明为驾驶员，该车挂靠于成运公司营运，于2006年8月7日向第三人永安财保武侯支公司投保了《机动车交通事故强制保险》和《机动车辆保险》，其强制保险限额为死亡伤残50000元、医疗费用8000元，第三者责任保险限额为500000元，不计免赔。保险期限均为一年（2006年8月24日至2007年8月23日）。

诉辩情况

原告李龙维诉称：2007年1月13日，受害人李成春被罗建明驾驶的川A51383号大客车在G321线1780Km＋300m处撞伤，经住院治疗无效死亡。交警部门认定川A51383号大客车罗建明承担事故的全部责任。二被告只支付28075.01元后拒绝赔偿。请求判令被告赔偿李成春医疗费、丧葬费、交通费、误工费、死亡赔偿金、精神抚慰金共118951.01元，扣除已付款，还应支付90876元；第三人永安财保武侯支公司将强制保险和第三者责任保险赔款直接支付原告。

被告成运公司、王明惠辩称：李成春被川A51383号车撞伤后治疗无效死亡是事实，对交警部门的认定无异议。但被告已支付金额是31675.01元。该车投保于第三人永安财保武侯支公司，应由其赔偿。原告是死者李成春的侄儿，不属赔偿权利人，其诉讼主体不适格，请求驳回原告的诉讼请求。

第三人永安财保武侯支公司述称：川 A51383 号大客车投保于第三人是事实，同意按保险合同约定予以赔付。

裁判结果

四川省泸州市纳溪区人民法院依照《中华人民共和国民法通则》第 119 条、《中华人民共和国交通安全法》第 76 条和《中华人民共和国保险法》第 50 条之规定，判决：

一、应由被告王明惠赔偿原告李龙维因李成春受伤死亡造成的医疗费 18065.01 元、死亡赔偿金 60260 元、丧葬费 8926 元、误工费 700 元，共计 87951.01 元，扣除已付的 28075.01 元，尚应付 59876 元，由第三人永安财产保险股份有限公司成都武侯支公司直接向原告李龙维支付，限于本判决生效后 10 日内付清；

二、被告王明惠赔偿原告李龙维精神损害抚慰金 5000 元，限于本判决生效后 10 日内付清，被告四川省汽车运输成都公司承担连带清偿责任；

三、驳回原告李龙维的其他诉讼请求。

裁判理由

四川省泸州市纳溪区人民法院审理认为：罗建明驾驶的客车将李成春撞伤致死的后果，应由实际车主王明惠承担民事赔偿责任。该车挂靠于成运公司营运，成运公司应承担连带赔偿责任。

该车投保了交通事故责任强制保险和第三者责任保险，按照法律规定和受害方的请求，永安财保武侯支公司应将保险赔款直接支付给受害方。被告主张原告系死者的侄儿，不属赔偿权利人，不是本案适格原告。法院认为，原告虽然不是死者的近亲属，但属旁系血亲关系，并且与李成春长期共同居住生活，李成春死亡，必然造成原告家庭费用的直接支出和经济收入的丧失，精神上也使之产生痛苦，因而原告可以成为赔偿权利人，原告主体是适格的，原告主张的赔偿请求应予支持。结合本案实际情况，精神损害抚慰金确定 5000 元为宜。原、被告主张的已给付金额的差异，是被告直接支付的护理费和鉴定费共 3600 元，原告未列入赔偿范围和已付金额内，实际并无出入。保险赔偿额按法律规定和保险合同的约定确定，超出强制保险限额和不属保险范围的部分，由被告承担赔偿责任。

157. 在交通事故纠纷中，交通事故责任无法认定时应适用何种归责原则？

行人与机动车发生交通事故后，职能部门对双方引发事故的责任无法认定时，应适用过错推定原则，即如机动车主或驾车人不能证明损害的发生自己没有过错，就从损害事实的本身推定加害人在致人损害的行为中有过错，并为此承担相应的赔偿责任。受害者存在过错，根据过失相抵原则，可适当减轻致害方的赔偿责任。

典型疑难案件参考

庄信龙、庄信海诉金华市恒辉热镀锌有限公司、中国人民财产保险股份有限公司金华市分公司道路交通事故损害赔偿纠纷案

基本案情

2007 年 5 月 6 日 7 时 25 分许，何海涛驾驶浙 G09576 带浙 G0237 挂车从上虞驶往北仑，沿 329 国道由北往南行驶至 180Km + 800m（聚兴路口）处时，遇张利菊骑老年三轮车由东往西沿人行横道过该路口，在避让过程中，浙 G09576 带浙 G0237 挂车与防护栏发生碰撞，同时左轮碾压过张利菊头部，造成张利菊当场死亡、车辆及防护栏损坏的交通事故。何海涛事故责任无法认定，张利菊事故责任无法认定。

诉辩情况

原告庄信龙、庄信海诉称，2007 年 5 月 6 日 7 时 25 分许，何海涛驾驶被告金华市恒辉热镀锌有限公司的浙 G09576 号货车在 329 国道 180Km + 800m（聚兴路口）处时，与防护栏发生碰撞，左轮碾压过张利菊（两原告母亲）头部，造成张利菊当场死亡的交通事故。该事故经镇海交通警察大队认定，张利菊无过错，无法认定责任。事故发生后，被告金华市恒辉热镀锌有限公司支付了 50000 元给原告办理丧事，同时被告方出具书面承诺书，愿意赔偿原告方精神损失费 40000 元。据此，原告特向法院起诉，要求法院判令被告赔偿原告各项损失 101000 元，并承担本案的诉讼费。具体赔偿项目包括：死亡赔偿金 98370 元（19674 元/年 ×5 年）、丧葬费 12735 元（25470 元/年 ÷12 月 ×6 个月）、精神损害抚慰金 40000 元，合计人民币 151105 元。扣除已经支付的

50000 元，尚应支付 101000 元。

被告金华市恒辉热镀锌有限公司对原告提供的户籍证明、交通事故认定书无异议，对承诺支付的精神损失费无异议，但主张应纳入保险赔偿范围，由被告中国人民财产保险股份有限公司金华市分公司赔偿。被告认为本起事故无法认定双方过错，因此无法按照过错原则进行赔偿，原告要求被告全额赔偿不符合民法通则的有关规定，本案应按公平原则进行赔偿。原告主张的具体赔偿标准应按照宁波地区的标准计算。

被告中国人民财产保险股份有限公司金华市分公司辩称，交强险赔偿限额内的 5 万元应按交强险的规定处理，余额按双方签订的商业保险合同处理。精神损失费不属于保险范围，不同意赔偿。对事故责任及双方过错的答辩意见同意被告金华市恒辉热镀锌有限公司的意见。

裁判结果

宁波市镇海区人民法院依照《中华人民共和国道路交通安全法》第 76 条第 1 款第 2 项，《中华人民共和国道路交通安全法实施条例》第 70 条，最高人民法院《关于审理人身损害赔偿案件适用法律若干问题的解释》第 17 条第 3 款、第 18 条、第 27 条、第 29 条、第 35 条第 1 款之规定，判决如下：

一、被告中国人民财产保险股份有限公司金华市分公司应在交强险责任限额范围内赔偿原告庄信龙、庄信海死亡赔偿金 98370 元（19674 元/年 ×5 年）、丧葬费 1630 元，合计人民币 100000 元，于本判决生效之日起 10 日内履行完毕；

二、被告金华市恒辉热镀锌有限公司应赔偿原告庄信龙、庄信海除交强险赔付外的其他损失即丧葬费 11105 元（25470 元/年 ÷12 个月 ×6 个月 -1630 元）的 80%，计 8884 元，另赔偿原告精神损害抚慰金 40000 元，合计人民币 48884 元，扣除被告已支付的 50000 元，原告尚应返还被告人民币 1116 元，于本判决生效之日起 10 日内履行完毕。

本案案件受理费人民币 2320 元，由原告负担 49 元，被告金华市恒辉热镀锌有限公司负担 2271 元，于本判决生效之日起 10 日内交纳法院。

裁判理由

镇海区人民法院经审理认为，机动车发生交通事故造成人身伤亡、财产损失的，由保险公司在机动车第三者责任强制保险（现称机动车交通事故责任强制保险）责任限额范围内予以赔偿。超出责任限额的部分，机动车与非机动车驾驶人、行人之间发生交通事故的，由机动车一方承担责任；但是，有证据证明非机动车驾驶人、行人违反道路交通安全法律、法规，机动车驾驶人已经采取必要处置措施的，减轻机动车一方的责任。本起事故肇事车辆浙G09576号货车带浙G0237挂车在被告中国人民财产保险股份有限公司金华市分公司分别投有机动车交通事故责任强制保险，且发生事故时，浙G09576号货车是带着浙G0237挂车的，故被告中国人民财产保险股份有限公司金华市分公司应在两份交强险的死亡伤残赔偿限额即100000元限额内先行赔偿原告的损失。本起交通事故经交警部门认定，张利菊和被告金华市恒辉热镀锌有限公司方驾驶员何海涛的事故责任无法认定，在无法认定事故责任的情况下，被告金华市恒辉热镀锌有限公司作为何海涛所驾驶车辆的车主，依据法律规定应对原告的其余损失承担全部赔偿责任，但张利菊在本起交通事故中经人行横道过路口未下车推行，其行为违反了《中华人民共和国道路交通安全法实施条例》第70条的规定，张利菊有一定的违章行为，故可适当减轻被告的赔偿责任。结合本案的实际情况和张利菊的过错，由被告金华市恒辉热镀锌有限公司对原告的其余损失承担80%的赔偿比例为宜。张利菊身前为非农业户，宁波当地2006年度的城镇居民人均可支配收入为19674元/年，职工平均工资为25470元/年，原告主张的死亡赔偿金、丧葬费符合该赔偿标准，法院予以支持。原告主张的精神损害抚慰金被告金华市恒辉热镀锌有限公司无异议，法院予以支持。

至于两被告之间的关于精神损害抚慰金是否属于商业保险合同理赔范围的争议问题，属于两被告之间的合同纠纷，对该争议法院在本案中不予处理。

158. 乘车人明知驾驶人饮酒驾车而乘坐，如何确定驾驶人对于乘车人因交通事故受到损害的赔偿责任？

乘车人与驾驶人一起饮酒后乘坐该驾驶人驾驶的机动车去办事，表明其自愿承担交通事故风险；途中该车发生交通事故致乘车人遭受人身伤害，该乘车人不应要求驾驶人员承担全部损害的赔偿责任。

典型疑难案件参考

孙永青诉胡有磊等人身损害赔偿纠纷案

基本案情

2006年5月28日3时许，原告孙永青找被告胡有磊帮忙办事，在与其吃饭喝酒后，乘坐被告胡有磊驾驶的新 AE7482 号小客车。被告胡有磊醉酒驾驶该车沿阿勒泰路由南向北行驶至喀什西路与阿勒泰路 T 型路口时，碰撞由东向南左拐弯、被告李新军驾驶的新 A33621 号大货车，致被告胡有磊及其车上乘客朱保东和原告受伤、车辆受损，造成交通事故。原告经法医鉴定为重伤。公安交警部门作出事故认定：被告胡有磊、李新军在此次事故中负同等责任，原告无责任。原告损伤经伤残评定：头部损伤致轻度精神发育迟滞、智商数 68，伤残等级为八级；面部疤痕伤残等级为十级；颅骨缺损伤残等级为十级。新 AE7482 号小客车的所有人为被告胡有磊，被告胡有磊为被告顺昊翔公司的职员。被告李新军为新 A33621 号大货车的实际所有人，其与被告商弘公司为车辆挂靠关系，挂靠期限自 2003 年 11 月 7 日至 2006 年 11 月 7 日，被告李新军向被告商弘公司交纳挂靠管理费每月 80 元。

交通事故致原告中型开放性颅脑损伤、外伤性颅骨缺损及多处软组织损伤。为治疗损伤已支出医疗费为 1321.31 元、住院（74 天）治疗费 26848.42 元、出院后支付医药费 890.05 元，合计 29059.78 元。此外，原告主张护理费 2220 元、营养费 1110 元、住院伙食补助费 1850 元。医院出院通知书记载“全休六周”，诊断证明书记载“因患者颅骨部分缺损，需三月后来我院行修补术，住院时间约一月左右、费用约 20000 元”。米泉市四平工贸有限责任公司出具一份证明，证明原告为挂靠车辆新 B16975 号和新 B3874 号的车主，月营业额为 60000 元。原告按月收入 17000 元、误工时间 116 天计算，主张误工费 66000 元。原告按城镇居民家庭人均可支配收入标准主张伤残赔偿金 47400 元，另主张交通费 4406 元。

一审诉辩情况

原告孙永青诉称：2006 年 5 月 28 日，原告乘坐被告胡有磊驾驶的新 AB7482 号小客车去办事，当车沿阿勒泰路由南向北行驶至喀什西路与阿勒泰路 T 型路口时，碰撞由东向南左拐弯、被告李新军驾驶的新 A33621 号大货车，造成交通事故致原告重伤。公安交警部门作出事故认定，被告胡有磊、李新军在此次事故中负同等责任，原告无责任。请求判令被告赔偿医疗费 49059.78 元、误工费 66000 元、交通费 4406 元、护理费 2220 元、营养费 1110 元、住院生活费 1850 元、残疾赔偿金 47400 元，共计 172047.78 元。并由被告承担本案的诉讼费。

被告胡有磊辩称：对交警部门的事故认定无异议，对原告主张各项赔偿费用的合理部分同意赔偿。

被告顺昊翔公司辩称：对交警部门的事故认定无异议，对原告主张各项赔偿费用的合理部分予以认可。

被告李新军辩称：对交警部门的事故认定无异议，原告主张各项赔偿费用应按法律规定在合理范围内予以赔偿。

被告商弘公司辩称：被告是被告李新军的车辆挂靠单位，同意对原告的合理主张在挂靠范围内承担责任。

一审裁判结果

乌鲁木齐市新市区人民法院依照《中华人民共和国民法通则》第119条之规定，判决如下：

一、被告胡有磊赔偿原告孙永青医疗费29059.78元的35%即10170.92元；

二、被告胡有磊赔偿原告孙永青住院伙食补助费1850元（25元/日×74日）的35%即647.50元；

三、被告胡有磊赔偿原告孙永青护理费2220元（30元/日×74日）的35%即777元；

四、被告胡有磊赔偿原告孙永青营养费1110元（15元/日×74日）的35%即388.50元；

五、被告胡有磊赔偿原告孙永青残疾赔偿金14892元（2482元/年×20年×30%）的35%即5212.20元；

六、被告胡有磊赔偿原告孙永青误工费4944.50元（15558元/年×116日）的35%即1730.57元；

七、被告胡有磊赔偿原告孙永青交通费500元的35%即175元；

八、被告李新军赔偿原告孙永青医疗费29059.78元的50%即14529.89元；

九、被告李新军赔偿原告孙永青住院伙食补助费1850元（25元/日×74日）的50%即925元；

十、被告李新永赔偿原告孙永青护理2220元（30元/日×74日）的50%即1110元；

十一、被告李新军赔偿原告孙永青营养费1110元（l5元/日×74日）的50%即555元；

十二、被告李新军赔偿原告孙永青残疾赔偿金14892元（2482元/年×20年×30%）的50%即7446元；

十三、被告李新军赔偿原告孙永青误工费4944.50元（15558元/年÷365×116日）的50%即2472.25元；

十四、被告李新军赔偿原告孙永青交通费500元的50%即250元；

十五、被告商弘公司在收取挂靠管理费2400元（80元/月×30个月）范围内与被告李新军承担连带赔偿责任；

十六、驳回原告孙永青对被告顺昊翔公司的诉讼请求。

一审裁判理由

新市区人民法院经审理认为：公民的健康权受法律保护。被告胡有磊与李新军驾驶车辆造成交通事故致原告人身损害，因二被告对交通事故发生负同等责任，故应对原告人身损害各承担50%的赔偿责任。原告找被告胡有磊帮忙办事，在吃饭喝酒后仍乘坐被告胡有磊醉酒驾驶的车辆，原告也有一定的过错，故可减轻被告胡有磊的赔偿责任。综合全案情况，由被告胡有磊承担35%的赔偿责任。被告胡有磊虽为被告顺昊翔公司的职员，但其并非为履行职务而驾驶车辆发生交通事故，故原告要求被告顺昊翔公司承担赔偿责任无事实和法律依据，法院不予支持。被告商弘公司作为肇事车辆的挂靠单位，应在收取挂靠管理费范围内与被告李新军承担连带赔偿责任。

原告因交通事故致人身损害，为医治实际所发生的医疗费和住院伙食补助费有证据证明，法院予以确定。原告的今后治疗费可待实际发生后另行主张。医院虽未出具原告住院期间陪护及营养治疗的证明，但根据原告的伤情须进行陪护并适当加强营养，故对于原告主张的护理费、营养费，法院予以确定。原告伤残等级应按八级确定。原告为农村居民，其无证据证明自己为城镇居民，故应按上一年度农村居民人均纯收入标准计算确定伤残补偿金。原告未提供其实际减少收入的证据，其主张的误工费过高，故法院按上一年度在岗职工平均工资标准予以计算确定。原告主张的交通费过高，法院在合理范围内酌情予以考虑。

二审诉辩情况

孙永青不服上诉称：(1) 原审判决认定事实不清，双方责任划定错误，判决显失公平。胡有磊作为驾驶员，其明知酒后不能驾车，却故意违反法律规定，亦不听从上诉人的劝阻，执意开车导致本次交通事故。上诉人作为乘客并没有阻止驾驶人员喝酒的义务。既然不负有义务，那么也就不应当承担责任，故理应由胡有磊承担责任。而原审法院判令上诉人自负15%的责任没有法律依据。(2) 上诉人方提交了医院出具的诊断证明，该证明中明确记载"三个月后需进行颅骨修补术治疗，治疗费用需20000元"。原审法院驳回该项请求于法无据。(3) 误工费数额计算有误。依据最高人民法院《关于审理人身损害赔偿案件适用法律若干问题的解释》第20条之规定：受害人有固定收入的，误工费按照实际减少的收入计算，受害人无固定收入的，按照最近三年的平均收入计算；受害人不能举证证明其最近三年的平均收入状况的，可以参照受诉法院所在地相同或者相近行业上一年度职工的平均工资计算。上诉人作为个体运输户，属无固定收入，应当按照最近三年的平均收入计算，即便没有按照此标准，也应按照相同或相近行业即运输行业标准计算。可见，原审法院按照上一年度全行业在岗职工标准计算明显有误。（4）交通费过低。上诉人受伤后，身边无人照顾，上诉人妻子、儿女及父母和兄弟姐妹听说后，从河南来乌鲁木齐探望，而原审仅认定几百元交通费不当。综上所述，原审法院认定事实不清，适用法律错误。请二审法院查明事实，依法改判。

胡有磊辩称：上诉人的被上诉请求与事实不符。因孙永青找被上诉人办事，并请被上诉人喝酒，导致被上诉人酒后驾车发生交通事故，对此孙永青负有直接的责任，原审判令被上诉人承担35%的赔偿责任是正确的。原审判决误工费、交通费正确，后期治疗尚未发生，孙永青可待实际发生后再主张。请求维持原判。

顺昊翔公司辩称：（1）孙永青车辆停运是因其车辆损坏护栏被扣，与本次交通事故导致其人身伤害没有直接的联系，车辆被扣孙永青一直未取出，在此期间产生的费用，应由孙永青自负。同时孙永青称其车辆报停，是因交通事故所致，但其无法提供车辆报停和车辆被扣何时取车的证据，故孙永青不能将车辆报停所产生的费用，要求被上诉人承担。孙永青称其不会开车，其有雇用的司机，故其受伤并不影响车辆的正常运营。如果车辆未扣，是可以正常运营的。因此，车辆停运损失应由孙永青自己承担。（2）原审法院判付交通费以及驳回孙永青今后治疗费的请求是正确的。请求驳回孙永青的上诉请求，维持原判。

商弘贸易公司辩称：首先，孙永青明知胡有磊是酒后驾车，但还是乘坐胡有磊驾驶的车辆，因此孙永青也有一定的过错。其次，孙永青称新B16975的车与挂车新B3874归其所有，月营业额为60000元，月纯收入17000元，但未提供相关票据予以证明。最后，孙永青称原审判付交通费过少，因其出示的交通费票据无法证实与2006年5月28日发生交通事故有关。请求二审法院驳回孙永青的上诉请求，维持原审判决。

二审裁判结果

乌鲁木齐市中级人民法院依照《中华人民共和国民事诉讼法》第153条第1款第1项、第3项之规定，判决如下：

一、维持乌鲁木齐市新市区人民法院〔2006〕新民一初字第2909号民事判决第1、2、3、4、5、6、8、9、10、11、12、13、14、16项，即胡有磊赔偿孙永青医疗费10170.92元，伙食补助费647.50元，护理费777元，营养费388.50元，残疾赔偿金5212.20元，误工费1730.57元；李新军赔偿孙永青医疗费14529.89元，伙食补助费925元，护理费1110元，营养费555元，残疾赔偿金7446元，误工费2472.25元；商弘公司在收取挂靠管理费2400元的范围内与李新军承担连带赔偿责任；驳回孙永青对顺昊翔公司的诉讼请求；

二、变更乌鲁木齐市新市区人民法院〔2006〕新民一初字第2909号民事判决第7项，即胡有磊赔偿孙永青交通费175元为胡有磊赔偿孙永青交通费357元（1020元×35%）；

三、变更乌鲁木齐市新市区人民法院〔2006〕新民一初字第2909号民事判决第14项，即李新军赔偿孙永青交通费250元为李新军赔偿孙永青交通费510元（1020元×50%）。

二审裁判理由

二审法院经审理，除了确认一审事实和证据外，还确认：

2005年5月14日，孙永青所有的新B16975号车由乌鲁木齐市至昌吉方向行驶至S113Km+300m处将大桥栏杆损坏，孙永青的车辆被扣。2005年5月19日，乌鲁木齐市公安局交通警察支队新市区大队对该起事故作出认定，由新B16975号车的驾驶员承担全部责任，并赔偿损失17050元。孙永青称其于2006年7月25日交清罚款之后取出车辆。庭审中，孙永青称其不会开车，但其于受伤次日就将新B16975号车报停，其车辆挂靠单位米泉市四平工贸有限责任公司也认可孙永青的确按规定每辆车只能报停半年。二审期间，孙永青称其车辆的月收入为60000元，仅提供挂靠单位及税务局的证明，但孙永青称其车辆纯收入为17000元，仅有其陈述，未能举证。孙永青认可李新军为其垫付医疗费5600元，其亦愿意抵扣。

另查，孙永青称其受伤后，其妻子和母亲从家乡来乌鲁木齐探望，但相关票据未保留，此部分费用620元。孙永青住院和出院后以及去鉴定部门等处发生交通费400元。

乌鲁木齐市中级人民法院经审理认为，孙永青明知胡有磊酒后驾车，其仍然乘坐该车，故其亦有一定的责任，原法院判令其承担15%的责任并无不当。孙永青的车辆在交通事故发生之前因违章被扣，其发生交通事故之后就将车辆报停，加之孙永青本人并未驾驶车辆，故无法确定其车辆停运损失系交通事故所致。现孙永青主张其车辆营运月纯收入为17000元，但未能举证证明，应承担举证不能的法律后果。孙永青主张的今后治疗费20000元，因此项费用尚未发生，其可待实际发生后另行主张。

孙永青受伤后，其妻子和母亲从家乡来乌鲁木齐市探望，虽然票据丢失，但应按其实际支出的车费1020元予以给付。李新军给孙永青垫付医疗费5600元，孙永青对此认可，并愿意从李新军的赔偿款中抵扣，法院予以准许。

159. 死亡赔偿金的请求权能否让与或者继承？

死亡赔偿金的请求权是与自然人的人身密不可分的一种权利，只能是受害者近亲属或者死者生前抚养的人才能享有。在赔偿权利人未提出起诉前，死亡赔偿金不是一般的债权，属于特殊的债权，不能适用最高人民法院《关于贯彻执行〈中华人民共和国继承法〉若干问题的意见》第3条“关于公民可继承的其他合法财产包括有价证券和履行标的为财物的债权等”的规定，不能让与或继承。

典型疑难案件参考

陈月英、陈妙英、罗遂荣诉王和平等人道路交通事故人身损害赔偿纠纷案

基本案情

本案交通事故死者林剑鹏系原告陈月英的次子。陈月英之夫林顺德已于2005年病故。林剑鹏之妻罗燕琴系原告陈妙英、罗遂荣的女儿。被告王和平系闽E97019小型货车车主。2007年2月12日19时55分许，被告陆长有受被告王和平雇用，驾驶闽E97019货车在福建省龙海市境内沿县道角江线，从角美镇沙洲村往田里村方向行驶，至该镇沙坂村路段在从左侧绕越前方右侧一辆三轮车时，遇林剑鹏无证驾驶制动系统、灯光系统不合格的闽EK2293号二轮摩托车。在避让过程中，闽E97019货车车头左侧于其行进方向可通行路面路中偏左处与闽EK2293号二轮摩托车发生碰撞，造成林剑鹏受伤经抢救治疗无效于2007年2月17日死亡。林剑鹏的丧事由原告陈月英负责操办。林剑鹏死亡后，其妻罗燕琴（已怀孕、尚未生育子女）又因病治疗无效于2007年3月27日死亡，胎儿也死于腹中。2007年3月15日龙海市公安局交通警察大队作出交通事故认定书，被告陆长有应负本事故主要责任，林剑鹏负事故次要责任。被告王和平分别于2007年2月18日、3月6日垫付赔偿款计30000元给

原告陈月英。

另查，2006 年 11 月 1 日，被告王和平就上述货车向被告中财保漳州分公司投保交强险、商业第三者责任险各一份。商业第三者责任险赔偿限额 50 万元；保险期限自 2006 年 11 月 1 日起至 2007 年 10 月 31 日止。

一审诉辩情况

原告陈月英诉称：林剑鹏系其次子。2007 年 2 月 12 日 19 时 55 分许，被告陆长有驾驶闽 E97019 号小型货车沿县道角江线往角美镇田里村方向行驶，在沙坂村路段与林剑鹏驾驶的闽 EK2293 号二轮摩托车发生碰撞，造成林剑鹏受伤送医院抢救治疗无效，于 2007 年 2 月 17 日死亡的交通事故。被告王和平系肇事车辆的车主，该车向被告中财保漳州分公司投保了“交强险”和商业第三者责任险。林剑鹏生前在厦门居住，应按城镇居民人均可支配收入标准计算死亡赔偿金。三被告应赔偿原告陈月英下列损失：尸体处理费 2765 元、死亡赔偿金 275065.60 元、丧葬费 9659 元、误工费和护理费各 79.44 元、住院伙食补助费 90 元、办理丧葬事宜误工费 463.40 元、交通费 500 元、被抚养人生活费 35983.90 元，合计 324685.78 元。三被告应承担 70% 即 227280.05 元。扣除被告王和平已垫付的 3 万元，请求判令被告陆长有赔偿原告 197280.05 元，被告王和平承担连带赔偿责任，被告中财保漳州分公司在保险责任限额内承担赔偿义务。因死亡赔偿金请求权不得让与或者继受，原告陈妙英、罗遂荣无权请求并取得该项赔偿。请求驳回原告陈妙英、罗遂荣的诉讼请求。

原告陈妙英、罗遂荣诉称：林剑鹏妻子罗燕琴系其女儿。林剑鹏因本案交通事故死亡后一个月，罗燕琴也于 2007 年 3 月 27 日病故。林剑鹏死亡之日起，其妻罗燕琴即有权与原告陈月英共同取得死亡赔偿金的赔偿；罗燕琴尚未得到赔偿即又病故，两原告作为罗燕琴的法定继承人，有权继承罗燕琴应得到的赔偿份额，即死亡赔偿金的 50%。请求判令被告陆长有给付两原告死亡赔偿金 275065.60 元的 50% 即 137532.80 元，被告王和平承担连带赔偿责任。对原告陈月英主张的其他事实和请求没有异议。

被告陆长有辩称：其系被告王和平雇用的驾驶员，雇员在从事雇用活动中致人损害的，应由雇主承担赔偿责任。

被告王和平辩称：其系肇事车辆闽 E97019 小型货车车主。也是被告陆长有的雇主。该车向被告中财保漳州分公司投保了“交强险”和商业第三者责任险，其应负的赔偿责任应由中财保漳州分公司承担。事故发生后，其垫付 30000 元给原告陈月英。请求判令被告中财保漳州分公司或原告陈月英返还。

被告中财保漳州分公司辩称：（1）原告主张的损失中，尸体处理费、送丧误工费已包含在丧葬费中，原告陈月英不符合被抚养人年龄条件；死亡赔偿金只能按照农村居民标准计算；（2）投保人王和平负事故主要责任，故其公司同意承担70%的赔偿责任；（3）按照保险合同约定，诉讼费不属于保险人赔偿范围。请求驳回原告不合理的诉讼请求。

一审裁判结果

福建省龙海市人民法院依照《中华人民共和国民法通则》第119条、《中华人民共和国道路交通安全法》第76条、《中华人民共和国保险法》第50条、最高人民法院《关于审理人身损害赔偿案件适用法律若干问题的解释》第9条、第17条的规定，作出如下判决：

一、被告中国人民财产保险股份有限公司漳州分公司赔偿原告陈月英损失即误工费、护理费、住院伙食补助费、交通费、丧葬费、死亡赔偿金合计59839.42元；

二、被告中国人民财产保险股份有限公司漳州分公司返还被告王和平垫付款30000元。上述款项限于本判决生效之日起一个月内付清；

三、驳回原告陈月英其他诉讼请求；

四、驳回原告陈妙英、罗遂荣的诉讼请求。案件受理费4075元，由原告陈月英负担1525元，原告陈妙英、罗遂荣负担1525元，被告中国人民财产保险股份有限公司漳州分公司负担1025元。

一审裁判理由

福建省龙海市人民法院认为，本交通事故致林剑鹏死亡，原告陈月英系林剑鹏唯一法定继承人，请求被告承担相应的赔偿责任，应予支持。其主张林剑鹏住院抢救期间的误工费、护理费、住院伙食补助费、丧葬费，符合有关规定标准，应予支持。因原告未提供交通费票据，其主张的交通费可酌情确定为300元。根据有关规定，原告陈月英不属于被抚养人范围，其要求赔偿被抚养人生活费，不予采纳。林剑鹏生前的户籍地在龙海市紫泥镇金定村，系农村居民，原告陈妙英、罗遂荣提供的证据均不能证明林剑鹏在事故发生之前连续一年以上在厦门居住生活的事实，应按农村居民纯收入标准计付死亡赔偿金。被告中财保漳州分公司应根据“交强险”和商业第三者责任险保险合同的约定承担相应的保险理赔责任。林剑鹏死亡后，其妻罗燕琴在尚未向本案被告提出赔偿请求前即又因病死亡，原告陈妙英、罗遂荣虽系罗燕琴的法定继承人，但本案的死亡赔偿金不属于罗燕琴的遗产，罗燕琴对本案死亡赔偿金的请求权也不能让与或继承，故原告陈妙英、罗遂荣要求继承其女罗燕琴应得的林剑鹏死亡赔偿金，缺乏法律依据，不予支持。

二审诉辩情况

一审宣判后，原告陈妙英、罗遂荣不服提出上诉。

上诉人陈妙英、罗遂荣上诉称：其女婿林剑鹏因本案交通事故死亡后一个月，其女罗燕琴也于 2007 年 3 月 27 日病故。林剑鹏死亡之日起，其妻罗燕琴即有权与原告陈月英共同取得死亡赔偿金的赔偿，罗燕琴尚未得到赔偿即又病故，两原告作为罗燕琴的法定继承人，有权继承罗燕琴应得到的赔偿份额，即死亡赔偿金的50%。林剑鹏生前经常居住地在厦门，应按城镇居民人均可支配收入标准计算本案的死亡赔偿金。请求撤销原审判决，改判被上诉人给付上诉人赔偿款 137532.80 元即 275065.60 元的50%。

被上诉人陆长有、王和平辩称：同意原审判决；上诉人是否有权分割本案死亡赔偿金，由法院依法认定。

被上诉人中国人民财产保险股份有限公司漳州分公司辩称：上诉人未提供相应证据证明林剑鹏生前经常居住地在厦门，故本案死亡赔偿金只能以农村居民标准计付；上诉人是否有权分割本案死亡赔偿金，由法院依法认定。

被上诉人陈月英诉称：罗燕琴在未提出赔偿请求之前即因病死亡，而死亡赔偿金的请求权不得让与或继受，上诉人无权请求分割该项赔偿金。请求驳回上诉人的上诉请求。

二审裁判结果

在二审中，双方当事人对一审查明的事实，除对林剑鹏生前是否已在厦门连续居住生活一年以上的认定有异议外，对其余事实无异议，二审予以确认。

本案在二审审理期间，经二审法院主持调解，上诉人陈妙英、罗遂荣与被上诉人陈月英自愿达成如下协议：

一、中国人民财产保险股份有限公司漳州分公司应支付的道路交通事故人身损害赔偿金人民币 59839.42 元和被上诉人陈月英已收取的被上诉人王和平的垫付款人民币 30000 元，由上诉人陈妙英、罗遂荣分得人民币 33000 元；被上诉人陈月英分得人民币 56839.42 元（其中应支付给案外人林德水人民币 6000 元）；

二、本案二审案件受理费人民币 2038 元，由上诉人陈妙英、罗遂荣负担 1019 元；原审原告陈月英负担 1019 元；一审案件受理费 4 075 元，按一审判决确定的分担原则负担。

160. 如何认定与事故相关联但未与事故车辆直接碰撞的机动车在交通事故中的过错和责任？

机动车违反法律规定进行超车，因未与其他车辆保持足以采取紧急制动措施的安全距离而致其他车辆相撞。该机动车虽未与事故车辆直接碰撞，但交通事故的发生与其行为有因果关系，应承担相应的事故责任。

典型疑难案件参考

何月华等诉徐刚、无锡市明珠接送客服务有限公司、中国人民财产保险股份有限公司无锡市锡山支公司等道路交通事故人身损害赔偿纠纷案

基本案情

2005 年 12 月 30 日 7 时 45 分许，徐刚驾驶的电瓶三轮车装载 8 只氧气瓶在无锡市薛典路由南向北行驶至沪宁高速公路高架桥南堍时发现车辆动力不行，即将车停在路中间，其间，同方向后有许盘生驾驶的苏 BKB905 号二轮摩托车和孙保益驾驶的苏 B33152 号大型普通客车在行驶中。孙保益在超越二轮摩托车及电瓶三轮车后，许盘生驾驶的二轮摩托车撞击到同向前停在路中的电瓶三轮车，后电瓶三轮车又撞击到苏 B33152 号大型普通客车后尾部，造成车辆损坏，许盘生受伤，经送医院抢救无效死亡的重大交通事故。无锡市公安局新区分局交巡警大队（以下简称交警队）于 2006 年 1 月 25 日作出交通事故认定书，由于无法查证事发时二轮摩托车及大型普通客车的行驶动态，对事故责任没有作出认定。许盘生受伤后，被送至无锡市第二人民医院抢救，经诊断为多发伤、右侧多发性肋骨骨折、脾挫伤、骨盆骨折、肾挫伤、胃穿孔、右股骨粗隆间骨折、失血性休克等，病情极其危重，预后极差，虽积极抢救治疗，但无明显疗效，后家属放弃治疗。经无锡市公安局对许盘生尸体进行法医检验，认为许盘生系腹部及肢体损伤而死亡。根据交警部门对事故车辆所作的车辆检验鉴定，苏 B33152 整车合格，许盘生驾驶的二轮摩托车整车不合格，电瓶三轮车无法作动态检验。经无锡市公安局对车辆痕迹进行鉴定，检验意见认为：二轮摩托车与电瓶三轮车碰擦痕迹，系二轮摩托车行驶中右前侧与电瓶三轮车车尾左侧发生碰撞，后摩托车左侧倒地可以形成。电瓶三轮车与大客车碰擦痕迹，系前行的电瓶三轮车右前侧碰撞前方大客车车尾左侧可以形成。

苏 BKB905 号二轮摩托车车主系许盘生。苏 B33152 号大型普通客车车主

为明珠公司，孙保益系明珠公司员工，事故发生时，孙保益是从事职务行为。电瓶三轮车车主系徐刚。明珠公司于2005年10月20日在保险公司为苏B33152号大型普通客车投保了限额责任为20万元的第三者责任险，徐刚车辆没有保险。许盘生受伤后当日被送至无锡市第二人民医院救治，用去医疗费38006.49元。原告主张死亡赔偿金为12319元×20年=246380元。为此，原告提供了派出所证明1份，作为其按照2005年度城镇居民人均可支配收入计算死亡赔偿金的证据。原告主张丧葬费按照2005年度江苏省在岗职工平均工资标准计算6个月为10478.5元、停车费损失为140元、被抚养人许寿珍的生活费为2972.5元。原告主张的精神抚慰金为5万元。被告明珠公司、保险公司认为许盘生的死亡是家属放弃治疗所致，应由原告自行承担责任。

一审诉辩情况

原告诉称：2005年12月30日，许盘生驾驶摩托车在上班途中，受孙保益驾驶的大客车超车逼迫，导致许盘生与徐刚停在路中间的电瓶三轮车相撞，造成许盘生死亡的交通事故。现要求判令被告依法赔偿原告各项损失合计人民币347977.49元。

被告孙保益辩称：交通事故与其无关，其不同意承担赔偿责任。

被告明珠公司辩称：孙保益驾驶的车辆与许盘生没有发生任何碰撞，不是事故责任主体，不应当承担交通事故赔偿责任。请求驳回原告对明珠公司的诉讼请求。

被告保险公司辩称：他们承保的车辆不存在交通事故过错，与交通事故没有任何关系，故保险公司不应当承担赔偿责任。

被告徐刚在法定期限内未作答辩。

一审裁判结果

江苏省无锡高新技术产业开发区人民法院依照《中华人民共和国民法通则》第106条第2款及第3款、第119条、第131条，《中华人民共和国道路交通安全法》第76条，最高人民法院《关于审理人身损害赔偿案件适用法律若干问题的解释》第17条、第18条、第19条、第27条、第28条、第29条，最高人民法院《关于确定民事侵权精神损害赔偿责任若干问题的解释》第10条之规定，于2006年5月17日作出判决：

一、保险公司应于本判决书发生法律效力之日起10日内赔偿给付何月华、许斌、许寿珍200000元；

二、明珠公司应赔偿何月华、许斌、许寿珍49325.83元；徐刚应赔偿何月华、许斌、许寿珍 49325.83 元；明珠公司、徐刚应于本判决书发生法律效力之日起 10 日内将其应承担的赔偿费用直接支付给何月华、许斌、许寿珍。明珠公司与徐刚对各自的赔偿义务负连带赔偿责任；

三、驳回何月华、许斌、许寿珍的其他诉讼请求。本案受理费 7730 元，其他诉讼费 1546 元，共计 9276 元（已由何月华、许斌、许寿珍预交），由何月华、许斌、许寿珍负担 1408 元，由保险公司负担 5050 元、由明珠公司负担 1409 元，由徐刚负担 1409 元。保险公司、明珠公司、徐刚应于本判决书发生法律效力之日将其应负担的费用直接支付给何月华、许斌、许寿珍。

一审裁判理由

江苏省无锡市高新技术产业开发区人民法院根据上述事实和证据认为本案当事人争议的焦点是：（1）本案交通事故责任如何认定？明珠公司是否应该承担事故责任？保险公司是否应该在保险限额责任内承担赔偿责任？（2）许盘生家属放弃治疗后许盘生死亡是否属于家属扩大交通事故的损失范围？

关于争议焦点一：原告认为许盘生撞上电瓶三轮车是由于孙保益超车时的逼迫行为所致，孙保益、徐刚应该承担全部事故责任。被告孙保益、保险公司认为：是许盘生驾驶不合格车辆没有及时刹车所致，孙保益驾驶的车辆和交通事故发生没有关系，不应该承担事故责任。

法院认为：交通事故的责任者应按照所负交通事故责任承担相应的损害赔偿责任。因交警部门对本案交通事故的责任未作认定，法院依法应按照事故的原因及双方的过错程度确定事故责任。根据优者危险负担原则，在受害人具有过失的情况下，考虑到双方对道路交通法规注意义务的轻重，按机动车辆危险性的大小以及危险回避能力的优劣，分配交通事故的损害后果。车辆间则以增减速、控制力及最小径回转能力等性能上较好的汽车为优，或就速度、硬度、重量、大小等对他人汽车危险性较多之汽车为优者；而由优者来负担危险。本案中，发生所涉车辆是电瓶三轮车、摩托车和大客车，大客车为优者，所以大客车驾驶员的注意义务应明显优于摩托车驾驶员、电瓶三轮车驾驶员。虽然大客车与摩托车之间没有明显碰撞痕迹，但从电瓶三轮车和摩托车的碰擦痕迹及孙保益的陈述可以看出，当孙保益发现同方向前有停在路中间的电瓶三轮车及许盘生驾驶的二轮摩托车时，二轮摩托车与电瓶三轮车之间的距离已经较近，作为大客车驾驶员的孙保益应该预见到此时超车可能对其他车道车辆存在的危险性，但其却未能尽安全注意义务，在未与摩托车、电瓶三轮车保持充足的安全距离的情况下，实施超车行为，使许盘生没有足够的距离避让，随后发生许盘生撞上电瓶三轮车死亡的交通事故，因此孙保益的超车行为与事故的发生存在着一定的因果关系。对孙保益在此次交通事故中负有的过错责任，法院予以认定。徐刚违章将车辆停放在行车道中间，造成路面通行障碍，又未设置明显停车标记，也是事故的发生原因，因此徐刚应负事故责任。许盘生驾驶不合格车辆上路行驶，发生紧急情况后无法采取有效制动措施避免事故发生，也应负相应的事故责任。

综上所述，孙保益、徐刚、许盘生对事故的发生应负同等过错责任。机动车辆因道路交通事故造成人身伤亡、财产损失的，应由保险公司在机动车第三者责任保险责任限额范围内承担无过错赔偿责任。因保险公司为明珠公司的苏B33152号大型普通客车承保了责任限额为20万元的第三者责任险，依法应当由保险公司在该责任限额内对何月华、许斌、许寿珍承担无过错的赔偿责任。

关于争议焦点之二：原告认为放弃治疗是因为实际许盘生已经没有存活的可能性，继续治疗并不能改变许盘生死亡的结果。被告认为许盘生的死亡是原告放弃治疗的结果，不应由被告承担相应的损失费用。法院认为从许盘生的出院记录可以看出，许盘生当时所受损伤已相当严重，继续治疗的效果并不乐观，家属放弃治疗实属无奈之举，不能就此否认许盘生的死亡是交通事故所致的事实。被告称如果继续治疗许盘生可能好转的辩称理由，与事实不符，法院不予采信。

综上所述，被告应按照其所负的交通事故责任和法律规定赔偿许盘生的法定第一顺序继承人何月华、许斌、许寿珍各项损失费用。赔偿标准应按照最高人民法院《关于审理人身损害赔偿案件适用法律若干问题的解释》予以确定。何月华、许斌、许寿珍主张的死亡赔偿金、医疗费、丧葬费、被扶养人生活费、停车费，均已提供了相应且充分的证据予以佐证，且计算方法、计算标准均符合法律规定，法院均予以确认；许盘生的死亡对家庭成员造成的精神损害之大是客观存在的，因此原告主张精神损害抚慰金5万元，数额尚属合理，法院予以支持。据此，何月华、许斌、许寿珍交通事故损失为：死亡赔偿金246 380元、医疗费38006.49元、丧葬费10478.5元、被扶养人生活费2972.5元、停车费140元，精神抚慰金50000元，合计347977.49元。发生在机动车与机动车之间的交通事故，超出保险限额责任部分的损失由机动车各方按照各自的过错责任承担赔偿责任。由于事故的发生是各方当事人的侵权行为结合后产生的，属无意思联络之共同侵权行为，因此孙保益与徐刚作为共同侵权人应对许盘生因交通事故产生的损失负连带赔偿责任。因孙保益于事故发生时正执行职务，故孙保益应负的赔偿责任转由明珠公司负担。考虑到许盘生对事故的发生也有过错，故对何月华、许斌、许寿珍要求孙保益、徐刚承担全部赔偿费用的诉讼请求，法院予以部分支持。

二审诉辩情况

一审宣判后，保险公司对判决不服，向江苏省无锡市中级人民法院提出上诉称：根据孙保益的陈述，孙保益驾驶大客车从超车道超车至与许盘生驾驶的二轮摩托车平行时，大客车横向距离二轮摩托车和电瓶三轮车分别为 2 米多和 4 米左右，故孙保益驾驶大客车超车是合理合法的，未有逼迫许盘生的行为，与许盘生驾驶二轮摩托车与电瓶三轮车相撞没有因果关系。发生交通事故的原因是许盘生驾驶刹车等不合格的二轮摩托车及徐刚违章停车所致。何月华不是事故目击证人，其证词不具有证明力。何月华、许斌、许寿珍未提供有效证据证明孙保益驾驶大客车超车对许盘生有逼迫行为，应承担举证不能的后果。机动车之间发生交通事故适用过失相抵原则，故孙保益与许盘生具有同等安全注意义务。原审法院根据优者危险负担原则，认定大客车相对二轮摩托车是优者，孙保益的安全注意义务大于许盘生，孙保益的超车行为有过错是错误的。请求二审法院依法改判驳回何月华、许斌、许寿珍的诉讼请求或发回重审。

二审裁判结果

江苏省无锡市中级人民法院依照《中华人民共和国民事诉讼法》第 153 条第 1 款第 1 项的规定，于 2006 年 9 月 20 日作出终审判决：驳回上诉，维持原判。二审案件受理费 9276 元，由上诉人中国人民财产保险股份有限公司无锡市锡山支公司负担。

二审裁判理由

江苏省无锡市中级人民法院经审理查明：保险公司、何月华、许斌、许寿珍对原审法院查明的事实无异议，徐刚未提出异议。孙保益、明珠公司对原审法院查明事实中认定交警队对事故责任没有作出认定提出异议，认为交警队未认定孙保益驾驶大客车与许盘生驾驶二轮摩托车发生交通事故。双方对原审法院查明的事实中无异议的部分，法院予以确认。

二审另查明：孙保益于 2005 年 12 月 31 日向交警队陈述：其驾驶大客车发现同方向前有 1 辆二轮摩托车，二轮摩托车前方有 1 辆电瓶三轮车停在道路中间，电瓶三轮车上没人，其从左侧超车道超越二轮摩托车时，二轮摩托车和电瓶三轮车相距 5 米左右，当时二轮摩托车和电瓶三轮车均在行车道中间。2006 年 1 月 18 日，孙保益向交警队陈述：当大客车超车至与二轮摩托车平行时，二轮摩托车和电瓶三轮车相距 10 米左右，大客车横向距离二轮摩托车和电瓶三轮车分别为 2 米多些和 4 米左右。

江苏省无锡市中级人民法院认为：《中华人民共和国道路交通安全法》第

43 条规定，同车道行驶的机动车，后车应当与前车保持足以采取紧急制动措施的安全距离，当前车正在转弯、掉头、超车的，不得超车。根据孙保益本人的陈述，其驾驶大客车准备超越许盘生驾驶的二轮摩托车时，已经发现二轮摩托车距离停在前方行车道中间的电瓶三轮车仅数米远，且二轮摩托车与电瓶三轮车均在行车道中间，其应当预见二轮摩托车必然要从超车道绕过电瓶三轮车才能继续前行，大客车此时超车可能对二轮摩托车超越电瓶三轮车存在危险。但孙保益却未尽安全注意义务，在未与二轮摩托车、电瓶三轮车保持充足的安全距离的情况下实施超车行为，使许盘生没有足够的距离避让，随后发生许盘生驾驶的二轮摩托车撞上电瓶三轮车的交通事故，因此孙保益的超车行为与该交通事故的发生存在一定的因果关系，应承担相应的过错责任。徐刚违章停车，造成路面通行障碍，又未设置明显停车标记，也是导致事故发生的原因，因此徐刚应负一定的事故责任。许盘生驾驶不合格车辆上路行驶，发生紧急情况后无法采取有效制动措施避免事故发生，故也应承担相应的事故责任。

据此，原审法院认定孙保益、徐刚、许盘生对事故的发生负同等过错责任并无不当，保险公司认为孙保益驾驶大客车超车与许盘生驾驶二轮摩托车与电瓶三轮车相撞没有因果关系，不应承担过错责任等上诉理由无事实和法律依据，法院不予采纳。关于孙保益、明珠公司辩称许盘生的死亡后果是自己放弃治疗的结果，原审法院认定交警队对事故责任没有作出认定是错误的，交警队未认定孙保益驾驶大客车与许盘生驾驶二轮摩托车发生交通事故等，因其未提起上诉，亦未提供抗辩依据，且与客观事实不符，法院不予采纳。原审法院认定事实清楚，适用法律正确，所作判决并无不当，应予维持。

161. 如何正确划分交通事故责任认定的比例？

在一般情况下，公安交通管理部门制作的《交通事故认定书》是人民法院审理道路交通事故人身损害赔偿案件确定交通事故双方当事人应承担责任比例的重要证据。但是，《交通事故认定书》只是民事证据的一种形式，人民法院在审理中如有充分证据证明《交通事故认定书》所采信的事实有疏漏，或者事故责任认定明显不当时，人民法院有权根据查明的事实重新确认双方当事人在交通事故中的责任比例。

典型疑难案件参考

谢未诉武汉建工第一建筑公司、武汉绕城公路建设指挥部道路交通事故人身损害赔偿纠纷案

基本案情

原告谢未于2004年11月20日21时许，驾驶二轮摩托车沿东西湖区张柏公路由柏泉往径河方向行驶，行至武汉绕城公路柏泉桥下时，撞上被告武汉建工第一建筑有限公司正在施工占道且没有设置灯光标志的脚手架上，造成原告谢未重伤，后经法医鉴定为三级伤残。此事故发生后，武汉市公安局交通管理局东西湖大队作出《交通事故认定书》认定原告谢未无证驾驶无牌二轮摩托车未戴头盔，负此起事故的主要责任，被告武汉建工第一建筑有限公司未经批准占道和未确保安全施工，负此起事故的次要责任。

一审诉辩情况

原告诉称：公安交通管理部门对此起事故作出的《交通事故认定书》遗漏了被告武汉建工第一建筑有限公司未经批准占道施工，在夜间未设置灯光照明标志是事故发生的重要原因之一，因此该《交通事故认定书》作为一份证据不应采信，应重新划分事故责任比例。

一审裁判结果

武汉市东西湖区人民法院依照《中华人民共和国民法通则》第106条第2款、《中华人民共和国道路交通安全法》第104条、第105条以及最高人民法院《关于审理人身损害赔偿案件适用法律若干问题的解释》第16条、第17条、第18条、第19条、第20条、第21条、第22条、第23条、第25条、第35条的规定，判决：由被告武汉建工第一建筑有限公司赔偿原告谢未经济损失132107.96元（占原告总损失50%）和赔偿原告谢未精神抚慰金20000元。

一审裁判理由

武汉市东西湖区人民法院一审法院认为：原告谢未无证驾驶无牌摩托车且未戴安全头盔，是此起事故的原因之一；被告武汉建工第一建筑有限公司在未办理审批手续的情况下搭脚手架占道施工，且在夜间未设置灯光照明的警示标志是引起事故发生的另一原因。原告谢未违反《道路交通安全法》第8条、第19条、第51条的规定，被告武汉建工第一建筑有限公司违反《道路交通安全法》第31条、第32条、第104条、第105条的规定，双方在此交通事故中

作用相当，重新确认双方分别负此起事故的同等责任。

二审诉辩情况

被告武汉建工第一建筑有限公司不服原审民事判决，向武汉市中级人民法院提起上诉称：《交通事故认定书》已经认定了此起事故中谢未应承担主要责任，上诉人承担次要责任，这一责任划分正确。而原审法院在无任何相反证据支持的情况下，推翻公安交通管理部门作出的正确结论，错误认定上诉人在该起交通事故中承担同等责任属于错误判决。请求撤销原审判决，依法改判由谢未承担事故主要责任，驳回被上诉人谢未要求赔偿和精神抚慰金的诉讼请求。被上诉人谢未请求驳回上诉，维持原判。

原审被告武汉绕城公路建设指挥部请求维持原判。

二审裁判结果

二审法院认定原审判决认定事实清楚，适用法律正确，依照《中华人民共和国民事诉讼法》第153条第1款第1项之规定，判决：驳回上诉，维持原判。

二审裁判理由

二审审理查明的事实与原审法院查明的事实基本一致。二审法院审理认为：本案争议的焦点在于如何正确划分本起交通事故责任认定比例。一般情况下，交通管理部门制作的《交通事故认定书》是人民法院审理道路交通事故人身损害赔偿案确定交通事故双方当事人所应承担责任比例的重要依据。但是，它只是证据的一种形式，人民法院在审理中如有充分证据证实《交通事故认定书》所采信的事实有疏漏或者责任认定明显不当，可予以纠正。本案中，武汉建工第一建筑有限公司是未经交通管理部门批准占道施工，在施工现场晚上未设置灯光照明等明显标志，是发生事故造成谢未受伤的重要原因，然而《交通事故认定书》中遗漏武汉建工第一建筑有限公司未经批准占道施工的事实，适用法律时亦没有适用《道路交通安全法》第31条、第32条之相关规定，原审法院据此重新划分责任比例，由双方对此起事故承担同等责任并无不妥。综上所述，上诉人武汉建工第一建筑有限公司上诉无理，其上诉请求法院不予支持。

162. 在无证驾驶和醉酒等情形下发生的交通事故，保险公司是否应在“交强险”保额范围内承担赔偿责任？

国家设立交通强制保险的初衷是基于公共利益的需要，其主要目的是保障在交通事故中受到损害的受害人能获得基本的保障，区别于一般的商业保险。《交强险条例》的立法目的也是保护受害人的利益，其基本原则是保险公司对保险事故承担无过错赔偿责任，也就是说参加“交强险”的机动车发生交通事故，导致第三者人身伤亡的，不论交通事故当事人各方是否有过错及过错程度如何，保险公司均应在责任限额内承担赔偿责任。

典型疑难案件参考

高端英、尹桂成、尹文戈、尹文喜、尹文凤诉胥得义、刘占良、大地财保公司淮安中心支公司交通事故赔偿纠纷案

基本案情

江苏省淮安市楚州区人民法院经公开审理查明：原告高端英、尹桂成、尹文戈、尹文喜、尹文凤分别系死者尹士明（男，1936 年 10 月 1 日出生）的妻子及儿子、女儿。被告刘占良系被告胥得义的女婿，胥得义系苏 HKL669 号三轮摩托车的登记车主，被告刘占良系实际车主、驾驶员。2007 年 8 月 20 日 6 时 15 分左右，被告刘占良无证驾驶苏 HKL669 号三轮摩托车沿楚州区平桥镇七斗水泥路由南往北行驶至本区平桥镇七斗竹园村刘万组路段，未注意行车安全，遇情况措施不当，将同向未靠边行走的行人尹士明撞伤，在送医院后死亡。2007 年 8 月 31 日，淮安市公安局楚州分局交通巡逻警察大队作出交通事故认定书认定：刘占良负事故的主要责任，尹士明负事故的次要责任。原告于 2007 年 9 月 14 日向法院提起诉讼。

另查明，被告胥得义所有的苏 HKL669 号三轮摩托车在被告保险公司投保了机动车交通事故责任强制保险。双方约定：保险期限从 2007 年 5 月 22 日零时起至 2008 年 5 月 21 日 24 时止；保险人对每次事故的死亡伤残赔偿限额为 50000 元、医疗费用赔偿限额为 8000 元、财产损失赔偿限额为 2000 元。被告刘占良因交通肇事罪于 2007 年 10 月 16 日被法院判处有期徒刑一年零六个月，缓刑二年。

一审诉辩情况

原告诉称：2007 年 8 月 20 日 6 时 50 分，尹士明步行至本区平桥镇竹园村刘万组时，被被告刘占良驾驶的苏 HKL669 号三轮摩托车撞伤，在送楚州医院后死亡。经交警大队认定，刘占良负事故的主要责任，尹士明负事故的次要责任。事故发生后，被告胥得义、刘占良已赔偿五原告的部分损失。苏 HKL669 号三轮摩托车在被告大地财保公司投保了“交强险”。现要求三被告赔偿医疗费 400 元、死亡赔偿金 58130 元、丧葬费 11891 元、办理丧事人员误工费 2000 元、交通费 300 元、精神损害抚慰金 20000 元，合计 92721 元中的 51000 元。被告大地财保公司在“交强险”规定的限额内赔偿。另由三被告承担诉讼费用。

被告大地财保公司辩称：因被告刘占良系无证驾驶，根据“交强险”的有关规定，无证驾驶属免赔范围，故被告不应承担赔偿责任。

被告胥得义辩称：事故发生是事实，但被告已向保险公司投保了“交强险”，故应由被告公司承担赔偿责任。

被告刘占良辩称：事故发生是事实，但被告无钱赔偿。

一审裁判结果

江苏省淮安市楚州区人民法院依照《中华人民共和国道路交通安全法》第 76 条，最高人民法院《关于审理人身损害赔偿案件适用法律若干问题的解释》第 17 条、第 22 条、第 29 条之规定，作出如下判决：

一、被告中国大地财产保险股份有限公司淮安中心支公司于本判决生效后 3 日内赔偿原告高端英、尹桂成、尹文戈、尹文喜、尹文凤各项费用 50400 元；

二、被告刘占良于本判决生效后 3 日内赔偿原告高端英、尹桂成、尹文戈、尹文喜、尹文凤各项费用 1000 元；

三、被告刘占良与被告胥得义负连带赔偿责任。

案件受理费 1075 元，由被告刘占良、胥得义负担。

一审裁判理由

江苏省淮安市楚州区人民法院经审理认为：机动车发生交通事故造成人身伤亡、财产损失的，由保险公司在机动车第三者责任强制保险责任限额范围内予以赔偿。超过责任限额的部分，对于机动车与非机动车、行人之间发生交通事故的，由机动车方承担赔偿责任；但有证据证明非机动车驾驶人、行人违反道路交通安全法律、法规，机动车驾驶人已经采取必要处置措施的，可适当减轻机动车方的赔偿责任。本案交通事故中，被告刘占良未取得机动车驾驶证，未注意行车安全，遇情况措施不当，应负事故的主要责任；尹士明未靠边行走，负事故的次要责任。法院对交通事故认定书认定的结论予以采纳。鉴于本案中被告胥得义的车辆已在被告大地财保公司投保机动车第三者责任强制保险，对交通事故造成受害人的人身伤亡、财产损失的，应当首先由侵害车辆的保险人被告大地财保公司在机动车第三者责任强制保险责任限额范围内予以赔偿；对于超出责任限额的部分和不属于保险人赔偿项目范围的部分，应由被告刘占良按照70%法定比例赔偿。被告大地财保公司辩称，被告刘占良系无证驾驶，属免赔范围。此外，“交强险”带有强制性质，为公益性保障。即只要造成人员伤害、死亡的，不管加害人有无过错，国家通过“交强险”对受害人进行赔偿，且是强制性保险、强制性赔偿，以此保证在加害人有过错、无赔偿能力的情况下，死亡、伤残均能得到强制赔偿，其有别于一般的商业险。参加“交强险”投保的机动车发生交通事故，导致第三者人身伤亡及财产损失的，不论交通事故当事人各方是否有过错以及过错程度如何，保险公司都应该在责任限额内予以赔偿，故对于被告保险公司的辩称，不予采纳。被告大地财保公司合计应赔偿50400元。余款20455元由被告刘占良按70%赔偿，但原告主张被告刘占良赔偿1000元，予以准许。

二审诉辩情况

上诉人大地财保公司诉称：根据交通事故认定书，刘占良未取得机动车驾驶证驾驶机动车，属于无证驾驶，根据《机动车交通事故责任强制保险条例》（以下简称《交强险条例》）第22条第1款，驾驶人未取得驾驶资格的，保险公司不承担赔偿责任。因此，请求二审法院撤销一审判决。

被上诉人高端英等五人辩称：上诉人的上诉理由不能成立，虽然刘占良系无证驾驶，但“交强险”是强制性保险，不论肇事人是否有过错，保险公司都应当在责任限额内承担赔偿责任。原审判决正确，请求二审驳回上诉，维持原判。

原审被告胥得义陈述：买车时即投保了，应当由保险公司承担赔偿责任。

原审被告刘占良陈述：请求驳回上诉，维持原判。

二审裁判结果

江苏省淮安市中级人民法院依照《中华人民共和国民事诉讼法》第153条第1款第1项的规定，作出如下判决：

驳回上诉，维持原判。

二审案件受理费1050元，由上诉人中国大地财产保险股份有限公司淮安中心支公司负担。

二审裁判理由

江苏省淮安市中级人民法院经审理认为：国家设立交通强制保险的初衷是基于公共利益的需要，其主要目的是保障在交通事故中受到损害的受害人能获得基本的保障，区别于一般的商业保险。《交强险条例》的立法目的也是保护受害人的利益，其基本原则是保险公司对保险事故承担无过错赔偿责任，也就是说参加"交强险"的机动车发生交通事故，导致第三者人身伤亡的，不论交通事故当事人各方是否有过错及过错程度如何，保险公司均应在责任限额内承担赔偿责任。上诉人提出按照《交强险条例》第22条规定，无证驾驶造成的人身损害，保险公司不承担责任。法院认为，该第22条规定是确定保险公司与致害人之间对抢救费用的追偿问题，并未规定保险公司对受害人不承担赔偿责任，保险公司依据该条款提起上诉的理由不能成立，法院不予支持。本案应适用《道路交通安全法》第76条的规定，由保险公司在第三者强制保险责任限额内承担对五被上诉人的赔偿责任，原审法院认定事实清楚，适用法律正确，依法应予以维持。

163. 登记车主对使用同一号牌的车辆发生交通事故后是否应承担赔偿责任？

肇事车辆使用与登记车主相同的号牌，该车牌可能是真实的车牌，亦可能是伪造的假车牌。如果该车牌是伪造的车牌，由于登记车主与肇事车辆毫无关系，显然其无须对肇事车辆造成当事人人身损害承担赔偿责任；即使该车牌为真实的车牌，虽然登记车主没有及时办理车辆报废手续，对该车牌的流失有过错，但由于车牌的使用与交通事故的发生并没有因果关系，且没有证据证实登记车主对于肇事车辆有实际支配地位或可以从该肇事车辆的运行中获得利益，不应当承担赔偿责任。

典型疑难案件参考

孙国营诉卢锵仪套牌车辆交通事故赔偿纠纷案

基本案情

2006年8月11日14时，无名氏驾驶粤AD1275号小客车在广州市花都区山前大道狮岭镇花场农庄路段与原告踩踏的人力三轮车发生碰撞，造成原告受伤和两车损坏的交通事故。肇事后，无名氏驾驶肇事车辆送原告至广州市花都区狮岭医院，后驾车逃逸。

事故经广州市公安局交通警察支队花都大队于2006年9月20日作出交通事故认定书，认定无名氏承担事故全部责任，原告不承担事故责任。

事故发生后，原告即被送往广州市花都区狮岭医院住院治疗至2006年9月6日出院，共住院26天。为此，原告用去医疗费7810.45元。

2006年9月8日，原告转至河南省商水县巴村镇骨科医院住院治疗至2006年10月8日，共住院30天，并花费医疗费2471元。出院时该院建议为：住院换药观察；抗炎对症治疗；按期复查。

肇事车辆为白色12座面包车，悬挂粤AD1275号牌。经查车辆档案，粤AD1275号车辆登记为白色长安牌轻型栏板小货车，登记车主为被告卢锵仪，该车于1987年3月30日登记入户，检验有效期至1998年5月15日，车辆状态已注销，未办理报废手续，亦未补办过号牌和行驶证。

2006年11月3日，法院去函广州市公安局交通警察支队花都大队，就肇事车辆情况咨询该队。该队于2006年11月6日函复该院，主要内容有：（1）根据对孙国营及狮岭医院等目击证人的询问，肇事车辆为使用粤AD1275号牌的白色十二座面包车。（2）粤AD1275号牌登记车辆为白色长安牌轻型栏板小货车，本案中使用粤AD1275号牌的肇事小客车应是一辆套（假）牌车，肇事者及车主仍未查获。

庭审中，原告提出被告是粤AD1275号牌车辆的车主，该车已到报废时间，但被告没有办理任何报废手续，被告没有证据证明自己没有过错及不是车辆所有人的情况下，应承担赔偿责任。被告认为自己从没有购买过车辆，亦没有号牌为粤AD1275的车辆，办理报废手续与自己无关。

一审诉辩情况

原告诉称：2006年8月11日下午，原告在广州市花都区山前大道狮岭镇花场农庄路段被粤AD1275号小客车撞成重伤后，由肇事司机用肇事车辆将原告送到广州市花都区狮岭医院抢救。医院在抢救原告时，肇事司机驾车逃逸。

原告经医院抢救脱险后住院，后因无钱继续住院于2006年9月6日出院，返回老家商水县八村镇医院住院。因无钱再垫付医药费于2006年10月8日出院回家。原告两次住院医治诊断为：左下肢离断伤。原告为此共花费医疗费10305.2元。现原告左下肢离断伤口未愈，仍需继续治疗，且还需安装假肢等，原告实无继续垫付医疗费用及假肢安装费用的能力。事故经广州市花都区交警部门处理，确定被告系肇事车辆车主，因此被告应承担民事责任。据此，原告请求法院判令：被告立即支付先期医疗费10305.2元。

被告辩称：被告从未购买汽车，也没有汽车驾驶证，粤AD1275号车辆在注册登记资料上显示是轻型小货车，且该车自1998年开始就没有年审，而据原告陈述肇事车辆是一辆白色的面包车，与粤AD1275号登记的车型不一样。因此，肇事车是套牌车辆。原告在事故发生时没有及时报警，造成肇事司机逃逸，原告自己也有责任。本案与被告没有任何关系，请求法院查明事实依法作出判决。

一审裁判结果

广东省广州市花都区人民法院依照《中华人民共和国民事诉讼法》第64条第1款、最高人民法院《关于民事诉讼证据的若干规定》第2条、《中华人民共和国民法通则》第106条第2款的规定，作出如下判决：

驳回原告孙国营的诉讼请求。

一审裁判理由

广东省广州市花都区人民法院经审理认为：无名氏发生交通事故后，将原告送往医院后驾车逃逸，违反了我国道路交通法律的相关规定，因此，无名氏应承担事故全部责任，原告不承担事故责任。交警部门作出的无名氏承担事故全部责任、原告不承担事故责任的认定恰当，予以采信。

根据最高人民法院《关于审理人身损害赔偿案件适用法律若干问题的解释》的规定，结合原告就医等情况，确定原告已发生的医疗费损失为10281.45元。

由于肇事车辆为使用粤AD1275号牌的白色十二座面包车，而粤AD1275号牌登记车辆为白色长安牌轻型栏板小货车，所以，对于交警部门提出的肇事车辆为套牌车的认定，予以采信。

一般地，车主之所以对其车辆发生交通事故所造成的损失承担民事赔偿责任，主要基于“运行支配与运行利益”理论。首先，车主作为车辆的所有者，对其车辆的运行具有支配和控制的权利。根据“危险控制理论”，“谁能够控制、减少危险谁承担责任”原则，作为对车辆具有支配控制权的车主，由其对车辆发生交通事故造成的损失承担赔偿责任，可以最大限度防止和减少危险的发生。其次，车主作为车辆的所有者，可从其车辆运行中获得利益，根据报偿理论，“谁享受利益谁承担风险”，让享受利益的车主承担损害赔偿责任符合公平正义的法律理念。在本案中，由于肇事车辆为套牌车，套用粤 AD1275 号牌，故被告对该肇事车辆没有运行支配的权利，若基于运行支配理论要求被告对假冒其号牌的车辆发生交通事故造成的损失承担民事责任，有失公平；最后，没有相关证据材料显示被告在车辆被他人套牌过程中获取了相关利益或被告在该套牌车的运行过程中享受利益，且被告对该套牌车的存在并不知情，故要求被告对该套牌车发生交通事故承担民事赔偿责任不符合公平正义的法律理念。因此，原告要求被告赔偿其损失的理由不成立，不予支持。

二审诉辩情况

上诉人诉称：(1) 撤销原判；(2) 确认卢锵仪系肇事车辆粤 AD1275 号车主；(3) 判决卢锵仪承担民事赔偿责任，支付先期 10305.20 元医药费。

其上诉理由如下：(1) 肇事车辆号牌车主为卢锵仪。其因交通肇事被撞断左腿，肇事司机虽犯罪逃逸，但依据交通民事法律规定，赔偿义务人是车主同司机承担民事连带责任。此案在一审已查明：第一，穗公交花认字〔2006〕D40254 之号交通事故认定书认定粤 AD1275 号车主为卢锵仪；第二，公安车辆管理所车籍档案证明粤 AD1275 号车辆登记车主为卢锵仪，车辆买卖过户手续齐全，证明卢锵仪是购车人。该车登记证明，此车于 1987 年 3 月 30 日登记入户，检验有效期至 1998 年 5 月 15 日，强制报废期为 2002 年 3 月 30 日。车辆状态已注销，该车未办理报废手续，车辆行驶号牌等手续仍在车主卢锵仪手中。(2) 卢锵仪应当依法承担本案的民事连带责任。一审法院虽然认定交通肇事责任的承担者，但没有依法认定肇事车主卢锵仪的民事连带责任。一审法院错误采信卢锵仪的口头辩解，采信交警推测套牌车的证明，错误地说明和运用“车主与利益”责任理念，推定“被告对假冒其号牌的车辆发生交通事故造成的损失承担民事责任有失公平”，“且被告对该套牌车的存在并不知情”，以不符合公平正义的法律理念为由，判决驳回其诉讼请求是错误的判决。卢锵仪系省航道起重打捞公司的运输工人，有机动车驾照，可推定其对车辆运输的熟悉和酷爱。公安车管部门的车籍证明具有公示证据作用，它的证明效力大于卢锵仪没有买过车辆的口头抗辩，可以证明粤 AD1275 号车主是卢锵仪。该粤 AD1275 车籍虽已注销，但车主卢锵仪未依法将粤 AD1275 车辆报废，未依法将报废车辆的号牌、行车证等手续上缴给车辆管理部门，未对车牌、行车证等进行依法注销。由此可证明，卢锵仪已将自有粤 AD1275 车辆非法流转及使用。这证明卢锵仪对自有车辆管理上的过错行为导致其粤 AD1275 车辆及车牌的流失给社会造成危害，其危害结果是直接给其造成左大腿离断伤的交通肇事逃逸犯罪后果，卢锵仪应当对自己的过错及违法造成的后果依法承担民事连带赔偿责任。

被上诉人辩称：同意一审判决，其没有驾驶证，也不会驾驶汽车。

二审裁判结果

广东省广州市中级人民法院依照《中华人民共和国民事诉讼法》第 153 条第 1 款第 1 项的规定，作出如下判决：

驳回上诉，维持原判。

二审裁判理由

广东省广州市中级人民法院经审理认为：《中华人民共和国道路交通安全法实施条例》第 92 条第 1 款规定：“发生交通事故后当事人逃逸的，逃逸的当事人承担全部责任。但是，有证据证明对方当事人也有过错的，可以减轻责任。”本案中，交通事故发生后，无名氏将孙国营送往医院后驾车逃逸，因此，根据上述规定，无名氏应承担事故全部责任，孙国营不承担事故责任。本案争议焦点在于：卢锵仪是否因本次交通事故而对孙国营承担赔偿责任？

虽然交警部门的登记资料证实，卢锵仪是粤 AD1275 号小型汽车的登记车主，但该汽车为长安栏板小货车，而孙国营及相关目击证人则证实，肇事车辆为使用粤 AD1275 号牌的白色十二座面包车，由此可知，两车虽然使用同一车牌号码，但并非同一机动车，故现有证据无法证实卢锵仪是肇事机动车的车主。

肇事车辆使用的粤 AD1275 号车牌，可能是真实的车牌，亦可能是伪造的假车牌。如果该车牌是伪造的车牌，由于卢锵仪与肇事车辆毫无关系，显然其无须对肇事车辆造成孙国营人身损害承担赔偿责任，即使该车牌为真实的车牌，虽然卢锵仪没有及时办理车辆报废手续，对该车牌的流失有过错，但由于车牌的使用与交通事故的发生并没有因果关系，且没有证据证实卢锵仪对于肇事车辆有实际支配地位或可以从该肇事车辆的运行中获得利益，故孙国营据此要求卢锵仪承担赔偿责任的，亦没有事实和法律依据。

164. 机动车与非机动车驾驶人、行人之间的交通事故适用何种归责原则？

机动车与非机动车驾驶人、行人之间的交通事故适用无过错责任原则。在适用无过错责任的情况下，加害人只有证明存在法定的减责、免责事由才能减免责任，否则就必须承担损害赔偿责任。

165. 无意思联络共同侵权行为是否应当根据过失大小各自承担相应的赔偿责任?

在无意思联络共同侵权行为中,数侵权人虽对受害人损失的赔偿承担连带责任,但其各自的行为并不具有独立价值,只是构成具有关联性的统一行为的一个部分。因此,无意思联络共同侵权行为人之间的责任承担份额仍可以根据各自过失大小或者原因力比例确定。

典型疑难案件参考

孙秀香诉江苏省电信有限公司海安县分公司、金忠交通事故赔偿纠纷案

基本案情

2006年7月25日22时25分左右,金忠驾驶苏JU1511号重型普通货车沿204国道由南向北行驶至海安县农副产品批发市场门口地段,遇孙秀香驾驶913518号电动自行车在非机动车道接近与机动车道分道线的地方由南向北下夜班回家,孙秀香与突然垂落的电信公司所属钢绞线发生碰刮后向左跌倒,又与金忠所驾货车发生碰撞,致孙秀香受伤,车辆受损。26日,孙秀香被送往海安县人民医院抢救,诊断为:脑挫伤、蛛网膜下腔出血、左颞顶硬膜下血肿、颅内骨折颅内积气、头皮血肿、右肺损伤、右肩胛骨骨折。2006年8月8日,海安县公安局交通巡逻警察大队作出交通事故认定:本次事故属于意外事故。2006年8月29日,孙秀香出院,共花医疗费26543.36元。出院当日,海安县人民医院开出病情证明书,建议休息一个月。

另查明,苏JU1511号重型普通货车实际车主是金忠,挂靠在大丰市众鑫服饰有限公司。事故发生后,金忠通过交警向孙秀香预付了赔偿款1000元,电信公司亦先行给付了孙秀香2000元。此后,各方对赔偿事宜未达成一致意见。在案件审理过程中,经孙秀香申请,法院先予执行了电信公司20000元。因孙秀香病情尚未稳定,无法进行伤残等级的评定,故残疾赔偿金、精神损害抚慰金等可另行处理。

一审诉辩情况

原告孙秀香诉称:2006年7月25日22时25分左右,原告从单位下夜班回家,由南向北途经204国道海安农副产品批发市场门口时,被突然垂落的被

告电信公司所属钢绞线碰刮后跌倒，适逢被告金忠驾驶苏 JU1511 号重型普通货车亦由南向北经过，原告跌倒后又与该货车发生碰撞致伤，车辆受损。该事故经海安县公安局交通巡逻警察大队处理，认定属意外事故。原告受伤后被送往海安县人民医院住院治疗，支付医疗费 26543.36 元。现原告就已发生的损失起诉，要求二被告连带赔偿因交通事故造成的医疗费 26543.36 元、护理费 2870 元、营养费 210 元、住院伙食补助费 630 元、误工费 2351.64 元、交通费 321 元、评估费 100 元、车辆损失费 1066 元，合计 34092 元；继续治疗费用、残疾赔偿金、精神损害抚慰金待评残后确定；并要求二被告承担本案诉讼费用。

被告电信公司辩称：对事故责任认定书认定的事实存有异议，其中对被告所属的钢绞线与原告发生碰刮致原告跌倒有异议；对金忠所驾货车将原告撞伤无异议。原告的损害结果与被告没有关系，请求判决驳回原告对被告的诉讼请求。

被告金忠辩称：对交警的事故责任认定书无异议，原告受伤是因被告电信公司所属和管理的钢绞线突然垂落与骑电动自行车的原告发生碰刮，又与其正常行驶的货车发生碰撞所致，《民法通则》第 126 条规定，建筑物或者其他设施以及建筑物的搁置物发生倒塌、脱落、坠落造成他人损害的，它的所有人或者管理人应当承担民事责任。被告在本起事故中无过错，故对原告的损失不应承担赔偿责任，应当由电信公司承担相应的赔偿责任。事故发生后，被告出于人道已为原告支付了医疗费 583.42 元（票据存于被告处），并向海安县交警大队预缴了现金 1000 元，该部分垫付的费用应当纳入本案处理。应当驳回原告对被告的诉讼请求。

一审裁判结果

江苏省海安县人民法院依照《中华人民共和国民法通则》第 126 条、第 130 条、第 117 条第 2 款，最高人民法院《关于审理人身损害赔偿案件适用法律若干问题的解释》第 3 条第 1 款、第 17 条第 1 款、第 19 条、第 20 条、第 21 条、第 22 条、第 23 条、第 24 条之规定，作出如下判决：

一、被告电信公司赔偿原告孙秀香医药费 15926.02 元、误工费 761.41 元、护理费 927.34 元、住院伙食补助费 315 元、营养费 126 元、交通费 18 元、车辆损失费 639.60 元、评估费 60 元，合计 18773.37 元；

二、被告金忠赔偿原告孙秀香医药费 10617.34 元、误工费 951.76 元、护理费 618.22 元、住院伙食补助费 252 元、营养费 84 元、交通费 12 元、车辆损失费 426.40 元、评估费 40 元，合计 13001.72 元；

以上两项合计31775.09元，被告电信公司已支付22000元、被告金忠已支付1000元，尚欠8755.09元，被告电信公司与被告金忠于本判决发生法律效力后10日内履行，二被告互负连带责任；

三、驳回原告孙秀香的其他诉讼请求。

本案案件受理费1374元，其他诉讼费700元，合计2074元，由原告孙秀香负担118元；由被告电信公司负担1174元；被告金忠负担782元。

一审裁判理由

江苏省海安县人民法院经审理认为：国道是供车辆和行人通行的道路，在公路未设置禁行标志或者施工障碍标志的情况下，均可通行。孙秀香驾驶电动自行车在204国道正常行驶，无法预见空中有钢绞线突然垂落并被刮倒，对事故发生孙秀香无过错。电信公司对事故现场所留钢绞线属其所有无异议。电信公司对所属钢绞线负有日常管理和维护的职责，但其疏于管理、维护，致使通过公路上空的钢绞线在风雨交加的夜晚突然垂落，并与行人碰刮，电信公司存在过错，应当承担相应的民事责任。金忠驾驶重型普通货车在公路上行驶时，应当谨慎驾驶，遇孙秀香被碰刮跌倒的紧急情况，金忠未能及时采取有效措施，又与孙秀香发生碰撞，致孙秀香受伤，车辆受损，最终未能有效防止损害后果的发生。海安县公安局交通巡逻警察大队虽认定本起事故属于意外事故，但金忠对孙秀香在本起事故中造成的损害亦存有过错，应当承担相应的民事责任。二被告虽无共同的故意，但电信公司所属的钢绞线垂落与金忠和孙秀香碰撞的行为直接结合，造成孙秀香人伤车损的后果，二被告构成共同侵权。在本起事故中，电信公司的钢绞线垂落碰刮孙秀香在先，致使在非机动车道接近机动车道分道线的地方行驶的孙秀香向左跌倒，后又与金忠正常行驶的重型普通货车碰撞，致孙秀香受伤，电信公司应当承担主要责任，金忠应承担次要责任。因二被告构成共同侵权，依法应互负连带责任。

孙秀香在本案事故中身体受到伤害，有获得赔偿医疗费、误工费、护理费、住院伙食补助费、营养费、评估费、交通费、车辆损失费等损失的权利。孙秀香上述损失中医药费26543.36元均有相应的票据，经审查确属因本起事故产生的医药费损失，应予支持。误工费，孙秀香虽提供了单位出具的证明，月工资为1196.20元，但其并未提供单位工资单和单位在其事故发生后扣发工资的证据，故其主张按1195元/30天的标准计算误工损失的请求，难以支持。鉴于孙秀香单位于2006年9月16日的证明中同时提及其7月25日下班途中发生事故后至今未上班，故可比照江苏省纺织服装制造业职工在岗工资标准计算其误工损失，按11776元/365天的标准计算，期限含住院期间35天，8月

29 日出院至开庭之日 9 月 22 日，共计 59 天，为 1903.52 元。孙秀香住院期间的护理费，其虽提供了丈夫单位的证明，但未能提供护理人员单位的劳动合同及工资单等辅助证据佐证，故难以采信。对孙秀香的护理费，可比照江苏省建筑业工资标准 16118 元/365 天，计算 35 天，为 1545.56 元。住院伙食补助费 630 元、营养费 210 元，合法有据，应予支持。交通费中孙秀香提供的 2006 年 9 月 17 日火车票一张，金额 291 元，因与事故发生时间间隔较长，被告对其与本案的关联性亦提出质疑，故不予支持，其余出租车票二被告未持异议，酌情支持 30 元。车辆损失费 1066 元有法定评估机构的价格鉴定结论书，尽管电信公司认为鉴定结论未告知，程序上存在瑕疵，但该鉴定结论书合法有据，符合客观实际，应予支持。评估费 100 元一并予以支持。二被告预付的赔偿款及法院先予执行的款项计 23000 元应从孙秀香主张的损失中扣减。

二审诉辩情况

上诉人电信公司诉称：一审法院错误认定电信公司所属钢绞线垂落刮倒孙秀香与金忠驾驶货车的碰撞行为直接结合，发生孙秀香车损人伤的结果，从而错误地判决电信公司承担主要及连带赔偿责任，明显与事实和法律不符。请求撤销原判，依法驳回孙秀香对电信公司的诉讼请求。

上诉人金忠诉称：第一，交通巡逻警察大队认定本起交通事故属于意外事故，对此突发事件金忠无法预见亦不存在过错，故不应承担民事赔偿责任。第二，电信公司对所属钢绞线负有日常管理和维护的职责，由于其疏于管理、维护，使横穿公路上空的钢绞线在风雨交加的夜晚突然垂落，将孙秀香碰刮跌倒，电信公司应承担全部赔偿责任。第三，金忠所驾苏 JU1511 号重型普通货车于 2005 年 10 月 14 日向中华联合财产保险公司盐城中心支公司投保了机动车第三者责任险，孙秀香的损失应由保险公司在机动车第三者责任强制保险责任限额范围内予以赔偿。一审法院未能主动追加保险公司作为被告参加诉讼有误。请求二审法院撤销原判，发回重审或者依法改判。

被上诉人孙秀香辩称：钢绞线碰刮行为与金忠驾车碰撞行为直接结合造成被上诉人车损人伤的结果，电信公司与金忠应承担连带赔偿责任。一审法院诉讼程序合法，责任分成正确。请求驳回上诉，维持原判。

二审裁判结果

江苏省南通市中级人民法院依照《中华人民共和国民事诉讼法》第 153 条第 1 款第 1 项之规定，作出如下判决：

驳回上诉，维持原判。

二审裁判理由

江苏省南通市中级人民法院经审理认为：

1. 金忠对孙秀香的损失应承担赔偿责任。骑电动自行车的孙秀香被钢绞线碰刮跌倒后即被金忠驾驶的货车撞伤，交通巡逻警察大队虽认定本次事故属意外事故，但根据《中华人民共和国道路交通安全法》第119条第5项的规定：“‘交通事故’，是指车辆在道路上因过错或者意外造成的人身伤亡或者财产损失的事件。”故本起事故应属道路交通事故。因电动自行车属非机动车，根据该法第76条第1款第2项的规定：机动车与非机动车驾驶人、行人之间发生交通事故的，由机动车一方承担责任；但是，有证据证明非机动车驾驶人、行人违反道路交通安全法律、法规，机动车驾驶人已经采取必要处置措施的，减轻机动车一方的责任。《中华人民共和国民法通则》第123条亦规定：从事高速运输工具等高度危险作业造成他人损害的，应当承担民事责任；如果能够证明损害是由受害人故意造成的，不承担民事责任。即机动车与非机动车驾驶人、行人之间的交通事故适用无过错责任原则。在适用无过错责任的情况下，加害人只有证明存在法定的减责、免责事由才能减免责任，否则就必须承担损害赔偿责任。本案中，货车驾驶员金忠未能举证证明骑电动自行车的孙秀香违反道路交通安全法律、法规，在本起交通事故中存在过失或者故意，故金忠对孙秀香的损失应当承担赔偿责任。

2. 电信公司与金忠应互负连带责任。最高人民法院《关于审理人身损害赔偿案件适用法律若干问题的解释》第3条规定：“二人以上共同故意或者共同过失致人损害，或者虽无共同故意、共同过失，但其侵害行为直接结合发生同一损害后果的，构成共同侵权，应当依照《民法通则》第130条规定承担连带责任。二人以上没有共同故意或者共同过失，但其分别实施的数个行为间接结合发生同一损害后果的，应当根据过失大小或者原因力比例各自承担相应的赔偿责任。”该条规定将无共同故意、共同过失，但加害行为直接结合发生同一损害后果的亦认定为共同侵权，即无意思联络共同侵权，而将间接结合发生同一损害后果的排除在共同侵权行为之外。在本起交通事故中，对孙秀香损害的发生，电信公司与金忠均没有共同故意或者共同过失，应属无意思联络共同侵权。双方争议之处在于该损害后果是突然垂落的钢绞线碰刮行为与金忠驾驶货车碰撞行为直接结合还是间接结合所致。

直接结合是指数个行为结合程度非常紧密，对加害后果而言，各自的加害部分无法区分。虽然这种结合具有偶然因素，但其紧密程度使数个行为凝结为一个共同的加害行为共同对受害人产生了损害。在本起交通事故中，骑电动自行车的孙秀香在夜间行驶过程中，被空中突然垂落的钢绞线碰刮头部而跌倒，随即被同方向正常行驶的金忠所驾货车碰撞致车损人伤。钢绞线垂落将孙秀香碰刮跌倒与货车碰撞两侵权行为瞬间发生，具有时空同一性和致损害结果发生的关联性，且两行为结合程度非常紧密，系损害结果发生原因的不可或缺的一部分，构成一个统一的、不可分割的行为整体。而孙秀香损害后果即其伤情为：脑挫伤、蛛网膜下腔出血、左颞顶硬膜下血肿、颅内骨折颅内积气、头皮血肿、右肺损伤、右肩胛骨骨折。孙秀香部分伤情位于头颅部，部分伤情位于肩、肺部，无法准确区分哪部分伤情系钢绞线垂落碰刮所致，哪部分为货车碰撞所致。对孙秀香损害后果而言，两侵权行为各自加害部分无法区分，两行为相互竞合为一个共同的加害行为共同对受害人产生了损害。故钢绞线的垂落碰刮与货车的碰撞两行为直接结合对受害人孙秀香产生了损害，构成无意思联络共同侵权，根据最高人民法院《关于审理人身损害赔偿案件适用法律若干问题的解释》第 3 条第 1 款的规定，电信公司与金忠应对孙秀香损失的赔偿互负连带责任。

3. 在无意思联络共同侵权行为中，数侵权人虽对受害人损失的赔偿承担连带责任，但其各自的行为并不具有独立价值，只是构成具有关联性的统一行为的一个部分。因此，无意思联络共同侵权行为人之间的责任承担份额仍可以根据各自过失大小或者原因力比例确定。本起交通事故系骑电动自行车的孙秀香被突然垂落的电信公司所属钢绞线碰刮跌倒，随即被金忠所驾货车碰撞所致。电信公司未能提供证据证明对其管理维护的钢绞线垂落刮倒孙秀香的事实，其不存在过错，故应当推定电信公司对孙秀香被刮倒受伤具有过错。骑电动自行车的孙秀香被碰刮倒地后随即被金忠所驾货车碰撞造成交通事故，金忠未能举证证明骑电动自行车的孙秀香在本起交通事故中存在过失或者故意，根据无过错责任原则，金忠对孙秀香的损失应承担赔偿责任。但该起交通事故起因在于钢绞线突然垂落将孙秀香碰刮跌倒，系电信公司对钢绞线管理维护不当的过错行为引起，相隔数米正常行驶的金忠驾驶货车避让不及与之碰撞致孙秀香车损人伤，金忠的驾驶行为无重大过错。事故发生的主要原因在于突然垂落的钢绞线将孙秀香碰刮倒地，该碰刮行为是引起损害结果发生的决定性因素。致孙秀香车损人伤的损害结果，电信公司对钢绞线管理维护不当的过错大于金忠驾车的过错，就损害结果发生的原因力比例而言，电信公司管理维护钢绞线不当的原因力亦大于金忠驾车碰撞的原因力。故对孙秀香损失承担连带赔偿责任的各共同侵权人内部责任份额，电信公司应承担主要责任，金忠承担次要责任。

4. 《中华人民共和国道路交通安全法》第 76 条第 1 款规定："机动车发生交通事故造成人身伤亡、财产损失的，由保险公司在机动车第三者责任强制保险责任限额范围内予以赔偿。”本案中，肇事货车于2005年10月14日向保险公司投保的系机动车第三者责任险。2006年7月26日，最高人民法院民一庭转发该院对浙江省高级人民法院请示所作出的〔2006〕民一他字第1号函复，该函明确2006年7月1日以前投保的机动车第三者责任险的性质为商业保险，交通事故损害赔偿纠纷发生后，应当依照保险合同的约定，确定保险公司承担的赔偿责任。江苏省规范性文件亦规定：《机动车交通事故责任强制保险条例》施行后，如果发生交通事故的机动车方没有投保机动车交通事故责任强制保险，但在《机动车交通事故责任强制保险条例》施行前投保了机动车第三者责任保险且该保险合同尚未到期的，应当依照该保险合同的约定确定保险公司承担的赔偿责任。2006年8月11日后新受理的一审交通事故损害赔偿案件，适用本通知的规定。故承保机动车第三者责任险的保险公司应根据保险合同的约定承担赔偿责任，其并非道路交通事故侵权损害赔偿案件的必要共同诉讼当事人。本案中，受害人孙秀香于2006年8月14日向法院起诉，要求两侵权人电信公司与金忠对其损失承担连带赔偿责任，而未将承保机动车第三者责任险的保险公司列为被告并无不当，一审法院无须主动追加保险公司作为被告参加本案的诉讼。

166. 婚内夫妻侵权赔偿责任能否因夫妻共同财产制得以免除？

夫妻损害赔偿责任的实现因夫妻财产状况的不同而呈现出不同的表现形态。若实行约定财产制，侵权人可从约定的个人财产中支付相应的赔偿数额；如夫妻未约定财产归属，侵权人基于法律规定也可以拥有法定个人财产，损害赔偿责任也可以实现。即使夫妻之间只存在共同财产，但夫妻一方受到伤害获得的赔偿属于其个人财产，可从夫妻共同财产中单独划出一部分作为受害人个人财产。

典型疑难案件参考

冯杏英诉孙曹军、吕国夫交通事故赔偿纠纷案

基本案情

2003年8月30日，被告孙曹军无驾驶证驾驶其本人的无号牌、行驶证的

二轮摩托车，后载妻子冯杏英，从诸暨市陈宅镇驶往街亭镇方向，19时许，途经诸东线022Km+800m璜山镇大东南纸包装有限公司地方，与在路面侧翻着的被告吕国夫所有的无号牌、行驶证的拖拉机发生碰撞，造成孙曹军重伤、冯杏英受伤、二车损坏的道路交通事故。根据现场勘查和调查、当事人陈述和证人证言，诸暨市公安局交警大队认为：孙曹军无证驾驶无号牌、行驶证的两轮摩托车，未戴安全头盔，在行驶过程中没有随时注意路面情况，未确保安全，与同向前方侧翻在道路上的拖拉机发生碰撞，其行为违反了《道路交通管理条例》（已失效）第25条“机动车驾驶员，必须经过车辆管理机关考试合格，领取驾驶证，方准驾驶车辆”、第17条第1款“车辆必须经过车辆管理机关检验合格，领取号牌、行驶证，方准行驶”、第26条第10项“驾驶和乘坐二轮摩托车须戴安全头盔”和第7条第2款“遇到本条例没有规定的情况，车辆、行人必须在确保安全的原则下通行”之规定，应负本起事故的主要责任；吕国夫持未按规定期限接受审验的驾驶证驾驶无号牌、行驶证的拖拉机，在路面上侧翻后，没有设置警告标志、夜间未开示宽灯、尾灯，被摩托车碰撞，其行为违反了《道路交通管理条例》第26条第5项“未按规定审验或审验不合格的，不准继续驾驶车辆”、第17条第1款、第48条第2款“故障车须移至不妨碍交通的地点，并须在车身后设警告标志或开危险信号灯，夜间还须开示宽灯、尾灯或设明显标志”之规定，应负本起事故的次要责任；冯杏英不负事故责任。伤后冯杏英在诸暨市中医医院住院治疗，于2003年9月12日出院，支出医疗费10456.72元，出院诊断为：左枕顶部血肿、颅底骨折、额骨眼眶内侧壁骨折、多处软组织挫伤、多枚牙齿缺失或冠、根折。医嘱门诊随诊，定期CT复查，择期口腔科治疗。2003年10月至2004年6月，冯杏英数次门诊治疗，支出医疗费4943.50元（其中配制烤瓷牙的费用为4400元）。2005年1月20日，冯杏英又在诸暨市中医院支出复印费10元。事故发生后，冯杏英与孙曹军夫妻关系恶化。事故经诉前调解无果，冯杏英遂诉至法院，要求法院支持其诉讼请求。

审理中，经法医文证审查，认为冯杏英的医疗费用合理；根据其损伤及愈后，考虑误工时间120天、陪护28天、营养费500元，如需更换烤瓷牙，应适当考虑后续治疗费，具体数额可由诊治医院评估确定。

诉辩情况

原告冯杏英诉称：2003年8月30日19时许，原告乘坐其丈夫孙曹军驾驶的二轮摩托车，途经诸东线022Km+800m诸暨市璜山镇大东南纸包装有限公司地方，与在路面侧翻着的被告吕国夫的拖拉机发生碰撞，造成原告和孙曹军受伤的交通事故。诸暨市公安局交警大队认定孙曹军负本次事故的主要责任，吕国夫负次要责任。伤后原告经诸暨市中医院治疗，支出医疗费15410.32元。事后两被告分文未赔。现起诉要求两被告赔偿医疗费15410.32元、误工费9000元、护理费650元、交通费300元、住院伙食补助费195元、继续治疗费2000元和精神损害抚慰金1000元。

被告孙曹军辩称：对原告诉称的交通事故发生经过无异议。但由于其与冯杏英系夫妻，使得由此引起的侵权损害赔偿责任与夫妻之间的财产关系产生混同。在双方尚未解除合法的婚姻关系之前，其无须承担民事赔偿责任。

被告吕国夫未作书面答辩。

裁判结果

浙江省诸暨市人民法院根据《中华人民共和国民事诉讼法》第130条、《中华人民共和国民法通则》第98条、第106条第2款、第117条第2款、第119条、第130条、最高人民法院《关于审理人身损害赔偿案件适用法律若干问题的解释》第3条第1款、第17条第1款、第19条、第20条、第21条、第22条、第23条之规定，判决如下：

一、被告孙曹军赔偿原告冯杏英医疗费、误工费、护理费、住院伙食补助费、交通费等经济损失15350.73元，被告吕国夫赔偿原告冯杏英医疗费、误工费、护理费、住院伙食补助费、交通费等经济损失6578.89元，并互负连带赔偿责任，赔偿款均限判决生效之日起15日内付清；

二、驳回原告冯杏英的其余诉讼请求。

本案应收案件受理费1155元，法医鉴定费200元，其他诉讼费280元，合计1635元，由原告冯杏英负担265元，被告孙曹军负担820元，被告吕国夫负担550元，两被告对各自应承担的诉讼费负连带清偿责任。

宣判后，双方均表示服判，未提出上诉。

裁判理由

浙江省诸暨市人民法院认为：公安机关交通管理部门对本次事故作出的责任认定，符合事故发生时的客观情况和相关道路交通法律、法规，应予确认。两被告应按各自所负的事故责任承担相应的民事赔偿责任。原告冯杏英诉讼请求合理部分应予支持。原告合理的经济损失包括：医疗费15400.22元、误工费5474.40元、护理费650元、住院伙食补助费195元、复印费10元、交通费200元，合计21929.62元。结合原、被告的交通违法行为对本起事故所起的作用分析，确定由被告孙曹军承担其中的70%，计15350.73元，被告吕国夫承担30%，计6578.89元。两被告之行为属于共同侵权行为，应互负连带赔偿责任。另原告主张后续治疗费2000元，因其未能举证证明，不予支持。两被告的侵权行为给原告身体所造成的损害后果尚不严重，对原告请求的精神损害抚慰金，亦不予支持。被告孙曹军辩称因本次交通事故所生的侵权之债，应当基于其与原告之间尚存在婚姻关系这一事实而消灭，这一辩称是不能成立的，理由在于：从法理上说，夫妻共同财产制固然能够成为追究侵权人的损害赔偿责任的障碍，但夫妻关系存续期间，夫妻财产制并不局限于夫妻共同财产所有制这一种形式，不能仅仅因此认为婚内夫妻侵权行为可以免除损害赔偿责任。这是因为，夫妻损害赔偿责任的实现因夫妻财产状况的不同而呈现出不同的表现形态。若夫妻间实行约定财产制，侵权人可从约定的个人财产中支付相应的赔偿数额；如夫妻未对财产的归属进行约定，侵权人基于婚姻法的规定也可以拥有法定的个人财产，损害赔偿责任的实现同样不存在障碍。即使夫妻之间只存在夫妻共同财产，也完全有理由加以克服，因为根据婚姻法规定，夫妻一方受到伤害获得的医疗费、残疾人生活补助费等费用属于夫妻一方的个人财产，故可以从夫妻共同财产中单独划出一部分作为受害人的个人财产，一旦以后涉及夫妻共同财产的分割，可将履行损害赔偿责任时划出的个人财产数额再结合予以考虑。倘若现在没有夫妻共同财产和个人财产，一旦将来夫妻拥有了共同财产，或者侵权人取得了法定或约定的个人财产，基于上述相同的理由，同样可以满足受害人的赔偿请求。可见，被告孙曹军的免责辩称不能成立。被告吕国夫经合法传唤，逾期未到庭应诉，鉴于本案事实已经查明，依法可缺席判决。

167. 发生交通事故致人伤残的情形中受害人是否可以同时请求残疾赔偿金和精神损害抚慰金？

最高人民法院《关于审理人身损害赔偿案件适用法律若干问题的解释》（以下简称《人身损害赔偿解释》）中对残疾赔偿采取“劳动能力丧失说”，故以人均可支配收入为标准计算的残疾赔偿金具有财产损害赔偿的性质，而非属精神损害赔偿金，根据《人身损害赔偿解释》第18条、第36条第2款的规定，受害人因伤致残的情形，有权在残疾赔偿金之外请求精神损害抚慰金，具体数额斟酌案件具体情形，结合精神损害赔偿司法解释第10条的规定确定。

168. 交通事故中的驾驶者和机动车所有人相分离时，机动车所有人是否承担赔偿责任？

交通事故中的驾驶者和机动车所有人相分离时，由于机动车所有人对于车辆仍然具有运行支配关系，故应与交通事故中的驾驶者一起对当事人的损失承担赔偿责任。

典型疑难案件参考

梁淑芝诉北京路安通磁电技术有限公司、孙圣高交通事故赔偿纠纷案

基本案情

2004年9月7日7时10分，梁淑芝途经昌平区自行车赛场时，被孙圣高驾驶的路安通公司所有的京AB3290车辆撞伤。梁淑芝受伤后，被送往北京大学第三医院住院治疗，被诊断为：T12爆散骨折；脊髓损伤截瘫；创伤性脑梗塞；多发肋骨骨折；全身多发软组织损伤。后转至昌平区中医院继续治疗。前后共住院70天。梁淑芝支付医疗费34265元，其他医疗费5万余元由路安通公司支付。梁淑芝的伤情经北京市法庭科学技术鉴定研究所鉴定为Ⅱ级伤残，伤残赔偿指数90%。北京市公安局公安交通管理局昌平交通支队认定孙圣高负事故的全部责任，梁淑芝、王阔不承担责任。

一审诉辩情况

原告梁淑芝诉称：2004年9月7日7时10分，原告途经昌平区自行车赛场时，被孙圣高驾驶的京AB3290车辆撞伤。原告被诊断为：T12爆散骨折；脊髓损伤截瘫；创伤性脑梗塞；多发肋骨骨折；全身多发软组织损伤。被告路安通公司已垫付了5万多元医疗费，原告自己支付医疗费34265元，故起诉要求被告赔偿原告残疾赔偿金116928元；医疗费34265元、住院伙食补助费320元、误工费800元、护理费132920元、营养费640元、交通费1153元、一次性用品费用175元、残疾辅助用具费2248元、精神抚慰金10万元、法医鉴定费500元，以上合计人民币389274元，并承担诉讼费。

被告孙圣高辩称：与原告之间所发生的交通事故属实。对原告的诉讼请求，在法律许可的范围内被告认可，法律没有规定的被告不同意赔偿。

被告路安通磁电技术有限公司（以下简称路安通公司）辩称：孙圣高当时从老家来，向被告借用车辆时，孙圣高写了保证书，承诺出现事故由他自己

负责。所以被告不应承担连带赔偿责任。对于原告提出的残疾赔偿金及住院伙食补助费被告认可，其他损失无证据不认可。

一审裁判结果

北京市昌平区人民法院依照《中华人民共和国民法通则》第 119 条、第 134 条第 7 款的规定，作出如下判决：

一、被告孙圣高、被告北京路安通磁电技术有限公司共同赔偿原告梁淑芝残疾补偿金、医疗费、误工费、营养费、护理费、精神抚慰金等经济损失合计 349274元（不含已支付部分），本判决生效后10 日内付清；

二、案件受理费 8349 元，由孙圣高、北京路安通磁电技术有限公司负担（于本判决生效后 7 日内交纳）。

一审裁判理由

北京市昌平区人民法院认为：被告孙圣高驾车将原告撞伤，其行为侵犯了原告的身体健康权。对给原告造成的经济损失应承担赔偿责任。路安通公司在原告与孙圣高之间发生交通事故后，已为原告支付了部分医疗费用，可以认定，该公司已默认了孙圣高驾车肇事的行为系职务行为。故路安通公司应对原告承担赔偿责任。孙圣高为路安通公司出具的保证书，没有其他证据佐证，法院不予采信。根据原告现在伤残程度，目前已遗留双下肢截瘫，生活不能自理。对原告请求支付护理费和一次性用品费用、残疾辅助用具费用应予支持。对原告其他诉讼请求合理部分应予支持。

二审诉辩情况

上诉人路安通公司诉称：（1）交通队在事故认定书中认定孙圣高承担事故全部责任，且现行《道路交通安全法》中未规定车主的垫付责任，故上诉人不应当承担赔偿责任。（2）基于人道主义上诉人已为梁淑芝支付了 5 万元医疗费，上诉人同意协助梁淑芝办理有关保险事宜。（3）本案应适用《道路交通安全法》作为判决的法律依据。而不应当适用《民法通则》。（4）原审判决没有列明各项具体的赔偿金额，且在已经判决了残疾赔偿金的情况下，不应重复判决精神抚慰金。要求二审法院依法改判上诉人不承担赔偿责任，孙圣高只承担法律规定的责任。

被上诉人梁淑芝辩称：同意原审判决。

原审被告孙圣高不同意原审判决，但未上诉。

二审裁判结果

北京市第一中级人民法院依照《中华人民共和国民事诉讼法》第 153 条第 1 款第 1 项的规定，作出如下判决：

驳回上诉，维持原判。

二审裁判理由

北京市第一中级人民法院认为：孙圣高驾驶路安通公司的车辆将梁淑芝撞伤，其行为侵犯了梁淑芝的身体健康权，应当承担赔偿责任。路安通公司将本公司所有的车辆借给外地来京旅游的孙圣高驾驶，其公司对于车辆仍然具有运行支配关系，故其公司应与孙圣高一起对梁淑芝的损失承担赔偿责任。

本案于 2004 年 11 月立案，应适用最高人民法院《关于审理人身损害赔偿案件适用法律若干问题的解释》（以下简称《人身损害赔偿解释》）的规定。《人身损害赔偿解释》中对残疾赔偿采取“劳动能力丧失说”，故以人均可支配收入为标准计算的残疾赔偿金具有财产损害赔偿的性质，而非属精神损害赔偿金，根据《人身损害赔偿解释》第 18 条、第 36 条第 2 款的规定，受害人因伤致残的情形，有权在残疾赔偿金之外请求精神损害抚慰金，具体数额斟酌案件具体情形，结合精神损害赔偿司法解释第 10 条的规定确定。故原审法院在判决残疾赔偿金之外判决给付精神损害抚慰金，并无不当。

169. 当事人因过失造成他人遗体损害的是否应承担侵权赔偿责任？

根据最高人民法院《关于确定民事侵权精神损害赔偿责任若干问题的解释》规定的精神，自然人的遗体应依法受到保护，使之免受不法侵害。侵权人作为一名职业驾驶人员，应当充分履行其谨慎注意义务，留意当时的路面状况，安全驾驶，并充分预见自己行为可能导致的结果，但是侵权人疏忽大意，驾车碾压死者遗体，直接造成死者遗体多处挫损，依法应承担民事侵权责任。

170. 死者的人格受到侵害时，其亲属是否有权请求精神损害赔偿？

受害人由于交通事故当场死亡，在死亡后尸体又遭到碾压，这确实给受害人亲属的精神上带来巨大痛苦，但精神痛苦的主要原因是交通事故造成受害人死亡，侵权人碾压尸体的行为仅为受害人亲属精神痛苦的次要原因，因此侵权人对亲属的精神痛苦承担部分责任。

典型疑难案件参考

鲍金花、杨信开、杨琴诉香港森杨益精密铸造有限公司、东莞市塘厦镇沙湖三强金属制造厂、鲁福标交通事故赔偿纠纷案

基本案情

2004 年 2 月 8 日 22 时，天下小雨，在东莞市塘厦镇环市西路长利酒店路口段发生一起机动车碰撞行人的交通事故，造成原告亲属杨义太当场死亡。肇事大货车司机弃车逃逸。塘厦镇公安分局四村派出所民警接到群众报案后立即赶赴现场，发现事故现场停有肇事大货车，其左轮侧约 1.5 米处为死者杨义太的尸体，公路旁边有群众围观。在事故发生后约 10 分钟，死者杨义太的尸体被从塘厦医院往清湖方向行驶、由被告鲁福标驾驶的被告东莞市塘厦沙湖三强金属制造厂小型客车左前轮碾压。据当时在场的塘厦镇公安分局四村派出所民警李智辉陈述，该小客车当时的行驶速度较快，且民警曾打手势示意被告鲁福标停车，但被告鲁福标直至左前轮碾压尸体后才靠右停车。另外，在发生碾压尸体事故之前，并没有用反光标志、反光线封锁现场，在场的民警及有关人员亦未穿着反光衣。另查，原告鲍金花是死者杨义太的妻子，原告杨信开是杨义太的儿子，原告杨琴是杨义太的女儿。被告东莞市塘厦镇沙湖三强金属制造厂是来料加工企业，外资方为被告香港森杨益精密铸造有限公司。

一审诉辩情况

原告诉称：2004 年 2 月 8 日 22 时，于塘厦镇环市西路长利酒店路口路段，发生一起交通事故，造成原告亲属杨义太当场死亡。肇事司机弃车逃逸。事故发生后约十几分钟，被告香港森杨益精密铸造有限公司、东莞市塘厦镇沙湖三强金属制造厂的司机鲁福标眼见众人围观，驾驶粤 S19455 号中型客车从

杨义太身上碾过，造成死者多处挫伤。被告鲁福标的过错行为不但是对杨义太的尸体的侮辱，而且给死者家属带来了极大的精神痛苦，构成侵权。故诉请判令被告赔偿原告精神抚慰金 20000 元，诉讼费用由被告承担。

被告辩称：事故发生当晚，天下小雨，路灯昏暗，道路可见度很差。事故发生前，被告行驶的车道分道线左侧相对停有一辆长货车，右道停靠一辆小车并有几人围观，被告鲁福标误判是小车发生事故，并未发现任何障碍物阻挡行车道，于是被告鲁福标继续行驶，突然从右边冲出一人招手大喊，待被告鲁福标反应过来车子已从死者身上碾过。其后被告鲁福标靠右停车，等待接受交警处理。三被告认为鲁福标对此次事故并没有责任，在交警部门作出的交通事故处理认定中对此也有明确说明。且被告鲁福标精神正常，与死者无冤无仇，不存在侮辱和侵害死者身体的故意。另外，死者身上的数处撞碾挫伤并非被告鲁福标一人造成的，因此不能完全加罪于被告。故请求驳回原告的诉讼请求。

一审裁判结果

广东省东莞市人民法院依照《中华人民共和国民事诉讼法》第 128 条、《中华人民共和国民法通则》第 134 条及最高人民法院《关于确定民事侵权精神损害赔偿责任若干问题的解释》第 3 条、第 10 条的规定，判决如下：

一、被告香港森杨益精密铸造有限公司、东莞市塘厦镇沙湖三强金属制造厂、鲁福标赔偿原告鲍金花、杨信开、杨琴精神抚慰金 5000 元；

二、驳回原告鲍金花、杨信开、杨琴其他的诉讼请求。

本案诉讼费 810 元，由原告承担 600 元，被告承担 210 元。

一审裁判理由

本案争议的焦点是被告鲁福标的行为是否构成侵权，三被告是否应承担赔偿责任。从损害事实及因果关系看，被告鲁福标驾车碾压死者杨义太遗体，直接造成死者遗体多处挫损，损害事实清楚，因果关系明确。从主观过错看，被告鲁福标作为一名职业驾驶人员，在当时的情形和环境下，应当充分履行其谨慎注意义务，留意当时的路面情况，安全驾驶，并充分预见自己行为可能导致的结果。但是被告鲁福标疏忽大意，造成损害结果的发生，其主观上具有一定程度的过错。从行为的违法性来看，根据最高人民法院《关于确定民事侵权精神损害赔偿责任若干问题的解释》规定的精神，自然人的遗体应依法受到保护，使之免受不法侵害，所以被告鲁福标损害他人遗体的行为具有违法性。由此可见，被告鲁福标的行为构成侵权，依法应承担民事侵权责任。

由于被告鲁福标是被告东莞市塘厦镇沙湖三强金属制造厂的司机，而且涉案车辆为被告东莞市塘厦镇沙湖三强金属制造厂所有，而该厂又是来料加工企业，没有独立的民事行为能力，故其民事责任应由被告香港森杨益精密铸造有限公司承担，且该公司对被告鲁福标的赔偿责任承担连带清偿责任。故原告诉请三被告赔偿精神抚慰金，事实清楚，于法有据，法院予以支持。对于精神抚慰金数额的问题，由于被告鲁福标主观上的过错程度较轻，且死者遗体上的挫伤部分是因为之前碰撞事故所造成的，并非完全由被告鲁福标的碾压行为所致，而且交警部门已认定被告鲁福标对该起交通事故不负责任，再结合侵害当时的情况和环境等诸多因素综合考虑，法院认为原告诉请被告支付20000元的精神抚慰金，数额偏高，应以5000元为宜。

二审诉辩情况

上诉人诉称：（1）鲁福标侵权过错程度较大。鲁福标作为专职司机应该履行谨慎注意的义务，而实际上其开车速度较快，在注意到前面有交通事故发生并看到众人围观的情况下没有减速行车，甚至在民警明令其停车时仍未停车，造成尸体被再次碾压。（2）鲁福标侵权行为造成的后果严重。其碾压尸体的行为造成死者尸体被再度重创，其损害程度让路人惨不忍睹。作为妻子、儿女，对丈夫、父亲的尸体再度被损害异常痛苦，以至于几次当场晕倒，而且事后精神恍惚。（3）关于精神赔偿的几点意见。1）鲁福标主观过错程度较大，而且造成了严重后果，使上诉人精神极度受创。2）东莞作为珠三角的一个制造业城市，经济发达，生活水平较高，根据最高人民法院司法解释关于精神损害赔偿的标准，5000元的赔偿明显过低。3）侵权人的赔偿能力较强，三侵权人承担连带责任，有强大的法人作为后盾，其经济赔偿能力明显不同于自然人，故5000元的精神赔偿不足以补偿受害人的损害，而且也起不到对侵权人惩治教育的作用。4）精神赔偿在法律上的重视程度。法律明确规定了精神赔偿的标准和司法解释；刑法明确提出了侮辱尸体罪；民法也提出侵权人“非法利用、损害遗体、遗骨，或者以违反社会公共利益、社会公德的其他方式侵害遗体、遗骨”的应当承担侵权损害赔偿责任，包括精神损害赔偿责任，这都体现了法律对精神赔偿的重视。所以，恳请东莞市中级人民法院对精神赔偿的上述标准予以考虑，支持上诉人的请求。

被上诉人辩称：（1）对于2004年2月8日塘厦环市西路长利酒店路段交通事故致人死亡，应负全责的是逃逸的肇事车辆车主。（2）被上诉人是这场交通事故的受害者。2004年2月8日晚22时，被上诉人驾驶粤S19455车下塘厦高速转红辰酒店转盘，加之沥青路面可见度较差，被上诉人在距事故地点

130米左右正常行驶并未发现任何警示封锁行车道，虽然有大长货车停在主分道线左侧及有人在围观鲁福标行车道右路边的小车，但被被上诉人误以为是小车出了事故。在有人冲出来招手大叫时，被上诉人反应过来时车已从死者身上碾过，被上诉人即刻停靠右道，等待、配合交警作出事故处理。换言之，应对该次交通事故负全责的是逃逸者；且交警若能在被上诉人之前赶到现场，设立警示封锁标志，则被上诉人亦可幸免此难。（3）真正致使上诉人痛苦的是负交通事故全责的逃逸者，死者被撞碾之多处伤害是之前事故所造成，并非全部由粤S19455面包车碾压所致。（4）精神抚慰金的数额。从主观良知上来说，被上诉人有意碾压马路尸体不成立；而且被上诉人在发觉自己的过失后立即停靠，等待交警处理。综上所述，参照最高人民法院《关于确定民事侵权精神损害赔偿责任若干问题的解释》第10条的规定，应根据被上诉人的过错程度，赔偿数额法律有硬性条文规定的，应依条文执行。出于人道主义，被上诉人所能做到的是对死者家属的精神抚慰应以不超越法规与情理的5000元以下为宜。

二审裁判结果

广东省东莞市中级人民法院根据《中华人民共和国民事诉讼法》第153条第1款第1项的规定，判决如下：

驳回上诉，维持原判。

二审裁判理由

广东省东莞市中级人民法院认为本案的争议焦点如下：（1）关于鲁福标的过错程度问题。当时鲁福标行车速度较快，民警李智辉曾打手势示意鲁福标停车，但鲁福标直至前轮碾压尸体后才靠右停车；另由于在发生碾压尸体事故前，现场没有用反光标志、反光线封锁现场，在场的民警及有关人员亦未穿反光衣。显然，鲁福标并不是故意实施侵权行为，但是鲁福标在行车的过程中应当保持适当车速并尽谨慎的注意义务。由于其疏忽大意而未能履行该义务以至于发生了碾压尸体的后果，所以在该侵权行为中鲁福标存在过失，对于上诉人认为鲁福标存在严重过错的主张，法院不予支持。（2）关于鲁福标的行为造成鲍金花、杨信开、杨琴精神巨大痛苦的责任分配问题。受害人杨义太由于交通事故当场死亡，在死亡后尸体又遭到碾压，这确实给上诉人精神上带来巨大痛苦，但精神痛苦的主要原因是交通事故造成受害人杨义太死亡，鲁福标碾压尸体的行为仅为上诉人精神痛苦的次要原因。因此，根据发生损害的原因力分析，鲁福标只对上诉人的精神痛苦承担部分责任。（3）关于精神抚慰金的数额是否妥当的问题。根据最高人民法院《关于民事侵权精神损害赔偿责任若干问题的解释》第 10 条的规定，精神损害的赔偿数额根据侵权人的过错程度，侵害的手段、场合、行为方式等具体情节，侵权所造成的后果，侵权人的获利情况，侵权人承担责任的经济能力，受诉法院所在地平均生活水平等因素予以确认。本案中虽然受诉地东莞市的平均生活水平较高，但侵权人鲁福标的过错程度较轻，且对上诉人的精神痛苦只承担部分责任，原审法院酌定精神抚慰金为 5000 元并无不当。

171. 交通事故的发生完全是由于偶发因素竞合所致，几方当事人均对事故的发生没有故意或过失，损害赔偿责任该如何分担？

交通事故的发生完全是由于偶发因素竞合所致，几方当事人均对事故的发生没有故意或过失，不存在过错，因此，虽然是三方行为直接结合导致受害人死亡的事件，但这只能是意外事件，并非共同侵权的后果。在各方均无过错的情况下，应当依据公平原则，综合考查被害人的受损害程度、各方当事人的经济能力以及符合社会公平观念的各种因素，判令当事人分担一定的责任。由于此项责任是法院出于社会的公平观念所确定，而并非是法律所确定的侵权责任，故不能按照侵权的标准确定死亡赔偿金。

典型疑难案件参考

王大方、梅祖英、陈晓琳、王渝骞诉北京瑞宏机械施工有限公司、北京市运通客运有限责任公司交通事故赔偿纠纷案

基本案情

2003 年 12 月 23 日，运通公司司机李大春驾驶的大客车（车号为京 AY9942）由东向西停在安宁庄北路车站上下乘客，适有王国新骑电动自行车由东向西行驶，因自行车车把右侧与大客车左侧后部接触致王国新向左侧倒地，适有瑞宏公司司机杨尚军驾驶大货车（车号为京 G09311）由东向西驶来，大货车右侧中后轮将王国新碾压致死。事故发生后，大客车移位，电动自行车损坏。此交通事故经北京市公安交通管理局海淀交通支队（以下简称交通队）调查，因不能确认是任何一方当事人的违章行为所导致，故交通队对此事故不

认定责任。王大方、梅祖英系王国新的父母，陈晓琳系王国新之妻，王渝骞系王国新之女。王大方等人因处理此事故共支付法医检验费 3600 元、误工费 5988 元、住宿费 8371 元。王国新所骑的电动自行车在事故中损坏，该车在 2002 年购置时的价格为 2300 元。王国新的随身衣物也在事故中破损，但其家属未就上述物品的价值向法院提交相应的证据。王大方等就交通费向法院所提交的证据材料中包含大量的出租车票据及机票费用。另外，经查明，王大方、梅祖英系秭归县两河口镇宋家村一组村民，二人均属高龄，膝下有王国新等 3 个子女。

一审诉辩情况

原告王大方等四人诉称：2003 年 12 月 23 日，王国新在与北京市运通客运有限公司（以下简称运通公司）司机李大春、北京瑞宏机械施工有限公司（以下简称瑞宏公司）司机杨尚军发生的交通事故中死亡，对该事故交通管理部门未认定事故责任。原告作为王国新的家人，因此起事故造成的经济损失为死亡赔偿金 277652 元、丧葬费 19348 元、被抚养人生活费 111238 元、住宿费 8371 元、交通费 8543 元、法医鉴定费 3600 元、误工费 5988 元、财产损失费（电动自行车、衣物）4645 元。现我们要求对方赔偿上述费用的 2/3。

被告瑞宏公司辩称：被告对交通事故的事实没有异议，同意依法赔偿对方合理的经济损失。

被告运通公司辩称：被告在交通事故中没有责任，不同意赔偿对方的经济损失。

一审裁判结果

北京市海淀区人民法院依据《中华人民共和国民法通则》第 117 条第 2 款、第 119 条、第 132 条之规定，作出判决如下：

一、北京瑞宏机械施工有限公司于本判决生效后 7 日内赔偿王大方、梅祖英、陈晓琳、王渝骞死亡赔偿金 43307 元、丧葬费 4218. 67 元、被抚养人生活费 12000 元、住宿费 3790. 33 元、交通费 400 元、法医鉴定费 1200 元、误工费 1996 元、财产损失费 1000 元，共计 66912 元；

二、北京市运通客运有限责任公司于本判决生效后 7 日内赔偿王大方、梅祖英、陈晓琳、王渝骞死亡赔偿金 43307 元、丧葬费 4218. 67 元、被抚养人生活费 12000 元、住宿费 2790. 33 元、交通费 400 元、法医鉴定费 1200 元、误工费 1996 元、财产损失费 1000 元，共计 66912 元；

三、驳回王大方、梅祖英、陈晓琳、王渝骞其他的诉讼请求。

一审裁判理由

北京市海淀区人民法院认为：道路交通事故作为现代社会中一种常见的灾难事故，其损害事实的发生具有一定的偶然性，在某种情况下并不以当事人是否具有过错为前提。在本案中，事故发生的直接当事人王国新、杨尚军、李大春在此事故中均未发现有违章行为，该事故的发生系由各种偶发因素竞合所致。对因王国新在此事故中死亡给其家人带来的经济损失，应依据民法的公平原则，在当事人对造成损害都没有过错的情况下，根据实际情况由当事人分担民事责任。又因李大春、杨尚军驾车分别系履行运通公司、瑞宏公司的职务行为，故二人的赔偿数额应由被告运通公司、瑞宏公司承担。现王大方等四人所要求的法医鉴定费、住宿费、误工费证据充分，法院予以支持。其所主张的丧葬费、交通费、财产损失费、被抚养人生活费数额过高，具体的赔偿费用由法院依法判定。关于王国新家属所诉请的死亡赔偿金，因王大方、梅祖英、王国新均生活在湖北农村，故法院按北京市上一年度农民的人均生活费支出标准对上述费用予以计算。

二审诉辩情况

上诉人王大方等4人主张：二被上诉人应当承担连带责任，且死亡赔偿金计算有误，赔偿数额过低，应当按照最高人民法院关于人身损害赔偿的司法解释中的城镇居民标准赔偿。

被上诉人瑞宏公司、运通公司服从原审判决。

二审裁判结果

北京市第一中级人民法院依据《中华人民共和国民事诉讼法》第153条第1款第1项之规定，作出如下判决：

驳回上诉，维持原判。

二审裁判理由

北京市第一中级人民法院认为：本案的核心问题在于二被上诉人的行为是否构成共同侵权。根据最高人民法院《关于审理人身损害赔偿案件适用法律若干问题的解释》第3条规定："二人以上共同故意或者共同过失致人损害，或者虽无共同故意、共同过失，但其侵害行为直接结合发生同一损害后果的，构成共同侵权。"在侵害行为直接结合发生同一损害后果的情况下，虽然并不要求有共同的故意或过失，但每一种行为本身仍然是侵权行为，必须符合侵权行为的构成要件，过错仍然是必须的，只不过共同过错不再是必须的构成要件。本案根据交通队的责任认定，事故的发生完全是由于偶发因素竞合所致，几方当事人均对事故的发生没有故意或过失，不存在过错，因此，虽然是三方行为直接结合发生了王国新死亡的事件，但这只能是意外事件，并非共同侵权的后果。因此，上诉人要求二被上诉人承担连带责任的依据不足，法院不予支持。在各方均无过错的情况下，一审法院依据公平原则，综合考查被害人的受损害程度、各方当事人的经济能力以及符合社会公平观念的各种因素，确定二被上诉人分担一定的责任是妥当的。由于此项责任是法院出于社会的公平观念所确定，而并非是法律所确定的侵权责任，因此，上诉人要求按照侵权的标准确定死亡赔偿金，法院不能支持。原审法院所确定的赔偿标准并无不当，应予以维持。

172. 保险公司能否成为道路交通事故损害赔偿案件的当事人，即其作为被告的主体身份是否适格？

《道路交通安全法》第 76 条在赋予受害人直接请求权的同时，规定了保险公司在保险责任限额内对受害人直接支付的义务。保险公司直接向受害人支付的义务在保险法中也有规定。因此，无论是依照《道路交通安全法》还是依照《保险法》，保险公司直接向受害人支付均是其法定义务。而两部法律规定的保险公司责任范围，均是在保险限额范围内。因此，保险公司依法履行直接给付的义务，并未加重其赔偿责任。同时，从我国目前情况看，由保险公司在机动车第三者责任强制保险责任限额范围内对机动车发生交通事故造成的损失予以赔偿，更有利于维护社会公共秩序的稳定，也符合道路交通安全法和保险法的立法精神。因此，保险公司对交通事故受害者直接承担责任合理、合法，也符合国情。

典型疑难案件参考

施达、施燕、张继千、施惠兰诉中华联合财产保险公司南通中心支公司、海门市大地货物运输有限责任公司、徐斌交通事故赔偿纠纷案

基本案情

2004 年 6 月 16 日 9 时 55 分许，徐斌驾驶车牌号为苏 FR0361 栏板大货车

沿海门市海门镇嘉陵江路由北向南行驶至南海路交叉路中时，与张丽娟（系原告施达的妻子、施燕的母亲，张继千、施惠兰的女儿）驾驶的车牌号为苏FR6995轻便摩托车相撞，造成张丽娟受伤后经抢救无效死亡。海门市公安交通管理部门经现场勘验，于2004年7月9日作出交通事故责任认定书，认定："徐斌驾驶机动车通过没有交通信号灯也没有交通警察指挥的交叉路口，未在进入路口前停车嘹望，让右方道路的来车先行，违反《中华人民共和国道路交通安全法实施条例》第52条第2项之规定；张丽娟驾驶机动车未按照交通信号通行，违反《中华人民共和国道路交通安全法》第38条之规定。徐斌与张丽娟的违法行为在事故中作用基本相当，负事故的同等责任。"

被告徐斌驾驶的车牌号为苏FR0361大货车的行驶证车主为被告大地公司，徐斌与大地公司之间订有营运车辆承包协议书。大地公司曾于2004年4月5日向被告保险公司投保了机动车第三者责任险，保险限额为20万元，保险期限自2004年4月11日至2005年4月10日。

原告因事故造成的损失有：医疗费25718.51元、误工费1033元、护理费270元、交通费300元、住院伙食补助费162元、丧葬费7856元、死亡赔偿金185240元、被抚养人生活费11717元，合计232296.51元。

一审诉辩情况

原告施达等4人诉称：2004年6月16日，被告徐斌驾驶被告海门市大地货物运输有限责任公司所有的车牌号为苏FR0361大货车与张丽娟驾驶的车牌号为苏FR6995轻便摩托车碰撞，造成张丽娟死亡，损失合计233058.51元。请求判令中华联合财产保险公司南通中心支公司在责任保险限额内赔偿原告20万元，被告大地公司和徐斌对33058.51元部分承担50%的赔偿责任，由大地公司和徐斌赔偿原告精神损害抚慰金3万元。

被告保险公司辩称：第一，本案为侵权纠纷，原告起诉大地公司和徐斌系基于侵权法律关系，被告与上述当事人非同一法律关系，原告将被告列为当事人属于主体不适格。第二，本案应由被保险人大地公司向原告先行赔偿，再由被告根据与大地公司的保险合同承担理赔责任。第三，大地公司向被告投保的是第三者责任险，该险种并非第三者强制责任保险。第四，大地公司的投保时间为2004年4月5日，在《中华人民共和国道路交通安全法》和最高人民法院《关于人身损害赔偿案件的司法解释》施行之前，故这些法律和司法解释对本案无溯及力。

被告大地公司辩称：被告与徐斌系车辆挂靠关系，徐斌为肇事车辆的实际所有人，徐斌驾驶该车发生交通事故应由其自负赔偿责任。

被告徐斌辩称：被告愿意按照公安交通管理部门认定的事故责任承担赔偿责任。

一审裁判结果

江苏省海门市人民法院依据《中华人民共和国民法通则》第106条第2款、第119条、第131条，《中华人民共和国道路交通安全法》第76条第1款，《中华人民共和国保险法》第50条，最高人民法院《关于审理人身损害赔偿案件适用法律若干问题的解释》第17条第1款、第3款、第19条、第20条、第21条、第22条、第23条、第27条、第28条、第29条，最高人民法院《关于确定民事侵权精神损害赔偿责任若干问题的解释》第10条第1款的规定，作出如下判决：

一、中华联合财产保险公司南通中心支公司赔偿施达、施燕、张继千、施惠兰124900.51元；

二、徐斌赔偿施达、施燕、张继千、施惠兰损失53698元；

三、徐斌赔偿施达、施燕、张继千、施惠兰精神抚慰金20000元；

四、海门市大地货物运输有限责任公司对上述第二项、第三项承担连带赔偿责任；

五、驳回施达、施燕、张继千、施惠兰的其他诉讼请求。

一审裁判理由

江苏省海门市人民法院认为：根据《中华人民共和国道路交通安全法》第76条的规定，机动车发生交通事故造成人身伤亡、财产损失的，应由保险公司在机动车第三者责任强制保险责任限额范围内予以赔偿，超过责任限额部分，按照过错比例由加害人予以赔偿。本起交通事故发生在《中华人民共和国道路交通安全法》实施之后，该法对本案具有溯及力，本案民事责任的确定应受该法调整。

本案肇事车辆所投保险为第三者责任险，属于商业性的责任保险，与《道路交通安全法》所规定的机动车第三者责任强制保险有区别。但本案保险公司仍应按照《道路交通安全法》第76条规定承担赔偿责任。其理由是：(1)《保险法》第50条规定，保险人对责任保险的被保险人给第三者造成的损害，可以依照法律的规定或者合同的约定，直接对第三者赔偿保险金。随着《道路交通安全法》的实施，法律已赋予交通事故受害人对保险公司的直接求偿权。(2) 目前，江苏省实际已对机动车第三者责任保险实行了强制。(3) 在2004年5月1日《道路交通安全法》实施后，其应配套实施的机动车第三者责任强制保险条例尚未出台，中国保监会曾就此明确发文要求各保险公司暂以第三者责任险替代机动车第三者责任强制保险。(4)《道路交通安全法》的颁布时间为2004年10月28日，保险公司在接受被告大地公司投保时，已能对2004年5月1日后保险人所承担的责任予以认知，尤其是中国保监会发文后，保险公司应当与被保险人对合同条款作出相应的变更。(5)《道路交通安全法》所规定的保险公司的责任是一种法定责任，如果保险公司以现有第三者责任险不属于强制保险为由得以免责，将导致《道路交通安全法》设置的赔偿责任体系不能予以落实，这将导致交通事故受害人的利益重大受损。权衡受害人的利益与保险公司的利益，无疑应首先保护受害人的利益。鉴于保险公司承保时是根据当时的法规，即国务院《道路交通事故处理办法》所确定的赔偿标准确定保险费的，从衡平保险公司、投保人与受害人利益的角度，保险公司应承担的赔偿责任应以《道路交通事故处理办法》所确定的赔偿标准为限，对于原告超出部分的损失，由被告徐斌按责任赔偿。被告徐斌与张丽娟作为机动车驾驶员均疏于注意，对事故的发生均负有重大过错。根据公安交通管理部门的交通事故责任认定书，被告徐斌与张丽娟的过错行为在事故中作用基本相当，被告徐斌对事故损失承担50%的赔偿责任。张丽娟的死亡给原告施达等四人造成了极大的精神痛苦，被告徐斌应当赔偿原告施达等四人精神损害抚慰金。根据被告大地公司与被告徐斌之间签订的营运车辆承包经营协议，其实质是被告徐斌将营运车辆挂靠在被告大地公司的名下，被告大地公司作为被挂靠人应当对被告徐斌所承担的民事责任承担连带赔偿责任。

二审诉辩情况

上诉人保险公司诉称：原判适用法律错误，本案肇事车辆所投保的第三者责任险属于商业性的责任保险，与《道路交通安全法》所规定的机动车第三者责任强制保险在订立原则、条款制定、费率拟制、保险责任等方面有本质的区别。江苏省目前实际对机动车第三者责任保险实行的强制只是行政意义上的强制，而非法定强制，且没有强制限额的规定。一审法院将保险合同的保险人列为被告参与侵权纠纷的处理，属于主体不适格，直接判定保险人承担赔偿责任没有任何法律依据，请求二审法院依法改判。

被上诉人施达等4人辩称，原审法院认定事实清楚，适用法律正确，上诉人的上诉理由不能成立，但一审法院判决上诉人承担的数额偏低，请求二审法院改判上诉人保险公司承担20万元的赔偿责任。

原审被告大地公司辩称：同意上诉人保险公司的上诉理由，请求二审法院公正判决。

原审被告徐斌辩称：一审法院未判令上诉人承担20万元的赔偿责任不当，请求二审法院依法改判。

二审裁判结果

江苏省南通市中级人民法院依据《中华人民共和国民事诉讼法》第153条第1款第1项的规定，作出如下判决：

驳回上诉，维持原判。

二审裁判理由

江苏省南通市中级人民法院认为：

第一，保险业是社会保障体系的重要组成部分，通过分散风险以维护社会稳定是设立保险业的最终目标。保险依其经营目的不同，可以分为商业保险与社会保险。商业保险经营的目的不仅在于消化损失、分散风险，赢利也是其主要目的之一。商业保险的运作以当事人自愿为主。而社会保险的目的主要侧重于推行社会安全政策，并不在于赢利，其具有公益性，其运作相对而言具有强制性。江苏省自1987年起已陆续在全省实施机动车辆第三者责任地方法定保险。另外，1999年5月的《江苏省道路交通事故肇事逃逸防范查处办法》也规定“机动车辆应当投保有效行驶期内的第三者责任险”。因此，江苏省对机动车第三者责任保险已实行了强制要求，只是在与道路交通安全法相配套的国务院《机动车第三者责任强制保险条例》（以下简称《条例》）尚未实施前，目前的保险人仍为商业保险公司，保险费仍由投保人负担，保费的计算以危险大小及保险金额的高低为基准，投保人仍有一定的选择权，保险合同的内容并非完全依法律直接规定。这些并不意味着江苏省对机动车第三者责任保险不具有强制保险的性质，只是目前仍通过行政管理职能加以落实，虽然其仍具有商业性，但不可否认的是，江苏省推行这种强制责任保险的初衷是为了通过分散风险的方式解脱被保险人的赔偿责任，更快捷、公正地填补受害人的损害，这与《道路交通安全法》第76条的立法旨意即“在保险合同约定的责任范围内，保险公司承担对事故受害人无条件直接进行赔偿的义务。保险公司赔偿事故受害人虽是履行保险合同规定的义务，但不影响受害人直接向保险公司请求赔偿，尽管受害人不是保险合同的当事人”完全相符。

第二，对于该险种的性质，中国保监会保监发〔2004〕39号《关于机动车第三者责任强制保险有关问题的通知》（以下简称《通知》）中也明确地指出：“目前，我国近24个省市已经通过地方性行政法规形式对机动车第三者责任保险实行强制，自5月1日道路交通安全法正式实施起，统一的强制第三者保险制度将在全国范围内予以推行。”从该文不难看出，原有的机动车第三者责任险实质就具有强制的第三者责任保险的性质。《条例》未制定出台，只能说明在全国统一的机动车第三者责任强制保险未实行，而不能表明原有的我国近24个省市包括江苏省在内规定的第三者责任保险是非强制性的。尽管将来《条例》规定的运作方式、费率拟制、保费金额等具体内容与江苏省现行的机动车第三者责任险可能会有所不同，但不能因此而否认江苏省现行的机动车第三者责任险与机动车第三者责任强制保险有同样的实质内容和现实意义。同时，该《通知》还明确要求“今年5月1日起，各财产保险公司暂时按照各地现行做法，采用公司现有三者险条款来履行道路交通安全法中强制三者险的有关规定和要求，待《条例》正式出台后，再根据相关规定进行调整，统一在全国实施”。不难看出，作为行业主管部门的中国保监会，也同样要求各保险公司以现有的机动车第三者责任保险暂时替代机动车第三者责任强制保险，以保证道路交通安全法的贯彻实施。

第三，《道路交通安全法》第76条在赋予受害人直接请求权的同时，规定了保险公司在保险责任限额内对受害人直接支付的义务。保险公司直接向受害人支付的义务在保险法中也有规定。因此，无论是依照道路交通安全法还是依照保险法，保险公司直接向受害人支付均是其法定义务。而两部法律规定的保险公司责任范围，均是在保险限额范围内。因此，保险公司依法履行直接给付的义务，并未加重其赔偿责任。同时，从我国目前情况看，由保险公司在机动车第三者责任强制保险责任限额范围内对机动车发生交通事故造成的损失予以赔偿，更有利于维护社会公共秩序的稳定，也符合道路交通安全法和保险法的立法精神。因此，保险公司对交通事故受害者直接承担责任合理、合法，也符合国情。

至于施达等被上诉人以及原审被告徐斌提出的上诉人保险公司承担的赔偿数额偏低的问题，因其均未就此提出上诉，故二审不予理涉。

173. 如果与受害人因伤致残误工的实际损失相差甚远，能否突破“当事人有固定收入的，按照本人因误工减少的固定收入计算”的法律规定？

《道路交通事故处理办法》第37条第2项规定：当事人有固定收入的，按照本人因误工减少的固定收入计算。对收入高于交通事故发生地平均生活费三倍以上，按照三倍计算。按此标准计算赔偿数额，与受害人因伤致残误工的实际损失相差甚远，有违民法公平原则，亦不符合侵权法律填补损害的法律宗旨，因此应以受害人所提供并经庭审质证的相关工资标准计算。

典型疑难案件参考

曲乐恒诉张玉宁交通事故赔偿纠纷案

基本案情

2000年4月26日20时30分，张玉宁驾驶车牌号为辽AZ5036的轿车，由北向南行驶至沈阳市东陵区王滨乡富家村路段时，驶入道路左侧，撞在路旁树上，致坐在副驾驶位置的曲乐恒受伤。经沈阳市公安局交通警察支队东陵区大队认定，张玉宁负事故的全部责任。事发后，曲乐恒经中国医科大学附属第一医院治疗后转入北京博爱医院进一步治疗。沈阳市公安局交通警察支队于2003年3月12日对曲乐恒的伤残情况作出鉴定，结论为：双下肢肌力二级，伴二便功能障碍，按照GBl8667－2002中4.1.1.d之规定，其伤残等级为一级。交警部门对损害赔偿调处未果。曲乐恒于2003年9月8日向辽宁省沈阳市东陵区人民法院起诉。在治疗过程中，辽宁足球俱乐部股份有限公司借给曲乐恒489959.18元。

在事故发生时，曲乐恒系辽宁足球俱乐部股份有限公司签约的职业球员。在审理过程中，经曲乐恒申请张玉宁先行给付赔偿款10万元。

一审诉辩情况

原告诉称：张玉宁于2000年4月26日晚驾驶车牌号为辽AZ5036的轿车发生交通事故致使其受伤，经鉴定损害程度为重伤，伤残等级为一级，经过公安交通管理部门责任认定，张玉宁负事故的全部责任。在事故发生后，曲乐恒、张玉宁就赔偿问题经交通事故处理部门多次调解未能达成一致意见，故曲乐恒诉至法院要求张玉宁赔偿医疗费、误工费、交通费、住院治疗伙食补助费、营养费、残疾人用具用品费、继续治疗费用、精神损害抚慰金，总计人民币5731691.70元。

被告辩称：因其过失行为导致曲乐恒身体残疾和精神损害对此应负全部责任，但曲乐恒要求赔偿医疗费和自购药品支付的费用、误工费、住院治疗期间的护理费、残疾用具费、残疾者护理费、交通费、住宿费、精神损害抚慰金的数额过高，于法无据，应在《道路交通事故处理办法》规定范围内予以赔偿。

要求驳回《道路交通事故处理办法》规定外的不合理的诉讼请求。

一审裁判结果

辽宁省沈阳市东陵区人民法院依据《中华人民共和国民法通则》第106条第2款、第119条、第134条第1款第7项，《道路交通事故处理办法》第35条、第36条、第37条、第38条的规定，作出如下判决：

一、张玉宁赔偿曲乐恒医药费366221.24元；

二、张玉宁赔偿曲乐恒住院护理费32550元；

三、张玉宁赔偿曲乐恒护理人员住宿费107160元；

四、张玉宁赔偿曲乐恒交通费11744.90元；

五、张玉宁赔偿曲乐恒住院伙食补助费14205元；

六、张玉宁赔偿曲乐恒残疾人生活补助费130500元；

七、张玉宁赔偿曲乐恒残疾人用品用具费535762元（20年）；

八、张玉宁赔偿曲乐恒残疾人护理费130500元；

九、张玉宁赔偿曲乐恒误工费567000元；

十、张玉宁赔偿曲乐恒精神抚慰金70万元；

十一、张玉宁赔偿曲乐恒营养费21307.50元；

十二、张玉宁赔偿曲乐恒伤残鉴定费400元；

十三、张玉宁赔偿曲乐恒残疾用具维修费18216元。

以上第一项至第十三项共计人民币2635566.64元（含已付10万元），张玉宁于判决生效起10日内向曲乐恒支付。案件受理费23188元由张玉宁承担。

一审裁判理由

辽宁省沈阳市东陵区人民法院认为：张玉宁驾驶车辆因遇情况采取措施不当，驶入左侧，将车撞树后致曲乐恒一级伤残的严重后果，违反了《中华人民共和国道路交通管理条例》第6条规定，在该案中承担100%的责任，此行为使曲乐恒身心遭受重大损害，应对曲乐恒要求赔偿损失的各项请求在法律规定范围之内予以赔偿。误工工资567000元应予给付（2001年至2003年3月）。张玉宁在答辩中所称应按《道路交通事故处理办法》计算误工工资标准，理由明显地违背了公平原则。应按《中华人民共和国民法通则》的有关规定处理。曲乐恒要求张玉宁赔偿医疗费、交通费、住院护理费、残疾人生活补助费、住宿费、住院伙食补助费、营养费、伤残鉴定费，应按有关法律规定予以赔偿。对残疾人用具曲乐恒要求按人均寿命的标准计算赔偿额的请求，超出法律规定部分，不予支持。要求张玉宁承担社会职业康复咨询费的请求于法无据，不予支持。对张玉宁提出除轮椅（坐便轮椅）下肢支具属于法定残疾用具的范围，其他曲乐恒提出的站立柜、防褥疮坐垫、防褥疮床垫、轮椅、开塞露、一次性尿垫、纸尿裤、一次性导尿包、一次性手套、助行器均不是残疾人用具的抗辩理由不充分，上述物资应视为残疾人生活必需品，张玉宁应对此承担赔偿责任。曲乐恒在治疗期间在香港购买的华生医药有限公司及荣盛医药有限公司的药品，其目的是尽快康复，治愈或减轻伤情，对曲乐恒、张玉宁均有益处，该笔款项应认定为合理的医疗费用。曲乐恒要求张玉宁支付精神抚慰金，因张玉宁使曲乐恒身体致残，曲乐恒的精神遭受重大损害和痛苦，要求经济补偿的请求符合有关法律规定，应予以支持。关于曲乐恒要求张玉宁承担今后治疗费的请求确无法律依据，故不能支持。

另该院裁定张玉宁先行给付曲乐恒 10 万元，应在赔偿金额中扣除。张玉宁称在曲乐恒住院治疗期间已预付 3 万元的主张，除证人曹继辉可以证明给付曲乐恒的母亲外，刘晓辉、王德忠证言均系传来证据，不足以证明此行为存在，不予认定，待证据充分后再行处理。张玉宁提出的曲乐恒受伤后其治疗费用已由辽宁足球俱乐部支付，以及保险公司已支付了保险赔偿金而应在张玉宁份额中扣除的主张没有法律依据。

二审诉辩情况

上诉人张玉宁诉称：（1）原审判决由其承担不合理的医疗费没有法律依据；（2）对护理人员住宿费、交通费的认定错误；（3）残疾者生活补助费，残疾人用品用具费，残疾人护理费、误工费超出法定赔偿标准范围；（4）原审判决精神抚慰金过高；（5）原审判决残疾用具维修费超越法定职权，应予以撤销；（6）对张玉宁给付曲乐恒的 3 万元医疗费应予以确认。

上诉人曲乐恒诉称：（1）应明确残疾人生活补助费、残疾人护理费、营养费，残疾用具维修费给付期限、标准；（2）确认对残疾人生活补助费、残疾人护理费、营养费，残疾用具维修费超过期限有再行起诉的权利；（3）加判张玉宁向其当面赔礼道歉；（4）加判预付今后 5 年的继续治疗费；（5）支付社会职业康复咨询费 2000 元；（6）支付性功能障碍手术费；（7）原审认定俱乐部借款数额不准确；（8）支付常规检查费。

上诉人曲乐恒辩称：在香港购药和转北京治疗，均是根据医生建议，所花费用是医疗必须，属于合理范围；原审判决护理人员住宿费确实不对，但其他数额判少了，交通费均属于合理范围；残疾人用具用品费已有大量证据证明应予给付，张玉宁未提供相反证据；护理费未达法定赔偿范围，要求增加；误工费请求法庭裁决；精神抚慰金法律上未规定上限，70 万元并不高；住院期间张玉宁给付3万元医疗费没有证据。

上诉人张玉宁辩称：对曲乐恒的赔偿标准、范围，应依《道路交通事故处理办法》。最高人民法院《关于审理人身损害赔偿案件适用法律若干问题的解释》不具有溯及力，不能适用本案。赔礼道歉作为民事责任的方式不适用于本案。

二审裁判结果

辽宁省沈阳市中级人民法院依据《中华人民共和国民事诉讼法》第153条第1款第2项，《中华人民共和国民法通则》第119条，《道路交通事故处理办法》第37条第5款、第6款、第10款、第11款的规定，作出如下判决：

一、维持辽宁省沈阳市东陵区人民法院〔2003〕东民一权初字第1150号民事判决第一项，即张玉宁赔偿曲乐恒医药费366221.24元；第二项，即张玉宁赔偿曲乐恒住院护理费32550元；第五项，即张玉宁赔偿曲乐恒住院伙食补助费14205元；第十项，即张玉宁赔偿曲乐恒精神抚慰金700000元；第十一项，即张玉宁赔偿曲乐恒营养费21307.50元；第十二项，即张玉宁赔偿曲乐恒伤残鉴定费400元；第十三项，即张玉宁赔偿曲乐恒残疾用具维修费18216元；

二、变更辽宁省沈阳市东陵区人民法院〔2003〕东民一权初字第1150号民事判决第三项，即张玉宁赔偿曲乐恒护理人员住宿费107160元，为张玉宁赔偿曲乐恒护理人员住宿费40800元；变更第四项，即张玉宁赔偿曲乐恒交通费11744.90元，为张玉宁赔偿曲乐恒交通费11573.90元；变更第六项，即张玉宁赔偿曲乐恒残疾人生活补助费130500元，为张玉宁赔偿曲乐恒残疾人生活补助费93080元；变更第七项，即张玉宁赔偿曲乐恒残疾人用品用具费535762元（20年），为张玉宁赔偿曲乐恒残疾人用具用品（轮椅、站立柜、防褥疮坐垫、防褥疮床垫、开塞露、一次性尿垫、纸尿裤、一次性导尿包、一次性手套、助行器、长下肢支具）费39万元；变更第八项，即张玉宁赔偿曲乐恒残疾人护理费130500元，为张玉宁赔偿曲乐恒残疾人护理费168000元；变更第九项，即张玉宁赔偿曲乐恒误工费567000元，为张玉宁赔偿曲乐恒误工费486000元；

三、张玉宁于本判决生效起10日内给付曲乐恒上述各项赔偿款共计2342353.64元（已付10万元）；

四、驳回曲乐恒、张玉宁其他上诉请求。

一、二审案件受理费共计45180元，由曲乐恒负担13509元，由张玉宁负担31671元。

二审裁判理由

二审法院对原审法院查明的事实基本予以认定，但原审法院判决认定“在治疗过程中，辽宁足球俱乐部股份有限公司借给曲乐恒 489959.18 元”的事实，因属于另一法律关系，二审法院不予认定。

另查明：曲乐恒受伤后，在中国医科大学附属第一医院 2 次住院共计 52 天，在北京博爱医院进行康复治疗 3 次住院共计 1004 天，共支付医疗费 366221.24 元、护理人员住宿费 40800 元、交通费 11573.90 元、鉴定费 400 元。原审关于住院护理费 32550 元、住院伙食补助费 14205 元、鉴定费 400 元的判决，双方均无异议。

又查明：曲乐恒与辽宁足球俱乐部股份有限公司于 2000 年签订的职业运动员工作合同，双方约定每月基本工资为 18000 元。曲乐恒已领取 2000 年全年的工资及奖金 427450 元。

辽宁省沈阳市中级人民法院认为：该案系道路交通事故人身损害赔偿纠纷，原审法院于 2003 年 9 月 8 日受理。应依据《中华人民共和国民法通则》以及《道路交通事故处理办法》、最高人民法院《关于确定民事侵权精神损害赔偿责任若干问题的解释》确定赔偿范围和标准。张玉宁对涉案交通事故负 100% 的责任，应对自己的过错致曲乐恒残疾所造成的损失合理部分予以全部赔偿。最高人民法院《关于审理人身损害赔偿案件适用法律若干问题的解释》适用于 2004 年 5 月 1 日后新受理的一审人身损害赔偿案件，对本案无溯及力。

关于医疗费赔偿数额问题。原审法院根据曲乐恒提供的医疗费票据，判决赔偿 366221.24 元，其中包括在香港购药支付的 48000 元，转入北京博爱医院的治疗费 307845.79 元，均系根据经治医生建议，属于医疗康复之必须。原审法院将其列入医疗费赔偿范围并无不当。

关于张玉宁父母是否给付曲乐恒父母 3 万元的问题。在原审期间，张玉宁为证明给付，提供曹继辉、刘晓辉、王德忠三份证人证言。其中刘晓辉、王德忠的证言不能证明直接看到张玉宁父母给曲乐恒父母 3 万元；曹继辉虽出具证言证明看到张玉宁的父亲张志毅将 3 万元交给曲乐恒的母亲，但此份证据系原审辩论终结后提供，未经庭审质证，且曹继辉系给张志毅开车的司机。原审法院对此份证言未予采信并无不当。在二审期间，张玉宁未能就此提供新证据。

关于护理人员住宿费、交通费赔偿数额问题。原审法院判决赔偿护理人员住宿费 107160 元，此项曲乐恒请求赔偿 40800 元，张玉宁对此认可。原审法院超出原告诉讼请求判决不当，应予以纠正。原审法院判决交通费 11744.90 元，基本属于合理范围，但其中火车儿童半票 4 张，计 171 元，不属于合理支出，应予以纠正。

关于残疾者生活补助费标准问题。原审法院依据辽宁省2003年度道路交通事故损害赔偿标准有关数据中城镇居民人均可支配收入6525元，赔偿20年，即130500元，属于适用标准不当。应根据受诉法院所在地上一年度城镇居民平均生活费支出，赔偿20年。本案于2003年9月立案审理，其赔偿标准应按辽宁省2002年度道路交通事故赔偿标准有关数据中的城镇居民生活费支出4654元，赔偿20年。

关于残疾用具费赔偿数额的问题。残疾用具是指因伤致残的受害人为补偿其遭受创伤的肢体器官功能，辅助其实现生活自理或者从事生产劳动而购买、配制的生活自助器具。原审法院根据北京博爱医院的建议判决此项费用为535762元。其中，一次性导尿包、尿垫、纸尿裤共计448950元。虽然能够补偿曲乐恒遭受创伤后的器官功能，辅助其生活自理，但标准及费用过高，且上述三项在一般情况下亦无须同时并用。因此有违合理性原则，应予以调整。其余轮椅、站立柜、长下肢支具、助行器等尚属合理范围。

关于残疾用具维修费赔偿数额的问题。原审法院根据北京博爱医院的建议确定赔偿20年残疾用具维修费18216元，系根据非一次性残疾用具轮椅、站立柜、防褥疮坐垫、防褥疮床垫、长下肢支具、助行器费用的10%计算。上述残疾用具均需维修或定期更换，此项费用应属合理范围。

关于残疾人护理费赔偿数额的问题。其标准应根据残疾者生活不能自理，需依赖他人护理的程度而定。按通常标准生活自理范围应包括，是否能进食、翻身、大小便、穿衣洗漱、自我移动。对此相关法律、法规未作明确规定，应根据赔偿权利人的自理程度以及受诉法院所在地护理人员工资标准予以裁量。原审法院按辽宁省2003年度道路交通事故损害赔偿标准有关数据中的城镇居民人均可支配收入6525元，赔偿20年，即130500元，依据不当。根据本案的实际情况，按月护理费700元计算，赔偿20年为宜。

关于误工费赔偿数额的问题。《道路交通事故处理办法》第37条第2项规定：当事人有固定收入的，按照本人因误工减少的固定收入计算。对收入高于交通事故发生地平均生活费三倍以上，按照三倍计算。按此标准计算赔偿数额，与曲乐恒因伤致残误工的实际损失相差甚远，有违民法公平原则，亦不符合侵权法律填补损害的法律宗旨。但原审法院按月薪21000元计算27个月的误工费过高。应以曲乐恒所提供并经庭审质证的辽宁足球俱乐部股份有限公司与曲乐恒签订的职业运动员工作合同中约定的基本工资18000元计算，从2001年1月至2003年3月计27个月误工费为宜。

关于残疾精神损害抚慰金的数额问题。根据最高人民法院《关于确定民事侵权精神损害赔偿责任若干问题的解释》的规定，应根据侵权行为所造成的后果、侵权人承担责任的经济能力、受诉法院所在地平均生活水平等因素确定。因张玉宁的过错致曲乐恒不仅失去了正常人的生活自理能力，更无法从事他所热爱的足球运动，结合张玉宁从事职业足球运动的经济能力，原审法院判决数额适当，应予以维持。

关于残疾者生活补助费、护理费、残疾用具费、营养费超过判决确定的赔偿期限后能否再起诉的问题。前三项原审法院均按20年一次性赔偿。20年后曲乐恒可以依据届时的法律行使权利。营养费应根据受害人的伤残情况参照医疗机构的意见确定。原审法院按住院期间伙食费的1.5倍判决给付并无不当。今后是否需要继续支付营养费，对此曲乐恒未提供相关证据，法院无法支持。

关于今后5年继续治疗费的赔偿问题。赔偿权利人定残之后，后续治疗所支出的合理费用，赔偿义务人应当予以赔偿。曲乐恒主张张玉宁支付今后5年的继续治疗费，因未能提供相应的证据，可待实际发生后再行主张权利。

关于曲乐恒主张支付社会职业康复咨询费2000元、性功能障碍手术费、常规检查费的问题。因没有事实和法律依据，原审法院未予支持并无不当。

关于曲乐恒要求张玉宁赔礼道歉的问题。原审法院以“张玉宁已在事故发生后在媒体上表明了态度，应认定对本事故的受害人作出了歉意表示”，事实依据不足。在本案中，曲乐恒的健康权受到侵害，救济的主要方法是财产性的赔偿，其精神损害赔偿亦是通过财产赔偿的方式进行，其法律性质属于财产赔偿责任。赔礼道歉虽然是承担民事责任的方式之一，但与赔偿无关。本案已就张玉宁侵权行为所造成的损失作了全部赔偿，足以保护赔偿权利人的合法权益，无须再适用赔礼道歉的责任方式。

另外，原审法院确认的诉讼费总额及负担方式有误，应予以纠正。

综上所述，原审法院认定事实基本清楚，适用法律基本正确，但赔偿计算标准部分有误，对张玉宁、曲乐恒上诉请求中合理部分二审法院予以支持。

174. 如何判断受害人在交通事故发生时的身份，究竟是应认定为“本车上人员”，还是应确认为“第三者”？

判断被保险车辆发生意外事故而受害的人属于第三者还是车上人员，应当以交通事故发生时受害人在这一特定的时间是否置身于保险车辆之上为依据。如果受害人在交通事故发生前确系保险车辆的“车上人员”，但在事故发生前因车辆故障已下车，置身于保险车辆之外，即由“车上人员”转化为“第三者”。

典型疑难案件参考

黄运清、董培芳诉中国人民财产保险股份有限公司南京分公司交通事故人身损害赔偿纠纷抗诉案

基本案情

2006年10月1日1时30分，申诉人黄运清、董培芳之子黄宝玉搭乘其朋友李海洋驾驶的苏A51011中型厢式货车外出找工作，途中因车辆故障停在G205线134Km+209m处路侧修理时，被原审被告王水银之子李其祥醉酒后驾驶的皖B12327轿车撞击，李其祥、李海洋当场死亡，黄宝玉经送医院抢救无效也于当日死亡。2006年10月23日，当涂县公安局交警大队作出交通事故责任认定书，认定李其祥负事故主要责任，李海洋负事故次要责任；黄宝玉的交通方式为行人，无违法行为，无责任。

李其祥系皖B12327轿车车主，该车在原审被告中国人民财产保险股份有限公司芜湖市滨江支公司（以下简称人保芜湖滨江支公司）投保了机动车交通事故责任强制保险和第三者责任保险、机动车损失保险。其中，机动车交通事故责任强制保险金额为60000元，第三者责任险保险金额为100000元，机动车损失险保险金额为180000元。保险期限自2006年7月18日零时起至2007年7月17日24时止。苏A51011货车车主是胡发斌，该车挂户于南京鑫森森运输有限公司（以下简称鑫森森公司），李海洋系胡发斌聘用的驾驶员。该车在人保南京分公司投保了第三者责任商业险，保险金额为100000元，保险期限自2006年2月8日零时起至2007年2月7日24时止。保险合同第三条规定："本保险合同中第三者是指因被保险机动车辆发生意外事故遭受人身伤亡或者财产损失的人，但不包括被保险机动车车上人员、投保人、被保险人和保险人。"

原审诉辩情况

两申诉人以李其祥之母（唯一法定继承人）王水银、人保芜湖滨江支公司、鑫森森公司、胡发斌、人保南京分公司为被告，诉至芜湖市镜湖区人民法院，请求判令各被告赔偿因黄宝玉死亡造成的各项经济损失合计人民币322252元。

原审裁判结果

原审法院依照《中华人民共和国民法通则》第106条第1款、第119条、第134条第7项，《中华人民共和国道路交通安全法》第76条第1款、最高人

民法院《关于审理人身损害赔偿案件适用法律若干问题的解释》和《关于确定民事侵权精神损害赔偿责任若干问题的解释》等相关规定，判决如下：

一、被告人保芜湖滨江支公司支付给原告保险赔偿金25000元；

二、被告王水银在所继承遗产范围内赔偿原告经济损失220353.6元；

三、被告胡发斌赔偿原告经济损失61338.4元；

四、被告鑫森淼公司对被告胡发斌的赔偿义务承担连带责任；

五、驳回原告对人保南京分公司的诉讼请求；

六、驳回原告的其他诉讼请求。

原审裁判理由

2006年12月25日，芜湖市镜湖区人民法院作出〔2006〕镜民一初字第939号民事判决，认为李其祥夜间醉酒驾驶皖B12327轿车，与李海洋驾驶的停车排除故障的苏A51011货车相撞，造成二李及黄宝玉死亡的严重后果，双方均违反了道路交通法规。因交通事故责任认定李其祥负主要责任、李海洋负次要责任，且肇事双方无共同故意，故李其祥应当承担本案的主要赔偿责任（判决确定为80%），作为李其祥所驾车辆保险人的被告人保芜湖滨江支公司，应当在保险责任限额内对被保险人李其祥应当赔偿两原告的各项损失予以赔偿，不足部分由李其祥的继承人王水银在遗产范围内承担；李海洋所负的次要赔偿责任（判决确定为20%）则由其雇主胡发斌承担，作为挂户单位的被告鑫森淼公司应当与胡发斌承担连带赔偿责任。关于被告人保南京分公司是否应当承担本案保险责任的问题，该院认为，被告南京鑫森淼公司向被告人保南京分公司投保的第三者责任险系商业保险，双方在合同中明确约定“本保险合同中第三者是指因被保险机动车发生意外事故遭受人身伤亡或者财产损失的人，但不包括被保险机动车本车上人员、投保人、被保险人和保险人。”而黄宝玉系乘坐朋友李海洋驾驶的机动车外出找工作，应当视为本车上人员而非行人，故对两原告要求被告人保南京分公司承担赔偿责任的请求不予支持。

再审诉辩情况

黄运清、董培芳不服一审判决，向检察机关提出申诉。芜湖市人民检察院于2008年6月17日以芜市检民行抗〔2008〕13号民事抗诉书向芜湖市中级人民法院提起抗诉。理由如下：

原审判决认定黄宝玉应视为“车上人员”系认定事实错误，由此导致驳回原告对人保南京分公司的诉讼请求的判决结果错误。

1. 认定黄宝玉为“本车上人员”与事实不符。黄为外出找工作搭乘朋友李海洋驾驶的货车是实，但撞车事故发生时，黄已不在车上，而是在道路边。因此，其在交通事故发生这一特定时空的行为状态应为“行人”而非“车上人员”。原判决显然忽视了这一由“本车上人员”转变为“行人”的客观事实。

2. 采信人保南京分公司以第三者责任险免责条款作为抗辩理由依据不足。中国人民财产保险股份有限公司机动车第三者责任保险条款第3条规定“第三者是指因被保险机动车发生意外事故遭受人身财产损失的人，但不包括被保险机动车本车上人员、投保人、被保险人。”而黄宝玉在本案保险事故发生时，恰恰处于“非本车上”，其身份也转化为非“本车上人员”的第三者。

3. 对公安交警机关《交通事故认定书》关于黄宝玉交通方式为“行人”这一证据不予采纳不符合证据认定规则。事故发生地的交警大队系本案事故处理的法定机关，其依据《中华人民共和国道路交通管理法》的规定，在勘查现场、调查案情后制作的《交通事故认定书》，具有法定性、专门性、权威性，根据优势证据认定规则，“国家机关、社会团体依职权制作的公文书证的证明力一般大于其他书证”，况且人保南京分公司抗辩时并未提出有效证据推翻公安交警机关对黄宝玉“行人”身份的认定。

再审裁判结果

芜湖市中级人民法院判决：撤销原审判决第三、四、五项，改判：原审被告胡发斌赔偿原审两原告16366.92元，原审被告鑫森淼公司对上述赔偿义务承担连带责任；被申诉人人保南京分公司支付原审两原告各项经济损失保险赔偿金44971.48元。同时维持了原审判决中其他原审被告承担的赔偿责任及驳回两原告其他诉讼请求的判决部分。

再审裁判理由

芜湖市中级人民法院受理本案后，于2008年7月28日以〔2008〕芜中民抗字第3号民事裁定指令芜湖市镜湖区人民法院对此案进行再审。芜湖市镜湖区人民法院再审认为：

首先，判断被保险车辆发生意外事故而受害的人属于第三者还是车上人员，应当以交通事故发生时受害人在这一特定的时间是否置身于保险车辆之上为依据。本案受害人黄宝玉在交通事故发生前确系保险车辆的“车上人员”，但在事故发生前因车辆故障已下车，置身于保险车辆之外，即由“车上人员”转化为“第三者”。

其次，公安交警机关出具的《交通事故认定书》认定黄宝玉的交通方式为“行人”，且在事故中无违法行为，无责任。

再次，即使对本案中保险免责条款所称的“本车上人员”可能作出其他解释，因该免责条款为格式条款，如有争议，依法应作出不利于该格式条款提供者的解释。

最后，人保南京分公司抗辩称关于“第三者”范围的限定系出于防范道德风险的解释并无不当，但即使按此解释，本案事故过程中黄宝玉从“车上人员”转化为“第三者”纯属偶然，无任何证据证明受害人黄宝玉对发生交通事故存在主观过错。

综上所述，本案不适用第三者责任险的免责条款，人保南京分公司应当承担保险赔偿责任，抗诉机关的抗诉理由成立，对抗诉意见予以采纳。该院遂根据涉案的第三者责任险为商业险、负次要责任的免赔率及精神抚慰金不属于赔偿范围等因素，依法对原审被告胡发斌和被申诉人人保南京分公司的赔偿数额，在原确定应当由胡发斌赔偿的总额 61338.4 元内进行了区分。

175. 以何种标准确定经常居住地在城镇的农村居民因交通事故伤亡的赔偿费用？

根据最高人民法院民一庭 2005 年对云南省高级人民法院的一个案件请示作出〔2005〕民他字第 25 号《经常居住地在城镇的农村居民因交通事故伤亡如何计算赔偿费用的复函》，在人身损害赔偿案件中，残疾赔偿金、死亡赔偿金和被扶养人生活费的计算，应当根据案件的实际情况，结合受害人住所地、经常居住地等因素，确定适用城镇居民人均可支配收入（人均消费性支出）或者农村居民人均纯收入（人均年生活消费支出）的标准。受害人虽然是农村户口，但在城市经商、居住，其经常居住地和主要收入来源地均为城市的，有关损害赔偿费用应当根据当地城镇居民的相关标准计算。该复函确立了计算死亡赔偿金时，不是以户口作为依据，而是以住所地、经常居住地以及实际收入作为依据。

176. 受害人的配偶丧失了劳动能力又无其他生活来源的，是否应获得被扶养人生活费赔偿？

受害人的配偶虽系农业家庭户口，但早已随受害人居住在城镇，在农村已无生产生活资料，无子女，靠受害人从事小商品经营生活，受害人死亡时其年近60岁，已超过普通女职工退休年龄，已丧失劳动能力又无其他生活来源，应获得被扶养人生活费赔偿，且其标准应以城镇居民的标准计算。夫妻间有相互扶养的义务，赔偿义务人只赔偿受害人一方应当负担的部分，故赔偿金额以城镇居民的标准计算结果的一半来确定。

典型疑难案件参考

吴家英诉邱忠炼、邱忠华、中国人民财产保险股份有限公司长沙市分公司道路交通事故人身损害赔偿纠纷抗诉案

基本案情

邱忠华与邱忠炼系嫡亲兄弟，邱忠华是赣J15817号重型厢式货车的所有权人，邱忠炼是邱忠华聘请的驾驶员。邱忠华于2005年4月29日在财保公司长沙市分公司对其所有的赣J15817号重型厢式货车投了车辆损失险、第三者责任险等8种险种，并签订了书面合同。2005年12月16日6时30分左右，邱忠炼驾驶赣J15817号重型厢式货车沿207国道由东向西行驶至澧县张公庙镇黄河村路段，超越乘骑自行车的龚道贵（吴家英的丈夫）时，因注意力不集中，货车右前部位撞在自行车尾部，造成龚道贵倒地并当场死亡的交通事故。事故发生后，澧县公安局交通警察大队作出澧公交认字〔2005〕第02038号交通事故的认定书，认定邱忠炼夜间行车注意力不集中，驾车超越同向行驶的自行车没有与前面的自行车保持必要的安全距离，其行为违反了《中华人民共和国道路交通安全法》第42条第2款、第47条的规定，应承担事故的全部责任，龚道贵无违章行为，不负事故责任。龚道贵之妻吴家英因龚道贵死亡后相关赔偿问题与邱忠炼等人协商不成，遂向澧县人民法院提起诉讼。

另查明：龚道贵系农业人口，从1991年6月至去世之前一直在澧县张公庙镇荣家河居委会从事小商品经营，但自2000年起未年检，2004—2005年度缴纳了工商管理费。

一审裁判结果

湖南省澧县人民原审法院依照《中华人民共和国民事诉讼法》第130条、《中华人民共和国民法通则》第119条、最高人民法院《关于审理人身损害赔偿案件适用法律若干问题的解释》》第17条第3款、第18条之规定，判决如下：

一、吴家英因龚道贵死亡应获得的死亡补偿费153484元（7674.2×20）、丧葬费4927.8元、被扶养人生活费121652.4元（6082.62×20）、运尸费500元、精神损害抚慰金20000元共计人民币300564.2元，由财保公司长沙市分公司赔偿200000元、邱忠华赔偿100564.2元（于判决生效始10日内一次性付清）；

二、驳回吴家英要求邱忠炼承担赔偿责任的诉讼请求。

一审裁判理由

澧县人民法院审理认为：被告邱忠炼受被告邱忠华雇请为其驾驶赣J15817号重型厢式货车，其在从事正常的雇用活动中因交通违法行为而致龚道贵交通事故死亡，邱忠华作为赣J15817号重型厢式货车的所有权人应对龚道贵死亡的后果承担法定赔偿责任，邱忠炼为受雇人员不承担赔偿责任；被告财保公司长沙市分公司作为赣J15817号重型厢式货车的保险人，应在承保金额200000元内承担赔偿责任；关于龚道贵因交通事故死亡的赔偿标准事宜，虽龚道贵系农村居民人口，但龚道贵已离开户籍地多年且长期从事小商品经营，其死亡后的赔偿标准应以其实际从事的职业为准。诉讼中，原告吴家英提出的赔偿标准在法定的赔偿标准范围内，其诉请主张应予支持。

二审诉辩情况

邱忠华不服，上诉于常德市中级人民法院。

二审裁判结果

综上所述，原判认定事实清楚，但按城镇居民人均可支配收入标准确定死亡赔偿金和判决对吴家英承担被扶养人生活费，缺乏事实和法律依据，依法应当予以改判。依照《中华人民共和国民事诉讼法》第153条第1款第（1）及（3）项、第64条第1款、《中华人民共和国道路交通安全法》第76条和最高人民法院《关于审理人身损害赔偿案件适用法律若干问题的解释》第18条、第27条、第29条、第35条之规定，判决：

一、维持澧县人民法院〔2006〕澧法民初字第136号民事判决第二项，即驳回吴家英要求邱忠炼承担赔偿责任的诉讼请求；

二、撤销澧县人民法院〔2006〕澧法民初字第136号民事判决第一项，即吴家英因龚道贵死亡应获得的死亡补偿费153484元（7674.2×20）、丧葬费4927.8元、被扶养人生活费121652.4元（6082.62×20）、运尸费500元、精神损害抚慰金20000元共计人民币300564.2元。由财保公司长沙市公司赔偿200000元、邱忠华赔偿100564.2元；

三、邱忠华于本判决生效之日起10日内向吴家英支付因龚道贵交通事故的死亡赔偿金、丧葬费、运尸费、精神赔偿抚慰金共计87567.06元。中国人民财产保险股份有限公司长沙市分公司对上述债务，在第三者责任保险范围内履行支付义务；

四、驳回吴家英对邱忠华的其他诉讼请求。

二审裁判理由

常德市中级人民法院审理认为，本案争议的焦点之一是以什么标准确定对龚道贵的死亡赔偿金额；焦点之二是吴家英是否能享有被抚养人生活费；焦点之三是财保公司在本案中是否应承担诉讼费。

本案中，龚道贵的户籍从幸福村迁至荣家河居委会后，其户籍性质仍是农业人口，属于农村居民。根据最高人民法院《关于审理人身损害赔偿案件适用法律若干问题的解释》第29条关于"死亡赔偿金按照受诉讼法院所在地上一年度城镇居民人均可支配收入或者农村居民人均纯收入标准，按二十年计算。但六十岁以上的，年龄每增加一岁减少一年；七十五周岁以上的，按五年计算"和第35条关于"本解释所称'城镇居民人均可支配收入'、'农村居民人均纯收入'、'城镇居民人均消费性支出'、'农村居民人均年生活消费支出'、'职工平均工资'，按照政府统计部门公布的各省、自治区、直辖市以及经济特区和计划单列市上一年度相关统计数据确定"的规定，依据湖南省统计局《2005年湖南省国民经济和社会发展统计公报》公布的农村居民人均纯收入和职工月平均工资计算，龚道贵于1944年9月22日出生至2005年12月16日死亡时已满61周岁，其死亡赔偿金计算的年限为19年，死亡赔偿金为59237.06元（3117.74×19），丧葬费7830元（1305×6），运尸费为500元，精神损害抚慰金为20000元，合计87567.06元。

被扶养人生活是对受害人依法应当承担抚养义务的未成年人或者丧失劳动能力又无其他生活来源的成年近亲属生活的补偿，根据《中华人民共和国民事诉讼法》第64条第1款关于"当事人对自己提出的主张有责任提供证据"的规定，吴家英未提供证据对其丧失了劳动能力又无其他生活来源的事实予以证明，故吴家英要求邱忠华赔偿被扶养人生活费缺乏事实和法律依据，对其相应的请求，依法不予支持。邱忠华上诉的理由成立，对其相应的请求，依法予以支持。财保分公司对交通事故的发生无过错，在本案中，财保分公司是依据与邱忠华签订的保险合同履行支付保险金的合同义务，故判决财保分公司承担诉讼费，缺乏事实和法律依据。依法应当予以纠正。

再审诉辩情况

吴家英不服二审判决，向检察机关提出申诉。湖南省人民检察院以湘检民抗〔2007〕16号民事抗诉书向湖南省高级人民法院提出抗诉，理由如下：

1. 原判决认为："营业执照没有年检的记载，澧阳工商所的证明仅可以证明龚道贵交纳了工商管理费，不能证明办理的年检手续。龚道贵的经营行为不具有合法性。"这一认定错误。吴家英提供给原审法院的"营业执照"虽然没有年检记载，但并不是被工商机关吊销的营业执照。连续2年以上未经工商年检的后果是"可由工商机关公告吊销营业执照"。未经公告方式吊销营业执照的，营业执照仍然合法有效，其经营资格亦合法有效。本案中，工商机关不仅没有在未年检的情况下吊销营业执照，反而收取了工商管理费，显然认可了执照和营业的合法性和有效性。原审判决认定龚道贵的经营行为不具有合法性属认定事实不清，适用法律错误。

另外，原告吴家英提供了税务登记证、烟草专卖证、烟花炮竹销售证、缴税发票凭证、工商营业执照、从农村迁居城镇其现居住地购房的国有土地使用证、建房证、房屋产权证等一系列证据材料，均充分证实死者生前离开农村进入城镇合法经营的事实，原判决对此事实不予认定属认定事实错误。

2. 最高人民法院《关于审理人身损害赔偿案件适用法律若干问题的解释》第29条的规定是考虑到城镇居民的平均消费水平和收入水平高于农村居民，为合理地补偿受害人的损失，同时避免加重赔偿人的责任，而对城镇居民和农村居民的死亡赔偿金计算标准加以区别，其本意并非人为地以户籍因素划分生命价值的高低。故对上述规定不能简单地依据户籍登记确认死亡赔偿金计算标准，而应当综合考虑受害人的经常居住地、工作地、获取报酬地、生活消费地等因素加以判断。本案受害人龚道贵虽系农村户口，但已在城镇购置了房产，常年生活工作在城镇，从事个体工商业，收入相对稳定，消费水平也和一般城镇居民基本相同，已经融入城镇生活，应当按照城镇居民的标准计算死亡赔偿金。这一原则，已被多级人民法院的判例所明确。2005年，最高人民法院民一庭给云南省高级人民法院的一项复函中表示，在人身损害赔偿案件中，受害人在城市经商、居住，其经常居住地和主要收入来源地均为城市的，残疾赔偿金、死亡赔偿金和被扶养人生活费标准按城镇居民的相关标准计算。常德市中级法院下发的《关于审理道路交通事故损害赔偿案件座谈会会议纪要》第13条亦规定："赔偿权利人的户口在农村，但发生交通事故时已在城镇居住一年以上，且有固定收入的，在计算赔偿数额时按城镇居民的标准计算。"原判决无视受害人的实际情况，按农村居民标准计算死亡赔偿金，违背了法律规定的原义。

3. 关于吴家英应否享有被扶养人生活费的问题。吴家英年近60岁，已超过普通女职工退休年龄，丧失劳动能力。1998年9月即从幸福村6组迁至荣家河居委会，根据幸福村村委会出具的证明亦证实其在农村已无耕地，一直靠丈夫龚道贵从事小商品经营维持基本生活。吴家英所出具的证据已证明其丧失劳动能力又无其他生活来源。根据最高人民法院《关于审理人身损害赔偿案件适用法律若干问题的解释》第28条之规定，赔偿义务人应当赔偿被扶养人生活费，即使被扶养人还有其他扶养人，赔偿义务人也应当赔偿受害人依法应当负担的部分。原审判决赔偿义务人不承担任何被扶养人生活费适用法律错误。

再审裁判结果

湖南省高级人民法院依照《中华人民共和国民事诉讼法》第186条、第130条，最高人民法院《关于适用〈中华人民共和国民法通则〉若干问题的意见》第201条，《中华人民共和国民法通则》第119条，《中华人民共和国道路交通安全法》第76条，最高人民法院《关于审理人身损害赔偿案件适用法律若干问题的解释》第9条、第17条第3款、第18条、第27条、第28条、第29条之规定，并经审判委员会讨论决定，判决：

一、维持本院〔2006〕常民三终字第39号民事判决第一、二项；

二、撤销本院〔2006〕常民三终字第39号民事判决第三、四项，即邱忠华于本判决生效之日起10日内向吴家英支付因龚道贵交通事故的死亡赔偿金、丧葬费、运尸费、精神损害赔偿抚慰金共计87567.06元，中国人民财产保险股份有限公司长沙市分公司对上述债务在第三者责任保险范围内履行支付义务；驳回吴家英对邱忠华的其他诉讼请求；

三、吴家英因龚道贵死亡应获得的死亡赔偿金、被扶养人生活费、丧葬费、运尸费、精神损害赔偿金共计284335.33元，由中国人民财产保险股份有限公司长沙分公司赔偿200000元，邱忠华赔偿84335.33元（于本判决生效后10日内给付）。

再审裁判理由

湖南省高级人民法院受理本案后，裁定由常德市中级人民法院再审。常德市中级人民法院再审认为，本案诉争的焦点之一是以城镇居民标准还是以农村居民标准来确定对死者龚道贵的死亡赔偿金；焦点之二是吴家英作为死者龚道贵的妻子是否应获得被扶养人生活费赔偿。

关于死亡赔偿金的确定标准，死者龚道贵虽系农业家庭户口，但至死亡前早已从澧县张公庙镇幸福村迁至该镇荣家河居委会，原来承包的耕地被村集体组织收回，在农村已无生产生活资料，后龚道贵一直居住在荣家河居委会，靠从事小商品经营生活，龚道贵的居住地和收入来源地均为城镇，对龚道贵的死亡赔偿金应按城镇居民标准确定。

关于吴家英是否应获得被扶养人生活费赔偿，吴家英虽系农业家庭户口，但早已随夫居住在城镇，在农村已无生产生活资料，吴家英无子女，靠龚道贵从事小商品经营生活，龚道贵死亡时吴家英年近60岁，已超过普通女职工退休年龄，已丧失劳动能力又无其他生活来源，吴家英应获得被扶养人生活费赔偿，且其标准应以城镇居民的标准计算。考虑到龚道贵死亡时已61岁，且夫妻间有相互扶养的义务，赔偿义务人只赔偿受害人一方应当负担的部分，故赔偿金额以城镇居民的标准计算结果的一半来确定。根据最高人民法院《关于审理人身损害赔偿案件适用法律若干问题的解释》第29条、第28条、第27条的规定，死亡赔偿金应以受诉法院所在地上一年度相关标准按20年计算，60岁以上的，年龄每增加1岁减少一年，龚道贵死亡时已61岁，死亡赔偿金应按19年计算；被扶养人生活费应按受诉法院所在地上一年度相关标准计算20年，对吴家英的生活费应按20年计算；丧葬费按受诉法院所在地上一年度职工月工资标准，以6个月总额计算。吴家英因龚道贵交通事故死亡而于2006年向法院起诉，各项赔偿数额相关的计算标准应以《2005年湖南省国民经济和社会发展统计公报》公布的相关统计数据确定。吴家英应获得的各项赔偿为死亡赔偿金180955.43元，被扶养人生活费75049.9元，丧葬费7830元，运尸费500元，精神损害赔偿金20000元，以上共计284335.33元。此外，关于财保长沙市分公司在诉讼案件中应否承担诉讼费用，诉讼费用由败诉方承担是人民法院裁判案件时确定诉讼费用分担的基本原则，财保长沙市分公司作为诉讼中的一方当事人，如果败诉却不需要承担诉讼费用，显然与人民法院确定的诉讼费用分担的基本原则相冲突。综上所述，原审判决认定对龚道贵的死亡赔偿金适用农村居民标准确定。吴家英不能获得被扶养人生活费赔偿及财保长沙市分公司不应承担诉讼费不当，应予纠正。

177. 车辆已经移交，但是没有办理车辆过户登记，登记车主是否要承担交通事故的赔偿责任？

根据最高人民法院《关于连环购车未办理过户手续原车主是否对机动车发生交通事故致人损害承担责任的复函》规定，交通事故人身损害赔偿案件承担责任的主体，应该是能够支配车辆运营的实际车主和从车辆运营中获利的人。

登记车主将车辆卖给侵权人并交付后，已实际丧失了对该车的控制和支配的权利，并且对侵权人使用所购车辆在从事运营中所发生的交通事故没有过错，故登记车主与交通事故的发生没有必然的因果关系。虽然双方未到车辆管理部门办理相关的过户手续，但也只是属于违反行政管理的行为，只应承担相应的行政责任。因此，发生交通事故所引起的民事赔偿责任应由实际支配车辆运行的实际车主和期望获得运营利益的当事人承担，登记车主不应承担赔偿责任。

典型疑难案件参考

李翠富、刘启芳、李丹诉吴忠友道路交通事故人身损害赔偿纠纷抗诉案

基本案情

2003年4月1日，吴忠友将车牌号为渝A82441大货车卖给娄洪涧，但未办理过户手续。2003年10月，娄洪涧的兄、姐征得娄洪涧的同意后，将该车交给了宋昭明、宋昭庆经营砂石生意。宋昭明、宋昭庆先后聘请了刘文才、李小福及宋令刚为驾驶员。2004年8月21日，宋令刚驾驶该车行驶至武合路段1.5Km处时，由于轮胎爆裂，导致该车驶往公路左侧，与李果从相对方向驾驶的渝G88412号二轮摩托车相撞，李果当场死亡。此次交通事故经合川市公安局交通警察大队责任认定，宋令刚负全部责任。事故发生后，宋令刚付李果安葬费6220元。2004年12月30日，李翠富、刘启芳、李丹起诉至人民法院，要求吴忠友赔偿李果的死亡赔偿金、李果之女李丹的被扶养人生活费、李果之母刘启芳的生活赡养费、交通费等合计2049.54元。

原审裁判结果

审理法院于2005年2月19日、21日，作出〔2005〕合法民初字第86号和〔2005〕合法民初字第3426号民事判决：

一、吴忠友给付原告李翠富、刘启芳、李丹的李果死亡赔偿金和李丹的被扶养人生活补助费、交通费，共计70602.74元，赔偿周瑜医疗费、伤残补助费等共计24421.98元；

二、驳回原告李翠富、刘启芳要求被告吴忠友给付被扶养人生活费的诉讼

请求。

原审裁判理由

重庆市合川区（原合川市）人民法院审理后认为：宋令刚驾驶吴忠友的渝 A82441 号大货车在行驶途中，由于忽视交通安全，未保持良好的车况行驶，车辆在行驶中与李果驾驶的摩托车相撞，致李果当场死亡，周瑜受伤。合川市公安局交通警察大队责任认定宋令刚负此次事故的全部责任，李果、周瑜无责任，双方以此为赔偿责任均无异议。现原告方要求被告赔偿李果的死亡补偿金和李丹的被扶养人生活费以及周瑜的医药费、误工费、鉴定费、伤残补助费、护理费、交通费，其理由正当，法院应予支持。被告提出自己所有的车辆已出售，仅举示了车辆买卖协议，但未提供买车人的详细情况，法院无法查清其事实真相，被告的辩解理由，法院不予采信。

再审诉辩情况

吴忠友不服法院一审判决，向检察院机关申诉。重庆市人民检察院第一分院于 2005 年 9 月 1 日以重检一分院民抗〔2005〕32、33 号民事抗诉书，向重庆市第一中级人民法院提出抗诉。理由为：原审认定吴忠友与宋令刚存在雇用关系与事实不符。经查，2003 年 4 月 1 日，吴忠友与娄洪涧签订了渝 A82441 东风牌自卸车的《买卖协议》，娄洪涧购买该车后，2004 年 11 月 29 日，由娄洪涧的弟弟娄洪涌以自己的名义向中国人民财产保险股份有限公司南川支公司进行了保险。娄洪涧的哥哥娄洪涘、姐姐娄洪容征得娄洪涧的同意后，将该车交给了宋昭明、宋昭庆用于在合川经营砂石生意。宋昭明、宋昭庆又聘请了宋令刚为驾驶员。2005 年 1 月 19 日，审理此案的法官到南川调查该车的保险理赔情况时，也已经查明了上述事实。以上事实证明，吴忠友出售该车后，对该车既无所有权和使用权，也未实际控制该车，更未雇用宋令刚开车进行营运。根据最高人民法院《关于连环购车未办理过户手续原车主是否对机动车发生交通事故致人损害承担责任的复函》认为：连环购车未办理过户手续，因车辆已交付，原车主既不能支配该车的运营，也不能从该车的运营中获得利益，故原车主不应对机动车发生交通事故致人损害承担责任。

再审裁判结果

再审法院作出如下判决：撤销本院〔2005〕合法民初字第 86 号民事判决，驳回李翠富、刘启芳、李丹对吴忠友的诉讼请求。

再审裁判理由

重庆市第一中级人民法院受理抗诉后，指令重庆市合川区人民法院再审。重庆市合川区人民法院另行组成合议庭再审后，于 2006 年 7 月 4 日作出〔2006〕合法民再初字第 3 号民事判决认为：关于交通事故人身损害赔偿案件承担责任的主体问题，根据最高人民法院《关于连环购车未办理过户手续原车主是否对机动车发生交通事故致人损害承担责任的复函》规定，交通事故人身损害赔偿案件承担责任的主体，应该是能够支配车辆运营的实际车主和从车辆运营中获利的人。本案中，吴忠友既不是实际车主，也不是实际经营者，故不应承担本案的民事赔偿责任。重庆市人民检察院第一分院的抗诉理由成立，应予支持；原判决认定事实不清，应予改判。

178. 如何确定残疾赔偿金的计算标准？

最高人民法院《关于审理人身损害赔偿案件适用法律若干问题的解释》第 25 条规定："残疾赔偿金根据受害人丧失劳动能力程度或者伤残等级，按照受诉法院所在地上一年度城镇居民人均可支配收入或者农村居民人均纯收入标准，自定残之日起按 20 年计算。"将赔偿权利人划分为城镇居民和农村居民，并按不同的标准计算残疾赔偿金。如果赔偿义务人虽然是农村户口，但其在城镇工作和生活，仍按农村居民计算其残疾赔偿金，明显不公。对此，最高人民法院民一庭《关于经常居住地在城镇的农村居民因交通事故伤亡如何计算赔偿费用的复函》规定：人身损害赔偿案件中，残疾赔偿金、死亡赔偿金和被扶养人生活费的计算，应当根据案件的实际情况，结合受害人住所地、经常居住地等因素，确定适用城镇居民人均可支配收入（人均消费性支出）或者农村居民人均纯收入（人均年生活消费支出）的标准。受害人虽然是农村户口，但在城市生活、居住，其经常居住地和主要收入来源地均为城市，有关损害赔偿费用应当根据当地城镇居民的相关标准计算。该复函尽管不属司法解释，但应作为司法实践的参考。

典型疑难案件参考

常运征、常永心、陈香枝、常乐乐诉张华、驻马店市佳明汽车运输有限公司交通事故人身损害赔偿纠纷抗诉案

基本案情

2006年3月1日，李红军为张华驾驶豫08292号货车沿驻马店市南海路由南向北行驶至南海路南段劳动服务公司前，与相对方向驾驶电动自行车行驶的常运征相撞，致常运征受伤。后常运征入住中国人民解放军一五九医院治疗97天，支付医疗费35123.56元，一五九医院出院通知书载明全休90天，不适随诊。后又支付医疗费2950.3元。2006年3月24日，驻马店市公安局交通警察支队事故处理大队出具第0466号交通事故认定书，认定李红军、常运征在事故中的过错作用相当，双方应对交通事故负同等责任。2006年7月27日，常运征、常永心、陈香枝、常乐乐将李红军、张华、驻马店市佳明汽车运输有限公司起诉至法院，要求赔偿医疗费、残疾赔偿金、精神损害抚慰金等各项损失共计103167.46元。

本案进入诉讼后，常运征又在驻马店市东篙医院进行股骨钢板取出手术和腓神经探查手术，住院42天，支付医疗费3993.47元。经驿城区法院委托，驻马店市蔚康法医临床司法鉴定所对常运征的伤残等级进行了鉴定，结论为七级伤残。

原审裁判结果

驻马店市驿城区人民法院根据《中华人民共和国民事诉讼法》第130条，《中华人民共和国民法通则》第119条、第131条和最高人民法院《关于审理人身损害赔偿案件适用法律若干问题的解释》第9条、第20条、第21条、第22条、第23条、第24条、第25条之规定判决：张华赔偿常运征各项损失共计34232.14元，驻马店市佳明汽车运输有限公司承担连带赔偿责任；驳回常运征的其他诉讼请求。

原审裁判理由

驻马店市驿城区人民法院于2007年7月20日作出〔2006〕驿民初字第1009号民事判决书认为：公民享有生命健康权，侵害公民身体造成伤害的，应当赔偿医疗费、误工费、残疾生活补助费等相关费用。本案中，公安交警部门作出的责任认定合法有效，予以采信。张华的司机李红军与常运征在此事故中负同等责任，故其应对常运征因交通事故遭受的损失承担赔偿责任。常运征

请求赔偿医疗费、误工费、残疾赔偿金等的请求符合法律规定，应予支持。常运征的医疗费为42067.33元，误工费为19525.87元，住院伙食补助费为1390元，因常运征虽在城市务工，但其居住地在农村且为农村户口，故残疾赔偿金按2005年度农村居民人均纯收入2533.15元/年的标准结合伤残等级计算20年，应为20265.2元；常运征等4人请求的交通费根据实际情况酌定300元，常运征受伤期间由其妻王喜梅护理，护理费为19525.87元。至于常永心、陈秀枝、常乐乐主张被抚养人生活费，因其未提供常运征丧失劳动能力的依据，故该请求不予支持。至于常运征主张电动车损失2600元，因其未提供正规销售发票，不予支持。综合以上常运征各项损失共计104464.27元。因常运征与张华雇用司机负同等责任，故常运征对其个人损失应承担50%的份额，计款52232.14元。张华已支付26000元，在计算时应予减去。法律规定雇员在从事雇用活动中致人损害的由雇主承担赔偿责任，故李红军承担的赔偿责任应由张华承担。至于精神抚慰金，根据损害后果、当事人过错程度、赔偿义务人的履行能力可酌定为8000元。常运征主张后续治疗费，因其已进行二次治疗，故该请求不予支持。因佳明公司作为挂靠单位，对车辆的运营负有经营管理义务，故对张华承担的赔偿责任承担连带责任。

再审诉辩情况

判决生效后，常运征不服，向检察机关申诉，驻马店市驿城区人民检察院提请驻马店市人民检察院抗诉，驻马店市检察院审查后于2007年11月25日以驻检民抗〔2007〕51号抗诉书向驻马店市中级人民法院提出抗诉，主要理由是原审判决认定事实的主要证据不足，适用法律错误：（1）原审法院认定“常永心、陈秀枝、常乐乐未提供常运征丧失劳动能力”的证据不足。从原审卷宗材料看，常运征的伤残等级经原审法院委托的驻马店市蔚康法医临床司法鉴定所评定为七级伤残且已被原审法院确认，应当认定常永心、陈秀枝、常乐乐为主张常运征丧失部分劳动能力提供了证据。（2）适用法律错误。人身损害赔偿案件中，残疾赔偿金、死亡赔偿金和被抚养人生活费的计算，应当根据案件的实际情况，结合受害人住所地、经常居住地等因素，确定适用城镇居民人均可支配收入或者农村居民人均纯收入的标准。本案中，受害人常运征虽然为农村户口，但其本人及配偶均为驻马店市驿城区前进建筑公司职工，都在驿城区生活，其经常居住地和主要收入来源地均为城市，故常运征残疾赔偿金应当根据驻马店市驿城区居民的相关标准计算，而原审法院却仅以其为农村户口为由，按2005年度农村居民人均纯收入为标准计算常运征残疾赔偿金属适用法律错误。

再审裁判结果

驻马店市中级人民法院受理抗诉后，以〔2008〕驻抗民监字第9号函指令驻马店市驿城区人民法院再审。驿城区法院再审后于2009年1月20日作出〔2008〕驿民再审抗字第6号民事判决，认为：原审原告常运征及其妻女长期在城市居住，且经济收入源于城市，有关赔偿数额应按城镇居民收入标准计算。依据《中华人民共和国民事诉讼法》第186条、第187条，《中华人民共和国民法通则》第119条、第131条和最高人民法院《关于审理人身损害赔偿案件适用法律若干问题的解释》第9条、第18条、第20条、第21条、第22条、第23条、第24条、第25条之规定，判决：撤销本院〔2006〕驿民初字第1009号民事判决书第一项，即张华赔偿常运征等各项损失共34232.14元，佳明公司承担连带赔偿责任。改判张华赔偿常运征等各项损失共计58771.415元，佳明公司承担连带赔偿责任。

机动车交通事故责任纠纷办案依据集成

1.《中华人民共和国侵权责任法》（2009年12月26日主席令第21号公布）（节录）

第四十八条　机动车发生交通事故造成损害的，依照道路交通安全法的有关规定承担赔偿责任。

第四十九条　因租赁、借用等情形机动车所有人与使用人不是同一人时，发生交通事故后属于该机动车一方责任的，由保险公司在机动车强制保险责任限额范围内予以赔偿。不足部分，由机动车使用人承担赔偿责任；机动车所有人对损害的发生有过错的，承担相应的赔偿责任。

第五十条　当事人之间已经以买卖等方式转让并交付机动车但未办理所有权转移登记，发生交通事故后属于该机动车一方责任的，由保险公司在机动车强制保险责任限额范围内予以赔偿。不足部分，由受让人承担赔偿责任。

第五十一条　以买卖等方式转让拼装或者已达到报废标准的机动车，发生交通事故造成损害的，由转让人和受让人承担连带责任。

第五十二条　盗窃、抢劫或者抢夺的机动车发生交通事故造成损害的，由盗窃人、抢劫人或者抢夺人承担赔偿责任。保险公司在机动车强制保险责任限额范围内垫付抢救费用的，有权向交通事故责任人追偿。

第五十三条　机动车驾驶人发生交通事故后逃逸，该机动车参加强制保险的，由保险公司在机动车强制保险责任限额范围内予以赔偿；机动车不明或者该机动车未参加强制保险，需要支付被侵权人人身伤亡的抢救、丧葬等费用的，由道路交通事故社会救助基金垫付。道路交通事故社会救助基金垫付后，其管理机构有权向交通事故责任人追偿。

2.《中华人民共和国道路交通安全法》（2011年4月22日修正）（节录）

第七十四条　对交通事故损害赔偿的争议，当事人可以请求公安机关交通管理部门调解，也可以直接向人民法院提起民事诉讼。

经公安机关交通管理部门调解，当事人未达成协议或者调解书生效后不履行的，当事人可以向人民法院提起民事诉讼。

第七十五条　医疗机构对交通事故中的受伤人员应当及时抢救，不得因抢救费用未及时支付而拖延救治。肇事车辆参加机动车第三者责任强制保险的，由保险公司在责任限额范围内支付抢救费用；抢救费用超过责任限额的，未参加机动车第三者责任强制保险或者肇事后逃逸的，由道路交通事故社会救助基金先行垫付部分或者全部抢救费用，道路交通事故社会救助基金管理机构有权向交通事故责任人追偿。

第七十六条　机动车发生交通事故造成人身伤亡、财产损失的，由保险公司在机动车第三者责任强制保险责任限额范围内予以赔偿；不足的部分，按照下列规定承担赔偿责任：

（一）机动车之间发生交通事故的，由有过错的一方承担赔偿责任；双方都有过错的，按照各自过错的比例分担责任。

（二）机动车与非机动车驾驶人、行人之间发生交通事故，非机动车驾驶人、行人没有过错的，由机动车一方承担赔偿责任；有证据证明非机动车驾驶人、行人有过错的，根据过错程度适当减轻机动车一方的赔偿责任；机动车一方没有过错的，承担不超过百分之十的赔偿责任。

交通事故的损失是由非机动车驾驶人、行人故意碰撞机动车造成的，机动车一方不承担赔偿责任。

3.《中华人民共和国道路交通安全法实施条例》（2004年4月28日国务院令405号）（节录）

第八十六条 机动车与机动车、机动车与非机动车在道路上发生未造成人身伤亡的交通事故，当事人对事实及成因无争议的，在记录交通事故的时间、地点、对方当事人的姓名和联系方式、机动车牌号、驾驶证号、保险凭证号、碰撞部位，并共同签名后，撤离现场，自行协商损害赔偿事宜。当事人对交通事故事实及成因有争议的，应当迅速报警。

第八十七条 非机动车与非机动车或者行人在道路上发生交通事故，未造成人身伤亡，且基本事实及成因清楚的，当事人应当先撤离现场，再自行协商处理损害赔偿事宜。当事人对交通事故事实及成因有争议的，应当迅速报警。

第八十八条 机动车发生交通事故，造成道路、供电、通讯等设施损毁的，驾驶人应当报警等候处理，不得驶离。机动车可以移动的，应当将机动车移至不妨碍交通的地点。公安机关交通管理部门应当将事故有关情况通知有关部门。

第八十九条 公安机关交通管理部门或者交通警察接到交通事故报警，应当及时赶赴现场，对未造成人身伤亡，事实清楚，并且机动车可以移动的，应当在记录事故情况后责令当事人撤离现场，恢复交通。对拒不撤离现场的，予以强制撤离。

对属于前款规定情况的道路交通事故，交通警察可以适用简易程序处理，并当场出具事故认定书。当事人共同请求调解的，交通警察可以当场对损害赔偿争议进行调解。

对道路交通事故造成人员伤亡和财产损失需要勘验、检查现场的，公安机关交通管理部门应当按照勘查现场工作规范进行。现场勘查完毕，应当组织清理现场，恢复交通。

第九十条 投保机动车第三者责任强制保险的机动车发生交通事故，因抢救受伤人员需要保险公司支付抢救费用的，由公安机关交通管理部门通知保险公司。

抢救受伤人员需要道路交通事故救助基金垫付费用的，由公安机关交通管理部门通知道路交通事故社会救助基金管理机构。

第九十一条 公安机关交通管理部门应当根据交通事故当事人的行为对发生交通事故所起的作用以及过错的严重程度，确定当事人的责任。

第九十二条 发生交通事故后当事人逃逸的，逃逸的当事人承担全部责任。但是，有证据证明对方当事人也有过错的，可以减轻责任。

当事人故意破坏、伪造现场、毁灭证据的，承担全部责任。

第九十三条 公安机关交通管理部门对经过勘验、检查现场的交通事故应当在勘查现场之日起10日内制作交通事故认定书。对需要进行检验、鉴定的，应当在检验、鉴定结果确定之日起5日内制作交通事故认定书。

第九十四条 当事人对交通事故损害赔偿有争议，各方当事人一致请求公安机关交通管理部门调解的，应当在收到交通事故认定书之日起10日内提出书面调解申请。

对交通事故致死的，调解从办理丧葬事宜结束之日起开始；对交通事故致伤的，调解从治疗终结或者定残之日起开始；对交通事故造成财产损失的，调解从确定损失之日起开始。

第九十五条 公安机关交通管理部门调解交通事故损害赔偿争议的期限为10日。调解达成协议的，公安机关交通管理部门应当制作调解书送交各方当事人，调解书经各方当事人共同签字后生效；调解未达成协议的，公安机关交通管理部门应当制作调解终结书送交各方当事人。

交通事故损害赔偿项目和标准依照有关法律的规定执行。

第九十六条 对交通事故损害赔偿的争议，当事人向人民法院提起民事诉讼的，公安机关交通管理部门不再受理调解申请。

公安机关交通管理部门调解期间，当事人向人民法院提起民事诉讼的，调解终止。

第九十七条 车辆在道路以外发生交通事故，公安机关交通管理部门接到报案的，参照道路交通安全法和本条例的规定处理。

车辆、行人与火车发生的交通事故以及在渡口发生的交通事故，依照国家有关规定处理。

4. 最高人民法院《关于处理道路交通事故案件有关问题的通知》（1992年12月1日 法发〔1992〕39号）

各省、自治区、直辖市高级人民法院，公安厅、局：

为了正确、及时地处理道路交通事故，保护当事人的合法权益，教育和惩处道路交通事故责任者，国务院于1991年9月22日发布了《道路交通事故处理办法》（以下简称《办法》）。各级人民法院与公安机关应当密切配合，严格依法办案。现就处理道路交通事故的有关问题通知如下：

一、自1992年1月1日《办法》实施后，当事人因道路交通事故损害赔偿问题提起民事诉讼时，除诉状外，还应提交公安机关制作的调解书、调解终结书或者该事故不属于任何一方当事人违章行为造成的结论。人民法院对于符合民事诉讼法第一百零八条规定的起诉，应予受理。1992年1月1日以前发生的道路交通事故，仍按各省、自治区、直辖市原有规定处理。

二、发生在公路、城市街道和胡同（里巷）以及公共广场、公共停车场等专供车辆、行人通行的地方的交通事故，公安机关应当依照《办法》第五条的规定处理。其中公路是指《中华人民共和国公路管理条例》规定的，经公路主管部门验收认定的城间、城乡间、乡间能行驶汽车的公共道路（包括国道、省道、县道和乡道）。当事人就非道路上发生的与车辆、行人有关的事故引起的损害赔偿纠纷起诉，符合民事诉讼法第一百零八条规定的起诉条件的，人民法院应当受理。

三、公安机关依据《办法》第十条、第十三条、第十六条的规定，作出紧急使用单位或者个人的交通工具和通信工具、指定预付伤者医疗费、处理尸体的决定，当事人因此向人民法院提起行政诉讼的，人民法院不予受理。

四、当事人仅就公安机关作出的道路交通事故责任认定和伤残评定不服，向人民法院提起行政诉讼或民事诉讼的，人民法院不予受理。当事人对作出的行政处罚不服提起行政诉讼或就损害赔偿问题提起民事诉讼的，以及人民法院审理交通肇事刑事案件时，人民法院经审查认为公安机关所作出的责任认定、伤残评定确属不妥，则不予采信，以人民法院审理认定的案件事实作为定案的依据。

五、公安机关依据《办法》第二十四条的规定，对当事人造成交通事故和违章行为分别裁决、合并执行处罚的，可以使用一张处罚裁决书。当事人申请复议、提起行政诉讼和公安机关复议的期限按照《办法》第二十八条的规定计算。

六、对于案情简单、因果关系明确、当事人争议不大的轻微和一般事故，公安机关可以按照《道路交通事故处理程序规定》采用简易程序当场处罚和调解，但当事人不同意使用简易程序处理的，不适用简易程序。当场调解未达成协议或者调解书生效后任何一方不履行，当事人可以持公安机关的调解书或者调解终结书向人民法院提起民事诉讼，人民法院应当依法予以受理。

七、道路交通事故发生后，被公安机关指定预付抢救伤者费用的当事人，以其无道路交通事故责任或者责任轻而对预付费用有异议的，持公安机关调解书、调解终结书或者认定该事故不属于任何一方当事人违章行为造成的结论，可以向人民法院起诉，符合民事诉讼法第一百零八条规定的起诉条件的，人民法院亦应当受理。

八、人民法院审理交通肇事的刑事案件时，应当严格依照刑法第一百一十三条的规定，以及最高人民法院、最高人民检察院 1987 年 8 月 21 日《关于严格依法处理道路交通肇事案件的通知》（法（研）发〔1987〕21 号）办理。对于造成交通事故构成交通肇事罪的，必须依法追究刑事责任，并根据犯罪情节，分别适用刑法第一百一十三条的不同量刑档次定罪量刑。适用缓刑必须符合法定条件，防止滥用。

九、人民法院审理交通肇事的刑事案件，应当对案件事实、证据进行认真审查、核实。只要求做到" 两个基本"，即案件的基本事实清楚，基本证据确实充分，不要纠缠不影响定罪量刑的枝节问题。

十、人民法院受理因道路交通事故引起的损害赔偿或者返还财产案件后，可以向处理该案的公安机关发出调卷函或者由办案人员持调卷函调阅公安机关处理该案的全部案卷。公安机关应当于收到调卷函 5 日内将案卷移交人民法院。一审结案后 5 日内，人民法院应当将上述案卷退还公安机关。第二审人民法院和再审法院可以根据需要再次调阅上述案卷，亦应当在结案后 5 日内将案卷退还。

5. 最高人民法院《关于交通事故中的财产损失是否包括被损车辆停运损失问题的批复》（1999 年 1 月 29 日 法律解释〔1999〕5 号）

吉林省高级人民法院：

你院吉高法〔1998〕143 号《关于交通事故损害赔偿中的财产损失是否包括间接损失

问题的请示》收悉。经研究，答复如下：

《中华人民共和国民法通则》第一百一十七条第二款、第三款规定：" 损坏国家的、集体的财产或者他人财产的，应当恢复原状或者折价赔偿。"" 受害人因此遭受其他重大损失的，侵害人并应当赔偿损失。" 因此，在交通事故损害赔偿案件中，如果受害人以被损车辆正用于货物运输

或者旅客运输经营活动，要求赔偿被损车辆修复期间的停运损失的，交通事故责任者应当予以赔偿。

此复

6. 最高人民法院《关于被盗机动车辆肇事后由谁承担赔偿责任问题的批复》（1999 年 6 月 25 日 法律解释〔1999〕13 号）

河南省高级人民法院：

你院《关于被盗机动车辆肇事后肇事人逃跑由谁承担损害赔偿责任的请示》收悉。经研究，答复如下：

使用盗窃的机动车辆肇事，造成被害人物质损失的，肇事人应当依法承担损害赔偿责任，被盗机动车辆的所有人不承担损害赔偿责任。

此复

7. 最高人民法院《关于购买人使用分期付款购买的车辆从事运输因交通事故造成他人财产损失保留车辆所有权的出卖方不应承担民事责任的批复》（2000 年 12 月 1 日 法释〔2000〕38 号）

四川省高级人民法院：

你院川高法〔1999〕2 号《关于在实行分期付款、保留所有权的车辆买卖合同履行过程中购买方使用该车辆进行货物运输给他人造成损失的，出卖方是否应当承担民事责任的请示》收悉。经研究，答复如下：

采取分期付款方式购车，出卖方在购买方付清全部车款前保留车辆所有权的，购买方以自己名义与他人订立货物运输合同并使用该车运输时，因交通事故造成他人财产损失的，出卖方不承担民事责任。

此复

十、医疗损害责任纠纷

179. 在医疗纠纷中医疗机构是否承担全部的举证责任？

医疗行为侵权诉讼实行举证责任倒置，但并非由医疗机构承担所有的举证责任。在依据法律法规无法确定举证责任承担时，法院可以根据公平原则和诚实信用原则，综合患者和医疗机构举证能力等因素分配举证责任。

180. 如何判断医疗机构的医疗行为存在过错？

对于医疗行为过错判断，首先以医疗行为是否违反“医疗卫生管理法律、行政法规、部门规章和诊疗护理规范、常规”为标准。在医疗行为没有违反上述规定情况下，则依据事实判定医疗机构及其医务人员在对患者进行医疗活动时，是否已经尽到符合其相应专业要求的注意、学识、技能和医疗技术水平标准。

典型疑难案件参考

钟俊军、王金国诉宁波市镇海区庄市佩珍医院医疗损害赔偿纠纷案

基本案情

2007 年9 月6 日上午9 时许，林健因上呼吸道感染、发热伴咽痛去被告宁波市镇海区庄市佩珍医院处门诊治疗。庄市佩珍医院医生徐慈鸿经常规检查后诊断林健的病情为上呼吸道感染伴高热。在林健青霉素皮试阴性的情况下，被告为林健采取了以下治疗措施，缓解林健病情：（1）0.9NS250ml +青霉素560 万U 静脉滴注一天二次×2 天；（2）5% GS250ml +阿昔洛韦0.75 静脉滴注一天一次×2 天；（3）复方阿司匹林片5 片（1 片口服必要时）；（4）熊胆降热胶囊（比拜克）0.36g ×28 片（一次2 片，一天二次）；（5）罗红霉素胶囊0.15g ×6 片（一次1 片，一天二次）。9 月6 日上午林健输液完毕后回家。9 月7 日林健再次去庄市佩珍医院输液，输液完毕后步行回家休息。当晚9 时许，林健家属发现林健身体异常，急送林健去庄市佩珍医院抢救。当时被告医

生查体发现林健全身发紫、四肢僵硬、上肢屈曲、两手呈握拳状、双眼瞳孔散大固定、无心跳呼吸、心电图检查呈直线状，生命体征消失。被告即告知家属林健已死亡。

事后原、被告发生严重争执，庄市佩珍医院垫付林健死亡善后款人民币20000元。因原、被告对林健的死亡原因争议很大，宁波市镇海区卫生局委托宁波天一职业技术学院对林健尸体进行病理解剖。该院出具的病理解剖报告书认定林健由于脂肪心的存在，在发生感染、高热的状况下，再由于肺淤血水肿，加重缺氧，致心源性猝死。该解剖报告并载明林健体表有轻度擦伤（其中左下肢髌前皮肤挫伤2 ×1.5 厘米；两下脚趾左大拇趾第2趾、右第2、3、4趾见擦伤；左腰部皮肤擦伤1 ×1.5 厘米）。该解剖报告还认定林健患有轻度间质性肺炎。本纠纷发生后，经相关部门多方协调未能解决，原告为此诉至法院。本案在审理过程中，原、被告向法院申请对本病例进行医疗事故鉴定，宁波市医学会审查后，认为因缺乏患者林健当时就诊的门诊病历，患者的病情及医疗过程不明，无法进行医疗事故鉴定。原告为此又向法院申请对被告的医疗行为是否存在过错及该过错与林健的死亡之间是否存在因果关系进行司法鉴定。温州医学院司法鉴定中心以鉴定材料缺乏、无法进行鉴定为由退回鉴定。

脂肪心为一种原因不明心肌疾病，临床主要表现为室性心律失常或猝死，但亦可无症状；生前不易作出临床诊断。

另据国家药典临床用药须知化学药和生物制品卷记载，红霉素等抑菌剂可干扰青霉素的杀菌活性，不宜与青霉素合用，尤其在治疗脑膜炎或需迅速杀菌的严重感染时；而罗红霉素与红霉素作用机制相同，抗菌作用相仿。阿司匹林可减少青霉素在肾小管的排泄，因而使青霉素的血液浓度增高，而且维持较久，半衰期延长，毒性也可能增加。

诉辩情况

原告钟俊军、王金国诉称：2007年9月6日，林健因上呼吸道感染、发热伴咽痛去被告庄市佩珍医院门诊治疗，当日被告以静脉滴注方式，缓解林健病情。7日林健遵医嘱再次去庄市佩珍医院输液，输液完毕步行回家休息。当晚9时许，林健家属急送林健去庄市佩珍医院。经检查，林健全身发紫、四肢僵硬、上肢屈曲、两手呈握拳状、双眼瞳孔散大固定、无心跳呼吸、心电图检查呈直线状，生命体征消失。原告认为，第一，林健生前患有间质性肺炎，但被告医务人员未详细询问病史，没有对林健进行必要的体格检查、实验室检查、X线检查、肺功能检查，仅凭感觉就轻率地诊断为上呼吸道感染；第二，林健因发热去被告处治疗，根据《临床诊疗常规内科分册（宁波市内试用）》第一章第一节规定，被告医务人员应对林健进行血常规、血清学、B超、X线等检查，但被告未做相应检查，未诊断出患者发热的原因，就盲目使用抗菌药物；第三，被告接诊手续不规范，至今无法提供林健就诊时的门诊病历，属典型的违规治疗；且因鉴定材料缺乏导致无法进行医疗事故鉴定和司法鉴定，无法鉴定的责任在于被告；第四，被告医务人员用药不当，给林健开具了不能同时使用的青霉素、罗红霉素、阿司匹林。综上所述，由于被告检查不全面、诊断不准确、治疗不规范，导致林健丧失去大医院就医的机会，因间质性肺炎致心源性猝死。被告的诊疗行为与林健的死亡存在明显的因果关系，构成医疗事故，被告应当承担赔偿责任。本纠纷经相关单位协调未果。为此，原告诉至法院，请求判令被告赔偿原告死亡赔偿金393480元（19674元/年×20年）、丧葬费12735元（25470元÷2）、被扶养人钟俊军生活费393480元（19674元/年×20年）、被扶养人王金国生活费176940元（8847元/年×20年）、误工损失费10000元、精神损害抚慰金50000元，合计人民币1036635元。扣除被告已支付的20000元，尚应支付1016635元。审理期间，原告变更被扶养人生活费的诉讼请求为要求被告赔偿被扶养人钟俊军生活费196740元（19674元/年×20年÷2）、被扶养人王金国生活费88470元（8847元/年×20年÷2）。

被告宁波市镇海区庄市佩珍医院辩称：第一，患者林健因发热伴咽痛半天，于2007年9月6日上午9时许去被告医院就诊。当时林健自述9月6日上午起床时感到头痛、流涕、咽痛、无咳嗽咳痰、无胸痛胸闷。医生查体：体温39℃、血压110/70毫米汞柱、神志清、精神稍软、呼吸平稳、咽充血明显、扁桃体I度肿大、两肺呼吸音清晰、未闻及干湿罗音、听诊心率96次/分、律齐、未闻及杂音、腹软、无压痛。门诊医生诊断为上呼吸道感染伴高热。林健青霉素皮试阴性。门诊处理为：（1）0.9NS250ml +青霉素560万U静脉滴注一天二次×2天；（2）5%GS250ml +阿昔洛韦0.75静脉滴注一天一次×2天；（3）复方阿司匹林片5片（1片口服必要时）；（4）熊胆降热胶囊（比拜克）0.36g ×28片（一次2片，一天一次）；（5）罗红霉素胶囊0.15g ×6片（一次1片，一天二次）。从上面的诊疗过程来看，被告对林健的检查是全面并符合医疗常规的，诊断林健病情为上呼吸道感染伴高热是正确的，在林健青霉素皮试阴性的情况下给予青霉素等抗病毒药物治疗是符合治疗规范的，被告的诊疗行为不存在检查不全面、诊断不准确、治疗不规范的过错。若不问病情轻重就对其进行B超、X线、CT等不必要的检查，反而不合乎诊疗常规。第二，根据尸体解剖报告，林健生前患有脂肪心，在感染、高热的状况下，再由于肺淤血水肿，加重缺氧，致心源性猝死。而在目前的医疗技术条件下，即便是三级甲等大医院也难以在患者生前诊断出脂肪心；轻微间质性肺炎不可能导致林健死亡，故不存在被告误诊误治问题。第三，虽然药典上有罗红霉素等抑菌剂可干扰青霉素的杀菌活性，不宜与青霉素合用及阿司匹林可减少青霉素在肾小管的排泄，因而使青霉素的血液浓度增高，而且维持较久，半衰期延长，毒性也可能增加的记载，但不宜合用不等于绝对不能一起使用，林健也不是因为青霉素中毒而死亡，故即使被告在用药上有不当之处，与林健的死亡也没有因果关系。第四，本案因没有林健的门诊病历而无法进行医疗事故鉴定和法医鉴定，根据《医疗机构病历管理规定》及医疗实践中的惯例，门诊病历由病人自行保管，就诊时随带，医院没有保管病人门诊病历的义务，故无法鉴定的责任应由原告承担。综上所述，被告给林健的诊断治疗符合医疗规范，不存在医疗过错，被告的诊疗行为与林健的死亡不存在法律上的因果关系，故不同意赔偿。

裁判结果

浙江省宁波市镇海区人民法院依照最高人民法院《关于民事诉讼证据的若干规定》第 2 条、第 4 条第 1 款第 8 项的规定，判决驳回原告钟俊军、王金国的诉讼请求。一审判决后，双方当事人均未上诉，一审判决发生法律效力。

裁判理由

浙江省宁波市镇海区人民法院认为，医疗活动本身具有一定的风险性，判断医疗行为是否有过错应以医生的病情诊断、治疗方案、临床操作是否符合医疗常规作为依据。医疗损害赔偿是侵权之诉，法院在确定医疗机构是否承担赔偿责任时，除了要考虑医疗行为是否存在过错外，还要考虑该过错与医疗损害结果之间是否存在法律上的因果关系。如果医疗行为存在过错，但该过错与损害结果无因果关系的，医疗机构不承担赔偿责任。

本案中，要确定被告是否应该对林健的死亡承担赔偿责任，就要看被告对林健的诊疗行为是否存在过错以及如存在过错，该过错与林健的死亡有无法律上的因果关系。从本案看，第一，根据林健尸体病理解剖报告，林健死亡的根本原因是由于其患有脂肪心，诱因则是因为林健的上呼吸道感染、高热导致脂肪心病变，引起肺淤血水肿，加重缺氧，致心源性猝死。林健所患有的脂肪心不是被告的诊疗行为造成的；而且脂肪心作为一种原因不明的心肌疾病，在现有的医疗技术条件下，即使是高级别的医院在患者生前也不易作出临床诊断。因而作为乡级医院的被告在对林健脂肪心的产生和诊断上没有过错。第二，原告诉称林健因上呼吸道感染、发热伴咽痛而去被告处门诊治疗。被告诊断林健的病情为上呼吸道感染伴高热。被告的诊断与原告的诉称相一致，说明被告在对林健上呼吸道感染、高热的诊断上也没有过错。而肺淤血水肿则是脂肪心在上呼吸道感染、高热作用下发生病变后所引起的病理反应。同时，根据医学常识，轻度间质性肺炎不大可能诱发脂肪心病变致心源性猝死。第三，被告在诊断林健的病情为上呼吸道感染伴高热后，在林健青霉素皮试阴性的情况下，为林健采取了相应治疗措施，原告认为部分措施违反了国家药典记载的用药规则。本院认为，虽然药典上有罗红霉素不宜与青霉素合用、阿司匹林可能增加青霉素毒性的记载，但由于林健系感染、高热诱发脂肪心病变导致心源性猝死，并非青霉素中毒死亡，故被告该用药行为与林健死亡之间无法律上的因果关系。第四，医疗检查作为疾病治疗的辅助手段，应以必要、合理、经济为原则。法院作为医疗纠纷的裁决机关，不应该要求医院不管病人病情的轻重缓急，一律进行各项医疗检查。林健属刚发热，未经任何初步治疗的患者，若一开始就对其进行适用于传染性疾病发热的各项检查，不但无谓增加其经济负担，而且不符合正常的医疗规范。第五，根据《医疗机构病历管理规定》及医疗实践中的通行做法，门诊病历是由病人自行保管，看病时病人随身携带，故将提供病历的举证责任分配给被告不符合相关规定和医疗惯例。本病例因缺乏林健当时就诊的门诊病历，致使林健的病情及医疗过程不明，无法进行医疗事故鉴定和司法鉴定，该举证不能的责任应由原告承担。综上所述，法院认为，根据本案的实际情况，被告通过病理解剖报告、医疗处方等证据，已经证明其医疗行为不存在医疗过错及该医疗行为与林健死亡之间不存在因果关系，故法院对原告的诉讼请求不予支持。

181. 病例经两级医学会鉴定不属于医疗事故，如何对该鉴定结论进行审查？

医疗事故技术鉴定结论不是当然的定案证据。法官应当从运用证据证明案件事实的角度去审查医疗事故技术鉴定的意见，在充分尊重医学判断规律基础上运用自己掌握的法学知识、逻辑推理和日常生活经验等，综合全案各种证据，必要时通过询问权威的医学专业人员，对鉴定意见进行事实判断和价值判断，对不能同时具备科学性、客观性、合法性的鉴定结论不予采信。

182. 不构成医疗事故是否免除医疗过失损害赔偿责任？

医院机构对受害人在使用药物方面存在过失，虽然医疗事故技术鉴定意见认为该过失与受害人的死亡没有直接因果关系，但客观上可能加重受害人身体功能的损害及加速病情的恶化，以致相对减少了受害人延长生命的可能性，与最终发生的死亡结果，存在法律上的相当因果关系。是否构成医疗事故不是认定医疗过失损害赔偿责任的必要条件，鉴定结论亦不是当然的定案证据，对于鉴定机构认为不构成事故，但经审理能够认定医疗机构确实存在民事过错，符合民事侵权构成要件的，应依法确定医疗机构应承担的民事责任。

典型疑难案件参考

关邦仲等诉广东省人民医院医疗损害赔偿纠纷案

基本案情

患者丘彩婵是原告关邦仲、关雁眉、关邦禹、关邦彦、关邦雅、关邦衡的母亲。因反复“左侧腹痛1月余，加重1周”，于2001年11月13日入住被告内科，入院时患者精神、食欲差，睡眠欠佳，大便秘结。医嘱一级护理，留一人陪护。11月20日，行上腹部MR检查提示：考虑淋巴瘤可能性大。11月28日，行左锁骨上淋巴活检提示：弥漫大B细胞性淋巴瘤，高度恶性。家属欲先调整全身状况后再考虑化疗，于12月10日转入中西医结合病区。患者病情逐渐加重，出现消化道出血、肺部感染，予以对症、支持治疗。12月30日，患者出现双下肢浮肿、少尿等肾功能衰竭症状。12月31日下午2时30分，值班护士错将“铃兰欣”当作“新福欣”加入病人的补液中，约20分钟后被家属发现而报告护士撤换药物。12月31日下午3时，患者神志清，精神疲倦，呼吸减慢，予以呼吸兴奋剂治疗。于2002年1月2日患者呈浅昏迷状态，1月3日呈深昏迷状态，至1月5日凌晨3时30分，患者呼吸突然停止，凌晨4时20分患者心跳停止，宣告临床死亡。死亡后未进行尸体解剖检查。死亡原因诊断为弥漫性大B型恶性淋巴瘤，并粘连性肠梗阻、多脏器衰竭。患者死亡当日，原告关邦仲对病人的死亡原因有异议，但不同意进行尸体解剖，在病历中注明对2001年12月31日用错药物事故引发早逝保留追究权利。随后，原告要求被告作出解释和赔偿，被告的医教处于2002年1月18日书面答复原告，对吊错针引起家属的不安表示了歉意，同时认为本事件不构成医疗事故，告知原告如对答复不满意可向有关部门申请医疗事故鉴定。原告对此不服，遂引发纠纷。

诉讼期间，经由原告申请，法院委托广州市医学会组织医疗事故技术鉴定。该会受理后，于2003年12月15日作出广州医鉴〔2003〕083号《医疗事故技术鉴定书》（以下简称《鉴定书》）。《鉴定书》分析意见认为：(1) 医疗行为是否违反医疗卫生管理法律、行政法规、部门规章和诊疗护理规范、常规，经讨论合议认为，高龄恶性肿瘤晚期（按淋巴瘤分类应为ⅢB）病人呈恶液质与多脏器功能衰竭，随时可发生死亡。患者发现病症（主诉起始日）至死亡时间为3个月，符合相关统计数据。本病出现肾损害是很常见的。未进行抗肿瘤治疗是恰当的，化疗、放疗患者均不能耐受，属禁忌症。对症治疗（输液）与抗感染治疗，有利有弊。对肾功能不良的患者需慎用氨基糖苷类抗菌素。本案医方给予患者每天“丁胺卡那”霉素400Mg，共用两天并密切观察，似有不妥，但不能认定为引起肾损害的原因。注错药（以“铃兰欣”代替“新福欣”）严重违反诊疗常规，医方的行为存在过失。由于没有进行尸解，最后死因难以确定。但死亡的原因肯定与疾病本身的发展有关。(2) 医疗过失行为与人身损害后果之间是否存在因果关系，输错药物的过失行为与人身损害（死亡）无直接因果关系，但可能加重病情。(3) 医疗过失行为在医疗事故损害后果中的责任程度，不构成医疗事故。最后鉴定结论为：综上分析，根据《医疗事故处理条例》第2条、第33条等，本病例不属于医疗事故。

原告对鉴定结论不服，遂向广东省医学会提出再次鉴定的申请，该会于2004年4月28日作出广东医鉴〔2004〕046号《医疗事故技术鉴定书》（以下简称《鉴定书》）。《鉴定书》分析意见认为：(1) 未发现省医院对丘彩婵的诊疗过程中有违反医疗卫生管理法律、行政法规的行为。但存在违反卫生部制定的《医院工作制度》第28条第1款第2项规定，错将“铃兰欣”当作“新福欣”加入病人的补液中，而且在病历中未作如实记录。(2) 患者出现肾功能损害是恶性淋巴瘤的自然发展结果，与使用“丁胺卡那”霉素无关（“丁胺卡那”霉素每天超过1.5g，疗程超过10天者，易引起肾功能损害）。患者被错用“铃兰欣”后并未出现过敏反应的症状与体征。医方过失与患者的死亡无因果关系。(3) 本案不构成医疗事故，医方无责任。结论：综上分析，根据《医疗事故处理条例》第2条、第33条，本病例不属于医疗事故。

原告对广东省医学会的鉴定结论不服，要求鉴定专家组组长出庭接受质询。广东省医学会答复鉴定专家组组长因工作原因无法出庭接受质询，同时对原告提出的错滴“铃兰欣”、错用“丁胺卡那”霉素与患者死亡是否存在因果关系这两个问题作出了书面答复，认为根据病历记载患者无青霉素过敏史和使用头孢类抗菌药物且无过敏症状史，错用“铃兰欣”20 分钟临床观察未见过敏症状；对使用“丁胺卡那”霉素的说明基本与鉴定书相同。原告对此答复仍不满意，要求继续作出答复或由法院对被告的过错作出综合认定评判。

丘彩婵自 2001 年 12 月 29 日起至死亡之日止，在被告处共用去医疗费 6134.51 元；原告关邦禹单位出具误工证明，证明其于 2001 年 12 月 16 日至 2002 年 1 月 11 日期间因事假陪母亲住院治病共扣除工资额 1185.12 元（税后收入）；2001 年广州市丧葬费标准 4000 元/具；原告称为探视、照顾母亲花费交通费 500 元，提供出租车票据共 25 张予以证明。对上述医疗费数额被告没有提出异议。另查病人住院病案首页、住院病历首页、护理病历首页中均记载过敏药物包含青霉素；但在 2001 年 11 月 29 日的病历记载中有“经再三追问病史，患者并无青霉素过敏史……”等内容，在该记载的续页上有“关雁媚”的签名，原告关雁眉认为其母亲一向有青霉素过敏史，在门诊病历、住院病历首页、病案首页、护理记录中均清楚地记录着，故其不可能在该病历上签名，且该签名也是在病历的续页上，对该签名作笔迹鉴定没有任何意义。原告提供了录像带一盒及从录像带中摄录的病历照片一张作为证据，证明被告在 2001 年 12 月 30 日的病历记载中有“因患者家属儿子提出经济困难，暂予以高舒达治疗，未见过敏反应”是擅自修改病历，原告从没有对被告提出经济困难。对此被告认为录像带的真实性无法认定，照片模糊不清无法辨认。查原告提交的上述视听证据及其照片与提出疑问的该面病历不符。

一审诉辩情况

原告关邦仲、关雁眉、关邦禹、关邦彦、关邦雅、关邦衡诉称：丘彩婵是他们的母亲，在 2001 年 11 月 13 日因腹痛入住被告处治疗，后经检查最后确诊为“恶性 B 型淋巴瘤”。在 2001 年 12 月 16 日前其心肺肝肾功能基本正常且神智清醒，在 2001 年 12 月 16 日由于腹痛被医生打了一支“劲针”后昏迷了 7 日，于 2001 年 12 月 23 日苏醒。28 日医生查房时说丘彩婵病情稳定，但于 12 月 29、30 日下午滴注“丁胺卡那”后即全身浮肿，排不出尿，肾功能严重损害，耳朵发聋，极度烦躁。31 日下午护士竟然将邻床的药物“铃兰欣”这一青霉素类药滴注在丘彩婵身上，丘彩婵本身对青霉素过敏，造成丘彩婵病情急剧恶化，须马上抢救，经抢救无效，于 2002 年 1 月 5 日死亡。丘彩婵的突然辞世是由于被告的医务人员在医疗过程中用药不当和违反医疗部门的规章制度和诊疗护理规范、常规造成的，根据《医疗事故处理条例》和《消费者权益保护法》的规定，要求被告赔偿丧葬费 4000 元、医疗费 6134.51 元、误工费 1185.12 元、交通费 500 元、死亡赔偿金 160338.2 元，共计 172157.83 元；被告向原告书面赔礼道歉。

被告省医院辩称：原告在诉状中提到的所谓“劲针”实为“非那根”，主要起中枢安定作用，能增强药物的镇静、镇痛作用，12 月 16 日用此药的原因是病人入院后一直处于腹痛之中且腹痛加重，医务人员为减少病人痛楚才决定用的，病人的病情也符合使用“非那根”的用药适应症，从用药的剂量看也是在允许使用范围内，用药后治疗效果良好。病人打针后并没有立即昏迷，而是在 21 日下午 6 时才出现浅昏迷症状，23 日已清醒过来，不存在昏迷七天的后果，病人的昏迷是由于其病情持续发展、全身衰竭而导致，院方为此也已作出病危通知。关于“丁胺卡那”问题，病人原用“悉能”，后因原告提出经济负担过重，医院才改用抗感染作用较强且价格低廉的“丁胺卡那”的。医院在用药前已充分了解病人当前肾功能状况，用药剂量在允许值范围内，同时密切监察病人用药后的副作用反应。发现异常即停用，故根本不存在任何违规的情况。病人肾功能出现问题是自身存在多种疾病及长期服用多种对肾能会产生副作用的药物所致。关于吊错针问题，“铃兰欣”与“新福欣”同属头孢类抗生素，药效上两者大致相同，从副作用看，“铃兰欣”的副作用更少，病人也没有青霉素过敏史，故不但不会对病人产生不良影响，反而对病人病情更有帮助。原告将病人病情恶化归咎于吊错针，这是违反医学常识，没有任何事实和科学根据的。病人的死因是弥漫性大 B 型恶性淋巴瘤，并粘连性肠梗阻，消化道出血，肺部感染及多脏器衰竭，并非如原告所说院方用药不当、违反医疗规章制度和诊疗常规造成的，原告如对病人的死因有异议，应当申请进行尸检，由于原告拒绝尸检，应由其自行承担对其不利的法律后果。现两级医学会的鉴定结论已确定本案不属医疗事故，故原告要求医院赔偿各类损失没有事实和法律依据，请求法院依法驳回原告的诉请。

一审裁判结果

一审法院依照《中华人民共和国民法通则》第 106 条第 2 款、第 119 条，并参照《医疗事故处理条例》第 50 条第 1 项的规定，判决如下：

一、被告广东省人民医院在本判决生效之日起 5 日内一次性赔偿医疗费 6134.51 元给原告关邦仲、关雁眉、关邦禹、关邦彦、关邦雅、关邦衡；

二、驳回原告关邦仲、关雁眉、关邦禹、关邦彦、关邦雅、关邦衡要求被告广东省人民医院赔偿丧葬费 4000 元、误工费 1185.12 元、交通费 500 元、死亡赔偿金160338.2元、书面赔礼道歉的诉讼请求。

本案受理费255元、鉴定费7000元由被告省医院负担。

一审裁判理由

一审法院认为：广东省医学会作出的广东医鉴〔2004〕046号《医疗事故技术鉴定书》是经法院委托医学会，并由医患双方及医学会办案人员组织双方当事人随机抽取专家，通过对医患双方提交的证据材料的分析及合议而形成的一致意见，故《鉴定书》的委托鉴定程序合法，结论依法有效。原告提出的用药问题，《鉴定书》已作出解释，而原告现提供的证据不足以否定该结论，故对该鉴定结论法院予以采信。根据该结论，本病例不属于医疗事故，但被告存在违反卫生部制定的《医院工作制度》第28条第1款第2项规定，错将"铃兰欣"当作"新福欣"加入病人的补液中，而且在病历中未作如实记录的过失。虽然病人的死亡与该过失无因果关系，但被告存在过错，因此应承担相应责任，赔偿相应部分的医疗费和鉴定费。原告现要求赔偿的医疗费由于被告没有核定数额，视为其对原告提出的数额没有异议，故对原告这一请求法院予以支持。

患者是老龄病人，自身患有恶性淋巴瘤，入院治疗时医嘱一级护理，留一陪同人；同时《鉴定书》也认定患者的死亡原因与被告的医疗行为无因果关系；故原告要求被告支付的丧葬费、误工费、交通费、死亡赔偿金的请求，依据不足，不予支持。鉴于被告在给原告的书面答复中已对吊错针给家属带来的不安表示了道歉，故原告现再次要求被告书面赔礼道歉法院不予支持。至于原告称被告修改病历问题，由于原告提交的视听证据与其提出疑问的病历不符，不能证明被告修改病历，故对此法院不予采信。

二审诉辩情况

一审宣判后，关邦仲、关雁眉、关邦禹、关邦彦、关邦雅、关邦衡及省医院均不服，提起上诉。

关邦仲、关雁眉、关邦禹、关邦彦、关邦雅、关邦衡上诉称：

1. 原判关于"错滴铃兰欣过失与病人的死亡无因果关系"的主要事实认定错误：（1）在医院方提交的客观病历包括门诊病历、住院病案首页、住院病历、护理记录上均显示患者有"青霉素过敏"，主观病历"病程记录"不能否认患者有"青霉素过敏"的事实，"铃兰欣"是"青霉素过敏"患者禁用的药物；（2）2001年12月31日下午错滴后，患者即出现血压下降、呼吸减慢、心率加快等病情变化，应为过敏性休克，医院当时也给予了抗休克、抗呼吸衰竭的药物治疗，此种休克直至患者死亡仍持续存在；（3）在错滴药物之前患者从未有呼吸衰竭的情况。因此，错滴“铃兰欣”与患者的死亡极其相关。

2. 原判对“改用丁胺卡那霉素”及其之后的一系列行为的认定，也属主要事实认定错误：（1）医院将原用的“悉能”改为“丁胺卡那霉素”不合适，且违反医疗常规，未尽高度谨慎义务，本该两小时内回报结果的急查“血生化”在两日后才回报结果，延误了患者肾功能损害、衰竭的病情，应认定为医疗过失；（2）在“丁胺卡那霉素”的用量上，本案患者81岁高龄、长期病患，应不同于一般病人，使用该药400Mg/日，使用两日确导致了肾功能的损害，之后直至死亡前患者已达到“尿毒症”程度，恶化了病情，加剧了呼吸、循环衰竭的抢救难度，加速了患者死亡结果的发生。

3. 本案中，广东省医学会与广州市医学会作出的鉴定书形式违法、内容错误，原审法院省略了对质询程序的评判，违背了证据认证的法定程序。

4. 医院的医疗过失导致患者死亡，或加速患者死亡，或加剧救治难度，应为患者的死亡承担责任，原判支持了医疗费的索赔请求却驳回了死亡的索赔请求是错误的。

据此请求：（1）将原判发回重审或撤销原判第二项，根据《医疗事故处理条例》和《广东省实施〈消费者权益保护法〉办法》判令省医院赔偿其丧葬费4000元、误工费1185.12元、交通费500元、死亡赔偿金160338.2元，并判令省医院向其书面赔礼道歉；（2）本案一、二审诉讼费用由省医院承担。

省医院上诉称：广东省医学会和广州市医学会作出的医疗鉴定结论都证明医疗行为对患者的医疗行为不构成医疗事故，医院违反《医院工作制度》，将“铃兰欣”当作“新福欣”加入患者的补液中的过失与患者死亡没有因果关系，故医院不应承担医疗费和鉴定费，根据《医疗事故处理条例》第34条的规定，两次医疗事故鉴定都由患者方申请，鉴定结论都为不属于医疗事故，鉴定费用理应由患者方承担。另外，因原判决未支持患者方医疗事故损害赔偿的请求，判令由医院承担受理费也违反了由败诉方承担诉讼费用的原则。据此请求：（1）撤销原判；（2）驳回关邦仲、关雁眉、关邦禹、关邦彦、关邦雅、关邦衡的诉讼请求。

二审裁判结果

二审法院依照《中华人民共和国民事诉讼法》第153条第1款第3项，《中华人民共和国民法通则》第106条第2款、第119条，参照《医疗事故处理条例》第50条、第51条的规定，判决如下：

一、撤销广东省广州市东山区人民法院〔2003〕东法民一初字第105号民事判决；

二、广东省人民医院在本判决送达之日起10日内一次性赔偿关邦仲、关雁眉、关邦禹、关邦彦、关邦雅、关邦衡医疗费1650元、陪护费147.6元、丧葬费1200元、精神损害抚慰金17976元，合计20973.6元；

三、驳回关邦仲、关雁眉、关邦禹、关邦彦、关邦雅、关邦衡的其他诉讼请求。

一审案件受理费255元，由广东省人民医院负担；鉴定费7000元，由广东省人民医院负担5000元，关邦仲、关雁眉、关邦禹、关邦彦、关邦雅、关邦衡负担2000元。二审案件受理费255元，由广东省人民医院负担205元，关邦仲、关雁眉、关邦禹、关邦彦、关邦雅、关邦衡负担50元。

二审裁判理由

原审查明的事实中，关邦仲、关雁眉、关邦禹、关邦彦、关邦雅、关邦衡除认为有关患者丘彩婵的病情查明不全面外，对于其他事实部分，表示没有异议。省医院对原审查明的事实，表示没有异议。对双方当事人没有异议的部分，二审法院予以确认。

二审法院另查明：2001年12月26日开始，省医院对丘彩婵予以“新福欣”1.5g，每日两次。12月29日，将丘彩婵原用“悉能”改为“丁胺卡那霉素”，每日400Mg，共用两日至31日停用。12月25日，血生化检验显示丘彩婵的尿素氮为5.12MMoL/L（参考值范围2.86—8.20MMoL/L，下同），肌酐89UMoL/L（参考值范围70—106UMoL/L，下同）；29日下午5时20分，医嘱急查血常规、肾功、电解质（按常规一般应在两小时电话报告检验结果），送检时间为该日下午6时23分，该日下午6时35分的检验报告示丘彩婵尿素氮9.60MMoL/L，肌酐169UMoL/L，但丘彩婵的主治医生因疏忽于12月31日才得知该检验结果；12月31日12时29分检验报告示尿素氮12.33MMoL/L，肌酐267UMoL/L。之后，丘彩婵该两项指标持续升高，同时，24小时尿量变化为：2001年12月28日约1000ml，29日1100ml，30日500ml，31日105ml，2002年1月1日10ml，1月2日为0。2001年12月31日下午2时，丘彩婵的呼吸为15次/分、血压为120/70MMHg，3时呼吸10次/分、血压95/50MMHg，4时呼吸9次/分、血压94/55MMHg。

另查：“丁胺卡那霉素”（硫酸阿米卡星注射液）说明书记载：本品为氨基糖甙类抗生素类药。本品与氨基糖甙类其他抗生素一样有耳毒性和肾毒性。老年患者应用本品可产生各种毒性反应，因此在疗程中应监测肾功能，但肾功能正常者用药后亦能产生听力减退，所以应慎用。本品与头孢菌素类联用，可致肾毒性加强。“铃兰欣”使用说明书记载该药禁忌症为：对青霉素类或头孢菌素类抗生素过敏者禁用。

关邦仲、关雁眉、关邦禹、关邦彦、关邦雅、关邦衡另提出省医院的病历存在删改、添加及未作如实记载等不真实情况，并提供录像带及照片佐证。经查，病历中住院病案首页过敏药物“法莫替丁”上用红色注明“取消”；错滴“铃兰欣”后病历中未作如实记录，错滴后曾对丘彩婵采取抢救措施，但在住院病案首页抢救次数记载为0；对于添加记录的情况，因关邦仲、关雁眉、关邦禹、关邦彦、关邦雅、关邦衡提供的证据系单方制作，不能单独作为认定案件事实的依据。关邦仲、关雁眉、关邦禹、关邦彦、关邦雅、关邦衡在二审程序中再次要求作出广东医鉴〔2004〕046号《医疗事故技术鉴定书》的鉴定组专家出庭接受质询，经法院传唤，该医案鉴定专家组组长答复：因其公差在外不能出庭，该案例医药学鉴定意见见鉴定组书面意见。

此外，根据当事人双方在二审程序中的确认，丘彩婵自2001年12月29日即开始使用“丁胺卡那霉素”之日起至死亡之日止，在省医院除公费医疗外支付的医疗费为5500元，包括与其原发病有关的基础性治疗费用和抢救产生的医疗费用。关邦仲、关雁眉、关邦禹、关邦彦、关邦雅、关邦衡主张其要求的死亡赔偿金中包含精神损害抚慰金。

二审法院认为：本案争议的主要焦点为，省医院对丘彩婵使用药物方面是否存在医疗过错，如果有医疗过错是否对丘彩婵产生了损害结果。

首先，在使用“丁胺卡那霉素”方面，“丁胺卡那霉素”本身具肾毒性，如与头孢菌素类药物联用，可致肾毒性加强，且对老年人应慎用，在疗程中应监测肾功能。本案中丘彩婵系高龄老人，在使用“丁胺卡那霉素”之前已在使用“新福欣”，“新福欣”属头孢菌素类药物，故省医院在对丘彩婵使用“丁胺卡那霉素”时应尽高度注意义务，密切监测丘彩婵的肾功能变化，预防可能产生的不良后果。省医院也认识到密切监测的必要，于丘彩婵使用该药的2001年12月29日下午5时20分医嘱急查血常规与肾功能，在当天下午6时35分检验报告已作出，肾功能的两项重要指标尿素氮与肌酐指数显示丘彩婵的肾功能已出现异常，按诊疗常规医嘱急查血常规、肾功能、电解质一般应在2小时电话报告，但省医院直至12月31日才知道该检验结果并予停用“丁胺卡那霉素”，而当天丘彩婵的肾功能指标已远超出正常范围，虽然丘彩婵患恶性淋巴瘤疾病的本身通常会引起肾功能的损害，但省医院在使用“丁胺卡那霉素”过程中存在违反诊疗常规，未尽必要、谨慎的注意义务的医疗过失，延误了对丘彩婵疾病的判断及治疗，客观上可能加重其肾功能损害的病情。

其次，2001年12月31日下午2时30分，省医院值班护士错将“铃兰欣”

当作“新福欣”加入丘彩婵的补液当中，约20分钟后被家属发现而报告护士撤换。“铃兰欣”为对青霉素类抗生素过敏者禁用药物，在丘彩婵的住院病案首页、住院病历首页、护理病历首页中均记载丘彩婵的过敏药物包括青霉素，但在2001年11月29日的病程记录中记载“经再三追问病史，患者并无青霉素过敏史……”等内容，在该记载的续页上有“关雁媚”的签名，病程记录在一般情况下无须签名，故有患者亲属签名的情况可以推定医院对此有特殊交待，而关雁眉又不同意进行笔迹鉴定，故在对丘彩婵有无过敏史的判断上关雁眉本身具有一定过失，但省医院值班护士错将“铃兰欣”当作“新福欣”加入丘彩婵的补液当中，与关雁眉否认丘彩婵有过敏史并无关联性。在错滴“铃兰欣”后的下午3时，丘彩婵的血压明显持续下降，省医院当时亦对丘彩婵采取了相关抢救措施，错滴该药与丘彩婵的病情变化有一定关联性，客观上可能加速丘彩婵的病情恶化程度。综上所述，省医院对丘彩婵在使用药物方面的过失，虽然医疗事故技术鉴定意见认为与丘彩婵的死亡没有直接因果关系，但客观上可能加重丘彩婵肾功能的损害及加速病情的恶化，以致相对减少了丘彩婵延长生命的可能性，与最终发生的死亡结果，存在法律上的相当因果关系。换言之，省医院提出的证据未能证明其医疗行为与丘彩婵的损害结果之间不存在因果关系以及不存在医疗过错。虽然本医案经两次鉴定均认为不构成医疗事故，但是否构成医疗事故不是认定医疗过失损害赔偿责任的必要条件，鉴定结论亦不是当然的定案证据，对于鉴定机构认为不构成事故，但经审理能够认定医疗机构确实存在民事过错、符合民事侵权构成要件的，应依法确定医疗机构应承担的民事责任。从责任范围来看，患者丘彩婵为高龄恶性肿瘤晚期，其自身疾病的自然转归是其死亡的主要因素，省医院的医疗过失为丘彩婵死亡的次要因素。省医院应承担因其医疗过失致丘彩婵的病情加重而产生或扩大的医疗费损失、陪护费损失，由于丘彩婵使用“丁胺卡那霉素”之后自行支付的医疗费5500元，包括对其原发疾病的治疗费用和丘彩婵的病情加重而产生或扩大的医疗费用，法院根据丘彩婵自行支付的该医疗费的实际构成和省医院医疗过失行为在该损害后果中的责任程度，确定由省医院对该部分损失承担30%的赔偿责任。原审法院判令由省医院对丘彩婵使用“丁胺卡那霉素”之后的全部医疗费用承担责任不当，应予纠正。同理，法院确定省医院对丘彩婵的陪护费用亦承担30%的赔偿责任。由于省医院的医疗过失加速了丘彩婵死亡结果的发生，其还应承担丧葬费损失的30%。丘彩婵的死亡给其近亲属带来精神上的痛苦，省医院亦应赔偿相应程度的精神损害抚慰金，根据关邦仲、关雁眉、关邦禹、关邦彦、关邦雅、关邦衡的主张，参照《医疗事故处理条例》第50条第11项的规定，精神损害抚慰金按医疗事故发生地居民年平均生活费计算，赔偿年限最长不超过6年，法院根据省医院对丘彩婵死亡的后果应承担的过错责任，确定赔偿年限为2年。据此，关邦仲、关雁眉、关邦禹、关邦彦、关邦雅、关邦衡的上诉请求部分成立，法院予以支持。

省医院应赔偿的项目和数额为：自2001年12月29日起至丘彩婵死亡之日即2002年1月5日止的医疗费5500元、同期的陪护费（陪护费按广州市职工2001年度年平均工资22141元标准计1人）492元、丧葬费4000元三项的30%，分别为医疗费165018元、陪护费147.6元和丧葬费1200元；精神损害抚慰金按广东省2002年度年人平均生活费8988元计算2年为17976元。

关邦仲、关雁眉、关邦禹、关邦彦、关邦雅、关邦衡主张的交通费为其六人探视、照顾丘彩婵所花费，与其依据的《医疗事故处理条例》第50条、第51条规定的交通费均不符，法院不予支持。

关邦仲、关雁眉、关邦禹、关邦彦、关邦雅、关邦衡还要求省医院向其书面赔礼道歉，因省医院已在给其的书面答复中对滴错药物表示了歉意，故对关邦仲、关雁眉、关邦禹、关邦彦、关邦雅、关邦衡再次提出该项主张，不予支持。

此外，患者到医院就医，接受医院提供的医疗服务，含有消费的成分，但患者不同于一般意义上的消费者，关邦仲、关雁眉、关邦禹、关邦彦、关邦雅、关邦衡请求依据《广东省实施〈消费者权益保护法〉办法》计算赔偿数额，缺乏法律依据，法院不予支持。

183. 如何审查医疗事故鉴定结论？

对于构成医疗事故的，根据《医疗事故处理条例》的规定，医院应承担赔偿责任；对于不属于医疗事故，但医院存在诊疗和护理错误，并且因这种错误给患者造成伤害、构成侵权的，根据《民法通则》的规定，医院也应承担赔偿责任，而不应认为不属于医疗事故便不构成侵权。

医疗事故鉴定结论具有特殊的客观真实性，也包含着失真的可能性。它既不是“证据之王”，也不是“科学的判决”。根据法律规定，鉴定结论只是证据形式的一种，认定案件事实是法官的职责，不是鉴定人的职责，所以采信与否应该由法官根据证据规则作出合理的判断。在案件审理过程中，应当严格证据审查制度，用完善的证据规则来排除鉴定结论失真的可能性，只有在查证属实后才能将鉴定结论作为定案依据。

典型疑难案件参考

周征文诉东莞市长安医院医疗损害赔偿纠纷案

基本案情

原告周征文因身体不适于2004年7月22日晚上12时左右到被告东莞市长安医院处求治。被告的当班医生询问了原告的病情情况，给原告进行了体格检查，诊断为慢性阑尾炎急性发作。7月23日凌晨，被告医生给原告施行阑尾切除手术。在施行阑尾切除手术过程中，被告发现原告同时患有肠粘连和小肠憩室，被告医生告诉原告妻子，在征得同意后同时施行阑尾切除、肠粘连松解和小肠憩室切除手术。术后，原告未能愈合，手术切口裂开，出现肠瘘。被告无法处理，2004年7月31日将原告转往东莞市人民医院，住院两天后，原告的病情没有好转，遂转入中山大学附属第一医院治疗，原告在中山大学附属第一医院治疗79天，于2004年10月19日治愈出院。原告在被告处治疗支付了医疗费251.1元、住院预交款600元和交付了押金10000元，转入东莞市人民医院支付了转院费308元和医疗费1697.93元，在中山大学第一附属医院支付了医疗费67366.93元和膳食费795.7元。

2005年9月2日，医患双方申请作医疗事故鉴定。10月20日，东莞市医学会作出东莞医〔2005〕14号医疗事故技术鉴定。在分析意见中，多数专家认为：(1) 东莞市长安医院在周征文就诊时依据周征文的症状、体征及化验结果，诊断为“慢性阑尾炎急性发作”符合该病临床诊断规范，术后的病理诊断也给予证实。在征得周征文及其家属同意后进行阑尾切除治疗，也符合医疗护理常规、规范。(2) 术中发现周征文原患有广泛性致密肠粘连、多发性小肠憩室炎。由于就诊时该二病缺乏典型的临床症状、体征及相关的病史，在术前未能对周征文全部疾患作出准确、完整的诊断，并非医务人员主观技术错误所造成，而是当前医学上存在的木前难以作出鉴别的客观现象。手术过程中，发现上述异常情况后已如实告知周征文，在征得同意后，进行肠粘连松解术及小肠憩室切除术是符合实际情况的处理措施。(3) 肠瘘发生在回肠近端，而不是在憩室所在的空肠，是广泛肠粘连松解术的术后并发症。(4) 东莞市长安医院在为周征文诊治过程中没有违反医疗卫生管理法律、行政法规、部门规章和医疗护理常规、规范。同时，个别专家认为：东莞市长安医院进行急诊阑尾切除术时发现周征文存在广泛性肠粘连、多发性小肠憩室炎，立即同时进行广泛肠粘连松解+小肠憩室切除+阑尾切除+肠端吻合术等综合复杂的肠道手术，虽然在临床上是允许的，但对术后并发症出现的概率增高这一情况估计不足。鉴定结论认为：本案例不属于医疗事故。周征文支付鉴定费3500元。

周征文向广东省医学会申请再次鉴定。2006年3月14日，广东省医学会作出广东医鉴〔2006〕006号医疗事故技术鉴定书，分析意见为：(1)未发现东莞市长安医院在对周征文的诊疗过程中存在违反医疗卫生管理法律、行政法规、部门规章和诊疗护理规范、常规的行为。(2)东莞市长安医院对周征文诊断为慢性阑尾炎急性发作并行手术切除，其医疗行为符合诊疗常规，术后病理检查亦符合阑尾炎诊断。术中发现腹腔粘连严重，分离粘连后又切除小肠憩室，是在病人家属同意下进行的，术后发生肠瘘，属手术并发症。但医方存在不足，手术宜先解决患者阑尾炎主要矛盾，憩室暂缓切除。因为手术若同时解决多种问题会增加出现并发症的概率。医方的医疗不足行为与患者的损害后果无因果关系。(3)本案不构成医疗事故，医方无责任。结论认为：本案例不属于医疗事故。周征文支付鉴定费4500元。庭审结束后，被告方向法院提交了一份补充意见，表示为消除和缓解医疗纠纷，愿意补偿原告15000元。

一审诉辩情况

原告诉称：原告因感到肚脐周围、右下腹不断疼痛，于2004年7月22日晚上12时左右到被告处求治。被告的当班医生询问了原告的病情情况，给原告进行了体格检查，诊断为：慢性阑尾炎急性发作，要求原告立刻做手术。7月23日凌晨2时50分，被告医生给原告施行阑尾切除手术。手术进行了3个多小时后，医生告诉原告妻子，原告患的是肠粘连，需要再进行另一次手术。在这种情况下，原告及其家属只好按医生的要求做手术。被告医生给原告施行了肠粘连松解、阑尾切除、憩室切除手术。手术后第2至第7天，原告的伤口一直在发炎、疼痛，肚脐周围仍不断地痛。第8天，在原告的伤口还在发炎的情况下，被告的医生便拆线；当晚，伤口裂开，小肠也露出来，并有许多黄绿色的肠液流出，原告生命垂危。被告的医生无计可施，于当日将原告转院到东莞市人民医院。在东莞市人民医院住院2天，病情仍恶化。在原告家属的强烈要求下，8月2日，将原告转院到中山大学附属第一医院治疗。中山大学附属第一医院诊断为：回肠近端肠瘘、肺部感染、肝功能损害、空肠下段小憩室。也就是说，被告并未将原告的空肠憩室切除。同时，中山大学附属第一医院的《数字化放射诊断报告书（RF号G1320）》表明，“原告的阑尾显影于盲肠末端，形态正常”，被告并没有将原告的阑尾切除。原告在中山大学附属第一医院住院79天，于10月19日出院。3个月后，原告从事正常的体力劳动时，伤口还痛。经原告的申请，东莞市医学会、广东省医学会鉴定为，被告的医疗行为不构成医疗事故，但被告的“医疗行为存在不足，手术宜先解决患者阑尾炎主要矛盾，憩室暂缓切除，因为手术若同时解决多种问题会增加出现并发症的概率。”原告认为：被告为原告诊治，不仅没有消除原告的病痛，使原告恢复健康；相反，在诊断有误及不当手术的情况下，严重侵害了原告的身体健康，给原告造成了巨大的经济损失。对此，被告应负全部责任。被告的过错主要表现如下：（1）对原因不明的复发性腹痛患者，应做钡餐检查、腹腔镜检查，但被告没做；（2）在未确诊的情况下，即行手术；（3）手术应先解决阑尾炎的主要矛盾，憩室暂缓切除，被告却同时行阑尾炎切除和小肠憩室切除手术；（4）对手术同时解决多种问题会增加出现并发症概率的情况，估计不足；（5）手术中，未经原告同意，擅自延长手术切口，擅自行空肠憩室切除术；（6）手术并未将原告的阑尾、空肠憩室切除，乃无效手术。为了维护原告的合法权益，特起诉至法院，请求判令：（1）被告赔偿原告医疗费79915.86元、住院膳食费795.7元、住院伙食补助费2670元、转院费308元、陪护费14048元、误工费14048元、交通费305元、住宿费8010元、鉴定费8000元、继续治疗费10000元、精神损害抚慰金50000元，合计188100.56元；（2）本案诉讼费用由被告承担。

被告辩称：原告承认被告不构成医疗事故，但“存在不足”，又承认能“从事正常的体力劳动”，根据最高人民法院《关于民事诉讼证据的若干规定》第1条、第2条、第8条的规定，人民法院应当确认被告不构成医疗事故，依法也无须赔偿。也就是说，原告对自己的具体诉讼请求所依据的医疗事故损害事实应当提供证据加以证明，没有证据或者证据不足以证明，并且有相反证据证明，应当承担不利的法律后果，至于所谓“不足”，与医疗事故损害无关，属于医疗技术管理和临床经验范畴，鉴定人无权鉴定“足”与“不足”。综上所述，原告要求被告赔偿理据不足，请求驳回原告的诉讼请求。

一审裁判结果

一审法院依照《中华人民共和国民事诉讼法》第64条、第128条和《医疗事故处理条例》第2条、第49条第2款的规定，判决如下：

一、被告东莞市长安医院于本判决发生法律效力之日起3日内向原告周征文支付补偿款15000元；

二、驳回原告周征文的诉讼请求。本案诉讼费用5270元，由原告负担。

一审裁判理由

一审法院认为：医疗侵权行为的构成要件主要包括损害事实的存在、行为与损害后果之间有因果关系、行为人主观上有过错三方面，缺一不可。本案的焦点是被告在诊疗过程中主观上是否存在过错。依照《医疗事故处理条例》第2条的规定："本条例所称医疗事故，是指医疗机构及其医务人员在医疗活动中，违反医疗卫生管理法律、行政法规、部门规章和诊疗护理规范、常规，过失造成患者人身损害的事故。"法院认为：判断医疗机构主观是否存在过错的客观标准是医疗机构及其医务人员是否违反医疗卫生管理法律、行政法规、部门规章和诊疗护理规范、常规。本案中，东莞市医学会和广东省医学会鉴定，均认定被告的诊疗没有违反医疗卫生管理法律、行政法规、部门规章和医疗护理常规、规范。可见，被告主观上不存在过错。对于被告未能在术前诊断原告还患有肠粘连、小肠憩室，东莞市医学会认为是由于该二病缺乏典型的临床症状、体征及相关的病史，是当前医学上存在的术前难以作出鉴别的客观现象，并非医务人员主观技术错误所造成。对于原告术后产生的肠瘘，是被告同时施行综合复杂的肠道手术出现的并发症，广东省医学会认为被告存在不足，宜先解决患者阑尾炎主要矛盾，憩室暂缓切除，因为手术若同时解决多种问题会增加出现并发症概率，但没有指出被告的做法是否符合诊疗护理规范和常规，而东莞市医学会个别专家在指出被告对术后并发症出现的概率增高这一情况估计不足的同时又指出被告的做法在临床上是允许的。因此，法院认为：既然被告的做法在临床上是允许的，那么被告并无违反诊疗护理规范和常规，被告主观上并无过错。原告称被告未经原告同意，擅自延长手术切口，擅自行空肠憩室切除术，但东莞市医学会和广东省医学会的医疗事故鉴定书中均指出被告施行手术是经原告的家属同意的，医疗事故鉴定书的内容是依据医患双方的陈述而记载下来，具有一定的客观真实性，在原告无相反证据予以反驳的情况下，法院予以采信，对于原告称被告施行手术是未经原告方同意的主张，不予确认，认定被告施行手术是经原告家属同意。

综上所述，被告对于原告损害后果的发生主观上不存在过错，被告无须承担赔偿责任。考虑到原告继续治疗花费了巨额的医疗费，生活困难，故对于被告同意补偿原告15000元的意思表示，法院予以认可和支持。

二审诉辩情况

宣判后，周征文不服，提起上诉称：

1. 东莞市长安医院对损害后果的发生主观上存在重大过错，应承担赔偿责任。首先，根据医学资料，原因不明的复发性腹痛患者，有可能是阑尾炎发作、肠炎，也可能是肠憩室，应做钡餐检查，必要时腹腔镜检查也是一种较好的方法。本案中，根据《首次病程记录》，东莞市长安医院仅做了一般的体格检查，与肠炎作了简单的鉴别诊断，在没有做钡餐检查、腹腔镜检查的情况下，即行阑尾炎切除手术，这属于过于自信的过失。其次，两级医学会的医疗事故鉴定书在分析意见中承认手术应先解决阑尾炎的主要矛盾，憩室暂缓切除，东莞市长安医院同时行阑尾炎切除和小肠憩室切除手术，对手术同时解决多种问题会增加出现并发症的概率的情况估计不足。这种估计不足实际上就是没有尽到合理的注意义务，属于疏忽大意的过失。最后，根据中山大学附属第一医院诊断，周征文行阑尾炎切除和小肠憩室切除手术后，仍有空肠下段小憩室，即东莞市长安医院并未将周征文的空肠憩室切除。同时，该院的《数字放射诊断报告书（RF 号 G1320）》写明“阑尾显彰于盲肠末端，形态正常”，东莞市长安医院并没有将周征文的阑尾切除。因此，东莞市长安医院对周征文行的阑尾切除和小肠憩室切除手术，并未将周征文的阑尾、空肠憩室切除，属无效手术。

2. 医疗事故鉴定结论认为“医方存在不足，手术应解决阑尾炎的主要矛盾，憩室暂缓切除。因为手术若同时解决多种问题会增加出现并发症的概率的情况”，但同时又认为“医方的不足行为与患者的损害无因果关系”，显然自相矛盾，具有明显的行业保护倾向。

3. 原审判决无视中山大学附属第一医院的病历资料及周征文提供的证据、医学资料，仅凭医疗事故鉴定结论来认定案件事实，属证据不足。请求二审法院支持周征文的一审诉讼请求。

东莞市长安医院答辩请求维持原判。

二审裁判结果

依照《中华人民共和国民事诉讼法》第 153 条第 1 款第 2 项、第 158 条的规定，经法院审判委员会讨论决定，判决如下：

一、撤销东莞市人民法院〔2006〕东法民一初字第 6778 号民事判决；

二、东莞市长安医院在判决发生法律效力之日起 3 天内支付赔偿款 48070.27 元给周征文；

三、驳回周征文的其他上诉请求。

东莞市长安医院如果未按本判决指定的期间履行金钱给付义务，应当按照《中华人民共和国民事诉讼法》第 232 条的规定，加倍支付迟延履行期间的债务利息。一审案件受理费 5270 元，由周征文负担 3900 元，东莞市长安医院负担 1370 元。二审案件受理费 5270 元，由周征文负担 3900 元，东莞市长安医院负担 1370 元。

二审裁判理由

二审法院查明：2004 年 7 月 22 日 19 时，周征文在无明显诱因的情况下出现脐周持续性疼痛，入院前2小时转至右下腹痛，且疼痛有所加剧，无恶心、呕吐，无畏寒、发热，23日凌晨2时到东莞市长安医院求治。东莞市长安医院的值班医生询问了周征文的病情情况，给周征文进行了体格检查，诊断：慢性阑尾炎急性发作。7月23日凌晨2时50分，东莞市长安医院给周征文行阑尾切除手术。东莞市长安医院术中发现腹腔广泛粘连，空肠多个憩室，阑尾长6cm，呈慢性炎症改变，腔内有粪石一枚，于是施行肠粘边松解+阑尾、空肠憩室切除+肠端吻合术。7月31日21时，手术切口全层裂开，并有多量肠液溢出，东莞市长安医院会诊后考虑发生肠瘘，且肠瘘位置较高，因医院条件所限，经周征文同意后，23时转至东莞市人民医院住院治疗。8月2日，再以"（1）回肠近端肠瘘；（2）肺部感染；（3）肝功能损害"为由转入中山大学附属第一医院住院至10月19日治愈出院。周征文在东莞市长安医院治疗支付医药费251.1元和押金10000元，在东莞市人民医院支付转院费308元和医药费1697.93元，在中山大学第一附属医院支付医药费67366.93元和膳食费795.7元，支付交通费305元。

二审诉讼期间，法院向广东省医学会发出询问函，要求专家解释三个问题：（1）鉴定结论认定的"医疗不足"是否属于医疗过错？（2）患者周征文的损害后果是否属于术后并发症，这一损害后果的产生原因是什么？（3）鉴定结论认定东莞市长安医院的医疗不足会增加出现并发症的概率，又认为医疗不足与患者的损害后果无因果关系，这是否有矛盾之处？但广东省医学会未作解释，专家未答复。

二审法院认为：根据最高人民法院《关于民事诉讼证据的若干规定》第4条第8项规定"因医疗行为引起的侵权诉讼，由医疗机构就医疗行为与损害结果之间不存在因果关系及不存在医疗过错承担举证责任"，本案周征文认为东莞市长安医院的医疗行为侵权并主张索赔，是因医疗行为引起的侵权诉讼，应采举证倒置规则，由东莞市长安医院举证证明医疗行为与损害结果不存在因果关系或主观上不存在医疗过错。东莞市长安医院举出广东省医学会的广东医鉴〔2006〕006号医疗事故技术鉴定结论，该鉴定结论认为医院的医疗行为与周征文的损害后果之间不存在因果关系，医院的诊疗行为不违反卫生管理法律、行政法规、部门规章和诊疗护理规范、常规，从举证责任分配的角度说，东莞市长安医院已完成分配的举证责任。

医学学理资料认为：无症状的憩室无须治疗，有症状者又与腹部其他疾患同存时，先治疗后者。如果症状确系憩室所致者，则采用内科综合治疗，包括调节饮食，制酸解痉，体位引流。除非有难以控制的并发症或癌变，一般不考虑手术。尤其是憩室周围解剖位置复杂时，手术更应慎重。东莞市长安医院虽然在手术时将周征文的病情、医疗措施、医疗风险等告知其家属，但根据《医疗事故处理条例》第 11 条的规定仍负有“避免对患者产生不利后果”的义务。两级医学会的医疗事故鉴定结论在认定不构成医疗事故的同时，认为东莞市长安医院在进行急诊阑尾切除术时，应先解决周征文阑尾炎主要矛盾，憩室暂缓切除，因为若同时进行广泛肠粘连松解 + 小肠憩室切除 + 阑尾切除 + 肠端吻合术等综合复杂的肠道手术来解决多种问题，虽然在临床上是允许的，但会增加出现并发症的概率。这样的分析意见表明了东莞市长安医院对周征文的治疗范围过宽、过大，手术过度，医疗行为本身就存在过错，而且明显地就是由于医生主观上的判断错误而决定同时施多种手术致出现并发症的损害后果。毕竟，医学是一门在探索中不断发展的学科，对任何一种手术的施行都没有固定的模式可以一成不变地套用，仍需医生根据个案的实际情况作出决定，但作出的决定又必须考虑手术的风险及后果（如有无可能引起并发症，或者术后并发症的概率是否会增大）。法院酌情确定东莞市长安医院承担：（医药费 79915.86 元 + 住院伙食补助费 2670 元 + 转院费 308 元 + 交通费 305 元 + 误工费 179 天 ×4054.58/365 + 护理费 179 天 ×4054.58/365 + 鉴定费 8000 元）×40% = 38070.27 元。东莞市长安医院的诊疗行为给周征文的精神上造成了一定的损害，法院酌情确定东莞市长安医院支付精神损害抚慰金 10000 元。

184. 当事人对进行医疗鉴定的材料的真实性、完整性有异议的，人民法院应如何处理？

当事人对进行医疗鉴定的材料的真实性、完整性有异议的，人民法院应当先行组织双方当事人举证、质证。人民法院应当根据举证、质证的具体情况进行审查，确有必要的，应告知当事人对相关材料申请鉴定。经材料鉴定确认后，人民法院方可委托进行医疗鉴定。

185. 在患者死亡后火化的骨灰中发现一把手术刀的情况下，医院的举证责任范围是什么？

患者死亡后火化的骨灰中发现了一把手术刀，患者家属以此系医疗行为所致为由要求医院赔偿，在这种情况下，医院的举证责任是证明其医疗行为不存在过错，即其在施行手术的过程中未遗留有手术刀在患者腹腔中，法院不能根据骨灰中出现了手术刀这一事实反推认定系医院的手术行为所致。

典型疑难案件参考

杨某等5人诉昆明医学院第二附属医院医疗损害赔偿纠纷案

基本案情

2004年8月20日，原告杨某之夫、其他四原告之父王某，以“反复上腹痛1月余，再发加重3天，呕吐、便血2天”入住被告昆医附二院治疗。入院初步诊断为：上消化道出血并失血性休克；失血性贫血；予抑酸、止血、保护胃黏膜及对症支持治疗。同年8月28日，该院为王某在胃镜室行吻合口十二指肠侧出血止血治疗术。次日下午4点，该院为王某行“胃十二指肠部分切除RoUX －Y胃肠吻合术，腹腔引流术”。2004年9月7日上午11点，被告为王某行“十二指肠残端引流修补术，腹器减张缝合术”。术后至2005年1月17日，该院对王某予静脉营养、抗炎及对症支持治疗。2004年9月27日，该院为王某行左锁骨下静脉穿刺置管术。后患者王某病情反复、加重，于2005年1月17日下午1点45分经抢救无效死亡。2005年1月21日，患者王某火化后的骨灰中发现有金属物手术刀。

本案在审理过程中，经五原告申请，法院委托云南省法庭科学技术鉴定中心对双方当事人共同封存的影像资料进行如下司法鉴定：(1) 是一次形成的还是合成的；(2) 是否同一人的；(3) 与相关的申请单和报告单内容是否吻合；(4) 与王某本人的影像学资料比较是否同一人的。2005年8月4日，云南省法庭科学技术鉴定中心出具了云法鉴临字2005第961号《法医学文证审核鉴定书》，鉴定结论为：(1) 以上送检影像学材料为一次形成；(2) 以上送检影像学材料为同一人的；(3) 以上送检影像学材料中2004年8月28日胸部X线片（片号：352661）、2004年9月23日胸部X线片（片号：352661）、2004年9月29日胸部X线片（片号：352661）、2004年11月22日胸部X线片及消化道造影片（片号：352661）及2004年10月9日胸部及腹部CT片（片号：85073）所示影像与对应的送检昆明医学院第二附属医院X射线摄片检查报告复印件5张及CT扫描检查报告复印件一张所描述影像一致；(4) 送检X射线摄片检查报告单复印件所记录2004年10月19日所摄X线片（片号：356120），因无此片，无法与X射线摄片检查报告复印件对比；(5) X线片

（片号：352661）共9张及CT片（片号：85073）共3张所示影像，与片号为：2000－05－29　09：14　03388P－A胸部正位片所示影像为同一人。同时，本案在审理中，经被告申请，法院委托云南省法庭科学技术鉴定中心对被告昆医附二院为死者王某实施的医疗行为是否存在医疗过错，以及该医疗过错与王某的死亡后果之间是否存在因果关系进行司法鉴定。2005年9月28日，云南省法庭科学技术鉴定中心出具了云法鉴医字2005第1517号《医疗纠纷司法鉴定书》，鉴定结论为：（1）昆明医学院第二附属医院为王某所提供的医疗服务符合医疗原则；（2）王某死亡后未行尸体解剖检验，死亡原因不能明确。

本案争议焦点为：被告昆医附二院为患者王某实施的医疗行为是否存在医疗过错。

诉辩情况

五原告诉称：2004年8月20日，患者王某因十二指肠出血入住被告昆医附二院。同年8月29日，该院为王某实施了手术。因术后伤口一直渗出液体，故又于10日后进行了第二次手术。但术后仍出现液体外漏，伤口不愈合，同时伴有发烧等症状，并于2005年1月17日因治疗无效死亡。2005年1月21日，其家属在对王某遗体进行火化时，发现其骨灰中有异物，经辨认为手术刀。故正是被告不负责任的医疗行为，致使手术刀遗留在王某腹腔内致其死亡，故请求：（1）被告赔偿医药费51332.62元、护理费16024元、交通费960元、住院伙食补助费2250元、营养费3000元、丧葬费6735.50元、死亡赔偿金49686元、被抚养人生活费84084元、杂费2094.60元、精神损害抚慰金28万元，共计496166.72元；（2）被告承担诉讼费及鉴定费。

被告辩称：医院系根据患者的病情及医疗原则对患者进行诊治，其已尽到了对患者的充分注意义务，并不存在医疗过失行为；原告主张手术刀遗留在患者体内致其死亡无事实依据，且其已充分举证证明了手术刀未遗留于患者体内，故请求驳回原告的诉讼请求。

裁判结果

法院依据最高人民法院《关于民事诉讼证据的若干规定》第4条第8项、《中华人民共和国民事诉讼法》第64条之规定，判决如下：

一、驳回原告杨某等五人的诉讼请求。案件受理费10010元，由原告杨某等五人负担；

二、该案宣判后，原、被告双方均服判，没有提出上诉。

裁判理由

法院认为：最高人民法院《关于民事诉讼证据的若干规定》第4条第8项规定：因医疗行为引起的侵权诉讼，由医疗机构就医疗行为与损害结果之间不存在因果关系及不存在医疗过错承担举证责任。因此，本案就被告是否存在医疗过错这一争议焦点的举证责任承担人为被告。本案在审理中，经被告昆医附二院申请，委托云南省法庭科学技术鉴定中心对患者王某的医疗行为是否存在医疗过错以及该医疗过错与王某的死亡后果之间是否存在因果关系进行司法鉴定。因此，该鉴定中心所出具的云法鉴医字2005第1517号《医疗纠纷司法鉴定书》，即属于被告为履行其举证责任向法院所举证据。

首先，关于该份《医疗纠纷司法鉴定书》的法律效力。本案原告认为作出该鉴定书所依据的影像资料及病历材料不真实。对此，法院认为：

第一，关于影像资料的真实性问题。根据云南省法庭科学技术鉴定中心出具的云法鉴临字2005第961号《法医学文证审核鉴定书》，鉴定被告提供的9张X线片、3张CT片所示影像，与原告提供的患者王某生前在其他医院拍摄的影像资料所示影像为同一人，故该《医疗纠纷司法鉴定书》所依据的影像资料经司法鉴定为患者王某本人的影像资料。对于原告认为出具该份《法医学文证审核鉴定书》的鉴定人不具备鉴定资格以及2004年9月23日的胸部X线片多送检一张、2004年10月19日所摄2张X线片未送检、2004年11月22日的消化道造影片少送检一张，故送检片子不真实的主张，法院分述如下：(1)关于鉴定人的鉴定资格问题。司法部制定的《司法鉴定人管理办法》第2条规定：本办法所称的面向社会服务的司法鉴定人（以下简称司法鉴定人），是指取得司法鉴定人职业资格证书和执业证书，在司法鉴定机构中执业，运用专门知识或技能对诉讼、仲裁等活动中涉及的专门性技术问题进行科学鉴别和判定的专业技术人员。本案云南省法庭科学技术鉴定中心出具的《法医学文证审核鉴定书》附有鉴定人的司法鉴定人资格证书，其中一名鉴定人的专业为司法鉴定，其余两名鉴定人的专业为法医学，该三名鉴定人均在司法鉴定机构执业，且该三名鉴定人员的执业资格、执业证号及其所执业的鉴定机构改制后的名称均在云南省司法厅2005年公告的《司法鉴定人和司法鉴定机构名册》中予以登记，其执业范围包括了法医临床鉴定，故其可就诉讼中涉及的专门性技术问题进行科学鉴别和判定。该三名鉴定人作为司法鉴定人，其身份及执业范围不同于医疗机构中从事相关专业的执业医生，执业医生必须就其所从事的专业取得相关资格证书，而司法鉴定人只要取得司法鉴定人资格证书及执业资格，即可就诉讼中涉及的专门性技术问题进行鉴别和判断；同时，本案原告未提交司法鉴定专业及法医专业的执业司法鉴定人无资格对影像学材料进行鉴定的相关法律依据，故其主张法院不予采纳。(2) 对于 2004 年 9 月 23 日的胸部 X 线片报告单载明片子数量为 2 张，而送检材料中多出 1 张的事实。法院认为：本案中，鉴定人对原告认为多出的胸片亦作了同一性认定，被告多提交的这张线片在事实上扩宽了检材的鉴定范围，更有利于案件的审查，故鉴定部门对被告多提供的该份影像资料进行鉴定不影响其他检材的真实性。(3) 对于 2004 年 10 月 19 日所摄 2 张 X 线片未送检的事实。本案在审理中，鉴定人出庭就该鉴定书接受了双方当事人的质询，明确未送检的 2 张 X 线片的拍摄部位为胸部后前位及右肩正位，且之后患者王某亦拍摄有其他 X 线片及消化道造影片，该 2 张 X 线片未送检不影响鉴定结论，故上述 2 张 X 线片未送检对其他检材的真实性不构成影响。(4) 对于 2004 年 11 月 22 日的消化道造影片少送检一张，被告主张系相同影像冲洗在同一张大片上，经剪裁为相同的 2 份，1 份医院留存，1 份交由原告保管。对此争议，法院通知鉴定人出庭接受双方当事人的质询时，鉴定人当庭明确送检的 1 张 2004 年 11 月 22 日消化道造影片尺寸为 7 ×17 ×10，是当天消化道造影片报告单上所记载的片子尺寸 14 ×17 ×20 的一半，故鉴定人的陈述印证了被告的主张，原告以此认为其他送检材料不真实的证据不充分，法院不予采信。综上，本案原告未提交充分证据足以反驳该《法医学文证审核鉴定书》，故该份鉴定书对本案具有证明力，证实上述《医疗纠纷司法鉴定书》所依据的影像资料为患者王某的影像资料。

第二，关于上述《医疗纠纷司法鉴定书》所依据的病历材料的真实性问题。原告认为该鉴定所依据的患者王某的病历中掺杂了其他患者的病历，故其病历资料不真实。对此，法院认为：该病历材料系原、被告双方发生医疗争议时由双方所封存；且法院在组织双方当事人对该鉴定书进行质证时，通知鉴定人出庭接受了双方当事人的质询，鉴定人明确患者王某病历中所出现的署有其他患者姓名的材料系用其他人的废旧病历来粘贴王某的化验单，故原告以此认为王某病历不真实的主张，证据不充分，法院不予采信。

综上，原告在本案中无充分证据证明云南省法庭科学技术鉴定中心出具的云法鉴医字 2005 第 1517 号《医疗纠纷司法鉴定书》所依据的影像资料及病历资料不具真实性，且该鉴定书亦附有鉴定人的司法鉴定人资格证书，可对本案相关专门性技术问题进行司法鉴定，故该鉴定程序合法，法院对该份《医疗纠纷司法鉴定书》的证明力予以确认。

其次，关于被告昆医附二院为患者王某提供的医疗行为是否存在医疗过错。原告在本案中诉称被告存在的医疗过错主要表现为：被告遗留手术刀在患者王某腹腔内致其死亡以及被告存在其他不符合医疗原则的行为。对此，法院认为：

第一，关于被告是否将其手术刀遗留于患者王某腹腔内致其死亡。（1）根据云南省法庭科学技术鉴定中心出具的云法鉴医字2005第1517号《医疗纠纷司法鉴定书》，鉴定被告为王某提供的医疗服务符合医疗原则。同时，本案在庭审中，鉴定人出庭接受双方当事人质询时，当庭明确被告的医疗服务符合医疗原则即表示被告的医疗行为没有过错，故被告为患者王某实施的医疗行为经司法鉴定不存在医疗过错。（2）对于原告认为患者王某于2004年9月23日拍摄的X线片检查报告单中明确记载其体内有金属物的问题，经法院通知鉴定人出庭接受双方当事人质询时，明确2004年9月23日王某拍摄的胸片无金属物，腹部X线片中显示有金属物，该金属物为两个环状吻合器和1个线状缝合器，并非手术刀。故原告所举当日的影像报告单中所记载的金属物经司法鉴定人员鉴别并非手术刀，而原告对此未向法院提交其他足以反驳的相关证据，其认为被告将手术刀遗留于患者王某体内证据不充分，法院不予采信。

第二，对于被告是否存在其他医疗过错。原告主张被告存在的其他医疗过错行为表现为：（1）被告将非急诊的患者王某滞留在急诊科并进行手术不符合医疗原则；（2）王某的大便检验报告单迟延送达而延误治疗；（3）王某术后仍未有效止血，被告治疗不当、措施不力；（4）王某术前化验乙肝表面抗原为阴性，手术中输血后其乙肝表面抗原经化验为阳性，存在输血感染；（5）2005年1月7日至12日，被告对已不能进食的患者王某未给予输液等营养治疗，违反医疗原则。对于上述医疗专业性问题，本案鉴定人出庭接受了双方当事人质询，并经法院逐一审查，鉴定人明确：（1）手术由哪个科室进行不是手术实施的重要因素，关键在于医院采取的治疗措施是否正确；（2）患者王某的大便检验报告单仅是医院对其进行的大便常规检验，该报告不影响整个诊断和治疗；（3）凡手术均存在风险，评价手术的成功不是以该手术是否必须达到某个目的为标准；（4）被告的采血过程符合医疗规程，且被告采用的化验方法仅是初筛，不能作为乙肝表面抗原为阳性的确认检验；（5）患者王某的长期医嘱载明被告至2005年1月14日都为王某进行空肠营养及相关输液治疗。对于鉴定人就以上医疗专业性问题所作说明，原告未提交其他足以反驳的相关证据，故原告认为被告存在上述医疗过错的主张举证不充分，法院不予采信。

综上所述，被告就其对患者王某实施的医疗行为是否存在医疗过错承担了举证责任，所举证据证明其实施的医疗行为符合医疗原则，不存在医疗过错。对于原告认为被告存在遗留手术刀于患者王某腹腔内以及存在其他医疗过错的主张，通过庭前证据交换及开庭，法院对双方当事人所举证据进行了全面审查，原告未举出充分证据以反驳被告的举证，故本案的现有证据不足以证明原告的主张，其诉讼事由无法为法院所采纳，本案原告以此要求被告承担医疗过错民事赔偿责任之请求，依法不能得到支持。

186. 患者主述不清对医院诊断产生误导，患者后因治疗延误而死亡，如何确定医院的责任？

患者的主述虽然对医院的诊断产生一定误导，但鉴于患者是未成年人，可能对受伤情况缺乏确切的认识，且根据初步诊断结果有作进一步检查的必要，因此，医院违反了医疗者的基本注意义务，其医疗行为存在过错，且与患者的死亡具有因果关系，医院理应承担相应的赔偿责任。

典型疑难案件参考

陈某某诉广州某大学附属医院等人身损害赔偿纠纷案

基本案情

陈某（1990 年 9 月 1 日出生）与林某系被告广州市某小学学生，2003 年 2 月 24 日下午在放学途中，陈某与林某发生争执，争执中林某用手中串烧烤的竹签将陈某刺伤。被告林某某为此支付原告方 200 元。当天陈某被其叔陈文雄送往广州中医药大学第一附属医院治疗，正值医院交班时间，接诊医院李某根据患者主诊："左胸部被铁枝刺伤 1 小时，现呼吸疼痛"，诊断"左胸前第三肋间可见一硬物，压痛"，拟诊：（1）左胸壁金属异物残留；（2）气胸待查。同时给陈某开出放射线科检查申请单，让其进行检查。交接班医生程某根据未见异常的 X 线检查报告书诊断为左胸部外伤，并开出防破伤风、抗感染等药物进行处理。2003 年 3 月 3 日上午 8 时许，陈某在上学期间呕吐，其班主任发现后即将陈某送回家，并告知陈某家属。3 月 4 日上午 8 时许，陈某被发现呕血，经 120 医生诊断死亡。3 月 10 日，经法医学尸检鉴定，陈某残存体内的竹签长 10cm，因竹签插入胸腔，刺破肺、主动脉弓并与气管相通，导致主动脉出血从气管排出，造成失血性休克死亡。陈某门诊医疗费用去 446.1 元，死亡补偿费为 48597.78 元，丧葬费用 6230 元（含防腐费 4675 元），防腐费 7440 元。原告误工期为 22 天（死亡至尸检之日 7 天，另本案酌情给予看病、丧葬、诉讼等误工期 15 天），原告误工费为（8099.63 ÷365 天）×22 ×2 人 =976.4 元。原告在珠海工作，其来回广州的交通费法院酌情计为 10 次，每次 45 元，共为 900 元，市内交通费法院计为 200 元。

诉辩情况

原告陈某某诉称：陈某于2003年2月24日下午放学回家途中无故受到被告林某殴打，林某故意将串挂牛杂的竹签插入陈某胸部，致陈某身体受伤。当天将陈某送往被告医院检查治疗，由于医院未能及时发现残留在陈某身体内的竹签，导致陈某于一个星期后上课时突然病情恶化大口吐血，被告小学不及时将陈某送往医院治疗，反而将陈某送往其叔叔家中，延误了治疗时间，导致陈某在2003年3月4日8时病情恶化死亡。要求众被告赔偿原告医疗费445元，丧葬费13670元，死亡补偿费89880元，误工费4494元，交通费4928元，精神损失费80000元。本案受理费由被告负担。

被告林某、林某某、马某某辩称：原告所称林某殴打不属实，是在陈某殴打林某后，林某转身，手中的竹签无意插到陈某，而且插伤的部位是在锁骨，而非肺部。陈某送医院治疗后原告说没事了，被告就给了原告200元。至于之后陈某突然死亡，被告认为主要是因为原告照顾不周，未及时送医院而导致，被告认为陈某的死与被告无关。

被告广州市某小学辩称：陈某受伤是在放学途中，与学校没有关系。陈某于3月3日上午返校后也没有向老师汇报过他受伤的情况；3月3日上午8时许，陈某的班主任已发现陈某呕吐的情况，于是将原告马上送回家。后陈某在3月4日死亡，学校不存在延误陈某的治疗，陈某的死与被告无关。另被告还主动支付了陈某6000元的慰问金。

被告广州某大学附属医院辩称：被告在诊治陈某过程中，符合诊疗护理常规，正确及时履行了诊治义务。接诊医生根据患者主诉，“左胸部被铁枝刺伤1小时，现呼吸疼痛”，拟诊进行X线检查，结果显示心肺膈未见异常X线征，由于检查结果显示未见金属异物，故接诊医生按常规进行了相应处理。陈某的死亡是由于其自身伤重，且误导医生检查和治疗所致，与被告的诊治行为无因果关系。

裁判结果

综上所述，依照《中华人民共和国民事诉讼法》第232条，《中华人民共和国民法通则》第106条第2款、第119条之规定，判决如下：

一、在本判决生效之日起5日内，广州中医药大学附属第一医院赔偿原告医疗费、死亡补偿费等27560.14元。逾期履行，则按中国人民银行同期同类贷款利率加倍计付迟延履行的债务利息；

二、在本判决生效之日起5日内，林某某、马某某赔偿原告医疗费、死亡补偿费等24604.13元。逾期履行，则按中国人民银行同期同类贷款利率加倍计付迟延履行的债务利息；

三、驳回原告的其他诉讼请求。

本案受理费5378元，由原告负担3925元，被告广州中医药大学附属第一医院负担768元，被告林某某、马某某负担685元。

裁判理由

一审法院认为：陈某被林某刺伤后送往被告医院治疗，其虽向首诊医生主诉"被铁枝刺伤"，但由于致害事件在瞬间发生，同时作为未成年人，陈某可能对致害物是铁枝或是竹签以及自己的受伤情况缺乏确切的认识。陈某受伤时，其家属也并不在场，也无法具体详细向医生陈述其受伤的经过及相关事实。首诊医生仅根据患者主诉就开出X线检查申请单，同时诊断："左胸前第三肋间可见一硬物，压痛"，接班医生仅根据未见异常X线检查报告书（X线不能对竹签显影），没有作进一步询问检查，就判断为左胸部外伤，导致患者未得到及时治疗，造成长10cm的竹签遗留在患者体内，8天后致使患者失血性休克死亡，对此医方未履行作为专家的注意义务，对患者死亡具有过错，其医疗行为与患者死亡之间具有显而易见的因果关系。

陈某受伤在放学途中，其受伤后学校也不知情，学校在发现陈某有呕吐时即将其送回家，因此学校对陈某死亡并无责任，学校自愿给付原告慰问金6000元，法院予以准许。原告方已知道陈某受伤，但在陈某因呕吐被送回家后未及时将陈某送医院检查治疗，直到第二天陈某呕血时才打电话求医，延误了治疗时间，对陈某的死亡亦有一定责任。经计算，原告损失总计为55120.28元，比较责任大小，医院、致害方（林某）、原告方应各自承担陈某死亡损失50%、45%、5%的责任。林某因未成年，其赔偿责任依法由其监护人承担。原告要求丧葬费与法律规定标准相比过高，应计为4000元；其要求误工时间过长，应以法院核定为准；交通费也应以原告及原告之第二人处理此次事件所花费为限；精神损失费因已包含在死亡补偿费中，故原告另行要求精神损失费法院不予支持。

187. 如何确定人体医疗废物的权利归属与支配规则？

人体医疗废物的法律属性是物，其所有权归原来的身体权人即患者所享有，若患者去世，则尸体包括从尸体上分离出来的脏器、血液、毛发及至尸体火化后的骨灰，均成为患者家属的合法继承物，由患者家属享有支配权。鉴定机构擅自销毁脏器标本构成侵权，应承担侵权责任。

典型疑难案件参考

章心花等5人诉宁海县公安局、宁海县卫生局、王德尚、宁波市第一医院尸检纠纷案

基本案情

原告章心花是死者周祖现的妻子，原告周永涛、周娇娜、周娇娣系死者周祖现的子女，原告叶春仙系死者周祖现的母亲。2001年10月18日上午周祖现在前童镇童晓春诊所挂了营养针一瓶，同月20日上午因病情加重，原告章心花陪同周祖现又到该诊所。童晓春见病情严重，即由其丈夫陪同原告章心花将周祖现送到宁海第一医院抢救。同日下午15时30分经抢救无效死亡。为了查明死因，原告向有关部门提出尸检申请，2001年10月21日宁海县公安局法医收取原告1000元尸检费。同月22日被告宁海县卫生局邀请宁波市病理专家即被告王德尚进行尸体解剖，被告宁海县公安局法医予以协助解剖。被告王德尚提取了死者内脏作病理切片及鉴定之用。同月30日宁波市临床病理质控中心作出了尸体检查报告单，认定死亡原因为：两肺广泛出血，气管、支气管内充满血液而致窒息。10月31日宁海县公安局法医将该解剖尸检费1000元转交给了被告王德尚。2002年1月22日宁海县医疗事故技术鉴定委员会作出了不属医疗事故的鉴定结论。2002年12月5日浙江省病理尸体解剖中心针对宁海县卫生局所送的死者周祖现的组织切块作出了尸体检查报告，病理诊断为：(两）肺出血、水肿；风湿性心肌炎；慢性心瓣膜病（主动脉瓣和二尖瓣）：纤维化、钙化伴血栓形成；肝间质纤维化。事后被告王德尚将脏器标本销毁。其间原告为医疗事故的鉴定问题和医疗赔偿问题多次向有关单位申请、申诉、起诉。2004年11月30日原告得到医疗赔偿16万元。

宁波市临床病理质控中心无独立的财产和组织机构，挂靠在被告宁波市第一医院。被告王德尚是被告宁波市第一医院聘请的病理专家，当时任宁波市临床病理质控中心副主任。

一审诉辩情况

原告认为：被告收受了原告的尸检费用，不履行尸检义务，提供尸检报告，应承担责任；被告拒不归还死者内脏，侵犯了原告方的人身权益。起诉要

求四被告履行尸检义务，提供尸检报告；要求四被告归还死者内脏。经法院析明后，原告才明确得知死者内脏已被销毁，但在销毁前他们从未通知原告，因此，变更诉讼请求为：（1）要求四被告履行尸检义务，提供尸检报告。（2）要求四被告赔偿原告损失 70 万元，并承担连带责任。

被告宁海县公安局辩称：（1）本被告无须履行周祖现尸检义务、提供尸检报告。（2）本被告没有受理过周祖现尸检一事的委托，不存在归还死者内脏的职责。（3）原告起诉已超过诉讼时效。综上所述，请求法院驳回原告的诉讼请求。

被告宁海县卫生局辩称：首先，作为接受尸检一方已经履行了应尽尸检义务，不存在再履行尸检、提供尸检报告的义务；其次，根据法律规定，尸检当中提取的内脏，属于病理废物，不能返还给受害人家属，因此，原告要求归还死者内脏、赔偿损失的诉讼请求缺乏事实和法律依据。最后，诉讼已经超过诉讼时效。综上所述，请求法院驳回原告的诉讼请求。

被告王德尚辩称：（1）本被告受宁海县卫生局委托，由宁波市第一医院、宁波市临床病理质控中心派遣到宁海对死者周祖现的尸体进行解剖，属于职务行为，不应作为被告。（2）原告诉称的未履行尸检义务、提供尸检报告的情形与事实不符。（3）按有关法律规定，将脏器标本返还尸体较为困难，应当允许实施尸体解剖单位按惯例自行处理，因此对该脏器的处理是恰当的。（4）诉讼已超过诉讼时效。

被告宁波市第一医院辩称：（1）宁波市临床病理质控中心只是宁波市卫生局设在宁波市第一医院的一个办公室，不具有独立法人资格，法院追加宁波市第一医院为本案被告显属主体错误。（2）根据 1993 年 9 月 28 日《卫生部对"关于处理尸解脏器标本问题的请示"的复函》和 2003 年 10 月 10 日《卫生部、国家环保总局关于印发〈医疗废物分类目录〉的通知》的规定，实施尸体解剖单位有权按惯例自行处理脏器，因此，原告要求返还内脏及赔偿损失的诉请缺乏法律依据。综上所述，请求法院依法驳回原告的诉讼请求。

一审裁判结果

依照《中华人民共和国民法通则》第 43 条、第 76 条、第 137 条、最高人民法院《关于确定民事侵权精神损害赔偿责任若干问题的解释》第 3 条第 1 款第 3 项、第 10 条的规定，判决如下：

一、被告宁海县卫生局应赔偿原告章心花、周娇娜、周娇娣、周永涛、叶春仙精神损害抚慰金 10000 元，限本判决生效后 10 日内付清；

二、驳回原告章心花、周娇娜、周娇娣、周永涛、叶春仙其他的诉讼请求。

本案受理费 12000 元，由原告章心花、周娇娜、周娇娣、周永涛、叶春仙负担 10000 元，被告宁海县卫生局负担 2000 元。

一审裁判理由

一审法院归纳本案争议的问题为：

1. 擅自处理脏器是否构成侵权问题

身体权是以自然人保持其身体器官的完整性为内容的权利，它是人格权的一种，与生命权、健康权合称为“物质性人格权”，是其他人格权赖以存在的前提和物质基础。人一旦生命结束，尸体就转化成一种纯自然的物，包括从尸体上分离出来的脏器、血液、毛发及至尸体火化后的骨灰，具有精神价值。死者家属在不违背患者生前真实意愿和公序良俗的前提下，有权对其进行处分。被告以卫生部对“关于处理尸解脏器标本问题的请示”复函所规定的内容，说明被告王德尚按惯例自行处理脏器，不存在过错；以《医疗废物管理条例》、《医疗废物分类目录》和卫生部《医疗卫生机构医疗废物管理办法》的规定，说明死者内脏是为病理性废物应由职权机构统一处理，原告无权要求归还的抗辩理由，虽然符合自行处理脏器的惯例，但应当履行告知原告义务。被告王德尚未履行告知义务而销毁脏器，侵害了原告的合法权利。

2. 民事赔偿问题

根据《中华人民共和国公安部刑事技术鉴定规则》、《司法鉴定程序通则》的规定和查明的相关事实，宁波市中级人民法院〔2005〕甬行终字第 150 号行政裁定书已经认定被告宁海县公安局不具有对周祖现尸体作出检查报告的法定行政职责，因此本案对该事实应予采信。被告宁海县公安局作为协助尸检的单位，已经履行了尸体检查的义务，并已将收取的解剖尸检费 1000 元转交给被告王德尚，履行了相关的协助义务。因此被告宁海县公安局不存在返还脏器及赔偿损失的责任。被告宁海县卫生局在处理死者周祖现医疗纠纷过程中，邀请委托宁波市临床病理质控中心病理专家即被告王德尚进行尸检，虽履行了作为行政主管机关的职责，但事后被告王德尚未告知原告即按惯例自行将死者周祖现的脏器予以销毁，侵害原告的合法权利，造成原告精神上损害的责任应由其承担，因此被告宁海县卫生局应对原告的损失承担相应赔偿责任。宁波市临床病理质控中心是被告王德尚的工作单位，其无独立的财产和组织机构，不具备诉讼的主体；被告宁波市第一医院作为宁波市临床病理质控中心的挂靠单位及被告王德尚的聘用单位，其没有获得尸检费及其他利益，因此不承担民事责任。

3. 诉讼时效问题

诉讼时效期间从知道或应当知道权利被侵害时起计算。本案虽然是在

2001 年 10 月 30 日作出尸体检查报告单的，但是死者脏器何时应予返还，作为原告是不知情的。被告王德尚在处理死者脏器时未告知任何人，事后其他被告也未通知原告，因此原告现在起诉并未超过诉讼时效。

综上，一审法院认为，本案侵害的是尸检脏器标本，不同于生命权和健康权，应减轻精神损害赔偿责任。原告要求赔偿 700000 元的数额，明显偏高。原告要求被告履行尸检义务，提供尸检报告缺乏事实依据，法院不予支持。

二审诉辩情况

宣判后，原审原告章心花、周永涛、周娇娜、周娇娣、叶春仙不服，向宁波中院提起上诉。上诉称：(1) 原审判决认定事实不清。(2) 原审法院对上诉人提交的照片一组，只认定真实性，不认定关联性是错误的。对尸体检查报告单的认定也是错误的。(3) 原审判决赔偿主体责任免除严重违法。(4) 原审实体判决严重不公。请求二审依法撤销原审判决，依法改判，支持上诉人的诉讼请求。

二审裁判结果

二审法院认为，原审法院认定事实清楚，实体判决妥当。依照《中华人民共和国民事诉讼法》第 153 条第 1 款第 1 项的规定，判决驳回上诉，维持原判。

188. 医疗机构对胎儿做出不当的产前检查，导致有手掌缺陷的胎儿出生，是否应当承担责任？

胎儿手及指未纳入产前检查的内容及项目，如果医疗机构对当事人的检查已经尽到符合具有一般医疗专业水平的医务人员于同一情况下所应遵循的标准，履行了其在检查过程中的注意义务，对于未检查出婴儿一手掌缺失不具有过错；婴儿一手掌缺失的损害后果与医疗机构的医疗行为无因果关系。因此，对当事人之子一手掌先天性缺失不承担责任。

典型疑难案件参考

严某、方某诉彭州市妇幼保健院医疗服务合同纠纷案

基本案情

2005 年 8 月 4 日原告严某到被告处进行产前检查，2005 年 8 月 5 日，原告

严某与被告建立孕产妇卡，被告为原告严某做孕产期常规体检和保健检查，同日超声检查为中孕，宫内活胎；胎儿头环1.5cm，胎心胎动好，胎盘附着子宫后壁，属0级，羊水深度3.0cm。2005年11月20日彩色多普勒超声检查为中孕，宫内活胎；双顶径6.7cm，胎心146次/分，律齐，胎动良好，股骨长径4.6cm，胎儿脊柱连续完整，胎盘附着子宫后壁，厚3.0cm，属0 +级，羊水深度6.4cm，胎儿脐血流S/D =3.5；2006年1月23日超声检查为中孕，宫内活胎，头位、左枕前，双顶径8.8cm，胎心胎动好，股骨长径6.7cm，胎盘附着子宫后壁，属Ⅱ级，羊水深度5.3cm，胎儿后颈部见"U"字母征，提示：胎儿脐带绕颈？在此期间，被告为原告严某做了常规的血细胞分析，结果均为正常，按规定对原告严某进行了孕产期保健提示和保健医学指导。2006年2月21日原告严某在彭州市第二人民医院剖宫产一男婴，左手掌先天缺失，即本案原告严某和方某之子方某某，为此原、被告发生纠纷，原告以医疗侵权之诉向法院提起诉讼。

一审诉辩情况

原告严某、方某诉称：由于被告检查人员在对原告严某进行产前检查的过程中严重不负责任，对胎儿左手掌缺失应当查出但没有检查出来，误导了原告严某、方某，从而导致方某某出生，侵害了原告的优生优育权，被告的上述行为给原告造成了严重精神损害和经济负担，请求法院判令被告赔偿原告医疗费5000元、护理费3000元、误工费9600元、住院伙食补助费1000元、营养费1000元、住宿费500元、交通费500元、残疾赔偿金25400元、假肢费194000元、精神损害抚慰金80000元，共计320000元。

被告彭州市妇幼保健院辩称：现行产前超声检查技术的诊疗常规中，不包括对胎儿手掌指的检查和诊断，被告对原告严某进行的B超检查从内容到结论符合诊疗常规，被告主观上没有过错，客观上没有违反卫生管理法律、法规的行为。本案未能检查出胎儿手掌指缺失，除了诊疗常规没有将其作为常规检查项目外，医疗水平本身具有的局限性以及其他各种因素的影响也是重要原因，该风险及后果不应由被告承担。方某某手掌缺失并不是由被告造成，而是在妊娠过程中形成的，属先天性原因造成，与被告的医疗行为之间没有因果关系，被告不应承担任何赔偿责任，原告要求被告承担赔偿责任显然缺乏法律和事实依据，请求法院依法驳回原告的诉讼请求。

一审裁判结果

彭州市人民法院依照《中华人民共和国民事诉讼法》第64条第1款、最高人民法院《关于民事诉讼证据的若干规定》第2条、第4条第8项的规定，判决如下：

一、驳回原告严某、方某对被告彭州市妇幼保健院的诉讼请求；

二、案件受理费1000元，由原告负担。

一审裁判理由

彭州市人民法院认为，本案是因医疗侵权引发的纠纷，归纳双方诉辩所主张的问题，本案争议的焦点在于：

1. 被告是否应当检查出胎儿左手掌缺失

法院认为：侵权责任的构成须以违法为必要，违法行为属在客观上与法律规定相悖的行为。在侵权行为法上以医疗侵权为诉因的侵权责任构成，应当判断医疗机构及其医务人员实施具体的医疗服务行为的违法性。医疗行为的违法性，意指医疗行为违反了法律关于保护民事主体合法权益不受侵害的规定和行政法规及医疗卫生管理法规，以及有关的规章制度和诊疗护理常规中规定的义务。本案原告严某与被告建立产前保健检查关系后，从原告严某血液化验分析到超声检查，被告均按照孕期检查常规和超声《临床技术操作规范》的规定进行，实施的医疗行为符合医学诊疗要求，未见被告有违反诊疗护理常规和操作规范的行为，被告对原告严某的产前检查行为也符合《中华人民共和国母婴保健法》第14条“医疗保健机构应当为育龄妇女和孕产妇提供孕产期保健服务”的规定和《中华人民共和国母婴保健法实施办法》第18条“医疗、保健机构应当为孕产妇提供下列医疗保健服务：第1项为孕产妇建立保健手册（卡），定期进行产前检查；第2项为孕产妇提供卫生、营养、心理等方面的医学指导与咨询”的规定，故被告的医疗行为不具有违法性。

2. 被告是否有医疗过错

法院认为：过错是行为人的行为不符合某种行为标准，受到法律的否定性评价。构成医疗过错的行为，行为人的主观心理状态仅限于过失，行为人对自己行为的损害后果的发生，由于疏忽大意而没有预见或者虽然已经预见却轻信能够避免。就医疗过错而言，是医务人员在从事医疗活动中由于主观原因，违反法定义务或者诊疗护理操作规范的规定，造成患者人身损害后果的行为，判断被告有无过错，应就过错的主观本质属性为逻辑前提，以被告是否已尽客观上的注意义务为标准。本案的胎儿畸形，在医学界中实属鲜见。由于医疗设备本身的局限性和胎儿在宫内的特殊体位、胎儿位置的变化和羊水多少等因素的影响，存在可容许的合理医疗风险。按照现行的《临床技术操作规范》的超声检查技术的要求，产前检查胎儿手及指未纳入检查的内容及项目，被告只能依常规所能发现或预料的情况尽注意义务。被告的医务人员根据其岗位与职称，对原告严某进行检查时，未能发现胎儿有畸形的情况，主观上没有疏忽和懈怠的心理状态，客观上按照具体的医疗行为的操作规程，将每一次检查血液和超声检查胎儿状态的内容，以报告和记录的保健指导等形式告知原告严某，根据法律、行政法规和规章所规定的医疗规范，审认当时的具体检查情况，被告已尽到符合具有一般医疗专业水平的医务人员于同一情况下所应遵循的标准，被告履行了其在检查过程中的注意义务，应当认定被告没有过错。

3. 方某某左手掌缺失是否与被告医疗行为有因果关系

法院认为：在侵权纠纷中，承担责任的必要条件为因果关系，就是违法行为作为原因，损害事实作为结果，在它们之间存在的前者引起后者，后者被前者所引起的客观联系。而在医疗侵权纠纷中，按因果关系在该侵权责任构成中的功能应为一种特殊的因果关系。根据最高人民法院《关于民事诉讼证据的若干规定》第4条第8项“因医疗行为引起的侵权诉讼，由医疗机构就医疗行为与损害结果之间不存在因果关系及不存在医疗过错承担举证责任”。其法意为医疗侵权责任的因果关系实行推定，在该可能性的判断过程中，医疗机构只有在能够举出证据证明自己的医疗行为与损害后果之间不具有因果关系之前提下，推翻其因果关系推定，方不构成侵权责任。本案作为因果关系之原因的被告医疗行为违法的客观属性，已被上述法院认为所排除，方某某左手掌缺失，缺欠其损害结果是为被告医疗行为违法性所引起的客观原因，虽有方某某左手掌缺失的损害结果，但与被告的医疗行为无因果关系。

4. 被告未检查出胎儿左手掌缺失的行为是否构成对原告优生优育权的侵权

法院认为：优生优育权是公民生育权衍生出来的一项权利，虽然我国《宪法》、《民法通则》没有规定，但《母婴保健法》、《计划生育法》等相关法律对此作了相应规定。然而优生优育权虽然也是公民的一项基本权利，但毕竟有别于其他人身权利。

《母婴保健法》规定，经产前检查及诊断，如胎儿存在严重缺陷等情况，医生应提出终止妊娠。此时夫妻双方有决定是否终止妊娠的自由。可见优生优育选择权并非绝对权，权利的行使是受到一定限制的，故原告主张的优生优育选择权不属于侵权行为法所指的权利，因此，不能认定原告主张的侵权事实成立。

综上所述，法院认为，由于医学是一门专门性的自然科学，很多医学问题尚处于反复探索和验证之中，远不能穷尽一切医学真理，超声检查方法和技术虽在现代临床医学中得到广泛的应用，但存在一定的局限性。在产前检查中，由于医疗技术水平本身的局限性和受胎儿体位、胎儿活动、胎儿骨骼声影及羊水等多因素影响，超声显像尚不能完全将胎儿的所有结构显示出来，胎儿畸形的概率客观存在。被告在为原告严某进行孕期产前检查的过程中，按照医疗规范和常规尽到了注意义务，主观上没有过错，客观上没有违反医疗卫生管理法律法规和规章及诊疗护理规范，被告的医疗行为不具违法性。方某某左手掌缺失，系其在胎儿妊娠过程中形成的畸形，该孩子的缺陷不是由于医生的过失造成的，即使没有医生的行为介入，这个孩子也注定是有遗传缺陷的。因此，该损害结果与被告的产前检查行为没有因果链条关系，被告的医疗行为不构成侵权责任，不应当承担本案赔偿责任。原告的诉讼请求法院不予以支持。

二审诉辩情况

宣判后，严某、方某不服，提起上诉称：彭州市妇幼保健院应当检查出胎儿左手掌缺失而未检查出，侵害了严某、方某的优生优育权；彭州市妇幼保健院的医疗行为与方某某左手掌缺失有因果关系。请求撤销原判，支持严某、方某的诉讼请求。

被上诉人彭州市妇幼保健院答辩称：按照规定，相关检查中并不包括对胎儿手掌的检查，彭州市妇幼保健院的医疗行为并未违反规定，不构成侵权；彭州市妇幼保健院的医疗行为与方某某左手掌缺失没有因果关系。请求维持原判。

二审裁判结果

成都市中级人民法院依照《中华人民共和国民事诉讼法》第 153 条第 1 款第 1 项之规定，判决如下：

一、驳回上诉，维持原判；

二、一审案件受理费按原判确定的金额和方式执行。二审案件受理费免收。

二审裁判理由

成都市中级人民法院认为，作为一门自然科学，医学尚需不断的探索研究。受现有医疗水平、技术手段和医疗设施的限制，医疗技术存在着局限性，这决定了产前常规检查内容的有限性。同时，产前超声检查准确性，客观上还受胎儿体位、胎儿活动、胎儿骨骼声影及羊水等多种因素的影响。根据现行的《临床技术操作规范》的规定，“中晚期妊娠常规超声检查内容包括：（1）胎位。（2）胎儿径线测量双顶径，股骨长度。（3）是否为多胎。（4）检查胎儿有无显性脊柱裂、无脑儿；腹裂、心脏外翻。（5）测量胎心率，及观察胎动。（6）确定胎盘位置。（7）测量羊水深度”。可见，胎儿手掌并非产前常规超声检查的内容。此外，严某、方某也未与彭州市妇幼保健院约定就胎儿手掌进行特别检查。据此判断，彭州市妇幼保健院按照常规的检查内容对严某进行检查，检查内容符合双方约定，符合常规检查技术规范的要求，尽到了在现有医疗条件下通常之注意义务，主观上并无过错。方某某的左手掌缺失，系其在胎儿妊娠过程中形成的畸形，该损害结果并非彭州市妇幼保健院的产前检查行为所致，故方某某左手掌缺失与彭州市妇幼保健院的产前检查行为之间没有因果关系。综上所述，严某、方某关于彭州市妇幼保健院对其构成侵权的诉讼理由不能成立，法院对其上诉请求不予支持。

189. 当事人产下先天愚型儿，为当事人进行孕期保健的医院应承担何种责任？

为当事人进行孕期保健的医院未遵守卫生部规章《产前诊断技术管理办法》，对当事人提供产前诊断的有关指导和建议，致使当事人丧失了对其胎儿健康状况的知情权及生产与终止妊娠的选择权，产下了先天愚型儿，给当事人带来了精神上的痛苦，应当对当事人承担精神损害赔偿责任。

典型疑难案件参考

杜某诉宜昌市第三人民医院医疗服务合同案

基本案情

2003年10月6日，原告到被告处进行孕期初诊，被告为原告建立了《宜昌市孕产妇系统保健手册》（以下简称《保健手册》）。《保健手册》记载：初诊日期2003年10月6日，原告孕次5次，产次1次，孕周18周+2，预产期2004年3月16日，身高160cm，体重75kg；被告还对原告的血压、骨盆等进行了检查。对《保健手册》上孕期检查记录的项目，被告基本作了检查，但对尿蛋白未作检查，亦未进行高危评分。《保健手册》第13页印制了孕期危险因素评分表。根据该表，原告年龄超过35岁应评15分，体重超过70公斤应评15分。《保健手册》第26页印制了如何及早知道宝宝是否患有先天愚型（即21三体综合征）的内容，但未列明5种应做产前诊断的孕妇情形。2004年3月4日，原告在被告处住院并剖宫产下其子姚某。分娩记录上记载手术指征为羊水过少，生产时合并症为早破水。2005年7月7日，姚某经宜昌市妇幼保健院检查，初步诊断为21 三体综合征。

一审诉辩情况

杜某遂于2005 年7 月诉至一审法院，请求判令被告赔偿抚养费、教育费、医疗费等共计49.54 万元。

一审裁判结果

判决驳回原告杜某的诉讼请求。

一审裁判理由

宜昌市三峡坝区人民法院审理认为：原告在被告处进行孕产保健，被告为原告建立了《保健手册》，原、被告即建立了以《保健手册》上载明的医疗保健项目为主要内容的服务合同关系。被告未按《保健手册》上规定的项目给原告做尿蛋白等检查和高危评分虽然属于未完全履行合同义务的违约行为，但该行为与筛查先天愚型胎儿没有因果关系，且《保健手册》记载原告未接触过可能导致胎儿先天缺陷的物质。姚某出生后相当时间内，原、被告均未发现其有发育异常或可疑畸形，可见只有通过遗传基因的检查即产前诊断才能查明原告的胎儿是否患有先天愚型，而《保健手册》上没有进行产前诊断或是否建议产前诊断的医疗服务项目。根据2001 年6 月20 日国务院颁布的《中华人民共和国母婴保健法实施办法》第25 条第5 项规定，初产妇女年龄超过35 周岁的，医师应当对其进行产前诊断。原告系经产妇，不在上述规定的应进行产前诊断的范围内。因此，被告不存在必须建议原告进行产前诊断的责任。中华人民共和国卫生部2003 年5 月1 日发布施行的《产前诊断技术管理办法》第17 条规定，年龄超过35 周岁的孕妇，经治医师应当建议其进行产前诊断，但是，卫生部的部门规章规定扩大了国务院相关行政法规规定的范围。同时，在宜昌市卫生局制作的《保健手册》第26 页上，印有关于先天愚型筛查的普及宣传资料。原告身为孕妇，未按要求仔细阅读《保健手册》上的内容，自身存在疏忽大意的过失。原告要求被告赔偿其因抚养其子所需生活费、医疗费、教育费、护理费等计49.54 万元的诉讼请求没有法律依据，不予支持。

二审诉辩情况

杜某不服一审判决上诉称：一审法院认定《保健手册》上没有进行产前诊断或是否建议产前诊断的医疗服务项目是事实不清。理由：（1）被上诉人在对上诉人进行产前检查时未按《保健手册》的要求进行化验检查及尿蛋白的检查和进行高危评分；（2）《保健手册》第14 页明确说明产前检查的必要性的内容，表明羊水过多或过少是被上诉人应检查的项目，但被上诉人未履行该义务。(3)《保健手册》第 26 页载明，21 三体综合征也是检查的项目，但被上诉人没有做，严重违约。一审法院认定卫生部的部门规章扩大了国务院相关行政法规定的范围属违法认定。综上，一审判决认定被上诉人不应对上诉人做产前诊断的事实不清；认定卫生部的规定扩大了国务院的法规违法，严重侵犯了上诉人杜某的合法权益，故请求撤销原判，判令被上诉人付经济损失 49.54 万元。

三医院辩称：(1) 产前诊断不是被上诉人的法定义务，且不是每个医院都能做产前诊断的，被上诉人不具备做产前诊断的资质。(2) 上诉人不属于《中华人民共和国母婴保健法实施办法》规定的必须进行产前诊断的对象。(3) 上诉人产下 21 三体综合征的婴儿与被上诉人的医疗行为无关。(4) 上诉人分娩时羊水过少，不能说明其以前已存在羊水过少。上诉人称被上诉人未对其进行羊水检查不属实，羊水只能通过 B 超检查，而被上诉人对上诉人进行了 B 超检查，检查结果在上诉人处。

二审裁判结果

宜昌市中级人民法院依照《中华人民共和国民事诉讼法》第 153 条第 1 款第 2 项、《中华人民共和国合同法》第 60 条第 1 款、第 107 条之规定，判决撤销宜昌市三峡坝区人民法院〔2005〕三民初字第 171 号民事判决；宜昌市第三人民医院补偿杜某人民币 50000 元。

二审裁判理由

宜昌市中级人民院审理认为，虽然上诉人杜某提出三医院在对其进行产前检查时，存在违反《保健手册》的约定属实，但三医院未按《保健手册》中规定的项目对杜某进行全面检查与其产下先天愚型的患儿没有因果关系。但三医院没有书面对杜某进行产前诊断的有关指导和建议，对于杜某产下 21 三体综合征的姚某存在一定的过错，应承担相应的责任。另一方面，杜某疏于阅读、了解《保健手册》中所附筛查先天愚型的宣传资料和进行产前诊断咨询，亦有责任。

190. 在医疗诊治过程中，被邀请参与会诊的医疗机构是否对会诊患者的医疗后果负有民事责任？

在医疗会诊协作中，被邀请会诊的医疗机构因施行了接受会诊邀请的“先前行为”，对会诊患者应负有专业上的注意义务，如迟延会诊则构成医疗过失，并应承担相应的民事责任。

典型疑难案件参考

宋小妹等诉南京脑科医院、江苏省人民医院因迟延会诊致患者死亡赔偿纠纷案

基本案情

原告宋小妹的丈夫姜平安因病于2006年5月26日第6次入住脑科医院精神科。病历记载患方主诉未反映有特殊既往史。入院精神检查：意识清晰，情感高涨，兴奋话多，冲动伤人，无自制力。入院诊断为：反复发作性躁狂症。医院的护理记录单记载：5月28日17：30，患者主诉“小腹痛”，要求检查做“彩超”。值班医生检查未发现有阳性体征；当天晚餐进食后患者称“腹痛好转”，但23:30患者仍称腹痛。5月29日下午患者陈述腹痛，医院对其予腹部透视，报告提示：未见异常。当日23:30，患者晚餐未吃，仍诉腹痛，甚至拒绝其他治疗，称：不解决腹痛就永远不打针。5月30日7:00、17:00，患者诉腹部仍疼痛、胃胀、喉咙疼。医院给予其吗丁啉、急支糖浆治疗。23:30，病人又诉咽痛、腹痛，医院给予安慰，未有其他治疗。6月2日上午11:00，患者姜平安呕吐咖啡色胃内容物约500ml，被告脑科医院予洛赛克治疗，并向该院ICU以及省人民医院消化内科发出会诊邀请。11:42，脑科医院开出会诊单，邀请距离较近的省人民医院协助诊治，注明病情：“患者近一周诉上腹痛，胃纳欠佳。今上午11:00呕吐咖啡色胃内容约500ml，11:40又呕吐暗红色液体约500ml，BP106/70MMHg。”脑科医院将会诊单交由患者妻子宋小妹（即原告之一）送省人民医院。12:10，姜平安又呕吐咖啡色和暗红色胃内容物，后被转入ICU（重症监护室）。下午5:20，省人民医院会诊医生到脑科医院会诊。18:00，省人民医院出具会诊意见为：消化道大出血外科会诊是否手术治疗？19:30，患者再次呕鲜红色血液约800ml，血压测不出，心率182次/分。21:00，患者血压再次测不出，经抢救无效于21:30死亡。

南京市公安局对姜平安进行法医学检验，物证鉴定意见为：根据尸体检验及组织病理学检查，姜平安十二指肠后壁消化性溃疡，溃疡底部小动脉被侵蚀破裂，并致消化道内出血，结合其睑球结合膜苍白、唇粘膜苍白、脾包膜皱缩等大出血的尸体征象，说明姜平安系十二指肠后壁消化性溃疡致大出血死亡。

关于省人民医院会诊的事实，法院查明：脑科医院于2006年6月2日11:42开出会诊单，会诊单上标明“急”字样及患者病情状况，省人民医院在会诊单上加盖了医务处的印章（省人民医院在上述期间陈述13:30同意接受会诊）。原告宋小妹陈述，其当天中午拿着会诊单到省人民医院办理了交纳会诊费等手续后，按照省人民医院写的地址到省人民医院病区找会诊医生，后听医务人员讲“医生已经去了”，以为会诊医生已去会诊，即自行回脑科医院，会诊单未交至会诊医生手中。被告省人民医院会诊医生在中午接到医务处电话通知会诊，但其一直未等到会诊单送来。17:00左右，医务处又电话通知会诊，并告诉了具体的病床号。会诊医生于下午17:20左右赶至脑科医院会诊。18:00，省人民医院作出会诊意见。审理中，法院委托南京医学会对医院的行为是否存在医疗过失以及过失行为与患者死亡之间的因果关系进行鉴定。南京医学会做出医疗事故技术鉴定，鉴定分析意见为：根据医患双方陈述及临床资料分析，患者诊断为“反复发作性躁狂症”，既往无“消化性溃疡”病史。南京脑科医院的医疗行为未违反医疗规范，在患者发生“上消化道大出血”时，及时请专家会诊，各项救治工作得当。由于该病例的特殊性及脑科医院精神科医务人员对非本专业知识的局限性，导致患者“溃疡病”的早期诊断存在不足；另外，在医疗文件书写方面也存在缺陷。江苏省人民医院在接受外单位会诊的环节上存在不足，致患者未能得到及时会诊。患者死亡后经尸检，诊断为“十二指肠后壁消化性溃疡，溃疡底部小动脉被侵蚀破裂”，死因明确，其自身疾病是死亡的主要原因和直接原因。鉴定结论为：本例不属于医疗事故。

原告对该鉴定提出异议。南京医学会答复认为：(1) 分析意见中提到“脑科医院精神科医务人员对非本专业知识存在局限”，指的是对消化系统疾病认识的局限性。消化科专业知识并非其他专科医生必须掌握的知识，为解决此类问题，卫生部制定了会诊制度。脑科医院系专科医院，并无消化科，遇到相关问题，需请外院会诊。(2) 患者系精神病人，且既往无“溃疡病”史，该患者未能早期诊断，有其自身的特殊性，并非医方违法、违规行为所致。“溃疡病”的诊断需要“胃镜”或“上消化道钡餐”的支持，而该患者属于此类检查相对禁忌范畴。(3) 如能通过正常检查确诊“溃疡病”，进行及时、正确治疗，肯定会减少相关并发症的发生。(4) “溃疡病”的治疗原则：去除病因，解除症状，愈合溃疡，防止复发和避免并发症…… (5) “溃疡病”如及时、正确的治疗，现有效控制率超过95%，并发症中出血多见，据报道10%左右，穿孔等并发症发生率低于2%，死亡率低于1%。

另查明：原告主张被告赔偿其医疗费损失2100元，其中2000元为姜平安在脑科医院住院的预交费。100元为原告交纳于省人民医院的会诊费。脑科医院尚未与原告方结算医疗费。姜平安医疗费用有部分由医疗保险承担。审理中，脑科医院表示将2000元预交款退还原告方。

一审诉辩情况

原告诉称：被告脑科医院忽视患者持续性腹痛、腹胀、咽喉痛等重要病症与体征，未予必要的检查和诊治，致使患者的十二指肠消化性溃疡没有得到及时、有效的控制和治疗而大出血。省人民医院在收取患者会诊费用、接受脑科医院会诊单后，在耽搁6小时才到脑科医院会诊，但省人民医院未出具必要诊疗方案，而要求“外科会诊是否手术治疗”，因其严重延误会诊，外科手术根本无法实施。两被告在诊疗过程中违反了基本诊疗常规，导致患者的病情没有得到良好的控制和及时有效的治疗，对患者的死亡负有连带责任。原告要求判令两被告赔偿医疗费2100元、死亡赔偿金246380元、精神损害赔偿金50000元、丧葬费10478.59元、被抚养人生活费30177元、尸检费2500元，承担诉讼费。两被告承担连带责任。

被告脑科医院辩称：(1) 脑科医院的治疗行为符合医疗常规。患者姜平安没有消化性溃疡的病史，医院对其进行查体检查，未有阳性体征；进行腹部透视检查，患者也无异常表现。姜平安患有精神病，客观上也不能配合相关检查。因此，脑科医院无法进行鉴别诊断，但对病情进行了对症处理，符合医疗常规。(2) 被告对患者及时转科，及时请本院和外院的专家会诊，抢救程序规范，措施得当。本案中患者的消化性溃疡早期诊断确有客观原因和局限性，精神科医生的注意能力和法定义务有别于专业专科医生标准和要求，责任也当然不同。这种客观存在的不足，不是法律上的主观过错，脑科医院行为不构成医疗过失。(3) 患者的死亡与其病情的凶险和医学科学的局限性有关。脑科医院不应承担赔偿责任。

被告省人民医院辩称：(1) 患者姜平安与省人民医院不存在医疗服务关系。(2) 省人民医院接受脑科医院的会诊，会诊行为符合卫生部关于会诊的规范。会诊意见是诊治的参考，对会诊意见是否实施由脑科医院决定，省人民医院的医生没有对患者进行治疗，患者的死亡是其自身疾病导致的后果，与省人民医院的行为无必然因果关系，省人民医院不承担责任。(3) 省人民医院没有实施任何的侵权行为，不存在连带赔偿责任。

一审裁判结果

南京市鼓楼区人民法院根据《中华人民共和国民法通则》第119条及最高人民法院《关于审理人身损害赔偿案件适用法律若干问题的解释》第3条

第2款、第17条、第18条、第27条、第28条、第29条之规定，判决：

一、被告脑科医院于判决生效之日起7日内赔偿原告宋小妹、姜明、姜德源、方心兰有关医疗费、死亡赔偿金、丧葬费、法医学检验费、精神损害抚慰金及姜明的被抚养人生活费等共计人民币138393.6元；

二、被告省人民医院于判决生效之日起7日内赔偿原告宋小妹、姜明、姜德源、方心兰有关医疗费、死亡赔偿金、丧葬费、法医学检验费、精神损害抚慰金及姜明被抚养人生活费等共计人民币74519.7元；

三、被告脑科医院于判决生效之日起7日内退还原告宋小妹、姜明、姜德源、方心兰医疗费人民币2000元；

四、驳回原告宋小妹、姜明、姜德源、方心兰的其他诉讼请求。

一审裁判理由

南京市鼓楼区人民法院经审理认为：关于脑科医院是否应当承担赔偿责任问题。姜平安是精神病患者，其对消化道病情的主诉与普通患者的主诉可能存在差异，精神科医务人员对消化科医学专业知识具有局限性，这都是脑科医院诊治姜平安溃疡病的影响因素，但这些因素并不能否定脑科医院应有的注意义务。脑科医院医生诊治姜平安消化道疾病的注意义务，虽不能以消化科医生的专业水准为标准，但应以一般医生的注意能力为标准。消化性溃疡病的基本医学知识是普通医生所具有的，脑科医院的医生对此应具有相应的注意能力与义务。在姜平安多次腹痛的情况下，脑科医院疏于履行注意义务，未做出初步诊治，在患者病情发展的早期也未及时请专科医生会诊，都是违反了注意义务，具有医疗过失行为。消化性溃疡是常见疾病，如得到及时正确治疗，有效控制率较高。由于被告脑科医院未及时做出初步诊治，导致控制率较高的疾病没有得到及时治疗，其医疗过失行为与姜平安的死亡之间具有因果关系，应承担赔偿责任。

关于省人民医院是否应承担赔偿责任的问题。首先，省人民医院的行为是否构成医疗过失。协助诊治的邀请虽然是脑科医院向省人民医院发出的，但当原告方向省人民医院交纳了相关费用，省人民医院在会诊单上加盖了印章，并安排了相关会诊医生时，省人民医院即被赋予了对患者诊治的义务。省人民医院对姜平安疾病的诊治行为应符合诊疗规范和常规，但省人民医院自13:30同意会诊至17: 20左右才到脑科医院会诊，造成对姜平安诊治的迟延，构成医疗过失。原告宋小妹未将会诊单交至于会诊医生，不构成省人民医院迟延会诊的抗辩理由。其次，消化道溃疡发病初期，病情并不严重，并且有效控制率在95%。省人民医院主张其及时会诊，患者死亡后果也不能避免，但其未能举证证明。而省人民医院的医疗过失行为使本来可能得到救治的患者丧失了可能存活的机会，与患者的死亡之间具有因果关系，其应承担赔偿责任。

关于脑科医院、省人民医院应承担的赔偿责任。南京医学会的书面答复意见为，“溃疡病”如得到及时、正确治疗，将减少相关并发症的发生，疾病的有效控制率较高。由于患者疾病发生的初期没有得到相应的治疗，导致其溃疡疾病逐步加重，而会诊的迟延，也造成患者可能存活的机会丧失。因此，虽然患者是十二指肠后壁消化性溃疡致大出血死亡，但医疗过失行为是患者疾病发展至死亡的主要原因。患者的既往病史、相关检查是正确诊断消化性溃疡所需的因素，而姜平安住院时无溃疡病的既往病史陈述，其又为“反复发作性躁狂症”，属于相关检查的相对禁忌范畴，因此，该因素也影响了正确诊断和治疗。并且，当患者姜平安发生消化道出血后，其抢救难度增大。故法院综合考虑上述因素，确定两被告对其医疗过失行为共承担60%的赔偿责任。

关于两被告赔偿损失的范围和数额。原告方主张的医疗费2100元。其中2000元，脑科医院表示退还，法院予以支持。100元会诊费、法医学检验费2500元属于其损失。姜平安虽然为精神病患者，但其存在明显缓解期，无证据证明姜平安没有抚养能力。原告姜明系姜平安生前依法应当承担抚养义务的未成年人，其所主张的被扶养人生活费33701.5元应予支持。另，原告主张的其他费用，根据相关规定计算，死亡赔偿金为281680元、丧葬费为11874元，以上费用两被告共承担60%为197913.3元（其中被扶养人生活费为20220.9元）。关于精神损害抚慰金，法院根据两被告的过失程度等，酌定15000元。上述赔偿数额共计人民币212913.3元。

由于两被告的各自医疗过失行为间接结合致损害后果发生，两被告应根据其过失大小、原因力比例各自承担相应的赔偿责任。脑科医院在姜平安疾病发生的早期尽到了注意义务，则患者发生死亡的可能性较小。省人民医院虽然在会诊中具有过失行为，但患者当时的病情已经发展为消化道大出血，病情已较为凶险，死亡率较之于疾病初期大。故脑科医院对患者的死亡承担大部分责任，即对上述赔偿数额212913.3元承担65%的赔偿责任，省人民医院承担35%的赔偿责任。被告脑科医院赔偿原告方138393.6元，省人民医院赔偿原告方74519.7元。

二审诉辩情况

宣判后，被告脑科医院、省人民医院不服判决，提起上诉。

二审裁判结果

南京市中级人民法院驳回被告的上诉，维持一审判决。

二审裁判理由

南京市中级人民法院审理后认为：(1) 精神疾病患者的特殊性，更加要求精神科医疗机构履行高度的注意义务，患者的精神疾病不应成为医疗机构降低注意义务的理由。脑科医院未能重视患者对病症的主诉，未能在其能力范围内采取及时、有效的检查和治疗措施，延误了对患者疾病的诊治，存在医疗过失。(2) 省人民医院会诊中的注意义务来源于其一系列接受会诊邀请的“先前行为”，其于2006年6月2日13时30分同意接受会诊至会诊医生于下午17时20分到脑科医院，考虑两医院距离较近，应认定省人民医院会诊迟延，存在医疗过失。(3) 医学会鉴定认为患者所患疾病是其死亡主要原因，是从医学角度进行的分析。从法律层面判断，两被告的医疗过失行为，使得“溃疡病”原本低于1%的死亡率成为现实，应认定两被告的医疗过失行为是患者死亡的主要原因。(4)《会诊暂行规定》虽对会诊单的传递方式未作明确规定，但不能因此认为本案两被告交由患者亲属传递会诊单的行为正当。本案正是因此延误了对患者的诊治。

191. 宠物诊疗侵权应适用何归责原则？

因医疗行为引起的侵权诉讼，由医疗机构就医疗行为与损害结果之间不存在因果关系及不存在医疗过错承担举证责任，即适用举证责任倒置。按立法本意，对动物的诊疗行为侵权并不适用过错推定原则，而应适用过错责任原则

典型疑难案件参考

吴凯诉张家湾畜牧兽医站财产损害赔偿纠纷案

基本案情

2006年5月25日，原告吴凯以17000元价格从苗某处购买松狮幼犬一条，该犬取名乐乐。该犬曾于2006年5月9日即50天时注射六联疫苗。同年6月2日，因该犬体温有些高，饲养人员到兽医站牛堡屯分站（不具备法人资格）对该犬进行治疗。因兽医站牛堡屯分站不具备检查犬细小病毒的设备，工作人员建议饲养者到兽医站作进一步化验次日复诊，并施用氨苄西林钠、犬霸对症治疗。但该犬饲养者未到兽医站进行化验诊断。6月4日，工作人员建议饲养

者作 CPV 化验次日复诊，并施用氨苄西林钠、犬霸对症治疗。6 月 6 日，饲养者因该犬出现不吃食物等症状到牛堡屯分站治疗。工作人员建议及时到兽医站化验给予输液治疗，并施用氯苄西林钠、犬霸对症治疗。6 月 7 日该犬死亡。同年 6 月 13 日，吴凯将该犬送往农业部兽医诊断中心进行死亡原因检验，结论为，犬小肠、犬心脏样品均验出犬细小病毒；不能区分是疫苗毒株还是野毒株。

吴凯在送该犬到兽医站牛堡屯分站治疗过程中，未遵从医生建议对该犬进行犬细小病毒的化验。

在审理过程中，根据原、被告提供的资料，关于犬细小病毒感染的描述为，该病毒是犬的一种烈性传染病。临床表现以急性出血性肠炎和非化脓性心肌炎为特征。肠炎型常因严重脱水急性衰竭而死。心肌炎型常无先兆性症候，或表现轻度腹泻，继而突然衰竭，短时间内死亡。犬细小病毒酷似普通肠炎症状，若不进行病毒学检验则很难诊断。

诉辩情况

原告吴凯诉称：2006 年 6 月 2 日，原告的爱犬乐乐出现发烧、呕吐、腹泻，原告到被告兽医站去治疗，被告兽医站在没有确诊、仔细检查的情况下，盲目地以一般发烧进行治疗，错过最佳治疗时机，后又转化为心肌炎。2006 年 6 月 7 日，被北京和气宠物医院确诊为犬细小病毒感染。当天，爱犬乐乐死亡。爱犬乐乐是原告的精神支柱，爱犬死后，给原告造成巨大的精神打击。故起诉要求被告赔偿原告误工费 3225 元、鉴定费 100 元、犬损失费 17000 元、交通费 1975 元、精神损失费 1000 元、共计人民币 22300 元。

被告北京市通州区张家湾畜牧兽医站（以下简称兽医站）辩称：原告所述与事实不符，2006 年 5 月 29 日，一老者带着原告的病犬到兽医站进行螨虫诊断和治疗。经兽医站了解，2006 年 5 月 24 日，原告从鞍山一狗场购买该犬，犬种为松狮犬，性别雌性，年龄 60 日龄左右，毛色为黄色，体重 16kg，据该犬的饲养员称该犬在鞍山犬场疫苗已全部注射完毕。6 月 2 日，原告犬的饲养员又携该犬到兽医站就诊，兽医站大夫进行初步诊断，发现该病犬体温 41.3℃。兽医站大夫建议该病犬进行犬细小病毒快速诊断，在饲养员回绝后，才决定对病犬按照细菌性肠炎并对症进行治疗。6 月 4 日至 6 月 6 日，饲养员带该病犬到兽医站治疗，病犬精神沉郁、呕吐、腹泻，兽医站大夫要求饲养员对病犬进行细小病毒诊断和补液治疗，遭到饲养员推辞后，遵照饲养员的要求没改变治疗。6 月 7 日上午 9 时，原告与其朋友和饲养员携带死犬到兽医站无理取闹，要求兽医站对该病犬的死亡承担责任。据兽医站了解，6 月 7 日早上饲养员起床后发现该病犬已经死亡，屋内发现灰色的稀便，口角有白沫。犬细小病毒感染是由犬细小病毒感染引起的以严重肠炎和心肌炎综合特点为特征的烈性重要传染病，发生世界各地，幼犬发病率和死亡率很高，我国检疫法规定此病为二类烈性传染病。饲养管理条件骤变，长途运输，寒冷拥挤等均可促使本病发生。原告所死亡的犬到兽医站看病是病犬，何况又是一种烈性的传染病，因此对该病犬死亡之事上，兽医站不负任何责任，相反，原告在诊断上阻止兽医站大夫进行合理治疗诊断，在治疗过程中不让兽医站大夫对其犬进行输液，病犬稍有好转就不来就诊等，才造成病犬的死亡，所以导致该病犬发病和死亡，原告应负完全责任，与兽医站无关。

裁判结果

北京市通州区人民法院依据《中华人民共和国民法通则》第 5 条之规定，判决如下：驳回原告吴凯的诉讼请求。

案件受理费 902 元，由原告吴凯负担（已交纳）。

一审宣判后，双方当事人均未上诉，一审判决已经发生法律效力。

裁判理由

北京市通州区人民法院认为：公民的合法民事权益受法律保护。根据已查明的事实，原告吴凯所有的犬因患有犬细小病毒死亡。兽医站的下属牛堡屯分站在对该犬医治过程中，建议该犬到兽医站进行犬细小病毒化验。该犬的饲养者并未遵从医嘱到兽医站进行化验。因犬细小病毒系烈性传染病，该病毒未经检验很难诊断。该犬的饲养者未及时对患犬进行化验治疗，导致延误诊断对症治疗，且兽医站给予治疗用药过程中并无不妥之处。故此兽医站对该犬死亡不应承担责任。现吴凯要求兽医站承担因爱犬乐乐死亡造成的财产损失费、误工费、鉴定费、交通费、精神损失费，证据不足，法院对其诉讼请求不予支持。

192. 如何计算“日平均工资”？

根据劳动和社会保障部2003 年 3 月 17 日发布并实施的《关于职工全年月平均工作时间和工资折算问题的通知》规定：“根据《全国年节及纪念日放假办法》（国务院令第 270 号）规定，全体公民的节日假期由原来的 7 天改为 10 天。据此，职工全年月平均工作天数和工作时间分别调整为 20. 92 天和 167. 4 小时，职工的日工资和小时工资按此进行折算。”

以“医疗事故发生地上一年度职工平均工资”计算护理费、误工费、陪护费时，以365天为基数对“上一年度职工工资”进行算术平均计算“日平均工资”，扩大了实际法定工作时间，降低了平均劳动报酬，损害了赔偿权利人的合法权益。应当以法定工作时间为基数计算“日平均工资”。

典型疑难案件参考

高晓慧诉双流县籍田中心卫生院医疗事故损害赔偿纠纷案

基本案情

2004年11月13日，原告高晓慧因腹部疼痛到籍田卫生院诊治，经诊断为：双肾重度积水，双肾多发结石。2004年11月17日，高晓慧到四川大学华西医院做肾盂造影检查，结论是：(1)右肾影轮廓似有增大，肾盂区域见铸形结石，上级及下级区域内可见圆形高密度影，不排除结石。左输尿管中段高密度灶；多为结石。(2)注入造影剂后，双肾及双输尿管始终未见显影。2004年11月20日，高晓慧到籍田卫生院诊治，诊断为：右肾多发结石，左输尿管中段结石，双肾重度积水。次日，籍田卫生院为高晓慧作左输尿管切开取石、右肾探查术。术中医生认为高晓慧右肾巨大、完全无功能，遂切除右肾，术后16小时高晓慧无尿，籍田卫生院将高晓慧转入四川省人民医院抢救治疗。

2004年12月24日，高晓慧、籍田卫生院就高晓慧的治疗和赔偿问题签订了一份协议书，双方约定：签订协议之日以前高晓慧在四川省人民医院的全部住院费由籍田卫生院承担，之后的治疗费由高晓慧承担，籍田卫生院一次性赔偿高晓慧146000元；籍田卫生院付清上述款项后不再承担其他赔偿责任，高晓慧收到款项后不得再要求籍田卫生院承担其他赔偿责任，高晓慧对籍田卫生院的其他民事权利自愿放弃。协议签订后，2004年12月26日，籍田卫生院向高晓慧支付了约定的146000元后高晓慧从四川省人民医院出院。2004年12月30日，高晓慧再次到四川省人民医院住院治疗，并于2005年2月8日出院，此次住院用去住院费13110.27元。之后，高晓慧一直在四川省人民医院门诊血液透析治疗，从2005年2月12日开始至2005年6月4日止门诊花费15898.30元。高晓慧的伤情经四川华西法医学鉴定中心鉴定，其结论为：高晓慧劳动能力完全丧失，需要长期透析治疗维持生命，每年血液透析所需医疗费约60000元人民币；高晓慧目前存在部分护理依赖，血液透析时需一人护理。2005年4

月27日，经籍田卫生院申请，成都医学会进行了医疗事故鉴定，并出具医鉴〔2005〕011号医疗事故鉴定书，该鉴定载明：籍田卫生院在高晓慧术前存在双侧肾损害以及临床检查资料不完整的情况下，行右肾切除术，导致高晓慧术后肾功能衰竭、尿毒症的后果；籍田卫生院违反了诊疗常规，医疗行为存在过失，与高晓慧的损害存在因果关系。其鉴定结论为：本次事故属于二级甲等医疗事故，籍田卫生院承担主要责任。同时，成都医学会根据医疗护理学提出建议：继续血液透析或者肾移植治疗。高晓慧坚持要求继续血液透析治疗，不愿意进行肾移植手术治疗。

2004年成都市职工平均工资为14638元，成都市居民人均年消费性支出6371.1元；成都市国家机关一般工作人员出差伙食补助标准省内为10元/天，成都市农村居民最低生活保障为每月210元。高晓慧之父高泽明出生于1935年8月9日，其母邱淑芳出生于1941年5月9日，其子王鑫才出生于1995年6月14日，高泽明夫妇共有子女4人，均已成年健在。

一审诉辩情况

原告高晓慧以双方签订的协议书无效为由提起诉讼，请求：确认双方签订的协议书无效；判令籍田卫生院赔偿医疗费、误工费、住院伙食补助费、陪护费、残疾生活补助费、交通费、精神损害抚慰金共计3915711.53元；判令案件诉讼费由籍田卫生院承担。

被告籍田卫生院辩称：高晓慧的诉讼请求缺乏事实依据，不符合法律规定。双方签订的处理事故的协议书是在平等自愿基础上签订的，是各自真实的意思表示，协议主体、内容、形式均符合国务院《医疗事故处理条例》等法律、法规的规定，该协议是合法有效的，并且协议内容已经得到全面履行。因此，高晓慧的诉讼请求应当予以驳回。

一审裁判结果

成都市中级人民法院根据《中华人民共和国合同法》第53条第1款第1项、《中华人民共和国民法通则》第106条第2款、第134条、国务院《医疗事故处理条例》第50条之规定，该院于2005年9月5日判决如下：

一、高晓慧与籍田卫生院签订的协议中籍田卫生院不承担高晓慧续医费的约定无效；

二、本判决生效之日起10日内籍田卫生院向高晓慧支付医疗事故赔偿费用35985.69元；

三、2006年起每年的6月上旬之内，籍田卫生院向高晓慧支付下一年度的续医费42000元，2005年度的续医费42000元在本判决生效之日起10日内向高晓慧支付；

四、驳回高晓慧其余的诉讼请求。

一审裁判理由

成都市中级人民法院审理认为：《中华人民共和国合同法》第53条第1款第1项规定，合同约定造成对方人身伤害的免责条款无效。双方于2004年12月24日签订的协议书中约定有籍田卫生院不承担高晓慧继续治疗等费用的条款，该条款违反法律规定，应属无效条款。《中华人民共和国民法通则》第106条第2款规定："公民、法人由于过错侵害国家的、集体的财产，侵害他人财产、人身的，应当承担民事责任。"高晓慧因为原发肾病到籍田卫生院诊疗，籍田卫生院违反诊疗常规在高晓慧术前存在双侧肾损害以及临床检查资料不完整的情况下，行右肾切除术，导致高晓慧术后肾功能衰竭、尿毒症的后果，籍田卫生院的医疗行为与高晓慧的损害结果存在因果关系，其医疗行为存在过失，应该承担损害赔偿的主要责任，籍田卫生院承担高晓慧损害70%的赔偿责任，高晓慧由于存在原发疾病应自行承担损害30%的责任。根据国务院《医疗事故处理条例》第50条规定，医疗事故赔偿项目有医疗费（包括续医费）、误工费、住院伙食补助费、陪护费、残疾生活补助费、被扶养人生活费、交通费、精神损害抚慰金等费用。2004年12月30日至2005年6月4日止高晓慧自行垫付医疗费29008.57元；住院90天的误工费、陪护费均按成都市上一年度职工平均工资除以365天计算分别为3609元、3609元，残疾生活补助费按成都市上一年度居民人均年消费性支出计算30年为172019.70元，被扶养人高泽明、邱淑芳、王鑫才的生活费共计27720元，交通费酌定为1000元，精神损害抚慰金19113.3元，鉴定费3000元，以上费用共计259979.57元。此等费用由籍田卫生院承担70%即181985.69元，扣除籍田卫生院已经支付的146000元，籍田卫生院实际应向高晓慧赔偿35985.69元，高晓慧自行承担77993.87元；高晓慧的续医费每年60000元，籍田卫生院承担赔偿420000元，高晓慧自行承担18000元。高晓慧要求籍田卫生院支付续医期间的护理费、交通费，因国务院《医疗事故处理条例》没有相应的依据，故其请求不予支持。

二审诉辩情况

高晓慧不服判决，向四川省高级人民法院提起上诉称：（1）高晓慧的原发病只是发生医疗事故的条件，不是发生医疗事故的原因。在医疗事故中高晓慧没有任何过错，是籍田卫生院违反诊疗常规，贸然切除高晓慧右肾，导致发生医疗事故。故籍田卫生院应当承担医疗事故的全部责任。（2）医疗事故发生后，根据四川华西法医学鉴定中心的鉴定结论，高晓慧需要长期进行血液透析才能维持生命，且鉴定中明确了血液透析时需要一人护理。因此，高晓慧续医期间发生的交通费、护理费是因医疗事故造成的，依法属于医疗事故损害赔偿责任范围，应当由籍田卫生院承担赔偿责任。（3）原审判决以365天为基数平分“上一年度职工平均工资”计算日平均工资，扩大了法定劳动时间，减少了日劳动报酬，少计算误工费和陪护费共3277.80元。（4）根据《医疗事故处理条例》第52条“医陪事故赔偿费用，实行一次性结算，由承担医疗事故责任的医疗机构支付”的规定，对高晓慧按75岁的平均寿命计算，余下的43年赔偿费应按规定一次性支付。据此请求：（1）判令籍田卫生院承担医疗事故的全部责任；（2）判令籍田卫生院支付续医期间必然发生的交通费、护理费；（3）判令籍田卫生院按每天58.31元计算误工费和陪护费；（4）判令籍田卫生院按43年计算一次性支付续医费用。

籍田卫生院答辩称，原审根据高晓慧存在原发病的实际情况，判决高晓慧因原发病自行承担30%的责任，以及判决不支持续医期间的交通费、陪护费的事实清楚，法律依据充分。高晓慧住院期间的误工费和陪护费，原审根据成都市职工年平均工资14638元除以365天计算出每天40.10元，据此计算住院90天误工费和陪护费，其平均值计算是正确的。高晓慧要求一次性支付43年的续医费，既没有法律依据，又脱离客观实际。被上诉人作为双流县籍田镇的中心医院，所面对的是双流县籍田镇的片区医疗服务，在一定程度上存在社会公共事业属性，每年行政事业经费仅几十万元，虽然本次医疗事故主要责任在籍田卫生院，但若一次性支付赔偿费用，籍田卫生院不可能有支付能力。若将全部拨款均用于支付高晓慧的赔偿费用，医院作为籍田镇的公共卫生事业单位亦将无法开展正常的医务工作。另一方面，全院还有近200名职工和退休职工的工资靠行政事业拨款。因此，请求二审法院驳回上诉，维持原审判决。

二审裁判结果

依照《中华人民共和国民事诉讼法》第153条第1款第2项、国务院《医疗事故处理条例》第50条，参照《劳动和社会保障部关于职工全年月平均工作时间和工资折算问题的通知》的规定，判决如下：

一、维持原审判决第1项，即“原告高晓慧与被告双流县籍田中心卫生院于2004年12月24日签订的协议中被告不承担原告续医费的约定无效”；

二、维持原审判决第4项，即“驳回原告高晓慧其余的诉讼请求”；

三、变更原审判决第2项为：本判决生效之日起10日内双流县籍田中心卫生院向高晓慧一次性支付医疗事故赔偿费用 64605.90 元（二审诉讼中已先予执行的 20000 元从中扣除）；

四、变更原审判决第 3 项为：从 2006 年起每年的 6 月 10 日前，双流县籍田中心卫生院向高晓慧支付下一年度的续医费、交通费、陪护费 60302.79 元。2005 年度的续医费、交通费、陪护费 60302.79 元在本判决生效之日起 10 日内向高晓慧支付。

二审裁判理由

经四川省高级人民法院二审审理，确认了一审查明的事实属实。另查明，地处四川省成都市双流县城的双流县第一人民医院为国家二级甲等医院，具有血液透析治疗项目，籍田镇到双流县第一人民医院（双流县城）车费 7 元；地处四川省双流县华阳镇的双流县第二人民医院为国家二级甲等医院，具有血液透析治疗项目，籍田镇到双流县第二人民医院（华阳镇）车费 4.5 元，籍田镇到成都市新南门汽车站车费 7 元。

四川省高级人民法院认为，本次医疗事故是医方籍田卫生院违反诊疗常规的过失行为所致，其行为是直接导致本次医疗事故的根本原因，而上诉人高晓慧仅存在原发疾病。根据成都医学会“本病例属于二级甲等医疗事故，医方承担主要责任”的医疗事故技术鉴定意见，原审判决高晓慧承担 30% 的责任过高，法院予以纠正。但高晓慧上诉认为要求籍田卫生院承担全部责任，与成都医学会鉴定结论中“医方承担主要责任”的结论不符，其主张缺乏证据支持。综合本案实际情况，法院决定对于高晓慧医疗事故责任的划分，由籍田卫生院承担 80%，高晓慧承担 20%。

根据劳动和社会保障部 2003 年 3 月 17 日发布并实施的《关于职工全年月平均工作时间和工资折算问题的通知》规定：“根据《全国年节及纪念日放假办法》（国务院令第 270 号）规定，全体公民的节日假期由原来的 7 天改为 10 天。据此，职工全年月平均工作天数和工作时间分别调整为 20.92 天和 167.4 小时，职工的日工资和小时工资按此进行折算。”因此，对“日平均工资”折算应当执行该规定，原审判决以成都市职工年平均工资除以 365 天计算“日平均工资”，缺乏法律依据，应予以纠正。

高晓慧主张对其住院期间的误工费和护理费应当按照调整后的规定计算，原审判决少计算 3277.80 元的理由成立，法院予以支持。由于高晓慧因医疗事故造成人身损害，经鉴定确实需要继续进行血液透析和续医期间一人护理。因此，续医期间所发生的必要交通费和一人护理费，属于本次医疗事故的赔偿范围。原审判决不支持高晓慧续医期间的交通费、护理费不当，法院予以纠正。

因高晓慧的住所地籍田镇到双流县的两个人民医院的交通费与其到成都市四川省人民医院的交通费相差不多，且高晓慧由于完全丧失肾功能，需要依靠长期血液透析才能维持生命，其血液透析存在一定的特殊性，与一般有肾脏功能疾病的肾脏病人所作的血液透析存在一定的区别，而且，本案医疗事故发生后高晓慧一直在四川省人民医院做血液透析治疗，现高晓慧要求继续在四川省人民医院进行血液透析，其理由具有合理性，经法院综合考虑，对其要求予以支持。续医期间的交通费按每周 3 次，每次往返 2 人，单程 10 元计算，每年共计 6275.14 元，护理费按每周 3 天，每天 58.31 元计算，每年共计 9121.35 元。鉴于高晓慧完全丧失肾功能，必须通过长期血液透析治疗才能维持生命，其在四川省人民医院作血液透析治疗情况良好，因此，一审判决由籍田卫生院按年度支付续医费用，更有利于保障高晓慧的生命权利。高晓慧要求计算 43 年一次性支付续医费用，既缺乏依据，也不利于保障其自身权益。因此，对其上诉要求籍田卫生院一次性支付 43 年的续医费和续医交通费、护理费的主张法院不予支持。为保障高晓慧的生存权利，原审判决籍田卫生院一次性支付高晓慧的其他赔偿款，以及按年度支付高晓慧续医费用并无不当，应予维持。

综上所述，除高晓慧续医期间的医疗费、交通费、陪护费外，其余医疗事故赔偿金额共计 263257.37 元，籍田卫生院承担 80% 即 210605.90 元。扣除已支付的 146000 元，籍田卫生院还应向高晓慧一次性支付 64605.90 元。高晓慧续医期间每年的医疗费、交通费、陪护费共计 75378.49，籍田卫生院承担 80% 即 60302.79 元，按年度支付。原审判决认定事实清楚，审理程序合法，但适用法律有不当之处，应予纠正。

193. 医疗赔偿纠纷应该适用何种法律规范？

最高人民法院《关于参照〈医疗事故处理条例〉审理医疗纠纷民事案件的通知》明确规定“条例施行后因医疗事故引起的医疗赔偿纠纷，诉到法院的，参照条例的有关规定办理；因医疗事故以外的原因引起的其他医疗赔偿纠纷，适用民法通则的规定”，将《关于民事诉讼证据的若干规定》（以下简称证据规定）第 7 条第 8 项中“因医疗行为引起的侵权诉讼”分为两部分，即因医疗事故引起的医疗赔偿纠纷和因医疗事故以外的原因引起的其他医疗赔偿纠纷，前者适用《医疗事故处理条例》的规定，后者适用《民法通则》的有关规定进行处理。

典型疑难案件参考

白联军诉泸州医学院附属医院医疗损害赔偿纠纷案

基本案情

白联军因剧烈运动后出现阵发性心悸，于2001年3月12日入泸医附院心内科。泸医附院诊断为阵发性心动过速，建议手术治疗。白联军接受医生建议，同意手术。同年3月19日进行手术。手术中出现了Ⅲ度房室传导阻滞，治疗无好转。术后第七天，白联军通过其他关系复印了泸医附院病历，并到成都等地咨询。由此得知泸医附院开展该项目时间短，病例不多，手术经验少。2001年6月5日，白联军在四川大学华西医院安置了永久性心脏起搏器。白联军认为泸医附院的医疗行为给其造成损害，于2001年6月向泸州中院起诉。并于2001年8月提出鉴定申请，要求对泸医附院临床诊治中有无医疗过错、伤残等级以及续医费等进行司法鉴定。泸州中院委托省高院司法技术鉴定中心进行鉴定。该鉴定中心分别于2002年9月20日、2003年3月19日作出川高法鉴（医）〔2002〕字第037号法医学审查意见书、川高鉴（医）〔2003〕字第023号法医学补充意见书。其结论为：(1) 患者白联军所患疾病为阵发性室上性心动过速，房室结双径路，慢一慢型。泸医附院在对白联军的诊治过程中、手术及手术后病程记录认识不同、材料不实、操作不当，造成患者Ⅲ度房室传导阻滞，必需佩带永久性心脏起搏器的结局。在考虑患者疾病的个体因素的条件下，认定泸医附院临床诊治存在医疗过错，其医疗损害参与度为50%。(2) 白联军因Ⅲ度房室传导阻滞，必需佩带永久性心脏起搏器，其伤残等级应评定为四级。(3) 按照目前白联军所置心脏起搏器的型号，每9年需更换一次，更换费用按成都市三甲医院的收费情况为每次人民币48000元。

一审诉辩情况

白联军起诉称：由于泸医附院手术失误，病人术后出现Ⅲ度房室传导阻滞，须靠心脏起搏器维持；且泸医附院事后篡改病历，故意隐瞒真实情况，推脱责任。因此要求赔偿医疗费、续医费、误工费、伤残补助费、交通费、精神损失费等共计约800000元。

泸医附院辩称：被告在对原告进行诊疗过程中，其医疗行为并无过错，不应承担责任。

一审裁判结果

泸州市中级人民法院依据《中华人民共和国民法通则》第98条、第117

条，最高人民法院《关于民事诉讼证据的若干规定》第 27 条之规定，参照《四川省高级人民法院贯彻执行最高人民法院〈关于确定民事侵权精神损害赔偿责任若干问题的解释〉的意见》第 3 条第 1 款第 2 项之规定，判决：

一、白联军的医疗费 71307.18 元、误工费 1780 元、伤残生活补助费 76544.88 元、护理费 1820 元、交通费 715 元、安置心脏起搏器一次 48000 元，计 200167.06 元，按照 50% 计算为 100083.53 元，另外其残疾赔偿金为 100000 ×70% ×50% =35000 元，共计 135083.53 元，由泸医附院在本判决生效后 15 日内一次性给付白联军；

二、驳回白联军的其他诉讼请求。诉讼费 13010 元，鉴定费 1000 元，共计 14010 元，由白联军负担 11645 元，由泸医附院负担 2365 元。

一审裁判理由

四川省泸州市中级人民法院认为：白联军因运动后出现阵发性心悸而到泸医附院处诊治，泸医附院对其进行手术治疗，即对其行射频消融术。但在手术后白联军的病情并未缓解，反而更严重，必须靠心脏起搏器来维持。对该损害事实，白联军认为系医方过错造成，并申请对泸医附院在临床诊治中有无医疗过错、伤残等级以及续医费等进行司法鉴定。经鉴定后确定医方的过错参与度为 50%。对此，泸医附院认为白联军在行射频消融术后发生Ⅲ度房室传导阻滞，并非医方手术操作不当所致，而是由于病人病情异常，体质特殊，属现有医学科学技术无法预料和不能防范的并发症，故不应认定为诊治过程中存在医疗过错，并要求进行重新鉴定。但泸州中级人民法院认为，省高院司法技术鉴定中心的鉴定结论程序合法，不符合重新鉴定的情形，故对泸医附院要求重新鉴定的请求不予支持。对泸医附院的医疗行为给白联军所造成的损害应由泸医附院予以赔偿。关于续医费的问题，白联军认为应计算至其 71 岁时止，但鉴于白联军的身体状况、以后安装起搏器价格的变化等因素，对续医费仅考虑更换一次的费用，以后还需更换可另行主张权利。

二审诉辩情况

白联军、泸医附院均不服一审判决，向四川省高级人民法院提起上诉。

白联军上诉请求：(1) 改判更换心脏起搏器次数，计算至人均寿命 71 岁止，安置起搏器应包括住院费、误工费、护理费、交通费、营养费；(2) 改判泸医附院承担伤残补助费 78162 元及已发生的住院期间营养费 1000 元；精神损失费 5 万元；(3) 判令泸医附院承担全部一、二审诉讼费。

泸医附院上诉请求：撤销一审判决，判令上诉人不承担赔偿责任。其理由是：(1) 一审判决采信证据严重不当，将不客观、不公正的省高院司法鉴定书作为定案依据，导致判决结果错误。上诉人申请重新鉴定，一审法院也未允许，致错误的鉴定结论未予纠正。(2) 重整病历行为与射频消融术操作行为是两个行为，产生的法律后果不一样。上诉人重整病历，并非故意。2002 年 9 月 1 日前，按四川省卫生厅《病历书写规范》规定，实行三级医师负责制。白联军手术记录先由第一助手书写（即病人提供给法院的），其后，手术医生审签时发现记录潦草、不完善，于是将手术记录进行重新书写。就算重整手术记录的行为有过错，也不能就此推断对白联军的诊治医疗行为有过错。(3) 白联军出现的Ⅲ度房室传导阻滞的后果与医务人员的医疗护理行为没有法律上的因果关系，是手术难以避免的并发症，不应由泸医附院承担赔偿责任。手术同意书明确“若出现Ⅲ度房室传导阻滞需安置心脏起搏器，则费用由病人一方承担”；手术中出现的情况是手术本身的风险，难以避免，不应由泸医附院承担责任，否则将会阻碍医学的发展。

针对白联军的上诉请求与上诉理由，泸医附院答辩称：(1) 白联军要求按《医疗事故处理条例》的规定赔偿残疾赔偿金和精神抚慰金，没有法律依据。此医疗纠纷未依法鉴定为医疗事故，不符合适用条例计算残疾赔偿金和精神抚慰金的前提条件。(2) 关于续医费，术前泸医附院已履行了告知义务，因此该费用就应由病人承担；即使由泸医附院承担，也应待医疗事故鉴定确定为医疗事故后，才能按条例计算具体金额。

针对泸医附院上诉请求与理由，白联军答辩称：(1) 泸医附院伪造病历，隐瞒真实病情系客观存在，不容推翻。本案的“重整病历”并非是对记录潦草不完整的病历整理，而是将实质内容改写。泸医附院将病历涉及手术操作的内容进行了改写、补记，严重违反了《病历书写规范》的要求及医疗职业道德，应承担责任。(2) 白联军术前手术病情诊断不明确，不具备射频消融手术指征。术中医生操作不当，导致心脏传导通路阻断，造成白联军目前依靠永久性心脏起搏器维持功能，有明显医疗损害。事情发生后，泸医附院伪造病历，编造手术操作经过，其行为情节恶劣，应当承担相应的责任。

二审裁判结果

依照《中华人民共和国民事诉讼法》第 153 条第 1 款第 2 项“原判决适用法律错误的，依法改判”、《中华人民共和国民法通则》第 106 条第 2 款“公民、法人由于过错侵害国家的、集体的财产，侵害他人财产、人身的，应当承担民事责任”的规定，判决如下：

一、变更四川省泸州市中级人民法院〔2001〕泸民一初字第 4 号民事判决第一项为：泸州医学院附属医院在本判决生效后 15 日内一次性给付白联军赔偿费共计 201416.53 元；

二、维持四川省泸州市中级人民法院〔2001〕泸民一初字第 4 号民事判决第二项，即驳回白联军的其他诉讼请求；

一审诉讼费 13010 元，由白联军承担 9710 元，泸州医学院附属医院承担 3300 元；鉴定费 1000 元，由白联军承担 500 元，泸州医学院附属医院承担 500 元；二审诉讼费 13010 元，由白联军承担 9710 元，由泸州医学院附属医院承担 3300 元。

二审裁判理由

1. 关于手术同意书的签字问题

四川省高级人民法院认为，1994 年 9 月 1 日施行的国务院《医疗机构管理条例》第 33 条规定："医疗机构施行手术、特殊检查或者特殊治疗时，必须征得患者同意，并应当取得其家属或者关系人同意并签字；无法取得患者意见时，应当取得家属或者关系人同意并签字；无法取得患者意见又无家属或者关系人在场，或者遇到其他特殊情况时，经治医师应当提出医疗处置方案，在取得医疗机构负责人或者被授权负责人员的批准后实施。"卫生部发布的《医疗机构管理条例实施细则》第 62 条规定："医疗机构应当尊重患者对自己的病情、诊断、治疗的知情权利。在实施手术、特殊检查、特殊治疗时，应当向患者作必要的解释。因实施保护性医疗措施不易向患者说明情况的，应当将有关情况通知患者家属。"本案中，不存在对白联军实施保护性医疗措施的情况，而泸医附院未能提供证据证明已按规定在手术前征得白联军本人的同意，侵犯了白联军的知情同意权，应依法承担相应的责任。

2. 关于泸医附院是否更改病历的问题

四川省高级人民法院认为，泸医附院提供的省卫生厅《病历书写规范》（修订版）入院病历部分明确规定："入院病历由实习医生、进修医生或住院医生书写，应在病人入院后 24 小时内完成，由上级医师审阅、修改及签名。修改甚多者，应予重抄。"手术病历部分明确规定："手术记录应在术后 24 小时内完成，由主刀医生书写，或由主刀医生指派第一助手书写，主刀医生审签。"因此只有入院病历才有"重抄"的规定，对手术记录进行重抄不符合该规范要求，且经庭审质证已证明该手术病历是在白联军复印之后再行修改的，是违反有关规定的。

3. 关于泸医附院申请重新进行医疗事故鉴定的问题

四川省高级人民法院认为，由于白联军所复印病历的原件在泸医附院一方，而泸医附院不能提供，其虽承认白联军单方复印病历为原始病历，但白联军认为泸医附院已承认有修改病历的行为，因此不能认为其所复印的就是原始病历。《医疗事故处理条例》第28条规定："医疗机构提交的有关医疗事故技术鉴定的材料应当包括下列内容：（一）住院患者的病程记录、死亡病例讨论记录、疑难病例讨论记录、会诊意见、上级医师查房记录等病历资料原件；（二）住院患者的住院志、体温单、医嘱单、化验单（检验报告）、医学影像检查资料、特殊检查同意书、手术同意书、手术及麻醉记录单、病理资料、护理记录等病历资料原件；医疗机构无正当理由未依照本条例的规定如实提供相关材料，导致医疗事故技术鉴定不能进行的，应当承担责任。"

因此，在泸医附院不能提供手术原始病历原件的情况下，依法不能再进行医疗事故技术鉴定，故对泸医附院提出的鉴定申请不予支持。

4. 关于本案鉴定人的鉴定资格问题

四川省高级人民法院认为，最高人民法院《人民法院司法鉴定工作暂行规定》第4条规定："凡需进行司法鉴定的案件，应当由人民法院司法鉴定机构鉴定，或者由人民法院司法鉴定机构统一对外委托鉴定"；第6条规定："最高人民法院、各高级人民法院和有条件的中级人民法院设立独立的司法鉴定机构。新建司法鉴定机构须报最高人民法院批准。"四川省高院司法技术鉴定中心是经最高人民法院批准的鉴定机构，具有司法鉴定资格。宋子俊、黄贵琢在该司法鉴定中心任职，具有副主任法医师资格，经最高人民法院批准，具有法医鉴定资格。本案鉴定确实未在接受鉴定委托后的"60个工作日"内完成，但根据鉴定结论中所述，直到2002年9月16日，医患双方才拆封双方原共同封存的病历，而鉴定结论在同年9月20日即行作出。因此，在鉴定资料不全的情况下，鉴定结论不能按时作出不是鉴定机构原因所致。故泸医附院以鉴定机构、鉴定人员不具法定鉴定资格、鉴定程序违法而要求重新鉴定的理由不能成立。

5. 关于泸医附院手术过程是否具有过错的问题

四川省高级人民法院认为，由于没有证据确定该复印件就是原始病历的复印件，因此，不能以此认定泸医附院在手术操作中无过错。

6. 关于更换心脏起搏器的次数问题

四川省高级人民法院认为：白联军上诉要求以人均寿命71岁计算安置起搏器费用的理由成立。一审判决以"鉴于原告的身体状况"为由，只考虑更换一次起搏器的费用不当，应予纠正。

综上所述，四川省高级人民法院认为：本案未进行医疗事故技术鉴定，在原始病历原件不能提供的情况下，也没有进行医疗事故技术鉴定的条件。故根据最高人民法院《关于参照〈医疗事故处理条例〉审理医疗纠纷民事案件的通知》第1条“条例施行后发生的医疗事故引起的医疗赔偿纠纷，诉到法院的，参照条例的有关规定办理；因医疗事故以外的原因引起的其他医疗赔偿纠纷，适用民法通则的规定”的规定，本案只能适用民法通则进行处理，不能适用《医疗事故处理条例》。由于原鉴定机构和人员具有法定鉴定资格，且由于原始病历原件不复存在，故不能再进行鉴定，对原鉴定结论应予采信。根据最高人民法院《关于民事诉讼证据的若干规定》第4条第1款第8项“因医疗行为引起的侵权诉讼，由医疗机构就医疗行为与损害结果之间不存在因果关系及不存在医疗过错承担举证责任”的规定，由于泸医附院所举证据及具有专业知识的人员出庭说明，均不能证明其在手术中没有过错，应承担举证不能的责任，其“重整病历”的行为不符合有关规定，不能成为免责事由。故对泸医附院的上诉请求，法院不予支持。根据鉴定结论，泸医附院具有过错，其医疗损害参与度为50%；白联军伤残等级为四级；白联军需9年更换一次心脏起搏器，每次费用为人民币48000元。

白联军在法院指定的休庭后一周内未能提供一审法院计算残疾生活补助费的依据错误的证据，因此其要求以泸州市人均年消费支出5583元计算（一审以5318.92元计算）残疾补助费的上诉请求不予支持。一审法院已参照四川省高级人民法院《关于贯彻执行〈最高人民法院关于确定民事侵权精神损害赔偿责任若干问题的解释〉的意见》的规定计算残疾赔偿金，根据最高人民法院《关于确定民事侵权精神损害赔偿责任若干问题的解释》第9条“精神损害抚慰金包括以下方式：（一）致人残疾的，为残疾赔偿金”的规定，该残疾赔偿金就是精神损害抚慰金，因此白联军要求再行赔偿精神损害抚慰金的上诉理由不能成立，相应的上诉请求不予支持。由于心脏起搏器本身不影响白联军的预期寿命，白联军要求一次性赔偿，符合法律要求，该上诉请求应予支持。白联军生于1964年11月6日，至2001年6月5日安置心脏起搏器时为36.5岁，按人均寿命71岁计，还有34.5年，每9年更换一次，共需更换3次，一审已考虑更换一次的费用，所余2次费用共计2×48000 =96000元，按50%的参与度计算，泸医附院还须赔偿48000元。一审判决未考虑每次更换心脏起搏器时的其他费用不当，白联军的该项上诉请求也应予支持。但依据民法通则的规定，无营养费的规定，故不计算营养费。参照白联军在华西医院安置起搏器的费用计，每次除心脏起搏器本身外，医疗费10942元、误工费22×20 =440元、护理费22×20 =440元、交通费400元，共计12222元，3次共需36666元，按50%计，泸医附院需承担18333元。以上两项合计，泸医附院还须在一审判决基础上增加赔偿白联军共计66333元。原审判决认定事实清楚，但以

"鉴于白联军的身体状况、以后安装起搏器价格的变化等因素，对续医费仅考虑更换一次的费用"没有法律依据，"以后还需更换可另行主张权利"增加白联军负担，应予纠正。

194. 未取得医疗机构的执业许可证的行医单位所造成的医疗损害案件是否适用举证责任倒置？

侵权人无证行医存在过错，但如果该过错不必然导致受害人的伤亡且没有证据证实过错和伤亡之间存在因果关系的，侵权人不承担损害赔偿责任，但是应给予受害人适当的经济补偿。所以，未取得医疗机构的执业许可证的行医单位所造成的医疗损害案件不适用举证责任倒置原则。

典型疑难案件参考

张秀兰、唐华青、唐华年、唐华荣诉曲忠福医疗损害赔偿纠纷案

基本案情

唐连印曾因骨巨细胞瘤于1989年2月入包头医学院第一附属医院住院治疗，经手术出院，当年由被告主刀进行手术。1998年5月，原告病情再度复发，曾先后到包头市第四医院、包头医学院第一附属医院就诊。1998年8月，唐连印到被告所开的私人诊所治疗，被告于8月17日为唐连印进行了肿瘤刮除骨水泥及硅胶充填术，术后伤口一直不愈合，后经包头医学院第一附属医院、北京香山医院、北京积水潭医院治疗，最后截肢。唐连印于2001年2月5日因病死亡，在一审诉讼期间，昆区法院委托包头市昆都仑区医疗技术鉴定委员会对被告的治疗进行鉴定，结论为"该病手术后感染属于手术严重并发症，未能构成医疗事故，但具体诊疗过程中有以下几点不足：（1）硅胶充填后可能出现异物排斥反应，增加感染机会；（2）骨巨细胞瘤二级复发率高，选择刮除骨水泥充填术应慎重，这种病例选择该诊所诊治是不适宜的"。在重审时，经原、被告双方同意，昆区法院又委托内蒙古高级人民法院司法技术鉴定中心对唐连印截肢与病变是否因被告手术所致进行法医鉴定，鉴定结论为：（1）曲氏诊所对唐连印的病情诊断明确；（2）选择医疗方案与手术术式得当；（3）术后感染属手术并发症；（4）截肢是肿瘤生物学特征所致；（5）曲氏诊所是否具备为唐实施手术条件，应由当地医疗行政部门核定。另本案在审理过

程中，昆区法院裁定先予执行被告曲忠福 5000 元。

上述事实有医院病例、两份鉴定结论证明。

一审诉辩情况

原告张秀兰、唐华青、唐华年、唐华荣诉称：唐连印（已死亡）于 1989 年 12 月 30 日，因骨巨细胞瘤就诊于包头市医学院第一附属医院，当时由骨科主任曲忠福主刀，实施手术后出院。1998 年 5 月，唐连印自感右腿患处不适，经包头市第四医院检查后，到被告所开的“曲氏诊所”治疗。被告于 1998 年 8 月 17 日为唐连印做了刮骨手术，刮骨后用硅胶进行了修补，被告称三个月就好，但一直未好，而且导致截肢后死亡。被告没有行医执照，是非法行医，要求被告赔偿各项损失 209350.42 元。

被告曲忠福辩称：唐连印于 1989 年 12 月 30 日所患骨巨细胞瘤，只被认为是潜在的恶性骨肿瘤，一般容易复发。1998 年，唐连印病情复发后，主动找我要求为其治疗。8 月 17 日，在原告本人及爱人签字后，被告开始手术，被告的手术室完全是按照无菌要求建造的，术后原告病情已经好转，并且被告有主任医师职称，有 40 多年的临床工作经验，并不是非法行医，原告的请求没有依据，故不同意原告的诉讼请求。

一审裁判结果

内蒙古自治区包头市昆都仑区人民法院依据《中华人民共和国民法通则》第 98 条、第 106 条第 2 款、第 119 条、第 134 条第 1 款第 7 项之规定，判决如下：

一、被告给付 4 原告医疗费、住宿费、交通费、复印费、电话费、残疾人用具款、误工费、营养补助费、陪护费、丧葬费、死亡补偿金等费用的 50%，共计 44532.84 元，扣除先行给付的 5000 元，尚欠 39532.84 元，于本判决生效后 10 日内一次付清；

二、案件受理费 4000 元，鉴定费 700 元（被告预交 300 元）由被告承担 2350 元，4 原告承担 2350 元。

一审裁判理由

包头市昆都仑区人民法院认为：被告未经卫生行政部门审核审批，未取得医疗机构执业许可证，私自办诊所，应对其造成的侵害后果承担赔偿责任。唐连印伤口不愈合及截肢直至最后因病死亡，不是由被告曲忠福主观方面的故意或过错造成的。对于被抚养人抚养费，由于张秀兰有营业收入，此项诉讼请求不予支持。

二审诉辩情况

宣判后，4 原告与被告均不服原审判决提起上诉。

上诉人张秀兰、唐华青、唐华年、唐华荣称：（1）原判决认定事实部分有误，按比例承担赔偿责任没有法律依据。曲忠福应承担全部责任。（2）赔偿受害人治病期间的误工费是法定的，原判决书没有支持该项请求是错误的。

上诉人曲忠福称：（1）首先，上诉人对一审法院认定上诉人无过错表示赞成，但却以“未取得医疗机构执业许可证”为由，判决上诉人承担赔偿责任是自相矛盾的，上诉人不应承担责任。（2）唐连印到曲氏诊所就诊时，曲氏诊所尚未办下执业许可证是事实，但申办文书早已递交有关部门，1999 年 10 月许可证才发下来，这期间营业执照、税务登记先行办妥，卫生管理部门对曲氏诊所开门行医也是默许的，说“私自办诊所”并不完全正确。（3）上诉人无过错，有无许可证，“无证行医”该如何处罚，是行政管理问题，与被上诉人无关。上诉人的无证开业行医与唐连印的损害后果没有因果关系。（4）上诉人在没有办下许可证的情况下为唐连印施治，是唐治疗过程中的一小段，上诉人只对这一段负责。这一段治疗是否恰当，是否有过错，已有鉴定结论，既然后续治疗是因并发症，病理发展，与上诉人行为无关，那么造成的损失、医疗费、死亡补偿费、丧葬费不应由上诉人曲忠福承担。

二审裁判结果

内蒙古自治区包头市中级人民法院依照《中华人民共和国民事诉讼法》第 153 条第 1 款第 3 项之规定，判决如下：

一、撤销包头市昆区人民法院〔2002〕昆民初字第 674 号民事判决，即由被告赔偿 4 原告的各项费用及案件受理费、鉴定费的判决；

二、由上诉人曲忠福给付上诉人张秀兰、唐华青、唐华年、唐华荣经济补偿金 20000 元，扣除先行给付的 5000 元，尚应给付 15000 元，于本判决生效后 10 日内一次付清。

一、二审案件受理费 4000 元，由上诉人张秀兰、唐华青、唐华年、唐华荣负担 90% 即 3600 元，上诉人曲忠福负担 10% 即 400 元。鉴定费 700 元，由双方当事人各负担 350 元。

二审裁判理由

包头市中级人民法院认为：上诉人曲忠福无证行医存在过错，但该过错不必然导致唐连印的死亡，且没有证据证实这一因果关系，因此上诉人曲忠福应给予上诉人张秀兰、唐华青、唐华年、唐华荣适当的经济补偿。关于误工费问题原审已作了判决。原审判决事实清楚，但责任认定上有误。

195. 医院是否成为住院精神病人的监护人？

第一，监护具有法定性。民法通则既明文规定“监护职责”，同时又规定“监护人依法履行监护的权利，受法律保护”。由此可见，监护作为民事权利义务的结合体，集监护权与监护职责于一身。监护的权利义务双重属性和不可分离性，意味着监护责任的转移必须以监护权的转移为前提。第二，监护职责的变更与监护人的变更是密切相关的，而且必须遵守严格的法律程序而不能随意约定或推定变更。第三，最高人民法院在司法解释中规定的是“监护职责”的委托而非监护责任的转移，监护职责与监护责任并非同一概念，且该司法解释本身已表明监护职责的转移并不必然导致监护责任的转移。

196. 若医院行使的是委托监护职责，那么医院是以过错责任归责还是以无过错责任归责？

如果医院对自己行为可能发生的结果应当预见或者能够预见而没有预见，或虽然预见到了却轻信这种结果可以避免，医院违反了注意义务并造成精神病人的损害，应须承担相应的过失侵权责任。

典型疑难案件参考

田元贵、薛志兰、顾祝平、顾鹏诉江苏省如东县第四人民医院医疗纠纷赔偿案

基本案情

2005年6月28日，四原告的亲人田建华（女）因精神分裂症复发，自服“奋乃静”、“硝西泮”各一瓶后，乘家人熟睡之机砍伤家人，经制伏后送如东县人民医院洗胃抢救。次日16时，田建华被转至被告医院治疗，经检查：意识清，接触被动，查及被害妄想、嫉妒妄想，情感淡薄，意志减退，自制力缺

乏。诊断为：抗精神病药物过量、偏执型精神分裂症。入院时，田建华之子顾某与医院签订了精神科住院议定书，其中约定：医院只履行基于医疗机构的设置而产生的工作职责。入院后护理措施为一级护理、密切看护、严防自弃。7月2日，医生将一级护理改为二级护理。7月8日，公安局作出鉴定结论：田建华罹患精神分裂症（目前处于发病期），无责任能力，建议系统治疗、加强监护。7月9日，田建华家人到医院探视，当时田建华情绪激动，后经医护人员的心理疏导，情绪有所平稳。7月10日4时15分，护士在巡视病房时，发现田建华用枕头垫的边子布条吊在二楼卫生间冲水箱的三角铁上，当即将田建华抱住并放在卫生间内，而后通知医护人员，但经抢救无效，田建华于5时7分死亡。7月10日，经法医检验确认，田建华系缢死。南通市医学会医疗事故技术鉴定书分析意见为："患者系偏执型精神分裂症，诊断明确。入院时，医患双方签订了住院议定书，履行了告知义务；入院后医院治疗措施符合医疗原则，按精神病人的护理常规进行护理和管理，定期进行危险物品的检查，按规定进行病房巡视，患者曾有多次自杀倾向，自杀是其精神疾病症状之一，且具有冲动性、突发性、隐蔽性等特点，难以防范，自缢死亡是精神病理症状所致的严重后果。在治疗过程中，医方存在病房设置欠合理、人员配备不足、条件简陋的缺陷。田建华系精神分裂症患者，无民事行为能力。"原告因索赔未果，遂诉至法院。

一审诉辩情况

原告诉称：被告作为专业性精神病防治医院，应全面监护和治疗患者，对患者在医院期间的所有行为承担监护责任。原告的亲人田建华在医院自缢死亡，应由被告承担全部赔偿责任，要求其赔偿死亡赔偿金、丧葬费、被扶养人生活费、精神抚慰金合计245633.33元。

被告辩称：精神病人自杀属于意外事件，具有不可抗力性质；精神病人住院后监护权并不转移，被告不是监护人，且尽到了注意义务并无过错，不应承担赔偿责任。请求驳回原告的诉讼请求。

一审裁判结果

江苏省如东县人民法院根据《中华人民共和国民法通则》第106条第2款、第119条，最高人民法院《关于审理人身损害赔偿案件适用法律若干问题的解释》第6条第1款、第17条、第18条、第27条、第28条、第29条，最高人民法院《关于确定民事侵权精神损害赔偿责任若干问题的解释》第10条、第11条之规定，作出如下判决：

一、原告田元贵等 4 人因田建华死亡而造成的损失：死亡赔偿金 185240 元、丧葬费 7856 元、被扶养人生活费 13520 元、精神损害抚慰金 30000 元，合计 236616 元，由被告医院赔偿 165631.2 元；

二、案件受理费 6059 元，其他诉讼费用 200 元，鉴定费 2200 元，合计 8459 元，由原告负担 1878 元；被告医院负担 6581 元。

一审裁判理由

江苏省如东县人民法院经审理认为：精神病人住院治疗期间，医院对其实行封闭式管理，不允许家人陪护，其法定监护人在该期间实际上已经失去对被监护人的控制，无法履行监护职责，医院基于与精神病人的法定监护人之间的医疗合同而负有对精神病人的临时监护义务，精神病人在住院期间，医院除给予恰当的治疗外，还应当严格履行监护职责。同时，医院还负有一种法律上的安全保障义务。被告是否已尽工作职责和合理的注意义务，其应举证证明。按照精神科分级护理的要求，严重的抑郁自杀、自伤和入院一周内的病人应当进行一级护理，但被告在田建华入院第四天就改为二级护理，违反护理规范。尤其是 7 月 9 日，田建华情绪的变化并未引起被告的高度重视，加之被告的病房设置欠合理、人员配备不足、条件简陋的因素，被告对田建华自缢死亡显然存在过错。考虑到患者的症状具有冲动性、突发性、隐蔽性的特点，被告的过错行为并不直接导致田建华的死亡，只是客观上为田建华自缢提供了可利用的条件，即被告的过错与损害后果之间只是间接因果关系，故被告应承担相应的赔偿责任。被告的抗辩理由不能成立，法院不予采纳。考虑到主观上收治精神病人对医院虽有一定的经济利益，但同时也是一种不能推脱的公益性社会义务，其本身没有拒绝收治患者的权利；客观上收治患者后，医院就承受了一种高度风险，综上，可酌情减轻被告的民事责任。

二审诉辩情况

上诉人（原审被告）诉称：

第一，精神病人住院并不是监护权的转移，医院不应承担监护责任。《民法通则》第 17 条对法定监护人进行了明确规定，确定了精神病人的监护人范围。精神病人的监护人是法定的，本案中只能是其配偶、父母、子女等被上诉人，医院不是也不可能成为住院患者的监护人。第二，医院已履行职责，没有任何过错。即便存在病房设置欠合理、人员配备不足、条件简陋的现象，也与患者的死亡没有必然因果关系。第三，本案应适用最高人民法院《关于贯彻执行〈中华人民共和国民法通则〉若干问题的意见（试行）》第 160 条的规定，而不应适用最高人民法院《关于审理人身损害赔偿案件适用法律若干问题的解释》的有关规定，即便医院存在过错，也仅能适当给予赔偿。请求二审法院依法改判。

被上诉人（原审原告）辩称：一审认定事实清楚，适用法律正确，处理得当，请求二审法院维持原判。

二审裁判结果

江苏省南通市中级人民法院依照最高人民法院《关于贯彻执行〈中华人民共和国民法通则〉若干问题的意见（试行）》第160条，《中华人民共和国民事诉讼法》第153条第1款第2项之规定，作出如下判决：

一、撤销原判；

二、被上诉人田元贵等4人因田建华死亡而造成的损失：死亡赔偿金185240元、丧葬费7856元，合计193096元，由上诉人医院赔偿96548元。其余损失，由被上诉人承担；

三、驳回被上诉人的其他诉讼请求。上述条款于本判决生效后10日内执行。

一审案件受理费6059元，其他诉讼费用200元，鉴定费2200元；二审案件受理费6259元，合计14718元，由上诉人、被上诉人各负担7359元。

二审裁判理由

江苏省南通市中级人民法院经审理认为：

关于监护权是否转移的问题。第一，监护具有法定性。我国民法通则既明文规定"监护职责"，同时又规定"监护人依法履行监护的权利，受法律保护"。由此可见，监护作为民事权利义务的结合体，集监护权与监护职责于一身。监护的权利义务双重属性和不可分离性，意味着监护责任的转移必须以监护权的转移为前提。第二，监护职责的变更与监护人的变更是密切相关的，而且必须遵守严格的法律程序而不能随意约定或推定变更。第三，最高人民法院在司法解释中规定的是"监护职责"的委托而非监护责任的转移，监护职责与监护责任并非同一概念，且该司法解释本身已表明监护职责的转移并不必然导致监护责任的转移。故一审法院以医院为临时监护人而承担责任的认定并无法律依据。

关于医院是否有过错的问题。医院的行为存有过错，主要是医院对自己行为可能发生的结果，应当预见或者能够预见而没有预见，或虽然预见到了却轻信这种结果可以避免，其违反了注意义务并造成精神病人的损害，由此医院须承担过失的侵权责任。因而，上诉人对田建华死亡应承担相应的侵权责任。

关于赔偿范围的问题。侵害生命权，通常的损失包括为救治受害人所支出的常规费用（如医疗费、误工费、住院伙食补助费、护理费、交通费、住宿费）、死亡赔偿金、丧葬费、死者生前扶养的人的必要生活费及精神损害赔偿金。按照间接受害人理论，由受害人原来扶养的人的扶养来源减少或者断绝，间接侵害了被扶养人的被扶养权，在此情况下，被扶养人作为间接受害人，可依据其所受到的损害直接产生扶养损害赔偿请求权，并向加害人请求赔偿。但因被上诉人在一审中并未举证证明死者生前已对被扶养人进行了扶养，故该请求难以支持。对死亡赔偿金、丧葬费，依法得予以赔偿。至于精神损害抚慰金，最高人民法院《关于确定民事侵权精神损害赔偿责任若干问题的解释》第 10 条规定，精神损害的赔偿数额要根据侵权人的过错程度等 6 方面情况确定，本案中医院的过错表现为过失，过错程度不高；其作为公益单位，获利不高；医院承担经济责任的能力不强，加之田建华系自杀，故依上述解释第 11 条之规定，可免除医院的精神损害赔偿责任。考虑到上诉人作为从事精神病防治的专门医疗机构，在较大程度上带有一种公益性质，因而在确定赔偿数额时一方面要保护被上诉人的合法权益，另一方面也应考虑医院的实际情况，平衡当事人之间的利益，确定医院承担适当的赔偿责任。

197. 对于存在重大瑕疵的医学鉴定如何认定和处理？

如果鉴定书的内容存在重大瑕疵，其结论的取信力不强，以此为依据作出判决，会导致判决的错误。在医患诉讼纠纷中，不能只注意医学鉴定结论本身的内容，还要注意对医学鉴定的形式完整性和结论合理性的审查。

198. 如何选择重新鉴定的鉴定机构？

最高人民法院《关于民事诉讼证据的若干规定》第 27 条规定："当事人对人民法院委托的鉴定部门作出的鉴定结论有异议申请重新鉴定，提出证据证明存在下列情形之一的，人民法院应予准许：（一）鉴定机构或者鉴定人员不具备相关的鉴定资格；（二）鉴定程序严重违法的；（三）鉴定结论明显依据不足的；（四）经过质证认定不能作为依据使用的其他情形。对有缺陷的鉴定结论，可以通过补充鉴定、重新质证或者补充质证等方法解决，不予重新鉴定。”如果鉴定书存在重大缺陷，应依据该规定的第3款进行补充鉴定，但在原鉴定机构拒绝补充鉴定的情况下，法院应当依据该规定第2款第3项或第4项的规定，组织重新鉴定。

典型疑难案件参考

银万君诉重庆市铜梁县人民医院医疗事故损害赔偿纠纷抗诉案

基本案情

2002年3月23日，银万君因患“宫颈癌”在铜梁县人民医院妇产科住院治疗。同月28日，铜梁县人民医院对银万君施行了子宫广泛切除加盆腔淋巴清扫术，术后银万君出现尿潴不能排尿。2002年5月8日，银万君因术后尿潴留又入住重庆市西南医院泌尿科，该院当日对银万君施行盆腔囊肿引流术及膀胱颈楔形切除术，住院55天，用去医疗费12254.30元，但银万君尿潴留症状仍持续存在。

2002年7月24日，银万君向铜梁县人民法院起诉，以铜梁县人民医院手术有过错为由，要求医院承担赔偿责任。铜梁县人民法院委托重庆市第一中级人民法院司法技术鉴定室对铜梁县人民医院对银万君因子宫颈切除后存在的“尿潴留、膀胱颈抬高、盆腔尿性囊肿”等与医疗处置的因果关系进行鉴定，该院鉴定后作出〔2002〕渝一中法鉴定字第262号法医学文证审查意见书（以下简称262号鉴定书），其鉴定结论为：（1）根据病史资料及病理检查结果，银万君宫颈鳞癌IB－II期诊断明确，手术方式及治疗符合医疗处置原则。（2）银万君术后尿潴留属子宫广泛切除及淋巴清扫术后最常见并发症，为膀胱麻痹所致，需要长期开放尿管，等待自行恢复。（3）泌尿科手术探查无指征。

2002年12月28日，银万君撤回了对铜梁县人民医院的起诉。

2003年1月6日，银万君以262号鉴定书载明的泌尿科手术探查无指征和西南医院术后无好转为由向沙坪坝区人民法院起诉要求西南医院予以赔偿。后经成都联合司法鉴定作出成联鉴（医）2003－160号法医学文审意见书载明：西南医院对银万君的诊断正确，符合医疗护理规范，西南医院的治疗行为与银万君的诊断现有症状的存在无因果关系。沙坪坝区人民法院据此遂于2003年

12月1日作出〔2003〕沙民初字第443号民事判决，驳回了银万君的诉讼请求。

2004年1月8日，银万君依据〔2003〕沙民初字第443号民事判决书，成都联合司法鉴定中心法医学文审意见书和262号鉴定书再次向铜梁县人民法院提起民事诉讼，要求铜梁县人民医院医疗损害赔偿62387.70元。审理中，银万君对铜梁县人民医院的医疗行为有无过错申请重新鉴定。铜梁县人民法院于2004年2月20日向银万君发出限期交费通知，银万君逾期未交纳鉴定费用并要求铜梁县人民医院垫付鉴定费。铜梁县人民医院亦向铜梁县人民法院书面申请补充鉴定。

2004年2月，铜梁县人民法院致函重庆市第一中级人民法院司法鉴定室，要求补充鉴定：(1) 膀胱颈抬高、骨盆尿性囊肿与医疗处置有无直接的因果关系即医院有无过错。(2) 尿潴留、膀胱颈抬高、盆腔尿性囊肿是否三个独立的医疗后果，它们之间是什么关系。2004年3月15日，重庆市第一中级人民法院司法鉴定室答复，经请示重庆市高级人民法院认为，重庆市第一中级人民法院已组织了重庆市内大医院妇产科实力最强的专家组成人员进行了鉴定，按规定再委托鉴定他们都应当回避，重庆方面不便再作鉴定，按程序只能移送最高人民法院司法鉴定中心鉴定。2004年6月29日，铜梁县人民医院再次向铜梁县人民法院提交了书面申请："为了明确责任，解决纠纷，我们应法院的要求再次垫付鉴定费请中华医学会对本纠纷进行鉴定。"银万君也向铜梁县人民法院提交了重新鉴定的申请书。

2004年8月，铜梁县人民法院通过重庆市高级人民法院商请委托中华医学会进行鉴定。9月13日，中华医学会在复函中说："根据国务院《医疗事故处理条例》的规定，医疗事故技术鉴定分为首次鉴定和再次鉴定，中华医学会不是医疗事故技术鉴定的必经程序，我会仅在必要时负责组织疑难、复杂并在全国有重大影响的医疗事故的技术鉴定。并非双方当事人对鉴定结论不服即须我会鉴定。由于本案目前尚未在当地医学会进行首次鉴定，故我会暂不受理。"

2004年3月30日，银万君再次入住铜梁县人民医院对尿潴留症状继续进行治疗，但无根本好转。

2004年11月9日，银万君申请伤残等级鉴定。12月1日，重庆市法医验伤所对银万君的伤残等级作出〔2004〕重法鉴11字第693号法医意见书。该意见书载明："银万君宫颈癌术后尿潴留2年零8个月诊断成立。经治疗无好转，目前遗留膀胱逼尿肌乏力，收缩功能不良。评定五级伤残。"据此，银万君将诉讼请求赔偿62387.70元变更为赔偿430215.66元。

一审裁判结果

原审法院根据《中华人民共和国民法通则》第 106 条第 1 款，参照《医疗事故处理条例》第 50 条的规定，判决如下：

一、铜梁县人民医院一次性赔偿银万君医疗费、住院伙食补助费、误工费、陪护费、残疾生活补助费、被抚养人生活费、交通费、精神抚慰金、残疾后续费用等经济损失共计 349353.52 元的 30%，计 104806 元；

二、驳回原告银万君的其他诉讼请求。

一审裁判理由

2005 年 2 月 21 日，铜梁县人民法院作出〔2004〕铜民初字第 351 号民事判决认为，原告银万君因患“宫颈癌”入住被告医院治疗，被告为最大限度保障原告的生命对其施行子宫广泛切除加盆腔淋巴清扫术是对患者的高度负责，为彻底清除癌细胞组织而伤及其他器官组织是不可能避免的。262 号鉴定书鉴定结论为：“手术方式及治疗符合医疗处置原则。‘尿潴留’属子宫广泛切除及淋巴清扫术后最常见的并发症。”原告没有足够的反驳证据，应予采信。但被告在施行手术前，未向原告告知手术可能产生的并发症，忽视了原告的“知情权”和选择是否手术的权利。由于被告在履行告知义务方面的这一过错造成原告人身损害应向原告酌情赔偿由此造成的经济损失。本案的伤残相关费用以 30 年计算为宜，其居民生活费等标准以重庆市统计局公布的数据为计算依据。

二审诉辩情况

银万君不服一审判决，提出上诉。

二审裁判结果

2005 年 6 月 16 日，重庆市第一中级人民法院作出〔2005〕渝一中民终字第 1530 号民事判决以原一审同样的理由判决：驳回上诉，维持原判。

再审诉辩情况

银万君不服法院判决，向检察机关申诉。重庆市人民检察院经审查认为，原审没有再次委托重新鉴定，导致本案事实不清，定案依据不充分，判决不公正，遂向重庆市高级人民法院提出抗诉。理由是：

1. 原审以262号鉴定书为依据认定铜梁县人民医院的医疗行为无过错，证据不足

首先，262号鉴定书有重大瑕疵。2002年9月4日，铜梁县人民法院的委托鉴定要求是对银万君因子宫颈切除后“尿潴留、膀胱颈抬高、盆腔尿性囊肿”等与医疗处置的因果关系进行鉴定。而262号鉴定书第二条只说明了“银万君术后尿潴留属子宫广泛切除及淋巴清扫术后常见并发症，为膀胱麻痹所致，需要长期开放尿管，等待自行恢复”。对“膀胱颈抬高和盆腔尿性囊肿”是如何形成的，它们与尿潴留三者之间是什么关系等问题未作全面鉴定，因而无法界定铜梁县人民医院的医疗行为是否存在过错。致使双方当事人对该鉴定结论争议较大，均向铜梁县人民法院申请重新鉴定。

其次，银万君术后尿潴留至今客观存在的事实对262号鉴定书所作的鉴定结论提出了质疑。2004年12月1日，重庆市法医验伤所作出的〔2004〕重法鉴第693号法医意见书认为：“银万君宫劲癌术后尿潴留2年零8个月诊断成立。经治疗无好转，目前遗留膀胱逼尿肌乏力，收缩功能不良。评定为五级伤残。”银万君的“尿潴留”症状至今已持续4年多，是否能够自行恢复不能确定。这一客观事实对262号鉴定书认为“…需要长期开放尿管，等待自行恢复”的结论提出了质疑。

最后，铜梁县人民医院应当依法承担举证不力的败诉责任。根据《最高人民法院关于民事诉讼证据若干规定》第4条第1款8项“因医疗行为引起的侵权诉讼，由医疗机构就医疗行为与损害结果之间不存在因果关系即不存在医疗过错承担举证责任”之规定。262号鉴定书不能证明“膀胱颈抬高、盆腔尿性囊肿”是怎样产生的，它们与“尿潴留”三者是什么关系，银万君术后“尿潴留”经过4年多时间的治疗为什么仍不能恢复等问题，铜梁县人民医院又未提供其他证据证明上述问题与自己的医疗行为无因果关系，自己无医疗过错。因此，铜梁县人民医院依法应当承担举证不力的败诉责任。

2. 原审违反法定程序，可能影响案件的正确判决

根据最高人民法院《关于民事诉讼证据的若干规定》第27条第1款“当事人对人民法院委托的鉴定部门作出的鉴定结论有异议申请重新鉴定，提供证据证明鉴定结论明显依据不足的，人民法院应予准许重新鉴定”之规定，双方当事人对262号鉴定书有重大争议，均书面要求重新鉴定。262号鉴定属于“明显依据不足”，符合补充鉴定或重新鉴定的条件。2004年8月28日，铜梁县人民法院委托中华医学会进行重新鉴定，中华医学会以“本案目前尚未在当地医学会进行首次鉴定和再次鉴定”为由，暂不受理。铜梁县人民法院就没有再委托有鉴定资质的机构进行重新鉴定，而是以有重大瑕疵的262号鉴定

书为依据下判，违反程序。

中华医学会暂不受理该鉴定，是铜梁县人民法院委托不当造成的，双方当事人没有过错。根据《医疗事故处理条例》第 21 条规定，设区的市级地方医学会和省、自治区、直辖市直接管理的县（市）地方医学会负责组织首次医疗事故技术鉴定工作。省、自治区、直辖市地方医学会负责组织再次鉴定工作。必要时，中华医学会可以组织疑难复杂并在全国有重大影响的医疗事故争议的技术鉴定工作。铜梁县人民法院委托中华医学会进行鉴定不符合《医疗事故处理条例》的规定，在此情况下，铜梁县人民法院应当再委托在国内享有较高声誉的有鉴定资质的鉴定机构进行重新鉴定，保障双方当事人在程序上的权利。

3. 原审判决以铜梁县人民医院未充分履行告知义务，侵害银万君的“知情权”和“选择权”，判决其仅承担 30% 的赔偿责任不当

首先，铜梁县人民医院在施行手术前，要充分履行告知义务，患者银万君有“知情权”和“选择权”。根据国务院颁布的《医疗机构管理条例》第 33 条规定，医疗机构施行手术时必须征得患者同意。此条款为医院履行法定告知义务的一般规定，而医院在从事治疗患者疾病的过程中，应当遵守诚实信用原则，向患者如实告知治疗方案及可能导致的后果。铜梁县人民医院在施行手术前的告知义务系法定义务，患者银万君有知情权，有选择是否手术，选择医院，选择医疗方案的权利。但铜梁县人民医院没有充分履行法定的告知义务，侵害了银万君的“知情权”和“选择权”。

其次，铜梁县人民医院应依法承担举证不力的败诉责任。根据最高人民法院《关于民事诉讼证据若干规定》第 4 条规定，本案应由铜梁县人民医院承担举证责任。银万君患“宫颈癌”，可选择的医疗方式除手术外，还有放疗、化疗方式，还可以选择医疗条件和技术更好的医院治疗，铜梁县人民医院没有举证证明银万君患“宫颈癌”选择任何一种医疗方式和任何一家医院进行治疗都必然产生“尿潴留、膀胱颈抬高、盆腔尿性囊肿”的后遗症。铜梁县人民医院没有充分履行法定告知义务，侵害了银万君的“知情权”和“选择权”，在举证责任倒置的情况下，又未能向法庭列举充分的证据证明相关事实，故应当承担主要赔偿责任。

4. 原审判决对被抚养人银万君之子何影的生活费用只计算至 16 周岁是错误的。银万君之子何影生于 1990 年 4 月 9 日，2005 年 2 月 21 日铜梁县人民法院作出一审判决时，未满 15 周岁，系在校学生。《中华人民共和国民法通则》第 11 条第 2 款规定：“16 周岁以上不满 18 周岁的公民，以自己的劳动收入为主要生活来源的，视为完全民事行为能力人。”最高人民法院《关于审理人身

损害赔偿案件适用法律若干问题的解释》第28条规定："被抚养人生活费用根据抚养人丧失劳动能力程度，按照受诉法院所在地上一年度城镇居民人均消费性支出和农村居民人均年生活消费支出标准计算。被抚养人为未成年人的，计算至18周岁。"经查阅原审案卷，没有任何证据证明被抚养人银万君之子何影能够以自己的劳动收入为主要生活来源。被抚养人何影的生活费应计算至18周岁。原审计算至16周岁错误。

再审裁判结果

重庆市高级人民法院受理抗诉后，裁定重庆市第一中级人民法院再审，重庆市第一中级人民法院于2008年5月19日作出民事裁定书认为，原判认定事实不清、证据不足，撤销原审判决，发回重庆市铜梁县人民法院重审。再审期间，法院主持双方当事人达成调解协议，重庆市铜梁县人民医院承担银万君残疾人生活补助费、精神抚慰金、被扶养人生活费、后续医疗费等费用的85%共588952元，银万君所欠铜梁县人民医院的各种款项，医院不再追收。

199. 人民法院如何审查鉴定结论？

最高人民法院《关于民事诉讼证据若干规定》第29条规定："审判人员对鉴定人出具的鉴定书，应当审查是否具有以下内容：（一）委托人姓名或者名称、委托鉴定的内容；（二）委托鉴定的材料；（三）鉴定的依据及使用的科学技术手段；（四）对鉴定过程的说明；（五）明确的鉴定结论；（六）对鉴定人鉴定资格的说明；（七）鉴定人员及鉴定机构签名盖章。"该条规定在明确法官审查鉴定书的内容的同时，实质上还以司法解释的形式，对鉴定书的形式要件进行了规制。鉴定文书能够反映鉴定结论的合法性、科学性，体现其证据价值。法官审查鉴定书不能只看形式要件是否具备，不能只看结论性意见，而应遵循一定的规则，对鉴定书所反映的鉴定起因、鉴定过程、鉴定方法、鉴定结果等进行全面审查。

典型疑难案件参考

吕佳慧、孙艳萍、吕春祥诉山东博兴县人民医院医疗纠纷抗诉案

基本案情

吕春祥、孙艳萍系夫妻关系。1998年5月11日上午7时，孙艳萍入住博兴县人民医院（以下简称博兴县医院）待产，当日上午9时博兴县医院给予其1%浓度的催产素静脉滴注，当时胎儿心率118次/分，给予吸氧，15时10分娩出一女婴（后名吕佳慧），胎儿娩出时重度窒息，阿氏评分1分。当时负责孙艳萍分娩的助产人员为赵玉花。吕佳慧出生后，博兴县医院对其采取清理呼吸道、吸氧、人工呼吸、气管插管等抢救措施，30分钟后复苏回病房。当日18时，因吕佳慧哭声弱、反应差被家人送入儿科病房，被诊断为：新生儿缺氧性脑病、新生儿胎粪吸入性肺炎、新生儿窒息（重度）。吕佳慧治疗16天后出院，在儿科住院期间支出医疗费2799.92元。此后，吕春祥、孙艳萍发现吕佳慧运动发育迟缓，自1999年6月起到青岛市儿童医院、青岛市妇幼保健院、河北省石家庄小儿脑瘫康复中心等多处治疗。在青岛市儿童医院住院治疗6次，共住院390天，单据11张，共计49442.30元；青岛市妇幼保健院单据6张，计款29499.62元；青岛惠康堂药房有限公司单据3张，计款169.5元；2002年3月16日至5月14日在河北石家庄小儿脑瘫康复中心治疗，支出医疗费4814元。以上共计支出医药费86725.34元。因往返就医，支出交通费1872元，住宿费9635元。

2003年1月24日，经博兴县卫生局委托，滨州市医学会对吕佳慧出生时博兴县医院的医疗行为进行医学鉴定，认定不属于医疗事故。吕佳慧一方对该决定不服，向山东省医学会申请再次鉴定。2003年4月30日，山东省医疗事故鉴定委员会认定吕佳慧目前脑性瘫痪与博兴县医院治疗过程中的缺陷有部分因果关系，博兴县医院负次要责任，构成"二级丁等医疗事故"。并建议吕佳慧进入脑瘫康复中心进一步治疗。两次共计支出鉴定费7300元。

2003年11月10日，吕佳慧以博兴县医院为被告诉至滨州市中级人民法院，12月20日，吕春祥、孙艳萍申请参加诉讼，请求法院判令博兴县医院赔偿吕佳慧医疗费、护理费、生活费、残疾用具费等共计160万元，赔偿孙艳萍、吕春祥二人精神损害抚慰金各10万元。诉讼期间，吕佳慧申请对其伤残等级、护理依赖程度进行鉴定。2004年6月13日，滨州市中级人民法院司法技术鉴定中心出具鉴定意见：吕佳慧构成五级伤残。

一审裁判结果

审理法院依照《中华人民共和国民法通则》第119条、《医疗事故处理条例》第49条、第50条、第51条、第52条，参照最高人民法院《关于确定民事侵权精神损害赔偿责任若干问题的解释》第9条、第10条，《关于审理人身损害赔偿案件适用法律若干问题的解释》第21条之规定，判决：博兴县医院赔偿吕佳慧医疗费、交通费、住宿费、鉴定费、残疾用具费、伙食补助费、护理费、残疾生活补助费等的40%共计118833.26元，赔偿吕佳慧残疾赔偿金35000元，赔偿吕春祥、孙艳萍精神损害抚慰金各10000元，共计20000元。共计173833.26元（包含在诉讼期间已先予执行的20000元），于本判决生效之日起10日内履行。案件受理费4749元，由吕佳慧、吕春祥、孙艳萍负担2374元，由博兴县医院负担2375元；其他诉讼费2000元，由博兴县医院负担。

一审裁判理由

2004年8月17日，滨州市中级人民法院作出〔2003〕滨中民一初字第10号民事判决，认为：孙艳萍在博兴县医院住院生产期间，因博兴县医院在催产素使用过程中不规范，致吕佳慧出生后重度窒息，博兴县医院在吕佳慧重度窒息复苏过程中治疗欠妥，致吕佳慧智力、运动机能受损，构成五级伤残。山东省医学会鉴定认为吕佳慧目前脑性瘫痪与医院治疗过程中的缺陷有部分因果关系，构成二级丁等医疗事故，并建议吕佳慧进入脑瘫康复中心进一步治疗。因此，博兴县医院应当对吕佳慧在博兴县医院治疗期间及康复治疗期间所支出的医疗费、交通费、住宿费、住院伙食补助费、护理费等进行赔偿。因吕佳慧系未成年人，其残前无误工费，因此其残前部分博兴县医院应按生活费予以赔偿。因吕佳慧构成五级伤残，博兴县医院应赔偿其残疾生活补助费及残疾用具费。因吕佳慧目前生活部分不能自理，博兴县医院应支付吕佳慧致残后的护理费，按鉴定结论以40%的部分护理依赖计算20年，超过此期限后，如吕佳慧仍需继续护理，仍有主张的权利。因博兴县医院的医疗行为致吕佳慧五级伤残，智力、运动机能均受损，使其今后的社会评价及就业机率均有降低，使吕佳慧及其父母在精神上蒙受了巨大的压力，故博兴县医院应对其及其父母给予精神损害抚慰金。博兴县医院对吕佳慧及吕春祥、孙艳萍的赔偿标准应以医疗事故处理条例及民法通则及参照有关司法解释的有关规定进行计算。吕佳慧、孙艳萍、吕春祥的其他诉讼请求不符合法律规定，故不予支持。

二审诉辩情况

吕佳慧、孙艳萍、吕春祥和博兴县医院均不服一审判决，向山东省高级人民法院提出上诉。山东省高级人民法院审理过程中补充查明以下事实：山东省假肢矫形康复中心出具证明称，国产普及型残疾人专用轮椅的价格为900—1200

元，正常使用年限为4—6年；进口轮椅的价格为2900—3900元，正常使用年限为5—8年。

二审裁判结果

二审法院依照《中华人民共和国民事诉讼法》第153条第1款第1项、第158条之规定，判决：驳回上诉，维持原判。

二审裁判理由

2005年3月7日，山东省高级人民法院作出〔2005〕鲁民一终字第2号民事判决，认为：由于吕佳慧、孙艳萍、吕春祥与博兴县医院之间的纠纷已经滨州市医学会的首次技术鉴定和山东省医学会的再次技术鉴定。吕佳慧、孙艳萍、吕春祥对鉴定结论提出异议，依照最高人民法院在《关于对医疗事故争议案件人民法院应否受理的复函》［法〔行〕函〔1989〕63号］中关于“病员及其亲属如果对医疗事故鉴定措施有异议，可以向上一级医疗事故技术鉴定委员会申请重新鉴定，如因对鉴定结论有异议向人民法院起诉的，人民法院不予受理”的规定，人民法院不予受理。因此，原审依据山东省医学会的医疗事故技术鉴定认定责任和医疗事故等级是正确的。由于本案的医疗侵权行为发生在1998年5月，《医疗事故处理条例》是自2002年9月1日起施行的，《医疗事故处理条例》本身及其他法律、法规没有规定该条例具有溯及既往的效力，因此，博兴县医院的医疗行为虽构成医疗事故，但根据法不溯及既往的司法原则，该《医疗事故处理条例》不适用于本案。博兴县医院关于本案应适用《医疗事故处理条例》的上诉理由不能成立。关于吕佳慧到外地就医所产生的医疗费、交通费、住宿费是否应当由博兴县医院赔偿问题。首先，因吕佳慧是1998年5月份从博兴县医院出院的，自1999年6月开始到青岛市儿童医院等外地就医不存在从当地医院转院问题，吕春祥、孙艳萍夫妇到周边地区的专业医院给吕佳慧治疗是因吕佳慧需要康复治疗，无可非议。吕佳慧的伤痛是由博兴县医院的医疗行为造成的，其康复治疗所造成的经济损失应由博兴县医院负担，原审判令上述费用由博兴县医院赔偿是正确的。关于残疾用具费问题。根据山东省假肢矫形康复中心出具的证明，国产普及型残疾人专用轮椅的价格为900—1200元，正常使用年限为4—6年，结合中国妇女的正常寿命，原审认定残疾用具费为16763元是正确的。本案中的医疗事故不仅给吕佳慧造成了巨大的精神损害，也给孙艳萍、吕春祥造成了巨大的精神伤害，原审在判决博兴县医院赔偿吕佳慧残疾赔偿金的同时，判决博兴县医院赔偿孙艳萍、吕春祥精神损害抚慰金是可以的。关于后续康复费用的赔偿问题，虽然吕佳慧需要康复治疗，费用也应当由博兴县医院负责赔偿，但由于该费用尚未实际发生，吕佳慧也没有提供有效证据证明今后康复治疗需要多少治疗费用。因此，吕佳慧关于康复费用的主张证据不足。该权利可待该费用实际发生后或证据充足时，另行主张。原审以该主张不合法律规定为由，驳回诉讼请求不当，予以纠正。综上，双方上诉人的上诉理由均不成立。

再审诉辩情况

吕佳慧、孙艳萍、吕春祥不服终审判决，向检察机关提出申诉。山东省人民检察院向最高人民检察院提请抗诉。最高人民检察院于2008年4月29日以高检民抗〔2008〕24号民事抗诉书向最高人民法院提出抗诉，理由如下：

1. 山东省医学会医鉴字〔2003〕043号《医疗事故技术鉴定书》未能明确分析吕佳慧的病因，确定博兴县医院负次要责任的依据明显不足，依法不应作为定案依据。终审判决以此为据来划分当事人的责任，认定事实错误，判决不公。

《医疗事故技术鉴定暂行办法》（中华人民共和国卫生部令第30号）第36条规定："专家鉴定组应当综合分析医疗过失行为在导致医疗事故损害后果中的作用、患者原有疾病状况等因素，判定医疗过失行为的责任程度。医疗事故中医疗过失行为责任程度分为：（1）完全责任，指医疗事故损害后果完全由医疗过失行为造成。（2）主要责任，指医疗事故损害后果主要由医疗过失行为造成，其他因素起次要作用。（3）次要责任，指医疗事故损害后果主要由其他因素造成，医疗过失行为起次要作用。（4）轻微责任，指医疗事故损害后果绝大部分由其他因素造成，医疗过失行为起轻微作用。"本案中，山东省医学会医鉴字〔2003〕043号《医疗事故技术鉴定书》第5页"鉴定结论"部分的内容全文如下："（1）违法、违规事实：①催产素使用不规范，无观察记录；②产程观察记录不详细；③医疗文书存在严重缺陷；④新生儿重度窒息复苏后，治疗欠妥。（2）因果关系：患儿目前脑性瘫痪（痉挛型双瘫）与医院治疗过程中的缺陷有部分因果关系。（3）责任程度：次要责任。（4）事故等级：二级丁等医疗事故。（5）对患者医疗护理建议：建议患儿进入脑瘫康复中心进一步治疗。"可以看出，该医疗事故技术鉴定书仅明确了博兴县医院存在的违法、违规事实，但并未综合分析医疗过失行为在导致医疗事故损害后果中的作用、患者原有疾病状况等因素，从而判定医疗过失行为的责任程度。而是在没有任何事实和证据表明因产妇孙艳萍身体状况或吕佳慧自身原因导致其脑性瘫痪（痉挛型双瘫）的情况下，武断地认定博兴县医院只负有次要责任，该鉴定结论的依据明显不足。最高人民法院《关于民事诉讼证据的若干规定》(以下简称《民事证据规定》)第64条规定，审判人员应当依照法定程序，全面、客观地审核证据，依据法律的规定，遵循法官职业道德，运用逻辑推理和日常生活经验，对证据有无证明力和证明力大小独立进行判断。对医疗事故技术鉴定结论也不应盲从，而应依照上述规定进行全面、客观的审查。在医疗事故技术鉴定结论依据明显不足，吕春祥及孙存艳提出了合理怀疑的情况下，不应仅依医疗事故技术鉴定结论为依据，而应结合全案情况及医疗单位的过错程度，对博兴县医院应负的责任作出公平的判定，必要时还可以再委托有资格的专业机构进行司法鉴定。本案中没有事实和证据表明吕佳慧、吕春祥、孙存艳一方存在任何过错，终审判决仅以医疗事故技术鉴定为依据，判令他们承担60%的主要责任，认定事实错误，判决结果明显不公。

2. 一、二审法院均未应吕佳慧的申请，让鉴定人出庭接受质询或书面答复其质询，违反了《民事证据规定》的规定，违反法律程序，可能影响案件的实体判决。

《民事证据规定》第59条规定:“鉴定人应当出庭接受当事人质询。鉴定人确因特殊原因无法出庭的，经人民法院准许，可以书面答复当事人的质询。”本案中，吕佳慧一方因对山东省医学会的医疗事故技术鉴定书存有异议，在一、二审法院的审理过程中，均依法向法庭提出了要求鉴定人出庭接受质询的要求。但一、二审法院既未通知鉴定人出庭接受质询，也未通知鉴定人书面答复质询，违反了法定程序，可能影响案件的实体判决。

再审裁判结果

山东省高级人民法院依照《中华人民共和国民事诉讼法》第153条第1款第3项、第186条第1款之规定及《民事证据规定》第4条第1款第8项、第59条的规定，经审判委员会讨论，山东省高级人民法院于2009年9月1日作出〔2008〕鲁民再字第51号民事判决书:

一、撤销山东省高级人民法院〔2005〕鲁民一终字第2号民事判决;

二、维持山东省滨州市中级人民法院〔2003〕滨中民一初字第10号民事判决第9条“博兴县医院赔偿吕佳慧残疾赔偿金35000元”和第10条“博兴县医院赔偿吕春祥、孙艳萍精神损害抚慰金各10000元，共计20000元”;

三、变更山东省滨州市中级人民法院〔2003〕滨中民一初字第10号民事判决第1至9条，博兴县医院赔偿吕佳慧医疗费、交通费、住宿费、鉴定费、残疾用具费、护理费、残疾生活补助费等的40%，为博兴县医院赔偿吕佳慧医疗费、交通费、住宿费、鉴定费、残疾用具费、护理费、残疾生活补助费等，以上各项共计352083.14元(包含在诉讼期间已先予执行的20000元);

驳回吕佳慧、孙艳萍、吕春祥对博兴县医院的其他诉讼请求。

再审裁判理由

最高人民法院受理抗诉后，于2008年7月3日以〔2008〕民抗字第18号民事裁定书指令山东省高级人民法院再审本案。山东省高级人民法院再审查明，山东省医学会医鉴字〔2003〕043号《医疗事故技术鉴定书》未经鉴定人出庭接受当事人质询，鉴定人亦未书面答复当事人的质询。再审查明的其他事实与原审认定的事实一致。在山东省高级人民法院再审过程中，经吕佳慧方申请，山东省高级人民法院委托该院技术室对导致吕佳慧脑性瘫痪的原因、博兴县医院的责任等重新进行鉴定。但在山东省高级人民法院技术室委托鉴定过程中，博兴县医院不同意重新鉴定，不参加鉴定机构的选择，亦不提交鉴定所需的原始病历材料等，导致鉴定机构在收不到原始病历材料的情况下无法进行鉴定。

山东省高级人民法院再审认为，本案再审争议的主要焦点问题是，对于导致吕佳慧脑性瘫痪，博兴县医院的责任应如何认定。一、二审据以定案的山东省医学会医鉴字〔2003〕043号《医疗事故技术鉴定书》结论认为，博兴县医院对吕佳慧脑性瘫痪负次要责任。但该医疗事故技术鉴定书仅明确了博兴县医院存在的违法、违规事实，并未综合分析医疗过失行为在导致医疗事故损害后果中的作用、患者原有疾病状况等因素，从而判定医疗过失行为的责任程度。在吕佳慧方提出了合理怀疑的情况下，认定博兴县医院负次要责任的依据不够充分。且在一、二审审理过程中，在吕佳慧方对该医疗事故技术鉴定书有异议的情况下，鉴定人既未出庭接受质询，亦未书面答复当事人的质询，违反了《民事证据规定》第59条规定。一、二审判决认定博兴县医院对吕佳慧脑性瘫痪负次要责任的证据不足。根据《民事证据规定》第4条第1款第8项的规定，“因医疗行为引起的侵权诉讼，由医疗机构就医疗行为与损害后果之间不存在因果关系及不存在医疗过错承担举证责任”。所以，对于导致吕佳慧脑性瘫痪这一损害后果，博兴县医院应对其医疗行为与损害后果之间不存在因果关系及不存在医疗过错承担举证责任。但在再审过程中，经向博兴县医院释明，博兴县医院仍不同意重新鉴定，亦不提交鉴定申请和鉴定所需要的原始病历等材料。对此，应由博兴县医院承担对其不利的后果。即由博兴县医院对其医疗行为导致吕佳慧脑性瘫痪承担全部责任。关于后续康复治疗的费用，可待费用实际发生后另行主张权利。

200. 医疗意外是否构成免责事由？

《医疗事故处理条例》规定的医疗意外不作为医疗事故，应当仅指因患者病情异常或体质特殊，而非医务人员故意或者过失引起的人身损害，不能理解为凡是患者病情异常或体质特殊，发生了人身损害就是医疗意外而予免责。因为，患者病情异常或体质特殊并不必然导致医疗意外的发生，如果医务人员未尽应尽的注意义务而导致患者人身损害，即使患者病情异常或体质特殊，仍不属医疗意外而应属医疗事故，不得免责。

201. 如何确定医疗纠纷损害赔偿范围和标准？

根据我国法律和行政法规的规定，医疗纠纷可以分为两类：一类是医疗事故侵权行为引起的医疗赔偿纠纷案件；另一类是非医疗事故侵权行为或者医疗事故以外的其他原因而引起的医疗赔偿纠纷案件。虽然这两类案件都与医疗行为有关，但是发生的原因不同，前者致害的原因以构成医疗事故为前提，而后者致害的原因是不构成医疗事故的其他医疗过失行为。在医疗服务过程中因过失致患者人身损害引起的赔偿纠纷，本质上属于民事侵权损害赔偿纠纷，应当按照《民法通则》第106条、第109条和人身损害赔偿的司法解释规定处理。关于赔偿标准，也是法律规则的适用问题。《医疗事故处理条例》第五章作了专门的规定，但并没有像最高人民法院《关于审理人身损害赔偿案件适用法律若干问题的解释》那样规定赔偿与伤残等级对应。《医疗事故处理条例》第49条规定："医疗事故赔偿，应当考虑下列因素，确定具体赔偿数额：（一）医疗事故等级；（二）医疗过失行为在医疗事故损害后果中的责任程度；（三）医疗事故损害后果与患者原有疾病状况之间的关系。不属于医疗事故的，医疗机构不承担赔偿责任。"这里，赔偿数额所考虑的是事故等级、过失行为在事故损害后果中的责任程度及与患者原有疾病状况之间的关系三个因素。最高人民法院《关于审理人身损害赔偿案件适用法律若干问题的解释》对赔偿的标准作了一些调整，赔偿范围包括医疗费、误工费、护理费、交通费、住宿费、住院伙食补助费、必要的营养费，且赔偿的数额比《医疗事故处理条例》规定的赔偿数额高。因此，不构成医疗事故的案件应以一般的医疗纠纷向法院起诉，并适用关于人身损害赔偿的司法解释。

典型疑难案件参考

曹英、赵培启、赵培勇诉许云凤医疗事故赔偿纠纷再审检察建议案

基本案情

2002年2月17日下午13时30分左右，曹英之夫赵庆华因“头痛、头晕3天”到东营市东营区东城许云凤的“云凤诊所”就诊，诊断为“上呼吸道感染”，给予“洁霉素”、“病毒素”输液，于15时30分结束。赵庆华输液完毕起床后突然晕倒，意识不清，有呼吸，听诊心弱，将其扶到床上后，尿失禁，无抽搐，口吐少量白沫，当时给予注射“地塞米松”、“副肾素”治疗，并联系“120”，最后用出租车于15时40分送至东营市人民医院进行抢救。后经抢救无效，赵庆华于2002年2月17日下午15时58分死亡。胜利油田管理局中心医院尸检病理诊断为：过敏性休克致急性呼吸循环衰竭死亡。

2002年6月20日，东营区医疗事故技术鉴定委员会作出东区鉴定〔2002〕第1号鉴定书，鉴定结论为一级医疗事故。同时经分析认为：患者可能罹患“流感”，本例用“洁霉素1.8g，在1小时左右输入，可能导致低血压，在原有心脏病理改变的基础上，又加之罹患流感”，可能诱发心脏猝死。本例诊疗记录欠完整、规范。双方不服此鉴定结论，均向东营市医疗事故技术鉴定委员会提出重新鉴定申请。东营市医疗事故技术鉴定委员会作出东鉴字〔2002〕第010号鉴定书，鉴定结论为：严重医疗差错，过敏事件系医疗意外，医师许云凤与患者的死亡无直接因果关系。该鉴定书双方均收到，没有申请省级鉴定。

原审诉辩情况

曹英、赵培启、赵培用以许云凤为被告起诉至东营市东营区人民法院，请求判令许云凤赔偿其死亡补偿费199540余、丧葬费3813元、被抚养人生活费177632元、精神损害赔偿金30000元。

原审裁判结果

东营市东营区人民法院依照《中华人民共和国民事诉讼法》第64条、第

130条、《中华人民共和国民法通则》第119条、《中华人民共和国合同法》第122条，判决如下：

一、许云凤赔偿曹英、赵培启、赵培勇死亡补偿费199540元（9977元/年×20年），丧葬费500元，被抚养人生活费177632元（赵培启10年×6344元/年，赵培勇18年×6344元/年），上述三项合计377672元于本判决书生效后10日内支付；

二、驳回曹英、赵培启、赵培勇的其他诉讼请求。

原审裁判理由

2003年1月31日，东营市东营区人民法院作出〔2002〕东民初字第1370号民事判决认为：许云凤在给患者赵庆华治疗的过程中，缺乏诊疗记录，抢救欠规范，医疗严重差错，与患者的死亡有直接的因果关系，对医疗事故赔偿纠纷应负全部责任。许云凤经本院合法传唤无正当理由拒不到庭，视为自动放弃部分诉讼权利。曹英、赵培启和赵培勇作为死者赵庆华的直系亲属向许云凤主张赔偿死亡补偿费、丧葬费、被抚养人生活费，理由正当，证据充分，法院予以支持。因在赔偿的数额中已包括精神损害赔偿的因素，故曹英、赵培启、赵培勇要求的赔偿精神损害赔偿金的诉讼请求，法院不予支持。

再审诉辩情况

许云凤不服，向检察机关申诉。2004年4月1日，东营市东营区人民检察院向东营区人民法院发出东区检民行建〔2004〕1号检察建议书，建议法院依法再审。理由如下：

1. 原审法院没有依职权查明鉴定结论的证据效力，从而导致没有查清案件事实。经调查，被申诉人因亲属赵庆华死亡事件与申诉人之间的医疗纠纷，曾依照《医疗事故处理办法》的规定，进行过两次技术鉴定。第一次东营区医疗事故技术鉴定委员会作出鉴定结论后，申诉人和被申诉人均不服，均申请东营市医疗事故技术鉴定委员会重新鉴定。东营市医疗事故技术鉴定委员会作出了东医鉴定〔2002〕第010号的鉴定书并向双方送达，双方没有重新申请山东省省级鉴定。东营区鉴定结论书本身提示，在收到该结论后如果不服，可以在15天内向上一级鉴定部门申请重新鉴定。据此，东营市医疗事故技术鉴定委员会作出新的鉴定结论后，东营区医疗事故技术鉴定委员会的鉴定结论已经被否定。合议庭在开庭时采信了已经被否定的区级鉴定结论，导致没有查清案件事实。

尸体解剖检验报告和东营市医疗事故技术鉴定委员会的鉴定结论均认为：

赵庆华是因为药物过敏死亡。根据规定，使用洁霉素之前不要求进行过敏试验。赵庆华个人体质的特异性，致使其在使用洁霉素之后发生了过敏反应并导致死亡，这种事件在法律上属于意外事件。东营市医疗事故技术鉴定委员会虽然认定许云风诊所工作存在一定过错，但在分析意见中指出该过错与患者的死亡不存在因果联系，赵庆华的死亡不属于医疗事故，故许云风对于赵庆华的死亡不应承担侵权责任。

2. 原审判决适用法律不当，责任分担错误。判决书和庭审笔录显示，合议庭没有对相关数据标准进行调查，在事实调查方面，存在严重疏漏。山东省高级人民法院《关于审理人身损害赔偿案件适用法律若干问题的意见》第77条规定，被抚养人口的抚养费用应当按照当地最低生活保障标准计算。该判决用当地城镇居民人均收入标准计算赔偿数额与该规定相矛盾。原审判决在承担赔偿份额的法律适用方面亦存在错误。山东省高级人民法院《关于审理人身损害赔偿案件适用法律若干问题的意见》第77条第3款规定，受害人是唯一抚养人的，侵害人应当承担被抚养人的全部生活费。还有其他抚养人的，侵害人应承担受害人所承担的份额。该案原告曹英与受害人赵庆华系原告赵培启、赵培勇的共同抚养人，该判决没有认定曹英没有抚养能力，要求申诉人承担被抚养人的全部生活费是错误的。

再审裁判结果

东营市东营区人民法院采纳检察建议，并经听证审核，认为符合法定再审条件，于2004年5月8日作出〔2004〕东民监字第1号民事裁定书，决定对该案再审。经法院主持调解，双方当事人自愿达成协议：

一、许云风赔偿曹英、赵培启、赵培勇死亡补偿费、被抚养人生活费、丧葬费等共计82000元，于2004年11月5日一次性付清；

二、许云风不再承担其他赔偿责任。

（一）侵害患者知情同意权责任纠纷

202. 医疗机构在征得患者及其家属同意后为患者利益考虑实施的风险医疗行为，风险责任应如何承担？

有风险的医疗行为如果是在征得患者及其亲属同意后实施的，风险责任应由患者及其亲属承担。

典型疑难案件参考

方金凯诉同安医院医疗损害赔偿纠纷案（《最高人民法院公报》2004 年第 2 期，总第 88 期）

基本案情

1998 年 7 月 24 日 12 时 15 分，原告方金凯因左小腿被搅拌机绞伤，入住被告同安医院的外科一区治疗。经诊断，方金凯的左胫腓骨开放性骨折，左小腿软组织严重挫裂伤。同日下午 1 时许，经方金凯的亲属签字同意，同安医院为方金凯施行“清创术 + 左胫骨钢板内固定术”及“左小腿石膏后托外固定术”。8 月 1 日，方金凯要求出院，经劝阻无效，在方金凯的亲属立下“自动出院，后果自负”的字据后，同安医院给其办理了离院手续。

1998 年 8 月 1 日上午 10 时 25 分，原告方金凯入住闽海医院的外科治疗。8 月 13 日，闽海医院为方金凯行植皮术，10 月 5 日行扩创、病灶清除、去除钢板、石膏托外固定术，术中发现方金凯的伤口内留有煤砂泥。

1998 年 10 月 13 日，原告方金凯从闽海医院出院后，再次入住被告同安医院的外科治疗。经诊断，方金凯的左小腿重度开放性复合伤并感染、左胫腓骨骨折并骨髓炎。10 月 21 日，同安医院为方金凯施行“扩创、骨折复位加外固定术、植骨术”中，见一约 5 × 3 × 0.3cm 的死骨。术后，同安医院为方金凯施行抗炎、引流等综合治疗，使伤口愈合，方金凯于 12 月 24 日出院。

1999 年 2 月 11 日，原告方金凯因左小腿疼痛，再次入住被告同安医院治疗。查体见方金凯的左小腿向内成角畸形，有“假关节”活动，外固定架松动，左小腿内侧凸出部有 0.2 × 0.2cm 渗液，触痛，纵轴叩击痛阳性，左小腿比右小腿短缩约 2.5cm。经抗炎、输液治疗，去除外固定，改石膏管型固定，伤口换药后症状体征好转。方金凯于 2001 年 11 月 6 日自行离院。

1999 年 4 月 28 日，经原告方金凯申请，厦门市同安区医疗事故鉴定委员会作出“不属于医疗事故”的鉴定结论。方金凯不服，又向厦门市医疗事故技术鉴定委员会申请再次鉴定。2002 年 5 月 14 日，厦门市医疗事故技术鉴定委员会鉴定后认为：该患者急诊入院时，左小腿外伤严重，伤口严重污染，软组织绞裂，骨折端外露，髓腔有大量泥沙等污物，属Ⅲ型 A 类开放性骨折，易发生术后感染，治疗其骨折应以外固定架方式为适当。结论是：不属于医疗事故。

经被告同安医院申请，法院委托厦门市中级人民法院司法技术鉴定处对原告方金凯的医疗过程进行鉴定。该处出具的〔2002〕厦中法法医字第 154 号法医学文证审查意见书认为：方金凯左小腿外伤创面较大，局部肌肉组织毁损污染严重，胫腓骨开放性粉碎性骨折，断端髓腔泥沙填塞，是造成并发伤口感染及骨髓炎的内在因素，虽经医院清创内固定手术等治疗，但并发症仍不可避免地发生。第二次行清创植骨术后骨髓炎消失，但由于骨折断端融合使左下肢短缩，踝关节部分功能障碍。方金凯的伤残后果系损伤及损伤后的并发症所致，与医疗行为之间无直接因果关系。方金凯伤后出现的并发症，与其伤口污染严重有直接关系，即使当时对伤口清创更彻底些，也难以保证不并发感染和骨髓炎。同安医院对方金凯伤后采取的治疗措施、治疗原则、治疗方式，符合医疗规范。

庭审中，经被告同安医院申请，法院准许骨科专家杨立民作为专家证人出庭作证。杨立民专家的意见是：原告方金凯的伤情是Ⅲ型 A 类开放性骨折，属于较重的骨折类型，客观上不可能彻底清创，发生骨髓炎并发症难以避免；导致方金凯伤残的原因，是骨髓炎引发骨头坏死，且方金凯在第二次手术后又过度运动造成再次骨折，骨折处的骨头重叠了 3cm 左右，手术植入的新骨只能加固，无法撑开重叠部分，所以不能恢复原有长度。

原告方金凯、被告同安医院对上述证据材料的真实性、合法性没有异议，但方金凯对证据的关联性有异议，认为其创口并非客观上无法清洗干净，而是同安医院在清创时未尽到职责才引发骨髓感染，但方金凯未能举出相应证据支持这个主张。

经厦门市中级人民法院司法技术鉴定处鉴定，原告方金凯左下肢短缩 3.3cm，伤残等级为 9 级附加 10 级。

一审诉辩情况

原告诉称：原告因左小腿被搅拌机绞伤，到被告的外科一区住院治疗。由于被告的医生在手术中不按常规操作，未能将伤口内的泥沙清洗干净和消毒，引起伤口感染，造成骨髓炎和骨头坏死。后被告又在给原告施行骨头移植手术时，造成左腿比右腿短 4cm，使原告终生残疾。被告在给原告治疗的过程中存在过错，依法应承担赔偿责任。请求判令被告给原告赔偿误工费 48374 元、医疗费 19915.38 元、残疾生活补助费 33834 元、精神抚慰金 5639 元，共计 107762.38 元。

原告方金凯提交中国人民解放军海军同安闽海医院（以下简称闽海医院）的病例、手术记录和厦门市中级人民法院司法技术鉴定处出具的〔2002〕厦中法法医字第 148 号法医临床学鉴定书，用以证明同安医院施行手术后其伤口内仍留有煤泥沙，现其左下肢短缩 3.3cm，伤残等级为 9 级附加 10 级。

被告辩称：原告到被告处求医时，左小腿下端开放性粉碎性骨折，创口附着大量煤渣、泥沙等污染物。根据其伤情，如果要彻底避免手术后发生感染，最好的办法是截肢，但那样做肯定会使原告终生残疾。为了减少原告的损失，被告决定采用清洗创口以及钢板内固定、石膏外固定的手术，以求保住这条腿。但这样做，就要冒伤口感染和并发骨髓炎的风险。这个后果，被告是十分清楚的，因此术前将手术风险告知给原告及其亲属，经原告的亲属签字同意才开始手术。手术中，虽经医护人员用500ml 双氧水 3 瓶、500ml 外用生理盐水 15 瓶冲洗伤口，但原告的伤情决定了医院无法通过一次手术就把创口清理干净。第一次手术后，原告不再配合治疗，手术风险期还未过就要求出院。两个月后，原告因左小腿重度开放性复合伤并感染、左胫腓骨骨折并骨髓炎，第二次住进被告医院。被告为其施行扩开创口将骨折复位并固定以及植骨等手术，术后采用抗炎等综合治疗和引流，使伤口愈合出院。又一个多月后，原告第三次住院。这次查体，见原告左小腿的外固定架松动了，左小腿向内成角畸形，说明原告出院后有过过度的运动以至再次骨折。这一次，被告给原告采用了抗炎、输液治疗，把外固定改成石膏管型固定后伤口好转。由于原告并发骨髓炎、骨头坏死，使骨折处的骨头重叠了 3cm 左右，手术植入的新骨只能加固，无法撑开重叠部分，终使其左腿不可避免地短于右腿。被告对原告的一系列诊疗均符合常规，没有违反规则的操作。原告的残疾是被搅拌机绞伤造成的，并非诊疗行为导致。经区、市两级医疗事故鉴定委员会鉴定，原告的残疾不属于医疗事故。其诉讼请求缺乏依据，应当驳回。

被告同安医院提交了原告方金凯三次住院的病例和第三次住院时的 X 光片，用以证明第一次手术前已向方金凯及其亲属交代过手术风险；方金凯到其他医院做过手术后，其伤口内仍有去除不掉的污染物；同安医院给方金凯的伤口清创、治疗，都符合操作规程；方金凯在第二次手术后的恢复期内进行了激烈活动，导致再次骨折。

一审裁判结果

厦门市同安区人民法院依照《中华人民共和国民事诉讼法》第 64 条第 1 款的规定，于 2002 年 10 月 15 日判决：

一、驳回原告方金凯的诉讼请求；

二、案件受理费 3727 元，由原告方金凯负担。

一审裁判理由

厦门市同安区人民法院认为，本案的争议焦点有两个。一是伤口感染并发骨髓炎，究竟是伤口内的污染物客观上无法彻底清除造成的，还是同安医院因主观上的过失而没有彻底清创造成的？二是植骨术与腿短缩之间有无直接因果关系？

关于第一点。第一次手术后，原告方金凯的伤口内仍留有部分污染物，并且由于这些污染物的存在，使伤口感染并发骨髓炎、骨头坏死，这是不争的事实。方金凯认为，自己因开放性骨折而住院，伤口是开放的，治疗重点就应该放在及时、彻底清洗伤口，避免感染。被告同安医院经清创手术后仍把部分污染物留在伤口内，以至伤口感染并发骨髓炎、骨头坏死，说明清创不认真，不彻底，自然应当承担医疗事故责任。同安医院认为，方金凯的伤情决定了不可能通过一次手术就将污染物彻底清除干净；方金凯到其他医院进行第二次清创后，伤口内仍有去除不掉的煤渣等污染物，就足以证明这个观点；医院明知一次手术不可能将污染物彻底清除干净，因此在手术前将术后可能发生的风险，其中包括术后感染、骨髓炎等，告知给方金凯及其亲属，并在征得他们同意的情况下才进行手术；医院的手术过程完全符合规范，结果也在预想之中，因此不存在医疗事故一说。

综合双方当事人提交的证据以及各自观点，结合骨科专家根据多年临床经验并结合本案事实发表的分析意见，以及法医学文证审查意见，应当认定：原告方金凯左小腿是Ⅲ型 A 类开放性骨折，属于较重的骨折类型，而且外伤面积较大，局部肌肉组织毁损污染严重，胫腓骨骨折断端的髓腔有泥沙填塞，客观上不可能彻底清创，这是造成术后感染并发骨髓炎的直接原因。被告同安医院对方金凯伤后采取的治疗措施、治疗原则、治疗方式，是符合医疗规范的，不存在医疗过错。

关于第二点。原告方金凯认为，被告同安医院为其治疗骨折中实施植骨术，然而该手术却使其左下肢短缩 3.3cm，超过了医学允许的短缩上限，造成其残疾。因此，同安医院应当对该手术给患者造成的残疾结果负责。同安医院认为，由于方金凯在治疗期间并发伤口感染、骨髓炎、骨头坏死，骨折断端发生融合，加之其第二次出院后患肢活动过早过激致再次骨折成角畸形，因此左下肢才短缩。左下肢短缩与植骨术不存在因果关系，医院不应当对方金凯的左下肢短缩承担责任。

根据专家意见和法医学文证审查意见，应当认定：原告方金凯左下肢短缩的原因，是其术后感染、骨髓炎和断端融合，以及其在患肢尚未完全康复的情况下活动过早过激致使再次骨折成角畸形等因素，使骨折处的骨头重叠造成的，与被告同安医院的植骨术无关。手术植入的新骨，只能加固骨折处的愈合，无法撑开骨折处的重叠。

综上所述，原告方金凯因左小腿被搅拌机绞伤而到被告同安医院求医，双方建立了医疗服务关系。入院时，方金凯的左小腿不仅是Ⅲ型A类较重的开放性骨折，而且外伤面积较大，局部肌肉组织毁损污染严重，胫腓骨骨折断端的髓腔内有泥沙填塞。根据医学原理，面对这样的伤情，同安医院可以选择的医疗方案有三种：一是截肢，这样做能彻底清除污染物，避免术后感染带来的风险，但无疑会造成患者终生残疾。二是大面积切除被污染以及可能被污染的软组织，这样做可以清除污染物，最大限度地避免术后感染带来的医疗风险，但会损伤患者的神经及血管，不利于患者日后康复。三是在尽量不破坏骨骼和软组织的情况下清创，这样做就要冒伤口感染并发骨髓炎的风险，但是一旦成功，则有利于患者康复；即使失败，也还可以考虑以截肢或者大面积切除软组织的方式补救。从为患者负责的角度出发，同安医院在征求患者及其亲属的同意后，选择了对医务人员来说风险最大的第三种方案，并小心、谨慎地予以实施，其治疗措施、步骤、方法均符合医疗规范的要求。第一次手术后的感染，与伤情复杂有直接关系。方金凯又在术后极易感染期间立下“自动出院，后果自负”的字据出院，增加了感染的机会，以至因并发骨髓炎、骨头坏死第二次入院。骨髓炎、骨头坏死、骨折断端的融合，以及第二次手术后过早过激活动造成的再度骨折，是方金凯左小腿短缩的直接原因，与同安医院的植骨术无关。法律只追究医务人员因医疗过错行为应承担的责任。医疗是有一定风险的事业。对医生为患者利益考虑实施的风险医疗行为，法律持宽容的态度。有风险的医疗行为如果是在征得患者及其亲属同意后实施的，风险责任应由患者及其亲属承担。以这样的原则解决医患纠纷，有利于医务人员救死扶伤，有利于医务人员提高医疗技术，最终有利于患者的健康，有利于社会的进步。同安医院在诊治方金凯腿伤的过程中没有医疗过错，不应承担赔偿责任。方金凯起诉请求同安医院给其赔偿误工费、医疗费、残疾生活补助费以及精神抚慰金，该请求缺乏事实根据，不予支持。

二审诉辩情况

宣判后，方金凯不服，向福建省厦门市中级人民法院提出上诉。上诉理由除坚持清创不彻底与伤腿感染和并发骨髓炎之间有直接因果关系，植骨术后造成上诉人左下肢短缩超过了医学允许的上限，因此被上诉人存在医疗过错，应当承担医疗事故责任的意见外，还提出：被上诉人在一审一直无法提供充分的证据证明自己的医疗行为与上诉人的损害结果之间不存在因果关系，根据举证责任倒置的原则，应当由被上诉人承担败诉责任，一审却认定被上诉人不存在医疗过错，是适用法律错误。请求二审撤销原判，改判满足上诉人的诉讼请求。

被上诉人同安医院答辩称：一审判决有充分的事实根据，适用法律正确，应当维持。上诉人的上诉无理，应当驳回。

二审期间，上诉人方金凯又递交《司法鉴定申请书》，提出：在术后的X光片中未发现新植入的活骨。请求切开上诉人的左腿骨折处进行鉴定，查验被上诉人是否给上诉人施行过植骨术。

二审裁判结果

厦门市中级人民法院依照《中华人民共和国民事诉讼法》第153条第1款第1项的规定，于2002年12月10日判决：

一、驳回上诉人方金凯的上诉，维持原判；

二、二审案件受理费3272元，由上诉人方金凯负担。

二审裁判理由

厦门市中级人民法院经审理，除确认了一审查明认定的事实外，还查明：在一审卷宗保存的同安医院1998年10月21日手术记录中记载："其髓腔内仍有黑色尘埃样物附着，将此骨片取出，以刮匙刀片刮也无法将附着物刮洗干净，置75%酒精浸泡后仍无法清除污物，考虑此骨片已严重污染且已有坏死现象，决定将其取出（骨片以10%福尔马林液浸泡备今后查用），将两骨折端髓腔刮通，未见有肉芽存留，直视下试行复位，估计骨缺损约5×3×0.8cm。在左髂部重新消毒铺巾后，沿髂骨翼行局麻后切开，取出约6×4×1.5cm的髂骨块，取骨区以骨蜡涂上后，查无活动性渗血缝闭切口。取出的髂骨块修剪成与骨缺损区相仿嵌入后，查骨折基本完全复位后，维持此位，以单臂外固定架将骨折远、近端固定后，试行左下肢被动活动，见骨折固定牢固，对位对线佳，过氧化氢消毒液及生理盐水反复冲洗，置入青霉素钠160万单位于骨折处，将剩余的髂骨块嵌入骨折端间，查无活动性渗血，缝闭切口……"

厦门市中级人民法院认为：

第一次手术中清创不彻底与伤口感染并发骨髓炎之间存在因果关系，这是显而易见的事实。判断同安医院应否对此承担责任，不仅要看二者之间的因果关系，更要看导致同安医院不能履行彻底清创职责的原因是什么。正如多名医学专家分析的，方金凯的伤情决定了如果要保住这条腿，客观上难以一次彻底清创。"两害相权取其轻、两利相权取其重"，是人们面临两难问题时理智的选择。保住这条腿，既是医院更是患者的共同期望，因此当同安医院预告手术后可能出现的并发症时，方金凯及其亲属仍签字同意手术。当预料的风险出现后，方金凯闭口不谈自己事先愿意承担这个风险，只想以彻底清创是医院的职责为由追究医院的责任，这样的诉讼理由是不正当的。

从以上引述的手术记录可以看到，被上诉人同安医院对上诉人方金凯行植骨术时，除手术医师外，还有正副助手各一名、护士一名、麻醉人员一名，记录的手术全过程流程客观、真实，符合操作规范，并无不当。方金凯没有任何其他根据，仅以其在术后 X 光片中未发现植入新骨为由怀疑同安医院的植骨术，申请切开活体进行探查，这样的鉴定没有必要，该申请不予采纳。正如专家所言，骨髓炎并发骨头坏死以及手术后过度运动造成的再次骨折，是使方金凯左下肢因骨头重叠而短缩的原因。植骨术植入的新骨，只能加固骨折处的愈合，无法撑开骨折处的重叠。植骨术与腿短缩之间不存在因果关系，同安医院不能因此承担医疗事故责任。

综上，当上诉人方金凯提起本案医疗损害赔偿的诉讼后，被上诉人同安医院已经以充分的证据证明了事实真相，完成了举证责任。一审认定的事实清楚，适用法律正确，判处适当，应当维持。方金凯的上诉理由不能成立，应予驳回。

203. 如何判断医疗纠纷中医疗机构是否承担侵权赔偿责任？

判断医疗机构是否应承担民事侵权赔偿的重要标准，就是医疗机构在为患者提供诊疗服务过程中是否尽了相应的注意义务。如果医疗机构在为患者进行治疗时，没有充分考虑到患者职业的特殊性，没有在术前对手术风险向患者进行充分告知，没有签署手术同意书，在为患者提供诊疗服务过程中违反相应的注意义务，侵害了患者所应依法享有的患者知情权，具有过错，手术的最终结果使患者的精神受到了损害，应承担相应的民事责任。

204. 医疗机构是否对受害人因侵权导致的情绪障碍负责？

医院的过失行为虽给受害人造成了精神痛苦，并应承担赔偿精神抚慰金的侵权责任，但情绪障碍属精神疾病的一种，与精神

痛苦不是同一概念，受害人情绪障碍的形成与医疗机构的过失行为之间没有因果关系，故医疗机构不承担赔偿责任

典型疑难案件参考

袁田诉云南省第一人民医院医疗损害赔偿纠纷案

基本案情

2003年3月3日，袁田以“声音嘶哑1月余”入住云南省第一人民医院。入院诊断为：右侧声带包块待查（息肉可能）；慢性咽、喉炎。次日，该院在“表麻下行纤维镜下右侧声带取材，激光烧灼咽后壁”。术后取除组织经病理检验后报告“（右）声带息肉”。同年3月7日，袁田感声音嘶哑无好转，并存在加重，医院考虑为手术刺激后所致。同年5月15日，在继续治疗后，双方进行了院外会诊，认为袁田声音嘶哑系慢性肥厚性喉炎和喉肌弱症所致，可能有心理精神因素存在，请精神科会诊后诊断为心因性抑郁，予相关治疗。2003年8月7日，袁田出院，此次住院发生医疗费22416.58元。因双方当事人就医疗事宜发生争执，云南省第一人民医院遂让袁田于出院当日入住该院内干科继续治疗。同年10月23日，医院再次组织专家会诊，制定治疗训练方案进行综合治疗。2004年5月20日，袁田出院，此次住院用去医疗费12023.46元。之后，袁田曾到北京进行医治，但其声音嘶哑的病情仍未恢复。

案件审理中，经袁田申请，昆明市中级人民法院委托昆明市司法技术鉴定中心对袁田嗓音的损伤程度，袁田现是否患有精神疾病，云南省第一人民医院的医疗行为与袁田的损害后果之间是否具有因果关系以及袁田的后期治疗费进行司法鉴定。后昆明市司法技术鉴定中心将该鉴定转由云南省精神病司法鉴定委员会及云南省法庭科学技术鉴定研究所进行。2004年7月10日，云南省精神病司法鉴定委员会出具云法鉴精字〔2004〕字第1186号《司法精神病学鉴定书》，鉴定袁田患情绪障碍，与手术后嗓音未恢复心情不好有关，建议进行有关方面治疗，并加强安全方面的监护，防止意外发生。2004年12月10日，云南省法庭科学技术鉴定研究所出具云法鉴医字2004第2134号《医疗纠纷司法鉴定书》，鉴定结论为：（1）云南省第一人民医院在为袁田提供医疗服务过程中存在术前未尽告知义务的不足；（2）袁田声音嘶哑目前可排除由右侧声带息肉摘除术引起的声带损伤、息肉组织残留及神经损伤所致；（3）袁田声音嘶哑系慢性喉炎及声带关闭不全所致，与云南省第一人民医院的手术无因果

关系；（4）袁田每疗程约需治疗费用人民币 1000 元，但治疗所需疗程无法确定。

一审诉辩情况

原告（反诉被告）诉称：2003 年 3 月 3 日，其因咽喉不适到被告专家门诊部就诊，经诊断患慢性咽喉炎、声带息肉，需手术治疗。当日，其入住该院。次日上午 10 时 30 分左右，被告在未进行术前检查，亦未授意其签手术同意书的情况下，手术医生贺修培在门诊手术室为其做了手术。但术后病情加重，手术部位因感染而持续水肿，说话吃力。经被告耳鼻喉科主任检查为：声带呈梭型裂缝，喉肌无力，关闭不全。现权威专家认定其嗓音能否恢复无法确定。而原告是一名年轻有为的播音员、节目主持人，嗓音被毁对其事业构成毁灭性打击，并因此出现抑郁性精神障碍，需长期治疗。被告违反通行医疗规范的错误医疗行为给原告造成经济及精神上的严重伤害，遂请求：（1）云南省第一人民医院赔偿其医药费 2133.30 元、后期治疗费 39060 元、经济损失 1138800 元、精神损害抚慰金 200000 元、律师费 55200 元，共计 1435193.30 元；（2）云南省第一人民医院承担本案诉讼费。

被告（反诉原告）答辩并反诉称：袁田因嗓音嘶哑一月，在昆明市其他医院输液治疗 10 天后仍无好转。2003 年 3 月 3 日，袁田以“慢性喉炎，右声带包块”入该院治疗。次日上午，医院为袁田行纤维喉镜下声带肿块切除术。术后，袁田嗓音嘶哑的症状未改善、恢复，故认为系医疗行为错误所致。经邀请权威专家会诊，认为其诊断、治疗正确，请求驳回袁田的诉讼请求，并反诉请求：（1）袁田赔偿医院垫付的医疗费 46079.64 元；（2）袁田承担本案全部诉讼费。

一审裁判结果

昆明市中级人民法院依照《中华人民共和国民法通则》第 98 条、第 106 条第 2 款之规定，判决如下：

一、被告（反诉原告）云南省第一人民医院于本判决生效之日起 10 日内赔偿原告（反诉被告）袁田精神损害抚慰金 5 万元；

二、原告（反诉被告）袁田于本判决生效之日起 10 日内支付被告（反诉原告）云南省第一人民医院医疗费 22412.85 元；

三、驳回原告（反诉被告）袁田的其他诉讼请求；

四、驳回被告（反诉原告）云南省第一人民医院的其他反诉请求。

本诉案件受理费 17185.97 元、鉴定费 3000 元，袁田负担 30%，计

6055.79 元，云南省第一人民医院负担 70%，计 14130.18 元；反诉案件受理费 1853.19 元，袁田、云南省第一人民医院各负担 50%，即 926.60 元。

一审裁判理由

昆明市中级人民法院认为：

1. 关于云南省第一人民医院是否存在医疗过错的问题

根据《中华人民共和国执业医师法》第 26 条关于“医师应当如实向患者或者其家属介绍病情”的规定，以及国务院颁布的《医疗机构管理条例》第 33 条规定，医疗机构施行手术、特殊检查或者特殊治疗时，必须征得患者同意，并应当取得其家属或者关系人同意并签字。《医疗事故处理条例》第 11 条规定，在医疗活动中，医疗机构及其医务人员应当将患者的病情、医疗措施、医疗风险等如实告知患者，及时解答其咨询；但是，应当避免对患者产生不利后果。同时，参照卫生部颁布的《医疗机构管理条例实施细则》第 62 条规定，医疗机构应当尊重患者对自己的病情、诊断、治疗的知情权利。在实施手术、特殊检查、特殊治疗时，应当向患者作必要的解释。因实施保护性医疗措施不宜向患者说明情况的，应当将有关情况通知患者家属。故根据上述法律、法规的规定，患者在医疗过程中依法享有知情权，患者知情权的内容不仅包括患者有权知悉自己的病情、诊断、治疗措施、医疗风险等，还包括患者有权在知悉基础上进行自主选择、表示同意或不同意手术、治疗方案等权利内容，这是患者的一项法定权利。这一权利的法定化使得医院向患者告知并取得患者同意的行为已不仅是医疗技术操作规程中的一个步骤，而应为医疗人员必须履行的一项法定义务。本案云南省第一人民医院在对袁田进行声带息肉摘除术前，未向袁田告知手术可能出现的风险，以尊重袁田对手术施行与否的独立选择，违反了上述法律、行政法规及部门规章的规定。虽然本案中袁田最终接受了手术治疗，但该治疗系袁田在对手术所存在的医疗风险未予充分认识的基础上进行的，不能视为袁田真正予以同意，故云南省第一人民医院侵犯了袁田的患者知情权，其医疗行为存在过错，应当依法承担相应的民事责任。

2. 关于云南省第一人民医院民事责任范围的问题

袁田嗓音嘶哑的后果经云南省法庭科学技术鉴定研究所鉴定，与云南省第一人民医院的手术无因果关系，而系慢性喉炎及声带关闭不全所致，即袁田术后声音嘶哑的结果并非云南省第一人民医院侵犯患者知情权的损害后果，医院的侵权后果未表现为袁田的身体损害，故本案没有物质性的损害后果。因此，（1）对于袁田请求术后医治声音嘶哑而发生的医药费 2133.30 元，以及其因声音嘶哑而丧失的经济损失 1138800 元，不属于侵犯其知情权所导致的损失范围，故昆明市中级人民法院不予支持。（2）对于袁田主张用于治疗其情绪障碍的后期治疗费39060元，因云南省精神病司法鉴定委员会出具的《司法精神病学鉴定书》鉴定袁田所患情绪障碍与手术后嗓音未恢复心情不好有关，故导致袁田现患情绪障碍的原因在于术后嗓音仍嘶哑而心情不好，与医院未履行告知义务之间无必然因果关系，该项诉讼请求昆明市中级人民法院亦不予支持。（3）由于法律对患者知情权的确定在于体现对患者人格尊严的尊重，故对于医疗机构未尽告知义务的行为，失衡的是患者的精神利益，导致患者精神利益的减少或丧失。本案中，云南省第一人民医院没有尊重袁田对手术施行与否的独立选择，使袁田丧失了选择手术与否的机会，给袁田造成精神上的损害，故该院应当承担袁田精神损害赔偿的民事责任。关于精神损害抚慰金的赔偿数额，根据最高人民法院《关于确定民事侵权精神损害赔偿责任若干问题的解释》第10条第1款之规定："精神损害的赔偿数额根据以下因素确定：（一）侵权人的过错程度，法律另有规定的除外；（二）侵害的手段、场合、行为方式等具体情节；（三）侵权行为所造成的后果；（四）侵权人的获利情况；（五）侵权人承担责任的经济能力；（六）受诉法院所在地平均生活水平。"本案袁田主张20万元精神损害抚慰金，昆明市中级人民法院考虑云南省第一人民医院的侵权性质、侵权情节、袁田从事播音员及节目主持人的职业特点，以及医院未尽告知义务的手术与其职业相关的情节，酌情予以支持5万元。（4）对于袁田主张的律师费55200元，其提供的发票证明其实际支付律师费为1万元。因袁田所请求的为侵权之债，而对于侵权之债所产生的律师费并无相关法律、法规规定明确予以支持，故袁田的这一请求昆明市中级人民法院不予支持。

3. 关于云南省第一人民医院反诉请求的问题

（1）对于袁田第一次住院发生的医疗费22416.58元，属于袁田接受云南省第一人民医院提供的医疗行为所应当支付的对价，虽该院存在医疗过错，但其已承担了侵权赔偿责任，故该笔费用袁田应当予以支付。云南省第一人民医院仅请求袁田支付22412.85元医疗费，昆明市中级人民法院予以支持。

（2）对于袁田第二次住院所发生的医疗费12023.46元，因该次住院系双方就医疗行为发生争执后，云南省第一人民医院主动向袁田提供的医疗服务，故该次住院系医院的自愿医疗行为，应为无偿性质；且该医疗行为已实施完毕，不具返还条件，昆明市中级人民法院对该笔医疗费不予支持。

（3）对于专家会诊的交通费、食宿费，因实际数额不确定，且在患者对医疗机构的医疗行为提出异议并与医院发生争执后，院方邀请专家会诊的行为，目的在于检查其医疗行为是否存在过错，以对医院及患者负责，该行为属于医院的工作职责，因此而发生的费用不应当由患者袁田承担，故对于云南省第一人民医院的这一请求，昆明市中级人民法院不予支持。

二审诉辩情况

一审宣判后，原告袁田不服提出上诉，认为原审判决割裂了云南省第一人民医院的整个医疗行为与手术行为之间的关系，仅凭手术行为与损害后果之间无因果关系的鉴定结论判决医院不承担袁田的物质性损害后果于法不合，于理不通；作为鉴定基础的病历资料存在伪造、篡改，不能作为证据使用；原审判决对袁田所遭受的实际精神损害注意不够，仅判决5万元精神抚慰金显属过低；云南省第一人民医院的反诉为返还财产之诉，不属给付之诉，原审判决由袁田支付医疗费属于超出反诉范围进行裁判。且其已办理了医疗保险手续，所发生的医疗费不应再由其承担，故上诉请求支持其一审的诉讼请求，驳回云南省第一人民医院的反诉请求。

被上诉人云南省第一人民医院辩称：其医疗行为与袁田的损害后果之间无因果关系，袁田并无举证证明医院篡改病历，故其不应承担侵权责任；袁田有支付医疗行为对价的义务，应支付医疗费用。请求驳回袁田的上诉。

二审裁判结果

依据《中华人民共和国民事诉讼法》第153条第1款第2项之规定，判决如下：

一、维持昆明市中级人民法院〔2004〕昆民一初字第80号民事判决的第1项、第3项、第4项，即“被告（反诉原告）云南省第一人民医院于本判决生效之日起10日内赔偿原告（反诉被告）袁田精神损害抚慰金5万元”，“驳回原告（反诉被告）袁田的其他诉讼请求”和“驳回被告（反诉原告）云南省第一人民医院的其他反诉请求”；

二、变更该判决第2项为“袁田于本判决生效之日起10日内支付云南省第一人民医院医疗费2695.03元”；

一审本诉案件受理费17185.97元、鉴定费3000元，由袁田负担6055.79元，云南省第一人民医院负担14130.18元；反诉案件受理费1853.19元，由袁田负担800元，云南省第一人民医院负担1053.19元。二审本诉案件受理费17185.97元，由袁田负担（免交）；反诉案件受理费1853.19元，由袁田负担800元，云南省第一人民医院负担1053.19元。

二审裁判理由

二审查明的事实与认定的证据与一审法院相同。

二审另查明：袁田于2003年3月3日入院时已经办理了医保手续，且2003年8月7日前发生的医疗费22416.58元中，袁田已交纳预交款1600元，按规定还应缴款2695.03元，其余部分已由云南省第一人民医院按照医保统筹支付的规定核销。

云南省高级人民法院经审理认为：

首先，本案为侵权之诉，判断云南省第一人民医院是否应承担民事侵权赔偿的重要标准，就是医院在为患者提供诊疗服务过程中是否尽了相应的注意义务。本案中袁田因声音嘶哑一月余到云南省第一人民医院就诊，该院在为袁田进行治疗时，没有充分考虑到袁田职业的特殊性，没有在术前对手术风险向袁田进行充分告知，没有签署手术同意书，在为袁田提供诊疗服务过程中违反相应的注意义务，侵害了袁田所应依法享有的患者知情权，具有过错，手术的最终结果使袁田的精神受到了损害，应承担相应的民事责任。原审判决依照侵权人的过错程度、损害后果、袁田住院前“声音嘶哑一月余”以及《医疗纠纷司法鉴定书》的结论等相关情况，确定由云南省第一人民医院赔偿袁田精神抚慰金5万元符合本案实际和法律规定，应当予以维持。二审中，袁田提出住院病历上贺修培医生的签字前后不一致，病历应认定为虚假，并申请对该签字进行笔迹鉴定。因笔迹鉴定应在笔迹真假难辨的前提下进行，而从病历记录看，可以看出贺修培的签字有两种，为不同的人所签，云南省第一人民医院也承认贺修培在气管纤维镜检查单中的签字系由他人代笔，故袁田申请笔迹鉴定没有必要。该病历记录虽有瑕疵，但并不属于伪造、篡改病历的情况，袁田对两张检查单具体内容的真实性并没有提出异议，故袁田关于因签字不一，则整套病历为伪造的主张不成立。

其次，关于袁田请求的其他赔偿项目：第一，袁田要求赔偿医疗费2133.30元、经济损失1138800元，因医疗过错鉴定结论已经确定袁田的声音嘶哑与医院的医疗行为没有因果关系，医院不应对袁田的物质损失承担赔偿责任，该上诉请求不予支持；第二，后期治疗费39060元属治疗情绪障碍的费用，医院的过失行为虽给袁田造成了精神痛苦，并应承担赔偿精神抚慰金的侵权责任，但情绪障碍属精神疾患的一种，与精神痛苦不是同一概念，袁田情绪障碍的形成与医院的过失行为之间没有因果关系，袁田的这一请求没有事实依据，不予支持；第三，袁田请求赔偿的律师费55200元，因我国并未实行律师强制代理制度，且侵权损害赔偿又是以可预见性为原则，故其侵权无法律依据，予以驳回。

最后，根据鉴定结论，云南省第一人民医院为袁田施行的手术与袁田的现状之间没有因果关系，袁田应承担支付手术费用的义务。云南省第一人民医院提出的反诉与本诉有关，其目的在于对本诉进行吞并和抵销，原审将反诉一并处理符合法律规定，袁田认为原审法院超出诉讼范围判决的上诉理由不能成立。但根据二审补充查明的事实，袁田在第一次入院时已办理了医保手续，发生的22416.58元医疗费应为2695.03元，而不是原审判决认定的22412.85元。袁田关于反诉的上诉部分有理，予以支持。

205. 医疗机构在告知患者特殊医学检查的结果时，在何种情形下不应对患者的损害结果承担赔偿责任？

患者知情权是指患者所享有的知悉自己的病情、医疗措施、医疗风险、医疗费用和医方的基本情况、技术水平等医疗信息的权利。医疗机构在告知患者特殊医学检查的初查结果时，已履行了医疗机构应尽的注意义务，对患者由此而发生的损害结果不应承担赔偿责任。

典型疑难案件参考

张某诉西安市华山中心医院侵犯生活安宁权和对身体健康的知悉权纠纷案

基本案情

2004年6月1日，原告（系孕妇）到被告妇产科门诊进行妊娠常规体检，接诊医生为其申请“人免疫缺陷病毒Anti－HIV”项目检验，原告对被告给其开具的该项检验单没有异议。被告检验科使用批准文号为国药准字S20030026人免疫缺陷病毒（HIV1/2）抗体诊断试剂盒（胶体金法）试剂进行检测。6月3日，该项检验结果为阳性。被告将检测结果及需要原告配合进行确诊试验的相关内容告知原告。后原告离开医院。2004年6月23日，原告到陕西省艾滋病监测诊断中心（该中心为陕西省艾滋病监测诊断的唯一权威部门）检查，结果为HIV抗体阴性。原告认为出于被告的误诊致使原告受伤害，曾要求协商解决未果，故诉至法院。

诉辩情况

原告诉称：2004年6月3日，原告在被告妇科门诊做常规妊娠检查，经检查被告向原告出具人体免疫缺陷病毒结果为阳性的检查单并告知原告为艾滋病患者。由此，原告全家陷入极度恐慌和猜忌之中。为证明自己的无辜，2004

年6月15日、6月23日，原告分别到西安市交通大学第二医院、陕西省艾滋病监测诊断中心复查，检查结果均否定被告做出原告有艾滋病的检验结果。出于被告医务人员对患者极不负责，且在工作中出现严重过错，将未经确认的艾滋病病毒抗体阳性结果通知受检者，违反卫生部的相关规定，被告存在明显过错，侵害了原告家庭的正常关系和安宁，并对原告腹中胎儿造成伤害。故诉至法院，要求确认被告侵犯原告的生活安宁权和对身体健康的知悉权，并判令被告赔偿原告精神损失费10000元。

被告辩称：2004年6月1日，原告到被告处进行妊娠常规体检，医生根据母婴保健法等规定为其申请人免疫缺陷病毒抗体此项检查。6月3日，被告发现该项呈弱阳性，检验科及时通知本院医务科。考虑到临床检验时有假阳性情况发生，被告按照惯例建议由被告直接将其血样送至陕西省疾病预防控制中心检验确诊。被告的医务科主任及妇产科接诊医生要求原告予以配合，进行确证试验。出于实验试剂的特异性存在着百分比，没有进一步复查就不可能确诊，故被告从未对原告出具医学诊断证明，亦未告知或认为原告为艾滋病患者。由于原告不予配合，强行拿走并非确认实验之原检验单，此后所发生的一切，均系原告自己不当行为所致，与被告无任何关系，况且被告从未申请对原告进行艾滋病病毒检验，故要求人民法院驳回原告的诉讼请求。

裁判结果

一审法院依据《中华人民共和国民法通则》第106条第2款的规定判决：驳回原告张某要求确认被告侵犯其生活安宁权和对身体健康的知悉权并赔偿精神损失费10000元的诉讼请求。

一审宣判后，双方当事人均未上诉，一审判决已经发生法律效力。

裁判理由

法院经过审理认为：被告在医疗行为中履行了注意义务，包括一般的注意和特殊的注意义务。被告对原告进行“人免疫缺陷病毒Anti-HIV”项目检测并将结果如实告知原告，是对原告病情知悉权的尊重，亦是符合医疗规章及诊疗规范所规定的医疗行为操作规程，履行了一般的注意义务，出于医学科学的局限性，临床检验存在假阳性的百分比（此属允许范围），同时鉴于该检测结果的特殊性及敏感性，被告反复要求到陕西省艾滋病监测诊断中心确诊、进行确证试验，即原告所称的“要求我们去陕西省艾滋病监测诊断中心检查，医生含含糊糊，当时没有明确说明病情，只是要求检查”，其目的在于对原告的生命、健康负责，被告采取了谨慎的态度，尽到了诊疗活动中特殊的注意义务。由于原告未听从医生意见，致使确诊时间延迟，加之原告对艾滋病相关知识的了解所限，由此产生心理恐惧及精神压力。此后果并非被告造成，两者之间无因果关系，故原告诉讼请求不能成立。原告要求确认被告侵犯原告的生活安宁权和对身体健康的知悉权并赔偿精神损失费 10000 元的诉讼请求，缺乏事实及法律依据，法院依法不予支持。

206. 如何分配医疗纠纷的举证责任？

由于医疗行为技术性高、专业性较强，要由不懂医学或医学知识较少的患者一方承担证明医院机构在医疗行为中有过错的举证责任，对于患者来说，显然是不公平的，不利于患者权益保护，鉴于此，最高人民法院《关于民事诉讼证据的若干规定》第 4 条第 8 项规定："因医疗行为引起的侵权诉讼，由医疗机构就医疗行为与损害结果之间不存在因果关系及不存在医疗过错承担举证责任。"根据该规定，在医患纠纷中，应当由医疗机构就其医疗行为没有过错和其医疗行为与损害结果之间不存在因果关系进行举证，否则即被推定为医疗机构的医疗行为有过错；医疗行为与损害结果之间存在因果关系。

在医疗纠纷的举证责任问题上，有两点必须注意：（1）举证责任倒置仅适用于因医疗行为所引起的侵权诉讼，对于非医疗行为引起的一般侵权诉讼，仍然适用"谁主张，谁举证"的举证责任原则，如病人指责医疗机构多收费，就应由病人用证据证明多收费事实；（2）举证责任倒置仅适用于就医疗行为与损害后果之间是否存在因果关系及是否存在医疗过错的范围内。对于因医疗行为引起的侵权诉讼中的其他问题，如损害事故的存在、损害大小等，仍应适用"谁主张，谁举证"的原则。

典型疑难案件参考

刘书凤诉巫山县人民医院医疗损害赔偿纠纷抗诉案

基本案情

2002 年 2 月 27 日晚，刘书凤因一氧化碳中毒昏迷，次日 9 时许，被送至巫山县人民医院急诊科抢救。28 日上午 11 时，刘书凤苏醒，病情好转。晚上

9时，医生给刘书凤停药、停氧。29日下午刘书凤提出回家休养，巫山县人民医院未劝阻。2002年3月23日，刘书凤出现反应迟钝等症状，先后到巫山县人民医院、宜昌市中心人民医院、重庆市三峡中心医院治疗，均诊断为中毒性脑病。经巫山县公安局技术鉴定，刘书凤的残疾程度为一级。

原审裁判情况

刘书凤向巫山县人民法院提起诉讼，要求巫山县人民医院赔偿相关费用及损失。

原审裁判结果

原审法院依照《中华人民共和国民法通则》第106条第1款之规定判决：驳回原告的诉讼请求。

原审裁判理由

巫山县人民法院审理认为：原告刘书凤因煤气中毒到被告巫山县人民医院急诊科抢救，巫山县人民医院根据医疗常规进行了积极的救治，在医疗过程中没有过错。原告提出被告同意原告回家，而不详细嘱咐有关特别注意事项，致使原告留下后遗症，被告应承担赔偿责任的请求，因原告系在被告处急诊（门诊）医治，被告提交的病历记录中已明确记录了告知其住院治疗，原告无充分的证据加以推翻。故原告要求赔偿的理由不充分，法院不予支持。

再审诉辩情况

刘书凤不服，判决生效后向检察机关申诉。重庆市人民检察院第二分院以如下理由向重庆市第二中级人民法院提出抗诉：

1. 巫山县人民医院在治疗过程中存在过错。《医疗事故处理条例》第11条规定："在医疗活动中，医疗机构及其医务人员应当将患者的病情、医疗措施、医疗风险等如实告知患者，及时解答其咨询。"卫生部《医院工作制度》第12条第5项规定："病情不宜出院的病员或家属要求出院者，医师应加以劝阻，如说服无效应报科主任批准，并由病员或其家属出具手续。"巫山县人民医院作为医疗机构，应当清楚一氧化碳中毒患者苏醒并不表示已经治愈，若病人或家属要求坚持出院也必须履行劝阻、报批、出具手续，但从原审查明的事实看，病人或家属要求出院，没有证据证明医院履行了医师劝阻、科主任批准、病员或其家属出具手续的义务，故巫山县人民医院在处理申诉人出院过程中不当。

2. 原审判决将应当由巫山县人民医院承担的举证责任分配给刘书凤，举证责任分配不当。根据最高人民法院《关于民事诉讼证据的若干规定》第4条第8项"因医疗行为引起的侵权诉讼，由医疗机构就医疗行为与损害结果之间不存在因果关系及不存在医疗过错承担举证责任"的规定，应当由医院就自己不存在过错进行举证，但原判决仅凭没有病员或家属签字的病历，认定"被告提交的病历记录中已明确记录了告知其住院治疗，原告无充分的证据加以推翻"，将举证责任转移给刘书凤，举证责任分配不当。

再审裁判结果

再审法院依照《中华人民共和国民事诉讼法》第119条、第106条第1款并参照《道路交通事故处理办法》第30条、第37条之规定，判决如下：

一、撤销本院〔2002〕山民初字第1150号民事判决；

二、由巫山县人民医院赔偿刘书凤医疗费、住院伙食补助费、误工费、残疾人生活补助费、被扶养人费用、交通费、残疾护理费等，合计人民币79098.80元的百分之50%即39549.40元；

三、驳回刘书凤的其他诉讼请求。

再审裁判理由

重庆市第二中级人民法院受理抗诉后，指定巫山县人民法院再审，巫山县人民法院再审认为：巫山县人民医院明知刘书凤一氧化碳中毒较重，过早停止治疗可能会产生的危害后果，并在没有与病员或其家属办理任何相关手续，也未对病员或其家属告知有关注意事项和此病后果情况下，同意病员回家，属医院未履行告知义务。这与刘书凤的一氧化碳中毒性后遗症，造成伤残之间具有因果关系，应当承担相应民事责任。原审判决仅以被申诉人提交的无病员或其家属签字的病历记录而认定其已履行告知义务的依据不足，且要求由原告举证推翻该病历记录的举证责任分配不当，应予纠正。作为病员亲属明知病情未痊愈，要求回家，且后又未及时到医院救治，滞延治疗时间与造成严重伤残后果，有直接因果关系，应承担相应的民事责任。申诉人系农村户口，而诉讼请求按城镇居民标准计算补偿的理由，不符合法律规定，法院不予支持。

（二）医疗产品责任纠纷

207. 因违法药品广告诱使患者购药，虽没有造成患者人身损害的严重后果，但为购买药品所支出的费用经营者是否应予赔偿？

不含有诊疗服务，单纯以售药为目的所出售的药品应理解为生活消费商品，根据医方做虚假广告的事实，依照广告法的相关规定，应认定经营者有欺诈行为，可适用消费者权益保护法判决医方承担双倍退款义务。

典型疑难案件参考

王泉诉东方肾脏病医院邮购药品赔偿纠纷案

基本案情

1999年4月20日，被告在报纸上登载了《治疗肾脏病尿毒症的新希望〈东方肾脏病医院中医全息根治疗法〉》的广告，该广告对肾脏病、尿毒症的中医全息根治疗法的特点、疗效、临床应用、治疗方式等进行了介绍。原告看到了这则广告后，向被告进行了咨询，1999年5月13日，被告对原告的咨询用信件进行了回复，内容为其医院中医全息疗法能从根本上治疗肾脏病。

2003年10月—2004年10月，原告向被告邮购20180元的"东方生力散"、"东方肾病胶囊"和"GS系列全息治疗仪"。原告服用被告提供的药品和使用了治疗仪后，病情未得到改善。2005年2月，原告认为被告的广告宣传不实，向有关部门进行了反映，山东省潍坊市工商行政管理局对原告的反映进行了回复，内容为：该局已对被告违反《广告法》发布的医疗、内部制剂广告问题进行了立案调查处理，并责令其停止发布违法广告。原告提起诉讼，要求被告双倍返还医疗费用40360元。诉讼中，原告撤回对报刊单位的起诉。

一审裁判结果

四川省泸州市江阳区人民法院依照《中华人民共和国民法通则》第122条、《中华人民共和国消费者权益保护法》第49条之规定，判决：被告东方肾脏病医院于本判决生效之日起5日内赔偿原告王泉40360元。案件受理费1624元，其他诉讼费650元，合计2274元，由被告承担。

一审裁判理由

四川省泸州市江阳区人民法院认为：被告刊登的广告内容和出具给原告的信件中隐含了能够根治肾病，误导了原告接受被告的治疗，使原告花费了不必要的医疗费。这种误导行为，损害了原告的合法权益，应当承担民事责任。故原告诉讼要求被告双倍返还医疗费的主张合法，予以支持。

二审诉辩情况

东方肾脏病医院上诉认为：（1）一审程序违法。因上诉人同时有另一案件需在广东省深圳市福田区人民法院开庭，上诉人有正当理由申请原审法院另定开庭时间，但原审法院未予准许而进行缺席判决，是错误的。（2）原审认定上诉人损害了原告的合法权益，无事实根据。（3）适用法律不当。因医疗服务的特殊性，患者并非一般意义上的消费者，原审法院判令上诉人赔偿被上诉人双倍医疗费于法无据。（4）被上诉人撤回对四川日报社的起诉不当，原审法院未将四川日报社列为被告属漏列当事人。上诉人并未委托四川日报社登载广告。因此，请求二审依法撤销原判，驳回被上诉人的诉讼请求。

被上诉人答辩认为：（1）上诉人要求延期审理证据不充分，一审进行缺席判决是正确的。（2）一审法院有权准许被上诉人撤回对四川日报社的起诉。（3）一审认定广告欺诈的证据充分。上诉人的广告内容含有能够根治肾病，误导被上诉人接受治疗，结果又达不到根治的效果，这已经造成了侵害被上诉人的合法权益的事实，上诉人故意曲解一审判决的文意，以未构成医疗事故或医疗损害就没有给被上诉人造成损害为由进行搪塞。本案是因广告欺诈引起的消费者权益纠纷，应当适用消费者权益保障法。患者为生活消费接受医疗机构提供的有偿服务，这也符合消费者权益保护法赋予消费者的含义。上诉人为营利性的医疗机构，所以其利用虚假广告欺诈消费者应当双倍赔付。

二审裁判结果

四川省泸州市中级人民法院依照《中华人民共和国民事诉讼法》第 153 条的规定判决：驳回上诉，维持原判。

二审裁判理由

四川省泸州市中级人民法院审理认为：上诉人以另一案件开庭时间与本案一审开庭时间均为同一天为由，要求一审延期审理，但其所举传票为复印件，未证明该证据的来源，故一审以其证据不足，未准许其延期申请并无不当，二审法院对上诉人因一审未准许其延期审理申请而主张一审程序违法的上诉理由不予支持。上诉人在报纸上登载了《治疗肾脏病尿毒症的新希望〈东方肾脏病医院中医全息根治疗法〉》的广告，该广告对肾脏病、尿毒症的中医全息根治疗法的特点、疗效、临床应用、治疗方式等进行了介绍。广告中含有根治肾脏病的内容，这是违反《中华人民共和国广告法》第 14 条第 1 项、第 2 项规定的，即广告不得有含有不科学的表示功效的断言或者保证；也不得有说明治愈率或者有效率的内容。山东省潍坊市工商行政管理局给王泉的书面回复也证实，该医疗广告的确违反了广告法的有关规定，该局已责令东方肾脏病医院停止发布并给予了处罚。王泉因受该医疗广告的误导，购买了东方肾脏病医院的药品治疗仪器，从而造成经济损失。作为广告主的东方肾脏病医院对王泉构成了广告侵权，应当承担赔偿责任。东方肾脏病医院否认其委托四川日报社发布广告的事实，但是四川日报的广告版整版刊登了该则广告，若未经委托即予刊登不符合市场经济规律。依照《中华人民共和国广告法》第 38 条的规定："违反本法规定，发布虚假广告，欺骗和误导消费者，使购买商品或者接受服务的消费者的合法权益受到损害的，由广告主依法承担民事责任；广告经营者、广告发布者明知或者应当知道广告虚假仍设计、制作、发布的，应当依法承担连带责任。"所以，东方肾脏病医院不承担责任的理由不成立，二审法院不予支持。至于四川日报社，如果其明知或者应当知道广告虚假仍发布的，应当依法承担连带责任。但是，王泉在法院告知该法律规定的情况下，自愿申请撤回对四川日报社的诉讼，即是对其诉讼权利的处分，一审准许其撤回对该单位的诉讼并无不当。

本案不是基于药品或者治疗仪导致人身伤害而产生的损害赔偿诉讼，而是基于违法广告误导了王泉，使其在信任东方肾脏病医院能够根治肾病的情况下，购买该医院的药品或者治疗仪，经过治疗后未达到广告所宣传的效果，从而造成的经济损失。《广告法》并未规定造成了人身损害才符合广告侵权的赔偿条件。上诉人以无医疗差错或不构成医疗事故，就认为王泉没有损失，也就不应当赔偿的理由不成立，二审法院不予支持。《中华人民共和国消费者权益保护法》第 39 条规定："消费者因经营者利用虚假广告提供商品或者服务，其合法权益受到损害的可以向经营者要求赔偿。"第 49 条规定："经营者提供商品或者服务有欺诈行为的，应当按照消费者的要求增加赔偿其受到的损失，增加赔偿的金额为消费者购买商品的价款或者接受服务的费用的一倍。"因此，上诉人关于购买药品和治疗仪的行为不属于消费者权益保护法调整范围的主张于法无据，二审法院也不予支持。

208. 手术中植入人体内的金属接骨板在术后断裂，该接骨板是否属于缺陷产品？

金属接骨板在正常使用期内在人体内发生断裂，不符合消费者对产品安全性的合理期待，具有不合理危险，属于缺陷产品。

209. 医院应当对患者使用的医疗器械承担何种责任？

医院在为患者治疗过程中提供的医疗器械因存在缺陷造成患者人身、财产损害者，应当承担产品质量法规定的产品销售者的责任。

典型疑难案件参考

吴进兴诉无锡市第四人民医院、无锡市三爱斯贸易有限公司因医疗器械存在缺陷致人损害纠纷案

基本案情

2002 年 11 月 19 日，原告吴进兴因车祸导致创伤失血性休克、左股骨开放粉碎性骨折、左腓骨骨折、脑外伤等，被送入第四人民医院治疗。被告第四人民医院在为吴进兴治疗左股骨开放粉碎性骨折时实施了植入内固定手术。植入的内固定产品为被告三爱斯公司经销的股骨髁支持钢板（9 孔），产品编号为 SYNTHES2021146240.930（以下简称钢板）。吴进兴于 2002 年 12 月 7 日出院，共花费医疗费 47078.1 元。出院时医嘱其休息三个月，二个月后门诊复查，石膏内左下肢功能练习。吴进兴又于 2002 年 12 月 19 日、29 日，2003 年 1 月 3 日、13 日、18 日、24 日、28 日，2 月 3 日、8 日、13 日、18 日、19 日、24 日，3 月 1 日，到无锡市胡埭医院配药治疗，共支付人民币 358.6 元。2003 年 3 月 11 日，吴进兴至无锡市胡埭医院复查，门诊病历记录为：X 线摄片左股骨下肢骨折，对位对线良好。因考虑外固定石膏已坏、发软，医生为其拆除石膏，改用木质夹板继续固定并嘱一个月后复查。当日吴进兴支付医疗费 22.8 元。

2004 年 6 月 27 日，吴进兴再次至无锡市胡埭医院门诊，门诊诊断为：左下肢能不用拐跛行无痛感约半年，昨傍晚在家行走时，突感左肢剧痛不能站立；查左下肢肿胀，压痛明显，活动受限；X 线摄片显示左股骨远端骨折内固

定，对位对线尚可，有螺丝钉断裂，骨痂形成良好，钢板内固定断裂；建议转第四人民医院。

2004年7月26日，吴进兴因体内的钢板断裂在第四人民医院进行更换钢板的第二次手术，由三爱斯公司提供了手术所需钢板。

吴进兴于2004年8月31日出院，手术医疗费为9138.9元（不含钢板价款），吴进兴支付了3100元。

在本案审理过程中，法院委托国家食品药品监督管理局天津医疗器械质量监督检验中心对由吴进兴体内取出的钢板质量进行了检验，经检验：（1）化学成分合格；（2）硬度合格；检验依据为YY0017－2002《金属接骨板》。另法院委托无锡市中级人民法院司法鉴定处对吴进兴的伤残等级、误工期限、营养期限进行了鉴定，但因为治疗尚未终结，尚不宜进行相关鉴定。

三爱斯公司在2001年7月取得医疗器械经营企业许可证，产品范围为三类矫形外科（骨科）手术器械。三爱斯公司销售给第四人民医院用于吴进兴的手术的钢板系进口产品，其生产商瑞士马特仕医疗器械有限公司于2001年5月取得中华人民共和国医疗器械注册证。三爱斯公司提交的认证文件表明马特仕医疗器械有限公司建立了符合SQS及TUV认证的产品质量体系。

诉辩情况

原告吴进兴诉称：原告在2002年11月因车祸导致骨折被送至第四人民医院治疗，第四人民医院对原告实施了内固定手术。

第四人民医院的医疗行为虽无过错，但第四人民医院使用了不合格产品，原告被迫在2004年7月26日在第四人民医院进行第二次手术，手术中证实第一次手术中植入的金属夹板及螺栓均已断裂，由此导致原告左腿比右腿短近10厘米且左腿功能丧失。第四人民医院作为有相应资质的专业医疗机构，理应对手术中所用材料的适用性和安全性承担责任。三爱斯公司提供不合格的产品，应当承担赔偿责任。请求判令三爱斯公司赔偿医疗费50559.5元，第四人民医院承担连带责任。

被告第四人民医院辩称：第四人民医院在为原告诊疗的过程中没有过错。第四人民医院作为医疗器械的使用单位，使用过程中审查了经销商的相关资质，尽到了充分的注意义务。原告要求第四人民医院承担赔偿责任，没有法律依据。并且原告未按医嘱进行复查，也会导致负面的医疗结果。故请求驳回原告的诉讼请求。

被告三爱斯公司辩称：原告体内的金属夹板断裂是因原告不遵医嘱复查，擅自拆除石膏，且使用不当，过早下地行走所致。三爱斯公司具有合法的经营资格，提供的钢板系合格产品，不应承担赔偿责任。请求驳回原告的诉讼请求。

裁判结果

一审法院依照《中华人民共和国产品质量法》第 26 条、第 41 条、第 42 条、第 43 条、第 44 条、第 46 条之规定，判决如下：

一、第四人民医院、三爱斯公司共同赔偿吴进兴医疗费人民币 3100 元，于本判决发生法律效力后 3 日内支付；

二、本案受理费 2027 元及其他费用 405 元、鉴定费 3000 元，共计人民币 5432 元由吴进兴负担 2000 元，第四人民医院、三爱斯公司共同负担 3432 元。

宣告判决后，双方当事人均未提起上诉，判决已经发生法律效力。

裁判理由

本案当事人争议的焦点是：（1）断裂的钢板是否存在产品缺陷，原告在使用过程中是否存在过错；（2）损害后果与缺陷产品的使用之间有无因果关系；（3）两被告在销售过程中是否存在过错，两被告是否应当承担赔偿责任。

关于争议焦点一：原告认为：钢板断裂即证明产品存在质量缺陷，三爱斯公司未提供产品的合格证明，即使产品有合格证，也不代表产品不存在质量缺陷。被告第四人民医院认为原告未按医嘱复诊、擅自拆除石膏、过早行走与钢板断裂也有因果关系。被告三爱斯公司认为自己具有合法的经营手续，自己的供货商有合法的经营手续及质量保证体系，且使用的钢板经鉴定为合格产品；原告未按医嘱复诊、擅自拆除石膏、过早行走直接导致钢板断裂。

法院认为：法律规定，因产品存在缺陷造成人身、缺陷产品以外的其他财产损害的，生产者应当承担赔偿责任。根据我国产品质量法，产品缺陷是指产品存在危及人身、他人财产安全的不合理的危险；产品有保障人体健康和人身、财产安全的国家标准、行业标准的，是指不符合该标准。根据产品质量法的规定，产品生产者承担的是无过错责任，产品生产者主张免责的，应由其对免责事由承担证明责任。中华人民共和国医药行业标准 YY0017－2002《金属接骨板》第 4 条规定金属接骨板的要求为：（1）材料（化学成分和显微组织检验）；（2）硬度；（3）耐腐蚀性能；（4）表面质量。现检验部门仅对断裂钢板的二项质量作出合格的鉴定，该检验报告不能证明断裂钢板质量全部符合国家强制标准。三爱斯公司虽然提供了生产者的相关产品质量认证文件，但认证文件属于企业产品质量体系的认证，并不能证明具体产品的质量符合相关标准。应当推定产品提供方未能就产品不存在缺陷尽到证明责任。吴进兴在植入钢板后虽是在胡埭医院进行的复查和拆除石膏，但均是在医院进行的对症治疗，吴进兴在植入钢板后约一年即2003年年底开始不使用拐杖行走，亦未违背第四人民医院的出院医嘱。第四人民医院、三爱斯公司辩称钢板断裂与吴进兴未遵医嘱复查、擅自拆除石膏、过早行走有关，因未能提供证据证明，法院不予采信。

关于争议焦点二：原告认为：因为被告提供的产品有缺陷导致原告二次手术，被告应当赔偿原告二次手术产生的费用。被告第四人民医院、三爱斯公司均认为第一次手术的费用是交通事故造成的，与钢板断裂无关。

法院认为：在产品致人损害的侵权诉讼中，受害人就对其所受的损害承担证明责任，还应就损害事实与使用了缺陷产品之间的因果关系进行证明。由于医疗使用的产品技术含量高，在受害人证明因果关系时应当适用因果关系推定理论，即受害人只要证明使用了某产品后发生某种损害，且这种缺陷产品有造成这种损害的可能，即可推定因果关系成立。原告第一次手术是因为交通事故受伤，受伤的原因是车祸。当时的损害与使用钢板无因果关系。在第一次手术中，被告第四人民医院使用了被告三爱斯公司提供的钢板。原告证明了使用钢板后发生了损害导致第二次手术，可以推定因果关系成立；被告主张免责的，应当由其证明产品使用与损害后果间不存在因果关系。二被告在本案中均未能提供证据证明该免责事由。

关于争议焦点三：原告认为：第四人民医院未尽到审查义务，应承担赔偿责任；三爱斯公司未提供产品的合格证明，应承担赔偿责任。被告第四人民医院认为：其审核了供货商的相关资质及产品的相关证明，不存在造成产品缺陷的过错，依法不应承担赔偿责任。被告三爱斯公司认为：其经销的是合格产品，不应承担赔偿责任。

法院认为：第四人民医院在购买钢板时，审核了供货商的相关资质及产品的相关证明；三爱斯公司具有经营医疗器械的相关资质，所经销的钢板也是国家许可进口的产品。原告未能向法院提交两被告在销售过程中存在导致钢板断裂的过错的相关证据，故两被告在钢板的销售过程中不存在使钢板存在缺陷的过错。根据产品质量法规定，产品销售者承担的是过错责任，无过错即无需承担责任。但是，在产品质量诉讼中，因产品存在缺陷造成人身、他人财产损害的，受害人可以向产品的生产者要求赔偿，也可以向产品的销售者要求赔偿。产品销售者在无过错的情况下，仍有义务替代生产者先行承担责任。该类事项属于多数债务人就基于不同原因而偶然产生的同一内容的给付，各负全部履行的义务，并因债务人之一的履行而使全体债务人的债务归于消灭的债务的情况。第四人民医院、三爱斯公司亦未能就法律所规定的生产者的免责事由向法院提交相关证据，第四人民医院、三爱斯公司的销售行为共同导致缺陷产品的最终使用，第四人民医院、三爱斯公司均有义务替代生产者先行承担责任。故第四人民医院、三爱斯公司应当就因产品存在缺陷造成的人身、财产损害代替生产者先行共同承担赔偿责任。

综上，第四人民医院、三爱斯公司应当赔偿吴进兴因钢板断裂造成的损失。吴进兴第一次手术的费用及在胡埭医院复查、配药的费用系因车祸导致的损失，与钢板断裂无因果关系，故对吴进兴要求两被告赔偿此项费用的诉讼请求，法院不予支持。吴进兴第二次手术的全部费用，属于因钢板断裂造成的损失，两被告应予赔偿。因在第二次手术时，第四人民医院已承担 6038.9 元医疗费，三爱斯公司已承担钢板的费用，该部分费用应该扣除。

医疗损害责任纠纷 办案依据集成

1.《中华人民共和国侵权责任法》（2009年12月26日主席令第21号公布）（节录）

第五十四条 患者在诊疗活动中受到损害，医疗机构及其医务人员有过错的，由医疗机构承担赔偿责任。

第五十五条 医务人员在诊疗活动中应当向患者说明病情和医疗措施。需要实施手术、特殊检查、特殊治疗的，医务人员应当及时向患者说明医疗风险、替代医疗方案等情况，并取得其书面同意；不宜向患者说明的，应当向患者的近亲属说明，并取得其书面同意。

医务人员未尽到前款义务，造成患者损害的，医疗机构应当承担赔偿责任。

第五十六条 因抢救生命垂危的患者等紧急情况，不能取得患者或者其近亲属意见的，经医疗机构负责人或者授权的负责人批准，可以立即实施相应的医疗措施。

第五十七条 医务人员在诊疗活动中未尽到与当时的医疗水平相应的诊疗义务，造成患者损害的，医疗机构应当承担赔偿责任。

第五十八条 患者有损害，因下列情形之一的，推定医疗机构有过错：

（一）违反法律、行政法规、规章以及其他有关诊疗规范的规定；

（二）隐匿或者拒绝提供与纠纷有关的病历资料；

（三）伪造、篡改或者销毁病历资料。

第五十九条 因药品、消毒药剂、医疗器械的缺陷，或者输入不合格的血液造成患者损害的，患者可以向生产者或者血液提供机构请求赔偿，也可以向医疗机构请求赔偿。患者向医疗机构请求赔偿的，医疗机构赔偿后，有权向负有责任的生产者或者血液提供机构追偿。

第六十条 患者有损害，因下列情形之一的，医疗机构不承担赔偿责任：

（一）患者或者其近亲属不配合医疗机构进行符合诊疗规范的诊疗；

（二）医务人员在抢救生命垂危的患者等紧急情况下已经尽到合理诊疗义务；

（三）限于当时的医疗水平难以诊疗。

前款第一项情形中，医疗机构及其医务人员也有过错的，应当承担相应的赔偿责任。

第六十一条 医疗机构及其医务人员应当按照规定填写并妥善保管住院志、医嘱单、检验报告、手术及麻醉记录、病理资料、护理记录、医疗费用等病历资料。

患者要求查阅、复制前款规定的病历资料的，医疗机构应当提供。

第六十二条 医疗机构及其医务人员应当对患者的隐私保密。泄露患者隐私或者未经患者同意公开其病历资料，造成患者损害的，应当承担侵权责任。

第六十三条 医疗机构及其医务人员不得违反诊疗规范实施不必要的检查。

第六十四条 医疗机构及其医务人员的合法权益受法律保护。干扰医疗秩序，妨害医务人员工作、生活的，应当依法承担法律责任。

2.《医疗事故处理条例》(2002年4月4日国务院令第351号公布)

第一章 总 则

第一条 为了正确处理医疗事故，保护患者和医疗机构及其医务人员的合法权益，维护医疗秩序，保障医疗安全，促进医学科学的发展，制定本条例。

第二条 本条例所称医疗事故，是指医疗机构及其医务人员在医疗活动中，违反医疗卫生管理法律、行政法规、部门规章和诊疗护理规范、常规，过失造成患者人身损害的事故。

第三条 处理医疗事故，应当遵循公开、公平、公正、及时、便民的原则，坚持实事求是的科学态度，做到事实清楚、定性准确、责任明确、处理恰当。

第四条 根据对患者人身造成的损害程度，医疗事故分为四级：

一级医疗事故：造成患者死亡、重度残疾的；

二级医疗事故：造成患者中度残疾、器官组织损伤导致严重功能障碍的；

三级医疗事故：造成患者轻度残疾、器官组织损伤导致一般功能障碍的；

四级医疗事故：造成患者明显人身损害的其他后果的。

具体分级标准由国务院卫生行政部门制定。

第二章 医疗事故的预防与处置

第五条 医疗机构及其医务人员在医疗活动中，必须严格遵守医疗卫生管理法律、行政法规、部门规章和诊疗护理规范、常规，恪守医疗服务职业道德。

第六条 医疗机构应当对其医务人员进行医疗卫生管理法律、行政法规、部门规章和诊疗护理规范、常规的培训和医疗服务职业道德教育。

第七条 医疗机构应当设置医疗服务质量监控部门或者配备专（兼）职人员，具体负责监督本医疗机构的医务人员的医疗服务工作，检查医务人员执业情况，接受患者对医疗服务的投诉，向其提供咨询服务。

第八条 医疗机构应当按照国务院卫生行政部门规定的要求，书写并妥善保管病历资料。

因抢救急危患者，未能及时书写病历的，有关医务人员应当在抢救结束后6小时内据实补记，并加以注明。

第九条 严禁涂改、伪造、隐匿、销毁或者抢夺病历资料。

第十条 患者有权复印或者复制其门诊病历、住院志、体温单、医嘱单、化验单（检验报告）、医学影像检查资料、特殊检查同意书、手术同意书、手术及麻醉记录单、病理资料、护理记录以及国务院卫生行政部门规定的其他病历资料。

患者依照前款规定要求复印或者复制病历资料的，医疗机构应当提供复印或者复制服务并在复印或者复制的病历资料上加盖证明印记。复印或者复制病历资料时，应当有患者在场。

医疗机构应患者的要求，为其复印或者复制病历资料，可以按照规定收取工本费。具体收费标准由省、自治区、直辖市人民政府价格主管部门会同同级卫生行政部门规定。

第十一条 在医疗活动中，医疗机构及其医务人员应当将患者的病情、医疗措施、医疗风险等如实告知患者，及时解答其咨询；但是，应当避免对患者产生不利后果。

第十二条 医疗机构应当制定防范、处理医疗事故的预案，预防医疗事故的发生，减轻医疗事故的损害。

第十三条 医务人员在医疗活动中发生或者发现医疗事故、可能引起医疗事故的医疗过失行为或者发生医疗事故争议的，应当立即向所在科室负责人报告，科室负责人应当及时向本医疗机构负责医疗服务质量监控的部门或者专（兼）职人员报告；负责医疗服务质量监控的部门或者专（兼）职人员接到报告后，应当立即进行调查、核实，将有关情况如实向本医疗机构的负责人报告，并向患者通报、解释。

第十四条 发生医疗事故的，医疗机构应当按照规定向所在地卫生行政部门报告。

发生下列重大医疗过失行为的，医疗机构应当在12小时内向所在地卫生行政部门报告：

（一）导致患者死亡或者可能为二级以上的医疗事故；

（二）导致3人以上人身损害后果；

（三）国务院卫生行政部门和省、自治区、直辖市人民政府卫生行政部门规定的其他情形。

第十五条 发生或者发现医疗过失行为，医疗机构及其医务人员应当立即采取有效措施，避免或者减轻对患者身体健康的损害，防止损害扩大。

第十六条 发生医疗事故争议时，死亡病例讨论记录、疑难病例讨论记录、上级医师查房记录、会诊意见、病程记录应当在医患双方在场的情况下封存和启封。封存的病历资料可以是复印件，由医疗机构保管。

第十七条 疑似输液、输血、注射、药物等引起不良后果的，医患双方应当共同对现场实物进行封存和启封，封存的现场实物由医疗机构保管；需要检验的，应当由双方共同指定的、依法具有检验资格的检验机构进行检验；双方无法共同指定时，由卫生行政部门指定。

疑似输血引起不良后果，需要对血液进行封存保留的，医疗机构应当通知提供该血液的采供血机构派员到场。

第十八条 患者死亡，医患双方当事人不能确定死因或者对死因有异议的，应当在患者死亡后48小时内进行尸检；具备尸体冻存条件的，可以延长至7日。尸检应当经死者近亲属同意并签字。

尸检应当由按照国家有关规定取得相应资格的机构和病理解剖专业技术人员进行。承担尸检任务的机构和病理解剖专业技术人员有进行尸检的义务。

医疗事故争议双方当事人可以请法医病理学人员参加尸检，也可以委派代表观察尸检过程。拒绝或者拖延尸检，超过规定时间，影响对死因判定的，由拒绝或者拖延的一方承担责任。

第十九条 患者在医疗机构内死亡的，尸体应当立即移放太平间。死者尸体存放时间一般不得超过2周。逾期不处理的尸体，经医疗机构所在地卫生行政部门批准，并报经同级公安部门备案后，由医疗机构按照规定进行处理。

第三章 医疗事故的技术鉴定

第二十条 卫生行政部门接到医疗机构关于重大医疗过失行为的报告或者医疗事故争议当事人要求处理医疗事故争议的申请后，对需要进行医疗事故技术鉴定的，应当交由负责医疗事故技术鉴定工作的医学会组织鉴定；医患双方协商解决医疗事故争议，需要进行医疗事故技术鉴定的，由双方当事人共同委托负责医疗事故技术鉴定工作的医学会组织鉴定。

第二十一条 设区的市级地方医学会和省、自治区、直辖市直接管辖的县（市）地方医学会负责组织首次医疗事故技术鉴定工作。省、自治区、直辖市地方医学会负责组织再次鉴定工作。

必要时，中华医学会可以组织疑难、复杂并在全国有重大影响的医疗事故争议的技术鉴定工作。

第二十二条 当事人对首次医疗事故技术鉴定结论不服的，可以自收到首次鉴定结论之日起15日内向医疗机构所在地卫生行政部门提出再次鉴定的申请。

第二十三条 负责组织医疗事故技术鉴定工作的医学会应当建立专家库。

专家库由具备下列条件的医疗卫生专业技术人员组成：

（一）有良好的业务素质和执业品德；

（二）受聘于医疗卫生机构或者医学教学、科研机构并担任相应专业高级技术职务3年以上。

符合前款第（一）项规定条件并具备高级技术任职资格的法医可以受聘进入专家库。

负责组织医疗事故技术鉴定工作的医学会依照本条例规定聘请医疗卫生专业技术人员和法医进入专家库，可以不受行政区域的限制。

第二十四条 医疗事故技术鉴定，由负责组织医疗事故技术鉴定工作的医学会组织专家鉴定组进行。

参加医疗事故技术鉴定的相关专业的专家，由医患双方在医学会主持下从专家库中随机抽取。在特殊情况下，医学会根据医疗事故技术鉴定工作的需要，可以组织医患双方在其他医学会建立的专家库中随机抽取相关专业的专家参加鉴定或者函件咨询。

符合本条例第二十三条规定条件的医疗卫生专业技术人员和法医有义务受聘进入专家库，并承担医疗事故技术鉴定工作。

第二十五条 专家鉴定组进行医疗事故技术鉴定，实行合议制。专家鉴定组人数为单数，涉及的主要学科的专家一般不得少于鉴定组成员的二分之一；涉及死因、伤残等级鉴定的，并应当从专家库中随机抽取法医参加专家鉴定组。

第二十六条 专家鉴定组成员有下列情形之一的，应当回避，当事人也可以以口头或者书面的方式申请其回避：

（一）是医疗事故争议当事人或者当事人的近亲属的；

（二）与医疗事故争议有利害关系的；

（三）与医疗事故争议当事人有其他关系，可能影响公正鉴定的。

第二十七条 专家鉴定组依照医疗卫生管理法律、行政法规、部门规章和诊疗护理规范、常规，运用医学科学原理和专业知识，独立进行医疗事故技术鉴定，对医疗事故进行鉴别和判定，为处理医疗事故争议提供医学依据。

任何单位或者个人不得干扰医疗事故技术鉴定工作，不得威胁、利诱、辱骂、殴打专家鉴定组成员。

专家鉴定组成员不得接受双方当事人的财物或者其他利益。

第二十八条 负责组织医疗事故技术鉴定工作的医学会应当自受理医疗事故技术鉴定之日起5日内通知医疗事故争议双方当事人提交进行医疗事故技术鉴定所需的材料。

当事人应当自收到医学会的通知之日起10日内提交有关医疗事故技术鉴定的材料、书面陈述及答辩。医疗机构提交的有关医疗事故技术鉴定的材料应当包括下列内容：

（一）住院患者的病程记录、死亡病例讨论记录、疑难病例讨论记录、会诊意见、上级医师查房记录等病历资料原件；

（二）住院患者的住院志、体温单、医嘱单、化验单（检验报告）、医学影像检查资料、特殊检查同意书、手术同意书、手术及麻醉记录单、病理资料、护理记录等病历资料原件；

（三）抢救急危患者，在规定时间内补记的病历资料原件；

（四）封存保留的输液、注射用物品和血液、药物等实物，或者依法具有检验资格的检验机构对这些物品、实物作出的检验报告；

（五）与医疗事故技术鉴定有关的其他材料。

在医疗机构建有病历档案的门诊、急诊患者，其病历资料由医疗机构提供；没有在医疗机构建立病历档案的，由患者提供。

医患双方应当依照本条例的规定提交相关材料。医疗机构无正当理由未依照本条例的规定如实提供相关材料，导致医疗事故技术鉴定不能进行的，应当承担责任。

第二十九条 负责组织医疗事故技术鉴定工作的医学会应当自接到当事人提交的有关医疗事故技术鉴定的材料、书面陈述及答辩之日起45日内组织鉴定并出具医疗事故技术鉴定书。

负责组织医疗事故技术鉴定工作的医学会可以向双方当事人调查取证。

第三十条 专家鉴定组应当认真审查双方当事人提交的材料，听取双方当事人的陈述及答辩并进行核实。

双方当事人应当按照本条例的规定如实提交进行医疗事故技术鉴定所需要的材料，并积极配合调查。当事人任何一方不予配合，影响医疗事故技术鉴定的，由不予配合的一方承担责任。

第三十一条 专家鉴定组应当在事实清楚、证据确凿的基础上，综合分析患者的病情和个体差异，作出鉴定结论，并制作医疗事故技术鉴定书。鉴定结论以专家鉴定组成员的过半数通过。鉴定过程应当如实记载。

医疗事故技术鉴定书应当包括下列主要内容：

（一）双方当事人的基本情况及要求；

（二）当事人提交的材料和负责组织医疗事故技术鉴定工作的医学会的调查材料；

（三）对鉴定过程的说明；

（四）医疗行为是否违反医疗卫生管理法律、行政法规、部门规章和诊疗护理规范、常规；

（五）医疗过失行为与人身损害后果之间是否存在因果关系；

（六）医疗过失行为在医疗事故损害后果中的责任程度；

（七）医疗事故等级；

（八）对医疗事故患者的医疗护理医学建议。

第三十二条 医疗事故技术鉴定办法由国务院卫生行政部门制定。

第三十三条 有下列情形之一的，不属于医疗事故：

（一）在紧急情况下为抢救垂危患者生命而采取紧急医学措施造成不良后果的；

（二）在医疗活动中由于患者病情异常或者患者体质特殊而发生医疗意外的；

（三）在现有医学科学技术条件下，发生无法预料或者不能防范的不良后果的；

（四）无过错输血感染造成不良后果的；

（五）因患方原因延误诊疗导致不良后果的；

（六）因不可抗力造成不良后果的。

第三十四条 医疗事故技术鉴定，可以收取鉴定费用。经鉴定，属于医疗事故的，鉴定费用由医疗机构支付；不属于医疗事故的，鉴定费用由提出医疗事故处理申请的一方支付。鉴定费用标准由省、自治区、直辖市人民政府价格主管部门会同同级财政部门、卫生行政部门规定。

第四章　医疗事故的行政处理与监督

第三十五条 卫生行政部门应当依照本条例和有关法律、行政法规、部门规章的规定，对发生医疗事故的医疗机构和医务人员作出行政处理。

第三十六条 卫生行政部门接到医疗机构关于重大医疗过失行为的报告后，除责令医疗机构及时采取必要的医疗救治措施，防止损害后果扩大外，应当组织调查，判定是否属于医疗事故；对不能判定是否属于医疗事故的，应当依照本条例的有关规定交由负责医疗事故技术鉴定工作的医学会组织鉴定。

第三十七条 发生医疗事故争议，当事人申请卫生行政部门处理的，应当提出书面申请。申请书应当载明申请人的基本情况、有关事实、具体请求及理由等。

当事人自知道或者应当知道其身体健康受到损害之日起1年内，可以向卫生行政部门提出医疗事故争议处理申请。

第三十八条 发生医疗事故争议，当事人申请卫生行政部门处理的，由医疗机构所在地的县级人民政府卫生行政部门受理。医疗机构所在地是直辖市的，由医疗机构所在地的区、县人民政府卫生行政部门受理。

有下列情形之一的，县级人民政府卫生行政部门应当自接到医疗机构的报告或者当事人提出医疗事故争议处理申请之日起7日内移送上一级人民政府卫生行政部门处理：

（一）患者死亡；

（二）可能为二级以上的医疗事故；

（三）国务院卫生行政部门和省、自治区、直辖市人民政府卫生行政部门规定的其他情形。

第三十九条 卫生行政部门应当自收到医疗事故争议处理申请之日起10日内进行审查，作出是否受理的决定。对符合本条例规定，予以受理，需要进行医疗事故技术鉴定的，应当自作出受理决定之日起5日内将有关材料交由负责医疗事故技术鉴定工作的医学会组织鉴定并书面通知申请人；对不符合本条例规定，不予受理的，应当书面通知申请人并说明理由。

当事人对首次医疗事故技术鉴定结论有异议，申请再次鉴定的，卫生行政部门应当自收到申请之日起7日内交由省、自治区、直辖市地方医学会组织再次鉴定。

第四十条 当事人既向卫生行政部门提出医疗事故争议处理申请，又向人民法院提起诉讼的，卫生行政部门不予受理；卫生行政部门已经受理的，应当终止处理。

第四十一条 卫生行政部门收到负责组织医疗事故技术鉴定工作的医学会出具的医疗事故技术鉴定书后，应当对参加鉴定的人员资格和专业类别、鉴定程序进行审核；必要时，可以组织调查，听取医疗事故争议双方当事人的意见。

第四十二条 卫生行政部门经审核，对符合本条例规定作出的医疗事故技术鉴定结论，应当作为对发生医疗事故的医疗机构和医务人员作出行政处理以及进行医疗事故赔偿调解的依据；经审核，发现医疗事故技术鉴定不符合本条例规定的，应当要求重新鉴定。

第四十三条 医疗事故争议由双方当事人自行协商解决的，医疗机构应当自协商解决之日起7日内向所在地卫生行政部门作出书面报告，并附具协议书。

第四十四条 医疗事故争议经人民法院调解或者判决解决的，医疗机构应当自收到生效的人民法院的调解书或者判决书之日起7日内向所在地卫生行政部门作出书面报告，并附具调解书或者判决书。

第四十五条 县级以上地方人民政府卫生行政部门应当按照规定逐级将当地发生的医疗事故以及依法对发生医疗事故的医疗机构和医务人员作出行政处理的情况，上报国务院卫生行政部门。

第五章 医疗事故的赔偿

第四十六条 发生医疗事故的赔偿等民事责任争议，医患双方可以协商解决；不愿意协商或者协商不成的，当事人可以向卫生行政部门提出调解申请，也可以直接向人民法院提起民事诉讼。

第四十七条 双方当事人协商解决医疗事故的赔偿等民事责任争议的，应当制作协议书。协议书应当载明双方当事人的基本情况和医疗事故的原因、双方当事人共同认定的医疗事故等级以及协商确定的赔偿数额等，并由双方当事人在协议书上签名。

第四十八条 已确定为医疗事故的，卫生行政部门应医疗事故争议双方当事人请求，可以进行医疗事故赔偿调解。调解时，应当遵循当事人双方自愿原则，并应当依据本条例的规定计算赔偿数额。

经调解，双方当事人就赔偿数额达成协议的，制作调解书，双方当事人应当履行；调解不成或者经调解达成协议后一方反悔的，卫生行政部门不再调解。

第四十九条 医疗事故赔偿，应当考虑下列因素，确定具体赔偿数额：

（一）医疗事故等级；

（二）医疗过失行为在医疗事故损害后果中的责任程度；

（三）医疗事故损害后果与患者原有疾病状况之间的关系。

不属于医疗事故的，医疗机构不承担赔偿责任。

第五十条 医疗事故赔偿，按照下列项目和标准计算：

（一）医疗费：按照医疗事故对患者造成的人身损害进行治疗所发生的医疗费用计算，凭据支付，但不包括原发病医疗费用。结案后确实需要继续治疗的，按照基本医疗费用支付。

（二）误工费：患者有固定收入的，按照本人因误工减少的固定收入计算，对收入高于医疗事故发生地上一年度职工年平均工资3倍以上的，按照3倍计算；无固定收入的，按照医疗事故发生地上一年度职工年平均工资计算。

（三）住院伙食补助费：按照医疗事故发生地国家机关一般工作人员的出差伙食补助标准计算。

（四）陪护费：患者住院期间需要专人陪护的，按照医疗事故发生地上一年度职工年平均工资计算。

（五）残疾生活补助费：根据伤残等级，按照医疗事故发生地居民年平均生活费计算，自定残之月起最长赔偿30年；但是，60周岁以上的，不超过15年；70周岁以上的，不超过5年。

（六）残疾用具费：因残疾需要配置补偿功能器具的，凭医疗机构证明，按照普及型器具的费用计算。

（七）丧葬费：按照医疗事故发生地规定的丧葬费补助标准计算。

（八）被扶养人生活费：以死者生前或者残疾者丧失劳动能力前实际扶养且没有劳动能力的人为限，按照其户籍所在地或者居所地居民最低生活保障标准计算。对不满16周岁的，扶养到16周岁。对年满16周岁但无劳动能力的，扶养20年；但是，60周岁以上的，不超过15年；70周岁以上的，不超过5年。

（九）交通费：按照患者实际必需的交通费用计算，凭据支付。

（十）住宿费：按照医疗事故发生地国家机关一般工作人员的出差住宿补助标准计算，凭据支付。

（十一）精神损害抚慰金：按照医疗事故发生地居民年平均生活费计算。造成患者死亡的，赔偿年限最长不超过6年；造成患者残疾的，赔偿年限最长不超过3年。

第五十一条 参加医疗事故处理的患者近亲属所需交通费、误工费、住宿费，参照本条例第五十条的有关规定计算，计算费用的人数不超过2人。

医疗事故造成患者死亡的，参加丧葬活动的患者的配偶和直系亲属所需交通费、误工费、住宿费，参照本条例第五十条的有关规定计算，计算费用的人数不超过2人。

第五十二条 医疗事故赔偿费用，实行一次性结算，由承担医疗事故责任的医疗机构支付。

第六章 罚 则

第五十三条 卫生行政部门的工作人员在处理医疗事故过程中违反本条例的规定，利用职务上的便利收受他人财物或者其他利益，滥用职权，玩忽职守，或者发现违法行为不予查处，造成严重后果的，依照刑法关于受贿罪、滥用职权罪、玩忽职守罪或者其他有关罪的规定，依法追究刑事责任；尚不够刑事处罚的，依法给予降级或者撤职的行政处分。

第五十四条 卫生行政部门违反本条例的规定，有下列情形之一的，由上级卫生行政部门给予警告并责令限期改正；情节严重的，对负有责任的主管人员和其他直接责任人员依法给予行政处分：

（一）接到医疗机构关于重大医疗过失行为的报告后，未及时组织调查的；

（二）接到医疗事故争议处理申请后，未在规定时间内审查或者移送上一级人民政府卫生行政部门处理的；

（三）未将应当进行医疗事故技术鉴定的重大医疗过失行为或者医疗事故争议移交医学会组织鉴定的；

（四）未按照规定逐级将当地发生的医疗事故以及依法对发生医疗事故的医疗机构和医务人员的行政处理情况上报的；

（五）未依照本条例规定审核医疗事故技术鉴定书的。

第五十五条 医疗机构发生医疗事故的，由卫生行政部门根据医疗事故等级和情节，给予警告；情节严重的，责令限期停业整顿直至由原发证部门吊销执业许可证，对负有责任的医务人员依照刑法关于医疗事故罪的规定，依法追究刑事责任；尚不够刑事处罚的，依法给予行政处分或者纪律处分。

对发生医疗事故的有关医务人员，除依照前款处罚外，卫生行政部门并可以责令暂停6个月以上1年以下执业活动；情节严重的，吊销其执业证书。

第五十六条 医疗机构违反本条例的规定，有下列情形之一的，由卫生行政部门责令改正；情节严重的，对负有责任的主管人员和其他直接责任人员依法给予行政处分或者纪律处分：

（一）未如实告知患者病情、医疗措施和医疗风险的；

（二）没有正当理由，拒绝为患者提供复印或者复制病历资料服务的；

（三）未按照国务院卫生行政部门规定的要求书写和妥善保管病历资料的；

（四）未在规定时间内补记抢救工作病历内容的；

（五）未按照本条例的规定封存、保管和启封病历资料和实物的；

（六）未设置医疗服务质量监控部门或者配备专（兼）职人员的；

（七）未制定有关医疗事故防范和处理预案的；

（八）未在规定时间内向卫生行政部门报告重大医疗过失行为的；

（九）未按照本条例的规定向卫生行政部门报告医疗事故的；

（十）未按照规定进行尸检和保存、处理尸体的。

第五十七条 参加医疗事故技术鉴定工作的人员违反本条例的规定，接受申请鉴定双方或者一方当事人的财物或者其他利益，出具虚假医疗事故技术鉴定书，造成严重后果的，依照刑法关于受贿罪的规定，依法追究刑事责任；尚不够刑事处罚的，由原发证部门吊销其执业证书或者资格证书。

第五十八条 医疗机构或者其他有关机构违反本条例的规定，有下列情形之一的，由卫生行政部门责令改正，给予警告；对负有责任的主管人员和其他直接责任人员依法给予行政处分或者纪律处分；情节严重的，由原发证部门吊销其执业证书或者资格证书：

（一）承担尸检任务的机构没有正当理由，拒绝进行尸检的；

（二）涂改、伪造、隐匿、销毁病历资料的。

第五十九条 以医疗事故为由，寻衅滋事、抢夺病历资料，扰乱医疗机构正常医疗秩序和医疗事故技术鉴定工作，依照刑法关于扰乱社会秩序罪的规定，依法追究刑事责任；尚不够刑事处罚的，依法给予治安管理处罚。

第七章　附　　则

第六十条 本条例所称医疗机构，是指依照《医疗机构管理条例》的规定取得《医疗机构执业许可证》的机构。

县级以上城市从事计划生育技术服务的机构依照《计划生育技术服务管理条例》的规定开展与计划生育有关的临床医疗服务，发生的计划生育技术服务事故，依照本条例的有关规定处理；但是，其中不属于医疗机构的县级以上城市从事计划生育技术服务的机构发生的计划生育技术服务事故，由计划生育行政部门行使依照本条例有关规定由卫生行政部门承担的受理、交由负责医疗事故技术鉴定工作的医学会组织鉴定和赔偿调解的职能；对发生计划生育技术服务事故的该机构及其有关责任人员，依法进行处理。

第六十一条 非法行医，造成患者人身损害，不属于医疗事故，触犯刑律的，依法追究刑事责任；有关赔偿，由受害人直接向人民法院提起诉讼。

第六十二条 军队医疗机构的医疗事故处理办法，由中国人民解放军卫生主管部门会同国务院卫生行政部门依据本条例制定。

第六十三条 本条例自2002年9月1日起施行。1987年6月29日国务院发布的《医疗事故处理办法》同时废止。本条例施行前已经处理结案的医疗事故争议，不再重新处理。

3.《医疗事故技术鉴定暂行办法》（2002年7月31日卫生部令第30号发布）

第一章　总　　则

第一条 为规范医疗事故技术鉴定工作，确保医疗事故技术鉴定工作有序进行，依据《医疗事故处理条例》的有关规定制定本办法。

第二条 医疗事故技术鉴定工作应当按照程序进行，坚持实事求是的科学态度，做到事实清楚、定性准确、责任明确。

第三条 医疗事故技术鉴定分为首次鉴定和再次鉴定。

设区的市级和省、自治区、直辖市直接管辖的县（市）级地方医学会负责组织专家鉴定组进行首次医疗事故技术鉴定工作。

省、自治区、直辖市地方医学会负责组织医疗事故争议的再次鉴定工作。

负责组织医疗事故技术鉴定工作的医学会（以下简称医学会）可以设立医疗事故技术鉴定工作办公室，具体负责有关医疗事故技术鉴定的组织和日常工作。

第四条 医学会组织专家鉴定组，依照医疗卫生管理法律、行政法规、部门规章和诊疗护理技术操作规范、常规，运用医学科学原理和专业知识，独立进行医疗事故技术鉴定。

第二章 专家库的建立

第五条 医学会应当建立专家库。专家库应当依据学科专业组名录设置学科专业组。

医学会可以根据本地区医疗工作和医疗事故技术鉴定实际，对本专家库学科专业组设立予以适当增减和调整。

第六条 具备下列条件的医疗卫生专业技术人员可以成为专家库候选人：（一）有良好的业务素质和执业品德；（二）受聘于医疗卫生机构或者医学教学、科研机构并担任相应专业高级技术职务3年以上；（三）健康状况能够胜任医疗事故技术鉴定工作。

符合前款（一）、（三）项规定条件并具备高级技术职务任职资格的法医可以受聘进入专家库。

负责首次医疗事故技术鉴定工作的医学会原则上聘请本行政区域内的专家建立专家库；当本行政区域内的专家不能满足建立专家库需要时，可以聘请本省、自治区、直辖市范围内的专家进入本专家库。

负责再次医疗事故技术鉴定工作的医学会原则上聘请本省、自治区、直辖市范围内的专家建立专家库；当本省、自治区、直辖市范围内的专家不能满足建立专家库需要时，可以聘请其他省、自治区、直辖市的专家进入本专家库。

第七条 医疗卫生机构或医学教学、科研机构、同级的医药卫生专业学会应当按照医学会要求，推荐专家库成员候选人；符合条件的个人经所在单位同意后也可以直接向组建专家库的医学会申请。

医学会对专家库成员候选人进行审核。审核合格的，予以聘任，并发给中华医学会统一格式的聘书。

符合条件的医疗卫生专业技术人员和法医，有义务受聘进入专家库。

第八条 专家库成员聘用期为4年。在聘用期间出现下列情形之一的，应当由专家库成员所在单位及时报告医学会，医学会应根据实际情况及时进行调整：（一）因健康原因不能胜任医疗事故技术鉴定的；（二）变更受聘单位或被解聘的；（三）不具备完全民事行为能力的；（四）受刑事处罚的；（五）省级以上卫生行政部门规定的其他情形。

聘用期满需继续聘用的，由医学会重新审核、聘用。

第三章 鉴定的提起

第九条 双方当事人协商解决医疗事故争议，需进行医疗事故技术鉴定的，应共同书面委托医疗机构所在地负责首次医疗事故技术鉴定工作的医学会进行医疗事故技术鉴定。

第十条 县级以上地方人民政府卫生行政部门接到医疗机构关于重大医疗过失行为的报告或者医疗事故争议当事人要求处理医疗事故争议的申请后，对需要进行医疗事故技术鉴定的，应当书面移交负责首次医疗事故技术鉴定工作的医学会组织鉴定。

第十一条 协商解决医疗事故争议涉及多个医疗机构的，应当由涉及的所有医疗机构与患者共同委托其中任何一所医疗机构所在地负责组织首次医疗事故技术鉴定工作的医学会进行医疗事故技术鉴定。

医疗事故争议涉及多个医疗机构，当事人申请卫生行政部门处理的，只可以向其中一所医疗机构所在地卫生行政部门提出处理申请。

第四章 鉴定的受理

第十二条 医学会应当自受理医疗事故技术鉴定之日起5日内，通知医疗事故争议双方当事人按照《医疗事故处理条例》第二十八条规定提交医疗事故技术鉴定所需的材料。

当事人应当自收到医学会的通知之日起10日内提交有关医疗事故技术鉴定的材料、书面陈述及答辩。

对不符合受理条件的，医学会不予受理。不予受理的，医学会应说明理由。

第十三条 有下列情形之一的，医学会不予受理医疗事故技术鉴定：（一）当事人一方直接向医学会提出鉴定申请的；（二）医疗事故争议涉及多个医疗机构，其中一所医疗机构所在地的医学会已经受理的；（三）医疗事故争议已经人民法院调解达成协议或判决的；（四）当事人已向人民法院提起民事诉讼的（司法机关委托的除外）；（五）非法行医造成患者身体健康损害的；（六）卫生部规定的其他情形。

第十四条 委托医学会进行医疗事故技术鉴定，应当按规定缴纳鉴定费。

第十五条 双方当事人共同委托医疗事故技术鉴定的，由双方当事人协商预先缴纳鉴定费。

卫生行政部门移交进行医疗事故技术鉴定的，由提出医疗事故争议处理的当事人预先缴纳鉴定费。经鉴定属于医疗事故的，鉴定费由医疗机构支付；经鉴定不属于医疗事故的，鉴定费由提出医疗事故争议处理申请的当事人支付。

县级以上地方人民政府卫生行政部门接到医疗机构关于重大医疗过失行为的报告后，对需要移交医学会进行医疗事故技术鉴定的，鉴定费由医疗机构支付。

第十六条 有下列情形之一的，医学会中止组织医疗事故技术鉴定：（一）当事人未按规定提交有关医疗事故技术鉴定材料的；（二）提供的材料不真实的；（三）拒绝缴纳鉴定费的；（四）卫生部规定的其他情形。

第五章 专家鉴定组的组成

第十七条 医学会应当根据医疗事故争议所涉及的学科专业，确定专家鉴定组的构成和人数。

专家鉴定组组成人数应为3人以上单数。

医疗事故争议涉及多学科专业的，其中主要学科专业的专家不得少于专家鉴定组成员的二分之一。

第十八条 医学会应当提前通知双方当事人，在指定时间、指定地点，从专家库相关学科专业组中随机抽取专家鉴定组成员。

第十九条 医学会主持双方当事人抽取专家鉴定组成员前，应当将专家库相关学科专业组中专家姓名、专业、技术职务、工作单位告知双方当事人。

第二十条 当事人要求专家库成员回避的，应当说明理由。符合下列情形之一的，医学会应当将回避的专家名单撤出，并经当事人签字确认后记录在案：（一）医疗事故争议当事人或者当事人的近亲属的；（二）与医疗事故争议有利害关系的；（三）与医疗事故争议当事人有其他关系，可能影响公正鉴定的。

第二十一条 医学会对当事人准备抽取的专家进行随机编号，并主持双方当事人随机抽取相同数量的专家编号，最后一个专家由医学会随机抽取。

双方当事人还应当按照上款规定的方法各自随机抽取一个专家作为候补。

涉及死因、伤残等级鉴定的，应当按照前款规定由双方当事人各自随机抽取一名法医参加鉴定组。

第二十二条 随机抽取结束后，医学会当场向双方当事人公布所抽取的专家鉴定组成员和候补成员的编号并记录在案。

第二十三条 现有专家库成员不能满足鉴定工作需要时，医学会应当向双方当事人说明，并经双方当事人同意，可以从本省、自治区、直辖市其他医学会专家库中抽取相关学科专业组的专家参加专家鉴定组；本省、自治区、直辖市医学会专家库成员不能满足鉴定工作需要时，可以从其他省、自治区、直辖市医学会专家库中抽取相关学科专业组的专家参加专家鉴定组。

第二十四条 从其他医学会建立的专家库中抽取的专家无法到场参加医疗事故技术鉴定，可以以函件的方式提出鉴定意见。

第二十五条 专家鉴定组成员确定后，在双方当事人共同在场的情况下，由医学会对封存的病历资料启封。

第二十六条 专家鉴定组应当认真审查双方当事人提交的材料，妥善保管鉴定材料，保护患者的隐私，保守有关秘密。

第六章 医疗事故技术鉴定

第二十七条 医学会应当自接到双方当事人提交的有关医疗事故技术鉴定的材料、书面陈述及答辩之日起45日内组织鉴定并出具医疗事故技术鉴定书。

第二十八条 医学会可以向双方当事人和其他相关组织、个人进行调查取证，进行调查取证时不得少于2人。调查取证结束后，调查人员和调查对象应当在有关文书上签字。如调查对象拒绝签字的，应当记录在案。

第二十九条 医学会应当在医疗事故技术鉴定7日前，将鉴定的时间、地点、要求等书面通知双方当事人。双方当事人应当按照通知的时间、地点、要求参加鉴定。

参加医疗事故技术鉴定的双方当事人每一方人数不超过3人。

任何一方当事人无故缺席、自行退席或拒绝参加鉴定的，不影响鉴定的进行。

第三十条 医学会应当在医疗事故技术鉴定7日前书面通知专家鉴定组成员。专家鉴定组成员接到医学会通知后认为自己应当回避的，应当于接到通知时及时提出书面回避申请，并说明理由；因其他原因无法参加医疗事故技术鉴定的，应当于接到通知时及时书面告知医学会。

第三十一条 专家鉴定组成员因回避或因其他原因无法参加医疗事故技术鉴定时，医学会应当通知相关学科专业组候补成员参加医疗事故技术鉴定。

专家鉴定组成员因不可抗力因素未能及时告知医学会不能参加鉴定或虽告知但医学会无法按规定组成专家鉴定组的，医疗事故技术鉴定可以延期进行。

第三十二条 专家鉴定组组长由专家鉴定组成员推选产生，也可以由医疗事故争议所涉及的主要学科专家中具有最高专业技术职务任职资格的专家担任。

第三十三条 鉴定由专家鉴定组组长主持，并按照以下程序进行：（一）双方当事人在规定的时间内分别陈述意见和理由。陈述顺序先患方，后医疗机构；（二）专家鉴定组成员根据需要可以提问，当事人应当如实回答。必要时，可以对患者进行现场医学检查；（三）双方当事人退场；（四）专家鉴定组对双方当事人提供的书面材料、陈述及答辩等进行讨论；（五）经合议，根据半数以上专家鉴定组成员的一致意见形成鉴定结论。专家鉴定组成员在鉴定结论上签名。专家鉴定组成员对鉴定结论的不同意见，应当予以注明。

第三十四条 医疗事故技术鉴定书应当根据鉴定结论作出，其文稿由专家鉴定组组长签发。

医疗事故技术鉴定书盖医学会医疗事故技术鉴定专用印章。

医学会应当及时将医疗事故技术鉴定书送达移交鉴定的卫生行政部门，经卫生行政部门审核，对符合规定作出的医疗事故技术鉴定结论，应当及时送达双方当事人；由双方当事人共同委托的，直接送达双方当事人。

第三十五条 医疗事故技术鉴定书应当包括下列主要内容：（一）双方当事人的基本情况及要求；（二）当事人提交的材料和医学会的调查材料；（三）对鉴定过程的说明；（四）医疗行为是否违反医疗卫生管理法律、行政法规、部门规章和诊疗护理规范、常规；（五）医疗过失行为与人身损害后果之间是否存在因果关系；（六）医疗过失行为在医疗事故损害后果中的责任程度；（七）医疗事故等级；（八）对医疗事故患者的医疗护理医学建议。

经鉴定为医疗事故的，鉴定结论应当包括上款（四）至（八）项内容；经鉴定不属于医疗事故的，应当在鉴定结论中说明理由。

医疗事故技术鉴定书格式由中华医学会统一制定。

第三十六条 专家鉴定组应当综合分析医疗过失行为在导致医疗事故损害后果中的作用、患者原有疾病状况等因素，判定医疗过失行为的责任程度。医疗事故中医疗过失行为责任程度分为：（一）完全责任，指医疗事故损害后果完全由医疗过失行为造成。

（二）主要责任，指医疗事故损害后果主要由医疗过失行为造成，其他因素起次要作用。

（三）次要责任，指医疗事故损害后果主要由其他因素造成，医疗过失行为起次要作用。

（四）轻微责任，指医疗事故损害后果绝大部分由其他因素造成，医疗过失行为起轻微作用。

第三十七条 医学会参加医疗事故技术鉴定会的工作人员，应如实记录鉴定会过程和专家的意见。

第三十八条 因当事人拒绝配合，无法进行医疗事故技术鉴定的，应当终止本次鉴定，由医学会告知移交鉴定的卫生行政部门或共同委托鉴定的双方当事人，说明不能鉴定的原因。

第三十九条 医学会对经卫生行政部门审核认为参加鉴定的人员资格和专业类别或者鉴定程序不符合规定，需要重新鉴定的，应当重新组织鉴定。重新鉴定时不得收取鉴定费。

如参加鉴定的人员资格和专业类别不符合规定的，应当重新抽取专家，组成专家鉴定组进行重新鉴定。

如鉴定的程序不符合规定而参加鉴定的人员资格和专业类别符合规定的，可以由原专家鉴定组进行重新鉴定。

第四十条 任何一方当事人对首次医疗事故技术鉴定结论不服的，可以自收到首次医疗事故技术鉴定书之日起15日内，向原受理医疗事故争议处理申请的卫生行政部门提出再次鉴定的申请，或由双方当事人共同委托省、自治区、直辖市医学会组织再次鉴定。

第四十一条 县级以上地方人民政府卫生行政部门对发生医疗事故的医疗机构和医务人员进行行政处理时，应当以最后的医疗事故技术鉴定结论作为处理依据。

第四十二条 当事人对鉴定结论无异议，负责组织医疗事故技术鉴定的医学会应当及时将收到的鉴定材料中的病历资料原件等退还当事人，并保留有关复印件。

当事人提出再次鉴定申请的，负责组织首次医疗事故技术鉴定的医学会应当及时将收到的鉴定材料移送负责组织再次医疗事故技术鉴定的医学会。

第四十三条 医学会应当将专家鉴定组成员签名的鉴定结论、由专家鉴定组组长签发的医疗事故技术鉴定书文稿和复印或者复制的有关病历资料等存档，保存期限不得少于20年。

第四十四条 在受理医患双方共同委托医疗事故技术鉴定后至专家鉴定组作出鉴定结论前，双方当事人或者一方当事人提出停止鉴定的，医疗事故技术鉴定终止。

第四十五条 医学会应当于每年3月31日前将上一年度医疗事故技术鉴定情况报同级卫生行政部门。

第七章 附 则

第四十六条 必要时，对疑难、复杂并在全国有重大影响的医疗事故争议，省级卫生行政部门可以商请中华医学会组织医疗事故技术鉴定。

第四十七条 本办法由卫生部负责解释。

第四十八条 本办法自2002年9月1日起施行。

4.《医疗事故分级标准（试行）》（2002年7月31日卫生部令第32号发布）

为了科学划分医疗事故等级，正确处理医疗事故争议，保护患者和医疗机构及其医务人员的合法权益，根据《医疗事故处理条例》，制定本标准。

专家鉴定组在进行医疗事故技术鉴定、卫生行政部门在判定重大医疗过失行为是否为医疗事故或医疗事故争议双方当事人在协商解决医疗事故争议时，应当按照本标准确定的基本原则和实际情况具体判定医疗事故的等级。

本标准例举的情形是医疗事故中常见的造成患者人身损害的后果。

本标准中医疗事故一级乙等至三级戊等对应伤残等级一至十级。

一、一级医疗事故系指造成患者死亡、重度残疾。

（一）一级甲等医疗事故：死亡。

（二）一级乙等医疗事故：重要器官缺失或功能完全丧失，其他器官不能代偿，存在特殊医疗依赖，生活完全不能自理。例如造成患者下列情形之一的：

1. 植物人状态；

2. 极重度智能障碍；

3. 临床判定不能恢复的昏迷；

4. 临床判定自主呼吸功能完全丧失，不能恢复，靠呼吸机维持；

5. 四肢瘫，肌力0级，临床判定不能恢复。

二、二级医疗事故系指造成患者中度残疾、器官组织损伤导致严重功能障碍。

（一）二级甲等医疗事故：器官缺失或功能完全丧失，其他器官不能代偿，可能存在特殊医疗依赖，或生活大部分不能自理。例如造成患者下列情形之一的：

1. 双眼球摘除或双眼经客观检查证实无光感；

2. 小肠缺失90%以上，功能完全丧失；

3. 双侧有功能肾脏缺失或孤立有功能肾缺失，用透析替代治疗；

4. 四肢肌力Ⅱ级（二级）以下（含Ⅱ级），临床判定不能恢复；

5. 上肢一侧腕上缺失或一侧手功能完全丧失，不能装配假肢，伴下肢双膝以上缺失。

（二）二级乙等医疗事故：存在器官缺失5、严重缺损、严重畸形情形之一，有严重功能障碍，可能存在特殊医疗依赖，或生活大部分不能自理。例如造成患者下列情形之一的：

1. 重度智能障碍；

2. 单眼球摘除或经客观检查证实无光感，另眼球结构损伤，闪光视觉诱发电位（VEP）P100波潜时延长＞160ms（毫秒），矫正视力＜0.02，视野半径＜5°；

3. 双侧上颌骨或双侧下颌骨完全缺失；

4. 一侧上颌骨及对侧下颌骨完全缺失，并伴有颜面软组织缺损大于30cm^2；

5. 一侧全肺缺失并需胸改术；

6. 肺功能持续重度损害；

7. 持续性心功能不全，心功能四级；

8. 持续性心功能不全，心功能三级伴有不能控制的严重心律失常；

9. 食管闭锁，摄食依赖造瘘；

10. 肝缺损3/4，并有肝功能重度损害；

11. 胆道损伤致肝功能重度损害；

12. 全胰缺失；

13. 小肠缺损大于3/4，普通膳食不能维持营养；

14. 肾功能部分损害不全失代偿；

15. 两侧睾丸、副睾丸缺损；

16. 阴茎缺损或性功能严重障碍；

17. 双侧卵巢缺失；

18. 未育妇女子宫全部缺失或大部分缺损；

19. 四肢瘫，肌力Ⅲ级（三级）或截瘫、偏瘫、肌力Ⅲ级以下，临床判定不能恢复；

20. 双上肢腕关节以上缺失、双侧前臂缺失或双手功能完全丧失，不能装配假肢；

21. 肩、肘、髋、膝关节中有四个以上（含四个）关节功能完全丧失；

22. 重型再生障碍性贫血（Ⅰ型）。

（三）二级丙等医疗事故：存在器官缺失、严重缺损、明显畸形情形之一，有严重功能障碍，可能存在特殊医疗依赖，或生活部分不能自理。例如造成患者下列情形之一的：

1. 面部重度毁容；

2. 单眼球摘除或客观检查无光感，另眼球结构损伤，闪光视觉诱发电位（VEP）> 155ms（毫秒），矫正视力 < 0.05，视野半径 < 10°；

3. 一侧上颌骨或下颌骨完全缺失，伴颜面部软组织缺损大于$30cm^2$；

4. 同侧上下颌骨完全性缺失；

5. 双侧甲状腺或孤立甲状腺全缺失；

6. 双侧甲状旁腺全缺失；

7. 持续性心功能不全，心功能三级；

8. 持续性心功能不全，心功能二级伴有不能控制的严重心律失常；

9. 全胃缺失；

10. 肝缺损2/3，并肝功能重度损害；

11. 一侧有功能肾缺失或肾功能完全丧失，对侧肾功能不全代偿；

12. 永久性输尿管腹壁造瘘；

13. 膀胱全缺失；

14. 两侧输精管缺损不能修复；

15. 双上肢肌力Ⅳ级（四级），双下肢肌力0级，临床判定不能恢复；

16. 单肢两个大关节（肩、肘、腕、髋、膝、踝）功能完全丧失，不能行关节置换；

17. 一侧上肢肘上缺失或肘、腕、手功能完全丧失，不能手术重建功能或装配假肢；

18. 一手缺失或功能完全丧失，另一手功能丧失50%以上，不能手术重建功能或装配假肢；

19. 一手腕上缺失，另一手拇指缺失，不能手术重建功能或装配假肢；

20. 双手拇、食指均缺失或功能完全丧失无法矫正；

21. 双侧膝关节或者髋关节功能完全丧失，不能行关节置换；

22. 一下肢膝上缺失，无法装配假肢；

23. 重型再生障碍性贫血（II型）。

（四）二级丁等医疗事故：存在器官缺失、大部分缺损、畸形情形之一，有严重功能障碍，可能存在一般医疗依赖，生活能自理。例如造成患者下列情形之一的：

1. 中度智能障碍；

2. 难治性癫痫；

3. 完全性失语，伴有神经系统客观检查阳性所见；

4. 双侧重度周围性面瘫；

5. 面部中度毁容或全身瘢痕面积大于70%；

6. 双眼球结构损伤，较好眼闪光视觉诱发电位（VEP）>155ms（毫秒），矫正视力<0.05，视野半径<10°；

7. 双耳经客观检查证实听力在原有基础上损失大于91dBHL（分贝）；

8. 舌缺损大于全舌2/3；

9. 一侧上颌骨缺损1/2，颜面部软组织缺损大于20cm²；

10. 下颌骨缺损长6cm以上的区段，口腔、颜面软组织缺损大于20cm²；

11. 甲状旁腺功能重度损害；

12. 食管狭窄只能进流食；

13. 吞咽功能严重损伤，依赖鼻饲管进食；

14. 肝缺损2/3，功能中度损害；

15. 肝缺损1/2伴有胆道损伤致严重肝功能损害；

16. 胰缺损，胰岛素依赖；

17. 小肠缺损2/3，包括回盲部缺损；

18. 全结肠、直肠、肛门缺失，回肠造瘘；

19. 肾上腺功能明显减退；

20. 大、小便失禁，临床判定不能恢复；

21. 女性双侧乳腺缺失；

22. 单肢肌力Ⅱ级（二级），临床判定不能恢复；

23. 双前臂缺失；

24. 双下肢瘫；

25. 一手缺失或功能完全丧失，另一手功能正常，不能手术重建功能或装配假肢；

26. 双拇指完全缺失或无功能；

27. 双膝以下缺失或无功能，不能手术重建功能或装配假肢；

28. 一侧下肢膝上缺失，不能手术重建功能或装配假肢；

29. 一侧膝以下缺失，另一侧前足缺失，不能手术重建功能或装配假肢；

30. 双足全肌瘫，肌力Ⅱ级（二级），临床判定不能恢复。

三、三级医疗事故系指造成患者轻度残疾、器官组织损伤导致一般功能障碍。

（一）三级甲等医疗事故：存在器官缺失、大部分缺损、畸形情形之一，有较重功能障碍，可能存在一般医疗依赖，生活能自理。例如造成患者下列情形之一的：

1. 不完全失语并伴有失用、失写、失读、失认之一者，同时有神经系统客观检查阳性所见；

2. 不能修补的脑脊液瘘；

3. 尿崩，有严重离子紊乱，需要长期依赖药物治疗；

4. 面部轻度毁容；

5. 面颊部洞穿性缺损大于 $20cm^2$；

6. 单侧眼球摘除或客观检查无光感，另眼球结构损伤，闪光视觉诱发电位（VEP）>150ms（毫秒），矫正视力 0.05－0.1，视野半径 <15°；

7. 双耳经客观检查证实听力在原有基础上损失大于 81dbHL（分贝）；

8. 鼻缺损 1/3 以上；

9. 上唇或下唇缺损大于 1/2；

10. 一侧上颌骨缺损 1/4 或下颌骨缺损长 4cm 以上区段，伴口腔、颜面软组织缺损大于 $10cm^2$；

11. 肺功能中度持续损伤；

12. 胃缺损 3/4；

13. 肝缺损 1/2 伴较重功能障碍；

14. 慢性中毒性肝病伴较重功能障碍；

15. 脾缺失；

16. 胰缺损 2/3 造成内、外分泌腺功能障碍；

17. 小肠缺损 2/3，保留回盲部；

18. 尿道狭窄，需定期行尿道扩张术；

19. 直肠、肛门、结肠部分缺损，结肠造瘘；

20. 肛门损伤致排便障碍；

21. 一侧肾缺失或输尿管狭窄，肾功能不全代偿；

22. 不能修复的尿道瘘；

23. 膀胱大部分缺损；

24. 双侧输卵管缺失；

25. 阴道闭锁丧失性功能；

26. 不能修复的 III 度（三度）会阴裂伤；

27. 四肢瘫，肌力Ⅳ级（四级），临床判定不能恢复；

28. 单肢瘫，肌力Ⅲ级（三级），临床判定不能恢复；

29. 肩、肘、腕关节之一功能完全丧失；

30. 利手全肌瘫，肌力Ⅲ级（三级），临床判定不能恢复；

31. 一手拇指缺失，另一手拇指功能丧失 50% 以上；

32. 一手拇指缺失或无功能，另一手除拇指外三指缺失或无功能，不能手术重建功能；

33. 双下肢肌力III级（三级）以下，临床判定不能恢复。大、小便失禁；

34. 下肢双膝以上缺失伴一侧腕上缺失或手功能部分丧失，能装配假肢；

35. 一髋或一膝关节功能完全丧失，不能手术重建功能；

36. 双足全肌瘫，肌力Ⅲ级（三级），临床判定不能恢复；

37. 双前足缺失；

38. 慢性再生障碍性贫血。

（二）三级乙等医疗事故：器官大部分缺损或畸形，有中度功能障碍，可能存在一般医疗依赖，生活能自理。例如造成患者下列情形之一的：

1. 轻度智能减退；

2. 癫痫中度；

3. 不完全性失语，伴有神经系统客观检查阳性所见；

4. 头皮、眉毛完全缺损；

5. 一侧完全性面瘫，对侧不完全性面瘫；

6. 面部重度异常色素沉着或全身瘢痕面积达60%—69%；

7. 面部软组织缺损大于20cm^2；

8. 双眼球结构损伤，较好眼闪光视觉诱发电位（VEP）>150ms（毫秒），矫正视力0.05－0.1，视野半径<15°；

9. 双耳经客观检查证实听力损失大于71dBHL（分贝）；

10. 双侧前庭功能丧失，睁眼行走困难，不能并足站立；

11. 甲状腺功能严重损害，依赖药物治疗；

12. 不能控制的严重器质性心律失常；

13. 胃缺损2/3伴轻度功能障碍；

14. 肝缺损1/3伴轻度功能障碍；

15. 胆道损伤伴轻度肝功能障碍；

16. 胰缺损1/2；

17. 小肠缺损1/2（包括回盲部）；

18. 腹壁缺损大于腹壁1/4；

19. 肾上腺皮质功能轻度减退；

20. 双侧睾丸萎缩，血清睾丸酮水平低于正常范围；

21. 非利手全肌瘫，肌力Ⅳ级（四级），临床判定不能恢复，不能手术重建功能；

22. 一拇指完全缺失；

23. 双下肢肌力IV级（四级），临床判定不能恢复。大、小便失禁；

24. 一髋或一膝关节功能不全；

25. 一侧踝以下缺失或一侧踝关节畸形，功能完全丧失，不能手术重建功能；

26. 双足部分肌瘫，肌力Ⅳ级（四级），临床判定不能恢复，不能手术重建功能；

27. 单足全肌瘫，肌力Ⅳ级，临床判定不能恢复，不能手术重建功能。

（三）三级丙等医疗事故：器官大部分缺损或畸形，有轻度功能障碍，可能存在一般医疗依赖，生活能自理。例如造成患者下列情形之一的：

1. 不完全性失用、失写、失读、失认之一者，伴有神经系统客观检查阳性所见；

2. 全身瘢痕面积50%—59%；

3. 双侧中度周围性面瘫，临床判定不能恢复；

4. 双眼球结构损伤，较好眼闪光视觉诱发电位（VEP）>140ms（毫秒），矫正视力0.01-0.3，视野半径<20°；

5. 双耳经客观检查证实听力损失大于56dbHL（分贝）；

6. 喉保护功能丧失，饮食时呛咳并易发生误吸，临床判定不能恢复；

7. 颈颏粘连，影响部分活动；

8. 肺叶缺失伴轻度功能障碍；

9. 持续性心功能不全，心功能二级；

10. 胃缺损1/2伴轻度功能障碍；

11. 肝缺损1/4伴轻度功能障碍；

12. 慢性轻度中毒性肝病伴轻度功能障碍；

13. 胆道损伤，需行胆肠吻合术；

14. 胰缺损1/3伴轻度功能障碍；

15. 小肠缺损1/2伴轻度功能障碍；

16. 结肠大部分缺损；

17. 永久性膀胱造瘘；

18. 未育妇女单侧乳腺缺失。

19. 未育妇女单侧卵巢缺失；

20. 育龄已育妇女双侧输卵管缺失；

21. 育龄已育妇女子宫缺失或部分缺损；

22. 阴道狭窄不能通过二横指；

23. 颈部或腰部活动度丧失50%以上；

24. 腕、肘、肩、踝、膝、髋关节之一丧失功能50%以上；

25. 截瘫或偏瘫，肌力Ⅳ级（四级），临床判定不能恢复；

26. 单肢两个大关节（肩．肘、腕、髋、膝、踝）功能部分丧失，能行关节置换；

27. 一侧肘上缺失或肘、腕、手功能部分丧失，可以手术重建功能或装配假肢；

28. 一手缺失或功能部分丧失，另一手功能丧失50%以上，可以手术重建功能或装配假肢；

29. 一手腕上缺失，另一手拇指缺失，可以手术重建功能或装配假肢；

30. 利手全肌瘫，肌力Ⅳ级（四级），临床判定不能恢复；

31. 单手部分肌瘫，肌力Ⅲ级（三级），临床判定不能恢复；

32. 除拇指外3指缺失或功能完全丧失；

33. 双下肢长度相差4cm以上；

34. 双侧膝关节或者髋关节功能部分丧失，可以行关节置换；

35. 单侧下肢膝上缺失，可以装配假肢；

36. 双足部分肌瘫，肌力Ⅲ级（三级），临床判定不能恢复；

37. 单足全肌瘫，肌力Ⅲ级（三级），临床判定不能恢复。

（四）三级丁等医疗事故：器官部分缺损或畸形，有轻度功能障碍，无医疗依赖，生活能自理。例如造成患者下列情形之一的：

1. 边缘智能；

2. 发声及言语困难；

3. 双眼结构损伤，较好眼闪光视觉诱发电位（VEP）＞130ms（毫秒），矫正视力0.3－0.5，视野半径＜30°；

4. 双耳经客观检查证实听力损失大于41dbHL（分贝）或单耳大于91dbHL（分贝）；

5. 耳郭缺损2/3以上；

6. 器械或异物误入呼吸道需行肺段切除术；

7. 甲状旁腺功能轻度损害；

8. 肺段缺损，轻度持续肺功能障碍；

9. 腹壁缺损小于1/4；

10. 一侧肾上腺缺失伴轻度功能障碍；

11. 一侧睾丸、附睾缺失伴轻度功能障碍；

12. 一侧输精管缺损，不能修复；

13. 一侧卵巢缺失，一侧输卵管缺失；

14. 一手缺失或功能完全丧失，另一手功能正常，可以手术重建功能及装配假肢；

15. 双大腿肌力近V级（五级），双小腿肌力III级（三级）以下，临床判定不能恢复。大、小便轻度失禁；

16. 双膝以下缺失或无功能，可以手术重建功能或装配假肢；

17. 单侧下肢膝上缺失，可以手术重建功能或装配假肢；

18. 一侧膝以下缺失，另一侧前足缺失，可以手术重建功能或装配假肢。

（五）三级戊等医疗事故：器官部分缺损或畸形，有轻微功能障碍，无医疗依赖，生活能自理。例如造成患者下列情形之一的：

1. 脑叶缺失后轻度智力障碍；

2. 发声或言语不畅；

3. 双眼结构损伤，较好眼闪光视觉诱发电位（VEP）＞120ms（毫秒），矫正视力＜0.6，视野半径＜50°；

4. 泪器损伤，手术无法改进溢泪；

5. 双耳经客观检查证实听力在原有基础上损失大于31dbHL（分贝）或一耳听力在原有基础上损失大于71dbHL（分贝）；

6. 耳郭缺损大于1/3而小于2/3；

7. 甲状腺功能低下；

8. 支气管损伤需行手术治疗；

9. 器械或异物误入消化道，需开腹取出；

10. 一拇指指关节功能不全；

11. 双小腿肌力IV级（四级），临床判定不能恢复。大、小便轻度失禁；

12. 手术后当时引起脊柱侧弯30度以上；

13. 手术后当时引起脊柱后凸成角（胸段大于60度，胸腰段大于30度，腰段大于20度以上）；

14. 原有脊柱．躯干或肢体畸形又严重加重；

15. 损伤重要脏器，修补后功能有轻微障碍。

四、四级医疗事故系指造成患者明显人身损害的其他后果的医疗事故。例如造成患者下列情形之一的：

1. 双侧轻度不完全性面瘫，无功能障碍；

2. 面部轻度色素沉着或脱失；

3. 一侧眼睑有明显缺损或外翻；

4. 拔除健康恒牙；

5. 器械或异物误入呼吸道或消化道，需全麻后内窥镜下取出；

6. 口周及颜面软组织轻度损伤；

7. 非解剖变异等因素，拔除上领后牙时牙根或异物进入上领窦需手术取出；

8. 组织．器官轻度损伤，行修补术后无功能障碍；

9. 一拇指末节1/2缺损；

10. 一手除拇指、食指外，有两指近侧指间关节无功能；

11. 一足拇趾末节缺失；

12. 软组织内异物滞留；

13. 体腔遗留异物已包裹，无需手术取出，无功能障碍；

14. 局部注射造成组织坏死，成人大于体表面积2%，儿童大于体表面积5%；

15. 剖宫产术引起胎儿损伤；

16. 产后胎盘残留引起大出血，无其他并发症。

5. 最高人民法院关于参照《医疗事故处理条例》审理医疗纠纷民事案件的通知（2003年1月6日法〔2003〕20号）

各省、自治区、直辖市高级人民法院，解放军军事法院，新疆维吾尔自治区高级人民法院生产建设兵团分院：

2002年4月4日国务院公布了《医疗事故处理条例》（以下简称条例），自2002年9月1日起施行．条例对于妥善解决医疗纠纷，保护医患双方的合法权益，维护医疗秩序具有重要意义。现就人民法院参照条例审理医疗纠纷民事案件的有关问题通知如下：

一、条例施行后发生的医疗事故引起的医疗赔偿纠纷，诉到法院的，参照条例的有关规定办理；因医疗事故以外的原因引起的其他医疗赔偿纠纷，适用民法通则的规定。

人民法院在条例施行前已经按照民法通则、原《医疗事故处理办法》等法律、法规审理的民事案件，依法进行再审的，不适用条例的规定。

二、人民法院在民事审判中，根据当事人的申请或者依职权决定进行医疗事故司法鉴定的，交由条例所规定的医学会组织鉴定。因医疗事故以外的原因引起的其他医疗赔偿纠纷需要进行司法鉴定的，按照《人民法院对外委托司法鉴定管理规定》组织鉴定。

人民法院对司法鉴定申请和司法鉴定结论的审查按照《最高人民法院关于民事诉讼证据的若干规定》的有关规定处理。

三、条例施行后，人民法院审理因医疗事故引起的医疗赔偿纠纷民事案件，在确定医疗事故赔偿责任时，参照条例第四十九条、第五十条、第五十一条和第五十二条的规定办理。

人民法院在审理涉及医疗事故民事案件中遇到的其他重大问题，请及时层报我院。

十一、环境污染责任纠纷

210. 在自己权益范围内安装为自己照明使用的路灯，能否对他人构成环境污染？

我国《环境保护法》第2条规定，本法所称环境，是指影响人类生存和发展的各种天然的和经过人工改造的自然因素的总体。所以，路灯灯光也属于环境因素的一种。行为人在自己权益范围内安装为自己照明使用的路灯，是民事主体充分行使处分权的体现，本无过错。但是，如果该灯光射入他人居室内，且灯光数量足以改变人们夜间通常习惯的暗光环境，超出一般公众可以忍受的范围时，就可能对他人的健康造成损害，形成环境污染中的一种，即光污染。根据我国《民法通则》和《环境保护法》的规定，造成环境污染危害的，有责任排除危害，并对直接受到损害的单位或者个人赔偿。因此，行为人对他人造成光污染的，有责任排除危害。

典型疑难案件参考

陆耀东诉永达公司环境污染损害赔偿纠纷案（《最高人民法院公报》2005年第5期，总第103期）

基本案情

原告陆耀东的居室西侧与被告永达公司经营场所的东侧相邻，中间间隔一条宽15米左右的公共通道。永达公司为给该经营场所东面展厅的外部环境照明，在展厅围墙边安装了三盏双头照明路灯，每晚7时至次日晨5时开启。这些位于陆耀东居室西南一侧的路灯，高度与陆耀东居室的阳台持平，最近处离陆耀东居室20米左右，其间没有任何物件遮挡。这些路灯开启后，灯光除能照亮永达公司的经营场所外，还能散射到陆耀东居室及周围住宅的外墙上，并通过窗户对居室内造成明显影响。在陆耀东居室的阳台上，目视夜间开启后的路灯灯光，亮度达到刺眼的程度。陆耀东为此于2004年9月1日提起诉讼后，永达公司已于同年9月3日暂停使用涉案路灯。

上海市质量技术监督局于2004年6月29日发布《城市环境装饰照明规范》，2004年9月1日在上海市范围内实施。该规范规定，“外溢光/杂散光”

的定义是："照明装置发出的光中落在目标区域或边界以外的部分"；"障害光"的定义是："外溢光/杂散光的数量或方向足以引起人们烦躁、不舒适、注意力不集中或降低对于一些重要信息（如交通信号）的感知能力，甚至对于动、植物亦会产生不良的影响时，即称之为障害光"；"光污染"的定义是："由外溢光/杂散光的不利影响造成的不良照明环境，狭义地讲，即为障害光的消极影响。"

本案争议焦点是：在自己权益范围内安装为自己提供照明的路灯，能否构成环境污染中的光污染？被告永达公司安装的路灯，是否影响了原告陆耀东的权利？被告应否为此承担责任？承担什么责任？

诉辩情况

原告诉称：原告在被告经营场所的隔壁小区居住。被告经营场所东面展厅的围墙边，安装着三盏双头照明路灯，每晚7时至次日晨5时开启。这些路灯散射的强烈灯光，直入原告居室，使原告难以安睡，为此出现了失眠、烦躁不安等症状，工作效率低下。被告设置的这些路灯，严重干扰了居民的休息，已经违反从2004年9月1日起上海市开始实施的《城市环境装饰照明规范》的规定，构成光污染侵害。请求判令被告停止和排除对原告的光污染侵害，拆除该路灯，公开向原告道歉，并给原告赔偿损失1000元。审理中，原告将请求赔偿损失的金额变更为1元。

被告辩称：涉案路灯是被告为自己的经营场所外部环境提供照明安装的，是经营所需的必要装置，而且是安装在被告自己的经营场所上，原告无权干涉。该路灯的功率每盏仅为120W，不会造成光污染，不可能侵害原告，更不会对原告造成什么实际的损害结果。该路灯不仅为被告自己的经营场所外部环境提供了照明，事实上也为隔壁小区居民的夜间行走提供了方便。即便如此，为搞好企业与临近居民的关系，被告在得知原告起诉后，已经切断了涉案路灯的电源，并保证今后不再使用，故不同意原告的诉讼请求。

裁判结果

上海市浦东新区人民法院于2004年11月1日判决：

一、被告永达公司应停止使用其经营场所东面展厅围墙边的三盏双头照明路灯，排除对原告陆耀东造成的光污染侵害；

二、原告陆耀东的其余诉讼请求，不予支持。

一审宣判后，双方当事人均未提出上诉，一审判决已发生法律效力。

裁判理由

上海市浦东新区人民法院认为：

《中华人民共和国环境保护法》（以下简称《环保法》）第2条规定：“本法所称环境，是指影响人类生存和发展的各种天然的和经过人工改造的自然因素的总体，包括大气、水、海洋、土地、矿藏、森林、草原、野生生物、自然遗迹、人文遗迹、自然保护区、风景名胜区、城市和乡村等。”第6条规定：“一切单位和个人都有保护环境的义务，并有权对污染和破坏环境的单位和个人进行检举和控告。”环境既然是影响人类生存和发展的各种天然的和经过人工改造的自然因素的总体，路灯灯光当然被涵盖在其中。被告永达公司在自己的经营场所设置路灯，为自己的经营场所外部环境提供照明，本无过错。但由于永达公司的经营场所与周边居民小区距离甚近，中间无任何物件遮挡，永达公司路灯的外溢光、杂散光能射入周边居民的居室内，数量足以改变居室内人们夜间休息时通常习惯的暗光环境，且超出了一般公众普遍可忍受的范围。因此永达公司设置的路灯，其外溢光、杂散光确实达到了《城市环境装饰照明规范》所指的障害光程度，已构成由强光引起的光污染，遭受污染的居民有权进行控告。

被告永达公司辩称，涉案路灯用于其经营场所的正常环境照明，是经营所需的必要装置。经查，涉案路灯不属于车站、机场、公路等公共场所为公众提供服务而必须设置的照明、装饰用灯，只是永达公司为自己公司的经营便利而设置的路灯。永达公司完全有条件以其他形式为自己经营场所的外部环境提供照明，或者通过采取遮挡等必要的措施来避免自己设置的路灯侵害他人合法权益。永达公司的此项辩解理由，不能成为其侵权行为的合理免责事由，故不予采纳。

被告永达公司辩称，涉案灯光没有对原告陆耀东造成实际的损害结果。环境污染对人体健康造成的实际损害结果，不仅包括那些症状明显并可用计量方法反映的损害结果，还包括那些症状不明显且暂时无法用计量方法反映的损害结果。光污染对人体健康可能造成的损害，目前已为公众普遍认识。夜间，人们通常习惯于在暗光环境下休息。永达公司设置的路灯，其射入周边居民居室内的外溢光、杂散光，数量足以改变人们夜间休息时通常习惯的暗光环境，且超出一般公众普遍可忍受的范围，光污染程度较为明显。在此情况下，陆耀东诉称涉案灯光使其难以安睡，为此出现了失眠、烦躁不安等症状，这就是涉案灯光对陆耀东的实际损害。陆耀东诉称的这些实际损害，符合日常生活经验法则，根据最高人民法院《关于民事诉讼证据的若干规定》第9条的规定，陆耀东无须举证证明，应推定属实。永达公司否认光污染对陆耀东造成了实际损害，应当举证反驳。永达公司不能举出涉案灯光对陆耀东身体健康没有产生危害的证据，该辩解理由亦不予采纳。

《中华人民共和国民法通则》第124条规定：“违反国家保护环境防止污

染的规定，污染环境造成他人损害的，应当依法承担民事责任。”《环保法》第41条规定：“造成环境污染危害的，有责任排除危害，并对直接受到损害的单位或者个人赔偿损失。”被告永达公司开启的涉案路灯灯光，已对原告陆耀东的正常居住环境和健康生活造成了损害，构成环境污染。永达公司不能举证证明该侵害行为具有合理的免责事由，故应承担排除危害的法律责任。永达公司已于诉讼期间实际停止了开启涉案路灯，并承诺今后不再使用，于法无悖，应予支持。因永达公司的侵权行为没有给陆耀东造成不良的社会影响，故对陆耀东关于永达公司公开赔礼道歉的诉讼请求，不予支持。尽管陆耀东只主张永达公司赔偿其损失1元，但因陆耀东不能举证证明光污染对其造成的实际损失数额，故对该项诉讼请求亦不予支持。

（一）大气污染责任纠纷

211. 在民事诉讼过程中，为救济当事人因辩论能力上的不足或缺陷，在当事人的主张不明确或者有矛盾、或者不正确、或者不充分时，法院是否可以行使释明权？

根据法律和相关司法解释的规定，环境污染侵权纠纷应当适用特殊的举证责任分配规则，即受害人应当证明其受损害的事实，加害人应当就法律规定的免责事由及其行为与损害结果之间不存在因果关系承担举证责任。人民法院依法负有向当事人释明的职责，释明本案举证责任的分配规则，负担举证责任的当事人应当申请鉴定以及不申请鉴定的法律后果。

典型疑难案件参考

厉夫金诉徐州铜利铸造有限公司环境污染侵权纠纷案

基本案情

2003年9月，原告厉夫金与其所在村的村委会签订土地承包合同，承包村里94亩连片土地，约定由其自主生产经营高效农作物，后厉夫金在承包地里种植了桃树。被告徐州铜利铸造有限公司（以下简称铜利公司）是一家经营生铁冶炼、铸件铸造、球团烧结、建材购销业务的钢铁生产企业。厉夫金的桃园位于铜利公司附近，在桃园南部与铜利公司之间隔着一条生产沟和一条生产路。厉夫金发现，铜利公司在生产过程中排放的烟尘飘落在其桃树的叶子、花朵和幼果上，许多幼果出现了萎缩。厉夫金认为，铜利公司排放的烟尘严重影响了桃树生长，造成桃园减产，给其造成了经济损失，遂就此和铜利公司交涉。双方曾就2005年度桃园的赔偿问题达成协议，由铜利公司补偿厉夫金5000元，但就2006年度桃园的赔偿问题未能达成一致意见。2006年6月，厉夫金专门委托铜山县果树技术指导站对桃树受损的情况进行估价，该站在现场勘查后作出果树受损价值估算证明，认为春夏季节是桃树的生长发育时期，铜利公司向外排放烟尘，严重影响了桃树的授粉受精、叶片的光合作用、呼吸作用和果树生长，经随机抽查，该站参照相关文件规定的标准，计算出厉夫金桃树的损失产量为26169.6千克，按黄桃近期市场均价计算，总产值损失为78508.8元。厉夫金据此向法院起诉。

一审诉辩情况

原告厉夫金诉称：被告铜利公司向外排放烟尘，严重影响桃树生长，使原告承包的桃园减产，造成重大经济损失，后找被告多次协商解决，因就赔偿数额达不成一致意见，特起诉请求法院判令被告赔偿损失78508.8元。

被告铜利公司辩称：被告公司用高炉生产，对大气无污染，且在2004年已对高炉进行了改造，增加了环境保护设备，实现了废气利用，粉尘回收，故不存在污染原告桃树的事实。同时，原告的损失只是单方计算的结果，向被告索赔没有事实和法律根据，请求法院判决驳回原告的诉讼请求。

一审裁判结果

江苏省铜山县人民法院依照《中华人民共和国民法通则》第124条、最高人民法院《关于民事诉讼证据的若干规定》第4条第3项、第28条的规定，判决如下：被告徐州铜利铸造有限公司于本判决生效之日起10日内向原告厉夫金赔偿损失78508元。案件受理费2870元，其他诉讼费1090元，计3960元均由被告负担。

一审裁判理由

江苏省铜山县人民法院经审理后认为：在春夏季节，桃树正处于生长发育的时期，原告厉夫金经营的桃园位于被告铜利公司的正北方，而春夏季节多以南风或偏南风为主，铜利公司在生产过程中排放出的烟尘落在厉夫金的桃树上，给桃树的生长构成了损害，厉夫金提供的照片和鉴定结论可以作为赔偿的证据使用。铜利公司辩称其没有污染厉夫金的桃园，但未提供相关证据证明其主张，法院不予采信，铜利公司依法应对厉夫金的损失承担赔偿责任。关于赔偿数额的确定，铜利公司认为厉夫金委托的鉴定单位铜山县果树技术指导站没有鉴定资质，该鉴定结论不能作为定案依据，经法院审查，该两位鉴定人员均有资质，且铜利公司既没有提供证据反驳厉夫金提供的鉴定结论，也没有申请法院对该事实进行重新鉴定，故对铜利公司的抗辩理由不予采信，法院采信该鉴定结论。

二审诉辩情况

铜利公司不服一审判决，提起上诉。

二审裁判结果

经过法官的释明和耐心细致的调解，双方当事人也都能够理智地参与诉讼，共同协商解决赔偿争议，并最终在法院主持下达成如下调解协议：

被告徐州铜利铸造有限公司给付原告厉夫金2006年赔偿款40000元，于2007年10月30日前付清；徐州铜利铸造有限公司给付厉夫金2007年赔偿款30000元，于2008年1月30日前付清；从2008年起，在历恩富实际承包徐州铜利铸造有限公司期间，徐州铜利铸造有限公司每年给付厉夫金赔偿款，赔偿款以30000元为基数并按国家统计局公布的国民经济和社会发展统计公报公布的农产品生产价格升降指数作相应调整，给付至厉夫金不在争议的承包地种植桃树为止，于每年的7月30日前给付。

一审案件受理费2870元，其他诉讼费1090元，合计3960元，由原告厉夫金承担；二审案件受理费由被告徐州铜利铸造有限公司承担。

212. 已经缴纳排污费是否构成免责事由？

排污费的收取是国家运用经济杠杆，对排污单位进行管理和限制的一种手段，并不能免除污染单位的治理责任和对污染造成损害的赔偿责任。

典型疑难案件参考

陈仁霞诉尹红霞环境污染损害赔偿纠纷案

基本案情

2003年9月19日，尹红霞经营的紫东浴室被举报烧烟煤污染环境。滁州市环境保护局进行现场监理，并责令其改烧无烟煤，尹红霞于2003年10月8

日交纳500元烟尘排污费。

一审诉辩情况

原告诉称：被告尹红霞利用自家住房开办浴室，所烧的锅炉未采取环保防尘措施，致使大量烟尘落入其居住的房顶、院落和空间，致使其家长年累月门窗不敢开，衣服无法晾晒，因长年要在家每日清扫数遍，无法正常工作。故请求判令被告尹红霞停止侵害，排除妨碍，赔偿经济损失14400元，精神损失2000元。

被告辩称：被告是正常排污，且已交纳排污费。原告要求赔偿经济损失和精神损失没有相关证据证实。故请求驳回原告的诉讼请求。

一审裁判结果

安徽省滁州市琅琊区人民法院依据《中华人民共和国民法通则》第83条之规定，作出如下判决：驳回原告陈仁霞的诉讼请求。

一审裁判理由

安徽省滁州市琅琊区人民法院认为：陈仁霞主张尹红霞经营的浴室给其造成侵害，但未能提供相应的证据证明尹红霞经营的浴室排污超过环保标准，且要求尹红霞赔偿经济损失14400元，也未能提供相关证据证实。陈仁霞要求赔偿精神损失，不符合法律规定。

二审诉辩情况

上诉人（一审原告）诉称：原判认定事实错误，因该案是环境污染导致的损害赔偿纠纷，应由加害人尹红霞对其行为与损害结果之间不存在因果关系承担举证责任，原判要求上诉人承担举证责任，违背举证责任的有关规定。上诉人遭受侵害的事实客观存在，正常生活受到影响，原判对上诉人的损失不予认定是错误的。请求撤销原判，依法改判。

被上诉人辩称：尹红霞已按规定交纳了排污费，因此，紫东浴室的排污行为是合法的。陈仁霞主张其受到损失，但不能提供确实的证据，故对其赔偿请求应不予支持。

二审裁判结果

安徽省滁州市中级人民法院依据《中华人民共和国民事诉讼法》第153条第1款第3项，《中华人民共和国民法通则》第83条、第124条，《中华人民共和国环境保护法》第41条第1款的规定，作出如下判决：

一、撤销安徽省滁州市琅琊区人民法院〔2003〕琅民一初字第649号民事判决；

二、被上诉人尹红霞于判决送达时立即停止侵害；

三、被上诉人尹红霞赔偿陈仁霞损失6000元，于判决送达后10日内一次性付清；

四、驳回上诉人陈仁霞的其他诉讼请求。

二审裁判理由

安徽省滁州市中级人民法院经过公开审理查明：陈仁霞与尹红霞系邻居。2000年年底，尹红霞下岗后，以自家住房开办紫东浴室。该浴室领取了营业执照、社区服务证和卫生许可证。其使用的一台LSSO. 3—0. 09锅炉，经滁州市技术监督局和市锅炉压力容器检验所检测，允许登记使用。但尹红霞在经营过程中，为降低成本，使用烟煤作为燃料，对周围环境造成严重污染。滁州市环境保护局在2003年9月19日环境监理现场记录中载明：紫东浴室烧烟煤，污染周围居民。根据陈仁霞的申请，滁州市环境监测站于2003年12月27日对紫东浴室燃煤锅炉烟气黑度进行监测，并出具环监字〔2003〕第191号"检测报告书"，认定紫东浴室燃煤锅炉烟气黑度为4级，超过限值，建议限期治理。滁州市环境保护局也曾于2003年12月1日向紫东浴室下达了"环境违法行为限期改正通知书"，认定紫东浴室燃煤锅炉无消烟除尘设施，大气污染严重，责令其于2003年12月1日前改正违法行为。但紫东浴室并未停止违法行为，仍正常营业。因烟尘污染，陈仁霞与尹红霞多次发生争吵，经社区居委会调解未果，陈仁霞遂诉至原审法院。在二审时，陈仁霞对一审判决精神损害部分未提起上诉。

另查明，紫东浴室位于居民区，营业面积100多平方米，每天营业额达300—400元，每年约经营8个月。陈仁霞的住房约400平方米。滁州市环境保护局于2003年10月8日曾收取紫东浴室2003年烟尘排污费500元。

上诉人陈仁霞在二审时提供以下新证据：（1）滁州市环境监测站的"检测报告书"；（2）滁州市环境保护局下达的"环境违法行为限期改正通知书"。

被上诉人尹红霞对上述证据的真实性无异议。

安徽省滁州市中级人民法院根据上述事实和证据认为：被上诉人尹红霞自2000年开始经营浴室，浴室锅炉长期超标排放烟尘，上诉人陈仁霞住在其隔壁，长期遭受烟尘污染。且尹红霞在滁州市环境保护局对紫东浴室下达了"环境违法行为限期改正通知书"后，仍未改正违法行为，继续超标排污。尹红霞的排污行为对陈仁霞的健康和居住环境构成损害，应承担相应的民事责任。尹红霞辩称其已交纳了排污费，其排污行为是合法的。但排污费的收取是国家运用经济杠杆，对排污单位进行管理和限制的一种手段，并不能免除污染单位的治理责任和对污染造成损害的赔偿责任。尹红霞的辩解理由不能成立。陈仁霞上诉请求停止侵害的理由成立，应予以采纳。陈仁霞上诉请求尹红霞赔偿经济损失 14400 元。对环境污染所受到的损失，陈仁霞虽然未提供直接证据证明，但尹红霞经营的浴室长期超标排放烟尘，对周围环境构成污染，事实存在。导致浴室周围的居住环境恶化，陈仁霞长期生活在此环境下，其健康受到损害应是客观存在的。但该种损害是一种潜在的损害，不同于人身损害的直接损失。因受害人只是健康受到损害，目前并未发现具体的疾病发生，故不存在医药费的发生，但不能依此而否定陈仁霞的健康受到损害的事实。尹红霞要求陈仁霞提供具体的医药费等损失依据，既不符合客观实际，也缺乏合理性。另外，因大量烟尘不断落人陈仁霞家中，陈仁霞为维护正常的生活环境，必须长期坚持清扫烟尘，付出大量额外劳动。同时，因烟尘大量的存在，陈仁霞无法正常开窗通风，且长期生活在烟尘中，导致其应有的生活质量被人为降低，也妨碍了陈仁霞对房屋的正常使用权。所以，根据陈仁霞所受到的直接和间接损失，以及尹红霞的经营状况和时间，对陈仁霞所受到的损失，尹红霞应给予适当赔偿。

（二）水污染责任纠纷

213. 如何准确理解举证责任倒置的责任分配原则的前提和条件？

环境污染损害赔偿纠纷案件虽然适用举证责任倒置原则，但并不因此完全免除主张方的举证责任，其仍须就案件部分要件事实承担举证责任，即其应举出盖然性证据证明环境污染及加害人的存在。若其不能完成应负的举证责任，将导致适用举证责任倒置的前提和条件不能成立，其诉讼请求也无法得到法律的保护。

典型疑难案件参考

孙大年诉新沂市通力氨基酸厂环境污染损害赔偿纠纷案

基本案情

2002 年 3 月 20 日，孙大年和新沂市港头镇戴沟村村民委员会签订农业专业承包合同，约定孙大年承包沂河堰边电灌站排水沟的水面进行水产养殖，期限11年。

2004年4月12日，通力厂与新沂市港头镇人民政府签订租赁合同，约定新沂市港头镇人民政府将新港造纸厂的部分资产出租给通力厂使用和经营，期限15年。孙大年承包的排水沟紧靠通力厂租赁的造纸厂的南侧，通力厂生产的废水通过管道向东南流入老墨河，其排出口距离排水沟约1500米。老墨河和沂河交叉，中间有戴沟涵洞；老墨河和排水沟相通，中间有窑新公路地下涵洞。两个涵洞的闸门平时不开。当闸门两侧水位不等时，在戴沟涵洞能听到细微的水流渗漏的声音。2004年5月中、下旬，孙大年承包的排水沟里的鱼开始逐渐死亡，但孙大年未及时将死鱼送有关部门鉴定，也没保存死鱼。同年5月31日，孙大年通过江苏徐州铸石律师事务所委托新沂市价格认证中心对孙大年的死鱼损失进行价格认证，根据孙大年提供的资料，确认认证标的在认证基准日的价值为113900元。孙大年为此支出鉴定费1000元。通力厂于2004年4月中旬生产母液外销，所产生废水按堤防指定地点排放。

一审诉辩情况

孙大年以通力厂排污导致其鱼大量死亡为由向新沂市人民法院起诉，要求通力厂赔偿损失113900元及鉴定费1000元。

一审裁判结果

新沂市人民法院依据《中华人民共和国民法通则》第124条、最高人民法院《关于民事诉讼证据的若干规定》第4条第1款第3项之规定，判决如下：驳回原告的诉讼请求。

一审裁判理由

新沂市人民法院经审理认为：2004年5月，孙大年承包的排水沟里的鱼死亡是事实，通力厂向老墨河排放废水也是事实。

孙大年诉称废水造成鱼死亡，虽举出一系列证人出庭作证，但证人只是泛泛证明了通力厂排放的废水通过闸门渗漏到排水沟内，且证人均居住在通力厂周围，不同程度受到厂子影响，其证言具有一定的倾向性，不能作为定案依据；审理中孙大年亦未能举证证实其鱼死亡的真实原因。因而孙大年证据尚不够充分，难以支持。孙大年发现鱼死后，没有将死鱼送有关部门检查化验，也未向相关部门报告，至诉讼时，死鱼已不存在，致使无法弄清鱼死亡的真实原因，因而要求通力厂提供证据证实其行为与孙大年损害结果之间不存在因果关系已不可能。此时，只有孙大年初步举证证明通力厂的排污行为与其损害事实之间存在因果关系，且孙大年举证达到盖然性的程度，通力厂又无法对此举出反证时，才不得否认因果关系的存在。因此，孙大年对通力厂是否存在加害行为，未能尽到举证证明的责任，其三张证据尚不够充分。

二审诉辩情况

宣判后，孙大年不服，向江苏省徐州市中级人民法院提起上诉。

二审裁判结果

徐州市中级人民法院依照《中华人民共和国民事诉讼法》第153条第1款第1项之规定，判决驳回上诉，维持原判。

二审裁判理由

徐州市中级人民法院审理后认为：适用最高人民法院《关于民事诉讼证据的若干规定》第4条的要件及前提为环境污染客观存在，具有较为明显的加害人，即受害人应举出盖然性证据证明环境污染及加害人的存在。该案中，孙大年在纠纷发生后，通过律师事务所委托新沂市价格认证中心对死鱼损失进行价格认证，说明孙大年具有一定的维权意识和举证能力，适用举证责任倒置的前提是死鱼样本存在可供鉴定，目前由于样本不存在，无法鉴定的责任在孙大年，故孙大年未能完成初步举证责任，如简单适用举证责任倒置，不仅有违立法本意，且对于通力厂也显失公平。据此，徐州市中级人民法院认为孙大年对其主张举证不足，该案适用举证责任倒置的前提不能成立，一审判决认定事实清楚，适用法律正确。

214. 原告在发回重审的案件一审过程中提出的新证据，法院是否应予采纳？

当事人在再审中提举的新取得的证据不属申请再审前“不知道或举证不能”的证据，依法不应认定为再审“新证据”。

215. 当事人就排污达成的协议是否可以免除侵权责任人的损害赔偿责任？

当事人之间就排污达成的协议，是双方自愿平等的合意行为，且不违反法律和行政法规强制性规定，依法成立并有效。但从协议的具体内容分析，当事人并未放弃对领款之前因侵权人排污行为所导致损失的追偿权。

216. 环境污染赔偿范围如何确定？

侵权人不能举证证明存在法定免责事由及其排污行为与损害结果之间不存在因果关系，依法应对该等范围内的损失给予赔偿。

217. 环境污染导致损害的，损失以何种标准计算？

以销售价和当地市场价的平均值为单价计算损失。

典型疑难案件参考

王万林诉明光市管店中学环境污染损害赔偿纠纷案

基本案情

明光市管店中学（以下简称管店中学）与王万林环境污染损害赔偿纠纷一案，安徽省滁州市中级人民法院于2006年12月4日作出〔2006〕滁民一再终字第29号民事判决，已经发生法律效力。管店中学不服，向检察机关申诉。安徽省人民检察院于2007年8月10日以皖检民行抗字〔2007〕第82号民事抗诉书向法院提出抗诉。法院于同年11月14日作出〔2007〕皖民一监字第0121号民事裁定书，决定提审本案。法院依法组成合议庭，于2008年1月28日公开开庭审理了本案。安徽省人民检察院检察员汪永印出席法庭宣读抗诉书。申诉人管店中学法定代表人余东方、委托代理人叶志军和被申诉人王万林到庭参加诉讼。本案现已审理终结。

明光市人民法院一审审理查明，王万林改建明光市管店镇顺河街一厂房用于种植双孢菇，该厂院内有一条裸露的下水道。2002年2月6日，管店中学与王万林就学校新建公共厕所经该下水道排污问题签订了一份协议。明光市农业委员会和明光市招信市场物业管理有限公司城西服务站分别于2003年6月5日和12月24出具书面材料，证明王万林种植的双孢菇存在减产现象，损失量约为6—7万斤；当地双孢菇价格为每千克4—5元。

一审裁判结果

一审法院于2004年6月24日作出〔2003〕明民一初字第1403号民事判决，驳回了王万林的诉讼请求。

一审裁判理由

明光市人民法院一审认为：王万林对其诉讼请求所依据的事实负有举证责任。王万林提举的明光市农业委员会等单位的证明材料，不属有效的鉴定结论，不能充分有效证明实际损失程度。

二审诉辩情况

一审判决宣判后，王万林不服，以提供的证据确实充分为理由向安徽省滁州市中级人民法院提出上诉，请求依法改判。

管店中学答辩称：一审判决正确，应予维持。

二审裁判结果

驳回上诉，维持原判。

二审裁判理由

安徽省滁州市中级人民法院认为：环境污染损害赔偿纠纷适用举证责任倒置原则，由于被上诉人管店中学没有就王万林的损害结果与其自身行为不存在因果关系提举充分证据，故推定其行为与王万林的损害结果之间存在因果关系。同时，王万林应就其赔偿主张提供充分有效的证据。明光市农业委员会出具的证明材料实为鉴定结论，但其在鉴定人资格、鉴定依据和技术手段等方面均不明确，不符合最高人民法院《关于民事诉讼证据的若干规定》，加之明光市招信市场物业管理有限公司城西服务站出具的证明材料不能与明光市农业委员会的证明相印证，故王万林的诉讼请求无充分证据证实，其上诉理由不能成立，不予支持。

再审一审诉辩情况

王万林仍不服，向安徽省滁州市中级人民法院申请再审，并提交了新取得的证据。安徽省滁州市中级人民法院于2005年9月20日作出〔2005〕滁民一监字第80号民事裁定书，决定对该案进行再审，并于同年10月17日作出〔2005〕滁民一再终字第35号民事裁定，撤销明光市人民法院〔2003〕明民一初字第1403号民事判决和该院〔2004〕滁民一终字第415号民事判决，将该案发回明光市人民法院重审。

再审一审裁判结果

明光市人民法院于2006年4月21日作出〔2005〕明民一初字第1168号民事判决，再次驳回了王万林的诉讼请求。

再审一审裁判理由

明光市人民法院再审一审审理查明，明光市管店镇一裸露下水道经过该镇原友谊塑料厂院落。2001年，王万林购买该厂并进行改造用于种植双孢菇。同年9月7日，管店中学新建一座厕所，其外排污水流经前述下水道排入南沙河。王万林因此与管店中学产生纠纷。经管店镇人民政府协调，王万林与管店中学于2002年2月6日签订书面协议，约定管店中学先期清理下水道内杂物并改造厂房外下水道，每年给付王万林管理费人民币360元，此后因下水道阻塞造成任何损失与学校无关等。其后，管店中学清理了下水道，对王万林厂房院落外下水道加盖了水泥预制板，但对院内部分未予加盖。2002年秋，因部分菇房出菇率低或不出菇，王万林就赔偿问题又与管店中学产生纠纷。2003年3月14日，经有关部门调解，王万林与管店中学达成协议，约定管店中学给付“下水道盖沟工程款”人民币700元，领取此款后产生的污染和后果自负。王万林于3月21日向管店中学领取了该款。同年11月20日，王万林提起环境污染损害赔偿诉讼，要求管店中学赔偿经济损失人民币8万元。申请再审期间，王万林提举了三份新取得的证据材料：（1）滁州市环境监测站于2005年3月10日出具的结论为“管店中学外排废水不达标”的环监字〔2005〕第027号检验报告书。（2）安徽省食用菌技术研究会于2005年6月25日出具的关于双孢菇减产原因及经济损失数额的《鉴定意见》。（3）明光市价格认证中心于2005年8月29日出具的结论为“蘑菇及菇房折旧损失计117530元”的明价证字〔2005〕166号《关于涉案物品价格鉴定结论书》。再审一审中，王万林变更诉讼请求，要求管店中学赔偿双孢菇减产损失、差旅费、误工费等计132960元。

明光市人民法院再审一审认为：因环境污染引起的损害赔偿诉讼，依法应由被告就法定免责事由及行为与损害结果之间不存在因果关系承担举证责任。因管店中学未就上述证明内容提供证据，故推定其从王万林厂区院内排放废水行为与损失结果之间存在因果关系。王万林新提供的三份证据材料属法律规定的“新证据”，但滁州市环境监测站采样检测时间并非王万林主张损失的时间，采样时未通知管店中学到场；安徽省食用菌技术研究会出具的鉴定书未就鉴定资格进行说明，该鉴定意见在未对空气中氨气、硫化氢等有害气体测定的情况下推定有害气体超标，缺乏事实和科学依据；明光市价格认证中心没有认定双孢菇损失数量的资质，其对菇棚竹架等折旧损失的鉴定不属于本案审理范围；王万林的其他索赔主张也缺乏依据。

再审二审诉辩情况

宣判后，王万林以新提举的三份证据材料可以作为认定案件事实的依据为主要理由，向安徽省滁州市中级人民法院提出上诉，请求依法改判。管店中学答辩称：王万林新取得的证据材料不属再审"新证据"，不能作为认定案件事实的依据，请求驳回上诉，维持再审一审判决。

再审二审裁判结果

原审判决适用法律正确，但认定赔偿金额不当。抗诉机关的部分抗诉理由成立。依照《中华人民共和国民事诉讼法》第184条第1款、第153条第1款第3项和《中华人民共和国民法通则》第124条、《中华人民共和国环境保护法》第41条第1款的规定，判决如下：

一、维持安徽省滁州市中级人民法院〔2006〕滁民一再终字第29号民事判决第一项，即撤销明光市人民法院〔2005〕明民一再初字第17号民事判决；

二、撤销安徽省滁州市中级人民法院〔2006〕滁民一再终字第29号民事判决第二项，即被上诉人管店中学赔偿上诉人王万林因污染造成的经济损失8万元整，于判决送达后10日内一次性付清；

三、明光市管店中学赔偿王万林49896元，计算公式为：1号、2号棚总面积900平方米×单位面积减产量（28斤×60%）×单价（1.1元——2.2元）2×2季。于判决送达后10日内一次性付清；

四、驳回王万林的其他诉讼请求。

如果未按本判决指定的期间履行给付金钱义务，应当依照《中华人民共和国民事诉讼法》第232条之规定，加倍支付迟延履行期间的债务利息。

原一审案件受理费5920元、二审案件受理费4010元、再审案件受理费4010元，合计13940元，由管店中学负担8364元，王万林负担5576元。

再审二审裁判理由

安徽省滁州市中级人民法院再审二审审理确认了明光市人民法院再审一审认定的案件事实。该院认为：管店中学未就法律规定的免责事由及其排污行为与损害结果之间不存在因果关系提供证据，故推定因果关系成立。本案争议主要焦点是王万林的双孢菇减产幅度和经济损失金额问题。再审中，王万林提举了三份新证据，证明其经济损失为117530元。因王万林在一审时主张的赔偿数额为8万元，对其增加的诉讼请求不予支持。据此，安徽省滁州市中级人民法院于2006年12月4日作出〔2006〕滁民一再终字第29号民事判决：一、撤销明光市人民法院〔2005〕明民一初字第1168号民事判决。二、被上诉人管店中学赔偿上诉人王万林因污染造成的经济损失8万元整，于判决生效后10日内一次性付清。一审案件受理费4010元，二审和再审案件受理费各4010元，由管店中学负担。

管店中学对安徽省滁州市中级人民法院〔2006〕滁民一再终字第29号民事判决不服，向检察机关申诉。安徽省人民检察院抗诉认为，管店中学与王万林于2002年2月6日和2003年3月14日达成的协议合法有效，原判未予认定显有错误。根据最高人民法院《关于民事诉讼证据的若干规定》的有关规定，王万林在再审时提举的三份证据材料不属于再审“新证据”。因此，原审判决认定事实主要证据不足，适用法律错误。

管店中学的申诉理由与检察机关的抗诉意见基本一致。另认为，其排放污水行为与王万林的赔偿主张没有因果关系。即使应予赔偿，也只能以1号、2号棚2002年秋季减产量和单价每千克2.2元计算，请求法院依法判决撤销原判，驳回王万林的诉讼请求。

王万林答辩称：（1）抗诉机关对原判有关管店中学排污致其种植的双孢菇受损不持异议。（2）2002年2月6日协议约定的是“下水道堵塞造成损失与管店中学无关”，其并未放弃对污染损害的求偿权。（3）2003年3月14日的协议不能证明其放弃了对领款之前所受损失的求偿权。（4）抗诉机关认为其在申请再审期间提举的三份证据材料不属于“新证据”没有法律依据。请求本院依法维持原判。

法院认为本案争议焦点是：（1）王万林提举的三份新取得的证据材料是否属于再审“新证据”。（2）依管店中学与王万林达成的协议，应否免除管店中学的赔偿责任。（3）王万林的双孢菇减产幅度和经济损失金额。

法院再审期间，本案当事人除再审二审提交的证据外，王万林未提举新证据，管店中学另提举了明光市管店镇管店村村民刘显玉与福建漳州市惠达果蔬有限公司（简称惠达公司）于2002年5月16日签订的《蘑菇生产购销合作协议书》及公证文书，以证明王万林种植的双孢菇被惠达公司以2.2元的单价收购。王万林质证称，其以每千克2.2元的价格向惠达公司出售双孢菇事实存在，但数量很少。

法院再审确认滁州市中级人民法院再审二审认定的案件事实。另查明：王万林种植双孢菇的地点是1号、2号棚和综合棚，其中1号、2号棚总面积为900平方米，王万林曾以单价2.2元向惠达公司出售少量双孢菇。2002年秋，1号、2号棚出菇率低，但综合棚双孢菇长势良好。2003年春季，1号、2号棚和综合棚的双孢菇都出现减产现象。2003年6月5日，明光市农业委员会在进行实地调查后出具书面材料，证明在正常情况下双孢菇单产量约为14千克，王万林种植的双孢菇存在不同程度减产现象，减产幅度应当在60%—70%。同年12月24日，明光市招信市场物业管理有限公司城西服务站出具书面材料，证明当地市场双孢菇的销售单价为4—5元。王万林在明光市人民法院一审时的赔偿请求范围是，2002年秋季和2003年春季1号、2号棚的减产损失以及2003年春季综合棚的减产损失。2006年6月6日，明光市人民法院以〔2005〕明民一再初字第17号民事裁定书，将〔2005〕明民一初字第1168号民事判决书的字号更正为〔2005〕明民一再初字第17号。

法院认为，本案是因环境污染引起的损害赔偿纠纷。(1) 关于举证责任问题。根据最高人民法院《关于适用〈中华人民共和国民事诉讼法〉若干问题的意见》第74条和最高人民法院《关于民事诉讼证据的若干规定》第4条第3项的规定，在举证责任分配问题上，王万林应就加害行为和损害结果承担举证责任，管店中学应就法律规定的免责事由及其排污行为与损害结果之间不存在因果关系承担举证责任。在明光市人民法院一审期间，王万林已就管店中学排污行为和双孢菇减产的事实提举了相关证据，且形成锁链。管店中学对其排污行为并不否认，对损害结果虽持有异议，但不能提出相反证据加以证明。因此，王万林已初步完成了举证责任。虽然王万林在再审中提举的新取得的证据不属申请再审前"不知道或举证不能"的证据，依法不应认定为再审"新证据"，但并不影响法院对加害行为和损害结果的事实认定。因管店中学未能就法定免责事由及其排污行为与损害结果之间不存在因果关系提举有效证据，故原审法院推定因果关系成立符合法律规定。(2) 关于协议问题。管店中学与王万林之间达成的协议，是双方自愿平等的合意行为，且不违反法律和行政法规强制性规定，依法成立并有效。但从协议的具体内容分析，王万林并未放弃对领款之前因管店中学排污行为所导致损失的追偿权。因此，管店中学认为双方已达成协议，其不应承担赔偿责任的申诉理由不能成立，法院不予采信。(3) 关于赔偿范围问题。①经审理查明，在2002年秋季和2003年春季，王万林的1号、2号棚双孢菇均出现减产。管店中学不能举证证明存在法定免责事由及其排污行为与减产结果之间不存在因果关系，依法应对该损失给予赔偿。②本案当事人提举的证据和陈述均证明综合棚的双孢菇在2002年秋季长势良好。因此，可以认定管店中学的排污行为对同期综合棚的双孢菇生产没有产生不良影响。同时，王万林未能证明管店中学的排污行为在2003年有所加剧或出现其他变化，故法院不能认定综合棚2003年春季双孢菇减产与管店中学的排污行为有因果关系，对王万林的相关诉讼请求也难予支持。③因本案系再审，故滁州市中级人民法院再审二审判决对王万林增加的诉讼请求不予支持并无不妥。(4) 关于计算损失的单产问题。明光市农业委员会证明在正常情况下，当地双孢菇单产为14千克，王万林的双孢菇减产幅度为60%—70%。考虑到明光市农业委员会的结论系采取抽样调查和推算得出，本院在确认王万林种植的双孢菇单产为14千克的同时，酌情依明光市农业委员会推算结论的下限认定其1号、2号棚双孢菇减产幅度为60%。(5) 关于计算损失的单价问题。王万林主张系以单价4—5元向市场销售双孢菇，同时也陈述曾以2.2元的单价向惠达公司出售了少量产品。管店中学认为即使赔偿，也只能以2.2元的单价计算赔偿金额，但未能举证证明王万林是以2.2元的单价出售了全部产品。在此情况下，本院酌情以王万林向惠达公司销售价和当地市场价的平均值为单价计算损失。

218. 电厂直接抽水造成的渔损是否属于合理范畴内的损失？

双方当事人对渔损的合理范畴未作出约定的，因环境污染造成的巨额损失不应当视为合理范畴。

219. 环保工程及设施达到国家有关标准是否构成免责事由？

环境污染损害赔偿纠纷适用严格责任原则和举证责任倒置原则。侵权人提交合格的环保工程验收及环保设施竣工验收监测报告，仅能证明其环保工程及设施达到国家有关标准，其并未就法律规定的免责事由及其行为与损害结果之间不存在因果关系进行举证，因此，侵权人应承担举证不能的法律后果，不能因其有关工程及设施达到国家有关标准而免除环境污染的侵权民事责任。

典型疑难案件参考

南召县鸭河口水库水产管理所诉南阳鸭河口发电有限责任公司环境污染损害赔偿纠纷案

基本案情

原告鸭河水管所是一个自收自支性质的全民所有制事业单位，其有南召县事业单位登记管理局颁发的事业单位法人证书，该单位隶属南召县水利局。原告具有南召县人民政府颁发的鸭河口水库水面养殖使用证，是整个鸭河口水库养殖水域的使用者，享有渔业资源的养殖、使用、收益和分配的权利。自1982年开始，原告大力发展常规渔业和名特优渔业的养殖，目前鸭河口水库已成为河南省南阳市的商品鱼基地和银鱼移植推广基地。

被告鸭电公司建设的鸭河口电厂是一座大型现代化燃煤火电厂，电厂厂址毗邻鸭河口水库，发电机组凝汽器采用直流冷却方式，以水库作为冷却水源，并利用水库作为散热水面，从水库抽取的水通过管道送往发电机组凝汽器，这些水将凝汽器冷却后温度有所升高，之后再通过管道排入水库。冷却水从抽取至再排入水库的过程中，水量并没有变化，只是携带了一些余热入库。鸭河口电厂的冷却水取、排水口设在同一位置，只是在高程上错开了位置，取水口在下，排水口在上，这种布置叫做“重叠式”，这种设计方案是中国水利水电科学研究院在大量研究成果的基础上由众多专家反复论证后推荐的。

被告建设的鸭河口电厂于1998年5月建成并网发电后，原告发现尽管其加大了鱼种投放和管理力度，但鸭河口水库中常规鱼类的产量却明显下降，小银鱼几乎绝迹。为了查找主要原因，原告于2001年8月10日委托河南省水产技术推广站渔业监测中心（以下简称监测中心）对被告建设的鸭河口电厂自1998年投产以来，从鸭河口水库抽水并把含热废水排入水库（能量介入及热污染）对水库渔业造成的损失进行调查鉴定。同年12月15日该单位给原告出具鉴定报告，该鉴定报告的结论是：“一、该水库可养鱼水面6万亩，属大型渔业水域；二、鸭河口电厂从水库抽水并把含热废水排入水库（能量介入及热污染），造成了水库渔业产量下降。其主要原因是：（1）直接抽水。由于鸭河口电厂向水库排放冷却水造成泵房前相当范围内水域水温明显升高，同时使泵房前表层水流速加大，因泵房前水温升高和流速加大形成了一定范围的集渔区，增加了鱼类被抽走的机会，而拦污设施不能起到有效拦鱼作用，从而把水库中主要的经济鱼类抽走致死，造成了水库银鱼及其他鱼类（团头鲂、鲤、鲫等）的产量下降。（2）大量的废热水排入水库，使得水库相当范围形成超温区，对银鱼的生长、繁殖、生存直接或间接造成了影响。（3）水温的升高使得凶猛鱼类活动量加大，代谢能力提高，活动能力增强，增加了对银鱼及其他鱼类的捕食机会，破坏了鱼类资源。三、渔业损失计算周期：1998 年5 月—2001 年 12 月。四、因鸭河口电厂从水库抽水并把含热废水排入水库，累计鱼产品损失量共643 吨，其中损失大、小银鱼331 吨，其他鱼类 312 吨。五、直接经济损失额707.34 万元，其中大、小银鱼损失 599.5 万元，其他鱼类损失 99.84 万元，渔业污染损失调查鉴定费 8 万元。”根据该鉴定报告，原告的直接损失年均 189 万元左右。在庭审过程中，监测中心委派鉴定员陈会克、刘守业、张剑波出庭就调查鉴定报告中的相关问题接受了当事人的质询并给予技术解释。被告鸭电公司对该鉴定报告提出异议，但未申请重新鉴定。

另查明，监测中心有中华人民共和国渔政渔港监督管理局颁发的《渔业污染事故调查鉴定资格证书》，该证书等级为乙级，鉴定区域为河南省，鉴定内容为渔业污染事故。根据农业部印发的农渔发〔2000〕7 号文件《渔业污染事故调查鉴定资格管理办法》及 1997 年 3 月 26 日农业部发布的《渔业水域污染事故调查处理程序规定》，监测中心对原告方造成的渔业污染损失有鉴定资格，其所出具的鉴定结论是有关部门处理污染事故的依据。

另查明，被告鸭电公司与水库管理局于 2000 年 7 月 1 日签订一份供水协议，由水库管理局按需要保证被告发电及其他用水，被告每年向该局交纳 630 万元（含水费、移民扶助金等一切费用）作为协议有效期内的用水费用。

一审诉辩情况

原告鸭河水管所诉称：原告有南召县人民政府颁发的水面养殖使用证，是整个鸭河口水库养殖水域的使用者，依法享有渔业资源的养殖、使用、收益和分配的权利。通过原告努力，取得了可观的效益。但被告所建电厂于 1998 年 5 月建成并网发电后，被告把鸭河口水库作为冷却池，发电期间昼夜不停地从水库取水，由于被告没有设置有效的措施，致使鱼类（鱼卵）被抽进电厂循环管道内受热污染而直接致死，同时大量的含热废水排入水库，又对部分鱼类造成了伤害，尽管原告加大了鱼种的投放和管理力度，但水库中常规鱼类的产量却明显下降，小银鱼几乎绝迹。原告为了对所受损失取得科学依据，特委托有关部门进行了鉴定，鉴定的最后结论是自 1998 年 5 月至 2001 年 12 月，被告共给原告造成的损失年均达 190.68 万元。原告随向被告索赔，但被告至今拒绝赔偿，现依法起诉，请求判令被告支付原告 2001 年度的部分直接损失 798000 元。

被告鸭电公司辩称：原告提供的调查鉴定报告关于渔业损失的定量分析，

缺乏客观依据及现实性，不能作为定案的依据，况且直接抽水造成的鱼损属合理范畴的损失，不应予以赔偿。鸭河口水库的库水是原告养鱼及被告生产用水的同一载体。南阳市鸭河口水库工程管理局（以下简称水库管理局）代表国家管理水库，对库水有处分权，水库管理局与被告签订协议让被告用水、排水是水库管理局的权利，被告按协议支付了对等的用水费用后，用水是被告的权利，被告抽水、排水的行为是合法的，被告在用水过程中必然对鸭河口水库的渔业养殖造成一定影响，这种影响虽微乎其微，但是客观存在的。原告无偿使用鸭河口水库养鱼其不应妨碍水库的正常运作，如果原告认为水库管理局让被告抽水、排水影响了其正常养殖应与水库管理局交涉，原告现直接诉请被告赔偿损失不应予支持。

一审裁判结果

河南省南召县法院依照《中华人民共和国民法通则》第 124 条、第 134 条第 1 款第 7 项，《中华人民共和国环境保护法》第 41 条第 1 款，《中华人民共和国水污染防治法》第 55 条第 1 款、最高人民法院《关于民事诉讼证据的若干规定》第 4 条第 1 款第 3 项之规定，作出如下判决：

一、被告南阳鸭河口发电有限责任公司于本判决生效后 10 日内赔偿原告南召县鸭河口水库水产管理所损失 798000 元；

二、本案受理费 13010 元，其他费用 1990 元，共计 15000 元，原告负担 800 元；被告负担 14200 元。

一审裁判理由

河南省南召县人民法院经审理认为：原告有南召县人民政府颁发的《水面养殖使用证》，是整个鸭河口水库养殖水域的使用者，其依法享有鸭河口水库渔业资源的养殖、使用、收益和分配的权利。被告鸭电公司以鸭河口水库作为冷却水源，并利用水库作为散热水面，昼夜不停地从水库取水和排水，现经原告提供的调查鉴定报告证明由于被告未设置有效的拦鱼措施，致使鱼类被抽进电厂循环管道内受热而直接死亡，同时大量的含热废水排入水库，对部分鱼类也造成了损害，由此给原告方造成巨大损失。被告虽对原告提供的监测中心出具的渔损报告及附属报告提出异议，但其未有证据足以反驳也未申请重新鉴定，况且被告虽辩称其抽水及排水对鸭河口水库的渔业养殖影响微乎其微，但其不得不承认影响是客观存在的。本案中，原告对被告的损害行为具有持续性，损害结果具有危害性，且污染行为与损害后果之间有一定的因果关系，提供的证据构成证据链条，形成证据体系，法院予以采信。根据最高人民法院

《关于民事诉讼证据的若干规定》第4条第1款第3项规定："因环境污染引起的损害赔偿诉讼，由加害人就法律规定的免责事由及其行为与损害结果之间不存在因果关系承担举证责任。"环境损害赔偿适用严格责任原则和举证责任倒置原则。本案中，被告仅向本院提交了有关部门对被告建厂及利用鸭河口水库作为冷却水源，取、排水口位置的批复和环保工程验收及环保设施竣工验收监测报告，但这仅能证明其环保工程及设施达到国家有关标准，其并未就法律规定的免责事由及其行为与损害结果之间不存在因果关系进行举证，因此，被告应承担举证不能的法律后果，不能因其有关工程及设施达到国家有关标准而免除环境污染的侵权民事责任。被告虽辩称其用水系有偿的，原告不应直接向其索赔，但因对原告造成损失的直接责任人系被告，故原告向被告提出赔偿损失的请求，理由正当，法院予以支持。因原告经调查鉴定其年均损失为189万元左右，现原告仅就2001年度的部分损失798000元要求被告赔偿，是原告对自己权利的处分，法院予以支持。

二审诉辩情况

上诉人（原审被告）鸭电公司诉称：

第一，原审判决采信监测中心的渔损报告及其附件报告一、报告二明显错误：（1）监测中心是营利性事业单位，与被上诉人有着天然的联系，其作为鉴定单位，缺乏可信性；（2）渔损报告采用"专家评估法"，而该法只适用于"天然渔业水域"的污染评估，不适用于水库渔业污染的评估；（3）渔损报告未考虑洪水灾害、偷捕等特殊因素。第二，直接抽水造成的渔损属合理范畴内的损失。第三，鸭河口水库属于国有水资源，上诉人的使用是有偿使用。据此请求二审撤销原判，改判驳回被上诉人的诉讼请求。

被上诉人（原审原告）南召鸭河水管理所辩称：

第一，一审判决采信监测中心的渔损报告及附件报告一、报告二的法律依据充分，理由正当：（1）渔损报告在鸭电公司未申请重新鉴定，鉴定人员已出庭作证进行技术解释，双方当事人已进行了辩论、质证的情况下，该渔损报告依法应予采信；（2）监测中心是河南省范围内唯一一家具有法定资质的鉴定单位，被上诉人与其无联系；（3）渔业损失计算的多种方法，均属指导性规定；（4）渔损报告排除了泄洪、放水等正常情况下的渔业损失，并非未考虑洪水灾害、偷捕等因素。第二，直接抽水造成的渔损不属于合理范畴的损失，依法应予赔偿。第三，鸭电公司虽取得了合法用水的权利，但权利不得滥用，仍应当负赔偿责任。据此请求驳回上诉，维持原判。

二审裁判结果

河南省南阳市中级人民法院依照《中华人民共和国民事诉讼法》第153条第1款第1项之规定，作出如下判决：

驳回上诉，维持原判。

二审诉讼费13010元，由上诉人鸭电公司负担。

二审裁判理由

河南省南阳市中级人民法院经审理认为：

第一，本案属于环境污染损害赔偿纠纷，适用严格责任原则和举证责任倒置原则。依法取得鸭河口水库养殖水域的鸭河水管所因鸭电公司的鸭河口电厂未设置有效的拦鱼措施，致使鱼类被抽进电厂循环管道内受热而直接死亡，同时大量的含热废水排入水库，对部分鱼类造成损害的事实，由鸭河水管所委托监测中心进行渔损鉴定，虽鸭电公司对该报告有异议，但一审时未要求重新鉴定。同时，鸭电公司没有举证证明抽水、排水不能给鸭河水管所的渔业养殖造成损害，虽鸭电公司举证证明鸭河口电厂的环保工程及设施达到国家标准，但并不能排除抽水、排水给鸭河水管造成渔业养殖损失。因此，应当推定渔损鉴定是客观、真实的，应当作为本案的定案依据。

第二，鸭河口电厂的直接抽水、排水给鸭河水管所造成的损失，经监测中心鉴定年均损失为189万元左右，双方对渔损的合理范畴未作出约定。因此，该巨额损失不应当视为合理范畴。

第三，鸭电公司给水库管理局支付用水费用，而水库管理局与鸭河水管所是不同的权利主体。鸭河口电厂抽水、排水给鸭河水管所渔业养殖造成损失，有监测中心的渔损报告作为依据。因此，鸭电公司应当对鸭河水管所承担赔偿责任。鸭电公司的上诉理由均不能成立，法院不予支持。原判事实清楚，证据充分，适用法律正确，判处适当。

220. 环境污染损害赔偿诉讼的受害人是否应该对污染行为和损害结果之间的因果关系承担举证责任？

侵权人生产排放的污水，因溃坝流入当事人承包的草牧场，污染了当事人的部分草牧场，构成环境污染侵权，理应承担因环境污染损害赔偿的民事责任，赔偿因污染当事人草牧场造成的全部损失，相应赔偿额的计算，因当事人未能提供被污染草牧场恢复植被的具体科学依据，故酌情以该草场恢复原植被期计算，按被污染草场恢复原植被期间的产草量价值进行赔偿。

典型疑难案件参考

达木林扎布、芒来、巴特尔诉东乌珠穆沁旗淀花浆板厂环境污染损害赔偿纠纷案

基本案情

2000年1月15日，锡盟经济局与河北省安新县寨里造纸厂签订了租赁合同，将原东乌旗浆板厂租给该县寨里造纸厂经营使用。租期自2000年3月1日至2014年12月31日，此前2000年1月12日，东乌旗政府以东政发〔2000〕1号文件向承租方承诺“同意承租方按照国家的产业政策，以污水黑白液分流，氧化塘处理的方式，对造纸污水进行处理，并向承租方无偿划拨足够排污及处理的场地，该治理措施应在第一个租赁年度内完成”。2000年3月，承租方向有关部门登记注册成立了东乌旗淀花浆板厂。2000年5月底，东乌旗淀花浆板厂在东乌旗政府指定的地域内修建生产排水防溃堤坝，2000年8月底，该堤坝竣工，东乌旗淀花浆板厂开始生产，并向该防溃堤内排放生产污水。2001年12月11日，东乌旗淀花浆板厂生产排放污水的堤坝溃坝，致坝内污水直接外流。另查明，1986年，东乌旗原道木德戈比实施草牧场承包，达木林扎布等人即取得该地域草场的使用权，并经原东乌旗道木德戈比人民公社管理委员会颁发了草牧场使用证。1997年，东乌旗实施草牧场第二轮承包时，达木林扎布、芒来父子继续得到该地域15456亩草场的使用权，巴特尔取得2208亩的草场使用权。承包期自1994年至2004年，并于1997年2月由东乌旗公证处出具了公证书。2000年5月，东乌旗淀花浆板厂所围圈的生产污水排放场堤坝占用达木林扎布等三人所承包草牧场共计1362.8亩，2001年，污水坝溃坝，污水流入达木林扎布等人所承包的草牧场，污染了达木林扎布等三人所承包的草牧场总面积为831.3亩。2001年12月，在污水坝溃坝事故发生后，东乌旗城乡建设环境保护局以东政建字〔2001〕103号处理决定，对东乌旗淀花浆板厂处以1万元的罚款，但就污水排放及占用土地、污染赔偿等事宜，巴根那、达木林扎布、乌日图那苏图、娜仁其木格、阿拉坦格日勒、芒来、巴特尔7人不服，在经有关部门协调未果的情况下，于2002年9月28

日提起环境污染损害赔偿之诉。本案经法院受理后，在审理期间，巴根那、乌日图那苏图、娜仁其木格、阿拉坦格日勒4人又提交撤回起诉申请，经核实，原审法院于2002年12月26日以〔2002〕锡民初字第5号民事裁定准予上述4人撤回起诉。达木林扎布等三人即变更诉讼请求，请求东乌淀花浆板厂赔偿各项损失人民币1059920元。

一审诉辩情况

原告达木林扎布、芒来、巴特尔共同诉称：被告东乌旗淀花浆板厂系河北省安新县寨里造纸厂租赁已破产企业原锡林造纸集团清算后的旧设备与旧厂址、厂房，于2000年3月10日成立的。被告在成立之初即违反国务院《建设项目环境保护管理条例》的规定，没有进行环境影响评价，没有执行建设项目配套建设的环境保护设施必须与主体工程同时设计、同时施工、同时投产的“三同时”制度，其年污水排放量达300万吨，直接排入厂区西南占地约4310亩的原告等7户牧民承包的草场内（其中原告的草场1284亩），被告仅在占用草场周围简单垒起土坝存储污水，通过渗入地下进行排污。2001年12月12日淀花浆板厂污水坝溃坝导致又有4293亩草场被直接污染，并且造成原告等7户牧民的73头大小牲畜（其中原告有17头）死亡，224头牲畜有中毒症状（其中原告有75头）。被告建污水坝还使原告等7户牧民的6390亩承包草场受到阻隔无法利用。原告的经济收入逐年减少。由于污染物的大量渗透，污染地区的地下水已经完全无法供人畜饮用，被告产生的废气污染了空气使东乌旗居民普遍感到头晕、恶心，居住在中心污染区的原告感觉更为强烈，给原告的身心健康带来难以忍受的痛苦。故请求：（1）被告立即停止污染侵害，恢复原状；（2）判令被告东乌旗淀花浆板厂一次性赔偿原告共计1059920元；（3）被告承担全部诉讼费用。

被告辩称：（1）原告诉状陈诉事实部分失真，被告是根据锡林郭勒盟（以下简称锡盟）招商引资政策，于2000年1月15日与锡盟行署委托的锡盟经济局正式签订了租赁位于东乌旗辖区内的原东乌旗造纸厂的租赁合同，并于2000年3月成立东乌旗淀花浆板厂。该厂成立以后，依法取得排污许可证，按期向东乌旗城乡建设环境保护局交纳排污费，对污水的处理和排放采用东乌旗政府许可的方式排放到东乌旗政府指定的排污场地。该厂正常运行后，实现了锡盟地区的资源转换，推动了地方经济的发展。经与锡盟、东乌旗政府协商，于2000年3月委托内蒙古环科院对该厂造纸废水进行了治理。2001年3月完成了“污水治理方案”，并通过了由锡盟城乡建设环境保护局组织的审查，根据上述方案，锡盟、东乌旗及被告共同筹集资金，现污水处理设施已竣工，经过一个多月的试运行，出水已达到国家排放标准，现正处于验收阶段。2001年12月12日，因被告污水面抬高，冲毁坝体，污水外流，被告及时采取措施，将排污口改道，停止排放污水，且已受到有关行政处罚并已赔偿牧民18000元。（2）原告称被告成立之初违背“三同时”制度，并侵害其承包的草场与事实不符。被告于2000年1月15日租赁原东乌旗浆板厂，该厂是1986年建成并投产，由于历史的原因，原厂没有污水处理设备，并非被告违背“三同时”制度，被告成立投产后采取措施，对造纸污水进行处理的同时委托内蒙古环科院对被告造纸废水进行进一步治理，在锡盟、东乌旗政府及企业三方的共同努力下，现污水处理设施已竣工，待验收。同时，答辩人的现排污地系东乌旗政府无偿划拨的，不存在占用原告草场的情况。（3）关于被告污水污染牧民牧草的问题，东乌旗城乡建设环境保护局也作过处理，被污染的4户牧民的牧草答辩人已经作出赔偿，现原告又以同一事实和理由诉讼，与事实不符。请求法院依法驳回三原告的诉讼请求。

第三人东乌旗人民政府在法定期限内未提出书面答辩。

一审裁判结果

内蒙古锡林郭勒盟中级人民法院依据《中华人民共和国民法通则》第117条、第124条、第134条第1款第7项之规定，作出如下判决：

一、东乌珠穆沁旗淀花浆板厂于本判决生效之日起10日内一次性赔偿达木林扎布、芒来、巴特尔污染草牧场损失费人民币29926.80元，占用土地安置补助费人民币149112元。上述两项共计人民币179038.80元；

二、东乌珠穆沁旗政府于本判决生效之日起10日内一次性赔偿侵占达木林扎布、芒来、巴特尔侵占草牧场补偿费人民币53230.97元；

三、驳回达木林扎布等三人的其他诉讼请求。

一审案件受理费15309.60元，由东乌珠穆沁淀花浆板厂承担11800元，东乌珠穆沁旗政府承担3509.60元。其他诉讼费13450.40元，由东乌珠穆沁淀花浆板厂和东乌珠穆沁旗政府分别承担10367.90元和3082.50元。

一审裁判理由

内蒙古锡林郭勒盟中级人民法院根据上述事实和证据认为：达木林扎布、芒来、巴特尔三人所依法分别取得承包东乌旗原道木德戈比苏木恩和吉日嘎朗嘎查15456亩、2208亩草场的事实属实，东乌旗淀花浆板厂围圈生产污水排放场侵占上述三人所承包草场1362.8亩，污水堤坝溃坝、污水外流，污染上述三人草场831.3亩的事实亦属实，法院予以确认。东乌旗淀花浆板厂围圈生产污水排放场堤坝，系经东乌旗政府承诺同意，并在东乌旗政府指定地域内修建堤坝，东乌旗政府在向东乌旗淀花浆板厂承诺和指定修建污水排放场地时，并未征得合法承包人即达木林扎布等三人的同意，其行为已构成侵权。东乌旗政府理应承担因侵权行为造成的民事赔偿责任。相应赔偿的计算，因达木林扎布等三人未提供相应赔偿的计算依据，故参照《内蒙古自治区草原管理实施细则》第 17 条的规定（以该草场 5 年内每亩饲养牲畜价值平均为 13.02 元，计 13.02 元/亩 ×1362.8 亩 ×10 倍，计为 177436.56 元的 30% 给付为 53230.97 元计算），以所侵占草牧场自 2001 年前 5 年该草牧场平均年饲养牲畜价值的 10 倍计算，即人民币 53230.97 元。东乌旗淀花浆板厂生产排放的污水，因溃坝流入达木林扎布等三人承包的草牧场，污染了达木林扎布等三人的部分草牧场，亦构成环境污染侵权。理应承担因环境污染损害赔偿的民事责任，赔偿因污染达木林扎布等三人草牧场造成的全部损失，相应赔偿额的计算，因达木林扎布等三人未能提供被污染草牧场恢复植被的具体科学依据，故原审法院酌情以该草场需 5 年恢复原植被期计算，按被污染草场 5 年的产草量价值进行赔偿，计人民币 29926.80 元（以 0.24 元/公斤 ×30 公斤/亩 ×831.3 亩 ×5 年计）。同时，因东乌旗淀花浆板厂生产排污、侵占了达木林扎布等三人的部分草牧场，确实给达木林扎布等三人的生产、生活造成极大的不便，为有利于达木林扎布等三人今后的生产、生活，亦应判令由东乌旗淀花浆板厂酌情补偿一定数额的安置费用，其补偿数额的计算应参照《中华人民共和国土地管理法》第 47 条第 2 款的规定，东乌旗淀花浆板厂应付给达木林扎布等三人安置补助费 149115 元（以 1999 年至 2000 年 3 年平均羊价：每只羊按 60 千克，每千克按 5.06 元计为每只羊为 304 元；当地 16.67 亩草场饲养一只羊，占用 1362.8 亩可养羊为 81.75 个羊单位，即 304 元 ×81.75 个羊单位 ×6 倍为 149112 元计算）。对于达木林扎布等三人所提草场被污染后赔偿被污染造成 17 头牲畜死亡的诉讼请求，因达木林扎布等三人未提供死亡牲畜与被污染之间存在因果关系的相应的证据，故对达木林扎布等三人的此项请求不予支持。对于达木林扎布等三人所提排除妨碍的诉讼请求，考虑该排污场地侵占达木林扎布等三人草牧场所形成事实的历史原因和东乌旗淀花浆板厂生产排污正在治理阶段，根据《中华人民共和国环境保护法》第 36 条的规定，“建设项目的防治污染设施没有建成或者没有达到国家规定的要求投入生产或者使用的，由批准该建设项目的环境影响报告书的环境保护行政主管部门责令停止生产或者使用，可以并处罚款”。因此，该项诉讼请求不属于本案的审理范围。对于东乌旗淀花浆板厂、东乌旗政府当庭共同提出的达木林扎布等三人不具有该草场合法使用权的抗辩，因达木林扎布等三人向本院提供了 1986 年即取得该草场使用权的草场使用证，1997 年达木林扎布等三人仍是该草场合法使用权人的相应证据，其抗辩理由法院不予采纳。

二审诉辩情况

上诉人达木林扎布等三人诉称：原审法院对事实认定不全面，导致适用法律不正确。原审法院在另查明中的“2000 年 5 月，东乌旗淀花浆板厂所围圈修建的生产污水排放场堤坝占用上述三人所承包草牧场共计 1362.8 亩，2001 年，污水排放场堤坝溃坝，污水流入上述原告所承包的草牧场，污染了上述三人所承包草牧场总面积为 831.8 亩”，原审法院虽然也认定了占用、污染的事实，也明确了东乌旗淀花浆板厂的生产排放污水的外流对达木林扎布等三人承包的草场所造成的损害，但综观其判决可见，原审法院既没有认定东乌旗淀花浆板厂占用草牧场的严重性后果，也没有明确其具体的损害结果：（1）由于推土机挖掘出的污水坝 4310 亩草牧场被永久的破坏，根本无法利用。（2）由于东乌旗淀花浆板厂排出的污水浸泡，使 4293 亩草牧场土壤遭到破坏，估计需要 10 年才能恢复——10 年。（3）中毒死亡的牲畜：牛马死亡 8 头，中毒 21 头，羊死亡 65 头，中毒 203 头——现状。（4）目前，人、畜无法饮用地下水，造成生产和生活极大的不方便，生命遭受巨大的威胁——隐患。上诉人认为，占用的草场的处理结果是应当归还所占用的草牧场，损害草牧场的处理结果应当是赔偿损失，但是原审法院并没有判令东乌旗淀花浆板厂迁出被占用的草场，也没有对于永久性的草场损害——10 年恢复的损害以及人、畜的隐患给予恢复和赔偿。故向二审法院请求如下：第一，由于东乌旗淀花浆板厂侵犯了上诉人三人对于草场的合法使用权，人民法院应当判令其迁出该草牧场，使得上诉人依法收回被东乌旗淀花浆板厂占用的草牧场；第二，由于原审法院对于侵害事实的认定不全面，导致赔偿数额不合理，赔偿数额应当根据侵害的事实考虑（在庭审中明确了其诉讼请求 1059920 元的计算依据）。

被上诉人东乌旗淀花浆板厂辩称：被告使用的污水排放场地没有侵犯达木林扎布等三人的草场使用权。被告使用的污水排放场是原东乌旗造纸厂及东乌旗浆板厂的排污场地，是东乌旗政府无偿划拨的。2003 年 1 月 8 日，东乌旗经贸委取得了该土地的“国有土地使用权证”，使用面积为 6726666.68 平方米。被告也于同日取得了该片土地的使用权。达木林扎布等三人向法庭出示的“草场使用权证”，发证机关是东乌旗原道木德戈比人民公社管理委员会。依据《中华人民共和国草原法》及《自治区草原管理实施细则》的规定，该证的发证机关应当是东乌旗政府。因达木林扎布等三人未能举证证明该公社对该片草场享有所有权，故该证不能证明其对该片草场拥有使用权。达木林扎布等三人主张的污水溃坝污染草场导致牲畜死亡的事实不能成立。被告的污水坝是于 2001 年 12 月 12 日至 14 日发生溃坝泄漏事故的。东乌旗城乡建设环境保护局先后下发了〔2001〕102 号、103 号文件，对该污水泄漏事故作出了处理决定，并确定污染的草场面积是 2000 多亩，受损的牧户是巴根那等三人。文件中没有反映出达木林扎布等三人的草场受到污染。对方只举出了他们所在的嘎查出具的证明。该证明没有负责人的签名或盖章，从形式上不符合法律规定的证据要件。从内容上看，是自证自说。故均不能证明其牲畜的死亡是因污水坝溃坝后污染草场所致。对此，应由其承担举证不能的后果。对因污水污染的草场，被告已按东乌旗城乡建设环境保护局的决定赔偿牧民 18000 元。在被告进一步治理污染的同时，东乌旗政府已于 2002 年年底收回了包括达木林扎布等三人在内的土地，在 2003 年 1 月 8 日取得了该片土地的国有土地使用权，此后，东乌旗政府下发文件，将该片草场上的牲畜由每户集中到镇郊用棚圈饲养，并划拨了饲料地、给予牧户移动补贴和棚圈建设补贴，对污水治理工程周围的牧民作了妥善的安排。现在达木林扎布等三人若不搬迁仍要求按草场承包 24 年期限赔偿损失，属人为将损失扩大的行为。这种行为违反了《中华人民共和国民法通则》第 114 条的规定。对达木林扎布等三人拒不搬迁而遭受的损失，不应由被告及东乌旗政府承担。另外，达木林扎布等三人上诉后一直未明确其上诉请求，在庭审中才明确其请求为要求赔偿损失 1059920 元。依照最高人民法院《关于民事诉讼证据若干规定》第 34 条第 3 款中关于“当事人增加、变更诉讼请求或者提起反诉的，应当在举证期限届满前提出”的规定，达木林扎布等三人在举证期限届满后变更诉讼请求的法律后果，应由其自负。综上所述，应依法驳回达木林扎布等三人的上诉请求，维持原判。

被上诉人东乌旗政府辩称：东乌旗政府当时为东乌旗淀花浆板厂确定的污水排放场，是当年建厂时依照当时的政策早已征用了的。只是在第二轮承包时被嘎查又分给了各牧户承包使用，现由政府收回仍作污水排放场使用并无不当，且现已办理了国有土地使用权证。东乌旗政府在本案中不应承担赔偿责任。

二审裁判结果

内蒙古自治区高级人民法院依据《中华人民共和国民事诉讼法》第 153 条第 1 款第 3 项的规定，作出如下判决：

一、维持内蒙古锡林郭勒盟中级人民法院〔2002〕锡民一初字第 6 号民事判决书第二项、第三项及案件受理费部分；

二、变更内蒙古锡林郭勒盟中级人民法院〔2002〕锡民一初字第 6 号民事判决书第一项为：东乌珠穆沁旗淀花浆板厂赔偿达木林扎布、芒来、巴特尔三人草牧场污染损失费人民币 59853.60 元（以 0.24 元/公斤 ×30 公斤/亩 ×831.3 亩 ×10 年计）、占用土地安置补助费人民币 198816 元（以 304 元 ×81.75 个羊单位 ×8 倍计）。

上述两项共计人民币 258669.60 元，于本判决生效起 10 日内付清。

二审案件受理费 28760 元，由内蒙古自治区东乌珠穆沁旗淀花浆板厂负担 14380 元，由内蒙古自治区东乌珠穆沁旗人民政府负担 5752 元，由达木林扎布、芒来、巴特尔三人负担 8628 元。

二审裁判理由

内蒙古高级人民法院认为：三方当事人在一审时参与勘验并签字认可的"勘验笔录"，证实了东乌旗淀花浆板厂侵占、污染了达木林扎布等三人承包的草场分别为 1362.8 亩及 831.3 亩。一审法院采信东乌旗草原监理站据该笔录制作的鉴定书的结论意见，作出的上述事实认定并无不当。东乌旗淀花浆板厂的污水排放场现占用的土地，因历史原因及已被土地管理部门收归国有并确定由东乌旗淀花浆板厂治理使用的现实，一审法院未支持达木林扎布等三人排除妨害、收回土地的请求正确。对达木林扎布等三人的该项上诉请求，二审法院不予支持。达木林扎布等三人提出对因污染造成 17 头牲畜死亡应予赔偿的上诉请求，因其未能提供证实该损害事实存在的证据，二审法院无法支持。一审法院采用当地产草量价值乘以亩数再乘以恢复期确认赔偿额的计算方法正确，二审予以确认。但因东乌旗淀花浆板厂污水排放场堤坝的溃坝造成达木林扎布等三人承包的草场污染后的自然恢复具有长期性，被污染草场的恢复期取决于当地自然环境的净化能力，一审法院确定 5 年的恢复期偏短，应以达木林扎布等三人提出的 10 年恢复期为宜。达木林扎布等三人在庭审时引用了《内蒙古自治区基本草牧场保护条例》第 15 条的规定，作为其请求赔偿额的计算依据。但该条例的第 16 条明确规定："基本草牧场建设补偿费由旗县以上畜牧行政主管部门收取，并上缴同级财政，列收列支，必须专项用于被占用地区或者单位基本草牧场的保护和建设。"可见，收取该项补偿费不是针对草牧场使用权人设定的，故二审法院未予采纳。一审法院认定东乌旗淀花浆板厂修建污水排放场侵占达木林扎布等三人承包的部分草场，应付给安置补偿费的计算方法正确。但是参照《内蒙古自治区草原管理实施细则》第 17 条中按"6 倍—10 倍支付草原补偿费"的规定，一审法院确定的安置补偿费以 6 倍计算偏低，应以 8 倍计算为宜。一审法院对东乌旗政府对东乌旗淀花浆板厂污水排放场占用达木林扎布等三人草场的侵权责任的认定及赔偿额的计算正确，二审法院予以维持。

（三）噪声污染责任纠纷

221. 没有超过规定的标准排污但致人财产损害，如何确定相关责任？

因环境污染引起的损害赔偿诉讼，由加害人就由其行为与损害结果之间不存在因果关系承担举证责任；不能举证的，即推定加害人的排污行为与损害结果之间存在因果关系。排污致人财产损害，即使排污没有超过规定的标准，该排污行为也构成侵权，侵权人应承担民事赔偿责任。

典型疑难案件参考

卞建彬诉新疆雅宝陶瓷有限公司环境污染损害赔偿纠纷案

基本案情

卞建彬自1997年起在米泉市三道坝私营工业区经营康牧种鸡养殖场，经营效益良好。2002年六七月间雅宝陶瓷有限公司在距卞建彬鸡场20余米处施工建厂。自建厂及正式生产以来，卞建彬饲养的种鸡出现产蛋率下降、产软壳蛋、患腹膜炎等现象。2002年10月30日，卞建彬委托新疆维吾尔自治区环境监测中心站对鸡场周围的噪声情况进行了监测：雅宝公司与鸡场相距22米；雅宝公司厂界外一米处白天噪声最高分贝79.5、夜间最高为80.1分贝；种鸡场场界内白天的噪声最高分贝为73.1。2002年11月1日，昌吉回族自治州动物防疫站、昌吉回族自治州畜牧局的几位专家对养鸡场发生的损害出具了调查意见，认为：该种鸡饲料配给合理，疫病防治程序符合种鸡场的要求，致使该鸡场出现的种鸡产蛋率下降，软壳蛋增多，属于噪声超标准所致。卞建彬遂提起诉讼，要求雅宝公司赔偿损失885613元。诉讼期间，卞建彬委托新疆农业大学动物科学系对噪声给鸡群造成的影响进行了鉴定，结论为：因强噪声应激，影响康牧种鸡场三群种鸡的健康和生产性能，三群种鸡的最高产蛋率分别为63.4%、46.49%、40.7%，而在2001年该鸡场正常高峰产蛋率达到85%左右，这么低的产蛋率使种鸡失去了原有的种用价值。雅宝公司提供了新疆化工设计研究院于2002年7月出具的《雅宝公司年产120万平方米釉面砖项目环境影响报告表》，该报告认为场界噪声在《城市区域环境噪声标准》中的三类区标准限值昼65分贝、夜55分贝之内，评价区域声环境质量较好。雅宝公司同时提供了北京农学院温书斋教授、中国农业大学动物科技学院王新谋、刘继军教授的证言，均认为噪声是产生应激的原因之一，但60、70分贝的噪声不致造成大群鸡发生腹膜炎和产蛋率降低的后果。农业部《畜禽场环境质量标准》（NY/T388－1999）规定，舍区生态环境质量噪声标准，雏禽为60分贝，成禽为80分贝。诉讼期间，法院重新委托昌吉回族自治州价格认证中心对康牧种鸡场的实际损失进行了鉴定，结论为：5500套艾维因种鸡和3000套香港麻花种鸡直接财产损失和可得利益为888613元。

重审期间，中国农业大学科技学院王新谋、刘继军教授重新出具的证言认为：新疆农业大学动物科学系材料中阐述的情况和结论，从专业角度看是合理的，虽然《畜禽场环境质量标准》规定，家禽舍内噪声标准为80分贝，但是由于鸡场的场址比较僻静，当外来噪声突然提高，鸡群在尚未适应时会出现不良反应。另外，针对《畜禽场环境质量标准》的适用与理解问题，农业部畜牧环境质量监督检验测试中心（该标准的有权解释部门）作了如下答复：此行业标准中规定的噪声标准为80分贝，但如果畜禽长期处于较高噪声（如60分贝以上）的环境中，则会对其生理机能产生影响，如出现体重和产奶、产蛋率降低等现象（影响程度有待进一步实验研究）。《畜禽场环境质量标准》适用于对畜禽场环境质量的监测、控制、管理及畜禽场环境质量评价，为畜禽生产的源头环境质量管理提供政策性依据，它属于行业环境质量标准，而不是污染物排放标准。雅宝公司为证明其排放的噪声符合排放标准，分别向法庭提交：农业部办公厅函，认为NY/T388－1999畜禽场环境质量标准为中华人民共和国推荐性农业行业标准，现行有效；国家环境保护总局函，认为《城市区域环境噪声标准》是针对人而制定，不涉及畜禽；全国畜牧兽医总站答复函，认为噪声对鸡造成的影响与其强度、持续时间、作用方式等有关，至于持续的且低于80分贝的噪声能否导致鸡产软壳蛋、产蛋率下降，以及患卵黄性腹膜炎尚缺乏科学依据。

一审诉辩情况

原告卞建彬诉称：原告自1997年以来，就在米泉市三道坝私营工业区发展种鸡养殖事业，先后投入大量的人力物力进行基础设施建设，截至2002年投入资金超过100万元。原告所进行的养殖业是从北京家禽育种有限公司购进艾维菌种鸡苗，经过饲养以后向养殖用户和市场提供种蛋和鸡苗。原告自1997年开始养殖以来，连年取得了很好的生产收益和社会效益，逐步赢得了市场的认可。原告饲养的种鸡从0至25周开始产蛋，到67周以后开始淘汰，每只种鸡平均产蛋量为 186.4 枚种蛋，原告的经营方式为 50% 鸡蛋向市场直接销售，每枚售价 1.2 元；50% 鸡蛋通过孵化后以每只 2.2 元的价格供应市场和养殖户。2001 年 6 月 13 日原告购进鸡苗 5000 套，2001 年 11 月 22 日购进鸡苗 2500 套，2002 年 3 月 30 日和 4 月 14 日分别购进鸡苗 3000 套。2002 年 6 月被告在原告鸡舍 20 米处开始施工建厂房，所用机械设备和施工所形成的噪声，直接影响到原告所饲养的种鸡，被告投产后厂区的设备和设施所产生的噪声亦直接影响到原告饲养的种鸡。自被告开始修建工厂至投产以来，原告所购进的上述鸡苗都已开始产蛋，由于被告厂区的噪声使种鸡受到了噪声的应激反应，产蛋量明显下降，并有大量的软壳蛋，同时种鸡的受精率下降，合格蛋明显减少。原告不得不对 2001 年 6 月购进的 5000 套种鸡和 2001 年 11 月 22 日购进的 2500 套种鸡提前淘汰，造成直接经济损失。

被告雅宝公司辩称：首先，被告是米泉市三道坝人民政府引进的一个民营企业。其设立、经营等一切手续合法有效，在生产过程中产生的噪声并没有违反国家农业部“畜禽场所环境质量标准”。农业部 1999 年 5 月 6 日发布的“中华人民共和国农业行业标准”关于“畜禽场所环境质量标准”栏中规定：雏禽 60 分贝，成禽 80 分贝。原告委托的自治区环境监测中心站 2002 年 10 月 29 日至 30 日所测的数据白天最高为 79.5 分贝，而且靠近被告厂界的噪声高于靠近原告的鸡舍区。被告生产的噪声没有超过标准不存在违法的问题。其次，原告诉称种鸡产蛋率下降和发生卵黄性腹膜炎等损失与被告生产中产生的噪声不存在因果关系。原告提供了鉴定结论等，这些结论是不科学和无根据的，它们共同的特点是回避了多大的噪声才能对鸡的健康造成影响和危害。因此，原告的诉讼请求不能成立，应予以驳回。

一审裁判结果

昌吉回族自治州中级人民法院依照《中华人民共和国环境保护法》第 41 条，《中华人民共和国民法通则》第 117 条、第 124 条，《中华人民共和国环境噪声污染防治法》第 61 条之规定，判决如下：

新疆雅宝陶瓷有限公司赔偿卞建彬财产损失 888613 元。

一审裁判理由

昌吉回族自治州中级人民法院经审理认为，环境污染侵权民事责任作为一种特殊的侵权责任，适用无过错责任归责原则。根据《环境保护法》的规定，造成环境污染危害的有责任排除危害，并对直接受到损害的单位或者个人赔偿损失。《民事诉讼法》及相关的司法解释规定，环境污染损害赔偿案件，适用举证责任倒置规则。依据这些规定，雅宝公司应承担环境污染致财产损害的赔偿责任，就自己的排污行为与康牧种鸡场种鸡受损之间没有因果关系承担举证责任。从本案双方提供的证据来看，卞建彬已经证明了雅宝公司排放噪声的行为以及种鸡受损的事实。雅宝公司并不否认噪声对禽类的影响，只是认为自己排放的噪声在《城市区域环境噪声标准》中的三类区标准限值之内，并根据畜禽场环境质量标准，认为低于80分贝的噪声不会对禽类造成损害，并认为噪声排放的标准符合《城市区域环境噪声标准》的要求，不应承担民事赔偿责任。我国法律规定的环境侵权免责事由中的三种情形为：（1）不可抗拒的自然灾害；（2）受害人的过错；（3）第三人的过错，并不包括符合噪声排放标准的免责情形。被告雅宝公司没有违反国家规定的噪声排放标准，只是不具有行政法上的违法性，不受行政处罚；而雅宝公司产生的噪声实际造成了原告饲养鸡群的损失，具备民法上的违法性，不能排除其在民法上的赔偿责任，雅宝公司不能提供充分有效的证据证明其排放噪声行为与卞建彬原牧鸡场群鸡损失不存在因果关系，应认定构成环境污染侵权，其应承担赔偿责任。

二审诉辩情况

雅宝公司上诉称：（1）原判决认定事实不清，采信证据有误。卞建彬提供的证据，不能证明其所养的鸡产蛋率下降、患卵黄性腹膜炎等病是由雅宝公司排放噪声所致。首先，原审法院委托新疆农业大学动物科学系的所谓鉴定是没有“检材”的鉴定，应不予采纳。其次，原审委托昌吉回族自治州价格认证中心作出的价格鉴定结论，既无实物依据，又无相关资料，而且前后两次鉴定结论相差巨大，也应不予采纳。最后，原判决未正确理解“举证责任倒置”和“无过错责任”原则，在卞建彬没有任何事实依据的情形下就判令雅宝公司赔偿卞建彬的损失，上诉方不能同意。（2）原判决适用法律错误。农业部（NY/T388－1999）《畜禽场环境质量标准》明确规定，雏禽的舍区生态环境质量标准中噪声是60分贝，成年鸡是80分贝。这说明成年鸡舍区噪声在80分贝时对成年鸡是没有影响的。鸡场场界的噪声不论来自于何方，都未超过此标准。卞建彬自己委托的自治区环境监测中心站监测的数据亦证明，鸡场的白天、夜间的噪声均未超过80分贝。卞建彬从开始就要求上诉方赔偿266万余元，并未改变，而原判却认定“卞建彬要求雅宝公司赔偿损失888613元”，这种认定没有任何根据。综上所述，卞建彬要求上诉方赔偿损失的证据不足，上诉方所排放的噪声与卞建彬鸡场的损失之间没有因果关系，故上诉人请求二审法院撤销原判，依法作出公正判决。

被上诉人卞建彬答辩称：

1. 上诉人排放的噪声造成了被上诉人种鸡场受损，二者之间因果关系成立。根据有关法律规定，本案适用举证责任倒置的规则，上诉人没有举出其行为与损害结果之间不存在因果关系的有效证据。其一方面不否认自己排放噪声的行为，另一方面又不能举出有效证据证明被上诉人的损失与其排放的噪声无关。上诉人提交的所谓外地专家意见既没有法院的委托，也没有到现场实地察看和调查，同时也没有说明卞建彬饲养的种鸡受损的原因，应不予采纳。2003年10月22日农业部畜牧环境质量监督检验监测中心给新疆星河律师事务所的信函明确答复:《畜禽场环境质量标准》规定的标准“适用于对畜禽场环境质量的监测、控制、管理及畜禽场环境质量的评估，它属于行业环境标准，不属于强制性实施标准，更不是污染物排放标准；该标准中的噪声标准不能作为工业企业噪声是否超标的衡量标准。此行业标准中规定的噪声标准为80分贝，但如果畜禽长期处于较高噪声（如60分贝以上）的环境中，则会对其生理机能产生影响，如出现体重下降、食欲减退、产奶产蛋率降低等现象”。所以，上诉人不认可自己排污超标的事实，不执行其应执行的上述标准没有任何道理。

2. 关于损失问题。根据北京家禽育种有限公司出具的购鸡证明和购鸡发票，被上诉人饲养的受上诉方噪声损害的种鸡有三批：第一批鸡（白羽种鸡）2001年11月购进，计2500套；第二批（白羽种鸡）2002年3月10日购进，计3000套；第三批鸡（麻羽种鸡）2002年4月14日购进，计3000套。由于损失计算涉及不同的核算方法，诉讼中卞建彬的赔偿请求有所变更，这是法律容许的。

立案前卞建彬根据自己的损失，计算出了起诉的数额。为了确保受损数额被法院采信，考虑到损失的准确性和公正性，立案后卞建彬又申请由法院委托有关部门对实际损失再进行评估。昌吉回族自治州价格认证中心接受法院的委托后作出了《涉案物品估价鉴定结论书》，认定实际损失为2667324元。根据此认定，卞建彬将诉讼请求进行了追加。高级人民法院将此案发回重审时，原审法院要求卞建彬按照自己的经营方式50%种蛋，50%鸡苗的销售方式确定实际受损数额。卞建彬按法院的要求重新计算提出了219万元直接损失的计算表。重审中，原审法院又委托原物价中心重新估价，其结论为88万元。综上所述，上诉人排放噪声的行为直接导致已经存在多年的养殖场倒闭至今。其侵权损害事实清楚，证据充分，请求二审法院予以维持。

二审裁判结果

新疆维吾尔自治区高级人民法院依照《中华人民共和国民事诉讼法》第

153 条第 1 款第 3 项之规定，判决如下：

一、撤销昌吉回族自治州中级人民法院〔2004〕昌中民一初字第 8 号民事判决；

二、新疆雅宝有限公司赔偿卞建彬财产损失 271645 元，于本判决生效后一个月内一次性付清。

二审裁判理由

新疆维吾尔自治区高级人民法院经二审查明的事实除与原审法院已查明的相同外，另查明：

1. 2002 年 12 月，卞建彬向原审人民法院起诉，其在诉状中称："由于陶瓷厂发出噪声，原告不得不对 2001 年 6 月 13 日购进的 5000 套种鸡和 2001 年 11 月 22 日购进的 2500 套种鸡提前淘汰，由于被告的行为所给原告造成的直接经济损失达 1933779.9 元；2002 年 9 月 9 日原告购进的 3400 套种鸡现所受到的直接经济损失为 89000 元。原告请求人民法院判令被告赔偿经济损失 2022779.90 元。" 2003 年 3 月 15 日，昌吉回族自治州价格认证中心应原审法院的委托，以 100 的种鸡（苗）经营方式计算出 2001 年 11 月 22 日、2002 年 3 月 30 日和 2002 年 4 月 14 日所购三批种鸡的损失为 2667324 元。

2. 2004 年 2 月 19 日，高院以〔2003〕新民一终字第 161 号民事裁定将本案发回原审法院重审。该裁定提出"卞建彬在诉状中称受损害的三批鸡分别是 2001 年 6 月 13 日、2001 年 11 月 22 日和 2002 年 9 月 9 日购进，但鉴定的三批鸡分别是购于 2001 年 11 月 22 日、2002 年 3 月 30 日和 2002 年 4 月 14 日；而且卞建彬的经营方式为 50% 销售种蛋，50% 销售孵化后的种鸡苗，但评估单位均是按鸡苗的价格计算损失额，结论有失客观"。原审法院据此重新委托昌吉回族自治州价格认证中心进行损失价值评估，但在卞建彬没有变更诉讼请求及相关的事实与理由的情况下，仍以卞建彬鉴定申请所请求的鉴定范围，即对 2001 年 11 月 22 日、2002 年 3 月 30 日和 2002 年 4 月 14 日三批购进的 8500 套鸡委托鉴定，按 50% 销售种蛋、50% 销售孵化后的种鸡苗的方式计算损失，结论为 888613 元。其中，与卞建彬诉讼请求一致的 2001 年 11 月 22 日所购进的 2500 套种鸡的损失，以 50% 销售种蛋、50% 销售孵化后的种鸡苗的方式计算，结果为 271645 元。

新疆维吾尔自治区高级人民法院经审理认为，本案的争议焦点有二：(1) 雅宝公司陶瓷厂发出的噪声与卞建彬康牧鸡场饲养的群鸡所受损害之间有无因果关系；(2) 卞建彬康牧鸡场饲养的群鸡所受损失数额如何认定。

1. 关于雅宝公司陶瓷厂发出的噪声与卞建彬康牧鸡场饲养的群鸡所受损

害之间有无因果关系的问题。

本案是因（噪声）环境污染而引起的特殊侵权诉讼案件，适用的是无过错责任的归责原则。受害人无须对加害人的主观过错进行证明，加害人也不得以自己没有过错进行抗辩。只要具备有污染环境行为、损害、侵害行为与损害之间有因果关系即应认定构成环境污染侵权损害。最高人民法院《关于民事诉讼证据的若干规定》第 4 条第 3 项规定："因环境污染引起的损害赔偿诉讼，由加害人就法律规定的免责事由及其行为与损害结果之间不存在因果关系承担举证责任。"本案中，卞建彬只须证明在其鸡场附近的雅宝公司的陶瓷厂有发出噪声的行为、其鸡场的群鸡确实患有卵黄性腹膜炎及出现了产蛋率下降的事实，其举证责任即已到位；而雅宝公司则必须对其陶瓷厂产生的噪声与上述损害事实无因果关系负举证责任。现双方对于雅宝公司在距卞建彬的康牧鸡场 20 余米处建陶瓷厂的事实无异议，对该陶瓷厂有噪声发出无异议，新疆维吾尔自治区兽医防疫免疫总站对损害事实亦作出认定：被损害的两批种鸡的生殖器病变已无法恢复正常生产功能，失去种鸡价值。至此，卞建彬已经完成其举证责任。雅宝公司就因果关系的问题提供的证据有：北京农学院温书斋教授的意见，中国农业大学王新谋、刘继军教授的意见、西北农业大学动物科技学院的答复，南京农业大学动物科技学院李如治、颜培实教授的鉴定意见，新疆化工设计研究院《环境影响报告表》及米泉市环境保护监测站出具的《雅宝公司监测验收报告》等，拟证明：农业部《畜禽场环境质量标准》规定的鸡舍区生态环境质量标准中噪声是 60 分贝，对成年鸡而言是 80 分贝左右，并未超过此标准，所以雅宝公司陶瓷厂发出的噪声与卞建彬康牧鸡场的群鸡损害事实之间并无因果关系。法院对此认为，雅宝公司提供的相关专家意见仅限于学者个人的观点和见解，与经双方同意由原审法院委托的新疆农业大学动物医学院所作的《噪声对鸡群的健康及生产性能所造成的影响》鉴定报告所作出的结论相比较，在证明力上并不占优势。雅宝公司虽对尚有其他因素能够导致本案损害事实的发生，也未能举证证明本案存在有法定免责的事由，所以不能达到其证明的目的。至于噪声达到多少分贝才能导致鸡的产蛋率下降及患卵黄性腹膜炎的问题，虽然雅宝公司上诉称农业部（NY/T388－1999）《畜禽场环境质量标准》规定的噪声标准为 80 分贝、而其陶瓷厂发出的噪声在 60 分贝左右，不可能造成鸡的产蛋率下降及患卵黄性腹膜炎，但是农业部畜牧环境质量监督检验测试中心给新疆星河律帅事务所的答复却对此问题作出了明确解释，即：《畜禽环境质量标准》中的噪声标准不能作为工业企业噪声排放是否超标的衡量标准。此行业标准中规定的噪声标准为 80 分贝，但如果畜禽长期处于较高噪声（如 60 分贝以上）的环境中，则会对其生理机能产生影响，如出现体重下降、食欲减退、产奶、产蛋降低等现象（其影响程度有待进一步试验研究）。农业部畜牧环境质量监督检验测试中心为《畜禽环境质量标准》的有权解释单位。鉴于本案双方当事人对同一事实分别提供了相反的证据，且对各自的证据坚持认为具有较强的证明力，法院根据最高人法院《关于民事诉讼证据的若干规定》第 73 条关于“双方当事人对同一事实分别举出相反的证据，但都没有足够的依据否定对方证据的，人民法院应当结合案件情况，判断一方提供证据的证明力是否明显大于另一方提供证据的证明力，并对证明力较大的证据予以确认”的规定，适用“高度盖然性”证明原则，认定卞建彬康牧鸡场的群鸡是因受到雅宝公司陶瓷厂发出的噪声的影响而遭致损害，雅宝公司陶瓷厂产生噪声的行为与卞建彬鸡场的损害事实之间存在有因果关系。

2. 关于卞建彬康牧鸡场饲养的群鸡所受损失数额应当如何认定的问题。

卞建彬于 2002 年 12 月 5 日起诉时，称其受损的三批鸡分别为 2001 年 6 月 13 日、2001 年 11 月 22 日和 2002 年 9 月 9 日购进的鸡。在法院将本案发回重审后，卞建彬并未变更诉讼请求及相关的事实与理由。而卞建彬在原审提出鉴定时，申请鉴定的范围却将其诉称的 2001 年 6 月 13 日、2002 年 9 月 9 日两批受损鸡变更为对 2002 年 3 月 30 日和 2002 年 4 月 14 日所购进的两批鸡进行受损价值评估鉴定，但其并未说明变更的理由。原审法院采纳了该鉴定申请，于 2006 年 10 月按照上述鉴定范围委托昌吉回族自治州价格认证中心进行鉴定，并依该鉴定结论作出判决。法院认为，关于鉴定范围，〔2003〕新民一终字第 161 号生效民事裁定书已将此作为问题提出，而原审法院此次审理时，并未就此进行重新审查和认定，而是全部采纳了该鉴定结论，导致本案认定事实部分不清，应予以纠正。在昌吉回族自治州价格认证中心的鉴定结论中，与卞建彬诉讼请求有关的为 2001 年 11 月 22 日购进的 2500 套鸡苗的损失，按照种鸡、种蛋各 50% 的比例计算，应为 271645 元。其他损失额的认定已超出了原审原告诉讼请求的范围，原审法院进行判决予以认定并支持，违背了“不告不理”的原则，法院予以纠正。对其他损失，卞建彬可另行主张。

222. 对于环境污染损害事故，侵权行为与损害后果间因果关系的认定是否适用推定因果关系规则？

受害人的身体不可避免受到侵权人超标排放的噪声影响，特别是噪声对胎儿造成了不良影响，造成吕秀蓉精神上痛苦的损害结果。侵权人也未能提供证据证明其超标准排放的噪声对人体特别是对孕妇不会产生任何影响，故侵权人污染环境的侵权行为与受害人损害结果之间存在因果关系。

典型疑难案件参考

吕秀蓉诉裕德电气（厦门）有限公司噪声污染损害赔偿纠纷案

基本案情

2002年4月，厦门艺术珍食品有限公司租用浩利稳（厦门）房地产开发有限公司位于厦门市海沧新阳工业区新嘉路38号的浩利稳工业园第二号厂房二层楼作为办公场所，2002年6月，原告吕秀蓉应聘到厦门艺术珍食品有限公司财务部门工作。同月被告裕德电气（厦门）有限公司（以下简称“裕德公司”）也向浩利稳（厦门）房地产开发有限公司租用上述浩利稳工业园第二号厂房第一层（面积约1700平方米），作为其生产高低压成套设备等产品的铁件加工业务的车间。2002年10月，裕德公司设置于该车间西半部的冲床等机台开始投入生产，但公司之前未就浩利稳工业园第2号厂房一层投入冲床、剪床等机台生产时可能产生的环境噪声污染、正常作业条件下所发出的噪声值和防治环境噪声污染的措施情况向环境保护行政主管部门申报批准。被告生产时一楼厂房机台产生的噪声和振动给在二楼办公的吕秀蓉正常工作、休息造成了干扰和影响。当时，吕秀蓉正处于怀孕期间，经厦门市第二医院诊断，噪声对胎儿听觉神经发育有影响，并建议吕秀蓉避免在过强噪声环境下生活和工作。2003年9月，厦门艺术珍食品有限公司代表曾多次与被告协商噪声处理问题，裕德公司认为其厂区噪声值符合标准，但考虑厦门艺术珍食品有限公司员工提出的意见，决定对车间所有窗户装密封条尽量降低噪声。原告吕秀蓉等厦门艺术珍食品有限公司员工还曾对被告生产噪声干扰问题，向厦门市环境监理中心等部门投诉要求处理。2003年10月9日，厦门市环境监测中心站对裕德公司厂房噪声进行检测，监测报告分析表明：主要噪声源为数控冲床，生产状况正常下，测点位置在南界即被告厂房东南角的大门外位置，噪声测量值为70.2分贝，背景值66.9分贝，实际值为67.2分贝（注：国家标准昼间为65分贝，夜间55分贝）。2003年10月14日，厦门市环境保护局海沧分局因此向裕德公司发出厦环限改（海）字〔2003〕016号《环境违法行为限期改正通知书》，认为被告的机台生产时产生的噪声，厂界噪声值已超过国家标准，违反了《中华人民共和国环境噪声污染防治法》第23条的规定，责令裕德公司于2003年11月10日之前完成整改措施，但被告并无实施具体整改措施。

一审诉辩情况

2003年10月31日，吕秀蓉起诉至厦门市海沧区人民法院，诉称其处于被告厂房噪声的严重干扰下，工作时精力无法集中，特别是在其怀孕期间，噪声不仅严重影响到其本人，而且影响到腹中胎儿。因此吕秀蓉请求：（1）判令被告立即停止噪声侵害；（2）判令被告赔偿精神损失5000元。

被告裕德公司辩称：其厂房噪声排放并未超过国家规定标准，原告不能举证证明其正常工作、生活受到被告发出的噪声干扰，原告要求噪声侵害精神损害赔偿5000元于法无据，请求驳回原告的诉讼请求。

一审期间，被告以其正常生产情况下厂房门窗为密闭（即不开门窗）为由，委托厦门市环境监测中心站重新监测其厂房门窗关闭时的噪声，2003年11月18日，厦门市环境监测中心站对此进行监测，监测报告分析表明：主要噪声源为冲床、剪床，生产状况正常，测点位置在南界即被告厂房东南角的大门外位置，南门开启时，测量值为77.2分贝，背景值为67.8分贝，实际值为70.2分贝；南门关闭时测量值为67.6分贝，背景值为67.5分贝，实际值小于64.6分贝。

一审裁判结果

2003年12月26日，厦门市海沧区人民法院依照《中华人民共和国民事诉讼法》第64条、《中华人民共和国环境噪声污染防治法》第23条、第24条、第25条、第61条及《中华人民共和国民法通则》第124条的规定，判决如下：

一、裕德公司应于判决生效之日起10日内采取有效降噪措施消除噪声污染，停止对吕秀蓉的噪声侵害；

二、裕德公司应于判决生效之日起10日内支付吕秀蓉精神损害赔偿金人民币3000元；

三、驳回吕秀蓉的其余诉讼请求。

一审裁判理由

厦门市海沧区人民法院经审理后认为：被告裕德公司厂房机台生产时产生的工业噪声在2003年10月9日经检测已超过国家标准。2003年11月18日，被告以其正常生产情况下厂房门窗为密闭（即不开门窗）为由自行再次委托重新监测所得出的噪声值，违反了测量规范，且有悖于常理，被告以此主张其工业噪声排放未超过国家标准不予采信；被告超标排放噪声，侵害了原告享受安宁的办公和生活环境的权利，对原告的正常工作、休息造成严重影响，并由此造成原告精神上的痛苦，因此原告要求判令被告停止噪声侵害的请求应予以支持，被告并支付原告精神损害赔偿金3000元。

二审诉辩情况

裕德公司不服一审判决，向厦门市中级人民法院提起上诉称：原审认定事实有误，适用法律不当。公司排放噪声同吕秀蓉精神上的痛苦不具有事实上和法律上的因果关系。公司在一审判决前，已采取有效降噪措施，噪声排放未超过国家标准，原判缺乏事实依据。故请求撤销原审判决，直接改判驳回吕秀蓉的诉讼请求或发回重审。

被上诉人吕秀蓉辩称：裕德公司违法排放噪声给其工作和生活造成严重影响，裕德公司的行为与其受到的损害存在因果关系。裕德公司也没有采取有效的降噪措施。故要求驳回上诉，维持原判。

二审裁判结果

2004年6月2日，厦门市中级人民法院依照《中华人民共和国民事诉讼法》第153条第1款第1项之规定，判决如下：

驳回裕德公司的上诉，维持原判。

二审裁判理由

二审期间，裕德公司再次委托厦门市环境监测中心站对厂房噪声进行监测，2004年3月30日，厦门市环境监测中心站出具厦监字第20040295号《监测报告》，监测结果为：测点位置A背景值62分贝，真实值未测出。监测报告备注：A点测量时南面窗户全部关闭，仅开启数控冲床，其余5台设备未开，测量值为背景所覆盖。以此证明公司通过采取有效的降噪措施，如贴密封条、挖减振沟，已将厂房发出的噪声完全控制在国家标准（65分贝）之内。

厦门市中级人民法院经审理认为：2003年10月9日，厦门市环境监测中心站对裕德公司厂房噪声所作的检测，已表明裕德公司厂界噪声的实际值为67.2分贝，超出国家标准2.2分贝，造成了环境的噪声污染。而裕德公司提供的2003年11月18日及2004年3月24日的两份监测报告，并非在正常工作状况下得出的测量值，也不符合国家的测量规范，没有证明力，不能采用。因此应认定裕德公司在厂房冲床、剪床等机台生产时，对周围环境排放了工业噪声。且裕德公司对其机台生产可能产生环境噪声污染，正常作业条件下所发出的噪声值和防治环境噪声污染措施，没有依法向环境保护行政主管部门申报。相反裕德公司超标排放噪声、污染环境的行为，却得到环境保护行政主管部门的确认。

吕秀蓉上班地点与裕德公司的生产车间仅一楼板之隔，身体不可避免受到裕德公司超标排放的噪声影响，特别是噪声对胎儿造成了不良影响，裕德公司污染环境已造成吕秀蓉精神上痛苦的损害结果。裕德公司也未能提供证据证明其超标准排放的噪声对人体特别是对孕妇不会产生任何影响，故裕德公司污染环境的侵权行为与吕秀蓉损害结果之间存在因果关系。原审判决裕德公司应支付吕秀蓉精神损害赔偿金3000元并无不当。裕德公司违反国家保护环境防止污染的规定，污染环境造成他人损害，依法应承担相应的民事赔偿责任。原审应予维持。

223. 公益性质的房屋承建方是否该为承建时房屋周遭存在的环境污染承担责任？

《住宅设计规范》为强制性国家标准，住宅的设计要符合规范的要求。根据该规定，新建、扩建的住宅设计均应符合该规范的要求，包括住宅的卧室、起居室内允许的噪声级亦应符合该规范的要求。如果居室的夜间噪声级超过规范允许的噪声级，房屋承建方应当承担损害赔偿责任。

224. 环境污染源先于房屋主体存在，污染源主体是否仍应承担无过错责任？

如果环境污染源先于房屋主体存在，污染源主体则对受害人所购住房的卧室、起居室未能达到规范中允许的噪声级不应承担责任。

225. 等效声级与A声级可以直接相减吗？

等效声级与A声级是关于对噪声的两种不同的检测标准，二者之间的数据不能直接相减。

典型疑难案件参考

杨凌诉北京城市开发集团有限责任公司、北京首创股份有限公司、北京市政工程管理处等环境污染损害赔偿纠纷案

基本案情

1995年，北京市计划委员会为改善北京市东部地区交通状况，批准成立北京京通快速路有限公司，负责建设并经营西起八王坟、东至通州北苑环岛全长18.2公里的京通快速路主路和建国路（又称京通快速路辅路）。1995年12月底，京通快速路主路和建国路建成，并于1996年1月通车。1998年，北京市国有资产管理局将京通快速路主路的产权划归北京首都创业集团所有，北京首都创业集团又将京通快速路主路划归其下属子公司即首创公司负责经营至今。

依据《北京市城市道路桥梁管理暂行办法》（京政发〔1986〕11号）和《城市道路管理条例》（国务院第198号令）的相关规定，市政管理处是承担北京市城近郊8个行政区（含朝阳区）的城市道路桥梁养护维修企业。2002年8月，该处正式接管了建国路和其他相关设施，负责养护维修。

1988年，北京地铁复八线工程进入立项审批阶段，由北京市地下铁道总公司负责建设施工。1999年9月28日，地铁复八线建成通车，全长12公里，全线有9个站，其中在八王坟站建设了复八线的地铁车辆段，作为地铁复八线车辆停放检修的场所。2003年后因改制，成立了北京市城市基础设施投资有限公司、北京地铁运营有限公司以及北京轨道交通建设管理公司等三家公司。地铁运营公司通过协议，取得了地铁复八线运营权，进行运营管理至今，并承担因运营而产生的或者与之有关的一切行政、经济、民事和刑事责任。

1998年，在北京市政府的主持下，决定在地铁复八线八王坟车辆段顶盖平台上规划建设经济适用房项目。在办理了规划许可证、建设开工证等合法的开工手续后，城开公司承接了这个工程项目，开发建设了北京市重点工程——通惠家园小区。2002年12月11日，北京市朝阳区建设委员会对该项目进行了竣工验收。经报请北京市城市建设综合开发办公室批准，决定该项目的最高售价为4000元/平方米。

2002年4月29日，杨凌和城开公司的房地产经营分公司签订了商品房买卖合同和补充协议，购买了通惠家园6层框架结构D10号楼房中的房屋一套，房号是D10-4-602号。杨凌依合同约定交纳了全部房款，并在2003年1月9日办理了房屋的入住手续。楼房的管理号变更为通惠家园惠生园13号楼。

据现场勘察，杨凌购买的惠生园13号楼4单元602号房屋的南侧临街居室的窗户正对着京通快速路主路、建国路和地铁复八线。

2003年11月6日，杨凌和其他81户居住在通惠家园的业主共同委托北京劳保所噪声与振动控制产品检验中心对来自京通快速路主路、建国路的汽车噪声和来自地铁的地铁噪声进行检测。方法是选取通惠家园惠生园1号楼5单元601号和惠生园26号楼3单元501号两处房屋临京通快速路主路、建国路、地铁一侧的窗外，以《城市区域环境噪声标准》和测量方法的规则，在11月24日晚22时到25日早6时和11月25日早6时到晚22时的夜间和昼间分别进行了等效声级的噪声测量。结果为：惠生园1号楼5单元601号房屋在夜间为70.1分贝，昼间为74.7分贝；惠生园26楼3单元501号房屋在夜间为71.2分贝，昼间为75.4分贝。另外，还在这两个测试点的室内，分别开窗、关窗状态，依据《住宅设计规范》同时进行了A声级的噪声测量。结果为：惠生园1号楼5单元601号在11月24日晚22时5分时，室内开窗是67分贝，室内关窗是51分贝，在11月25日21时30分，室内开窗是60分贝，室内关窗是47分贝；惠生园26楼3单元501号在11月24日晚22时5分，室内开窗是66分贝，室内关窗是54分贝，在11月25日早7时，室内开窗是68分贝，室内关窗是58分贝。

城开公司、首创公司、市政管理处、地铁运营公司对检测结果不持异议，并认可在该检测点测量得出的噪声检测结论适用于杨凌所购的房屋，不再另行检测。

一审诉辩情况

原告杨凌诉称：2002年4月29日，原告和城开公司签订了商品房买卖合同，在按照约定交付购房款后，2003年1月9日城开公司向原告签发了入住通知书，将通惠家园惠生园13-4-602号（原D10-4-602号）房屋交付给原告使用。原告在入住后，长期遭受交通噪声的困扰，身心受到很大的伤害。经调查发现，噪声的来源是北京首创股份有限公司（以下简称首创公司）经营的京通快速路主路、由北京市市政工程管理处（以下简称市政管理处）养护管理的建国路（又称京通快速路辅路）和北京地铁运营有限责任公司（以下简称地铁运营公司）经营管理的复兴门——八王坟地铁（以下简称复八线地铁）。有鉴于此，原告等82户业主共同委托北京劳保所噪声与振动控制产品检验中心对环境噪声进行了检测，结果显示环境噪声严重超标，构成环境噪声污染。城开公司作为房屋的建设单位，建设的楼盘没有和京通快速路、建国路、地铁复八线保持适当的距离，安装的隔声窗没有达到有效防噪的效果，致其所交付的房屋根本无法满足居住的需要，侵害了原告的安宁生活环境权、休息权和正常通风权，使原告的身心受到伤害，因此，城开公司具有过错，应当承担因侵权产生的赔偿责任。首创公司经营管理京通快速路主路，市政管理处管理养护建国路，地铁运营公司经营管理复八线地铁，这三方是涉案噪声源的管理者或者经营者，均应当按照民法理论中的无过错责任承担侵权责任。由于城开公司在造成环境噪声侵权中，负有主要责任，因此要求其承担80%的责任，其他三方承担20%的责任。城开公司、首创公司、市政管理处、地铁运营公司作为共同侵权人，承担连带责任。具体的诉讼请求是：原告等购买的房屋按照国家规定有70年的使用权，四被告因为环境噪声侵权，每月赔偿60元。70年共计50000元，另承担检测费171元。

被告城开公司辩称：为解决本市中、低收入家庭的住房问题，考虑交通、生活的便利，从降低交通成本和提高土地利用效率等方面，北京市政府决定并经规划部门审批，被告于2000年承接了“地铁复八线”八王坟车辆段平台上的经济适用房项目——通惠家园的建设。在建设项目的选址上，被告没有自主性，完全是行政部门决定的。为确保这一关乎老百姓切身利益的北京市重点工程，被告除严格履行有关的开工审批手续外，还严把质量关，并在入住前完成了质量验收，办理了建筑工程验收备案表，将符合质量要求的房屋交到广大业主手中。尤为重要的一点是：被告建设的房屋本身不可能是噪声污染源。考虑到这个项目的所处区域噪声环境，被告在建设前专门进行了环境影响评估，并根据评估的建议，已经采用了有效的噪声污染防范措施，如封闭阳台，使用达到规定隔声量的60系列平开塑钢窗，将楼房的一层作为底商，不供居住等。由于在目前房地产行业验收中没有环境噪声的验收内容，所以原告所提的被告没有对环境噪声进行合格验收之说不能成立。且原告提供的噪声检验报告是在2003年11月作出的，其入住的时间是一年前。众所周知，近一年，北京市的汽车拥有数量猛增，京通快速路周边的噪声环境肯定会有大的变化，这个情况是被告无法预见也是无力改变的。原告用现在的噪声环境证明入住时的噪声环境，进而得出被告侵权并承担责任的主张是错误的，是不符合逻辑的。交通流量增大导致引发新的噪声污染是一个社会问题，应该由全社会统筹协调解决，非被告能够独立解决。此外，通惠家园特定的区域位置是客观存在的，原告在选择购房时对此已有了充分了解，其应当对自己的民事行为负责，所以其在自主选择后的权利应当有所弱化。综上，原告的诉讼请求没有事实和法律依据，请求法院驳回其诉讼请求。

被告首创公司辩称：京通快速路是在1995年底经北京市政府立项审批合法建设的公路。被告在1998年取得公路的产权，原告在2003年初入住通惠家园时，京通快速路已运行多年，属于路在先房在后的情况。此外，公路本身不能产生噪声，噪声是由在道路上行驶的各类车辆产生的，要求不可能制造噪声的主体来承担消除噪声的法律义务的做法，违反法的本质。原告主张的所谓无过错责任，将人类环境保护的公益义务和噪声制造者消除污染的特定义务混同在一起，且所提的赔偿数额没有法律依据，因此，请求人民法院驳回其诉讼请求。

被告市政管理处辩称：按照《北京市城市道路桥梁管理暂行办法》的规定，新建、改建城市道路工程竣工后，由市政工程管理部门验收接管。2002年8月，被告正式接管了建国路（又称京通快速路辅路）及相关设施的养护维修。根据接管时的道路竣工图纸记载，该道路设施在当时设计施工时并没有对道路环境噪声控制采取附加设施，被告的养护维修范围仅是竣工图纸所载明的范围和市政公用设施现状。每年经行政主管部门批准的年度养护维修计划中，没有关于环境问题的增项。所以，被告没有权利擅自对市政设施的现状进行包括环境问题的改造。另外，被告接管的道路也早于杨凌的入住时间，被告没有侵害其权利。请求法院驳回其诉讼请求。

被告地铁运营公司辩称：被告虽然不是复八线地铁的产权单位，但是是复八线地铁的运营管理单位。虽然被告承认地铁在运行过程中存在因振动产生的固体传导噪声，但是固体传导噪声是低频噪声，这一点在建设复八线地铁时所作的环境评估报告中可以证明。原告据以起诉的检测报告中，没有对地铁噪声进行单项检测的内容，所以，原告对被告的起诉是没有事实依据的。复八线地铁是1999年9月28日建成通车的，地铁建成在先，房屋建设在后。而且在建设地铁过程中，为了降低噪声，建设方采用了在地铁的铁轨下加铺橡胶垫、减少弯道以降低噪声的有效降噪措施，已经尽到足够的注意义务。因此，被告认为杨凌的诉讼请求不应当予以支持。

一审裁判结果

北京市朝阳区人民法院依照《中华人民共和国民法通则》第124条、《中华人民共和国环境保护法》第41条、《中华人民共和国环境噪声污染防治法》第37条之规定，判决如下：

一、北京城市开发集团有限责任公司于判决生效后15日内一次性补偿杨凌人民币4000元；

二、驳回杨凌的其他诉讼请求。

一审裁判理由

北京市朝阳区人民法院认为：《中华人民共和国环境噪声污染防治法》第

37 条规定：在已有城市交通干线的两侧建设噪声敏感建筑物的，建设单位应当按照国家规定间隔一定距离，并采取减轻、避免交通噪声影响的措施。另，北京市环境保护局早在 1988 年地铁复八线规划时，就给出了“复八线地面两侧距隧道水平距离 30 米以内不宜安排永久性建筑”的专业性意见。但是在涉案的 6 栋楼房中，除两栋距离复八线地铁轨道中心线的最大距离是 10 米以内外，其他的 4 栋楼房均建设在地铁复八线平台上。根据本案查明的事实，京通快速路主路、建国路和地铁复八线的建设竣工时间均早于通惠家园小区的建设竣工时间。因此，城开公司作为通惠家园小区的建设单位，应当按照有关规定使建筑物和城市交通干线保持一定间隔，并采取减轻和避免交通噪声的措施。杨凌居住的通惠家园房屋无论是区域环境噪声还是住宅居室噪声，都超过了国家的有关标准，且城开公司安装的平开双层窗的隔声量不符合标准。所以，应当认定城开公司对杨凌居住的通惠家园小区房屋存在环境噪声污染负有责任。杨凌要求城开公司承担责任的诉讼请求存在事实和法律依据，应当予以支持。

本案涉及的地铁复八线、京通快速路以及建国路的建设施工具有明显的社会公益性质，且杨凌入住的通惠家园小区建设竣工时间晚于道路和地铁的竣工时间。现杨凌以受到噪声损害为由，要求首创公司、市政管理处和地铁运营公司承担责任的主张，不予支持。

杨凌在购买通惠家园的房屋时，清楚房屋所处的区域环境。所以，杨凌要求赔偿 50000 元的数额过高。考虑到杨凌不要求采取降噪措施而要求金钱赔付的请求具有一定的合理性，所以认可杨凌所提的以金钱进行噪声污染补偿的方法。具体的数额由法院酌定。对于杨凌所提的鉴定费的诉讼请求，亦以相同的理由合并考虑到一次性的金钱补偿数额中。

二审诉辩情况

上诉人城开公司上诉称：（1）原判遗漏了关键事实：本案的案由系环境污染损害赔偿纠纷，但原判对本案的关键事实——污染源的产生没有进行调查认定，也未纳入判决表述的所谓争点。（2）判定城开公司使用的窗户质量不合格没有事实依据。（3）原判超出了被上诉人的诉讼请求：北京市环境保护局在复八线地铁环境评价的报告的批复中第 4 条提出：为减少振动对地面沿线建筑的影响，复八线地面两侧距隧道水平距离 30 米以内不宜安排永久性建筑，若今后在地铁两侧 30 米之内新建地面建筑，由各建筑商自己分别采取防震措施。而被上诉人对地铁振动污染暂不起诉，只对地铁的噪声提出诉讼。由此可见，振动污染不在杨凌的诉讼请求的范围内；上述批复内容的前提是针对振动这一物理现象。而原判却将上述批复作为判令上诉人承担噪声污染法律责任的重要依据，具有明显的违法性。（4）上诉人开发的“通惠家园”小区系经济适用房项目，具有名副其实的社会公益性质。按照原判的观点，上诉人对“通惠家园”的建设施工具有明显的社会公益性质，完全具备不承担法律责任的条件。不同意被上诉人的诉讼请求。

杨凌及首创公司、市政管理处、地铁运营公司同意原判。

二审裁判结果

北京市第二中级人民法院依据《中华人民共和国民事诉讼法》第153条第1款第2项之规定，判决如下：

一、维持北京市朝阳区人民法院〔2004〕朝民初字第09815号民事判决第2项；

二、变更北京市朝阳区人民法院〔2004〕朝民初字第09815号民事判决第一项为：北京市城市开发集团有限责任公司于本判决生效后15日内一次性补偿杨凌人民币3038元。

二审裁判理由

北京市第二中级人民法院经审理查明：经向有关部门咨询，《住宅设计规范》为强制性国家标准，住宅的设计要符合规范的要求。该规范第5.3.1规定：住宅的卧室、起居室（厅）内的允许噪声级（A声级）昼间应小于或等于50分贝，夜间应小于或等于40分贝。该规范允许的噪声级应在关窗的状态下测量。北京市劳保所噪声与振动控制产品检验中心对惠生园1号楼5单元601号和惠生园26楼3单元501号依据《住宅设计规范》进行了A声级的噪声测量。结果为：惠生园1号楼5单元601号在11月24日晚22时5分时，室内关窗是51分贝，在11月25日21时30分，室内关窗是47分贝；惠生园26楼3单元501号在11月24日晚22时5分，室内关窗是54分贝，在11月25日早7时，室内关窗是58分贝。涉案各方对该检测结果均不持异议，且均认可该测量结果适用于杨凌所购房屋。另，根据《中华人民共和国环境噪声污染防治法》第63条第4项之规定，“夜间”是指晚22点至晨6点之间的期间。由此可以看出，杨凌卧室、起居室夜间的噪声级超过了规范中允许的40分贝。二审法院审理中，经实地对于宝水家（复式）南向起居室、卧室的窗户面积进行测量，所得数据为：楼下起居室窗户面积为1.95米×2.55米≈4.97平方米，楼上起居室窗户面积为1.47米×2.25米≈3.75平方米，楼上楼下两个卧室窗户的面积均为1.29米×1.73米≈2.23平方米，共计13.18平方米。杨凌及城开公司均认可该测量结果适用于杨凌购买住房的南向窗户的面积。另查，北京市建设工程预算定额〔2001〕确定：每平方米塑钢单玻门推拉窗的预算价格为224元。其他事实与原审法院的认定无异。

上述事实，有双方当事人陈述、《住宅设计规范》、北京市劳保所的检测结果、咨询笔录、二审法院实地测量数据等相关证据在案为证。

北京市第二中级人民法院认为：《住宅设计规范》是强制性的国家标准，新建、扩建的住宅设计均应符合该规范的要求，包括住宅的卧室、起居室内允许的噪声级（A声级）亦应符合该规范的要求。根据查明的事实，杨凌所住居室的夜间噪声级（A声级）确实超过了该规范允许的噪声级，故杨凌要求城开公司给予金钱补偿是合理的。需要特别说明的是：通惠家园小区系城开公司严格按照有关部门的审批程序进行规划、设计、施工并经验收合格的经济适用房项目。因此，二审法院考虑到这一实际情况，加之杨凌购买该房屋时对周边的噪声环境亦有充分的了解，故补偿的具体数额二审法院将结合杨凌南向卧室、起居室窗户的面积并参照每平方米塑钢单玻门推拉窗的预算价格予以确定。原判酌定城开公司补偿杨凌4000元依据不足，二审法院予以变更；关于杨凌所提鉴定费的诉讼请求，二审法院确定由杨凌与城开公司分担并考虑到补偿数额中。

城开公司上诉称原判遗漏了对污染源的产生这一关键事实的认定，对此，二审法院认为，本案中污染源虽系首创公司所属的京通快速路主路、市政管理处负责维修养护的建国路以及地铁运营公司经营的复八线地铁，但上述道路及地铁的竣工时间均早于城开公司开发的“通惠家园”的竣工时间，故首创公司、市政管理处、地铁运营公司对杨凌所购住房的卧室、起居室未能达到规范中允许的噪声级（A声级）不应承担责任。

等效声级与A声级是关于对噪声的两种不同的检测标准，二者之间不具有可比性，二者之间的数据不能直接相减，原判以《城市区域环境噪声标准》检测出的等效声级数据和以《住宅设计规范》检测出的A声级数据之间的差异在20多分贝，低于34分贝的隔声量，而据此直接得出城开公司安装的窗户的隔声量不合格的结论无科学依据。另，本案系噪声污染损害赔偿，不涉及窗户的质量问题。

关于北京市环保局在1988年地铁复八线建设规划时给出的“复八线地面两侧距隧道水平距离30米以内不宜安排永久性建筑”的专业性意见是针对地铁对地面沿线建筑物的振动影响而言的，而并非对噪声影响的意见，且杨凌在本案中对地铁振动污染暂不起诉，故原判以此认定城开公司对杨凌居住的通惠家园小区房屋存在环境噪声污染负有责任，理由欠妥。但杨凌居住的“通惠家园”房屋的居室噪声确已超过国家规定的标准，对此，二审法院认为，无论住房是何性质，建在何处，是否对噪声一项进行验收，均应符合规范的要求，并应达到国家规定的相应的噪声标准。

综上所述，城开公司对杨凌住宅居室噪声未达标负有责任，应适当予以补偿；首创公司、市政管理处、地铁运营公司则非本案适格责任承担主体。原判确定的补偿数额没有依据，二审法院参照前述相关标准及实际情况予以变更。

226. 对环境污染造成的损害赔偿，是否该从排除危害和赔偿损失两方面进行法律救济？

侵权人对受害人住房的噪声污染侵权行为成立时，侵权人除了赔偿损失外，还有责任采取有效、可靠的隔声减噪措施或更换生产设备，切实改善受害人住宅的声环境质量，以保障其良好的生活环境。

227. 现行环境标准规范并行实施时，判断噪声是否超标，是否应从保护公民环境权的角度，综合参考噪声标准适用？

依据《中华人民共和国环境保护法》和《中华人民共和国环境噪声污染防治法》的规定，国定环境保护行政主管部门对环境保护工作实施统一的监督管理，并制定国家声环境质量标准和测量方法，在国家环境保护行政主管部门有关住宅室内专门的噪声标准和测量方法出台之前，法官从保护公民环境权的角度出发，综合参考比照目前国家环保总局和北京市环境保护局及区环境保护监测站对住宅室内适用的噪声标准和测量方法审判案件是合法的，对双方当事人也是公平合理的。

典型疑难案件参考

李明、王军诉北京庄维房地产开发有限责任公司环境污染损害赔偿纠纷案

基本案情

原告李明、王军夫妇于2001年6月与被告庄维房地产开发公司签订商品

房买卖合同，购买庄维花园7号楼306号房屋一套，并于同年12月入住。入住以后，自2002年5月，房屋内开始有7号楼内地下室水泵运转发出的噪声。原告曾多次向庄维房地产开发公司和物业管理公司反映情况，要求更换水泵或对水泵房采取隔声降噪措施。庄维房地产开发公司对水泵房的噪声进行过治理，但噪声污染没有得到根本改善。2004年9月10日，李明委托北京市丰台区环境保护监测站对306号住房噪声进行测量，监测站出具的检测报告证明：检测时间是2004年9月10日22时10分，主要声源是水泵，实测值客厅中心为39.7dB（A）、客厅中心本底为29.4dB（A）。李明支付检测费105元。

案件审理期间，法院委托北京市某区环境保护监测站对原告的306号住房再次进行了噪声检测，检测时间是2005年3月10日20时30分至3月11日0时10分，主要声源是楼内地下室水泵，测点位置是306单元内，实测值：水泵启动时昼：44.1dB（A），夜：43.5dB（A）；水泵正常运转时昼：36.2dB（A），夜：35.4dB（A）；本底昼：30.6dB（A），夜：30.0dB（A）；检测依据是GB12349－90。李明支付检测费350元。

2004年12月23日，2005年1月12日，李明及王军先后到医院就诊，经诊断为脑供血不足，神经衰弱等。2004年12月28日，原告之子到北京儿童医院就诊，病历记载主诉是两三个月以来出现间断、无规律头痛现象。

一审诉辩情况

原告李明、王军诉称：2001年6月19日，原告与被告北京庄维房地产开发有限责任公司（以下简称庄维房地产开发公司）签订商品房买卖合同，购买了北京市某区庄维花园7号楼306号房屋一套，并于同年12月31日入住。入住不久楼内地下室水泵房即出现噪声，以致不能正常休息和生活。2002年5月8日，庄维房地产开发公司对地下室水泵房振动扰民一事确认无误，并承认房屋有质量问题。对此，开发公司曾采取措施，对管道进行过改造处理，但噪声依然严重。因该楼采用的是由高压水泵从地下1层的低水位水箱向24层的高水位水箱供水的方式（为解决4层至24层住户用水问题），当低水位水箱向高水位水箱上水时，水泵起动的响声异常巨大，随后是长达10多分钟的输水噪声，间隔不到2小时就一次，而且水泵的起动及输水情况是不分昼夜的。2004年9月10日，经区环保局环境保护监测站噪声检测，原告所住房屋的噪声均超标。由于长期的噪声污染，致使原告一家人没有安静的生活环境，直接影响了正常的工作和孩子的学习，甚至已严重危害了一家人的身心健康。为此，原告遭受了极大的精神痛苦和经济损失。为维护法律的尊严，保障原告拥有正常的身心健康和生活环境质量，要求：（1）被告采取根本措施，彻底消除原告住房内的噪声污染；（2）赔偿入住以来的精神损害抚慰金10万元；（3）噪声检测费、诉讼费均由被告承担。

被告庄维房地产开发公司辩称：原告所述不属实，环境保护监测站的噪声检测报告并未作出结论性意见，不能显示噪声污染事实。监测站适用的标准是《城市区域环境噪声标准》，该标准适用于区域环境，并不适用于建筑住宅室内。双方争议的焦点问题在于判断噪声是否超标、应适用什么标准以及因适用不同标准而采用不同的测量方法。建设部颁布的《住宅设计规范》是1999年开始实施的强制性国家标准，其中有关于住宅室内的明文规定，即室内噪声昼间应小于或等于50分贝，夜间应小于或等于40分贝；而原告主张适用《城市区域环境噪声标准》。对比两个标准，前者是“国标”，且颁布时间在后，有明文的规定依据，适用的对象是专门针对住宅室内环境的，后者则是针对住宅外部环境、没有明文法律依据的“人为解释”，很明显适用前者更为妥当。而环保局却主张适用后者，这样的结果是牵强附会地把区域环境的噪声标准挪用到建筑物室内。其实两个标准从字面含义上分析并不存在矛盾。根据《城市区域环境噪声标准》中规定的“不得不在室内测量时，噪声限值减10分贝”，其测量的对象仍然是“室外环境”，而不是“室内环境”，只不过由于测量方法的局限无法在室外测量时而更改测量地点，室内测量的结果势必与室外不同，才需要降低10分贝。但它并没有改变测量的对象是外部环境，更不意味着室内环境的标准应依此来判断。当出现部门之间不同标准冲突的情况下不应当由被管理者承担不利的后果。本案当事人双方在适用标准上的分歧，反映出两个部门、两个标准的冲突，这是建设部与国家环保总局的冲突，是《住宅设计规范》与《城市区域环境噪声标准》的冲突。被告作为房地产开发企业，理当遵守建设部的明文规定，被告没有错。在出现上述冲突的情况下，不应当由开发商来承担不利的后果，否则对被告是不公平的。既然环保局认为国家关于住宅室内环境的噪声标准和测量方法正在制定之中，尚未正式出台，那么法不溯及既往，何况现在还没有法（标准），就更没有理由来提前强行对被告适用，以此判定被告败诉。

关于赔偿问题。虽然原告在庭审中提交了医院就诊证明作为证据，但是其所述的损害是全凭其个人口述的，从医学的角度都是无法用医学科技手段，如透视、CT、B超等加以确诊的。因此其所述的损害没有事实根据，其所要求的精神损害赔偿也没有法律根据，被告不同意原告的赔偿请求。

另外，出于维护业主利益考虑，被告已确定了水泵的整改方案，不论本案的判决结果如何，被告都会在技术可行的条件下进行整改。

一审裁判结果

北京市丰台区人民法院依照依照《中华人民共和国环境保护法》第7条、第9条、第41条，《中华人民共和国环境噪声污染防治法》第2条、第6条、第10条、第25条、第61条及《中华人民共和国民法通则》第5条、第124条之规定，判决如下：

一、被告庄维房地产开发公司于判决生效之日起60日内对庄维花园7号楼水泵采取有效、可靠的隔声降噪措施，使原告李某、王某的7号楼306号住宅内的水泵噪声达到国家环境保护总局规定的最高限值以下；逾期末达标准，按每日100元对原告李明、王军进行补偿；

二、被告庄维房地产开发公司于判决生效之日起7日内赔偿原告李明、王军精神损害抚慰金10万元；

诉讼费用3510元由被告北京庄维房地产开发公司负担（判决生效之日起7日内交纳）；两次环境噪声检测费450元亦由被告北京庄维房地产开发公司承担（判决生效之日起7日内给付原告李明）。

一审裁判理由

北京市丰台区人民法院认为：住宅是人日常生活、休息的主要生活环境，作为国家环境保护行政主管部门的国家环境保护总局为保护公民的生活环境，制定了环境噪声的最高限值标准，其中《城市区域环境噪声标准》规定以居住为主的1类区域，白天噪声标准为55dB（A）、夜间噪声标准为45dB（A），《城市区域环境噪声测量方法》（GB/T14623—93）第5.4条规定："不得不在室内测量时，室内噪声限值应低于所在区域标准值10dB"；在《工业企业厂界噪声标准》中同样规定以居住为主的1类区域，白天噪声标准为55dB（A）、夜间噪声标准为45dB（A），《工业企业厂界噪声测量方法》（GB12349—90）的第2.6.2条规定："若厂界与居民住宅相连，厂界噪声无法测量时，测点应选在居室中央，室内限值应比相应标准值低10dB（A）。"北京市环境保护局于2001年12月17日在针对居民楼内电梯、泵房、变电器等设备产生的噪声问题而作出的"关于室内噪声污染有关问题的函"中答复，"由于国家和北京市对此类问题没有明确规定，但依据《中华人民共和国环境噪声污染防治法》第6条第2款'县级以上地方人民政府环境保护行政主管部门对本行政区域内的环境噪声污染防治实施统一监督管理'的规定，为解决人民群众的实际问题，环境保护部门可以对此类噪声问题进行管理，依照'城市区域环境噪声测量方法'（GB/T14623—93）和'城市区域环境噪声标准'（GB3096—93），不得不在室内测量时，室内噪声限值应低于所在区域标准值 10dB。监测时应当关闭窗户，并防止室内、外其他噪声源的影响。”

依据《中华人民共和国环境保护法》和《中华人民共和国环境噪声污染防治法》的规定，国定环境保护行政主管部门对环境保护工作实施统一的监督管理，并制定国家声环境质量标准和测量方法，在国家环境保护行政主管部门有关住宅室内专门的噪声标准和测量方法出台之前，法官从保护公民环境权的角度出发，综合参考比照目前国家环保总局和北京市环境保护局及区环境保护监测站对住宅室内适用的噪声标准和测量方法审判案件是合法的，对双方当事人也是公平合理的。

原告李明、王军向被告庄维房地产开发公司购买的庄维花园 7 号楼 306 号住宅属《城市区域环境噪声标准》和《工业企业厂界噪声标准》规定的 1 类区域，该住房内从 2002 年 5 月开始出现 7 号楼地下室水泵运转发出的噪声，经环境保护监测站两次进行噪声检测，夜间噪声实测值分别为 39.7dB（A）、43.5dB（A）（水泵启动时）和 35.4dB（A）（水泵正常运转时），均超过了《城市区域环境噪声标准》和《城市区域环境噪声测量方法》规定的夜间最高限值标准；如果充分考虑被告利益，按照《工业企业厂界噪声测量方法》（GB12349—90）第 3.2 条“背景噪声的声级值应比待测噪声的声级值低 10dB（A）以上，若测量值与背景值差值小于 10dB（A）应进行修正”的规定，考虑 306 号住宅的本底噪声因素，39.7dB（A）、43.5dB（A）的噪声值超过了《工业企业厂界噪声标准》和《工业企业厂界噪声测量方法》规定的夜间最高限值标准；另水泵在夜间启动时产生的噪声也高于被告坚持适用的国家强制性标准《住宅设计规范》第 5.3.1 条“住宅的卧室、起居室（厅）内的允许噪声级（A 声级）夜间应小于或等于 40dB”的标准。综上所述，7 号楼内水泵的噪声污染是非常严重的，被告对原告住房的噪声污染侵权行为成立，被告有责任对水泵房采取有效、可靠的隔声减噪措施或更换水泵，切实改善原告住宅的声环境质量，以保障 7 号楼居民良好的生活环境；同时，长期噪声超标的住宅生活环境严重干扰和影响了原告一家的正常生活、工作、学习、休息和身心健康，对原告的环境权益造成严重损害，即使没有造成实际经济损失或医疗仪器暂时检测不出原告身体的损害后果，亦应作出相应赔偿，故依据最高人民法院《关于确定民事侵权精神损害赔偿责任若干问题的解释》，被告并应赔偿原告的精神损害。

二审诉辩情况

判决后，庄维房地产开发公司不服，仍持原诉辩意见上诉，要求二审法院依法改判。

李明、王军同意原判。

二审裁判结果

北京市第二中级人民法院依照《中华人民共和国民事诉讼法》第 153 条第 1 款第 1 项之规定，作出如下判决：

驳回上诉，维持原判。

二审裁判理由

二审认定事实和证据与一审认定一致。

北京市第二中级人民法院根据上述事实和证据认为：庄维房地产开发公司对李明、王军住房的噪声污染侵权行为成立，庄维房地产开发公司有责任采取有效措施改善李明、王军的住宅环境质量。长期噪声超标的住宅生活环境严重干扰和影响李明一家的正常生活和身心健康，故庄维房地产开发公司应对此给李明一家造成的精神损害予以赔偿，原审法院根据查明的事实，酌定的精神损害抚慰金数额适当，应予支持。

环境污染责任纠纷 办案依据集成

1. 《中华人民共和国民法通则》（2009 年 8 月 27 日修正）（节录）

第一百二十四条 违反国家保护环境防止污染的规定，污染环境造成他人损害的，应当依法承担民事责任。

2. 《中华人民共和国侵权责任法》（2009 年 12 月 26 日主席令第 21 号公布）（节录）

第六十五条 因污染环境造成损害的，污染者应当承担侵权责任。

第六十六条 因污染环境发生纠纷，污染者应当就法律规定的不承担责任或者减轻责任的情形及其行为与损害之间不存在因果关系承担举证责任。

第六十七条 两个以上污染者污染环境，污染者承担责任的大小，根据污染物的种类、排放量等因素确定。

第六十八条 因第三人的过错污染环境造成损害的，被侵权人可以向污染者请求赔偿，也可以向第三人请求赔偿。污染者赔偿后，有权向第三人追偿。

3. 《中华人民共和国环境保护法》（1989 年 12 月 26 题主席令第 22 号公布）（节录）

第四十一条 造成环境污染危害的，有责任排除危害，并对直接受到损害的单位或者个人赔偿损失。

赔偿责任和赔偿金额的纠纷，可以根据当事人的请求，由环境保护行政主管部门或者其他依照法律规定行使环境监督管理权的部门处理，当事人对处理决定不服的，可以向人民法院起诉。当事人也可以直接向人民法院起诉。

完全由于不可抗拒的自然灾害，并经及时采取合理措施，仍然不能避免造成环境污染损害的，免于承担责任。

4. 《中华人民共和国大气污染防治法》（2000 年 4 月 29 日修订）（节录）

第六十二条 造成大气污染危害的单位，有责任排除危害，并对直接遭受损失的单位或者个人赔偿损失。

赔偿责任和赔偿金额的纠纷，可以根据当事人的请求，由环境保护行政主管部门调解处理；调解不成的，当事人可以向人民法院起诉。当事人也可以直接向人民法院起诉。

第六十三条 完全由于不可抗拒的自然灾害，并经及时采取合理措施，仍然不能避免造成大气污染损失的，免于承担责任。

5. 《中华人民共和国水污染防治法》（2008 年 2 月 28 日修订）（节录）

第八十五条 因水污染受到损害的当事人，有权要求排污方排除危害和赔偿损失。

由于不可抗力造成水污染损害的，排污方不承担赔偿责任；法律另有规定的除外。

水污染损害是由受害人故意造成的，排污方不承担赔偿责任。水污染损害是由受害人重大过失造成的，可以减轻排污方的赔偿责任。

水污染损害是由第三人造成的，排污方承担赔偿责任后，有权向第三人追偿。

第八十七条 因水污染引起的损害赔偿诉讼，由排污方就法律规定的免责事由及其行为与损害结果之间不存在因果关系承担举证责任。

6.《中华人民共和国环境噪声污染防治法》（1996年10月29日主席令第77号公布）（节录）

第六十一条 受到环境噪声污染危害的单位和个人，有权要求加害人排除危害；造成损失的，依法赔偿损失。

赔偿责任和赔偿金额的纠纷，可以根据当事人的请求，由环境保护行政主管部门或者其他环境噪声污染防治工作的监督管理部门、机构调解处理；调解不成的，当事人可以向人民法院起诉。当事人也可以直接向人民法院起诉。

7.《中华人民共和国固体废物污染环境防治法》（2004年12月29日修订）（节录）

第八十四条 受到固体废物污染损害的单位和个人，有权要求依法赔偿损失。

赔偿责任和赔偿金额的纠纷，可以根据当事人的请求，由环境保护行政主管部门或者其他固体废物污染环境防治工作的监督管理部门调解处理；调解不成的，当事人可以向人民法院提起诉讼。当事人也可以直接向人民法院提起诉讼。

国家鼓励法律服务机构对固体废物污染环境诉讼中的受害人提供法律援助。

第八十五条 造成固体废物污染环境的，应当排除危害，依法赔偿损失，并采取措施恢复环境原状。

第八十六条 因固体废物污染环境引起的损害赔偿诉讼，由加害人就法律规定的免责事由及其行为与损害结果之间不存在因果关系承担举证责任。

十二、高度危险责任纠纷

228. 居住在曾经存放过用剧毒农药拌过的棉种的房屋中毒而人身受到损害的，是高度危险作业致损还是环境污染致损？

农业生产单位在住宅区的一处房屋内用剧毒药拌棉种，属从事剧毒高度危险作业，致使入住该房屋的人中毒，人身受到损害，依据无过错归责原则，即使该单位没有过错，也应当承担赔偿责任。适用无过错归责原则确定赔偿义务人的赔偿责任，只有受害人有重大过失的才应减轻赔偿义务人的赔偿责任，否则不应减轻赔偿义务人的赔偿责任。

典型疑难案件参考

潘双喜诉农八师一五零团人身损害赔偿纠纷案

基本案情

1999年春季，由于一五零团的人事工作调整，潘双喜被调动至一五零团下属的十六连工作，潘双喜的妻子宋香和子女也跟随潘双喜到十六连生活，居住在团场提供的一处房屋内。当年11月，潘双喜一家又搬迁至连队季节工搬走后空出的一套房屋内居住，2003年6月，潘双喜一家从该房屋内搬出。此后潘双喜一家不同程度出现身体肌肉疼痛的症状，由此潘双喜了解到单位曾经在自己原先居住的房屋内给棉种拌过“3911”、敌克松、拌种霜三种农药。潘双喜一家人前往石河子市人民医院、石河子中医院、自治区人民医院、郑州军区乌鲁木齐总医院和河北石家庄以岭肌萎缩专科医院求诊，确诊为多发性周围神经病变。

一审诉辩情况

原告潘双喜等4人诉称：由于潘双喜工作调动的原因，1999年4月，原告一家四口人随潘双喜到一五零团十六连生活，居住在单位提供的房屋。2003年6月，原告四处求医后才知道患有农药中毒引起的周围神经炎症，并了解到原告原先居住的房屋曾经是单位用剧毒农药拌过棉种的库房。原告因此诉至法院，要求被告一五零团赔偿53000元（包括20000元医疗费、30000元预期治疗费、1000 元误工费、1000 元精神损害抚慰金和 1000 元其他损失)。法医鉴定潘双喜一家人的周围神经炎症状与农药中毒有直接的因果关系，且构成工伤八级伤残。潘双喜因此变更诉讼请求，要求被告一五零团赔偿各项损失共计552265.21 元（包括潘双喜的 181675.66 元损失，宋香的 199140.94 元损失，潘慧滢的 85738.8 元损失，潘毛毛的 85709.8 元损失）。

被告一五零团辩称：潘双喜一家人未经单位同意擅自入住单位曾经放过农药的库房，以致造成伤残的损害后果。该损害后果是原告方自己擅自入住库房的行为所致，团场不应当承担全部民事赔偿责任。原告的伤残应当按照人身损害赔偿十级伤残的标准计算，原告未经许可擅自扩大的医疗费、交通费、误工费损失不在合理损失的赔偿范围之列。

一审裁判结果

莫索湾垦区人民法院依据《中华人民共和国民法通则》第 106 条第 3 款、第 123 条、第 119 条，最高人民法院《关于审理人身损害赔偿案件适用法律若干问题的解释》第 17 条第 1、2 款、第 19 条、第 20 条、第 22 条、第 23 条、第 24 条、第 25 条、第 18 条，最高人民法院《关于确定民事侵权精神损害赔偿责任若干问题的解释》第 1 条第 1 项和第 10 条的规定，判决如下：

一、被告一五零团于判决生效后 10 日内给付原告潘双喜赔偿款 19474.74 元（包括 3353.43 元住院费、10110.81 元医药费、600 元营养费、1500 元住院伙食补助费、3910.50 元误工费）；

二、被告一五零团于判决生效后 10 日内给付原告宋香赔偿款 15479.76 元（包括 4938.37 元住院费、800 元住院伙食补助费、320 元营养费、7331.39 元门诊医药费、2090 元误工费）；

三、被告一五零团于判决生效后 10 日内赔偿原告潘慧滢 2152.80 元门诊医药费；

四、被告一五零团于判决生效后 10 日内赔偿原告潘毛毛 1898.31 元门诊医药费；

五、被告一五零团于判决生效后 10 日内赔偿原告潘双喜、宋香、潘慧滢、潘毛毛 105 元住宿费和 4672.50 元交通费；

六、被告一五零团于判决生效后 10 日内分别赔偿原告潘双喜、宋香、潘慧滢、潘毛毛的残疾赔偿金 8210 元（4 人合计 32840 元)；

七、被告一五零团于判决生效后 10 日内给付原告潘双喜、宋香、潘慧滢、潘毛毛精神损害抚慰金 30000 元；

八、驳回原告潘双喜、宋香、潘慧滢、潘毛毛的其他诉讼请求。

一审裁判理由

新疆生产建设兵团莫索湾垦区人民法院经审理认为，潘双喜一家人居住在一五零团十六连用“3911”等剧毒农药拌过棉种的房屋后造成伤残，是高度危险作业造成的损害，确定该损害责任承担，应适用《中华人民共和国民法通则》第123条的规定。根据该规定，从事高空、高压、易燃、易爆、剧毒、放射性、高速运输工具等对周围环境有高度危险的作业造成他人损害的，应当承担民事责任；如果能够证明损害是由受害人故意造成的，不承担民事责任。用“3911”等剧毒农药拌棉种，是高度危险作业。在该库房闲置时，十六连的管理人知道潘双喜一家人入住该库房，没有采取有效措施加以阻止，以致潘双喜一家人在该库房内连续居住了4年，造成一家人伤残的后果，应认定潘双喜一家人伤残后果与被告一五零团十六连使用“3911”剧毒农药存在直接的因果关系，因此，其应当承担人身损害赔偿民事责任。被告一五零团没有证据证实潘双喜一家人的伤残是潘双喜其一家人的故意造成的。因此，被告一五零团关于不承担民事责任的辩解不能成立，法院不予采纳。

根据《中华人民共和国民法通则》第119条的规定，侵害公民身体造成伤害的，应当赔偿医疗费、因误工减少的收入、残废者生活补助费等费用。鉴于仅是潘双喜、宋香与一五零团之间存在劳动关系，而潘慧滢和潘毛毛与一五零团之间并没有劳动关系，加之其一家4人伤残没有经劳动保障部门的工伤认定，故潘双喜主张参照《职工工伤与职业病伤残程度鉴定》标准按“八级伤残”计算侵权损害残疾赔偿金，法院不予支持。

二审诉辩情况

上诉人一五零团不服原审法院上述判决，向农八师中级人民法院提出上诉称：(1) 原审法院适用法律错误。原审原告所患神经炎是由于居住了存放过拌有农药种子的库房所引起，应当适用一般侵权的法律规定，不应适用特殊侵权的法律规定。(2) 本案原审原告也有过错。原审原告一家原本居住在单位安排的其他房屋，却擅自搬进存放过药种子的库房居住。

上诉人潘双喜等人也不服一审判决，上诉称：(1) 原审判决认定本案损害属高度危险作业致人损害是错误的。应当认定为环境污染致人损害。(2) 原审法院不应参照《道路交通事故受伤人员伤残评定》标准，应当参照《职工工伤与职业病致残程度鉴定》标准，原告一家四口人为“八级伤残”，而并非“工伤八级伤残”，应当按八级伤残计算赔偿金。诉请二审法院撤销原审判决，支持四上诉人的诉讼请求。

上诉人一五零团针对上诉人潘双喜等人的上诉答辩称：(1) 本案处理应当适用一般侵权归责原则，而不应当适用特殊侵权归责原则；(2) 原审原告亦存在严重过错，应对其损害承担责任；(3) 原审原告在庭审中提出应当按照工伤八级计算赔偿金的意见于法无据；原审判决参照《道路交通事故伤残人员评定》标准按十级伤残计算赔偿金应当维持。

二审裁判结果

农八师中级人民法院依照《中华人民共和国民事诉讼法》第 153 条第 1 款第 1 项之规定，判决如下：驳回上诉，维持原判。

二审裁判理由

农八师中级人民法院认为：根据现有证据及常理判断，上诉人潘双喜一家所患慢性农药中毒症状与其所住房屋曾存放药种的事实之间具有一定的因果关系。上诉人一五零团在从事农业生产中用剧毒农药拌种并在库房内存放虽无过错，但根据《中华人民共和国民法通则》第 123 条的规定，其应当承担赔偿潘双喜等上诉人经济损失的责任。该条规定："从事高空、高压、易燃、易爆、剧毒、放射性、高速运输工具等对周围环境有高度危险的作业造成他人损害的，应当承担民事责任；如果能够证明损害是由受害人故意造成的，不承担民事责任。"上诉人一五零团在库房内以剧毒农药拌棉种并存放的做法，属高度危险作业；潘双喜等上诉人居住在该库房期间中毒致身体受到损害，属"高度危险作业致人损害"，上诉人一五零团没有证据证明损害的发生是由于受害人潘双喜等上诉人故意造成的，因此，其即使对该损害的发生没有过错，也不能免责。故上诉人一五零团关于本案应当适用过错责任归责原则，上诉人潘双喜也有过错以及潘双喜关于本案应当适用有关环境污染损害的法律规定处理赔偿问题的上诉理由均不能成立，法院不予采纳。

关于潘双喜等上诉人主张营养费、误工费等损失赔偿的数额问题，法院认为原审确定的各项赔偿数额符合本案事实，且符合最高人民法院《关于审理人身损害赔偿案件适用法律若干问题的解释》第 20 条、第 24 条和最高人民法院《关于确定民事侵权精神损害赔偿责任若干问题的解释》的规定，应予以维持，其对此的上诉请求法院不予支持。上诉人一五零团上诉称潘双喜等上诉人对损害发生也有过错，应承担一定责任及计算赔偿数额过高等，请求予以改判，法院也不予以支持。原审判决认定事实清楚，适用法律正确，处理适当，应予以维持。

229. 当事人由于不明原因从所乘车辆上坠落致死，究竟应该由谁承担人身损害赔偿的责任？

在无法查明发生原因的道路交通事故中，法院在首先认定人身损害属于道路交通事故的前提下，在确认赔偿原则时应适用无过错责任原则，即虽不能查明车方的责任，但作为从事高速运输工具的一方，应当对其车辆运输过程中发生的损害承担赔偿责任。但在具体的情况下，可适当兼顾公平原则，减轻车方的赔偿责任。

典型疑难案件参考

蒋廷英等四人诉王涛、牟天军人身损害赔偿纠纷案

基本案情

原告吴文忠、蒋廷英系死者吴运芳的父母，任大琼系死者的妻子，吴丹系死者的女儿。2006 年 5 月 29 日，吴运芳搭乘被告王涛驾驶的川 T03349 号东风货车从云南回雅安。车行驶至云南宝山市大保高速公路上行线 K108 + 005 米时，因不明原因，右侧驾驶室车门打开，吴运芳从乘坐的副驾驶位坠落车外，被所乘车辆右后轮碾压胸腹部当场死亡。

事后，经保山市公安局交警支队高等级大队勘验，认定：车辆转向系、制动系及安全设施（驾驶室右车门）符合机动车运行安全技术条件，车辆外部无明显擦撞痕迹；经调查，造成该事故的直接原因（右侧车门开启的原因）无法查实，当事人的责任无法认定。在该大队的调解下，原、被告达成丧葬协议：由牟天军垫付吴运芳的丧葬费 10238. 5 元（实际支付10200元）。

川 T03349 号东风货车登记车主为雅安市矿山机械配件公司，后由被告牟天军向其购买，但未办理过户手续。王涛系牟天军雇佣的驾驶员，事发当日王涛系执行雇佣职务之中。

诉辩情况

四原告诉称：四原告系死者吴运芳的父母、妻、女。吴运芳是被川 T03349 号车碾压致死，依据法律规定，根据《民法通则》有关高速运输工具致人损害应承担民事责任的规定，起诉要求二被告赔偿四原告吴文忠的生活费 2742. 75 元、蒋廷英的生活费 8528. 25 元、吴丹的生活费 2274. 2 元、死亡赔偿

金56056元，亲属参加事故处理的车费12600元，住宿费820元、误工费5855.16元，精神损害抚慰金30000元。

被告牟天军辩称：死者吴运芳系无偿搭乘被告的车辆回雅安，被告在其坠落车外，被碾压致死的事故中，没有任何责任，其死亡也不是被告的车辆机械故障造成的。死者不系安全带的行为与其死亡有直接因果关系，其死亡责任应自行承担。请求驳回原告的诉讼请求。

被告王涛未答辩。

裁判结果

雨城区人民法院根据《中华人民共和国民法通则》第123条、第131条、第134条第1款第7项、最高人民法院《关于审理人身损害赔偿案件适用法律若干问题的解释》第9条、第17条、第22条、第28条、第29条、最高人民法院《关于确定民事侵权精神损害赔偿责任若干问题的解释》第11条的规定，判决如下：

一、吴运芳的死亡补偿费56056元、吴文忠的生活费2742.75元、蒋廷英的生活费8528.25元、吴丹的生活费2274.2元、亲属处理事故的交通、住宿、误工费3000元，共计人民币72601.2元，由牟天军承担36300.6元，此款在本判决发生法律效力之日起15日内由牟天军给付四原告；

二、驳回四原告的其他诉讼请求。

一审宣判后，双方当事人均未上诉，一审判决已经发生法律效力。

裁判理由

雨城区人民法院认为：根据我国《民法通则》有关规定，从事高速运输工具等对周围环境有高度危险的作业造成他人损害的，应当承担民事责任，如果能够证明损害是由受害人故意造成的，不承担民事责任。本案吴运芳搭乘被告牟天军的车辆，在车辆运行过程中坠落车外，被该车碾压致死，在本案中，被告未能提出充分证据证明吴运芳故意造成损害，因此作为车主的牟天军应当承担由此引起的民事赔偿责任。但在本案中，死者吴运芳作为乘车人，对自身的安全亦有注意义务，在现有证据不能证明导致吴运芳坠落车外的直接原因系被告方的完全过错的情况下，可减轻被告的赔偿责任。王涛作为牟天军雇佣的驾驶员，系在执行雇佣职务过程中造成的损害，原告无依据证明其有故意或重大过失，因此王涛不应承担连带赔偿责任。原告诉讼请求的死亡补偿费、被抚养人生活费，符合法律规定，法院予以认可。其主张的处理事故所花费的交通、住宿、误工费用的合理部分，法院予以支持。原告要求赔偿精神损害抚慰金的请求，根据本案的实际情况，不符合有关法律规定，法院不予支持。

230. 天然气管道施工过程违反建筑工程施工规范，导致损害后果发生，是否承担高度危险责任？

天然气的供输属高度危险作业，理应严格按照规章操作、加强安全管理。侵权人在天然气管道施工过程中未按规范进行施工，多次收到隐患报警而未采取任何措施以消除隐患，导致损害后果的发生，造成巨大的财物损失及人员伤残，此种损害后果是建筑施工单位在施工过程中严重违章操作、运作管理过程中玩忽职守造成的，建筑施工单位应当对因事故引起的所有损失承担赔偿责任。

典型疑难案件参考

倪仕贤诉启东市煤气有限公司、南通金洲房地产开发有限公司人身损害赔偿纠纷案

基本案情

2005年12月31日10时45分许，启东市汇龙镇东珠新村42号楼27号车库发生爆炸，引起火灾，燃烧时间约30分钟，造成原告夫妇俩人受伤。原告倪仕贤因头面颈、双手烧伤Ⅱ度深12%、吸入性损伤被及时送往南通大学附属医院（以下简称通大附院）烧伤科救治，该院于2006年1月4日为原告倪仕贤施行创面削痂自异体皮移植术，原告在该院共住院治疗71天，出院后，原告遵医嘱定期前往该院门诊复检。2006年7月3日，原告倪仕贤及被告煤气公司协商一致，由启东市社会调解服务中心（以下简称调解中心）委托南通市第三人民医院司法鉴定所（以下简称三院鉴定所）对原告倪仕贤的伤残等级进行法医学鉴定，双方还同意由该中心凭鉴定结果进行经济方面的赔偿调处。7月6日，三院鉴定所对原告的伤情进行鉴定后认为：原告倪仕贤面部、双手均见疤痕，右大腿有取皮疤痕，双手十指功能丧失超过20%，其头面颈部及双手烧伤诊断明确，评定为9级伤残。

2006年11月28日，法院委托三院鉴定所对倪仕贤损伤后情况进行法医学鉴定，该所提出鉴定意见如下：（1）参照《人身损害受伤人员误工损失日评定准则》的有关规定，结合损伤实际情况，倪仕贤的护理期限为末次手术

出院后6个月左右为宜，住院期间的护理人数为1人。（2）因倪仕贤头面颈部及双手疤痕愈合，其后续治疗中的手术费用为1.5万元左右，康复治疗费用为0.5万元左右。事故发生后，被告煤气公司通过调解中心支付原告及其妻子陆建英医疗费用23万元（已全部列入原告之妻陆建英的赔偿款中）。事故发生后，调解中心为原告倪仕贤及被告煤气公司进行多次调解，因赔偿数额存在差距未成。

在该起事故中，除原告夫妇受伤外，该新村42号、40号楼，河南路561、563号，江海中路357号以及宝岛花园21楼共计43户住宅、营业用房的门窗、车库卷闸门及室内部分物品受损。该起事故的原因是天然气管道脱接，导致大量天然气泄漏，并通过地下管沟渗透至42号楼底层车库，达到爆炸极限的天然气遇27号车库内液化气灶上的明火发生了爆炸。2006年3月15日，启东市公安局消防大队对该起事故作出责任认定，认为煤气公司违反《中华人民共和国安全生产法》、《城市燃气管理办法》（建设部第62号令）、《城市燃气安全管理规定》（建设部、劳动部、公安部第10号令）和《江苏省燃气管理条例》等有关法规的规定，未能落实安全生产责任制，加强安全管理和职工的安全培训教育，导致职工未按规范进行天然气管道施工，未按规定及时有效采取措施消除隐患，应对这起事故负直接责任。金洲公司违反《中华人民共和国建筑法》、国务院《建设工程质量管理条例》等法规的规定，未按审查合格的图纸施工，擅自在车库内增设给排水设施，应对这起爆炸事故负间接责任。4月10日，启东市价格认证中心根据启东市安全生产监督管理局的委托对在爆炸中受损住宅及营业用房在事故中的直接财产损失进行了评估，合计损失价值达768476.58元，已由煤气公司进行了赔偿。

2005年10月5日、11月15日，东珠新村42号楼住户多次向被告煤气公司电话报警，要求该公司派员检修，但未有结果。事故发生后，煤气公司仍认为事故原因不是管道液化气泄漏。2006年1月1日，启东市公安局消防大队责成被告煤气公司进行天然气管道气密性试验。此日下午，煤气公司在检测中发现42楼A单元进户向东6米处地下管道的丝口脱开，导致天然气大量泄漏。

原告倪仕贤及其妻子陆建英自1996年起至2005年12月23日止与其儿子倪晓东共同居住在启东市汇龙镇幸福一村93—2—308室倪晓东的住宅内，以后共同搬迁至本市汇龙镇东珠新村42楼101室、201室（均为倪晓东所有）。

一审诉辩情况

原告倪仕贤诉称：原告在煤气爆炸事故中受伤并致残，被告煤气公司负该起事故的直接责任，被告金洲公司负该起事故的间接责任，故要求两被告赔偿医疗费 95422.84 元、鉴定费 1500 元、残疾赔偿金 13 年 ×14084 元/年 ×20% =36618.40 元、精神损害抚慰金 50000 元、营养费 900 元、伙食补助费 1278 元、陪护人员伙食补助费 1278 元、陪护人员住宿费 2840 元、护理费（计算至定残前）19740 元、交通费 5884.50 元、其他直接损失 38248.90 元、后续治疗中的手术费用 15000 元、康复治疗费用 5000 元、定残后的护理费 95877.50 元、后续手术治疗住院期间的必要费用 4860 元，合计 374448.14 元。并要求由该两被告承担连带赔偿责任。

被告煤气公司辩称：（1）原告的诉请过高，超过了当地受诉法院赔偿的标准，也超出了有关法律、法规的规定。对于医药费，煤气公司已向原告夫妇支付过 23 万元，可以从中扣除。陪护人员的伙补费在法律上没有此规定。陪护人员的住宿费计算一次就可，不可重复计算。护理费过高。交通费过高，也有重复计算。其他直接损失 3 万元过高。后续治疗费过高。康复治疗费用 5000 元过高。定残后的护理费过高。（2）关于侵权问题，实际上是过错问题，原告儿子在买东珠新村房子时应当看到房子结构，车库没有设计水道，开发商依买房者要求改变房子的结构，也是造成此次事故的间接原因。正因为改变结构，所以一直无法查明煤气外漏的原因，其也有过错。从开发商的角度来看，没有征得设计部门的同意，擅自变更房子的结构，致使事故的发生，故本起事故系两被告混合过错造成。

被告金洲公司辩称：天然气输配管道的施工属于易燃高度危险作业，煤气公司系实施高度危险作业人，原告是因煤气公司实施的高度危险作业而受到伤害，在不具备法定免责事由的情况下，应由煤气公司承担全部民事责任，故金洲公司不应作为本案的被告承担赔偿责任。本起爆炸事故的发生完全是因煤气公司的严重不负责任造成的，表现在该段管道未安装就绪（管道接口螺丝未拧）即投入使用，开通液化气后居民及物业公司多次向煤气公司报修，但煤气公司接报后不但不检修，反而在报修记录上伪造居民签字（证明其已修理）。金洲公司在车库增设给排水设施并无过错，即使存在所谓的间接原因，如果煤气公司按规范施工，即使业主在车库内使用明火，爆炸事故也绝对不会发生；即使不存在给排水管，由于煤气公司的违法施工，爆炸事故的发生仍是必然的。故金洲公司对爆炸事故的发生没有过错，不应当承担民事责任。公安局火灾事故责任书认定煤气公司是事故的直接原因，金洲公司是间接原因，恳请法庭对该证据予以正确的认定。退一步讲，如果此责任书成立的话，金洲公司仅仅是事故的间接原因，这一间接原因不等于次要原因，对事故的发生没有必然性，金洲公司是房屋开发商，根据业主的要求对业主的车库安装上下水管，是方便业主更好地使用车库的便民措施。金洲公司对事故的发生不能预见、预防，主观上也没有过错。本起事故的发生完全是因为煤气公司没有按照规范进行施工，竣工后没有按照规定进行日常安全检查，尤其是在报修后煤气公司没有采取相应的措施，导致事故的发生，因此煤气公司应承担全部赔偿责任。对原告的诉讼请求，恳请法庭进行审核，在法律规定范围内予以支持。

一审裁判结果

江苏省启东市人民法院依照《中华人民共和国民法通则》第 123 条，最高人民法院《关于审理人身损害赔偿案件适用法律若干问题的解释》第 17 条第 1 款、第 2 款、第 18 条之规定，作出如下判决：

一、被告启东市煤气有限公司赔偿原告倪仕贤因伤所受损失 195969.74 元，限在本判决生效后 30 日内履行；

二、驳回原告倪仕贤的其他诉讼请求。

本案受理费 8127 元，其他诉讼费用 3945 元，合计 12072 元，由原告倪仕贤负担 4000 元，被告启东市煤气有限公司负担 8072 元。

一审裁判理由

江苏省启东市人民法院经审理认为：从事高空、高压、易燃、易爆、剧毒、放射性、高速运输工具等对周围环境有高度危险的作业造成他人损害的，应当承担民事责任。天然气的供输是社会生活不断进步的重要标志，它给人民生活带来了极大的方便，但天然气的供输也是高度危险的，直接影响到千家万户居民的生命和财产安全，因此，天然气的供输属高度危险作业，理应严格按照规章操作，加强安全管理。被告煤气公司在进行天然气管道施工过程中未按规范进行施工，在管道开通后多次接到气体泄漏报警而未采取任何措施以消除隐患，导致天然气爆燃事故的发生，造成巨大的财物损失及人员伤残，后果十分严重。该起事故是煤气公司在施工过程中严重违章操作，供输运作管理过程中玩忽职守造成的，被告煤气公司对因爆炸引起的所有损失应当承担赔偿责任。

金洲公司在车库增设给排水设施的行为与天然气泄漏事故没有必然的联系，如果煤气公司在液化气管道施工过程中严格按章行事，在供输运作过程中紧抓安全管理，把人民的生命财产放在首位，本起事故是完全可以避免发生的，故原告要求金洲公司承担本案的民事责任，缺乏事实和法律依据，法院不予采纳。

原告的户口虽在 2006 年才迁为非农业户口，但其自 1996 年始即投靠儿子儿媳一家居住在本市汇龙镇，长期生活在城镇，故对其残疾赔偿金等相关赔偿项目均应按照城镇居民标准计算。原告受伤时年龄为67周岁，故其残疾赔偿金按13年计算并无错误，对煤气公司的该项辩解，法院不予支持。原告倪仕贤在爆燃事故中劫后余生，但由此造成的恐惧心理是难以在短时间内消除的，且其双手十指功能丧失超过20%，面、颈部仍留有疤痕，改变了原有的形象，挫伤了晚年生活的自信心，原告因此受到巨大的肉体创痛及精神创伤，故原告主张的精神抚慰金应予支持，但其主张的数额过高，法院酌定其精神抚慰金的数额为10000元。原告系头面颈部及双手烧伤，应加强营养、补充消耗、增强抵抗力，以促进痊愈，故其营养期限应适当延长，法院酌定为2个月。原告受伤后确有因治疗、复诊及处理事故等交通费用的损失，故对其主张交通费的主张予以支持，但原告主张的数额过高，法院酌定为2500元（原告之妻陆建英的交通费用合并在本案中计算）。根据法医学鉴定及通大附院专家的意见，原告确需进行后续治疗，并需专人护理，其主张出院后护理费是合理的，但鉴于原告伤情的特殊性，目前尚无法确定原告的末次手术时间，故应按出院后6个月时间计算其护理人员1人的护理费，以后若再发生相关费用，可由原告另行主张权利。被告煤气公司对原告在事故中的服装损失并无异议，法院予以支持；原告之子倪晓冬因原告突然受伤而临时改变了原定去香港洽谈生意的行程，导致了机票退票的损失及签证费的损失，由于机票及签证具有针对特定对象的特性，不可随意替代，而倪晓冬作为原告之子在事故发生后已不可能如期赴港，故该两项损失也应列入赔偿范围；至于原告主张的倪晓冬在香港酒店房费、摊位及装修费等，因洽谈生意可另行指派其他人员替代，不属不可避免的损失，故对原告的该项主张，法院不予支持。原告主张的陪护人员伙食补助费、住宿费，于法无据，法院不予支持。据此，法院核定原告倪仕贤因伤所受损失为：（1）医疗费95422.84元；（2）鉴定费1500元；（3）残疾赔偿金13年×14084元×20%＝36618.40元；（4）精神损害抚慰金10000元；（5）营养费60天×5元/天＝300元；（6）住院伙补费71天×18元/天＝1278元；（7）护理费（原告之婿薛辉，按电力行业职工平均工资标准）71天×105元/天＝7455元；（8）交通费2500元；（9）其他直接损失1720元（其中原告在事故时服装受损价值1000元、倪晓冬退机票损失520元、签证费200元）；（10）后续治疗手术费用15000元；（11）康复治疗费用5000元；（12）出院后护理费38351元/年×0.5年＝19175.50元；合计195969.74元。

二审诉辩情况

上诉人启东市煤气有限公司诉称：一审确认倪仕贤后续治疗费用15000元没有事实和法律依据。一审判决认为金洲公司在车库增设排水设施与天然气泄漏没有必然关系，在本案中不承担民事赔偿责任缺乏事实和法律依据。事实是发生事故的车库由金洲公司建设和施工，其为索取户主经济利益，在明知底层车库与上诉人施工的煤气供气管道紧紧相邻，却未经设计单位同意，且为省钱采用直接式而非纯水弯式给排水管道，严重违反了建筑工程施工规范，为底层车库的不安全性埋下了直接隐患，为天然气爆炸提供了便利条件，其行为违法，应当承担相应的民事赔偿责任。请求二审：变更一审判决第一项，取消煤气公司赔偿后续治疗手续费用 15000 元；判令金洲公司承担 30% 的赔偿责任。

被上诉人倪仕贤辩称：后续手术费用必会发生，依法可以主张，煤气公司的上诉理由不能成立，请求驳回其上诉。

被上诉人南通金洲房地产开发有限公司辩称：车库为房屋的附属设施，其在车库中增设给排水设施纯为便民措施，未从中谋利，其不能预见、预防事故的发生，主观上没有过错。金洲公司的行为虽对爆炸事故的发生具有间接原因，但这不等同于次要原因，并不必然导致爆炸事故的发生。事故的真正原因是因煤气公司违规操作，其应承担赔偿责任。请求驳回煤气公司上诉，维持原判。

二审裁判结果

江苏省南通市中级人民法院依照《中华人民共和国民事诉讼法》第 153 条第 1 款第 1 项之规定，作出如下判决：

一、驳回上诉，维持原判；

二、二审案件受理费 6917 元，由上诉人启东市煤气有限公司负担。

二审裁判理由

江苏省南通市中级人民法院经审理认为：一审认定的被上诉人倪仕贤因爆炸事故所造成的损失，当事人对此未提出上诉，故不予审查。就煤气公司的上诉请求和理由，法院审查认为，金洲公司在车库增设给排水设施的行为，不能认为其存在过错，且该行为并非天然气泄漏发生爆炸，造成倪仕贤人身损害的实质性要素，两者之间的联系过于遥远，不能作为损害发生的原因，因此，金洲公司在车库增设给排水设施的行为与天然气泄漏爆炸事故人身损害没有因果关系，一审判决金洲公司不承担责任并无不当，煤气公司要求金洲公司共同承担民事责任的理由没有依据，法院不予支持。

就 15000 元的后续治疗费用，该费用依据鉴定结论属必然发生而未发生的费用，根据最高人民法院《关于审理人身损害赔偿案件适用法律若干问题的解释》第 19 条第 2 款的规定，倪仕贤有权主张，煤气公司的该项上诉理由亦不成立。

高度危险责任纠纷办案依据集成

1.《中华人民共和国民法通则》（2009年8月27日修正）（节录）

第一百二十三条 从事高空、高压、易燃、易爆、剧毒、放射性、高速运输工具等对周围环境有高度危险的作业造成他人损害的，应当承担民事责任；如果能够证明损害是由受害人故意造成的，不承担民事责任。

2.《中华人民共和国侵权责任法》（2009年12月26日主席令第21号公布）（节录）

第六十九条 从事高度危险作业造成他人损害的，应当承担侵权责任。

第七十一条 民用航空器造成他人损害的，民用航空器的经营者应当承担侵权责任，但能够证明损害是因受害人故意造成的，不承担责任。

第七十二条 占有或者使用易燃、易爆、剧毒、放射性等高度危险物造成他人损害的，占有人或者使用人应当承担侵权责任，但能够证明损害是因受害人故意或者不可抗力造成的，不承担责任。被侵权人对损害的发生有重大过失的，可以减轻占有人或者使用人的责任。

第七十三条 从事高空、高压、地下挖掘活动或者使用高速轨道运输工具造成他人损害的，经营者应当承担侵权责任，但能够证明损害是因受害人故意或者不可抗力造成的，不承担责任。被侵权人对损害的发生有过失的，可以减轻经营者的责任。

第七十四条 遗失、抛弃高度危险物造成他人损害的，由所有人承担侵权责任。所有人将高度危险物交由他人管理的，由管理人承担侵权责任；所有人有过错的，与管理人承担连带责任。

第七十五条 非法占有高度危险物造成他人损害的，由非法占有人承担侵权责任。所有人、管理人不能证明对防止他人非法占有尽到高度注意义务的，与非法占有人承担连带责任。

第七十六条 未经许可进入高度危险活动区域或者高度危险物存放区域受到损害，管理人已经采取安全措施并尽到警示义务的，可以减轻或者不承担责任。

第七十七条 承担高度危险责任，法律规定赔偿限额的，依照其规定。

3. 最高人民法院《关于贯彻执行〈中华人民共和国民法通则〉若干问题的意见（试行）》（1988年4月2日法（办）发〔1988〕6号）（节录）

154、从事高度危险作业，没有按有关规定采取必要的安全防护措施，严重威胁他人人身、财产安全的，人民法院应当根据他人的要求，责令作业人消除危险。

十三、饲养动物损害责任纠纷

231. 学校承担补充赔偿责任的条件是什么？

2004 年 5 月 1 日起施行的最高人民法院《关于审理人身损害赔偿案件适用法律若干问题的解释》第 7 条第 2 款规定："第三人侵权致未成年人遭受人身损害的，应当承担赔偿责任。学校、幼儿园等教育机构有过错的，应当承担相应的补充赔偿责任。"根据该款规定，当学校之外的第三人进入学校或者在学校组织的校外活动中由第三人造成未成年学生人身损害时，以实施直接侵权行为的该第三人承担赔偿责任为一般原则；而如果因为学校没有尽到职责范围内的安全注意义务，履行教育、管理、保护职责不到位，客观上给第三人的侵权提供了条件和机会，由此造成了未成年学生受损害的后果，学校将对此承担补充赔偿责任。

232. 在受害人有明显过错的情形下，动物管理人、饲养人是否可以免责？

《民法通则》第 127 条规定："饲养的动物造成他人损害的，动物饲养人或者管理人应当承担民事责任；由于受害人的过错造成损害的，动物饲养人或者管理人不承担民事责任；由于第三人的过错造成损害的，第三人应当承担民事责任。"该条在明确动物饲养人或管理人对动物致害他人承担无过错责任原则的同时，又规定了两点免责事由，即受害人过错和第三人过错。无过错责任原则是指在法律有特殊规定的情况下，以已经发生的损害后果为价值判断标准，无过错的行为人也要承担民事责任的归责原则。动物致害他人中的免责条款之一为受害人过错。受害人的过错应包括故意和过失。受害人有意伤害动物而迫使动物反抗致伤受害人的，是故意；受害人应当预见自己的行为可能会发生动物致害行为，因疏忽大意或轻信能够避免，以致发生这种危害的，如逗引、喂食动物尤其是猛兽，应认定为过失。

典型疑难案件参考

陈星星诉如皋市如城镇邓元小学、如皋市人民公园动物致人损害赔偿纠纷案

基本案情

2003年10月28日，邓元小学在进行安全教育后，组织五、六年级5个班的学生去人民公园观赏秋色。下午3时左右，陈星星和几位同学来到公园内的动物园入口处，工作人员收取每位学生1元钱后，让这些学生进入了动物园。陈星星为给狗熊喂汽水，翻越熊舍前的防护栏杆，将拿着汽水瓶的左手伸进熊舍的铁栏栅，瞬间被一只狗熊咬住了左臂，挣扎中右手又遭另一只狗熊抓咬。陈星星被闻讯赶到的教师送往如皋市百信医院救治。经诊断，陈星星双上肢被咬伤后出现多发性骨折，出血性休克。当日，该院为陈星星施行抢救手术。同年12月12日，陈星星出院。其后，陈星星先后到如皋市博爱医院、如皋市人民医院、南通医学院附属医院、上海华山医院、上海长征医院等处就诊、治疗。邓元小学为此垫支医疗费17944.40元。此外，如皋市如城镇中心初中从特困捐助款中给付12000元，陈星星获得学生伤害保险赔款21875.90元。

一审诉辩情况

2004年8月4日，陈星星以邓元小学未尽职责范围内的相关义务，人民公园在经营合同中未尽安全保障义务为由，向人民法院提起诉讼，要求二被告共同赔偿医疗费、交通费、住宿费、护理费、住院伙食补助费、营养费、未成年人教育费用、书本补习费等各项损失158971.20元，另赔偿精神损害费18万元。

被告邓元小学辩称：（1）原告不听学校的安全教育，不顾公园的有关警示标志，擅自翻越栏杆逗引狗熊而致伤，其自身有不可推卸的责任。（2）被告相对于原告及另一被告的责任而言仅处于次要地位，只应承担相应的补充责任。（3）原告部分诉讼请求缺乏事实和法律依据，部分诉讼请求数额偏高，请求法院依法核定。

被告人民公园辩称：（1）被告已尽安全警示义务。（2）被告对狗熊笼舍设置的防护措施得当。（3）原告的损害系其自身过错所致，被告不应承担责任。（4）被告邓元小学疏于管理，应负相应的责任。（5）原告部分诉讼请求不符合法律规定。综上，请求驳回原告对被告的诉讼请求。

审理中，经申请，南通市中级人民法院作出〔2004〕通中法医鉴字第113号法医学鉴定书，鉴定结论：原告双上肢咬伤后致左上肢功能严重障碍，评定

为八级伤残。

经查，邓元小学组织五、六年级5个班的学生去公园，随行教师仅有5名，且在公园内任学生自由活动。人民公园在公园及动物园入口处设有游客须知标牌，在动物园内熊舍处设有警示标牌，上有“观赏动物时，身体部位切勿越过护栏，防止动物伤害。爱护动物，不要向笼舍内乱抛杂物以及食物，不要逗引动物”等警示语。经现场勘验，熊舍迎面为铁栏栅，栏栅间距6.5厘米，铁栏栅外1.2米处设有防护栏杆，栏杆高1.2米。

一审裁判结果

如皋市人民法院依照《中华人民共和国民法通则》第12条第1款、第16条第1款、第18条、第98条、第106条第2款、第119条、第127条、第131条，《中华人民共和国未成年人保护法》第17条，最高人民法院《关于审理人身损害赔偿案件适用法律若干问题的解释》第1条、第2条、第3条第2款、第6条第1款、第7条第1款、第17条第1、2款、第18条第1款、第19条、第21条、第22条、第23条、第24条、第25条、第31条，参照教育部《学生伤害事故处理办法》第9条第1款第4项、第10条第1款第1项之规定，于2005年1月6日判决：

一、原告陈星星损失医疗费38995.12元，住院伙食补助费1728元，营养费1200元，护理费12363.12元，住宿费1634元，交通费1900元，残疾赔偿金25434元，书本补习费700元，合计83954.24元。被告邓元小学赔偿33581.70元，被告人民公园赔偿16790.85元。其余损失由原告法定监护人陈秀山、孙元凤承担；

二、被告邓元小学赔偿原告陈星星精神损害抚慰金16000元，被告人民公园赔偿原告陈星星精神损害抚慰金8000元；

三、驳回原告陈星星其他诉讼请求。

一审裁判理由

如皋市人民法院经审理认为：原告陈星星已12周岁，系小学高年级学生，已具备起码的安全常识及相应的认知能力。然而，在学校已进行安全教育，公园亦有安全警示标志的情况下，置危险于不顾，翻越护栏、逗引狗熊，以致造成被狗熊咬伤的惨剧。应当认定，原告自身的过错是导致事故发生的直接原因，其监护人应承担事故的相应责任。

被告邓元小学组织学生校外活动中，仅有5名教师随行，对5个班的未成年学生而言，显然偏少。且放任学生自由活动，对由此可能出现的安全隐患，未能采取相应的安全防范措施，如派教师把守动物园入口处等，故邓元小学在本起事故中存在明显过错，应承担与其过错程度相适应的责任。

被告人民公园虽履行了应尽的警示义务，但工作人员为招揽游人，以低于儿童票价的特殊收费让原告等学生进入动物园，并未对这些特殊游人予以特殊关注，应当认定人民公园尚未完全尽到合理限度范围内的安全保障义务，应承担事故的一定责任。

基于以上对事故责任的分析与认定，对原告伤害事故的责任承担比例确定为：原告法定监护人、被告邓元小学各承担四成责任，被告人民公园承担二成责任。原告因被狗熊咬伤所造成的符合法定赔偿范围的合理损失，由各责任方按责分担。在本起事故中，被告邓元小学和人民公园既无共同故意，也不存在共同过失，其各自行为亦并非直接或必然导致原告损害结果的发生，符合无意思联络的数人侵权的特征。对此，应由各行为人分别承担赔偿责任，不承担连带责任。

原告主张医疗费、住院伙食补助费、营养费、护理费、住宿费、交通费、购买书本和家教辅导费等，法院依法予以核定。原告主张的未成年人教育费用、电话费、复印费，因不属赔偿范围，故依法不予支持。原告因伤致残，属于损害后果严重的情形，其因此遭受的精神和肉体的痛苦是现实而毋庸置疑的，故其有权要求精神损害赔偿。但对精神损害赔偿的具体数额，则应根据当事人的过错程度、侵害的具体情节、侵权行为所造成的后果及承担责任的经济能力、受诉法院所在地的平均生活水平等因素综合考虑，酌情确定。

二审诉辩情况

一审判决后，原告陈星星不服，向江苏省南通市中级人民法院提出上诉。上诉称：（1）一审认定人民公园承担的责任明显偏低；（2）邓元小学未尽其职责范围内的管理义务；（3）上诉人的行为已经脱离了其父母监护的范围，上诉人及其法定代理人不应承担责任；（4）上诉人一家属于失地农民，残疾赔偿金标准应按城镇居民人均可支配收入的标准计算；（5）一审判决的精神抚慰金未考虑上诉人的监护人所遭受的精神伤害，数额偏低；（6）一审法院所采信的鉴定结论，未充分考虑上诉人左臂神经受损、肌肉萎缩所造成的负面影响，请求重新对伤残进行评定。综上，请求二审法院依法撤销一审判决，改判两被上诉人赔偿医疗费、交通费、住宿费、护理费、残疾赔偿金等合计137808.12元，酌情增加精神损害抚慰金。

被上诉人邓元小学口头辩称：（1）一审判决要求学校派教师把守动物园入口处，明显不合理，判决学校承担40%的责任明显偏高；（2）根据最高人民法院相关规定，学校仅应当承担补充赔偿责任；（3）本案中，学校没有主动侵权，一审判决学校支付精神损害抚慰金于法相悖。学校的财政是全额拨款，无给付能力。一审判决邓元小学所承担的责任显失公平，请求二审法院适当减轻邓元小学的责任。

被上诉人人民公园口头辩称：（1）人民公园对熊舍设置的防护措施得当，已尽安全警示义务；（2）人民公园优惠出售动物园门票与上诉人无视警示标志、擅自翻越熊舍外防护栏之间无因果关系；（3）上诉人虽系限制民事行为能力人，但按其年龄和认知能力应当知道其翻越外护栏接近狗熊具有危险性，其损害是自身过错导致，人民公园不应当承担民事责任。请求驳回上诉人的上诉请求。

对陈星星要求重新进行伤残等级鉴定的申请，南通市中级人民法院经审查认为，根据最高人民法院《关于民事诉讼证据的若干规定》的有关规定，要启动重新鉴定的程序，陈星星需举证证明一审法院委托二审法院所作出的鉴定存在应予重新鉴定的法定情形，或存在可予重新鉴定的具体事由。现陈星星均未能举证证明，故对陈星星的申请二审法院不予采纳。

二审裁判结果

南通市中级人民法院依照《中华人民共和国民事诉讼法》第153条第1款第1项之规定，于2005年4月8日判决：驳回上诉，维持原判。

二审裁判理由

南通市中级人民法院经审理认为：

首先，关于一审对各方当事人的责任划分是否恰当的问题。本案事发时，陈星星已满12周岁，虽系限制民事行为能力人，但作为小学六年级的学生，应当具备与其年龄相应的识别能力，狗熊一般都具有攻击性，接近狗熊对自身的安全具有危险性，陈星星对此完全应当知晓。然陈星星仍翻越熊舍前的防护栏，接近狗熊，且系在人民公园有醒目警示下所为，一审依据查明的事实和相应的法律规定，认定陈星星自身行为是导致事故发生的直接原因，并由其监护人承担事故的相应责任于法并无不合。邓元小学作为教育机构，更应清楚小学生的自制能力和自我保护能力不及成年人，在组织学生到人民公园进行校外活动时，更应加强管理，然邓元小学却在随行老师偏少的情况下，放任学生在人民公园里自由活动，一审认定邓元小学过错明显，判令其承担与其过错程度相适应的责任并无不当。人民公园作为动物饲养人和管理人，对其饲养和管理的动物造成他人损害的，应当承担民事责任。由于受害人存在明显过错，受害人所在学校也存在过错，一审判令人民公园承担部分民事责任也无不当。一审依据法律，结合各方当事人的过错，综合认定各方当事人的责任承担比例为陈星星的法定监护人、邓元小学各承担四成责任，人民公园承担二成责任并无不当。陈星星的该项上诉主张法院不予支持。

其次，关于陈星星残疾赔偿金损失的问题。陈星星的法定监护人在未能举证证明其身份系城镇居民的情况下，一审按照农村居民的标准计算陈星星的残疾赔偿金正确。

最后，关于一审判决赔偿精神损害抚慰金的数额是否恰当的问题。陈星星的伤已构成八级伤残，根据最高人民法院的相关司法解释，陈星星有权主张侵权人支付精神损害抚慰金。一审根据邓元小学和人民公园的过错程度、侵害的具体情节、侵权行为所造成的后果、侵权人的获利情况、承担责任的经济能力及当地人均生活水平等综合因素，酌情判令由邓元小学给付精神损害抚慰金16000元，人民公园给付8000元并无不当。

综上，一审查明事实正确，实体处理并无不当，应予维持。

233. 动物的饲养人与管理人相分离时，动物致人损害的，是由饲养人或管理人中的一人单独承担责任，还是双方分担责任、互负连带责任？

动物的饲养人或者管理人将自己饲养的动物交给当事人使用，当事人在使用动物的过程中，该动物致人损害的，动物饲养人或者管理人应当承担民事责任。

典型疑难案件参考

李存银诉陈加平、沈林圣、李凤英动物致人损害赔偿纠纷案

基本案情

2001年10月27日6时许，被告沈林圣使用耕牛（公牛），在为被告李凤英的承包地耕作时，一头母牛在路边走过，该牛兽性发作欲追母牛，被告沈林圣见状拉紧牛绳制止时，该牛转身连顶带踢将被告沈林圣掀翻在地，被告沈林圣危急之中连声呼喊“救命”，在附近田里劳动的原告李存银闻声赶来，用铁叉赶开该牛，被告沈林圣刚被原告李存银扶起来，该牛突然掉头冲向原告李存银，原告李存银躲闪不及，被撞倒在地，牛角戳进原告李存银体内，及时赶到

的其他村民赶走该牛。事后，原告李存银经东台市人民医院及时抢救脱险，其伤经医院诊断为肝、肺、脾等处破裂，且有多发性肋骨骨折。审理中，经委托法医学鉴定原告之伤情，鉴定结论：综合评定为九级伤残。原告李存银伤后合理的经济损失为，医疗费15242.56元、误工费1200元、护理费420元、残疾者赔偿金4346元，残疾者生活补助费8692元、营养费300元、被抚养人生活费550元、交通费274元，合计31024.56元。原告人李存银见义勇为受伤后，社会各界给予一定的经济救助，收到捐款2580元、奖金1000元。

2001年前，被告人陈加平连续数年雇佣耕农使用其耕牛为当地农户提供有偿服务。被告人李凤英证实往年的犁田费都是被告人陈加平收取的。被告人陈加平主张牛是租给被告人沈林圣的，未提供足够证据证明。

庭审结束后，原告人李存银撤回了对被告人沈林圣、李凤英的诉讼请求。

一审诉辩情况

原告李存银诉称：2001年10月27日6时许，原告在自家承包地里劳作，突然听见呼救声，循声望去，只见在邻人田间耕作的一头耕牛兽性发作，将耕农沈林圣掀翻在地，原告拿起铁叉冲上前去，将牛赶开。谁知，原告刚将沈林圣扶起，疯牛掉头冲向原告，原告躲闪不及，牛角从原告右腰肋部戳进体内，大肠冒出体外达两尺多，幸亏其他村民及时赶到，才将疯牛赶走。原告经医院抢救保住性命，但已落下九级伤残。疯牛的饲养人是被告人陈加平，事故发生后，原告与其协商赔偿之事，其置之不理，依照《民法通则》第127条的规定，其作为疯牛饲养人，应承担疯牛伤人的民事责任；原告是在救助沈林圣时受到疯牛伤害的，依据《民法通则》第132条的规定，受益人沈林圣应当给予经济补偿；沈林圣使用耕牛劳作的土地是李凤英承包的，李凤英作为受益人依法也应给予经济补偿。请求判令三个被告赔偿疯牛致害原告造成的各项经济损失计43230.60元。

被告陈加平辩称：牛是沈林圣向被告租用的，沈林圣使用该牛三天后才发生事故，足以证明该牛不是疯牛；牛是因沈林圣使用不当才发疯伤人的，责任应当由沈林圣承担；被告虽是牛的饲养人，但事故发生时，牛不在被告的管理之中，依照《民法通则》的规定，牛伤人的后果应由牛的管理人沈林圣承担。不同意原告人的诉讼请求。

被告沈林圣辩称：牛在拉犁过程中，因一母牛在路边经过，该牛突然欲追母牛，被告拉紧牛绳没有过错，牛伤人的责任不应由被告承担，而应由牛主人承担；被告受雇于陈加平，使用其牛为李凤英耕田，牛伤人的后果应由雇主陈加平承担；原告因救助被告而受伤，被告是受益人，但被告也是受害者，虽然于法被告无责，但从道义上讲被告有义务帮助原告人，只是被告本人也被牛顶伤，家境贫困，无力给予经济帮助。

被告李凤英辩称：牛耕田被告付钱，牛伤人与被告无关。

一审裁判结果

江苏省东台市人民法院依照《中华人民共和国民法通则》第109条、第119条、第127条之规定，作出如下判决：

一、被告人陈加平于本判决书生效后一个月内赔偿原告人李存银医疗费、误工费、护理费、残疾赔偿金、残疾者生活补助费等合计31024.56元；

二、案件受理费50元，其他诉讼费650元，计700元均由被告陈加平负担。

一审裁判理由

江苏省东台市人民法院认为：

原告为救助他人而赶牛，无过错。原告不去赶牛，牛不会伤及原告，但牛伤人是违法的，原告为救助他人而赶牛的行为是合法作为，原告无过错；原告无法定的和约定的义务去救助受牛攻击的他人，在明知救人危险的情况下，原告挺身相救是其良知和高尚道德情感的体现，应为社会所提倡和推崇。

牛伤人的民事责任应当由牛的饲养人承担。根据《中华人民共和国民法通则》第127条规定，饲养的动物造成他人损害的，动物的饲养人或管理人应当承担民事责任。原告是被牛顶伤的，牛的饲养人是被告陈加平，原告无过错，被告陈加平依法应承担牛致害原告的民事责任；虽然事故发生时，牛不在原告的管理之中，但是，由于雇佣关系的存在，被告沈林圣管理牛的行为应视为被告陈加平的行为，牛因意外原因发狂伤人的民事责任应当由作为牛的饲养人的被告陈加平承担。

受益人承担补偿责任的前提不存在。根据《中华人民共和国民法通则》第109条的规定，因制止他人的人身遭受侵害而使自己受到损害的，由侵害人承担赔偿责任，受益人也可以给予适当的补偿。受益人给予补偿的前提，在于侵害人无力赔偿或没有侵害人的情况。本案中，侵害人现实存在且具有赔偿能力，故受益人不应承担补偿责任。被告人李凤英找人犁田，双方之间是等价、有偿的劳务合同关系，其既不是受益人，也无过错，于法于理均不应承担赔偿或补偿责任。

二审诉辩情况

上诉人（原审第一被告人）诉称：牛是租给沈林圣的，上诉人虽是牛的饲养人，但不是牛的管理人，牛伤人的民事责任应由管理人沈林圣承担，原审法院认定事实不清，适用法律不当，请求二审法院改判原告人的经济损失由沈林圣承担。

被上诉人（原审原告人）辩称：原审认定事实清楚，适用法律正确，请求二审维持原判。

二审裁判结果

江苏省盐城市中级人民法院依照《中华人民共和国民事诉讼法》第153条第1款第1项之规定，判决如下：

一、驳回上诉，维持原判；

二、二审案件受理费50元，由上诉人陈加平负担。

二审裁判理由

江苏省盐城市中级人民法院认为：上诉人陈加平将自己饲养的耕牛交给沈林圣使用，沈林圣在使用耕牛过程中，该牛兽性发作伤人，被上诉人李存银为救助沈林圣而受伤致残，事实清楚。依照有关法律规定，饲养的动物造成他人损害的，动物饲养人或者管理人应当承担民事责任。上诉人陈加平应当对耕牛致害原告人所造成的经济损失承担赔偿责任。

饲养动物损害责任纠纷办案依据集成

1.《中华人民共和国民法通则》（2009年8月27日修正）（节录）

第一百二十七条 饲养的动物造成他人损害的，动物饲养人或者管理人应当承担民事责任；由于受害人的过错造成损害的，动物饲养人或者管理人不承担民事责任；由于第三人的过错造成损害的，第三人应当承担民事责任。

2.《中华人民共和国侵权责任法》（2009年12月26日主席令第21号公布）（节录）

第七十八条 饲养的动物造成他人损害的，动物饲养人或者管理人应当承担侵权责任，但能够证明损害是因被侵权人故意或者重大过失造成的，可以不承担或者减轻责任。

第七十九条 违反管理规定，未对动物采取安全措施造成他人损害的，动物饲养人或者管理人应当承担侵权责任。

第八十条 禁止饲养的烈性犬等危险动物造成他人损害的，动物饲养人或者管理人应当承担侵权责任。

第八十一条 动物园的动物造成他人损害的，动物园应当承担侵权责任，但能够证明尽到管理职责的，不承担责任。

第八十二条 遗弃、逃逸的动物在遗弃、逃逸期间造成他人损害的，由原动物饲养人或者管理人承担侵权责任。

第八十三条 因第三人的过错致使动物造成他人损害的，被侵权人可以向动物饲养人或者管理人请求赔偿，也可以向第三人请求赔偿。动物饲养人或者管理人赔偿后，有权向第三人追偿。

第八十四条 饲养动物应当遵守法律，尊重社会公德，不得妨害他人生活。

十四、物件损害责任纠纷

（一）建筑物、构筑物倒塌损害责任纠纷

234. 如何认定公共构筑物造成人身损害的责任主体？

公共构筑物符合建筑工程技术规范，但在公共安全上存在设计缺陷或管理瑕疵，由此致人损害，该公共构筑物的设计人和管理人应承担相应的国家赔偿责任。个人因此享有的国家损害赔偿请求权，属与民法上的损害赔偿请求权相同性质的私权，可以通过普通的民事诉讼程序来请求。

典型疑难案件参考

刘佰良诉广州市中心区交通项目领导小组办公室、广州市市政工程研究院公共构筑物致害人身损害赔偿纠纷案

基本案情

2004年10月29日，刘佰良途经黄埔大道隧道顶部的通风采光井时，不慎从通风采光井掉下隧道内被机动车碾轧身体，造成刘佰良受伤的交通事故。2004年12月2日，广州市交警支队天河大队出具交通事故认定书，结论为依照《交通事故处理程序规定》第45条第1款第3项的规定，该次事故属于道路交通中的意外事故。刘佰良受伤后，被送往广州华侨医院住院治疗，2004年11月24日出院，共花医疗费用16238.61元。2004年12月22日，广州市法医学会法医鉴定室出具《道路交通事故伤残评定书》，结论为刘佰良因车祸致左下肢关节以上缺失，左上肢功能丧失10%以上，上颌骨部分缺损，牙齿缺失4枚，评定为一项五级伤残、两项十级伤残。

黄埔大道隧道工程系由广州市市政工程研究院负责设计，广州市中心区交通项目领导小组办公室建设而成。2001年4月4日，该工程通过竣工验收并于同年5月15日经广州地区建设工程质量安全监督站审核后投入使用。隧道通风采光井上有绿化带隔离设施。

一审诉辩情况

原告刘佰良诉称：2004年10月29日20时20分，原告途经黄埔大道隧道

顶部时，不慎从隧道顶部的通风采光井掉下隧道，又被通过隧道的机动车碾轧身体，原告因此身受重伤。经广州市法医学会鉴定，原告构成五级伤残。由于市政工程研究院设计、交通领导办公室管理的黄埔大道无任何安全保护措施，导致其发生交通事故致残，故应赔偿其医疗费、残疾赔偿金等共计 67 万余元。

被告交通领导办公室辩称：《道路交通安全法》第 62 条规定：行人横过马路，应当走人行横道或过往设施；第 63 条规定：行人不得跨越道路隔离设施。本案中，原告在横过黄埔大道时，既不走标有斑马线的人行横道，也不从标识显著、易于通行的地下行人隧道通过。故刘佰良从黄埔大道隧道通风采光井坠落致残是其故意违反《道路交通安全法》第 62 条、第 63 条规定的行为造成的，交通领导办公室不应承担赔偿责任。

被告市政工程研究院辩称：事故发生地的黄埔大道隧道工程 A6 标段的设计方案是严格按照我国有关设计规范设计的，经过政府各职能部门的审批，并通过质量验收，其工程设计质量不存在安全问题。市政工程研究院具有甲级工程设计资质证书。根据穗规复字〔1999〕第 93 号文，黄埔大道隧道工程于 2001 年 4 月 4 日竣工，并于同年 5 月 15 日经广州地区建设工程质量安全监督站评定质量等级为优良。故市政工程研究院仅对工程的设计质量负责，本案中，刘佰良的人身损害是因其违反交通规则所致，与黄埔大道隧道工程的设计质量不存在因果关系，市政工程研究院不应承担赔偿责任。

一审裁判结果

一审法院依照《中华人民共和国民事诉讼法》第 64 条第 1 款之规定，该院作出如下判决：驳回刘佰良的诉讼请求。案件受理费 11620 元，由刘佰良负担。

一审裁判理由

一审法院认为：一般侵权责任的构成以损害事实、因果关系、过错为构成要件。广州市市政工程研究院设计、广州市中心区交通项目领导小组办公室建设的黄埔大道隧道工程，经过法定部门验收后投入使用。本案中，刘佰良的受伤是由于其不遵守《道路交通安全法》的规定，跨越了隧道绿化隔离设施，而不慎从隧道通风采光井坠落，被隧道内行驶的机动车碾轧身体而致。刘佰良作为一个有完全行为能力的成年人，其具有辨认、控制、判断自己行为的能力，但是其既不按规定走画有斑马线的人行横道，也不从标示显著、易于通行的地下行人隧道通过，却偏偏选择不是道路的绿化带隔离设施行走，从而酿成本次事故。因此，根据民事行为意思自治原则，刘佰良应当对自己的行为负责。刘佰良所受到的损害后果与广州市市政工程研究院设计、广州市中心区交通项目领导小组办公室对隧道工程的设计、建设并无关联性，广州市市政工程研究院设计、广州市中心区交通项目领导小组办公室不存在任何过错，因此，刘佰良要求广州市市政工程研究院、广州市中心区交通项目领导小组办公室赔偿损失的请求，没有事实与法律依据，不予支持。

二审诉辩情况

原告刘佰良不服一审判决提起上诉。

上诉人诉称：首先，上诉人受伤是因从广州市市政工程研究院、广州市中心区交通项目领导小组办公室设计和管理的隧道上面的通风采光井上坠落而导致的。在原告受伤之前，已有多人因同样的原因在该隧道通风采光井坠落受伤。其次，黄埔大道隧道工程是否经过法定部门验收与两被上诉人是否存在管理或设计上的瑕疵是不相关的。两被上诉人没有举证证明其不存在管理和设计上的过错，按照最高人民法院《关于审理人身损害赔偿案件适用法律若干问题的解释》第16条的规定，应当对上诉人承担赔偿责任。因此，上诉人请求撤销原判，支持其一审的诉讼请求。

广州市中心区交通项目领导小组办公室答辩称：黄埔隧道通风采光井不存在管理瑕疵。

广州市市政工程研究院答辩称：黄埔隧道通风采光井不存在设计瑕疵。

二审裁判结果

二审法院依照《中华人民共和国民事诉讼法》第156条的规定，裁定如下：准予上诉人刘佰良撤回上诉。本案二审受理费11620元，减半收取5810元，由上诉人刘佰良负担，免予交纳。

二审裁判理由

二审法院经审理查明：原审法院认定事实属实。另查明：黄埔大道隧道工程由广州市人民政府投资，广州市市政工程研究院设计，中港四航局承建，于2001年4月4日竣工，并于同年5月15日经广州地区建设工程质量安全监督站评定质量等级为优良。该隧道工程施工期间，施工单位根据工程变更设计通知书编号为FE －BG －45的技术要求，在隧道通风采光井花基边安装设置八块警示标志牌，并经现场监理验收通过。编号为FE －BG －45设计图纸载明日期为2000年12月21日，图纸上载明工程变更内容为：在隧道通风采光井旁边安装设置8个警示标志牌，警示标志牌为3毫米厚铝板，警示牌采用海蓝色反光膜，警示标志牌上载有“光井危险　严禁跨越”字样，字体为仿宋，字高9

厘米，以白色反光膜粘贴。该隧道工程竣工后由广州市中心区交通项目领导小组办公室（是时隶属于广州市建设委员会）作为建设单位对黄埔大道隧道工程进行管理维护。

二审法院于2006年4月12日在黄埔大道隧道进行现场勘查查明，黄埔大道隧道工程位于广州市中心城区，连接天河东路和体育东路，属人流、车流均高度集中的交通要道。该隧道长约500米，设置有两排通风采光井50个。隧道围栏70~75厘米高，隧道通风采光井围栏比绿化带围栏高约20厘米。隧道顶部原设有警示牌8个，现存5个，其中由西往东围栏设有警示牌3个，由东往西设有警示牌2个。通风采光井警示牌长约25厘米，上载有“光井危险，严禁跨越”字样。

二审审理期间，上诉人与二被上诉人经法院调解达成庭外和解，上诉人刘佰良遂于2006年9月28日向二审法院申请撤回上诉。广州市中级人民法院经审查认为：刘佰良申请撤回上诉是其民事诉讼权利的自行处分，且刘佰良对该权利的行使不损害社会公共利益和他人的合法权益。

235. 建筑物造成他人损害后，所有人和管理人是否应该对其没有过错承担举证责任？

根据《中华人民共和国民法通则》第126条的规定，建筑物及其设施造成他人损害的，管理人应承担民事责任，但能够证明自己没有过错的除外。公共卫生管理部门为公厕的卫生清洁直接负责人和实际管理人，其对包括用于卫生清洁用途的化粪池在内的公厕承担管理责任。未对化粪池加盖，存在安全隐患，其管理公厕的行为与苏文文的死亡有民事法律意义上的因果关系，且未能举证证实其并无过错，故应承担民事赔偿责任。

典型疑难案件参考

苏昌钦、高爱琴诉古田县环境卫生管理处建筑物致人损害赔偿纠纷案

基本案情

原告苏昌钦、高爱琴系死者苏文文的父母。2003年7月2日0时左右，苏文文进入古田县新城镇新城中学对面的新秀路女公厕（即跃进北路女公厕），掉入位于女公厕大门右侧约2米处的化粪池内死亡。该化粪池未加盖。

经古田县公安局法医鉴定，苏文文系溺死。原告的损失有：因其儿子苏文文死亡的补偿费人民币60150元、尸检费300元、丧葬费7925元、打捞和清洗苏文文的尸体费7200元，计人民币75575元。本案在审理过程中，经福建省宁德市中级人民法院司法技术鉴定处鉴定，原告苏昌钦、高爱琴劳动能力部分丧失。

一审诉辩情况

原告诉称：2003年7月2日0时左右，原告之子苏文文进入古田县跃进北路公厕时，由于公厕内和女公厕门口没有安装电灯，厕所门口的光线又被大树遮挡，公厕的男、女标志无法辨认，而误入女厕所，掉入被告没有采取任何安全防护措施的位于女公厕露天通道的化粪池内致死。原告为打捞、清洗苏文文的尸体，为苏文文的尸体更衣及购买寿衣、香烛等花费460元，支付殡仪馆运尸费、尸体冷藏和火化尸体等费用计人民币7925元。原告苏昌钦、高爱琴身患重病，已丧失劳动能力。3年来，原告的生活来源几乎靠苏文文一人支撑。请求判令：（1）被告支付原告死亡补偿费人民币60150元；（2）被告支付原告埋葬费4000元；（3）被告赔偿原告雇人打捞苏文文尸体、清洗尸体和更衣而花费的人民币7200元；（4）被告赔偿原告因购买寿衣和香烛等而花费的人民币460元和购买冰砖而花费的人民币1250元；（5）被告赔偿原告尸检费300元；（6）被告支付原告苏昌钦、高爱琴生活费39360元；（7）被告承担古田县殡仪馆的运尸费、尸体冷藏费、火化尸体等费用人民币7925元。

被告辩称：（1）跃进北路公厕的所有权、使用权、管理权不属于古田县环境卫生管理处，其对该公厕不享有占有、使用、收益、处分的权利，其只根据上级要求对公厕进行卫生清洁，只承担清洁公厕卫生的义务，没有权利和义务承担公厕的公共安全防护、设施的维护。因苏文文的死亡不是其卫生做得不好或没有做好卫生而引起的，原告要求其承担苏文文死亡的赔偿责任，没有事实和法律依据，原告应向依法应承担责任的人或单位索赔。（2）苏文文无正当理由进入女厕有违我国公德和社会行为规则。苏文文系在酒醉的情况下进入女厕，其行为、视力、精神均受到影响。从现场看，粪池口距离女厕所门口为2米，并非原告所说的在露天通道上，正常进女厕都能自然而然地从门口直接上阶梯进入女厕，没有从女厕门口向右拐，粪池口即使没有盖，也不影响上厕所人的安全，同时厕所对面的路灯正好照射在女厕所的大门及阶梯上。原告家位于厕所附近，对厕所的环境是了解的，只能说明死者当时处于酒醉状态，无法看清女厕的情况。死者自己过错明显，应负主要责任。（3）原告请求赔偿的第3项、第4项、第6项、第7项没有法律依据，对原告主张的死亡补偿费人民币 60150 元不持异议。

2004 年 6 月 23 日，在一审法院庭审中，原告增加诉讼请求，要求被告赔偿死亡补偿费人民币 60150 元。

一审裁判结果

福建省宁德市古田县人民法院依据《中华人民共和国民法通则》第 119 条、第 131 条，最高人民法院《关于民事诉讼证据的若干规定》第 34 条第 3 款的规定，作出判决如下：

一、被告古田县环境卫生管理处应在本判决生效之日起 15 日内赔偿原告苏昌钦、高爱琴因其儿子苏文文死亡的补偿费 42105 元；

二、被告古田县环境卫生管理处应在本判决生效之日起 15 日内赔偿原告苏昌钦、高爱琴因其儿子苏文文死亡支付的丧葬费、打捞和清洗苏文文尸体费、尸检费，计人民币 10797.50 元；

三、驳回原告苏昌钦、高爱琴的其他诉讼请求。

一审裁判理由

福建省宁德市古田县人民法院认为：被告古田县环境卫生管理处作为古田县建设局下属负责环境卫生管理的专门机构，系跃进北路公厕的实际管理部门，该女公厕大门右边的化粪池没有加盖，存在安全隐患，被告应当预见到可能发生危害后果，但其并没有采取防患措施，致使死者苏文文深夜误入女厕后掉入化粪池溺死。被告疏于管理的行为与苏文文的死亡有直接的因果关系。根据《中华人民共和国民法通则》第 119 条、第 131 条之规定，被告应承担主要的赔偿责任，即承担赔偿总额 70% 的责任。死者苏文文系成年人，深夜入厕未尽谨慎注意的义务，故其对自己的死亡后果亦负一定的责任，即 30% 的责任。原告苏昌钦、高爱琴劳动能力部分丧失，靠其自身劳动仍可获得必要的生活费用，故原告要求被告赔偿生活费的主张，证据不足，不予支持。根据最高人民法院《关于民事诉讼证据的若干规定》第 34 条第 3 款之规定，原告增加、变更诉讼请求应在举证期限届满前提出，原告在庭审中增加死亡补偿费的请求，不予支持。

二审诉辩情况

上诉人苏昌钦、高爱琴诉称：本案应由被上诉人古田县环境卫生管理处负全部责任。其为死者苏文文购买冰砖、寿衣、“金银”、香烛等善后费用 1710 元未予支持，亦属不当。请求改判被上诉人古田县环境卫生管理处承担本案全部责任，赔偿其死亡补偿费、丧葬费、打捞和清洗尸体费、尸检费、购买冰砖等费用，合计人民币 77235 元。

上诉人古田县环境卫生管理处诉称：其并非发生事故之公厕的所有权人或实际管理人，不是责任主体。死者苏文文的死亡，系因其自身过错所致，不应由古田县环境卫生管理处承担赔偿责任。原审认定死者苏文文丧葬费 7925 元、打捞和清洗尸体费 7200 元无合法依据。上诉人古田县环境卫生管理处请求撤销原判，改判其不承担赔偿责任。

福建省宁德市中级人民法院经审理查明：死者苏文文系成年人，是在酒后进入公厕；丧葬费中已包含为死者苏文文购买冰砖、寿衣、“金银”、香烛等善后费用 1710 元；酌情予以认定打捞和清洗尸体费用为 3000 元。

二审裁判结果

福建省宁德市中级人民法院根据《中华人民共和国民事诉讼法》第 153 条第 1 款第 3 项，《中华人民共和国民法通则》第 119 条、第 126 条、第 131 条的规定，作出如下判决：

一、维持古田县人民法院〔2003〕古民初字第 555 号民事判决第 1 项、第 3 项。即维持：被告古田县环境卫生管理处应在本判决生效之日起 15 日内赔偿原告苏昌钦、高爱琴因其儿子苏文文死亡的补偿费 42105 元；维持驳回原告苏昌钦、高爱琴的其他诉讼请求；

二、变更古田县人民法院〔2003〕古民初字第 555 号民事判决第 2 项，即变更“被告古田县环境卫生管理处应在本判决生效之日起 15 日内赔偿原告苏昌钦、高爱琴因其儿子苏文文死亡支付的丧葬费、打捞和清洗苏文文尸体费、尸检费计人民币 10797. 50 元”为“上诉人古田县环境卫生管理处应在本判决生效之日起 15 日内支付上诉人苏昌钦、高爱琴因其儿子苏文文死亡支付的丧葬费、打捞和清洗苏文文尸体费、尸检费计人民币 7857. 50 元”。

二审案件受理费 3754 元，由上诉人古田县环境卫生管理处负担 2000 元，上诉人苏昌钦、高爱琴负担 1754 元。一审案件受理费、鉴定费按原审判决执行。

二审裁判理由

福建省宁德市中级人民法院根据查明的事实和证据认为：上诉人古田县环境卫生管理处作为发生事故公厕的卫生清洁责任人，其对用于卫生清洁用途的化粪池负有管理职责。古田县环境卫生管理处作为发生事故公厕的管理人，未对化粪池加盖，存在安全隐患，应认定为管理上瑕疵。这一行为与苏文文的溺死具有法律上的因果关系。故其系本案的适格责任主体，应对损害的发生承担民事赔偿责任。同时死者苏文文作为完全民事行为能力人，酒后入厕，安全防范意识低，亦应承担相应的责任。

二审法院认为，根据《中华人民共和国民法通则》第126条的规定，建筑物及其设施造成他人损害的，管理人应承担民事责任，但能够证明自己没有过错的除外。本案上诉人古田县环境卫生管理处作为公共卫生管理部门，应认定为发生损害的古田县跃进北路公厕的卫生清洁直接负责人和实际管理人，其对包括用于卫生清洁用途的化粪池在内的公厕承担管理责任。未对化粪池加盖，存在安全隐患，其管理公厕的行为与苏文文的死亡有民事法律意义上的因果关系，且未能举证证实其并无过错，故应承担民事赔偿责任。《中华人民共和国民法通则》第131条规定，受害人对于损害的发生也有过错的，可以减轻侵害人的民事责任。

在本案中，苏文文掉入化粪池死亡的结果系上诉人古田县环境卫生管理处对公厕管理存在瑕疵及死者苏文文自身安全防患意识不高所致。死者苏文文作为成年人未尽到注意义务，对损害的发生有过错，亦应承担一定的责任。一审判决确认上诉人古田县环境卫生管理处承担70%的责任，死者苏文文承担30%的责任，应予以维持。上诉人苏昌钦、高爱琴在一审诉状中主张的因其儿子苏文文死亡的补偿费60150元及丧葬费7925元应予以支持。其主张打捞和清洗尸体费用7200元予以部分支持。其主张的购买冰砖、寿衣、“金银”、香烛费用已包含于丧葬费内，不予支持。认定上诉人苏昌钦、高爱琴因其儿子苏文文死亡的损失为补偿费人民币60150元、丧葬费7925元、打捞和清洗苏文文尸体费3000元、尸检费300元，共计人民币71375元，上诉人古田县环境卫生管理处应承担70%的赔偿责任，即人民币49962.50元。上诉人苏昌钦、高爱琴自行承担30%的责任。一审法院认定事实清楚，责任承担恰当，适用法律正确。但一审关于打捞和清洗苏文文尸体的费用认定过高，应予以变更。

236. 当事人在暴风雨中在围墙下避雨，后围墙倒塌致当事人损害，对此损害结果当事人是否存在过错？

当事人在下班途中因狂风暴雨无法前进，穿越马路到围墙边躲避风雨，当事人不可能预知围墙会倒塌从而对自己产生损害结果，其在围墙边躲雨的行为与围墙倒塌造成损害结果之间无法律上的因果关系，受害人自身不存在过错。

237. 某公司的围墙在暴风雨中倒塌致他人损害，该公司能否主张不可抗力而免责？

大风、雷电和冰雹天气确为不能避免，但不能说不可预见、不能克服。建造围墙本身就要根据所能预见的最大限度来设计工程，从而达到避免相应自然现象造成损害的效果，因此上诉人在围墙的设计、施工和质量、管理上均应在预见到常见的自然现象的基础上，根据围墙本身的用途，使之达到在技术条件许可下的相当大的抗御值。建筑物的管理人未能提供有效证据证明其围墙在设计、施工和质量、管理上均已达到了相应的抗御值以及当天的恶劣天气是损害发生的唯一原因，显然就不能以不可抗力免除因其围墙倒塌引起的民事责任。

典型疑难案件参考

宓安春等诉浙江省嵊州市浦东织造有限公司建筑物致人损害赔偿纠纷案

基本案情

2002年3月20日，受强对流天气影响，嵊州市局部地区出现大风雷电和冰雹天气，大风时间分别为21时15分和次日0时08分至0时19分，大风风力为21m/s（9级）。当晚24时许，死者茹燕飞与另两名女工张金莲、赵苏芹一起从嵊州市华东织造厂下班回家，行至被告嵊州市浦东织造有限公司时，在被告的一堵空心水泥砖围墙边躲雨，围墙突然倒塌，三人均被压住，后被他人送往嵊州市人民医院抢救，茹燕飞经抢救无效死亡，张金莲与赵苏芹经医治均于2002年4月17日出院。2002年5月四原告诉至法院要求被告赔偿损失。

2002年3月22日嵊州市建筑工程质量监督站作出“关于浦口街道办嵊州市浦东织造有限公司围墙倒塌的工程质量的技术鉴定”，认为被告外墙无凸出砖垛，内墙有5个砖垛，内侧无粉刷，围墙没有压顶、无圈梁，整片围墙砌筑未按小砌块砌筑规范施工，另外，由于2002年3月20日晚上24时左右下着大雨、刮大风9级，引起整片围墙倒塌的工程质量事故。2002年6月3日被告向法院提出申请，要求对倒塌的围墙重新进行工程质量技术鉴定。2002年7月29日法院根据被告的申请分别委托绍兴市房屋安全鉴定委员会和绍兴市建筑工程质量监督总站对被告的围墙是否符合正规设计要求及围墙本身是否存在安全隐患等问题作出鉴定，绍兴市房屋安全鉴定委员会于2002年9月2日作出答复，认为对单独围墙安全鉴定不予受理，绍兴市建筑工程质量监督总站于2002年9月18日作出答复，认为质监站只负责施工阶段的工程质量监督，一般不作竣工工程的质量事故鉴定。

另查明，死者茹燕飞经抢救花去各种抢救费用355.9元。死者茹燕飞（出生于1972年8月1日）系宓安春之妻，宓茹萍之母，茹金永、张爱花之女，茹金永、张爱花生有三个子女。本案事发后，被告已支付原告方人民币6000元。

一审诉辩情况

原告宓安春、宓茹萍、茹金永、张爱花诉称：2002年3月20日晚12时许，四原告之亲属茹燕飞与另两名同事一起下班骑自行车回家，途经嵊州市浦东织造有限公司外面时，被该公司突然倒塌的围墙压住，后被人挖出，茹燕飞送医院抢救无效死亡。原告认为，被告是围墙的所有人，其围墙沿公路边而建，理应保障安全，但其围墙突然倒塌，致茹燕飞死亡，被告应对此承担赔偿责任。现请求法院判令被告赔偿医疗费715.90元、死亡补偿费65740元、丧葬费2000元，被抚养人生活费63360元，共计人民币131815.90元。

被告嵊州市浦东织造有限公司辩称：原告的亲属茹燕飞是由于被告倒塌围墙压死属实，但2002年3月20日子夜嵊州市部分地区所出现的狂风暴雨和冰雹是一种不可抗力的自然现象，这种现象的发生不但被告主观上无法预见，客观上也不可能克服与避免，因此，被告的围墙倒塌是任何人无法克服的意外事故，属不可抗力；同时茹燕飞是到被告的围墙边躲雨才被倒塌的围墙压死，故原告方请求赔偿之诉与被告之间不存在法律上的因果关系，根据《民法通则》第107条的规定，被告无须承担民事责任，请依法驳回原告的诉讼请求。

一审裁判结果

浙江省嵊州市人民法院根据《中华人民共和国民法通则》第126条、第119条的规定，于2002年11月6日作出如下判决：

一、被告嵊州市浦东织造有限公司赔偿给四原告因茹燕飞死亡的死亡补偿费65740元，丧葬费2000元，抢救费355.90元，共计人民币68095.90元，款除已付6000元，余款62095.90元限判决生效之日起10日内付清；

二、被告嵊州市浦东织造有限公司分别支付给原告宓茹萍生活费11880元，原告茹金永生活费14080元，原告张爱花生活费17600元，共计人民币43560元，款限判决生效之日起10日内付清；

三、驳回原告宓安春、宓茹萍、茹金永、张爱花的其余诉讼请求。

案件受理费4150元，由四原告负担550元，被告负担3600元。

一审裁判理由

浙江省嵊州市人民法院认为：建筑物倒塌、脱落、坠落造成他人损害的，其所有人和管理人应当承担民事责任，但能够证明自己没有过错的除外。本案被告未能举证证明自己没有过错，且死者茹燕飞行至被告围墙边躲雨与该围墙倒塌没有因果关系，故对被告提出本案适用不可抗力，不应承担民事赔偿责任的主张，理由不足，法院不予支持，被告应对其围墙倒塌致人伤亡的事实承担民事赔偿责任。至于四原告请求赔偿项目中计算有误部分应予纠正；四原告请求赔偿医疗费中的360元的费用，已包含在丧葬费内，不属本案赔偿范畴，对该部分费用不予支持。庭审中，原告方同意对被告已支付的6000元款项在赔偿款中予以扣减，系原告真实意思的表示，法院予以认可。

二审诉辩情况

上诉人浦东织造有限公司诉称：（1）一审事实认定遗漏重要环节，即茹燕飞等三人下班沿浦口街道新浦路由西向东途经上诉人单位时，因狂风暴雨无法前进，茹等三人从路右边（南面）推自行车折向左边上诉人单位的围墙边躲避风雨，突然围墙受大风袭击而倒塌，三人被压，造成一死二伤。从以上事实可以说明茹等三人是主动穿过公路去上诉人的围墙边避风的，故茹燕飞等三人主观上对本案损害事实的发生也有过错。（2）一审采信嵊州市建筑工程质量监督站的技术鉴定作为定案证据不当。该鉴定系一审原告举证，在一审交换证据及庭审过程中上诉人就提出异议，认为县、市一级监督站不具有作出鉴定的职责，而围墙也没有法定质量标准可以参照。后一审法院根据上诉人的申请先后委托绍兴市建筑工程质量监督总站及绍兴市房屋安全鉴定委员会进行重新鉴定，均被告知不予受理和不作鉴定。然而一审法院竟置这一事实不顾，单方面采信嵊州市建筑工程质量监督站的技术鉴定，作为认定上诉人有过错的重要依据，显然是不公正的，也是不科学、不客观的。根据最高人民法院《关于民事诉讼证据的若干规定》第65条关于单一证据审核认定应当遵循的规则是首先要对证据是否具有证据能力，是否具有证明力以及形式、来源是否符合法律规定作出认定。一审法院没有对该证据进行严格审核而予以采信，是错误的，请二审不予认定。（3）一审适用法律不当。上诉人的围墙倒塌原因完全是由于嵊州市局部地区2002年3月20日21时15分和次日0时8分至0时19分出现的大风、雷电和冰雹天气所造成的，这是一起人力所不能抗拒的自然现象所造成的损害，人力所不能预见、不能避免并不能克服的客观情况。正由于本案损害结果的发生是不可抗力的自然现象所造成的，因此上诉人无过错。一审判决置本案发生损害的客观原因于不顾，竟然适用《民法通则》第 126 条判令上诉人承担全部赔偿责任，而未同时适用《民法通则》第 107 条，实在有失公正。综上，请求二审撤销原判，驳回一审原告的诉讼请求。

四被上诉人宓安春、宓茹萍、茹金永、张爱花辩称：首先，茹燕飞主观上无过错。因为围墙的倒塌与否，与茹燕飞等人是否在躲避风雨无因果关系，而上诉人至今未能举证茹燕飞等人实施了推、拉或铲、挖围墙等足以使围墙倒塌的行为，因此上诉人作为围墙的所有者应承担因围墙倒塌致人损害所造成的赔偿责任；其次，上诉人的围墙质量不合格，致围墙倒塌，理应承担赔偿责任；最后，2002 年 3 月 21 日凌晨的 9 级风力不是上诉人围墙倒塌的不可抗力因素，上诉人未能就围墙的倒塌是由于不可抗力因素举证，其应当承担围墙倒塌造成茹燕飞死亡的赔偿责任。综上，请求二审驳回上诉，维持原判。

二审裁判结果

浙江省绍兴市中级人民法院根据《中华人民共和国民事诉讼法》第 153 条第 1 款第 1 项之规定，于 2003 年 1 月 10 日作出如下判决：

一、驳回上诉，维持原判；

二、二审案件受理费 4150 元，其他诉讼费 50 元，合计 4200 元，由上诉人嵊州市浦东织造有限公司负担。

二审裁判理由

二审经审理认定的事实与原审判决认定的事实一致。

为证明自己的上诉主张，上诉人在二审庭审中提供了一系列证据，因这些证据均不属于一审庭审结束后新发现的证据，四被上诉人不同意质证，故二审不予采纳。

浙江省绍兴市中级人民法院认为：从我国《民法通则》第 126 条关于“建筑物或者其他设施以及建筑物上的搁置物、悬挂物发生倒塌、脱落、坠落造成他人损害的，它的所有人或者管理人应当承担民事责任，但能够证明自己没有过错的除外”的规定看，我国法律对建筑物致损的民事责任采用了过错推定的归责方式。作为建筑物致损的民事案件原告人，如能举证证明以下事实成立，即：（1）被告为正当的责任当事人；（2）存在建筑物或者其搁置物、悬挂物倒塌、脱落、坠落之事实；（3）原告受有损害；（4）建筑物或其搁置物、悬挂物倒塌、脱落、坠落的事件与原告所受损害之间有因果关系。而被告不能证明自己没有过错，即可宣告被告的民事责任成立。

在本案中，四被上诉人作为一审原告，在一审中对责任证明的上述四项要件已举证证实。上诉人在二审中主张免责，主要持以下两个抗辩事由：一是死者茹燕飞自身有过错；二是不可抗力。针对第一个抗辩事由，法院认为，上诉人主张的茹燕飞等三人在下班途中因狂风暴雨无法前进，穿越马路到上诉人的围墙边躲避风雨、脱掉雨衣的事实确实存在，但茹燕飞等三人不可能知道其穿越马路去围墙边躲避风雨的行为会产生本案的损害结果，一般人在同等情况下也无法预见到有可能发生这样的结果，而且她们的行为本身并不具有引起围墙倒塌造成损害后果的可能性，即这一行为与围墙倒塌造成损害结果之间无法律上的因果关系，故上诉人主张的茹燕飞自身有过错的抗辩事由不能成立。关于第二个抗辩事由不可抗力问题，上诉人主张其围墙倒塌是因事发当日当地大风、雷电和冰雹天气所致，此自然因素即为不可抗力，因而依照《民法通则》第107条不可抗力的规定，其不应承担民事责任。法院认为，根据我国《民法通则》第153条之规定，不可抗力是指不能预见、不能避免并不能克服的客观情况。在本案中，大风、雷电和冰雹天气确实是一种自然力因素，但不是任何自然力因素或者常年不遇的自然力因素的出现就构成不可抗力。大风、雷电和冰雹天气确为不能避免，但不能说不可预见、不能克服。建造围墙本身就要对这种自然现象进行预见，即根据所能预见的最大限度来设计工程，从而达到避免相应自然现象造成损害的效果，因此上诉人在围墙的设计、施工和质量、管理上均应在预见到常见的自然现象的基础上，根据围墙本身的用途，使之达到在技术条件许可下的相当大的抗御值。上诉人只有举证证明当天的自然现象所达到的程度已超出了其围墙的抗御值范围，才能认定不可抗力成立。同时，上诉人要主张以不可抗力免责，还应举证证明不可抗力是损害发生的唯一原因，即当事人对损害的发生或扩大不能产生任何作用。如果当事人的行为也是损害的发生或扩大的原因之一，对损害的发生也有过错，即发生不可抗力与当事人过错的原因竞合，当事人也不能以不可抗力免责。现因上诉人在一、二审中均未能提供有效证据证明其围墙在设计、施工和质量、管理上均已达到了相应的抗御值以及当天的恶劣天气是损害发生的唯一原因，显然就不能以不可抗力免除因其围墙倒塌引起的民事责任。至于上诉人提出的嵊州市建筑工程质量监督站作出的技术鉴定是否可予采信的问题，法院认为，原审判决并未采信整个技术鉴定的证明效力，而上诉人未能提供充分证据推翻技术鉴定中涉及的有关技术勘察内容，故原审对此予以采信并无不当。综上，原审判决认定事实清楚，适用法律正确。

（二）公共道路妨碍通行损害责任纠纷

238. 行为人擅自在公路上堆放物品，影响公路的正常通行而引发的特殊人身损害赔偿纠纷，公路的所有人和管理人是否应当承担民事赔偿责任？

行为人无视交通安全，擅自在道路上堆放建筑物，占用道路影响通行，公路管理局作为行政机关，对属其所有或管理的构筑物（即道路）不履行或者不适当履行行政管理职权，致使道路欠缺所应具备的安全性，存在管理瑕疵，致他人受到伤害，应当承担民事连带赔偿责任。

典型疑难案件参考

年福荣、周万华诉施金学、蚌埠市公路管理局人身损害赔偿纠纷案

基本案情

两原告系夫妻。2004 年 8 月 9 日下午 13 时许，两原告之子年波无证驾驶无牌号的二轮摩托车从唐集返回找郢乡，沿 S225 线自西向东行至怀远县唐集镇翟陈村境内 26km ＋950m 处时，由于避让相向的货车，撞到被告施金学擅自堆放在该公路南侧（即右侧）的石子堆上（石子堆高度为 30cm—40cm，面积为 140cm ×150cm，石子堆中心距路边约 2m），致使车辆失控倒地，造成年波当场死亡的重大交通事故。事故发生后，怀远县交通警察大队即对现场进行勘查、取证，并根据交通事故当事人的行为对交通事故所起的作用和过错严重程度，做出怀公交〔2004〕101 号交通事故认定书，认定年波和被告施金学负事故同等责任。因赔偿问题两原告起诉到法院。

2003 年，安徽省城镇居民人均可支配收入为 6778 元，职工月平均工资标准为 881.75 元，护理费的劳务报酬标准为 29 元/天。年波系淮北煤炭师范学院 2004 年毕业生，具有高级中学教师资格。

一审诉辩情况

原告年福荣、周万华诉称：2004 年 8 月 9 日下午 13 时许，两原告之子年波驾驶摩托车从唐集返回找郢乡，在行至唐集镇翟陈村 26km5 ＋950m 处时，由于避让相向的货车，撞到被告施金学擅自堆放在公路南侧的石子堆上，致使

车辆倒地，年波身负重伤。被告施金学在现场不仅不对年波进行抢救和报案，反而想转移石子逃避责任，年波由于延误抢救而死亡。事故发生后，怀远县交通警察大队作出怀公交〔2004〕101号交通事故认定书，认定年波和被告施金学负事故同等责任。原告认为此认定书与事实不符，年波应负次要责任。根据《中华人民共和国公路法》第43条和最高人民法院《关于审理人身损害赔偿案件适用法律若干问题的解释》第16条的规定，被告施金学在公路上堆放石子，蚌埠市公路管理局没有尽到管理责任，保持道路的完好、安全是造成年波死亡的重要因素，应当承担赔偿责任。因此要求两被告赔偿死亡补偿金67780元，丧葬费2645.25元，交通费200元，误工费139.5元，住宿费200元，精神抚慰金25000元，合计95964.75元。

被告施金学未作答辩，也未向法院提供证据。

被告安徽省蚌埠市公路管理局辩称，被告不应作为本案的被告，也不应当承担赔偿责任。因为年波的死亡是其与被告施金学各自的责任造成的。另外，原告方混淆了公路建设管理和公路交通安全管理的概念和区别，对《中华人民共和国公路法》第43条的理解也存在错误，第43条指的是交通管理部门而不是被告公路局。根据《中华人民共和国道路交通安全法》第5条，第104条和《中华人民共和国公路法》第75条及怀远县政府〔2003〕66号文件、〔2004〕67号文件等规定，请法庭依法驳回原告要求被告赔偿经济损失的诉讼请求。

一审裁判结果

怀远县人民法院依照《中华人民共和国民法通则》第106条第2款，第119条，第130条的规定，判决如下：

一、被告施金学于本判决生效之日起5日内赔偿原告年福荣、周万华之子年波死亡的补偿费、丧葬费及两原告的误工费、交通费、住宿费、精神抚慰金合计80730.75元，被告蚌埠市公路局负担连带赔偿责任；

二、案件受理费4420元，办案实际支出费用2210元，邮资费100元，合计6730元，由两原告负担2130元，被告施金学负担4600元。

一审裁判理由

怀远县人民法院经审理认为，被告施金学无视交通安全，擅自在公路上堆放建筑材料，占用道路，影响通行，造成重大交通事故，其行为违反了《中华人民共和国道路交通安全法》第31条、第104条的规定，依法应当承担赔偿责任。年波无证驾驶无牌照摩托车，且未按规定戴安全帽，其行为违反了《中华人民共和国道路交通安全法》第19条第1款、第51条的规定。根据年波与被告施金学的行为对交通事故所起的作用和过错程度，被告施金学和年波应当负担此起交通事故的同等责任。原告认为年波应负此起交通事故的次要责任的主张，法院不予支持。因此被告施金学应当负担给两原告造成损失的50%的赔偿责任。

被告蚌埠市公路局作为该事故发生道路的所有者和建设者，依法应当对该公路享有管理和保护权利，有权制止各种非法占用道路的行为，但是被告蚌埠市公路管理局没有认真履行自己的职责，其行为违反了《中华人民共和国公路法》第70条的规定，同时其也没有认真履行怀远县人民政府怀政秘〔2003〕66号文件规定的职责，对该事故的发生存在过失。依照最高人民法院《关于审理人身损害赔偿案件适用法律若干问题的解释》第3条第1款和第16条的规定，应当对被告施金学的行为给两原告造成的损失承担连带赔偿责任。鉴于此起交通事故造成年波死亡，给两原告造成一定的精神损害，故两原告要求被告赔偿其精神抚慰金的诉讼请求，法院应予以支持，但两原告要求赔偿25000元的精神抚慰金过高，根据本案情况，可酌情赔偿10000元。根据原告提供的证据材料，以3人参加处理该事故，每人3天计算误工费为宜。综上，被告施金学应赔偿两原告年波死亡的补偿费135560元、误工费261元、丧葬费5290.5元、交通费200元、住宿费150元，合计141461.5元的50%即70730.75元，精神抚慰金10000元，合计80730.75元。

二审诉辩情况

一审宣判后，被告蚌埠市公路管理局不服提出上诉。理由是：行政机关不履行或者不适当履行行政管理职权，应承担的是行政责任而非民事责任。况且，《中华人民共和国公路法》第43条规定，县级以上地方人民政府交通主管部门，通过努力，可以实现公路的完好、安全和畅通。如果依照原审判决的逻辑，公安机关应当对交通事故责任人的赔偿承担连带责任，生产安全管理机关应当对生产中责任事故行为人的赔偿承担连带责任。

原审法院依照最高人民法院《关于审理人身损害赔偿案件适用法律若干问题的解释》第16条的规定，认定事故的发生是因为上诉人对道路维护、管理瑕疵造成的，也属错误。道路维护、管理瑕疵是指道路本身因设计、施工和维修养护不当而欠缺通常所应具备的安全性。被害人发生交通事故的路段不是因设计、施工和维修养护不当造成道路不具有安全性造成的，该条司法解释的规定不适用于本案。综上所述，请求依法撤销原判，改判上诉人不承担连带责任。

二审裁判结果

蚌埠市中级人民法院受理后，蚌埠市公路管理局申请撤回上诉。蚌埠市中级人民法院裁定：准许上诉人蚌埠市公路管理局撤回上诉，各方均按原审法院判决执行。

（三）地面施工、地下设施损害责任纠纷

239. 在多因一果的人身损害赔偿案件中，法官应如何确定行为人的行为与人身损害结果之间因果关系的有无和大小？

因果关系是人身侵权责任构成所必须具备的要件之一。法官在审理人身侵权损害赔偿案件中，确定行为人的行为与人身损害结果之间有无因果关系，应按照相当因果关系理论作出判断。在共同侵权责任中，确定各侵权人所应承担的赔偿责任，应以各行为人的行为对损害结果发生所起作用的大小为准进行衡量。

典型疑难案件参考

张春芳、李新华诉新疆昌吉市农业综合开发领导小组办公室、新疆昌吉市三工镇中心学校等人身损害赔偿纠纷案

基本案情

2005年9月26日，被告新疆昌吉市农业综合开发领导小组办公室（以下简称综合开发办公室）作为甲方与被告昌吉州建发实业有限责任公司（以下简称建发公司）签订施工合同一份，综合开发办公室将被告昌吉市三工镇庙工村村民委员会（以下简称庙工村委会）的低改项目中的农田机耕路建设（全长18.6公里）通过招标方式发包给建发公司。建发公司在庙工村七组地段施工期间，为方便挖取砂石，在村乡道路林带边用机械挖土取砂石，以致在林带边形成了一个约1.7米深的土坑。庙工村浇灌农田时，由于所建设的机耕路的过水涵管较小，而水流过大，致使溢水灌满了沙坑。2006年6月25日中午14时50分左右，两原告之子李某在被告昌吉市三工镇中心学校（以下简称镇中心学校）补课完后与其他同学回家途中路经被告建发公司施工所遗留的已灌满水的沙坑，即与同学入水坑玩耍。李某溺水，经120急救无效而死亡。二原告在与被告协商赔偿无果后即诉至法院要求四被告赔偿各项经济损失共计79243.61元。

一审诉辩情况

原告诉称：2006 年 6 月 25 日中午 14 时左右，原告之子李某（12 岁）从庙工村小学补课回家途中，因天气炎热与其他同学共同去公路旁的水坑下水玩耍，不慎溺水身亡。经查，该水坑所在地段属被告昌吉市三工镇庙工村二组所有，为建设农田机耕路，昌吉市农业综合开发办以发包方名义将庙工村的农田路建设工程发包给昌吉州建发实业公司施工，昌吉州建发实业公司作为施工方在施工过程中挖坑取沙，工程完工后却未将沙坑填埋。2006 年 6 月 25 日庙工村七组从公路边渠道放水浇地时，渠水流入沙坑后形成水坑，引发该起事故。另查，事发当日系星期天，庙工村小学在休息日安排学生补课两小时，李某在补完课回家途中发生该事故。原告认为由于施工方在公路旁边挖坑取沙，在工程完工后又未恢复原状，留下安全隐患。发包方昌吉市农业综合开发办未尽到监督施工方安全施工的义务，所有权人昌吉市三工镇庙工村村民委员会未尽到注意排除安全隐患和对物的正确管理职责，上述各方的共同过错导致李某溺水死亡事故的发生，给原告造成中年丧子的巨大悲痛，带来了无以言喻的精神创伤。原告为了维护自身合法权益，诉至人民法院，请求判令被告赔偿原告之子李某溺水死亡事故给原告造成的各项损失 79243.61 元（其中丧葬费 7779 元、死亡赔偿金 49640 元、尸检费 300 元、抢救费 35 元、“120”救护车出诊费 15 元、救护车车费 67.5 元、门诊医疗费 27.63 元、交通费 268.10 元、误工费用 596.68 元、精神抚慰金 20000 元、照相费 50 元、打印费 60 元、医疗费 404.75 元），本案诉讼费由被告承担。

被告昌吉州建发实业有限责任公司辩称：对于原告起诉的基本事实没有异议；对于事故的发生，被告认为就像原告诉状中所说的几个被告都有责任，被告有一定的责任。

被告昌吉市农业综合开发领导小组办公室辩称：对于原告所诉的基本事实没有异议，但被告认为原告要求被告承担责任缺乏相关的法律及事实依据，被告不应承担责任。

被告新疆昌吉市三工镇庙工村村民委员会辩称：对于原告所诉的事实没有异议，但在具体时间上有异议，准确时间是 14 点 50 分。被告不是承包人，不应当承担任何责任。

被告新疆昌吉市三工镇中心学校辩称：对于事实部分没有异议，被告没有要求在星期六或星期天来学校补课，这是自愿的。被告在本案中没有责任。

一审裁判结果

昌吉市人民法院依照《中华人民共和国民事诉讼法》第 64 条第 1 款、第

3 款，《中华人民共和国民法通则》第 98 条、第 106 条第 2 款、第 119 条、第 130 条、第 131 条、第 134 条第 1 款第 7 项之规定，判决如下：

一、原告张春芳、李新华之子李某溺水死亡的丧葬费 7779 元、死亡赔偿金 49640 元、尸检费 300 元、抢救费 35 元、“120”救护车出诊费 15 元、救护车费 67.5 元、门诊医疗费 27.63 元、交通费 268.10 元、误工费 596.68 元、照相费 50 元、打印费 60 元，以上共计 58838.91 元，由被告建发公司承担 60% 即 35303.33 元，庙工村委会承担 20% 即 11767.78 元，原告张春芳、李新华自行承担 20% 即 11767.78 元；

二、被告建发公司赔偿原告精神抚慰金 5000 元；

三、被告综合开发办公室不承担民事赔偿责任；

四、被告镇中心学校不承担民事赔偿责任；

五、驳回原告的其他诉讼请求。

一审裁判理由

昌吉市人民法院经审理认为：被告综合开发办公室与被告建发公司签订了农田机耕路建设施工合同，建发公司在乡村道路林带边挖坑取砂石后，未将取砂石中所形成的坑填土恢复原状，消除安全隐患，致使庙工村进行农田灌溉时因机耕路的涵管口较小而溢出流水将该坑灌满，使原告之子李某在水坑中玩耍溺水身亡，对此，作为承包方的被告建发公司负有过错，应承担相应的民事责任；被告综合开发办公室虽系机耕路建设工程的发包方，但其仅按照昌吉市政府统一部署履行农业开发职能，既不是机耕路的所有权人，亦不是受益人，其对此不应承担民事责任；被告庙工村委会作为机耕田路的所有人及受益人，其虽然对被告建发公司施工中的不正确行为进行了阻拦，但其阻拦不彻底，对此亦应承担相应的民事责任；受害人李某在被告镇中心学校上学放学后离开学校，该校不再负有监护责任，其在回家途中发生事故，镇中心学校不应承担民事责任。原告张春芳、李新华作为死者李某的法定监护人，对李某负有监护责任，其未尽到监护责任，对事故发生亦应承担相应的民事责任。综上，对原告所主张的赔偿数额，被告建发公司承担 60%，被告庙工村委会承担 20%，原告自行承担 20%。被告综合开发办公室、镇中心学校因无过错，不承担民事赔偿责任。对原告主张的精神抚慰金，以赔偿 5000 元较为妥当。原告主张赔偿因受此事故打击而住院治疗发生的费用 404.70 元，因与侵权人行为无直接关系，法院不予支持。

二审诉辩情况

建发公司上诉称：原审判令由上诉人承担 60% 的赔偿责任，而被上诉人庙工村委会承担20%的责任，显失公平；被上诉人张春芳、李新华承担20%的责任也显过轻；被上诉人镇中心学校在法定休息日安排学生补课，对发生学生溺水身亡的后果亦应承担一定的责任。

被上诉人镇中心学校答辩称：建发公司在学校附近挖坑施工未进行修复，也未设立防护设施和醒目的警示标志，是造成受害人李某溺水身亡的主要责任人。学校在星期天补课是家长要求、学生自愿的，教师牺牲休息时间无偿为学生补课，并无不当，当然不应承担赔偿责任。请求驳回上诉，维持原判。

被上诉人庙工村委会答辩称：上诉人先违反法律规定，后又违反合同约定，在施工过程中开挖了近2米的深坑，且在完工后对深坑未进行修整，以致造成李某溺水身亡的后果，其应承担完全的民事赔偿责任。请求二审法院免除被上诉人的责任。原审判令由被上诉人承担20%的赔偿责任无法律依据。

二审裁判结果

昌吉回族自治州中级人民法院依照《中华人民共和国民事诉讼法》第153条第1款第2项之规定，判决如下：

一、撤销昌吉市人民法院〔2006〕昌民一初字第2815号民事判决；

二、被上诉人张春芳、李新华之子李某溺水身亡的丧葬费7779元、死亡赔偿金49640元、尸检费300元、抢救费35元、“120”救护车出诊费15元、救护车费67.5元、门诊医疗费27.63元、交通费268.10元、误工费596.68元、照相费50元、打印费60元，以上共计58838.91元，上诉人建发公司承担40%即23535.56元，上诉人庙工村委会承担20%即11767.78元，被上诉人张春芳、李新华自行承担20%即11767.78元；被上诉人镇中心学校承担10%即5883.89元；综合开发办公室承担10%即5883.89元；

三、上诉人建发公司、被上诉人庙工村委会、镇中心学校、综合开发办公室共同赔偿被上诉人张春芳、李新华精神抚慰金5000元。

二审裁判理由

昌吉回族自治州中级人民法院经审理认为：上诉人建发公司在庙工村林带边挖沙取土后，对因此形成的深坑未及时填埋，也未在周围设立警示标志，镇庙工村进行农田浇灌时“跑水”，溢满该深坑，造成李某在坑内戏耍而溺水身亡，其应承担赔偿责任，但原审判令由其承担60%的赔偿责任显属不当，应予纠正；被上诉人庙工村委会作为该项工程的受益人，虽然在施工过程中进行了合理的阻止，但“跑水”溢满深坑之后未积极采取安全防护措施，对造成受害人溺水身亡亦应承担相应的赔偿责任；被上诉人镇中心学校在法定休息日组织未成年学生进行补课并无不当，但镇中心学校作为教育机构，还应考虑未成年学生生性活泼、自我约束能力差的特点，采取必要的教育，管理措施，而镇中心学校未做到这一点，其也应承担赔偿责任；作为该项工程的建设方即被上诉人综合开发办公室，在发包该项工程时未要求施工单位对挖沙形成的深坑进行填埋，其亦应承担相应的赔偿责任。二原告作为受害人李某的法定监护人，未尽到监护职责，原审判令由其承担20%的赔偿责任欠当，但鉴于其未提出上诉，法院对该项判决予以维持。综上，原审认定事实清楚，适用法律不当，应予以纠正。

240. 公共场所内施工的，施工管理人未采取安全措施造成他人损害的，同时受害人也有过错的，双方是否都应承担责任？

在公共通道内施工，施工管理人没有尽到足够的安全防范责任，这与受害人滑倒摔伤有直接的因果关系，施工管理人对此存在过错，应当对受害人因此受到的损害承担主要责任。受害人作为具有完全民事行为能力人，应当有在施工现场小心谨慎的意识，因未足够谨慎造成受伤，受害人应当承担次要责任。

241. 商住楼内施工致人员在承租单位办公场所受伤是否属于地面施工致人损害这一特殊侵权？

商住楼并没有禁止人员进出和通行的规定，且租赁房屋的经济组织从事经营活动，其经营场所必然会有工作人员以及客户等人员出入，走廊也是提供给公众通行的，应该属于公共场所，商住楼内施工致人员在承租单位办公场所受伤是属于公共场所地面施工致人损害。

典型疑难案件参考

屈建渝诉四川有色金属公司人身损害赔偿纠纷案

基本案情

成都领事馆路8号万兴苑16楼系中国有色金属工业成都公司划拨给四川

有色金属工业服务公司管理、使用的房屋，四川有色金属工业服务公司对该房屋进行二次装修，并在施工现场搭放了一定的木板在地面上便于该楼层的人员走动。2003 年 1 月 10 日上午，屈建渝从该楼层的北京金远见公司出来，在前往电梯门时，不慎从木板上滑倒摔伤，后被送往四川何氏骨科医院住院治疗，并于同年 4 月 26 日自行要求出院，经诊断为左股骨颈骨折（头下型），屈建渝在住院期间花去医疗费 15081.88 元；同年 5 月至 9 月期间，屈建渝在四川大学华西医院门诊治疗花去费用 2145.5 元；同年 5 月至 11 月期间，屈建渝在钦松中西医诊所门诊治疗花去费用 1416 元；同年 6 月至 2004 年 3 月在四川何氏骨科医院门诊花去费用 3519.7 元。屈建渝支出了交通费 2160 元，通信费 600 元。2003 年 6 月 2 日屈建渝经四川华西法医学鉴定中心鉴定为 8 级伤残，并花去鉴定费 500 元；购买用具花去费用 243 元。之后，屈建渝多次要求四川有色金属工业服务公司赔偿未果，遂诉请本院。

一审诉辩情况

屈建渝诉称：2003 年 1 月 10 日上午，原告去位于领事馆路 8 号的万兴苑 16 楼的北京金远见公司办事后出来，时逢被告正在对其该层进行二次装修。由于正在进行施工，整个通道非常拥挤，地上铺的是未经任何处理的新地砖，本来就非常滑，加之施工工人正在用砂纸打磨墙壁，致使滑石粉大量下落，地面更加滑，而且空气十分浑浊，能见度也很低，整个通道只有一只电灯，地上布满大量的砂粒和粉尘。整个通道及周围没有任何的警示标志，现场也没有任何人员指挥施工及负责安全提示。由于地面状况易滑，原告突然滑倒，无法站立，后被送到何氏骨科进行诊治，结果确诊为股骨颈骨折。后查，进行施工的彭州市第七建筑公司早在 2000 年就已被工商机关注销。综上，被告在进行二次装修时，未聘用符合条件的单位进行施工，在整个过程中严重地置他人人身财产于不顾，未进行任何的危险提示或对施工现场进行及时清洁处理，避免损害事件发生，以致原告受伤，现要求被告支付原告住院费 15081.88 元、门诊费 7131.2 元，残疾用具费 243 元、交通费 2160 元、通信费 600 元、法医鉴定费 500 元、护理费 8200 元、营养费 1060 元、残疾人补助费 32478 元、误工费 38900 元以及精神赔偿金 6000 元。

四川有色金属工业服务公司辩称：原告摔伤的地点并不是对外开放的公共场所，而是专门为承租单位提供的办公场地，原告不是承租人也并非被告的消费者，被告没有保障其人身安全的法定义务；被告在施工场地设置有明显的安全警示标志，同时加强了防范措施，其行为符合法律规定的要求；原告是成年人，应当预见小心行走即可避免摔倒，但是原告为了抢时间乘电梯，疏忽了自我保护意识，疾步未稳摔倒致伤，其过错责任在己，与被告的装修施工没有必然的因果关系；被告在装修期间没有影响承租单位的正常经营活动，也未给承租单位的众多工作人员造成任何不便和人身安全隐患，足以证明被告的施工行为不是造成原告人身损害的直接原因。被告在本案中不存在侵权行为且无任何过错，故要求驳回原告的诉讼请求。

一审裁判结果

成都市武侯区人民法院依照《中华人民共和国民法通则》第 125 条的规定，判决：驳回屈建渝的诉讼请求。

一审裁判理由

成都市武侯区人民法院认为：在公共场所、道旁或者通道上挖坑、修缮安装地下设施等，没有设置明显标志和采取安全措施造成他人损害的，施工人应承担民事责任。公共场所是指公民聚集、共同的活动场所，如道路、广场、影剧院等。道旁与公共道路相连，通道是公路以外的公众通行道路。本案中的装修地点系四川有色金属工业服务公司自己所有的房屋，其不同于一般意义上的公共场所、通道。同时四川有色金属工业服务公司在装修场地铺设了一定的木板用于楼层的工作人员行走，其采取了安全措施，而且屈建渝作为一个具有完全民事行为能力人，其应当预见在装修现场应小心谨慎，而未谨慎造成摔倒，其责任不在于四川有色金属工业服务公司，故屈建渝要求四川有色金属工业服务公司赔偿的理由不充分，不予支持。关于屈建渝提出四川有色金属工业服务公司聘用了无资质的施工单位进行装修的问题，因四川有色金属工业服务公司系对其自身的房屋进行装修，不同于其他施工工程，故是否有资质的问题不能作为屈建渝赔偿的依据，故对其此主张不予支持。

二审诉辩情况

宣判后，屈建渝不服，向成都市中级人民法院提起上诉。

二审裁判结果

成都市中级人民法院依照《中华人民共和国民事诉讼法》第 153 条第 1 款 3 项，《中华人民共和国民法通则》第 106 条第 2 款、第 125 条、第 131 条之规定，判决如下：

一、撤销成都市武侯区人民法院〔2004〕武侯民一初字第 131 号民事判决；

二、四川有色金属工业服务公司于本判决书生效之日 15 日内向屈建渝支付赔偿费 68968.81 元；

三、驳回屈建渝的其他诉讼请求。

一审案件受理费 5865 元，二审案件受理费 3910 元，共计 9775 元，由上诉人屈建渝负担 2933 元，被上诉人四川有色金属工业服务公司负担 6842 元。

二审裁判理由

成都市中级人民法院认为：成都市领事馆路 8 号万兴苑系商住楼，对该楼 16 层进行管理、使用的服务公司将该楼层出租给金远见公司等单位从事经营活动。万兴苑及 16 楼并没有禁止人员进出和通行的规定，且租赁房屋的经济组织从事经营活动，其经营场所必然会有工作人员以及客户等人员出入，16 楼走廊也是提供给公众通行的，应该属于公共场所。被上诉人服务公司辩称走廊不是公共场所的理由不能成立。被上诉人服务公司在该公共场所进行装修，应当采取充分的安全保障措施并设置明显的警示标志。上诉人提供的金远见公司职员范世洪、胡尧、经理周全的证词均证明了万兴苑 16 楼地面很滑，上诉人屈建渝在走廊上摔倒后，为防止再发生类似事件，由胡尧书写“小心地滑”的警示牌张贴在走廊上的事实。上述证人胡尧、周全虽然未出庭，但向法庭说明了理由，并提供了书面证词，且其证词能与证人范世洪的证词相互印证，法院对证人范世洪、胡尧、周全的证词予以采信。被上诉人认为成都万科物业管理有限公司万兴苑管理处（负责万兴苑物业管理）出具的书面说明以及物管经理袁明伟、保安王显军的证词可以证明被上诉人服务公司在屈建渝摔倒之前已经在走廊上设置了“小心地滑”的警示标志这一事实。对此，法院认为，上述三份证据证明的是物管公司在得知屈建渝摔伤后，到现场进行查看时，发现走廊上有一块警示牌，并没有证明该警示牌是在事发前由服务公司设置的，且其证明内容与胡尧、范世洪等人的证词内容相吻合。因此，对被上诉人认为警示牌系由其在事发前设置的主张，法院不予采信。被上诉人服务公司在金远见公司门口的走廊地面上放置一块木板供通行时使用，说明走廊地面确需采取防护措施，但木板与电梯门之间却没有采取同样的措施，其安全措施是不充分、不到位的。基于上述理由，法院认为，被上诉人在公共通道内施工，没有尽到足够的安全防范责任，这与上诉人屈建渝滑倒摔伤有直接的因果关系，服务公司对此存在过错，应当对屈建渝因此受到的损害承担主要责任。上诉人屈建渝作为具有完全民事行为能力人，应当有在施工现场小心谨慎的意识，因未足够谨慎造成受伤，屈建渝应当承担次要责任。对于屈建渝的损失，法院确认如下：住院费 15081.88 元、门诊费 7131.20 元、鉴定费 500 元，因被上诉人服务公司没有异议，法院予以确认。上诉人屈建渝左股骨头骨折，导致行动受限，需要借助残疾用具行走，生活中需要人护理，上诉人屈建渝提供了购买双拐一副的发票和护理人员领取护理费的收据，被上诉人没有证据否认上述两项费用的真实性和合理性，故法院对残疾用具费160元和护理费8200元予以确认。上诉人屈建渝出具所在单位开具的2002年收入情况的证明，被上诉人认为应当由劳动部门出具屈建渝的误工损失的理由不能成立。屈建渝的收入高于本市人均生活费的三倍以上，应按三倍计算。根据四川何氏骨科医院出具的出院证明和病情证明，屈建渝的误工时间应从2003年1月10日起至2004年9月27日止，误工费为5413元÷12个月÷20.92天×3倍×（20.92天×19个月+35天）=27975.79元。屈建渝经鉴定为八级伤残，残疾人生活补助费为5413元×20年×30%=32478元。屈建渝主张的交通费2160元数额过高，法院酌情确定为1000元。对屈建渝要求赔偿精神赔偿费6000元的主张法院予以支持。以上各项费用共计98526.87元，按照前述责任分担的原则，由被上诉人服务公司负担70%，其余30%由上诉人屈建渝自行负担。上诉人主张通信费600元、营养费1060元以及电视收视费、购买暖手炉等，缺乏法律依据，法院不予支持。屈建渝要求对一审开庭后至二审期间又产生的医疗费用2504.7元、交通费600元一并判决，因一审没有对此进行审理，双方当事人也不能就此达成调解协议，故对屈建渝的该诉讼主张，本案不做处理。综上所述，原审判决认定事实不清，适用法律不当，应予纠正。

242. 地面施工导致交通事故的，如果受害人有过错，是否能免除造成损害者的赔偿责任？

施工管理人虽在道路施工起始两端设置有警示标志，但《中华人民共和国道路交通管理条例》第66条第3款规定，对于没有封闭中断交通的道路施工现场，需车辆绕行的，施工方须设置明显警示标志和安全防围设施，保证车辆和行人的安全。竣工后，须及时清理现场，修复路面和道路设施。施工管理人没有尽到施工单位应尽的安全注意义务，是造成事故的主要原因，应承担主要民事责任；受害人作为车辆驾驶员明知道路未全部通行，应注意谨慎驾驶，其酒后驾驶无牌证车辆，车速过快，采取措施不力，也是造成事故的重要原因，操作不当亦有过错，应承担次要民事责任。

典型疑难案件参考

郭俭银、商声远、商振悦、商秀娟、刘婷婷诉湖北省宜昌市夷陵区公路管理段、四川省泸县建筑安装工程总公司、四川省沪县建筑安装工程总公司宜昌分公司人身损害赔偿纠纷案

基本案情

2003 年 4 月 30 日晚 10 时许，原告亲属商克科驾驶农用运输车运木材返回龙泉镇，当车行至土峡公路 14km + 500m 处，因该路段扩建施工作业，在道路两侧不规则堆放长 9.0m × 宽 4.0m × 高 1.1m 和长 10.4m × 宽 3.3m × 高 0.85m 的沙石料，商克科在驾车绕行沙石料时，致使车辆翻入道路左侧 5.22m 深的柏临河中，造成商克科当场溺水身亡，乘车人受伤，车辆受损的重大交通事故。事故发生后，交警部门作出责任认定，商克科对此次事故负全部责任。

一审诉辩情况

五原告于 2004 年 6 月 22 日诉至法院，要求判令三被告支付原告因商克科死亡赔偿金、丧葬费、误工费、交通费、车损费、被扶养人生活费、精神抚慰金等共计 146945.49 元。审理中，五原告变更诉讼请求，要求三被告支付赔偿费用共计 149424.07 元。

被告夷陵公路段辩称，被告不是具体的施工者，直接参与工程施工者是泸县建安宜昌分公司，原告要求被告承担责任无法律依据。请求驳回原告要求被告赔偿的诉讼请求。

被告沪县建安公司、泸县建安宜昌分公司辩称，原告认定事实错误，施工单位不是乱堆乱放，当时的道路视线很好，商克科在驾车行驶过程中翻车导致死亡，是因为死者商克科酒后驾车，疏忽大意，操作不当所致。原告要求被告承担责任无法律依据，请求驳回原告要求被告赔偿的诉讼请求。

该案经审理查明：商克科 1960 年 × 月 × 日出生，系原告郭俭银之夫，商声远之子，商振悦、商秀娟之父，刘婷婷之继父。商声远共生育 7 个子女。

2003 年 4 月 30 日晚 9—10 时，商克科与贾兴安、辜家成在宋家咀餐馆共进晚餐，进餐时商克科饮白酒约一两。在土峡公路 17km 处曾设置有“进入前方 100 米，道路施工，车辆缓行”的标识牌，但在堆积物前未设置相关警示标识。商克科驾驶的农用运输车系艾安军与其于 2003 年 2 月 24 日交易的无牌证车辆。

一审裁判结果

湖北省宜昌市夷陵区人民法院根据上述事实和理由，于 2004 年 12 月 13

日判决：

一、由泸县建安公司和泸县建安宜昌分公司赔偿郭俭银、商声远、商振悦、商秀娟、刘婷婷因商克科死亡的各项费用83822.40元（即商克科死亡赔偿金75980元、丧葬费5346元、误工费2673元、交通费400元、住宿费300元、被扶养人商声远生活费2713.57元、被扶养人商振悦生活费22794元、被扶养人刘婷婷生活费9497.50元、五原告精神损害抚慰金等20000元，合计人民币139704.07元的60%），限本判决发生法律效力后立即给付；

二、泸县建安公司、泸县建安宜昌分公司和夷陵公路段承担连带责任；

三、驳回五原告要求三被告赔偿车辆损失9400元的诉讼请求。

一审裁判理由

湖北省宜昌市夷陵区人民法院认为，2003年4月30日晚10时许，商克科驾驶农用运输车运木材返回龙泉镇，当车行至土峡公路14km＋500m处，在绕行道路两侧堆放的沙石料时，致使车辆翻入道路左侧5.22m深的柏临河中，造成商克科当场溺水身亡，乘车人受伤，车辆受损的重大交通事故。其原因：一是泸县建安宜昌分公司在道路两侧堆放沙石料，导致车辆在行驶中曲线前进；二是在堆积物前未设置相关警示标识和夜间警示标识；三是商克科在复杂路段操作不当。从事故发生原因分析，泸县建安宜昌分公司在道路两侧堆放沙石料，且未设置相关警示标识存在过错，应承担主要民事责任。商克科在发生事故前进晚餐时饮白酒，在驾驶过程中疏忽大意，操作不当亦有过错，应承担次要民事责任。泸县建安公司及其宜昌分公司辩称的部分理由成立。因泸县建安宜昌分公司系泸县建安总公司的分支机构，不具有完全民事责任能力，故由泸县建安公司与其共同承担民事责任。夷陵公路段系土峡公路改建工程业主，对泸县建安宜昌分公司承包的工程负有监督管理义务，因其未全面履行监管义务，致使损害赔偿的发生，应承担民事责任。夷陵公路段虽与泸县建安宜昌分公司对安全事故的承担有合同约定，但双方对此项的约定不具有对抗第三人的权力，其辩称的理由不能成立。据此，三被告应承担连带责任。五原告要求三被告赔偿车辆损失的请求，因证据不充分，法院不予支持。其他请求，法院予以支持。本案经法院主持调解，双方当事人不能达成协议。

二审诉辩情况

被告泸县建安公司和泸县建安宜昌分公司不服判决，向湖北省宜昌市中级人民法院上诉称：（1）上诉人在该道路上施工，经过有关部门批准，是合法的施工行为。施工时在道路施工起点设有明显的施工警示。商克科酒后驾驶无牌证车况不好的车辆，车速过快，采取措施不当，经交警部门认定对此次事故负全部责任。因此上诉人对商克科的死亡没有过错，不应承担民事责任。(2) 关于赔偿的范围和标准，一审按照2003年度农业人口平均标准错误，按事故发生时间应以上一年度即2002年的标准计算被抚养人生活费。误工费、交通费、住宿费的损失请求没有证据证明。刘婷婷有亲生父亲，死者只应当承担1/4的生活费。赔偿精神抚慰金没有事实和法律依据。请求二审法院依法撤销原判，驳回被上诉人的诉讼请求并承担诉讼费。

二审裁判结果

湖北省宜昌市中级人民法院依照《中华人民共和国民事诉讼法》第153条第1项、第2项的规定，该院于2005年4月15日判决：

一、维持夷陵区人民法院〔2004〕夷民初字第537号民事判决书第2、第3项；

二、变更夷陵区人民法院〔2004〕夷民初字第537号民事判决书第1项为：泸县建安公司和泸县建安宜昌分公司赔偿郭俭银、商声远、商振悦、商秀娟、刘婷婷因商克科死亡的各项费用46042.58元；

三、驳回郭俭银、商声远、商振悦、商秀娟、刘婷婷其他诉讼请求。

二审裁判理由

湖北省宜昌市中级人民法院认为，泸县建安宜昌分公司虽在道路施工起始两端设置有警示标志，但《中华人民共和国道路交通管理条例》（以下简称《交通条例》）第66条第3款规定，对于没有封闭中断交通的道路施工现场，需车辆绕行的，施工方须设置明显警示标志和安全防围设施，保证车辆和行人的安全。竣工后，须及时清理现场，修复路面和道路设施。事故现场勘验结论和庭审调查表明：事故现场的沙土系泸县建安宜昌分公司用于修道路护坡的临时堆积物，其没有尽到施工单位应尽的安全注意义务，是造成事故的主要原因。商克科作为车辆驾驶员明知道路未全部通行，应注意谨慎驾驶，其酒后驾驶无牌证车辆，车速过快，采取措施不力，也是造成事故的重要原因。交警部门对交通事故责任的认定具有行政性质，与民事纠纷的划分系不同性质，泸县建安公司、泸县建安宜昌分公司以《交通事故责任认定书》中责任的认定作为其不承担民事责任的上诉理由，法院不予采信。但其提出一审判决赔偿的范围和标准不当的理由成立，法院依法予以调整。

(1) 关于被抚养人生活费取费标准。根据最高人民法院《关于审理人身损害赔偿案件适用法律若干问题的解释》第35条之规定，应比照鄂公通字

〔2004〕31 号《湖北省道路交通事故损害赔偿标准》公布的数据：农村人均纯收入 2567 元、农村居民人均年消费支出 1802 元，分别计算死者赔偿金和被抚养人生活费。

（2）关于刘婷婷生活费的负担，其生父应负担 1/2 的抚养费；死者只应负担 1/4。

（3）关于误工费，依照《赔偿解释》第 20 条之规定，是指受害人的误工损失，死者家属主张该部分损失，没有法律依据，应予驳回。

（4）关于精神损害抚慰金。根据最高人民法院《关于确定民事侵权精神损害赔偿责任若干问题的解释》的相关规定并结合审判实践，法院酌定认定赔偿 5000 元。综上所述，原审认定事实清楚，民事责任的划分并无不当，但赔偿范围和标准不当，应予以调整。

物件损害责任纠纷办案依据集成

《中华人民共和国侵权责任法》（2009年12月26日主席令第21号公布）（节录）

第八十五条 建筑物、构筑物或者其他设施及其搁置物、悬挂物发生脱落、坠落造成他人损害，所有人、管理人或者使用人不能证明自己没有过错的，应当承担侵权责任。所有人、管理人或者使用人赔偿后，有其他责任人的，有权向其他责任人追偿。

第八十六条 建筑物、构筑物或者其他设施倒塌造成他人损害的，由建设单位与施工单位承担连带责任。建设单位、施工单位赔偿后，有其他责任人的，有权向其他责任人追偿。

因其他责任人的原因，建筑物、构筑物或者其他设施倒塌造成他人损害的，由其他责任人承担侵权责任。

第八十七条 从建筑物中抛掷物品或者从建筑物上坠落的物品造成他人损害，难以确定具体侵权人的，除能够证明自己不是侵权人的外，由可能加害的建筑物使用人给予补偿。

第八十八条 堆放物倒塌造成他人损害，堆放人不能证明自己没有过错的，应当承担侵权责任。

第八十九条 在公共道路上堆放、倾倒、遗撒妨碍通行的物品造成他人损害的，有关单位或者个人应当承担侵权责任。

第九十条 因林木折断造成他人损害，林木的所有人或者管理人不能证明自己没有过错的，应当承担侵权责任。

第九十一条 在公共场所或者道路上挖坑、修缮安装地下设施等，没有设置明显标志和采取安全措施造成他人损害的，施工人应当承担侵权责任。

窨井等地下设施造成他人损害，管理人不能证明尽到管理职责的，应当承担侵权责任。

十五、触电人身损害责任纠纷

243. 电业局未对他人的变压器安全隐患尽到监管整改责任，导致他人触电人身损害的，电业局是否应当承担赔偿责任？

《中华人民共和国民法通则》第123条规定，从事高空、高压、易燃、易爆、剧毒、放射性、高速运输工具等对周围环境有高度危险的作业造成他人损害的，应当承担民事责任；如果能够证明损害是由受害人故意造成的，不承担民事责任。最高人民法院《关于审理触电人身损害赔偿案件若干问题的解释》第2条规定，因高压电造成人身损害的案件，由电力设施产权人承担上述责任。但是对因高压电引起的人身损害是由多个原因造成的，按照致害人的行为与损害结果之间的原因力确定各自的责任。致害人的行为是损害后果发生的主要原因，应当承担主要责任；致害人的行为是损害后果发生的非主要原因，则承担相应的责任。电业局对电力产权人的电力设施安全隐患负有监督整改的责任，未尽到监督整改责任的，与高压电致人损害有因果关系，因此，电业局应当就其行为与损害结果之间的原因力承担相应的责任

典型疑难案件参考

王言峰诉山东栖霞市电业局等人身损害赔偿纠纷抗诉案

基本案情

1999年5月2日下午15时30分左右，山东省栖霞市臧家庄村小学生王言峰（1989年6月21日出生）在位于栖霞市塑料厂西的路上打羽毛球，因羽毛球被打到路边的变压器平台上，王言峰在踩着变压器房旁边的沙堆、变压器房的突蹬和旁边民房的腰线，爬上变压器平台捡拾羽毛球时，手臂接触到高压线遭到电击。触电后，王言峰被送至中国人民解放军第一〇七医院进行手术治疗，双上臂被截肢，至1999年6月22日出院，支出医疗费10809.13元，交通费500元。王言峰住院由其母亲李美杰护理，李美杰系农民，无正式工作。1998年烟台市农村人均生活费支出为1875元。

1999 年 10 月 9 日，王言峰向山东省烟台市中级人民法院提起诉讼，请求判令栖霞市电业局（以下简称电业局）、山东省栖霞市塑料厂（以下简称塑料厂）、栖霞市臧家庄供销总公司、栖霞市供销合作联合社臧家庄总公司日用工业品分公司（以下简称日用品公司）、栖霞市粮食局果制品厂、栖霞市药材公司臧家庄支公司、栖霞市臧家庄镇臧家庄中学、栾志琪等赔偿其医疗费、假肢费、伤残补助费、精神损失费等合计 1669917.29 元。

王言峰被电伤的变压器产权归塑料厂所有，自 1995 年起，电业局向塑料厂、果品厂等单位收取农电管理费。除电业局外，其余被告都是变压器的使用人。

一审裁判结果

烟台市中级人民法院依照《中华人民共和国民法通则》第 18 条、第 119 条、第 123 条、第 131 条和《中华人民共和国民事诉讼法》第 108 条第 3 项、第 130 条之规定，判决：

一、塑料厂赔偿王言峰医疗费、住院伙食补助费、住院护理费、残疾人生活补助费、交通费等合计 49364.13 元的 80%，即 39491.30 元，于判决生效后 10 日内履行；

二、王言峰安装假肢费用，以国产普及型为准，11 次为限，第一次 9 万元，由塑料厂承担 7.2 万元，于判决生效后 10 日内支付，其余 10 次由王言峰安装假肢后按实际价格由塑料厂承担 80%；

三、驳回王言峰对其他被告的诉讼请求；

四、驳回王言峰的其他诉讼请求。

一审裁判理由

烟台市中级人民法院法医技术处对王言峰的伤情进行了鉴定，认定王言峰属一级伤残。王言峰因双臂伤残需要安装假肢，经青岛假肢厂保德假肢装配中心站诊断，适合安装国产普及型上臂肌电型假肢，每具假肢 4.5 万元，每副 9 万元，每具假肢使用期限为 5 年。至王言峰 70 岁，需安装假肢 12 副，计款 108 万元。

王言峰是在变压器上触电受伤致残，事实清楚，该变压器的产权属于塑料厂。由于输变电装置通电运行，属于对周围环境有高度危险的作业，塑料厂在建筑安装变压器时，虽然高度符合有关规定，但变压器房上留有突蹬，给事故的发生留下隐患，加上管理不善，未及时清理变压器周围的堆放物，使原告能顺利爬上变压器平台，这是造成事故的重要原因。根据《供电营业规则》第

51 条规定，在供电设施上发生事故引起的法律责任，按供电设施产权归属确定，产权归属于谁，谁就承担其拥有的供电设施上发生事故引起的法律责任。塑料厂作为变压器的产权人，应承担主要赔偿责任，虽然塑料厂称该变压器是与其他被告共同出资购买的，但提供不出相应证据，不予认定，其他被告不是该变压器的产权人，不应承担赔偿责任。王言峰系无民事行为能力人，其父母作为监护人，负有监督、教育子女的责任，由于平时疏于安全教育，应承担相应的监护不周的责任。王言峰主张被告应赔偿的各种费用合计 1669917.29 元，其中部分主张不合理，无法律依据，不予支持。

依据最高人民法院《关于审理触电人身损害赔偿案件若干问题的解释》第 4 条规定，因触电引起的人身赔偿范围包括医疗费；住院伙食补助费，按本地国家机关一般工作人员的出差伙食补助标准给王言峰一人赔偿；护理费（王言峰住院期间应由其母亲一人护理，原告母亲无固定收入，应按 1998 年烟台市农村人均生活费支出 1875 元计算）；残疾人生活补助费（王言峰属一级伤残，按 1998 年烟台市农村人均生活费支出 1875 元，计算 20 年）；残疾用具费（王言峰双上臂截肢，需配制假肢，每 5 年一副，到 70 岁需 11 副）；交通费；对住宿费，因王言峰提供不出有关证据，不予认定。另外王言峰请求赔偿精神损失 10 万元，因无法律依据不予支持。

二审诉辩情况

王言峰不服一审判决，向山东省高级人民法院提出上诉。

二审裁判结果

山东省高级人民法院判决：

一、维持山东省烟台市中级人民法院〔1999〕烟民初字第 139 号民事判决第 1 项、第 3 项；

二、变更山东省烟台市中级人民法院〔1999〕烟民初字第 139 号民事判决第 2 项为：王言峰安装假肢费用，以国产普及型为准，12 次为限，每次 9 万元，共计 108 万元，由塑料厂承担 80% 即 86.4 万元，于收到本判决书 10 日内支付；

三、撤销山东省烟台市人民法院〔1999〕烟民初字第 139 号民事判决第 4 项；

四、塑料厂于收到本判决之日起 10 日内支付王言峰精神损害赔偿金 4 万元。

二审裁判理由

根据最高人民法院《关于审理触电人身损害赔偿案件若干问题的解释》第2条第1款的规定，因高压电造成人身损害的案件，由电力设施产权人承担民事责任。本案中，变压器设施是塑料厂所建，栖霞市审计师事务所的资产评估报告也载明该变压器是塑料厂的资产，塑料厂是该变压器设施的产权人，塑料厂应对该损害案件承担民事责任。根据国务院《电力供应与使用条例》第17条第3款的规定，用户专用的供电设施建成投产后，由用户维护管理或者委托供电企业维护管理，签订代管协议的，供电企业应承担民事责任。电业局作为供电企业，未与塑料厂签订代管协议，没有法定或约定的代管义务，不应承担民事赔偿责任。供销公司、日用品公司、果品厂、臧家庄药材公司、臧家庄中学、栾志琪虽然共同使用变压器的电，但却不是该变压器设施的共有人，也不应承担民事责任。本案中，击伤王言峰的是连接变压器的平台上的高压线，对该事实二审庭审时各方均无异议。电业局在一审时也提交了塑料厂出资建设线路的有关证据。在实践中通常认为，35KV及以上高压用户，是以用户厂界外或用户变电所外第一基电杆为产权分界点，该高压线与变压器的产权是统一的，所以该高压线的产权人是塑料厂。在本损害事故中，王言峰的监护人疏于对王言峰进行安全教育，原审法院判决王言峰自负20%的责任是妥当的。王言峰被电击伤时不满10周岁，每5年配制一副假肢，至70岁时应是12副而不是11副，原审法院按11副计算有误。根据最高人民法院《关于审理触电人身损害赔偿案件若干问题的解释》第5条的规定，采用定期金赔偿的，应当确定每期的具体赔偿额并要求责任人提供担保，原审法院在塑料厂未提供担保的情况下采用定期金方式赔偿不妥。王言峰双肢被截，给其精神上带来严重创伤，塑料厂应给予精神赔偿。综上，原审法院认定事实清楚，但适用法律部分不当，应予纠正。上诉人上诉理由部分成立，应予支持。

再审诉辩情况

王言峰不服山东省高级人民法院〔2001〕鲁民终字第142号民事判决，向山东省人民检察院申诉，该院审查后提请最高人民检察院抗诉。

最高人民检察院经审查认为：山东省高级人民法院〔2001〕鲁民终字第142号民事判决认定电业局作为供电企业，未与塑料厂签订代管协议，没有法定或约定的代管义务，不应承担民事赔偿责任的主要证据不足，判决确有错误。

本案是多因一果的法律关系，致害各方应当按照各自的原因力承担相应的法律责任。塑料厂承担主要责任，电业局承担次要责任。最高人民法院《关于审理触电人身损害赔偿案件若干问题的解释》第 2 条规定："因高压电造成人身损害的案件，由电力设施产权人依照《中华人民共和国民法通则》第一百二十三条的规定承担民事责任。但对因高压电引起的人身损害是由多个原因造成的，按照致害人的行为与损害结果之间的原因力确定各自的责任。致害人的行为是损害后果发生的主要原因，应当承担主要责任，致害人的行为是损害后果发生的非主要原因，则承担相应的责任。"塑料厂是电力变压器的产权所有人，对消除安全隐患负有主要责任，所以，应当承担主要法律责任。《供电营业规则》第 43 条第 2 款规定："供电企业接到用户的受电装置竣工报告及检验申请后，应及时组织检验。对检验不合格的，供电企业应以书面形式一次性通知用户改正，改正后方予以再次检验，直至合格。"变压器房在建设时就有安全隐患，电业局组织检验和通知整改没有落实到位就给予供电，而且在供电期间，变压器房旁边堆积沙堆更易攀爬，对新出现的不安全隐患，电业局负有监督整改之责，因其未尽职责也是造成本案王言峰触电烧伤致残的原因之一，故其应当承担次要责任。

2007 年 7 月 23 日，最高人民检察院依照《中华人民共和国民事诉讼法》第 185 条第 1 款第 1 项之规定，以高检民抗〔2007〕47 号民事抗诉书向最高人民法院提出抗诉。最高人民法院受理抗诉后，于 2008 年 5 月 26 日作出〔2008〕民抗字第 7 号民事裁定，依法组成合议庭提审本案。

再审裁判结果

2009 年 8 月 6 日，最高人民法院依照《中华人民共和国民事诉讼法》第 186 条第 1 款、第 153 条第 1 款第 2 项规定，作出〔2008〕民抗字第 7 号民事判决：

一、撤销山东省高级人民法院〔2001〕鲁民终字第 142 号民事判决和山东省烟台市中级人民法院〔1999〕烟民初字第 139 号民事判决；

二、塑料厂赔偿王言峰医疗费、住院伙食补助费、住院护理费、残疾人生活补助费、交通费及安装假肢费等共计 1129364. 13 元的 40%，即 451745. 65 元，于本判决生效后 10 日内支付；

三、电业局赔偿王言峰医疗费、住院伙食补助费、住院护理费、残疾人生活补助费，交通费及安装假肢费等共计 1129364. 13 元的 40%，即 451745. 65 元；

四、塑料厂和电业局各支付王言峰精神损害赔偿金 2 万元；

五、驳回王言峰对其他被告的诉讼请求。

再审裁判理由

最高人民法院再审查明：1999年5月30日，电业局向塑料厂等单位发出整改通知书，要求于6月2日前将变压器台西侧与建筑物之间用砖块垒上，高度为2.7米以上。塑料厂等单位按电业局要求整改完毕，电业局收取相关费用。另外，电业局自1995年至1998年12月向塑料厂等单位收取农电管理费、线路管理维护费、配电室改造材料款等费用。塑料厂于2002年7月25日被工商行政管理机关吊销营业执照。

最高人民法院再审认为：《中华人民共和国民法通则》第123条规定："从事高空、高压、易燃、易爆、剧毒、放射性、高速运输工具等对周围环境有高度危险的作业造成他人损害的，应当承担民事责任；如果能够证明损害是由受害人故意造成的，不承担民事责任。"王言峰发生触电事故时未满10周岁，导致王言峰人身损害的变压器属于高压电力设施，对周围环境具有高度危险，根据民法通则上述规定，在该设施上作业的人应当对王言峰所受到的损害承担民事责任。最高人民法院《关于审理触电人身损害赔偿案件若干问题的解释》第2条规定："因高压造成人身损害的案件，由电力设施产权人依照《中华人民共和国民法通则》第一百二十三条的规定承担民事责任。但对因高压电引起的人身损害是由多个原因造成的，按照致害人的行为与损害后果之间的原因力确定各自的责任。致害人的行为是损害后果发生的主要原因，应当承担主要责任；致害人的行为是损害后果发生的非主要原因，则承担相应的责任。"本案中，王言峰的人身损害系由多个原因所致。塑料厂作为涉案变压器产权人，应对王言峰的人身损害承担赔偿责任，电业局从事高压电作业，对电力设施的选址、安装等负有检验和监督管理的义务，该局对涉案变压器房所存在的安全隐患未尽监督整改之责，对王言峰所遭受的损害亦应承担相应的赔偿责任。原审认定电业局没有与塑料厂签订代管协议，没有法定或约定的代管义务，不应承担民事赔偿责任，适用法律有误，应予纠正。王言峰的监护人没有尽到监护责任，原审判决其承担20%的责任适当，法院予以维持。

244. 用户未按规定安装漏电保护器，供电企业也怠于履行安装告知和检查义务，发生触电造成损害的，供电企业应如何承担民事责任？

用户未安装漏电保护器，发生触电后未能有效避免损害后果，如供电企业怠于检查及告知安装漏电保护器，违反勤勉注意义务，应承担部分民事责任。

典型疑难案件参考

杨秀芳、王东华诉海安县供电公司触电人身损害赔偿纠纷案

基本案情

2000 年，村电工为原告家鸡舍安装了用电设施，但未配置防触、漏电剩余电流动作保护器（以下简称保护器）。农电改革后，农电网产权由乡村移交供电公司。2004 年 6 月 24 日，供电公司与王兴明（本案受害人）签订“居民供用电合同”一份，约定：“供电公司以交流低压（单相）电源向用电人供电，根据《农村安全用电规程 DL493—2001》的要求，用电人必须安装合格的保护器，并做好运行维护工作。若因不安装保护器而造成的一切后果由用电人承担，供电人也不承担电力设施运行维护管理责任分界点负荷侧的安全责任。”另查明，保护器应安装在用户产权范围内。

2006 年 5 月 25 日，王兴明（杨秀芳之夫、王东华之父）用水枪冲洗鸡舍内时遭电击死亡。

一审诉辩情况

杨秀芳、王东华诉至法院，要求判令供电公司承担部分赔偿责任。

一审裁判结果

海安县人民法院作出判决：王兴明触电所致损失 165998.50 元，由供电公司赔偿 49799.55 元。

一审裁判理由

海安县人民法院经审理认为：根据《农村安全用电规程》的规定：电力使用者必须安装保护器，并做好运行维护工作；用电设施安装应符合 DL/499 规

定的要求，验收合格方可接电。王兴明违反用电管理规定及供电合同的约定，在未安装保护器的情况下用电，自身存在过错。供电公司在王兴明未安装保护器的情况下，提供用电服务，形成了一定的安全隐患，其行为亦有过错，该过错行为与王兴明触电死亡存在着因果关系，故供电公司应对王兴明死亡承担相应的责任。

二审诉辩情况

宣判后，供电公司不服，上诉称：供电设施上发生事故，应按供电设施产权归属确定，用户未安装保护器，属其自己产权内的事故，责任自负。

被上诉人杨秀芳、王东华答辩称：供电设施发生事故，应根据设施产权及事故过错综合确定责任，根据有关规定，供电企业应当在用户安装保护器后方可送电，因此，上诉人对本起事故也有一定过错。

二审裁判结果

二审法院依照《中华人民共和国民事诉讼法》第 153 条第 1 款第 1 项之规定，作出判决：驳回上诉，维持原判。

二审裁判理由

南通市中级人民法院审理后认为：电能具有高度危险性，因此，每户居民家中安装保护器，对避免触电伤亡后果有着重要意义。《农村安全用电规程(DL493—1992)》规定："电力使用者必须安装防触、漏电剩余电流动作保护器"，"用电设备安装应符合 DL/499 规定的要求，验收合格方可接电。"同时，供电公司在"居民供用电合同"中要求："用电人必须安装合格的保护器。"在用电人未安装保护器的情况下，供电公司仍然送电，违反合同义务，形成安全隐患，因此，供电公司对王兴明触电死亡存在一定过错。

"居民供用电合同"约定："若因不安装保护器而造成的一切后果由用电人承担"，该约定属格式条款，其加重对方责任、排除对方主要权利，依法应属无效，因此，供电公司不能根据合同约定予以免责。供电公司主张：该户是在农电改造前安装的电路，其未安装保护器，供电公司无权停止供电。对此，该院认为：在法律、行政法规层面，《电力法》第 34 条、《电力供应与使用条例》第 5 条规定，供电企业与用户都有安全用电的责任，前述两法也规定供电企业有权进入用户进行用电安全检查；在规章层面，《用电检查管理办法》第 4 条、第 9 条具体规定了供电企业对用户的用电检查范围，检查采取定期、不定期两种形式。同时，《供电营业规则》第 66 条也规定了中止供电的条件及程序。因此，供电公司履行合同监督检查义务在制度上是有保障的，上诉人诉称无法管束被上诉人安装保护器，与事实不符。

上诉人主张：依《供电营业规则》第51条规定的“供电设施产权归属”原则，其不应承担本案触电事故后果。对此，该院认为：民事基本法律规定一般侵权适用过错原则，行政规章在民事案件审理中可参照适用，但其如与民事基本制度不尽一致，应优先适用民事基本法的规定，因此，上诉人该主张不能成立。

245. 多个行为人的过错间接结合造成损害后果的，责任如何分配？

一审诉辩情况根据最高人民法院有关司法解释的规定，二人以上共同故意或者共同过失致人损害，或者虽无共同故意、共同过失，但其侵害行为直接结合发生同一损害后果的，以及二人以上共同实施危及他人人身安全的行为并造成损害后果，不能确定实际侵害行为人的，均可以构成共同侵权。但是，如果二人以上没有共同故意或者共同过失，其分别实施的数个行为间接结合发生同一损害后果的，应当根据过失大小或者原因力比例各自承担相应的赔偿责任。

典型疑难案件参考

李金森诉许昌市名伦电脑网络有限公司人身损害赔偿纠纷案

基本案情

被告名伦公司二楼财务室的一台空调室外机原安装在邻居向日葵快餐办公室旁边。因开机后室外机的热气跑到了该饭店的办公室，遂引起饭店负责人李向阳不满。为此，经双方商议，由被告移机。2004年6月25日，被告办公室主任骆俊枝联系毓秀路新科技电器精修站（以下简称精修站）的人员来移机。该站前来移机的人员陈永强、陈广运和安永辉三人均无电工证，没有经过安全技术培训。他们将空调室外机移到东面宾馆用品配套中心走廊南窗台外。移机时加长了管线和电源线。在接线时用封口胶带代替绝缘胶布，空调室外机放在一蓝色铁框内，铁框高出铝合金窗下框0.09米并与之相连，铁框南0.22米处有“宾馆酒店用品”招牌，该招牌下为“春秋改衣店”招牌，铁框下支架与

"春秋改衣店"招牌铁架相连接。2004 年 6 月 26 日中午，原告搭洗衣服时碰到铝合金窗框。被电打了一下，就马上到被告名伦公司处，告诉公司经理郭琰，要求把电闸关掉并赶快修复。被告公司的出纳王玉珍知道该情况后，于 6 月 27 日告知骆俊枝，不让其开财务室的那台空调。6 月 28 日 8 时 50 分，原告之子张子夜和几个亲戚来找李金森，喊门不应，张子夜就趴到铝合金窗户上喊人，结果触电后落到广告牌后面的铁架上。因有电，在场的人无法将其拉出，原告得知该情况后，就赶紧到被告处要求把电闸关掉。骆俊枝就赶快通知李向阳拿钥匙开门关电闸。断电后，张子夜被抬出来。这时张子夜已被触电 7 分钟。张子夜被送到医院，经抢救无效死亡。事故发生后，骆俊枝通知移空调人员陈永强。陈永强和陈广运赶到后，骆俊枝领其到事故现场，不听原告的亲属马明春的制止，打开空调进行维修，致使现场未能得到保护。之后，许昌市公安局魏都区分局、许昌市安全生产监督管理局和许昌市电业局组成许昌市名伦电脑网络有限公司"6·28"漏电事故调查组，该组于 7 月 5 日作出了调查报告。许昌市公安局魏都区分局经审查认为没有犯罪事实，给原告下达不予立案通知书。

在原告起诉后，一审法院委托河南省许昌市中级人民法院司法技术鉴定中心对张子夜的死亡原因进行鉴定，其结论为张子夜的死因符合触电死亡特征。被告提出关于"事故当时空调或线路是否漏电，漏电原因，该漏电是否会导致人身死亡的后果"的鉴定要求，许昌市中级人民法院司法技术鉴定中心认为，因双方不能对当时的现场状况达成共识，失去了鉴定的基础条件，无法鉴定。被告又提出由河南省高级人民法院鉴定的申请。诉讼中，根据原告的申请，一审法院对被告采取了冻结银行存款和扣押相关物品的财产保全措施。

一审诉辩情况

原告诉称：2004 年 6 月 28 日，原告之子张子夜在自家门前喊人时，触摸到铝合金窗户上，因被告名伦公司空调漏电，与铝合金窗户连电，张子夜当即触电不能自主达 7 分钟之久。后被"110"送到医院，经抢救无效死亡。事故发生后，经许昌市名伦电脑网络有限公司"6·28"漏电事故调查组全面调查，被告空调漏电，存在安全隐患，未及时修理，导致张子夜触电身亡，是导致事故发生的直接原因。张子夜是原告之子，系河南省会计学院二年级学生。请求法院判令被告承担民事赔偿责任。被告辩称，原告没有提供与张子夜具有母子关系的户籍证明。原告没有证据能够直接证明被告的室外空调漏电。调查报告形式不合法，内容不真实，具有违法性和不公正性，请求法院驳回原告的诉讼请求。

一审裁判结果

一审法院判令被告赔偿原告各项合计 182746. 24 元。

一审裁判理由

一审法院认为：公民享有生命健康权。张子夜触电身亡后，李金森作为其母亲，可以作为原告起诉。原告所举证据可以证明其主张。被告作为触电空调的产权人，使用不具备资格的维修人员移动空调导致漏电。被告在知道空调漏电存在安全隐患后未及时修理，且未采取任何防护措施，致使损害后果发生，应承担全部民事责任。被告申请由河南省高级人民法院鉴定的申请，因没有鉴定基础条件，其理由不足。

二审诉辩情况

被告名伦公司不服一审判决，向河南省许昌市中级人民法院上诉称：

一是一审判决上诉人空调漏电并让上诉人承担赔偿责任，事实不清，证据不足，于法无据。被上诉人的证人证言不能证实上诉人空调漏电。联合调查组的调查报告程序不合法，内容不公正，不科学，依法不能支持。一审判决把空调移机人员没有电工证责任强加于上诉人于法无据。一审判决已经认定导致空调漏电的直接责任人是精修站，原审却没有追加其参加诉讼，进而仅凭空调是上诉人所有，就让上诉人承担这一事故的赔偿责任于法无据。上诉人对本案事故无任何责任和过错，依法不应当承担赔偿义务。

二是一审法院程序违法。关于原审原告的主体资格问题，原审并没有查清张子夜和李金森是母子关系。一审法院应当追加当事人而不追加，导致本案错判。精修站是触电事故的直接责任人，本案的处理结果与该站有直接的利害关系，应当追加而不追加。一审法院未查明原审原告必要共同诉讼人的情况，一审没有查明与李金森离婚的张子夜的生父是否参加诉讼并放弃诉讼权利的情况。一审中被上诉人提出的证人大部分没有出庭，一审不让上诉人对证人进行质询，却又大量采信证人证言，违反了民事诉讼证据若干规定。综上所述，一审判决上诉人空调漏电事实不清，证据不足，上诉人无过错的情况下承担本案的巨额赔偿于法无据，且在程序上存在很多问题，违反了法律的规定，是一种极不公正，明显偏袒的审判行为。

被上诉人李金森辩称，张子夜的父亲已经委托李金森参加诉讼，并有委托协议，对此原审法院进行了查证。上诉人和精修站的关系与被上诉人无关，不应追加精修站参加诉讼。原审判决事实清楚，证据充分，主体适格。

二审裁判结果

河南省许昌市中级人民法院认为上诉人理由不能成立，故判决：驳回上诉，维持原判。

二审裁判理由

河南省许昌市中级人民法院审理查明，新科技电器精修站于 2003 年 7 月 29 日在许昌市工商行政管理局核准开业，经营期限为 2003 年 7 月 29 日到 2007 年 9 月 30 日，经营者是陈永强，组织形式为个体工商户（个人经营），经营范围为家用电器维修服务。名伦公司为空调加管移机支付 200 元费用。河南省高级人民法院通知的河南省 2003 年度城镇居民人均可支配收入为 6926.12 元，张子夜的父亲张俊杰将此事故的索赔权转给了李金森。其他事实与一审一致。

二审法院认为：本案空调漏电致人死亡，是行为人的两个过错间接结合造成本案的损害后果：一是作为依法核准经营的精修站，派去为名伦公司移机的工作人员没有电工证，也没有经过上岗培训，在移机过程中没有按照技术操作规程操作，导致漏电，这是精修站的过错；二是名伦公司在被告知空调漏电后，没有及时采取维修或其他有效防范措施，这是名伦公司的过错。原审判令名伦公司作为空调的产权人承担责任，是基于名伦公司是空调的产权人，且没有尽到自己应尽的义务；但其承担责任后，可以依法向精修站进行追偿。原审没有追加精修站参加诉讼并无不当。张子夜的父亲已经将索赔权利转让给其母亲李金森，已经审理查明因而原告主体适格。

246. 对因高压电引起的人身损害是由多个原因造成的，责任如何分配？

对因高压电引起的人身损害是由多个原因造成的，按照致害人的行为与损害结果之间的原因力确定各自的责任。致害人的行为是损害后果发生的主要原因的，则承担主要责任；致害人的行为是损害后果发生的非主要原因的，应当承担相应的责任。

典型疑难案件参考

余昶作诉名山县第二人民医院、电力有限责任公司、百汇置业有限公司按照各自原因力承担触电人身损害赔偿责任案

基本案情

2002年2月9日中午，原告余昶作与其他4个同龄小伙伴，在被告百汇公司修建的百汇市场的出入口处追逐玩耍，原告余昶作从市场出入口处的路边护栏上去，一直走到被告二医院的围墙上，又从围墙上跳到围墙内的电力变压器台墩上，在同时用双手抓住变压器的瞬间，被带电运行的电力变压器击伤落地，被二医院的医生当即发现，并抱入医院救治。当日，原告余昶作被送往雅安市人民医院，诊断为：“（1）电击伤；（2）轻度电烧伤，双前臂4%（浅2度2.53度1.5）。”住院治疗17天，好转出院。出院注意事项：“（1）院外继续换药，抗炎治疗；（2）必要时行手术植皮封闭创面和整形治疗。”花医疗费1851.82元。出院当日，原告余昶作又入住名山县第二人民医院，诊断为：“（1）双手深度电击伤；（2）左手小指脱落；（3）双手指畸形。”5月24日好转出院。出院后的注意事项：“3个月后到上级医院行畸形手术。”共计住院治疗105天，尚欠名山县百丈中心卫生院（二医院）医疗费4144元。住院期间由家人护理。5月25日，雅安市人民医院出具病情证明，载明原告余昶作“双手整形估计准备手术费约壹万元”。6月3日，雅安雅正司法鉴定中心雅正〔2002〕临鉴字089号司法鉴定书结论意见：“余昶作的双手挛缩屈曲畸形的伤残程度属五级。”

烧伤原告余昶作的电力变压器，系被告二医院于1997年10月购买设备及辅助材料，由被告电力公司百丈供电所安装，采用露天台式安装在被告二医院围墙内右前角的台墩上。台墩距地面高度为1.78米，台墩及变压器距围墙的距离为0.9米，围墙高度为1.78米。变压器四周无专设围栏和危险警示标志。变压器投入运行使用后，二医院与电力公司之间对变压器无委托和被委托维护管理关系。

被告百汇公司于2000年10月投资，将与二医院一墙之隔的原百丈农贸市场改建为百汇市场，在市场的出入口处，将14.5米长的路基垫高为斜坡，垫高后的二医院围墙高度为1.4米，并在路边用红砖修砌了护栏，护栏顶部用红砖横砌盖面并用水泥沙浆抹平，宽度0.24米，护栏长10.8米，前端高度为0.53米，后端与二医院围墙连接并等高齐平。原告余昶作从护栏前端走上护栏并径直走上二医院围墙到达电力变压器处。

一审诉辩情况

2002年6月11日，原告余昶作向四川省名山县人民法院提起诉讼，请求三被告共同赔偿原告因触电造成伤害并致残的医疗费、护理费、伤残补助费、住院伙食补助费、交通费、再医手术整形费、伤残鉴定费、精神损失费、今后的护理费和父亲茶厂经济损失费3万元等共计217252元。

被告二医院辩称：二医院虽是变压器的产权人，但对原告的烧伤没有过错，与原告的损害后果之间无因果关系，没有承担责任的理由和条件，不应承担对原告的赔偿责任。电力公司是变压器的受益人和安装者，并实际行使了该变压器的维护和管理职责。电力公司没有按技术规程进行设计、安装变压器并检验是否合格就投放使用，给二医院提供了安装不合格的变压器服务，应当按《消费者权益保护法》的规定，承担主要赔偿责任。被告百汇公司在修建百汇市场时，垫高出入口处的路基并修砌了护栏连接二医院的围墙，降低了二医院围墙的功能，给原告余昶作走上二医院围墙起到了搭梯子的作用，侵犯了二医院的合法权益，造成不安全隐患，是造成原告余昶作烧伤的直接原因，应当承担赔偿责任。原告自身有过错，也应承担责任。

被告百汇公司辩称：百汇公司不是变压器的产权人，产权人是二医院。百汇公司修百汇市场在出入口处路边修护栏是为了保证顾客进出的安全。被告二医院对自己的变压器没有采取安全防范措施，才导致原告余昶作被烧伤。百汇公司没有过错，不应承担赔偿责任，但鉴于受害人的情况，可以适当协商处理。

被告电力公司辩称：原告余昶作不是因为从事高压作业造成的伤害，不适用《民法通则》第123条的规定进行处理。二医院是变压器的产权人和管理者，用户专用的供电设施建成投产以后，由用户维护管理或者委托供电企业维护管理，二医院并未委托电力公司维护管理该变压器。依照法规规定，供电设施的维护管理，按产权归属确定。在供电设施上发生事故引起的法律责任，按供电设施产权归属确定。产权归于谁，谁就承担拥有的供电设施上发生事故引起的法律责任。因此，二医院应承担主要责任。原告余昶作私自登攀变压器造成触电，依法应当承担主要责任，但因其是无民事行为能力的人，应负一定的责任。电力公司没有过错，不承担赔偿责任。

三被告还一致辩称：原告的赔偿请求过高，既已评了残，就已治疗终结，不应再有再医费；原告父亲茶厂经济损失3万元，没有事实和法律依据。

一审裁判结果

名山县人民法院依照《中华人民共和国民法通则》第123条、第130条、第131条、第132条，最高人民法院《关于审理触电人身损害赔偿案件若干问题的解释》第2条、第4条，最高人民法院《关于确定民事侵权精神损害赔偿责任若干问题的解释》第8条第2款、第9条第1项、第10条第3项、第

11 条，《四川省高级人民法院贯彻执行〈最高人民法院关于确定民事侵权精神损害赔偿责任若干问题的解释〉的意见》第 3 条第 2 项的规定，判决如下：

一、原告余昶作的医疗费 5995.82 元、再医手术整形费 1 万元、住院伙食补助费 1050 元、护理费 4061.40 元、残疾者生活补助费 58272 元、伤残鉴定费 300 元、残疾赔偿金 6 万元、交通费 182 元，合计 139861.22 元。分别由被告二医院赔偿 41958 元，被告百汇公司赔偿 27972 元，被告电力公司赔偿 41958 元，其余由原告余昶作自行承担。原告余昶作尚欠被告二医院医疗费 4144 元，执行时在二医院的应赔偿金额中扣除；

二、被告二医院、百汇公司、电力公司负连带责任。

案件受理费 5820 元，其他诉讼费用 2180 元，合计 8000 元，分别由原告余昶作负担 2776 元，被告二医院负担 1959 元，被告百汇公司负担 1306 元，被告电力公司负担 1959 元。

一审裁判理由

名山县人民法院原审确认：原告余昶作因高压电造成人身损害是由多个原因造成的，应当按照致害人的行为与损害结果之间的原因力确定各自的责任并进行赔偿。

法院认为：原告余昶作在与小伙伴追逐玩耍时，自己走上围墙又跳到安放电力变压器的台墩上同时用双手抓住变压器，被电击烧伤致残，自己的行为与损害结果之间有因果关系，但因原告余昶作年仅 8 岁，系无民事行为能力人，应当减轻并承担相应的法律责任。

被告二医院和电力公司在委托和接受安装电力变压器时，相互之间权利义务不清，维护管理的职责不明，造成电力变压器的安装四周无固定围栏，也未在四周悬挂危险警示标志，未设立保护区，对电力变压器周围环境条件变化后出现的不安全隐患，长期无人问津，未能采取及时有效的防范措施，防范于未然，甚至在事故发生后仍未进行彻底整改，是造成原告余昶作能轻易跳上变压器台墩被变压器电击烧伤致残的重要原因。二被告均应等同地承担相应的法律责任。

被告百汇公司在修建百汇市场出入口处的路边护栏时，忽视了可能给他人造成的不安全隐患，给原告余昶作创造了便利的条件，起到了为其登高搭梯助力的作用，使原告余昶作能轻易走上护栏并径直走到二医院的围墙上，造成电击损害的后果，也是原因力之一，亦应承担相应的法律责任。

原告余昶作请求赔偿医疗费、住院伙食补助费、护理费、残疾者生活补助费、伤残评定费、再医手术整形费的主张，理由正当，依法予以支持；请求赔偿交通费500元的主张，因被告有异议，对无事实依据的部分不予支持；请求赔偿精神损害赔偿金10万元，因相关规定的最高限额为10万元，应按伤残等级系数计算，其残疾赔偿金应为6万元，对其请求的合法部分予以支持；请求赔偿其父茶厂经济损失3万元的主张，因无事实和法律依据，不予支持。

重审诉辩情况

原审宣判后，被告二医院、电力公司不服，提起上诉。四川省雅安市中级人民法院审理认为，原审法院在审理本案中，认定事实不清。遂裁定撤销原判，发回重审。

重审诉、辩双方的主张与原审一致。

重审裁判结果

名山县人民法院重审依照原审依据的法律规定，判决如下：

一、原告余昶作的医疗费5995.82元、再医手术整形费1万元、住院伙食补助费1050元、护理费4061.40元、残疾者生活补助费58272元、伤残鉴定费300元、残疾赔偿金6万元、交通费360元，合计140039.22元，由被告二医院赔偿42011.76元，由被告电力公司和百汇公司各赔偿35009.80元，其余由原告余昶作自行承担；

二、案件受理费5820元，其他诉讼费用2180元，合计8000元，由被告二医院负担1958元，被告电力公司和百汇公司各负担1633元，原告余昶作负担2776元。

重审裁判理由

重审认定的事实和证据除与原审一致外，原告余昶作又新增加了交通费178元的诉讼请求，也给予了确认。

原审法院重审认为：原审认定基本正确，予以认可。但被告二医院是电力变压器的产权所有人，对消除安全隐患负有主要责任，所以，应当承担主要法律责任；被告电力公司在安装变压器时就有瑕疵，对变压器周围环境条件变化后出现的不安全隐患负有监督整改之责，因未尽其职责造成原告余昶作烧伤致残，应当承担相应的法律责任。

二审诉辩情况

重审宣判后，被告二医院和电力公司不服，提起上诉。

上诉人二医院诉称：二医院和电力公司在委托和接受安装电力变压器时，相互之间权利义务不清，维护管理职责不明，造成电力变压器的安装四周无固定围栏，未设保护区，没有证据证明二医院是肇事变压器的产权人，二医院出资从在名山垄断经营电力设备和电力能源的电力公司处取得的仅是接受专项供电的用电消费服务权。二医院在本次事故中没有过错，不应承担本起事故的民事赔偿责任。

上诉人电力公司诉称：一审法院对余昶作应承担的民事责任认定过轻，电力公司承担的责任过大；电力公司与二医院不存在“委托和接受安装电力变压器时，相互之间权利义务不清，维护管理职责不明”的问题；电力公司不应对变压器因环境条件变化后出现的安全隐患承担责任；残疾人生活补助费的标准应以事故发生地的平均生活费计算；余昶作请求的再医手术整形费尚未发生，不应赔偿；最高人民法院《关于审理触电人身损害赔偿案件若干问题的解释》无精神损害赔偿内容，残疾赔偿金的计算属重复赔偿。

二审裁判结果

四川省雅安市中级人民法院依照《中华人民共和国民事诉讼法》第 153 条第 1 款第 1 项的规定，判决如下：

一、驳回上诉，维持原判；

二、本案二审诉讼费 8000 元，分别由二医院承担 4000 元，电力公司承担 4000 元。一审诉讼费按原判决执行。

二审裁判理由

四川省雅安市中级人民法院经二审审理确认，一审判决查明的事实清楚，在二审审理期间，双方当事人均未向二审法院提交符合最高人民法院《关于民事诉讼证据的若干规定》新的证据。认为：二医院作为本案讼争中变压器的产权人，应当对该变压器实施严格的管理措施，确保无安全事故的发生。由于百汇市场的建成，变压器旁的二医院围墙外的地面被抬高，以及百汇市场在路边用红砖修砌了护栏与二医院的围墙相连，且为同一高度，应当预见可能发生的事故。为此，二医院上诉认为自己不承担责任的上诉理由不能成立，其请求二审法院不予支持。电力公司提出余昶作的残疾人生活补助费应以事故发生地的平均生活费计算，但未向二审法院提交事故发生地平均生活费标准的相关证据，对此，电力公司应承担举证不能的法律责任。对于再医费，一审重审判决按照被上诉人余昶作在原审期间的请求作出的处理并无不当，且余昶作也同意一审重审判决结果，二审法院予以维持。

对于精神抚慰金，一审重审判决已作处理，且未违反法律禁止性规定，电力公司的该项上诉请求的理由不充分，二审法院不予支持。

一审重审判决对各方当事人的责任大小的认定并无不当，电力公司无充分理由说明其承担的责任过大，其请求二审法院不予支持。一审重审判决认定事实清楚，适用法律正确。

247. 高压电造成人身损害案件，供电部门是否承担由于管理不善引发的损害赔偿责任？

受害人触电致人身受到损害，供电局和基础公司作为电力设施的管理部门和所有权人依法应当承担民事赔偿责任，至于赔偿的费用，应当按照相关的法律规定执行。

典型疑难案件参考

夏瑞诉重庆市电力公司长寿供电局、重庆渝发建设有限公司、重庆长寿基础设施开发有限公司触电人身损害赔偿纠纷案

基本案情

2004年11月23日，供电局与基础公司签订“临时供用电合同”，约定：临时用电地址长寿区桃花新城行政中心；临时用电主要用途为长寿区桃花新城行政中心范围内各单位修建房屋时的用电（即施工用电）；根据用电方的申请，供电方确认用电方临时用电共有一个受电点，受电变压器一台，总容量为630kvA供电电压为10kv，从新伍线28—7#杆线供电，具体供电接电方式见“供电接线及产权分界示意图”。“供电接线及产权分界示意图”有以下说明：产权分界点设在10kv新伍线28—7#杆处，分界点电源侧（包括28—7#杆）供电设施属供电方，由供电方负责运行维护管理；分界点负荷侧（包括T接点引流线亚板及以后的电气设施等）供（用）电设施属用电方，由用电方负责运行维护管理等。2005年4月30日，供电局与基础公司又签订“高压供用电合同”，该合同约定：供电方从10kv新伍线28—7#“T”接向用电方临时施工变压器供电，供电容量为315kvA；供电设施运行维护责任分界点设在客户配电变压器高压跌落保险上桩头处，分界点电源侧供电设施属供电方，由供电方负责运行维护管理，分界点负荷侧供电设施属用电方，由用电方负责运行维护管理；在供电设施上发生的法律责任以供电设施运行维护管理责任分界点为基准划分，供电方、用电方应做好各自分管的供电设施的运行维护工作，并依法承担相应的责任。两份合同均约定：供电局与基础公司电力设施产权分界点和

运行维护责任分界点均在10kv新伍线28—7#杆处。

2004年8月26日，被告基础公司向重庆长寿电力实业有限责任公司（以下简称电力公司）提出申请，内容为："根据区委区府要求，桃花新城行政中心片区将在近期启动，为解决施工用电，特申请安装630kvA变压器一台，在此过程中升高新伍线28—1#杆及搬迁行政中心片区部分电力设施。"2005年4月6日，基础公司与电力公司签订"电力建设：工程施工合同"，约定由电力公司拆除10kv新伍线28#—28—5井线路，将10kv新伍线28—5井后段负荷改接到10kv徐开线上……工程价款包干320万元，签订合同时由基础公司首付200万元工程备料款，工程完工前付清尾款……电力公司根据合同约定，拆除了10kv新伍线28#—28—5#—28—11#杆的线路，并将10kv新伍线28—5#后段负荷接到10kv徐开线上（架空线39#—45#杆）。2005年7月30日，建设单位、施工单位和设计单位等共同对桃花新城土地整治线路搬迁工程进行了验收。经过改造，原供电局与基础公司约定的10kv新伍线28—7#杆处的电力设施产权分界点和运行维护责任分界点均已不存在。

2006年5月11日，以基础公司为甲方与供电局为乙方签订"固定资产无偿移交协议"，内容为："为保证甲方可靠用电，甲方自愿申请将其所属的长寿区桃花新城（资产地点）的10kv徐开线38#至45#电力线路（资产名称）无偿移交给重庆市电力公司长寿供电局"……无偿移交资产见"固定资产无偿调拨单"，"固定资产无偿调拨单"载明：拨出单位基础公司，拨入单位供电局，固定资产名称38#至39#电缆300米、39#至45#线路450米等内容。

在10kv徐开线43#至45#杆一侧是长寿区公安局迁建工程施工工地，该工程工地的施工单位是渝发公司。渝发公司提交的监理日志记载：2006年1月25日~2月5日工地春节放假。

2006年2月4日，原告与其父亲夏小勇一同走亲戚，途经桃花新城开发区长寿区公安局迁建工程施工工地旁的小路时，被垂挂于10kv徐开线43#—44#杆的高压线上的导电小扎丝击伤。原告受伤后先在长寿区人民医院抢救治疗，后转至西南医院治疗，原告之伤经医院诊断为："电击伤8%（1深Ⅱ°7%Ⅲ°）头面颈、四肢，电击伤后头部秃发畸形。"原告在医院住院86天，共用去医疗费74567.9元。重庆法正司法鉴定所分别以法正医鉴〔2006〕171号和法正医鉴〔2006〕345号"司法鉴定书"，作出以下鉴定结论：(1)夏瑞电击伤后，右上肢在肩下14cm处截肢，其伤残程度为Ⅴ（五）级伤残；(2)夏瑞电击伤后，致轻度智力缺失，为Ⅶ（七）级伤残；(3)经过对夏瑞日常生活能力八项指标进行测定，累计得分为5.5分，部分功能活动需由他人代做，属部分护理依赖；(4)夏瑞头部、右颞枕部秃发畸形，右腋下及上臂内侧不规则星状疤痕，需经多次手术修复，其医药费用约需48000元；（5）夏瑞需装配普及型上臂肌电手假肢，所需费用：18岁前每具38000元，两年左右更换一次，18岁后每具41000元，一般使用年限为5年；每年维修费用约800元。

重庆美丽景建筑工程有限公司于2006年8月21日出具证明：夏小勇常年为该公司木工，自2003年8月起在该公司"东方之娇"工地工作，2006年2月至8月21日因小孩烧伤未到公司上班。该公司工资表载明：夏小勇2005年12月和2006年1月的日平均工资收入55元。

一审诉辩情况

原告诉称：2006年2月4日，原告与父亲一同走亲戚，原告走在前面，当行至长寿区桃花新城区公安局建设工地附近时，突然被高压线上下垂的导电扎丝击伤，虽经医院治疗，但仍造成原告终身残疾。被告供电局是电力设施的所有人，导电扎丝有可能来源于在此施工的被告渝发公司，被告基础公司是该片区高压电设施的管理者，要求三被告连带赔偿医疗费74567.9元、护理费231070元（住院期间雇请护工1人61天×50元、定残之前原告父亲护理164天×55元、定残之后的终身护理依赖20年×365天/年×30元/天）、住院生活补助费1032元（86天×12元）、交通费1925.50元、住宿费60元、残疾赔偿金129074.40元（10244元×20年×63%）、残疾器具费680800元（18岁前4次、18岁后12次、维修46次）、续医费48000元、两次鉴定的鉴定费3014.20元、精神损害抚慰金100000元、住院期间实际购买营养品费4180元、探望人员和护工在医院外就餐伙食费800元、向亲友联系发生的通信费508.20元、因受伤降级需复读的复读费1000元，共计1276032.20元。

被告供电局辩称：原告是因高压电触电受伤，根据最高人民法院司法解释和《供电营业规则》的规定，因高压电造成人身损害的，由电力设施所有人承担责任，被告不是致伤原告的电力设施的资产所有者，被告不应承担责任；渝发公司违反《电力设施保护条例》规定，在高压电力线路保护区内从事施工作业，将小扎丝落挂在高压线上，其行为有过错，应承担责任；基础公司是电力设施的所有人应承担责任；原告法定代理人未履行好监护职责，应减轻责任人的赔偿责任。残疾器具费用应按照《重庆市工伤职工配置辅助器具管理办法》规定的标准计算，原告要求一次性给付残疾器具费，只能计算20年时间。综上所述，被告不是电力设施所有人，对该电力设施也无权管理，原告对被告的起诉没有事实根据，应驳回原告对被告的起诉。

被告渝发公司辩称：本案应由电力设施的所有人承担疏于管理的责任，但电力设施所有人含糊；没有证据证明导电小扎丝来源于被告公司，触电事故发生时，正处于春节期间，被告公司已停止施工，触电地点也不在被告公司的施工区域内，原告触电与被告公司的施工行为没有因果关系；本案不适用二人以上共同实施危及他人人身安全而承担连带责任的规定。综上所述，被告公司不应承担责任。

被告基础公司辩称：本案的性质是触电人身损害，原告是被10kv新伍线高压电触电受伤。根据被告公司与供电局之间的"高压供用电合同"和"临时供用电合同"的约定，供电局是10kv新伍线电力设施的所有人和管理维护责任者，被告公司不是10kv新伍线电力设施的所有人和管理维护责任者，不应承担责任；被告公司对触电事故地点没有施工安全管理的权利和义务。综上所述，被告公司既不是电力设施的所有人，又不负有管理的责任，被告公司不应是本案的被告，不应承担责任。

一审裁判结果

重庆市长寿区人民法院依照《中华人民共和国民法通则》第123条，最高人民法院《关于审理触电人身损害赔偿案件若干问题的解释》第2条、第4条，最高人民法院《关于审理人身损害赔偿案件适用法律若干问题的解释》第17条第1款、第2款、第18条第1款、第19条、第21条、第22条、第23条、第25条、第26条的规定，作出如下判决：

一、由被告重庆市电力公司长寿供电局在本判决生效后5日内赔偿原告夏瑞医疗费、护理费、住院生活补助费、交通费、住宿费、残疾人生活补助费、残疾用具费、继续治疗费、鉴定费、精神损害抚慰金214177.20元（含已先予执行的10万元）；

二、由被告重庆长寿基础设施开发有限公司在本判决生效后5日内赔偿原告夏瑞医疗费、护理费、住院生活补助费、交通费、住宿费、残疾人生活补助费、残疾用具费、继续治疗费、鉴定费、精神损害抚慰金321265.80元；

三、被告重庆渝发建设有限公司不承担民事责任；

四、驳回原告的其余诉讼请求。

一审裁判理由

重庆市长寿区人民法院经审理认为：《中华人民共和国民法通则》第123条规定："从事高空、高压、易燃、易爆、剧毒、放射性、高速运输工具等对周围环境有高度危险的作业造成他人损害的，应当承担民事责任。"最高人民法院《关于审理触电人身损害赔偿案件若干问题的解释》第2条规定："因高压电造成人身损害的案件，由电力设施产权人依照民法通则第123条的规定承担民事责任。但对因高压电引起的人身损害是由多个原因造成的，按照致害人的行为与损害结果之间的原因力确定各自的责任。”《电力供应与使用条例》第17条规定：“共用供电设施建成投产后，由供电单位统一维护管理。经电力管理部门批准，供电企业可以使用、改造、扩建该供电设施。共用供电设施的维护管理，由产权单位协商确定，产权单位可自行维护管理，也可以委托供电企业维护管理。用户专用的供电设施建成投产后，由用户维护管理或者委托供电企业维护管理。”

关于本案中各方当事人应否承担责任的问题。本案发生高压电触电事故致伤原告的10kv徐开线38#至45#电力线路，是由基础公司作为建设单位，于2005年7月30日由其出资将原10kv新伍线28—5#—28—11#号杆的线路拆除后改建形成，2006年5月11日基础公司将该电力线路无偿移交给了供电局。即在2005年7月30日至2006年5月10日期间，基础公司是该部分电力线路的产权人，原告正是在其间发生了触电事故，根据最高人民法院《关于审理触电人身损害赔偿案件若干问题的解释》第2条的规定，应由基础公司承担因其电力设施致伤原告的民事责任。

10kv徐开线38#至45#电力线路改造形成前，基础公司和供电局双方约定了电力设施维护管理的责任，10kv徐开线38#至45#电力线路改造形成后，双方未对电力设施的维护管理责任进行约定，依据前述《电力供应与使用条例》的规定，供电局作为供电企业，仍负有对用电设施的安全状况进行维护管理、监督检查的责任，因此，供电局因其疏于监管而发生触电事故，也应承担相应的责任。又根据致害人的行为与损害结果之间的原因力，基础公司作为电力设施所有人，应承担主要责任；供电局未履行好监管职责，自行或督促基础公司即时排除事故隐患，导致触电事故的发生，应承担次要责任。导致原告触电受伤的垂挂于高压线上的导电扎丝，无充分证据证明来自于渝发公司及其施工场地，渝发公司不应承担责任。

关于原告的损失范围，根据相关法律及司法解释的规定，并结合本案实际予以确定：

1. 医疗费74567.90元、住院生活补助费1032元、交通费1925.50元、住宿费60元和鉴定费3014.20元，符合最高人民法院《关于审理人身损害赔偿案件适用法律若干问题的解释》的规定，予以主张。

2. 护理费主张98450元（住院前期由二人护理，原告之父164天、每天按55元计算，增加1人61天、按每天30元计算，主张10850元；原告属于部分护理依赖，其定残后的护理费按每天30元计算20年、再按40%计算，主张 87600 元）。

3. 残疾人生活补助费主张 35393. 40 元（原告提供的“住房出租合同”和出租人张宏收取夏小勇租金的收据，缺乏证明力，法院不予采信，对其残疾赔偿金应按重庆市 2005 年度农村居民人均纯收入 2809 元的标准计算，即 2809 × 20 × 63%）。

4. 残疾用具费主张 253000 元（根据最高人民法院《关于审理人身损害赔偿案件适用法律若干问题的解释》第 26 条的规定，并参照《重庆市高级人民法院关于审理道路交通事故损害赔偿案件适用法律若干问题的指导意见》第 30 条的规定，原告要求一次性支付残疾辅助器具费予以支持，但最长不超过 20 年；被告供电局辩解所称上述残疾用具费应适用《重庆市工伤职工配置辅助器具管理办法》规定的标准，因该规定的标准明显偏低，本案不适用，应以司法鉴定为参考依据，假肢安装年限为 2007 年至 2027 年，18 岁前安装 3 次即 2007 年、2009 年、2011 年，18 岁后安装 3 次即 2013 年、2018 年、2023 年，每次安装的费用根据司法鉴定意见计算，即 38000 元 ×3 次 + 41000 元 ×3 次 + 800 元 ×20 年/次）。

5. 根据司法鉴定意见，对继续治疗费 48000 元予以主张。

6. 根据原告伤残程度，对其精神损害抚慰金主张 20000 元。

上诉费用共计主张 535443 元。

二审诉辩情况

上诉人（一审原告）诉称：原审判决确定的残疾人生活补助费、精神损害抚慰金、残疾用具费不当，请求二审查清事实，依法改判。

各被上诉人辩称：原审判决正确，请求维持原判。

二审裁判结果

重庆市第一中级人民法院依照《中华人民共和国民事诉讼法》第 153 条第 1 款第 1 项之规定，作出如下判决：

驳回上诉，维持原判。

二审裁判理由

重庆市第一中级人民法院经审理认为：上诉人夏瑞因触电致人身受到损害，供电局和基础公司作为电力设施的管理部门和所有权人依法应当承担民事赔偿责任，至于赔偿的费用，应当按照相关的法律规定执行。上诉人请求按照城市人口主张夏瑞的残疾人生活补助费缺乏依据，二审法院不予支持。对精神损害抚慰金和残疾用具费，原审按照相关规定处理并无不当。

248. 受害人在高压线下垂钓的行为是否构成电线产权人的免责事由？

受害人作为完全民事行为能力人，其明知高压电具有相当危险，仍到高压电线下垂钓，鱼竿触及高压电线，造成自身死亡，属重大过错，其对自身的死亡负有责任；铁路公司所架设高压电线路，虽然符合法律、行政法规规定的要求，且作业运行也处正常状态，但国家根据高压电作业运行中的危险性，在可能造成损害赔偿时，在适用法律上采用无过错责任原则，因此在其无证据证明存在法定的可免责的情形下，仍应承担相应的民事赔偿责任。故受害人的过错不能成为侵权人的免责事由。

典型疑难案件参考

阮爱银、陈安琪、秦玉珍、陈世荣诉新长铁路有限责任公司、洪瑞平触电人身损害赔偿纠纷案

基本案情

陈光明系原告阮爱银之夫、陈安琪之父、秦玉珍和陈世荣之子。2005 年 8 月 20 日下午，陈光明与阮小彪一起到被告洪瑞平承包的位于如皋市桃园镇明池村 15 组的鱼塘钓鱼。下午 4 点 30 分左右，陈光明手持的鱼竿不慎碰到头顶西侧上方的高压线后当即被触倒在地，被送到如皋市人民医院后抢救无效于当晚 19 时左右死亡。如皋市人民医院当日出具证明书，证明陈光明因触电后心跳呼吸停止，经施行心肺复苏术无效死亡。原告支付了抢救陈光明的医疗费 696.21 元。触电事故发生后，如皋市公安局桃园派出所接到报警派员赶到事发现场，并于 2006 年 3 月 28 日就陈光明在钓鱼过程中因钓鱼竿不慎碰到新长铁路公司的高压线导致触电身亡的事实，向原告出具了书面证明。原告于 2006 年 7 月 19 日诉至法院，要求被告新长铁路公司作为事发地段的高压线的产权人，被告洪瑞平作为鱼塘的经营者，对陈光明死亡造成的损失，即死亡赔偿金 246380 元、丧葬费 10478.50 元、被扶养人生活费 51732 元、医疗费 696.21 元、精神损害抚慰金 4 万元，合计 349386.76 元予以赔偿。

案件审理过程中，应原告的申请，法院委托如皋供电公司技术人员对事发现场进行了勘查。新长铁路公司穿行于本市桃园镇明池村路段的铁轨路基坡面东侧与被告洪瑞平承包的鱼塘水面之间有着 1.2 米左右宽度的小道。事发当天

曾出警到现场的桃园派出所民警刘如庆和被告洪瑞平在该小道上指认了陈光明的触电地点。经测量，该地点距离新长铁路公司铁轨东侧贯通线124号电线杆水平距离为35.28米。该地点上方贯通线为平行的3根导线，呈三角形，中间一根稍高，东边一根与西边一根基本处于同一水平线。3根导线中，东边的一根导线与地面垂直距离为7.00米，中间的一根导线与地面垂直距离为7.35米，西边的一根导线与坡面垂直距离为6.05米。渔塘边南北方向有两根重型10米水泥圆杆，分别标有“贯一二四”和“贯一二三”字样。在南边的一二四号杆上，挂着写有“高压线下，禁止钓鱼”的一块木牌。庭审中，被告洪瑞平承认该木牌是其于2006年5月制作并悬挂的。

另查明，事发地的高压线路系被告新长铁路公司架设，产权属该公司所有。被告新长铁路公司在庭审中陈述该高压线路电压等级为10kv。被告新长铁路公司对被告洪瑞平陈述该鱼塘系兴建新长铁路时取土而形成亦予以认可。庭审中，被告洪瑞平还举证承包协议1份，证明其于2001年向桃园镇明池村15村民小组承包该鱼塘，承包期间为2001年5月至2006年5月。

受害人陈光明为非农业家庭户口，出生于1976年8月17日。其被扶养人为女儿陈安琪，出生于1999年12月26日，亦为非农业户口性质。

一审诉辩情况

原告阮爱银等人诉称：2005年8月20日下午，原告的近亲属陈光明到被告洪瑞平承包的鱼塘钓鱼。下午4点30分左右，陈光明的钓鱼竿不慎碰到被告新长铁路公司所有的高压线上，导致陈光明触电，经抢救无效死亡。被告新长铁路公司对在鱼塘边架设的高压线路，未能设置警示标志，加上线路架设高度也比较低，造成安全隐患。被告洪瑞平在其承包的鱼塘边上，未能设置警示标志，对经营场所内存在的安全隐患也具有过错。因此，对陈光明触电死亡造成的损失349386.76元，要求两被告予以赔偿。

被告新长铁路公司辩称：陈光明的死因是否因钓鱼竿不慎碰到被告公司的高压线路所致难以认定；被告公司架设的高压线路完全符合国家及行业的相关标准，被告公司在原告诉称的事发地段无设置警示标志的义务。陈光明作为完全民事行为能力人，应当知道架空的线路属于高压线，应当预见到在高压线下钓鱼的危险性。因此，陈光明的死亡与被告公司无关，被告公司不应当承担赔偿责任。

被告洪瑞平辩称：本案中受害人陈光明系钓鱼时鱼竿碰到被告新长铁路公司的高压线后触电身亡的，应当由电力线路的产权人承担赔偿责任。被告承包的鱼塘不是经营性质的，与陈光明之间不存在服务合同关系。原告要求被告承担赔偿责任缺乏事实和法律依据，请求驳回原告对被告的诉讼请求。

一审裁判结果

江苏省如皋市人民法院依照《中华人民共和国民法通则》第123条、第131条，最高人民法院《关于审理触电人身损害赔偿案件若干问题的解释》第2条，最高人民法院《关于审理人身损害赔偿案件适用法律若干问题的解释》第2条、第17条、第18条、第19条、第27条、第28条、第29条和最高人民法院《关于确定民事侵权精神损害赔偿责任若干问题的解释》第8条第2款、第10条、第11条之规定，作出如下判决：

一、原告阮爱银、陈安琪、秦玉珍、陈世荣因陈光明触电死亡造成的损失，即医疗费696.21元、丧葬费10478.50元、死亡赔偿金246380元、被扶养人生活费51732元，合计309286.71元，由被告新长铁路有限责任公司赔偿216500.70元，其余损失由原告自行负担；

二、被告新长铁路有限责任公司赔偿原告阮爱银、陈安琪、秦玉珍、陈世荣精神损害抚慰金35000元；

三、驳回原告阮爱银、陈安琪、秦玉珍、陈世荣的其他诉讼请求。

案件受理费10375元，其他费用3630元，邮寄费60元，合计14065元，由四原告负担3940元；被告新长铁路有限责任公司负担10125元。

一审裁判理由

江苏省如皋市人民法院经审理认为：因高压电造成人身损害的案件，由电力设施产权人依照《中华人民共和国民法通则》第123条的规定承担民事责任。但对因高压电引起的人身损害是由多个原因造成的，按照致害人的行为与损害结果之间的原因力确定各自的责任。致害人的行为是损害后果发生的主要原因，应当承担主要责任；致害人的行为是损害后果发生的非主要原因，则承担相应的责任。本案中，受害人陈光明于2005年8月20日下午在被告洪瑞平承包的鱼塘边钓鱼时，因钓鱼竿不慎碰到被告新长铁路公司架设的高压线而触电死亡的事实，有如皋市公安局桃园派出所出具的事故证明，如皋市人民医院出具的陈光明因触电后心跳呼吸停止，经施行心肺复苏术无效死亡的医学证明，被告洪瑞平在事故发生后向出警民警所做的在现场看到陈光明手握鱼竿的地方有两至三个烧焦的点，并立即对陈光明施行人工呼吸措施的陈述等证据佐证。结合陈光明钓鱼时所站的位置与高压线距离较近，根据鱼竿的通常长度及陈光明站立时手握鱼竿向上具有碰及高压电线的可能性，虽然在陈光明死亡后未作尸体解剖以明确死亡原因，以及对陈光明使用的钓竿进行材质及导电性能予以鉴定，但原告所举的证据具有证明力，且被告新长铁路公司并未能就此举出否定该事实的证据，因此，对陈光明触电后抢救无效死亡的事实，法院予以确认。被告新长铁路公司系事发现场的高压线路产权人，应当按照《民法通则》第123条的规定承担民事赔偿责任。受害人有过错的，可以适当减轻电力设施产权人的赔偿责任。虽然从现场勘测来看，被告新长铁路公司对高压线路的架设符合国家和行业标准中有关在人口密集地区不低于6.50米的规定，但此情形并不属于法律规定的电力设施产权人可以免责的事由。被告新长铁路公司未能举证证明受害人陈光明具有最高人民法院《关于审理触电人身损害赔偿案件若干问题的解释》第3条规定的可以免除电力设施产权人民事责任的情形，对其辩称陈光明死亡与新长铁路公司无关，新长铁路公司因此不应当承担赔偿责任的主张，法院不予采纳。受害人陈光明作为具有完全民事行为能力的人，在架设的电力线路下方钓鱼，应当预见到自身行为的危险性，对因疏忽造成自己触电死亡的损害后果，也具有一定的过错，因此，可以减轻被告新长铁路公司的赔偿责任。原告未能证明被告洪瑞平承包的鱼塘所存在的安全隐患及与陈光明死亡之间的因果关系，故原告要求被告洪瑞平承担民事责任，缺乏事实依据，法院难以支持。

二审诉辩情况

上诉人（原审被告）新长铁路公司诉称：原审法院适用《民法通则》第123条的规定不当，因该条规定的情形是一种行为，而本案中的情形则是一种状态，为此判令上诉人承担责任不当；洪瑞平在铁路安全区域内从事鱼塘经营，未尽必要的提醒义务，是导致陈光明死亡的直接原因，原审法院认为其没有收费，认为洪瑞平没有过错，不承担责任不当，洪瑞平应承担主要责任。请求二审法院撤销原审判决，依法驳回原告对上诉人的诉讼请求。

被上诉人（原审原告）阮爱银、陈安琪、秦玉珍、陈世荣辩称：上诉人对法律的理解为狭义理解，其理由不能成立。上诉人所说保护区及标桩，在事发时并不存在，原审判决确定被上诉人的责任偏高。

被上诉人（原审被告）洪瑞平辩称：高压线路的传送就是一种行为，而不是一种状态。被上诉人从事的是养殖业，不是经营，对外也不收费，被上诉人并没有从事法律、法规禁止的行为。上诉人称其有保护区域、标桩，没有政府部门的批复可予证明。

二审裁判结果

江苏省南通市中级人民法院依照《中华人民共和国民法通则》第123条、

第131条，最高人民法院《关于审理触电人身损害赔偿案件若干问题的解释》第2条、第3条，《中华人民共和国民事诉讼法》第153条第1款第2项之规定，作出如下判决：

一、撤销如皋市人民法院〔2006〕皋民一初字第0387号民事判决；

二、因陈光明的死亡而造成阮爱银、陈安琪、秦玉珍、陈世荣的损失，即医疗费696.21元、丧葬费10478.50元、死亡赔偿金246380元、被扶养人生活费51732元、精神损害赔偿金35000元，合计人民币344286.71元，由新长铁路有限责任公司赔偿103286元，由洪瑞平赔偿103286元，其余部分由阮爱银、陈安琪、秦玉珍、陈世荣自行负担。

一审案件受理费10375元，其他费用3630元，邮寄费60元，合计人民币14065元，由上诉人新长铁路有限责任公司负担4219.5元，由被上诉人阮爱银、陈安琪、秦玉珍、陈世荣负担5626元，被上诉人洪瑞平负担4219.5元；二审案件受理费10375元，其他诉讼费3793元，邮寄费1200元，合计人民币15368元，由上诉人新长铁路有限责任公司负担4610.4元，由被上诉人阮爱银、陈安琪、秦玉珍、陈世荣负担6147.2元，被上诉人洪瑞平负担4610.4元。

二审裁判理由

江苏省南通市中级人民法院经审理，确认一审法院认定的事实和证据。

二审中，上诉人向法院出具了照片数张，以证明其在铁路沿线均设有安全保护区，并有相应的标志。被上诉人经质证后认为，此不属于新证据，且不能证明系在事发地段依程序所设。

另查明，洪瑞平从事养殖的鱼塘东侧有一小路，上方即为铁路沿线高压线，其未封闭通向高压线处的小路，也未设置必要的警示标志。2005年8月20日下午，陈光明与其侄阮小彪从家中携带鱼杆、鱼饵等前往洪瑞平从事养殖的鱼塘钓鱼，洪瑞平见状未予阻止。事发当日另有两人也在鱼塘钓鱼。陈光明也曾带朋友在该鱼塘钓过鱼。陈光明在与其侄行至高压线下的小路时，还提醒其侄注意头顶上的高压线。

江苏省南通市中级人民法院经审理认为：根据最高人民法院《关于审理触电人身损害赔偿案件若干问题的解释》第2条的规定："因高压电造成人身损害的案件，由电力设施产权人依照民法通则第123条的规定承担民事责任。但对因高压电引起的人身损害是由多个原因造成的，按照致害人的行为与损害结果之间的原因力确定各自的责任。致害人的行为是损害后果发生的主要原因，应当承担主要责任；致害人的行为是损害后果发生的非主要原因，则承担相应的责任。”该解释第3条规定：“因高压电造成他人人身损害有下列情形之一的，电力设施产权人不承担民事责任：（一）不可抗力；（二）受害人以触电方式自杀、自伤；（三）受害人盗窃电能，盗窃、破坏电力设施或者因其他犯罪行为而引起触电事故；（四）受害人在电力设施保护区从事法律、行政法规所禁止的行为。”《民法通则》第131条规定：“受害人对于损害的发生也有过错的，可以减轻侵害人的民事责任。”为此，本案应根据原因力确定责任。

本案受害人陈光明为完全民事行为能力人，其明知高压电具有相当危险，仍到高压电线下垂钓，鱼竿触及高压电线，造成自身死亡。对此，陈光明之过错明显，属重大过错，其对自身的死亡负有责任；鱼塘经营者洪瑞平在部分高压电设施保护区内的低洼塘内从事养殖，亦应明知高压电具有相应的危险性，但其未封闭通向高压线处的小路，也未设置必要的警示标志，让垂钓者在其鱼塘内钓鱼，其过错亦明显，亦应承担民事赔偿责任。洪瑞平称其承包鱼塘不是经营性质，与陈光明之间不存在服务合同关系，其不应承担赔偿责任的抗辩，与事实不符，二审法院不予支持。上诉人新长铁路公司所架设高压电线路，虽然符合法律、行政法规规定的要求，且作业运行也处正常状态，但国家根据高压电作业运行中的危险性，在可能造成损害赔偿时，在适用法律上采用无过错责任原则，因此在其无证据证明存在法定的可免责的情形下，仍应承担相应的民事赔偿责任，但原审法院判决其承担70%的责任不当。

249. 行人踩到掉于地面的照明电线触电身亡，是否由电力设备的产权者与供电部门连带赔偿？

受害人因触及掉落在地面上的照明电线而被电击死亡，应由产权者和供电部门承担赔偿责任。参照《农村安全用电管理条例》规定的原则、设备管理、事故责任划分的规定，供电局应负主要责任；电力设备的产权者安装使用不合规程要求的供电设备，且设备失修，造成责任事故，应负次要责任。

典型疑难案件参考

曹贤祝、叶志城、叶志巧诉成都电业局都江堰电业局、四川省彭州市隆丰镇大宝村村民委员会触电人身损害赔偿纠纷案

基本案情

1990年11月2日，曹贤祝之夫叶章清路经彭州市隆丰镇大宝村二组距曹家60米处，脚触及掉于地面的照明电线身亡。事发后，原彭县安全办公室、信访办公室、原彭县隆丰镇政府和大宝村委会于1991年3月13日作出了《关于叶章清触电死亡的处理意见》（以下简称《处理意见》）认为，该事故为意外事故，决定由镇政府除丧葬费已开支349.50元和已给家属130元外，再一次补助死者家属现金500元。大宝村村委会会计叶章福代签的“曹贤诈”的名字上按有一模糊的指印。事后，曹贤祝领取了500元现金，但对《处理意见》不服，连续向有关部门反映，要求重新处理。

一审诉辩情况

曹贤祝起诉至法院，要求判令两被告赔偿原告死亡补偿费、丧葬费、被扶养人生活费和精神损失费合计63700元。

一审裁判结果

一审法院依照《中华人民共和国民法通则》第119条、第130条的规定，判决如下：

一、第一被告成都电业局都江堰供电局和第二被告彭州市隆丰镇大宝村村民委员会赔偿原告曹贤祝、叶志城、叶志巧死亡补偿费15780元，丧葬费1200元和被抚养人必要的生活费1913元，合计18913元。由第一被告赔偿60%，计11347.80元，扣除已支付的895元；还应赔偿10452.80元；由第二被告赔偿40%，即7565.2元，二被告赔偿款于本判决生效后10日内付给三原告；

二、二被告互相向原告承担连带赔偿责任。

一审裁判理由

一审判决认定，叶章清触电死亡的事故，应由产权者和供电部门承担赔偿责任。三原告的请求符合有关规定，并未超过诉讼时效。原彭县隆丰镇政府会同有关部门作出的《处理意见》定性为意外事故是错误的，处理结果显失公平，不应认定为事故处理的依据。参照《农村安全用电管理条例》规定的原则、设备管理、事故责任划分的规定，第一被告应负本案的主要责任，第二被告是电力设备的产权者，安装使用不合规程要求的供电设备，且设备失修，造成责任事故，应负本案的次要责任。二被告应赔偿三原告及叶章清的死亡补偿费、丧葬费和被抚养人必要的生活费（应扣除已付部分）。

二审诉辩情况

宣判后，都江堰供电局不服，以原判认定其承担主要赔偿责任缺乏法律依据和本案已超过诉讼时效为由，向成都市中级人民法院提出上诉。

二审裁判结果

成都市中级人民法院审理后认为：都江堰供电局认为原判认定其承担赔偿责任缺乏法律依据与《农村安全用电管理条例》第 25 条、第 26 条有关责任承担的规定不符；其认为诉讼时效已过的理由，不符合最高人民法院《关于贯彻执行〈中华人民共和国民法通则〉若干问题的意见（试行）》第 174 条的规定。其上诉请求，法院不予支持。据此判决：驳回上诉，维持原判。

再审一审诉辩情况

终审判决生效后，都江堰供电局不服，以其不是事故线路产权人，不应承担责任等为由，向四川省高级人民法院提出再审申请。四川省高级人民法院于 2000 年 12 月 7 日裁定，指令成都市中级人民法院进行再审。

再审一审裁判结果

成都市中级人民法院依照《中华人民共和国民事诉讼法》第 153 条第 1 款第 1 项之规定，判决如下：维持本院〔2000〕成民终字第 330 号民事判决。

再审一审裁判理由

成都市中级人民法院经再审查明：1990 年 11 月 2 日晚 7 时许，曹贤祝之夫叶章清路经彭州市隆丰镇大宝村 2 组，行至离家 60 米处，因脚触及掉在地面的照明电线，致其死亡。该照明电线是彭州市隆奉镇大宝村村民委员会用木制电杆架设的输电电线，其输电由都江堰供电局提供。事故发生后，原彭县安全办公室、信访办公室、原彭县隆丰镇政府和大宝村委会于 1991 年 3 月 13 日作出了《关于叶章清触电死亡的处理意见》，认定村、镇无直接责任，隆丰镇政府鉴于死者家庭生活困难，同意给付死者家属除丧葬费已开支 349.50 元（实际开支火化费 265 元）和已给死者家属 130 元外，再次补助死者家属 500 元。在该处理意见上叶章福代表死者家属签了字。事后，曹贤祝虽领取了 500 元，但对处理意见不服，多次要求彭州市隆丰镇政府重新处理，隆丰镇政府未重新处理。从曹贤祝提供的票据证明其共收取赔偿费（包括火化费）895 元。

另查明，都江堰供电局隆丰镇电管所于 1994 年 3 月 20 日经都江堰供电局批准成立。在此之前，彭州市隆丰镇大宝村 2 组的照明电是由隆丰镇五一村转供，隆丰镇五一村的照明是由都江堰供电局供电。

成都市中级人民法院再审认为：曹贤祝之夫叶章清因触及掉落在地面上的照明电线而被电击死亡的事实清楚。都江堰供电局隆丰镇电管所虽在此事故发生后才成立，但在事故发生时，都江堰供电局虽没有直接向隆丰镇大宝村供电，但对五一村长期转供大宝村照明电是清楚的，也并未加以制止和规范，对事故的发生负有一定的责任，原判判决都江堰供电局承担此事故的赔偿责任是正确的。都江堰供电局所提出的都江堰供电局隆丰镇电管所在事故发生以后才成立，故不应承担赔偿责任的理由不充分，法院不予支持。

再审二审诉辩情况

曹贤祝、叶志城、叶志巧不服成都市中级人民法院的再审判决，以原判适用法律、法规错误，要求赔偿死亡补偿费5万元、丧葬费7千元、被抚养人的生活费30万元、精神抚慰费5万元，共计40.7万元为由，向四川省高级人民法院申请再审。2003年5月27日，四川省高级人民法院经复查，驳回了曹贤祝、叶志城、叶志巧的再审申请。在四川省高级人民法院〔2002〕川民监字第366号卷宗内，有2004年7月12日彭州市人民法院《关于处理涉法上访人员曹贤祝的情况报告》，该报告称：2003年5月27日四川省高级人民法院以〔2002〕川民监字第366号驳回曹贤祝的再审申请之后，曹贤祝便开始进京上访。彭州市隆丰镇政府将曹贤祝接回家后，积极采取安置措施，并同彭州市信访办、彭州市司法局等部门的领导及曹贤祝之女叶志巧共同做工作，同时隆丰镇政府将曹贤祝列为困难户定期对其慰问，还准备将曹贤祝家的危房进行重修，尽量使曹贤祝感受其家庭的温暖及政府的关怀，从而尽量息诉、息访。同时彭州市人民法院将积极配合隆丰镇政府做好曹贤祝的息诉、息访工作。

再审二审裁判结果

最高人民法院对该案调卷审查后认为，原审判决在认定事实、适用法律及当事人各方责任的划分方面基本正确。合议中有同志提出，原审判令叶章清承担叶志城和叶志巧的必要生活费，是按彭州市统计局1990年农民人均年纯收入789元的30%比例给付偏少，因为从抚养子女角度讲，男女双方均有抚养责任，给付标准按50%给付更合理。合议庭经评议后认为，依《中华人民共和国民法通则》和最高人民法院《关于贯彻执行〈中华人民共和国民法通则〉若干问题的意见（试行）》第147条的相关规定，“必要的生活费”的数额是结合当地的实际情况确定的，从此角度不能说原判按30%的比例给付不当。虽然曹贤祝等三原告在起诉时各项请求相加共为6万多元，但由于其提出的精神损失费等请求没有法律依据，故原审法院按当时的有关政策和法律规定依法认定并判决由都江堰供电局和村委会支付三原告18913元是正确的。关于申请再审的期间问题，终审判决后，都江堰供电局不服提出上诉，之后又申请再审，在此期间，曹贤祝均未对终审判决表示不满。而在四川省高级人民法院裁定指令成都市中级人民法院启动审判监督程序进行再审，成都市中级人民法院经再审维持原终审判决后，曹贤祝才开始向四川省高级人民法院申请再审，并将各项赔偿数额提高至40.7万元。从以上事实看，不论其申请再审数额是否有依据，其申请再审也已超过了民事诉讼法规定的两年期限。因此，四川省高级人民法院驳回曹贤祝及叶志城、叶志巧（现均已年满30岁）的再审申请是正确的。

250. 对受害人被电击死亡原因是电线养护问题还是死者破坏所致无法确定，但在庭审前供电局对电路进行维修的，是否应由其承担举证责任？

据常识，低压电线只有在其外包绝缘层破裂或电线接头脱节产生漏电的情况下才能致害，事故现场电线众多，其中至少有一根属于这种情况。杂乱无章的电线分别归属于不同的所有人，究竟是属于何人的一根电线致害，本应由受害人举证。然而，供电局在庭审前对电路进行维修的，破坏了原始现场，为公平起见，该举证责任转移至供电局。如果供电局未能指证当地用户邻接线路有异常，其应承担举证不能的法律后果。

典型疑难案件参考

陈细风、罗兵、罗永兵诉江西南昌供电局、陈建平、江西良友连锁经营有限公司触电人身损害赔偿纠纷案

基本案情

陈建平在位于南昌市井冈山大道944号属于江西良友连锁经营有限公司下属南昌坛子口粮店房屋的南墙外，布满了低压电线的消防通道上搭建了一间小的临街食杂店，店面屋顶紧挨电线。江西良友连锁经营有限公司曾多次要求有关部门拆除它，未能如愿，遂从2001年始按月收取陈建平100元的地租。2002年6月23日，罗连水受雇为陈建平的店面屋顶刷柏油，9时许，工作中

的罗连水突然被低悬于其上的电线击中腰部，抢救无效死亡。不久，南昌供电局对现场属于自己的4根电线的接头予以了胶扎。

三原告是罗连水的法定继承人，他们支付了尸体检验费2000元；陈建平支付了抢救费297元、担架费100元，并赔付了1000元人民币。

一审诉辩情况

原告诉称：原告是因故死去的罗连水的妻、子。2003年6月23日，罗连水受雇为陈建平违章搭建的店面屋顶刷柏油时突然被悬于屋顶上的电线击中死亡。现要求南昌供电局、陈建平和为陈建平违章建筑提供场地及收取租金的江西良友连锁经营有限公司共同承担100000元的赔偿责任。

被告南昌供电局辩称：被告在本案中没有主观过失，亦未侵权，原告起诉不当，要求法院驳回原告对被告的起诉。

被告陈建平辩称：被告给了罗连水木棍以挑开电线，他却不用，自己也有责任；南昌供电局未定期检修线路，也应承担责任；江西良友连锁经营有限公司收取了店面租金，也应承担责任。

被告江西良友连锁经营有限公司辩称：被告方已多次向有关部门反映要求拆除陈建平在被告土地上搭建的违章店面未果，因此被告方不应承担任何责任。

一审裁判结果

江西省南昌市西湖区人民法院依照《中华人民共和国民法通则》第119条、第123条、第131条，最高人民法院《关于审理触电人身损害赔偿案件若干问题的解释》第4条、第5条、第6条之规定，作出如下判决：

原告陈细风、罗兵、罗永兵损失118987元（含罗连水死亡补偿费459元×12个月×20年=110160元、丧葬费5000元、尸检费2000元、罗永兵的抚养费143元×20个月×50%=1430元、担架费100元、抢救费297元），原告只要求被告赔偿100000元，由被告陈建平赔偿49250元，扣除已付的1397元，尚欠47853元，于本判决生效后20日内付清；由被告江西南昌供电局赔偿原告29550元，于本判决生效后20日内付清；由被告江西良友连锁经营有限公司赔偿1500元，于本判决生效后20日内付清；原告自己承担19700元。

案件受理费3510元，由被告江西南昌供电局负担1040元，由被告陈建平负担1730元，由被告江西良友连锁经营有限公司负担50元，由原告负担690元。

一审裁判理由

江西省南昌市西湖区人民法院根据上述事实和证据认为：南昌供电局是电力产权设施所有人，对其辖区内的电力设施有管理和维护的职责，却没有对本案事故地段的线路进行必要的维护和管理，致使罗连水触电身亡，应承担次要责任；陈建平擅自搭建的店面紧靠电线，是罗连水死亡的主要原因，应承担主要责任；罗连水明知屋顶有电线，却不注意安全操作，也应自负一定的责任；江西良友连锁经营有限公司收取了租金，应在所收租金的范围内承担责任。

二审诉辩情况

上诉人（原审被告）江西南昌供电局诉称：事故点的电线杂多，如何断定就是上诉人的而不是当地用户的？事故的真正原因是电线养护的问题还是死者的破坏所致？一审判决无证据证明上诉人电线漏电却推论之，仅凭事故发生后上诉人立即派人检修了线路是错误的。请求二审法院撤销原判决，依法改判。

被上诉人（原审原告）辩称：罗连水是被事故点电线电死的，而电线年久失修，出事后，供电局才赶忙派人检修，故负有不可推卸的责任。

二审裁判结果

江西省南昌市中级人民法院依照《中华人民共和国民事诉讼法》第 153 条第 1 款第 2 项、《中华人民共和国民法通则》第 106 条第 2 款之规定，作出如下判决：驳回上诉，维持原判。

二审裁判理由

江西省南昌市中级人民法院经审理查明：2003 年 6 月 23 日约 9 时，受雇于陈建平而为“平源食杂店”屋顶进行柏油检漏的罗连水突然触到了低悬于屋面的低压电线倒地身亡。尸检腰部见电击斑。事发 2 小时后，江西南昌供电局派人对现场属于自己的 4 根电线的接头重新予以了胶扎。双方提供的现场照片显示，在两栋楼房形成的狭窄通道约 2 米高处交杂着许多粗细不一的电线。“平源食杂店”屋顶紧挨电线，成人在屋顶非低头弯腰不得通过。证据包括一审各方所举及二审的庭审笔录。

江西省南昌市中级人民法院认为：据常识，低压电线只有在其外包绝缘层破裂或电线接头脱节产生漏电的情况下才能致害，本案现场电线众多，其中至少有一根属于这种情况。杂乱无章的电线分别归属于不同的所有人，究竟是属于何人的一根电线致害，本应由原告举证。然而，事故不久，供电局就用黑胶布包扎了属于自己的4根电线（之后就声称无证据证明自己的线路异常），破坏了原始现场。为公平起见，该举证责任转移至南昌供电局。审视所有的现场照片，未能发现另外有电线破损，南昌供电局也未能指证当地用户邻接线路有异常，故他们应承担举证不能的法律后果。电线漏电究竟是电线老化抑或罗连水的行为导致，现已无法查明，原因同样，同因同果，南昌供电局亦应承担举证不能的法律后果。故原审法院判决南昌供电局承担本案相应责任妥当，应予维持。虽然该判决引用高压电的有关法律规定于本案不当，但实际处理本案时仍适用了过错原则，予以肯定。

触电人身损害责任纠纷办案依据集成

最高人民法院《关于审理触电人身损害赔偿案件若干问题的解释》（2001年1月10日 法释〔2001〕3号）

为正确审理因触电引起的人身损害赔偿案件，保护当事人的合法权益，根据《中华人民共和国民法通则》（以下简称民法通则）、《中华人民共和国电力法》和其他有关法律的规定，结合审判实践经验，对审理此类案件具体应用法律的若干问题解释如下：

第一条 民法通则第一百二十三条所规定的“高压”包括1千伏（KV）及其以上电压等级的高压电；1千伏（KV）以下电压等级为非高压电。

第二条 因高压电造成人身损害的案件，由电力设施产权人依照民法通则第一百二十三条的规定承担民事责任。

但对因高压电引起的人身损害是由多个原因造成的，按照致害人的行为与损害结果之间的原因力确定各自的责任。致害人的行为是损害后果发生的主要原因，应当承担主要责任；致害人的行为是损害后果发生的非主要原因，则承担相应的责任。

第三条 因高压电造成他人人身损害有下列情形之一的，电力设施产权人不承担民事责任：

（一）不可抗力；

（二）受害人以触电方式自杀、自伤；

（三）受害人盗窃电能，盗窃、破坏电力设施或者因其他犯罪行为而引起触电事故；

（四）受害人在电力设施保护区从事法律、行政法规所禁止的行为。

第四条 因触电引起的人身损害赔偿范围包括：

（一）医疗费：指医院对因触电造成伤害的当事人进行治疗所收取的费用。医疗费根据治疗医院诊断证明、处方和医药费、住院费的单据确定。

医疗费还应当包括继续治疗费和其他器官功能训练费以及适当的整容费。继续治疗费既可根据案情一次性判决，也可根据治疗需要确定赔偿标准。

费用的计算参照公费医疗的标准。

当事人选择的医院应当是依法成立的、具有相应治疗能力的医院、卫生院、急救站等医疗机构。当事人应当根据受损害的状况和治疗需要就近选择治疗医院。

（二）误工费：有固定收入的，按实际减少的收入计算。没有固定收入或者无收入的，按事故发生地上年度职工平均年工资标准计算。误工时间可以按照医疗机构的证明或者法医鉴定确定；依此无法确定的，可以根据受害人的实际损害程度和恢复状况等确定。

（三）住院伙食补助费和营养费：住院伙食补助费应当根据受害人住院或者在外地接受治疗期间的时间，参照事故发生地国家机关一般工作人员的出差伙食补助标准计算。人民法院应当根据受害人的伤残情况、治疗医院的意见决定是否赔偿营养费及其数额。

（四）护理费：受害人住院期间，护理人员有收入的，按照误工费的规定计算；无收入的，按照事故发生地平均生活费计算。也可以参照护工市场价格计算。受害人出院以后，如果需要护理的，凭治疗医院证明，按照伤残等级确定。残疾用具费应一并考虑。

（五）残疾人生活补助费：根据丧失劳动能力的程度或伤残等级，按照事故发生地平均生活费计算。自定残之月起，赔偿二十年。但五十周岁以上的，年龄每增加一岁减少一年，最低不少于十年；七十周岁以上的，按五年计算。

（六）残疾用具费：受害残疾人因日常生活或辅助生产劳动需要必须配制假肢、代步车等辅助器具的，凭医院证明按照国产普通型器具的费用计算。

（七）丧葬费：国家或者地方有关机关有规定的，依该规定；没有规定的，按照办理丧葬实际支出的合理费用计算。

（八）死亡补偿费：按照当地平均生活费计算，补偿二十年。对七十周岁以上的，年龄每增加一岁少计一年，但补偿年限最低不少于十年。

（九）被抚养人生活费：以死者生前或者残者丧失劳动能力前实际抚养的、没有其他生活来源的人为限，按当地居民基本生活费标准计算。被抚养人不满十八周岁的，生活费计算到十八周岁。被抚养人无劳动能力的，生活费计算二十年，但五十周岁以上的，年龄每增加一岁抚养费少计一年，但计算生活费的年限最低不少于十年；被抚养人七十周岁以上的，抚养费只计五年。

（十）交通费：是指救治触电受害人实际必需的合理交通费用，包括必须转院治疗所必需的交通费。

（十一）住宿费：是指受害人因客观原因不能住院也不能住在家里确须就地住宿的费用，其数额参照事故发生地国家机关一般工作人员的出差住宿标准计算。

当事人的亲友参加处理触电事故所需交通费、误工费、住宿费、伙食补助费，参照第一款的有关规定计算，但计算费用的人数不超过三人。

第五条 依照前条规定计算的各种费用，凡实际发生和受害人急需的，应当一次性支付；其他费用，可以根据数额大小、受害人需求程度、当事人的履行能力等因素确定支付时间和方式。如果采用定期金赔偿方式，应当确定每期的赔偿额并要求责任人提供适当的担保。

第六条 因非高压电造成的人身损害赔偿可以参照第四条和第五条的规定处理。

十六、义务帮工人受害责任纠纷

251. 如何区分雇佣关系和帮工关系?

雇佣关系是根据当事人的约定，一方定期或不定期的为对方提供劳务，由对方给付报酬的法律关系。而帮工关系是帮工人无偿为他人处理事务从而与他人形成的法律关系。雇佣关系与帮工关系之间的区别主要在于，雇佣关系具有有偿性，帮工关系具有无偿性；在雇佣关系中，被雇用人是在特定的工作时间内，在雇用人的监督和控制下进行劳务活动，而在帮工关系中，帮工人进行劳务活动具有自主性。

252. 基于特殊的要约承诺方式形成的帮工关系，因帮工人过失引起的人身损害后果，被帮工人是否承担赔偿责任?

基于特殊的要约承诺方式形成的帮工关系，不影响帮工风险责任的承担。根据《关于审理人身损害赔偿案件适用法律若干问题的解释》的相关规定，在帮工关系中，帮工人因帮工活动遭受人身损害的，被帮工人应当承担赔偿责任，如果帮工人对损害的发生或者扩大有过失的，可以减轻或者免除被帮工人的赔偿责任。

典型疑难案件参考

朱永胜诉世平公司人身损害赔偿纠纷案（《最高人民法院公报》2007 年第 5 期，总第 127 期）

基本案情

2002 年 6 月 6 日，原告朱永胜以被告世平公司下属富邦换气点从业人员的身份参加了池州市消防支队在东至县举办的液化气从业人员消防培训班。2002 年底，富邦换气点因未参加年检，变更负责人亦未向主管部门申请批准等原因而停止经营。此后，原告一直从事为客户接送液化气罐等业务而获取报酬。2003年8月5日，原告在被告下属土地局换气点等候业务时，被告的客户钱月英来到该换气点，称其家液化气打不着火，要求派人维修。原告得知后便称该客户家的液化气瓶是他检测的，该换气点负责人沈革联当即表示：“是你检测的，那你就去。”原告故前往该客户家进行维修。在维修中不慎发生燃烧事故，原告及钱月英均被烧伤。经鉴定原告伤情为9级伤残，原告因此花去药费5952.90元。

诉辩情况

原告朱永胜诉称：原告系被告世平公司的雇工。2003年8月5日，世平公司客户钱月英家液化气打不着火，要求被告下属的土地局换气点派人前来维修。当时原告正在该换气点，听说此事后，便说该客户家的液化气罐是原告检测的。该换气点负责人沈革联当即说：“你检测的，就应该由你去。”因此原告赶往客户钱月英家维修。在维修过程中不慎发生燃烧事故，致原告受伤，经鉴定为9级伤残。原告受被告雇请在工作中受伤，请求判令被告赔偿原告的医疗费、误工费、护理费、交通费、住宿费、住院伙食补助费、营养费共计9717.90元，并赔偿原告伤残补助费17250.84元。

被告世平公司辩称：原告朱永胜不是被告的职工，也不是被告雇员。另外，原告的医疗费未经审核，误工、赔偿标准计算不准确。

裁判结果

东至县人民法院依照《中华人民共和国民法通则》第119条、第131条、最高人民法院《关于审理人身损害赔偿案件适用法律若干问题的解释》第2条、第14条之规定，于2005年7月21日判决如下：

一、被告世平公司赔偿原告朱永胜7850.45元；

二、驳回原告朱永胜其他诉讼请求。

一审宣判后，双方当事人均未上诉，一审判决发生法律效力。

裁判理由

东至县人民法院认为本案的争议焦点是：（1）原告朱永胜与被告世平公司之间是雇佣关系还是帮工关系；（2）被告应否对原告遭受的人身损害承担赔偿责任。

关于原告朱永胜与被告世平公司之间是雇佣关系还是帮工关系的问题。首先，帮工关系是指帮工人无偿为他人处理事务从而与他人形成的法律关系。雇佣关系则是指根据当事人的约定，一方定期或不定期的为对方提供劳务，由对方给付报酬的法律关系。由此可见，帮工关系与雇佣关系存在明显不同。一方面，雇佣关系具有有偿性，帮工关系具有无偿性；另一方面，在雇佣关系中，被雇用人是在特定的工作时间内，在雇用人的监督和控制下进行劳务活动，而在帮工关系中，帮工人进行劳务活动时具有自主性。本案中，无任何证据证明原告系被告的职工。原告主要依靠为液化气客户接送气瓶获取劳动收入。案发前，原告在被告下属的土地局换气点等候个人业务，不是为被告提供劳务，被告既不向其支付报酬，也不对其进行控制、指挥和监督。原告称其与被告之间构成雇佣关系，但没有提供充分有力的证据予以证明，故不予认定。其次，原告与被告之间构成帮工关系。成立帮工关系是构成帮工风险责任的基础。本案原告与被告之间的帮工关系是基于特殊的要约承诺方式形成的。被告下属的土地局换气点设有维修业务，当有客户提出维修要求时，该换气点的负责人沈革联有权决定是否上门维修、由谁去维修。当时该换气点的维修人员不在现场，等候业务的原告听说后表示客户钱月英家的液化气瓶是他检测的，沈革联当即表示“是你检测的，那你就去”。原告遂前去钱月英家维修。原告提出客户钱月英家的液化气瓶是他检测的，这句话本身只是对客观事实的叙述，并没有明确表示原告要求负责上门维修，不属于具有帮工意愿的要约。但沈革联随后作出的让原告上门负责维修的表示，则是以请求原告为其处理事务为内容的要约。原告并非被告雇员，沈革联让原告去维修，实际上是请求原告帮工。原告随后前往客户家维修的行为，可以认定是以实际行动对该要约作出的承诺，且沈革联对于原告的承诺行为没有作出明确的拒绝。因此，原告与被告之间形成了帮工关系。

关于被告世平公司应否对原告朱永胜因帮工遭受的人身损害承担赔偿责任的问题。根据最高人民法院《关于审理人身损害赔偿案件适用法律若干问题的解释》第 14 条的规定，帮工人因帮工活动遭受人身损害的，被帮工人应当承担赔偿责任。被帮工人明确拒绝帮工的，不承担赔偿责任，但可以在受益范围内予以适当补偿。根据本案事实，原告确实是在为被告的客户进行维修的过程中，因发生液化气燃烧事故而受伤，即原告遭受人身损害与为被告帮工具有因果关系。因此，被告应当对原告因帮工遭受的人身损害承担赔偿责任。

关于被告世平公司承担赔偿责任的数额问题。根据最高人民法院《关于审理人身损害赔偿案件适用法律若干问题的解释》第 2 条的规定，受害人对损害的发生或者扩大有故意、过失的，可以减轻或者免除赔偿义务人的赔偿责任。

253. 居民在参加街道居委会组织的公益活动中受伤，居委会是否承担责任？

居民在参加街道居委会组织的文艺表演过程中受伤，虽然双方都无过错，但由于组织者和表演者存在服从与被服从、管理与被管理的关系，可以比照工伤事故的处理规定，由居委会承担相应的责任。

典型疑难案件参考

李素珍诉济源市济水办事处东街居委会人身损害赔偿纠纷案

基本案情

2002 春节，东街居委会组织居民参加市政府组织的民间艺术表演活动。李素珍系文艺爱好者，牛东贤任东街居委会妇女干部兼管宣传工作，牛东贤、李素珍与一邻居 3 人共同商量筹备该次活动，商定给参加人员发一套衣服，排练期间不发福利，出场期间每人每天发 20 元。牛东贤在居民区发了通知，通知写明需要大家自愿参加文艺汇演，但未写明相关福利待遇。李素珍从正月初六开始修理旱船，为演出准备道具，正月初七、初八居委会开始组织排练，李素珍也参加了排练。2002 年 2 月 23 日（即阴历正月十三）14 时，居委会按办事处通知组织表演队试场地，在文昌路与宣化街交叉口进行了表演，表演过程中，李素珍在后退时摔倒。李素珍当日被送至人民医院，经诊断为左股骨骨折，住院期间医疗费 4380 元，并使用人工关节一套 9800 元（该关节系直接由郑州外购），住院期间及医嘱休息期均由常文霞护理（常文霞为农村户口）。

李素珍于 2003 年 8 月 22 日第二次入住济源市人民医院，住院至 2003 年 9 月 13 日，住院期间医疗费 5383 元，使用外购的人工全髋关节价值 8900 元、骨水泥 2000 元，住院及出院后均由李素珍的弟媳史桂香护理（史桂香为农村户口）。出院后医嘱休息半年。根据公刑法鉴字〔2004〕第 045 号鉴定书，李素珍的伤残度被鉴定为六级。另查，东街居委会已支付李素珍 4000 元。庭审中，对李素珍的请求东街居委会认为：(1) 医疗费：对第一、二次住院费用单据真实性无异议，但对其中两次外购关节 9800 元、8900 元、骨水泥 2000 元提出异议，认为李素珍提供的发票为商业发票；(2) 住院伙食补助费：无异议；(3) 误工费：有异议，认为李素珍已丧失劳动能力，不应计算误工费；(4) 护理费：对护理人员无异议，但对计算标准有异议，认为标准过高；(5) 营养费：无异议，认为应计算两次住院期间42天；(6) 残疾人生活补助费：计算标准无异议；(7) 残疾慰抚金：有异议，认为不符合法律规定情形，不应计算；(8) 鉴定费：对单据形式无异议。

一审诉辩情况

李素珍诉称：2002年春节，东街居民委员会组织表演队参加市政府组织的民间艺术表演活动。从2002年2月12日开始排练。2002年2月23日14时，东街居民委员会组织表演队表演，因路面有水摔倒，李素珍被送至人民医院治疗，经诊断为左股骨骨折，两次住院共花医疗费29563元，居委会已付4000元。李素珍在东街居委会组织的表演过程中受到人身损害，东街居委会作为活动的组织者，应对其的损害进行全部赔偿，其损失包括医疗费30463元、住院伙食补助420元、误工费2373.12元、护理费10768.5元、营养费1500元、残疾人生活补助金27178元、残疾慰抚金5000元、鉴定费200元，共计80896.62元，扣除东街居委会已支付的4000元，东街居委会应赔偿其损失76896.62元。

东街居民委员会辩称：李素珍是在排练时摔倒的，事故的发生是由于李素珍主观不谨慎的过失造成的，居委会对事故的发生无过错，其二者之间并非雇佣关系，居委会组织的是临时性的公益活动，本案不适用侵权的法律关系，居委会不应对李素珍的损失进行全部赔偿，仅应适当补偿。

一审裁判结果

济源市人民法院根据《中华人民共和国民法通则》第119条之规定，原审判决：东街居委会于判决生效后10日内赔偿李素珍损失64074.41元。案件受理费2816元，送达费50元，由李素珍负担466元，东街居委会负担2400元。

一审裁判理由

济源市人民法院认为：东街居委会组织居民参加市政府组织的民间艺术表演活动，通知上未能说明相关福利待遇，但就李素珍参加这种公益型活动而言，东街居委会作为活动的组织者，其决定活动的内容、范围及规则，承担活动的后果，参加者依组织者的意志和安排参加活动，双方有服从与被服从，管理与被管理的关系。活动组织者对参加者受到伤害承担的责任以无过错为原则，承担全部责任。李素珍的损失包括：

1. 医疗费：李素珍从2002年2月24日至2002年3月14日第一次住院医疗费4380元，人工关节费9800元，从2003年8月22日至9月13日第二次住院费 5383 元，人工关节费 8900 元、骨水泥费 2000 元，有李素珍提供的医疗费单据为证，东街居委会对李素珍外购关节的发票提出异议，但李素珍提供了医院的外购证明，外购关节是经医院同意并为治疗所需，应予认定，医疗费共计 30463 元。

2. 住院伙食补助：李素珍第一次住院 20 天，第二次住院 22 天，共 42 天，按每日 10 元标准计算，共 420 元。

3. 营养费：李素珍请求按 150 天计算，营养费计算期间应计算住院期间，共 42 天，按每日 10 元标准计算，共 420 元。

4. 误工费：虽东街居委会提出异议，但李素珍并未丧失劳动能力，误工费应当计算。李素珍第一次住院 20 天，出院医嘱休息 6 个月，总计 200 天，按 2001 年城镇居民年收入标准 4348. 59 元计算，共计 2382. 79 元；李素珍第二次住院 22 天，出院医嘱休息 6 个月计算至鉴定结论确定之日为 122 天，总计 144 天，按 2002 年城镇居民年收入标准 5435. 6 元计算，共计 2144. 46 元，误工费共计 4527. 25 元。

5. 护理费：李素珍的护理费应计算两次住院期间及出院医嘱休息期间，李素珍第一次住院及出院休息共 200 天，由常文霞护理，系农村户口，应按 2001 年农村收入 2536 元计算，计算为 1390 元；第二次住院及出院医嘱休息期间由史桂香护理，系农村户口，应按 2002 年农村收入 2694 元计算，计算为 1476. 16 元，护理费总计 2866. 16 元。

6. 残疾人生活补助费：经济公刑法鉴字〔2004〕年 045 号鉴定书鉴定，李素珍伤残程度为六级。李素珍现年 62 岁，应计算 10 年，按照 2002 年城镇居民收入 5435. 6 元计算，共计 27178 元。

7. 鉴定费：李素珍伤残等级鉴定费 200 元，有提供的鉴定费单据为证，予以支持。

8. 残疾慰抚金：李素珍请求 5000 元，考虑李素珍伤残程度，原审法院酌定 2000 元为宜。

综上，东街居委会应赔偿李素珍损失 64074. 41 元。

二审诉辩情况

东街居委会不服原审判决，上诉称：（1）造成被上诉人的损害，被上诉人主观上有过失，上诉人主观上没有任何过失，上诉人不应当赔偿被上诉人损失。2002 年 2 月 23 日（农历正月十三）下午在文昌路宣化街交叉口彩排时，由于被上诉人李素珍鞋底太滑，不慎摔倒，造成左腿骨折。上诉人认为，对造成这一损害，是由于被上诉人鞋太滑不慎造成的，主观上存在明显的过失。上诉人在组织此次活动中，不存在组织不严密、安全措施不到位的情况，主观上没有过失，不应当承担赔偿责任。上诉人作为此次活动的组织者、受益者，可以给予被上诉人适当的补偿。（2）一审法院认为在此次活动中，上诉人与被上诉人双方有服从与被服从、管理与被管理的关系，上诉人应当以无过错责任原则承担被上诉人的全部损失，上诉人认为，一审法院适用法律完全错误。根据《民法通则》和最高人民法院有关司法解释的规定，在侵权损害赔偿中，适用无过错责任原则是有严格规定的，不能任意扩大和类推，否则，就是严重违反法律规定的行为。本案只能适用过错责任原则，而不能适用无过错责任原则。一审法院适用无过错责任原则是任意扩大和类推，显然是错误的，二审法院应当予以撤销。综上所述，一审法院对此案适用法律明显错误，请二审法院明查，撤销一审判决，驳回被上诉人的赔偿请求。

被上诉人李素珍辩称，原审判决认定事实清楚，适用法律正确，应予维持；被上诉人所穿的鞋是根据上诉人的要求买的，上诉人要求被上诉人去表演时，还不让请假，摔倒不是被上诉人故意的，被上诉人的注意力都集中在表演上。

河南省济源中级人民法院二审查明，李素珍二次住院的诊断病因是因为左全髋关节置换手术后假体松动，但是导致假体松动的原因不明。经审理查明的其他事实与原审法院审理查明的事实相同。

二审裁判结果

河南省济源中级人民法院根据《中华人民共和国民事诉讼法》第 153 条第 1 款第 1 项之规定，并报本院审判委员会研究决定，判决：

一、变更济源市人民法院〔2003〕济民一初字第 3015 号民事判决为“东街居委会在本判决生效后 5 日内赔偿李素珍损失 62074.41 元”；

二、驳回李素珍要求东街居委会赔偿精神损失费的诉讼请求。

二审案件受理费 2876 元，由上诉人东街居委会负担。

二审裁判理由

河南省济源中级人民法院经审理认为，本案件的人身损害发生在有组织的民间艺术活动之中，受害人应该得到相应的损害救济。李素珍是东街居委会管辖下之村民，其参加居委会组织的民间艺术活动，报名自愿，在排练和表演时则实际上具有服从与被服从的性质。东街居委会作为组织者，其决定活动的内容及其规则，应该承担该项活动的后果；李素珍作为参加者，依东街居委会的要求和安排进行排练和表演，其二者之间有完成工作任务的性质，所以李素珍在这种活动中受伤，就有因公受伤的性质，东街居委会对于参加者李素珍受到伤害应承担的责任，就像工伤所承担的责任一样，仅以其双方之间的管领关系为依据，而不是以组织者东街居委会有无过错为依据，所以比照工伤事故的处理规定，应由东街居委会负全部民事责任。东街居委会对原审判决确认的李素珍第一次住院的各种费用无异议，对第二次住院的费用有异议，认为第二次住院的原因不明，其不应承担责任。李素珍第二次入院和出院诊断均为左全髋关节置换手术后假体松动，但是导致假体松动的原因不明，东街居委会辩称其不应承担二次手术费用，其未要求对导致李素珍假体松动的原因进行法医鉴定，不能排除第一次摔伤与假体松动之间具有一定的因果关系，所以李素珍二次手术的费用东街居委会应该负担。至于李素珍提出的残疾慰抚金，依据不足，不应支持。

254. 义务帮工活动中，帮工人因操作农业机械导致自身人身损害，农业机械提供人是否构成帮工关系中的第三人侵权？

义务帮工活动中，帮工人因操作农业机械导致自身人身损害，农业机械提供人是否构成帮工关系中的第三人侵权，应视其提供农业机械的行为有无过错，是否构成侵权而定。若不构成侵权，则应由帮工人自身存在过失的，按相应比例承担责任。

典型疑难案件参考

顾平诉沈志达、顾德明义务帮工活动中受伤人身损害赔偿纠纷案

基本案情

2003 年 6 月 2 日下午，被告沈志达使用属被告顾德明所有的脱粒机脱粒麦子，原告看到被告沈志达家脱粒麦子，即按惯例到场帮忙，当脱粒进行到快要结束时，其他帮工人从场地上将散麦捧到脱粒机工作台上，原告在喂入散麦时右手被脱粒机轧伤。

原告受伤后被送到如东县人民医院抢救治疗，诊断为：右前臂、右手开放性绞轧伤。因伤情严重县人民医院建议转南通手外科医院治疗，同日原告转入南通市中西医结合医院住院手术治疗，2003 年 8 月 22 日出院。2004 年 2 月 27 日，原告到无锡市手外科医院进行手指功能恢复治疗，2004 年 3 月 10 日出院。先后共花费医疗费 27238.6 元。

一审诉辩情况

双方为赔偿损失发生争议，原告于2004年5月24日提起诉讼，要求被告赔偿损失40191.6元，伤残赔偿金待伤残评定后再计算，根据原告的申请由法医对原告的伤情进行法医学鉴定，2004年7月28日作出鉴定结论：顾平右前臂及右手软组织撕裂伤、右桡尺远侧关节脱位、右2—5掌骨脱位、右第2掌骨近1/2缺如、右第3掌骨缺如、右第5掌骨中段横形骨折、右腕掌关节完全脱位诊断成立。后遗右手食指及无名指缺失，右2、3、4掌骨缺失，右手拇指、中指、小指活动功能完全丧失，右腕关节活动功能完全丧失，右前臂旋转功能丧失61%予以认定，综合评定为七级伤残。原告增加诉讼请求，要求被告赔偿伤残赔偿金33912元，精神抚慰金16956元。6月16日原告以其伤害是由顾德明的脱粒机造成为由，申请追加顾德明为本案被告参加诉讼，并要求其承担赔偿责任。

另查，属于被告顾德明所有的脱粒机未经农业机械监理机构办理入户手续，并未经农业机械监理机构检验符合农业机械运行安全技术条件，脱粒机喂入口处无安全标志。被告顾德明无脱粒机操作证。

一审裁判结果

江苏省如东县人民法院依照《中华人民共和国民法通则》第89条、第119条，最高人民法院《关于审理人身损害赔偿案件适用法律若干问题的解释》第14条、第18条、第19条、第20条、第21条、第22条、第23条、第25条之规定，于2004年9月3日作出如下判决：

一、原告顾平因伤而造成的经济损失医疗费27238.6元、误工费4239元、护理费1712.13元、住院伙食补助费755元、交通费296元、残疾赔偿金33912元、精神损害抚慰金3000元，合计71152.73元，由被告顾德明于判决生效后15日内负责赔偿49806.91元，其余损失由原告顾平自理；

二、驳回原告顾平对被告沈志达的诉讼请求。

案件受理费2644元，其他诉讼费用400元（含鉴定费200元），合计3044元，由原告负担913元，由被告顾德明负担2131元。

一审裁判理由

江苏省如东县人民法院经审理认为：原告与被告沈志达之间义务帮工关系成立，原告的损害后果是在实施帮工过程中造成的，但与被告沈志达组织的帮工行为之间无因果关系。原告的损害后果是由被告顾德明的脱粒机造成的。作为脱粒机所有人的被告顾德明，在本案审理过程中未能提供证据证明其脱粒机是经农业机械监理检验符合农业机械运行安全技术条件，且未提供脱粒机操作证，不能证明其脱粒机具有进行农业生产、加工的安全条件。同时，被告顾德明没有告知脱粒机喂料人员必要的安全操作规程，对原告的损害后果被告顾德明负有过错，按照最高人民法院《关于审理人身损害赔偿案件适用法律若干问题的解释》第 14 条第 2 款的规定，其对原告的损害后果应承担赔偿责任。

被告沈志达不承担赔偿责任。原告因喂入散麦时操作不当，应承担相应的责任，根据《民法通则》第 131 条的规定，可以减轻被告顾德明的赔偿责任。原告因伤而造成的损失医疗费 27238.6 元，护理费 1712.13 元，误工费 4239 元，住院伙食补助费 755 元，交通费 296 元，残疾赔偿金 33912 元，由于原告在自己受到损害中也有过错，根据最高人民法院《关于确定民事侵权精神损害赔偿责任若干问题的解释》第 10 条的规定，原告精神损害赔偿的数额确定 3000 元为宜。原告主张的出院以后的护理费、营养费因未提供证据证明，难以认定。

二审诉辩情况

一审判决后，被告顾德明上诉称：（1）作为在农村一向就非常普及的脱粒机并不属于必须要经农业机械监理机构办理入户手续后才可实际使用的农业机械。且办理入户手续与本案的被上诉人顾平所受伤害之间也并无直接的因果关系。（2）本案中，上诉人提供给被上诉人沈志达使用的脱粒机是在正规农机销售部门购买的，并是合格出厂的，而且也是每年都通过当地农业机械监理机构年检合格的农业机械。其完全是符合农业机械运行安全技术条件的。（3）脱粒机是本地农村最基本的农业生产机械。作为与被上诉人顾平同龄的当地农民，对其操作性能是人人熟知的，根本不需要有人再特别对其进行告知。上诉人既非顾平的雇主，也非顾平的被帮工人，上诉人不存在必须告知其操作规程的义务。（4）上诉人仅与被上诉人沈志达间具有脱粒机租赁使用的法律关系，上诉人除了向沈志达提供适于使用的脱粒机外，不存在其他义务。顾平既非上诉人雇请，事前双方也不认识，与上诉人之间并不存在任何法律关系。顾平与沈志达系邻居，其与沈志达间是义务帮工的关系，因意外事故或者顾平自己的一般过失行为造成伤害而发生的损失依法只能由顾平和沈志达二人进行分担。综上所述，一审认定事实错误，请求二审法院依法发回重审或重新认定事实后依法改判。

被上诉人顾平与沈志达辩称：一审认定事实清楚，适用法律正确。请求驳回上诉，维持原判。

南通市中级人民法院另查明：顾德明提供的脱粒机在 2003 年通过了有关的安全检测，质量合格。事故发生后第二天，当事人的邻居仍在使用该脱粒机。

二审裁判结果

南通市中级人民法院依照最高人民法院《关于审理人身损害赔偿案件适用法律若干问题的解释》第14条第1款、《中华人民共和国民事诉讼法》第153条第1款第3项，于2004年12月28日判决：撤销江苏省如东县人民法院〔2004〕东民一初字第660号民事判决；

二、被上诉人顾平因伤而造成的经济损失医疗费27238.6元、误工费4239元、护理费1712.13元、住院伙食补助费755元、交通费296元、残疾赔偿费33912元、精神损害抚慰金3000元，合计71152.73元，由被上诉人沈志达于本判决生效后15日内负责赔偿49806.91元，其余损失由被上诉人顾平自理；

三、驳回被上诉人顾平对上诉人顾德明的诉讼请求。

一审案件受理费2644元，其他诉讼费用400元（含鉴定费200元），合计3044元，由被上诉人顾平负担913元，由被上诉人沈志达负担2131元。二审案件受理费2644元，由被上诉人顾平负担794元，由被上诉人沈志达负担1850元。

二审裁判理由

二审法院经审理后认为，本案争议焦点有二：

第一，上诉人提供的脱粒机能否安全地使用，顾平的损害后果是否因脱粒机的瑕疵造成。从上诉人提供的证据看，上诉人提供的脱粒机至少在2003年经过检验，符合农机运行安全技术条件。从被上诉人沈志达提供的证人证言看，该机在顾平受伤前后符合当地人群的安全使用标准，甚至在发生事故的次日，当事人的邻居依旧在使用该机。从农机监理部门的管理方法、脱粒机的操作危险以及人们的通常观念看，脱粒机并非一种具有特别危险、需要尽到特别的管理和注意义务的机械。脱粒机为农村家庭普遍使用，通常由操作使用人自身负担安全注意义务。上诉人的脱粒机内铁滚子现缺一齿，被上诉人沈志达认为这会造成最后打乱草的时候，机器力量不够，顾平必得用手去推，导致受伤。但从人们的一般操作观念看，手工给脱粒机喂草料，不能一味追求过快过猛，不能强求机械转动或快或慢，若顾平用手去推或推进过前，则不管机器转动的快慢，也可能发生损害后果，该事故的发生，显然是顾平自身操作不当所致。因此，此节事实并非发生事故的原因。事实上据顾平一审陈述，其手可能是被一根细绳带进机器。因此，顾平受伤不是因脱粒机的瑕疵、故障等原因所造成。一审在当事人未举证脱粒机有质量瑕疵、发生故障等事实情况下，仅以脱粒机无相关证照为由而认定侵权，缺少法律依据。

第二，本案当事人之间法律关系如何，顾平的损害赔偿责任应由谁承担。

根据查明事实可以认定，顾平与沈志达之间构成义务帮工关系。当事人在一、二审中的陈述表明三方对此亦无异议。争议在于义务帮工人顾平在对被帮工人沈志达的帮工活动中受伤是否因第三人顾德明的侵权所造成，也即本案能否适用最高人民法院《关于审理人身损害赔偿案件适用法律若干问题的解释》第14条第2款。如前分析认定可以明确，脱粒机于事故时并未发生工作故障，顾平的受伤并非因顾德明提供的脱粒机自身的原因所造成，而是因该类农机固有的危险性及顾平自身的过失相结合所造成，故顾德明不构成本案义务帮工关系中的第三人侵权。同时，根据本案查明事实，顾平与顾德明之间亦不构成雇佣关系或帮工关系，故顾德明不应当承担顾平人身损害的赔偿责任。依据上述司法解释第14条第1款之规定，顾平所受损害的赔偿责任应由被帮工人沈志达承担。顾平自身存在过失的，由其自负相应比例的责任。另，顾德明提供脱粒机，沈志达使用并给付费用，双方构成租赁合同关系。若沈志达能够证明脱粒机本身质量不合格，或顾德明有改装、拆卸等行为造成脱粒机重大安全隐患致使本次事故发生，则沈志达可另案向顾德明主张损害赔偿。综上所述，本案中顾平所受人身损害非系在义务帮工中为第三人侵权所致，而沈志达为帮工受益人，无证据显示被帮工人沈志达曾明确拒绝顾平帮工，故顾平所受损害应由沈志达承担相应的赔偿责任，顾德明不承担责任。上诉人上诉理由成立，予以采纳。一审认定损失额及顾平按自身过失应负担之责任比例恰当，但认定损害产生原因有误，适用法律不正确，应予纠正。

255. 为他人无偿提供劳务的帮工人，在从事帮工活动中致人伤害的，被帮工人是否应当承担赔偿责任？

根据最高人民法院《关于审理人身损害赔偿案件适用法律若干问题的解释》的规定，为他人无偿提供劳务的帮工人，在从事帮工活动中致人损害的，被帮工人应当承担赔偿责任。

典型疑难案件参考

袁守忠、袁超、袁俊诉北京市高丽营毛织厂、北京生生汽车运输有限公司人身损害赔偿纠纷案

基本案情

2005年2月5日20时40分，在北京市昌平区顺沙路大东流工业园路口

处，刘春山驾驶一辆“斯达斯太尔”牌重型半挂牵引车（车号冀J51983，挂冀JE048，车主为生生公司）由东向西行驶时，适有冯宝海驾驶一辆“跃进”牌轻型厢式货车（车号京GAX493，车主为毛织厂）由北向东左转弯，两车相撞发生交通事故。事故造成乘坐在京GAX493牌轻型货车中的马会芝死亡。北京市公安局公安交通管理局昌平交通支队对事故进行了责任认定，结论为：冯宝海承担事故主要责任，刘春山承担事故次要责任，马会芝不承担事故责任。

冯宝海系酒后驾车。发生事故时，冯宝海正帮助马会芝运送货架。

一审诉辩情况

原告袁守忠、袁超、袁俊诉称：被告冯宝海是被告毛织厂的司机，刘春山是被告生生公司的司机。马会芝是原告袁守忠的妻子、袁超和袁俊的母亲。2005年2月5日，刘春山驾驶的“斯达斯太尔”牌重型半挂牵引车（车主为生生公司）与冯宝海驾驶的“跃进”牌轻型厢式货车（车主为被告毛织厂）相撞发生交通事故，造成马会芝死亡。要求被告共同赔偿三原告396486.8元（死亡补偿金312756元，丧葬费14172元，误工费18558.8元，交通费1000元和精神损失费50000元），并由被告承担本案的诉讼费。

被告毛织厂辩称：（1）事故发生时，冯宝海血液中的酒精含量为105.5毫克/100毫升。（2）发生交通事故时间为被告放假期间。（3）事故发生时冯宝海确系被告司机，应当遵守厂内的规章。（4）受害人与冯宝海属私人关系，其明知冯宝海饮酒仍乘坐其驾驶的车辆。（5）被告已履行了管理义务，冯宝海是个人行为，被告不应承担责任。（6）在人身损害赔偿法律关系中，被告既不是赔偿义务人，又不是替代赔偿责任人、连带赔偿责任人。（7）原告的请求过高。马会芝应按农村居民人均纯收入计算，丧葬费要求过高，不应要求误工费、交通费和精神损失费。

被告生生公司辩称：根据有关规定，要求追加第三人中国人民财产保险公司沧州分公司为被告，刘春山与被告无任何关系，车是以分期付款方式出售给曹学宗。刘春山应为曹学宗的司机。其他意见同毛织厂意见。

被告冯宝海辩称：被告开的车是毛织厂的，被告替马会芝拉货架，没有报酬，是帮忙关系，被告当时开车与毛织厂无关。事故发生后，被告支付了400元。被告对原告的证据不认可，认为误工费过高。

一审裁判结果

北京市昌平区人民法院依据《中华人民共和国民事诉讼法》第64条、第

130 条，《中华人民共和国民法通则》第 119 条、第 131 条，作出如下判决：

一、被告北京市高丽营毛织厂、北京生生汽车运输有限公司赔偿原告袁守忠、袁超、袁俊死亡赔偿金 250204.8 元、丧葬费 11869.6 元、误工费 2160 元、交通费 400 元和精神抚慰金 16000 元，合计 280634.4 元，于判决生效后 10 日内付清；

二、被告冯宝海对上述款项中的 140317.20 元承担连带责任，于判决生效后 10 日内付清；

三、驳回原告袁守忠、袁超、袁俊的其他诉讼请求。

案件受理费 8458 元，由原告袁守忠、袁超、袁俊负担 1738 元（已缴纳）；由被告北京市高丽营毛织厂、北京生生汽车运输有限公司、冯宝海负担 6720 元，于判决生效后 7 日内缴纳。

一审裁判理由

北京市昌平区人民法院根据上述事实和证据认为：冯宝海在帮工过程中，造成马会芝死亡，侵犯其生命权，对此，冯宝海理应承担赔偿责任。但考虑到冯宝海是无偿提供劳务的帮工，故应依法减轻其赔偿责任；毛织厂、生生公司作为肇事车辆的所有权人，依照有关规定，其理应承担民事赔偿责任。毛织厂、生生公司称，其不应承担赔偿责任，该观点无法律依据，故不予采信。生生公司称应追加中国人民财产保险公司沧州分公司作为本案的被告，因其未提供证据证明，故法院不予支持；事故发生前，冯宝海曾饮酒，马会芝在知道或应当知道的情况下，仍乘坐冯宝海驾驶的车辆，故其对损害后果应承担一定的责任；关于死亡赔偿金、丧葬费问题，三原告要求数额的合理部分，理由正当，证据确实，应予支持，对过高部分不予支持；对误工费和交通费一节，三原告提供的证据均不足以支持其请求，但考虑到马会芝的死亡确给三原告造成一定的误工和交通费损失，故依法酌定该数额；关于精神损害抚慰金问题，根据本案的实际情况，酌定具体数额，对三原告要求过高的部分不予支持；冯宝海称，其已支付 400 元，因未提供证据证明，故不予采信。

二审诉辩情况

上诉人（原审被告）毛织厂诉称：（1）发生交通事故时值毛纺厂春节放假时间。冯宝海私自将车开出厂，为马会芝拉货架，其行为属于个人行为，非职务行为。毛纺厂建立并严格执行完善的规章制度，尽到了注意义务。（2）原审判决认为“毛织厂作为肇事车辆的所有权人，依照有关规定，其理应承担民事赔偿责任”，无任何法律依据。根据《民法通则》的规定，毛纺厂有过错或其工作人员从事经营活动时，侵害他人人身的才承担民事责任。本案毛纺厂尽到注意义务、无过错。原审判决仅以毛纺厂作为车辆所有权人，就认定毛纺厂其理应承担民事赔偿责任，无任何法律依据。（3）冯宝海行为与其职务无关。对于马会芝的死亡应由行为人负责，不应由毛纺厂承担赔偿责任。因此，毛纺厂不应当承担赔偿责任，也不应当承担连带赔偿责任。

被上诉人（原审原告）袁守忠、袁超、袁俊辩称：同意原判。

原审被告生生公司不同意原判，认为应当划分赔偿责任，只同意赔偿次要责任相应的损失，冯宝海因酒后驾车应与毛织厂承担主要赔偿责任，生生公司不应承担连带赔偿责任，但该公司未提出上诉。

二审裁判结果

北京市第一中级人民法院依据《中华人民共和国民法通则》第5条、第130条，最高人民法院《关于审理人身损害赔偿案件适用法律若干问题的解释》第1条、第3条、第13条、第17条、第18条，及《中华人民共和国民事诉讼法》第153条第1款第2项，作出如下判决：

一、维持北京市昌平区人民法院〔2005〕昌民初字第3889号民事判决第3项；

二、撤销北京市昌平区人民法院〔2005〕昌民初字第3889号民事判决第1项、第2项；

三、冯宝海、北京生生汽车运输有限公司赔偿袁守忠、袁超、袁俊死亡赔偿金250204.8元、丧葬费11869.6元、误工费2160元、交通费400元和精神抚慰金16000元，合计280634.4元，于本判决生效后10日内付清；

四、冯宝海、北京生生汽车运输有限公司无力赔偿上述费用时，不足部分由北京市高丽营毛织厂赔偿。

一审案件受理费8458元，由袁守忠、袁超、袁俊负担1738元（已交纳）；由北京生生汽车运输有限公司、冯宝海负担6720元（于判决生效后7日内交纳）。二审案件受理费8458元，由袁守忠、袁超、袁俊负担1738元（于判决生效后7日内交纳），由北京生生汽车运输有限公司、冯宝海负担6720元（于判决生效后7日内交纳）。

二审裁判理由

北京市第一中级人民法院认为：马会芝因交通事故死亡，作为其法定继承人的袁守忠、袁超、袁俊有权依据法律规定，向赔偿义务人主张并获得合理的赔偿。根据最高人民法院《关于审理人身损害赔偿案件适用法律若干问题的解释》（以下简称《人身损害赔偿解释》）的规定，为他人无偿提供劳务的帮工人，在从事帮工活动中致人损害的，被帮工人应当承担赔偿责任。本案中，作为帮工行为的受益人，马会芝受到了冯宝海的无偿帮助，因此应当减轻赔偿义务人对马会芝的赔偿责任，一审法院认定赔偿范围为马会芝全部损失的80%是合理的，应予维持。关于生生公司是否应当承担赔偿责任并承担何种责任一节，生生公司称本案应当划清责任的承担，刘春山驾驶曹学忠以分期付款方式购买的该公司的车，因此，应由刘春山和曹学忠承担次要责任，由冯宝海和毛纺厂承担主要赔偿责任，但生生公司并未提供相应证据予以证实。对此，一审法院判决生生公司承担对马会芝损害的连带赔偿责任正确，应予维持。

关于赔偿权利人及其责任的确定，本案的争议焦点有四：一是毛纺厂是否应当承担赔偿责任并承担何种责任；二是冯宝海是否应当承担赔偿责任并承担何种责任；三是冯宝海与毛纺厂之间的责任是否应当一致。四是赔偿义务人之间承担责任的性质。

一是毛纺厂是否应当承担赔偿责任并承担何种责任。毛纺厂作为车辆的所有人，具有运营支配权，并负有对该车辆的管理义务，毛纺厂虽然建立有完善的规章制度，但未严格执行，对于其司机冯宝海私自驾车行为未尽到注意义务，据此，毛纺厂应承担对袁守忠、袁超、袁俊损失的补充赔偿责任。因此，一审法院判决由毛纺厂承担连带赔偿责任不妥，应予以纠正。

二是冯宝海是否应当承担赔偿责任并承担何种责任。冯宝海作为直接侵权人，醉酒后驾驶机动车上路行驶未按规定让行是发生交通事故的直接原因。因此冯宝海应当作为赔偿义务人主体，在其无力赔偿时，由毛纺厂补充赔偿。一审法院判决由毛纺厂、生生公司承担连带赔偿责任，由冯宝海对其中的一半承担连带责任不妥，应予以改判。

三是冯宝海与毛纺厂之间的责任是否应当一致。毛纺厂承担责任的基础是其未尽管理司机及车辆的义务，从而承担补充赔偿责任。因此，毛纺厂应当对冯宝海承担连带责任的前提下进行补充赔偿。

四是赔偿义务人之间承担责任的性质。根据人身损害赔偿问题司法解释的规定，二人以上共同故意或者共同过失致人损害，或者虽无共同故意、共同过失，但其侵害行为直接结合发生同一损害后果的，构成共同侵权，应当依照《民法通则》第130条规定承担连带责任。冯宝海驾车与刘春山的车辆相撞致马会芝死亡，因该二人行为直接结合发生马会芝死亡的同一损害后果，因此冯宝海与生生公司应当承担赔偿损失的连带责任。

关于赔偿范围的认定，上诉人未提出异议。根据有关规定，一审判决认定的死亡赔偿金、丧葬费、误工费、交通费和精神抚慰金的赔偿数额合理，符合有关法律规定，应予维持。

义务帮工人受害责任纠纷办案依据集成

最高人民法院《关于审理人身损害赔偿案件适用法律若干问题的解释》（2003年12月26日 法释〔2003〕20号）

第十四条 帮工人因帮工活动遭受人身损害的，被帮工人应当承担赔偿责任。被帮工人明确拒绝帮工的，不承担赔偿责任；但可以在受益范围内予以适当补偿。

帮工人因第三人侵权遭受人身损害的，由第三人承担赔偿责任。第三人不能确定或者没有赔偿能力的，可以由被帮工人予以适当补偿。

十七、见义勇为人受害责任纠纷

256. 挺身救父属于见义勇为吗?

见义勇为行为是指不负有法定或约定义务的自然人，为使国家利益、社会公众利益或他人的人身财产利益免遭侵害或免受损失，在面临危险情况时冒着较大的人身和财产危险挺身而出，所实施制止侵害、保护合法权益的行为。当事人挺身救父，虽然救助的是与自己有特定身份的父亲，但在主体却不具有特定的救助义务，在主观上系基于内心良知的趋使防止他人人身损害的发生，客观上实施了想尽力保护他人人身利益的行为，且其行为是在危急和紧迫的情况下冒着自己生命危险作出的，故其救父行为符合见义勇为行为的基本特征，属见义勇为行为，应当根据有关法律规定由受益人给予见义勇为人的人身损害适当补偿。

典型疑难案件参考

刘玉芝诉彭水苗族土家族自治县汉葭镇人民政府、彭水苗族土家族自治县汉葭镇天台村民委员会见义勇为人身损害赔偿纠纷案

基本案情

天台水库（又名天台山坪塘）位于汉葭镇天台村，为被告天台村委所有。2008 年 5 月 27 日彭水县水务局向汉葭镇政府下拨天台山坪塘应急抢修资金 10 万元，并要求汉葭镇政府落实专业技术人员负责工程施工，加强技术指导，严格按照设计方案和国家有关规章要求进行施工，加强工程质量监管。

2008 年 5 月 28 日山坪塘整治工程动工，由被告汉葭镇政府的驻村干部张建锡负责组织施工，村支部书记郭兴现、支委成员赵洪川、村民郭正奎、郭兴林、郭正权、余家权、余家庆、郭正贵、郭文华 9 人参加做工。因整治该塘必须将塘内积水放出，且有一涵管宽 0.8 米，长 80 米，在 40 米处有一拐弯，须在最里端实施爆破，建立一泄洪道。前述 9 人采用多种方法都没打通流水口。该信息被余加强知道（因余加强在开采石厂，且具备爆破作业资格），便主动联系，同时与被告汉葭镇政府负责组织施工的干部张建锡约定以 500 元的报酬，对涵管实施爆破。2008 年 6 月 23 日下午 1 时许，余加强自带炸药与郭正奎一起到涵管内铺设炸药，在铺设炸药过程中由于涵管内严重缺氧，跟随余加

强后面的郭正奎退出涵管急告管外的人说："余加强在管内不行了，快去救余加强"，因无任何安全设施，在场的人无法实施救援。余家强之子余彪因救父心切，便钻进涵管，未能出来。事发后，救援人员于次日下午6时30分将余加强父子的遗体运出涵管。2008年6月24日、6月25日原告刘玉芝与被告天台村委达成协议，被告天台村委已给付原告刘玉芝之夫余加强死亡赔偿款17500元。

水务工程物资调拨及资金划拨（借预付）申请单记明："申请单位汉葭镇人民政府，技术负责人张建锡，工程名称汉葭镇天台山坪塘应急抢修工程，总投资18万元，国家补助10万元，群众自筹8万元，项目业主汉葭镇人民政府。"2008年5月27日，彭水县水务局已向汉葭片区会计部拨付山坪塘整治资金10万元。

一审诉辩情况

刘玉芝在一审中诉称：2008年6月，彭水县水务局将汉葭镇天台村"天台水库"的维修整治工程发包给汉葭镇政府，汉葭镇政府承接上述工程后，指派工作人员张建锡现场指挥施工。由于天台水库长期无专人管理，致使漂流物堵塞出水口，因整治水库必须将库内积水放出，汉葭镇政府决定于2008年6月23日在该水库涵洞最里端实施爆破，建立一泄洪口，该方案确定后，汉葭镇人民政府便雇请余加强负责爆破工作（余加强具备爆破资质）。当日下午1时许，铺设炸药任务由余加强和郭正奎负责，二人在铺设炸药过程中由于涵洞内严重缺氧，跟随余加强后面的郭正奎退出涵洞，急告洞外的人说："快去救加强。"但在场人员没有实施救援工作，原告之子余彪当时也在场，听说父亲不行了，便从旁人手里夺过电筒，弯腰钻进涵洞没能出来。事发后，救援人员于2008年6月24日下午6时30分才将余加强父子的遗体运出。请求判令被告赔偿余彪死亡后的死亡赔偿金70180元、丧葬费11550元、精神抚慰金20000元，合计101730元，并承担本案诉讼费；汉葭镇人民政府辩称：本案为见义勇为人受害赔偿、补偿纠纷，汉葭镇政府不应承担任何赔偿、补偿责任。（1）汉葭镇人民政府不是本案适格主体。（2）汉葭镇人民政府不是用工主体，更不存在雇佣死者，也不是见义勇为行为受益者。（3）汉葭镇人民政府未向水务局承包水库，水库属被告天台村委集体所有，政府只是帮村委会要资金。请求驳回原告对汉葭镇政府的诉讼请求。

彭水县水务局辩称：（1）天台村山坪塘系70年代由天台村的群众自己投劳修建，并一直由天台村委集体管理和经营，其所有权、管理权和使用权均属村集体，没有纳入县水务局的管理范围，水务局不是适格被告。（2）天台村山坪塘整治过程中的爆破作业，实际上是死者余加强与天台村集体之间的承揽与被承揽关系，承揽人在承揽过程中所产生的民事责任，最高人民法院《关于人身损害赔偿适用法律若干问题的解释》第10条有明确的规定。彭水县水务局在本案中不应当担责，请求驳回原告对彭水县水务局的赔偿请求。

被告天台村委辩称：（1）天台村委作为山坪塘的所有人和管理人，也是本案余彪见义勇为行为受益者，对本案应承担责任。（2）死者余加强具有爆破资质，应当预见危害的发生，而轻信可以避免，自已有重大过错，应减轻被告的赔偿责任。（3）本案不属雇工关系，应是承揽关系，请求法院依法公正裁判。

一审裁判结果

一审法院依照《中华人民共和国民法通则》第11条、第12条、第16条、第18条、第106条第3款、第109条、第119条、第131条，最高人民法院《关于审理人身损害赔偿案件适用法律若干问题的解释》第1条、第2条、第15条、第27条、第29条及最高人民法院《关于民事诉讼证据的若干规定》第2条的规定判决：

一、被告彭水苗族土家族自治县汉葭镇天台村民委员会向原告刘玉芝支付其子余彪因见义勇为行为而受害的死亡补偿金70180元，丧葬费11550元，合计81730元。减扣此前已支付的补偿金17500元后，尚应向原告刘玉芝支付补偿金64230元；

二、驳回原告刘玉芝对被告彭水苗族土家族自治县水务局和被告彭水苗族土家族自治县汉葭镇人民政府的诉讼请求；

三、驳回原告刘玉芝的其他诉讼请求。上列款项，限本判决生效后10日内付清。

本案案件受理费900元，由被告彭水苗族土家族自治县汉葭镇天台村民委员会负担270元，其余630元由原告刘玉芝自行负担。

一审裁判理由

一审法院认为，本案争议的焦点有二：其一，本案是生命权、健康权、身体权纠纷还是见义勇为人受害赔偿、补偿纠纷；其二，谁是本案的义务主体。人身损害赔偿，是指自然人的生命、健康、身体权遭受不法侵害，造成致伤、致残、致死的后果以及其他损害，要求赔偿义务人以财产赔偿的方法进行救济和保护的侵权法律制度。《中华人民共和国民法通则》第119条规定了人身损害赔偿制度的基本内容。无论是基于过错责任认定的侵权行为，还是基于严格责任认定的侵权行为，无论是基于无过失责任认定的侵权行为，还是根据公平责任认定的侵权行为，均以损害为构成要件。只有侵权行为损害后果实际发生，才有其损害赔偿。即人身损害赔偿，必须有不法损害人及其加害行为导致他人生命权、健康权、身体权受到侵害，才能就此发生的赔偿承担法律责任；见义勇为人受害赔偿、补偿，是指为维护国家、集体或者他人的合法权益而使自己受到人身损害，因没有侵权人、不能确定侵权人或者侵权人没有赔偿能力，受益人应当在受益范围内对赔偿权利人予以适当补偿。其归责原则是公平原则。《中华人民共和国民法通则》第109条和最高人民法院《关于审理人身损害赔偿案件适用法律若干问题的解释》第15条对此作出明确的法律规定。从本案审理查明的事实和原、被告提供并经质证的证据来看，原告刘玉芝之夫余加强、其子余彪并非死于他人侵权加害，而是由于在维修整治的天台村"山坪塘"水利工程的涵管内严重缺氧，原告刘玉芝之夫余加强先于其中实施涵管爆破作业而中毒死亡，原告刘玉芝之子余彪则是急于救人，挽救他人生命，为对其父余加强实施救险进入涵管而中毒死亡。原告刘玉芝之子余彪的行为是属于法律意义上的见义勇为行为，由此而造成的人身损害当属见义勇为人受害赔偿、补偿。显然，本案应为见义勇为人受害赔偿、补偿纠纷，而不应为生命权、健康权、身体权纠纷。故对汉葭镇人民政府和彭水县水务局辩称本案应为见义勇为人受害赔偿、补偿纠纷的意见予以采纳，对原告诉称本案为生命权、健康权、身体权纠纷的意见不予支持。

在本案中，被告汉葭镇人民政府作为上级行政机关，对其下辖行政管理区域的天台村委会所有的山坪塘工程实施一定的监督管理，是不争的事实，但其并非该水利设施及其工程的所有权人和管理权人，并非原告刘玉芝之子余彪见义勇为行为的受益者，不是本案的适格被告，对其见义勇为中受害发生人身损害后果，没有赔偿、补偿义务，依法不应承担赔偿、补偿责任；天台村所在的山坪塘水利设施及其工程，其所有权、管理权和使用权均属被告天台村委集体所有，没有纳入县水务局的管理范围，水务局既不是管理者，也不是工程项目业主，更不是本案见义勇为行为受益者，没有对见义勇为人受害进行赔偿、补偿的义务和责任，不是本案适格被告主体，依法不应对本案承担赔偿、补偿责任，故其抗辩的意见理由成立，予以采纳；被告天台村委是天台村山坪塘水利设施及其整治工程的所有权人和管理权人及使用权人，本案虽非所有人或管理人因维护、管理不当所致，但其是原告刘玉芝之子余彪见义勇为行为的直接受益者，因此被告天台村委依法应当承担相应的人身损害补偿责任。根据本案实际，其承担补偿责任为宜；死者余加强虽具备爆破从业的资质，具有一定的爆破作业专业知识和技能，应当预见不通风和缺供氧气将会发生安全事故，甚至危及生命，但其在事发当日，明知要在涵管的最里端施行爆破，且现场又不具备安全作业的环境和条件下，过于自信而冒险作业，导致受害死亡，对此后果的发生，有其自身的直接过错，应减轻被告天台村委的补偿责任。同时，原告刘玉芝之子余彪对死者余加强实施见义勇为行为，其行为成功与否，对死者余加强至关重要，死者余加强系其子余彪见义勇为行为的直接受益者，依法应承担相应的补偿责任。根据本案实际，其承担补偿责任为宜；原告刘玉芝系死者余加强之妻、死者余彪之母，其子余彪对死者余加强实施见义勇为行为，其行为成功与否，对原告刘玉芝至关重要，原告刘玉芝是其行为的直接受益者，依法应承担相应的补偿责任。同时，原告刘玉芝系死者余彪之母，是其法定代理人，具有对其监护之责，但原告刘玉芝明知余彪系年仅 14 周岁的未成年人，不仅未加强监管，反而将其带至具有高度危险的天台村山坪塘涵管爆破工程施工场所后独自离开，导致其子监管失控而死亡，原告刘玉芝的这一行为，当属监管失责的过错，依法应承担相应的补偿责任。根据本案实际，其承担 40% 的补偿责任为宜。余彪系年仅 14 周岁的未成年人，且为在校学生，从法律意义上讲尚不具有完全民事行为能力，因此对其原本应当和可能预见在无相应措施保障下，贸然进入缺氧的涵管内实施见义勇为的救险行为，而发生的施救不当导致其中毒死亡后果，就此存在的过失责任，依法予以免除。由于本案系无侵权人加害的见义勇为人受害补偿，原告刘玉芝请求的死亡赔偿金应为死亡补偿金，丧葬费亦只能是补偿，可参照法律规定标准适当补偿，但其提出精神损害抚慰金于法无据，难以支持。

二审诉辩情况

刘玉芝对该判决不服，提起上诉，请求撤销原判，改判支持其一审诉讼请求。主要事实和理由：（1）原判认定汉葭镇政府非本案的适格被告错误。汉葭镇政府接到彭水县水务局〔2008〕132 号文件后，未按文件要求落实专业人员负责工程施工和技术指导，而是指派本单位工作人员张建锡组织人员施工，且山坪塘整治工程的项目业主是汉葭镇政府，余加强到涵管内铺设炸药是受张建锡的安排，如果其同时在爆破周围实施安全防范工作，余彪就不能进入涵管内缺氧死亡，故汉葭镇政府具有明显过错，应当承担责任。（2）原判划分的责任与法律相悖。余彪实施救援的对象是余加强，而余加强施工时不具备安全条件所致，汉葭镇政府作为工程管理人，对余彪的死亡应承担赔偿责任。上诉人系余彪的监护人，而一审以上诉人系受益人，自己对自己补偿 40% 的责任没有法律依据。

汉葭镇政府答辩称：（1）上诉人主张是由汉葭镇政府提供的施工场所不

成立，汉葭镇政府仅是款项的业主。（2）余彪是认为爆破有鱼可捞才到现场去的。（3）天台村委是所有权人，应承担责任，其监护人也应承担责任，张建锡不是政府指挥施工的人员。请求驳回上诉，维持原判。

天台村委答辩称：一审判决正确，请求驳回上诉，维持原判。

彭水县水务局答辩称：一审认定事实清楚，彭水县水务局只是行政管理，天台水库非彭水县水务局所有，也非受益人，请求维持彭水县水务局不承担赔偿责任的判决部分。

二审裁判结果

二审法院根据《中华人民共和国民事诉讼法》第153条第1款第1项的规定，判决如下：

驳回上诉，维持原判。

二审裁判理由

二审法院认为，《中华人民共和国民法通则》第109条规定："因防止、制止国家的、集体的财产或者他人的财产、人身遭受侵害而使自己受到损害的，由侵害人承担赔偿责任，受益人也可以给予适当补偿。"最高人民法院《关于审理人身损害赔偿案件适用法律若干问题的解释》第15条规定："为维护国家、集体或者他人的合法权益而使自己受到人身损害，因没有侵权人、不能确定侵权人或者侵权人没有赔偿能力，赔偿权利人请求受益人在受益范围内予以适当补偿的，人民法院应予以支持。"见义勇为行为是指不负有法定或约定义务的自然人，为使国家利益、社会公众利益或他人的人身财产利益免遭侵害或免受损失，在面临危险情况时冒着较大的人身和财产危险挺身而出，所实施制止侵害、保护合法权益的行为。余彪挺身救父，虽然救助的是与自己有特定身份的父亲，但在主体余彪却不具有特定的救助义务，在主观上系基于内心良知的趋使防止他人人身损害的发生，客观上实施了想尽力保护他人人身利益的行为，且其行为是在危急和紧迫的情况下冒着自己生命危险作出的，故其救父行为符合见义勇为行为的基本特征，属见义勇为行为，应当根据前述法律规定由受益人给予见义勇为人余彪的人身损害适当补偿，原判确定本案的法律性质正确，二审法院予以确认。天台村山坪塘维修整治工程管理人虽系汉葭镇政府，但余彪之父余加强非汉葭镇政府的雇佣人员，属承揽关系。具有爆破资质的余加强对山坪塘涵管深处实施爆破行为是其完成承揽事务的行为，尽管汉葭镇政府提供的定作物有一定的瑕疵，但不影响余彪见义勇为的直接受益人为余加强的事实，故汉葭镇政府非本案的受益人，不应承担补偿责任。天台村委是余加强实施爆破作业的山坪塘所有权人，属实际受益人，原判据此酌情由其补偿 24519 元并无不当，且天台村委未提出上诉，视为其对原判的认可。

综上，原判决认定事实清楚，适用法律正确，应予维持，上诉人刘玉芝的上诉理由不成立，其相应的上诉请求本院不予支持。

见义勇为人受害责任纠纷 办案依据集成

1. 《中华人民共和国民法通则》（2009 年 8 月 27 日修正）（节录）

第一百零九条 因防止、制止国家的、集体的财产或者他人的财产、人身遭受侵害而使自己受到损害的，由侵害人承担赔偿责任，受益人也可以给予适当的补偿。

2. 最高人民法院《关于审理人身损害赔偿案件适用法律若干问题的解释》（2003 年 12 月 26 日 法释〔2003〕20 号）

第十五条 为维护国家、集体或者他人的合法权益而使自己受到人身损害，因没有侵权人、不能确定侵权人或者侵权人没有赔偿能力，赔偿权利人请求受益人在受益范围内予以适当补偿的，人民法院应予支持。

十八、公证损害责任纠纷

257. 经公证机关公证的合同当事人系假冒，公证机关是否应承担由此造成的损失？

公证机关应当具有与其执业资格相应的审查证明事项和证明资料真伪的能力，对公证当事人身份的审核系公证行为合法的前提条件，公证机关未能尽到审慎注意义务，应当对其过错承担相应责任。而受害方当事人亦负有审查合同相对方身份的义务，其亦应承担相应的过错责任。

典型疑难案件参考

谷爱萍诉江苏省东海县公证处公证损害责任纠纷案

基本案情

谷爱萍、方长林、冒名的毛志轩于2007年1月22日共同到东海县公证处办理借款合同公证。方长林及冒名的毛志轩借款后，按照借款合同约定支付了谷爱萍2007年1月23日至2008年1月22日的利息19800元。2008年1月8日，东海县公证处以借款合同系不法分子盗用毛志轩的身份材料冒名签署为由撤销了〔2007〕东证经内字第43号公证书。另查，本案在公安机关未立案。

一审诉辩情况

原告谷爱萍诉称：2007年1月22日，毛志轩向原告借款，借款双方申请江苏省东海县公证处（以下简称东海县公证处）对借款合同进行公证，东海县公证处审核后出具了〔2007〕东证经内字第43号公证书。2008年1月8日，东海县公证处以借款合同系不法分子盗用他人身份材料冒名签署为由，撤销了公证书。东海县公证处在公证过程存有重大失误，致使原告的债权无从主张，其应承担全部的赔偿责任。请求法院判令东海县公证处赔偿原告本金11万元、违约金7370元及利息7370元。

被告东海县公证处辩称：谷爱萍的起诉违反“先刑后民”原则，请求法院驳回其起诉。

一审裁判结果

江苏省东海县人民法院依照《中华人民共和国公证法》第 28 条、第 43 条,《中华人民共和国民事诉讼法》第 128 条，判决：东海县公证处于判决生效后 3 日内赔付谷爱萍 110000×80% =88000 元及利息（按人民银行同期贷款利息从 2008 年 1 月 23 日计算至 2008 年 3 月 3 日）。

一审裁判理由

江苏省东海县人民法院经审理认为：东海县公证处作为公证机构，应当根据借款合同的办证规则，审查当事人的身份及申请办理该项公证的资格。而东海县公证处未对申请人毛志轩的身份及资格进行严格审查，存在过错，导致公证书被撤销，应承担过错赔偿责任。谷爱萍在公证合同履行中亦存有一定的过错，因此，应适当减轻东海县公证处承担的赔偿责任。谷爱萍已经取得 2007 年 1 月 23 日至 2008 年 1 月 22 日的利息 19800 元，因此，对其要求赔偿违约金及利息的诉讼请求，法院不予支持。对于因东海县公证处在公证合同履行中存在过错导致公证书被撤销后谷爱萍的利息损失，法院予以支持。综上所述，谷爱萍的诉讼请求部分成立，法院予以支持。

二审诉辩情况

东海县公证处不服一审判决提出上诉称：谷爱萍的起诉违反“先刑后民”原则。根据最高人民法院《关于在审理经济纠纷案件中涉及经济犯罪嫌疑若干问题的规定》第 11 条、第 12 条的规定，人民法院应该采取“先刑后民”的原则来处理刑事和民事的关系。本案中，毛志轩的行为已涉嫌诈骗，公安机关已立案侦查。人民法院应裁定驳回起诉。一审法院明知这样的事实，却仍然判决上诉人承担责任，显然是适用法律错误。而且上诉人即使承担责任也只能是承担次要责任，最多不应超过 30% 的责任。综上，为了维护上诉人的合法权益，请求二审法院依法查明事实，正确适用法律，对本案改判或发回重审。

被上诉人（原审原告）谷爱萍辩称：东海县公安局对这起公证处所称的诈骗不予立案，所以被上诉人只有起诉。

二审裁判结果

江苏省连云港市中级人民法院判决：驳回上诉，维持原判。

二审裁判理由

江苏省连云港市中级人民法院经审理认为：本案的争议焦点为：（1）本

案是否应采用“先刑后民”的原则裁定驳回谷爱萍的起诉；（2）东海县公证处承担的赔偿责任是否过当。

1. 关于本案是否应采用“先刑后民”的原则裁定驳回谷爱萍起诉的问题

首先，东海县公安局已经作出不予立案的决定，所以本案不存在需要按照先刑后民原则裁定驳回起诉的情况；其次，即使本案中他人冒用毛志轩身份骗取借款的行为涉嫌犯罪，因该事实与民事纠纷分属两个不同的法律事实，依照最高人民法院《关于在审理经济纠纷案件中涉及经济犯罪嫌疑若干问题的规定》的规定，本案仍可继续审理。故对东海县公证处的该上诉理由，二审法院不予采纳。

2. 关于东海县公证处承担的赔偿责任是否过当的问题

因对公证当事人身份的审核系公证行为合法的前提条件，鉴于在本案公证行为中，东海县公证处未能尽到审慎注意义务，故原审判决裁量其负主要过错责任并无不当。由于东海县公证处在二审期间也未能提供其不应当承担主要责任的事实和法律依据，故对该上诉理由，二审法院同样不予采纳。

258. 当事人是否有权请求法院撤销公证书？

公证书仅仅是一项证明力较强的证据，它不能产生、变更或消灭民事法律关系，当事人若对公证事项有异议，可以公证事项的其他当事人为被告提起民事诉讼，但不能以公证机构为被告，要求人民法院撤销公证书。

典型疑难案件参考

王尔聪诉泉州市公证处撤销公证书并给付精神损害抚慰金纠纷案

基本案情

2004年7月26日，广东飞碟文化传播有限公司委托公司员工刘祥生在福建省范围内对销售、复制涉及侵犯该公司专有权利音像制品之行为调查取证事宜，委托权限包括：对盗版行为进行调查，申请公证机关对盗版行为进行公证等。此后，泉州市公证处就办理广东飞碟文化传播有限公司申请的知识产权侵权行为系列证据保全的管辖问题向泉州市司法局提出请示。9月13日，泉州市司法局认为这起公证涉及泉州市辖区内的7个县、市、区，分散办理不利于便民等，决定由泉州市公证处派专人办理广东飞碟文化传播有限公司申请的一系列证据保全公证。同年10月9日，泉州市公证处作出〔2004〕泉证民字第1441号公证书。该公证书载明：申请人广东飞碟文化传播有限公司；公证事项保全行为；2004年9月18日13:00，公证员丁清波、黄晓帆及申请人的委托代理人刘祥生来到晋江市安海镇成功东路“晋江市安海时代音像店”，刘祥生以普通消费者的身份购买《芭比娃娃最新专曲》等5张VCD碟片及《闽南语唱翻天》等2张DCD碟片，刘祥生交款后向商店销售人员索取正式发票，但遭拒绝，销售员只出具了《收款收据》一张；刘祥生的购物过程由公证员丁清波、黄晓帆现场监督，购买行为结束后，公证员对所购物品的外包装进行复印，并对所购物品进行封存；兹证明：(1) 与本公证书相粘连的《收款收据》复印件与申请人留存的原件相符；(2) 与本公证书相粘连的其余复印件与所购物品的外包装原件相符，所购物品留存于我处。2006年8月，广东飞碟文化传播有限公司作为原告向泉州市中级人民法院提起复制权诉讼，要求判令王尔聪立即停止销售《芭比娃娃最新专曲》、《闽南语唱翻天》等7种侵权音像制品的侵权行为，赔偿经济损失24000元等。该案审理过程中，王尔聪提起本案诉讼。

诉辩情况

原告诉称：原告于2006年8月25日接到泉州市中级人民法院送达的广东飞碟文化传播有限公司诉王尔聪复制权纠纷一案的诉讼材料后，得知被告曾于2004年10月9日作出〔2004〕泉证民字第1441号公证书。该公证书证明被告公证员及广东飞碟文化传播有限公司代理人刘祥生于2004年9月18日到原告经营的晋江市安海镇时代音像店，刘祥生以消费者的身份向原告购买《芭比娃娃最新专曲》等5张VCD及《闽南语唱翻天》等2张DCD，原告店中工作人员出具盖有“时代音像店”的收款收据交刘祥生收执。经查，原告店中并无销售上述音像，也无出具上述收款收据，被告出证内容错误。由于被告超管辖范围办理公证且公证内容不实，致使原告遭受他人的非议和指责，名誉受到损害，给原告带来巨大的精神痛苦。现依照《中华人民共和国公证法》第40条的规定，请求撤销被告出具的〔2004〕泉证民字1441号公证书，判令被告赔偿原告精神损害抚慰金30000元，被告承担本案诉讼费。

被告辩称：原告将泉州市公证处列为被告，要求撤销被告出具的公证书，属于告错对象且程序错误，依法应裁定驳回起诉。被告出具的〔2004〕泉证民字1441号公证书内容真实、程序合法，没有过错，原告要求被告赔偿精神损害抚慰金，缺乏事实及法律依据，应驳回该项诉讼请求。

裁判结果

一审法院依照《中华人民共和国民事诉讼法》第 64 条、《中华人民共和国民法通则》第 101 条、《中华人民共和国公证法》第 43 条之规定，判决如下：驳回原告王尔聪要求被告泉州市公证处赔偿精神损害抚慰金 30000 元的诉讼请求。本案受理费 1210 元，由原告负担。

裁判理由

法院认为：当事人、公证事项的利害关系人对公证书的内容有争议的，可以就该争议向人民法院提起民事诉讼。现原告对被告作出的〔2004〕泉证民字 1441 号公证书有异议，但因被告所作的公证事项是保全广东飞碟文化传播有限公司购买行为发生的事实，被告不是公证事项的当事人、利害关系人，对公证的事项不享有民事上的实体权利义务，故原告对公证书的内容有争议而起诉被告，要求撤销公证书，属被告主体有误，其要求撤销公证书的主张不属于《中华人民共和国公证法》第 40 条所调整，亦不属于人民法院民事诉讼受理范围，原告的起诉不符合受理条件。

根据《中华人民共和国公证法》第 39 条的规定，当事人、公证事项的利害关系人认为公证书有错误的，可以向出具公证书的公证机构提出复查。据此，依照《中华人民共和国民事诉讼法》第 108 条、第 140 条第 1 款第 3 项，最高人民法院《关于适用〈中华人民共和国民事诉讼法〉若干问题的意见》第 139 条的规定，裁定如下：驳回原告王尔聪请求撤销被告泉州市公证处出具的〔2004〕泉证民字 1441 号公证书的起诉。本案受理费 50 元，由原告负担。

法院同时认为：公证是公证机构根据自然人、法人或者其他组织的申请，依照法定程序对民事法律行为、有法律意义的事实和文书的真实性、合法性予以证明的活动。公证机构及其公证员因过错给当事人、公证事项的利害关系人造成损失的，由公证机构承担相应的赔偿责任，双方因赔偿发生争议的，可以向人民法院提起民事诉讼。公证是对事实的证明。对诉讼而言，公证书仅仅是一项证明力较强的证据。广东飞碟文化传播有限公司作为原告提起复制权诉讼时将泉州市公证处出具的公证书作为一证据出示，王尔聪对该公证书有异议，其实质是认为该公证书证明的事实对复制权纠纷案双方当事人之间的权利义务关系产生了不当影响。该证据是否能采纳，法院会通过综合全案作出认定。本案被告泉州市公证处依职权作出公证，其主观上不存在过错，客观上也没有实施侮辱、诽谤原告名誉、不当传播等违法行为及造成原告名誉受损的损害后果，故原告主张被告侵害原告的名誉权，证据不足，缺乏依据，法院不予支持。

259. 公证事项的利害关系人在以公证机构为被告的民事诉讼中请求撤销《公证法》实施前作出的公证书，法院如何处理？

公证书在民事诉讼中仅是人民法院认定事实的一项证明力较强的证据材料，人民法院在民事诉讼中并不对某项证据作出维持或者撤销的裁判，因此，公证事项利害关系人起诉请求撤销公证书不属于人民法院民事诉讼受案范围，人民法院对此类起诉应当裁定不予受理，已受理的应裁定驳回起诉。

典型疑难案件参考

程丽娟、林清源诉广州市越秀区公证处撤销公证书纠纷案

基本案情

1995年6月27日，程丽娟、林清源与招兆麟共同出资50万元注册成立了广州电子城有限公司，其中程丽娟占出资比例20%，林清源占出资比例10%，招兆麟占出资比例70%。公司成立后，招兆麟任公司法定代表人与董事长。

2004年6月21日，招兆麟因涉嫌职务侵占罪被羁押，同日被刑事拘留，同年7月28日被逮捕后押于广州市第三看守所。

2005年11月21日，广州市荔湾区人民法院作出〔2005〕荔法刑初字第256号刑事判决，判决“被告人招兆麟犯职务侵占罪，判处有期徒刑八年，并处没收财产三十万元；犯挪用资金罪，判处有期徒刑四年。决定执行有期徒刑十一年，并处没收财产三十万元”。判后，招兆麟向广州市中级人民法院提出上诉。

2006年2月28日，广州市中级人民法院作出〔2006〕穗中法刑二终字第5号刑事裁定，裁定“驳回上诉，维持原判”。招兆麟现于广东省东莞监狱服刑。在被羁押期间，招兆麟托他人将申办公证的意思转告广州市越秀区公证处。

2006年1月19日，广州市越秀区公证处两名公证员前往招兆麟被羁押处广州市第三看守所，招兆麟于当天签署了《股东委托书》与《委托书申请表》。该《股东委托书》内容为：“委托人：招兆麟，受托人：欧阳强，广东金羊律师事务所律师；受托人：肖景穗，男，1970年7月13日出生，汉族。本人招兆麟于1995年6月27日在广州市荔湾区文化公园正门一号馆内，与程丽

娟、林清源出资组建了广州电子城有限公司，任公司法定代表人、董事长。其中，本人招兆麟占出资比例70%，程丽娟占出资比例20%，林清源占出资比例10%。现本人决定全权委托上列受托人，代为行使本人根据广州电子城有限公司章程和公司法规定的如下权利和职权：(1) 代为行使广州电子城有限公司股东的下列权利：依照所持股份份额获得股利和其他形式的利益分配。(2) 代为行使广州电子城有限公司董事长的下列职权：主持股东大会和召集、主持董事会会议。委托人委托上列受托人代为行使广州电子城有限公司股东和董事长权利和股权过程中，受托人作出的表决、决定均视同本人的表决和决定，受托人行使权利和职权所签署的文件本人均予承认。”公证员向招兆麟核实了身份证、护照复印件并作了谈话笔录，招兆麟与两名公证员在笔录上均有签名。同月23日，广州市越秀区公证处作出〔2006〕穗越内证字第10280号《股东委托书公证书》，该《公证书》主文为“兹证明委托人招兆麟于2006年1月19日在前面的《股东委托书》上签名。上述行为符合《中华人民共和国民法通则》第55条规定”。

一审诉辩情况

2006年4月，程丽娟、林清源以〔2006〕穗越内证字第10280号公证书无效为由，向广州市越秀区人民法院起诉，请求判决撤销该公证书。

一审裁判结果

广州市越秀区人民法院根据《公证程序规则》第15条、第23条、第24条第1款，《中华人民共和国民法通则》第63条第1款规定，广州市越秀区人民法院判决：驳回程丽娟、林清源的诉讼请求。案件受理费100元由程丽娟、林清源负担。

一审裁判理由

广州市越秀区人民法院经审理认为，《公证程序规则》第15条规定：“公民、法人申请公证，应当向公证处提出，并填写公证申请表。”第23条规定：“公证处应重点审查：(一) 当事人的人数、身份、资格和民事行为能力；(二) 当事人的意思表示和相应的权利；(三) 需公证的行为、事实或文书的内容是否真实、合法；(四) 需公证的文书内容是否齐全、文字是否准确，签名、印鉴是否齐全；(五) 当事人提供的证明材料是否真实、充分。”第24条第1款规定：“公证人员询问当事人和有关证人时，应告知其权利、义务、法律责任和注意事项，并制作谈话笔录。”招兆麟申办公证时因已被羁押，人身自由受到限制，无法自行前往公证处递交公证申请，从而由他人将申请公证的意愿告知广州市越秀区公证处后，再由广州市越秀区公证处前往招兆麟处办理公证合情合理，并无不当之处。广州市越秀区公证处审查了招兆麟签名的《股东委托书》与《委托书申请表》及其他有关材料，作了谈话笔录，招兆麟在笔录上签名，故广州市越秀区公证处的公证行为是按《公证程序规则》规定的程序依法作出的，广州市越秀区公证处办理公证的程序并无违法之处。程丽娟、林清源称广州市越秀区公证处办理的委托公证不是招兆麟的意思表示，但招兆麟于庭审中已明确表示办理公证是其真实意思表示，且招兆麟已于委托书和广州市越秀区公证处所作谈话笔录中签名，故程丽娟、林清源的此项主张并无事实依据，法院不予采纳。

此外，招兆麟被推举担任董事长和法定代表人时并不存在公司法规定的禁止担任的情形。招兆麟被刑事羁押后，程丽娟、林清源作为企业的股东，如果认为招兆麟不能再担任董事长和法定代表人，可遵循法律途径或公司章程处理。在未经撤销前，招兆麟仍然是公司的董事长和法定代表人，其申请广州市越秀区公证处办理委托公证书并无违反法律规定。现程丽娟、林清源认为公证书内容违法，没有事实和法律依据。

综上，广州市越秀区公证处作出的委托公证书并无不当，法院对程丽娟、林清源要求撤销该公证书的请求不予支持。

二审诉辩情况

上诉人程丽娟、林清源不服上述判决，向广州市中级人民法院上诉称：（1）原审法院认为广州市越秀区公证处办理公证的程序并无违法之处，认定事实不清；（2）原审法院适用《中华人民共和国民法通则》第63条第1款的规定驳回上诉人的诉讼请求，适用法律错误。综上，依据《中华人民共和国公证法》第2条、第13条、第28条、第40条的规定，请求二审法院依法撤销原判，改判支持上诉人的诉讼请求。

被上诉人广州市越秀区公证处答辩称：原审判决认定事实清楚，适用法律正确，公证处办理公证没有违反法律规定。请求二审法院依法驳回上诉，维持原判。

原审第三人招兆麟陈述称：第三人委托他人处理事务是行使自己权利，与程丽娟、林清源无关；第三人委托的内容完全合法；广州市越秀区公证处的公证程序也合法。因此，程丽娟、林清源的上诉请求缺乏依据。

二审裁判结果

广州市中级人民法院依照《中华人民共和国民事诉讼法》第153条第1

款第 2 项、第 4 项的规定，裁定如下：

一、撤销广州市越秀区人民法院〔2006〕越法民一初字第 1047 号民事判决；

二、驳回程丽娟、林清源的起诉。

一、二审案件受理费各 100 元，均由程丽娟、林清源负担。

二审裁判理由

广州市中级人民法院经审理认为：依据《中华人民共和国民事诉讼法》第 67 条的规定，公证书在民事诉讼中仅是人民法院认定事实的一项证明力较强的证据材料；而依据《中华人民共和国民事诉讼法》第 3 条的规定，民事诉讼审理裁判的是平等主体当事人之间人身权利和财产权利的纠纷，虽然在诉讼过程中也涉及对证据材料的审核认定，但并不存在单独裁判维持或撤销某项证据问题，因此，本案程丽娟、林清源起诉请求撤销〔2006〕穗越内证字第 10280 号《公证书》，不属于法律规定的人民法院受理民事诉讼的范围。依据《中华人民共和国民事诉讼法》第 108 条第 4 项和最高人民法院《关于适用〈中华人民共和国民事诉讼法〉若干问题的意见》第 139 条第 1 款的规定，人民法院对该起诉应裁定不予受理，已受理的应裁定驳回起诉。事实上，依据《中华人民共和国公证法》第 2 条的规定，公证是一项证明活动，故公证行为本身并不设立、变更或终止公证当事人、公证利害关系人之间的民事权利义务关系，因此，不论人民法院是否撤销公证书，均不必然影响公证当事人、公证事项利害关系人之间基于公证事项所产生的民事关系。鉴此，如果程丽娟、林清源认为其与〔2006〕穗越内证字第 10280 号《公证书》的公证事项存在利害关系且该公证事项对其民事权利产生不当影响，可依据《中华人民共和国公证法》第 40 条的规定就该公证事项争议起诉主张权利，而非起诉请求撤销公证书。

综上所述，本案程丽娟、林清源的起诉不符合民事诉讼受理条件，原审法院予以受理并作出判决，适用法律错误，程序不当。

260. 当事人、公证事项的利害关系人认为公证书的内容违法或者与事实不符的，是否可以请求人民法院撤销该公证书？

根据《民事诉讼法》的有关规定，公证书在民事诉讼中仅是人民法院认定事实的一项证明力较强的证据材料。民事诉讼审理裁判的是平等主体当事人之间人身权利和财产权利的纠纷。虽然在诉讼过程也涉及对证据材料的审核认定，但并不存在单独裁判维持或撤销某项证据的问题。当事人起诉请求撤销公证书，不属于人民法院受理民事诉讼的范围。

根据《公证法》的有关规定，公证只是一项证明活动，公证行为本身并不设立、变更或终止公证当事人、公证利害关系人之间的民事权利义务关系，因此，法院是否撤销公证书，均不必然影响公证当事人。如果当事人认为公证书对其民事权利产生不当影响，可就该公证事项争议起诉主张权利，而非起诉请求撤销公证书。

典型疑难案件参考

梁小翎诉湛江市公证处撤销公证书纠纷案

基本案情

2001年11月15日，湛江市公证处根据案外人欧斯庆（赠与人）和梁小明（受赠人）的申请，作出第653号赠与公证书，证明了赠与人欧斯庆与受赠人梁小明就坐落于湛江市霞山区新发一横路8号砖瓦木平房的产权份额达成了赠与合同。之后，梁小翎对该公证的合法性多次向有关部门提出质疑，认为公证处作出的第653号赠与合同公证书侵害其合法权益。2005年5月17日，公证处书面“回复”梁小翎，认为公证书中的赠与物（霞山区新发一横路8号砖瓦平房）是不存在的，该公证应是无效的公证。梁小翎不服公证处的回复而向广东省司法厅提出行政复议。2006年5月15日，广东省司法厅作出了粤司复受〔2006〕1号行政复议申请不予受理决定书，认为梁小翎的申请行为实质是对公证书的内容有争议而向行政机关寻求解决该争议，《公证法》实施后，该争议由人民法院裁决，因而不属行政复议范围。梁小翎据此向本院起诉。

一审诉辩情况

原告诉称：湛江市公证处于2001年11月15日作出〔2001〕湛证内字第653号赠与公证书是虚假公证。2004年母亲年老病重，丧失自理能力后，因受赠人梁小明未履行扶养义务，原告才知道母亲欧斯庆将霞山区新发一横路8号的砖瓦木平房赠与梁小明，并办理了上述公证。该房屋是母亲与原告共同共有，并未析产，上述公证书严重侵害了本人的合法权益，请求撤销。

被告辩称：本案涉及的公证关系不属《公证法》调整，原告的诉讼请求没有法律依据，公证处不是合同当事人，不具备被告的主体资格，本案不属民事诉讼管辖范围。

一审裁判结果

广东省湛江市赤坎区人民法院依照《中华人民共和国公证法》第 6 条、第 39 条、第 40 条，最高人民法院《关于民事诉讼证据的若干规定》第 9 条的规定，作出如下判决：

一、驳回梁小翎请求判令湛江市公证处依法撤销〔2001〕湛证内字第 653 号赠与合同公证书的诉讼请求；

二、案件受理费 50 元，其他诉讼费 238 元，均由梁小翎负担。

一审裁判理由

广东省湛江市赤坎区人民法院经审理认为：2006 年 3 月 1 日起施行的《公证法》第 6 条规定："公证机构是依法设立，不以营利为目的，依法独立行使公证职能、承担民事责任的证明机构。"公证机关的公证行为已不具有行政行为的性质，其作出的公证文书只具有证明效力。《公证法》第 39 条规定："当事人、公证事项的利害关系人认为公证书有错误的，可以向出具该公证书的公证机构提出复查。公证书的内容违法或者与事实不符的，公证机构应当撤销该公证书并予以公告，该公证书自始无效；公证书有其他错误的，公证机构应当予以更正。"如果梁小翎认为第 653 号公证书的内容违法，按照法律的规定，可以向公证处提出复查，然后由公证处对公证书的内容进行审查，再决定是否行使撤销权。另外，《公证法》第 40 条规定："当事人、公证事项的利害关系人对公证书的内容有争议的，可以就该争议向人民法院提起民事诉讼。"最高人民法院《关于民事诉讼证据的若干规定》第 9 条："下列事实，当事人无须举证证明……（六）已为有效公证文书所证明的事实。前款（一）、（三）、（四）、（五）、（六）项，当事人有相反证据足以推翻的除外。"梁小翎应以赠与合同当事人为被告提起民事诉讼，举证证明公证书存在错误，由法院对公证书不予采信。而梁小翎请求法院撤销公证书没有法律依据，不予支持。

二审诉辩情况

上诉人诉称：公证处所作的〔2001〕湛证内字第 653 号赠与公证书与事实不符，内容违反先析产后公证的原则和程序，原审判决事实认定不清，适用法律有误，请求撤销原一审判决，判决撤销公证处的公证书。

被上诉人辩称：同意原审判决，请求维持。

二审裁判结果

广东省湛江市中级人民法院依照《中华人民共和国民事诉讼法》第 150 条第 1 项的规定，作出如下判决：

一、撤销湛江市赤坎区人民法院〔2007〕赤民一初字第 17 号民事判决；

二、驳回梁小翎的起诉。

一审案件受理费 150 元，由湛江市赤坎区人民法院退回给梁小翎，二审案件受理费 50 元，由本院退回给梁小翎。

二审裁判理由

广东省湛江市中级人民法院经审理，确认一审法院认定的事实和证据。

广东省湛江市中级人民法院经审理认为：本案属公证纠纷。根据《民事诉讼法》的有关规定，公证书在民事诉讼中仅是人民法院认定事实的一项证明力较强的证据材料。民事诉讼审理裁判的是平等主体当事人之间人身权利和财产权利的纠纷。虽然在诉讼过程也涉及对证据材料的审核认定，但并不存在单独裁判维持或撤销某项证据的问题。梁小翎起诉请求撤销公证书，不属于人民法院受理民事诉讼的范围。根据《公证法》的有关规定，公证只是一项证明活动，公证行为本身并不设立、变更或终止公证当事人、公证利害关系人之间的民事权利义务关系，因此，法院是否撤销公证书，均不必然影响公证当事人。梁小翎如果认为〔2001〕湛证内字第 653 号赠与公证书对其民事权利产生不当影响，可就该公证事项争议起诉主张权利，而非起诉请求撤销公证书。

公证损害责任纠纷
办案依据集成

《中华人民共和国公证法》（2005 年 8 月 28 日主席令第 39 号公布）（节录）

第四十三条 公证机构及其公证员因过错给当事人、公证事项的利害关系人造成损失的，由公证机构承担相应的赔偿责任；公证机构赔偿后，可以向有故意或者重大过失的公证员追偿。

当事人、公证事项的利害关系人与公证机构因赔偿发生争议的，可以向人民法院提起民事诉讼。

十九、紧急避险损害责任纠纷

261. 紧急避险的受益人是否应该对紧急避险行为和因紧急避险遭受财产损失之间的因果关系承担举证责任?

紧急避险的受益人应该对紧急避险行为和因紧急避险遭受财产损失之间不存在因果关系承担相应举证责任，否则承担损害赔偿责任。

典型疑难案件参考

田宝志诉北京青龙缝纫制品有限公司紧急避险损害赔偿纠纷案

基本案情

原告田宝志承包的顺义区杨镇小店村的四个鱼池位于被告北京青龙公司的墙外。2003 年 1 月 6 日夜里 24 时许，被告北京青龙公司生产车间因电路短路而发生火灾，北京市公安消防总队顺义中队在 2003 年 1 月 7 日凌晨零时 1 分接到报警后，于零时 31 分赶到火灾现场进行扑救，因救火车所带水量不够，即用其中一辆消防车将水管直接送入相邻的原告田宝志承包的四个鱼池北数第二个鱼池中破冰取水，至火被扑灭，从该鱼池取水持续 40 分钟，取水量约 25 立方米。2003 年 3 月份，天气逐渐转暖，冰层融化，田宝志在该鱼池中饲养的鲤鱼苗全部死亡，浮到水面上，造成经济损失。而未抽水的其他 3 个鱼池没有大量死鱼现象。原告曾多次找有关单位及被告，均未得到解决。另查明：田宝志承包的该鱼池面积为 5 亩，于 2002 年从北京市平谷区大兴庄镇三福庄村张佩玉处购买鲤鱼夏花鱼苗 10 万尾。顺义区水产养殖服务中心技术人员李如潮证实：在一般条件下，夏花鱼苗成活率在 80% 以上，根据本地区的一般饲养条件，鲤鱼苗每亩产量在 1500 千克，每千克销售价格在 6 元左右。

一审诉辩情况

原告诉称：1999 年 4 月起，原告承包本村东北角四个鱼池，效益较好。2003 年 1 月 7 日夜间，被告生产车间突然起火，火势凶猛，经拨打 119 电话后，顺义区消防队及时赶到灭火。因原告的鱼池离该厂较近，故消防队从原告承包的鱼池中破冰取水，导致冰层下原告于 2002 年 5 月放养的 10 万尾鱼苗严重缺氧，因当时天寒地冻，水面冰层覆盖，原告未发现。今年3月份，天气转暖，冰层融化，原告在鱼池中饲养的10万尾鱼苗全部死亡，漂到水面上。给原告造成严重的经济损失。故起诉，要求被告赔偿原告经济损失60000元。

被告辩称：原告的鱼死亡的时间在被告公司发生火灾后的2个月，消防队救火时在鱼池中取水与原告鱼池死鱼之间缺乏因果关系，与被告公司无关，原告也无证据证明鱼死亡的真正原因，故不同意原告的诉讼请求。

一审裁判结果

北京市顺义区人民法院依据《中华人民共和国民法通则》第129条的规定，作出如下判决：

一、被告北京青龙缝纫制品有限公司赔偿原告田宝志经济损失45000元，于判决生效之日起10日内付清；

二、案件受理费2310元，由原告田宝志负担500元（已交纳），被告北京青龙缝纫制品有限公司负担1810元，于判决生效之日起7日内交纳。

一审裁判理由

北京市顺义区人民法院认为：被告北京青龙缝纫制品有限公司因电路短路失火，北京市公安消防总队顺义中队采取紧急避险行为为被告救火，从原告田宝志的鱼池中破冰取水，造成原告鱼池中饲养的鲤鱼苗死亡的事实清楚，证据充分。对因此给原告造成的经济损失被告作为受益人应当承担赔偿责任。被告北京青龙公司辩解原告的鱼死亡是因为鱼生病等其他原因，未能提供相关证据。法院不予采信。原告要求被告赔偿损失60000元，请求赔偿额过高，法院根据当地在一般饲养条件下鲤鱼苗的产量及销售价格，酌情确定。

二审裁判结果

北京市第二中级人民法院依据《中华人民共和国民事诉讼法》第153条第1款第1项之规定，作出如下判决：

驳回上诉，维持原判。

一、一审案件受理费2310元，由田宝志负担500元（已交纳），由北京青龙缝纫制品有限公司负担1810元（本判决生效后7日内交纳）；

二、二审案件受理费2310元，由北京青龙缝纫制品有限公司负担（已交纳）。

二审裁判理由

北京市第二中级人民法院经审理后认为：紧急避险是为了公共利益、本人或者他人合法权益免受正在发生的危险，不得已而采取的损害他人一定利益的救险行为。因紧急避险造成损害的，由引起险情的人承担民事责任。青龙公司失火，公安消防部门在情急之下，为保全更大利益，采取紧急避险行为，从田宝志承包的鱼池中破冰取水，最终将火扑灭，这是不争的事实。进而结合双方当事人的诉称和抗辩，本案争议的焦点为田宝志承包鱼池中的鱼死亡与破冰取水是否存在因果关系问题。

在本案中，破冰取水灭火与田宝志发现鱼死亡在时间上相差 2 个月，破冰取水灭火之日正值隆冬，鱼池结冰，根据日常生活经验，田宝志很难甚至根本不可能及时发现鱼死亡，只能待春暖冰融之时。如果要求田宝志及时发现鱼死亡，勉为其难，过于苛求。田宝志发现鱼死亡后，曾多次找有关部门和青龙公司协调交涉，青龙公司作为紧急避险的受益人，理应积极配合，妥善解决，即使认为与其无关，亦应主动提出对鱼的死因进行澄清，以此界定是否担责。青龙公司反而消极处理，贻误并错过了对鱼死因进行鉴定的时间。但在诉讼中，青龙公司却以此抗辩，称破冰取水灭火与鱼死亡无因果关系，认为导致鱼死亡有多种原因，甚至怀疑破冰取水灭火前鱼已经死亡。对此，青龙公司要对其抗辩承担相应的举证责任，但其未能举证。事实上，在田宝志承包的鱼池中仅有破冰取水鱼池中的鱼全部死亡，其他 3 个鱼池无此现象。故田宝志承包的鱼池中的鱼死亡与破冰取水灭火具有一定的关联性。

综上所述，对于青龙公司所持抗辩理由，法院难以采信。对其上诉请求，亦难以支持。原审法院根据本案的实际情况所作判决并无不妥。青龙公司不应固执己见，应自觉遵照执行。

紧急避险损害责任纠纷办案依据集成

《中华人民共和国侵权责任法》（2009 年 12 月 26 日主席令第 21 号公布）（节录）

第三十一条 因紧急避险造成损害的，由引起险情发生的人承担责任。如果危险是由自然原因引起的，紧急避险人不承担责任或者给予适当补偿。紧急避险采取措施不当或者超过必要的限度，造成不应有的损害的，紧急避险人应当承担适当的责任。

二十、铁路运输损害责任纠纷

262. 铁路行车事故及其他铁路运营事故造成人身伤亡的损害赔偿，应适用什么归责原则？

根据我国《民法通则》第123条中关于从事高速运输工具等对周围环境有高度危险的作业造成他人损害的，应当承担民事责任的规定，《铁路法》第58条关于“因铁路行车事故及其他铁路运营事故造成人身伤亡的，铁路运输企业应当承担赔偿责任”的规定，据此，对因铁路行车事故及其他铁路运营事故造成人身伤亡引起的损害赔偿纠纷，适用无过错责任归责原则。

263. 如何正确适用铁路行车事故及其他铁路运营事故造成人身伤亡的损害赔偿的免责条件？

我国法律对适用无过错归责原则时的免责条件是有严格规定的，除法律规定的不可抗力外，《民法通则》第123条和2003年10月28日全国人大常委会通过的《道路交通安全法》均规定受害人故意造成损害的，也是免责条件。铁路法规定的免责条件是受害人自身原因造成的人身伤亡。受害人的自身原因一般解释为受害人的故意或受害人违反法律、行政法规强制性规定的行为，即一定具有过错。侵害人要免责必须具备两个条件：一是侵害人没有过错；二是存在法定的可以免责的情况。

如果受害人是无民事行为能力的儿童，其不存在主观故意或过失的问题，不能认为是其自身的原因，故侵害人不具备可以免责的条件。

典型疑难案件参考

杨斌诉太原铁路分局人身损害赔偿纠纷案

基本案情

2002年1月13日16时28分，49032次货物列车进入被告所属万安站，停留于站内3道等候加补机车。此后，原告杨斌与两名同学来到该货物列车尾部最后一节车辆下玩耍。16时53分，该货物列车从万安站3道开出，一同玩耍的同学发现原告被火车轧伤，便回村报告。原告先后经山西太原建东骨伤手外科专科医院、山西汾阳医院手术治疗，其左前臂中上1/3处、左下肢小腿中上1/3处被截肢，司法鉴定构成二级伤残。事故现场位于介西线8Km +350m处的万安站3道，东侧为原告所在的西董屯村，西侧为万安站，站区无封闭。

一审诉辩情况

原告向临汾铁路运输法院起诉称：铁路运输是高危作业，对造成的人身伤害应承担无过错责任。万安车站与原告所在的村落仅隔数十米，站台与村没有隔离。自己受伤致残虽有一定责任，但万安车站无完全防范意识，没有围墙与村隔绝。原告为未成年人，对去车站玩耍可能造成的后果是无预见性的，万安车站工作人员疏于管理，没有制止。火车启动前，工作人员也不安全检查，导致原告在躲避中被车尾卷进而受伤。被告太原铁路分局应承担该次事故的主要责任。请求判令被告赔偿原告医药费、住院期间伙食补助费、住院期间护理费、伤残补助金、鉴定费、残疾用具费、终生护理费、住宿费、交通费，并赔偿精神损失费总计114万元的70%。

被告太原铁路分局答辩称：《铁路法》第58条与《民法通则》第123条有区别，铁路不承担无过错责任。火车是从零速度启动，铁路工作人员按章作业，列车装有列尾装置，能保证正常情况下列车的安全运行。原告钻入列车下面，非一般人所能预料，非一般装置能防止。造成原告伤害主要是其父母未履行监护责任，根据《民法通则》第18条规定，本案的主要责任应由原告的监护人承担。

在一审诉讼中，原、被告认可的损失项目及数额为，医疗费25026元、住院伙食补助费1650元、住院期间护理费4400元、伤残者生活补助费70953.66元、鉴定费200元、残疾用具费262400元、住宿费交通费4500元，总计369129.66元。对终生护理费、残疾用具更换接受腔和脚板费以及精神损害赔偿费双方有争议。

一审裁判结果

临汾铁路运输法院依照《中华人民共和国民法通则》第18条第3款、第106条第2款、第119条、第131条，判决如下：

被告太原铁路分局赔偿原告杨斌身体损害所致损失87626元及精神损害抚慰金2万元。

一审裁判理由

临汾铁路运输法院经审理认为：火车有自己固定的轨道，在站内和区间铁路线路上逗留、游逛、穿越和拣拾煤渣杂物等会发生危险是一般性常识。国发〔1979〕178 号文件关于《火车与其他车辆碰撞和铁路路外人员伤亡事故处理暂行规定》第 2 条将上述行为列为禁止性行为，相对人有自觉遵守的义务。原告进入铁路作业区，在停留车下玩耍，被火车轧伤致残，显系其自身原因所致。但其是未成年的幼儿，没有行为能力，其父母作为监护人理应倍加看护，确保其人身安全。监护人明知村外火车站铁路作业区存在危险，而放任其外出玩耍，没有尽到监护职责，致使本案损害后果发生，应对本案事故负主要责任。火车是高速运输工具，铁路作业人在操作过程中，应注意避免铁路作业对周围环境中人们的生命、健康和财产造成损害。本案万安站铁路作业人虽尽了相应的注意义务，但未能及时发现并制止未成年人在铁路作业区玩耍，其注意程度尚有不足，被告对本案事故亦应负一定责任。本起事故给受害人造成的损失除了物质损失外，精神损害是显而易见的，应给予一定的抚慰和赔偿。原告提出的精神损害赔偿额 10 万元明显过高，不予全额支持。原告安装假肢后每年需 1500 元更换接受腔、脚板的费用亦属购买假肢的费用，应列入赔偿范围。按人均寿命 70 岁，减去杨斌现年龄 8 岁，扣除双方当事人认可的残疾用具费中已包含 16 次更换接受腔、脚板的费用后，为 69000 元。原告主张的终生护理费及其他费用缺乏法律和事实根据，不予支持。

二审诉辩情况

原告不服一审判决提起上诉称：原判未分析造成损害的因果关系。被上诉人是侵权人，从事的是对周围环境有高度危险的高速运输作业，应适用《民法通则》第 123 条判决。上诉人即使有过错，也只是减轻侵害人的责任。原判把可以减轻侵害人的责任曲解为受害人负主要责任，上诉人不能诚服。原判只让被上诉人承担本案损失的 20% 显然不妥。

二审裁判结果

北京铁路运输中级法院依照《中华人民共和国铁路法》第 58 条第 1 款，《中华人民共和国民法通则》第 131 条，《中华人民共和国民事诉讼法》第 153 条第 1 款第 2 项的规定，于 2003 年 12 月 1 日判决：

撤销一审判决太原铁路分局赔偿杨斌身体损害所致损失 87626 元，维持赔偿杨斌精神损害抚慰金 2 万元；改判太原铁路分局赔偿杨斌身体损害所致损失 262877 元。

二审裁判理由

北京铁路运输中级法院经审理确认一审查明的事实属实。认为：本案是火车开动时列尾车辆将上诉人轧伤致残的侵权损害赔偿之诉。根据我国民法通则关于从事高速运输工具作业造成他人损害应当承担民事责任的规定，以及铁路法“因铁路行车事故及其他铁路运营事故造成人身伤亡的，铁路运输企业应当承担赔偿责任”的规定，本案侵权行为应适用无过错归责原则，侵害人主张免责必须具备法定事由。

我国法律对适用无过错归责原则时的免责条件是有严格规定的，除法律规定的不可抗力外，《民法通则》第123条和2003年10月28日全国人大常委会通过的《道路交通安全法》均规定受害人故意造成损害的，也是免责条件。铁路法规定的免责条件是受害人自身原因造成的人身伤亡。受害人的自身原因一般解释为受害人的故意或受害人违反法律、行政法规强制性规定的行为，即一定具有过错。侵害人要免责必须具备两个条件：一是侵害人没有过错；二是存在法定的可以免责的情况。

在本案中，就被上诉人而言，其所属的万安车站界内有村庄，村庄与铁道之间未设任何防护，铁路作业时亦未派人看护，万安车站应当预见到村内的小孩可能会到铁道上来玩耍，而没有采取安全措施即启动火车机车，显然存在过错。就上诉人而言，其是无民事行为能力的儿童，不存在有无过错的问题，故不能认为是其自身原因。我国法律对未成年人还予以特别保护，规定其人身、财产和其他合法权益不受侵犯，规定保护未成年人是国家机关、武装力量、政党、社会团体、企事业组织、城乡基层群众性自治组织、未成年人的监护人和其他成年公民的共同责任。

从以上情形看，本案不具备侵害人可以免责的条件，被上诉人认为本案为受害人自身原因造成的伤害，主张免责的抗辩理由不能成立。本案上诉人系无民事行为能力的儿童，根据我国法律规定，其监护人负有保护被监护人的人身、财产以及其他合法权益的监护职责。上诉人所在村庄位于铁路车站站界内，其监护人对其未采取有效的保护措施，对上诉人钻到停留于站内的货车尾部车辆下玩耍，致被轧伤致残，存在明显的过错，可依法减轻侵害人的民事责任。被上诉人不得以监护人对被监护人负有监护职责为由，将自己存在的过错和依法应当承担的赔偿责任转嫁给上诉人的监护人。根据本案侵权责任的归责原则和侵害人存在的过错，被上诉人对上诉人被火车轧伤致残造成的损失应当承担主要赔偿责任，即60%的责任。上诉人的监护人未尽到监护职责，应承担40%的责任。一审判决认为监护人没有尽到监护职责，对本案损害后果应负主要责任没有法律根据。一审判决认定本案人身损害损失金额438129.66元、精神损害抚慰金2万元，双方当事人均未提出上诉，二审法院予以确认。综上，一审判决认定事实清楚，但适用法律不当，应予改判。

264. 乘车人持有效票上车，在到达客票记载的到达站前即下车漏乘的，旅客运输合同是否仍然成立?

依照《中华人民共和国铁路法》第10条关于“铁路运输企业应当保证旅客和货物运输的安全，做到列车正点到达”的规定，以及《中华人民共和国合同法》第290条关于“承运人应当在约定期间或者合理期间内将旅客、货物安全运输到约定地点”的规定，承运人应当将旅客安全运送到目的地，但乘客在运输途中便受到伤害致死，承运人应当对乘客的死亡承担赔偿责任。

265. 乘车人因漏乘而导致人身受到损害，铁路运输部门是否为此承担损害赔偿责任?

根据《铁路旅客运输规程》第5条关于“下列用语在本规程内的意义：承运人：与旅客或托运人签有运输合同的铁路运输企业。铁路车站、列车及与运营有关人员在执行职务中的行为代表承运人”的规定，运输合同的承运人具有保障旅客安全的义务。承运人作为特等车站，每天往来车辆多，旅客乘降频繁，除了设立警示标记外，还应当派人巡视站台，随时清理站台上的滞留人员才能保证旅客的安全。如果承运人并未按照规章履行相应的工作职责，未尽到保障旅客及其他人员的安全告知、防范义务，应当对乘客的死亡承担赔偿责任。

典型疑难案件参考

陈太覃、陈文翠诉郑州铁路局、成都铁路局人身伤害赔偿纠纷案

基本案情

2007 年 2 月 10 日 3 时 10 分，受害人陈佳（系两原告之女，14 岁）持广元火车站出售的广元至上海的无座车票（票号为 N040810）与陈文跃（陈佳父母委托其带陈佳旅行）等同行 6 人，从广元车站搭乘由成都铁路局担当承运任务的 1354 次列车前往上海。当日 21 时 40 分火车到达郑州车站，陈佳即下车去站台。当列车启动出站时，与陈佳同行的人员发现陈佳还在站台上，于是便报告了列车员，在得知这一情况后，列车员按照程序规定，以口头传递信息的方式向列车长及乘警报告。同时，陈文跃也前往餐车，并找到了当时跟车的成都客运段领导，该领导当即用陈文跃的手机将陈佳漏乘情况与郑州车站进行了联系，要求查找漏乘旅客陈佳。在列车于当日 23 时到达开封车站时，该次列车列车长又向郑州车站客运室及公安段发出铁路电报，要求查找漏乘旅客陈佳。在此期间，陈佳从郑州车站站台顺着去上海方向的轨道追赶列车，在陇海上行线 K564 +980 千米处被 2132 次列车撞击，当场死亡，死亡时间 2007 年 2 月 10 日 22 时 42 分。另查明，陈佳死亡后，其火化、丧葬费用均由二原告自行给付。

诉辩情况

原告诉称：2007 年 2 月 10 日 3 时 10 分，受害人陈佳（系两原告之女，14 岁）从广元乘坐成都开往上海的 1354 次列车前往上海。当日 21 时 40 分火车到达郑州车站，陈佳即下车去站台上卫生间。当列车启动出站时，与陈佳同行的人员（陈文跃，陈佳父母委托其带陈佳旅行）发现陈佳还在站台上，于是便报告了列车员，后经列车员指点，同行人员在餐车找到当时跟车的成都客运段领导，该领导用手机将情况告知了郑州铁路公安指挥中心，要求查找漏乘旅客陈佳，此时时间已经是当日的 22 时 27 分。在此期间，陈佳从站台顺着去上海方向的轨道追赶列车，在距郑州车站 3 千多米的轨道线上，被另一列车撞击致死。

综上所述，陈佳的死亡是由于郑州车站管理不严，站台值班工作人员工作不负责任，导致陈佳从站台上顺着两边都是封闭的铁路线追赶火车而被害，因此郑州站对陈佳的死负有不可推卸的责任。同时，成都铁路局 1354 次列车作为受害人的承运人，在得知受害人陈佳漏乘后，未及时采取救助措施，延误了对陈佳的救助时间，因此也应对陈佳的死亡承担责任。故请求法院判令二被告共同给付原告保险金 2 万元，损害赔偿金 4 万元，精神损害抚慰金 10 万元，丧葬费 1.4 万元，交通费 1.063 万元，住宿、生活及误工补助 1.048 万元，抢救费0.027万元，共计19.538万元。

被告郑州铁路局辩称：（1）本起事故的责任在受害人。郑州车站不存在管理不严的问题，在车站两头分别设立了旅客禁止出站的指示牌，受害人作为一个初中生，应该能看懂提示，也能知道漏乘后最简单、安全的求助方法。而且在铁路线上行走也是我国法律所禁止的行为。（2）临时监护人没有尽到责任。原告当时委托了临时监护人对陈佳进行监护，该监护人在护送陈佳的过程中，没有做到必要的安全提示，没有尽到监护责任，应该承担受害人死亡的全部责任。（3）成都铁路局作为承运单位，应该给旅客提供旅行过程中的一切便利，而且双方间是运输合同关系，承运人应当根据双方合同将旅客安全送达目的地，而陈佳是因为列车上人员拥挤，无法上厕所才到郑州站站台上上厕所而导致的漏乘，因此，成都铁路局对受害人的死亡也应该承担责任。

被告成都铁路局辩称：（1）本次事故应属于路外伤亡事故而非旅客伤亡事故。因为陈佳是在铁路线路上被列车撞击致死，其死亡地点并非其乘坐的旅客列车也非郑州车站范围内。（2）在得知受害人陈佳漏乘后，被告方的处理符合相关处理程序，并不存在延误通知的问题，即便是有延误，受害人陈佳也有许多种寻求救助的方法，其死亡是由于其自身没有采取正确的救助方式造成的，与成都铁路局是否延误通知郑州车站没有直接的因果联系。（3）陈佳的临时监护人没有对陈佳进行旅行常识的告知，也没有做到必要的安全提示，没有尽到监护职责，因此对于陈佳的死亡其临时监护人也应当承担一定责任。

裁判结果

成都铁路运输法院依照《中华人民共和国铁路法》第10条、第58条第1款，最高人民法院《关于审理铁路运输损害赔偿案件若干问题的解释》第11条第3款、第13条，《铁路旅客运输损害赔偿规定》第5条、第6条，《铁路旅客意外伤害强制保险条例》第8条之规定，作出如下判决：

一、被告郑州铁路局、成都铁路局于本判决生效后10日内共同向原告陈太覃、陈文翠支付赔偿费40000元、保险金20000元；

二、驳回原告陈太覃、陈文翠的其他诉讼请求。

本案案件受理费5420元、实际支付费2710元，共计8130元，由被告郑州铁路局、成都铁路局共同承担。

裁判理由

成都铁路运输法院经审理认为：在本案中，原、被告对受害人陈佳死亡的时间、地点、直接原因等基本事实并无争议，双方争议的焦点主要在于二被告对陈佳的死亡是否承担赔偿责任的问题。

首先，在本案中，被告成都铁路局提供了与陈佳同行人员的证言及当班列车员的证言，证实当时列车的进出站程序、列车员的操作规范均符合铁路相关规定，同时提供了《成都客运段旅客人身伤害事故应急预案》、《成都客运段安全非正常情况下应急处理办法》等文件，能证实当发现陈佳漏乘后，当班列车员以口头传递信息的方式及列车到达下一车站即拍发铁路电报等处理方法均符合铁路运输的操作规程。根据《中华人民共和国铁路法》第 11 条第 2 款关于“旅客车票、行李票、包裹票和货物运单是合同或者合同的组成部分”的规定，原告提供了票号为 N040810 广元至上海 1354 次列车客票一张，凭此客票，可以认定陈佳是持有效客票乘坐旅客列车的旅客，其与铁路运输企业已经建立了运输合同关系。由于陈佳乘坐的 1354 次旅客列车由成都铁路局担当值乘，陈佳为乘坐列车所支付的票款亦为成都铁路局收取，因此，成都铁路局作为本次运输合同的承运人应当安全正点地送达旅客到目的地。依照《中华人民共和国铁路法》第 10 条关于“铁路运输企业应当保证旅客和货物运输的安全，做到列车正点到达”的规定，以及《中华人民共和国合同法》第 290 条关于“承运人应当在约定期间或者合理期间内将旅客、货物安全运输到约定地点”的规定，成都铁路局作为承运人应当将旅客陈佳安全运送到目的地上海，但陈佳在运输途中便受到伤害致死，作为承运人的成都铁路局应当对陈佳的死亡承担赔偿责任。

其次，铁路运输一般具有长途、长时的特点，因此运输沿途必须有车站为列车进行加水、检测、组织旅客乘降等辅助运输业务，才能使旅客列车安全到达目的地。在本案中，郑州车站作为辅助 1354 次旅客列车的车站同样具有辅助运送的义务，同时，根据《铁路旅客运输规程》第 5 条关于“下列用语在本规程内的意义：承运人：与旅客或托运人签有运输合同的铁路运输企业。铁路车站、列车及与运营有关人员在执行职务中的行为代表承运人”的规定，郑州铁路局亦是本次运输合同的承运人。依照前述法律的相关规定，作为运输合同的承运人，郑州车站同样具有保障旅客安全的义务。就本案而言，虽然郑州车站在站台两侧设立了警示标记，但是根据铁道部《铁路旅客运输管理规则》第 115 条要维护好车站秩序，合理地使用天桥、地道。严禁旅客钻车和横跨股道并随时清理站内滞留人员的规定，郑州车站作为特等车站，每天往来车辆多，旅客乘降频繁，除了设立警示标记外，还应当派人巡视站台，随时清理站台上的滞留人员才能保证旅客的安全。而 1354 次列车于当日 21 时 55 分从郑州车站发车，陈佳死亡时间为 22 时 42 分，死亡的地点也在 1354 次列车行走的陇海上行线上，距离郑州车站 3 千米左右。另外，从庭审中被告郑州铁路局的陈述来看，郑州车站处于封闭的状态，旅客不经出站口不能走出车站。事故发生地均为封闭的铁路线路，行人无法从两侧进入线路行走。因此，陈佳无论从时间上还是现实环境条件下都不可能从其他地方进入铁路线路，她只能从郑州车站站台出去顺着铁路线追赶漏乘的列车，导致被火车撞击致死。由此可见，郑州车站并未按照规章履行相应的工作职责，未尽到保障旅客及其他人员的安全告知、防范义务。故郑州铁路局亦应当对陈佳的死亡与成都铁路局共同承担赔偿责任。

至于被告郑州铁路局、成都铁路局认为陈佳作为一名在校中学生，应当能看懂警示标记，应当知道漏乘后最简单安全的救助方法及陈佳的临时监护人陈文跃没有尽到监护职责，应当承担责任的辩解意见，法院认为，从我国《民法通则》第 17 条、第 18 条的相关规定可以看出，基于亲权关系的监护是与身份权相联系的，是法定的，故此种法定的监护是不可转移的。从这个层面上来讲，陈文跃并不能成为陈佳的监护人，因此，二被告认为陈文跃是陈佳的临时监护人的提法不符合法律规定，并不准确。在本案中，陈文跃与陈佳的父母之间建立的只是一种委托照看关系，陈文跃并没有因接受陈佳父母的委托而取得监护人地位。对于这种委托照看关系，受托人应当在接受委托照看的范围内尽心完成委托事宜，避免受照看人受到侵害。而陈文跃接受陈佳父母的委托，要将陈佳带往上海与父母团聚，对于这样的长途旅行，陈文跃应当时刻尽心照顾，避免未出过远门的陈佳遭到不必要的伤害。但是，在 1354 次列车到达郑州车站后，陈佳独自下车上站台，陈文跃既没有跟随陈佳下车，也没有给予陈佳必要的提醒，导致陈佳漏乘，对此次事故的发生亦负有一定的责任。基于以上观点，二被告提出陈文跃应当承担此次事故相应责任的意见，法院予以采纳，陈文跃承担责任的份额法院确定为全部赔偿数额的 30%。因二原告并未起诉陈文跃作为本案被告，在案件审理过程中也未要求本院追加陈文跃作为被告，依照最高人民法院《关于审理人身损害赔偿案件适用法律若干问题的解释》第 5 条关于“赔偿权利人在诉讼中放弃对部分共同侵权人的诉讼请求的，其他共同侵权人对被放弃诉讼请求的被告应当承担的赔偿份额不承担连带责任”的规定，法院视为二原告放弃了对陈文跃的诉讼请求，陈文跃承担的赔偿份额不应当由二被告承担，并应当从总赔偿金额中予以扣减。

至于赔偿的数额，依照最高人民法院《关于审理人身损害赔偿案件适用法律若干问题的解释》第 17 条第 3 款关于“受害人死亡的……还应当赔偿丧葬费、被扶养人生活费、死亡补偿费以及受害人亲属办理丧葬事宜支出的交通费、住宿费和误工损失等其他合理费用”的规定，结合本案实际情况，法院确定二被告应当承担赔偿的项目有丧葬费、死亡补偿费及交通费、住宿费、误工损失费用。（1）丧葬费用。根据最高人民法院《关于审理人身损害赔偿案件适用法律若干问题的解释》第27条关于“丧葬费按照受诉法院所在地上一年度职工月平均工资标准，以六个月总额计算”的规定，同时根据四川省统计局发布的四川省2006年度有关统计数据“四川省2006年度职工平均工资17852元”，因此，二被告应当给付原告的丧葬费用 = 17852元 ÷ 2 = 8926元。（2）死亡补偿费。由于陈佳属于农村居民，根据最高人民法院《关于审理人身损害赔偿案件适用法律若干问题的解释》第29条关于“死亡赔偿金按照受诉法院所在地上一年度城镇居民人均可支配收入或者农村居民人均纯收入标准，按二十年计算”的规定，结合四川省统计局发布的四川省2006年度有关统计数据“四川省2006年度全省农村居民人均纯收3013元”，二被告应当给付原告的死亡赔偿金 = 3013元 × 20 = 60260元。（3）交通费、住宿费、误工损失费。对于产生的交通费、住宿费，二原告举出了相应的票据，其中飞机客票4张，共计3060元，能够证明二原告是为了处理事故所花费的费用，法院予以支持，对于其他票据，因票据上并没有载明时间，也没有二原告的姓名，法院无法认定这些票据与本案具有关联性，因此不予采信。（4）因本案属侵权纠纷，可以适用最高人民法院《关于确定民事侵权精神损害赔偿责任若干问题的解释》的有关规定。考虑到受害人陈佳系二原告的独女，她的死亡使二原告多年的辛苦抚养化为泡影，不仅经济上受到损害，精神上也受到一定程度的打击，因此，给予二原告一定的精神损害抚慰金，有利于安抚二原告精神上所受的创伤。结合《四川省高级人民法院贯彻执行〈最高人民法院关于确定民事侵权精神损害赔偿责任若干问题的解释〉的意见》关于确定精神抚慰金数额的相关规定和本案实际，法院确定二原告应获得的精神抚慰金的数额为60000元。

综合以上金额，二原告应当获得赔偿的各项费用总计为132246元，扣除临时照看人陈文跃所应承担的30%责任，即39673.8元，二被告还应当向二原告支付各项赔偿费用总计92572.2元。但根据《中华人民共和国铁路法》第58条第1款以及最高人民法院《关于审理铁路运输损害赔偿案件若干问题的解释》第11条第3款的规定，本案应适用《铁路旅客运输损害赔偿规定》第5条确立的限额赔偿制度。即二被告应当向二原告承担各项赔偿责任的最高限额为40000元。同时《铁路旅客运输损害赔偿规定》第6条还规定：“铁路运输企业依照本规定给付赔偿金，不影响旅客按照国家有关铁路旅客意外伤害强制保险规定获取保险金。”因此，二原告在请求赔偿的同时，还有权请求给付保险金。1992年6月5日修改的《铁路旅客意外伤害强制保险条例》第5条规定：“旅客之保险金额，不论坐席等次、全票、半票、免票，一律规定为每人人民币两万元。”第8条（甲）项规定：“死亡者，给付保险金额全数。”因此，二被告还应当照此规定给付二原告保险金20000元。

266. 铁路货运的货物押运员因意外事件坠车身亡，是否应视同旅客予以损害赔偿？

押运员在铁路货物运输过程中从事押运、看护货物的行为与铁路企业形成了旅客运输合同法律关系，承运人为此负有将押运员安全运送至目的地的义务。押运员在随车押运途中发生人身伤害，除不可抗力和受害人自身原因造成外，应比照《铁路旅客意外伤害强制保险条例》的规定办理。根据《铁路货物运输规程》第18条之规定，押运员在运输途中发生人身伤害，适用《铁路旅客运输损害赔偿规定》和《铁路旅客意外伤害强制保险条例》处理，承运人应当承担赔偿责任。如果公安机关的鉴定结论足以排除此起事故是押运员自身原因造成，且承运人不能提出免责条件的证据，不能证明押运员死亡是不可抗力和自身原因造成，因而承运人应当承担赔偿责任。

典型疑难案件参考

陈梅诉哈尔滨铁路分局人身损害赔偿纠纷案

基本案情

2003年1月7日，原告之夫雷祥成乘坐铁路货车从牡丹江铁路分局迎春火车站押运一车大米前往河南省漯河。车次为22930次，车号为C64/4834444。1月10日，列车运行至被告哈尔滨铁路分局管内扶余站至团山站间上行线136km+392m处，雷祥成从运行的货车上坠车身亡。事发后，铁路公安机关对现场进行了勘查鉴定，认定雷祥成死亡原因是在押运过程中意外坠车身亡。被告责成有关事故处理委员会对这起押运员坠车死亡进行了处理，于2003年3月14日与原告达成旅客意外伤亡赔偿协议，支付原告陈梅旅客意外伤害保险金2万元。原告要求被告给付死亡赔偿金、精神损害赔偿金、丧葬费、差旅费等共计18.8万元，被告拒绝赔偿。为此，原告于2003年7月22日向法院提起诉讼。

诉辩情况

原告诉称：2003 年 1 月 7 日，原告之夫雷祥成从黑龙江牡丹江铁路分局迎春车站，乘坐货运列车押运一车大米到河南漯河。2003 年 1 月 11 日，一名巡道工在被告哈尔滨铁路分局管内扶余站至团山站之间 136km + 392m 处发现雷祥成尸体。经哈尔滨铁路公安处刑警支队、扶余站派出所现场勘查鉴定，确认雷祥成死亡原因系在押运途中意外坠车身亡。事故发生后，被告处理站双城堡车务段事故处理委员会按照铁道部《铁路货物运输规程》、《铁路旅客意外伤害强制保险条例》的有关规定，支付死者雷祥成铁路意外伤害保险金 2 万元。原告认为其夫之死系在寒冷季节押运货物途中，铁路货车无任何防寒设备和安全防护措施所致，铁路运输企业应承担坠车死亡事故的全部责任。被告除给付保险金外，还应当支付责任赔偿金，因此要求被告支付死亡赔偿金 8 万元，精神损害赔偿金 10 万元，支付丧葬费、差旅费 8000 元，上述三项合计 188000 元。

被告辩称：押运员雷祥成坠车事故发生后，被告及时处理并已按照铁路有关规定及时向原告支付了人身意外伤害保险金 2 万元，履行了铁路运输合同义务。雷祥成坠车意外身亡，系没有严格遵守随身携带的"货车押运人员须知"中的乘车注意事项，应属自身原因造成，铁路运输企业没有过错，不应承担赔偿责任。原告再次要求给付赔偿金和精神损害赔偿金等诉讼请求无事实根据和法律依据，其主张不能成立。

裁判结果

黑龙江省哈尔滨铁路运输法院依照铁道部《铁路旅客运输损害赔偿规定》第 3 条第 2 款、第 5 条、第 6 条："经铁路运输企业同意，根据铁路货物运输合同，随车护送货物的人，视为旅客"；"铁路运输企业依照本规定应当承担赔偿责任的，对每名旅客人身伤亡的赔偿责任限额为人民币 40000 元"；"铁路运输企业依照本规定给付赔偿金，不影响旅客按照国家有关铁路旅客意外伤害强制保险规定获取保险金"和最高人民法院《关于审理铁路运输企业损害赔偿案件若干问题的解释》第 13 条之规定，在查明事实、分清责任的基础上，根据当事人双方的意愿主持调解，达成如下调解协议：

1. 被告哈尔滨铁路分局于 2003 年 12 月 5 日前给付原告陈梅赔偿金 2 万元；

2. 原告自愿放弃其他诉讼请求。案件受理费 5270 元，由被告负担。

裁判理由

黑龙江省哈尔滨铁路运输法院根据上述事实和证据认为：

1. 原告之夫雷祥成是铁路货物运输合同押运员。根据铁道部《铁路旅客运输损害赔偿规定》第3条第2款："经铁路运输企业同意，根据铁路货物运输合同，随车护送货物的人，视为旅客。"因此，押运员在铁路货物运输过程中从事押运、看护货物的行为与铁路企业形成了旅客运输合同法律关系，承运人为此负有将押运员安全运送至目的地的义务。

2. 押运员雷祥成坠车身亡属旅客意外伤亡事故。哈尔滨铁路公安处出具的"路外伤亡事故现场勘查记录"和"死亡情况说明报告书"认定押运员雷祥成死亡原因是在押运过程中意外坠车身亡。

3. 押运员在随车押运途中发生人身伤害，除不可抗力和受害人自身原因造成外，应比照《铁路旅客意外伤害强制保险条例》的规定办理。根据《铁路货物运输规程》第18条第8款"押运人从承运人承运货物时起至交付完毕时止发生意外伤害时，比照《铁路旅客意外伤害强制保险条例》规定办理"之规定，押运员在运输途中发生人身伤害，适用《铁路旅客运输损害赔偿规定》和《铁路旅客意外伤害强制保险条例》处理。

4. 被告应当承担赔偿责任。根据铁道部《铁路旅客运输办理细则》第119条关于"发生旅客伤害事故时，旅客可向事故发生站或处理站请求赔偿"的规定，本案事故发生地在被告哈尔滨铁路分局管内，作为事故发生站，应由被告承担赔偿责任。雷祥成押运货物的列车在哈尔滨铁路分局扶余站至团山站间虽然没有发生行车事故和其他运营事故，但雷祥成坠车身亡属意外事故，公安机关的鉴定结论足以排除此起事故是押运员自身原因造成，且被告不能提出免责条件的证据，不能证明押运员死亡是不可抗力和自身原因造成，因而被告应当承担赔偿责任。按照铁道部《铁路旅客运输损害赔偿规定》第5条"铁路运输企业依照本规定应当承担赔偿责任的，对每名旅客人身伤亡的赔偿责任限额为人民币40000元"的赔偿范围标准，及最高人民法院《关于审理铁路运输损害赔偿案件若干问题的解释》第13条"在铁路旅客运送责任期间发生旅客伤亡，属于《铁路旅客意外伤害强制保险条例》规定的保险责任范围的，铁路运输企业支付保险金后，对旅客伤亡不属于铁路运输企业免责范围的，铁路运输企业还应当支付赔偿金"的规定，被告除给付原告2万元保险金外，还应在赔偿责任4万元限额内给付原告赔偿金。

铁路运输损害责任纠纷
办案依据集成

1.《中华人民共和国铁路法》(2009 年 8 月 27 日修正)(节录)

第十七条 铁路运输企业应当对承运的货物、包裹、行李自接受承运时起到交付时止发生的灭失、短少、变质、污染或者损坏,承担赔偿责任:

(一)托运人或者旅客根据自愿申请办理保价运输的,按照实际损失赔偿,但最高不超过保价额。

(二)未按保价运输承运的,按照实际损失赔偿,但最高不超过国务院铁路主管部门规定的赔偿限额;如果损失是由于铁路运输企业的故意或者重大过失造成的,不适用赔偿限额的规定,按照实际损失赔偿。

托运人或者旅客根据自愿可以向保险公司办理货物运输保险,保险公司按照保险合同的约定承担赔偿责任。

托运人或者旅客根据自愿,可以办理保价运输,也可以办理货物运输保险;还可以既不办理保价运输,也不办理货物运输保险。不得以任何方式强迫办理保价运输或者货物运输保险。

第十八条 由于下列原因造成的货物、包裹、行李损失的,铁路运输企业不承担赔偿责任:

(一)不可抗力;

(二)货物或者包裹、行李中的物品本身的自然属性,或者合理损耗。

第五十八条 因铁路行车事故及其他铁路运营事故造成人身伤亡的,铁路运输企业应当承担赔偿责任;如果人身伤亡是因不可抗力或者由于受害人自身的原因造成的,铁路运输企业不承担赔偿责任。

违章通过平交道口或者人行过道,或者在铁路线路上行走、坐卧造成的人身伤亡,属于受害人自身的原因造成的人身伤亡。

2. 最高人民法院《关于审理铁路运输人身损害赔偿纠纷案件适用法律若干问题的解释》(2010 年 3 月 3 日 法释〔2010〕5 号)

为正确审理铁路运输人身损害赔偿纠纷案件,依法维护各方当事人的合法权益,根据《中华人民共和国民法通则》、《中华人民共和国铁路法》、《中华人民共和国民事诉讼法》等法律的规定,结合审判实践,就有关适用法律问题作如下解释:

第一条 人民法院审理铁路行车事故及其他铁路运营事故造成的铁路运输人身损害赔偿纠纷案件,适用本解释。

与铁路运输企业建立劳动合同关系或者形成劳动关系的铁路职工在执行职务中发生的人身损害,依照有关调整劳动关系的法律规定及其他相关法律规定处理。

第二条 铁路运输人身损害的受害人、依法由受害人承担扶养义务的被扶养人以及死亡受害人的近亲属为赔偿权利人，有权请求赔偿。

第三条 赔偿权利人要求对方当事人承担侵权责任的，由事故发生地、列车最先到达地或者被告住所地铁路运输法院管辖；赔偿权利人依照合同法要求承运人承担违约责任予以人身损害赔偿的，由运输始发地、目的地或者被告住所地铁路运输法院管辖。

第四条 铁路运输造成人身损害的，铁路运输企业应当承担赔偿责任；法律另有规定的，依照其规定。

第五条 铁路运输中发生人身损害，铁路运输企业举证证明有下列情形之一的，不承担赔偿责任：

（一）不可抗力造成的；

（二）受害人故意以卧轨、碰撞等方式造成的。

第六条 因受害人翻越、穿越、损毁、移动铁路线路两侧防护围墙、栅栏或者其他防护设施穿越铁路线路，偷乘货车，攀附行进中的列车，在未设置人行通道的铁路桥梁、隧道内通行，攀爬高架铁路线路，以及其他未经许可进入铁路线路、车站、货场等铁路作业区域的过错行为，造成人身损害的，应当根据受害人的过错程度适当减轻铁路运输企业的赔偿责任，并按照以下情形分别处理：

（一）铁路运输企业未充分履行安全防护、警示等义务，受害人有上述过错行为的，铁路运输企业应当在全部损失的百分之八十至百分之二十之间承担赔偿责任；

（二）铁路运输企业已充分履行安全防护、警示等义务，受害人仍施以上述过错行为的，铁路运输企业应当在全部损失的百分之二十至百分之十之间承担赔偿责任。

第七条 受害人横向穿越未封闭的铁路线路时存在过错，造成人身损害的，按照前条规定处理。

受害人不听从值守人员劝阻或者无视禁行警示信号、标志硬行通过铁路平交道口、人行过道，或者沿铁路线路纵向行走，或者在铁路线路上坐卧，造成人身损害，铁路运输企业举证证明已充分履行安全防护、警示等义务的，不承担赔偿责任。

第八条 铁路运输造成无民事行为能力人人身损害的，铁路运输企业应当承担赔偿责任；监护人有过错的，按照过错程度减轻铁路运输企业的赔偿责任，但铁路运输企业承担的赔偿责任应当不低于全部损失的百分之五十。

铁路运输造成限制民事行为能力人人身损害的，铁路运输企业应当承担赔偿责任；监护人及受害人自身有过错的，按照过错程度减轻铁路运输企业的赔偿责任，但铁路运输企业承担的赔偿责任应当不低于全部损失的百分之四十。

第九条 铁路机车车辆与机动车发生碰撞造成机动车驾驶人员以外的人人身损害的，由铁路运输企业与机动车一方对受害人承担连带赔偿责任。铁路运输企业与机动车一方之间，按照各自的过错分担责任；双方均无过错的，按照公平原则分担责任。对受害人实际承担赔偿责任超出应当承担份额的一方，有权向另一方追偿。

铁路机车车辆与机动车发生碰撞造成机动车驾驶人员人身损害的，按照本解释第四条至第七条的规定处理。

第十条 在非铁路运输企业实行监护的铁路无人看守道口发生事故造成人身损害的，

由铁路运输企业按照本解释的有关规定承担赔偿责任。道口管理单位有过错的，铁路运输企业对赔偿权利人承担赔偿责任后，有权向道口管理单位追偿。

第十一条 对于铁路桥梁、涵洞等设施负有管理、维护等职责的单位，因未尽职责使该铁路桥梁、涵洞等设施不能正常使用，导致行人、车辆穿越铁路线路造成人身损害的，铁路运输企业按照本解释有关规定承担赔偿责任后，有权向该单位追偿。

第十二条 铁路旅客运送期间发生旅客人身损害，赔偿权利人要求铁路运输企业承担违约责任的，人民法院应当依照《中华人民共和国合同法》第二百九十条、第三百零一条、第三百零二条等规定，确定铁路运输企业是否承担责任及责任的大小；赔偿权利人要求铁路运输企业承担侵权赔偿责任的，人民法院应当依照有关侵权责任的法律规定，确定铁路运输企业是否承担赔偿责任及责任的大小。

第十三条 铁路旅客运送期间因第三人侵权造成旅客人身损害的，由实施侵权行为的第三人承担赔偿责任。铁路运输企业有过错的，应当在能够防止或者制止损害的范围内承担相应的补充赔偿责任。铁路运输企业承担赔偿责任后，有权向第三人追偿。

车外第三人投掷石块等击打列车造成车内旅客人身损害，赔偿权利人要求铁路运输企业先予赔偿的，人民法院应当予以支持。铁路运输企业赔付后，有权向第三人追偿。

第十四条 有权作出事故认定的组织依照《铁路交通事故应急救援和调查处理条例》等有关规定制作的事故认定书，经庭审质证，对于事故认定书所认定的事实，当事人没有相反证据和理由足以推翻的，人民法院应当作为认定事实的根据。

第十五条 在专用铁路及铁路专用线上因运输造成人身损害，依法应当由肇事工具或者设备的所有人、使用人或者管理人承担赔偿责任的，适用本解释。

第十六条 本院以前发布的司法解释与本解释不一致的，以本解释为准。

本解释施行前已经终审，本解释施行后当事人申请再审或者按照审判监督程序决定再审的案件，不适用本解释。

二十一、水上运输损害责任纠纷

267. 已死亡的受害人的亲属能否同时请求赔偿义务人支付死亡赔偿金和精神损害抚慰金？

最高人民法院《关于确定民事侵权精神损害赔偿责任若干问题的解释》第9条的规定限制了精神损害抚慰金的适用范围，规定了致人死亡的，精神损害抚慰金为死亡赔偿金，以防止过分加重侵权人一方的负担。但是，最高人民法院《关于审理人身损害赔偿案件适用法律若干问题的解释》规定，以因受害人死亡导致的家庭整体收入的减少为标准计算死亡赔偿金，即死亡赔偿金已成为对损害造成的经济损失的一种物质补偿，与精神损害抚慰金是为了填补、抚慰家属失去亲人遭受的痛苦对其精神上的赔偿相比，死亡赔偿金的性质、作用已发生改变，已从精神损害抚慰金变为对死者家庭整体减少的收入的赔偿，因此受害人亲属在获得死亡赔偿金外，还可以要求加害人赔偿精神损害抚慰金。

典型疑难案件参考

王才贵等诉湛江市交通局地方公路管理总站等水上旅客运输人身损害赔偿纠纷案

基本案情

死者杨槐出生于1931年8月13日，城镇居民，退休干部。原告王才贵系杨槐的妻子，原告杨永界、杨永汉、杨永英系杨槐、王才贵夫妇的儿子。杨槐生前曾于2007年6月1日至9日在广东医学院附属医院住院治疗继发性贫血、慢性肾功能不全等病。

2007年7月29日早晨，杨槐一个人搭乘张国富的摩托艇从湛江霞山海滨码头到对岸的特呈岛，杨槐因头晕，让张国富的摩托艇开慢一点，平时5分钟的行程，结果用时20分钟，到特呈岛后因杨槐没有足够的现金付摩托艇费，张国富未收杨槐费用。约8时5分，杨槐乘坐“特机802”船从特呈岛返回霞山海滨码头，其登船时由船上工作人员搀扶上船并安排座位坐下。据在船上过渡的许团在法庭上作证证实，杨槐上船后，被安排坐在船前部右边的座位上，当时还有一个老太婆坐在一起聊天。约 8 时 15 分，船行至油轮锚地处，不知何因，杨槐从右边的座位站起来，绕过许团的粤 G36771 汽车后从船的左边落海，许团即第一个呼叫有人落海。随后，船上工作人员立即开展救生工作，但最后证实杨槐已溺水身亡。

经查，在"特机 802"船的两侧，均有绞锚机，该处没有固定的栏杆，而用活动的铁链连接。该处未设立警示标志。

原告为料理丧事共支付交通费 420 元，支付通讯费以 7、8 月份的电话费差额计 245.05 元。杨永界误工损失 134.70 元；杨永汉为料理丧事误工 5 天，误工损失 416 元；杨永英为料理丧事误工 13 天，误工损失 364 元。王才贵事发时已 75 岁，不应有误工损失。

另查明：《广东省 2007 年度人身损害赔偿计算标准》规定，广东省一般地区城镇居民人均可支配收入为每年 16015 元，职工平均工资为每年 28025 元。

"特机 801"、"特机 802"船为被告湛江市交通局地方公路管理总站（以下简称公路管理总站）所有，由被告湛江市霞山区特呈岛渡口所（以下简称特呈渡口所）经营。"特机 801"船系钢质车客内河渡船，1980 年 2 月 3 日在广东新会船厂建成，船长 39.40 米，型宽 8.40 米，型深 2 米，总吨 171，净吨 123，载重吨 114。"特机 802"船系钢质车客内河渡船，1979 年 11 月 1 日在广东新会船厂建成，船长 38.80 米，型宽 8.40 米，型深 2 米，总吨 171，净吨 123。特呈渡口所持有的水路运输许可证有效期为 2008 年 1 月 9 日至 2011 年 1 月 8 日，经营范围是霞山至特呈车辆、旅客运输。特呈渡口所未向法庭提供案发当时有效的水路运输许可证。

一审诉辩情况

原告诉称：2007 年 7 月 29 日，杨槐乘坐"特机 801"船，从湛江特呈岛到湛江霞山区海滨码头。由于两被告对"特机 801"船管理不善，该船安全防护措施缺失，导致杨槐途中落水身亡。请求法院判令两被告连带赔偿四原告物质损害赔偿金 95801.95 元、精神损害抚慰金 30000 元，并承担本案的诉讼费。

两被告辩称：两被告已尽法律上的管理义务，死者杨槐具有完全民事行为能力，其落水身亡系个人行为，两被告对此无法预测和控制，不应对此承担责任。湛江市交通局地方公路管理总站另外辩称，其仅是受委托管理涉案船舶，并非《中华人民共和国海商法》意义上的船舶所有人，不应对原告的损失承担法律责任。

一审裁判结果

广州海事法院依照《中华人民共和国海商法》第 114 条第 3 款、第 115 条第1款和第123条之规定，判决如下：

一、被告公路管理总站、特呈渡口所连带赔偿原告王才贵、杨永界、杨永汉、杨永英死亡赔偿金、丧葬费、交通费、误工费、通讯费、精神损害抚慰金共计51340.30元；

二、驳回原告王才贵、杨永界、杨永汉、杨永英的其他诉讼请求。

案件受理费2816元，由原告王才贵、杨永界、杨永汉、杨永英负担1667元，被告公路管理总站、特呈渡口所负担1149元。

一审裁判理由

广州海事法院根据上述事实和证据认为：本案是一宗水上旅客运输人身损害赔偿纠纷。杨槐与被告特呈渡口所之间成立了事实上的水路旅客运输合同关系，该合同合法有效。杨槐系该旅客运输合同的旅客，而特呈渡口所为该合同之承运人，双方当事人得依法享有权利，并应承担相应义务。作为承运人之特呈渡口所，有义务将旅客安全运抵目的地，倘若未适当履行该义务造成旅客人身伤亡的，应承担相应赔偿责任。根据国家法定船舶登记机关签发的船舶证书的记载，被告公路管理总站是“特机802”船的所有权人。公路管理总站作为船舶所有权人，即是该旅客运输合同的实际承运人，亦负有安全运输旅客的义务，其未适当履行该义务造成旅客人身伤亡，亦应承担相应赔偿责任。根据《中华人民共和国海商法》第123条“承运人与实际承运人均负有赔偿责任的，应当在此项责任限度内负连带责任”的规定，被告公路管理总站和特呈渡口所应对杨槐的死亡承担连带赔偿责任。公路管理总站关于船舶只是根据政府指令登记在名下，实际上不享有对船舶占有、使用、收益、处分的权利的抗辩理由，与法律规定不符，该抗辩理由不能成立。

由于事发船舶绞锚机处有一开口，而该处没有警示标志，且在杨槐向该位置靠近时，被告没有及时提醒并加以阻止，这是造成杨槐落海的主要原因，因而被告应承担主要责任。杨槐已经76岁高龄，且有病在身，他育有三个健康成年儿子，根据法律，其子对杨槐有监护的法定义务，在杨槐外出，尤其是搭乘摩托艇、渡船等具有高度危险的交通工具在海上旅行时，其子更应随身搀扶、妥为照料，以免发生不测。驾驶摩托艇的张国富师傅尚且知道老人头晕，要将摩托艇开慢很多，而其三个健康成年儿子竟然没有一个人在其身边尽法定的监护义务，是为过失，其子对杨槐的死亡除了因未履行监护义务而应在内心深感愧疚和深深自责之外，还应当承担一定的法律责任。杨槐上渡船后，船方已安排座位让其坐下，而杨槐却在船舶航行途中擅离座位，横穿船舶，走向不安全的地方，以致遭遇不测，杨槐对该不幸事件的发生也负有一定的责任。综上，被告应承担杨槐死亡事件51%的责任，原告方面应承担49%的责任。

死者杨槐出事时年龄已超过75岁，根据最高人民法院《关于审理人身损害赔偿案件适用法律若干问题的解释》第27条、第29条的规定，死亡赔偿金按5年计算，当地城镇居民人均可支配收入为每年16015元，5年共计80075元；丧葬费按6个月当地职工平均工资计算，当地职工平均工资为每年28025元，故丧葬费共14012.50元。四原告办理丧事支出交通费420元，误工损失共914.70元，通讯费245.05元。死亡赔偿金是对死亡者家庭整体减少的收入的赔偿，而精神损害赔偿是对死者家属精神的抚慰，两者并不矛盾，故原告精神损害抚慰金的诉请予以支持；考虑到杨槐已76岁高龄、患病在身，尤其是其子未尽到监护责任等因素，被告酌情给予5000元的精神损害抚慰金为宜。以上赔偿金额总计为100667.25元，两被告连带承担51%的责任，即51340.30元。

二审诉辩情况

一审宣判后，被告公路管理总站、特呈渡口所不服原审判决提起上诉。

二审裁判结果

经二审法院主持调解，双方当事人达成和解协议，由特呈渡口所向王才贵、杨永界、杨永汉、杨永英支付杨槐死亡赔偿金45000元，该款在协议订立时即支付15000元，余款30000元分3个月付清。如特呈渡口所未能按本调解协议履行付款义务，其同意按〔2008〕广海法初字第25号判决确定的数额赔偿给王才贵、杨永界、杨永汉、杨永英。

水上运输损害责任纠纷办案依据集成

《中华人民共和国民法通则》（2009 年 8 月 27 日修正）（节录）

第一百一十七条 侵占国家的、集体的财产或者他人财产的，应当返还财产，不能返还财产的，应当折价赔偿。

损坏国家的、集体的财产或者他人财产的，应当恢复原状或者折价赔偿。

第一百一十九条 侵害公民身体造成伤害的，应当赔偿医疗费、因误工减少的收入、残废者生活补助费等费用；造成死亡的，并应当支付丧葬费、死者生前扶养的人必要的生活费等费用。

第一百三十条 二人以上共同侵权造成他人损害的，应当承担连带责任。

第一百三十一条 受害人对于损害的发生也有过错的，可以减轻侵害人的民事责任。

第一百三十二条 当事人对造成损害都没有过错的，可以根据实际情况，由当事人分担民事责任。

二十二、航空运输损害责任纠纷

268. 旅客食用航空公司提供的午餐损伤咽喉，该午餐系由第三方提供给航空公司，航空公司是否应当承担赔偿责任？

公民享有生命健康权。受害人在食用侵权人提供的食物被异物损伤咽部，造成损伤，侵权人应承担相应的损害赔偿民事责任。受害人主张被告赔偿医药费、误工费以及相应的经济损失等应根据已发生的、必须的、适当的以及合理的原则予以确认。

典型疑难案件参考

汪忠良诉港龙航空有限公司人身损害赔偿纠纷案

基本案情

1999 年 9 月 6 日，原告乘坐被告 KA803 由上海飞往香港的航班。途中，原告食用被告提供午餐中的色拉食物时，被混杂其中的容器碎片损伤咽部。当即原告与该航班有关人员进行了交涉。次日，原告在菲律宾马尼拉市赵寿文西医就诊。同年 10 月 27 日原告就诊于上海华东医院，支付医药费人民币 353 元。同年 11 月 9 日原告就诊于菲律宾马尼拉市城市医院，支付医药费 1000 比索（折合美元 25 元）。同年 12 月 14 日至 16 日在上海长征医院住院治疗，支付医药费人民币 3070.10 元，其中用于治疗咽部损伤医疗费为 1759.10 元。2000 年 3 月 10 日，原告就诊支付医药费人民币 171.70 元。同年 4 月 2 日，就诊支付医药费人民币 123.30 元。同年 6 月 15 日，原告在上海中医大学附属岳阳医院就诊支付医药费人民币 66.40 元。

另查，原告每月的薪金为美金 3000 元。原告为其受到人身损害，于 1999 年 10 月 28 日支付律师代理费人民币 2000 元；同月 29 日委托 DIONISOJAVIER-&ARGAMOSA 律师事务所处理在菲律宾的有关法律事务，支付律师代理费美金 2500 元。此外，原告为翻译有关文件，支付翻译费人民币 1600 元。

审理中，原、被告对原告损伤部位及误工时间有异议，法院委托上海市高级人民法院对原告进行法医活体损伤鉴定，结论为：伤者（原告）咽部异物损伤，可酌情给予休息三至四周。

诉辩情况

原告诉称：其乘坐被告的航班，在食用被告提供的午餐时，被混杂于食物中的容器碎片划伤咽喉，致使原告痛苦不堪，造成原告生活诸多不便，妨碍了原告的工作，精神上蒙受了巨大的痛苦。要求被告支付原告误工费 7408.04 美元、医药费 505.69 美元、车旅费 3223.18 美元、翻译费 192.77 美元、律师代理费 2740.96 美元、其他费用 1000 美元、原告后续医疗费用 1 万美元、精神损失费 2 万美元。

被告港龙航空有限公司辩称：原告受到人身损害是事实，但损伤的部位并不是咽部，而是上腭。被告愿承担相应的民事赔偿责任。

裁判结果

上海市长宁区人民法院依照《中华人民共和国民用航空法》第 124 条，《中华人民共和国民法通则》第 98 条、第 119 条的规定，判决如下：

一、被告港龙航空有限公司应于本判决生效之日起 10 日内给付原告汪忠良医疗费美金 50 元和人民币 2473.50 元，误工费美金 3000 元，经济损失费美金 2500 元和人民币 3600 元。合计美金 5550 元、人民币 6073.50 元；

二、被告港龙航空有限公司应于本判决生效之日起 10 日内给付原告汪忠良精神损害赔偿费人民币 3000 元；

三、原告汪忠良其余之诉，不予支持。

本案鉴定费 300 元由被告港龙航空有限公司负担。

案件受理费人民币 8144 元，由原告汪忠良负担 6898.52 元，被告港龙航空有限公司负担 1245.48 元。

裁判理由

上海市长宁区人民法院认为：公民享有生命健康权。原告在食用被告提供的食物被异物损伤咽部，造成损伤，对此被告应承担相应的损害赔偿民事责任。原告主张被告赔偿医药费、误工费以及相应的经济损失等应根据已发生的、必须的、适当的以及合理的原则予以确认。至于有关精神赔偿问题，应根据被告的过错程度，侵权的手段、方式，原告被损害程度，侵权行为的社会影响等予以确定。被告提出原告损伤的部位为其上腭，因被告未提供有关证据予以佐证，法院不予采信。

航空运输损害责任纠纷办案依据集成

1.《中华人民共和国航空法》（2009年8月27日修正）（节录）

第一百二十四条 因发生在民用航空器上或者在旅客上、下民用航空器过程中的事件，造成旅客人身伤亡的，承运人应当承担责任；但是，旅客的人身伤亡完全是由于旅客本人的健康状况造成的，承运人不承担责任。

第一百二十五条 因发生在民用航空器上或者在旅客上、下民用航空器过程中的事件，造成旅客随身携带物品毁灭、遗失或者损坏的，承运人应当承担责任。因发生在航空运输期间的事件，造成旅客的托运行李毁灭、遗失或者损坏的，承运人应当承担责任。

旅客随身携带物品或者托运行李的毁灭、遗失或者损坏完全是由于行李本身的自然属性、质量或者缺陷造成的，承运人不承担责任。

本章所称行李，包括托运行李和旅客随身携带的物品。

因发生在航空运输期间的事件，造成货物毁灭、遗失或者损坏的，承运人应当承担责任；但是，承运人证明货物的毁灭、遗失或者损坏完全是由于下列原因之一造成的，不承担责任：

（一）货物本身的自然属性、质量或者缺陷；

（二）承运人或者其受雇人、代理人以外的人包装货物的，货物包装不良；

（三）战争或者武装冲突；

（四）政府有关部门实施的与货物入境、出境或者过境有关的行为。

本条所称航空运输期间，是指在机场内、民用航空器上或者机场外降落的任何地点，托运行李、货物处于承运人掌管之下的全部期间。

航空运输期间，不包括机场外的任何陆路运输、海上运输、内河运输过程；但是，此种陆路运输、海上运输、内河运输是为了履行航空运输合同而装载、交付或者转运，在没有相反证据的情况下，所发生的损失视为在航空运输期间发生的损失。

第一百二十六条 旅客、行李或者货物在航空运输中因延误造成的损失，承运人应当承担责任；但是，承运人证明本人或者其受雇人、代理人为了避免损失的发生，已经采取一切必要措施或者不可能采取此种措施的，不承担责任。

第一百二十七条 在旅客、行李运输中，经承运人证明，损失是由索赔人的过错造成或者促成的，应当根据造成或者促成此种损失的过错的程度，相应免除或者减轻承运人的责任。旅客以外的其他人就旅客死亡或者受伤提出赔偿请求时，经承运人证明，死亡或者受伤是旅客本人的过错造成或者促成的，同样应当根据造成或者促成此种损失的过错的程度，相应免除或者减轻承运人的责任。

在货物运输中，经承运人证明，损失是由索赔人或者代行权利人的过错造成或者促成的，应当根据造成或者促成此种损失的过错的程度，相应免除或者减轻承运人的责任。

第一百二十八条 国内航空运输承运人的赔偿责任限额由国务院民用航空主管部门制

定，报国务院批准后公布执行。

旅客或者托运人在交运托运行李或者货物时，特别声明在目的地点交付时的利益，并在必要时支付附加费的，除承运人证明旅客或者托运人声明的金额高于托运行李或者货物在目的地点交付时的实际利益外，承运人应当在声明金额范围内承担责任；本法第一百二十九条的其他规定，除赔偿责任限额外，适用于国内航空运输。

第一百二十九条 国际航空运输承运人的赔偿责任限额按照下列规定执行：

（一）对每名旅客的赔偿责任限额为16600计算单位；但是，旅客可以同承运人书面约定高于本项规定的赔偿责任限额。

（二）对托运行李或者货物的赔偿责任限额，每公斤为17计算单位。旅客或者托运人在交运托运行李或者货物时，特别声明在目的地点交付时的利益，并在必要时支付附加费的，除承运人证明旅客或者托运人声明的金额高于托运行李或者货物在目的地点交付时的实际利益外，承运人应当在声明金额范围内承担责任。

托运行李或者货物的一部分或者托运行李、货物中的任何物件毁灭、遗失、损坏或者延误的，用以确定承运人赔偿责任限额的重量，仅为该一包件或者数包件的总重量；但是，因托运行李或者货物的一部分或者托运行李、货物中的任何物件的毁灭、遗失、损坏或者延误，影响同一份行李票或者同一份航空货运单所列其他包件的价值的，确定承运人的赔偿责任限额时，此种包件的总重量也应当考虑在内。

（三）对每名旅客随身携带的物品的赔偿责任限额为332计算单位。

第一百三十条 任何旨在免除本法规定的承运人责任或者降低本法规定的赔偿责任限额的条款，均属无效；但是，此种条款的无效，不影响整个航空运输合同的效力。

第一百三十一条 有关航空运输中发生的损失的诉讼，不论其根据如何，只能依照本法规定的条件和赔偿责任限额提出，但是不妨碍谁有权提起诉讼以及他们各自的权利。

第一百三十二条 经证明，航空运输中的损失是由于承运人或者其受雇人、代理人的故意或者明知可能造成损失而轻率地作为或者不作为造成的，承运人无权援用本法第一百二十八条、第一百二十九条有关赔偿责任限制的规定；证明承运人的受雇人、代理人有此种作为或者不作为的，还应当证明该受雇人、代理人是在受雇、代理范围内行事。

第一百三十三条 就航空运输中的损失向承运人的受雇人、代理人提起诉讼时，该受雇人、代理人证明他是在受雇、代理范围内行事的，有权援用本法第一百二十八条、第一百二十九条有关赔偿责任限制的规定。

在前款规定情形下，承运人及其受雇人、代理人的赔偿总额不得超过法定的赔偿责任限额。

经证明，航空运输中的损失是由于承运人的受雇人、代理人的故意或者明知可能造成损失而轻率地作为或者不作为造成的，不适用本条第一款和第二款的规定。

第一百三十四条 旅客或者收货人收受托运行李或者货物而未提出异议，为托运行李或者货物已经完好交付并与运输凭证相符的初步证据。

托运行李或者货物发生损失的，旅客或者收货人应当在发现损失后向承运人提出异议。托运行李发生损失的，至迟应当自收到托运行李之日起七日内提出；货物发生损失的，至满足前，不受经营人的债权人的扣留和处理。

第一百七十一条 地面第三人损害赔偿的诉讼时效期间为二年，自损害发生之日起计算；但是，在任何情况下，时效期间不得超过自损害发生之日起三年。

第一百七十二条 本章规定不适用于下列损害：

（一）对飞行中的民用航空器或者对该航空器上的人或者物造成的损害；

（二）为受害人同经营人或者同发生损害时对民用航空器有使用权的人订立的合同所约束，或者为适用两方之间的劳动合同的法律有关职工赔偿的规定所约束的损害；

（三）核损害。

2.《国内航空运输承运人赔偿责任限额规定》（2006 年 2 月 28 日中国民用航空总局令第 164 号发布）

第一条 为了维护国内航空运输各方当事人的合法权益，根据《中华人民共和国民用航空法》（以下简称《民用航空法》）第一百二十八条，制定本规定。

第二条 本规定适用于中华人民共和国国内航空运输中发生的损害赔偿。

第三条 国内航空运输承运人（以下简称承运人）应当在下列规定的赔偿责任限额内按照实际损害承担赔偿责任，但是《民用航空法》另有规定的除外：

（一）对每名旅客的赔偿责任限额为人民币 40 万元；

（二）对每名旅客随身携带物品的赔偿责任限额为人民币 3000 元；

（三）对旅客托运的行李和对运输的货物的赔偿责任限额，为每公斤人民币 100 元。

第四条 本规定第三条所确定的赔偿责任限额的调整，由国务院民用航空主管部门制定，报国务院批准后公布执行。

第五条 旅客自行向保险公司投保航空旅客人身意外保险的，此项保险金额的给付，不免除或者减少承运人应当承担的赔偿责任。

第六条 本规定自 2006 年 3 月 28 日起施行。

二十三、因申请诉前财产保全损害责任纠纷

269. 如果申请人在诉前申请财产保全，人民法院采取了保全措施后，申请人没有在法定的15日内起诉，应否认定申请人“有错误”呢？

在该法院采取了保全措施后，申请人并没有在法定的期限内起诉，不论是出于何种原因，均应推定其申请“有错误”，而且应认定原告所受到的直接和间接经济损失均与其申请“有错误”有因果关系，因此其应当承担赔偿责任。

270. 错误申请诉前财产保全的法律后果是什么？

依据《民事诉讼法》第93条第3款的规定，诉前保全的申请人在人民法院采取保全措施后的15日内不起诉的，所产生的法律后果为“人民法院应当解除财产保全”。这种法律后果仅为一种程序性的后果，且是直接约束采取保全措施的人民法院的。诉前保全措施采取后，申请人在法定期间内不起诉，并不因此而丧失其对相关当事人的实体诉权和程序诉权，其所丧失的仅是将来系属于保全财产上的判决不能执行或者难以执行的一种法律保障。

典型疑难案件参考

郭良春诉田志武申请诉前财产保全逾期不起诉给其造成损失赔偿纠纷案

基本案情

2002年12月17日，原告与被告的堂兄田新军达成口头协议，田新军将堆放于石河子农资和果品库房专用线货位上的182吨油渣卖给原告，原告将16万余元的货款给付了田新军，双方并在农资和果品库房办理了相关的移交手续。原告申请好火车车皮计划，准备将油渣发往客户时，被告以油渣不是田新军的，而是其的，原告侵权为由，向石河子市人民法院提出诉前保全申请。石河子市人民法院根据被告的申请，于2002年12月23日作出民事裁定，扣押原

告存放在果品公司的110吨油渣及农资公司库房存放的72吨油渣。但在实际执行中，在果品公司扣押油渣仅43.18吨；在农资公司扣押仅248包（每包重80.85公斤）；其余油渣已由原告在裁定前运往乌鲁木齐，法院告之不能销售，原告也就没有销售。2003年1月7日，因被告未在法定的15天内提起诉讼，石河子市人民法院作出民事裁定，解除了对原告存放在农资和果品公司的油渣的扣押。

一审诉辩情况

原告认为，被告在无任何证据的情况下，以侵权为由申请扣押了原告的财产，属于滥用诉权，给原告造成了损失。遂起诉至石河子市人民法院，要求被告赔偿因诉前保全错误给原告造成的经济损失装卸费583.1元、仓储费301.42元、倒短费77.52元、汽车放空费300元、果品公司的仓储费1000元、乌鲁木齐的仓储费1200元、车皮计划作废损失3000元、诉讼保全费420元、违约金23400元、律师代理费7000元、误工损失500元、出租车费600元，共计38382.04元。

被告田志武答辩称：其提出的诉前保全是否错误，应由法院判定。其申请保全自己的货物不存在错误。其未在法定期限内起诉，是因自己家中有事造成的，保留着诉权。原告提出赔偿损失与其无关，请求驳回原告的诉讼请求。

一审裁判结果

石河子市人民法院根据《中华人民共和国民法通则》第106条第2款，《中华人民共和国民事诉讼法》第96条之规定，于2003年4月8日判决如下：

一、被告赔偿原告支付的违约金23400元；

二、被告赔偿原告支付的律师代理费7000元；

三、被告赔偿原告支付的车皮申领费3000元；

四、被告赔偿原告支付农资库房产生的装卸费583.1元、仓储费301.42元、倒短费77.52元，合计962.04元；

五、被告赔偿原告支付果品库房的仓储费129.57元；

六、被告赔偿原告支付的车辆放空费300元；

七、驳回原告的其他诉讼请求。

一审裁判理由

石河子市人民法院经审理认为：本案系被告因提出诉前保全、在法定期限内未起诉而引起的侵权赔偿之诉。《中华人民共和国民事诉讼法》第96条规定："申请有错误的，申请人应当赔偿被申请人因财产保全所遭受的损失。"该法第93条第3款规定："申请人在人民法院采取保全措施后15日内不起诉的，人民法院应当解除财产保全。"被告在人民法院依据其申请采取保全措施后法定的15日内未起诉，属申请错误，应赔偿因诉前保全错误而给原告造成的损失。被告辩解其未起诉是因家庭有事，保留诉权，申请保全并没有错，不承担赔偿责任，与立法精神相悖，不予采信。原告提出的赔偿损失请求，有证据证实并合理的，予以支持。

二审诉辩情况

田志武不服此判决提起上诉称：原审认定事实有误。上诉人申请诉前保全后未起诉，是保留诉权。原审反以上诉人未提起诉讼为由，判令上诉人承担赔偿责任，缺乏法律依据。且被上诉人付第三人违约金的事实证据不充分。被上诉人提供的申领车皮计划费用，仅有乌鲁木齐市金城轻纺工业原料公司打白条，无正规单据，不符合财务制度，不得作为证据使用。且律师费过高。故上诉人不应承担赔偿责任。

被上诉人郭良春答辩称：因上诉人的申请保全错误，造成被上诉人与他人所签订的合同无法履行，其损失上诉人理应赔偿。由于上诉人申请保全错误，上诉人所请的律师在诉讼期间作了大量工作，所以费用较高，对此损失上诉人应赔偿。请求二审法院依法驳回上诉人的上诉请求，维持原判。

二审裁判结果

新疆生产建设兵团农八师中级人民法院根据《中华人民共和国民法通则》第106条第2款，《中华人民共和国民事诉讼法》第153条第1款第3项、第96条之规定，于2003年7月27日判决如下：

一、维持石河子市人民法院一审民事判决第1、2、4、5、6、7项；

二、撤销石河子市人民法院一审民事判决第3项。

二审裁判理由

新疆生产建设兵团农八师中级人民法院经审理认为：根据法律的规定，诉前财产保全措施采取以后，15日内须向法院提起诉讼。上诉人没有这样做，应认为其申请诉前保全有错误。由于上诉人申请诉前保全错误，导致被上诉人的货物被扣留，影响了其与其客户合同的履行，上诉人应赔偿其申请诉前保全错误而给被上诉人造成的损失。上诉人称其未起诉是保留诉权，不应承担赔偿责任的理由，与立法精神相悖，该理由不能成立。关于被上诉人是否给合同相对方支付了违约金问题，二审期间被上诉人又提供了有关证据，相互印证，足以认定，故上诉人认为被上诉人所付违约金不实的理由不能成立。由于上诉人错误申请诉前财产保全而引起诉讼，被上诉人才聘请律师，由此所产生的律师代理费应认为也是被上诉人的直接损失，且该费用收取符合律师行业的收费标准，故原审对此判决并无不当。关于车皮申领费3000元是否赔偿的问题，经查该费用并非按正规途径所收取，又无收费单据，故不受法律保护。原审对此认定有误，应予纠正。

申请诉前财产促使损害责任纠纷办案依据集成

1. 《中华人民共和国民事诉讼法》（2007 年 10 月 28 日主席令第 75 号修正）（节录）

第一百零一条 利害关系人因情况紧急，不立即申请保全将会使其合法权益受到难以弥补的损害的，可以在提起诉讼或者申请仲裁前向被保全财产所在地、被申请人住所地或者对案件有管辖权的人民法院申请采取保全措施。申请人应当提供担保，不提供担保的，裁定驳回申请。

人民法院接受申请后，必须在四十八小时内作出裁定；裁定采取保全措施的，应当立即开始执行。

申请人在人民法院采取保全措施后三十日内不依法提起诉讼或者申请仲裁的，人民法院应当解除保全。

2. 《中华人民共和国民法通则》（2009 年 8 月 27 日修正）（节录）

第一百三十四条 承担民事责任的方式主要有：

（一）停止侵害；

（二）排除妨碍；

（三）消除危险；

（四）返还财产；

（五）恢复原状；

（六）修理、重作、更换；

（七）赔偿损失；

（八）支付违约金；

（九）消除影响、恢复名誉；

（十）赔礼道歉。

以上承担民事责任的方式，可以单独适用，也可以合并适用。

人民法院审理民事案件，除适用上述规定外，还可以予以训诫、责令具结悔过、收缴进行非法活动的财物和非法所得，并可以依照法律规定处以罚款、拘留。

二十四、因申请诉中财产保全损害责任纠纷

271. 如何认定财产保全行为是否存在“错误”？

财产保全存在错误是申请人承担民事责任的前提，对“错误”的判断应结合主观因素和客观效果综合进行，即主观上采用合理人的标准，申请人为证明自己不存在故意或过失，必须举证证明其已尽到一般人的合理、谨慎的注意义务；客观效果上要求申请人的财产保全必须以诉讼请求的合法性和合理性为前提和基础，若申请人申请财产保全的对象并非是承担实体责任的主体，则申请人的保全行为存在违法性。错误财产保全造成的损失的范围应当以受害人因侵权行为而遭受的全部损失为准，包括直接损失和间接损失，同时要求受害人对损失与申请人的错误保全行为存在因果关系承担举证责任。

典型疑难案件参考

威利企业公司（香港）诉雷远思、厦门嘉和祥房地产发展有限公司财产保全损害赔偿纠纷案

基本案情

1993年2月26日，雷远思与张琼月、蔡威利、兰秀凤共同协商并达成《房地产开发联营合同》一份，约定4人共同出资466000美元及170万元人民币以威利企业公司（香港）的名义共同购置位于泉州市刺桐路2号桥南边10亩土地，雷远思占40%股份。2000年9月1日，威利企业公司取得福建省泉州市丰泽区刺桐路2号桥南边10亩土地使用权。2000年12月，雷远思与张琼月、蔡威利、兰秀凤、威利企业公司、泉州威利房地产开发有限公司（以下简称泉州威利公司）、福建省泉州市大正置业有限公司等就上述联营合同发生纠纷诉至法院（案号：〔2001〕泉民初字第4号），要求判令张琼月、蔡威利、兰秀凤共同退还合伙财产份额400万元人民币，并由威利企业公司承担连带责任。2002年3月20日，雷远思以威利企业公司、泉州威利公司开发福建省泉州市丰泽区刺桐路2号桥南边10亩“长洲府”土地，将使案件判决难以执行为由，向法院申请对福建省泉州市丰泽区刺桐路2号桥南边10亩“长洲府”土地使用权进行诉讼保全。厦门嘉和祥公司（以下简称嘉和祥公司）为此向

法院出具保证函，自愿为雷远思的财产保全申请提供全额担保。

2002 年 3 月 22 日，法院作出财产保全裁定，冻结了该项目用地的全部土地使用权。2002 年 4 月 1 日，经威利企业公司申请，法院裁定变更冻结该项目用地 40% 的土地使用权。2002 年 4 月 18 日，厦门中莱房地产发展有限公司（以下简称厦门中莱公司）以存放在银行一年期整存 200 万元港币作为威利企业公司的财产保全反担保金。2002 年 5 月 10 日，威利企业公司将该土地使用权人变更为泉州威利公司。2002 年 10 月 21 日，泉州威利公司以存放在银行 6 个月定期存单 190 万元人民币作为威利企业公司的反担保金。2003 年 3 月 24 日，庄焕章同意以个人活期存款 400 万元人民币作为威利企业公司的反担保金。

2003 年 3 月 29 日，法院作出裁定：冻结厦门中莱公司在银行的一年期定期存款 200 万元港币；冻结泉州威利公司在银行的 6 个月定期存款 190 万元人民币；冻结庄焕章在银行的个人存款 400 万元人民币，并通知有关银行予以冻结。2003 年 3 月 31 日，法院解除了对“长洲府”40% 的土地使用权的冻结。

2003 年 5 月 6 日，法院对联营合同纠纷案作出一审判决：雷远思与张琼月、蔡威利、兰秀凤签订的房地产开发联营合同无效，张琼月、蔡威利、泉州威利公司应分别向雷远思返还投资款，驳回雷远思的其他诉讼请求。

2003 年 11 月 19 日，福建省高级人民法院作出驳回上诉，维持原判的终审判决。2003 年 12 月 25 日，法院解除对厦门中莱公司、泉州威利公司、庄焕章银行存款的冻结。

一审诉辩情况

2005 年 3 月 23 日，威利企业公司以财产保全损害赔偿纠纷诉至泉州市中级人民法院，请求判令雷远思赔偿因其财产保全申请不当，造成威利企业公司的直接经济损失 738162.74 元人民币，判令嘉和祥公司承担连带赔偿责任。

雷远思辩称：其申请财产保全是为保护自己的合法利益并有充分事实依据，符合法律规定，没有任何错误；且威利企业公司所称经济损失的真实性无法确定，故其保全行为不构成侵权，无须承担侵权责任，应驳回威利企业公司的诉讼请求。

被告嘉和祥公司辩称：其只是为雷远思财产保全申请提供担保，即使保全错误也与嘉和祥公司无关，威利企业公司要求嘉和祥公司承担连带赔偿责任没有法律依据，应当驳回。

一审裁判结果

福建省泉州市中级人民法院根据《中华人民共和国民事诉讼法》第 96 条、《中华人民共和国民法通则》第 130 条、最高人民法院《关于民事诉讼证据的若干规定》第 2 条的规定，于 2005 年 8 月 17 日作出判决：

一、被告雷远思应于本判决生效后 10 日内赔偿威利企业公司财产损失 576789.04 元人民币；逾期付款，则按《中华人民共和国民事诉讼法》第 232 条的规定加倍支付迟延履行期间的债务利息；

二、被告厦门嘉和祥房地产发展有限公司对威利企业公司财产损失 576789.04 元人民币承担连带赔偿责任；

三、驳回原告威利企业公司的其他诉讼请求。

一审裁判理由

福建省泉州市中级人民法院审理后认为：

1. 关于雷远思的财产保全申请是否错误的问题

申请财产保全的目的是为了保证将来生效的判决的执行。诉请的合法性和合理性是正当的财产保全的前提和基础。只有基于合法、合理的诉讼请求申请人申请财产保全才是合法正确的。而诉讼请求的合法性和合理性需要通过法院最终生效的判决来予以确认。当申请人不享有权利时，申请保全他人财产就是违法的。

在联营合同纠纷案中，法院判决确认雷远思申请保全的土地使用权的权利主体是不需承担实体责任的威利企业公司，故雷远思的财产保全申请明显存在过错，从而侵犯了威利企业公司的合法权利，根据《中华人民共和国民事诉讼法》第 96 条："申请有错误的，申请人应当赔偿被申请人因财产保全所遭受的损失"的规定，雷远思应对威利企业公司因财产保全所遭受的损失承担赔偿责任。

2. 关于威利企业公司因财产保全所遭受的损失数额的问题

为解除法院的冻结，威利企业公司提供泉州威利公司银行存款 190 万元人民币作为反担保金；并提供向庄焕章借款 400 万元人民币及向厦门中莱公司借款 200 万元港币作为反担保金。其中 190 万元系企业之间非法拆借，违反金融法规，对该部分利息不予支持；对于威利企业公司向庄焕章个人借贷 400 万元人民币利息损失，根据相关证据，应按民间借贷认定，且根据最高人民法院《关于人民法院审理借贷案件的若干意见》第 6 条"民间借贷的利率可以适当高于银行的利率，各地人民法院可根据本地区的实际情况具体掌握，但最高不得超过银行同类贷款利率的四倍（包含利率本数）。超出此限度的，超出部分的利息不予保护”的规定，该部分借款利息依法可按照保全期间同期贷款利率的4倍予以计算，即按6个月至1年间贷款基准年利率5.31%的4倍计算利息损失。因此，威利企业公司因保全行为而导致的财产损失为：4000000×（5.31% ×4－1.89%）×272÷365＝576789.04元。

3. 关于嘉和祥公司应否承担民事责任的问题

嘉和祥公司为雷远思的错误保全申请提供资金担保，其财产保全担保行为与雷远思的财产保全申请行为相结合才导致了错误保全行为的发生并共同促成损害结果的发生，符合共同侵权的特征，根据《中华人民共和国民法通则》第130条的规定，嘉和祥公司应承担连带责任。

二审诉辩情况

一审宣判后，雷远思不服判决，向福建省高级人民法院提起上诉。

雷远思上诉称：（1）联营合同纠纷案法院虽然没有判决威利企业公司承担实体义务，但却确认了雷远思所占投资份额，这就表明了雷远思申请保全的项目用地与自己的诉讼请求有关，其保全行为合法，不构成侵权，不需承担民事责任；（2）原审威利企业公司提供的向庄焕章借款的《借款协议书》系伪造且未在举证期限内提供原件，《兴业银行电汇凭证（回单）》、《收条》与本案没有关联性，故上述三份材料不能作为证据使用，原审法院判决雷远思赔偿57多万元的计算标准和依据是错误的。故请求撤销原审判决，改判驳回被上诉人的诉讼请求。

威利企业公司对此辩称，原审对证据的认定及判决是正确的，应维持原判。

二审裁判结果

福建省高级人民法院依照《中华人民共和国民事诉讼法》第130条、第157条、第153条第1款第1项、第3项的规定，于2005年11月15日作出终审判决：

一、维持福建省泉州市中级人民法院〔2005〕泉民初字第100号民事判决的第三项；

二、变更福建省泉州市中级人民法院〔2005〕泉民初字第100号民事判决的第一项为雷远思应于本判决生效之日起10日内赔偿威利企业公司财产损失人民币101944.1元。逾期付款，则按《中华人民共和国民事诉讼法》第232条的规定加倍支付迟延履行期间的债务利息；

三、变更福建省泉州市中级人民法院〔2005〕泉民初字第100号民事判决的第二项为厦门嘉和祥房地产发展有限公司对雷思远的上述付款承担连带清偿责任。

二审裁判理由

福建省高级人民法院审理查明，原审已查明的事实基本属实。

审理后认为，建省泉州市人民法院关于雷远思的财产保全申请存在错误并应承担损害赔偿责任及关于嘉和祥公司应对此承担连带赔偿责任问题的认定是正确的。对于威利企业公司因雷远思财产保全错误所致的经济损失的确定，认为：威利企业公司因雷远思申请保全而提供的担保中，庄焕章的个人存款人民币400万元被法院冻结，该款应视为威利企业公司向庄焕章个人的借款。威利企业为证明其向庄焕章个人借款约定了高额利息200万元，并提供了《借款协议书》、《兴业银行电汇凭证（回单）》、《收条》为证。其中，对《借款协议书》威利企业公司未能在举证期限内提供原件且无其他证据予以佐证，且雷远思对此提出异议，故对其真实性不能确认。对《兴业银行电汇凭证（回单）》，其汇款人是泉州威利房地产开发有限公司，收款人是厦门市广坤房地产开发有限公司，威利企业公司不能证明该银行凭证与其主张的贷款人庄焕章有关联性。《收条》上的收款人是吴祈纯，付款人是刘永宏，也不是威利企业公司，收条也与本案不具关联性。故《借款协议书》、《兴业银行电汇凭证（回单）》、《收条》不能作为威利企业公司向庄焕章借款高额利息约定的主张，故，威利企业公司不能提供证据证明其向庄焕章借款的高额利息约定，其主张按银行同期贷款利率的4倍计算没有事实依据。但基于其向庄焕章借款的事实，对其主张的利息损失可按同期银行贷款利率和存款利率差额予以支持。故威利企业公司因雷远思申请财产保全而导致的财产损失为4000000×（5.31%－1.89%）×272÷365＝101944.1元。

272. 涉案专利被宣告无效，当事人应否对其进行的财产保全申请以及“先行责令侵权人立即停止侵犯专利权行为”的申请给侵权人造成的损失予以赔偿？如果应予赔偿，赔偿数额应如何确定？

在申请财产保全时，不仅要对其诉讼请求能否得到法院支持这一诉讼风险进行判断，还要权衡可能因申请错误所承担的法律责任，慎重地决定是否有必要申请财产保全。一旦申请错误，并由此给被申请人造成损害的，理应承担相应的赔偿责任。

涉案财产保全以及"先行责令侵权人立即停止侵犯专利权行为"的裁定不属于《专利法》第47条第2款规定中的"判决、裁定"，申请人是否存在恶意，不影响其因申请错误给他人造成损失应承担赔偿的义务。

在专利权人依法提出先行停止侵犯专利权行为申请，并提供担保的情况下，被申请人应严格遵守人民法院已作出的"责令停止侵犯专利权行为"裁定，对该裁定不服，可以寻找其他合法的救济途径，不能擅自违反生效裁定，否则造成的损失属于自行扩大的经济损失，应自行承担法律后果。

典型疑难案件参考

江苏拜特进出口贸易有限公司、江苏省淮安市康拜特地毯有限公司诉许赞有因申请临时措施损害赔偿纠纷案（《最高人民法院公报》2009年第4期，总第150期）

基本案情

2004年4月20日，南京市中级人民法院在审理〔2004〕宁民三初字第79号被告许赞有诉原告拜特公司、康拜特公司侵犯专利权纠纷一案中，在许赞有提供相应担保的前提下，根据许赞有"先行责令被告立即停止侵犯专利权行为"的申请，裁定拜特公司、康拜特公司自裁定送达之日起立即停止生产、销售与许赞有01333737.8号"地毯（竹）"外观设计专利相同或相近似的产品，并就地查封拜特公司、康拜特公司全部库存的涉嫌侵权产品1110块。2004年5月10日，拜特公司为履行与案外人安立（香港）有限公司2004年1月27日签订的总价款约为73万美元的出口销售合同，在南京海关申报出口合同项下价款为11余万美元、数量为6930块的与许赞有涉案专利相同的竹地毯产品时，被南京海关以该批产品涉嫌侵犯许赞有已办理海关知识产权保护的专利权为由予以扣押。2004年5月13日，根据许赞有申请，南京市中级人民法院裁定查封并扣押该批拜特公司通过南京海关出口的与许赞有涉案专利相同或相近似的产品，并通知南京海关协助执行该裁定。拜特公司因未能向安立（香港）有限公司履约，于2004年7月赔偿对方4万美元。

2004年10月9日，南京市中级人民法院在审理前述〔2004〕宁民三初字第79号案件时，在被告许赞有提供相应担保的前提下，依许赞有的申请，依法裁定冻结原告拜特公司和康拜特公司240万元的银行存款或等值其他财产。两原告在银行账户被冻结期间，向袁玄等个人借款90余万元，并按照月息1%支付了利息。

2005年2月16日，南京市中级人民法院作出〔2004〕宁民三初字第79号一审判决，判令原告康拜特公司、拜特公司立即停止生产、销售侵犯被告许赞有01333737.8号"地毯（竹)"外观设计专利权产品的行为；赔偿许赞有122万元。康拜特公司和拜特公司不服，向江苏省高级人民法院提起上诉。

2004年5月1日，案外人安吉县雪强竹木制品有限公司和安吉县人民政府就被告许赞有涉案专利再次向专利复审委提出无效宣告申请。2005年8月18日，专利复审委作出第7432号审查决定，宣告涉案专利权全部无效。经北京市第一中级人民法院一审，并经北京市高级人民法院二审，最终维持了该审查决定。据此，许赞有涉讼之01333737.8号"地毯（竹)"外观设计专利权自始无效。

2006年10月26日，江苏省高级人民法院对前述〔2004〕宁民三初字第63号、〔2004〕宁民三初字第79号民事判决书分别作出〔2005〕苏民三终字第44号和〔2005〕苏民三终字第69号终审判决，内容均为撤销一审判决，改判驳回被告许赞有的诉讼请求。

2006年12月22日，南京市中级人民法院通知南京海关，解除此前通知该海关协助执行查封和扣押由原告拜特公司出口的竹地毯产品的措施。2007年7月2日，负责存放涉案竹地毯产品的南京津要仓储物流有限公司致函南京市中级人民法院，称该批被扣押产品拖欠仓储费用，已于2007年6月3日按照法定程序拍卖，获价款150000元，并已充抵部分拖欠的仓储费用。

按银行账户实际被冻结数额和时间，按照同期银行存、贷款利息差计算，被告许赞有给原告拜特公司造成经济损失为19152.51元，给原告康拜特公司造成经济损失为28461.76元。庭审中，双方当事人对此均予以认可。

本案争议焦点是：(1) 被告许赞有涉案专利被宣告无效，许赞有应否对其进行的财产保全申请以及"先行责令被告立即停止侵犯专利权行为"的申请给原告拜特公司和康拜特公司造成的损失予以赔偿；(2) 如果应予赔偿，赔偿的数额应如何确定。

一审诉辩情况

原告拜特公司、康拜特公司诉称：2004年4月6日，被告许赞有向南京市中级人民法院起诉拜特公司、康拜特公司侵犯其01333737.8号“地毯（竹）”外观设计专利权，南京市中级人民法院根据许赞有的申请于2004年4月6日裁定查封了两原告银行存款30万元。同年4月19日，许赞有又以侵犯该专利为由另案起诉两原告，南京市中级人民法院根据许赞有的申请于同年5月13日查封拜特公司通过南京海关出口的地毯产品，查封（冻结）两原告银行存款240万元。

2005年8月18日，国家知识产权局专利复审委员会（以下简称专利复审委）以7432号无效审查决定，宣告被告许赞有的涉案01333737.8号“地毯（竹）”外观设计专利权全部无效，后北京市高级人民法院以〔2006〕高行终字第256号行政判决维持该决定。据此，涉案专利自始无效。由于许赞有的不当申请，致使原告拜特公司、康拜特公司大量银行存款被冻结，为维持正常经营，两原告不得不对外借款，并额外支付利息款164327.01元。由于拜特公司出口地毯产品被查封，不能正常履行已经签订的合同，不得不按合同支付高额违约赔偿金，后该部分地毯产品灭失。此外，许赞有还须承担实际发生的运费、报关费、商检费、港口费、掏箱费、集装箱暂存费等费用损失计1838988.29元。请求判令许赞有赔偿两原告损失共计2003315.3元，由许赞有承担本案全部诉讼费用。

被告许赞有辩称：（1）原告拜特公司和康拜特公司全部诉讼请求的法律依据均系《中华人民共和国民事诉讼法》（以下简称民事诉讼法）第96条之规定，并无实体法依据；（2）两原告提起的本案诉讼是因为许赞有涉案专利权被宣告无效，但被告提出保全在前，涉案专利权被宣告无效在后，故两原告认为许赞有在专利有效期内提出财产保全申请错误没有法律依据；（3）依据《中华人民共和国《专利法》》（以下简称《专利法》）第47条规定，宣告无效的专利权视为自始即不存在，但只有当专利权人的恶意给他人造成损失的，才应当承担赔偿责任。两原告提交的证据并不能证明被告系恶意造成他人损失。请求法院依法驳回两原告的诉讼请求。

一审裁判结果

南京市中级人民法院于2007年10月22日判决：

一、被告许赞有赔偿由于其错误申请财产保全措施给原告拜特公司造成的经济损失19152.51元，赔偿因此给原告康拜特公司造成的经济损失28461.76元；

二、被告许赞有赔偿由于其错误申请“先行责令被告立即停止侵犯专利权行为”给原告拜特公司造成的经济损失330600元；

三、被告许赞有赔偿由于其错误申请“先行责令被告立即停止侵犯专利权行为”给原告拜特公司和康拜特公司造成的经济损失122782元，并按同期银行贷款利率支付利息（自2004年4月20日至执行本判决时）；

四、驳回原告拜特公司和康拜特公司其他诉讼请求。

一审裁判理由

南京市中级人民法院一审认为：

1. 关于第一个争议焦点

被告许赞有申请了财产保全。财产保全主要是为了保证人民法院作出的判决能够得到有效执行，但因为该措施是一种强制性保全措施，如果滥用，可能会造成被申请人的财产损失。为了防止财产保全被滥用，民事诉讼法一方面规定了财产保全应当具备的条件、范围等，规定法院可以责令申请人提供担保，另一方面也规定了申请不当的法律后果，《民事诉讼法》第96条规定：“申请有错误的，申请人应当赔偿被申请人因财产保全所遭受的损失。”

在案件审理的过程中，被告许赞有还申请了“先行责令被告立即停止侵犯专利权行为”。该申请属于诉讼中临时措施的申请，在人民法院尚未对被控侵权人确属侵权作出生效判决前先行实施临时措施，主要是为了避免被控侵权人继续侵权导致专利权人损失进一步扩大或者造成无法挽回的损失，是对专利权人合法权益的保护，但是，该保护措施也不能滥用。

本案中，被告许赞有申请财产保全的目的是为了保证人民法院作出的判决能够得到有效执行，这一点的前提和基础是被告的诉讼请求得到了法院的支持，如果被告的诉讼请求没有获得支持，则关于财产保全的申请即失去其应有的基础。民事诉讼法对申请错误的法律后果作出了明确规定，规定当事人申请财产保全需提供担保，目的在于使被申请人可能因申请错误而遭受的损失切实得到赔偿。按照权利与义务相适应原则，申请人享有相关民事强制措施利益的同时，也应承担可能面临的风险责任。被告的诉讼请求能否被人民法院支持，在其申请财产保全时无法通过法院的程序性审查予以认定，只有通过实体审理并在作出最终生效判决后才能予以确认。因此，被告在申请财产保全时，不仅要对其诉讼请求能否得到法院支持这一诉讼风险进行判断，还要权衡可能因申请错误所承担的法律责任，慎重地决定是否有必要申请财产保全。一旦申请错误，并由此给被申请人造成损害的，理应承担相应的赔偿责任。

被告许赞有在诉讼中还向人民法院提出了先行停止侵犯专利权行为的申请，在人民法院尚未对被控侵权人确属侵权作出生效判决前先行实施临时措施，是保护专利权人合法利益的需要。但在二审期间，被告的涉案专利被宣告无效。根据《专利法》第47条第1款规定："宣告无效的专利权视为自始即不存在。"被告不享有涉案专利权，被告所提出的先行停止侵犯专利权行为申请的基础丧失，其诉讼请求最终被二审法院驳回。被告的行为属于申请错误，对被申请人由此造成的财产损失应予赔偿。

根据《专利法》第47条第2款的规定，宣告专利权无效的决定，对在宣告专利权无效前人民法院作出并已执行的专利侵权的判决、裁定，不具有追溯力。但是，因专利权人的恶意给他人造成的损失，应当给予赔偿。被告许赞有根据该规定，主张自己因没有主观恶意，故对于其错误的财产保全以及"先行责令被告立即停止侵犯专利权行为"的申请不应承担任何赔偿责任。

法院认为，《专利法》第47条第2款规定中的"判决、裁定"，是指人民法院对于相关的专利侵权案件经过审理后作出的涉及专利侵权的"判决、裁定"，而人民法院因当事人提起财产保全以及"先行责令被告立即停止侵犯专利权行为"申请作出的裁定，主要是为了保证人民法院作出的判决能够得到有效执行，避免被控侵权人继续侵权导致专利权人损失进一步扩大，其内容并不含有关于被控侵权人的行为是否侵犯他人专利权的评价。因此，涉案财产保全以及"先行责令被告立即停止侵犯专利权行为"的裁定不属于《专利法》第47条第2款规定中的"判决、裁定"，申请人是否存在恶意，不影响其因申请错误给他人造成损失应承担赔偿的义务。故许赞有的该项主张没有法律依据。

2. 关于第二个争议焦点

原告拜特公司主张因不能履行与案外人安立（香港）有限公司PIN960/04号合同，支付赔偿金4万美元（折合人民币330600元），该笔损失系法院根据被告许赞有申请，作出"先行责令被告立即停止侵犯专利权行为"的裁定，导致拜特公司无法履行相应合同所致，故应由被告予以赔偿。

对原告拜特公司和康拜特公司被扣押和查封在其库房内的竹地毯产品1110条，两原告主张被告许赞有对其中的1069条进行赔偿，予以准许。两原告主张应按照每条16.5美元的价格计算损失，并承担相应利息，但由于该批产品虽被查封和扣押，并未实际灭失。根据本案查明的事实，两原告正常出口销售涉案竹地毯与通过拍卖等方式另行处理该类产品之间的差价约为122782元，故应当以该差价款确定赔偿数额。

在专利权人依法提出先行停止侵犯专利权行为申请，并提供担保的情况下，被申请人应严格遵守人民法院已作出的"责令停止侵犯专利权行为"裁定，对该裁定不服，可以寻找其他合法的救济途径，不能擅自违反生效裁定，否则造成的损失属于自行扩大的经济损失，应自行承担法律后果。本案中，原告拜特公司、康拜特公司在人民法院已下达生效裁定的情况下，本应立即停止生产、销售与涉案专利相同或相近似的产品，并可在被告许赞有败诉的情况下寻求赔偿。但拜特公司仍以履行合同为由，公然违反法院生效裁定，出口销售涉嫌侵权产品，并因此导致该批产品被扣押和查封，由此造成的损失，包括运费、报关费、商检费、港口费、掏箱费、集装箱暂存费等，均系其违法行为所致，属自行扩大造成的损失，理应由其自行承担。

此外，原告拜特公司和康拜特公司主张被告许赞有应当赔偿两原告因财产被冻结而被迫向私人借款所导致的借款利息与同期银行存款利息的差额损失。法院认为，首先，银行贷款利率明显低于月息1%。拜特公司和康拜特公司以明显高于同期银行贷款利率的利息向私人借贷，不恰当地扩大了损失。其次，即使银行账户被冻结，两原告仍有合法融资渠道，无须以高息向个人借款。因此，该损失属于两原告自行扩大的损失，对于两原告的该项主张，不予支持。

二审诉辩情况

拜特公司、康拜特公司和许赞有均不服一审判决，向江苏省高级人民法院提出上诉。

上诉人拜特公司和康拜特公司请求撤销原判，依法改判。理由是：(1) 最高人民法院《关于人民法院审理借贷案件的若干意见》（以下简称《意见》）第6条规定："民间借贷的利率可以适当高于银行的利率，各地人民法院可根据本地区的实际情况具体掌握，但最高不得超过银行同类贷款利率的四倍（包含利率本数）。超出此限度的，超出部分的利息不予保护。"在银行账号和资金全部被冻结的情况下，拜特公司和康拜特公司无法通过正常途径从银行获得贷款。为了维持正常的生产经营，拜特公司和康拜特公司迫不得已向私人借款，且借贷利息并未超出意见规定的民间借贷利率的上限。一审判决不支持拜特公司和康拜特公司的该项诉讼请求，不按实际发生的利息损失计算赔偿额，没有法律依据。(2) 一审判决认定海关扣押地毯所造成的损失系拜特公司违反人民法院生效裁定所致，因而不赔偿，是不正确的。人民法院对拜特公司的财产采取保全措施，并不是没收该财产，更不是销毁该财产，相反，应当妥善保管被扣押的财产，并保证被查封扣押的财产不灭失，价值不毁损。上诉人许赞有申请查封扣押拜特公司地毯的目的，也仅在于制止拜特公司出口该批货物，而不是要求人民法院没收该财产。因此，拜特公司的货物在被查封扣押期间，仍依法受法律保护。在查封扣押措施解除之后，被查封扣押的货物依法应当完好无损。现许赞有的财产保全申请被认定错误，而拜特公司被扣押的货物全部灭失，由此所遭受的损失理应得到赔偿。

上诉人许赞有上诉并答辩称：一审认定许赞有申请财产保全和先行责令上诉人拜特公司和康拜特公司立即停止侵犯专利权错误，并判令许赞有承担相应的赔偿责任，没有法律依据。许赞有采取被诉维权措施时，涉案专利尚处于有效状态，并未被宣告无效。许赞有依据民事诉讼法及《专利法》的有关规定，向法院提起诉讼，申请法院采取财产保全以及先行责令拜特公司和康拜特公司立即停止侵犯专利权措施，均属合法维权行为，并无主观恶意，况且许赞有在提起诉讼时，涉案专利权曾两次被提起无效宣告申请，最终均被维持有效，许赞有没有也不可能预见到会败诉，后涉案专利权确实被宣告无效，但依据《专利法》第 47 条第 2 款的精神，许赞有不应当承担赔偿责任。因此，请求撤销原判，改判驳回拜特公司和康拜特公司的全部诉讼请求，由拜特公司和康拜特公司负担本案一、二审诉讼费用。

上诉人拜特公司和康拜特公司答辩称：上诉人许赞有的上诉理由不正确，涉案保全申请是错误的，应当弥补他们因此遭受的损失。

二审裁判结果

江苏省高级人民法院依照《中华人民共和国民事诉讼法》第 153 条第 1 款第 1 项之规定，于 2008 年 5 月 30 日判决如下：

驳回上诉，维持原判。

二审裁判理由

江苏省高级人民法院经审理，确认了一审查明的事实。

本案二审争议焦点与一审争议焦点相同。

江苏省高级人民法院二审认为：

上诉人许赞有主张，依据《专利法》第 47 条第 2 款的精神，许赞有不应当承担赔偿责任。法院认为，一审判决对《专利法》第 47 条第 2 款规定的“判决、裁定”的含义进行了阐述，论述得当，二审予以支持。许赞有还主张，在本案审理前，涉案专利权曾两次被申请宣告无效，均被维持有效，许赞有没有也不可能预见到会败诉。法院认为，首先，外观设计专利的稳定性具有一定的相对性，专利权存在被宣告无效的可能。一项专利在提起诉讼时有效，并不意味着专利权诉讼最终必然胜诉。其次，财产保全和先行责令被告立即停止侵犯专利权是在认定侵权成立的判决作出之前对被申请人的权利采取的限制措施，如果被申请人实际并未侵权，会给被申请人造成相应的损失。因此，法律并未将申请财产保全和先行责令被控侵权人立即停止侵犯专利权规定为申请人维护自身权利必须要采取的措施，是否提出申请由申请人自行决定。最后，为了有效弥补错误申请给被申请人造成的损失，法律还规定申请人在申请财产保全和先行责令被控侵权人立即停止侵犯专利权的同时提供相应的担保，就是为了在申请人申请错误的情形下，更好地承担相应的赔偿义务。因此，许赞有在其申请财产保全和先行责令上诉人拜特公司、康拜特公司立即停止侵犯专利权时，应充分意识到其提出该申请的风险，并应承担该风险带来的法律后果。故许赞有称不应承担相应赔偿责任的主张没有法律依据，不予支持。

《意见》第 6 条规定，民间借贷的利率可以适当高于银行的利率，各地人民法院可根据本地区的实际情况具体掌握，但最高不得超过银行同类贷款利率的 4 倍（包含利率本数）。超出此限度的，超出部分的利息不予保护。上诉人拜特公司和康拜特公司据此认为，在银行账户均被冻结的情况下，其无法从银行取得贷款，只能向个人借款，且 1% 的月息没有超出《意见》第 6 条规定的利率上限，许赞有对该损失应予赔偿。法院认为，首先，一审法院已经论述，本案拜特公司和康拜特公司并非没有合适的融资渠道，以较高的利息向私人借款属于不适当地扩大损失，该论述准确，应予维持。此外，《意见》第 6 条规定的是借贷案件的利率问题，本案要解决的，是拜特公司和康拜特公司向私人借款而发生的利息损失应否赔偿的问题，不适用前述意见的规定。既然该部分损失属于拜特公司和康拜特公司自行扩大的损失，故不应予以支持。

关于上诉人拜特公司和康拜特公司被扣押的货物灭失的问题。在先行责令立即停止侵犯专利权的合法裁定下达之后，拜特公司和康拜特公司无视该裁定继续出口 6930 条地毯，从而被南京海关扣押，该扣押行为系拜特公司和康拜特公司违法行为造成的，故相应的仓储、保管等费用应当由拜特公司和康拜特公司负担。该批货物拖欠仓储保管费用，南京海关依法拍卖，得款充抵部分拖欠的仓储费用，拜特公司、康拜特公司要求上诉人许赞有承担该部分货物灭失的责任，没有法律依据，不予支持。

综上，上诉人拜特公司、康拜特公司以及上诉人许赞有的上诉请求，均没有事实根据和法律依据，应予驳回。一审判决认定事实清楚，适用法律正确，程序合法，应予维持。

273. 向法院提出诉讼保全，虽未在诉讼保全申请书上提供被申请人可供保全的财产状况及线索，但实际上给与被申请人有关的第三人的财产造成损失的，是否承担损害赔偿责任？

向法院提出诉讼保全，虽未在诉讼保全申请书上提供被申请人可供保全的财产状况及线索即并未直接要求查封与被申请人有关的第三人的财产，但从申请人的行为可以判断其诉讼保全申请与查封第三人财产有必然因果联系的，应当承担错误财产保全申请的损害赔偿责任。

典型疑难案件参考

上海德诚房地产有限公司诉国泰君安证券股份有限公司错误申请财产保全致其房产被查封造成财产损害要求赔偿纠纷案

基本案情

1998年8月14日，国泰君安证券股份有限公司下属天津分公司（以下简称国泰天津公司）向海南省高级人民法院（以下简称海南高院）起诉，要求判令海南赛格国际信托投资公司（以下简称赛格公司）偿还借款人民币106121306元。同年9月3日，国泰天津公司提出财产保全申请，要求法院依法冻结、查封或扣押赛格公司财产。同年9月9日，国泰天津公司申请追加海南世达房地产开发公司（以下简称世达公司）为共同被告，并要求对世达公司进行财产保全。海南高院经调查并根据第三人提供的上海德城房地产有限公司（以下简称德城公司）曾出具的证明书，于同年9月15日裁定查封了德城公司所属的上海市西营路明珠花苑3号楼的全部房产，并向上海市房地产交易中心送达了裁定书和协助执行通知书。其后，德城公司对该保全行为向海南高院提出异议，并申请以第三人身份参加诉讼。1999年1月16日，国泰天津公司向海南高院变更诉讼请求，要求认定国泰天津公司与赛格公司、世达公司签订的《债务清欠合同书》及《补充协议》有效，继续履行；要求将上海明珠花苑3号楼7—19层房产判归其所有并办理过户手续。同年5月14日，海南高院做出一审判决，支持国泰天津公司的诉讼请求。判决后，德城公司向最高人民法院提出上诉。最高人民法院二审认为，房产置换合同发生在世达公司和德城公司、上海振城房地产有限公司（以下简称振城公司）之间，与本案债务清偿协议是两个不同的法律关系。在房产置换合同中，双方均存在违约行为。海南高院合并审理房地产置换合同并判决明珠花苑3号楼房产直接过户给国泰天津公司不妥，应予纠正。据此判决撤销海南高院一审判决，改判赛格公司、世达公司偿还国泰天津公司欠款本金及利息。2001年2月26日，海南高院在德城公司的申请下解除了明珠花苑3号楼房产的查封。

在此期间，振城公司亦向上海市高级人民法院起诉，要求确认其与赛格公司、世达公司之间的房产置换合同无效。1999年12月15日，上海市高级人民法院做出一审判决，判决上述房产置换合同及附件无效。该判决已生效。

1998年1月22日，国泰君安证券股份有限公司根据中国人民银行规定，代替国泰天津公司与赛格公司签订《债务清欠合同书》，赛格公司确认尚欠国泰天津公司人民币92694837元，赛格公司同意以上海明珠花苑3号楼7—19层房产抵偿所欠债务56180271元，于同年5月将房产过户到国泰天津公司名下并保证产权明确。同年3月，国泰天津公司与赛格公司、世达公司签订《补充协议》，约定世达公司愿将其名下的上海明珠花苑3号楼7—19层房产过户给国泰天津公司，并于同年6月底前办妥产权过户手续。

1997年5月17日，德城公司与世达公司签订《房产置换总协议》一份。同月30日，世达公司与振城公司签订内容基本相同的《房产置换总合同》一份。两份合同的主要内容是：世达公司将其在海口房产及厂房股权置换德城公司所属的上海明珠花苑3号楼96套房产，不足部分世达公司开出人民币40484万元存单补齐。同年9月12日，德城公司出具一份证明书称，其名下的明珠花苑3号楼相关过户文件已交至房产交易中心，产权证待领。但明珠花苑3号楼房产所有权始终为德城公司，未作变更登记。

一审诉辩情况

原告德城公司诉称：被告国泰君安证券股份有限公司下属国泰天津公司因赛格公司拖欠借款人民币9100万元，向海南高院起诉偿还借款，后又变更诉讼请求，将原告所有的上海市明珠花苑3号楼作为和赛格公司的抵债内容，并申请对上述房产进行财产保全。海南高院于1998年9月15日做出裁定，查封了上述房产，之后并判令将上述房产予以过户。原告不服，向最高人民法院提出上诉，最高人民法院撤销一审判决。2001年2月26日，海南高院做出对上述房产解除查封的裁定。至此，由于国泰天津公司的错误申请，致使原告的房产被查封两年多，造成巨大的经济损失。国泰天津公司已注销，被告作为上级公司应承担赔偿责任。请求判令被告赔偿经济损失人民币852683829元（按查封期间银行同期固定资产贷款利率以房产投资成本计算)。

被告国泰君安证券股份有限公司辩称：国泰天津公司提交的财产保全申请，仅要求保全第三人赛格公司、世达公司的财产，丝毫未提及要求查封原告的明珠花苑3号楼，该查封系海南高院行使职权的结果。国泰天津公司变更诉讼请求是行使诉讼权利，也是基于原告和第三人赛格公司、世达公司之间有房产置换合同等事实，原告将国泰天津公司变更诉请推导为有欲将原告财产保全之故意，是缺乏事实和法律依据的主观臆断。要求驳回原告的诉讼请求。

第三人世达公司述称：其公司和原告及原告上级振城公司签订涉及上述房产置换合同后，各方均开始履行，原告还为此出具证明书，证明明珠花苑3号楼产权过户手续正在办理之中，其公司愿意用置换的房产抵债，故海南高院的查封是正确的。

第三人赛格公司未作陈述。

第三人振城公司述称：原告提出赔偿请求是有依据的，同意原告的意见。

一审裁判结果

一审法院依照《中华人民共和国民法通则》第4条、第6条的规定，判决：

对原告德城公司的诉讼请求不予支持。

一审裁判理由

一审法院经审理认为：做出财产保全申请人的国泰天津公司向法院提交的申请书仅要求对赛格公司和世达公司价值人民币11000万元的财产采取保全措施，因此从形式上判断财产保全申请并无错误。系争财产保全虽然是由国泰天津公司的申请引起，但由于国泰天津公司与第三人赛格公司、世达公司之间存在抵债协议书及其补充协议，世达公司与振城公司、德城公司之间也存在房产置换合同，且相关当事人均视之有效而在实际履行，亦由于德城公司曾出具证明书证明明珠花苑3号楼房产已转至世达公司名下，海南高院才据此将尚在原告德城公司名下的上述房产作为与案件有关的财物予以查封。财产保全申请与明珠花苑查封，不存在直接的因果关系。同时，最高人民法院的判决并未审处房产置换合同的效力，上海市高级人民法院对于德城公司作为系争房产的权利人与世达公司签订的房产置换协议亦未做出审处。由此，上述判决不能成为原告德城公司主张赔偿责任的依据。

二审诉辩情况

德城公司不服，提起上诉称：国泰天津公司提起申请财产保全并未提供世达公司的财产情况或线索，而却将上诉人德城公司所有的明珠花苑作为抵债的线索提供给海南高院。国泰天津公司的诉讼请求、申请财产保全及其后的相关行为与上诉人德城公司房产被查封存在直接的因果关系，也是海南高院裁定查封的事实基础和依据。根据《国家赔偿法》及《民事诉讼法》之规定，当事人申请财产保全有错误造成的财产损失应由申请人赔偿，国家不承担赔偿责任。国泰天津公司申请有误应承担损害赔偿责任。请求二审法院撤销一审判决，支持上诉人德城公司在原审的诉讼请求。

被上诉人辩称：被上诉人并没有向海南高院提出查封德城公司房地产的请求，只是申请对赛格公司、世达公司的财产进行诉讼保全。被上诉人申请并没有过错，不应承担损害赔偿责任。请求维持原判。

原审第三人赛格公司未作陈述。

原审第三人世达公司述称：根据法院的提问进行回答，不发表评论意见。

原审第三人振城公司述称：同意上诉人德城公司的上诉理由和请求。

二审裁判结果

二审法院依照《中华人民共和国民事诉讼法》第130条、第153条第1款第2项、第3项、第158条之规定，判决：

一、撤销上海市第二中级人民法院〔2001〕沪二中经初字第177号民事判决；

二、被上诉人国泰君安证券股份有限公司应于本判决生效后10日内向上诉人德城公司赔偿人民币8189507.68元。

二审裁判理由

二审法院对原审法院查明事实予以确认，二审另查明：

（1）国泰天津公司给海南高院的诉状中写明："1998年元月22日，我方与被告（赛格公司）签订《债务清欠合同书》，确认截止1998年1月22日，赛格公司尚欠我方借款本息共计92694837.00元。并约定，赛格公司将其位于上海市西营路106号的'上海明珠花苑'7—19层，以每平方米930美元的价格，共计价款56180271.00元，来抵偿其欠我公司上述欠款中的部分欠款。约定在同年5月将上述房产过户到我方名下，但至该协议履行期满时，赛格公司仍没有实际履行……"（2）国泰天津公司追加世达公司的申请书写明："我司考虑到世达公司曾于今年（1998年）3月和被告（赛格公司）与我司签订用房产抵债的《补充协议》，即该二司愿意用其在上海的明珠花苑楼房为被告（赛格公司）还债。这应视为一种担保行为……为此，我司请求追加该二司作为本案的共同被告和房产保全的第二被申请人，并负连带责任。”（3）1998年7月9日，赛格公司、世达公司向国泰天津公司出具证明一份，称：“我公司于1998年1月22日与贵公司达成以我司所有的上海明珠花苑房产抵贵公司债务的协议。……预计可在1998年8月31日之前赴上海办理贵公司的有关房产过户手续。”

二审期间，法院委托会计事务所对德城公司所属的明珠花苑房产投资成本进行财务审计，结论为：明珠花苑房产1993年8月至2000年9月的投资成本为人民币54616819.33元。德城公司据此计算查封期间利息损失为人民币8452544.72元。

二审法院经审理认为：国泰天津公司为与赛格公司、世达公司的债务向海南高院提起诉讼，在诉状中明确写明赛格公司同意将明珠花苑折价人民币56180271.00元抵偿其部分欠款。嗣后，又向海南高院提出诉讼保全，但未在诉讼保全申请书上提供赛格公司可供保全的财产线索。此后，国泰天津公司又向海南高院申请追加世达公司为第二被告，并申请对该公司财产予以保全。申请书中明确表述，追加世达公司是因为世达公司同意将明珠花苑予以抵债，并强调该行为应视为世达公司的担保行为。由于国泰天津公司未向海南高院书面提供赛格公司和世达公司的财产状况及线索，在国泰天津公司提供了财产担保的情况下，海南高院对明珠花苑查封。虽然，国泰天津公司在诉讼保全的申请书上并未直接要求查封明珠花苑，但申请书对于追加世达公司的目的以及将明珠花苑作为世达公司抵债的标的物，并以此作为要求世达公司承担担保责任的意思表示是明确的。明珠花苑被查封后，国泰天津公司立即变更诉讼请求，明确要求将明珠花苑判归己有。可见，明珠花苑的查封与国泰天津公司的诉讼保全申请有着必然的联系。至此，国泰天津公司认为其诉讼保全申请与查封明珠花苑没有因果关系的辩称，不予采信。

导致明珠花苑被查封，国泰天津公司在主观上亦是具有过错的。国泰天津公司在起诉前即明知明珠花苑非世达公司所有，且赛格公司、世达公司在诉前给国泰天津公司的证明中亦详情告知预计在1998年8月31日之前办理房产过户手续，但国泰天津公司仍将明珠花苑置于世达公司向其抵债的范围，作为申请诉讼保全的线索。当法院查封明珠花苑后，国泰天津公司不但未提出异议，相反却变更诉讼请求，要求将明珠花苑判归其所有。由此可见，国泰天津公司对于发生明珠花苑被查封的结果，不仅是明知的，而且是希望和追求的。鉴此，国泰天津公司的主观过错是明显的。

国泰天津公司依法应当承担侵权损害赔偿的责任。因国泰天津公司系被上诉人下属非法人分支机构，不具有法人资格，故被上诉人应对国泰天津公司的侵权损害承担赔偿责任。现德城公司以其投入明珠花苑的成本为基数，按查封期间银行同期贷款利率为依据，向被上诉人主张损失赔偿，并无不当。鉴于德城公司在原审中提出的赔偿数额仅为人民币 8189507.68 元。故以德城公司原审诉请的赔偿数额为限。德城公司虽与赛格公司、世达公司签订《房产置换总合同》，但该合同与本案系两个不同的法律关系，且该合同签订后，并未出现明珠花苑产权发生变更登记的事实，故该房产置换合同与本案审理的侵权损害赔偿之诉无涉。

再审诉辩情况

国泰君安证券股份有限公司不服，向最高人民法院申请再审，后最高人民法院指令本案由上海市高级人民法院再审。

再审中，申请再审人国泰君安证券股份有限公司诉称：（1）国泰天津公司只是请求查封赛格公司和世达公司的财产，未申请查封德城公司所属明珠花苑房产，因此该财产保全申请没有错误。该房产被查封是海南高院自身的行为，与国泰天津公司的保全申请无因果关系。（2）德城公司主张利息损失缺乏事实依据。如有损失，也应当是房屋差价损失且应由德城公司举证证明。涉案房产被查封、解封后，上海房产价格呈上升走势，故查封措施非但没有给德城公司造成损失，反而使德城公司赚取了高额利润。（3）因为涉及海南高院的查封行为，本案侵权损害赔偿之诉的管辖法院应是海南法院，上海法院无权管辖。要求撤销原二审判决，维持原一审判决。

被申请人德城公司辩称：（1）德城公司的房产被查封是基于国泰天津公司申请诉讼保全而发生。根据法律规定，凡是由当事人申请保全的，一旦发生错误结果，就属于申请错误的范围。（2）德城公司以明珠花苑投资成本计算利息损失赔偿额，合理、合法。（3）本案适用地域管辖的规定，上海市高级人民法院有管辖权。要求维持原二审判决。

原审第三人振城公司述称：同意德城公司的辩称意见，要求维持原二审判决。

原审第三人赛格公司和世达公司经合法传唤，没有到庭。

再审法院经审理认定原判查明事实属实。

再审裁判结果

上海市高级人民法院依照《中华人民共和国民事诉讼法》第 96 条、第

130 条、第 184 条和第 153 条第 1 款第 2 项之规定，判决：

一、撤销上海市高级人民法院〔2001〕沪高经终字第 397 号民事判决及上海市第二中级人民法院〔2001〕沪二中经初字第 177 号民事判决；

二、原审被上诉人国泰君安证券股份有限公司应于本判决生效之日 15 日内向原审上诉人德城公司赔偿人民币 5732655.38 元。

再审裁判理由

再审中，法院调阅了海南高院审理的国泰天津公司和赛格公司、世达公司欠款纠纷案的卷宗。据该案卷目录显示，“诉讼保全证据材料”为案卷第 6—18 页，而该页码范围内的卷宗的材料系德城公司持有的明珠花苑的房地产权证和国有土地使用证复印件，上盖国泰天津公司的红色印章。经质证，申请再审人认为，该材料系其在欠款纠纷案质证阶段为证明赛格公司、世达公司存在违约行为而向法庭提供的证据。海南高院将该证据装订在“诉讼保全证据材料”部分，并不能表明该材料是国泰天津公司在申请财产保全时提供。被申请人德城公司认为，国泰天津公司是为查封明珠花苑而提供上述材料，其与赛格公司、世达公司的欠款纠纷案件无须提供德城公司的房地产权证和国有土地使用证。再审法院认为，申请再审人没有提供证据证实上述材料是在质证阶段提供，其上述理由难以采纳。

再审法院经审理认为：本案的财产保全措施是海南高院依国泰天津公司之申请而采取。虽然国泰天津公司在财产保全申请书上没有直接指明查封明珠花苑，但其在起诉赛格公司欠款案中，将赛格公司同意以明珠花苑房产抵偿欠款作为诉讼事实，之后在请求追加世达公司为第二被告的申请书中再次提到赛格公司、世达公司愿意以明珠花苑抵债的事实，并认为这应视为世达公司的担保行为，同时，国泰天津公司将明珠花苑的房地产权证和国有土地使用证作为诉讼保全材料提交法院，由此可以认定国泰天津公司在申请财产保全过程中曾将明珠花苑作为保全财产的线索提供给法院，而明珠花苑之产权所有人既非世达公司亦非赛格公司之事实，此前已为国泰天津公司所明知，故国泰天津公司之财产保全申请行为具有过错，且该行为与德城公司的明珠花苑被查封之间存在因果关系。

国泰天津公司的过错行为侵犯了德城公司的财产所有权，依法应当承担侵权损害赔偿责任。因国泰天津公司系申请再审人下属非法人分支机构，不具有法人资格，故国泰天津公司应承担的侵权损害赔偿责任应由申请再审人国泰君安证券股份有限公司予以承担。

侵权损害赔偿责任的确定，应以受害人遭受的实际财产损失为依据。由于明珠花苑被查封，房产所有权人德城公司不仅无法完整行使房屋所有权能，还要负担投资成本的贷款利息，因此，德城公司以其投入明珠花苑的实际成本为基数，按查封期间银行同期贷款利率为依据，主张损失赔偿数额，并无不当。国泰君安证券股份有限公司否认德城公司存在该利息损失缺乏合理依据。但是，赔偿责任的大小要与造成损害的大小相适应。明珠花苑被查封期间正值上海房地产市场低迷时期，明珠花苑中未被查封的其他房屋在此期间并未售罄。故按常理推断，涉案房屋即使不被查封，也难保在此期间悉数售出。明珠花苑被解封后，适逢上海房地产市场价格持续上扬，明珠花苑的销售也难免获益。因此，德城公司主张被查封房屋的全额利息损失不尽合理。同时，德城公司与世达公司签订的房产置换协议已部分履行，德城公司并向世达公司出具证明以表明明珠花苑产权过户文件已交至房地产交易中心之意思表示也是导致明珠花苑被查封的原因之一。故德城公司亦应自行承担部分利息损失。综上，原二审判决国泰君安证券股份有限公司承担德城公司主张的全额利息之赔偿责任不当，应予纠正。

因侵权行为提起的诉讼，依法可由侵权行为地或者被告住所地法院管辖。侵权行为地包括侵权行为实施地、侵权结果发生地。由于德城公司选择向上海法院提起诉讼，因此，上海法院对本案有管辖权。

274. 诉讼财产保全的范围如何界定？

因财产保全是为了给付之诉的将来执行，财产保全的范围应限于被申请人所有的财产、双方当事人争议的财产或者与本案有牵连的财物。如果申请人以上述以外的财物申请财产保全，因超出了财产保全的法定范围，即应属一种申请错误。

典型疑难案件参考

黄银军诉张国平、肖平平、刘文革、李昌银财产损害赔偿纠纷抗诉案

基本案情

2001年12月20日，新疆生产建设兵团图木休克垦区人民法院在审理张国平、肖平平、李昌银、刘文革诉陈云峰返还合伙盈余款纠纷案过程中，张国平等4人向一审法院提出对陈云峰67000元财产或资金采取诉讼保全申请，并于同年12月24日向法院提供对陈云峰新Q93760号机车及车斗的诉讼财产保

全线索，张国平之父张兵以其家中全部财产进行了担保。2001年12月24日图木休克垦区人民法院作出了〔2002〕图民初字第10号对陈云峰的67000元财产或资金予以扣押或冻结的裁定及扣押令。一审法院在对陈云峰的执行中，陈云峰称该车是黄银军的，案外人黄银军也称该车确系自已所有，陈云峰是受雇开车，但黄银军在当时未提供任何证据，一审法院停止了对新Q93760号机车及车斗的扣押。2002年1月24日，一审法院根据张国平等人提供的兵团保险公司明确载明“032号陈云峰，保险期限自2001年3月9日0时至2002年3月8日24时止”的机动车辆保险单和2000年农三师工程团农机公司载明“032车　陈云峰（亲笔签名）”的机车兑现明细表，将新Q93760号55型拖拉机及车斗予以扣押。2002年2月27日案外人黄银军向图木休克垦区人民法院提出书面申请，并提供了王保亮书写的收到35000元购车款的收条，以此证明该车是从王保亮处购买，要求解除扣押。

经查，2000年7月21日，黄银军到王保亮处购车时，王称该车的行驶证已丢失，王保亮给黄银军打一张收条：“收到黄银军车款35000元，2000年7月21日王保亮。”2001年6月10日，黄银军未将该车办理过户，而又重新办理了新的机动车行驶证，车牌号为新Q93760，登记的发动机号为03194，车架号为2146。农三师农机监理所2003年11月20日提供的一份农业机械登记表上载明：新Q90951的车主为王勇，该车登记的发动机号为05194，车架号为964530。

一审诉辩情况

2002年7月9日，黄银军以张国平等4人错误申请造成其财产损失向图木休克垦区人民法院起诉，并提供了机动车行驶证，要求赔偿其因错误扣押造成的停车损失。

一审裁判结果

驳回原告黄银军的诉讼请求；案件受理费及其他费用2210元由黄银军承担。

一审裁判理由

农三师图木休克垦区一审法院审理认为：黄银军提供的证据不能证实牌照为新Q93760拖拉机为其所有，理由如下：（1）黄银军应当在图垦法院扣押该车时，在合理的期限内提出异议而未提出；（2）黄银军向本院提交机动车行驶证及副页在时间上相互矛盾，黄银军购买的是他人的机动车，根据法律的规定应当办理过户手续，而其未能提供此证据；王保亮写的收条不能证明卖给原告的是什么型号的车；（3）张国平等提供的机动车辆保险单及原工程团农机公司2000年的兑现表与2002年1月24日法院的两份调查笔录均能证实牌照为新Q93760“55”型拖拉机是案外人陈云峰的。对黄银军提供的徐超的证明是复印件不予认定。

二审诉辩情况

黄银军不服，向农三师中级人民法院提出上诉。

二审裁判结果

农三师中级人民法院依照《中华人民共和国民法通则》第130条、第131条、第117条，《中华人民共和国民事诉讼法》第130条、第153条第1款第2、3项规定，参照《中华人民共和国民事诉讼法》第96条规定，判决：

一、撤销新疆生产建设兵团图木休克垦区人民法院〔2002〕图民初字第145号民事判决；

二、张国平、肖平平、李昌银、刘文革赔偿黄银军经济损失41853.56元的80%，计33482.85元，并互负连带责任；

三、一、二审诉讼费4171元，黄银军承担834.20元，张国平、肖平平、李昌银、刘文革承担3336.80元。

二审裁判理由

农三师中级人民法院审理认为：张国平等4人在向法院申请要求对他人财产进行保全时，应当知道自己应承担的风险责任。由于其向法院提供的证据不客观真实，致黄银军的财产被错误扣押。这一事实已被大量的证人、证言及书证证实，各证据之间能够相互印证，形成证据锁链。虽然农三师农机监理所出具的电脑打印件上黄银军的行驶证发证时间与机动车行驶证上的记载时间不一致，但这不足以推翻新Q93760号拖拉机确系黄银军所有的事实。因此，张国平等4人理应承担财产保全期间的经济损失。根据师办发〔2001〕2号文件和团发〔2000〕7号文件所制定的农机农业收费标准，结合团场的实际，应将适用田间各项作业的一个标准亩费用与适用推土运输作业的一个标准亩费用平均，得出一个综合作业的一个标准亩的费用，并以该标准作为计算一个台班的纯收入，即107.87元纯收入/一个台班，停运388天，共计损失41853.56元。由于黄银军在原审保全财产时，没有及时提供行驶证证明被保全的财产确属自己，有过错，应当减轻侵害人的民事责任。

再审诉辩情况

张国平等4人不服，向检察机关申诉。农三师检察分院审查后认为终审判决认定事实和适用法律错误，向农三师中级人民法院发出检察建议。农三师中级人民法院对检察建议不予采纳。农三师检察分院于2004年12月11日以兵三检民提抗〔2004〕1号提请新疆生产建设兵团人民检察院抗诉。2005年8月4日，新疆兵团人民检察院以新兵检民抗〔2005〕5号民事抗诉书向新疆维吾尔区高级人民法院兵团分院提出抗诉。理由如下：

1. 终审判决适用法律错误。最高人民法院《关于人民法院执行若干问题的规定（试行）》第70条规定："案外人对执行标的主张权利的，可以向执行法院提出异议。案外人异议一般应当以书面形式提出，并提供相应的证据。"垦区法院在审理张国平等诉陈云峰返还合伙盈余款纠纷案过程中，法院在执行张国平等提出的对陈云峰的诉讼保全申请时，案外人黄银军称该车确系自已所有，陈云峰是受雇开车，但黄银军仅提出了口头异议，却未提供相应的证明，一审法院停止了对新Q93760号机车及车斗的扣押。2002年1月24日，法院根据保险公司动车辆保险单和农三师工程团农机公司2000年机车兑现明细表，证明新Q93760号拖拉机是陈云峰所有而予以扣押。2002年2月27日黄银军向垦区法院提出要求解除扣押书面的申请时，提供了王保亮书写的收条，但该收条在未写明车号、车架号和发动机号的情况下，不能证实新Q93760车的车主就是黄银军，黄银军也未提供车辆的行驶证。因此，新Q93760拖拉机在2002年2月27日（即黄提出书面异议）之后被法院继续扣押是由于黄未能提供有效证据证明车辆系自已所有，黄银军应对损失承担主要责任。张国平等人也应对因错误申请后至黄银军提出异议时造成的财产损失承担责任。终审判决认定张国平等人应对其错误申请承担80%的责任，在确定责任的承担上有误，适用法律错误。

2. 终审判决错误认定"2000年7月21日黄银军从王保亮处购车时该车的车牌号为新Q90951"的事实，系认定部分事实错误。终审法院认定黄银军原车号为新Q90951、发动机号为03194、车架号2146的车是从原车主王保亮处购来的事实是依据王保亮的收条、出庭的证言和农三师50团农机监理站证明这三份证据，但却与农三师监理所新Q90951车的农业机械登记表证实的内容相矛盾。因此，终审判决认定"2000年7月21日黄银军从王保亮处购车时该车的车牌号为新Q90951"的事实是错误的。

再审裁判结果

新疆维吾尔自治区高级人民法院兵团分院受理抗诉后，将案件移送至农三师中级人民法院进行再审。农三师中级法院于2005年8月18日作出〔2005〕农三法民监字第11号民事裁定，决定对本案进行再审。再审过程中，在法院的主持下，当事人达成和解协议：张国平、刘文革、李昌银、徐新珍（肖平平之妻）赔偿黄银军财产损失8041.30元。原一、二审诉讼费4171元由张国平等4人负担2085.50元。

因申请诉中财产保全损害责任纠纷办案依据集成

1.《中华人民共和国民事诉讼法》（2007年10月28日主席令第75号修正）（节录）

第一百条 人民法院对于可能因当事人一方的行为或者其他原因，使判决难以执行或者造成当事人其他损害的案件，根据对方当事人的申请，可以裁定对其财产进行保全、责令其作出一定行为或者禁止其作出一定行为；当事人没有提出申请的，人民法院在必要时也可以裁定采取保全措施。

人民法院采取保全措施，可以责令申请人提供担保，申请人不提供担保的，裁定驳回申请。

人民法院接受申请后，对情况紧急的，必须在四十八小时内作出裁定；裁定采取保全措施的，应当立即开始执行。

2.《中华人民共和国民法通则》（2009年8月27日修正）（节录）

第一百三十四条 承担民事责任的方式主要有：

（一）停止侵害；

（二）排除妨碍；

（三）消除危险；

（四）返还财产；

（五）恢复原状；

（六）修理、重作、更换；

（七）赔偿损失；

（八）支付违约金；

（九）消除影响、恢复名誉；

（十）赔礼道歉。

以上承担民事责任的方式，可以单独适用，也可以合并适用。

人民法院审理民事案件，除适用上述规定外，还可以予以训诫、责令具结悔过、收缴进行非法活动的财物和非法所得，并可以依照法律规定处以罚款、拘留。